EL IMPRESIONANTE TORNEO DE AJEDREZ DE LAS NACIONES 1939

JUAN SEBASTIÁN MORGADO

EL IMPRESIONANTE TORNEO DE AJEDREZ DE LAS NACIONES 1939

Obra Completa 978-987-47437-0-1

Morgado, Juan Sebastián
El impresionante Torneo de Ajedrez de las Naciones 1939: los inmigrantes enriquecen al ajedrez argentino: 1940-1943 / Juan Sebastián Morgado. - 1a ed ilustrada. - Ciudad Autónoma de Buenos Aires : Ajedrez de Estilo, 2019.
v. 3, 590 p. ; 30 x 32 cm.

ISBN 978-987-47437-3-2

1. Historia Argentina. 2. Ajedrez. I. Título.
CDD 794.1

Hecho el depósito que prevé la ley 11.723
Impreso en la Argentina

e-mail: jmorgado@ajedrez-de-estilo.com.ar
ISBN 978-987-47437-3-2

CARACTERÍSTICAS DE ESTA COLECCIÓN

Esta obra está estructurada como una cronología del Torneo de las Naciones de 1939 en el contexto socio-político en que se desarrolló. La circunstancia de que este autor administrara una *ajedrecería* durante 38 años (1981-2019) favoreció la progresiva acumulación de materiales históricos y de colección: todas las revistas argentinas de ajedrez, muy diversos libros de recortes, colecciones completas de diarios como *La Nación* y *Crítica*, importantes lotes de revistas extranjeras (*Chess, British Chess Magazine, Xadrez Brasileiro, Deutsche Schachblätter, Deutsche Schachzeitung*, uruguayas, chilenas, cubanas, etc.), documentos oficiales y personales de grandes maestros. La llegada de la tecnología a fines de la década de 1990 facilitó el escaneo, digitalización y clasificación de los elementos, pero el ordenamiento final llevó no menos de 15 años.

Los conceptos históricos y culturales que se insertan aquí se fundan en las profundas ideas del escritor Ezequiel Martínez Estrada (1895-1964), principalmente sobre la base de sus obras de las décadas del '30 y del '40. Puede decirse que la historia oficial argentina consiste en enormes cirugías históricas sin anestesia, que hoy acostumbramos a denominar 'relatos', palabra que ya había utilizado también el citado pensador. Él quiso significar que tenemos en Argentina múltiples historias parciales, paralelas, todas ellas boyando o flotando en el aire en forma autista: son simples apologías o exégesis de personalidades o de algunos hechos, pergeñadas generalmente por los grupos del poder. Y a este magno torneo le corresponden las generales de esta 'ley'. En *La Cabeza de Goliat,* Ezequiel se refirió extensamente al certamen y a los ajedrecistas argentinos.

A través de las obras de Alberdi, Sarmiento, Moreno y Monteagudo, Martínez Estrada descubrió que, dentro del cambiante devenir, existen invariantes históricos, fuerzas inertes que permanecen desde la colonia, y se van transmitiendo incólumes de generación en generación. Al invariante principal lo llamó "constelación de la colonia", o también "estructural España". De él surgen muchos otros. He preferido agruparlos y renombrar al invariante mayor como "monárquico funcional". Expresó Martínez Estrada:

> Por mucho que hayan variado individualmente los habitantes de Inglaterra, Francia, España, Holanda o cualquier otra nación cuya evolución histórica ha sufrido las más increíbles perturbaciones, los rasgos específicos de la nacionalidad siguen conteniendo vivos los elementos que encontramos ya en los orígenes de su formación como pueblos y como Estados. **Pues esa misma ley de los invariantes que da unidad al género humano, al mismo tiempo que configura individualidades históricas inconfundibles, podemos encontrarla también en nuestro país y en todos los demás del continente.** Para nosotros, acaso el gaucho (lo gauchesco) tenga un valor genético semejante al del normando, el sajón, el íbero, el latino.

Este concepto parece muy evidente, pero hay una gran resistencia en la intelectualidad y en la población en general, para aceptarlo. Todos dicen: *'No, la historia nunca es igual, siempre cambia'.* Sin embargo, por ejemplo, ¿quién podría decir que en Sudáfrica no hubo un invariante racial? Hoy sólo podemos decir que Mandela comenzó a quebrarlo.W

CARACTERÍSTICAS GRÁFICAS

▓ Indica separación de párrafos dentro de cada título o subtítulo

- En cada año se describen los acontecimientos cronológicamente, salvo algunos capítulos especiales.
- Los lectores advertirán que en algunos títulos o subtítulos se intercalan algunas palabras referidas a conceptos estradianos que ilustran los distintos momentos históricos. Ellas son:
  - **Miedo:** desde el fondo de la historia hasta hoy, como método de dominación los gobiernos argentinos infunden temor mediante diversas formas: uso de la fuerza, amenazas, coacción). La guerra mundial instala el miedo universal.
  - **Trapalanda:** alzar castillos en el aire; reiteración de conductas utópicas, insustanciales e inútiles.
  - **Monarquía funcional:** que funciona como una monarquía.
  - **La Cabeza de Goliat:** fundaron una gran ciudad porque no supieron construir una gran Nación. Argentina se construyó en base a la megalópolis Buenos Aires, pero no es más que un país pobre con provincias raquíticas.
  - **La grieta:** comenzó en los albores con unitarios contra federales, se transformó en oligarquía contra trabajadores, en peronistas versus antiperonistas.
  - **Viveza criolla:** las normas están hechas para violarlas; la culpa es siempre del otro.
  - **Desprecio a la ley:** confusión entre bienes públicos y privados; corrupción.
  - **Militar:** el gigantismo castrense provocó enormes daños a la democracia de los tres poderes independientes (Golpes de estado, guerras, saqueos). Fue vencido recién en el año 1990, luego de 180 años.
  - **Hybris:** narcisismo extremo de los gobernantes; desmesura o mal del poder; desconexión de los jefes de estado con la realidad.[1]

Fuentes de investigación

Archivo General de la Nación [Fotos]
Biblioteca A. Prebisch del Banco Central [Diario La Nación digital]
Biblioteca Nacional [Hemeroteca y materiales de Archivo]
Biblioteca del Congreso de la Nación [Hemeroteca]
Biblioteca de la Legislatura de Córdoba [Diarios provinciales]
Biblioteca Mayor de Córdoba [Diarios de de la ciudad de Córdoba]
Club Argentino [Libros de Actas y recortes]
Club Jaque Mate [Libros de Actas y cuaderno de visitantes]
Fundación Martínez Estrada [Bibliografía]
Senado de la Nación [Libros sobre el ajedrez olímpico, S. Negri, E. Arguiñariz]

[1] Para quienes deseen interiorizarse más profundamente sobre este tema, consultar *Los invariantes históricos en el Facundo* (Martínez Estrada); *Martínez Estrada, Borges y el Viejo Vizcacha* (de este autor); *La Amargura Metódica* (Ferrer); *Martínez Estrada y la interpretación del Martín Fierro* (Liliana Weinberg).

Agradecimientos

Álvarez, Roberto Gabriel [Informática Videos]
Amil Meilán, Horacio [Testimonios]
Bauzá Mercere, Eduardo [Archivos]
Bryszewska, Marta (Biblioteca Domeyko)
Burgos, Nidia [Literatura sobre Martínez Estrada]
Caputto, Zoilo R. [Testimonios]
Celaya, José [Documentos del Congreso]
Castelli, Annahí [Cuadernos de Raúl Alberto Castelli]
Clementsson, Jan [Documentos de colección]
Drake, Carlos E. [Archivos personales]
Fernández, Jorge Luis [Testimonios sobre ajedrez mendocino]
Guiñez, Ángelo [Archivos chilenos]
Holmgren, Peter [Archivos personales de Ståhberg]
Lissowski, Tomasz [Testimonios del ajedrez polaco]
Losowska, Maia [Biblioteca Domeyko]
Magnus, Ariel [Archivos literarios]
Monasterio, Manuel [Testimonios sobre Paulino Alles]
Negele, Michael [Archivo Sonja Graf]
Sergio E. Negri [Archivos]
Nóbrega, Adaúcto Wanderley [Información de Brasil]
Nowacki, Kasper [Testimonios sobre Gombrowicz]
Susana Oldrini [Testimonios sobre Seitz y Lachaga]
Panizo, Ernesto [Archivos del Club Jaque Mate]
Pavignano, Mauricio y Matías [Sonja Graf en Villa María]
Pérez García, Hébert [Archivos holandeses y testimonios]
Ramírez Lahoz, Marta [Archivos de Martínez Estrada]
Eduardo Luis Ruggieri [Archivos de Dino Ruggieri]
Sánchez Pose, Miguel Ángel [Archivos de Capablanca]
Schätzle, Mario [Archivos alemanes]
Soppe, Guillermo [Archivos cordobeses]
Redolfi, Rodolfo Argentino [Archivo personal cordobés]
Sánchez, Christian [Archivos]
Stigter, Jurgen [Bibliografía y documentos]

Reconocimientos póstumos

Ramírez, Abraham Raúl [Testimonios sobre ajedrez rosarino]
Alles Monasterio, Paulino [Testimonios, Archivo y libro de recortes]
Benko, Francisco [Revista Cabalgata]
Calabrés, Benjamín [Testimonios sobre Sonja Graf]
Carmona, Antonio [Testimonios sobre Sonja Graf]
Castelli, Raúl Alberto [Testimonios]
Ciupalski, Estanislao [Testimonios sobre Miguel Najdorf]
Delfino, Jorge [Información de Roberto Grau]
Eliskases, Erich [Biblioteca personal]
Gómez, Juan Carlos [Gombrowiczidas]

González de Soria, Elsa [Libros de recortes y bibliografía]
Grau, Gloria [Testimonios sobre Roberto Grau]
Ivaldi, Normando [Bibliografía y libros de recortes]
Carlos Kuperman [Cuaderno personal de notas]
Lachaga, Milcíades [Testimonios y archivos de torneos]
Lastra, Gregorio [Bibliografía]
Letelier Martner, René [Testimonios sobre Miguel Najdorf]
Lipiniks, Leonardo [Testimonios]
March Ríos, Rubén [Testimonios y libros de recortes]
Martínez, Juan Carlos [Testimonios sobre el Salón Rex]
Obregoso, Juan Carlos [Testimonios del ajedrez en Dolores]
Pinzón Solís, Felipe [Archivos peruanos]
Rossetto, Héctor Decio [Testimonios]
Ruggieri, Dino [Libros de recortes y documentos]
Silva Nazzari, Héctor [Bibliografía uruguaya]
Soloviov, Sergey [Archivos búlgaros]
Soria, Gaspar Darwin [Testimoniosmemorabilia y libros de recortes]
Sutkus, Robertas [Archivos bálticos]
Varangot, Mario [Archivo de Paulino Alles Monasterio]
Virginis, Antonio [Archivos de Becker y libros de recortes]

Abreviaturas

AD	Alfil Dama
AR	Alfil rey
AMDA	Asociación Metropolitana de Ajedrez
AGN	Archivo General de la Nación
AP	Associated Press
ACA	Automóvil Club Argentino
AFA	Asociación del Fútbol Argentino
AxC	Alfil por caballo
CARI	Consejo Argentino para las Relaciones Internacionales
CADCOA	Confederación Argentina de Deportes Comité Olímpico Argentino
CAD	Confederación Argentina de Deportes
CD	Comisión Directiva
CEAL	Centro Editor de América Latina
CGE	Confederación General Económica
CR	Caballo Rey
CVS	Círculo de Vélez Sarsfield
CASI	Club Atlético San Isidro
CBX	Confederaçâo Brasileira do Xadrez
EAA	El Ajedrez en la Argentina
FCO	Ferrocarril Oeste
FEMEDA	Federación Metropolitana de Ajedrez
FADA	Federación Argentina de Ajedrez
FC	Ferrocarril
FAB	Federación Argentina de Box

FFE	Federación Francesa de Ajedrez
FIDE	Fédération International des Échecs
GOU	Grupo de Oficiales Unidos
GyE	Gimnasia y Esgrima
GEBA	Gimnasia y Esgrima de Buenos Aires
GTN	Gran Torneo Nacional
NC	Nuestro Círculo
PD	Peón Dama
PR	Peón Rey
PA	Peón Alfil
PT	Peón Torre
PC	Peón Caballo
PAR	Peón Alfil Rey
PAD	Peón Alfil Dama
PTR	Peón Torre Rey
PTD	Peón torre dama
PCR	Peón caballo rey
PCD	Peón caballo dama
PCF	Federación Polaca de Ajedrez
PxP	Peón por peón
TN	Torneo de las Naciones
TR	Torre Rey
TD	Torre dama
RCAA	Revista del Club Argentino de Ajedrez
UIA	Unión Industrial Argentina
UCRP	Unión Cívica Radical del Pueblo
UCRI	Unión Cívica Radical Intransigente
UP	United Press

Sueña René Favaloro
Un país que nunca fue

[Eduardo Falú]

EL IMPRESIONANTE TORNEO DE AJEDREZ DE LAS NACIONES 1939

TOMO 3

LOS INMIGRANTES ENRIQUECEN AL AJEDREZ ARGENTINO (1940-1943)

ÍNDICE

Tomo 3

LOS INMIGRANTES ENRIQUECEN AL AJEDREZ ARGENTINO (1940-1943)

PRÓLOGO

Esta parte de la obra está dedicada a la descripción de las circunstancias sociales y políticas que se produjeron en Argentina y en el mundo tras declararse la guerra, y la influencia que más de una veintena de fuertes ajedrecistas que permanecieron en el país ejercieron sobre la estructura del ajedrez nacional.

La propia Federación Argentina, instituciones oficiales, provincias, municipios, empresas, el Círculo de Ajedrez, embajadas, agrupaciones o clubes de comunidades, trataron de contener a los inmigrantes, y lo lograron en la gran mayoría de los casos. Ellos participaron en innumerables actividades, que les otorgaron una renta mínima para subsistir: torneos, simultáneas, conferencias, clases, academias, columnas periodísticas, edición de libros. Una excepción la constituyó el triste caso de Ilmar Raud, fallecido en circunstancias penosas, que trataremos al final de este tomo.

Capítulo 1

FOTOS Y DOCUMENTOS DEL TN

Uno de los afiches premiados en el concurso de la FADA

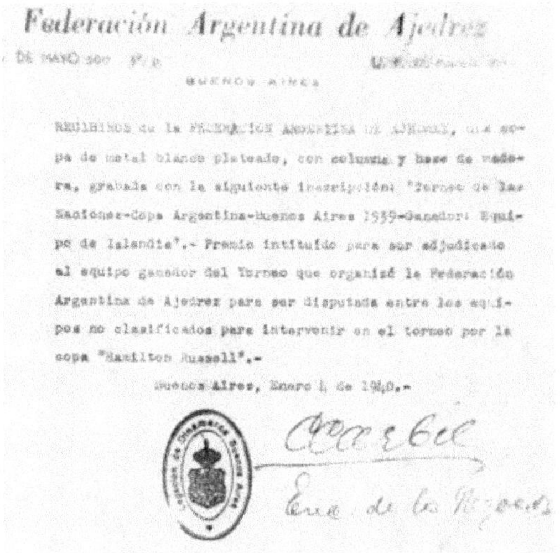

Federación Argentina de Ajedrez

BUENOS AIRES

RECIBIMOS de la FEDERACION ARGENTINA DE AJEDREZ, una copa de metal blanco plateado, con columna y base de madera, grabada con la siguiente inscripción: "Torneo de las Naciones-Copa Argentina-Buenos Aires 1939-Ganador: Equipo de Islandia".- Premio intituído para ser adjudicado al equipo ganador del Torneo que organizó la Federación Argentina de Ajedrez para ser disputada entre los equipos no clasificados para intervenir en el torneo por la copa "Hamilton Russell".-

Buenos Aires, Enero 4 de 1940.-

Recibo del equipo de Islandia
luego de recibir la Copa Argentina, en enero 4 de 1940.
Foto AGN

Logo del TN 1939. Foto AGN

Tapa del programa del TN

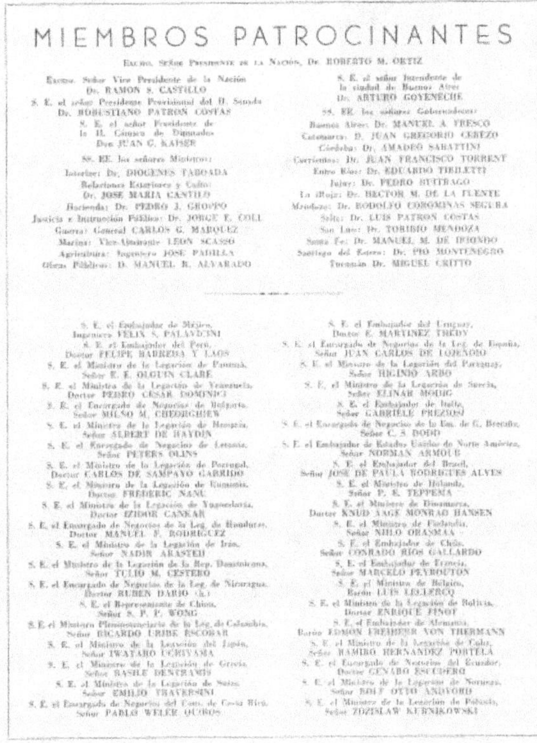

MIEMBROS PATROCINANTES

Excmo. Señor Presidente de la Nación, Dr. ROBERTO M. ORTIZ

Excmo. Señor Vice Presidente de la Nación
Dr. RAMON S. CASTILLO

S. E. el señor Presidente Provisional del H. Senado
Dr. ROBUSTIANO PATRON COSTAS

S. E. el señor Presidente de la H. Cámara de Diputados
Don JUAN G. KAISER

SS. EE. los señores Ministros:

Interior: Dr. DIOGENES TABOADA

Relaciones Exteriores y Culto: Dr. JOSE MARIA CANTILO

Hacienda: Dr. PEDRO J. GROPPO

Justicia e Instrucción Pública: Dr. JORGE E. COLL

Guerra: General CARLOS G. MARQUEZ

Marina: Vice-Almirante LEON SCASSO

Agricultura: Ingeniero JOSE PADILLA

Obras Públicas: D. MANUEL R. ALVARADO

S. E. el señor Intendente de la ciudad de Buenos Aires
Dr. ARTURO GOYENECHE

SS. EE. los señores Gobernadores:

Buenos Aires: Dr. MANUEL A. FRESCO

Catamarca: D. JUAN GREGORIO CEREZO

Córdoba: Dr. AMADEO SABATTINI

Corrientes: Dr. JUAN FRANCISCO TORRENT

Entre Ríos: Dr. EDUARDO TIBILETTI

Jujuy: Dr. PEDRO [illegible]

La Rioja: Dr. HECTOR M. DE LA FUENTE

Mendoza: Dr. RODOLFO COROMINAS SEGURA

Salta: Dr. LUIS PATRON COSTAS

San Luis: Dr. TORIBIO MENDOZA

Santa Fe: Dr. MANUEL M. DE IRIONDO

Santiago del Estero: Dr. PIO MONTENEGRO

Tucumán Dr. MIGUEL CRITTO

Contratapa del programa del TN

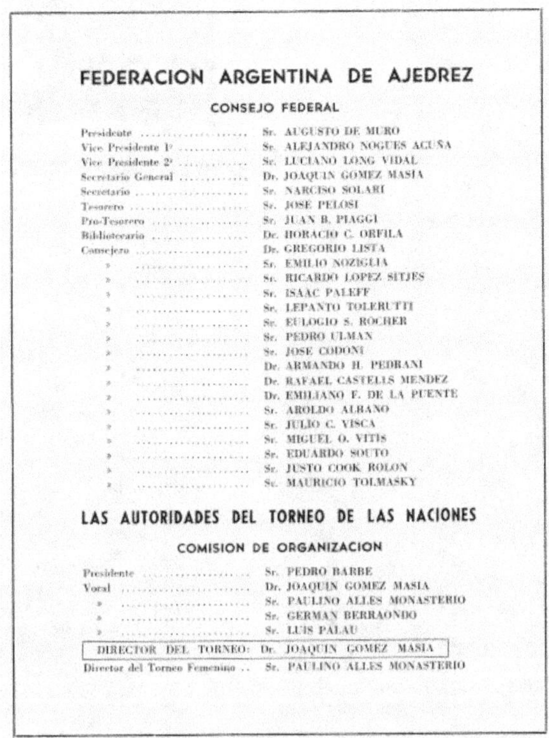

FEDERACION ARGENTINA DE AJEDREZ

CONSEJO FEDERAL

Presidente	Sr. AUGUSTO DE MURO
Vice Presidente 1º	Sr. ALEJANDRO NOGUES ACUÑA
Vice Presidente 2º	Sr. LUCIANO LONG VIDAL
Secretario General	Dr. JOAQUIN GOMEZ MASIA
Secretario	Sr. NARCISO SOLARI
Tesorero	Sr. JOSE PELOSI
Pro-Tesorero	Sr. JUAN B. PIAGGI
Bibliotecario	Dr. HORACIO C. ORFILA
Consejero	Dr. GREGORIO LISTA
»	Sr. EMILIO NOZIGLIA
»	Sr. RICARDO LOPEZ SITJES
»	Sr. ISAAC PALEFF
»	Sr. LEPANTO TOLERUTTI
»	Sr. EULOGIO S. ROCHER
»	Sr. PEDRO ULMAN
»	Sr. JOSE CODONI
»	Dr. ARMANDO H. PEDRANI
»	Dr. RAFAEL CASTELLS MENDEZ
»	Dr. EMILIANO F. DE LA FUENTE
»	Sr. AROLDO ALBANO
»	Sr. JULIO C. VISCA
»	Sr. MIGUEL O. VITIS
»	Sr. EDUARDO SOUTO
»	Sr. JUSTO COOK ROLON
»	Sr. MAURICIO TOLMASKY

LAS AUTORIDADES DEL TORNEO DE LAS NACIONES

COMISION DE ORGANIZACION

Presidente	Sr. PEDRO BARBE
Vocal	Dr. JOAQUIN GOMEZ MASIA
»	Sr. PAULINO ALLES MONASTERIO
»	Sr. GERMAN BERRAONDO
»	Sr. LUIS PALAU

DIRECTOR DEL TORNEO: Dr. JOAQUIN GOMEZ MASIA

Director del Torneo Femenino .. Sr. PAULINO ALLES MONASTERIO

Miembros del Consejo Federal de la FADA y autoridades

El presidente de la FIDE, doctor Alexander Rueb

¡BIENVENIDOS! ¡SOYEZ LES BIENVENUS! WELCOME!

Bienvenida en tres idiomas

LA ARGENTINA ANTE EL MUNDO

La República Argentina reúne en su capital, con motivo del campeonato mundial por equipos, a un número grande de hombres y mujeres de nacionalidades distintas, que se allegan a sus playas para llevarse de la vida de este país, una impresión fugaz pero que, de todos modos, habrá de ser testimonio veraz de su realidad.

La Argentina, por estar a gran distancia de los centros de cultura europea, y por constituir, como todos los pueblos de América, una meta más o menos ilusoria para grandes contingentes inmigratorios, no siempre ha sido juzgada por lo que es, sino por lo que la imaginación, a menudo en exceso amante de lo pintoresco, ha querido que sea. Conviene, pues, que digamos en pocas palabras, sin tablas estadísticas ni largas descripciones, cuál es la realidad argentina.

Esta nación, que ya sobrepasa los trece millones de habitantes, ha nacido a la independencia hace ciento veintinueve años. Desde entonces, ha sostenido sus instituciones sobre la base republicana y democrática de gobierno, asentada definitivamente en la Constitución que rige su vida pública a partir del año 1853.

Su vida rural, desarrollada al amparo de su clima vario y apacible sobre una tierra pródiga y fértil, ha fomentado en forma notable su riqueza agropecuaria, generando industrias poderosas. Pero, al mismo tiempo, su vida urbana ha seguido un ritmo de vertiginoso progreso y las grandes ciudades del país polarizan en conjunto a más de nueve millones de habitantes. Desde ella se difunde la cultura argentina, mediante seis universidades, centenares de colegios nacionales y escuelas de arte y millares de escuelas primarias diseminadas a todo lo largo del país. La preferencia de esta nación por la cultura y por la vida pacífica, se sintetiza en esta afirmación de un estadista argentino, que bien puede ser la más neta característica nacional: en la Argentina, hay dos maestros por cada soldado.

Es un país que gusta y desea que se lo visite y se lo conozca. Por eso ha tomado como una cuestión de honor nacional el hacer efectiva la realización del Torneo de las Naciones y lograr la venida al país de la mayor cantidad de equipos de todo el mundo.

La Federación Argentina de Ajedrez ha estado respaldada en esa tarea por el país entero, desde las altas autoridades nacionales hasta el más modesto ciudadano. Por eso se complace en transmitir a los ajedrecistas de todo el mundo que se hallan en esta Capital, el deseo ferviente del pueblo argentino de que su estada entre nosotros, sea motivo de una amplia y profunda compenetración espiritual entre los dueños de casa y sus gratísimos huéspedes.

Propaganda turística de la Argentina

El trofeo Hamilton Russell

Al margen de los Juegos Olímpicos que en el año 1924 tuvieron lugar en París, se disputó un torneo internacional de ajedrez, en el que tomaron parte equipos representativos de diecinueve países, entre los cuales se hallaba la Argentina.

Fué tal la expectativa internacional despertada por aquel certamen que un noble británico, Sir Hamilton Russell, decidió instituir un trofeo para que el acontecimiento se repitiera regularmente. Y así las principales ciudades europeas fueron los sucesivos escenarios de la manifestación ajedrecística más importante del mundo. Su realización incluye, además de la disputa del campeonato mundial por equipos, la del campeonato mundial femenino. Simultáneamente tienen lugar las deliberaciones del Congreso de la Federación Internacional de Ajedrez en el cual se adoptan resoluciones de capital importancia para el juego-ciencia.

No hay suceso deportivo —salvo los Juegos Olímpicos— cuya trascendencia pueda parangonarse a la de este acontecimiento, que convierte a la ciudad donde se realiza en la capital ajedrecística del mundo.

Su importancia acreció gradualmente con el curso de los años y llegó a ser un codiciado privilegio el de su organización. En cada uno de los Congreso Internacionales se designa la sede del próximo certamen y los representantes de los diversos países luchan para que al suyo le corresponda tan elevado honor. Es que se sabe cabalmente que no se trata de una simple competencia deportiva sino de un magnífico pretexto para la propaganda internacional de una nación. Y es así como el campeonato mundial por el trofeo Hamilton Russell acrecentó su jerarquía hasta constituir una de las expresiones más cabales de los valores culturales modernos. En razón de su trascendencia internacional se decidió darle un nombre que concretara su magnitud: Torneo de las Naciones.

Página 6 del folleto del TN

La adhesión del Exmo. Sr. Presidente de la Nación Argentina Dr. ROBERTO M. ORTIZ, Presidente Honorario del Torneo de la Naciones

Presidente de la Nación Argentina

Aprecio los esfuerzos que realiza la Federación Argentina de Ajedrez para organizar el Torneo de las Naciones.

La reunión de los representantes de diversos países del mundo, puede constituir un vehículo de compenetración espiritual y un medio de difundir en el extranjero nuestro grado de progreso y de cultura.

Deseo que el Torneo de las Naciones alcance todo el éxito que prometo el entusiasmo de sus propulsores.

AGOSTO DE 1939.

Mensaje de adhesión del presidente, Roberto Marcelino Ortiz

EL TORNEO DE LAS NACIONES

IRLANDA.

1. John F. O'Hanlon.
2. J. F. O'Donovan.
3. Gerald Kerlin.
4. William Minnis.
5. Warwick Nash.

ISLANDIA.

1. Baldur Möller.
2. Asmundur Asgeirsson.
3. Jón Gudmundsson.
4. Einar Thorvaldsson.
5. Gudmundur Arnlaugsson.

LETONIA.

1. Vladimir Petrovs.
2. Fricis Apsenieks.
3. Movsa Feigins.
4. Lucijs Endzelins.
5. Tenis Meingailis.

Jugadora

MLLE. MILDA LAUBERTE.

LITUANIA.

1. Vladas Mikenas.
2. Povilas Vaitonis.
3. Marc Luckis.
4. Povilas Fautvaisas.
5. Leonadas Andrasiunas.

Jugadora

MLLE. E. RECHAUSKIENE.

NORUEGA.

1. Johns Austbie.
2. A. Larsen.
3. Sverre Rehnord.
4. Ernest Rojahn.

Jugadora

MLLE. RUTH BLOCH-NAKKERUD.

PALESTINA.

1. M. Czerniak.
2. H. J. Foerder.
3. V. Winz.
4. Z. Kleinstein.
5. M. Rauch.

Jugadora

MLLE. S. REISCHER.

PARAGUAY.

1. Ernesto Espínola.
2. Juan S. Díaz Pérez.
3. Luis Laterza.
4. Augusto T. Aponte.
5. Luis O. Boettner.

PERU.

1. Alberto Ismodes Dulanto.
2. Felipe Pinzón Solís.
3. René Castro de Mendoza.
4. Domingo Soto.
5. A. Cayo.

POLONIA.

1. Savielly Tartakower.
2. Paulin Frydman.
3. M. Mendel Najdorf.
4. Teodor Regedzinski.
5. F. Ksawery Sulik.

SUECIA.

1. Gideon Stahlberg.
2. E. Lundin.
3. Ekenberg.
4. G. Danielson.
5. N. Bergkvist.

Jugadora

MLLE. INGEBORG ANDERSON.

URUGUAY.

1. Ernesto J. Rotunno.
2. Luis A. Gulla.
3. Luis L. Roux Cabral.
4. Carlos Hounie Fleurquin.
5. Alfredo F. Olivera.

JUGADORA LIBRE.

SONJA GRAF.

EL EQUIPO ARGENTINO

La Federación Argentina de Ajedrez designó a los diez jugadores argentinos que ocupan los primeros puestos del ranking nacional —y que podían actuar— para seleccionar entre ellos a los cinco que forman el team representativo. Los jugadores designados fueron éstos: Jacobo Bolbochán, Julio Bolbochán, Virgilio Fenoglio, Carlos Guimard, Roberto Grau, Carlos Maderna, Alejandro Nogués Acuña, Luis R. Piazzini, Isaías Pleci y Guillermo Puiggrós.

Jugadoras: Srtas. Dora Trepat y María Angélica Berea.

Presentación de los equipos (1)

PAISES REPRESENTADOS EN

ALEMANIA.

1. Erich Eliskases.
2. Paul Michel.
3. Ludwig Engels.
4. Albert Becker.
5. Heinrich Reinhardt.

Jugadora

MLLE. FRIEDEL RINDER.

BELGICA.

Jugadora

MLLE. C. WAGEMANS STOFFELS.

BOHEMIA Y MORAVIA.

1. Jan Foltys.
2. Karel Opocensky.
3. J. Pelikan.
4. Karel Skalicka.
5. F. Zita.

Jugadora

MME. JANECEK.

BOLIVIA.

1. Jorge Rodríguez Hurtado.
2. Hugo Córdova.
3. Luis V. Zavala.
4. Paul Baender.
5. Víctor Reyes Velazco.

BULGARIA.

1. Alexander Zwetkoff.
2. Oleg Neukirch.
3. Alexander Kiproff.
4. Michail Kantardjeff.
5. Emil Karastojtscheff.

BRASIL.

1. Octavio Trompowsky.
2. Walter Oswaldo Cruz.
3. Adhemar da Silva Rocha.
4. Oswaldo Cruz Filho.
5. Raul Charlier.

CANADA.

1. H. Helman.
2. H. Opsahl.
3. J. S. Morrison.
4. A. Yanofsky.
5. W. Holowach.

Jugadora

MISS ANNABELLE LOUGHEED.

CUBA.

1. José R. Capablanca.
2. Francisco Planas.
3. Miguel B. Alemán.
4. Alberto López.
5. Rafael Blanco.

Jugadora

SRTA. MARÍA TERESA MORA.

CHILE.

1. Rodrigo Flores.
2. Mariano Castillo.
3. Enrique Reed.
4. René Letelier.
5. Julio Salas Romo.

Jugadora

SRTA. BERNA CARRASCO.

DINAMARCA.

1. Jens Enevoldsen.
2. Chr. Poulsen.
3. Ojvind Larsen.
4. Alfred Christensen.
5. Ernest C. Sörensen.

Jugadora

MLLE. INGRID LARSEN.

ECUADOR.

1. J. Fernández Uzubillaga.
2. Santiago Morales.
3. José J. Sierra.
4. Miguel Suárez Dávila.

ESTADOS UNIDOS.

Jugadora

MISS. MAY N. KARFF.

ESTONIA.

1. Paul Keres.
2. Ilmar Raud.
3. Paul Schmidt.
4. Gunnar Friedemann.
5. Johannes Türn.

FRANCIA.

1. Alejandro Alekhine.
2. A. Gromer.
3. Romanei.
4. Dez.

Jugadora

MLLE. P. SCHWARTZMAN.

GUATEMALA.

1. Guillermo Vassaux.
2. José Luis Asturias.
3. Domingo Cruz Bulnes.
4. Carlos E. Salazar.
5. Rogelio Vargas.

HOLANDA.

1. N. Cortlever.
2. A. D. de Groot.
3. T. H. van Scheltinga.
4. L. Prins.

Jugadora

MLLE. A. ROODZANT.

INGLATERRA.

1. C. H. O. D'Alexander.
2. Sir George Thomas.
3. P. S. Milner Barry.
4. H. Golombek.
5. B. H. Wood.

Jugadora

SRA. VERA MENCHIK DE STEVENSON.

Presentación de los equipos (2)

DISTINTIVOS ESPECIALES

Los jugadores que intervienen en el Torneo de las Naciones, los capitanes de los mismos, los delegados extranjeros, los dirigentes de la Federación Argentina de Ajedrez, los fiscales y los periodistas podrán ser reconocidos por los distintivos especiales que llevará cada uno de ellos.

Al margen puede verse la reproducción facsimilar de uno de dichos distintivos. La identificación correspondiente se determinará con los diversos colores que llevarán en la parte terminal de la cinta. Dichos colores tienen la siguiente significación:

VIOLETA	Jugadores
VERDE	Capitanes
CELESTE	Autoridades del Torneo
ROJO	Fiscales
MARRON	Periodistas

Además todos los miembros de la Federación Argentina de Ajedrez llevarán una escarapela argentina sobresaliendo levemente de la medalla.

ALEJANDRO ALEHKINE

CAMPEON DEL MUNDO.

Al frente del equipo de Francia actúa en el Torneo de las Naciones el campeón mundial de ajedrez. El Dr. Alejandro Alekhine, que conquistó en dos oportunidades la máxima consagración del tablero, es una figura de extraordinaria jerarquía. Su presencia en Buenos Aires tiene la significación de un acontecimiento y contribuye a valorizar en forma excepcional la competencia ajedrecística más importante de todas las que se han organizado hasta la fecha.

Participará el campeón Mundial Alekhine

Mrs. R. S. STEVENSON

CAMPEONA MUNDIAL.

De todas las jugadoras que intervendrán en el campeonato mundial femenino, se destaca con netos perfiles la personalidad de la Sra. Vera Menchik de Stevenson.
Mrs. Stevenson es una ajedrecista de extraordinaria calidad. Los aficionados argentinos tendrán oportunidad de apreciar los notables recursos de su técnica. Profunda conocedora del juego, al cual dedica casi todo su tiempo, se caracteriza por su acierto en los análisis y por una vigorosa capacidad de ataque. Ambas condiciones la equiparan a la fuerza de un buen maestro de primera categoría.
A pesar de ser de origen checoeslovaco, Mrs. Stevenson representa a Inglaterra en todos los certámenes en que actúa. En tal carácter, hizo el viaje a esta Capital, para tomar parte en el campeonato femenino. No es aventurado consignar que su actuación dejará valiosísimas enseñanzas, especialmente entre los entusiastas cultores del ajedrez en la Argentina.

La campeona mundial Menchik
será favorita en el torneo de damas

Titulares y suplentes del equipo argentino (1)

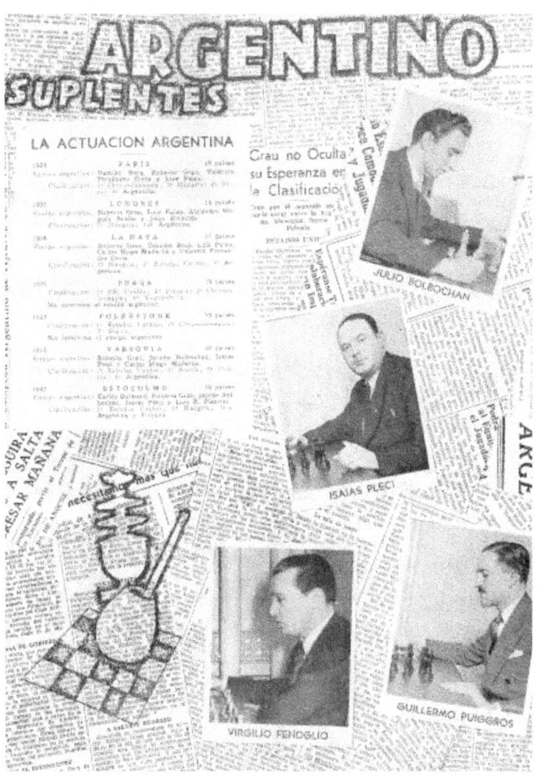

Titulares y suplentes del equipo argentino (2)

Vladimir Petrovs y Nilda Lauberts

ESTATUTO DE LA PRUEBA COPA-CHALLENGUE INTERNACIONAL DE AJEDREZ HAMILTON-RUSSELL

PARAGRAFO I

Disposiciones Generales

PARAGRAFO II

PARAGRAFO ADICIONAL

Estatuto de la Copa Hamilton Russell

REGLAMENTO SUPLEMENTARIO EN VIGOR DURANTE EL TORNEO DE BUENOS AIRES

Propaganda del Chevrolet

STATUT DE L'EPREUVE COUPE-CHALLENGE INTERNATIONALE D'ECHECS HAMILTON-RUSSELL

PARAGRAPHE I

Dispositions Générales

Reglamentos de la Copa Hamilton Russell (1)

PARAGRAPHE ADDITIONNEL

REGLEMENT SUPPLEMENTAIRE EN VIGUEUR PENDAT LE TOURNOI DE BUENOS AIRES

PARAGRAPHE II

Reglamentos de la Copa Hamilton Russell (2)

Reglamentos de la Copa Hamilton Russell (3)
y propaganda de Ford

REGLAMENTO DE LAS PRUEBAS PARA EL CAMPEONATO FEMENINO DE LA F. I. D. E.

REGLEMENT DES EPREUVES POUR LE CHAMPIONNAT FEMENIN DE LA F I. D. E.

Reglamentos de la Copa Hamilton Russell (4)

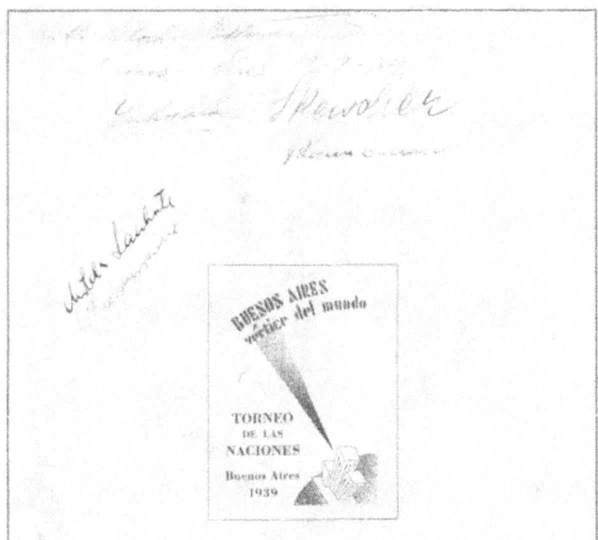

Un afiche del TN, con las firmas de Milda Lauberte,
E. Raclauskienne, Salomé Reischer, Julio Salas Romo,
Berna Carrasco y Ruth Bloch Nakkerud,
18 de setiembre de 1939

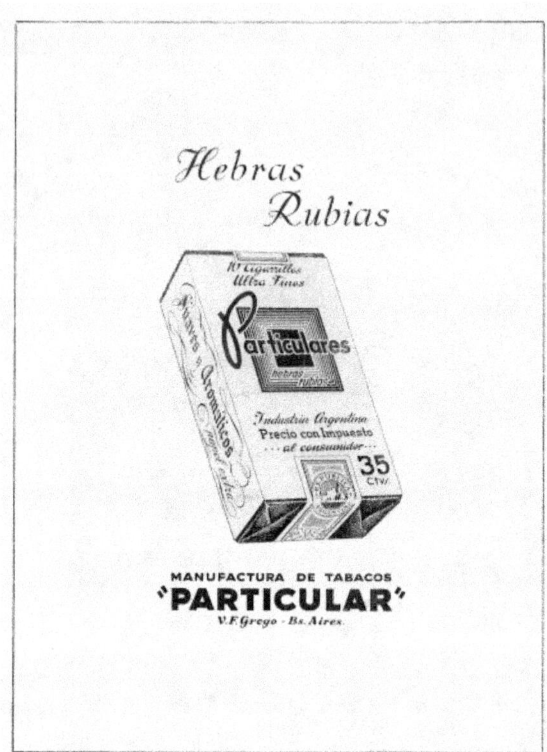

Los infaltables cigarrillos, masivamente consumidos en aquella época en los torneos de ajedrez

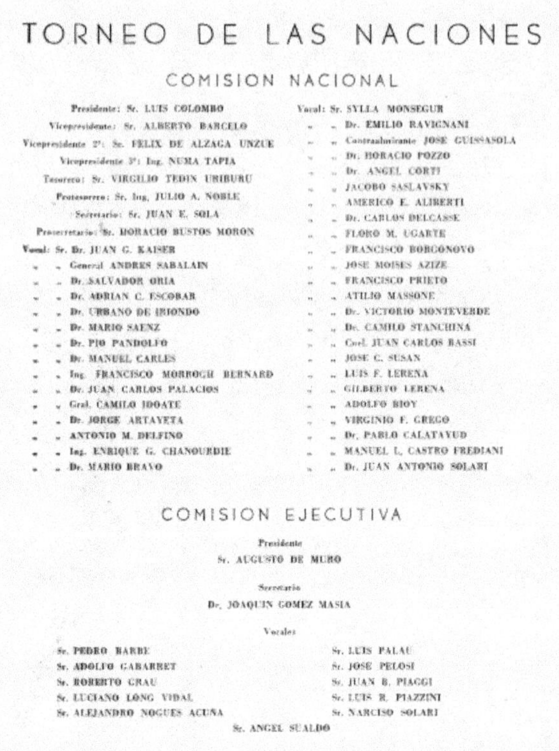

TORNEO DE LAS NACIONES

COMISION NACIONAL

Presidente: Sr. LUIS COLOMBO
Vicepresidente: Sr. ALBERTO BARCELO
Vicepresidente 2º: Sr. FELIX DE ALZAGA UNZUE
Vicepresidente 3º: Ing. NUMA TAPIA
Tesorero: Sr. VIRGILIO TEDIN URIBURU
Protesorero: Sr. Ing. JULIO A. NOBLE
Secretario: Sr. JUAN E. SOLA
Prosecretario: Sr. HORACIO BUSTOS MORON
Vocal: Sr. Dr. JUAN G. KAISER
” ” General ANDRES SABALAIN
” ” Dr. SALVADOR ORIA
” ” Dr. ADRIAN C. ESCOBAR
” ” Dr. URBANO DE IRIONDO
” ” Dr. MARIO SAENZ
” ” Dr. PIO PANDOLFO
” ” Dr. MANUEL CARLES
” ” Ing. FRANCISCO MORROGH BERNARD
” ” Dr. JUAN CARLOS PALACIOS
” ” Gral. CAMILO IDOATE
” ” Dr. JORGE ARTAYETA
” ” ANTONIO M. DELFINO
” ” Ing. ENRIQUE G. CHANOURDIE
” ” Dr. MARIO BRAVO

Vocal: Sr. SYLLA MONSEGUR
” ” Dr. EMILIO RAVIGNANI
” ” Contraalmirante JOSE GUISASOLA
” ” Dr. HORACIO POZZO
” ” Dr. ANGEL CORTI
” ” JACOBO SASLAVSKY
” ” AMERICO E. ALIBERTI
” ” Dr. CARLOS DELCASSE
” ” FLORO M. UGARTE
” ” FRANCISCO BORGONOVO
” ” JOSE MOISES AZIZE
” ” FRANCISCO PRIETO
” ” ATILIO MASSONE
” ” Dr. VICTORIO MONTEVERDE
” ” Dr. CAMILO STANCHINA
” ” Cnel. JUAN CARLOS BASSI
” ” JOSE C. SUSAN
” ” LUIS F. LERENA
” ” GILBERTO LERENA
” ” ADOLFO BIOY
” ” VIRGINIO F. GREGO
” ” Dr. PABLO CALATAYUD
” ” MANUEL L. CASTRO FREDIANI
” ” Dr. JUAN ANTONIO SOLARI

COMISION EJECUTIVA

Presidente
Sr. AUGUSTO DE MURO

Secretario
Dr. JOAQUIN GOMEZ MASIA

Vocales

Sr. PEDRO BARBE
Sr. ADOLFO GABARRET
Sr. ROBERTO GRAU
Sr. LUCIANO LONG VIDAL
Sr. ALEJANDRO NOGUES ACUÑA

Sr. LUIS PALAU
Sr. JOSE PELOSI
Sr. JUAN B. PIAGGI
Sr. LUIS R. PIAZZINI
Sr. NARCISO SOLARI

Sr. ANGEL SUALDO

Comisión Nacional y Comisión Ejecutiva

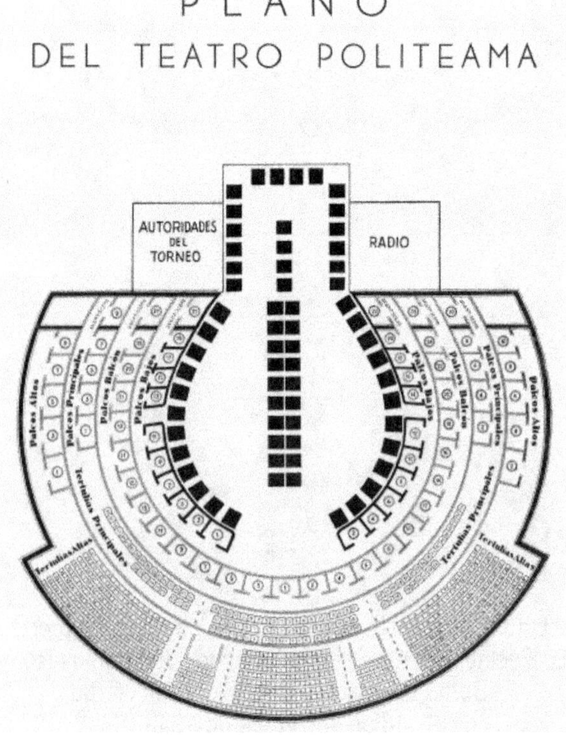

Plano del salón de juego y butacas del Teatro Politeama

Una popular cerveza como empresas auspiciante

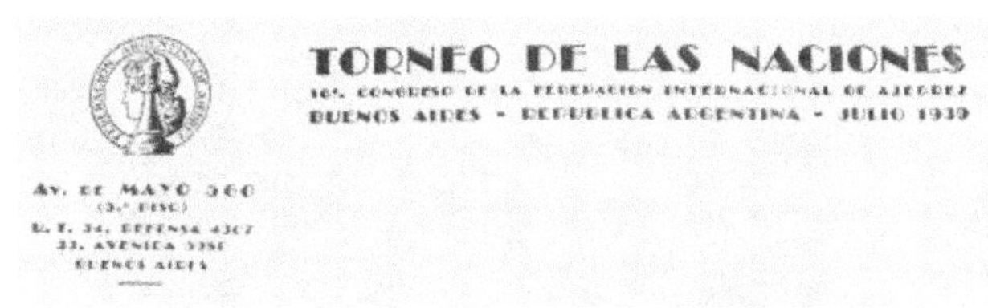

Membrete utilizado por la FADA
para enviar cartas y circulares oficiales del TN

Otro aviso de los automóviles Ford

Primer programa del TN, julio de 1939

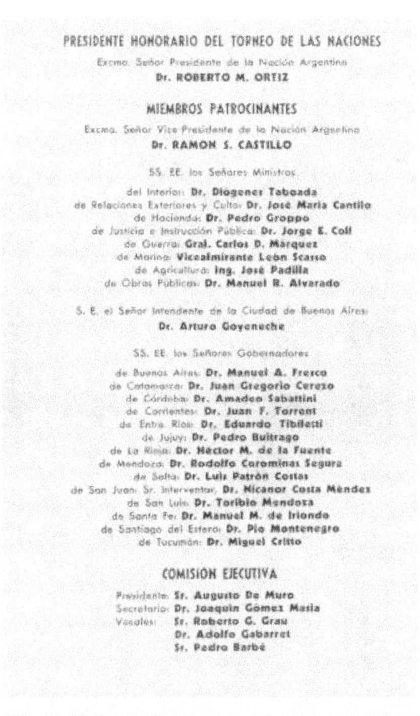

PRESIDENTE HONORARIO DEL TORNEO DE LAS NACIONES

Excmo. Señor Presidente de la Nación Argentina
Dr. ROBERTO M. ORTIZ

MIEMBROS PATROCINANTES

Excmo. Señor Vice Presidente de la Nación Argentina
Dr. RAMON S. CASTILLO

SS. EE. los Señores Ministros

del Interior: **Dr. Diogenes Taboada**
de Relaciones Exteriores y Culto: **Dr. José María Cantilo**
de Hacienda: **Dr. Pedro Groppo**
de Justicia e Instrucción Pública: **Dr. Jorge E. Coll**
de Guerra: **Gral. Carlos D. Márquez**
de Marina: **Vicealmirante León Scasso**
de Agricultura: **Ing. José Padilla**
de Obras Públicas: **Dr. Manuel R. Alvarado**

S. E. el Señor Intendente de la Ciudad de Buenos Aires:
Dr. Arturo Goyeneche

SS. EE. los Señores Gobernadores

de Buenos Aires: **Dr. Manuel A. Fresco**
de Catamarca: **Dr. Juan Gregorio Cerezo**
de Córdoba: **Dr. Amadeo Sabattini**
de Corrientes: **Dr. Juan F. Torrent**
de Entre Ríos: **Dr. Eduardo Tibiletti**
de Jujuy: **Dr. Pedro Buitrago**
de La Rioja: **Dr. Héctor M. de la Fuente**
de Mendoza: **Dr. Rodolfo Corominas Segura**
de Salta: **Dr. Luis Patrón Costas**
de San Juan: Sr. Interventor, **Dr. Nicanor Costa Méndez**
de San Luis: **Dr. Toribio Mendoza**
de Santa Fe: **Dr. Manuel M. de Iriondo**
de Santiago del Estero: **Dr. Pío Montenegro**
de Tucumán: **Dr. Miguel Critto**

COMISION EJECUTIVA

Presidente: **Sr. Augusto De Muro**
Secretario: **Dr. Joaquín Gómez Masía**
Vocales: **Sr. Roberto G. Grau**
Dr. Adolfo Gabarret
Sr. Pedro Barbé

REPUBLICA ARGENTINA SERA, EN JULIO

Comisiones del TN

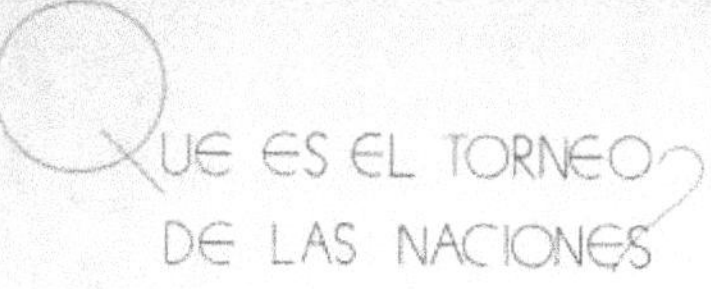

- LOS OJOS DEL MUNDO, fijos, durante un mes sobre BUENOS AIRES.
- Más de Cuarenta países. Doscientos ases del ajedrez mundial en lucha gigantesca por el Campeonato Mundial.
- La justa deportiva internacional de MAYOR TRASCENDENCIA que haya tenido por escenario la República.
- Junto a los conjuntos de cada nación, MILLARES DE TURISTAS que vendrán a conocer nuestro país, cuya gravitación universal se derivará del mismo hecho de poder organizar con éxito tan extraordinaria competencia.
- Lectores diseminados en TODA LA SUPERFICIE DEL ORBE CIVILIZADO, que cada día abrirán sus periódicos para saber qué pasa en la ARGENTINA.
- El momento más precioso para HACER CONOCER el país. De modificar viejos y comunes errores de información. De exhibir nuestros valores culturales, sociales y económicos. De mostrar NUESTRA AUTENTICA REALIDAD.
- La Federación Argentina de Ajedrez VA A DAR AL MUNDO esa información afrontando la empresa de organizar el TORNEO DE LAS NACIONES CON LA AYUDA DE TODO EL PAIS.

Propiciará la venida de grandes masas turísticas. Realizará un VASTO PLAN DE PROPAGANDA en el Exterior.

Los representantes y turistas de MAS DE CUARENTA PAISES SABRAN QUE ES LA ARGENTINA. Transmitirán a su regreso las impresiones aquí recogidas. Y el mundo tendrá la visión exacta de nuestra grandeza.

UN MAGNIFICO INSTRUMENTO DE ESA VASTA PUBLICIDAD - QUE HA DE RECIBIR EL AUSPICIO MORAL Y ECONOMICO DEL PAIS ENTERO - ESO ES

EL TORNEO DE LAS NACIONES

Propaganda turística (1)

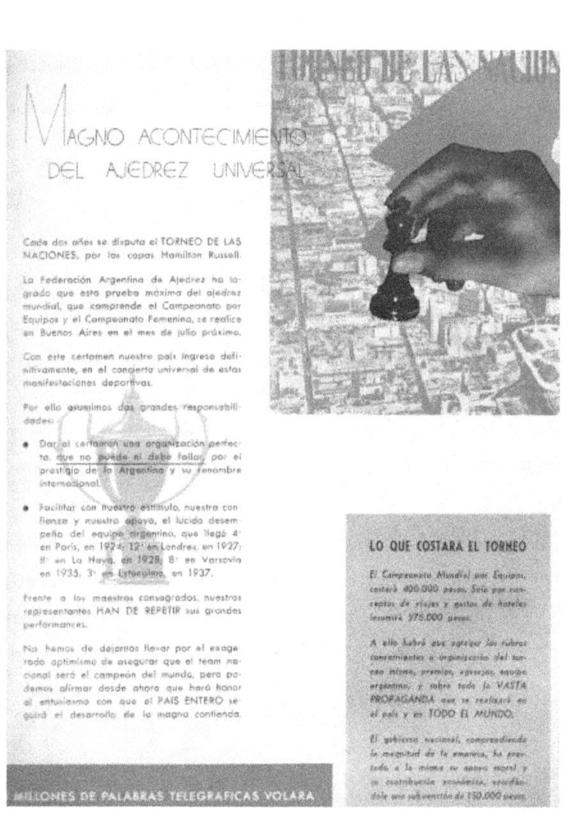

TORNEO DE LAS NACIONES

MAGNO ACONTECIMIENTO DEL AJEDREZ UNIVERSAL

Cada dos años se disputa el TORNEO DE LAS NACIONES, por las copas Hamilton Russell.

La Federación Argentina de Ajedrez ha logrado que esta prueba máxima del ajedrez mundial, que comprende el Campeonato por Equipos y el Campeonato Femenino, se realice en Buenos Aires en el mes de julio próximo.

Con este certamen nuestro país ingresa definitivamente, en el concierto universal de estas manifestaciones deportivas.

Por ello asumimos dos grandes responsabilidades:

- Dar al certamen una organización perfecta, que no puede ni debe fallar, por el prestigio de la Argentina y su renombre internacional.
- Facilitar con nuestro estímulo, nuestra confianza y nuestro apoyo, el lucido desempeño del equipo argentino, que llegó 4° en París, en 1924; 12° en Londres, en 1927; 8° en La Haya, en 1928; 8° en Varsovia en 1935; 3° en Estocolmo, en 1937.

Frente a los maestros consagrados, nuestros representantes HAN DE REPETIR sus grandes performances.

No hemos de dejarnos llevar por el exagerado optimismo de asegurar que el team nacional será el campeón del mundo, pero podemos afirmar desde ahora que hará honor al entusiasmo con que el PAIS ENTERO seguirá el desarrollo de la magna contienda.

MILLONES DE PALABRAS TELEGRAFICAS VOLARA[N]

LO QUE COSTARA EL TORNEO

El Campeonato Mundial por Equipos, costará 400.000 pesos. Sólo por conceptos de viajes y gastos de hoteles insumirá 375.000 pesos.

A ello habrá que agregar los rubros concernientes a organización del torneo mismo, premios, agasajos, equipo argentino, y sobre todo la VASTA PROPAGANDA que se realizará en el país y en TODO EL MUNDO.

El gobierno nacional, comprendiendo la magnitud de la empresa, ha prestado a la misma su apoyo moral y su contribución económica, acordándole una subvención de 150.000 pesos.

Propaganda turística (2) y Características del TN

PARA EL TURISMO

El TORNEO DE LAS NACIONES servirá para ponernos en evidencia ante el mundo. Preparémonos para abrir más ampliamente las puertas al turismo. Facilitemos y estimulemos el traslado de viajeros que, de todas las latitudes, acompañarán a los grandes ases del ajedrez mundial para participar en la sensacional competición.

Encaucemos convenientemente la formidable corriente de turismo interno que se moverá con motivo del grandioso certamen.

La Federación Argentina de Ajedrez al realizar el más formidable esfuerzo de organización deportiva que se haya intentado entre nosotros, PROVEE a los centros de explotación turística del país del INSTRUMENTO MAS PRECIOSO logrado hasta la fecha.

Por patriotismo y por propia conveniencia, todos los elementos afines al turismo en la Argentina, se vincularán a esta magna empresa, en su propio beneficio y en el más grande del país entero.

¡VINCULESE USTED TAMBIEN!

En 100.000 folletos redactados en castellano, inglés y francés, invitaremos al turismo mundial a conocer la magnífica realidad argentina.

Propaganda turística (3)

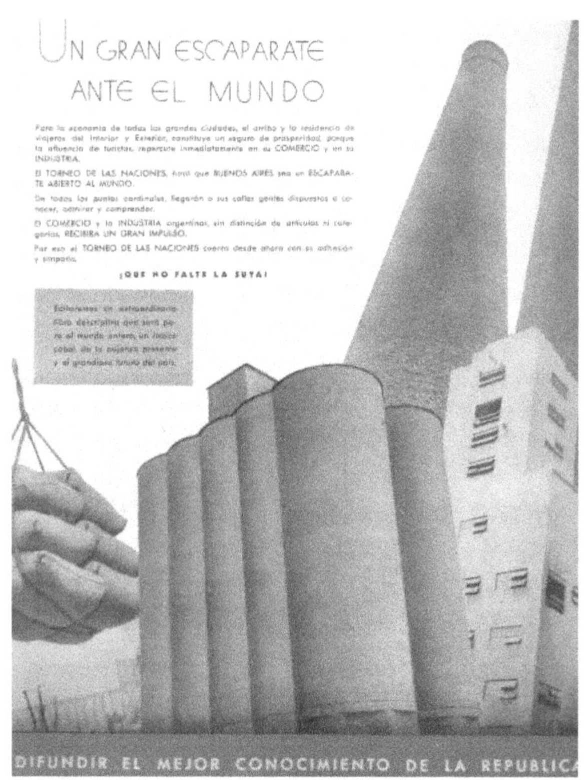

UN GRAN ESCAPARATE ANTE EL MUNDO

Para la economía de todas las grandes ciudades, el arribo y la residencia de viajeros del Interior y Exterior, constituye un seguro de prosperidad, porque la afluencia de turistas, repercute inmediatamente en su COMERCIO y en su INDUSTRIA.

El TORNEO DE LAS NACIONES, hará que BUENOS AIRES sea un ESCAPARATE ABIERTO AL MUNDO.

De todos los puntos cardinales, llegarán a sus calles gentes dispuestas a conocer, admirar y comprender.

El COMERCIO y la INDUSTRIA argentinos, sin distinción de artículos ni categorías, RECIBIRA UN GRAN IMPULSO.

Por eso el TORNEO DE LAS NACIONES cuenta desde ahora con su adhesión y simpatía.

¡QUE NO FALTE LA SUYA!

Editaremos un extraordinario libro descriptivo que será para el mundo entero, un [illegible] de la pujanza presente y el grandioso futuro del país.

DIFUNDIR EL MEJOR CONOCIMIENTO DE LA REPUBLICA

Propaganda turística (4)

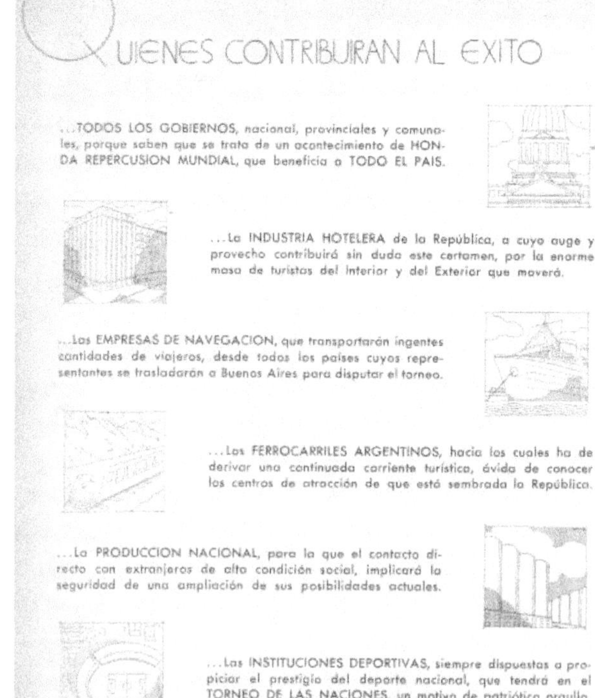

QUIENES CONTRIBUIRAN AL EXITO

...TODOS LOS GOBIERNOS, nacional, provinciales y comunales, porque saben que se trata de un acontecimiento de HONDA REPERCUSION MUNDIAL, que beneficia a TODO EL PAIS.

...La INDUSTRIA HOTELERA de la República, a cuyo auge y provecho contribuirá sin duda este certamen, por la enorme masa de turistas del Interior y del Exterior que moverá.

...Las EMPRESAS DE NAVEGACION, que transportarán ingentes cantidades de viajeros, desde todos los países cuyos representantes se trasladarán a Buenos Aires para disputar el torneo.

...Los FERROCARRILES ARGENTINOS, hacia los cuales ha de derivar una continuada corriente turística, ávida de conocer los centros de atracción de que está sembrada la República.

...La PRODUCCION NACIONAL, para la que el contacto directo con extranjeros de alta condición social, implicará la seguridad de una ampliación de sus posibilidades actuales.

...Las INSTITUCIONES DEPORTIVAS, siempre dispuestas a propiciar el prestigio del deporte nacional, que tendrá en el TORNEO DE LAS NACIONES, un motivo de patriótica orgullo.

Propaganda turística (5)

Dice el Señor Intendente de la Ciudad de Buenos Aires: "El Torneo de las Naciones canalizará hacia la Argentina, la atención de los paises del mundo".

ARTURO GOYENECHE

Dice el donante del trofeo: "En 1927 cuando doné la copa para el Torneo de las Naciones, no pensé que doce años después, la disputarían 40 equipos de todo el mundo. Estoy realmente complacido de que esta competencia haya llegado a constituir un éxito tan notable, que permita reunir en una hermosa ciudad como Buenos Aires, a los más grandes jugadores del ajedrez universal".

SIR HAMILTON RUSSELL

Dice el Señor Embajador de Francia: "Al margen de su valor deportivo, el Torneo de las Naciones, tiene una indudable significación como factor de acercamiento entre los paises representados" ....
"Deseo a los organizadores de este certamen el mejor de los éxitos".

MARCEL PEYROUTON

Dice el Señor Gobernador de la Provincia de Buenos Aires: "El Gobernador de la Provincia de Buenos Aires, cumple en hacer llegar su amplia adhesión al magnífico Torneo de las Naciones, que se realizará bajo el auspicio de esa Federación".

MANUEL A. FRESCO

Dice el Señor Embajador de Gran Bretaña: "Pocos acontecimientos reunen un número tan grande y calificado de equipos como el Torneo de las Naciones. Por ello no dudo de que el magno certamen alcanzará el buen éxito que merece el esfuerzo de sus organizadores".

SIR ESMOND OVEY

Dice el Señor Gobernador de Santiago del Estero: "Tratándose de un acontecimiento deportivo de gran magnitud y de resonancia mundial, patrocinado por las autoridades de la Nación, la Provincia de Santiago del Estero, por decreto de la fecha, se adhiere oficialmente, al Torneo de las Naciones".

PIO MONTENEGRO

DECIMOS NOSOTROS: No sólo todo ajedrecista, sino todo argentino, desde el Excmo. Presidente de la República hasta el más modesto ciudadano, están detrás de esta grandiosa cruzada. Confiamos ampliamente en el éxito. No por nosotros mismos, sino por la unanimidad del auspicio que nos rodea.

Hacemos obra auténticamente nacional. Ponemos en evidencia al país. Le daremos otra magnífica oportunidad para brillar con luz propia entre los más grandes del mundo. Y no habrá un solo argentino que no valore intimamente, el compromiso de honor que esta oportunidad implica.

Por eso sabemos que, en esta circunstancia, el país entero está con nosotros.

FEDERACION ARGENTINA DE AJEDREZ

FEDERACION ARGENTINA DE AJEDREZ

MESA DIRECTIVA

Presidente: Sr. AUGUSTO DE MURO

Vice-Presidente: Sr. ALEJANDRO NOGUES ACUÑA

Strio. General: Dr. JOAQUIN GOMEZ MASIA

Secretario: Sr. LORENZO REVETRIA

Tesorero: Sr. ROBERTO G. ALVAREZ

Pro-Tesorero: Sr. EDUARDO SOUTO

Bibliotecario: Dr. A. HECTOR PEDRANI

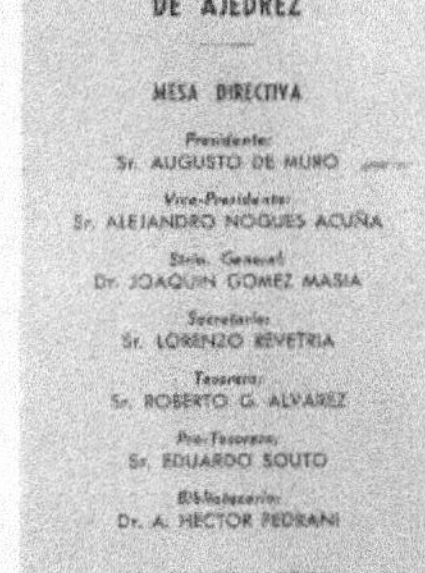

COMISION DE HACIENDA

Presidente: Sr. PEDRO BARBE

Vocales:
Dr. CAMILO F. STANCHINA
Sr. PATRICIO GRAU
Sr. ROBERTO G. ALVAREZ
Sr. GUILLERMO LOVEGROVE
Sr. LUCIANO LONG VIDAL

COMISION DE PROPAGANDA

Presidente: Sr. ADOLFO GABARRET

Vocales:
Sr. EULOGIO S. ROCHER
Sr. EDUARDO SAUZE

COMISION TECNICA

Presidente: Dr. JOAQUIN GOMEZ MASIA

Vocales:
Sr. PAULINO ALLES MONASTERIO
Sr. LUIS PALAU
Sr. GERMAN BERRAONDO

Palabras de personalidades

Portada del boletín oficial de noticias y partidas

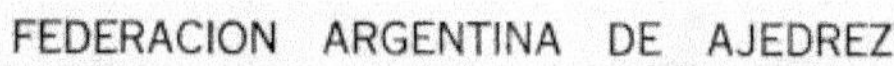

FEDERACION ARGENTINA DE AJEDREZ

SEDE DE LA FEDERACION AV. DE MAYO 560 — ESCENARIO DEL CERTAMEN TEATRO POLITEAMA

Torneo de las Naciones Nº5

BOLETIN DIARIO

Buenos Aires, 29 de agosto de 1939

Sumario

La figura del día. Al margen de los tableros.-

OoO

Informaciones varias. Correspondencia

OoO

Resultados individuales de la 5a. rueda preliminar.-

OoO

Resultados generales

OoO

Cuadro de posiciones de los torneos de las naciones y femeninos.-

OoO

Las partidas mas interesantes.-

OoO

Organización del certamen.-

OoO

Los premios instituidos.-

OoO

Advertencia a los espectadores.-

OoO

LA NOTA DEL DIA

La partida mas sensacional correspondiente a la quinta rueda estuvo a cargo del campeón del mundo, Alejandro Alekhine y del poderoso maestro Eliskases, primer tablero del fuerte conjunto alemán. La jerarquía de ambos adversarios hizo que la concurrencia se agrupara en especial ante su tablero. La expectativa del público determinó que los organizadores del certamen habilitaran en la tertulia alta del teatro un tablero suplementario, en el cual avezados jugadores argentinos de primera categoría comentaron las alternativas del juego.
Como en la cuarta rueda Keres y Capablanca atrajeron la curiosidad de los profanos y el interés de los entendidos, en la quinta Alekhine y Eliskases, al enfrentar dos prestigios añejos y dos calidades excepcionales, motivaron la nota llamativa de la noche.-

OoOoOoOoOoO

AL MARGEN DE LOS TABLEROS

No se crea que al Politeama solo se va a jugar con un espíritu netamente ajedrecístico. El novedoso espectáculo consagrado ya por el público porteño, tiene atractivos poderosos para muchas personas ajenas a las luchas del tablero. Los psicólogos, por ejemplo, y también los fisonomistas y los etnólogos.
Y es que el torneo es una notable muestra de tipos humanos. De notables y característicos tipos humanos, con quienes cada nación nos envía su esencia y su propia vida.
Gracias a ello, el esfuerzo de este magno certamen se traducirá no solo en una superación de orden ajedrecístico y en un mayor conocimiento de nuestro país en el exterior: nosotros habremos aumentado nuestro caudal y comprobado que si mucho podemos ofrecer a la trastornada humanidad europea, ello resulta mas satisfactorio porque mucho puede ella darnos también.

OoOoOoOoOoOoO

La sala de cuadros permite a los ignaros tener una idea clara de la situación de las principales partidas. Destacados ajedrecistas locales realizan en ese sentido una interesante labor pedagógica, gracias a la cual ahora se aprende ajedrez de oído.-

BOLETIN DEL TORNEO DE LAS NACIONES--------------------------------

Editorial del boletín diario nº 5

Boletín Mensual nº 4 del TN, febrero de 1939

La Capital Argentina Auspicia el Torneo

Dr. Arturo Goyeneche
Intendente de Buenos Aires

Pide la noble tradición del Torneo de las Naciones que el Primer Edil de la ciudad donde se realice brinde la recepción a los representantes extranjeros. Reyes y mandatarios han presidido la Comisión de Honor, pero siempre fueron los primeros ediles de cada capital quienes tuvieron a su cargo la misión de declarar huéspedes de la ciudad a los enviados extraordinarios, llegados desde las más diversas regiones de la Tierra, para intervenir en una magnífica cruzada.

En Julio próximo, Buenos Aires será escenario del certamen. Pupilas forasteras se agrandarán de asombro ante la visión de la gran ciudad. Al volver a sus patrias, los viajeros dirán, en lenguajes vernáculos, impresiones espléndidas. Pero, mientras estén aquí, no será preciso que entiendan nuestro idioma. Para la magna justa, les bastará un lenguaje: el del tablero. Y para que ellos la entiendan, Buenos Aires dispondrá de otro lenguaje: la cordialidad.

Es proverbial la hospitalidad porteña, entroncada con la rancia hidalguía española. Mas, esa buena disposición hacia el visitante, ese afán de hacerle más grata la estadía, esa conquistadora gentileza porteña, tiene su legítimo intérprete: el Intendente Municipal, cuya personalidad sintetiza el sentir popular.

GRATO ACONTECIMIENTO

Es por ello que hemos querido recabar en primer término al Dr. Arturo Goyeneche sus impresiones sobre el magno certamen. Entendemos que le corresponde la prioridad en las declaraciones, puesto que también la tendrá en la recepción. Bien

Boletín Mensual nº 4.
Propaganda del intendente Arturo Goyeneche (1)

2 BOLETIN MENSUAL DEL TORNEO DE LAS NACIONES — BUENOS AIRES ARGENTINA, 1939

sabemos que para él la misión de recibir a los huéspedes en nombre de la ciudad tendrá algo más que un simple carácter protocolar.

No en vano el Dr. Goyeneche dispone de una mentalidad abierta a todos los vientos del espíritu. Vive atento a las manifestaciones de la inteligencia, en todos sus matices y el ajedrez que, al decir de Goethe, "es la piedra de toque de la inteligencia", no podría escapar a su fina percepción.

MAGNIFICAS PROYECCIONES

Con su palabra fluída, el Dr. Goyeneche extiende sus consideraciones sobre el torneo. Pulsa sus posibilidades, fija su trascendencia, calcula sus proyecciones.

Es evidente —declara— que sólo de tarde en tarde nuestra ciudad queda convertida, por obra de circunstancias especiales, en foco de atracción para el resto del mundo.

Al pedirle que recordara alguna de esas circunstancias, agrega:

—El Congreso Eucarístico, por ejemplo, significó un acontecimiento tan extraordinario que Buenos Aires no sólo vió ampliada su población por la afluencia de turistas, sino que también supo que su nombre era pronunciado por millones de labios, ya que figuraba en el primer plano de la información periodística mundial. Algo similar puede decirse de la Conferencia de Consolidación de la Paz, que inscribió el nombre de la Argentina en la historia del pacifismo internacional.

—¿Atribuye usted, doctor, parecida trascendencia al Torneo de las Naciones?

—Aunque en otro plano, puesto que carece del sentido espiritual del Congreso Eucarístico y de la significación histórica de la Conferencia, el Torneo de las Naciones canalizará hacia la capital argentina la atención de los países del mundo.

AFLUENCIA DE TURISTAS

Luego, el señor Intendente cambia el tono de sus observaciones, para referirse a las posibilidades que abrirá al turismo el magno certamen. Declara que, a su juicio, numerosas corrientes, de distintos orígenes, se orientarán hacia la Argentina. Señala los beneficios espirituales y económicos de esa afluencia, y añade:

—Muchos de los viajeros verán con sorpresa una ciudad, cuya magnitud quizá no figure en sus precarios conocimientos geográficos. Otros, despierta su curiosidad, querrán conocer el resto del país. Todo ello hará que la Argentina se afirme como centro de atracción del turismo, con los inestimables beneficios que tal hecho comporta.

—Buenos Aires —nos dice—, será el imán de la atención mundial, mientras dure el Torneo de las Naciones. Prácticamente, los pueblos de cinco continentes seguirán un día tras otro las alternativas del certamen. Es indudable que éste tendrá un interés particular para los ajedrecistas. Pero, al igual que todas las justas internacionales, es seguro que despertará también la expectativa de los profanos. Bien se sabe que el deporte es una vigorosa expresión de la época. Por ello, la visita de una embajada deportiva siempre constituye un acontecimiento. En este caso se trata no de una, sino de cuarenta embajadas que, aunque no tienen misión diplomática, contribuirán en grado sumo al acercamiento de los pueblos.

Tras algunas certeras reflexiones, relativas a la función social del deporte, el Dr. Goyeneche prosigue:

—Vendrán a Buenos Aires hombres de nacionalidades, y aun de razas, diferentes. La ciudad los confundirá en un mismo abrazo cordial. Cuando esos hombres vuelvan a sus patrias serán, sin duda, los más fervorosos propagandistas de nuestro país. Es preciso que el mundo nos conozca mejor. El conocimiento facilita la comprensión. Y la comprensión rinde magníficas cosechas.

Boletín Mensual nº 4.
Propaganda del intendente Arturo Goyeneche (2)

BOLETIN MENSUAL DEL TORNEO DE LAS NACIONES — BUENOS AIRES ARGENTINA, 1939 3

El Mejor Lenguaje

DINAMARQUES
INGLES
PORTUGUES
BELGA
ALEMAN
BULGARO
CASTELLANO
ESTONIANO
FINLANDES
HOLANDES
FRANCES
HUNGARO
ISLANDES
ITALIANO
LETON
LITUANO
NORUEGO
SUECO
POLACO
RUMANO
YUGOESLAVO

En la lista de la izquierda figuran algunos de los idiomas que hablarán en Buenos Aires los integrantes de las delegaciones inscriptas en el Torneo de las Naciones. La ciudad está habituada al cosmopolitismo, pero, de cualquier manera, no deja de ser extraordinario el hecho de que un acontecimiento deportivo resulte una verdadera Torre de Babel. Y más extraordinaria aún resulta la circunstancia de que todos esos hombres, de idiomas distintos, se entenderán entre si cuando hablen por ellos las piezas de ajedrez.

Como ningún otro, el ajedrez es un juego que exige silencio. Pero, terminarán las partidas, y Buenos Aires se poblará de voces inéditas. Quizá por primera vez la ciudad escuche la fonética exótica de los habitantes de esa lejana isla de novela que se llama Islandia.

Extraño sortilegio el del ajedrez, que puede convocar en un punto a los habitantes de los lugares más remotos. Esta vez es Buenos Aires el elegido para la fiesta grande del tablero.

Los americanos del centro y del sur saben ya que su idioma carece de fronteras. Y a los enviados de los demás países la ciudad les hablará con las voces claras y comprensibles de su mejor lenguaje: la cordialidad.

AL MARGEN DEL TORNEO

Alekhine y Capablanca aprendieron ajedrez entre las edades de cuatro y seis años.

•

Reshevsky es judío ortodoxo. Por consiguiente se abstiene de hacer los sábados el menor esfuerzo, salvo jugar partidas de ajedrez. Sin embargo, cuando así lo hace, lleva siempre un acompañante para que le anote las jugadas, porque estima que este es un trabajo material.

Boletín Mensual nº 4. Los idiomas del TN

4 BOLETIN MENSUAL DEL TORNEO DE LAS NACIONES — BUENOS AIRES ARGENTINA, 1939

HISTORIA SUMARIA DEL TORNEO

En las Ciudades de Europa

1924 — **PARIS** — 19 países

Equipo argentino: **Damián Reca, Roberto Grau, Valentín Fernández Coria y Luis Palau.**

Clasificación: 1º Checoeslovaquia; 2º Hungría; 3º Suiza; 4º **Argentina.**

Palau se clasificó finalista e intervino en el torneo de los ganadores de grupos preliminares. Ocupó el séptimo lugar en la clasificación general del campeonato.

•

1927 — **LONDRES** — 16 países

Equipo argentino: **Roberto Grau, Luis Palau, Alejandro Nogués Acuña y Juan Rivarola.**

Clasificación: 1º Hungría; 12º **Argentina.**

Palau conquistó el primer premio de brillantez por su partida frente al representante holandés Te Kolste.

•

1928 — **LA HAYA** — 17 países

Equipo argentino: **Roberto Grau, Damián Reca, Luis Palau, Carlos Hugo Maderna y Valentín Fernández Coria.**

Clasificación: 1º Hungría; 2º Estados Unidos; 8º **Argentina.**

•

1931 — **PRAGA** — 19 países

Clasificación: 1º EE. Unidos; 2º Polonia; 3º Checoeslovaquia; 4º Yugoeslavia.

No intervino el equipo argentino.

•

1933 — **FOLKESTONE** — 16 países

Clasificación: 1º Estados Unidos; 2º Checoeslovaquia; 3º Suecia.

No intervino el equipo argentino.

•

1935 — **VARSOVIA** — 20 países

Equipo argentino: **Roberto Grau, Jacobo Bolbochán, Isaías Pleci y Carlos Hugo Maderna.**

Clasificación: 1º Estados Unidos; 2º Suecia; 3º Polonia; 8º **Argentina.**

•

1937 — **ESTOCOLMO** — 19 países

Equipo argentino: **Carlos Guimard, Roberto Grau, Jacobo Bolbochán, Isaías Pleci y Luis R. Piazzini.**

Boletín Mensual nº 4. Historia del TN (1)

...y ahora en Buenos Aires

Por especialísima distinción del Congreso Internacional de Estocolmo, la ciudad de Buenos Aires ha sido elegida escenario del próximo Torneo de las Naciones.

El significado de esta designación puede hallarse en el hecho de que los Estados Unidos aspiraban a que el Torneo de las Naciones se realizara este año en Nueva York, como uno de los números más destacados de la Exposición Internacional.

Correspondió, sin embargo, a Buenos Aires el honor de organizar la magna competencia y no fué ajena a la designación el esfuerzo magnífico del equipo argentino, que consiguió igualar con Polonia la tercera colocación, luego de una rutilante sucesión de victorias.

Buenos Aires vivirá así el próximo mes de Julio las emociones del torneo de ajedrez más importante del mundo. Nunca más de veinte países intervinieron en el certamen, pero ahora serán más de cuarenta los que enviarán representantes.

Cuarenta embajadas, con su séquito de turistas. La ciudad tendrá el clima de las fiestas internacionales y adquirirá esa excepcional fisonomía que le acuerdan los grandes acontecimientos.

Todos los días su nombre será repetido en las grandes capitales de Europa, en la América del Norte, en los países hermanos, en el Asia y hasta en la lejanísima Oceanía. En las ciudades más importantes del mundo, como en los pueblos más insospechados, la capital argentina será vértice de atención y comentarios.

Millones de personas estarán pendientes de lo que ocurra en Buenos Aires mientras dure el certamen. Y millares de viajeros mirarán con ojos de asombro una ciudad de la cual no tenían más que difusas referencias.

El Torneo de las Naciones, fiesta de la fraternidad internacional, será el arco tendido que proyectará a los cinco continentes el conocimiento de la segunda capital de la latinidad.

Boletín Mensual nº 4. Historia del TN (2)

News of International Interest

The Argentine Chess Federation appointed by the Stockholm Congress to organize the Tournament of Nations for 1939, has definiteley fixed next July for the holding of the great competition. Official spheres as well as private circles are taking steps to give to this big international event the importance worthy of it.

•

The World champion Alekhine, and Capablanca, Euwe, Fine, Flohr, together with other champions will come to Buenos Aires to compete in the greatest chess-board wrestling. The Argentine capital city will thus be, during July 1939, the Chess Centre of the World.

•

The Lord Mayor of Buenos Aires, Dr. Arturo Goyeneche, gave, in a special audience to the President of the Argentine Chess Federation, Sr. Augusto de Muro, and to its Secretary, Dr. Joaquín Gómez Masia, announces of his hearty support.

•

It is understood that two principal Prizes are to be disputed, corresponding to the World Championship by teams, and to the World Feminine Championship.

•

Buenos Aires, the second latin city of the Universe will be officially associated with the competition; and its Lord Mayor will be the host of the visiting delegations.

•

The Tournament is attracting to Buenos Aires —the most Southern of capitals— the attention of the whole country, and brings the Argentine Republic before the eyes of the World.

•

This is to be third remarkable international event which will have taken place in Buenos Aires during the last ten years. The others were the Eucharistic Congress in 1934, and the Panamerican Peace Conference in 1936.

•

Thirty five countries have already confirmed that they will attend. Five more nations are expected shortly to do likewise.

Boletín Mensual nº 4. Novedades en inglés

Every confort will be provided for tourists coming to Buenos Aires next July. Special terms and allowances will be made regarding fares and lodgings, and every measure will be taken to offer to foreing guests the maximum of hospitality.

•

The Argentine Chess Federation —the address of which is: Avenida de Mayo 560, 5º piso, Buenos Aires, Argentina— places its best offices at the disposal of tourists and will provide any information required.

•

It will be the first time that the majority of American countries will attend such a competition. For several reasons, most of them were absent from the preceding competitions.

•

Travelling expenses of the teams and their stay at Buenos Aires are borne by the Argentine Chess Federation. The Argentine Chess Federation's authorities are speeding up the programme of reception and entertainments for these ambassadors of sport of every country.

•

The Federation will shortly issue a special booklet dealing with the Argentine Republic and this momentous championship.

HECHOS CURIOSOS DEL TORNEO

Guimard, campeón argentino, aprendió a jugar a los 18 años.

•

Reshevsky, llamado en su oportunidad "el niño prodigio", lo hizo mucho antes.

•

A la edad de seis años, jugaba ya contra maestros. Vidmar, que lo enfrentó en esa época, acostumbra a hacerlo enojar diciéndole que jugaba mejor entonces que ahora.

•

De todos los jugadores que intervendrán en el Torneo de las Naciones, Alekhine es uno de los que más ha viajado. Hay pocas partes del mundo donde no haya estado.

•

Botvinik y Euwe usan anteojos. Capablanca sólo lo hace cuando se encuentra en posición inferior.

•

Cuando se halla en tal situación, Pleci, jugador argentino, acostumbra a toser.

EL Torneo de las Naciones es algo más que un simple acontecimiento deportivo. Tiene una gran significación para la República Argentina.

(Ver página 11)

Boletín Mensual nº 4. Miscelánea

Reinsegnements Sur le Tournoi

La Fédération Argentine des Echecs, désignée par le Congrès de Stockholm pour organiser le Tournoi des Nations, a fixé, de façon définitive, le mois de Juillet prochain pour la réalisation de cette importante compétition. Les cercles officiels, ainsi que les privés, travaillent côte à côte pour que cet événement international aie les conséquences que son importance et signification lui font mériter.

•

Alekhine, le champion du monde, Capablanca, Euwe, Fine, Flohr et plusieurs autres grands maîtres, se donnent rendez-vous à Buenos Aires pour participer à la joute la plus grande des échecs. En outre, les délégations des pays des cinq continents seront présentes. La capitale argentine se vera ainsi transformée en capitale des échecs mondiaux.

•

Pendant une audiance spéciale, concedée au Président de la Fédération Argentine des Echecs, M. Augusto de Muro et au Secretaire Général, Dr. Joaquín Gómez Masía, par l'Intendant Municipal (Maire) de la ville de Buenos Aires, Dr. Arturo Goyeneche, celui-ci manifesta son adhésion au Tournoi des Nations (Championnat Mondial pour Equipes) et au Championnat Féminin.

•

De cette façon, la deuxième capitale latine du monde s'associe officiellement à l'événement, puisque son "Lord Mayor" sera l'amphitryon des délégations étrangères qui participeront au tournoi.

•

Le Tournoi des Nations attirera sur Buenos Aires, la plus méridionale des grandes capitales, l'attention de tout le pays et mettra la République Argentine devant les yeux du monde.

•

Ce grand tournoi sera le troisième événement extraordinaire enrégistre à Buenos Aires dans les derniers dix ans; les précedents furent le Congrès Eucharistique de 1934 et la Conférence de Consolidation de la Paix en 1936.

•

Trente cinq pays on déjà ratifié leurs inscriptions. On attends que cinq autres nations le fassent ces jours ci.

Boletín Mensual nº 4. Novedades en francés

BOLETIN MENSUAL DEL TORNEO DE LAS NACIONES — BUENOS AIRES ARGENTINA, 1939 — 9

La Fédération Argentine des Echecs, dont l'adresse est Avenue de Mayo Nº 560 (5ème. étage) à Buenos Aires, se trouve à la disposition des possibles touristes pour leur fournir toute sorte de renseignements.

•

On a préparé plusieurs facilités pour les touristes qui viendront à Buenos Aires pendant le mois de Juillet prochain. Outre des rabais spéciaux en matière de voyages et logements, on tâchera, par de moyens divers, de faire leur permanence le plus agréable possible.

•

Pour la première fois la plupart des nations sudaméricaines, que pour des motifs divers n'ont pas pu intervenir dans les championnats précédent, enverront leurs équipes pour celui-ci.

•

Les frais de voyage des équipes et ceux de séjour des joeurs à Buenos Aires, seront payés par la Fédération Argentine des Echecs, qui s'est chargée, après la désignation de Stockholm, de l'organisation de ce tournoi dont les proportions surpasseront celles des précédents.

•

Les autorités de la Fédération Argentine des Echecs préparent touts les détails pour la réception des équipes et sont en train d'organiser un accueil cordial aux délégations déportives procedentes de cinq parties du monde.

•

La Fédération Argentine des Echecs se prépare pour soumettre au monde entier une brochure spéciale rélative au Tournoi des Nations et à la République Argentine.

SE DIJO DEL AJEDREZ:

El argumento de la inutilidad puede esgrimirse contra el ajedrez tan bien como contra el arte, con la misma razón y con la misma sinrazón.

O. SOYKA

•

Una reflexión que eleva singularmente la gloria del ajedrez, es que nosotros lo amamos en proporción a los progresos que realizamos y que son el resultado necesario y la noble conquista de estudios profundizados y perseverantes.

EL ABATE DURAND

•

Nunca es inútil mezclar las formas honestas y graciosas del juego, a la más seria de las actividades.

CHARLES MAURRAS

Boletín Mensual nº 4. Miscelánea

FEDERACION ARGENTINA DE AJEDREZ

Av. DE MAYO 560 . Buenos Aires — U. T. 33 - 5980

•

NOMINA DE LAS ENTIDADES AFILIADAS

Federación Platense. — Diagonal 112 - 71, La Plata.
Federación Rosarina. — San Luis 644, Rosario.
Federación Cordobesa de Ajedrez. — 9 de Julio 266, Córdoba.
Federación Entrerriana de Ajedrez. — Urquiza 619, Paraná.
Federación de Ajedrez General San Martín. — Moreno 143, San Martín.
Federación Santafecina de Ajedrez. — Catamarca 2680, Santa Fe.
Federación de Ajedrez del Sud. — Chiclana 37, Bahía Blanca.
Club Argentino de Ajedrez. — Bmé. Mitre 2152, Buenos Aires.
Fundación Ateneo de la Juventud. — Río Bamba [illegible], Buenos Aires.
Club Sportivo Barracas. — Iriarte 2036, Buenos Aires.
Club Atlético Belgrano. — Carlos Pellegrini 475, San Nicolás.
Club Atlético Bco. de la Nación Argentina. — Reconquista 25, Buenos Aires.
Club Atlético Boca Juniors. — Almirante Brown [illegible], Buenos Aires.
Círculo de Ajedrez Caballito. — Rivadavia 5353, Buenos Aires.
Unión Personal CADE. — Balcarce 184, Buenos Aires.
Círculo de Ajedrez de Buenos Aires. — Bartolomé Mitre 670, Buenos Aires.
Club Social y Deportivo Colegiales. — Teodoro García 2860, Buenos Aires.
Club de Ajedrez "El Enroque", de San Telmo. — Bolívar 1422, Buenos Aires.
Club Español. — Bdo. de Irigoyen 172, Buenos Aires.
Club de Ajedrez Ferrocarril Sud. — Est. Constitución, Buenos Aires.
Club de Gimnasia y Esgrima. — Bmé. Mitre 1137, Buenos Aires.
Sociedad Hebraica Argentina. — Callao 348, Buenos Aires.
Sociedad Israelita "Enrique Heine". — Montevideo 481, Buenos Aires.
Club Atlético Huracán. — Caseros 2950, Buenos Aires.
Club de Ajedrez Jaque Mate. — Entre Ríos 126, Buenos Aires.
Club Atlético Lanús. — José C. Paz 164, Lanús.
Círculo de Ajedrez de Lomas de Zamora. — Rodríguez 275, Lomas de Zamora.
Círculo Metropolitano de Ajedrez. — Bdo. de Irigoyen 17, Buenos Aires.
Club de Ajedrez Porteño. — Marcos Sastre 3135, Buenos Aires.
Racing Club. — Avenida Mitre 930, Avellaneda.
Club Atlético River Plate. — Avenida de Mayo 1035, Buenos Aires.
Círculo de Ajedrez. — Misiones 132, Santiago del Estero.
Club Social "Pte. Sarmiento". — J. de Garay 200, Remedios de Escalada.
Asociación "Domingo F. Sarmiento". — Bs. Aires 1427, Santos Lugares.
Club Atlético San Lorenzo de Almagro. — Av. La Plata 1674, Buenos Aires.
Círculo de Ajedrez de Vélez Sársfield. — Rivadavia 6728, Buenos Aires.
Círculo de Ajedrez de Villa Crespo. — Bmé. Mitre 4489, Buenos Aires.
Círculo de Ajedrez de Villa del Parque. — Helguera 2780, Buenos Aires.
Club Social y Deportes "Los XV". — Dolores.
Club de Ajedrez Caissa. — Sáenz Peña 720, Buenos Aires.
Círculo Ajedrecístico Brisas del Plata. — Costa Rica 4194, Buenos Aires.
Club Atlético Tucumán. — 25 de Mayo 197, Tucumán.

Boletín mensual nº 4, lista de instituciones afiliadas a la FADA

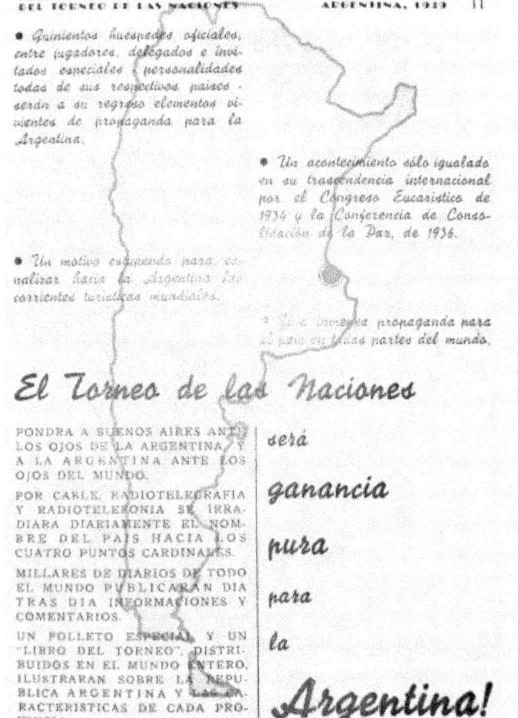

Boletín Mensual nº 4, propaganda del país Argentina

16 BOLETIN MENSUAL DEL TORNEO DE LAS NACIONES — BUENOS AIRES ARGENTINA, 1939

Barcos que Llegan a Buenos Aires Entre Julio 1º. y Agosto 15 de 1939

BARCO	PUERTO DE SALIDA	SALE	LLEGA A Bs. AIRES
Neptunia	Trieste	Junio 14	Julio 2
Oceania	Trieste	Julio 6	Julio 24
Principessa María	Génova	Junio 7	Julio 2
Mendoza	Génova	Julio 6	Julio 26
Campana	Génova	Julio 19	Agosto 8
Augustus	Génova	Julio 13	Julio 29
Principessa Giovanna	Génova	Julio 18	Agosto 11
Copacabana	Amberes	Junio 15	Julio 6
Highland Monarch	Londres	Junio 2	Julio 28
Highland Chieftain	Londres	Junio 17	Julio 7
Highland Princess	Londres	Julio 1	Julio 21
Highland Brigade	Londres	Julio 15	Agosto 4
Andalucia Star	Londres	Junio 17	Julio 7
Almeda Star	Londres	Julio 1º	Julio 21
Avila Star	Londres	Julio 22	Agosto 11
Asturias	Southampton	Junio 10	Junio 28
Alcántara	Southampton	Junio 24	Julio 12
Almanzora	Southampton	Julio 22	Agosto 11
Jamaique	Hamburgo	Junio 10	Julio 18
Aurigny	Hamburgo	Julio 1	Agosto 3
Formose	Hamburgo	Julio 12	Agosto 16
Fonte Rosa	Hamburgo	Junio 16	Julio 11
Monte Sarmiento	Hamburgo	Junio 23	Julio 18
Gral. San Martin	Hamburgo	Junio 30	Julio 26
Cap Norte	Hamburgo	Julio 14	Agosto 7
Monte Olivia	Hamburgo	Julio 21	Agosto 15
Pacific	Gothenburg	Junio 9	Julio 14
Brasil	Gothenburg	Junio 14	Julio 7
Argentina	Nueva York	Junio 17	Julio 5
Eastern Prince	Nueva York	Junio 23	Julio 11
Western Prince	Nueva York	Julio 7	Julio 25
Brasil	Nueva York	Julio 1	Julio 19
Uruguay	Nueva York	Julio 15	Agosto 2
Bs. Aires Marú	Kobe	Junio 9	Agosto 3
Manila Marú	Yokohama	Mayo 22	Julio 23

Boletín mensual nº 4, calendario de arribos

Boletín mensual nº 4, periodismo y periodistas en el TN

Matasellos alusivo al TN

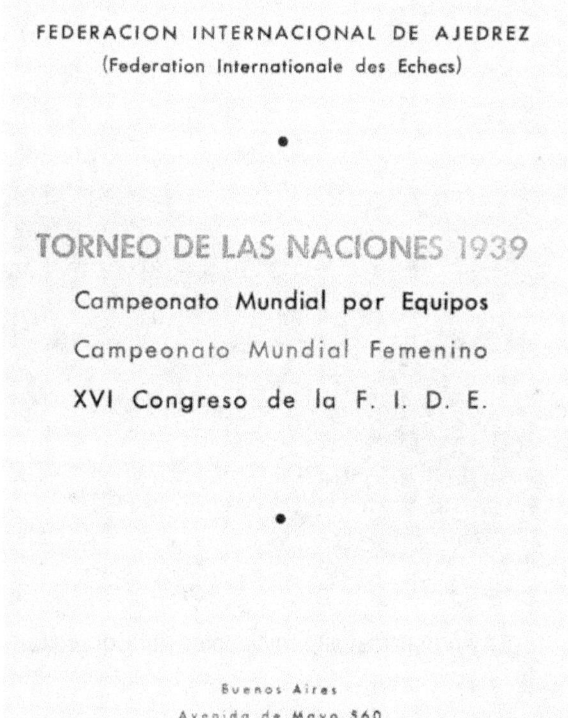

FEDERACION INTERNACIONAL DE AJEDREZ
(Federation Internationale des Echecs)

•

TORNEO DE LAS NACIONES 1939
Campeonato Mundial por Equipos
Campeonato Mundial Femenino
XVI Congreso de la F. I. D. E.

•

Buenos Aires
Avenida de Mayo 560

Portada del Boletín del XVI Congreso de FIDE*

*Editado posteriormente al TN, gentileza de la Fábrica de Cigarrillos Piccardo & Cía Ltda, impreso en Artes Gráficas Rem, Chile 301, 27 de mayo de 1940.

FEDERACIONES ADHERIDAS

AMERICA:

Argentina	Federación Argentina de Ajedrez. — Avenida de Mayo N.° 560, 5.° piso. BUENOS AIRES.
Bolivia	Federación Boliviana de Ajedrez. — Casilla N.° 428. LA PAZ.
Brasil	Federaçao Brasileira de Xadrez. — Avenida Almirante Barroso N.° 1 — 2.°. RIO DE JANEIRO.
Canadá	Canadian Chess Federation. — 7 Adelaide Street W. Room 204. TORONTO.
Costa Rica	Federación de Ajedrez de Costa Rica. — SAN JOSE. Costa Rica (Am. Central).
Cuba	Federación Cubana de Ajedrez. — Apartado 1162. LA HABANA.
Chile	Federación Chilena de Ajedrez. — Santo Domingo N.° 3535. SANTIAGO DE CHILE.
Ecuador	Federación Deportiva Nacional del Ecuador. — Casilla de Correo N.° 1194. QUITO.
Estados Unidos	The U. S. A. Chess Federation. — 11 So. La Salle Street. CHICAGO. Illinois.
Guatemala	Federación Ajedrecista de Guatemala. — Pasaje Aycinena y 9.° calle (altos). GUATEMALA.
Méjico	Unión Nacional de Ajedrez. — Lafragua N.° 3. MEXICO D. F.
Finlandia	Suomen Skakkiliitto. — Tempppelikatu 3 - 5. HELSINKI.
Francia	Federation Française des Echecs. — 27 Rue de Jaigny. MONTMORENCY.
Holanda	Koninlijke Nederlandsche Schaakbond. — 2.° Sweelindkstraat 192. LA HAYA.
Hungría	Federation Hongroise des Echecs. — XI. Horthy Miklós ut 38. Hadik Laktanya Kávéház. BUDAPEST.
Irlanda	The Irish Chess Union. — 18 Temple Lane. DUBLIN.
Islandia	Iceland Chess Federation. — P. O. Box 835. REYKJAVIK.
Inglaterra	British Chess Federation. — 47 Gauden Road. LONDON S. W. 4.
Italia	Associazione Scacchistica Italiana. — Via Pisacane 10. MILANO.
Letonia	Federación de Ajedrez de Letonia. — Miera iela 50 dz. 1°. RIGA.
Lituania	Lietuvos Sachmatininky Sajunga. — Prusu g - ve 15 Nr bt. 1. KAUNAS.
Noruega	Norsk Sjakkaforbund. — Drammensveien 51. OSLO.
Polonia	Federation Polonaise des Echecs. — Koszykowa 12. VARSOVIA.
Portugal	Federaçao Portuguesa de Xadrez. — Rua Eugenio Dos Santos 100. LISBOA.
Rumanía	Federatoa Romana de Sah. — Casuta Postal 300. BUCAREST.
Suecia	Sveriges Schackförbund. — Prastgardsgaten 1c. ESTOCOLMO 4.
Suiza	Societé Suisse D'Echecs. — 34 Austrasse. BASEL. (Suiza).
Yugoeslavia	Jugoslavenski Sahovski Savez. — Medjunarodna. NIKOLICEVA.

ASIA:

Palestina	Palestine Chess Federation. — 17 Ussishkin Road. JERUSALEM.

OCEANIA:

Australia	Australian Chess Federation. — Liverpool Street 107. SIDNEY.

Federaciones Adheridas a la FIDE

PAISES Y DELEGADOS AL XVI CONGRESO

Alemania	Carlos Miehe
Argentina	Luciano Long Vidal
Bohemia y Moravia	Carlos Miehe
Bolivia	Jorge Rodríguez Hurtado
Brasil	Octavio Trompowsky
Bulgaria	Alexander Zwetkoff
Canadá	J. S. Morrison
Costa Rica	J. Gutiérrez Mangel
Chile	José Valenzuela Correa
Dinamarca	Jens Enevoldsen
Ecuador	Dr. Carlos Ayala
Estados Unidos de América	N. May Karff
Estonia	Paul Keres
Francia	Edmundo Dez
Guatemala	Guillermo Vassaux
Holanda	N. Cortlever
Hungría	Carlos Miehe
Irlanda	Gerald Kerlin
Islandia	Baldur Möller
Lituania	Leonardo Andrasiumas
Noruega	M. Czerniak
Palestina	Johannes Austböe
Paraguay	Luis O. Boettner
Perú	Dr. José Jacinto Rada
Polonia	Dr. Savielly Tartakower
Puerto Rico	Augusto De Muro
Uruguay	Rafael J. Mieres

Durante una sesión del XVI Congreso

Foto y firmas de los participantes del Congreso

Países y delegados al Congreso

XVI CONGRESO DE LA F. I. D. E.

Primera Sesión

En Buenos Aires, a los trece días del mes de setiembre de mil novecientos treinta y nueve, siendo las 10,30 horas, bajo la presidencia del señor A. Rueb, y con la asistencia de los delegados de Bohemia y Moravia, Argentina, Francia, Hungría, Dinamarca, Noruega, Polonia, Islandia, Lituania, Estonia, Irlanda, Canadá, Palestina, Bulgaria, Uruguay, Costa Rica, Paraguay, Perú, Guatemala, Bolivia, Chile, Alemania y Ecuador, se realizó la primera sesión del XVI° Congreso de la "Federation Internationale des Echecs".

El presidente de la F.I.D.E., M. A. Rueb, saludó a los delegados de las Federaciones y especialmente a la Comisión de la F.A.D.A. y expresó la trascendencia e importancia que este Congreso tiene en sí, por ser el primero que se lleva a efecto en América. Destacó el esfuerzo realizado por la Federación Argentina de Ajedrez y el éxito que ha obtenido en la organización del TORNEO DE LAS NACIONES.

A continuación hizo uso de la palabra el consejero por la Argentina, señor Pedro Barbé, haciéndolo en nombre y representación del señor Augusto De Muro, Presidente de la Federación Argentina, para agradecer las conceptuosas palabras del señor A. Rueb.

La sesión fué abierta previa lectura de la lista de delegados presentes.

El representante del Uruguay, señor J. Mieres, fijó en un discurso la trascendencia e importancia del certamen mundial de ajedrez, y pidió un voto de aplauso por quienes llevaron a feliz término esta justa.

Agradeció el señor Luciano Long Vidal, delegado de la Argentina, las manifestaciones vertidas por el delegado del Uruguay.

Acto continuo se pasó a tratar la orden del día.

MEMORIA DEL COMITE DE LA HAYA, ejercicio 1938/39: Se dió lectura y luego fué aprobada. (El texto leído por M. Rueb se publica aparte).

MEMORIA DE LA ASAMBLEA GENERAL DEL XV° CONGRESO DE PARIS 1938: Dióse lectura y fué aprobada.

RENDICION DE CUENTAS DE TESORERIA, EJERCICIO 1938/39: La presidencia presentó la contabilidad del señor tesorero, que será estudiada por una comisión integrada por los delegados de Costa Rica, Uruguay y Argentina, quienes conformarán dicho informe que así será presentado a la Asamblea General de hoy.

INFORME DE LA COMISION ADMINISTRATIVA DEL FONDO PERMANENTE, EJERCICIO 1938/39: La Asamblea toma nota de la misma, previa lectura por la Presidencia.

AFILIACIONES: Ratificaciones. Después del Congreso de París en 1938, fueron admitidas las siguientes federaciones, con carácter provisional, como miembros de la F.I.D.E., de acuerdo con el artículo 3 del Reglamento General: Paraguay, Guatemala, Perú, Australia, Venezuela, Bolivia, Méjico, Chile, Alemania, San Salvador, Eslovaquia y Ecuador.

Expuso el delegado de Polonia que la Presidencia se sirva informar si hay entre las federaciones que han solicitado su admisión, alguna que lo haya hecho con ciertas restricciones, que contradigan los estatutos deportivos de la F.I.D.E. Fijó entonces el delegado de la Argentina su criterio respecto a esas afiliaciones. Considera que el pedido de afiliación contrae desde ese instante el reconocimiento del reglamento de la F.I.D.E. con los mismos deberes y obligaciones que sus similares. Criterio éste que fué robustecido por el delegado del Perú, doctor José Jacinto Rada. Fué entonces que la presidencia declaró que ninguna de las Federaciones nombradas ha acompañado su pedido de admisión con restricción alguna y que ninguna concesión ha sido hecha por el Comité Central. Con este criterio quedó ratificada la afiliación de los países nombrados.

DIFERENDO. AFILIACION DE CUBA: Relacionado con la afiliación de Cuba se suscita un largo y animado debate. Mencionó la presidencia que el litigio cubano era netamente local, interno y personal., por lo que aconsejaba se debía aceptar las dos entidades que pedían afiliación (Federación Cubana de Ajedrez y Federación Nacional de Ajedrez de Cuba). El delegado argentino, Luciano Long Vidal, propuso que se nombre a una comisión integrada por tres personas encargadas de estudiar a fondo el asunto y que llegue a un común acuerdo para que Cuba quede representada en la Federación Internacional de Ajedrez, por intermedio de una sola entidad. Intervino en el debate el comandante Dez, delegado de Francia, quien manifestó su acuerdo con la Presidencia. Sostuvo la tesis argentina, el señor Luis Oscar Boettner, representante del Paraguay, quien no cree factible las dos afiliaciones, pues casos similares en el futuro podrían entorpecer el desempeño normal de la F.I.D.E. De acuerdo con las palabras del señor S. Tartakower, sería una sola la entidad afiliada y, en este caso, la recomendada por el señor José Raúl Capablanca (Federación Nacional de Ajedrez de Cuba). Los representantes del Perú, señor Jacinto Rada y el de Alemania, señor Albert Becker, apoyaron la proposición argentina, el primero, argumentando que el artículo tercero del Estatuto General de la F.I.D.E. es terminante y el segundo, afirmando que otras veces, entidades diversas pidieron afiliaciones y después de llegar a un común acuerdo se acordó la afiliación de

Primera sesión del Congreso de FIDE

una sola. Por último habló el representante de Guatemala, quien en principio está de acuerdo para que se nombre una comisión, pero que debía actuar con la mayor celeridad posible, entrevistando la misma tarde a los representantes de las federaciones cubanas, presentes en Buenos Aires, a fin de llegar a un acuerdo. Primó la tesis argentina y se resolvió: Que el Presidente de la "Federation Internationale des Echecs" nombrara esta tarde a tres miembros de otras tantas federaciones afiliadas, los que se encargarían de estudiar el estado particular de las dos entidades cubanas respecto a la F.I.D.E., y presentaran un dictamen en la próxima reunión del Congreso. En el caso de que no hallara solución inmediata, la misma comisión se encargará de producir dictamen en el próximo Congreso.

PROPOSICIONES DE LA FEDERACION DE AJEDREZ DE COSTA RICA:

1.° Habiendo sido resuelto el problema originado por la afilición cubana, el delegado de Costa Rica, Joaquín Gutiérrez Mangel, retiró el artículo primero de sus proposiciones.

2.° La consideración del artículo segundo originó un extenso debate, siendo aprobado de la siguiente manera: Art. 2.° "Las cotizaciones anuales deberán ser pagadas por adelantado. Después de una demora de tres meses, la Federación que no haya pagado su cotización será considerada como morosa y provisionalmente quedará excluída de la lista de los miembros hasta la próxima Asamblea General, en la que deberá arreglar sus obligaciones financieras con la F.I.D.E.". De otra manera la Federación en cuestión será considerada excluída definitivamente de la lista de los miembros.

3.° Se trató luego la propuesta tercera de Costa Rica y la séptima del orden del día. A propuesta del Dr. Adolfo Gabarret, se levantó la sesión, considerando que el debate sería extenso. Así se aprobó, rogando la presidencia que los señores miembros se presenten mañana a las 10 horas en punto.

Segunda Sesión

El Sr. Presidente declara abierta la sesión siendo las 10 horas del día jueves 14 de setiembre a las 10,15 horas y estando presentes 15 delegados se da comienzo a la sesión.

El Presidente pone en estudio el punto 3.° de las proposiciones de Costa Rica. El Delegado argentino, Sr. Luciano Long Vidal, hace notar que la reunión es poco numerosa y propone levantar la sesión hasta mañana viernes, a las 11 horas. Esta proposición es aceptada y el Sr. Presidente levanta la sesión.

Tercera Sesión

A las 11 horas del día viernes 15 de setiembre de 1939.

1.° El Presidente, doctor A. Rueb, abre la sesión y comunica que las actas de la sesión del miércoles y jueves han sido transcriptas en el "Boletín de la F.A.D.A.", N.° 20, correspondiente al día de la fecha.

2.° El señor Luciano Long Vidal, delegado de la Argentina, presenta el informe de la Comisión de Verificación de Cuentas del tesorero. La Comisión ha encontrado toda la administración ordenada y propone, por lo tanto, darlas por aceptadas, agradeciendo al señor tesorero. La Asamblea aprueba esa proposición.

3.° Se continúa el estudio del número 3.° de las proposiciones de Costa Rica (véase Boletín N.° 20 de la F.A.D.A.).

El Presidente da lectura de la siguiente declaración de parte del delegado de Francia, comandante Dez: "Vengo a declarar que si se hiciese cualquier moción respecto al Campeonato del Mundo, y por consiguiente a su actual poseedor, el doctor Alekhine, estoy en la obligación de manifestar que el citado jugador se encuentra en la calidad de movilizable. En estas condiciones no podrá tomar ningún compromiso referente a su título y no podría obligársele a hacerlo, desde que cualquier compromiso no sería más que provisorio, precario y revocable. — El delegado, comandante Dez".

El Presidente al dar cuenta de esta declaración, cree que la presente proposición no se refiere especialmente al campeón del mundo actual, pero sí se refiere a la institución en sí misma, en sentido general. El presidente y la Asamblea General no impondrían obligaciones algunas al señor Alekhine en el instante en que le fuera imposible satisfacer las mismas. El presidente esboza a continuación los trámites de la F.I.D.E. respecto al campeonato mundial en estos dos últimos años. En el Congreso de Estocolmo fué aceptado provisoriamente un reglamento para las pruebas basado en un proyecto del Comité, con la colaboración del campeón Dr. Euwe y otros grandes maestros. Además, el maestro Flohr fué elegido candidato oficial de la F.I.D.E. Inmediatamente después de su match revancha, el Dr. Alekhine fué desafiado por el maestro Flohr, y en su contestación, que fué llevada a conocimiento de la F.I.D.E., por intermedio de la Federación Checoeslovaca, el Dr. Alekhine declaró que a pesar de estar a la disposición del maestro Flohr, él no se sentía ligado por los proyectos aceptados por la F.I.D.E. Por lo que el presidente, después de haber agotado todos sus esfuerzos se desinteresó de esta cuestión, dejando la iniciativa de la F.I.D.E. a las Federaciones afiliadas y que el presidente prefiere concentrar los esfuerzos de la F.I.D.E. para realizar las pruebas entre los campeones de las Federaciones afiliadas y que figuran en la orden del día número 7.

La proposición presentada por Costa Rica ha sido suplida parcialmente por el reglamento del Campeonato del Mundo, que no figura en la orden del

Segunda y tercera sesiones del Congreso de FIDE

día, mientras que la parte final de la misma proposición, donde dice que la F.I.D.E. hará caso omiso si hay oposición o rechazo, va demasiado lejos. Por lo cual, el presidente propone la siguiente redacción del número tres: "La F.I.D.E. confirma el reglamento adoptado en el Congreso de Estocolmo, referente al Campeonato del Mundo. Ella se interesa en estos certámenes por el campeonato y hará todo lo posible para que tengan éxito. Siempre que los encuentros por los campeonatos del mundo, que deberán tener lugar periódicamente, fuesen juzgados practicables y realizables por la Asamblea General de la F.I.D.E., pero si ellos demorasen, la F.I.D.E. se reserva el derecho de organizarlos, de acuerdo al reglamento de Estocolmo, o por medio de un torneo de los más calificados jugadores, y en el cual el vencedor será proclamado campeón del mundo, por un período de cuatro años". Esta proposición figurará en la orden del día de la sesión del sábado.

4.° La proposición número 4 de Costa Rica, origina una discusión respecto a las relaciones que la F.I.D.E. mantiene con las Federaciones afiliadas.

El señor Long Vidal (Argentina) manifiesta que los lazos entre la F.I.D.E. y sus miembros no están debidamente establecidos y que el Comité de la F.I.D.E. no está suficientemente al corriente de lo que ocurre en las Federaciones afiliadas. Pide que debe insertarse en la rendición de cuentas anual, la nómina de las Federaciones, como así también los nombres de los campeones nacionales, de acuerdo con la proposición costarriquense.

La presidencia, coincidiendo con las manifestaciones formuladas por el señor Long Vidal, admite que las comunicaciones del comité con las Federaciones afiliadas es, a veces, muy difícil, agregando que se ajusta a los reglamentos de la F.I.D.E. que expresan que toda Federación afiliada tiene su representante permanente en la F.I.D.E., siendo el mismo, el intermediario oficial. Los cambios de los representantes permanentes no son siempre comunicados al Comité. Añade que la respuesta de las Federaciones a las cartas circulares del Comité dejan a menudo que desear; cinco Federaciones únicamente han comunicado los nombres de sus campeones; el tesorero encuentra las mismas dificultades, y aun mayor, referente a la percepción de las cotizaciones. El presidente tratará en lo sucesivo de ilustrar con mayor amplitud la rendición de cuentas y los principales detalles de la organización, etc., de las Federaciones, mientras lo permita el presupuesto de la F.I.D.E. A este respecto, el señor Long Vidal invita a todas las delegaciones y jugadores extranjeros, a visitar la sede de la Federación Argentina para que comprueben de visu la perfecta organización y desenvolvimiento de sus oficinas, en ocasión del Congreso de Buenos Aires.

La Asamblea General aprueba el N.° 4 por unanimidad.

5.° El presidente hace resaltar que desde el Congreso de La Haya de 1938, la Asamblea General de la F.I.D.E. ha dejado establecido que no existe distinción alguna entre el "amateur" y "profesional", por lo que cree inútil insistir sobre este particular. Sobre la proposición del delegado del Perú, la Asamblea General asiente sobre su punto de vista.

El presidente repite que las proposiciones de la Federación de Costa Rica le han sido particularmente gratas, sobre todo porque significan el interés extraordinario que experimentan las nuevas generaciones de las jóvenes Federaciones de la América latina hacia la F.I.D.E.

6. El señor Long Vidal manifiesta que la Federación del Paraguay se propone pronunciar un discurso de particular importancia, en la sesión del sábado.

Se ruega a los delegados su presencia en esta sesión.

7. Propone el señor Miche se levante la sesión; así se hace, siendo las 13 horas. Se reanudará el sábado 16 de setiembre a las 11 horas.

Cuarta Sesión

El presidente doctor Rueb declara abierta la sesión, siendo las 11.15 horas del día lunes 18 de setiembre de 1939. Se hallaban presentes los delegados de Lituania, Francia, Bolivia, Paraguay, Islandia, Chile, Argentina, Dinamarca, Ecuador, Alemania, Bulgaria, Estonia, Perú, Letonia y Uruguay.

Expone el presidente que figura en el orden del día el informe de la Comisión que debe expedirse sobre la afiliación de Cuba y la moción que debe presentar el delegado del Paraguay.

El dictamen dado por la Comisión integrada por los delegados del Uruguay, Ecuador y Argentina, fué debidamente fundamentado por el delegado argentino, señor Luciano Long Vidal. Este manifiesta asimismo, que urgía la necesidad de expedirse de inmediato, por cuanto el representante del Ecuador, Dr. Ayala, lo había así requerido, por estar pendiente de esta resolución el Campeonato del Caribe que para llevarse a efecto necesitaba la autorización previa de la F.I.D.E.

Puesto a votación el despacho se aprobó por unanimidad absteniéndose los delegados de Dinamarca e Islandia y, en consecuencia, queda incorporada a la F.I.D.E. la Federación Cubana de Ajedrez.

El delegado del Paraguay, señor L. O. Boettner, presentó un proyecto suscrito por los delegados del Uruguay, Bolivia, Perú, Ecuador, Chile, Costa Rica, Guatemala y Paraguay, en el cual consideran que en virtud del estado de guerra existente en Europa, la imposibilidad de prever la duración del mismo, y teniendo en cuenta que la sede de la F.I.D.E. se halla actualmente en Holanda, foco del conflicto europeo, pide a la Asamblea General acuerde lo siguiente:

1.° Trasladar transitoriamente la sede de la F.I.D.E. a Buenos Aires.

2.° Designar presidente honorario de la F.I.D.E. al señor A. Rueb.

Tercera y cuarta sesiones del Congreso de FIDE

3.° Nombrar presidente efectivo de la F.I.D.E. al presidente de la Federación Argentina de Ajedrez, señor Augusto De Muro.

4.° La duración del mandato del presidente efectivo será hasta la realización del próximo Congreso Internacional.

El delegado argentino, señor Luciano Long Vidal, manifestó que se abstendrá por considerar que la moción representaba un honor para la Argentina y, en consecuencia, hacia una cuestión de delicadeza al abstenerse, pero dejando constancia que compartía la opinión de los propinantes.

Acto seguido el delegado de Alemania manifestó por escrito su adhesión al proyecto presentado por el Paraguay y en igual sentido lo formuló el delegado de Francia.

Puesto a votación, fué aprobado por unanimidad, a excepción de las abstenciones de los delegados de la Argentina y Letonia.

Finalizada la votación el delegado argentino agradece a la Asamblea por lo que acababa de sancionar, teniendo palabras de elogio para el señor Rueb, a quien felicitó por su designación de presidente honorario.

En ese momento, el señor Rueb hizo abandono de la Asamblea, precisamente cuando el delegado del Perú pedía la palabra.

De inmediato designóse presidente ad-hoc de la Asamblea al delegado del Uruguay, señor Mieres, quien hizo proseguir la sesión dando la palabra al delegado por Guatemala, que la había solicitado. Este manifestó que se le enviasen notas a los delegados ausentes, comunicándoles las resoluciones tomadas en esta sesión. El señor J. Rada, delegado del Perú, felicitó a la Federación Argentina de Ajedrez, por la brillante organización del certamen y pidió un voto en el sentido de que la Asamblea adhiera a sus manifestaciones. Por aclamación los representantes de los países presentes apoyaron al delegado peruano.

Se resolvió asimismo, citar a sesión para mañana martes 19, a las 11 horas, a fin de entregar la presidencia al señor Augusto De Muro.

Sesión de Clausura

El presidente provisional de la Asamblea, Dr. Mieres, delegado del Uruguay, declara abierta la sesión siendo las 11,30 horas del día martes 19 de setiembre de 1939, en presencia de los delegados de los siguientes países afiliados: Argentina, Uruguay, Chile, Paraguay, Lituania, Polonia, Bolivia, Canadá, Francia, Alemania, Bohemia y Moravia, Hungría, Estonia, Perú, Costa Rica, Cuba, Brasil, Guatemala y Ecuador. Estaba presente también la señorita Mary N. Karff, de los Estados Unidos.

Por secretaría se dió lectura del acta del día anterior. El delegado argentino, señor Long Vidal, pidió que se modifique un párrafo de la misma, sobre el retiro

AUTORIDADES DE LA F. I. D. E.

Federatión Internationale des Echecs

COMITE CENTRAL

Presidente .... **Sr. Augusto De Muro**, Avda. de Mayo 560, 5°. piso. Buenos Aires.

Vicepresidente ...... **Sr. Maurice S. Kuhns**, Suite 1652/11. South La Salle Street. Chicago, Ill. EE. UU. de N. A.

Tesorero .... **Prof. M. Nicolet**, 2. Mont. Riant. Neuchatel (Suiza).

Secretario del Bureau . **Dr. Joaquín Gómez Masía.**

Sr. Augusto De Muro, Presidente de la F. I. D. E.

Sesión de clasusura del Congreso de FIDE y autoridades electas

Fotografía de los equipos participantes, tomada en el hall del Teatro Politeama

FOTOGRAFIA TOMADA EN EL ACTO DE SERLE OFRECIDA LA PRESIDENCIA DE LA "FIDE" AL SEÑOR AUGUSTO DE MURO, POR UNA COMISION DE DELEGADOS AL 16º CONGRESO, INTEGRADO POR LAS SIGUIENTES PERSONAS:

1 Sr. Carlos Miche, delegado por Alemania, Bohemia, Moravia y Hungría. - 2 Sr. Rafael J. Mieres, delegado por Uruguay. - 3 Sr. Luis O. Boettner, delegado por Paraguay. - 4 Sr. Johames Austboe, delegado por Noruega. - 5 Sr. Alberto Beckern, capitan equipo Alemán. - 6 Sr. Luciano Long Vidal, delegado por Argentina. - 7 Sr. Harold Wood, delegado por Inglaterra. - 8 Sr. J. Alberto Cayo, integrante del equipo Peruano. - 9 Sr. Juan S. Díaz Perez, integrante del equipo Paraguayo 10 Sr. Victor Reyes Velasco, delegado de Bolivia. - x Sr. Augusto De Muro, Presidente de la FIDE.

Foto final del Congreso de FIDE

TRADUCCION DE LA CARTA DE THE UNITED STATES OF AMERICA CHESS FEDERATION

Suscripta por el Sr. M. S. Kuhns, vicepresidente de la F.I.D.E., adhiriendo a la designación del Sr. Augusto de Muro.

Chicago, setiembre 26 de 1939.

Señor Augusto De Muro,

Presidente de la Federación Argentina de Ajedrez

Avenida de Mayo 560, — Buenos Aires

Muy señor nuestro:

Si hubiésemos sabido, cuando le escribimos nuestra anterior del 19 del cte., (vía ordinaria), que había sido Ud. nombrado presidente de la F.I.D.E., no hubiésemos dejado de incluir nuestros más fervientes votos de felicitación, pero habiéndonos enterado sólo hoy, nos apresuramos a hacerlo presentándole nuestras más sinceras felicitaciones.

Nuestro afectuoso amigo Dr. Rueb, primer presidente de la F.I.D.E., con quien hemos colaborado en asuntos de ajedrez internacional durante 12 años, dejó de notificarnos del inminente cambio en la administración de la F.I.D.E. De haberlo hecho, el suscripto hubiese estado tentado de efectuar el largo viaje hasta el Congreso de Buenos Aires para tener el honor de dar su voto (como delegado y miembro del comité central), para Ud. en calidad de presidente, o bien hubiésemos enviado telegráficamente nuestra especial autorización a la señorita Karff, para representar al suscripto en la votación para el nuevo presidente.

Como están las cosas, debemos nosotros conformarnos con estas palabras de felicitación asegurándole nuestra lealtad hacia Ud. como a la F.I.D.E. Al hacer estas manifestaciones, las trasmitimos en nombre de "The United Estates of América Chess Federation", que es el título oficial — de acuerdo con los estatutos —, de la nueva Federación que representa al ajedrez organizado en los Estados Unidos de Norte América.

El que suscribe, que organizó la "National Chess Federation de U.S.A." hace 12 años, y fué su único presidente, comprendió que dos federaciones en nuestro país eran innecesarias y que por lo tanto la "American Chess Federation" (nombre erróneo), que ha existido durante los últimos cuatro años, debería amalgamarse con nuestra "National Federation"; esto se ha realizado por acuerdos firmados, en los cuales el suscripto ha sido elegido presidente vitalicio y el Sr. Geo Sturgis, de Boston Mass, presidente por un año.

Por lo tanto, la "National Chess Federation", unidad de los Estados Unidos de Norte América ante la F.I.D.E., respetuosamente solicita por la presente al Comité Central, cambiar el nombre de la Unidad Norteamericana por el título oficial de la nueva Federación y le ruega la pronta contestación a esta solicitud.

Los derechos de la unidad norteamericana de la F.I.D.E. han sido pagados hasta el 1 de mayo de 1940, fecha en la cual los derechos anuales serán enviados nuevamente a Ud., conjuntamente con las expresiones de lealtad de la unidad norteamericana a la F.I.D.E. y a su nuevo presidente, a quien mandamos nosotros nuestros cordiales saludos y mejores deseos de una administración próspera en los asuntos de la F.I.D.E. por muchos años.

Firmado: M. S. KUHNS,
Presidente Vitalicio.

Carta de la Federación de Estados Unidos al nuevo presidente de FIDE

Presidente de la Nación Argentina

Aprecio los esfuerzos que realiza la Federación Argentina de Ajedrez para organizar el Torneo de las Naciones.

La reunión de los representantes de diversos países del mundo, puede constituir un vehículo de compenetración espiritual y un medio de difundir en el extranjero nuestro grado de progreso y de cultura.

Deseo que el Torneo de las Naciones alcance todo el éxito que promete el entusiasmo de sus propulsores.

AGOSTO DE 1939.

RMOrtiz

Salutación del presidente Ortiz con motivo del TN 1939. Foto AGN

El intendente Arturo Goyeneche inaugura el TN. Primera fila, izquierda a derecha, presidente Roberto M. Ortiz, presidente de la FADA Augusto De Muro, cardenal Santiago Luis Copello, ministro de Relaciones Exteriores y Culto José M. Cantilo, ministro de Marina Vicealmirante León Scasso, director de Correos y Telégrafos Adrián Escobar. Segunda fila, Isaías Pleci, Paulino Alles Monasterio y Adolfo Gabarret. Foto y texto AGN

Miembros anunciados del equipo de Canadá: Belson, Blumin, Fox.
Finalmente no asistieron al TN. Febrero de 1939

Integrantes del equipo inglés: Golombek, Milner Barry y Sergeant. Marzo de 1939 Foto AGN

Integrantes del equipo danés: Ernst Sorensen y Øjvind Larsen. Foto AGN

Equipo danés: Alfred Christensen, Christian Poulsen y Jens Enevoldsen. Foto AGN

Eliskases vs Keres, Rueda 1ª de la Final. Foto AGN

Mona Karff, de Estados Unidos. Foto AGN

El banquete del Círculo de la Prensa. Pueden verse al presidente de la FADA, Augusto De Muro (4), junto a otros directivos de la entidad: O. Anta Paz (1), Manuel Eliçabe (2), Nicolás Luzio (3), Enrique Zanni (5) y Rómulo Zabala (6).
Foto y texto AGN Junio 1939

Panorámica del salón de juego. Parados a la derecha, Keres y Alekhine. Foto AGN

Carlos Maderna (izquierda) con Capablanca (1), en un aparte. Foto AGN

Alekhine en un aparte del TN 1939. A la derecha, Czerniak. Foto AGN

Entrega de premios Olimpíada de 1939. Equipo ganador, Alemania:
Paul Michel, Albert Becker, Ludwig Engels, Erich Eliskases,
Enrique Reinhardt. Foto AGN

Segundo lugar para el equipo polaco. Clausura del TN
Sentados: Regedzinski, Tartakower, Sulik. Parados: Najdorf, Frydman. Foto AGN

Copa "María Luisa Iribarne de Ortiz", ganada por Vera Menchik. Foto AGN

Alexander Rueb, Augusto De Muro y Luciano Long Vidal. Clausura del TN. Foto AGN

Dora Trepat vs Sonja Graf, Campeonato Mundial Femenino, 1939. Foto AGN

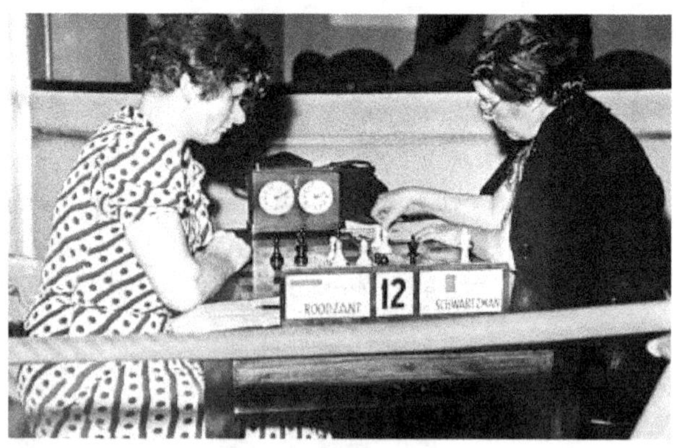

Schwartzmann (blancas) vs Roodzant. Campeonato Mundial Femenino, 1939. Foto AGN

Carlos Guimard, Roberto Grau, el intendente Arturo Goyeneche y el Cardenal Santiago Luis Copello, departiendo en la apertura del TN 1939. Foto AGN

El presidente Roberto M. Ortiz –en el centro– inaugura el TN 1939. A la derecha, el intendente Arturo Goyeneche, y el Cardenal Santiago L. Copello. Foto AGN

Vista general durante de la sala durante la inauguración del TN 1939. Tres integrantes del equipo polaco: Tartakower, Najdorf y Regedzinski. Atrás, Vera Menchik, Czerniak y Sonja Graf. Semitapado: Eliskases. Foto AGN

Vista panorámica del Teatro Politeama. TN 1939. Foto AGN

Los suecos Ingeborg Andersson y Bergqvist. TN 1939. Foto AGN

Piazzini y Capablanca conversan en un intermedio del torneo. Foto AGN

Augusto De Muro hablando en la inauguración del TN de 1939. Es autor del proyecto de sede para la Casa de las Federaciones Deportivas. Foto y texto AGN

El jovencito Julio Bolbochán en la residencia de Adrogué, donde se entrenó el equipo argentino que representó a la Argentina en el TN 1939. Foto AGN

Pleci, Grau, Guimard, Piazzini, durante la ceremonia de apertura. TN 1939. Foto AGN

Alekhine vs Córdova, Preliminar B, 3ª ronda. Foto AGN

Mikenas vs Neptalí Ponce. Grupo Preliminar C, 1ª ronda. Foto AGN

Equipo de Estonia: Ilmar Raud, Gunner Friedemann y Paul Schmidt. Preliminar Grupo D. Fotos AGN

Czerniak vs Capablanca; atrás, Alberto López, 24 de setiembre, ronda 1ª. Preliminar D. Foto AGN

Mora vs Berna Carrasco, Campeonato Mundial Femenino, 2ª ronda. Parado, Luis Palau. Foto AGN

Michel vs Flores. Preliminar 2ª ronda. Foto AGN

Rotunno vs Alekhine, 29 de agosto, ronda 6ª, 1º tablero Uruguay vs Francia. Foto AGN

Capítulo 2

EL PAÍS EN 1940

1940: El calvario de Roberto Marcelino Ortiz y los problemas que ocasiona la guerra mundial en Argentina. Primeras victorias hitleristas: miedo universal. Los fraudes del gobernador Manuel Fresco. El encuentro por el título Carlos Maderna vs Roberto Grau, frustrado. Situación de los exiliados ajedrecistas.

El país en 1940

Para febrero y marzo de 1940 estaban convocadas las elecciones para gobernador y legisladores en la provincia de Buenos Aires, y varias otras provincias. La pregunta del millón era si el gobernador Manuel Fresco se arriesgaría a hacer otro fraude, en beneficio del caudillo de Avellaneda, Alberto Barceló, su aliado, que fue designado candidato por los conservadores. Y si Ortiz, en caso de fraude, se animaría a intervenir la provincia de Buenos Aires. El 25 de febrero se realiza la elección para gobernador, y los más pesimistas pronósticos se cumplieron: hubo un grosero amaño, aunque con métodos no tan violentos. La principal forma era cambiar las urnas oficiales por otras llenas de votos conservadores, con la ayuda de la policía y matones a sueldo.

Ortiz no hizo nada en ese momento, y esperó a que se realizaran las elecciones para diputados nacionales el 3 de marzo. Para esa elección, los conservadores no hicieron fraude, y la victoria fue para la Unión Cívica Radical por bastante margen, dejando así en evidencia que en la semana anterior los resultados estaban amañados. Entonces Ortiz intervino la provincia de Buenos Aires, y no dejó asumir al beneficiario del fraude, Barceló.

Fresco había amenazado con resistir en la Casa de Gobierno de la ciudad de la Plata con su policía militarizada, pero en realidad nadie lo defendió, y se fue por una puerta lateral. Algunos de sus partidarios vivaron la Revolución del '30, y lo aclamaron con el saludo fascista. Fresco quedó por un tiempo como presidente del Partido Conservador, pero también tuvo que renunciar. Pero antes hizo dos cosas. Una, colgar en su escritorio, cabeza abajo, el retrato de Ortiz. Así lo conservó hasta su muerte, muchos años después, como un brujo del vudú, mientras las fotografías dedicadas de Hitler y Mussolini lucían a su lado.[2]

A la izquierda, riéndose, Manuel Fresco. A la derecha, el futuro censor peronista, Raúl Apold

[2] *Ortiz,* Félix Luna, op. cit. pág. 169.

Ese año resultó trágico para el presidente Ortiz. El 3 de abril fallece su esposa, en forma inesperada. Ella era diabética, pero aparentemente su enfermedad estaba controlada. Fue un duro golpe para Ortiz, ya que ella era para él un gran soporte, especialmente en lo anímico. En mayo los conservadores más recalcitrantes denuncian en el Congreso el negociado de las tierras de El Palomar. El Estado había adquirido unas tierras para uso militar, y había pagado grandes sobreprecios. Ortiz no tenía en realidad nada que ver con el triste episodio, sino uno de sus ministros. El Congreso inició largas deliberaciones, y uno de los implicados terminó suicidándose.[3]

El 9 de junio de 1940, el general Enrique Jáuregui[4] escribe en *La Nación* que "la nueva ofensiva alemana contra las posiciones aliadas a lo largo del Soma no ha producido sino rupturas de poca extensión"; tan solo cinco días después los alemanes entraban en París. En Argentina ya se sienten en forma directa los efectos de la guerra: un submarino hundió al buque argentino Uruguay cerca de las costas de Irlanda.

El 10 de junio Italia declara oficialmente la guerra; Perón se encuentra en la Piazza Venecia, donde Mussolini hace el anuncio ante una multitud. Ortiz está seriamente preocupado, y cree que puede haber en Buenos Aires una rebelión de italianos fascistas, o choques violentos entre grupos opuestos.[5]

El 20 de junio es el Día de la Bandera, pero los festejos se postergan dos días porque diluvia y hace mucho frío. Se realizan el 22, precisamente en el día en que se firma un armisticio, solicitado por Francia a Alemania. A Ortiz ya se lo ve muy mal en el palco. Va directamente a su residencia de la calle Suipacha, y su médico detecta un problema renal muy serio. Está ilusionado con asistir a los festejos del 9 de Julio en Tucumán, pero su médico lo prohíbe. El 3 de julio delega el mando al vice-presidente Castillo. A partir de ese día Argentina tiene dos presidentes: uno enfermo, con licencia, y el otro en la Casa de Gobierno. Al día siguiente sobreviene el desastre: Ortiz queda ciego. El 22 de agosto renuncia a su cargo por el caso de El Palomar, pero el Congreso rechaza su dimisión el 24 de agosto. Ortiz recupera su estado anímico; se siente con fuerzas para seguir.

Sin embargo, su ojo no se había recuperado, y en tanto desde hacía unos dos meses Castillo estaba a cargo de la presidencia. Entonces, Ortiz pensó que ya no podía pedírsele a Castillo que gobernara con el mismo gabinete, y el 26 de agosto acordaron la renuncia de todos los ministros. De ahí en más, Castillo gobernaría con sus hombres. Aunque sus simpatías estaban orientadas hacia el lado germanófilo, incluyó en el primer grupo de ministros a exponentes de la línea pro-británica: Federico Pinedo, Hacienda; Julio A. Roca hijo, Relaciones Exteriores; y el general Juan S. Tonazzi. Estaban también su hombre de confianza, Miguel Culaciati, ex representante de Bunge y Born, y Mario Fincati, hombre de Justo. Era un gabinete heterogéneo que mostraba claramente la debilidad política de Castillo. El 16 de noviembre Perón es sancionado por sus superiores en Buenos Aires con cinco días de arresto, por un plagio realizado en su obra "Operaciones de 1870".[6]

Hacia el fin de este año. Las acciones de guerra en Italia y Francia complica seriamente la situación de los argentinos que están allí –Perón, Zucal y otras 36 personas– y deciden emprender un largo viaje hasta Lisboa, atravesando Italia y la Francia ocupada, y viviendo algunos momentos de riesgo. Llegaron a Barcelona el 1º de diciembre.

Hitler gana las primeras batallas. La Segunda Guerra, en 1940, planteaba dos problemas nuevos: las espectaculares victorias militares de Hitler, que parecía a punto de conquistar Europa y establecer la prometida "paz" germánica de mil años, y por otro lado, la irresistible transferencia

[3] Nota del autor.

[4] Fue director del personal del Ejército, en 1930/1, y columnista en *La Nación* en 1939/40. *Memorias sobre la Revolución del 6 de setiembre de 1930*, general de brigada José María Sarobe, Ediciones Gure SRL, Buenos Aires 1957.

[5] Notas del autor.

[6] *Perón y los alemanes*, Uki Goñi, op. cit. pág. 28. Notas del autor.

de poder de Gran Bretaña a su gran acreedor norteamericano. Estos dos factores eran por sí mismos suficientes para dividir el frente de la clase terrateniente. Si algunos sectores confiaban en que el poder norteamericano restablecería la alarmante situación de los aliados en Europa, otros consideraban más ventajoso ligarse desde ya a los Estados Unidos, probable y único vencedor de la contienda.

Otros núcleos conservadores, en fin, preferían permanecer en actitud expectante, hasta que la suerte de las armas personificara al vencedor definitivo. En la combinación de estas variantes políticas debe explicarse el neutralismo del conservador fraudulento Castillo, y el rupturismo del abogado Ortiz, letrado de monopolios telefónicos norteamericanos y de los ferrocarriles ingleses. Para Gran Bretaña, la cuestión fundamental del momento consistía en mantener los abastecimientos argentinos sin interrupción, y el segundo lugar, dificultar hasta donde le fuera diplomáticamente posible, una influencia excesiva de los Estados Unidos en los asuntos del Río de la Plata.

Los alemanes, por su parte, a través de personeros, también ejercían cierta influencia en la política argentina, aunque en grado infinitamente menor que sus adversarios. Así, pudieron financiar el diario El Pampero, escrito por algunos nacionalistas pro-nazis y que reproducía, bajo el disfraz de una aspiración nacional, la fraseología y las consignas ululantes de la zoología nazi. En nombre de la *libertad y la democracia*, Inglaterra y Francia entraban en guerra con Alemania, que procuraba un *nuevo orden*. La *pax germánica por mil años*, proclamada por Hitler, se proponía disfrutar de la explotación de las colonias hasta ese momento reservadas a sus rivales anglo-franco-europeos. Tal era el significado del sangriento dilema iniciado el 1º de setiembre de 1939.

En lo que concernía a su semicolonia argentina, la primera medida del gobierno británico fue celebrar un acuerdo entre el Banco de Inglaterra y el Banco Central de la República Argentina. El propósito de Gran Bretaña, en un acuerdo cuyos detalles fueron mantenidos en secreto, era asegurarse la provisión de alimentos argentinos durante todo el curso de la guerra sin efectuar pago alguno, fuera en oro o en dólares. A este efecto se abrió una cuenta especial en el Banco de Inglaterra, donde el importe de los envíos argentinos se asentaría en libras esterlinas para pagar solamente las exportaciones británicas, cuando éstas pudieran efectuarse. De esta manera Argentina se encadenaba al futuro comercio del Imperio. Los saldos en libras esterlinas a favor de la Argentina no rendirían interés. En cambio, las deudas argentinas en Inglaterra, sí lo hacían. En la práctica, el acuerdo entre los bancos hizo que la Argentina proporcionara un crédito ilimitado a Gran Bretaña al 0% de interés.[7]

El *match* que no fue: Grau – Maderna

▇ Maderna disputará con Grau el título de campeón argentino. Tartakower dijo del desafiante: es uno de los ajedrecistas mejor dotados. Maderna no practica actualmente ningún deporte. Ha jugado, sí, al *football*, sabe nadar, pero se halla alejado de esas actividades. Gran aficionado a las carreras, es un habitué al Hipódromo de La Plata. En la primera quincena de abril aspirará, por primera vez, a conquistar el Campeonato Argentino que posee actualmente Roberto Grau.[8]

▇ Roberto Grau renuncia al título de campeón; el desafiante Maderna debe jugar con Piazzini. Con verdadera sorpresa y sentimientos de pena ha sido recibida en todos los círculos del país la decisión de Roberto Grau de renunciar a su título de campeón argentino. En nota dirigida anoche a la FADA, Grau expresa que una reciente acumulación de tareas personales le impide defender su título, circunstancia que él mismo es el primero en lamentar. Con ello, la afición no sólo se verá privada de

[7] *La factoría pampeana 1922-1943*, Jorge Abelardo Ramos, Editorial Galerna, 1984, pág. 277/9. Notas del autor.
[8] *El Sol de Quilmes*, 2 de abril de 1940.

un *match* de relieve, sino también de la actuación de una figura de prestigios sólidamente conquistados y que siempre estuvo dispuesta a colaborar en cualquier manifestación de ajedrez. De acuerdo con la reglamentación, el desafiante Maderna deberá jugar el encuentro por el campeonato con Luis Piazzini, que fue el ajedrecista que siguió en orden de colocación en el último Torneo Mayor.[9]

"Por qué abandoné el título de campeón argentino" (Grau)

▪ Que el hombre suele ser juguete de las circunstancias, es una verdad por viejo conocida. Los mejores propósitos suelen sucumbir ante accidentes imprevistos, y las más firmes voluntades se tuercen ante la elocuencia de los hechos. Cuando intenté recobrar por segunda vez el título, me animaba, no sólo el propósito de llegar, si era posible, al Campeonato Argentino, sino de buscar un desquite frente a quien me había batido de tan categórica manera en 1937. La buena voluntad de muchas instituciones, empresas y alguna repartición, me había permitido disponer del tiempo para esta actividad, pero no temí abusar ante la certeza de que el Torneo de las Naciones iba a absorber muchas horas de mi vida para cooperar en su organización y en su disputa. (…) Debo cumplir de una vez con el pedido de la afición, que me reclama desde hace años el segundo tomo de mi Tratado General de Ajedrez, donde encararé temas de estrategia general y estoy volcando todo lo que sé y comprendo de ajedrez a través de una vida dedicada al juego.

Y, ¿por qué no decirlo?: debo atender un poco mis intereses personales, un tanto desatendidos en ese romántico esfuerzo que el deporte requiere cuando se aspiran a mantener el prestigio y las situaciones conquistadas. Se podrá argumentar, con razón, que no es justo despreciar el prestigio deportivo, ya que él sirve muchas veces como trampolín para el éxito en la vida. Esto es verdad irrefutable, pero en mi caso tiene mucho menos importancia, ya que quien ha mantenido durante muchos años una invariable línea de conducta deportiva, ha logrado mantenerse en un plano singular dentro de su actividad, y ha extendido por medio de la cátedra o el texto una tupida red de prestigio, no necesita descansar solamente en el éxito deportivo del momento.

Es evidente que es ésta una pretensión vanidosa, pero debe perdonárseme la franqueza con que la emito. Al pesar las ventajas y desventajas de mi actitud, llegué a la conclusión de que sólo el abandono del título podía permitirme cumplir con mi plan de trabajo y atender mis ocupaciones del momento, sin que se dañara ese capital inmaterial pero tan valioso que surge de la simpatía y del prestigio deportivo. Pero no me retiro del ajedrez. (…) El título de campeón de cualquier cosa sólo debe tener un valor deportivo, es decir, sólo puede constituir en la vida un adorno, pero no endurecer de tal forma la existencia de quien lo posee, que sólo conciba la existencia aferrado al mismo o luchando por él.

Desde ahora soy nuevamente un ex campeón argentino y una amenaza para los que ostenten el Campeonato Argentino. Tengo sólo cuarenta años y muchos por delante para aspirar a una nueva marcha exitosa hacia la meta. ¿Seré capaz de lograrlo? Si no pudiera hacerlo más, se demostrará que he hecho bien en abandonar un título que no merecía. Y si lo consigo en alguna oportunidad, servirá, quizá, para dar un ejemplo de la manera cómo entiendo debe practicarse el deporte.[10]

Lección antirracista de Grau a los entrerrianos

▪ En la localidad de Victoria, provincia de Entre Ríos, se constituyó hace dos meses un club de ajedrez al que sus organizadores pusieron el nombre del veterano ajedrecista argentino Roberto Grau. Poco después de constituirse esa entidad, dos aficionados al ajedrez de raza israelita solicita-

[9] *Noticias Gráficas*, 17 de abril de 1940.
[10] *Leoplán*, 25 de abril de 1940.

ron su inscripción como socios. El pedido fue rechazado por la CD alegando *razones de inmoralidad de la raza judía.* La desconcertante respuesta asombró a los solicitantes, quienes se dirigieron al comité contra el racismo y el antisemitismo, cuyo comité central funciona en Buenos Aires. A su vez, la referida organización puso en conocimiento de lo sucedido a Grau, y su respuesta no se ha hecho esperar.

> Creo inútil anticiparles que desconocía la existencia de esa entidad, y que en ningún caso puedo permitir que un club que lleve mi nombre pueda servir de centro de actividades al margen del más elemental espíritu democrático: la igualdad de derechos y de dignidad de todas las razas. El ajedrez argentino le debe muchas satisfacciones a sus jugadores judíos. He capitaneado todos nuestros equipos y puedo asegurarles que hay hombres de esa raza, como Pleci, que no pueden ser superados por nadie en argentinidad.

La lección de dignidad que Grau acaba de brindar a los jóvenes discípulos de Gobineau[11] que funcionan de profetas racistas en Victoria, los habrá sorprendido, seguramente. Grau ha preferido declinar un homenaje que, en un orden estrictamente profesional, lo honra, para colocarse en una actitud de defensa de los fueron de la dignidad y de la solidaridad humanas.[12]

Roberto Grau les Dió una Lección de Dignidad a los Racistas Entrerrianos

En la localidad de Victoria, provincia de Entre Ríos, se constituyó hace dos meses un club de ajedrez al que sus organizadores pusieron el nombre del veterano ajedrecista argentino Roberto G. Grau.

Poco después de constituirse esa entidad, dos aficionados al ajedrez, de raza israelita, solicitaron su inscripción en los registros del nuevo club. El pedido fué rechazado por la comisión directiva de la flamante institución alegando razones "de inmoralidad de la raza judía".

La desconcertante respuesta asombró a los solicitantes quienes se dirigieron al comité contra el racismo y el antisemitismo, cuyo comité central funciona en Buenos Aires. A su vez, la referida organización, puso en conocimiento de lo sucedido al campeón argentino de ajedrez señor Grau, para que expresara una opinión al respecto ya que el hecho de llevar su nombre la institución de Victoria lo involucraba indirectamente en el penoso incidente.

La respuesta de Grau no se ha hecho esperar. Telegráficamente se ha dirigido a la entidad de Victoria rogándole supriman su nombre como rótulo de la misma ya que,

Digno. *Roberto Grau, el gran ajedrecista*

Grau, contra los racistas antisemitas.
El Sol de Quilmes, 15 de enero de 1940

En la localidad de Victoria, provincia de Entre Ríos, un grupo de personas fundó un club de ajedrez, al cual colocaron el nombre del campeón argentino, don Roberto Grau. Al hacerse la inscripción de socios, se presentaron dos ciudadanos hijos de padres judíos, uno de los cuales es médico. Los miembros del club creyeron que hacían obra buena rechazándolos. Los caballeros afectados se dirigieron al señor Grau y le plantearon la situación. Grau envió la siguiente carta a la CD del Club de Ajedrez de Victoria:

> He sido informado de que existe un club de ajedrez en Victoria que lleva mi nombre. Es esto un honor que agradezco, quizá desproporcionado a mis méritos. Nada tendría que objetar a esa resolución si no hubiera llegado a mi conocimiento que en esa entidad se prohibe la entrada a los ajedrecistas de raza judía. El ajedrez argentino le debe muchas satisfacciones a sus jugadores judíos. He capitaneado todos nuestros equipos y puedo asegurarles que hay hombres de esa raza, como Pleci, que no pueden ser superados por nadie en argentinidad. Por esto y por mi vieja admiración por la democracia, que la postura de ustedes es equivocada, y me queda el derecho de pedirles que retiren mi nombre de esa entidad, o lo encuadren dentro del más luminoso párrafo de la Constitución Nacional, aquel que se refiere a la igualdad de derechos de todos los hombres que pisen nuestra tierra de libertad.[13]

[11] Joseph Arthur, conde de Gobineau (1816–1882), fue un diplomático francés, desarrolló la teoría de la superioridad racial aria en su obra *Ensayo sobre la desigualdad de las razas humanas*, considerado padre de la demografía racial y cuyas obras fueron los primeros ejemplos de "racismo científico".

[12] *El Sol de Quilmes*, 15 de enero de 1940.

[13] Amílcar Celaya, *Noticias Gráficas*, 14 de enero de 1940.

Multitudinario torneo para novicios en el Club Argentino, elogiado por Czerniak

CONTRA UNA ACTITUD ANTI SEMITA, PROTESTA R. GRAU

Se pretendió impedir el acceso a un club a dos destacados jugadores judíos

EN la localidad de Victoria, Entre Ríos, un grupo de personas fundó un club de ajedrez, al cual colocaron el nombre del campeón argentino del juego ciencia don Roberto A. Grau. Al hacerse la inscripción de socios, se presentaron dos ciudadanos, hijos de padres judíos. Los miembros del club creyeron que hacían obra buena rechazando a los mencionados jugadores, uno de los cuales es médico. Los caballeros afectados por la resolución del club, se dirigieron al señor Grau y le plantearon la situación. Grau se dirigió a la comisión directiva del club de ajedrez de victoria, en los siguientes términos:

CARTA DE ROBERTO GRAU

"Señor presidente del Club de Ajedrez de Victoria. De mi mayor consideración:

"He sido informado de que existe un club de ajedrez en Victoria que lleva mi nombre. Es esto un honor que agradezco y quizá desproporcionado a mis méritos. Nada tendría, sin embargo, que objetar a esa resolución, si no hubiera llegado a mi conocimiento que en esa entidad se prohibe la entrada a los ajedrecistas de raza judía. El ajedrez argentino les debe muchas satisfacciones a sus jugadores judíos. He capitaneado todos nuestros equipos internacionales, y puedo asegurarles que hay hombres de esa raza, como Pleci, que no puede ser superado por nadie en argentinidad.

"Me parece por esto, y por mi vieja admiración por la democracia, que la postura de ustedes es equivocada, si es que no he sido mal informado en este asunto, y si bien entiendo que los hombres son dueños de pensar como quieran, me queda el derecho en este caso especial de pedirles que retiren mi nombre de esa entidad o que la encuadren dentro del más luminoso párrafo de la Constitución Nacional, aquél que se refiere a la igualdad de derechos de todos los hombres que pisen nuestra tierra de libertad.

"Aprovecho esta oportunidad

Carta de Grau a los racistas entrerrianos. *Noticias Gráficas*. 14 de enero de 1940.

▓ Un extraordinario éxito de inscripciones ha tenido el torneo libre abierto para novicios que ha organizado el Club Argentino. Respondieron a la invitación de la prestigiosa institución 243 aficionados, lo que evidencia de qué manera se ha difundido el ajedrez en el país después del TN. Se anticipa que, a pesar del alto número de participantes, la prueba no será muy larga, ya que se adoptará el sistema eliminatorio Terenzani, que permite reducir en gran parte la longitud de los torneos.[14]

▓ El torneo de novicios se inauguró anoche con la participación de 256 aficionados. Dispuestas las mesas en la amplia terraza del club, se dirigió a los presentes el señor Gelón Villegas, presidente de la institución, quien destacó el esfuerzo que realizaba la el club para estimular a los aficionados libres. Acto seguido el maestro Juan Iliesco jugó una serie de simultáneas, que comenzaron a las 22, y terminó tres horas después. Iliesco obtuvo +27 =8 -3. El certamen se juega con el sistema de eliminación Terenzani, con esta secuencia: en la 1ª ronda se forman 64 grupos de 4 jugadores c/u, y el 4º queda eliminado; en la 2ª ronda se agrupan 36 grupos de 6, quedando eliminados los tres últimos de c/u; 3ª ronda 16 grupos de 6; 4ª ronda 8 grupos de 6; 5ª ronda 4 grupos de 6; 6ª ronda 2 grupos de 6, siempre eliminando 3 jugadores. Así se llega a la final de 6 participantes en la rueda 7ª final.[15]

▓ La última serie se inició a la hora fijada, sin anotarse ausencia de ninguna pareja. En la amplia terraza se habían dispuesto los 32 tableros, dando lugar a un espectáculo nunca visto en esta clase de certámenes. Durante el desarrollo de la rueda estuvo presente el maestro palestino Miguel Czerniak, quien manifestó su admiración por el éxito de la prueba, añadiendo que éste es el torneo más numeroso de que se tuviese noticia en el mundo entero organizado por una sola entidad.[16]

Multitudinario torneo para novicios del Club Argentino. *El Gráfico*. 23 de febrero de 1940

Simultáneas de Iliesco en el Club Argentino

▓ Como se anunciara oportunamente, el maestro Juan Iliesco efectuó la sesión de partidas simultáneas frente a aficionados de distintas categorías. El simultaneísta ofreció las piezas blancas a quienes lo desearan, y la mayoría de ellos optó por aceptar su propuesta. Después de 1h 40', tiempo

[14] *La Nación*, 10 de febrero de 1940.

[15] *El Mundo*, 19 de febrero de 1940. David Terenzani fue un muy entusiasta aficionado, socio fundador del Club de Ajedrez Alfil de Rey, sito en Zequeira 4787, ciudad de Buenos Aires. Fue vencedor en Torneo Inaugural de esa entidad, en 1933. En ese tiempo, este sistema fue recomendado a otras federaciones como la de tenis, golf, brigde, etc. Nota del autor.

[16] *El Mundo*, 23 de febrero de 1940.

realmente notable, se dio por terminado el acto, obtenieido el maestro +17 =1 -3. Iliesco también ofreció una sesión de simultáneas a los inscriptos en el torneo de novicios, en el que están inscriptos más de 300 niños.[17]

▓ El ganador del Torneo Mayor, Juan Iliesco, partirá hoy para Mar del Plata, donde el próximo domingo deberá pronunciar una conferencia sobre un tema de su especialidad, en el Club Mar del Plata, a las 18. La capacidad técnica del rumano permite augurar el éxito de la jornada, como así el que obtendrá en la sesión de simultáneas que jugará una vez finalizada la conferencia.[18]

Gira de Najdorf por la provincia de Buenos Aires

▓ El viernes próximo partirá para Nueve de Julio el campeón polaco, Miguel Najdorf, que de tan brillante manera compartió con Keres el primer puesto en el Torneo Internacional de Buenos Aires. Actuará contratado por el Club Nueve de Julio, y el sábado realizará una exhibición en Lincoln. Es probable que extienda su viaje a otras ciudades y pueblos de la zona que han manifestado interés por la presencia de este notable ajedrecista.[19]

▓ El maestro polaco Miguel Najdorf ha realizado una excursión por algunas zonas de la Provincia de Buenos Aires con un resultado expresivo. En el Club Atlético Nueve de Junio obtuvo +36 =1 -0. Luego concurrió a Lincoln, donde logró +20 =1 -0. Finalmente jugó en Chivilcoy, ganando todas las que jugó. Najdorf ha preparado otra excursión por Buenos Aires para el mes de febrero.[20]

Eliskases en Villa María

▓ Invitado por el Círculo de Ajedrez local se halla en Villa María el maestro Eliskases. En horas de la mañana disertó sobre la acción del alfil en los finales, comentando luego una partida famosa de 1890. Por la tarde jugó partidas simultáneas con aficionados locales de Bell Ville, Ballesteros y otras localidades cercanas, obteniendo +47 =8 -0.[21]

La FADA entrega la Copa Argentina a Islandia

▓ En la revista técnica *Chess*, publicada en Inglaterra, leemos unas líneas que describen las idas y venidas que hicieron los componentes del equipo de Islandia a las oficinas de la FADA para que se les entregara la Copa Argentina, que habían ganado en el certamen respectivo, teniendo que embarcarse, finalmente, sin lograr su objeto, y dando en sospechar que la copa no existía. Posteriormente, el 4 de enero la FADA hizo entrega del trofeo al señor encargado de negocios de la legación de Dinamarca, don C. Carbel, a fin de que se le haga llegar a aquél país.[22]

La sede de la FIDE está en Buenos Aires (Grau)

▓ Sigue Europa manteniendo a la mayor cantidad de maestros, pero es América el continente que surge vigoroso a la vida del juego. El reciente TN lo ha probado, y la sede de la FIDE está en Buenos Aires, porque así lo quieren los representantes de todas las federaciones del mundo. Pero esto, al par que un halago, significa una responsabilidad. Los países de América deben ponerse a

[17] *El Mundo*, 2 y 6 de febrero de 1940.
[18] *El Sol de Quilmes*, 15 de marzo de 1940.
[19] *La Nación*, 15 de enero de 1940.
[20] *La Nación*, 28 de enero de 1940.
[21] *La Nación*, 28 de enero de 1940.
[22] *La Prensa*, 8 de enero de 1940. Paulino Alles Monasterio, *Mundo Argentino*, 24 de enero de 1940.

tono con la situación actual, y organizar actividades de alguna jerarquía. Cuentan para el éxito de las mismas no sólo con la experiencia del reciente torneo, sino con la posibilidad de lograr el concurso de los excelentes maestros europeos que se encuentran anclados en Buenos Aires. En manos, pues, de los directores del ajedrez americano está el lograr que el ajedrez magistral no decaiga totalmente con motivo de la conflagración europea.[23]

Jira de difusión

▓ La obligada permanencia entre nosotros de varios maestros europeos ha hecho recrudecer el interés por las *jiras* ajedrecísticas al interior. Najdorf, Frydman, Gromer y Eliskases son quienes con mayor intensidad se han prodigado en ese sentido, y el país, así, se beneficia hoy con la concurrencia y las lecciones de quienes tanto saben del difícil juego. Actitudes simpáticas, ya que junto al beneficio del ajedrez, se contribuye, en parte, a resolver la situación personal de quienes, como en primer término los polacos, no pueden retornar a su desaparecido país, y merecen más que nadie la simpatía amplia y generosa de toda la afición ajedrecística, no sólo Argentina, sino mundial.[24]

Ajedrez en Ríver Plate y simultáneas de Najdorf

▓ En la sede del Club Ríver Plate se efectuó la anunciada reunión de delegados, a la que asistieron representantes de la entidad local, San Lorenzo, Independiente, Boca Juniors, Racing, Excursionistas y Sportivo Dock Sud. Se resolvió dejar abierto el registro de inscripciones hasta el 29. El día de la inauguración el maestro polaco M. Najdorf jugará una serie de partidas simultáneas, y la brega dará comienzo el sábado siguiente.[25]

Simultáneas de Najdorf en la inauguración. *El Gráfico* nº 1078

▓ A comienzos de marzo se inaugura el I Torneo de Ajedrez entre instituciones afiliadas a la Asociación del Fútbol. La fiesta incluyó una gran sesión de simultáneas del maestro polaco Miguel Najdorf, que obtuvo +64 =3 -1. También se impuso en una partida a ciegas al aficionado doctor Isaac Gercovich.[26]

En ranking de la FADA para 1940

▓ La FADA ha dado a conocer la clasificación oficial de sus jugadores de primera categoría para la temporada 1940, y la lista es como sigue: 1º Roberto Grau; 2º Carlos Maderna; 3º/4º Carlos Guimard y Juan Iliesco; 5º/6º Alejandro Nogués Acuña y Luis Piazzini; 7º/8º/9º Jacobo y Julio Bolbochán, José Gerschman; 10º/11º Guillermo Puiggrós, Isaías Pleci; 12º Rafael Bensadón; 13º/14º Virgilio Fenoglio y Arón Schvartzman; 15º/16º Antonio Juan Vinuesa y Herman Pilnik; 17º Floreal Carballo; 18º Benito Villegas; 19º Julio Molina; 20º/21º/22º Luciano Cámara, Enrique Falcón y Romeo García Vera; 23º/24º Joaquín Ojeda y Francisco Benko; 25º Julio A. Lynch; 26º César Juan

[23] Roberto Grau, *Leoplán*, 17 de enero de 1940.
[24] Roberto Grau, *Leoplán*, 17 de enero de 1940.
[25] *La Nación*, 16 de febrero de 1940. *El Mundo*, 17 de febrero de 1940.
[26] *El Gráfico* nº 1078, pág. 24. La nota incluye tres fotos.

Corte; 27° Luis Palau; 28° Voyin Lalich. Hay otros catorce jugadores de primera categoría, pero sin clasificación.[27]

Academia de Najdorf

▓ El maestro Najdorf ha instalado una academia en el local del Círculo de Ajedrez. Allí inicia a quienes quieren aprender el juego, y se dedica a la más compleja tarea de preparar jugadores para torneos, aun a los de la categoría superior, que necesitan la guía de un maestro de verdad. Al mismo tiempo, publica un aviso en la revista Ajedrez, Publicación Argentina, ofreciendo los servicios de su Academia, con sede en Bartolomé Mitre 670.[28]

Simultáneas de varios maestros

▓ El jueves a las 21.45, en el Círculo de Ajedrez, Bartolomé Mitre 670, el maestro palestino Czerniak realizará una exhibición de simultáneas. Inscripciones hasta las 21.30.[29]

▓ El 23 de febrero se realizó una multitudinaria sesión de simultáneas en el Club Boca Juniors, ofrecida por Carlos Enrique Guimard, profesor de la entidad. Obtuvo +60 = 8 - 7.[30]

▓ El 6 y 8 de marzo actuaron en Necochea Juan Iliesco y Luis Piazzini, quienes participaron en muy diversas actividades. Piazzini se quedó durante todo el mes de marzo, y le fue entregado un pergamino realizado por el artista Agustín Puyo, con la firma de los aficionados de la ciudad que participaron en las simultáneas.[31]

▓ El 21 y 22 de marzo el campeón de Francia, Aristide Gromer, realiza una visita a la ciudad de Necochea, donde brinda una sesión de simultáneas y una charla en el Círculo de Ajedrez local, presidido en ese entonces por José Brum. En primer día obtuvo +15 =3 -0; empates ante Giersing, Guerrero y Guillamón. El segundo día jugó simultáneamente contra cuatro equipos en consulta, con reloj, con el resultado +2 = 2 -0, estas últimas contra las parejas Gustafsson-Guerrero y Gaitán-Capelo.[32]

▓ En el Club Presidente Avellaneda, calle José Bonifacio 1190, U.T. 60-7551, se llevará a cabo esta noche a las 21 horas una simultánea de ajedrez que estará a cargo del maestro Meyer Rauch, tablero n° 4 de Palestina en el Torneo de las Naciones.[33]

▓ Invitado por el Club Sanjuanino de Ajedrez se encuentra actualmente en la ciudad de San Juan el fuerte maestro alemán Erich Eliskases, quien está realizando allí diversas exhibiciones, consistentes en partidas simultáneas y conferencias. En su primera presentación obtuvo +25 =5 -0. En el Club Español de esa ciudad logró luego + 6 =2 -0.[34]

Se frustra el anuncio de un gran torneo internacional en Mendoza

▓ Los mendocinos reciben a Eliskases. El 8 de febrero los ajedrecistas mendocinos piden aportes para financiar una gira del maestro Erich Eliskases. Tienen éxito, y el austríaco llega a la ciudad

[27] *La Nación*, 27 de enero de 1940. Nota de Roberto Grau en *Leoplán* n° 133 del 14 de febrero de 1940.
[28] Roberto Grau, *Leoplán*, 17 de enero de 1940.
[29] *La Nación*, 16 de febrero de 1940.
[30] *El Gráfico* n° 1077, pág. 22. La nota incluye dos fotos.
[31] *Enroque!!* n° 1, mayo de 1941.
[32] *Enroque!!* n° 1, pág. 7, 18.
[33] *El Mundo*, 23 de marzo de 1940.
[34] *El Mundo*, 23 de marzo de 1940.

de Mendoza el 21 de este mes. Ofrece numerosas sesiones de simultáneas en la zona, permaneciendo hasta el 8 de marzo.[35]

■ Producto de la visita realizada a diversas localidades del interior por destacados maestros, y últimamente por el maestro Eliskases, varias instituciones locales están abocadas a la tarea de lograr la participación de los destacados maestros Guimard y Grau para integrar el equipo nacional que compita contra otras figuras del exterior. Las gestiones van muy bien encaminadas, y el solo anuncio ha despertado singular interés en toda la provincia.[36]

"El TN y la cosecha" (Grau)

■ Muchos han sido los que se preguntaron cuál podría ser el beneficio de un esfuerzo tan enorme como el que demandó el TN. Gastar una suma tan crecida de dinero y un caudal tan gran de energías parecía demasiado si solo se buscaba brindar un espectáculo deportivo de magnitud. Pero lo que se perseguía era, además de realizar una propaganda en bien del país –que sólo se logró a medias por el estallido de la guerra–, conmover a la afición argentina y multiplicar el número de cultores del ajedrez. Esto se ha logrado plenamente, como lo demuestra el gran número de clubs que dedican sus energías a la difusión del juego, y el éxito de los torneos abiertos realizados. Con sólo mencionar el caso del Club Argentino, que tuvo 243 inscriptos en uno de esos torneos libres, se refleja, de modo elocuentísimo, la difusión lograda por el ajedrez en la Argentina.[37]

Guimard y Grau en Chile: la FADA en una situación difícil

■ La Federación Chilena organiza para el mes de marzo su torneo nacional, e invitó para actuar en la competencia a los señores Roberto Grau y Carlos Guimard, quienes completarán el grupo de diez participantes. La FADA deberá considerar esta noche la invitación, y acordar a los citados ajedrecistas el permiso para que lleven la representación oficial de nuestro ajedrez a la interesante contienda. El torneo durará doce días, y probablemente se iniciará el 9 de marzo, pues los dos jugadores argentinos partirán para Santiago, probablemente en automóvil, el domingo 3 de marzo. Será ésta la primera vez que los ajedrecistas argentinos actúan en una competencia organizada en Chile. Grau y Guimard han ofrecido a la FADA correr con todos sus gastos, en vista de las dificultades financieras de la entidad directriz del ajedrez argentino.[38]

■ En la reunión de ayer el Consejo Federal de la FADA resolvió que los señores Roberto Grau y Carlos Guimard representen al ajedrez argentino en el torneo nacional de Chile. Actuarán ocho jugadores chilenos, a quienes su Federación levantó una suspensión que pesaba sobre ellos. Los argentinos partirán en automóvil, y es probable que realicen alguna exhibición en Río Cuarto y Mendoza en el viaje de ida hacia Viña del Mar.[39]

■ Grau y Guimard concurren al certamen, invitados particularmente por la Federación de Chile y con autorización de la FADA. En el campeonato chileno jugarán ocho ajedrecistas de ese país y los dos argentinos, habiendo dispuesto las autoridades del ajedrez chileno que los representantes extranjeros jugarán fuera de concurso. La competencia comenzará en Santiago el día 9 y terminará el 20 de marzo.[40]

[35] *Sistema Pereyra y el ajedrez mendocino*, Manuel Pereyra–J. L. Fernández, Zeta Editores, Mendoza 2002, pág. 108.

[36] *La Razón*, 25 de febrero de 1940. El certamen nunca se concretó.

[37] Roberto Grau, *Leoplán*, 28 de febrero de 1940

[38] *El Mundo,* 14 de febrero de 1940. *La Nación*, 14 de febrero de 1940.

[39] *La Nación*, 16 de febrero de 1940.

[40] *La Prensa*, 4 de marzo de 1940.

1ª Rueda, 8 de marzo

▓ Considerable interés ha despertado la iniciación del campeonato chileno, que cuenta este año con el poderoso atractivo de la actuación de Roberto Grau y Carlos Guimard, quienes se cotizan como los favoritos de la competencia. Sin embargo, no se descuenta la posibilidad de que en los primeros momentos experimenten las consecuencias del largo viaje realizado para llegar a Santiago. En un principio se había dispuesto realizar el torneo en el Club Argentino, pero ante la perspectiva del numeroso público, se optó por aceptar los salones del Club Yugoslavo, que reúne mayores comodidades. En esta ronda Grau venció a Letelier y Flores a Schroeder; quedaron suspendidas Manasevich – Ureta, Salas Romo – Guimard e Ivanovic – Castillo. Los jugadores argentinos irán mañana a Viña de Mar y regresarán el lunes para jugar la 2ª rueda.[41]

▓ Hasta la quinta rueda se mantenían invictos Grau, Guimard y Flores, pero los resultados de las dos últimas ruedas han consolidado la situación del campeón argentino, Grau, en la tabla de posiciones, dado que Flores cayó vencido ante su compatriota Salas Romo, y Guimard ante Schroeder. Carlos Guimard ganó con 6½/8, seguido por Roberto Grau con 6, Rodrigo Flores y Mariano Castillo 5; René Letelier 4½; Julio Salas Romo 3½; Ruperto Schroeder 2½; Ivanovic 2 y Hernán Manasevich 1.

En la rueda final se midieron Grau y Guimard. La partida resultó realmente emocionante, y fue presenciada por muchos aficionados, por el hecho de que ella definía el primer puesto del torneo, pues Grau llevaba medio punto a su compatriota. La lucha fue compleja desde el comienzo, pero enseguida obtuvo Guimard ventaja, y derrotó al campeón argentino en la temprana 19ª movida. Luego del torneo, Guimard dijo:

> Mi triunfo ha sido más que nada por producto de circunstancias azarosas, y como consecuencia de un error de importancia que cometió Grau en la apertura de la partida que ayer jugó conmigo. Considero que fue Grau quien más méritos hizo para ganar el torneo, pues condujo con gran seguridad en casi todo su desarrollo del torneo.[42]

C. Guimard Ganó el Certamen De Ajedrez de Stgo. de Chile

En el segundo puesto se clasificó el campeón argentino Roberto Grau y en el tercero Flores y Castillo

Carlos Guimard — Roberto Grau — Rodrigo Flores

Santiago, marzo 19 — Finalizará esta noche el campeonato nacional de ajedrez chileno, prueba que este año ha adquirido carácter de internacional en virtud de la participación de los maestros argentinos Roberto Grau y Carlos Guimard.

Ayer se realizó una demostración al ajedrecista argentino Grau, consistente en una cena y una conceptuosa nota enviada por la Federación de Ajedrez de Chile, con motivo de su cumpleaños y mañana los dos jugadores trasandinos serán objeto de una demostración por parte de las autoridades del ajedrez local. Se servirá un almuerzo a la chilena y se les hará entrega de dos trofeos especiales por su intervención en la competencia.

De acuerdo con la reglamentación puesta en vigor para este certamen, en el mismo jugaron los argentinos fuera de concurso y, en consecuencia, el jugador chileno que obtenga mayor número de puntos será el que tendrá el derecho de desafiar, dentro de los quince días de terminado el campeonato, al campeón chileno Rodrigo Flores, para disputarle su título. En el caso, ya casi seguro, de que sea Flores el mejor clasificado entre los chilenos, obtendrá aquel derecho el que le siga en orden de méritos.

La actuación de los ajedrecistas argentinos ha motivado aquí elogiosos comentarios. Guimard hizo esta tarde tablas con el campeón de Chile Rodrigo Flores, y anteriormente había perdido una partida con Schroeder, quien si bien es cierto que no ocupa en este torneo una destacada colocación, es considerado como uno de los elementos jóvenes del ajedrez local que mejores perspectivas tiene entre los de la nueva generación.

Los resultados generales de la penúltima rueda del torneo, fueron los siguientes: Grau hizo tablas con Castillo, Guimard empató con Flores, Letelier le ganó a Manassevich y Salas Romo venció a Ivanovic.

En la sesión de esta noche se medirán entre si los dos maestros argentinos y tal encuentro ha suscitado aquí un extraordinario interés, no sólo por la alta calidad que distingue a los visitantes, sinó también por el hecho de que el resultado de esa partida puede modificar el cuadro final de posiciones. En efecto, si Guimard venciera a Grau, se adjudicaría el torneo, mientras que si Grau le gana a Guimard, y Flores a su vez gana su partida de esta noche, quedaría primero absoluto Grau y empatarían en el segundo lugar Flores y Guimard.

Santiago, marzo 19 — En la sesión realizada esta tarde, el campeón chileno, Rodrigo Flores, empató con el ex campeón argentino Carlos Guimard. La partida tuvo el siguiente desarrollo:

APERTURA RUY LOPEZ

Blancas: Flores -- Negras: Guimard

	Blancas	Negras		Blancas	Negras
1.	P4R	P4R	21.	RxT	C4R
2.	C3AR	C3AD	22.	R1C	P3A
3.	A5C	P3TD	23.	C3A	C2D
4.	A4T	P3D	24.	C2R	A3A
5.	P4D	A2D	25.	A4D	A4R
6.	P4A	PxP	26.	AxA	DxA
7.	CxP	CxC	27.	D7T	D4A j.
8.	AxA j.	DxA	28.	DxD	CxD
9.	DxC	C2R	29.	C3A	R2A
10.	C3A	C3A	30.	R2A	R3R
11.	D3R	A2R	31.	R3R	R4R
12.	O--O	O--O	32.	P4CD	C3R
13.	C5D	TD1R	33.	C2R	C4C
14.	P3CD	P4A	34.	C4A	C3R
15.	A2C	A1D	35.	CxC	RxC
16.	P3A	PxP	36.	P3A	PxP
17.	PxP	D5C	37.	PxP	R4R
18.	TxT j.	TxT	38.	P3C	P3CR
19.	P3TR	D3R	39.	P3T	P3T
20.	T1AR	TxT j.	40.	P4C	P4TD

Y en esta posición dejaron las blancas su jugada escrite que en la sesión de esta tarde se comprobó que era 41. R3D. Acto seguido ambos jugadores convinieron en declarar tablas la partida, dado que no es posible intentar la victoria. El rey blanco no puede pasar al campo enemigo. Por ejemplo:

41. R3D, P4CR; 42. P4TD, R3R; 43. R4D, R3A; 44. P5R jq.; R2R!; 45. R4R, R3R; 46. R4D, R2R; 47. R3R, R2A; 48. R4R, R3R, y tablas.

Santiago, marzo 19 — En la rueda final del campeonato de ajedrez que se disputa en esta capital, se midieron esta noche entre sí los maestros argentinos Roberto Grau y Carlos Guimard. La partida resultó realmente emocionante y fué presenciada por muchos aficionados, por el hecho de que ella definía el primer puesto del torneo, dado que Grau sólo llevaba medio punto a su compatriota. La lucha fue compleja desde el comienzo, pero en seguida obtuvo Guimard ventaja y derrotó al campeón argentino tan sólo en 18 movimientos, conquistando con ello el primer puesto del certamen. Segundo, a medio punto, quedó el campeón argentino y en tercer lugar se colocó el actual campeón de Chile, Rodrigo Flores, quien volvió a destacar en esta oportunidad sus buenas condiciones.

Flores hizo hoy tablas con Letelier y Castillo venció a Salas.

La colocación actual de los participantes, que puede aún modificarse en lo que respecta a los demás puestos, según sea el resultado de las partidas que no terminaron esta noche, es como sigue:

	J.	G.	T.	P.	Pts.
Guimard	8	6	1	1	6½
Grau	8	5	2	1	6
Flores	8	3	4	1	5½
Castillo	8	3	4	1	5
Letelier	7	3	2	2	4
Salas Romo	7	3	1	3	3½
Ivanovic	8	1	2	5	2
Schroeder	7	1	1	5	1½
Manassevich	7	1	-	6	1

La J. significa partidas jugadas, la G. ganadas, la T. tablas, la P. perdidas y Pts. el total de puntos obtenidos.

Las partidas que han quedado suspendidas esta noche, serán proseguidas mañana miércoles a las 15.—(U. P.).

Guimard gana y Grau queda segundo en Santiago de Chile. *La Prensa*. 25 de marzo de 1940

[41] *La Nación,* 9 y 10 de marzo de 1940. *La Prensa*, 9 de marzo de 1940.

[42] *La Prensa*, 18, 20 y 21 de marzo de 1940.

Una vez más ha querido la suerte que los ajedrecistas argentinos lográramos una situación destacada en una competencia internacional. Invitados para actuar en el torneo nacional chileno, optamos por hacerlo, aceptando así la propuesta que nos formulara la FADA para que la representáramos en la importante competencia. Pero no ha sido la victoria de Guimard lo más señalado, ni tampoco la impresión técnica que hayamos podido dejar en el bello país chileno. Lo más importante ha sido el intercambio espiritual con los hombres del ajedrez chileno, camaradas de luchas deportivas, y ejemplares cabales de la calidad técnica y humana del ajedrez que se practica allende Los Andes.[43]

El libro de Puiggrós y Demaría sobre el TN

Portada del libro de Guillermo Puiggrós e Ignacio De María

En este año y los subsiguientes se advierte un gran incremento de la actividad, aprovechando la presencia de muchos maestros que estaban jugando el Torneo de las Naciones y se quedaron en el país cuando se declaró la Segunda Guerra Mundial. Guillermo Puiggrós y el periodista Ignacio Demaría publican *Ajedrez, El Torneo de las Naciones.*[44]

Presentación de *El Torneo de las Naciones en Buenos Aires*

Romeo García Vera por delante de Ståhlberg en Rosario

A mediados de marzo se jugó en Rosario otro torneo importante, con la presencia del sueco Gideon Ståhlberg. Fue organizado por el Club Newell's Old Boys, y resultó ganador en gran actuación el representante local Romeo García Vera, con 4½/6. Le siguieron Gideon Ståhlberg y José María Cristiá 4, Antonio Juan Vinuesa 3, Carlos Espina 2½, Oscar García Vera y Reymundo Fernández 1½. Fueron sensación los triunfos de Cristiá y Juan Vinuesa sobre Ståhlberg.[45]

[43] Roberto Grau, *Leoplán*, 10 de abril de 1940.
[44] *El Mundo*, 25 de marzo de 1940.
[45] *Caissa* nº 25, pág. 130.

▓ De los encuentros programados de la cuarta rueda, el que indudablemente presentó mayor emoción fue el de Ståhlberg y Espina, por la orientación impresa al cotejo, desenvuelto en todo momento por sendas dinámicas y en una lucha de contragolpe. La parte inicial de este cotejo fue confiado a la Variante Zukertort, y de ella surgieron rutas difíciles por el empeño que pusieron de manifiesto ambos adversarios al confiar en sus respectivos planes. En la 16ª movida llevaron las blancas su PAD al quinto jaquel, cuyo cambio dio amplio radio de acción a sus piezas mayores sobre ese flanco, las que ejercían sobrada presión. El tema principal de la partida estuvo radicado en el sector de la dama, donde Espina, prematuramente quizás, llevó su PC a 4C, conquistando el maestro, bien pronto, tres peones de ese sector.

La lucha, que parecía definida, no terminó ahì, y un violento contraataque de las negras hábilmente conducido, mantuvo en suspenso la definición hasta poco antes de darse término a las cinco horas de juego, en cuyas circunstancias una maniobra falsa fue bien explotada por el maestro al reanudar el cotejo. En Oscar García Vera 1:0 Fernández se jugó también una Apertura Zukertort, aun cuando por líneas de distinta interpretación. La 8ª movida de las negras dio dos tiempos de ventaja a su adversario, que se incrementó luego de un cambio de peones. Al promediar la partida, García Vera capturó un peón, y ello le aseguró el éxito no obstante el empeñoso esfuerzo realizado por Fernández.[46]

▓ Romeo García Vera triunfó en Rosario: Ståhlberg compartió el segundo lugar con Cristiá. Su victoria es doblemente significativa porque en la competencia actuó el sueco Gideon Ståhlberg, considerado como uno de los maestros de primera fuerza en el escenario del ajedrez europeo. Los ajedrecistas rosarinos han tenido, además, la satisfacción de que otro de sus representantes, José María Cristiá, compartiera el segundo puesto con el maestro extranjero. Participaron seis destacados jugadores rosarinos, y en los encuentros individuales dos de ellos vencieron a Ståhlberg: Cristiá y Juan Vinuesa. Debe citarse que el triunfo de Juan Vinuesa sobre Ståhlberg fue excepcional por la forma correcta y lucida en que superó a su fuerte adversario.[47]

▓ Triunfó Romeo García Vera en el torneo; segundos, el sueco Ståhlberg y el doctor Cristiá. Reuniones de aspectos salientes fueron las organizadas por el Club Newell's Old Boys con motivo de su concurso de ajedrez, en el que actuaba como número de excepción el campeón sueco, Gideon Ståhlberg, óptimo valor mundial en el juego ciencia. Romeo García Vera, el sólido ajedrecista, hizo suya la partida mediante tesoneras acciones ante rivales que le presentaron recias luchas, y a los que desplazó en el puntaje mediante un juego sobrio y de planes efectivos.

Cristiá se vio desplazado del lugar recién en el último encuentro, en forma realmente lamentable, ya que

Finalizó el torneo de ajedrez de Newell's Old Boys con el triunfo de Romeo García Vera

SEGUNDOS, CON IGUALDAD DE PUNTOS, SE CLASIFICARON EL MAESTRO STAHLBERG Y EL Dr. CRISTIA

Romeo García Vera

Blancas: R. García Vera — Negras: G. Stahlberg

R. GARCIA VERA (1/2) v. J. A. VINUESA (1/2)

Con la variante Nimzovitch, en el peón de la dama, se emprendieron las acciones iniciales de este cotejo, llegándose poco después a una posición de cambios que favoreció a las negras en el flanco dama. Sin embargo un contraataque de García Vera en el otro sector, equilibró el juego que finalmente terminó con la división del punto en disputo.

E. FERNANDEZ (1) v. C. ESPINA (0)

La apertura Catalana fué el tema inicial de esta partida, en cuya consideración existió mejor concepto de parte de las blancas, que lograron una posición de ataque, y con ella un buen triunfo.

TABLA FINAL DE POSICIONES

	J.	G.	T.	P.	Pts.
R. G. Vera	6	4	1	1	4½
G. Stahlberg	6	4	0	2	4
J. Cristiá	6	3	2	1	4
J. Vinuesa	6	2	2	2	3
C. Espina	6	1	3	2	2½
E. Fernández	6	1	1	4	1½
O. G. Vera	6	1	1	4	1½

Ståhlberg vence a Romeo García Vera, pero no le alcanza.
La Capital. 25 de marzo de 1940

[46] *La Capital*, 22 de marzo de 1940. Aparentemente el cronista se equivocó con las partidas, correspondiendo la primera a O. García Vera – Fernández, y la segunda a Ståhlberg – Espina.

[47] *La Prensa*, 27 de marzo de 1940. Juan Vinuesa es el doble apellido de este jugador, y Antonio su nombre.

el desarrollo de la partida decisiva le aseguraba las mejores posibilidades. En Romeo García Vera – Ståhlberg un planteo teórico de excelente precisión dio un medio juego abierto con rutas delicadas. La trama posicional en que se desenvolvió la lucha sirvió para demostrar las acciones depuradas del maestro Ståhlberg, que en forma lenta y a su vez enérgica, hizo méritos para la victoria, producida en la 41ª jugada. Oscar García Vera empató con Juan Vinuesa, y Fernández venció a Espina. Posiciones finales: Romeo García Vera 4½; Gideon Ståhlberg y José María Cristiá 4; Antonio Juan Vinuesa 3; Carlos Espina 2½; Reymundo Fernández y Oscar García Vera 1½.[48]

Torneo de Newells Old Boys de Rosario 1940

		1	2	3	4	5	6	7	PTS	S.B.
1	García Vera, Romeo	*	½	0	1	1	1	1	4.5/6	
2	Cristiá, José María	½	*	1	1	½	0	1	4.0/6	12.00
3	Ståhlberg, Gideon	1	0	*	0	1	1	1	4.0/6	10.00
4	Juan Vinuesa, Antonio	0	0	1	*	½	1	½	3.0/6	
5	Espina, Carlos	0	½	0	½	*	½	1	2.5/6	
6	Fernández, Reymundo	0	1	0	0	½	*	0	1.5/6	5.25
7	García Vera, Oscar	0	0	0	½	0	1	*	1.5/6	3.00

Un fuerte torneo rápido en Rosario

▓ Para hoy a las 16 el Club Rosarino ha organizado un torneo rápido en el que intervendrán, además del maestro sueco Ståhlberg, un selecto conjunto de jugadores locales, entre los que figuran Romeo y Oscar García Vera, José María Cristiá, Antonio Juan Vinuesa, Carlos Espina, Reymundo Fernández, Luciano Cámara, Marcos Gover, Líbero Gallieri, Manuel de Calatayud, Oreste Giustina y Emilio Desinano. La importancia del certamen ha de atraer buen número de aficionados a la sede de Córdoba 940, altos.[49]

Un diario ajedrecístico: proyecto fallido

▓ Un ambicioso semanario ajedrecístico: el 10 de abril aparece el número inicial de la revista *Ajedrez, Publicación Argentina.* Se anuncia como un quincenario, y es editada en papel y formato de diario. Los directores son Adolfo C. J. Aveleyra y Edmundo D. Mutti, y como secretario de redacción, Luis M. Trío. Todos ellos son desconocidos entre los ajedrecistas que juegan los torneos federados, pero tienen un gran entusiasmo y aportan el capital necesario. Su Dirección Editorial y Administración se estableció a partir de su nº 9 en Bolívar 566, y anuncian la venta en ese domicilio de libros y juegos de ajedrez. Contiene muchos avisos publicitarios, y los ejemplares se venden en kioscos, a 15 centavos.

A partir del 30 de julio presenta como directores técnicos a Najdorf y Czerniak. Incluye muchísima información de los torneos más importantes de la ciudad de Buenos Aires, y también del interior, artículos teóricos, partidas comentadas, problemas y finales. Anuncia la realización de una partida por correspondencia entre los lectores y los directores técnicos, a partir del número del 30 de octubre, luego del cual pasará a ser semanal. Quienes deseen participar deben abonar $ 2.

También pueden hacerlo los clubes, con una inscripción de $ 10. La suscripción anual –52 números– se ofrece a $ 4,50. Los tres primeros inscriptos fueron Gaspar Koch, de Tres Arroyos,

[48] *La Capital*, 25 de marzo de 1940.
[49] *La Capital*, 25 de marzo de 1940.

Ildelberto Sabena, de Rafaela y Edmundo García Ortúzar, de Elortondo. Detalla más de sesenta corresponsales en todo el país, y un representante en Chile. Este emprendimiento finalmente no llevó a buen puerto, ya que hacia fin de año ya había desaparecido.

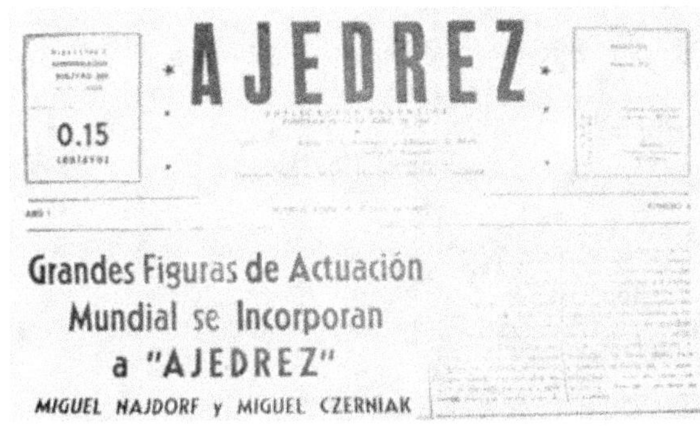

Portada de *Revista Ajedrez, Publicación Argentina,* 1940

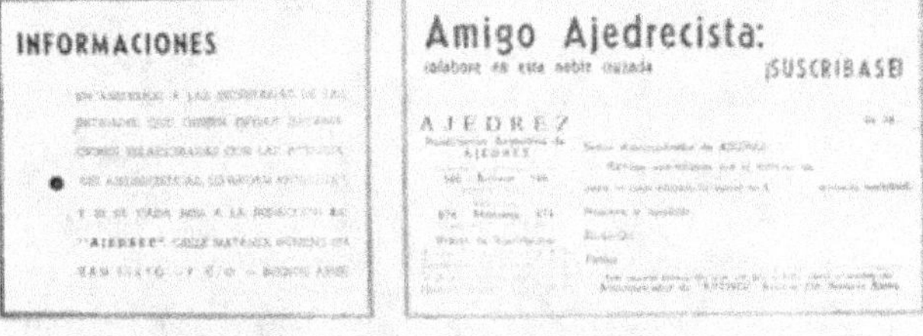

Publicidad de *Revista Ajedrez, Publicación Argentina* 1940

El Campeonato Argentino: a falta de Grau, juegan Maderna – Piazzini

La comisión de torneos de la FADA ha resuelto en una sesión llevada a cabo ayer por la tarde en presencia de los señores Carlos Maderna y Luis Piazzini, que el *match* por el Campeonato Argentino se inicie el miércoles 1º de mayo por la tarde, en el Círculo de Ajedrez. Se realizarán tres sesiones semanales, de 14.15 a 19.15, y las partidas pendientes se jugarán los mismos días de 20.15 a 2.15. Ganará el *match* quien obtenga primero 7½ puntos. Las partidas 1ª y 3ª se disputarán en el Círculo, la 2ª y la 4ª en el Club Argentino, la 5ª y la 6ª en el Club Jaque Mate. El *match* seguirá luego alternativamente en el Círculo y en el Club Argentino, hasta totalizar catorce partidas.[50]

Carlos Maderna, nuevo campeón argentino. Ha querido la suerte que mi sucesor en el campeonato sea uno de los ajedrecistas argentinos más auténticamente merecedores de ocupar el primer puesto de nuestro ajedrez. Maderna ha ganado un *match* de incuestionable calidad. Ha superado a un hombre de los quilates de Piazzini, adversario difícil de vencer, ya que une a un talento indiscutible, sólidos conocimientos técnicos. (...) Técnicamente, el reciente *match* ha sido bueno. Quizá no hayan existido partidas de excepción, pero en cambio no han abundado los errores garrafales, que tantas veces grandes *matches* deslucieron la historia del Campeonato Argentino. Maderna destacó su estilo sobrio y punzante de juego.

Ajedrecista posicional, gusta de la maniobra y se recrea cuando consigue llegar a posiciones que permiten realizar planes lentos, sutiles, para explotar vagas e imperceptibles debilidades estratégicas. (...) Maderna fue un ajedrecista precoz, que en 1927 apareció en el horizonte de nuestro deporte como una sólida promesa. Surgió casi simultáneamente con Nogués Acuña, Fenoglio y Cristiá, y poco antes que Bolbochán, Pleci y Piazzini, que vinieron a renovar el limitado escenario del ajedrez superior argentino, acaparado para aquella época casi por completo por Reca, Palau y quien esto escribe.

En 1930 logró triunfos espectaculares, y sólo por una curiosa coincidencia no ganó ningún Torneo Mayor, lo que le impidió coronar sus actuaciones con el título máximo. Pero la suerte premia la tenacidad, y éste es el caso del actual campeón, que tiene sólo treinta años, mucha calidad, y escasa ambición por ahora. Pero confiamos en que, ante la evidencia de que la justicia existe, Maderna se dedique con mayor ahínco al ajedrez, rompa el aislamiento deportivo en que vive en La Plata, alterne

[50] *La Nación*, 26 de abril de 1940.

en competencias con los maestros europeos que están actualmente en nuestro medio, y prueba que en él todavía no se ha operado la evolución definitiva. Que el nuevo campeón argentino, en lugar de conformarse con ostentar el título máximo, está en condiciones de superarse en cada presentación.[51]

Maderna vs Piazzini, Campeonato Argentino. Foto *Leoplán,* 3 de julio de 1940

Match por el Campeonato Argentino 1940

		1	2	3	4	5	6	7	8	9	0	1	2	3	4	PTS
1	**Maderna, Carlos Hugo**	½	1	½	1	1	0	0	½	0	½	½	½	1	1	8
2	**Piazzini, Luis Rubén**	½	0	½	0	0	1	1	½	1	½	½	½	0	0	6

Pilnik gana un gran torneo rápido en Boca Juniors

Un torneo de ajedrez rápido de notable relieve se llevó a cabo en el Club Boca Juniors. Participaron ocho jugadores de excelente calidad, encabezados por los ajedrecistas europeos Paulin Frydman, Miguel Czerniak, Marcos Luckis, y Franciszek Sulik, con quienes alternaron los jugadores locales Carlos Guimard, Herman Pilnik, Luis Palau, y Constancio Travetto. El certamen fue ganado por Herman Pilnik, seguidos por Czerniak, Frydman y Guimard.[52]

El II Campeonato Argentino Femenino

Por segunda vez se llevará a cabo el torneo femenino organizado por la FADA, para establecer la desafiante de la actual poseedora del título Dora Trepat. La prueba se iniciará hoy por la noche en el Círculo, y actuarán en ella nueve participantes. El orden de sorteo fue: 1. Aurora D, de Terenzani; 2. María A. de Carné; 3. Electra Bilbao; 4. Catalina H. de Hecht; 5. Salomé de Reischer; 6. Josefina González Vega; 7. María A. A. de Vigil; 8. Brunilda O. de Münch; 9. Edith Campo. Seis son representantes del Círculo, dos del Club Jaque Mate y una del Club Argentino. El torneo se jugará los martes, jueves y sábados, de 21 a 1. Las cuatro primeras ruedas se harán en el Círculo, la 5ª en el Círculo de Vélez Sarsfield, 6ª y 7ª en el Club Jaque Mate, y las dos últimas en el Club Argentino, Bartolomé Mitre 2552.[53]

El Campeonato Femenino tuvo ocho participantes a doble ronda, venciendo Brunilda O. Münch con 11½/14. Le siguieron María A. de Vigil 11, Salomé Reischer 10, Josefina González

[51] Roberto Grau, *Leoplán*, 3 de julio de 1940.
[52] *La Prensa,* 8 de junio de 1940.
[53] *La Nación*, 2 de mayo de 1940.

Vega 7, C. H. de Hecht 6, Electra Bilbao 4, A. D. de Terenzani 3 y Edith Campo 1½. Al ser las tres primeras extranjeras, adquirió el derecho a jugar el *match* por el título con la campeona Dora Trepat la cuarta clasificada, Josefina González Vega. Trepat ganó el encuentro por 4:2 y retuvo el título de campeona argentina.[54]

▓ El 15 de mayo de 1940 la revista *Damas y Damitas*, dedicada a temas de la mujer, publicó una nota de dos páginas sobre el ajedrez femenino en nuestro país.

Torneo Rápido del Círculo

▓ El 18 de mayo se jugó en el Círculo de Ajedrez un torneo rápido por equipos, que fue ganado por el Club Jaque Mate, seguido por el equipo de extranjeros del Círculo de Ajedrez, el equipo local y el del Círculo Vélez Sarsfield. Los equipos formaron de la siguiente forma: Club Jaque Mate: Julio Bolbochán, Bensadón, Rossetto, Moguilevsky y Benito. Extranjeros: Frydman, Luckis, Czerniak, Winz y Sulik. Círculo: Grau, Guimard, Puiggrós y Ojeda. Vélez Sarsfield: Gómez Masía, Carballo, De la Llave, Aguilera y Hand. Luego se jugó un torneo rápido individual, que fue ganado por Julio Bolbochán y Guimard con 8/9, seguidos por Czerniak, Luckis, Winz, Sulik, Puiggrós, Ojeda y Grau. En un último certamen rápido, triunfó Frydman, seguido por Sulik, Guimard y Grau.[55]

"El déficit del TN ocasiona dificultades a la FADA" (Grau)

▓ La permanencia en Buenos Aires de un número tan alto de ajedrecistas extranjeros, obliga a pensar en la conveniencia de organizar algunas actividades de alta jerarquía. El Círculo de Ajedrez proyecta la organización de un nuevo torneo de maestros, que alcanzará, sin duda, gran relieve. Asimismo, ha organizado un torneo rápido por equipos, constituyendo dos *teams*: uno con sus representantes habituales en este tipo de pruebas, y otro con un equipo de ajedrecistas europeos que son socios de la entidad. Pero esto no basta, y se ha pensado en encarar oficialmente la organización de un gran *match* entre argentinos y extranjeros, a diez tableros, que sin duda revestiría lucidas proporciones.

El *team* local podría estar formado por Carlos Guimard, Jacobo Bolbochán, Carlos Maderna, Luis Piazzini, Julio Bolbochán, Isaías Pleci, Virgilio Fenoglio, Alejandro Nogués Acuña, Arón Schvartzman y quien esto escribe; diez tableros de primera fuerza que podrían verse robustecidos o ampliados con los nombres de los rosarinos Juan Vinuesa y José María Cristiá. Como se trataría de un *match* a partida y desquite, el argumento del exceso de ocupaciones no podría ser esgrimido por ninguno de los jugadores, por la escasa cantidad de tiempo que insumiría. El *team* de extranjeros, si se logran allanar las dificultades que surgen de los enconos que produce la guerra, lo podrían integrar los maestros Eliskases, Ståhlberg, Najdorf, Frydman, Becker, Engels, Czerniak, Luckis, Raud y Gromer, y de existir alguna dificultad por la inclusión de los jugadores alemanes de parte de los ajedrecistas polacos, franceses y palestinos, podrían reemplazarse aquellos con Feigins, Pelikán, Skalicka, Sulik, O'Donovan, De Ronde y aún Sonja Graf.

Es de presumir que en el invierno de 1940 se lleve a cabo este amplio programa, y que la FADA organice para fin de año algún torneo internacional en Mar del Plata, aprovechando la estada de los excelentes ajedrecistas europeos para brindar un espectáculo de calidad, y poder, en el futuro, encarar la posibilidad de limitar el Torneo Mayor exclusivamente a los jugadores argentinos o naturalizados. Desde hace varios años, Mar del Plata permanece ajena a la actividad ajedrecística.

[54] *Anuario de La Razón 1941*. La ganadora jugó luego el torneo de 4ª categoría de la FADA, finalizando última en el turno final, entre diez jugadores. Esto da una idea de la abismal diferencia de fuerza.

[55] *Caissa* nº 26, pág. 185.

Quizá haya sido más culpa de la FADA que de los encargados de orientar las actividades deportivas con fines de propaganda en el balneario. Se explica, por otra parte, ya que los problemas tan fundamentales como el TN y el aún subsistente de la liquidación del serio déficit existente limitan el horizonte de sus directores. Pero es de presumir que este año se resuelva todo.[56]

Argentinos y extranjeros frente a frente

APROVECHANDO LA PERMANENCIA EN BUENOS AIRES DE MUCHOS ASES DEL AJEDREZ EUROPEO, SE ESTA ENCARANDO LA POSIBILIDAD DE CONCERTAR UN "MATCH", EN EL QUE DIEZ DE ELLOS SERIAN ENFRENTADOS POR NUESTROS MEJORES TABLEROS

Escribe especialmente para "Leoplán"

Roberto Grau

Un *match* deseado. *Leoplán*, 22 de mayo de 1940

El Congreso crítico de Córdoba: rumbo al cisma. La grieta

El Congreso tuvo lugar en la Caja de Jubilaciones y Pensiones Provinciales, y fue presidido por Juan M. Rivarola, a su vez presidente de la Federación de Santa Fe. Se emitió el siguiente documento, dirigido a la FADA:

> Considerando que el ajedrez del interior del país, por la enorme difusión alcanzada y su calidad sobresaliente en ciertos casos, reclama una dirección que lo oriente a planos superiores.
>
> —que los estatutos y reglamentos de la FADA, entidad que rige sus destinos, no contemplan con amplitud los legítimos derechos de sus cultores, derechos que han sido adquiridos por una constante preocupación de perfeccionamiento.
>
> —que si bien es cierto que la acción de las autoridades de la FADA se ha ido encausando en los últimos tiempos hacia el estudio y la modificación de las mismas para dar al interior algunas ventajas, éstas no han sido suficientes para abarcar el programa de manera integral.
>
> —Dejando bien sentados sus propósitos de colaboración con la FADA, las federaciones de Santa Fe, Rosario, Córdoba y Entre Ríos desvirtúan de manera terminante cualquier sospecha que pudiera tenerse sobre la verdad incuestionable o perturbadora, y por el contrario, haciendo una declaración conjunta de amplio espíritu de colaboración. (Sic)
>
> Resuelven: Solicitar a la FADA la reunión de una Asamblea General Extraordinaria, a efectos de considerar reformas al estatuto y reglamentos de juego que aconsejamos. Insinuamos que esta Asamblea se convoque para la fecha de realización del torneo Interprovincial.

[56] Roberto Grau, *Leoplán*, 22 de mayo de 1940.

Entre otros de los temas tratados, se resolvió la creación de la Confederación Argentina de Ajedrez, que regiría los destinos del ajedrez nacional en lugar de la actual, y la formación de la Federación Metropolitana, para la Ciudad de Buenos Aires y alrededores. El proyecto de estatutos fue redactado por el doctor Antonio Moya, de Villa María, con el cual confía en mejorar la estructura del ajedrez del interior. El doctor José María Cristiá ya había expresado en la revista *Caissa* que

> ...es hora que la FADA se ocupe de estos ajedrecistas (del interior) huérfanos del apoyo central, y urge una modificación del Torneo Mayor, prueba que hasta ahora, salvo excepciones rarísimas, ha quedado reducida al núcleo de jugadores de la Ciudad de Buenos Aires.[57]

De acuerdo a lo que informa *Ajedrez, Publicación Argentina* nº 9, estuvo presente Roberto Gabriel Grau,

> ...quien fue entusiastamente agasajado por las autoridades locales, tratándose de paso la situación de los ajedrecistas del interior, la reforma de los estatutos, y la creación de la Confederación Argentina de Ajedrez.

Las resoluciones de este congreso se enmarcan en la lucha entre la Ciudad de Buenos Aires y el interior del país. Los jugadores del interior consideraban que la FADA prácticamente los excluía de sus cronogramas, programando actividades solamente para la Capital, y por eso hablan de crear una Confederación Argentina –para todo el país– y una Federación Metropolitana –insertada dentro de la Confederación– con jurisdicción solamente en su zona de influencia. En otras palabras, por ese entonces la FADA era a la vez nacional y metropolitana.[58]

El Congreso de Federaciones

Córdoba, 27.—El Congreso de Federaciones de Ajedrez del interior del país, que ha venido realizándose simultáneamente con el torneo interprovincial del juego, resolvió solicitar a la Federación Argentina de Ajedrez que se efectúe una asamblea general extraordinaria, la que podría llevarse a cabo cuando se dispute el campeonato argentino, por equipos, para considerar así las reformas al estatuto y reglamento de juego que el mismo congreso aconseja. En los considerandos, al mismo tiempo que afirma los propósitos de colaboración por parte de las distintas federaciones del interior para con la Federación Argentina, expresa que el ajedrez del interior del país, por la enorme difusión alcanzada y su calidad sobresaliente, en ciertos casos, reclama una dirección que lo oriente hacia planos superiores, y que los estatutos y reglamentos de la Federación Argentina no contemplan con amplitud los derechos legítimos de los cultores de tierra adentro. También se deja constancia en los considerandos del alto espíritu de colaboración hacia la Federación Argentina que anima a las federaciones de Santa Fe, Rosario, Entre Ríos y Córdoba.

El congreso resolvió, también, que el próximo torneo interprovincial de ajedrez se juegue en la ciudad de Santa Fe el mes de mayo del año próximo.

Torneo y Congreso crítico en Santa Fe. *La Nación*, 26 de mayo de 1940

Alberto Vilches, crítico con la FADA: porteños contra provincianos

Tenemos en nuestro país varios ajedrecistas de fuerzas equivalentes, tales como Jacobo Bolbochán, Carlos Maderna, Roberto Grau, Carlos Guimard, Luis Piazzini, Julio Bolbochán, Arón Schvartzman y Virgilio Fenoglio. Tengo del ajedrez provinciano la mejor opinión. Existen muy buenos aficionados en distintas ciudades del interior, especialmente en Rosario, donde actúan Antonio Juan Vinuesa, José María Cristiá, y los hermanos Oscar y Romeo García Vera. Justamente, este último se adjudicó, en febrero, un torneo delante del conocido Ståhlberg. Integrando el conjunto platense, formado por Maderna, García Baladó y Atencio, que se adjudicó en 1938 el Torneo Interprovincial por Equipos de la FADA, tuve ocasión de conocer sobre el tablero otros buenos aficionados de varias provincias.

Creo que si la entidad máxima de nuestro ajedrez se preocupara algo más por el deporte provinciano, se podría arribar a mejores resultados, y en cambio está librado a sus propios esfuerzos. La FADA, que en sus comienzos hizo abrigar las mejores esperanzas entre la numerosa falange de cultores del juego ciencia en el interior, circunscribió su orientación a afianzar los valores metropolitanos. Esta política no siempre fue bien vista por la mayoría de los ajedrecistas argentinos.[59]

[57] *Caissa* nº 27, pág. 199/203, nº 25, pág. 132, nº 44, pág. 47. *La Nación*, 26 de mayo de 1940.
[58] Comentarios del autor.
[59] Reportaje de Paulino Alles Monasterio a Alberto Vilches, *Mundo Argentino*, 12 de junio de 1940.

Becker gana en Vélez Sarsfield

Ha quedado prácticamente terminado el torneo que organizó el Círculo de Vélez Sarsfield entre un grupo de sus mejores elementos y con el concurso de dos ajedrecistas extranjeros, uno de ellos el maestro Albert Becker, de gran renombre en el ambiente internacional. El maestro Becker ganó holgadamente, ya que se impuso en las ocho partidas disputadas, poniendo en evidencia su gran calidad. Tras él se clasificó el letón Movsa Feigins, con 7/8. Luego quedaron Floreal Carballo y Francisco Benko 5; De la Llave 4; Efraín Berelejis y Guillermo Hand 2½; Haroldo Rodríguez 2 y Eleuterio Grané sin puntos. Carballo adquirió el derecho a jugar un *match* por el campeonato del club con el actual campeón, Joaquín Gómez Masía.[60]

A. Becker triunfó en el torneo de ajedrez de Vélez Sarsfield

Se impuso fácilmente sobre el letón Feigin y varios jugadores de la institución local

F. CARBALLO

Ha quedado prácticamente terminado el torneo de ajedrez que organizó el Círculo de Ajedrez de Vélez Sarsfield entre un grupo de sus mejores elementos y con el concurso de dos ajedrecistas extranjeros, uno de los cuales el maestro Adolfo Becker, de gran renombre en el ambiente internacional. La prueba, como es natural, terminó con el triunfo de éste y sirvió para que los jugadores de primera fuerza de la entidad lograran aquilatar valiosa experiencia frente a los dos avezados maestros que les fueron opuestos.

El maestro Becker ganó holgadamente, ya que se adjudicó las ocho partidas que jugó, poniendo en evidencia su gran calidad. Tras él se clasificó el letón M. Feigin, con siete puntos sobre ocho posibles, y el tercer puesto —aun en debate, ya que los ajedrecistas locales no mostraron una preocupación tan grande por cumplir el reglamento y tienen por lo tanto algunas partidas pendientes— ha de ser ocupado probablemente por Floreal Carballo, joven valor de innegable calidad que ha logrado 5 puntos en siete y tiene una partida suspendida que le es levemente favorable y que, aun siendo tablas, le permitiría clasificarse tercero.

Becker arrasa en Vélez Sarsfield.
La Nación, 12 de mayo de 1940

Círculo de Vélez Sarsfield 1940

		1	2	3	4	5	6	7	8	9	PTS	S.B.
1	Becker, Albert	*	1	1	1	1	1	1	1	1	8.0/8	
2	Feigins, Movsa	0	*	1	1	1	1	1	1	1	7.0/8	
3	Carballo, Floreal	0	0	*	½	1	½	1	1	1	5.0/8	12.25
4	Benko, Francisco	0	0	½	*	½	1	1	1	1	5.0/8	11.50
5	De la Llave, Carlos	0	0	0	½	*	½	1	1	1	4.0/8	
6	Berelejis, Efraín	0	0	½	0	½	*	½	0	1	2.5/8	5.75
7	Hand, Guillermo	0	0	0	0	0	½	*	1	1	2.5/8	3.25
8	Rodríguez, Haroldo	0	0	0	0	0	1	0	*	1	2.0/8	
9	Grané, Eleuterio	0	0	0	0	0	0	0	0	*	0.0/8	

Sonja Graf y Maderna

En junio, un grupo de ajedrecistas amigos presentó una nota en el Jockey Club de La Plata, solicitando se le entregue un premio al campeón de 1939, Carlos Maderna. Asimismo, la Federación Platense informa que en la localidad de Ensenada, ofreció una sesión de 26 simultáneas la ajedrecista Sonja Graf, con el resultado de +16 =9 -1. Luego, se presentó en Berisso, en el Centro Cultural Berissense, con un score de +19 = 6 -5.[61]

LA PLATA
FEDERACION PLATENSE DE AJEDREZ

Continúa disputándose con gran entusiasmo el Campeonato Individual organizado por la F. A. de A., como asimismo el de igual categoría auspiciado por la entidad del epígrafe.

Jockey Club: Ha sido elevada una solicitud a la C. D., firmada por un núcleo de socios, requiriendo un premio para el Campeón Maderna. Se descuenta que la gestión tendrá éxito.

Círculo Ensenadense: Sonia Graff, jugó en este Círculo 26 partidas simultáneas, venciendo en 16, entablando 9 y perdiendo 1.

Círculo Cultural Berissense: La Sub-Campeona mundial, Sonia Graff, enfrentóse contra 30 aficionados, venció en 19, entabló 6, perdiendo en 5.

Simultáneas de Sonja Graf en Ensenada y Berisso.
Ajedrez, Publicación Argentina nº 7

[60] *La Nación*, 12 de mayo de 1940. *Caissa* nº 28, pág. 250. Tabla reconstruida.
[61] *Ajedrez, Publicación Argentina* nº 7 del 15 de junio de 1940.

Se liquidan los tableros murales del TN

▓ En su número de junio, *Caissa* anuncia que están en venta los tableros murales utilizados en el TN. El aviso dice:

> Un verdadero recuerdo. Un excelente adorno. Un elemento práctico. Una ocasión única. Tamaño: 166x150cm. Recuadro pintado en pizarra para escribir con tiza los nombres o detalles de posiciones. Con un artístico juego de piezas. Precio $ 60. Pedidos a Editorial Grabo, Luis Sáenz Peña 788.

La Federación solicita un subsidio al Congreso

El 22 de junio de 1940, según Expediente 366, la FADA solicita un subsidio de $ 10.000 al Congreso. Entre los considerandos del pedido, firmado por Alfonso Rodríguez Avellón (secretario) y Augusto De Muro (presidente), dice:

> Señor presidente de la Cámara de Diputados, Carlos M. Noel
>
> La labor de la FADA, en sus 17 años de existencia, ha sido tesonera y efectiva. Sin otros recursos que los muy modestos que obtiene de las ínfimas cuotas de afiliación de las entidades adheridas, ha ido superándose en sus propósitos de difusión y divulgación del juego ciencia, al punto tal de que él se practica ya con todo entusiasmo en los puntos más distantes del país. (...)
>
> La FADA ocupa hoy el primer lugar entre sus similares del mundo entero, con derechos legítimamente adquiridos y tácita y expresamente reconocidos por los delegados de 22 países representados en el XVI Congreso de Federaciones, reunidos en Buenos Aires en setiembre de 1939, al radicar en esta Capital la sede de la FIDE por el voto unánime de los delegados al mencionado Congreso y designar al suscripto para regir sus destinos. He de hacer constar, señor presidente, que es esta la primera entidad internacional de un deporte que se radica en Argentina.
>
> Asimismo, la FADA ha tenido el honor de brindar el más grande espectáculo ajedrecístico que se recuerda, y que constituye un motivo de legítimo orgullo. Me refiero al Torneo de las Naciones realizado en los meses de agosto y setiembre del año anterior.
>
> Los fondos que se solicitan serían totalmente aplicados a actividades ya determinadas y a un vasto plan de acción cultural, que sucintamente expongo a continuación:
>
> a) Sufragar los gastos que demanda la radicación e instalación de la FIDE en Buenos Aires;
>
> b) Organización del Campeonato Anual de ajedrez entre los suboficiales del ejército;
>
> c) Organizar el gran Campeonato de ajedrez entre los alumnos de escuelas secundarias del país;
>
> d) Prestar alguna ayuda a más de 20 calificados maestros extranjeros que vinieron al país invitados por este Federación para participar en el Torneo de las Naciones y no pudieron repatriarse como consecuencia de los acontecimientos europeos que se iniciaron durante el desarrollo del certamen, y cuya situación es realmente afligente.
>
> Por todo ello ruego a V. E. quiera prestar a este pedido una atención preferente.

Paulin Frydman gana el Torneo Mayor del Círculo de Ajedrez

▓ Un importante torneo comenzará a jugarse en el Círculo. Será el tercer gran torneo internacional de maestros, con la intervención de varios destacados ajedrecistas argentinos y extranjeros.

Figuran entre estos últimos Frydman, Czerniak, Sulik, Winz y de Ronde. Además, estarán los locales Grau, Guimard, Puiggrós, Ojeda, Palau, Gerschman y Benko. El torneo comenzará el próximo sábado, y seguirá todos los miércoles y sábados de 21 a 2, a razón de cuarenta movidas en 2½ horas, y dieciséis jugadas por cada hora subsiguiente.[62]

Empieza Mañana Un Gran Torneo

Irónica nota de Amílcar Celaya sobre Grau. *Noticias Gráficas*, 14 de junio de 1940

Empieza mañana en el Círculo un gran torneo: quizá tenga en el país, desde el punto de vista de su trascendencia, un solo antecedente: el torneo que ganaron empatados Keres y Najdorf en 1939. En la prueba participarán seis maestros extranjeros: Frydman, Raud, Czerniak, Sulik, Winz y De Ronde, además de siete ajedrecistas locales de primera línea: Guimard, Puiggrós, Palau, Ojeda, Benko, Gerschman, Benko y Grau. La intervención de este último añade, si todavía fuera posible, un interés especial al certamen, puesto que se récordará, a causa de sus ocupaciones, el señor Grau no pudo, hace poco, defender su título nacional.[63]

1ª rueda, 15 de junio

Se inició el Campeonato de 1ª Categoría del Círculo, en el que compiten varios de los maestros extranjeros radicados en nuestro país y que se han asociado a la entidad. Destácanse las actuaciones del maestro polaco Paulin Frydman y la del ex campeón argentino, Roberto Grau, que ha logrado hacer un paréntesis en sus múltiples actividades, para dar mayor brillo a este certamen. Sigue la nómina de competidores con Carlos Guimard, Miguel Czerniak, Franciszek Sulik, Ilmar Raud, Christian De Ronde, Guillermo Puiggrós, Luis Palau, José Gerschman, Franz Benko y Joaquín Ojeda. Quedó libre el maestro polaco Miacheslav (Sic) Najdorf, que deberá decidir su actuación antes de mañana, así como el campeón catamarqueño, Alejandro Nogués Acuña. Los resultados de la ronda fueron: Frydman 1:0 Winz; Guimard ½:½ Raud. Suspendidas: Grau – Palau, Sulik – Puiggrós, Czerniak – Benko y Ojeda – De Ronde.[64]

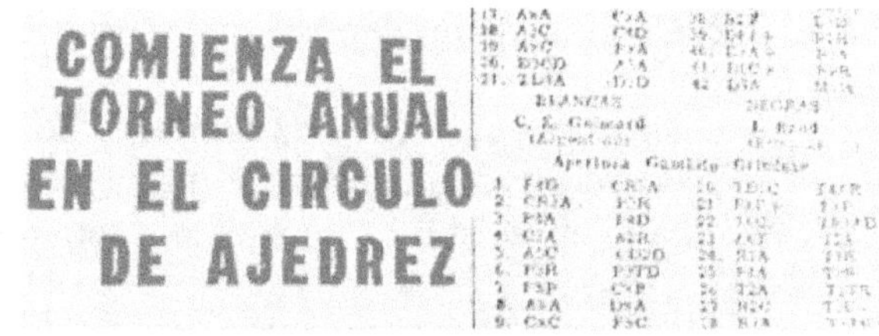
COMIENZA EL TORNEO ANUAL EN EL CIRCULO DE AJEDREZ

El Mundo, 17 de junio de 1940

Comienza el torneo, y Frydman vence a Winz

Seis partidas de notable fuerza se desarrollaron en esta primera rueda del torneo de maestros. La prueba, que tiene como nota central la participación de Paulin Frydman, notable maestro polaco, marca el comienzo de un intercambio valioso para nuestro ajedrez, entre jugadores europeos y locales. Junto con el certamen que se está realizando en el Club Argentino, significa un anticipo de lo promisorio de la presente temporada ajedrecística en la capital. Se ha resuelto otorgar premios en efectivo por cada punto que logren los jugadores, así como también los trofeos de práctica, pues el torneo es el anual de la institución, y el vencedor podrá, si lo desea, optar al campeonato de la enti-

[62] *La Prensa*, 10 de junio de 1940.

[63] Amílcar Celaya, *Noticias Gráficas*, 14 de junio de 1940. Se trata de una ironía de Celaya para con Grau, acusándolo indirectamente de jugar el torneo del Círculo a costa de abandonar el título argentino. ¡Como si Grau no tuviera pleno derecho a elegir los torneos que desea jugar y cuáles no! Notas del autor.

[64] *El Mundo*, 17 de junio de 1940.

dad. La tenacidad de las luchas libradas lo prueba el hecho de que sólo dos partidas se definieron. En una de ellas, Frydman venció de manera categórica al palestino Winz, imponiendo técnicamente el dominio de un buen caballo centralizado contra un alfil malo de su adversario.

El otro cotejo definido fue el de Guimard con Raud, que en vano Guimard intentó violentar. En las partidas suspendidas, Benko consiguió una posición favorable contra Czerniak, para suspender con un peón de ventaja y rematar anoche la partida a su favor. Grau también suspendió con Palau, en la 50ª movida, con un peón de ventaja; se impuso anoche en buena forma. El holandés De Ronde quedó con un peón de ventaja frente a Ojeda, en un final cuyas perspectivas no eran totalmente claras; el jugador europeo no condujo bien el final, y perdió anoche cuando todo hacía presumir un empate. El polaco Sulik, que jugó en buena forma, quedó mejor que Puiggrós y anoche ganó la partida. Quedó libre Gerschman, ya que Nogués Acuña manifestó no poder actuar en el torneo, y aún no ha informado Najdorf, que se encuentra fuera de la capital, si podrá estar en Buenos Aires antes del miércoles para intervenir en la competencia. En este torneo rige una estricta disposición: se prohíbe terminantemente el análisis de las partidas suspendidas en el local de la institución.[65]

2ª rueda, 17 de junio

■ El torneo ha sufrido algunas modificaciones en su lista de inscriptos: alejados por razones circunstanciales Alejandro Nogués Acuña y Miacheslav (Sic) Najdorf, ha ocupado uno de los puestos libres el maestro lituano Marcos Luckis, que de este modo interviene en los dos certámenes, igual que Czerniak y Guimard. La sorpresa de la ronda fue la victoria que obtuvo el maestro holandés De Ronde sobre Grau, en una partida que jugadas antes parecía equilibrada. No obstante, mediante una entrega de calidad el ajedrecista holandés logró pasar unos peones centrales que le dieron el punto. Interesante en todo momento fue Palau – Frydman, que finalizó con el triunfo del maestro polaco. Otros resultados: Gerschman 0:1 Sulik; Raud ½:½ Czerniak. Suspendidas: Puiggrós – Guimard, Benko – Ojeda y Luckis – Winz.[66]

■ Se realizaron varios encuentros lucidos, siendo una de las notas destacadas el triunfo del joven maestro holandés De Ronde frente al ex campeón argentino, Grau. La lucha fue equilibrada al principio, para presentarse más tarde favorable para Grau, pero éste no aprovechó bien las posibilidades de la posición, y De Ronde encontró una bonita combinación que le aseguró la ventaja y el triunfo. La partida de Frydman contra Palau fue una de las seguidas con mayor interés por los aficionados, dada la alta calidad que distingue al maestro extranjero. El encuentro fue correcto en las acciones iniciales, y motivó así una lucha reñida. Pero en la parte media comenzó Frydman a imponer sus mayores recursos, y poco a poco conquistó una situación superior, venciendo a su rival. El polaco Sulik jugó una buena partida ante Gerschman, adjudicándose el triunfo en excelente estilo. En otro tablero, Czerniak igualó frente a Raud. Quedaron suspendidas: Winz – Luckis, Guimard – Puiggrós.[67]

Se Jugó Otra Rueda Del Torneo de Maestros Del Círculo de Ajedrez

Frydman domina a Palau.
La Prensa, 21 de junio de 1940

[65] Roberto Grau, *La Nación*, 18 de junio de 1940.
[66] *La Razón*, 19 de junio de 1940. Guimard venció a Puiggrós en excelente partida, *La Nación*, 22 de junio de 1940.
[67] Luis Palau, *La Prensa*, 21 de junio de 1940.

3ª rueda, 22 de junio

▌Hubo siete cotejos de lucidas alternativas, no estrictamente ajustados a la lógica en todos los casos, pero en su mayoría excelentes y dignos de un certamen de tanta importancia. Sobresalía la partida Frydman – De Ronde, partida que permitió apreciar una vez más la sobria técnica del maestro polaco, que ganó de notable manera por medio de una serie de sutilezas estratégicas que culminaron con la hábil explotación de una gran diagonal debilitada por la ausencia de alfiles, pero que él dominó con la dama. En excelente forma, Guimard, que está jugando como en su mejor época, se impuso a Gerschman por medio de una Apertura PD que éste defendió con la India del Este.

Grau derrotó a Benko, luego de una Defensa Nimzowitsch en la que logró ganar un peón al iniciarse el medio juego. Palau ensayó una novedosa línea de juego en la Defensa Francesa, para superar por ataque a Winz. Czerniak logró una posición ventajosa contra Puiggrós, pero no pudo contener su temperamento amante de la complicación táctica, para cambiar la dama por las dos torres y obtener alguna ventaja, pero ya en una posición más peligrosa. No jugó luego bien, y esto permitió a Puiggrós rehacer su posición y ganar más tarde una torre, lo que significó su victoria. Ojeda – Raud y Sulik – Luckis se suspendieron. Esta noche jugarán Gerschman – Luckis la partida pendiente de la primera rueda.[68]

▌En Frydman – De Ronde se planteó una partida de PD, donde las negras adoptaron el sistema defensivo del *fianchetto* del rey, a lo cual jugó Frydman haciendo a su vez el mismo *fianchetto.* Apenas terminado el planteo, comenzaron las blancas a dominar la situación, y en la parte media, luego de algunas alternativas lucidas, el jugador polaco consiguió la victoria. Guimard conquistó una nueva victoria frente a Gerschman. En una Apertura PD, adoptó el perdedor la Defensa India del Rey, y Guimard atacó las posiciones enemigas con el *fianchetto* rey, obteniendo superioridad en el medio juego y resultando luego inútiles los esfuerzos de su rival para salvar la lucha.

En Grau – Benko la lucha fue completa desde las primeras acciones, sacando Grau mayor provecho de la complicación para ganar, en la parte media, un peón, y acreditarse finalmente el triunfo con una correcta maniobra. Winz comenzó con el PD, transformándose el juego en una Defensa Francesa; Palau adoptó la Variante Grau y con ella quedó con partida superior, iniciando en el medio juego un ataque contra el rey enemigo avanzando los peones del flanco rey, lo cual le proporcionó una situación ganadora, venciendo en la jugada 26ª.[69]

Frydman y Guimard se destacan en los torneos de ajedrez

Encabezan las competencias del Círculo y Club Argentino, respectivamente

BUENA TÉCNICA

La tercera rueda del torneo internacional que se realiza en el Círculo de Ajedrez, estuvo caracterizada por siete cotejos de lucidas alternativas, no estrictamente ajustados a la lógica en su desenlace en todos los casos, pero en su mayoría excelentes y dignos de un certamen de tanta importancia. De acuerdo con el fixture, no quiso la coincidencia que actuaran entre sí los rivales con mejores perspectivas para aspirar al primer puesto, pero sobresalía por la jerarquía de uno de los adversarios: Frydman, y la excelente demostración del otro en la rueda anterior: De Ronde, el cotejo entre estos dos jugadores europeos.

La partida permitió apreciar una vez más la sobria técnica del maestro polaco Frydman, que ganó de notable manera por medio de una serie de sutilezas estratégicas que culminaron con la hábil explotación de una gran diagonal debilitada por la ausencia de alfiles, pero que él dominó con la dama. El cotejo comenzó con el peón dama, siguió con la defensa Grunfeld y se desniveló paulatinamente a raíz de algunas maniobras falsas que sobre el ala rey

Se destaca la gran técnica de Frydman. *La Nación*, 24 de junio de 1940

4ª rueda, 25 de junio

▌Frydman encabeza esta prueba, y Guimard, la del Club Argentino. El certamen está destacando, tal cual se esperaba, la seriedad del estilo del maestro polaco, que se ha adjudicado hasta el presente las cuatro partidas realizadas. En esta rueda superó en terminante estilo a Franz Benko, que trató de sacar provecho de una Defensa Siciliana que le planteó su fuerte adversario. No lo logró, y mediante una atrevida maniobra central consiguió Frydman ventaja estratégica que se tradujo en la ganancia de dos piezas menores por una torre. Hábilmente aumentada, esta ventaja determinó su victoria. Mucha expectación había despertado la partida entre el ajedrecista estonio Raud y Grau.

[68] Roberto Grau, *La Nación*, 24 de junio de 1940.
[69] Luis Palau, *La Prensa*, 24 de junio de 1940.

El cotejo tuvo un planteo interesante. Con las negras, Grau se defendió con el mismo sistema que ensayó en una partida con Fine de Estocolmo 1937, que le fue desfavorable. Mejoró en esta oportunidad la variante, para lograr una buena partida, y a cambio de un peón entrar con una torre en séptima, ganar calidad y adjudicarse más tarde la partida. No consiguió Guimard quebrantar la defensa que le opuso el polaco Sulik, que se está revelando como un ajedrecista tesonero y efectivo. Luego de una serie de complicaciones se llegó a un final, que en vano Guimard trató de desnivelar. Terminó empatado en la 56ª jugada. Muy bien jugó Palau su partida con Luckis hasta el momento en que precisamente logró una posición ganadora. Cuando su victoria era ya tarea más simple, apremiado por el tiempo, desacertó el procedimiento, para ir perdiendo su ventaja y suspender la lucha en un final estratégicamente perdido. Intensa y equilibrada fue la lucha entre Puiggrós y Ojeda, que se suspendió en un final de reyes y peones, donde la posición de las blancas es delicada. Gerschman – Czerniak y Winz – De Ronde se postergaron por estar enfermos los dos ajedrecistas palestinos. Frydman tiene 4/4, y siguen Grau, Guimard y Sulik, con 3.[70]

Sulik enfrenta a Guimard; detrás, Puiggrós.
Leoplán, 17 de julio de 1940

5ª rueda, 30 de junio

■ Después de haberse jugado las cinco primeras ruedas, se destaca el fuerte maestro polaco Frydman, quien ha vencido en los cinco encuentros que disputó. En esta ronda venció en excelente forma al destacado maestro de Estonia, Ilmar Raud. El jugador polaco Sulik, que hasta ahora no había perdido ningún juego, sufrió su primer contraste frente al campeón de Palestina, Czerniak. El maestro holandés De Ronde fue derrotado por Palau, Gerschman –negras– venció a Ojeda, y la partida entre Benko y Winz terminó empatada. El encuentro Grau – Puiggrós fue postergado, y Guimard – Luckis quedó suspendida en posición favorable para el jugador argentino. Frydman encabeza las posiciones con 5/5, y siguen Grau y Guimard 3/4; Sulik 3/5; Luckis 2½/4.[71]

■ Los resultados de la ronda aún están indefinidos, pues falta ser iniciado el cotejo entre Grau y Puiggrós, que se realizará mañana por la noche, y ha quedado suspendida Guimard – Luckis, en posición, favorable para aquél. Si bien Frydman marcha invicto con cinco victorias, sólo llevará un punto a Guimard y Grau si éstos ganan las partidas que aún no se han definido. En esta rueda destacó su importancia para la tabla de posiciones la derrota de Sulik, que marchaba con sólo un punto en contra, frente a Czerniak. Fueron de mencionar, también, la excelente actuación de Palau, al batir a De Ronde en lucida forma, la buena partida que Gerschman le ganó a Ojeda, y el empate de Benko con Winz.[72]

6ª Rueda, 2 de julio

■ La nota central de la rueda la constituyó la seria resistencia que le opuso Puiggrós al maestro polaco Frydman, en una excelente partida. Se suspendió, luego de una intensa lucha, en posición favorable al jugador europeo, pero de difícil pronóstico. La actuación de Puiggrós fue lucida, ya que

[70] Roberto Grau, *La Nación*, 28 de junio de 1940.
[71] *La Prensa*, 2 de julio de 1940.
[72] *La Nación*, 2 de julio de 1940.

planteó una Apertura PR, y contra la Defensa Siciliana opuesta por su adversario, alcanzó a mantener, no sólo un buen equilibrio, sino que puso en algunas dificultades a su rival, que las zanjó de notable manera. Se suspendió en un final en el que Puiggrós tiene dos peones menos, pero algunas perspectivas de empate por las debilidades de los peones de su rival. En otras partidas, Palau batió a Benko, Grau a Gerschman, Luckis a De Ronde y Sulik a Ojeda. Quedó pendiente Raud – Winz, en una posición equilibrada. El cotejo Czerniak – Guimard no se inició, y se llevará a cabo el lunes próximo, junto con la aplazada Grau – Puiggrós. Encabeza las posiciones Frydman con 5/5, y luego siguen Grau 4/5; Sulik 4/6; Guimard 3½/5; Palau 3/6.[73]

Seria resistencia le opuso G. Puiggrós al maestro P. Frydman

Fué ésta la partida más importante del torneo del Circulo de Ajedrez

En el Circulo de Ajedrez se efectuó la sexta rueda del torneo internacional de ajedrez, en el cual actúa una serie destacada de ajedrecistas europeos y locales. La nota central de la noche la constituyó la excelente partida que jugaron el maestro polaco Paulyn Frydman y el ajedrecista local Guillermo Puiggrós, la que se suspendió, luego de intensa lucha, en una posición favorable al jugador europeo, pero de difícil pronóstico.

La actuación de Puiggrós fué lucida, ya que planteó una apertura del peón rey, y contra una siciliana opuesta por su adversario alcanzó a mantener no sólo un buen equilibrio, sino que puso en algunas dificultades a su rival, que las zanjó de notable manera. Se suspendió en un final en el que Puiggrós, con dos peones menos, tiene algunas perspectivas de empate por las debilidades de los peones de su rival. El cotejo seguirá pasado mañana a las 15.

En las otras partidas, Palau batió a Benko, Grau a Gerschman, Luckis a De Ronde y Sulik a Ojeda. Quedó suspendida la partida de Raud con Winz, en una posición equilibrada. El cotejo entre Czerniak y Guimard no se inició y se llevará a efecto el lunes próximo, junto con otra partida aplazada, entre Grau y Puiggrós.

Resistencia de Puiggrós frente a Frydman. La Nación, 5 de julio de 1940

Frydman se mantiene en el primer puesto, y a juzgar por la seguridad con que conduce sus partidas y el hecho de haber ganado los cinco primeros encuentros, a medida que avanza la prueba se hace más difícil desalojarlo del puesto de honor. Las próximas ruedas, en que dicho maestro deberá enfrentar a Guimard, Grau y Sulik, son esperadas con gran interés. En esta sesión Grau venció a Gerschman con una Defensa Americana en la Apertura de PD, que proporcionó al vencedor una situación superior desde el comienzo. Grau remató la lucha en buena forma. Frydman tuvo como adversario a Puiggrós, que comenzó el juego con 1.P4R, y las negras adoptaron la Defensa Siciliana.

La lucha fue compleja y sumamente interesante en todo momento, debiendo destacarse el buen comportamiento del jugador argentino ante tan fuerte maestro. La partida ha quedado suspendida en una posición favorable para Frydman, pero con muchas posibilidades de quedar en un empate, por tratarse de un difícil final de damas, torres y peones por ambos bandos. Palau –negras– venció a Benko, asegurándose en el final una neta superioridad en un final de peones. Luckis tuvo una partida difícil contra el holandés De Ronde, pero en la parte media no jugó éste con la debida corrección y permitió a su rival quedar con una posición superior que finalmente le proporcionó la victoria. Ojeda fue vencido por Sulik, y los juegos Winz – Raud y Czerniak – Guimard quedaron suspendidos.[74]

7ª rueda, 7 de julio

Gerschman ofreció tenaz resistencia a Frydman, y Grau venció a Sulik. La competencia sigue destacando la calidad del maestro polaco, que se mantiene primero; sin embargo, lo hace con esfuerzo, dada la resistencia que le ofrecen sus adversarios. En esta rueda enfrentó a Gerschman, que jugó en buena forma una maniobra clásica de la Defensa Ortodoxa, para lograr un relativo equilibrio. De todos modos, con las blancas, Frydman logró mantener a través de toda la lucha la fiscalización de las acciones. La partida se resolvió en un final de torres y peones difícil de ganar, aun cuando el único que puede aspirar a la victoria es Frydman, que posee un peón de ventaja. Otra partida que había concitado alguna atención fue la que jugaron Grau y Sulik.

La lucha fue de relieve instructivo en el planteo por la forma con que fue explotada una maniobra errada de Sulik, y se definió con la victoria del jugador local en la movida 42ª. Intensa fue la lucha en el encuentro Guimard – Ojeda, en la cual el primero planteó una Defensa Francesa, para lograr una posición difícil, que más tarde comprometió. Perdió dos peones, y en busca de complicaciones entregó una torre, para quedar luego con una calidad de ventaja a cambio de un peón, en

[73] *La Nación*, 5 de julio de 1940.

[74] Luis Palau, *La Prensa*, 5 de julio de 1940.

una situación en la que no es fácil saber cuál será el resultado. Fue tablas Palau – Raud, y De Ronde batió a Benko. Quedaron suspendidas Puiggrós – Winz y Czerniak – Luckis. El final Frydman – Puiggrós que estaba pendiente fue ganado por el primero, a pesar de los tenaces esfuerzos del jugador local. Frydman tiene 6/6, y sigue Grau con 5/6.[75]

▓ Lucida resultó la ronda, en la que una variedad de planteos se presentó ante los espectadores que rodeaban las mesas, donde se luchó firme por espacio de buen tiempo. El primer juego en definirse no tuvo vencedor ni vencido: fue el de Palau y Raud, en el que el maestro estoniano firmó gustoso la paz cuando sólo se había efectuado la 27ª movida. Sorprende, en verdad, esta actuación incolora del buen maestro estoniano que jugara en el segundo tablero, detrás de Keres, en el Torneo de las Naciones y que prometía ser uno de los líderes de este torneo de acuerdo con sus antecedentes. El jugador holandés De Ronde consiguió una buena victoria sobre Benko, y Grau se impuso con un juego enérgico al maestro polaco Francisco Javier (Sic) Sulik.[76]

Fué interesante la 7a. rueda del torneo del Círculo de Ajedrez

Gerschman ofreció tenaz resistencia a Frydman y Grau batió a Sulik

PALAU EMPATÓ

En el Círculo de Ajedrez se realizó la séptima rueda del torneo internacional, prueba que cuenta con el concurso de una selecta serie de ajedrecistas locales y europeos. La competencia sigue destacando la calidad de Paulyn Frydman, que se mantiene primero en la misma, aun cuando no sin esfuerzo, dada la intensa resistencia que le ofrecen sus adversarios. En la rueda que nos ocupa enfrentó a José Gerschman, que jugó en buena forma una maniobra clásica de la Ortodoxa, para lograr un relativo equilibrio, si bien Frydman, con las blancas, logró mantener a través de toda la lucha la fiscalización de las acciones.

La partida se resolvió en un final de torre y peones difícil de ganar, aun cuando el único que puede aspirar a la victoria es Frydman, que posee un peón de ventaja. Este cotejo se definirá hoy, junto con varias partidas suspendidas y postergadas.

Otra partida que había concentrado alguna expectación por la situación de los adversarios en la tabla de posiciones fué la que jugaron Grau y el polaco Sulik. La lucha fué de relieve instructivo en el planteo y medio juego [illegible] la forma con que fué explotada

Frydman vence a Gerschman y sigue con el 100%. *La Nación*, 8 de julio de 1940

8ª rueda, 13 de julio

▓ Sulik se excedió en el tiempo frente a Frydman, pero hay una reclamación. La rueda estuvo constituida por una serie de cotejos de gran brillo, especialmente el mencionado y el de Guimard con Czerniak. Como es natural, el público dedicó preferente atención a estos cotejos, y tuvo oportunidad de asistir a una lucha de primera calidad en el encuentro Frydman – Sulik. Éste opuso una resistencia notable a su fuerte adversario, hasta el punto de mantener cierta fiscalización de las acciones, pero la tenaz acción de Frydman le impidió concretar una leve ventaja de posición. La dificultad de la lucha obligó a ambos a meditar excesivamente, y esto dio lugar a una serie de jugadas vertiginosas que pusieron una nota de emoción en la sala. Al terminar de ejecutar su 40ª movida, la aguja de Sulik cayó, y el fiscal adjudicó automáticamente la victoria a Frydman.

Fué jugada la octava rueda del torneo del Círculo de Ajedrez

La Nación 15/7/40

Sulik se excedió en el tiempo frente a Frydman, pero hay una reclamación

LUCKIS GANÓ

La octava rueda del torneo internacional que se realiza en el Círculo de Ajedrez estuvo constituida por una serie de cotejos de gran brillo, especialmente el que se llevó a cabo entre los ajedrecistas polacos Frydman y Sulik, y el de Guimard con Czerniak.

Como es natural, el público dedicó preferente atención a estos cotejos y tuvo oportunidad de asistir a una lucha de primera calidad en el encuentro entre Frydman y Sulik. Este último opuso una resistencia notable a su fuerte adversario, hasta el punto de mantener cierta fiscalización de las acciones. Pero la tenaz acción de Frydman le impidió concretar su leve ventaja de posición.

La dificultad de la lucha obligó a los dos jugadores a meditar excesivamente y esto dió lugar a una serie de jugadas vertiginosas, que pusieron una nota de emoción en la sala. Al terminar de ejecutar su 40 movida, la aguja que controlaba el reloj de Sulik cayó y el fiscal adjudicó automáticamente la victoria a Frydman. Apeló de esta sanción el vencido por entender que su adversario al contestar su jugada había perdido todo derecho, y la última resolución debe adoptarla la comisión de torneos, pero reglamentariamente ha correspondido el triunfo a Frydman. En ese momento la posición era equilibrada y parecía que un empate había de premiar los buenos esfuerzos de ambos.

Sulik pierde por tiempo, pero reclama. *La Nación*, 15 de julio de 1940

Apeló esta sanción el vencido, por entender que su adversario, al contestar su jugada, había perdido todo derecho. La última resolución debe adoptarla la comisión de torneos, pero reglamentariamente ha correspondido el triunfo a Frydman. En ese momento la posición era equilibrada, y parecía que un empate habría de premiar los buenos esfuerzos de ambos. No alcanzó a definirse el cotejo de Guimard y Czerniak, que se suspendió en un final en el que éste tiene calidad de menos, pero tiene compensación de dos peones, avanzados.

Sin embargo, no es fácil saber el resultado, aunque la posición de Guimard parece favorable. En las otras partidas, Luckis venció a Benko en buen estilo, Winz suspendió en posición delicada frente a Gerschman, y Palau ganó un peón en el final con Puiggrós, y tiene las mejores posi-

[75] Roberto Grau, *La Nación*, 8 de julio de 1940.

[76] Paulino Alles Monasterio, *El Mundo*, 8 de julio de 1940.

bilidades. La partida más rápidamente definida fue la de Raud con De Ronde, en la que el primero ganó en la temprana 13ª jugada, si bien es cierto que el ajedrecista holandés abandonó al tener dos peones menos, pero aún en una posición difícil en la que pudo ofrecerse una lucha recia. En las partidas pendientes, Grau derrotó a Puiggrós, y se mantiene segundo de Frydman. Hoy continuarán las partidas suspendidas y se iniciará el cotejo Guimard – Grau.[77]

Ajedrez

JUEGASE LA DECIMA RONDA DEL TORNEO DEL CIRCULO DE AJEDREZ

Frydman mantiene su ventaja. *El Mundo*, 24 de julio de 1940

9ª rueda, 17 de julio

Tres rondas faltan para que se dé por finalizado el torneo, y el maestro polaco Frydman ha logrado mantener su ventaja mientras ha venido cumpliendo con los compromisos que le ha marcado el *fixture*: en las tres fechas restantes tendrá aún que poner a prueba la calidad que lo viene distinguiendo, pues está visto que frente a él hay contrarios que multiplican sus ambiciones, afanosos por vencerlo. En el segundo puesto continúa el ex campeón argentino, Roberto Grau, seguido por el maestro lituano Marcos Luckis. Los resultados fueron: Winz 1:0 Sulik, Peón Dama en la 43ª; Frydman ½:½ Guimard, Defensa Tarrasch en la 56ª; Grau ½:½ Czerniak, Defensa Eslava en la 51ª; De Ronde 0:1 Puiggrós. Apertura Inglesa en la 40ª; Ojeda 0:1 Luckis, Defensa Nimzowitsch en la 40ª; Palau 0:1 Gerschman, Defensa India del Rey. Suspendida: Benko – Raud.[78]

10ª rueda, 20 de julio

Con varias partidas de interés prosiguió el torneo, sobresaliendo en esta rueda el cotejo que debían disputar Czerniak y Frydman, que sirvió para poner en evidencia los recursos y las condiciones de Frydman, quien en el momento de suspenderse la lucha había logrado una posición aparentemente ganadora. Guimard, que llevaba las blancas con Winz, no pudo quebrar la buena resistencia que le opuso éste, y en el momento de suspenderse, la situación era equilibrada. Grau, con las negras, enfrentó a Ojeda, a quien venció en la 24ª movida. Gerschman también se impuso en una partida de breve duración de De Ronde, pues obligó a éste a rendirse en la jugada 22ª.

Una variante agresiva de las Defensa Francesa ensayó Puiggrós frente a Benko, al que derrotó en la 32ª jugada. Sulik y Palau jugaron una apertura con el Giuoco Piano, y se definió a favor del primero en la 31ª jugada. Más prolongada fue la lucha entre Luckis y Raud, en la que se impuso el segundo en la 47ª movida. Con estos resultados. Posiciones:

Hubo siete partidas por el concurso del Circulo de Ajedrez

Frydman y Czerniak suspendieron en posición favorable al primero

GRAU GANÓ

Frydman sigue ampliamente arriba. *La Nación*, 22 de julio de 1940

[77] Roberto Grau, *La Nación*, 15 de julio de 1940.
[78] Paulino Alles Monasterio, *El Mundo*, 26 de julio de 1940.

Frydman 8½/9; Grau 7½/9; Luckis 7/10; Raud 5/9; Sulik 5/10; Guimard 4½/8; Winz 4½/9; Czerniak 4/9; Puiggrós 3½/10; Benko 2/9; De Ronde 2/10.[79]

12ª Rueda, 25 de julio

▓ Frydman se mantiene cómodamente puntero, y Luckis suspendió con Grau en posición favorable. No ha experimentado mayores variaciones la lucha en torneo, y se sigue destacando en el puesto de honor el maestro polaco Paulin Frydman, quien prosigue desplegando un juego tenaz y firme que justifica ampliamente su excelente situación. En esta rueda tuvo por adversario a Joaquín Ojeda, y se planteó una variante clásica de la Defensa Ortodoxa, para mantener Frydman una leve iniciativa que, sin embargo, no bastó para desnivelar totalmente la lucha. En busca de perspectivas de triunfo, Frydman entregó un caballo por dos peones, para llegarse a una posición que, si bien le asignaba buenas perspectivas, no era absolutamente clara. Anoche siguió la partida, que fue ganada por el maestro polaco luego de una exacta maniobra.

Un serio adversario fue para Grau el maestro lituano Luckis. La partida entre ambos comenzó con la Defensa Nimzowitsch, para mantenerse equilibrada en el planteo. El ajedrecista local rehuyó una variante simplificadora en busca de una franca decisión que le permitiera estar lo más próximo posible del puntero, y permitió que Luckis ubicara un peligroso peón en 7ª. En ese estado de cosas se suspendió la partida, con alguna ventaja estratégica para el ajedrecista europeo. En las otras partidas, Benko batió a Gerschman, Puiggrós perdió por tiempo una partida que tenía ganada a Raud, Sulik batió a De Ronde, y Czerniak a Winz. Quedó suspendida Palau – Guimard, que seguirá el lunes próximo. Anoche comenzó la partida Guimard – Grau, pendiente de ruedas anteriores. Tampoco se definió la partida atrasada Guimard – Winz, que está suspendida desde hace varias ruedas en una posición complicada.[80]

Frydman se mantiene cómodamente primero en el C. de Ajedrez

En la misma sesión Luckis suspendió con Grau en posición favorable

LA 12a. RUEDA

No ha experimentado mayores variaciones la lucha en el torneo internacional que se lleva a cabo en el Circulo de Ajedrez. La última rueda verificada, alguna de cuyas partidas se definieron anoche, sigue destacando en el puesto de honor al maestro polaco Paul Frydman, quien prosigue desplegando un estilo de juego firme y tenaz, que justifica ampliamente su excelente situación en la competencia.

En la undécima rueda tuvo por adversario a Joaquín Ojeda, y se planteó una variante clásica de la Ortodoxa, para mantener Frydman una leve iniciativa, que, sin embargo, no bastó para desnivelar totalmente la lucha. En busca de perspectivas de triunfo, entregó Frydman un caballo por dos peones, para llegarse a una posición que, si bien le asignaba buenas perspectivas, no era absolutamente clara. Anoche siguió la partida, que fué ganada por el maestro polaco luego de una [illegible]

Peligra Grau ante Luckis. *La Nación*, 27 de julio de 1940

12ª Rueda, 27 de julio

▓ Grau venció a Guimard en buena forma, y se ha colocado en condiciones de sostener una lucha decisiva con el maestro Paulino Frydman por el primer puesto. Grau se acercó peligrosamente al puntero, pero esta noche deberá continuar su partida pendiente con Luckis, que quedó suspendida en una posición favorable a éste, pero como es muy probable que la partida termine en un empate, con tal resultado Frydman quedaría manteniendo una ventaja de un punto y medio sobre Grau, y éste tendría forzosamente que derrotarlo para poder aspirar al primer puesto.

Por estas circunstancias la partida que se jugará mañana por la noche es esperada con extraordinario interés. Otros resultados fueron: Raud venció a Gerschman y Ojeda perdió frente a Winz. Suspendidas: Guimard – De Ronde, Puiggrós – Luckis y Benko – Sulik. Encabeza las posiciones Frydman 8½/9; luego Grau con 8½/10; Raud 7½/12; Luckis 7/10; Sulik 6/11; Winz 5½/11; Gerschman 5½/12; Czerniak 5/11; Guimard 4½/9; Palau 4½/10: Benko y Puiggrós 3½/11; Ojeda 2½/12; De Ronde 2/11.[81]

[79] Roberto Grau, *La Nación*, 22 de julio de 1940.
[80] Roberto Grau, *La Nación*, 27 de julio de 1940.
[81] Luis Palau, *La Prensa*, 29 de julio de 1940.

Falta una rueda para terminar el torneo, pero como hay varias partidas atrasadas y algunas suspendidas, se hace difícil saber con exactitud la situación de todos los participantes. Pero la ventaja que lleva el maestro polaco Frydman, si bien no le asegura de manera definitiva la victoria, prácticamente lo coloca en situación muy cómoda, por cuanto ha perdido un punto menos que Grau, y además éste tiene pendiente una partida con Luckis en la que está inferior: a lo sumo puede aspirar a un empate, aun cuando nada debiera sorprender su derrota. Quiere decir que sólo vencido en las dos partidas que le resta jugar –con Grau y con Luckis–, podría Frydman perder la magnífica situación que ahora ostenta. Y nada permite esperar un resultado de este tipo. En esta rueda se jugaron sólo cinco partidas, pues por enfermedad de Czerniak se postergó su encuentro con Palau, y Grau no inició su partida con Frydman por tener que definir antes de este encuentro su partida con Luckis, que se jugará esta noche.

Grau Venció a Guimard En la Penúltima Rueda Del Torneo de Ajedrez

El encuentro decisivo del certamen, entre Grau y Frydman, se jugará mañana

Grau vence a Guimard y se acerca.
La Prensa, 29 de julio de 1940

Los resultados de las otras partidas fueron: Raud batió a Gerschman, y Winz a Ojeda. Suspendieron: Luckis – Puiggrós, con un peón de ventaja para éste, pero parece ser tablas pues hay alfiles de distinto color; Guimard – De Ronde, con leve ventaja para el primero; Benko – Sulik, en posición muy inferior para Benko. La partida atrasada Guimard – Grau se definió a favor de éste. Esta noche deberá iniciarse el cotejo Guimard – Palau, y seguirán los finales pendientes Luckis – Grau, Puiggrós – Luckis y Sulik – Benko. Mañana se iniciará Frydman – Grau y se continuarán Guimard – Winz y Guimard – De Ronde. El jueves se realizará la ronda final, una vez que se terminen todas las partidas pendientes.[82]

Frydman se clasificó primero: empató con Grau y mantiene así dos puntos de ventaja sobre éste. Mañana por la noche finalizará el torneo, que se ha constituido en el número central de las actividades del ajedrez metropolitano en el último tiempo. Pero a pesar de faltar una rueda, está prácticamente definido, pues el maestro Frydman lleva dos puntos de ventaja a Grau, y aún perdiendo mañana frente a Luckis, se asegurará una lucida victoria. La derrota de Grau frente a Luckis alejó las perspectivas de que pudiera alterarse la primera colocación, y el empate de ayer de Frydman con Grau por jaque perpetuo consolidó la ventaja del puntero.

Las partidas suspendidas de Guimard con Winz y con de Ronde, terminaron tablas, en tanto Palau fue batido por Guimard. Sólo queda atrasada la partida Palau – Czerniak, que se jugará apenas se restablezca el campeón de Palestina, que se halla enfermo. Posiciones: Frydman 11/12; Grau 9; Luckis 8½; Raud 7½; Guimard y Sulik 6½; Winz 6; Gerschman 5½; Czerniak 5 (1); Palau 4½ (1); Benko y Puiggrós 4; Ojeda y de Ronde 2½.[83]

El maestro polaco Paulin Frydman empató ayer frente al ex campeón argentino, Roberto Grau, con lo cual se aseguró el primer puesto. Frydman obtuvo +10 =2 -0, resultado por demás significativo, que pone en evidencia la solidez y seguridad con que maniobró en todo el transcurso de la competencia. Ahora bien: a pesar de haberse definido el primer puesto, el torneo se mantiene interesante, en virtud de que luchan por la segunda colocación Grau y Luckis. Sin embargo, las probabilidades

[82] Roberto Grau, La Nación, 29 de julio de 1940.
[83] Roberto Grau, *La Nación*, 31 de julio de 1940.

son favorables a Grau, quien en la rueda final se medirá con Winz, mientras que Luckis tendrá un compromiso severo frente a Frydman, con la ventaja adicional para Grau de tener medio punto de ventaja sobre el lituano. Los resultados de la rueda fueron: Grau ½:½ Frydman, Defensa Lásker, en la 22ª jugada; Guimard ½:½ de Ronde, Defensa Grünfeld, en la 41ª; Sulik ½:½ Benko, Defensa Budapest, en la 78ª; Luckis ½:½ Puiggrós, Defensa Inglesa (Sic) en la 50ª; Ojeda 0:1 Winz, Defensa Francesa, en la 40ª; Gerschman 0:1 Raud, Defensa Ortodoxa, en la 31ª, y quedó aplazada Czerniak – Grau.[84]

Ajedrez

Gana R. Frydman el Torneo del Círculo de Ajedrez

Grau, tablas con Frydman. *La Prensa*, 31 de julio de 1940

13ª rueda, 2 de agosto

▌Una lucida victoria logró Frydman; en el segundo puesto empataron Luckis y Grau, y cuarto quedó Raud. El notable ajedrecista checoslovaco se adjudicó una cómoda victoria, acentuada en las últimas ruedas a raíz de la pérdida de puntos experimentada por Grau en las últimas tres partidas, en las que totalizó sólo medio punto. El triunfo de Frydman es lógico, y era esperado por los mismos participantes de la prueba. Desde hace años forma en la vanguardia de los ajedrecistas polacos, junto con Najdorf. Han compartido la segunda colocación el argentino Roberto Grau, que no necesita mayores presentaciones, y el lituano Marcos Luckis, ajedrecista de indudable calidad, que si bien no nos parece que supere a los buenos jugadores locales, no deja de ser un valor digno de alternar en la vanguardia de nuestro ambiente. Igualmente valiosa ha sido la actuación de Raud y Sulik, y menos satisfactoria la de Guimard, que en nuestra opinión su eficiencia fue resentida por actuar simultáneamente en los dos torneos; dedicó su atención preferentemente al torneo del Club Argentino, que ganó.[85]

▌Después de un mes y medio de dura brega, ha finalizado el torneo anual del Círculo con la victoria del maestro polaco Paulin Frydman. Al conocido ex campeón argentino, Roberto Grau, le cupo el honor de defender los prestigios del ajedrez local, destacándose desde el comienzo como uno de los más sólidos pronósticos (Sic) para el segundo puesto, y habría estado más cerca de su mejor rival si en los últimos compromisos no hubiera cejado en su afán por mantenerse aislado (Sic) en la tabla de puntos. Fue este desmayo final de la ambición el que permitió que el maestro lituano Luckis se le acercara hasta igualarlo en el puntaje. La actuación del maestro estoniano Raud, de acuerdo a los antecedentes que de él se tienen, no ha sido todo lo eficaz que se podía esperar, porque una marcada tendencia a no correr ningún albur redujo sus posibilidades de perder, pero también las de ganar.[86]

Gana R. Frydman el Torneo del Círculo de Ajedrez

Las curiosas frases de Paulino. *El Mundo*, 3 de agosto de 1940

[84] Luis Palau, *La Prensa*, 31 de julio de 1940.
[85] Roberto Grau, *La Nación*, 3 de agosto de 1940.
[86] Paulino Alles Monasterio, *El Mundo*, 3 de agosto de 1940.

Las penosas declaraciones de Seitz

A raíz de los resultados de este torneo, el doctor Adolf Jakob Seitz escribió tiempo después:

> Algunas veces los premios son entregados dos meses después de la rueda final; un profesional genuino se acostumbra a cobrar sus premios no más tarde que 24 horas después de haber jugado su última partida. Si el pobre Ilmar Raud aún viviera podría referirnos una interesante historia acerca de un cuarto premio ganado en el Torneo del Círculo.[87]

Es interesante el testimonio de Leonardo Lipiniks respecto del maestro Frydman y de Seitz:

> Al maestro Frydman lo vi a menudo por el Club Argentino pero jamás se detuvo en la sala de ajedrez, sino que seguía hasta la sala del segundo piso bridge o juego, en los que dicen que era muy fuerte. Del doctor Seitz no me extraña su odio a Grau, pero además tenía bronca con otro judío: Markas Luckis. Me confió que su apellido original era Lutzky y que lo cambió para ocultar su origen.[88]

Resumen

El 15 de junio comenzó el Campeonato de 1ª Categoría del Círculo de Ajedrez con 14, participantes, varios de ellos extranjeros. Ganó el maestro polaco Paulin Frydman, con 11½/13, cediendo sólo tres empates. Luego siguieron Roberto Gabriel Grau y Marcos Luckis 9; Ilmar Raud 8; Miguel Czerniak, Víctor Winz y Franciszek Sulik 7; Carlos Enrique Guimard 6½; José Gerschman 5½; Guillermo Puiggrós, Luis Palau y Francisco Benko 5; Joaquín Ojeda 3; Christian De Ronde 2½.

Torneo de Maestros del Círculo de Ajedrez 1940

		1	2	3	4	5	6	7	8	9	0	1	2	3	4	PTS	S.B.
1	Frydman, Paulin	*	½	½	1	1	1	1	½	1	1	1	1	1	1	11.5/13	
2	Grau, Roberto Gabriel	½	*	0	1	0	½	1	1	1	1	1	1	1	0	9.0/13	54.25
3	Luckis, Marcos	½	1	*	0	½	1	½	½	½	1	½	1	1	1	9.0/13	52.75
4	Raud, Ilmar	0	0	1	*	½	½	½	½	1	½	1	½	1	1	8.0/13	
5	Winz, Viktor	0	1	½	½	*	0	1	½	0	½	1	0	1	1	7.0/13	40.75
6	Czerniak, Miguel	0	½	0	½	1	*	1	1	0	0	0	1	1	1	7.0/13	39.50
7	Sulik, Franciszek	0	0	½	½	0	0	*	½	1	½	1	1	1	1	7.0/13	35.25
8	Guimard, Carlos	½	0	½	½	½	0	½	*	1	0	1	1	½	½	6.5/13	
9	Gerschman, José	0	0	½	0	1	1	0	0	*	0	0	1	1	1	5.5/13	
10	Benko, Francisco	0	0	0	½	½	1	½	1	1	*	0	0	½	0	5.0/13	31.50
11	Puiggrós, Guillermo	0	0	½	0	0	1	0	0	1	1	*	0	½	1	5.0/13	26.00
12	Palau, Luis	0	0	0	½	1	0	0	0	0	1	1	*	½	1	5.0/13	25.00
13	Ojeda, Joaquín	0	0	0	0	0	0	0	½	0	½	½	½	*	1	3.0/13	
14	De Ronde, Christian	0	1	0	0	0	0	0	½	0	1	0	0	0	*	2.5/13	

El Club Argentino organiza en simultáneo su Campeonato de 1ª Categoría

Comenzará un torneo tradicional, el Campeonato Anual de 1ª Categoría del Club Argentino. Es el de más antigua tradición y de historial más brillante: comenzó en 1905. En el curso de tantos

[87] *II Torneo Internacional en memoria de Roberto Grau*, Carlos Skalicka, Buenos Aires, 1958. *Caissa* nº 38, pág. 133. Nota firmada por el doctor J. A. Seitz. Seitz había nacido el 14 de Febrero de 1898 en Mettingen, y falleció el 6 de abril de 1970 en Basilea. Ver capítulo *Los enemigos de Grau*. Notas del autor.

[88] Testimonio de Leonardo Lipiniks al autor, 29 de agosto de 2006.

años, pocas veces, sin embargo, esta justa ha reunido un elenco tan notable como el que se disputará este año. Tomarán parte, entre otros, Czerniak, Iliesco, Luckis, Guimard, Jacobo Bolbochán. Se susurra que el maestro Czerniak, quizá la principal atracción del torneo, no juegue, porque tiene que cumplir un compromiso posteriormente adquirido. No podemos imaginar, sin embargo, ni que el maestro Czerniak posponga un compromiso posterior a uno anterior, ni que le exijan el cumplimiento de este segundo compromiso los que tienen conocimiento del primero.[89]

▊ En el Club Argentino comenzará a disputarse esta noche el torneo anual interno de 1ª categoría, al que han sido especialmente invitados varios ajedrecistas extranjeros, lo que asigna a la competencia un interés especial. La lista de los participantes es la siguiente: Czerniak, Luckis, Jacobo Bolbochán, Guimard, Iliesco, Alles Monasterio, Caviggioli, Carné, Falcón, Benjamín y Bartís. Se jugará todos los martes y viernes de 21 a 1, a razón de 40 jugadas en 2 horas, y 20 para cada hora subsiguiente. Anoche se procedió a efectuar el sorteo, y en la rueda inicial se enfrentarán Luckis – Bolbochán, Falcón – Benjamín, Carné – Guimard, Caviggioli – Bartís, y Czerniak – Alles Monasterio.[90]

COMENZARA UN TORNEO TRADICIONAL DE AJEDREZ

Es de primera categoría del Club Argentino

Comenzará mañana, en los salones del Club Argentino de Ajedrez, Bartolomé Mitre 2152, el torneo anual de primera categoría. De todos los certámenes ajedrecísticos nacionales, es éste el de más antigua tradición y de historial más brillante. Desde el año 1905, en que lo ganaron empatados Benito H. Villegas, Lizardo Molina Carranza (hoy representante de la ciudad en el Concejo Deliberante) y Leopoldo Carranza, esta prueba se ha venido disputando con regularidad.

ELENCO NOTABLE

En el curso de tantos años pocas veces, sin embargo, esta justa ha reunido un elenco tan notable como el que lo disputará en el actual de 1940; el campeón de Palestina, maestro Czerniak, que le entabló a Capablanca en el Torneo de las Naciones; el maestro rumano Juan Iliesco vencedor del último Torneo Mayor de la Federación precediendo, en otros, a los señores Maderna y Piazzini que dilucidan entre sí el campeonato na-

CZERNIAK

El Club Argentino organiza un fuerte torneo de 1ª. *Noticias Gráficas,* 10 de junio de 1940

Torneo en el Club de Ajedrez
El Sol 12 de Junio 1940.-

Campeón. *Paulino Alles Monasterio disputa su partida con el campeón de Palestina, E. Czerniak, en la primera rueda del torneo de ajedrez del Club Argentino.*

ANOCHE a las 21, comenzó en los salones del Club Argentino de Ajedrez, el tradicional torneo anual de primera categoría que organiza la entidad madre de ajedrez.

El sorteo dispuso que las parejas se alinearan en la siguiente forma: Czerniak, campeón de Palestina, v. Paulino Alles; mayor Luis Carné v. Carlos Guimard, ex campeón argentino; Roberto Caviggioli v. Eduardo Bartís; José Falcón v. Benito Benjami. La partida que debían disputar el ex campeón argentino Jacobo Bolbochán y el jugador lituano Luckis, fué postergada para jugarse esta noche.

En el momento de cerrar esta edición, continuaban disputándose los juegos en forma reñida. Las partidas suspendidas continuarán hoy a las 21.

El Campeonato de 1ª Categoría del Club Argentino en *El Sol, de Quilmes*, 12 de junio de 1940

1ª rueda, 11 de junio

▊ En la rueda inicial Alles Monasterio venció a Czerniak, pero hubo una reclamación. La partida Jacobo Bolbochán – Luckis fue la nota más importante de la rueda, que atrajo al local de la prestigiosa entidad a un abundante conjunto de espectadores. El cotejo se inició con el PR, adoptó Bolbochán la Defensa Siciliana, y si bien se mantuvo equilibrado el juego, se complicó porque ambos adversarios quedaron con peones débiles en el centro. Al suspenderse, Bolbochán tenía una leve ventaja posicional. La partida que dio lugar a más abundantes comentarios fue la que jugaron Alles Monasterio con Czerniak. Se produjo una incidencia final que deberá aclarar la comisión de torneos, ya que, al abandonar el maestro palestino, observó que su adversario no tenía anota-

[89] Amílcar Celaya, *Noticias Gráficas*, 10 de junio de 1940. Los torneos simultáneos que organizan el Club Argentino y el Círculo, se enmarcan en la lucha político-deportiva que separa a estas instituciones. Celaya se refiere a que Czerniak fue invitado a ambos torneos, y tenía que decidir en cuál participar. ¡Finalmente jugó ambos! Este periodista será quien más haga propaganda del Torneo del Club Argentino desde *Noticias Gráficas*, lo mismo que Paulino Alles Monasterio desde *El Mundo*. Luis Palau, desde *La Prensa*, y Roberto Grau, desde *La Nación*, harán lo propio con el Torneo del Círculo. La nota curiosa la dieron Guimard, Czerniak y Luckis, que jugaron ambos torneos simultáneamente. *Caissa* nº 26, pág. 166/7. *Ajedrez, Publicación Argentina* nº 9 del 15 de agosto de 1940. Notas del autor.

[90] *La Prensa*, 11 de junio de 1940. *El Sol de Quilmes* de la misma fecha indica que también jugarán Iliesco, De Ronde y Lastra, pero ninguno de ellos tomó parte en el certamen.

das las cuatro últimas jugadas, por lo que la comisión deberá considerar la aplicación del artículo respectivo, que en este caso ofrece como nota confusa que tampoco Czerniak había anotado íntegramente las 39 jugadas efectuadas. Una buena partida le ganó Falcón a Benjamín, y en buena forma Guimard se impuso a Carné. Por el tiempo perdió Caviggioli frente a Bartís, pese a que su posición era inferior cuando se produjo el desenlace.[91]

Comenzó el torneo de primera categoría en el Club A. de Ajedrez

En la rueda inicial Alles batió a Cerniak, pero hubo una reclamación

GUIMARD GANÓ

En el Club Argentino se inició el torneo anual de primera categoría, prueba que se ha visto este año robustecida por la participación de dos maestros europeos de renombre, como Cerniak y Luckis, de dos ajedrecistas de primera fuerza en nuestro país, Guimard y Bolbochan, y por una serie de elementos de primera categoría de la entidad, entre los que se encuentran Falcón, Alles Monasterio, Naselli, Caviggioli, Barthis, Carné y Benjamín.

La partida realizada ...

Jacobo Bolbochan y el maestro Luckis fué la nota más importante de la primera rueda, que atrajo al local de la prestigiosa entidad a un abundante conjunto de espectadores. El cotejo se inició con el peón rey, adoptó Bolbochan la defensa Siciliana, y si bien se mantuvo equilibrado se complicó porque ambos adversarios quedaron con peones débiles en el centro. Al suspenderse el cotejo, Bolbochan tenía una leve ventaja posicional.

La partida que dió lugar a más abundantes comentarios fué la que jugaron Alles Monasterio con Cerniak. Se produjo una incidencia final que deberá aclarar la comisión de torneos, ya que al abandonar el maestro palestino, observó que su adversario no tenía anotadas las últimas cuatro jugadas, por lo que la comisión respectiva deberá considerar la aplicación del artículo del reglamento respectivo, que en este caso ofrece como nota confusa el hecho de que tampoco el maestro palestino había anotado íntegramente las 39 jugadas efectuadas por ambos. La partida se había iniciado con la Siciliana.

Alles Monasterio vence a Czerniak con polémica. *La Nación*, 13 de junio de 1940

▓ ¡Alles le puso la tapa al maestro Czerniak, confirmando su original teoría! Cuando se realizó el sorteo previo al torneo de primera categoría, y los socios advirtieron que a Paulino Alles Monasterio le correspondía medirse con Miguel Czerniak, campeón de Palestina y favorito indiscutido del certamen, dieron el pésame anticipado al señor Alles. Pero éste no lo aceptaba, y respondía a quienes lamentaban su poca suerte:

> ¡No se aflijan! ¡A éste le pongo la tapa!

Y tal como lo dijo, lo hizo. Su triunfo sobre Czerniak fue la nota sensacional. Puesto que el señor Paulino es no sólo un ejecutante del ajedrez, sino también un personalísimo innovador en el campo de la teoría, le entrevistamos para que nos explicara si, gracias a esa famosa teoría de las blancas y de las negras, había ganado a Czerniak.

> *Queremos saber cómo le puso la tapa, ¿por casillas blancas o negras?*
>
> ¡Por negras! Como ya es sabido, gracias a la teoría de las blancas y de las negras, el ajedrez debe jugarse consecuentemente dominando las casillas de un mismo color, importándole poco a uno que el enemigo domine las casillas del color contrario. En la partida contra el maestro Czerniak me propuse dominar las casillas negras, importándome poco que mis escaques...—
>
> *¿Sus qué?*
>
> Mis escaques, mis casillas. Importándome poco o nada, como le decía, que mis casillas quedaran débiles. La teoría de las blancas y de las negras no se asusta de las debilidades que paralizan las mejores iniciativas de los jugadores de ajedrez, si esas debilidades quedan compensadas, como en mi partida de anoche, por la fuerza de otras casillas. Creo en la fuerza, no en las debilidades. Naturalmente, para evitar que las debilidades propias sean fatales, hay que *cortarle las plumas* al adversario, eliminarle las piezas que le permitirían florearse. Pero ésta es una cuestión secundaria, de pura técnica.
>
> *¿Cuántas jugadas, señor Alles, imagina usted de antemano, al mover una pieza?*
>
> ¡Ninguna! Que se tome ese trabajo el otro. Yo domino las casillas blancas o las casillas negras, según exija la naturaleza de la posición. Al mover cualquier pieza, procuro hacerlo sin pérdidas de tiempos y controlando el mayor número posible de casillas. Ajustadas a estos principios, mis jugadas, que suman posibilidades y que no las restan jamás, tienen *forzosamente* que ser buenas. El ajedrez es un sencillo problema de suma y resta, Y sumar y restar sabemos hacerlo tan bien los aficionados como los maestros.

[91] *La Nación*, 13 de junio de 1940.

Interesantes declaraciones... Otros resultados fueron: Guimard 1:0 Carné; Falcón 1:0 Benjamín, y Bartís 1:0 Caviggioli.[92]

2ª rueda, 16 de junio

El certamen cuenta con la participación de dos ajedrecistas europeos: el palestino Czerniak y el lituano Luckis, quienes, junto con Carlos Guimard y Jacobo Bolbochán constituyen las atracciones máximas de la prueba. Pero los resultados están demostrando que entre la falange de jóvenes jugadores que intervienen hay varios de calidad y porvenir. Baste sino récordar la partida entre Czerniak y Alles, que si bien está pendiente de un veredicto reglamentario, fue muy bien jugada por el segundo; y el cotejo entre Naselli y Luckis de esta rueda, que continuó esta noche en situación favorable al primero, quien pudo concretar la victoria. Digno de ser señalado, resulta el espíritu deportivo de Guimard y Czerniak, que actúan en los dos torneos a la vez.

Los resultados de la rueda destacaron el desenlace de la partida Jacobo Bolbochán – Falcón, que si bien ganó el primero, no expresa en su resultado los verdaderos méritos de ambos en el cotejo. Falcón jugó muy bien y tuvo la partida ganada en diversos momentos, pero al final, influenciado por la falta de tiempo de su rival, cometió un grueso error, para perder cuando todo hacía presumir su triunfo. Además, Benjamín empató con Carné, Guimard batió a Caviggioli, y Czerniak a Bartís. En la partida atrasada de la primera rueda, Bolbochán y Luckis hicieron tablas.[93]

ALLES LE 'PUSO LA TAPA' AL MAESTRO CZERNIAK

Así se confirmó la teoría, original del vencedor de la partida, de las blancas y las negras

Cuando se realizó el sorteo previo al torneo de primera categoría del Club Argentino de Ajedrez y los socios de esta institución advirtieron que a Paulino Alles Monasterio le correspondería, en la rueda inicial, medirse con Miguel Czerniak, campeón de Palestina y favorito indiscutido del certamen, dieron el pésame anticipado al señor Alles; pero éste no lo aceptaba y respondía a quienes se lamentaban de su poca suerte:

—No se aflijan. A ése "le pongo la tapa".

Y tal como lo dijo lo hizo. Su triunfo sobre el campeón de Palestina fué la nota sensacional de la iniciación del torneo del Club Argentino de Ajedrez, que oportunamente anunciamos.

COMO LE "PUSO LA TAPA"

Puesto que el señor Paulino Alles no sólo un ejecutante del ajedrez, sino también un personalísimo innovador en el campo de la teoría, le entrevistamos para que nos explicara él, gracias a su famosa teoría de las blancas y de las negras, había derrotado a Czerniak.

P. ALLES

—Queremos saber — le dijimos — cómo "le puso la tapa". ¿Por casillas blancas o por casillas negras?

"¡POR NEGRAS!"

... maestro Czerniak me propuse dominar las casillas negras, importándome poco o nada que mis escaques...

—¿Sus qué?

—Mis escaque, mis casillas. Importándome poco o nada, como les decía, que mis escaques blancos quedaran débiles.

CREO EN LA FUERZA, NO EN LAS DEBILIDADES

"La teoría de las blancas y de las negras no se asusta de las debilidades que paralizan las mejores iniciativas de los jugadores de ajedrez, si esas debilidades quedan ampliamente compensadas, como en mi partida de anoche, por la fuerza de otras casillas. Yo no creo en las debilidades; creo en la fuerza. Naturalmente, para evitar que las debilidades propias sean fatales, hay que "cortarle las plumas" al adversario, eliminarle las piezas que le permitirían florearse; pero ésta es una cuestión secundaria, de pura técnica.

PROBLEMA DE SUMA Y RESTA

—¿Cuántas jugadas usted, señor Alles, imagina de antemano, al mover una pieza?

—¡Ninguna! Que se tome ese trabajo el otro. Yo domino las casillas blancas o las casillas negras, según lo exija la naturaleza de la posición. A mover cualquier pieza, procuro hacerlo sin pérdidas de "tiempos" y controlando el mayor número posible de casillas. Ajustadas a estos principios, mis jugadas, que suman posibilidades y no las restan jamás, tienen forzosamente que ser buenas. El ajedrez es un sencillo problema de suma y resta. Y sumar y restar sabemos hacerlo tan bien los aficionados como los maestros".

Interesantes y, en verdad, revolucionarias declaraciones...

OTROS RESULTADOS

La sorprendente teoría de Paulino.
Noticias Gráficas, 13 de junio de 1940

3ª rueda, 18 de junio

Volvió a ganar Carlos Guimard, que ha desarrollado frente al campeón de Palestina, Miguel Czerniak, una partida movida, donde con toda habilidad pudo conseguir un meritorio triunfo, colocándose puntero. En otros tableros se produjeron los siguientes resultados: Falcón 1:0 Naselli; Alles Monasterio ½:½ Bartís; Carné 0:1 Bolbochán; Caviggioli 0:1 Benjamín. Guimard tiene 3/3, Bolbochán 2½; Falcón 2; Alles Monasterio y Bartís 1½; Czerniak y Naselli 1; Carné y Luckis ½; Caviggioli 0. Deben terminar aún Luckis – Naselli.[94]

[92] Amílcar Celaya, *Noticias Gráficas*, 13 de junio de 1940. La "teoría" de Paulino fue tomada en broma durante muchísimos años en el Club Argentino. Nota del autor.

[93] Roberto Grau, *La Nación*, 18 de junio de 1940.

[94] *La Razón*, 19 y 20 de junio de 1940.

4ª rueda, 22 de junio

Luego de jugadas las cuatro primeras ruedas marcha primero el ex campeón argentino, Carlos Guimard, con 4/4. Se registraron los siguientes resultados: Guimard 1:0 Alles Monasterio; Luckis 1:0 Falcón; Carné 1:0 Naselli. Suspendidas: Czerniak – Benjamín y Bolbochán – Caviggioli.[95]

Destacan su indiscutida calidad Guimard y Jacobo Bolbochán, pero la prueba permite destacarse, asimismo, a grupos de jugadores jóvenes que han tenido escasa oportunidad de alternar con los elementos consagrados, pero que están revelando en esta primera oportunidad medios como para asignarles un sólido futuro en el ajedrez local. Sólo se llevaron a cabo cuatro partidas, pues Bolbochán no jugó con Caviggioli por haber manifestado éste que estaba enfermo. De las otras partidas, se destacó la que Luckis se adjudicó frente a Falcón, por la habilidad con que la remató.

Guimard logró su cuarta victoria consecutiva al imponerse a Alles Monasterio, en un cotejo de acciones intensas, que comenzó con la Defensa Francesa. Alles perdió su enroque para lograr preponderancia central de sus peones, pero la posición que resultó era compleja, y sacó mejor provecho Guimard, que se adjudicó así una buena victoria. Bien jugó Benjamín frente a Czerniak, a pesar de que suspendió en una posición perdida. El joven ajedrecista local logró ventaja en el planteo, tuvo posición muy favorable, pero más tarde comprometió la posición y suspendió con gran desventaja de material. Carné obtuvo un buen triunfo contra Naselli.[96]

5ª rueda, 26 de junio

DESPUNTA CARLOS E. GUIMARD EN EL TORNEO DEL CLUB ARGENTINO

En la sexta ronda del Torneo de primera categoría del Club Argentino de Ajedrez, se jugaron cuatro partidas de las cinco que tenía previstas el sorteo, pues la de Marcos Luckis v. Roberto Caviggioli tuvo que ser aplazada para mejor oportunidad porque el segundo de los nombrados había dado parte de enfermo.

De las cuatro partidas disputadas se destacaron la de Naselli v. Czerniak y por sus interesantes incidencias la de Bolbochán v. Alles, a pesar del equilibrado resultado. También llegaron a compartir el punto en litigio Falcón y Carné, mientras que Benjamín dio buena cuenta de Bartís en breves jugadas, a causa de dos graves errores casi consecutivos en que éste incurriera.

A la cabeza de la tabla de posiciones marcha Carlos E. Guimard con cinco partidas jugadas y ganadas.

Damos a continuación otros detalles de esta reunión:

RESULTADOS DE LA SEXTA RONDA

Naselli — susp. Czerniak +
Luckis aplaz. Caviggioli
(Peón de dama, 47 jugadas)
Libre: Carlos E. Guimard
Falcón .... ½ Carné .... ½

BLANCAS NEGRAS
Benjamín .... 1 Bartís 0
(Defensa francesa, 18 jugadas)
Bolbochán .... ½ Alles .... ½
(Defensa India, 32 jugadas)

Guimard con el 100% en el Club Argentino. *El Mundo*, 7 de julio de 1940

Reñidas en extremo resultaron las partidas correspondientes a la ronda, pues los tres encuentros realizados se prolongaron más allá del tiempo reglamentario, prefiriendo suspender en esa circunstancia el señor Carné, que tenía por contrario al maestro lituano Luckis; el final correspondiente se estima favorable a éste. Interesante fue Bartís – Guimard, en la que éste, mediante una ruptura en el flanco de rey, logró imponer la acción de sus piezas. Un error de cálculo al llegar a la jugada 50ª malogró la mejor partida de Alles Monasterio, que pocas jugadas después debía abandonar frente a Benjamín. Siguen aplazadas Czerniak – Bolbochán y Caviggioli – Naselli.[97]

6ª Ronda, 5 de julio

Despunta Guimard. En la ronda se jugaron cuatro de las cinco partidas previstas, pues Luckis – Caviggioli tuvo que ser aplazada para mejor oportunidad porque el segundo de los nombrados había dado parte de enfermo. Se destacaron Naselli – Czerniak y Bolbochán – Alles Monasterio, por sus interesantes incidencias, a pesar del equilibrado resultado. También compartieron el punto en litigio Falcón y Carné, mientras que Benjamín dio buena cuenta de Bartís en breves jugadas, a causa de dos graves errores consecutivos en que éste incurriera. A la cabeza de la tabla de posiciones marcha Carlos Guimard, con cinco partidas jugadas y ganadas.[98]

[95] *La Prensa*, 24 de junio de 1940.
[96] Roberto Grau, *La Nación*, 24 de junio de 1940.
[97] Paulino Alles Monasterio, *El Mundo*, 27 de junio de 1940.
[98] Paulino Alles Monasterio, *El Mundo*, 7 de julio de 1940.

7ª Ronda, 14 de julio

■ La comisión de torneos resolvió postergar la disputa del torneo hasta que se pongan al día los jugadores con sus partidas atrasadas, y a la espera del veredicto en la partida Czerniak - Alles Monasterio de la primera rueda.[99]

■ Luego de efectuar la ronda, la comisión de torneos resolvió poner al día el cuadro de posiciones haciendo jugar las partidas pendientes y aplazadas de otras rondas, y dando lugar a que se solucionara la cuestión de la partida Czerniak – Alles Monasterio, que la comisión ad-hoc compuesta por los maestros Frydman, Sulik y Pelikán, ha adjudicado al segundo. Queda entonces solamente pendiente un final de Czerniak y Bolbochán, que debe continuarse antes de la próxima ronda indefectiblemente. La nota sensacional de la rueda se produjo en la partida Guimard – Benjamín, en la cual el primero extremó el procedimiento para cosechar los frutos de una posición preferible, sin lograr que su adversario perdiera el hilo de su plan, que el cierto momento le brindó una oportunidad ingeniosa para sorprenderlo. Desde ese punto de vista la partida se prolongó sin que Guimard pudiera imponerse, declarándose tablas en la 128ª movida. Reglamentariamente, la partida era tablas desde la jugada 103ª, por haber transcurrido cincuenta jugadas sin dar mate, sin capturar pieza y sin mover peón, pero los dos jugadores querían ganar. Czerniak y Luckis jugaron una partida en la cual el primero logró mejor posición, casi diríamos ganadora, pero cejó en un momento crítico, permitiendo que su contendor inclinara a su favor las acciones.[100]

8ª ronda, 14 de julio

■ Sólo dos partidas se disputaron, ya que Czerniak no inició su cotejo con Falcón por estar indispuesto, de la misma manera que Naselli, quien por idéntica causa no jugó con Bartís. La partida central fue Guimard – Bolbochán, que comenzó con el Ruy López, para resolverse, después de una simplificación, en una posición equilibrada que ambos convinieron en declarar tablas. En el otro cotejo, Luckis le ganó en enérgico estilo a Alles Monasterio. Caviggioli fue eliminado del torneo por sus reiteradas ausencias. Guimard tiene 6/7, Bolbochán y Czerniak 5½/8; Luckis 4½/7; Benjamín 4/7; Falcón 3½/6; Alles Monasterio 3½/8; Naselli 3/6; Carné 3/7; Bartís 1½/6; Caviggioli 0/10.[101]

9ª Ronda, 19 de julio

■ En esta rueda Czerniak venció a Carné, Alles Monasterio fue vencido por Falcón, Bolbochán perdió frente a Benjamín y Luckis le ganó a Bartís. Esta noche será disputada la penúltima ronda, y el ajedrecista Carlos Guimard tiene las mejores posibilidades de triunfar: le faltan tres partidas y para ganar necesita hacer un punto y medio. Los maestros Luckis y Czerniak le siguen en orden de colocación, y entre ellos se definirán los tres primeros puestos, siendo probable que Bolbochán pudiera aún compartir el tercer lugar a pesar de haber sufrido dos derrotas consecutivas frente a Czerniak y Benjamín. Czerniak tiene 6½/9; Guimard 6/7; Luckis 5½/8; Bolbochán 5½/9; Benjamín 5/8; Falcón 4½/7; Alles Monasterio 3½/9; Naselli 3/6; Carné 3/8; Bartís 1½/7 y Caviggioli 9/10.[102]

■ Cumpliéronse tres rondas –7ª, 8ª y 9ª–, y Czerniak, con dos partidas jugadas más, ocupa el primer puesto, seguido por Guimard. La partida Bolbochán – Guimard de la octava rueda había concentrado gran expectativa, y después de haber cumplido una acuación destacada, de común acuerdo declararon tablas. En la 9ª se destacó visiblemente la partida Benjamín – Bolbochán, donde

[99] Roberto Grau, *La Nación*, 8 de julio de 1940.
[100] Paulino Alles Monasterio, *El Mundo*, 15 de julio de 1940.
[101] Roberto Grau, *La Nación*, 8 de julio de 1940.
[102] *La Prensa*, 21 de julio de 1940.

triunfó el primero de los nombrados. Los resultados de la novena rueda fueron: Alles Monasterio 0:1 Falcón; Bartís 0:1 Luckis; Benjamín 1:0 Bolbochán y Czerniak 1:0 Carné.[103]

10ª Ronda, 21 de julio; 11ª Ronda, 23 de julio

▓ Se impuso Guimard, y Czerniak llegó en segundo lugar, a medio punto. El ex campeón argentino se adjudica así una victoria de indudable mérito, dada la fuerza de sus rivales y el estilo vigoroso de sus partidas. La competencia ha permitido apreciar una vez más la excelente calidad de Guimard, que se mantiene, quizá, como el ajedrecista más enjundioso de nuestro medio. Su espíritu luchador lo llevó a intervenir en los dos torneos simultáneamente, lo que alteró su eficiencia en las ruedas finales del que acaba de ganar, y no ha podido reeditar esta actuación en el torneo del Círculo. Segundo se ha clasificado el campeón de Palestina, Miguel Czerniak, quien luego de una desdichada iniciación, se rehízo, para lograr una serie de cinco triunfos consecutivos que lo acercó a medio punto del vencedor. La lucha por el tercer puesto destaca un sustantivo (Sic) nuevo, pero de excelentes posibilidades: Benito Benjamín, que llegó a un punto del segundo.[104]

Guimard se impuso en el concurso del Club Argentino de Ajedrez

Ganó la prueba por medio punto, y Cerniak llegó en segundo lugar

EL 3er. PUESTO

Victoria de Guimard en el Club Argentino.
La Nación, 25 de julio de 1940

▓ Con la última ronda jugada anoche dióse fin al certamen, que fue ganado por Guimard ganó en brillante forma. Pese a hallarse ante rivales aguerridos, logró imponer su capacidad intelectiva (Sic), pudiendo terminar el torneo con el mayor porcentaje a su favor y sin perder partida alguna. Los resultados de la última rueda fueron: Guimard ½:½ Falcón; Alles Monasterio 1:0 Caviggioli;[105] Carné 1:0 Bartís y Benjamín 1:0 Luckis. Faltan jugar las partidas de Naselli con Bolbochán y Bartís.[106]

▓ El ex campeón argentino, Carlos Guimard, ha finalizado en el primer puesto del torneo anual de 1ª categoría del Club Argentino. La participación de los maestros extranjeros Luckis y Czerniak, especialmente invitados, agregó a la brega mayor interés deportivo, pues se deseaba verlos rivalizar con jugadores de las condiciones de Jacobo Bolbochán y Falcón, que en pruebas locales no habían tenido oportunidad de rivalizar por un primer premio. Por esa razón, fue sensible la ausencia de los jugadores veteranos con que cuenta la entidad decana: Villegas, Lynch,

Guimard Gana el Torneo del Club A. de Ajedrez

Guimard, bien sustentado.
El Mundo, 26 de julio de 1940

[103] *La Razón*, 21 y 22 de julio de 1940.
[104] Roberto Grau, *La Nación*, 25 de julio de 1940.
[105] En realidad, este resultado fue por ausencia, y ya estaba establecido desde varias rondas atrás.
[106] *La Razón*, 24 de julio de 1940.

Portela e Ibáñez, quienes por distintos motivos no pudieron participar, así como otros jugadores de reconocido prestigio, como Schvartzman y Piazzini, que le habrían dado un valor excepcional. La victoria de Guimard se afirma en una serie de bien ganadas partidas, en las que desarrolló un juego seguro que le permitió finalizar invicto, con 6 victorias y 4 empates. En el 2º puesto se plantó el maestro palestino Miguel Czerniak, cuya iniciación no fuera muy promisoria, afirmándose luego en varios resultados bien logrados.[107]

Resumen final

Simultáneamente con el torneo del Círculo se jugó el Campeonato de 1ª Categoría del Club Argentino, que tuvo una duración de dos meses. Desde el principio era evidente que la lucha por los puestos de avanzada se produciría entre Bolbochán, Czerniak, Luckis y Guimard, que fue el vencedor invicto con 8/10. Luego Miguel Czerniak 7½, Benito Benjamín y Jacobo Bolbochán 6½; Marcos Luckis 6; Enrique Falcón 5½; Luis Carné 5; Manuel Naselli 4, P. Alles Monasterio 3½; Gustavo Bartís 2½ y Roberto Caviggioli 0. Czerniak expresó:

> Al terminar este torneo, que duró más de dos meses, trataré de reunir algunas impresiones. Desde el principio era evidente que la lucha por los puestos de avanzada se produciría entre los cuatro: Jacobo Bolbochán, Guimard, Czerniak y Luckis. Otros participantes del torneo no eran considerados como candidatos de valor. No obstante, el cuadro de posiciones demuestra la influencia que tuvieron esos pequeños sobre las performances de los grandes. La juventud ha ofrecido una resistencia tenaz. El vencedor, Carlos Enrique Guimard, es conocido y no necesita presentación. Su estilo enérgico, agresivo en ataque como en defensa, el conocimiento perfecto de sus adversarios y buena táctica en cualquier momento de la partida, le permitieron dominar fácilmente a algunos contrincantes, con los cuales los otros tres competidores debían luchar seriamente. A pesar de todo esto su juego no fue brillante ni bueno. (...) Alguna culpa tienen sus competidores, cuya actuación tampoco fue buena. Yo, por ejemplo, perdí las dos partidas por falta de tiempo, tratando de ganar dos finales, en que a pesar de alguna ventaja aparente, no había más que tablas. Esto no le debe ocurrir a un jugador experimentado. En las últimas cinco ruedas gané todas las partidas, pero ya no pude alcanzar a Guimard.[108]

Campeonato de 1ª Categoría Club Argentino 1940

		1	2	3	4	5	6	7	8	9	0	1	PTS	S.B.
1	Guimard, Carlos	*	1	½	½	½	½	1	1	1	1	1	8.0/10	
2	Czerniak, Miguel	0	*	1	1	1	1	1	½	0	1	1	7.5/10	
3	Benjamín, Benito	½	0	*	1	1	0	½	½	1	1	1	6.5/10	27.00
4	Bolbochán, Jacobo	½	0	0	*	½	1	1	1	½	1	1	6.5/10	25.75
5	Luckis, Marcos	½	0	0	½	*	1	1	0	1	1	1	6.0/10	
6	Falcón, Enrique	½	0	1	0	0	*	½	1	1	½	1	5.5/10	
7	Carné, Luis	0	0	½	0	0	½	*	1	1	1	1	5.0/10	
8	Naselli, Manuel	0	½	½	0	1	0	0	*	½	½	1	4.0/10	
9	Alles Monasterio, Paulino	0	1	0	½	0	0	0	½	*	½	1	3.5/10	
10	Bartís, Gustavo	0	0	0	0	0	½	0	½	½	*	1	2.5/10	
11	Caviggioli, Roberto	0	0	0	0	0	0	0	0	0	0	*	0.0/10	

[107] Paulino Alles Monasterio, *El Mundo*, 26 de julio de 1940.
[108] *Ajedrez, publicación mensual*, nº 9, 15 de agosto de 1940.

Ståhlberg gana un torneo rápido en Rosario

El 22 de junio se jugó en el Club Social y Deportivo Rosario un gran torneo rápido, que fue ganado por Ståhlberg, con el apabullante score de 20½/22. Le siguieron Vinuesa 19, y luego Cristiá, Oscar García Vera, Tralla Sim y Espina.[109]

Ståhlberg y Espina, en consulta

Ofreció aspectos interesantes la partida en consulta que se jugó en el Club Newell's Old Boys. Por un lado estaban José María Cristiá y Antonio Juan Vinuesa, con blancas, y por el otro, el maestro sueco Gideon Ståhlberg y Carlos Espina. La partida se desarrolló en medio de una lucha de agradables alternativas. Los primero nombrados jugaron un PD, replicado en la 7ª movida con la Variante Lásker, cambiándose a continuación los caballos y peones encontrados (Sic). Las negras efectuaron una interesante maniobra con una torre y alfil, presionando el sector del rey adversario en su posición del enroque. La eficiencia de este plan se probó ampliamente en pocas jugadas, con elegantes desplazamientos que destruyeron toda defensa. Se ha cumplido así la prueba inicial de una serie de reuniones que ha programado la comisión de ajedrez de Newell's, donde actuará el maestro Ståhlberg.[110]

Comienza la *jira* de Najdorf por el interior

La primera actuación del maestro señor Najdorf en la *jira* ajedrecística que realiza por el interior del país con el patrocinio de Molinos Río de la Plata S. A., se efectuó en el Círculo de Campana La exhibición despertó gran entusiasmo y numerosa concurrencia presenció el acto. El maestro obtuvo +20 =1 -0. El empate fue frente a M. Scherer, y dos de las partidas fueron a ciegas. El señor Najdorf jugará en el Club Atlético de Baradero y luego en el Círculo de San Pedro.[111]

Najdorf en la provincia de Buenos Aires

Aviso de la Academia Miguel Najdorf, en *Ajedrez, Publicación Argentina*, 1940

En agosto y setiembre Najdorf realizó una extensa gira por el interior de la provincia de Buenos Aires, patrocinado por una empresa comercial. Ofreció simultáneas en más de 400 instituciones que requirieron su presencia. En este primer viaje jugó 1092 partidas simultáneas, incluyendo 57 a ciegas. Ganó 1043, entabló 44 y perdió 5. Sin ver el tablero ganó 55, igualó una y cayó en una. Para las mismas fechas, el Club Quilmes contrató al maestro Jiri Pelikán, para una serie de clases y conferencias.[112]

En su *jira* ajedrecística por el interior del país, el maestro Najdorf efectuó las siguientes demostraciones:

Club Atlético Bunge y Born de Rosario: +18 =0 -0, 2 a ciegas; Club Gimnasia y Esgrima de Rosario: conferencia; Círculo Rosarino: +20 = 3 -0; Club Filidor de Santa Fe: +24 =4 -0, 2 a ciegas; Club Juventud Sionista de Santa Fe: jugó diecinueve partidas rápidas y ganó todas; Centro Comer-

[109] *Ajedrez, Publicación Argentina* nº 9, 1939.

[110] *La Capital*, 29 de julio de 1940.

[111] *El Mundo*, 3 de agosto de 1940. La gira fue obtenida por Najdorf a través de Pedro Barbé, directivo de la empresa Molinos Río de la Plata y destacado dirigente del Círculo de Ajedrez. Nota del autor.

[112] *Caissa* nº 30, pág. 295.

cial de Paraná: en dos sesiones, dos a ciegas, obtuvo +37 =3 -0 y +31 =2 -0. Esta tournée se realiza con la colaboración de Molinos Río de la Plata y el patrocinio de la FADA.[113]

▓ Prosigue con éxito el viaje del destacado maestro Miguel Najdorf por el interior. En el Club Social y Deportivo de Esperanza, cpn tres a ciegas, +25 =1 -0.[114]

▓ Con singular éxito viene cumpliendo su *jira* ajedrecística el maestro Miguel Najdorf por el interior del país. En el Club Cultural de Rafaela obtuvo +22 =0 -0, una a ciegas. En la Biblioteca Popular de Morteros logró +20 =0 -0, dos a ciegas. En la Biblioteca José Ingenieros, de Freyre, incluidas dos a ciegas, +25 =1 -1, perdiendo con Ángel Camusso. Es ésta su segunda derrota en la *jira*.[115]

▓ En su *jira* ajedrecística por el interior, el maestro Miguel Najdorf actuó en la Sociedad Cosmopolita y Biblioteca Popular de Zenón Pereyra, obteniendo +26 =0 -0, 2 a ciegas. En el Jockey Club de San Francisco jugó contra los mejores jugadores de esa localidad, con reloj, a 20 jugadas por hora, obteniendo +9 =1 -0. En el Círculo de Ajedrez de Laspiur, obtuvo +28 =1 -0.[116]

▓ El su *jira* por el interior del país, el señor Miguel Najdorf efectuó las siguientes demostraciones en Santa Fe:

Club Alfil Blanco, con reloj: +6 =4 -0; Club Aviador Zanni: +15 =8 -1; Club Caballo Blanco: +19 =3 -0, dos a ciegas; Club Gimnasia y Esgrima: +22 =0 -0, dos a ciegas; Club Social y Deportivo de Esperanza: +25 =1 -0, tres a ciegas.

En la ciudad de Santa Fe ha competido contra los jugadores más fuertes, y en el Club Aviador Zanni perdió su primera partida frente al aficionado Florencio Gutiérrez. Esta *tournée* se realiza con el auspicio de la FADA.[117]

La *jira* que viene cumpliendo en forma exitosa por el interior del país el maestro Najdorf le ha proporcionado varios triunfos en Córdoba. El detalle de las exhibiciones es el siguiente:

Argentino Sport Club de Villa María: +21 =1 -0, dos a ciegas; Círculo de Las Varillas: en 2 sesiones, +54 =2 -0; Círculo de Villa María: +47 =1 -1, con José Barrionuevo, dos 2 a ciegas; Círculo de Bell Ville: +34 =0 -0, dos a ciegas; Círculo de Carlos Pellegrini: +27 =0 -0, dos a ciegas; Club Social de Armstrong: +26 =0 -0, dos a ciegas.[118]

El balance de la gira de Najdorf, y las necesidades de la FADA

▓ El conocido ajedrecista polaco Miguel Najdorf, que recientemente realizó un viaje por el interior del país efectuando una serie de exhibiciones, con auspicio de la FADA, saldrá mañana nuevamente en excursión con el mismo propósito. El maestro Najdorf es un especialista en la conducción de partidas simultáneas y sin ver el tablero, por lo que el anuncio de su visita ha suscitado gran expectativa en diversas localidades del interior. Najdorf lleva también la misión de hacer propaganda a favor de la FADA, con el objeto de conseguir que los clubs y aficionados que lo deseen se inscriban como socios protectores de la entidad.[119] En su primer viaje, Najdorf intervino en 41 sesiones de simultáneas, incluyendo 57 a ciegas. Su notable score fue +1043 =44 -5.[120]

[113] *El Mundo*, 27 de agosto de 1940.
[114] *La Prensa*, 29 de agosto de 1940.
[115] *El Mundo*, 1º de setiembre de 1940.
[116] *La Razón*, 15 de setiembre de 1940.
[117] *El Mundo*, 17 de setiembre de 1940.
[118] *La Razón*, 22 de setiembre de 1940. *La Prensa*, 24 de setiembre de 1940.
[119] Éste es un nuevo intento para procurar la obtención fondos para pagar las deudas que generó el TN 1939.
[120] *La Prensa*, 8 de octubre de 1940.

Segunda gira de Najdorf por el interior

Mañana saldrá nuevamente para el interior del país el maestro Miguel Najdorf, en una nueva y larga gira que patrocinan la FADA y la empresa Molinos Río de la Plata. Esta gira comprende una serie de exhibiciones de simultáneas en las provincias de Buenos Aires, Córdoba, San Luis, Mendoza y San Juan, y ha de significar un valioso aporte para el ajedrez del interior del país.[121]

El maestro polaco Miguel Najdorf prosigue su viaje por el interior del país, visitando entidades de ajedrez en las que efectúa exhibiciones de partidas simultáneas. En sus últimas intervenciones, obtuvo el siguiente resultado: Club Belgrano, de Junín: +27 =1 -0, dos a ciegas; Club Atlanta, de Vedia: +28 =2 -0, dos a ciegas; Club Sarmiento, de Vedia: +24 =0 -0, dos a ciegas. Esta excursión la realiza el citado ajedrecista contratado por una firma comercial, con el auspicio de la FADA.[122]

En su gira ajedrecística por el interior de la provincia de Buenos Aires, el señor Miguel Najdorf efectuó las siguientes demostraciones: Club Progreso de Mercedes: +15 =0 -0, dos a ciegas; Club Social de Chacabuco: +24 =0 -0, dos a ciegas; Club Compañía General de Buenos Aires: +27 =1 -1, con el señor J. Tricarico; Club Social de San Urbano: +26 =0 -0, dos a ciegas. Auspició esta *tournée* la FADA.[123]

El ajedrecista Najdorf estableció el récord en partidas simultáneas

El Ajedrecista Najdorf Estableció un "Record" en Partidas Simultáneas

Récord de Najdorf. *La Prensa*. 2 de diciembre de 1940

El destacado maestro Miguel Najdorf prosigue con mucho éxito su viaje por el interior del país, efectuando exhibiciones en todas las localidades que visita. Su actuación provoca elogiosos comentarios entre los aficionados por la rapidez con que conduce las partidas, debiendo destacarse que en cada sesión siempre juega dos o más partidas sin ver el tablero. A su serie de triunfos hay que agregarle ahora un récord sudamericano: en la ciudad de Córdoba jugó el maestro una sesión de 151 partidas, cantidad que excede en mucho al número de juegos conducidos anteriormente en nuestro país. Guimard fue quien últimamente consiguió, con un total de 110 partidas, superar la actuación de Grau, quien mantenía un récord de 105. Participaron aficionados de varias localidades próximas a la Capital, como Alta Gracia, Cosquín y La Calera.

Pero lo que resulta más significativo es el extraordinario número de partidas ganadas: de las 151, su resultado fue +141 =5 -5. Los vencedores fueron Jorge M. Lagos –1ª categoría–, Alfredo Ceballos, Horacio Roque Núñez, Ricardo Martínez Castro y Danilo Casello. Hicieron tablas los aficionados Boris Jurevich, Roberto Villarroel, Fernando Arraya, Francisco Núñez y Ricardo Intaglietta. La exhibición se hizo en el Hotel Palace (Villa María) con el auspicio de la Federación Cordobesa. En su *jira* por el interior, el maestro realizó estas exhibiciones: Club Redes Cordobesas: +19 =0 -0; Club de Ajedrez de Cosquín: +31 =7 -0, dos a ciegas; Centro de Ajedrez de Jesús María: +22 =0 -0.[124]

Entre el 9 y el 15 de noviembre (de 1940) Miguel Najdorf se presentó en Mendoza, donde jugó varias sesiones de simultáneas.[125]

[121] Roberto Grau, *La Nación*, 8 de octubre de 1940.
[122] *La Prensa*, 25 de octubre de 1940.
[123] *El Mundo*, 30 de octubre de 1940.
[124] *La Prensa*, 2 de diciembre de 1940. *El Mundo*, 22 de diciembre de 1940. *Caissa* nº 33, pág. 19.
[125] *Sistema Pereyra y el ajedrez mendocino*, op. cit., pág. 110.

En su *jira* ajedrecística el maestro Miguel Najdorf realizó demostraciones en las provincias de Santa Fe, La Pampa y San Luis: Club Ameghino de Venado Tuerto: +26 =0 -0; Club J. Newbery de Venado Tuerto: +30 =0 -0, una a ciegas; Club Social Sancti Spiritu: +6 =0 -0, a ciegas en consulta; Biblioteca Popular Sarmiento de Sancti Spiritu: +17 =0 -0, dos a ciegas; Club Social de Realicó: +17 =0 -0, tres a ciegas; Club Pringles de Justo Daract: +19 =0 -0, dos a ciegas; Club R. Grau de Villa Mercedes: +23 =0 -0, dos a ciegas; Círculo Estudiantil Puntano de Ajedrez: +27 =0 -0, tres a ciegas. Auspició esta tournée la FADA.[126]

Récord de simultáneas de Najdorf en la provincia de Buenos Aires

El 1º de mayo el maestro polaco Miguel Najdorf realizó un extraordinario esfuerzo. En el Club Olimpo de la ciudad de Bahía Blanca jugó doscientas veintidós partidas simultáneas, y con esta cifra ha superado ampliamente el récord mundial anterior, ostentado por el maestro Andrés Lilienthal, que no hace mucho había jugado ciento ochenta y cuatro. Obtuvo +202 = 12 -8. La primera sesión duró ocho horas, entre las 14.30 y las 22.30. En ese lapso Najdorf terminó cien partidas, ganando todas ellas. A las 4 del día siguiente, finalizó las restantes, luego de trece horas y media. La sesión fue organizada por la Federación de Ajedrez del Sur, presidida por Alfredo Mozzoni, quien fiscalizó en representación de la FADA. Auspició el evento Molinos Harineros del Río de la Plata, y presenció las partidas el Comisionado Municipal, Jorge Godoy. Por los salones del Club Olimpo desfilaron más de cinco mil aficionados, muchos de los cuales siguieron durante varias horas las notables lecciones que surgían de la forma maestra cómo Najdorf afrontaba los escollos.[127]

El Maestro Najdorf Estableció un "Record" Mundial de Ajedrez

En Bahía Blanca el ajedrecista M. Najdorf jugó 222 simultáneas

Comenzará hoy el torneo femenino de la Federación

Récord de Najdorf en Bahía Blanca.
La Nación y *La Prensa*, 3 de mayo de 1941

Actuación de Najdorf en su gira por el interior

En su *jira* ajedrecística por el interior del país, el señor Miguel Najdorf, con el patrocinio de Molinos Río de la Plata S. A. efectuó muchas demostraciones, que vuelven a demostrar las extraordinarias cualidades que adornan a este maestro en tal clase de exhibiciones, según se puede apreciar en los siguientes resultados:

Club Independiente, de Daireaux: +42 =2 -1, con el señor Humberto Belén; Racing Football Club, de Carhué: +25 00 -0, dos a ciegas; Club Social de Salliqueló: +14 =0 -0, dos a ciegas; Club Jorge Newbery, de Salliqueló: +20 =0 -0, dos a ciegas; Club de Ajedrez de Santa Rosa: +27 =1 -0, dos a ciegas; Círculo de Ajedrez de Trenque Lauquen I: +40 =0 -0, dos a ciegas; Círculo de Ajedrez de Trenque Lauquen II: +37 =2 -1, con Venancio Cicconi, dos a ciegas; Club Social Independiente de General Pico I: +29 =0 -1, con Miguel Prilich, dos a ciegas; Club Social Independiente de General Pico II: +37 =1 -0, dos a ciegas.

[126] *La Razón*, 25 de diciembre de 1940.

[127] *El Mundo*, 4 de mayo de 1941. *El Ajedrez Americano* 2ª época nº 73 pág. 183. *Enroque!!* nº 1, pág. 10. Según esta revista, el evento fue ratificado por la FIDE. *La Prensa y La Nación*, 3 de mayo de 1941.

Club Social y Sportivo General Villegas: +16 =0 -0, seis a ciegas; Football Club Algarrobos, de Cuenca: +18 =0 -0, una a ciegas; Club Atlético Ameghino: +26 =0 -0, dos a ciegas; Club Estudiantes Unidos, de Pehuajó: +32 =3 -0, dos a ciegas; Club Sportivo Carlos Casares: +18 =0 -2, con Pedro Passero y V. Marchione, dos a ciegas; Club Atlético de Nueve de Julio: +20 =0 -0, tres a ciegas; Club Juventud Unida de Patronato: +34 =2 -0.

El Maestro Miguel Najdorf Logró Ganar 310 Partidas en las Diversas Simultáneas Realizadas en su Jira

Una vez más evidenció sus notables condiciones en esa especialidad, pues sólo empató 7 y perdió 4 matches

En su jira ajedrecística por el interior del país, el maestro Miguel Najdorf, con el patrocinio de Molinos Río de la Plata S. A., efectuó numerosas demostraciones, especialmente en el desarrollo de partidas simultáneas, donde puso en evidencia, una vez más, sus notables condiciones. Los resultados registrados en esas partidas, le dan sobre un total de 321 partidas jugadas, un cuociente de 310 ganadas, 7 empatadas y 4 perdidas, siendo los parciales de los mismos los siguientes:

Club Atlético Independiente, de Daireaux: jugó 45, 3 de ellas a ciegas, ganó 42, empató 2 y perdió 1. El ganador resultó el señor Humberto Belén. Racing Club, de Carhué: jugó 25 partidas, 2 de ellas a ciegas, ganó todas. En esta misma entidad volvió a jugar 16 partidas, 2 a ciegas, de los cuales ganó 15 y perdió 1. Resultó ganador el señor José Matos.

En el Club Social de Salliqueló, jugó 14 partidas y ganó todas. En el Club Jorge Newbery, de la misma localidad, jugó 20 y ganó todas. En el Club de Ajedrez de Santa Rosa, jugó 28, declaró tablas 1 y ganó 27. En la misma institución jugó por segunda vez 25 partidas, imponiéndose en 24 y empató en 1.

En el Círculo de Ajedrez de Trenque Lauquen, jugó 40 partidas, imponiéndose en todas y al repetir su actuación en el club con otras 40 partidas ganó 37, empató 2 y perdió 1 con el señor Venancio Ciccione. Finalmente en el Club Independiente, de General Pico jugó dos veces, en la primera jugó 30 partidas, ganó 29 y perdió 1 con el señor Miguel Priesch [illegible]. En la segunda, jugó 38, ganó [illegible] y empató 1.

Conferencia de M. Czerniak

Esta noche, a las 21.30, en los salones del Círculo de Ajedrez, Bartolomé Mitre 670, se efectuará la anunciada conferencia que, a cargo del maestro palestiniano Miguel Czerniak, versará sobre motivos y temas de palpitante interés ajedrecístico.

La nueva gira de Najdorf.
El Mundo, 30 de julio de 1941

Club Español de Bragado: +40 =0 -0, dos a ciegas; Club Social de Los Toldos: +18 =1 -1, con el señor Adolfo Borghetti, dos a ciegas. El maestro Miguel Najdorf logró +310 =7 -4 en las diversas simultáneas. Auspicia esta *tournée* la FADA.[128]

■ En el salón principal del Club Social de Chivilcoy se realizó el 8 de agosto de 1941 una sesión de ajedrez a cargo del campeón de Polonia y campeón mundial de simultáneas, Miguel Najdorf, que enfrentó a 24 aficionados locales. Tres de las partidas fueron a ciegas, es decir, sin que el señor Najdorf viera los tableros. Score +21 =3 -0.[129]

Jacobo Bolbochán, campeón argentino rápido

■ Gana Jacobo Bolbochán el certamen argentino de juego relámpago, organizado por la FADA en el Club Argentino. Intervinieron catorce ajedrecistas de la categoría superior en representación de cuatro entidades: Club Argentino (Piazzini, Schvartzman e Iliesco), Círculo (Luckis, Czerniak, Gerschman, Puiggrós, Benko y Sulik), Club Jaque Mate (Julio Bolbochán, Jacobo Bolbochán, Feigins y Rossetto) y Club Boca Juniors (Guimard). Las condiciones estrictas con que se disputó el torneo, jugándose al toque cronométrico cada cinco segundos,[130] hizo rigurosa la actuación de los fiscales señores Vigil y Benjamín, que varias veces llamaron la atención a los remisos, llegando a aplicar la sanción máxima en cuatro casos, tres de ellos a Feigins y una a Benko.

En el primer turno venció Miguel Czerniak, con 11/13, y le siguieron Jacobo Bolbochán 10; Carlos Guimard y Julio Bolbochán 8½; Movsa Feigins y José Gerschman 8. Al segundo turno pasaron estos seis jugadores, venciendo Jacobo Bolbochán con 4/5, seguido por Movsa Feigins 3½; Miguel Czerniak 3. De este modo, por suma de puntos, quedaron empatados en el primer lugar Jacobo Bolbochán y Czerniak, venciendo el primero en el desempate por 2:0. De ese modo, Bolbochán fue proclamado campeón argentino de ajedrez relámpago, obteniendo la medalla de oro menor. El segundo, Czerniak, obtuvo la medalla de vermeil menor, y luego Feigins y Guimard la medalla menor de plata.[131]

[128] *La Prensa*, 22 de julio de 1941. *La Razón*, 30 de julio de 1941.

[129] *La Nación*, 10 de agosto de 1941. Desde Chivilcoy Najdorf viajó urgentemente a Buenos Aires para tomar parte en el torneo Reca-Illa del Círculo, postergándose su primera partida.

[130] Con el llamado reloj chicharra.

[131] *El Mundo*, 23 de octubre de 1940.

		J	G	E	P	PTS 1	J	G	E	P	PTS 2	TOTAL 1+2
1	Miguel Czerniak	13	10	2	1	11	5	3	-	2	3	14
2	Jacobo Bolbochán	13	9	2	2	10	5	4	-	1	4	14
3	Carlos Guimard	13	8	1	4	8½	5	1	3	1	2½	11
4	Julio Bolbochán	13	7	3	3	8½	5	1	1	3	1½	10
5	Movsa Feigins	13	8	-	5	8	5	3	1	1	3½	11½
6	José Gerschman	13	7	2	4	8	5	-	1	4	½	8½
7	Marcos Luckis	13	7	1	5	7½						
8	Héctor Rossetto	13	6	-	7	6						
9	Juan Iliesco	13	5	1	7	5½						
10	Guillermo Puiggrós	13	4	1	8	4½						
11	Luis Piazzini	13	2	4	7	4						
12	Arón Schvartzman	13	3	1	9	3½						
13	Francisco Sulik	13	3	1	9	3½						
14	Franz Benko	13	2	1	10	2½						

Ajedrez argentino: de clase media y de proletarios: el socialismo de Grau

▓ El ajedrez ha logrado en la argentina una difusión extraordinaria. El maestro polaco Najdorf, que ha recorrido gran parte del país en *jira* deportiva, afirmaba hace poco que no existe en ninguna parte del mundo, fuera de Rusia, una afición tan extraordinaria por el ajedrez dentro de la proporción de habitantes. Esta opinión de Najdorf, que comparte la mayoría de los maestros que han actuado en nuestro medio, hace tiempo que fue expresada por nosotros al discutir la absurda teoría de que la raza latina no tiene disposición ni afición por el ajedrez. Es el nuestro un pueblo surgido de una enorme mezcla de razas, pero en el que existe una decisiva influencia latina.

Los maestros europeos que recorren la heredad manifiestan su asombro, además, por otra causa. **Y es que, al revés de Europa, donde el ajedrez triunfa en los ambientes altos de la sociedad, aquí el juego se difunde principalmente en los sectores humildes. Es juego de clase media y proletarios, y por lo tanto, de tanta mayor dignidad su difusión.**[132]

Ajedrez en las escuelas

▓ La Federación de Córdoba ha logrado autorización para fomentar el ajedrez en las escuelas, y en breve los mejores ajedrecistas de la zona iniciarán cursos de enseñanza. Me escribe el presidente de la federación:

> Dentro de pocos años Córdoba tendrá 50.000 niños ajedrecistas.

Esta frase es tomo un lema y un ejemplo. En San Juan ya existen colegios donde el ajedrez se enseña entre el alumnado, y hace una semana la FADA decidió enviar ocho juegos a una escuela de aquella provincia. En Buenos Aires tenemos varias escuelas elementales donde funcionan clubs de ajedrez entre el alumnado, y constituye un timbre de orgullo para mí poder destacar que en la Escuela Juan de Garay, donde hice mis primeras armas escolares, existe un club de ajedrez llamado Peón de Rey, donde practican fuera de hora de clase y en los días feriados, numerosos alumnos.[133]

[132] Roberto Grau, *Leoplán*, 28 de julio de 1940.
[133] Roberto Grau, *Leoplán*, 28 de julio de 1940.

El Torneo de la Dirección Municipal de Educación Física: Grau y Graf

Sonja Graf y Roberto Grau entregan los premios del torneo escolar. *El Mundo*, 26 de julio 1940

▓ Héctor González fue el ganador de uno de los recientes concursos de ajedrez que organizó Dirección Municipal de Educación Física de la ciudad de Buenos Aires, y recibió su premio de manos de la señorita Sonja Graf. Roberto Grau fue el director del plan de ajedrez escolar.[134]

Ludwig Engels, en Bahía Blanca

▓ Fue huésped de la ciudad de Bahía Blanca durante varios días Ludwig Engels, que jugó dos sesiones de simultáneas con reloj con resultados sobresalientes.[135]

Eliskases, en Villa Ballester

▓ El 6 de julio Erich Eliskases dio una sesión de simultáneas en el Círculo de Villa Ballester, obteniendo +16 =3 -2, perdiendo con Llambías y Carbone.[136]

"El título de maestro de ajedrez ha perdido jerarquía" (Grau)

▓ Con una generosidad extraordinaria se asigna en ajedrez el calificativo de maestro. Tenía y tengo un gran respeto por el calificativo de maestro. Aprendí a jugar al ajedrez cuando el respeto a los valores consagrados era un dogma entre todos los ajedrecistas. Se admiraba la cultura y se la respetaba. El mundo vivía en otro ritmo, y en todos sus órdenes se aceptaban sólo los resultados. Todo el mundo se situaba en su justo lugar, y el respeto a la calidad era una religión. La anterior guerra europea cambió un poco el modo de pensar de los hombres. La velocidad se infiltró en los temperamentos humanos, y cada cual intentó, en su esfera, alcanzar situaciones insospechadas a base del atrevimiento, de la propaganda, de ataques al prestigio de los mejores.

Esto sucedió en todos los órdenes de la actividad, y el ajedrez no pudo permanecer ausente de esta mutación de conceptos. Y así sucedió que los maestros, los auto-maestros y *petit-maitres* comenzaron a abundar. Y el título, de tanto prodigarse, de tanto manoseo, perdió jerarquía.

Hubo que inventar el título de *gran maestro* para separar un poco a los realmente buenos, que no necesitan de título alguno para merecer respeto, de los que sólo merecían respeto cuando se sabía que eran maestros, aun cuando todo el mundo desconociera su nombre, cómo habían logrado el título, y qué *universalidad ajedrecística* se lo había otorgado. (...) Hace cerca de dos años se declararon maestros argentinos a los señores Carlos Guimard, Luis Palau, Julio Lynch, Benito Villegas, Jacobo Bolbochán, Carlos Maderna, Isaías Pleci, Virgilio Fenoglio, Luis Piazzini, Arón Schvartzman, Roberto Grau, y los fallecidos Damián Reca y Rolando Illa. A esos once jugadores vivos, debe sumarse el nombre de Juan Iliesco, ganador del reciente Torneo Mayor.

Observando la lista, ¿puede afirmarse que haya algún maestro verdadero entre ellos? Pueden aceptarse como maestros nacionales, pero sólo eso y nada más que eso. Maestros internacionales

[134] *El Mundo*, 26 de julio de 1940.
[135] *Ajedrez, Publicación Argentina* nº 9, 1939.
[136] *Caissa* nº 30, pág. 295.

dignos de ese calificativo, hay muy pocos en el mundo, y en nuestro medio sólo actúa un grupo reducido, y de fuerza dispar. Puede ubicarse en ese conjunto al campeón de Alemania, Erich Eliskases, al campeón sueco Gideon Ståhlberg, a los polacos Frydman y Najdorf, y quizás podría agregarse el alemán Becker. Los demás, tanto Czerniak, como Luckis, Sulik, Gromer, Engels, Raud y algunos otros, son simplemente excelentes maestros nacionales de la fuerza de los nuestros. Ya que no tenemos más remedio que aceptar la designación de maestros, para ser justos, dividámoslos en maestros nacionales, maestros internacionales y grandes maestros, colocando a cada cual en su verdadero nivel.[137]

El título de maestro de ajedrez ha perdido jerarquía

DADA LA GRAN CANTIDAD DE AJEDRECISTAS QUE LO OSTENTAN, SE HACE NECESARIO, PARA CLASIFICAR VALORES, DIVIDIRLOS EN MAESTROS NACIONALES, MAESTROS INTERNACIONALES Y GRANDES MAESTROS

Escribe especialmente para LEOPLÁN Roberto Grau

LOS MAESTROS ARGENTINOS

Según Grau, hay que revisar el otorgamiento de títulos. *Leoplán*, 17 de julio de 1940

Simultáneas de Sonja Graf

Sonja Graf, la notable jugadora alemana que tan destacada actuación tuvo en el Campeonato Mundial femenino realizado en Buenos Aires, en su visita a Nueve de Julio obtuvo +30 =17 -1. Manifestó:

> Es la primera vez en la historia mundial que una ajedrecista juegue tal cantidad de partidas simultáneas. En mi larga actuación a través de todos los países del mundo solamente había logrado igualar el récord mundial, con veinticinco partidas.[138]

Sonja Graf realizó una notable exhibición de partidas simultáneas

Nueve de Julio, 13.—Sonja Graf, la notable jugadora alemana de ajedrez que tan destacada actuación tuvo en el campeonato mundial de ajedrez realizado en Buenos Aires, en su visita a esta ciudad disputó 48 partidas, de las que ganó 30, hizo tablas 17 y perdió una. Es la primera vez en la historia mundial del ajedrez —manifestó Sonja Graf— que una ajedrecista juegue tal cantidad. Agregó que en su larga actuación a través de todos los países del mundo, solamente había logrado igualar el récord mundial, con 25 partidas simultáneas.

Récord de Sonja Graf en Nueve de Julio. *La Nación*, 14 de agosto de 1940

Un gran torneo relámpago por equipos

En la sede del Club Argentino dará comienzo mañana a las 22 el torneo relámpago por equipos, reservado para jugadores de categoría superior y primera, que organiza la FADA. Solamente tres entidades han inscripto sus representantes, constituidos en equipos de cinco titulares y dos suplentes. El equipo del Club Argentino está integrado por Arón Schvartzman, Herman Pilnik, Luis Piazzini, Carlos Guimard y Juan Iliesco; suplentes, Enrique Falcón y Benito Benjamín. El del Club Jaque Mate estará formado por Rafael Bensadón, Julio Bolbochán, Antonio Piro, Héctor Rossetto, y otros. El equipo del Círculo aún no ha sido nombrado.[139]

Un nuevo éxito conquistó el Círculo al ganar el campeonato metropolitano de ajedrez rápido, con lo cual ha vencido en las dos principales competencias de la categoría superior organizadas por la FADA. El torneo de primera categoría por equipos había contado con sólo su inscripción, de manera que no se jugaron partidas y el Círculo fue declarado ganador. En este torneo ping-pong intervinieron tres entidades, que formaron de este modo:

[137] Roberto Grau, *Leoplán*, 17 de julio de 1940.
[138] *La Nación*, 14 de agosto de 1940.
[139] La modalidad era "a chicharra" cada 5 segundos.

Círculo: Paulino Frydman, Roberto Grau, Markas Luckis, Francisco Sulik y Luis Palau

Club Argentino: Arón Schvartzman, Herman Pilnik, Carlos Guimard, Enrique Falcón y Benito Benjamín[140]

Club Jaque Mate: Julio Bolbochán, Movsa Feigins, Rafael Bensadón, Héctor Rossetto y Antonio Piro

La primera parte acusó un inesperado contraste para el poderoso equipo del Círculo, que perdió los dos *matches* por 3:2, en tanto empataron el Club Argentino y el Círculo de Jaque Mate en 2½ puntos. La serie desquite se destacó por la reacción del Círculo, que batió al Club Argentino por 4:1, y al Jaque Mate por 3½:1½. En tanto, el Club Argentino superó al Jaque Mate por 3½:1½. Los resultados individuales fueron los siguientes:

***Match* nº 1**

	Club Argentino	**2½:2½**	**Club Jaque Mate**
1	Arón Schvartzman	1:0	Julio Bolbochán
2	Herman Pilnik	0:1	Movsa Feigins
3	Carlos Enrique Guimard	1:0	Rafael Bensadón
4	Enrique Falcón	½: ½	Héctor Decio Rossetto
5	Benito Benjamín	0:1	Antonio Piro

***Match* nº 2**

	Círculo de Ajedrez	**2:3**	**Club Argentino**
1	Paulino Frydman	0:1	Arón Schvartzman
2	Roberto Gabriel Grau	0:1	Herman Pilnik
3	Marcos Luckis	0:1	Carlos Enrique Guimard
4	Francisco Sulik	1:0	Enrique Falcón
5	Luis Palau	1:0	Benito Benjamín

***Match* nº 3**

	Club Jaque Mate	**3:2**	**Círculo de Ajedrez**
1	Julio Bolbochán	1:0	Paulino Frydman
2	Movsa Feigins	1:0	Roberto Gabriel Grau
3	Rafael Bensadón	1:0	Marcos Luckis
4	Antonio Piro	0:1	Francisco Sulik
5	Héctor Decio Rossetto	0:1	Luis Palau

***Match* nº 4**

	Club Jaque Mate	**1½:3½**	**Club Argentino**
1	Julio Bolbochán	0:1	Arón Schvartzman
2	Movsa Feigins	0:1	Herman Pilnik
3	Rafael Bensadón	0:1	Carlos Enrique Guimard
4	Antonio Piro	1:0	Benito Benjamín
5	Héctor Decio Rossetto	½:½	Enrique Falcón

[140] *La Prensa*, 29 de agosto de 1940. *El Mundo*, 28 de agosto de 1940. Según Paulino Alles Monasterio, no jugaron Juan Iliesco y Luis Piazzini por causas adversas (Sic).

Match nº 5

	Club Argentino	1:4	Círculo de Ajedrez
1	Arón Schvartzman	0:1	Paulino Frydman
2	Herman Pilnik	0:1	Roberto Gabriel Grau
3	Carlos Enrique Guimard	1:0	Marcos Luckis
4	Enrique Falcón	0:1	Francisco Sulik
5	Benito Benjamín	0:1	Luis Palau

Match nº 6

	Círculo de Ajedrez	3½:1½	Club Jaque Mate
1	Paulino Frydman	1:0	Julio Bolbochán
2	Roberto Gabriel Grau	½:½	Movsa Feigins
3	Marcos Luckis	1:0	Rafael Bensadón
4	Francisco Sulik	0:1	Héctor Decio Rossetto
5	Luis Palau	1:0	Antonio Piro

Clasificación final

Relámpago por Equipos	1	2	3	PTS
Círculo de Ajedrez	X	2 – 4	2 – 3½	**11½**
Club Argentino	3 – 1	X	2½ – 3½	**10**
Club Jaque Mate	3 – 1½	2½ – 1½	X	**8½**

Mejores tableros: Guimard y Palau 4/4; Schvartzman y Sulik 3/4; Feigins 2½/4.[141]

¿Un incidente con Feigins en este torneo?

▓ Cosas extrañas ocurrieron en un torneo argentino recientemente. Feigins, de Letonia, desconcertó a los espectadores al abandonar una partida en una posición de apertura perfectamente igualada, después de unas pocas jugadas. Él volvió un rato después, junto con un oficial de la Embajada de Letonia para que oficiaría de intérprete, y el misterio fue parcialmente aclarado. Uno de los espectadores, cuyo hermano fue duramente insultado por Feigins, según dijo, porque en Europa, muchos años atrás, amenazó con matarlo. De ahí el origen del curioso episodio protagonizado por ajedrecista letón.[142]

Grau sugiere la fundación de una Confederación Argentina. La Cabeza de Goliat

▓ Un nuevo Torneo Interprovincial acaba de llevarse a efecto en Buenos Aires. Ajedrecistas que representan a diversas provincias trajeron a la Capital su entusiasmo y su optimismo, y probaron de qué manera sigue progresando técnicamente el ajedrez del país. Pero el resultado ha puesto en evidencia que el nivel del ajedrez metropolitano es aún superior, ya que con un *team* bueno, pero lejos de ser la mejor combinación porteña, ganó, casi doblando el score del conjunto que lo siguió en la clasificación final. Integraron el equipo vencedor Julio Bolbochán y José Gerschman, 7º y 8º en el ranking nacional, Guillermo Puiggrós (11º), Rafael Bensadón (12º) y Floreal Carballo (17º).

[141] *La Prensa,* 31 de agosto de 1940. *El Mundo*, 31 de agosto de 1940. *La Nación*, 31 de agosto de 1940.
[142] *Chess (Sutton Coldfield)*, agosto de 1940.

Se ve que la combinación local pudo ser mejorada, pero se observa que constituye un excelente término medio del nivel técnico del ajedrez metropolitano. La nota simpática correspondió al equipo de Córdoba, que se clasificó segundo mostrando una homogeneidad notable, y una promisoria juventud en todos sus integrantes. Fue considerable el brío y la actuación de los entrerrianos, especialmente por la seriedad del esfuerzo de su tablero nº 4, Miguel Ángel Rivas.

Pero lo más interesante del torneo no ha sido el resultado, sino la serie de reuniones cordiales a que dio lugar, y que ha vuelto a poner sobre el tapete la debatida cuestión de los estatutos de la FADA y la reglamentación del Campeonato Argentino. Se ha vuelto a plantear en conversaciones particulares el anhelo legítimo de constituir una Confederación, tal cual la propician varios ajedrecistas de las provincias y algunos jugadores locales, entre los cuales me cuento. Pero como sucede siempre, en el deseo de reparar injusticias, se pretende plantear una mucho más grande y dañosa para el futuro del ajedrez nacional.

Propaganda de la Confederación Nacional. Roberto Grau, *Leoplán*, 9 de octubre de 1940

Existe una idea, arraigada en muchos jugadores del interior, de hacer disputar el torneo por el campeonato entre un jugador de cada provincia y otro de la capital. De esta suerte, se pondría en un pie de igualdad la alta calidad del ajedrez porteño y la buena de Rosario, con el más humilde en su técnica de Santa Fe, Córdoba y Entre Ríos. Y al de estas zonas en el mismo nivel que el de Tierra del Fuego o la Gobernación de Los Andes, por citar aquellas partes del país donde es más bajo el nivel ajedrecístico.

SE CUMPLIO LA ETAPA DECISIVA EN EL TORNEO ORGANIZADO POR LA FEDERACION ROSARINA DE AJEDREZ

VENCIO EL MAESTRO STAHLBERG Y EN SEGUNDO TERMINO SE CLASIFICO C. J. ESPINA

173

11—P5A P3TR
12—A3R P4CR
13—AxC CxA
14—C5R P4R
15—P4CD P3T
16—P3A A1D
17—P4R A2A
18—PxPA PxP
19—T1R C3D

NEGRAS: M. CALATAYUD

BLANCAS: G. STAHLBERG

Posición después de la 19a. jugada de las negras.

Y en este momento se declaró tablas la partida.

TABLA FINAL DE POSICIONES

G. Sthalberg	14	13	1	0	13½
C. J. Espina	14	9	1	4	9½
M. Calatayud	14	4	6	4	7
R. Muntasbski	14	6	2	6	7
J. Campanella	14	3	5	6	5½
O. Giustina	14	4	3	7	5½
J. C. Sánchez	14	3	5	6	5½
J. Longobucco	14	2	1	11	2½

Disposiciones de la asociación local de futbol

Ståhlberg, aplastante en Rosario. *La Capital*, 28 de setiembre de 1940

Nos parece justo que se reduzca la duración del Torneo Mayor, y creemos que los verdaderos problemas del Campeonato Argentino deben ser orientados por una verdadera Confederación, que reúna a verdaderas federaciones provinciales. ¿Acaso puede sostenerse sin ninguna duda reglamentaria que Cortés es campeón de Entre Ríos y Secchi de Córdoba? En ambos casos, sólo son campeones de las ciudades de Paraná y Córdoba, ya que no se ha realizado una verdadera selección en esas provincias. Lo primero que debe hacerse es reclamarles a las federaciones provinciales que traten en realidad de justificar su existencia, y que agrupen a todo el ajedrez de la provincia.

Sólo entonces podrán reclamarle a la FADA con la debida autoridad la existencia de una Confederación que se cimente en bases firmes. Entiendo, así, que la Confederación es una necesidad, pero debe ser una Confederación sólida. Creo que ésta beneficiará enormemente al ajedrez del país, y que no es posible que la Capital legisle todo el ajedrez, como tampoco es aceptable la situación actual, en que las federaciones del interior opinan por intermedio de sus delegados en muchos problemas internos del ajedrez de la metrópoli, que a ellos en nada les interesa. Hay, pues, que hacer una Confederación con sentido argentino, y no con estrecho espíritu local, ya sea de la Capital o del interior.

Por sobre todas las cosas, hay que encararla con criterio de ajedrecista, respetando a los valores por sus méritos, y no por el azar de su zona de nacimiento. **A veces nos olvidamos de que la República Argentina es una sola nación, y no un conglomerado de zonas, de ambiciones y de recelos.**[143]

Ajedrez rápido en el Club Argentino

▌El 28 de agosto se realizó en el Club Argentino un fuerte certamen rápido por equipos, que fue ganado por el Círculo de Ajedrez (Frydman, Grau, Luckis y Sulik), seguido por el Club Argentino (Schvartzman, Pilnik, Guimard, Falcón y Benjamín) y el Club Jaque Mate (Julio Bolbochán, Feigins, Bensadón, Rossetto y Piro.[144]

Ståhlberg en el Torneo Mayor de la Federación Rosarina

▌En el Torneo Mayor de Rosario triunfó cómodamente Gideon Ståhlberg, con 13½/14, cediendo sólo un empate con Calatayud. Siguieron Espina 9½; Muntaabski y Calatayud 7; Jorge A. Campanella, Oreste Giustina y Juan Carlos Sánchez 5½; J. Longobuco 2½.[145]

Torneo Mayor de Rosario 1940

		1	2	3	4	5	6	7	8	PTS	S.B.
1	Ståhlberg, Gideon	**	11	1½	11	11	11	11	11	13.5/14	
2	Espina, Carlos J.	00	**	1½	01	01	11	11	11	9.5/14	
3	Calatayud, Manuel	0½	0½	**	01	½½	01	½½	11	7.0/14	40.00
4	Muntaabski, Roberto	00	10	10	**	10	½½	01	11	7.0/14	38.00
5	Campanella, Julio	00	10	½½	01	**	0½	1½	½0	5.5/14	35.75
6	Sánchez, Juan Carlos	00	00	10	½½	1½	**	10	½½	5.5/14	30.25
7	Giustina, Orestes	00	00	½½	10	0½	01	**	11	5.5/14	27.25
8	Longobuco, Jacinto R.	00	00	00	00	½1	½½	00	**	2.5/14	

Triple empate en el Torneo Mayor: Guimard, ganador

▌El 14 de setiembre se iniciará el Torneo Mayor de la FADA, y han quedado abiertas las inscripciones. Este año contará quizá con el concurso de una calificada serie de ajedrecistas europeos que permanecieron en nuestro medio después del Torneo de las Naciones por imposibilidad material de regresar a sus respectivos países a causa de la guerra europea. Se ha resuelto que el torneo se lleve a cabo en el plazo máximo de un mes y medio, y para este fin se ha postergado la

143 Roberto Grau, *Leoplán*, 9 de octubre de 1940.
144 *Caissa* nº 29, pág. 286/7, y nº 32, pág. 378. La empresa mencionada es Molinos Río de la Plata.
145 *Caissa* nº 26, pág. 168, 182. La tabla de posiciones fue reconstruida y es provisoria.

reglamentación definitiva para amoldarla al número total de inscriptos. El registro de inscripciones se clausurará el 7 de setiembre.[146]

▐ Iniciarán mañana dieciséis ajedrecistas, en el Círculo, la disputa del Torneo Mayor; interviene Sonja Graf. Un grupo distinguido de jugadores extranjeros residentes en nuestro país desde el Torneo de las Naciones, ha decidido participar. Es, pues, una consecuencia más del memorable certamen, que reunió en Buenos Aires lo más valioso del ajedrez mundial. Estallada la guerra europea, fueron muchos los maestros que decidieron permanecer en esta tierra de paz, y ellos son los que, junto con el grupo de jugadores locales que se encuentran en mejor forma en la actualidad, darán relieve a los cotejos.

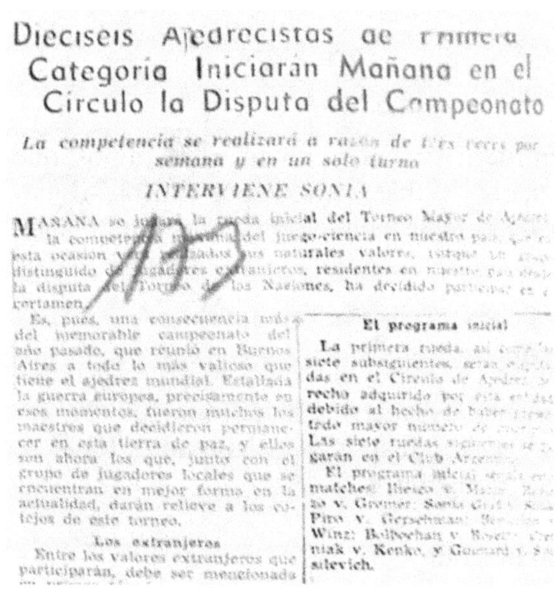

Dieciseis Ajedrecistas de Primera Categoria Iniciaran Mañana en el Circulo la Disputa del Campeonato

La competencia se realizará a razón de tres veces por semana y en un solo turno

INTERVIENE SONIA

El programa inicial

Los extranjeros

Sonja Graf, figura y centro de atracción.
La Razón. 13 de setiembre de 1940

Entre los valores extranjeros que participarán debe ser mencionada en primer término, por su condición de dama y sus aptitudes de ajedrecista, Sonja Graf. Esta notable representante del ajedrez femenino, que ha sido la rival más tenaz de la campeón (Sic) del mundo, Vera Menchik, y que ha enfrentado con éxito a los maestros argentinos y de otros países, será la atracción de este torneo, ya que es reconocido su estilo agresivo que no sabe de dilaciones. Su talento natural resulta en extremo peligroso para sus adversarios. Resulta lamentable la ausencia de jugadores del interior, que siempre animan estas competencias, habiendo llegado en ocasiones a convertirse en su sensación.[147]

▐ Tiene dieciséis inscriptos el Torneo Mayor, que comenzará mañana en el Círculo. Las inscripciones quedaron cerradas ayer en la FADA. La prueba de este año adquirirá un relieve especial, ya que en la misma participarán, junto a una serie de valores consagrados de nuestro ajedrez, algunos ajedrecistas europeos de relieve, entre los cuales se encuentran varios de buena actuación en el Torneo de las Naciones. La competencia se efectuará tres veces por semana en un solo turno, y tendrá así una duración de cinco semanas. La ausencia de ajedrecistas del interior ha permitido reducir las fechas de juego, ya que de haber intervenido alguno de ellos se habrían jugado cuatro ruedas semanales para que el torneo no se prolongara más de un mes. Las primeras ocho ruedas se cumplirán en el Círculo, Bartolomé Mitre 670, por ser la entidad que ha inscripto el número mayor de jugadores, siete. Las últimas siete se realizarán en el Club Jaque Mate, que anotó también una alta cantidad, seis.[148]

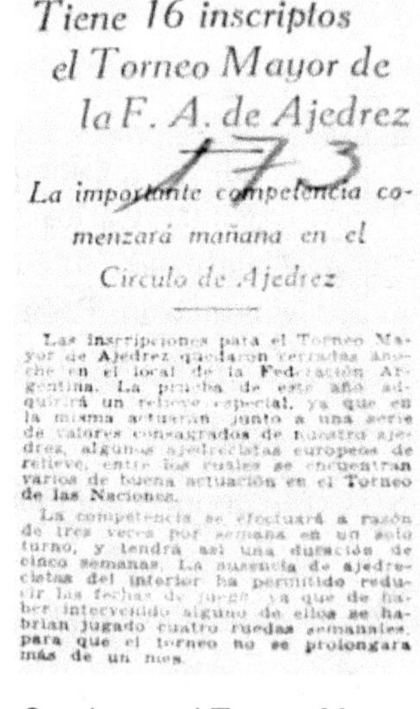

Tiene 16 inscriptos el Torneo Mayor de la F. A. de Ajedrez

La importante competencia comenzará mañana en el Círculo de Ajedrez

Comienza el Torneo Mayor.
La Nación, 13 de setiembre de 1940

[146] *La Nación*, 23 de agosto de 1940.

[147] *La Razón*, 13 de setiembre de 1940.

[148] Del Club Argentino participa solamente uno, y es extranjero, lo cual es un índice del enfrentamiento subterráneo entre la FADA y este club, que renació después del TN.

La prueba se iniciará mañana a las 21.30, y el sorteo asignó el siguiente orden: 1. Juan Iliesco (Club San Lorenzo de Almagro); 2. Cayetano Rebizzo (Círculo de Villa Crespo); 3. Sonja Graf (Círculo); 4. Antonio Piro (Club Jaque Mate); 5. Rafael Bensadón (Club Jaque Mate); 6. Jacobo Bolbochán (Club Jaque Mate); 7. Miguel Czerniak (Círculo); 8. Carlos Guimard (Club Boca Juniors); 9. León Simsilevich (Club Jaque Mate); 10. Franz Benko (Círculo); 11. Héctor Rossetto (Club Jaque Mate); 12. Viktor Winz (Círculo); 13. José Gerschman (Círculo); 14. Francisco Sulik (Círculo); 15. Arístides Gromer (Club Argentino) y 16. Luis Marini (Círculo).[149]

Con un triple empate terminó el torneo: Gromer, Guimard y Sulik compartieron el primer puesto en la tabla de posiciones. Ha sido un resultado pocas veces registrado en pruebas de tanta importancia. La nota sobresaliente ha sido la paridad de fuerzas revelada por los competidores, pero apresurémonos a decir que sólo debe considerarse como paridad de fuerzas sólo en el torneo, ya que bien sabemos que en el orden local tanto Guimard como Bolbochán son capaces de performances de mucha más categoría. Sin duda, ha sorprendido un poco el alto número de derrotas experimentado por todos los competidores. Quien menos ha perdido ha sido batido tres veces, y si esto se justifica por el estilo de juego que imperó en la prueba, no alcanza a convencer acerca de la solidez de la técnica que emplearon los participantes.

Ha sido una oportunidad brillante para que el campeón de Francia, Arístides Gromer, destacara la eficiencia de su estilo prudente y lógico; para que Francisco Sulik, el correcto ajedrecista polaco, probara lo que vale la mesura y el respeto a la fuerza de los rivales para acumular puntos; y para que Carlos Guimard, el notable jugador nacional, evidenciara que aún en momentos poco felices de su campaña es capaz de reaccionar ante los más injustos e inesperados contrastes. Para su finalidad central el torneo ha tenido una clara definición: le corresponderá a Guimard disputarle a Maderna el título argentino, y sin duda el *match* será un buen espectáculo ajedrecístico por el enjundioso ajedrez de ambos. Pero deberá jugarse un torneo de desempate, que se iniciará cuando la comisión de torneos lo determine, probablemente el martes próximo. Éste servirá para que los tres vencedores pongan en juego su capacidad para hacerse acreedores al honroso título de ganador absoluto, y para inscribir así su nombre en el premio que le corresponde al triunfador.

Un párrafo aparte merece la actuación de Sonja Graf, que no logró una colocación a tono con su entusiasmo y aún a la calidad de juego desplegada en varias partidas, en las que durante las tres primeras horas mantuvo posiciones sin desventajas ni desniveles frente a los mejores ajedrecistas del torneo. En la rueda final se produjeron los siguientes resultados: Gromer 1:0 Iliesco; Rossetto ½:½ Bensadón; Benko 1:0 Bolbochán; Guimard 1:0 Marini; Gerschman 0:1 Graf; Sulik 1:0 Rebizzo. Además, Winz a Piro y Czerniak a Simsilevich, por ausencia. Gromer, Guimard y Sulik igualaron el primer lugar con 10½/15; Winz 9½; Bensadón y Bolbochán 9; Czerniak, Iliesco y Rossetto 8½; Marini 8; Rebizzo 7½; Benko 7; Gerschman 5; Graf 3½; Piro 2½ y Simsilevich 1.[150]

Con un empate triple terminó el torneo de la F. A. de Ajedrez

Gromer, Guimard y Sulik compartieron esta situación en la tabla de posiciones

IMPRESIONES

Con un triple empate, pocas veces registrado en una prueba de tanta importancia, ha terminado el Torneo Mayor de Ajedrez, el concurso más importante del calendario de la Federación Argentina. Contó la competencia que ahora comentamos con la intervención de varios ajedrecistas europeos de buena actuación en sus respectivos países, que destacaron además en algunas pruebas locales de mucha importancia calidad como para asignarles excelentes perspectivas en el medio nacional.

La nota sobresaliente del torneo ha sido la paridad de fuerzas revelada por los competidores. Pero apresurémonos a decir que sólo debe considerarse como paridad de fuerzas en el torneo, ya que bien sabemos que en el orden local tanto Guimard como Bolbochan son capaces de performances de mucha más categoría.

Sin duda ha sorprendido un poco el alto número de derrotas experimentadas por todos los competidores. Quien menos ha perdido ha sido batido tres veces y si esto se justifica por el estilo de juego que imperó en la prueba, no alcanza a convencer acerca de la solidez de la técnica que desplegaron los participantes.

Tres ganadores, y Guimard desafiante. *La Nación*, 19 de octubre de 1940

[149] *La Nación*, 13 de setiembre de 1940.

[150] Roberto Grau, *La Nación*, 19 de octubre de 1940. Simsilevich – Piro fue adjudicada 0:0 por ausencia de ambos.

Torneo Mayor 1940

		1	2	3	4	5	6	7	8	9	0	1	2	3	4	5	6	PTS	S.B.
1	Sulik, Francisco	*	0	0	1	1	½	½	1	1	1	1	1	1	½	0	1	10.5/15	74.50
2	Gromer, Arístides	1	*	1	0	1	1	0	1	0	0	½	1	1	1	1	1	10.5/15	70.25
3	Guimard, Carlos Enrique	1	0	*	0	0	1	½	0	1	1	1	1	1	1	1	1	10.5/15	66.75
4	Winz, Viktor	0	1	1	*	½	1	1	0	½	½	0	1	1	1	1	0	9.5/15	
5	Bensadón, Rafael	0	0	1	½	*	0	½	1	1	0	½	1	½	1	1	1	9.0/15	56.75
6	Bolbochán, Jacobo	½	0	0	0	1	*	1	0	1	1	½	0	1	1	1	1	9.0/15	55.00
7	Rossetto, Héctor Decio	½	1	½	0	½	0	*	½	½	1	½	½	0	1	1	1	8.5/15	56.25
8	Iliesco, Juan Traian	0	0	1	1	0	1	½	*	0	0	0	1	1	1	1	1	8.5/15	52.25
9	Czerniak, Miguel	0	1	0	½	0	0	½	1	*	0	½	1	1	1	1	1	8.5/15	50.75
10	Marini, Luis Ernesto	0	1	0	½	1	0	0	1	1	*	0	½	½	½	1	1	8.0/15	
11	Rebizzo, Cayetano	0	½	0	1	½	½	½	1	½	1	*	0	0	½	½	1	7.5/15	
12	Benko, Francisco	0	0	0	0	0	1	½	0	0	½	1	*	1	1	1	1	7.0/15	
13	Gerschman, José	0	0	0	0	½	0	1	0	0	½	1	0	*	0	1	1	5.0/15	
14	Graf, Sonja	½	0	0	0	0	0	0	0	0	½	½	0	1	*	0	1	3.5/15	
15	Piro, Antonio	1	0	0	0	0	0	0	0	0	0	½	0	0	1	*		2.5/14	
16	Simsilevich, León	0	0	0	1	0	0	0	0	0	0	0	0	0	0		*	1.0/14	

Desempate del Torneo Mayor 1940

		1	**2**	**3**	
1	Guimard,Carlos Enrique	**	½1	1½	3.0/4
2	Gromer,Arístides	½0	**	11	2.5/4
3	Sulik,Francisco	0½	00	**	0.5/4

Guimard se lleva el desempate

▓ Esta noche se iniciará el desempate, a partido y revancha. La comisión de torneos de la FADA resolvió en su última reunión, de acuerdo con las reglamentaciones vigentes, que el primer puesto del Torneo Mayor, que resultó empatado entre los señores Gromer, Guimard y Sulik, se dilucide por medio de un torneo a dos turnos, que dará, sin duda, lugar a una lucha de especial atractivo. La primera partida se jugará esta noche en el Club Argentino, y será Gromer – Guimard; la segunda el viernes en el Círculo, Sulik – Gromer; la tercera en el Club Boca Juniors, Guimard – Sulik. La segunda serie, con los colores invertidos, se llevará a cabo en los mismos locales los días 30 de octubre, 1º y 4 de noviembre.[151]

1ª partida, 23 de octubre

▓ La primera partida fue disputada entre Gromer y Guimard, en el Club Argentino, y terminó rápidamente en un empate decepcionante, en la 19ª movida, sin que en el transcurso del juego se produjeran situaciones de mayor interés.[152]

[151] *La Nación*, 23 de octubre de 1940.

[152] *La Prensa*, 23 de octubre de 1940. *La Nación*, 25 de octubre de 1940.

2ª partida, 25 de octubre

Gana Gromer la segunda partida a Sulik. La partida tuvo lugar en el Círculo, y fue un juego de peripecias interesantes, en las que el maestro polaco empleó una antigua variante de la Apertura Giuoco Piano, hoy un tanto en desuso, que muestra particular actividad inicial en el flanco de dama. Las negras efectuaron ciertos cambios oportunos, y ante un ataque central de apariencia ganadora, respondieron con una reagrupación que permitió avanzar eficazmente el flanco de dama, donde se resolvió el combate a favor de Gromer.[153]

3ª partida, 28 de octubre

El cotejo fue disputado en el Club Boca Juniors, llevando las blancas Guimard contra Sulik. Fue un juego de incidencias interesantes, en el que Guimard trató de mantener la iniciativa a todo trance, entregando un peón temporariamente para recuperarlo luego. Pero no permaneció inactivo el maestro polaco, que a continuación imprimió al combate el sello de sus ambiciones. A raíz de algunos cambios, la partida volvió a equilibrarse, llegando con ese aspecto a la suspensión. En la continuación, Guimard se impuso, luego de tres horas de juego, en la 73ª jugada. Ahora Gromer y Guimard tienen 1½ puntos, y Sulik 0.[154]

Guimard le Gana a Sulik la Partida Final Pendiente

Guimard vence a Sulik.
El Mundo, 30 y 31 de octubre de 1940

4ª partida, 30 de octubre

En el Club Argentino se llevó a cabo una nueva partida del torneo reducido de desempate del primer puesto del Torneo Mayor, entre Guimard y Gromer. El triunfo correspondió al argentino, por lo que se sitúa en el primer lugar con 2½/3. Luego queda Gromer con 1½/3 y Sulik 0/2.[155]

5ª Partida, 1º de noviembre

Gromer volvió a vencer a Sulik, e igualó el puntaje de Guimard, aunque a éste todavía le falta jugar una partida, y empatándola quedará primero, y será el vencedor del Torneo Mayor. Guimard tiene 2½/3; Gromer 2½/4 y Sulik 0/3.

6ª Partida, 4 de noviembre

El ex campeón argentino Carlos Guimard se clasificó primero absoluto en el Torneo Mayor de la FADA, al aventajar a los maestros Arístides Gromer y Francisco Sulik en el pequeño certamen de desempate. La última partida Sulik – Guimard fue tablas. Se ha determinado que el *match* por el título nacional entre el campeón, Maderna, y Guimard se efectúe en abril próximo.[156]

[153] *El Mundo*, 28 de octubre de 1940.
[154] *El Mundo*, 30 y 31 de octubre de 1940.
[155] *La Nación*, 31 de octubre de 1940.
[156] *La Prensa*, 6 de noviembre de 1940.

¡El desempate lo ganó Guimard! Duro como el ñandubay, como se dice en Los Inmortales Ajedrez Club. ¿Cómo estará el campeón Maderna? Bien, gracias, y preparándose con energía como para no dejarse copar la banca. Ambos comprenden que el Campeonato Argentino es cosa seria, y que habrá que emplearse. Deséase en el ambiente ajedrecístico que no se repita el triste caso de que las partidas por el campeonato máximo se realicen sin el debido ambiente de la afición, como aquellas que se jugaron en Necochea y Tandil poco tiempo ha... El resultado final del mini torneo a dos turnos fue: Guimard con 3, Gromer 2½ y Sulik 1.[157]

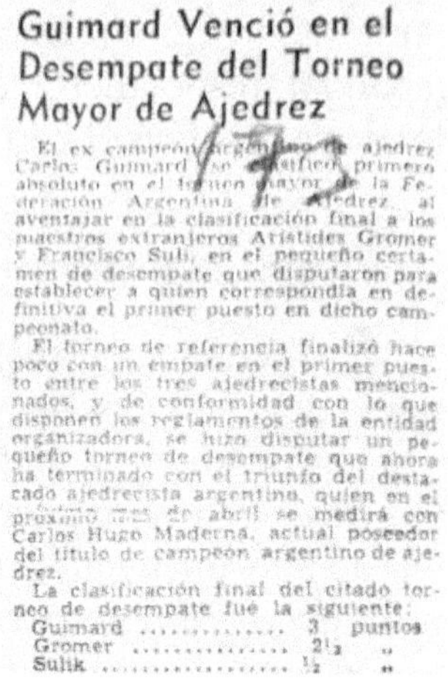

Guimard Venció en el Desempate del Torneo Mayor de Ajedrez

El ex campeón argentino de ajedrez Carlos Guimard se clasificó primero absoluto en el torneo mayor de la Federación Argentina de Ajedrez, al aventajar en la clasificación final a los maestros extranjeros Arístides Gromer y Francisco Suli, en el pequeño certamen de desempate que disputaron para establecer a quien correspondía en definitiva el primer puesto en dicho campeonato.

El torneo de referencia finalizó hace poco con un empate en el primer puesto entre los tres ajedrecistas mencionados, y de conformidad con lo que disponen los reglamentos de la entidad organizadora, se hizo disputar un pequeño torneo de desempate que ahora ha terminado con el triunfo del destacado ajedrecista argentino, quien en el próximo mes de abril se medirá con Carlos Hugo Maderna, actual poseedor del título de campeón argentino de ajedrez.

La clasificación final del citado torneo de desempate fué la siguiente:

Guimard	3	puntos
Gromer	2½	"
Sulik	½	"

Guimard gana el desempate. *La Prensa*, 6 de noviembre de 1940

Club Los Inmortales

Se juega el Torneo Estímulo, que determinará el desafiante del campeón José Antonio Alascio. El letón Movsa Feigins colabora comentando partidas del Torneo Mayor en la revista Alumni. El profesor Andrés Soliman brinda cursos de bridge en la sede de la institución, Tacuarí 36. Se dice que en Los Inmortales Ajedrez Club se juega bien al juego ciencia, pero... no es así, y sino que lo digan Lynch, Feigins, Gromer, Ellerman, Rossetto y los otros... Cada vez que hacen ajedrez en los salones de esta prestigiosa peña, queda un tendal de chocolateros... ¡buscando la jugada extra-genial![158]

I Copa Honorable Senado de la Nación

Organizado por la Liga de Empleados Públicos (LADEP) comenzó a disputarse en sus salones la Copa Senado de la Nación, un torneo por equipos en el que participan cuatro instituciones. Al acto inaugural concurrieron representantes de la FADA y de diversos clubs de ajedrez de la capital, sirviéndose un lunch en honor de los visitantes. El vicepresidente de la LADEP, señor Rafael Ribero, dio por iniciado el certamen, y agradeció a las delegaciones visitantes su cooperación al mayor brillo de la prueba.

A continuación hizo uso de la palabra el presidente de la FADA, señor Augusto De Muro, quien se refirió a la obra que realiza la LADEP en sus múltiples aspectos, y felicitó a los dirigentes por el entusiasmo con que organizaron este torneo. Enseguida se procedió a iniciar los encuentros, midiéndose Círculo – Club Jaque Mate, las dos instituciones consideradas actualmente como las más poderosas de la capital.[159]

También jugaron el Círculo de Villa Crespo contra el Club Boca Juniors. Gran cantidad de aficionados presenciaron las primeras partidas, notándose especial interés en los encuentros Frydman – Bolbochán, y Bolbochán – Sulik, así como el de Guimard – Rebizzo.

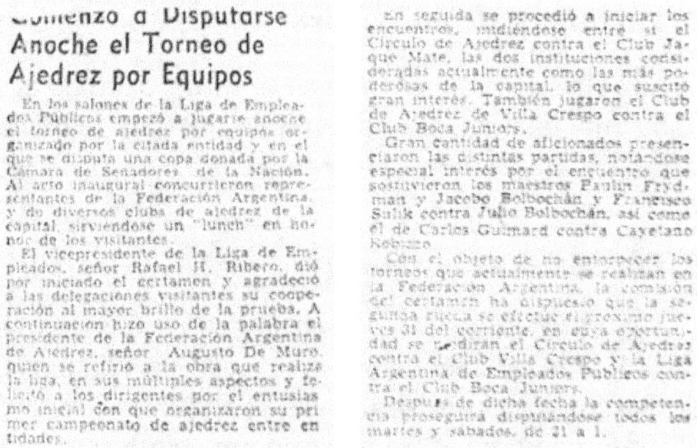

…menzo a Disputarse Anoche el Torneo de Ajedrez por Equipos

En los salones de la Liga de Empleados Públicos empezó a jugarse anoche el torneo de ajedrez por equipos organizado por la citada entidad y en el que se disputa una copa donada por la Cámara de Senadores de la Nación. Al acto inaugural concurrieron representantes de la Federación Argentina y de diversos clubs de ajedrez de la capital, sirviéndose un "lunch" en honor de los visitantes.

El vicepresidente de la Liga de Empleados, señor Rafael H. Ribero, dió por iniciado el certamen y agradeció a las delegaciones visitantes su cooperación al mayor brillo de la prueba. A continuación hizo uso de la palabra el presidente de la Federación Argentina de Ajedrez, señor Augusto De Muro, quien se refirió a la obra que realiza la liga, en sus múltiples aspectos y felicitó a los dirigentes por el entusiasmo inicial con que organizaron su primer campeonato de ajedrez entre entidades.

En seguida se procedió a iniciar los encuentros, midiéndose entre sí el Círculo de Ajedrez contra el Club Jaque Mate, las dos instituciones consideradas actualmente como las más poderosas de la capital, lo que suscitó gran interés. También jugaron el Club de Ajedrez de Villa Crespo contra el Club Boca Juniors.

Gran cantidad de aficionados presenciaron las distintas partidas, notándose especial interés por el encuentro que sostuvieron los maestros Paulin Frydman y Jacobo Bolbochán y Francisco Sulik contra Julio Bolbochán, así como el de Carlos Guimard contra Cayetano Rebizzo.

Con el objeto de no entorpecer los torneos que actualmente se realizan en la Federación Argentina, la comisión del certamen ha dispuesto que la segunda rueda se efectúe el próximo jueves 31 del corriente, en cuya oportunidad se medirán el Círculo de Ajedrez contra el Club Villa Crespo y la Liga Argentina de Empleados Públicos contra el Club Boca Juniors.

Después de dicha fecha la competencia proseguirá disputándose todos los martes y sábados, de 21 a 1.

La Copa Honorable Senado de la Nación. *La Prensa*. 25 de octubre de 1940

[157] *Caissa* nº 31, pág. 334, y nº 32, pág. 353. *Alumni* nº 293.
[158] *Alumni* nº 293/300, 1940.
[159] Nótese que se omite al Club Argentino.

Con el objeto de no entorpecer los torneos que actualmente realiza la FADA, se decidió que la segunda rueda se realice el 31 de este mes, jugando Círculo – Círculo de Villa Crespo y LADEP – Club Boca Juniors. Posteriormente, se jugará los martes y sábados de 21 a 1.[160]

Comenzó el torneo interclubs de la LADEP. Un verdadero acontecimiento resultó el acto inaugural. El amplio local de la institución se vio colmado por una considerable cantidad de personas, entre quienes se encontraban el presidente de la FADA don Augusto De Muro, y un caracterizado conjunto de directores de ese organismo. A las 21.50 los *teams* participantes se alistaron, provocando la expectación del público varios de los cotejos. Jugaron Círculo – Club Jaque Mate, y Villa Crespo – Boca Juniors. También actúa en el torneo LADEP, con Enrique Falcón y Luis Palau.[161]

Comenzó el torneo de ajedrez interclubs de la Liga de Empleados Públicos

El torneo de LADEP. *La Nación*. 25 de octubre de 1940

1ª Rueda, 1 de noviembre

El Círculo fue vencido por el Club Jaque Mate; destacáronse las partidas de Julio y Jacobo Bolbochán contra Paulin Frydman y Francisco Sulik, respectivamente. En el local de la LADEP se inició el torneo interclubs de ajedrez por equipos, en el que se disputa la Copa Cámara de Senadores de la Nación. Compiten en esta prueba cinco equipos: LADEP, Círculo de Ajedrez, Club Jaque Mate, Círculo de Villa Crespo y Club Boca Juniors. Las dos primeras rondas serán jugadas en el Club Jaque Mate, y las dos siguientes en el Círculo de Vélez Sarsfield. En el primer *match* el Club Jaque Mate venció al Círculo por 6:4.[162]

	Club Jaque Mate	6:4	Círculo de Ajedrez
1	Jacobo Bolbochán	½:½	Paulino Frydman
2	Julio Bolbochán	1:0	Francisco Sulik
3	H. E. Huguet	0:1	A. Fernández
4	Benjamín Cruz	1:0	Arturo J. Avellaneda
5	Alfonso Adámoli	1:0	M. Kerlleñevich
6	Manuel Benito	0:1	Lepanto Tollerutti
7	Jorge Huguet	1:0	Luis Vilardell
8	A. Aráoz de Lamadrid	½:½	Jorge L. Barco
9	Julio Comarón	0:1	G. Ruiz
10	Adolfo Grischkan	1:0	E. E. Anduela

Juégase la tercera ronda del torneo de ajedrez de la Liga: tuvo lugar en las sedes del Club Jaque Mate y el Círculo, frente al Círculo de Villa Crespo y LADEP, respectivamente. Jaque Mate logró una holgada victoria por 9½:½, y el Círculo perdió por 4½:5½ con LADEP.

160 *La Prensa*, 25 de octubre de 1940.
161 *La Nación*, 25 de octubre de 1940.
162 *La Razón*, 3 de noviembre de 1940.

	Club Jaque Mate	9½:½	Villa Crespo
1	Jacobo Bolbochán	1:0	Cayetano Rebizzo
2	Movsa Feigins	½:½	José Sordi
3	H. E. Huguet	1:0	M. Tolmasky
4	Benjamín Cruz	1:0	Ricardo Fussetti
5	Alfonso Adámoli	1a:0a	---
6	Manuel Benito	1:0	B. Papiermeister
7	Jorge Huguet	1:0	Luis Dumocertier
8	Julio Comarón	1:0	R. Pogliaghi
9	Adolfo Grischkan	1:0	J. Stemberg
10	C. Albarello	1:0	L. Friedman

	LADEP	5½:4½	Círculo de Ajedrez
1	Enrique Falcón	½:½	Marcos Luckis
2	Luis Palau	½:½	Francisco Sulik
3	A. Albano	0:1	Vicente Vuskovic
4	P. Crespo	½:½	C. Fernández
5	J. Larsen	1:0	M. Kerlleñevich
6	P. Marquínez	1:0	Lepanto Tollerutti
7	H. Flores	0:1	Jorge Fowler Newton
8	A. Liska	0:1	Gabriel Barco
9	P. Roldán	1:0	A. Ortiz
10	H. Ceriotto	1:0	G. Ruiz

JUEGASE LA TERCERA RONDA DEL TORNEO INTERCLUBS DE LA LIGA

La tercera fecha del torneo de ajedrez interclubs organizado por la Liga Argentina de Empleados Públicos con el objeto de disputar la copa donada por el Senado de la Nación, tuvo lugar en la sede del Club de Ajedrez Jaque Mate y el Círculo de Ajedrez de Buenos Aires, cuyos representantes actuaron en calidad de equipos locales frente a los teams visitantes del Círculo de Ajedrez de Villa Crespo y de la Liga de Empleados Públicos, respectivamente.

En este certamen actúan equipos de diez jugadores integrados por dos de primera, dos de segunda, tres de tercera y tres de cuarta categoría; dada la calidad de los elementos que los componen, era dable esperar resultados de acuerdo con la lógica de los pronósticos; no obstante, en la última reunión se han producido dos sor-

Categórica victoria del Club Jaque Mate. *El Mundo*, 13 de noviembre de 1940

Encabeza el torneo el Club Jaque Mate. Por la octava rueda LADEP venció al Círculo por 7½:2½ y el Jaque Mate a Villa Crespo por 8:2. Con estos resultados, afianzó su posición y queda en inmejorables condiciones para adjudicarse el trofeo, que se disputa por primera vez.

Su equipo de diez jugadores ha reunido figuras de valor dentro de cada categoría, poniéndose de relieve su homogeneidad con los resultados obtenidos en cada encuentro.[163]

	Club Jaque Mate	8:2	Villa Crespo
1	Julio Bolbochán	1:0	Cayetano Rebizzo
2	Movsa Frigins	1:0	José Sordi
3	H. E. Huguet	0:1	Pablo Aguirre
4	Benjamín Cruz	1:0	M. Tolmasky
5	Manuel Benito	1:0	H. Meroni
6	Jorge Huguet	1:0	B. Papiermeister
7	Abraham Eliaschev	1:0	Luis Dumocertier
8	Julio Comarón	1:0	R. Pogliaghi
9	Adolfo Grischkan	0:1	J. Sosa
10	C. Albarello	1:0	L. Friedman

[163] *El Mundo*, 13 de noviembre de 1940.

	LADEP	7½:2½	Círculo de Ajedrez
1	Enrique Falcón	1:0	Alejandro Nogués Acuña
2	Luis Palau	½:½	Marcos Luckis
3	A. Albano	1:0	Vicente Vuskovic
4	Ángel Reolín	1:0	S. Senderey
5	J. Larsen	0:1	Lepanto Tollerutti
6	P. Marquínez	1:0	Luis Vilardell
7	H. Flores	0:1	Jorge Fowler Newton
8	A. Liska	1:0	Gabriel Barco
9	P. Roldán	1:0	A. Ortiz
10	H. Ceriotto	1:0	E. Anduela

La posición actual de los equipos es la siguiente: Club Jaque Mate 47/60; Círculo 33½/70; Boca Juniors 30/60; LADEP 29/60; Villa Crespo 20½/70.[164]

Comenzó a Disputarse Anoche el Torneo de Ajedrez por Equipos

En los salones de la Liga de Empleados Públicos empezó a jugarse anoche el torneo de ajedrez por equipos organizado por la citada entidad y en el que se disputa una copa donada por la Cámara de Senadores de la Nación. Al acto inaugural concurrieron representantes de la Federación Argentina y de diversos clubs de ajedrez de la capital, sirviéndose un "lunch" en honor de los visitantes.

El vicepresidente de la Liga de Empleados, señor Rafael H. Ribero, dió por iniciado el certamen y agradeció a las delegaciones visitantes su cooperación al mayor brillo de la prueba. A continuación hizo uso de la palabra el presidente de la Federación Argentina de Ajedrez, señor Augusto De Muro, quien se refirió a la obra que realiza la liga, en sus múltiples aspectos y felicitó a los dirigentes por el entusiasmo inicial con que organizaron su primer campeonato de ajedrez entre entidades.

En seguida se procedió a iniciar los encuentros, midiéndose entre sí el Círculo de Ajedrez contra el Club Jaque Mate, las dos instituciones consideradas actualmente como las más poderosas de la capital, lo que suscitó gran interés. También jugaron el Club de Ajedrez de Villa Crespo contra el Club Boca Juniors.

Gran cantidad de aficionados presenciaron las distintas partidas, notándose especial interés por el encuentro que sostuvieron los maestros Paulin Frydman y Jacobo Bolbochán y Francisco Sulik contra Julio Bolbochán, así como el de Carlos Guimard contra Cayetano Rebizzo.

Con el objeto de no entorpecer los torneos que actualmente se realizan en la Federación Argentina, la comisión del certamen ha dispuesto que la segunda rueda se efectúe el próximo jueves 31 del corriente, en cuya oportunidad se medirán el Círculo de Ajedrez contra el Club Villa Crespo y la Liga Argentina de Empleados Públicos contra el Club Boca Juniors.

Después de dicha fecha la competencia proseguirá disputándose todos los martes y sábados, de 21 a 1.

Jaque Mate tiene amplia ventaja.
La Nación, 27 de noviembre de 1940

Resumen

Por primera vez se organizó el Torneo por Equipos Copa Honorable Senado de la Nación. Organizado por la LADEP (Liga Argentina de Empleados Públicos), participaron el Club Jaque Mate, el Círculo, el Club Boca Juniors, el Círculo de Villa Crespo y la propia LADEP. Comenzó el 24 de octubre, y los equipos se conformaron con dos jugadores de primera categoría, dos de segunda, tres de tercera y tres de cuarta, a doble turno. Estuvo en juego la Copa del Senado, un trofeo de plata donado por esa institución.

Venció el Jaque Mate con 63½/80 posibles, seguido por el Círculo de Ajedrez 39½, Boca Juniors 37½; LADEP 34½ y Villa Crespo 25. Por el Club Boca Juniors jugaron Carlos Guimard y Héctor Rossetto; por LADEP Enrique Falcón y Luis Palau; por el Círculo Paulino Frydman, Franciszek Sulik, Marcos Luckis y Alejandro Nogués Acuña; por el Club Jaque Mate los hermanos Bolbochán y Movsa Feigins, y por el Círculo de Villa Crespo Cayetano Rebizzo y José A. Sordi.

En la primera ronda Rossetto perdió, derrota atribuible al cansancio producido por su intervención en el Torneo Mayor. Luego de la quinta ronda se habían producido veintiocho tablas, resultados llamativos teniendo en cuenta que se enfrentan jugadores de primera a cuarta categorías.[165]

[164] *El Mundo*, 3 de diciembre de 1940. *La Nación*, 27 de noviembre de 1940.

[165] *Enroque!!* nº 7, pág. 113; *Caissa* nº 32, pág. 361 y nº 33, pág. 18. *Alumni* nº 297/300.

Eliskases en Córdoba

▒ El 7 de diciembre Erich Eliskases jugó una sesión de simultáneas en el Círculo de Vélez Sarsfield, obteniendo +14 =2 -0, empatando con Mariano y Filloy.[166]

Engels, en Lomas de Zamora

▒ El maestro alemán Ludwig Engels brindó una sesión de partidas simultáneas en el Club Atlético Los Andes, de Lomas de Zamora, provincia de Buenos Aires, logrando +45 =3 (C. Stumpf, J. A. Justo y E. Oyhanart) -2 (F. Galharretborde y E. Boffi).[167]

[166] *Caissa* nº 33, pág. 19.
[167] *Caissa* nº 21, pág. 29.

Capítulo 3

EL PAÍS EN 1941

1941: Aliadófilos, neutralistas y germanófilos. Perón vuelve forzadamente desde Europa. La Iglesia y el antisemitismo en la Argentina. Guerra aérea a gran escala: miedo universal. Hitler, Japón y Pearl Harbour. Los *voluntarreados* de Mussolini.

El país en 1941

▒ A comienzos de 1941 Perón vuelve a la Argentina, luego de un viaje bastante riesgoso por el desarrollo de las acciones bélicas.

> Cuando regresé al país me dije: 'No vamos al siglo XX con las democracias imperialistas capitalistas, sino con las democracias sociales. Y así es cómo creé la doctrina (justicialista) y la lancé hacia el Siglo XXI'.[168]

▒ Este año 1941, Ortiz todavía tenía esperanzas de volver a la presidencia, y sus ojos fueron examinados una y otra vez por los mejores profesionales argentinos. Su residencia de la calle Suipacha era la cita diaria de numerosos seguidores y periodistas. En tanto, Castillo hacía equilibrio para controlar el gobierno, en especial la interna entre los grupos militares aliadófilos y germanófilos. La pelea por el alineamiento con los aliados o el neutralismo estaba en su momento álgido.

La Iglesia, en aquellos días, apostaba a lo que se conocía como *el nacionalismo restaurador*. Y, de acuerdo a (Loris) Zanatta, que a mi juicio es uno de los investigadores más serios de las posiciones políticas de la Iglesia argentina, muchos militantes católicos enarbolaron el nazismo como su propia bandera. Esto, por ejemplo, quedó claro el 1º de mayo de 1941, cuando muchos de ellos tomaron parte de una manifestación derechista, luciendo el distintivo de la Acción Católica y vivando a *Cristo Rey*, Hitler y Rosas, según consta en las crónicas periodísticas de la época y en una interpelación parlamentaria. En esa oportunidad, las campanas de la iglesia de San Nicolás repicaron al paso de la marcha y el general Juan Bautista Molina –ferviente admirador del nazismo y uno de los ideólogos de la banda paramilitar Alianza Libertadora Nacionalista que había sido fundada por Juan Queraltó en 1937– concurrió para brindarles su entusiasta apoyo.[169]

▒ Demás está decir que los manifestantes vocearon estribillos hostiles a los judíos y exigieron su muerte o, en el mejor de los casos, su deportación. Y, además, se distribuyeron octavillas con la reproducción del párrafo extraído de *El judío*, original del cura Julio Meinvielle y uno de los más feroces antisemitas de todos los tiempos en la Argentina –fue el mentor de varios grupos nazis y, ya en la década del sesenta, se convirtió en el principal ideólogo de la Guardia Restauradora Nacionalista– Ese párrafo del cura Meinvielle, distribuido en millares de hojas, decía así:

> Los cristianos no deben trabar relaciones comerciales, ni sociales, ni políticas con los judíos, casta perversa que hipócritamente ha de buscar nuestra ruina. Los judíos deben vivir separados de los cristianos, porque así se lo ordenan a ellos sus leyes, y además, porque son infecciosos para los demás

[168] *Yo Juan Domingo Perón*, op. cit., pág. 29.
[169] Notas del autor.

> pueblos. Si los demás pueblos rechazan estas precauciones, tienen que atenerse a las consecuencias, o sea a ser lacayos y parias de esa raza.[170]

Ataque aéreos mutuos de Alemania y Gran Bretaña: la aviación alemana causa graves daños a las bases de Plymouth y Lorient, donde estallaron numerosos incendios y resultaron destruidos muchos comercios y casas particulares, con crecido número de víctimas. En tanto la aviación inglesa desarrolla actividades nocturnas con eficacia, obligando a los alemanes a reducir el número de ataques.[171]

LA NACION

4 SECCIONES — 44 PAGINAS

)TRA VEZ FUERON ATACADAS LAS BASES DE PLYMOUTH Y LORIENT

I AVIACIÓN ALEMANA AUSÓ GRAVES DAÑOS A LA CIUDAD BRITÁNICA

llaron numerosos incendios y resulta- ron destruídos muchos comercios y casas particulares

NUMERO DE VICTIMAS ES CRECIDO

DESARROLLA ACCION EFICAZ LA AVIACION BRITANICA NOCTURNA

EL GOBIERNO YUGOESLAVO ACORDÓ, ANTE LA PRESIÓN DEL REICH, ADHERIRSE AL EJE, PESE A LA OPOSICIÓN NACIONAL

Resuelta a última hora provisionalmente la crisis ministerial, hoy saldrán para Viena los señores Cvetkovich y Markovich, mientras en todo el país crece la agitación

NUMEROSAS PROTESTAS Y RENUNCIAS

Las aviaciones atacan objetivos. *La Nación*, 23 de marzo de 1941

Conservadores y comunistas, ¿amigos?

Para apreciar las características de la "alta" política que se practicaba por estos días, es interesante conocer el episodio siguiente. El titular del Ministerio del Interior, Miguel J. Culaciati invitó a su casa al doctor Emilio Troise, comunista, y al negro Michelón, sindicalista, y les mostró un decreto donde ordenaban sus capturas, y lo firmó. Troise era íntimo de don Miguel desde la infancia, pues él había sido su celador en el colegio de Rosario, y le preguntó si solamente para esa insignificancia lo había llamado. Respondió:

> Sí, fue para que vieras que lo firmo. Hoy es viernes de noche y de aquí al lunes que lo entrego, tenés tiempo de esconderte en casa de algún amigo.

Troise estiró la mano, y tomando su teléfono llamó a su mujer para decirle que le preparara una valija y se la llevara a la casa de Culaciati, y mientras colgaba el auricular, le informó su decisión:

> Me quedo aquí.

[170] *Cien años de Antisemitismo en la Argentina* (Cap XVII) Herman Schiller, *La Voz y La Opinión* (WEB). El historiador italiano Loris Zanatta describió en *Del Estado liberal a la nación católica*, la transformación que experimentó el ejército a causa del adoctrinamiento de capellanes respecto al concepto de "tradición hispánica": se lo consideraba como eje medular de la Nación, y a la democracia sólo como algo accesorio. Notas del autor.

[171] *La Nación*, 23 de marzo de 1941.

Y el conservador Culaciati durante un mes estuvo guardando a Troise, su amigo, mientras como ministro lo hacía buscar. Menos mal que en esos días la Unión Soviética rompió con Alemania y pudo librarse de su dialéctico huésped.[172]

▌El 18 de diciembre de 1940, Hitler había aprobado los planes de la "operación Barbarroja" para la invasión de la Unión Soviética. El pacto firmado Ribbentrop-Molotov pensado para diez años duró muy poco. En junio de 1941, Hitler, desembarazado del frente occidental por la humillación a Francia y considerando que la "operación Otari", que era como se llamaba en secreto la invasión de Inglaterra, todavía no era viable, atacaba a Rusia sin previa declaración de guerra. El 22 de junio de 1941 las tropas alemanas invaden la Unión Soviética. El pacto se había roto.

Los alemanes ocupan París: su expansionismo no se detiene. Se inicia la invasión a Europa Occidental, que comienza sobre Holanda el 10 de mayo de 1940. Luego le siguen Noruega y Bélgica. El 14 de junio los nazis ingresan en París. El gobierno francés debe irse, y el general Petain asume el nuevo gobierno, con la aprobación de Hitler. Petain traslada la capital francesa a la ciudad de Vichy, quedando París en poder de los alemanes. Petain colaborará con las tropas nazis, en tanto el general De Gaulle instala un gobierno francés en el exilio, desde Londres, iniciando la resistencia francesa.

Estados Unidos evalúa su entrada en la guerra: el 12 de agosto el presidente Roosevelt mostró un mapa secreto de los planes nazis para América Latina. En Estados Unidos había una fuerte resistencia a participar en la guerra y Roosevelt deseaba hacerlo, como ocurrió poco después en diciembre de ese mismo año, a causa del ataque japonés a Pearl Harbour. Roosevelt encontró resistencia cuando desplegó el mapa secreto y el senador Burton Wheeler comentó en el Congreso que le parecía "una falsificación británica".

El mapa presentaba a Brasil con una superficie todavía mayor, a Chile extendido hasta el ecuador, y una nueva nación, Nueva España, que reuniría a Venezuela, Colombia y el Canal de Panamá. La expansión de Argentina incluía a Paraguay, Uruguay y parte de Bolivia, la Patagonia y las Islas Malvinas. Fueron dos historiadores norteamericanos los encargados de identificar aquella fuente de inobjetable confianza de Roosevelt. John Bratzel, de la Michigan State University, y Leslie Rout, de la University of Chicago, revelaron que los británicos lo fraguaron en un esfuerzo para lograr que Estados Unidos entrara en la guerra, porque su costo se hacía insoportable para la economía inglesa. La investigación de Bratzel y Rout llegó a la conclusión de que el *mapa secreto* fue una adulteración de otro que colgaba en una pared del cuartel general de los nazis en Buenos Aires.[173]

▌El 10 de noviembre todavía podía verse a Ortiz dando un paseo en automóvil. El 7 de diciembre se produce el ataque japonés a Pearl Harbour, que produjo conmoción en Buenos Aires, y al día siguiente Estados Unidos y Japón se declaran la guerra. El 16 de diciembre Castillo decreta el estado de sitio.

Es cierto que el embajador de Estados Unidos quiere que rompamos relaciones con el eje Roma-Berlín-Tokio con argumentos fundados en razones teóricas y motivos no siempre valederos. Pero ocurre que a Inglaterra no le conviene, como me ha sido sugerido, aunque no directamente, por su embajador. Fíjese que si nosotros rompemos relaciones con el Eje nuestros barcos que llevan los alimentos que tanto necesita Gran Bretaña, van a quedar expuestos a los submarinos alemanes, en el Atlántico, que los hundirán antes de llegar a destino.[174] Claro que, en los hechos, la neutralidad favorecía al Eje.

[172] *Memorias. Tras los dientes del perro.* Helvio Botana, Peña Lillo Editor, Buenos Aires 1977, pág. 224. Miguel J. Culaciati había sido intendente de Rosario en 1928. Luego, fue *Intendente Comisionado* por la Intervención Federal que en 1935 abate al gobierno demoprogresista. Culaciati alternó sus aristas más negativas, tales como el fraude electoral y la complicidad en la represión a los opositores y militantes, con un gran impulso a la obra pública en Rosario. Nota del autor.

[173] *Últimas noticias de Perón y su tiempo*, Rogelio García Lupo, Vergara Grupo Zeta, 2006, pág. 55/7.

[174] Félix Laíño, Op. cit., pág. 47. El autor reproduce una conversación personal con Castillo en Olivos.

▓ Yo comentaba indignada cómo los italianos podían apoyar al Duce de esa forma, e ir voluntariamente cuando él los llamaba y gritar: "Cannoni". Y entonces, Gino (Germani) respondía:

No se engañe, Elena, los *voluntarrean.*

En ese momento no entendíamos mucho cómo se podía obligar a una multitud a concurrir a actos. Tuvimos que pasar por el peronismo y saber lo que eran los controles de la asistencia a esos actos públicos por los gremios, por las autoridades de las instituciones donde uno trabajaba, para comprender cuánto había de saludable sentido de conservación en mucha de esa concurrencia. Porque resistirse podía significar la cárcel y otras formas de coerción que eran justamente lo que a nosotros nos repugnaba".[175]

▓ Al finalizar el año 1941 las reservas en oro y divisas eran de 565 millones, de ellas 508 en oro, 27 en divisas convertibles y 30 en divisas no convertibles. La tasa de inflación de Buenos Aires fue de 2,6%. Un ejemplar de la revista *El Ajedrez Americano* costaba $ 0,70. Un número especial de *El Ajedrez Argentino* se vendía a $ 2,40.[176]

Paraná

▓ A comienzos de enero de 1941[177] se jugó en Paraná un torneo organizado por el Círculo Paranaense, venciendo Gideon Ståhlberg y José María Cristiá con 6½/7. Luego Diego Mackinon 4½; M. Demonte Vitali y E. Barbagelata 3½; P. Demonte Vitali 2; J. M. Gangli 0.[178]

Torneo de Paraná 1940/1

		1	2	3	4	5	6	7	8	PTS	S.B.
1	Cristiá, José María	*	½	1	1	1	1	1	1	6.5/7	18.25
2	Ståhlberg, Gideon	½	*	1	1	1	1	1	1	6.5/7	18.25
3	Mackinnon, Diego	0	0	*	1	½	1	1	1	4.5/7	
4	Demonte Vitali, Manuel	0	0	0	*	1	½	1	1	3.5/7	6.00
5	Barbagelata, Eduardo	0	0	½	0	*	1	1	1	3.5/7	5.75
6	Demonte, P.	0	0	0	½	0	*	½	1	2.0/7	
7	Berenguer, Liberto	0	0	0	0	0	½	*	1	1.5/7	
8	Gangli, José María	0	0	0	0	0	0	0	*	0.0/7	

El Club Argentino organiza el Memorial Zamudio

▓ La comisión de torneos del Club Argentino ha resuelto fijar para el 2 de enero de 1941 la fecha de cierre del registro de inscripciones del Torneo Hándicap Eugenio Zamudio e iniciar el certamen el día siguiente a las 21. Hasta el momento se han anotado Paulino Alles Monasterio y Benito Benjamín, entre los maestros más conocidos. Los competidores igualarán fuerzas de acuerdo al sistema de ventaja material o al de ventaja de tiempo, según resulte el voto de la mayoría. Los premios instituidos por la señora María Luisa Zamudio de Balbín son un juego de cartera y billete-

[175] *Gino Germani, del antifascismo a la sociología*, Ana Alejandra Germani, Taurus, Buenos Aires 2004, pág. 57. Entrevista de la autora a Elena M. Chiozza, 1999.

[176] *Ensayos sobre la historia económica argentina*, op. cit., pág. 414.

[177] Fecha estimada.

[178] *Caissa* nº 33 enero-marzo 1941, pág. 19; *Caissa* nº 34, abril 1941, pág. 38/-40.

ra de cuero fino para el primero con conteras (Sic) de oro, y una lapicera fuente de marca conocida para el segundo.[179]

▓ En el Club Argentino dio comienzo el torneo hándicap Memorial Zamudio, prueba en la que intervienen ajedrecistas de diferentes categorías, con ventaja de tiempo. Gromer, campeón francés, perdió frente al doctor Juan Lombardi, jugador de 4ª categoría. Apremiado por el tiempo, Gromer omitió el análisis de un jaque terrible, y perdió la dama y la partida. Por su parte, C. Somma, de 4ª, igualó contra Benito Benjamín, de 1ª, en 56 jugadas. Paulino Alles Monasterio, de 2ª, hizo tablas con Alberto Ugalde, de 2ª.[180]

▓ Alles Monasterio y Ugalde mantiénense en el primer puesto en el torneo hándicap Zamudio, que al fin de la 3ª ronda se han colocado con 2½/3. En la 2ª ronda Ugalde se había impuesto con justeza al campeón de Francia, Gromer. La mayor atracción fue la partida entre Carlos Portela y Alberto Ugalde, que finalmente ganó éste, y quedó como líder solo. Asimismo, Liska (4ª) venció a Alles Monasterio al extralimitarse éste en el tiempo.[181]

▓ ¡Un tapado en el Club Argentino! En el Torneo Hándicap Eugenio Zamudio venció el señor Alberto Ugalde, de 2ª categoría, cuyo desempeño regular le permitió asegurarse el primer puesto sin perder ninguna partida, con 7½/9. Con esto queda hecho el elogio de un aficionado que por razones profesionales no tiene ocasión de intervenir en certámenes de su categoría. En el segundo puesto finalizaron empatados el maestro Arístides Gromer y el jugador de 1ª categoría Benito Benjamín, con 6½. Más atrás quedaron Paulino Alles Monasterio (1ª) 5½, Carlos A. Portela (4ª) 4½; Alejandro Liska (4ª) 3½; J. V. Somma (4ª) y Rafael Guastavino (2ª) 3; Juan Lombardi y Walter Przewolka 2½.[182]

Torneo Handicap E. Zamudio en el C. A. de Ajedrez

Monasterio y Ugalde mantiénense en el 1er. puesto

TRES RUEDAS

EN el Club Argentino de Ajedrez viene cumpliéndose con éxito el torneo handicap Eugenio Zamudio, que ha reunido a once aficionados de distintas categorías. Al fin de la tercera ronda se han colocado en el primer puesto los jugadores Paulino Alles Monasterio y Alberto Ugalde, con dos puntos y medio, seguidos por Carlos A. Portela y Juan Lombardi, con dos.

En la segunda rueda, Gustavino, conduciendo las blancas, y con apertura Giuoco Piano, logró vencer a Somma en la jugada 51; Lombardi no pudo contener a Portela en la jugada 48, que definió la partida; Ugalde se impuso con justeza al campeón de Francia, Gromer; Alles Monasterio, que condujo las negras, se impuso a Przewolka en la jugada 52 y, finalmente, al no presentarse Iglesias, se acreditó los puntos a Liska.

Los resultados que se registraron por la tercera rueda fueron los siguientes: Benjamín, de primera categoría, se impuso a Gustavino en las 47ª jugada; Przewolka sufrió otro contraste frente a Gromer; Somma, conduciendo las blancas, perdió contra Lombardi; Ugalde venció a Portela y Monasterio logró puntos por ausencia de Iglesias. De acuerdo con estos re-

Segunda derrota de Gromer. *La Razón*, 22 de enero de 1941

Fallece Emanuel Lásker

▓ El 11 de enero fallece Emanuel Lásker en Nueva York, a los setenta y tres años, y la noticia aparece en los principales diarios y revistas argentinos. El doctor Emanuel Lásker fue un gran psicólogo, dice Miguel Czerniak. Adolf Seitz, dice enfáticamente que Lásker perdió su *match* con Capablanca debido al clima tórrido de La Habana.

> En mi opinión, el doctor Lásker fue el campeón mundial entre 1894 y 1935, es decir más de cuarenta años, y ninguna persona seguramente lo va a superar. En su libro sobre el *match*. Lásker dice:
>
> Un campeón del mundo que no tiene el mundo detrás, considero que es una figura graciosa. Yo me permito ahora hacerme la siguiente pregunta: ¿tiene el actual campeón del mundo Alekhine el mundo detrás? Personalmente yo me atrevo a negarlo.[183]

▓ Lásker concedió el desquite a todos los adversarios, a quienes venció en *match*: a Steinitz, a Tarrasch, a Janowski. A él, en cambio, a pesar de haber superado reiteradamente a Capablanca

[179] *La Razón*, 25 de diciembre de 1940.
[180] *La Razón*, 14 de enero de 1941.
[181] *La Razón*, 22 de enero de 1941. *El Mundo*, 26 de enero de 1941.
[182] *Caissa* nº 33, pág. 19. *El Mundo*, 10 de febrero de 1941.
[183] *El Ajedrez Americano* 2ª época nº 69 pág. 42/6; *Caissa* nº 33, pág. 1. *Enroque!!* nº 10, 15 de marzo, pág. 27.

después de perder el cetro del tablero, nadie le organizó el ansiado desquite. Ni siquiera nosotros, los argentinos, en cuyo país nos dejó tan gratos recuerdos. Lo propusimos a Alekhine, y Alekhine fue –y es– el nuevo campeón del mundo. Lásker no halló justicia ni en su patria alemana ni en los ajedrecistas de la fraternidad universal del tablero. Halle, ahora, paz. La congoja que nos produce su desaparición va acompañada de íntimo remordimiento.[184]

Bombas contra el Centro Nacional de Ajedrez de Londres

Ha sido destrozado en Londres, por el bombardeo enemigo, la sede del Centro Nacional de Ajedrez, en que se refundieron varios clubes metropolitanos, entre ellos, el centenario Club de Londres. Por fortuna, en el momento en que fue tocado por las bombas, no estaba allí dentro, enfrascado en su inocente entretenimiento, ningún pacífico asociado. La víctima fue la rica colección bibliográfica, quizá la más valiosa del mundo, que había sido trasladada a ese centro. La revista *Chess* califica a este hecho como "la mayor desgracia que ha ocurrido al ajedrez".[185]

Najdorf continúa su gira por el interior

Najdorf en Dolores, 6 de febrero de 1941, Club *Los XXV*. De izquierda a derecha, parados: Alberto y Federico Latuf, Desiderio Gilabert, Ángel Latuf, el niño Lucio Régulo Eyras y Urbano Eyras. Sentados: Omar Scheggia, Alejandro Mehl, Eduardo N. Giotta, Moshe Mendel (Miguel) Najdorf, César Quenard y Roberto Hagen. Foto gentileza de Carlos E. Drake

En febrero el maestro polaco Miguel Najdorf ha iniciado por el sud del país una nueva gira ajedrecística, especialmente contratado por la firma Molinos Harineros del Río de la Plata, empresa comercial que contribuye de esta manera en forma eficaz al progreso del ajedrez en todo el país.

Una de las ciudades visitada es Dolores, provincia de Buenos Aires. El 16 de febrero Najdorf jugó en el Club de Ajedrez Necochea una simultánea, obteniendo +34 =1 -0, dos a ciegas, una de las cuales fue un empate frente a J. Gaitán. Luego, el día 18, ofrece una nueva sesión, logrando +34 =1 -0, tres a ciegas, empatando con M. Butikofer.

Club Social de Elortondo +26 =0 -0, dos a ciegas; Círculo de Ajedrez de Villa Cañás +24 =0 -2, dos a ciegas; Club Español, de Rojas +12 =0 -0; Club Artesanos, de Salto +17 =1 -0, seis a ciegas; Club Sportivo Social, de Rojas +26 =0 -0, cuatro a ciegas; Club Compañía Ferroviaria de Buenos Aires +21 =1 -0, dos a ciegas; Centro de jóvenes católicos de Chascomús +22 =0 -0; Círculo Democrático de Castelli +16 =2 -0, dos a ciegas; Club 25, de Dolores +33 =2 -0, dos a ciegas; Club Sportivo Ferroviario, de Maipú +26 =1 -0, una a ciegas.[186]

Gromer en Entre Ríos

Con evidente interés se espera en nuestros círculos ajedrecísticos la presentación del destacado jugador francés Arístides Gromer, que tendrá lugar esta noche a las 21 en el local del Club

[184] Amílcar Celaya, *Noticias Gráficas*, 12 de enero de 1941.
[185] Paulino Alles Monasterio, *Mundo Argentino*, 29 de enero de 1941].
[186] *El Mundo*, 19 de febrero de 1941. *El Ajedrez Americano* 2ª época nº 70 pág. 57. *Enroque!!* nº 1, mayo de 1941.

Francés, Boulevard Gálvez esquina Las Heras. La personalidad mundial del ajedrecista visitante anticipa una sesión de simultáneas de alta calidad, especialmente porque habrán de enfrentar al campeón francés destacados aficionados de esta ciudad. El precio del tablero ha sido fijado en $ 1.[187]

Mar del Plata: Ståhlberg delante de Najdorf

■ Podría jugarse un gran torneo en Mar del Plata. Hay nombres de ciudades europeas tales como Baden-Baden, Montecarlo, Ostende, San Sebastián, San Remo, que se presentan a la imaginación del lector que antaño las visitara, abriendo de par en par las puertas de espejos de sus lujosos salones de juego iluminados *a giorno*, con sus lámparas de baccarat bajo cuyas luces tenuemente matizadas por el reflejo verde de los tapetes brillaba un mundo elegante y a la moda de los tiempos. Durante varias décadas se dio cita allí la nobleza europea, lores y baronesas inglesas, grandes duques rusos, magnates norteamericanos, sudamericanos opulentos, rajaes de la India, la belleza y elegancia de todo el mundo, el dandismo, y, ¿por qué no?, hasta el arribista internacional que buscaba los halagos de aquella estupenda feria de vanidades.

De cuando en cuando, la voz gangosa de los croupiers franceses unía a todas aquellas almas en la zozobra del azar, y develando el misterio de la cifra, cada cual volvía a recuperar el dominio de sí mismo, templado por alguna voz que se alzaba diciendo: *donnez moi una serie*. Para el aficionado al ajedrez esas ciudades son otras tantas lizas ajedrecísticas escalonadas a través de los años, a las que bajaron los más preclaros campeones (Sic). Este extraño maridaje entre la rueda del mayor azar y el tablero de jugadas científicas, sería tan difícil de explicar como la cuadratura del círculo: extraña conformidad entre dos juegos tan diferentes, polos extremos del ocio que alguna vez se tocan.

Hace años que no se juega en Mar del Plata, que junto a Carrasco y Río de Janeiro han sustituido a dichos lugares de esparcimiento, guardadas las distancias que impone esta época que vivimos, de guerras y revoluciones. Aquí también se han realizado certámenes de ajedrez inolvidables. Hace cinco años que no se juega un torneo: desde que tuve la oportunidad de dirigir el de 1936. Tenemos en nuestro país a veintidós maestros extranjeros, entre los cuales se encuentran maestros de primera línea. La oportunidad no puede ser mejor, y podría perderse para siempre si no se aprovechara. Ésta es la sensación que se recoge en todos los clubs de esta capital y Rosario. La guerra que detiene a estos extranjeros en nuestras playas no puede durar toda la vida. No está de más récordar que las gestiones iniciadas el año pasado en Mar del Plata no arribaron a ninguna conclusión práctica. La verdad es que un certamen de esta importancia tendría un eco mundial incuestionable.[188]

Podría Jugarse un Gran Torneo en Mar del Plata

¿Se hará el Torneo de Mar del Plata?
El Mundo. 12 de enero de 1941

■ Las gestiones que realizaron las autoridades de la FADA para llevar a efecto un gran certamen internacional en Mar del Plata cristalizaron con éxito. La labor desarrollada por el ex campeón argentino Roberto Grau, nos permite adelantar que se cumplirá en los salones del Club Pueyrredón,

[187] *El Litoral*, 11 de febrero de 1941.
[188] Paulino Alles Monasterio, *El Mundo*, 12 de enero de 1941.

y solamente faltan ultimar detalles con la Asociación de Propaganda y Fomento de Mar del Plata, y la Unión Kursaal Argentina. La FADA ha invitado a los campeones de Brasil, Uruguay y Chile, con lo cual el torneo se prestigiaría con la presencia de Walter Cruz, Ernesto Rotunno y Mariano Castillo. A estos nombres se agregarán los nombres de un conjunto de jugadores argentinos: Carlos Maderna, Carlos Guimard, Jacobo y Julio Bolbochán, Luis Piazzini además de los maestros Erich Eliskases, Arístides Gromer, Miguel Czerniak, Mendel (Sic) Luckis, Paulin Frydman, Albert Becker, Ilmar Raud y Francisco Sulik.[189]

▓ El mes próximo se desea organizar un torneo de ajedrez. Han sido recibidas con especial atención las gestiones que ha realizado en Mar del Plata el presidente de la comisión de torneos de la FADA[190] con el fin de interesar a la Comisión de Propaganda y Fomento de Mar del Plata y a los directores del Casino, para la realización de un torneo internacional que puede alcanzar un relieve excepcional. La Comisión de Fomento ha tomado a su cargo los gastos de hospedaje y de traslado de los ajedrecistas, y ha resuelto asumir la organización de la prueba para realizar un torneo por invitación, limitado a las más destacadas figuras europeas y locales que actúen en nuestro medio. Falta la decisión del Casino para ceder el local de juego y poder asignarle a la competencia los premios que un concurso de tanta jerarquía exige. Serán invitados Eliskases, Ståhlberg, Frydman, Gromer, Czerniak, Luckis y Sulik. Asimismo, se realizarán gestiones para que el récordman mundial de simultáneas, Miguel Najdorf, pueda también actuar. Varios serán los jugadores locales invitados: Maderna, Guimard, Jacobo Bolbochán, Luis Piazzini, y quizá Julio Bolbochán. El torneo comenzaría el 10 de marzo próximo. Se jugaría a razón de dos horas y media para cuarenta jugadas, cinco veces por semana, de 15 a 20.[191]

▓ Con respecto a la inclusión del conocido simultaneísta polaco Miguel Najdorf, comprometido en una *jira* de propaganda por una firma comercial, cabe destacar que se le ha concedido la interrupción del viaje para que pueda intervenir en el certamen. El torneo será inaugurado en los salones de la Unión Kursaal Argentina por el señor Augusto De Muro, presidente de la FIDE y de la FADA. Para hoy la comisión organizadora piensa tener la lista completa de concurrentes, para efectuar el sorteo.[192]

▓ Iniciarán dieciocho jugadores el Torneo Magistral de Mar del Plata. En la última reunión del Consejo Federal fueron invitados cuatro jugadores más, dejando sin efecto la inclusión del campeón francés Arístides Gromer, por no haber llegado a tiempo su conformidad. Esta modificación propiciada por los consejeros ha hecho necesario que el programa del torneo se desarrolle sin días de descanso, para dar lugar a que se pueda terminar dentro del plazo fijado por la Asociación de Propaganda. He aquí la nómina de participantes y los números de sorteo: 1. Guimard; 2. Engels; 3. Iliesco; 4. Najdorf; 5. Frydman; 6. Feigins; 7. Sonja Graf; 8. Sulik; 9. Julio Bolbochán; 10. Winz; 11. Jacobo Bolbochán; 12. Luckis; 13. Czerniak; 14. Michel; 15. Ståhlberg; 16. Raud; 17. Juan Vinuesa; 18. Eliskases.[193]

▓ Merece destacarse la circunstancia de que la comisión organizadora del certamen, luego de diversas gestiones, consiguió incorporar a la lista de participantes a Najdorf, el fuerte maestro polaco, campeón mundial de simultáneas. En cambio, ha sorprendido la cancelación de la invitación al campeón francés Arístides Gromer, sustituido por Movsa Feigins. Este maestro tiene realizada en el país una campaña evidentemente inferior a la de aquél. Mañana se desarrollará la primera sesión de juego, en los salones del Casino.[194]

[189] *La Razón*, 26 de febrero de 1941.
[190] Roberto Grau.
[191] *La Nación*, 27 de febrero de 1941.
[192] *El Mundo*, 12 de marzo de 1941.
[193] *El Mundo*, 14 de marzo de 1941.
[194] *La Prensa*, 14 de marzo de 1941.

▓ Comenzará mañana el concurso de ajedrez de Mar del Plata, y hoy partirá para esta ciudad la delegación de ajedrecistas que participará. El Consejo Federal de la FADA resolvió patrocinar la prueba luego de solicitar la incorporación de tres ajedrecistas más: Antonio Juan Vinuesa, Movsa Feigins y Juan Iliesco, y la eliminación del francés Arístides Gromer, que no aceptó de inmediato su actuación en la competencia. Actuarán como fiscales los miembros de la comisión de torneos de la FADA, e inaugurará la prueba el presidente de la FADA y de la FIDE, don Augusto de Muro.[195]

▓ La prueba contará con premios por $ 3.000,[196] y habrá algunos trofeos para los jugadores mejor clasificados, así como una copa especial para el ajedrecista nacional mejor colocado. Inaugurará el torneo esta tarde el presidente de la FADA y de la FIDE,[197] don Augusto De Muro, junto a uno de los directores de la Asociación de Propaganda y Fomento de Mar del Plata. Se trata de un torneo de gran severidad, ya que para dar cabida a todos los participantes no habrá ningún día de descanso. Se jugará todos los días de 14.30 a 19.30, y las suspendidas se continuarán a la noche, de 22 a 1.[198]

Hoy comenzará el torneo de ajedrez de Mar del Plata

En la rueda inicial, Guimard deberá enfrentarse con el campeón de Alemania

PRUEBA NOTABLE

Hoy a las 14.30 será inaugurado el torneo internacional de maestros de ajedrez organizado en Mar del Plata por la Asociación de Propaganda y Fomento de ese balneario. La prueba ha reunido los valores más altos del ajedrez nacional y europeo que actúan en nuestro medio, con alguna que otra honrosa excepción. Se trata, sin duda, de la competencia individual más notable que registra el ajedrez argentino, a la que sólo se aproximan los dos torneos internacionales llevados a cabo por el Círculo de Ajedrez en los años 1939 y 1940.

La presencia de tres integrantes del equipo alemán ganador del Torneo de las Naciones y entre ellos la de Erick Eliskases, una de las figuras modernas más cotizadas en el mundo del ajedrez, es una base fundamental del éxito de la competencia. Ganador de una serie de grandes torneos, entrenador del Dr. Alekhine antes de su magnífica victoria sobre el Dr. Euwe y uno de los teóricos más notables del mundo, se presenta como el candidato más sólido para el puesto de honor.

Pero no le ha de ser fácil el camino, ya que tanto Paulin Frydman y Miguel Najdorf, entre los polacos, y el campeón de Suecia, Gedeón Stahlberg, son tres maestros de excepción, con campañas abundantes en grandes éxitos y los tres capaces de superar al campeón alemán al menor descuido de éste.

El torneo, con ritmo extenuante. *La Nación*, 15 de marzo de 1941

Acto inaugural

▓ La gran expectativa despertada por el IV Torneo de Mar del Plata quedó evidenciada por la extraordinaria cantidad de público que asistió al acto inaugural, no obstante la hora poco propicia para la concurrencia del mismo en una ciudad balnearia. Poco antes de las 14 horas del 15 de marzo se reunieron en la sala especialmente dispuesta en el lujoso y monumental edificio del Casino de Mar del Plata, personalidades locales, autoridades de la casa, dirigentes del ajedrez argentino y numerosos espectadores, junto a los participantes del torneo.

Dio la bienvenida con un discurso el presidente de la FADA, don Augusto De Muro, que expresó entre otras cosas:

> Me considero, con honor y con orgullo, entre los ciudadanos argentinos que, perteneciendo a las más distintas categorías sociales, y unidos en el mismo fervor por el buen hombre del país y el mismo amor por la cultura y el deporte, hicieron posible el Torneo de las Naciones de 1939. Tuve la inmensa satisfacción, como hijo de esta tierra, y como hombre vinculado al sport desde lejana data, de inaugurar el memorable certamen. Y me apresuro a decir que esa íntima complacencia de mi espíritu se renueva, cuando como en este caso, me es dado pronunciar la palabra de comienzo en una nueva competencia, que aún sin la magna resonancia de aquella, reúne participantes de tan consagrado prestigio internacional. (...)
>
> Esa feliz trayectoria es la que se sigue con la realización de este torneo, a iniciativa y con la fiscalización de la FADA, hecha posible por el empeño de la Asociación de Propaganda y Fomento de Mar del Plata, y facilitada por la generosa disposición de la empresa UKA, Unión Kursaal Argentina. Bien sabemos nosotros qué cauce proficuo es la práctica del ajedrez para el desarrollo de la inteligencia. Por

[195] *La Nación*, 14 de marzo de 1941.
[196] Serían unos U$S 25.000 de hoy.
[197] Obsérvese que se lo nombra a De Muro como "presidente de la FIDE", además de presidente de la FADA.
[198] *La Nación*, 15 de marzo de 1941.

eso, cualesquiera de las manifestaciones que tienden a propulsarla, está dentro del indefectible entusiasmo que alienta en nuestros esfuerzos. Cuando ellos cristalizan en torneos de vasta trascendencia.

Y la grande importancia de éste que hoy inauguramos, estamos seguros de cumplir, no sólo con la línea de conducta impresa por la índole misma de la entidad a que pertenecemos, sino también con los más íntimos dictados de nuestro concepto personal, de servir con bien y con beneficio a la colectividad de la que formamos parte. ¡Declaro iniciado el Torneo de Mar del Plata! Desde ahora, los maestros son los protagonistas, y a ellos les digo simplemente: ¡Señores, a ustedes!

La Asociación de Propaganda y Fomento de Mar del Plata tuvo a su cargo los viajes y hospedajes de los participantes, y la empresa UKA. del Casino aportó el dinero de los premios. Participaron dieciocho jugadores, doce de los cuales eran extranjeros, todos ellos residentes en Argentina desde que se declaró la Segunda Guerra Mundial.[199]

1ª Rueda, 15 de marzo

▓ Ante una numerosa concurrencia inauguró el torneo el presidente de la FADA, señor Augusto De Muro, quien dio la bienvenida a los jugadores y destacó las características y la importancia de la justa, mereciendo sus palabras el aplauso de los circunstantes. De inmediato dio comienzo la primera ronda, que tuvo los siguientes resultados: Guimard 0:1 Eliskases; Iliesco 0:1 Raud; Najdorf ½:½ Ståhlberg; Sulik 1:0 Jacobo Bolbochán. Suspendidas: Frydman – Michel, Feigins – Czerniak, Sonja Graf – Luckis, y Julio Bolbochán – Winz. La primera partida en definirse fue Najdorf – Ståhlberg, en la que se jugó un Gambito de Dama, defendido por el negro con la Variante Semieslava. Se cambiaron los peones centrales, fijándose el centro y quedando abierta, únicamente, la columna AD. Bien conducida por los dos adversarios, su resultado fue un lógico empate en la 30ª jugada.

Engels y Juan Vinuesa jugaron una Apertura de PR, defendida con la Siciliana, Variante Draken (Sic). Las blancas atacaron a la bayoneta en el ala de rey, y Vinuesa neutralizó bien el ataque, pero sin poder evitar que, al suspenderse, quedara en posición favorable a su adversario, Frydman – Michel jugaron un Gambito de Dama, Defensa Tarrasch, llegándose a un final en que el negro no ha podido desembarazarse de PD aislado, y tiene, por consiguiente, un final inferior. Czerniak defendió su partida contra Feigins con una India del Rey. Las blancas fijaron el centro con P5D. La partida se suspendió teniendo las negras sus torres dobladas en séptima fila, lo que les da, por lo menos, la iniciativa. Graf – Luckis fue una Defensa Nimzowitsch, que se ha suspendido en una posición en la que Sonja tiene un peón de ventaja y ataque. Sulik – Jacobo Bolbochán se definió en la 46ª jugada; fue otra Defensa Siciliana Variante Draken (Sic), que el blanco ganó por ataque que no pudo ser compensado por un PTD pasado que tenía Bolbochán.

Julio Bolbochán – Winz jugaron una Defensa Francesa con la variante P5R, suspendiéndose en posición favorable para el blanco. Guimard – Eliskases fue la partida que más público atrajo; fue una PD, que por trasposición de jugadas produjo una posición del Gambito Dama Defensa Lásker, precisamente la que tantos éxitos ha reportado a Guimard. Las negras daban mate luego de la jugada 40ª. Iliesco – Raud fue una Apertura Zukertort, en la que el primero, fiel a su temperamento, y tal vez estimulado por el clima oceánico, entregó un caballo en la jugada 15ª. Su fuerte adversario lo capturó y lo conservó sin que las blancas tuvieran la menor compensación. En la sesión nocturna, Julio Bolbochán 1:0 Winz; Frydman ½:½ Michel; Feigins ½:½ Czerniak; Engels 1:0 Juan Vinuesa.[200]

[199] *Torneo Internacional de Ajedrez Mar del Plata 1941*, Luis Palau, Edición del autor, Buenos Aires 1941. *Alumni* nº 307. *La Nación*, 16 de marzo de 1941.

[200] Paulino Alles Monasterio, *El Mundo*, 16 de marzo de 1941.

Campeonato de Ajedrez

Un Gran Certamen Internacional se Iniciará Esta Noche en M. del Plata

Carlos Guimard — Gildeen Stahlberg

Erich Eliskases — Paulin Frydman

Inicióse el Torneo Magistral de Ajedrez en Mar del Plata

La *Variante Draken* de Paulino. *La Razón y El Mundo*, 16 de marzo de 1941

De todos los cotejos, el que mayor expectativa provocó fue Guimard – Eliskases. El ex campeón argentino abrió el juego con 1.P4D, a lo que respondieron las negras con el sistema defensivo de Tarrasch, contra el que adoptó Guimard el sistema de ataque denominado Schlechter-Rubinstein, que consiste en atacar el centro a base del desarrollo del AR por el fianchetto. Las acciones se mantuvieron equilibradas, pero en cierto momento Guimard, que había conducido el juego muy bien, se entusiasmó con un procedimiento tentador que no fue eficaz, y ello permitió al maestro alemán tomar la iniciativa y con un fuerte ataque sobre el rey rematar poco después la partida en gran estilo. Asimismo, muchos aficionados rodearon la mesa donde jugaban Ståhlberg – Najdorf. Ambos jugaron una partida correcta, PD, Defensa Tarrasch, y enseguida se arribó a una situación de igualdad.

Un encuentro interesante realizaron Engels – Vinuesa, PR, Defensa Siciliana. La mejor disposición inicial de las piezas blancas permitió a Engels sacar mejor provecho de la situación, y obtuvo un juego preferible. Pero las negras maniobraron bien, y consiguieron arribar al momento de la suspendió con una posición defendible. En la sesión nocturna se impuso Engels. Adoptó Iliesco el Sistema Catalán de ataque en la apertura.

En cierto momento Iliesco efectuó un sacrificio de alfil que resultó incorrecto, por lo que su rival adquirió superioridad, quedando con una pieza por dos peones. Raud maniobró con precisión y se a reeditó la victoria en la jugada 47ª. Una partida accidentada, por la gran movilidad de las acciones, jugaron Sonja Graf – Luckis. El juego fue al principio favorable para las negras, y ante la incómoda posición optaron las blancas por sacrificar un peón. Ello provocó una desorientación en Luckis, que no atinó con el procedimiento correcto y permitió que las blancas quedaran con superioridad. Mientras Luckis atacó vigorosamente en el flanco rey, y Graf buscó la definición en el flanco de la dama, quedando la partida suspendida en posición difícil. En la sesión de la noche se declaró tablas.[201]

[201] *La Prensa*, 16 de marzo de 1941.

Luckis – Graf. *Ahora*, 25 de marzo de 1941

En Mar del Plata se Inició Ayer el Certamen de Ajedrez

Eliskases vence a Guimard.
La Prensa, 16 de marzo de 1941

Acto seguido al discurso inaugural de don Augusto de Muro, el presidente de la comisión de torneos de la FADA, don Roberto Grau, invitó a los jugadores a iniciar la competencia, y fueron ubicándose en los tableros las nueve parejas. Como sucede habitualmente, fue Sonja Graf una de las más poderosas notas de atracción de la prueba. Todos saben que la excelente ajedrecista está frente a un compromiso muy difícil, y que no es posible exigirle una actuación brillante, ya que el torneo es muy fuerte. Pero también se sabe que posee la calidad necesaria como para ganar a algunos participantes, especialmente a quien no la considere en su real fuerza. La partida de hoy probó la verdad de este aserto, especialmente en el medio juego, ya que luego de una Defensa Nimzowitsch en el PD, Graf logró equilibrar las acciones. Para ello entregó un peón, y fue apoderándose de las casillas débiles de su rival, para lograr una ventaja posicional que parecía decisiva al suspenderse la lucha.

Un debut promisorio tuvo Julio Bolbochán, el más joven de los participantes, frente a Winz. Comenzó la partida con la Apertura de Rey, su rival siguió con la Defensa Francesa y el blanco prefirió continuar con la variante 3.C2D, puesta en práctica en reiteradas oportunidades por Keres. Las blancas obtuvieron la iniciativa en el flanco dama, pero Bolbochán trasladó hábilmente las acciones hacia el otro sector del tablero, y desde ese momento presionó en forma continuada hasta conseguir ventaja. La partida debe proseguir en la sesión nocturna. La partida que puso frente a frente a Guimard y Eliskases fue seguida con vivo interés por la concurrencia. Comenzó con la Variante de Lásker en la Defensa Ortodoxa, y siguió hasta cierto momento como en la partida con Grau del Torneo de las Naciones, apartándose de aquella experiencia recién en la jugada 17ª. Guimard maniobró bien, y mantuvo la iniciativa presionando en el centro y en el flanco dama. El campeón alemán reagrupó sus fuerzas, y en determinado momento inició un vigoroso ataque que le dio el triunfo.[202]

[202] Roberto Grau, *La Nación*, 16 de marzo de 1941.

2ª Rueda, 16 de marzo

▓ Eliskases jugó una apertura Zukertort-Reti, defendiéndose su contrario con una sólida conformación de sus peones centrales, pero que presentaba el inconveniente de encerrar el AD. Antes de que las negras pudieran liberarse, las blancas abrieron el centro jugando P4R, lo que activó las acciones al abrir la columna de R y hacer más efectiva la presión del alfil del fianchetto. Consiguieron las blancas mantener la iniciativa, la que se ha transformado al llegar al final en una posición claramente favorable, dado que Eliskases tiene un PTD pasado, en un final de D y C. Julio Bolbochán defendió su partida contra su hermano y maestro Jacobo con una Defensa Grünfeld. Jacobo eligió una línea de juego recomendada por Rubinstein, y que se adapta al estilo de juego preferido: presión lenta y sostenida que suele dar sus frutos, aunque tiene el inconveniente de que se esfume la ventaja si el juego no es conducido con una precisión impecable. Su digno discípulo se defendió como hubiera sido capaz de hacerlo su maestro, y la partida fue tablas en la jugada 21ª.

Una partida vienesa jugaron Czerniak y Sonja Graf. El primero eligió una línea de juego poco usada, y la señorita Graf, con ánimo de complicar las acciones, sometió a su contrario ocasional a una serie de jaques. Czerniak aguantó el chubasco sin enroque, y cuando dejó de llover suspendió la partida en un final de dos torres por bando, y con la suculenta ventaja de dos peones. (...) El final que habían suspendido Sonja Graf y Czerniak estaba ganado por éste; lo único que faltaba era ganarlo, como decía el viejo Tarrasch. Y la señorita Graf trató de demostrarle a su adversario la profunda verdad de ese aserto: se defendió brillantemente hasta la jugada 66ª, ocho horas de lucha, y la partida volvió a suspenderse. Hasta que esa tarde, al ser invitada a continuarla, la tenaz luchadora resolvió abandonar la partida sin continuarla.

La partida Ståhlberg – Frydman fue, tal vez, la más interesante de la ronda, a pesar del resultado, que podría hacer suponer falta de espíritu de lucha. No hubo tal cosa: Frydman jugó una Defensa Lásker, con 0-0 en quinta y sin P3TR, y atacó violentamente en el ala del rey de su adversario. Éste neutralizó muy bien las serias amenazas de las negras, terminando tablas la partida. El estoniano Raud planteó una Apertura Zukertort-Reti, a la que su temible contrincante Najdorf opuso una Defensa India del Rey. Cometió el primer jugador la imprudencia de jugar sin enroque, y Najdorf, en su elemento, lanzó un ataque violento que su adversario intentó atenuar cambiando las damas. Consiguió dicho cambio, pero el ataque, aún sin damas, le reportó a Najdorf la ganancia de una pieza.[203]

▓ En los salones del Kursaal de esta ciudad fue disputada hoy la rueda, que fue presenciada por gran cantidad de aficionados. Se siguieron con verdadero interés las partidas Eliskases – Winz, Czerniak – Graf y Guimard – Engels. Asimismo, la partida de Sonja Graf, que tuvo como adversario a Czerniak, fue observada con mucha expectativa por la movilidad de las acciones que se produjeron, lo mismo que el cotejo de Guimard con el jugador alemán Engels. Ståhlberg tuvo como rival al fuerte maestro polaco Frydman. Se jugó un PD, Defensa Ortodoxa, con la desclavada de Lásker. El juego tuvo alternativas lucidas y sumamente complejas, esforzándose ambos rivales por desnivelar la lucha. Por último se arribó a un final de damas con una pieza menor, en el cual toda tentativa de definición resultaba infructuosa, por lo que se declaró tablas el cotejo.

Una partida brillantemente conducida ganó el campeón mundial de simultáneas Miguel Najdorf, al derrotar con las piezas negras al estonio Ilmar Raud. Se inició el juego con la Apertura Zukertort-Reti, adoptando las negras el fianchetto del rey, para asumir decididamente la iniciativa a raíz de una jugada de valor dudoso de las blancas. Poco a poco aumentó la presión de las negras, y mediante una serie de jugadas precisas y elegantes se adjudicó el triunfo el maestro polaco. El ex campeón argentino Carlos Guimard comenzó con 1.P4D su partida frente al alemán Engels, quien adoptó la Defensa Cambridge-Springs. Las acciones fueron favorables para las blancas al comienzo, y Gui-

[203] Paulino Alles Monasterio, *El Mundo*, 17 de marzo de 1941.

mard trató de buscar una situación ventajosa, abriendo el juego, pero su tentativa no dio el resultado deseado y las negras consiguieron salvar las dificultades.

En la parte final se produjo una situación compleja: Guimard cometió una debilidad, que fue inmediatamente aprovechada por Engels para atacar reciamente y adjudicarse el punto. Una dificultosa partida fue Eliskases – Winz. Comenzó el cotejo con la Apertura Catalana, y las negras defendieron la situación en forma excelente, anulando los distintos ataques que llevaron las blancas. En la parte final se llegó a una situación preferible para Eliskases, quien poco a poco aumentó la superioridad hasta quedar con un peón libre en la columna TD. En la sesión nocturna Eliskases maniobró con precisión e hizo valer la ventaja, obteniendo el punto en disputa.

Gran cantidad de público rodeó el tablero donde se enfrentaron Czerniak – Graf. La circunstancia de que ésta estuvo ayer a punto de vencer, y solamente no lo consiguió por un error final, motivó un aumento en el interés por ver su actuación de hoy. Abrió el juego Czerniak con 1.P4R y enseguida adoptó el Gambito Vienés, línea de juego que originó desde el comienzo una situación sumamente complicada. La lucha, dada la gran movilidad de las acciones, atrajo la atención general, y poco a poco aumentaron las dificultades, haciendo en la parte media ambos rivales arriesgadas maniobras. En definitiva, el jugador de Palestina quedó con un peón de ventaja, suspendiéndose la partida en mejor posición para éste. En la sesión nocturna proseguía el encuentro. Los resultados generales fueron los siguientes: Michel ½:½ Feigins; Ståhlberg ½:½ Frydman; Raud 0:1 Najdorf; Juan Vinuesa 1:0 Iliesco; Guimard 0:1 Engels; Eliskases 1:0 Winz; Jacobo y Julio Bolbochán, tablas; Luckis ½:½ Sulik.[204]

En Mar del Plata Prosiguió Ayer el Torneo de Ajedrez

Eliskases venció a Winz, Najdorf a Raud y Engels a Guimard

Luckis contra Sulik

Czerniak contra Sonia Graf

Michel contra Feigins

Stahlberg contra Frydman

Najdorf derrota a Raud.
La Prensa. 17 de marzo de 1941

3ª Rueda, 17 de marzo

Iliesco le plateó a Guimard una Apertura Reti pura, sin P4AD, permitiendo que las negras ocuparan el centro, para vulnerarlo más tarde por medio de una presión lateral. Guimard lo sostuvo e Iliesco inició un avance de peones en el ala de la dama; al tratar las negras de debilitarlos peones avanzados agrediéndolos lateralmente a su vez, se produjo una posición complicada debido a las múltiples posibilidades lógicas que se presentaban. Al producirse el cambio de peones en el centro y en el ala de la dama, donde se provocaban mutuamente, se abrió la posición quedando las negras con un peón pasado en la columna CD, y las blancas con cinco contra cuatro en el ala de Rey. Iliesco conservó los dos alfiles y no pasó mucho tiempo sin que se hiciera sentir la potencia de éstos. Iliesco bloqueó el peón pasado de su adversario y luego lo capturó.

El conductor de las negras, seguramente no muy satisfecho con la posición a la que se había llegado, buscó contrachances entregando un caballo y un alfil para iniciar un ataque aparentemente peligroso con dama y torre, que fue bien defendido por Iliesco, quien devolvió una torre, obligando a un cambio general que simplificó la posición, quedando las blancas con sus dos terribles alfiles

[204] Paulino Alles Monasterio, *La Prensa*, 17 de marzo de 1941.

contra una torre de su contrario. Amén Iliesco disponía de un almácigo de peones, que en cuanto se pusieran en movimiento arrasarían con todo, ante lo cual, con buen criterio, Guimard abandonó.

Otra de las partidas interesantes y que mayor cantidad de espectadores atrajo fue la que disputaron Feigins y Ståhlberg. Además de ser muy buena y presentar un gran interés teórico, la complicación, la violencia y el peligro de sus acciones fueron del tipo que atrae más público. En un Gambito de la Dama, Defensa Semieslava, Ståhlberg aceptó y defendió el peón del gambito teniendo que soportar el violento ataque que las blancas obtienen como compensación. Se encontró en un terreno bastante conocido para él, pues en Zurich 1934 había jugado una defensa semejante nada menos que contra Flohr. Esa partida fue perdida por Ståhlberg, lo que hace suponer que a posteriori debe haber analizado cuidadosamente la variante. Si se tiene en cuenta el desarrollo de la presente partida, parecería que tiene razón. Agreguemos que su adversario, en la jugada 11ª, no continuó como lo hiciera Flohr.

Este jugó 11.PxC, recuperando la pieza entregada antes, mientras que Feigins, quien seguramente también conoce la anterior experiencia de Ståhlberg, no capturó enseguida el caballo, jugando 11.D3A, aumentando simplemente la presión sobre el punto vulnerado, y creando simultáneamente nuevas amenazas. El medio juego que siguió fue, como es lógico, sumamente complicado y de un tipo que no es frecuente ver en partidas de grandes maestros modernos. Ståhlberg lo jugó con un absoluto dominio de la posición y de sus nervios, llevando a su contrario a un final en el que tiene dos peones pasados y unidos en el ala de la dama. La partida fue suspendida, para ser continuada esta noche. (...)

Ståhlberg se impuso en la 59ª movida. Vinuesa (negras) igualó con Najdorf. El jugador rosarino jugó con mucha justeza el final, en el que tenía un peón menos, mereciendo con toda justicia el empate con el que terminó la partida. Después de una lucha muy dura terminó tablas Eliskases – Engels. En cierto momento el juego pudo ser ganado con facilidad por el jugador alemán, cuando Eliskases, en el medio juego, apremiado por el tiempo, cometió un grueso error que debió costarle una torre nada menos. Pero su contrario, que se encontraba en la misma situación de apremio, no vio oportunamente las simples jugadas que le habrían reportado la victoria, y más tarde la partida se suspendió en un final equilibrado, cuyo resultado fue el de esperarse, dada la calidad de los dos maestros.[205]

■ En la rueda de hoy se produjeron varias partidas de gran calidad, pudiéndose citar entre ellas la de Czerniak, que batió en buen estilo a Sulik, y que fue una de las mejores de la reunión. Comenzó con 1.P4R, y Czerniak contestó con la Defensa Francesa. Después de producirse un bloqueo central, la lucha se circunscribió en el flanco de la dama, y las negras hicieron valer sus mejores posibilidades, finalizando la partida con una difícil y elegante maniobra de Czerniak, quien obtuvo un meritorio triunfo. Otro encuentro que suscitó mucho interés fue el de los ajedrecistas alemanes Eliskases y Engels. Abrió el juego éste con 1.P4R, y Eliskases respondió con la Defensa Caro-Kann. El planteo fue bien jugado por ambas partes, y en el medio juego se sucedieron varias maniobras interesantes, pero siempre dentro de una gran igualdad. Sin embargo, casi al finalizar la sesión, pudo Engels vencer a su fuerte rival. Ambos se vieron obligados a ejecutar varios movimientos precipitadamente a causa de estar apremiados por el tiempo reglamentario, y en esas circunstancias cometió Eliskases el error. Pero su adversario omitió el golpe ganador, y una jugada después se suspendió el juego. En la sesión nocturna, después de pocos movimientos, se dio por tablas la partida.

El ex campeón argentino Carlos Guimard sufrió hoy su tercera derrota consecutiva, cayendo vencido por Iliesco en una partida que el ganador condujo bastante bien, aprovechando debilidades de planteo de su rival. En la parte media se produjo una gran complicación, que resultó favorable

[205] *El Mundo*, 18 de marzo de 1941.

para Iliesco, luego de haber jugado las negras débilmente la apertura. El blanco aprovechó bien la oportunidad, y poco a poco fue aumentando la presión, hasta que finalmente, mediante un ataque preciso, se adjudicó la victoria. Una partida difícil y sumamente reñida disputaron los maestros Najdorf y Vinuesa. Comenzó la lucha con PD, y Vinuesa aceptó el peón del gambito.

En la parte media quedaron las blancas con el PD aislado, y por ambas partes se realizaron maniobras lucidas tendientes a procurar la victoria, sin que ninguno de los bandos consiguiera desnivelar la posición a su favor en la primera sesión de juego. Se suspendió para ser continuada en la sesión nocturna, cuando Najdorf tenía mejor juego y en cierto momento pareció que iba a imponerse, pero no maniobró correctamente, y Vinuesa pudo hacer tablas en un final de peones. Mucha expectativa produjo el encuentro Feigins – Ståhlberg, que fue reciamente disputado y tiene gran valor teórico por tratarse de una línea de juego que ha sido jugada y analizada profundamente en los últimos años. Se debe destacar que Feigins mejoró los análisis conocidos hasta este momento. Comenzó el juego con 1.P4D, y Ståhlberg aceptó el peón del gambito. Ello dio lugar, como ocurre casi siempre en esta apertura, a un juego lleno de sutilezas y dificultades, pero ambos rivales salieron bien de todos los peligros, y se llegó a la parte media con una posición equivalente. Pero al finalizar la sesión pudo Ståhlberg inclinar la balanza a su favor, llegando al momento de la suspensión con una partida netamente favorable para él, lo que le permitió adjudicarse el punto a las pocas jugadas de reanudarse el encuentro.

Sigue Jugándose en Mar del Plata el Torneo de Ajedrez

Meritorio empate de Juan Vinuesa frente a Najdorf. *La Prensa*. 18 de marzo de 1941

La jugadora Sonja Graf perdió hoy frente al alemán Michel. Se inició el juego con 1.P4D, adoptando las blancas, conducidas por la señorita Graf, una variante poco usada de la apertura PD. El juego fue desde el comienzo favorable para Michel, quien poco a poco fue presionando en el campo enemigo hasta conseguir adjudicarse la victoria. Una partida de PD con la Apertura Nimzowitsch, jugaron Julio Bolbochán – Luckis. El joven jugador argentino tuvo un buen desempeño, logrando superioridad. En la parte media quedaron las negras con los peones del flanco rey sumamente débiles, y ello permitió a Bolbochán ejecutar un plan de ataque que le proporcionó grandes chances de victoria, quedando suspendida la partida en posición netamente favorable para él. Sin embargo, el resultado fue el empate, después de algunas alternativas más emocionantes que correctas. Los resultados de la rueda fueron: Feigins 0:1 Ståhlberg; Graf 0:1 Michel; Sulik 0:1 Czerniak; Julio Bolbochán ½:½ Luckis; Winz 0:1 Jacobo Bolbochán: Engels ½:½ Eliskases; Iliesco 1:0 Guimard y Najdorf ½:½ Juan Vinuesa. Suspendida: Frydman – Raud.[206]

▇ La experiencia de los maestros europeos se impone en Mar del Plata. La importante competencia internacional que se realiza en el Casino ha destacado la regularidad de Eliskases, Najdorf, Engels,

[206] *La Prensa,* 18 de marzo de 1941.

Ståhlberg y Frydman. La defección de Guimard es el tema central de los comentarios que provoca el torneo entre los propios protagonistas de la lucha y el numeroso público que ocupa el amplio salón donde se verifica la competencia. No porque Guimard no pueda ser batido varias veces, sino por la manera en que defecciona en la segunda mitad de la lucha, y especialmente por la mala actuación de hoy frente a Iliesco, que no puede esgrimir idénticos derechos para derrotarlo que los adversarios anteriores.

La rueda de hoy se caracterizó por la serie de partidas enérgicas, pero sin ninguna duda una de las notas más vivaces fue la partida que Czerniak le ganó a Sulik, que ante la Defensa Francesa adoptó una variante pasiva. Se cambiaron los alfiles y las blancas construyeron la característica cadena de peones, obteniendo ligera ventaja de espacio en el flanco del rey. Czerniak neutralizó inteligentemente todas las posibilidades de las blancas mediante enérgicas maniobras en el flanco de la dama, y en definitiva consiguió vencer en brillante estilo.

En Sonja Graf – Michel se jugó la Apertura PD variante 2.A4A, y las negras adquirieron una rápida iniciativa. Las blancas enrocaron en el flanco de dama en un instante peligroso, ante lo cual Michel atacó enérgicamente, y mediante una doble amenaza ganó una torre, obligando a abandonar a su rival. En Najdorf – Vinuesa se jugó un Gambito de Dama Aceptado. Al salir de la apertura las negras consiguieron aislar el PD de las blancas, haciéndose fuertes en el cuadro 4D, y consiguiendo una fácil igualdad. En el medio juego ambos contendientes efectuaron lucidas maniobras, saliendo con ventaja el ajedrecista polaco, quien al finalizar el tiempo tenía un peón de ventaja.

Sin embargo, la posición del argentino ofrece suficientes recursos como para hacer muy difícil la victoria contraria. Por la noche se reanudó la lucha, con un público que colmaba la sala de juego y premió con generosos aplausos el notable empate de Vinuesa ante Najdorf, en que rayó a gran altura el ajedrecista rosarino. En Iliesco – Guimard se jugó una Apertura Zukertort-Reti, donde las negras obtuvieron un cómodo planteo al apoderarse en forma eficaz del centro, pero más tarde, y en mérito a un error de cálculo, quedaron en una situación muy inferior. Iliesco jugó muy bien, consiguiendo el triunfo en la jugada 38ª.[207]

La experiencia de los maestros europeos de ajedrez se impone en el torneo de Mar del Plata

La importante competencia internacional que se realiza en el Casino ha destacado la regularidad de Eliskases, Engels, Najdorf, Stahlberg y Frydman

LA NACION 18/3/41

LA DEFECCIÓN DE GUIMARD

Mar del Plata, 17 (De un enviado especial).—La defección de Guimard es el tema central de los comentarios que provoca el torneo internacional de ajedrez entre los propios protagonistas de la lucha y el numeroso público que ocupa el amplio salón donde se verifica la competencia. No porque Guimard no pueda ser batido varias veces, pues el torneo ha reunido valores de muy alta jerarquía, sino por la manera en que defecciona en la segunda mitad de la lucha y especialmente por la mala actuación de hoy frente a Iliesco, que no puede esgrimir idénticos derechos para derrotarlo que los adversarios anteriores.

De los otros detalles de la prueba merece puntualizarse la buena actuación de los maestros que desde un comienzo fueron señalados entre los legítimos aspirantes a los puestos de honor, especialmente Eliskases, Stahlberg, Najdorf, Frydman y Engels.

La tercera rueda

La rueda de hoy se caracterizó por la serie de partidas enérgicas, pero sin ninguna duda una de las notas más vivaces fué la partida que Czerniak le ganó a Sulik. El desarrollo de los cotejos, que detallamos a continuación, destaca los aspectos más interesantes de las luchas.

Sonia Graf v. Michel

Apertura peón dama. Variante A 4 A en segunda. Las negras adquirieron una rápida iniciativa. Las blancas en-

tó, y fué así como antes de [illegible] las horas reglamentarias de juego [illegible] kis logró recobrar la calidad y [illegible] nía un peón de ventaja.

Feigins v. Stahlberg

Apertura peón dama. Gambito aceptado.

Esta partida se destacó entre [illegible] las de la jornada por sus [illegible] características y por el indudable [illegible] rés teórico de las acciones desarrolladas en la apertura. El maestro [illegible] aceptó el peón del gambito en una [illegible] eslava, lo sostuvo y permitió por [illegible] una agresión a su flanco del rey [illegible] estar enrocado. El juego siguió [illegible] mo ritmo teórico hasta la jugada [illegible] ma, tal como en una partida de [illegible] contra Euwe, y en este momento Stahlberg realizó una innovación y la lucha adquirió gran vivacidad. Feigins [illegible] conocer previamente esta posición, maniobró con claridad y obtuvo grandes posibilidades de victoria al ganar una pieza a cambio de la calidad y un peón, pero posteriormente no se desempeñó con la debida exactitud, y Stahlberg valorizó sus peones en tal forma que creó una posición insostenible a su oponente. En esta situación se suspendió el cotejo, para ser proseguido por la noche.

Engels v. Eliskases

Este juego se inició con un planteo tranquilo, pero luego las acciones fueron tornando complejas en grado sumo. Ambos contendientes buscaban con afán la victoria, y quien tuvo [illegible]

El tema del día es la defección de Guimard.
La Nación. 18 de marzo de 1941

4ª Rueda, 18 de marzo

Ocupa el primer puesto el jugador Ludovico Engels; mientras, Julio Bolbochán se impuso a Czerniak, y Guimard empató con Najdorf. La ronda se desarrolló en forma interesante en los salones del Casino, y las partidas que concentraban la expectativa eran Eliskases – Jacobo Bolbochán, Guimard – Najdorf y Julio Bolbochán – Czerniak. En la primera, el campeón alemán inició el juego con P4D, optando Bolbochán por el planteo de la Defensa India. El juego se desarrolló en forma movida pero ajustado, lo que hizo que las acciones fueran equilibradas, sin llegar ambos adversarios

[207] Roberto Grau, *La Nación*, 18 de marzo de 1941.

a sacar ventaja, ni de posición ni de material, por lo que optaron en la jugada 38ª por dar tablas la partida.

Ocupa el Primer Puesto en el Torneo Internacional de Ajedrez de Mar del Plata, el Jugador Ludovico Engels

Mientras Julio Bolbochán se impuso a Miguel Czerniak, Guimard empató con Miguel Najford, en la 4a. rueda

[illegible] FRYDMAN TRIUNFO

MAR DEL PLATA (De nuestra agencia) — En forma interesante se desarrolló la cuarta rueda del torneo internacional de ajedrez en los salones del Casino de esta ciudad. Y fué interesante, debido a que el fixture fijaba partidas que concentraban toda la expectativa, cuando frente a frente se hallaban Erick Eliskasses y Jacobo Bolbochán, Carlos E. Guimard y Miguel Najdorf, Julio Bolbochán y Miguel Czerniak.

Eliskases y Bolbochán

El campeón alemán inició el juego con P4D, optando Bolbochan por el planteo de la defensa india. El juego se desarrolló en forma movida pero ajustado, lo que hizo que las acciones fueran equilibradas, sin llegar ambos adversarios a sacar ventaja, ni de posición ni de material, por el cual optaron en la jugada 38 por dar tablas la partida. El maestro Marcos Luckis y Victor Winz jugaron una partida interesante. Comenzó la brega con P4R, jugado por Luckis, y el segundo de los nombrados respondió con defensa francesa: siguió en el juego medio un cambio de dama por dos torres, hasta que finalmente Luckis logró sacar ventaja de material, por lo que inclinó la partida a su favor.

Carlos E. Guimard empató

conquistó un excelente triunfo triunfo frente a Juan Iliesco.

Julio Bolbochán triunfó

Comenzó con una apertura inglesa la partida entre el campeón de Palestina, Miguel Czerniak y el joven jugador argentino Julio Bolbochán .En el planteo del juego inicial y en el medio logró sacar ventaja el jugador argentino, y en el primer cambio de piezas, además de maniobrar con soltura hizo que mantuviera sensiblemente esa ventaja, por lo que llegó a un final de fuerte ataque contra el rey adversario, que le significó el triunfo. Una partida rápida, pero interesante fué la que jugaron Gideon Stahlberg y Sonia Graf, desde que aquél, con juego mesurado, ante el desorganizado ataque de ésta, pudo sacar ventaja y rematar el final ganador en la jugada 33, que aquélla abandonó.

Rápido triunfo de Ståhlberg sobre Graf.
La Razón. 19 de marzo de 1941

Guimard inició una partida lucida frente al campeón mundial de simultáneas, Najdorf, quien ensayó la Defensa India de Dama. Acciones muy equilibradas tuvo el cotejo, y si bien es cierto que hubo momentos en que el argentino debilitó su juego, sin embargo llegaron a un final parejo, y optaron por declarar empatada la partida. El joven argentino Julio Bolbochán comenzó con una Apertura Inglesa su partida contra el campeón palestino, Czerniak. En el planteo del juego inicial y en el medio juego consiguió sacar ventaja el jugador argentino, y en el primer cambio de piezas, además de maniobrar con soltura, hizo que mantuviera sensiblemente esa ventaja (Sic), por lo que se llegó a un final de fuerte ataque contra el rey adversario que le significó el triunfo.

Una partida rápida pero interesante fue la que jugaron Ståhlberg y Sonja Graf, desde que aquél, con juego mesurado ante el desordenado ataque de ésta, pudo sacar ventaja y rematar el final ganador en la jugada 33ª. El estoniano Raud vio perder un punto frente a su adversario Feigins (Sic). Frydman, que condujo las piezas negras, se impuso en una partida movida e interesante frente al ex campeón rosarino Juan Vinuesa.[208]

■ El maestro alemán Engels encabeza el torneo. En la sesión de esta tarde se realizaron varios encuentros de interés, destacándose el que sostuvieron el campeón alemán, Eliskases,, y el ex campeón argentino, Jacobo Bolbochán. La partida Guimard – Najdorf también atrajo mucho público, y lo mismo sucedió con el encuentro del argentino Julio Bolbochán con el campeón palestino, Miguel Czerniak. Inició el juego Eliskases con P4D, adoptando el argentino la Defensa India del Oeste. Después de un planteo parejo se entró en el medio juego, y las acciones se tornaron movidas y por ambos lados se sucedieron distintas tentativas de desnivelación, pero los dos rivales jugaron en gran forma y se mantuvo el equilibrio.

Se llegó a la jugada 38ª, y por considerarse que todo esfuerzo resultaba inútil, se convino en dar por tablas la partida. Guimard inició con P4D su partida contra el fuerte maestro polaco Najdorf, quien ensayó la Defensa India de Dama. Al principio resultó favorable para las blancas la lucha, pero enseguida se produjo un bloqueo central, y las negras defendieron en buena forma un ataque que su rival llevó contra las posiciones del flanco dama. Después del medio juego se produjo un final de pieza menor y siete peones por bando muy equilibrado, pero Guimard, que parece pasar por un mal momento, no prosiguió con la debida exactitud y permitió que su rival quedara con juego superior en el momento de la suspensión.

Con una Apertura Inglesa comenzó la partida entre Czerniak y el joven Julio Bolbochán. Completado el planteo se produjo una situación movida de la que Bolbochán sacó mejor provecho, dejando débiles los peones adversarios. Pero a cambio de ello quedó el blanco con dos alfiles bien

[208] *La Razón*, 19 de marzo de 1941.

colocados, y adquirió algunas contrachances. Bolbochán maniobró en excelente estilo y consiguió ganar un peón, organizando más tarde un fuerte ataque contra el rey enemigo hasta conseguir imponerse. La partida Ståhlberg – Graf comenzó con PD, adoptando las negras la Defensa Ortodoxa.

Desde el comienzo fueran las acciones favorables para las blancas, que lanzaron un ataque por la columna AR y poco a poco fueron desorganizando la posición negra. En la jugada 33ª la señorita Graf debió abandonar. Los resultados generales fueron: Eliskases ½:½ Jacobo Bolbochán; Luckis 1:0 Winz; Czerniak 0:1 Julio Bolbochán; Ståhlberg 1:0 Graf; Raud 0:1 Feigins; Vinuesa 0:1 Frydman; Guimard ½:½ Najdorf; Engels 1:0 Iliesco.[209]

Los hermanos Bolbochán se lucieron ayer. A pesar de jugar los dos con fuertes maestros extranjeros, lograron ganar uno y empatar el otro. Julio Bolbochán, el menor de los ajedrecistas que disputan el torneo, debió medirse con el maestro palestino Miguel Czerniak, a quien derrotó de manera lucida en una de las mejores partidas de la rueda de hoy. Una vez completado el planteo se produjo una situación movida (Sic) en la que sacó provecho Bolbochán, dejando débiles los peones de Czerniak a cambio de dos alfiles de las blancas que les asignaban algunas contrachances.

Bolbochán pudo muy bien ganar el final explotando las debilidades de los peones adversarios, pero prefirió, siguiendo su temperamento agresivo (Sic) atacar la posición del rey enemigo, y con hábiles jugadas de ambas torres y un caballo colocó a su adversario en posición de mate inminente, por lo que Czerniak abandonó. Su hermano Jacobo, ex campeón argentino y considerado en el ranking nacional como uno de los más fuertes jugadores, empató al campeón alemán, Erich Eliskases, una partida en la que el segundo había llevado la iniciativa en casi todo su desarrollo.

El Maestro Alemán Engels Encabeza el Torneo de Ajedrez

Obtuvieron nuevos puntos Julio Bolbochán, Frydman y Stahlberg -- La 4ª rueda

Engels, puntero. *La Prensa*, 19 de marzo de 1941

Fue también muy comentada la performance de Guimard, que jugó una partida de igual a igual contra el fuerte maestro polaco Najdorf, y que al finalizar la sesión, a pesar de haber quedado inferior, logró empatar el juego, conquistando de ese modo su primer medio punto. Iliesco incurrió en un error teórico contra Engels, y fue *cazado* por éste, quien aplicó íntegramente un estudio que el doctor Tarrasch había publicado en una revista propia pocos meses antes de morir.[210]

Julio Bolbochán batió en forma lucida a Czerniak, y también provocó comentarios la actuación de Jacobo Bolbochán, que empató con el campeón de Alemania ,Erich Eliskases, luego de una lucha intensa. Los dos pusieron en evidencia sus altos merecimientos dentro del concierto del ajedrez nacional. El menor de ambos produjo una performance de primera calidad al derrotar de

[209] *La Prensa*, 19 de marzo de 1940.
[210] Amílcar Celaya, *Noticias Gráficas*, 18 de marzo de 1941.

impresionante manera a uno de los *leaders* de la competencia, Miguel Czerniak, y el segundo provocó el aplauso al empatar con Eliskases, después de una lucha intensa y tenaz, en la que no cedió en ningún momento ante la serie de recursos de su notable rival.

Fue la de hoy una de las ruedas más lucidas, ya que simultáneamente Guimard desarrollaba una partida excelente frente a Najdorf, que si más tarde malogró, no resta importancia a su labor. Digna igualmente de señalar es la actuación del rosarino Vinuesa, que luego de incurrir en un error en el planteo, debió sortear serias dificultades para llegar a un final en el que, si bien quedó un tanto inferior, se hará difícil para Frydman materializar la sutil ventaja que poseen la sesión nocturna.

De las otras partidas, todas, en general, fueron de buena calidad, y el público tuvo variado tema para el comentario y para justificar el deseo de presenciar luchas acordes con el prestigio que rodea a la importante competencia, que ha organizado la Asociación de Propaganda y Fomento con el auspicio de la FADA y el concurso de la empresa UKA. Ståhlberg – Sonja Graf fue PD, Defensa Irregular. Pareció que se produciría un rápido desenlace dada la cómoda ventaja posicional de Ståhlberg en el planteo. Sonja Graf incurrió en un desacierto y tropezó con dificultades. El campeón sueco atacó con energía, y fue precisamente en ese momento, digna de elogio la tenaz y hábil resistencia de la campeón del mundo (Sic). Logró contener la ofensiva, pero llegó a un final inferior que el ajedrecista sueco ganó en buena forma.

Julio Bolbochan batió en forma lucida a Czerniak en el torneo internacional de Mar del Plata

Igualmente provocó comentarios la excelente actuación de Jacobo Bolbochan, que empató con el campeón de Alemania, Erick Eliskases, luego de una lucha intensa

ENGELS SUPERÓ A ILLIESCO

Mar del Plata, 18 (De un enviado especial).—La cuarta rueda del torneo internacional de ajedrez, llevada a cabo hoy en el Casino de esta ciudad, tuvo como nota apasionante para el gran número de aficionados presentes la magnífica actuación de los hermanos Julio y Jacobo Bolbochan, que pusieron en evidencia los altos merecimientos de los mismos dentro del concierto del ajedrez nacional. El menor de ambos produjo una performance de primera calidad al derrotar de impresionante manera a uno de los leaders de la competencia, Miguel Czerniak, y el segundo provocó el aplauso al empatar con Eliskases, después de una lucha intensa y tenaz, en la que no cedió en ningún momento ante la serie de recursos de su notable rival.

Fué la de hoy una de las ruedas más lucidas, ya que simultáneamente a [illegible]

Luckis v. Winz

Peón rey, Defensa Francesa, Variante Keres. Un planteo interesante se produjo en este tablero. Luckis destacó su mayor conocimiento teórico, o quizá su mayor respeto a los dogmas. Quedó por esto mejor al explotar una maniobra central de la dama de Winz. El buen desarrollo llevó al blanco a realizar una maniobra central que obligó a Winz a entregar la dama por torre y alfil. Quedó así inferior el ajedrecista de Palestina, y esto permitió al lituano Luckis ganar en buena forma.

Michel v. Sulik

Peón rey, Defensa Petroff. Fué ésta una partida muy compleja, en la que las negras se doblaron las torres en la columna rey, lo que les abrió buenas posibilidades. El alemán Michel trató de hacerse fuerte en 5R, bloqueando el juego, para arribarse a un final en el [illegible]

en la jugada 71, a pesar de la resistencia tenaz del ajedrecista rosarino, y la partida entre Michel y Sulik proseguía al cerrarse la presente edición. En ese momento Sulik había perdido la ventaja lograda, y en un final de torres tenía que vencer algunas dificultades para aspirar al empate.

Resultados generales

Los resultados generales de la rueda fueron los que siguen:

Eliskases . . . ½ v. Bolbochan (Jac.) . . . . ½
Luckis . . . . 1 v. Winz 0
Czerniak . . . . 0 v. Bolbochan (Jul.) 1
Michel . . . . . v. Sulik . . . (Suspendida)
Stahlberg . . . 1 v. Graf 0
Raud . . . . . 0 v. Feiglins . . . 1
Vinuesa . . . . 0 v. Frydman . . . 1
Guimard . . . . ½ v. Najdorf . . . ½
Engels . . . . . 1 v. Iliesco . . . 0

Cuadro de posiciones

	J.	G.	E.	P.	Pts.
Engels	4	3	1	—	3½
Bolbochan (Jul.)	4	2	2	—	3
Eliskases	4	2	2	—	3
Frydman	4	2	2	—	3
Stahlberg	4	2	2	—	3
Czerniak	4	2	1	1	2½
Luckis	4	[illegible]	[illegible]	—	[illegible]
Najdorf	4	[illegible]	[illegible]	—	[illegible]
Michel	3	[illegible]	[illegible]	—	[illegible]
Bolbochan (Jac.)	4	[illegible]	[illegible]	[illegible]	[illegible]
Feiglins	4	[illegible]	[illegible]	[illegible]	[illegible]
Sulik	3	[illegible]	[illegible]	[illegible]	[illegible]
Vinuesa	4	[illegible]	[illegible]	[illegible]	[illegible]
Iliesco	4	1	—	3	1
Raud	4	1	—	3	1
Guimard	4	—	1	3	½
Graf	4	—	1	3	½
Winz	4	—	—	4	—

Un buen día para los argentinos. *La Nación*, 19 de marzo de 1941

En Michel – Sulik se jugó PR, Defensa Petroff. Fue una partida muy compleja en la que las negras se doblaron las torres en la columna rey, lo que les abrió buenas posibilidades. El alemán Michel trató de hacerse fuente en 5R bloqueando el juego, para arribarse a un final en el que las negras quedaron con un peón pasado en el centro que probablemente les signifique la victoria. Se suspendió para continuarse a las 22.[211]

5ª Rueda, 19 de marzo

▓ Julio Bolbochán venció ampliamente al maestro Michel, y ocupa, juntamente con Eliskases, el primer puesto; Guimard empató con Frydman. En esta reunión se destacó notablemente la partida que el joven jugador argentino Julio Bolbochán logró ganar al maestro teutón Paul Michel, pasando a ocupar el primer puesto en la tabla de posiciones conjuntamente con el campeón de Alemania, Erich Eliskases, ambos invictos. Por su parte, éste halló una serie resistencia en Juan Iliesco, quien no pudo contener el fuerte juego del jugador alemán, que se impuso luego de un excelente final. Interesante fue la partida jugada por el campeón mundial de simultáneas, Miguel Najdorf, y Ludovico Engels, pues la intensa presión del primero desde el comienzo del cotejo, que le reportó ventaja material, hizo que éste abandonara la partida.

Un excelente empate obtuvo Guimard frente a Frydman. La partida siguió por las líneas del Cambridge-Springs, y después de cambios que no reportaron ventaja alguna para ninguno de sus

[211] Roberto Grau, *La Nación*, 19 de marzo de 1941.

adversarios, se declaró tablas la partida. Desde el comienzo del encuentro Sonja Graf logró mantenerse siempre en la ofensiva frente a Ilmar Raud. El cotejo fue suspendido por la tarde estando en posición pareja, en un final de dama y cuatro peones por bando, y al reanudarla optaron por declarar tablas. Quedó suspendida la partida Ståhlberg – Sulik, que fue brillante por la labor desplegada por éste, que si bien no llevó la ofensiva, en cambio, supo contrarrestar el ataque de aquél.[212]

■ Julio Bolbochán volvió a jugar una partida excelente y venció al maestro alemán Paul Michel. El joven argentino explotó una arriesgada maniobra de su rival para ganar una de las partidas más breves del torneo, y sin duda, es el eje del comentario. En la tarde de ayer impresionó por su categórica victoria sobre Czerniak, y en la jornada de hoy por la admirable justeza con que superó a Paul Michel, segundo tablero del equipo alemán en el Torneo de las Naciones. No fue sólo la victoria, que por tratarse del éxito señalado de un ajedrecista local causó simpatía y provocó el elogio de participantes y público, sino que justificó el aplauso el tipo de partida realizada y la impresionante demostración de seguridad del más joven de los participantes del torneo, y sin duda, el jugador argentino que se proyecta con más nitidez hacia un futuro brillante en el ajedrez magistral.

Julio Bolbochán Venció Ampliamente al Maestro Alemán Michel en la 5a. Rueda del Torneo Internacional de Ajedrez

Ocupa, juntamente con el campeón de Alemania, Erik Eliskases, el primer puesto

GUIMARD EMPATO CON FRYDMAN

Gran victoria de Julio Bolbochán.
La Razón. 20 de marzo de 1941

Igualmente interesante fue la actuación de Guimard frente a Frydman, con quien empató en buen estilo, así como también la buena actuación de Jacobo Bolbochán y Vinuesa, que han demostrado calidad como para comprometer la actuación de los más calificados participantes de la prueba. Entre los ajedrecistas europeos, fue poco feliz la actuación del puntero Engels, que halló en Najdorf un adversario de gran calidad, hasta el punto de que se suspendió en una posición en la que la victoria de Najdorf parecía ser sólo una cuestión de tiempo. Bien se comportó Sulik frente al campeón de Suecia, Ståhlberg, pues en el momento de suspender la partida tenía posición muy ventajosa, luego de un verdadero alarde de audacia y variedad de recursos.

Si a esto se une la notable actuación de Sonja Graf frente a Raud, y la buena demostración técnica de Czerniak frente a Winz, se tendrá una idea clara y cabal del alto interés de las partidas de la rueda. Iliesco – Eliskases fue una Apertura Zukertort-Reti, en la que el campeón de Alemania consiguió desde la iniciación de la lucha una cómoda situación central, y ya al iniciarse el medio juego resolvió encarar una demostración en el flanco rey mediante el avance del PCR. Iliesco contraatacó en el mismo sector, y de la serie de acciones intensas que se sucedieron sacó la mejor parte Eliskases, quien se adjudicó la victoria en la jugada 35ª. Que Sonja Graf es menos fuerte que la mayoría de los participantes es una verdad añeja, pues carece de la experiencia de los maestros, pero que su inclusión en la prueba está justificada por la atracción que para el público ejerce y aún por la riqueza de emociones de sus partidas, se ha demostrado en las pocas ruedas jugadas, pues tuvo en dificultades serias a la mayoría de sus adversarios. Hoy lo probó al mantener la iniciativa en todo momento frente a Raud, a quien atacó en el ala rey para detener sus amenazas en mérito a un contraataque en el flanco dama. La partida se suspendió en posición pareja.

Julio Bolbochán – Michel fue una partida de notable relieve, y el tema más poderoso para la curiosidad del público que festoneaba[213] el tablero. Abrió la lucha Bolbochán con el PD, adoptó su rival la Defensa Tarrasch, y en la variante simétrica el ajedrecista alemán inició una demostración prematura en el ala rey, con mal desarrollo, lo que bastó para que Bolbochán castigara con energía

[212] *La Razón,* 20 de marzo de 1941.
[213] Sic; probablemente quiso decir *fisgoneaba*.

esa pretensión *ilegal* (Sic) de las negras, de asumir una ofensiva que no les corresponde. Luego de una serie de maniobras brillantes el joven ajedrecista argentino se aseguró la victoria. Los resultados generales fueron: Iliesco 0:1 Eliskases; Najdorf 1:0 Engels; Feigins 1:0 Vinuesa; Sonja Graf ½:½ Raud; Czerniak 1:0 Winz; Julio Bolbochán 1:0 Michel; Guimard ½:½ Frydman. Suspendidas Jacobo Bolbochán – Luckis y Sulik – Ståhlberg.[214]

Julio Bolbochan volvió a jugar una partida excelente y venció al maestro alemán Paul Michel

El joven ajedrecista argentino explotó una arriesgada maniobra de su rival, para ganar una de las partidas más breves del torneo internacional de Mar del Plata

GUIMARD EMPATÓ CON FRYDMAN

Resultados generales

Los resultados completos de la quinta rueda fueron los siguientes:

Iliesco . . . . . 0 v. Eliskases
Najdorf . . . . . 1 v. Engels
Feigins . . . . . 1 v. Vinuesa
Sonja Graf . . . ½ v. Raud
Czerniak . . . . 1 v. Winz
Bolbochan (Jul) 1 v. Michel
Guimard . . . . ½ v. Frydman
Bolbochan (Jac) v. Luckis (suspendida)
Sulik . . . . . . v. Stahlberg (suspendida)

Las posiciones

La sexta rueda

Julio Bolbochán. brillante. *La Nación*. 20 de marzo de 1941

▮ Una muy grata comprobación nos depara el torneo: la notable actuación de Julio Bolbochán. Bien cierto es que faltan aún muchas partidas, pero las ya cumplidas, y en especial las victorias sobre Czerniak y Michel, mueven al más cálido elogio para el ajedrecista más joven del torneo. En cuanto a la situación de Guimard, su empate de ayer frente a Frydman bien puede indicar el principio de una recuperación, que se espera y desea, dados los antecedentes del ex campeón argentino. Jacobo Bolbochán también está jugando en excelente estilo, y no sería extraño que lograra escalar mejores posiciones, si, como se espera, vence a Luckis.[215]

▮ Luego de haberse disputado ayer la quinta rueda, comienza a apreciarse quiénes son los participantes que están jugando con más regularidad. No es posible todavía adelantar nada en concreto sobre a quién recaerá el puesto de honor, pero de acuerdo con sus merecimientos actuales, están en esas condiciones Eliskases, Engels, Julio Bolbochán, Frydman y Ståhlberg.[216] La nota destacada de la reunión que despertó elogiosos comentarios fue la actuación del joven argentino Julio Bolbochán, que marcha primero en el torneo junto con Eliskases, luego de vencer en una violenta partida al alemán Michel. A pesar de que Guimard haya totalizado solamente un punto en las cinco partidas disputadas, no debe calificarse de mala su actuación. Es necesario tener en cuenta que perdió sus dos primeros encuentros contra Eliskases y Engels, y en ambos casos cayó vencido con todos los honores. En la cuarta ronda empató con Najdorf, y en la partida de ayer hizo tablas con Frydman, con lo cual se ha medido con cuatro de los maestros más indicados para ganar el torneo.

Dada su posición en la tabla de posiciones la partida que jugaron Najdorf y Engels contó con buen número de espectadores. Se inició el juego con una PD, contestando las negras con un sistema antiguo de ataque, logrando una posición preferible. Luego de una serie de presiones con los peones del flanco rey, el fuerte maestro polaco provocó el abandono de Engels. La señorita Graf comenzó su partida contra el estoniano Raud con una PD. Las negras adoptaron la Variante Saemisch, permitiendo a las blancas emplazar un violento ataque sobre el enroque. Se produjo enseguida un cambio de piezas menores, arribándose a un final de nulidad, que se declaró tablas.

Una partida difícil, jugaron Luckis y Jacobo Bolbochán. Se inició con una PD, contestando las negras con una Defensa Nimzowitsch, que les permitió ganar un peón. Al finalizar la sesión, Luckis, apremiado por el reloj, debió entregar esa ventaja, quedando en posición inferior en momentos de

[214] Roberto Grau, *La Nación*, 20 de marzo de 1941.

[215] *El Pampero*, 20 de marzo de 1941. Desde el 19 de marzo, este diario ofrece la publicación de partidas comentadas, *bajo la pluma de nuestro colaborador MAL*, seudónimo de Luis Marini.

[216] Nótese que el cronista no incluye a Najdorf.

suspenderse el juego. Con una PR comenzó el juego entre Sulik y Ståhlberg, y éste adoptó la Variante Mc Cutcheon de la Defensa Francesa, quedando con un peón de ventaja contra la inseguridad de su monarca. La partida se suspendió con ligera ventaja para Sulik.[217]

6ª Rueda, 20 de marzo

Julio Bolbochán fue vencido ayer por Ståhlberg; resulta muy reñida la lucha por los primeros puestos. La circunstancia de que el joven ajedrecista argentino pasara ayer a compartir el primer puesto en la tabla de posiciones con el alemán Eliskases, hizo que gran cantidad de aficionados rodeara esta tarde el tablero ocupado por él y el campeón de Suecia, Ståhlberg. Pese a que el argentino cayó vencido, el público salió satisfecho del encuentro, dado que pudo admirar la excelente técnica que caracteriza al fuerte maestro. Comenzó la partida con PD, adoptando Bolbochán la Defensa Nimzowitsch. El planteo fue favorable para el campeón sueco, quien poco a poco fue consolidando su situación, y en la parte media, sus esfuerzos se vieron premiados con la ganancia de un peón. Finalmente, entregaron las blancas una calidad a cambio de un peón, y mediante un rápido ataque conquistaron el triunfo en excelente forma.

El ex campeón argentino, Carlos Guimard, conquistó hoy su primer triunfo, frente a Movsa Feigins, mediante una espléndida partida. Éste adoptó la Defensa Eslava, y Guimard trató el juego desde el comienzo con gran energía, atacando las posiciones centrales. Más tarde, mediante una lucida maniobra, las blancas se aseguraron una posición superior, y finalmente sacrificaron un alfil para desorganizar la defensa del enroque enemigo, rematando la lucha en muy buen estilo. En cuanto a Eliskases, no pudo quebrar la resistencia de Luckis y el juego terminó con un empate. Abrió el juego con la Apertura Inglesa, y Luckis adoptó le Defensa del *Fianchetto de Dama* (Sic). Desde el principio fueron parejas las acciones, y en la parte media se mantuvo el equilibrio, aun cuando se produjeron algunas escaramuzas interesantes. Finalmente, mediante un cambio de piezas se arribó a una posición de mayor claridad, y ante la inutilidad de todo esfuerzo, ambos adversarios convinieron en dar por tablas la partida.

Otro encuentro que suscitó mucha expectativa fue el que sostuvieron Iliesco y Najdorf. Éste trató a todo trance de vencer, organizando un fuerte ataque, pero en definitiva perdió el juego. La partida comenzó con el Sistema Catalán, pero Najdorf quiso inmediatamente lanzarse al ataque, con los riesgos consiguientes. En efecto, ante una correcta defensa de Iliesco, el ataque de las negras fracasó y quedaron en posición netamente inferior, venciendo Iliesco en la jugada 39ª. Los resultados generales fueron: Guimard 1:0 Sulik; Iliesco 1:0 Najdorf; Czerniak 1:0 Jacobo Bolbochán; Ståhlberg 1:0 Julio Bolbochán; Eliskases ½:½ Luckis; Michel 1:0 Winz. Suspendidas: Raud – Sulik; Vinuesa – Graf y Engels – Frydman.[218]

Julio Bolbochán fue batido por Ståhlberg; no obstante, la nota brillante del torneo la dio Juan Ilies-

Julio Bolbochán Fué Vencido Ayer por el Sueco Stahlberg

Resulta muy reñida la lucha por los primeros puestos del certamen

Ståhlberg vence a Bolbochán.
La Prensa. 21 de marzo de 1941

[217] Amílcar Celaya, *Noticias Gráficas*, 20 de marzo de 1941.
[218] *La Prensa*, 21 de marzo de 1941.

co, al superar al maestro polaco Miguel Najdorf luego de una lucha violenta. La rueda fue generosa en emociones, y se destacó por haber experimentado en ella su primera derrota uno de los punteros, Julio Bolbochán, frente al notable maestro sueco Gideon Ståhlberg. La derrota del joven ajedrecista local causó desencanto entre el numeroso público que bordeaba las mesas de juego, pero fuerza es confesar que el desenlace fue justo, ya que Bolbochán incurrió en un error en el planteo, lo que le permitió al campeón de Suecia ganar en notable forma.

Julio Bolbochan fué batido por Gedeón Stahlberg en la 6a. rueda del concurso de Mar del Plata

No obstante, la nota brillante del torneo de ajedrez la dió Juan Iliesco, al superar al maestro polaco Miguel Najdorf, luego de una lucha violenta

GUIMARD VENCIÓ A FEIGINS

Resultados generales

Cuadro de posiciones

Sorpresa: Iliesco superó a Najdorf. *La Nación*, 21 de marzo de 1941

Pero la victoria de Guimard hizo reaccionar a los espectadores y volver a girar el nombre del ex campeón, cuyas acciones habían decaído visiblemente. Pero el acontecimiento más destacado e imprevisto, y el que más se comentó, fue la victoria de Iliesco sobre Najdorf. Éste tiene, en realidad, un punto débil en su capacidad ajedrecística. Juega con las negras, preferentemente, una variante inferior de la Defensa India del Rey, pero salió muy bien del paso en la partida con Iliesco, para lograr un cómodo desarrollo. Atacó luego en el ala rey, en realidad prematuramente, pues desatendió la fiscalización del centro olvidando el viejo axioma ajedrecístico y aún militar, de que no es posible atacar en un ala sin tener la fiscalización o un bloqueo central. Iliesco emplazó más tarde sus torres en la columna dama, y luego de simplificarse la partida quedó con ventaja de tres peones, lo que le permitió vencer sin esfuerzo.[219]

Esta tarde Julio Bolbochán ha sufrido su primera derrota, y en cambio, el ex campeón argentino, Carlos Guimard, ha empezado a encontrarse a sí mismo. Altamente instructiva fue la partida Ståhlberg – Julio Bolbochán. Se inició con un Gambito de la Dama que Bolbochán defendió con una defensa Nimzowitsch. Eligieron las blancas la variante 4.D2A, jugada a las que las negras replicaron con 4…P4A, jugada no muy usual en la actualidad, pues da un juego muy complicado. Ya en 1926, en el Torneo de Berlín, demostró Rubinstein en dos partidas magistrales, como todas las suyas, los peligros que encierra. Ésta de Ståhlberg podría servir de ejemplo para ilustrar la óptima cosecha que suele dar el dominio de la columna de la dama. Este dominio permitió al primer jugador, apenas iniciado el medio juego, entregar un peón y calidad; pocas jugadas después recuperó ambos valores y la posición que resultó de esas escaramuzas acusó un apreciable plus a favor de las blancas: dos peones doblados, las negras, en la columna de la dama, más dos alfiles y la iniciativa, por no decir más, a las blancas. Poco más tarde comenzó la cosecha, decidiendo la partida: un peón pasado en séptima, en la columna de la dama –siempre esta columna– le aconsejó a Bolbochán que abandonara, cosa que hizo.

Es curioso que Iliesco – Najdorf sea una buena ilustración del mismo tema de la anterior, a pesar de que la apertura sea completamente distinta. Volvió a jugar Iliesco un Ataque Indio del Rey, al que Najdorf opuso una Defensa India del Rey. Como se ve, parece un asunto muy sencillo: Satanás contra Belcebú. En esta oportunidad Satanás se tomó la revancha, y por cierto que en un estilo

[219] *La Nación*, 21 de marzo de 1941.

que hace reconocer al vencedor del torneo mayor del año pasado, el latinísimo maestro Juan Iliesco. Éste, tal vez contrariando su habitual estilo de juego, se dedicó a dominar tranquila pero tenazmente la columna de la dama, hasta que su adversario, sintiéndose inferior, buscó el recurso de tratar de pescar en río revuelto, como única forma de salvarse.

Pero Iliesco, con la serenidad que lo caracteriza (!) se encargó de demostrarle prácticamente a Najdorf una verdad que éste, con toda seguridad, ya conocía: un ataque de flanco se defiende fácilmente, y con mucha frecuencia suele ser un hara-kiri, cuando el adversario domina el centro y juega correctamente, por supuesto. Y eso es lo que Iliesco hizo.

Guimard inició con PD ante Feigins, que sostuvo el centro antes de que lo atacara Guimard, probablemente con la idea de jugar más tarde P4R, o como lo hizo, sacar el AD fuera de la cadena de peones. Las blancas explotaron muy bien esta jugada, desvalorizando los peones contrarios, lo que a su vez produjo una debilidad refleja en el enroque. Todo esto se agravó debido a una jugada dudosa de Feigins, P4CD. Y Guimard, como el pez en el agua, abrió la posición, atacó como él sabe hacerlo, y con un simple sacrificio ganó una calidad y poco más tarde un alfil a cambio de un peón. Un simple balance hará ver que el resultado final de estos fuegos artificiales fue una torre a favor de Guimard. Una partida simple, clara y vigorosa.[220]

Juan Vinuesa – Sonja Graf.
El Mundo. 21 de marzo de 1941

7ª Rueda, 21 de marzo

Guimard conquistó su segundo triunfo venciendo a Sonja Graf. En esta rueda se jugaron partidas de calidad, prodigándose los competidores en las jugadas, a fin de vencer en sus partidas y mejorar en la tabla de posiciones. Como era de esperar, los tableros que agolparon mayor número de espectadores eran los que jugaban Eliskases, Ståhlberg y Czerniak, líderes del torneo, siendo la peor partida de la sesión la disputada, precisamente, entre Eliskases y Najdorf, en que ambos jugaron con extrema cautela, declarándose tablas en la jugada 21ª. El ex campeón argentino, Carlos Guimard, que con tan mala suerte comenzara el torneo –tres derrotas consecutivas– volvió a vencer.

La señorita Graf, que fue su adversaria, desacertó en el final de torres y seis peones cada uno en que se había arribado, permitiendo a Guimard poner en práctica una combinación ganadora. Los resultados finales fueron: Najdorf ½:½ Eliskases; Frydman 1:0 Iliesco; Winz 0:1 Ståhlberg; Jacobo Bolbochán ½:½ Michel; Feigins 0:1 Engels; Sonja Graf 0:1 Guimard; Sulik 1:0 Vinuesa; Julio Bolbochán ½:½ Raud; Luckis 0:1 Czerniak.[221]

Winz –Ståhlberg comenzó con el PD, y el sueco optó por la Defensa Tarrasch con su variante 6...P5A, una jugada de mucho riesgo que fue inmediatamente contestada con la voladura del centro mediante 6.P4R. La lucha se tornó violenta, y ambos rivales se equivocan en el movimiento 13.CxPR? –había que jugar 13.A2C– C4R? –se obtenía ventaja mediante la directa 24...A6A–. Las negras quedaron con un peón de ventaja, pero las blancas tenían alguna compensación por su mejor desarrollo. Las blancas pierden definitivamente el rumbo con 32.C6D?, que las deja en inferioridad. Las negras llevaron el PAR hacia la coronación, y Winz abandonó en la jugada 40ª. Frydman venció

220 Paulino Alles Monasterio, *El Mundo*, 21 de marzo de 1941.
221 *Noticias Gráficas*, 22 de marzo de 1941.

a Iliesco, PD Defensa India del Rey. No ganaron espacio las blancas con P5D, sino que mantuvieron la tensión central y buscaron entorpecer la coordinación de las piezas negras. Iliesco colaboró grandemente cometiendo una serie de dislates posicionales, como por ejemplo 13...A3R?!, y sobre todo 15...A1T?, que lo lleva al desastre. Frydman ganó en la movida 35ª. Julio Bolbochán – Raud fue una interesante lucha, comenzada con el Gambito Dama Sistema Antiguo, con el AD dentro de la cadena de peones. Quedó muy bien Raud al salir de la apertura, aprovechando el prematuro avance 18.e4?! Empeoró la situación de Bolbochán luego de la errónea 22.TxT?, que lo lleva a la pérdida posicional y material. Pudo Raud obtener una ventaja técnicamente ganadora mediante 27... C5A!, pero prefirió ganar un segundo peón. De esta manera, Bolbochán consiguió activar su dupla torre+alfil, y jugadas después Raud aceptó mansamente una repetición de jugadas, y el argentino salva un importante medio punto.[222]

8ª Rueda, 22 de marzo

Stahlberg Continúa Primero En el Certamen de Ajedrez

Eliskases y Engels están colocados segundos, a ½ punto del campeón sueco

Mar del [illegible]la, marzo 22 (De un enviado especial) — Esta tarde se realizó una nueva reunión del torneo internacional de ajedrez, que día a día suscita mayor interés entre los aficionados, dada la forma en que se está conduciendo la mayoría de los participantes, cuya actuación está en concordancia con la jerarquía de esta importante competencia.

La sesión de esta tarde brindó alternativas agradables y varias de las partidas tuvieron momentos de mucho interés, siendo observadas por gran cantidad de público.

El campeón de Suecia, Stahlberg, prosigue jugando con extraordinaria energía y con su triunfo de hoy frente al argentino Jacobo Bolbochán mantiene su posición privilegiada en el cuadro de posiciones, ocupando ahora sólo el primer puesto, dado que Czerniak, que ayer compartía con él esa colocación, hoy perdió con Eliskases.

Los resultados generales fueron hoy los siguientes:

Eliskases contra Czerniak

Con P 4 D comenzó la partida entre el campeón alemán Eliskases y el campeón de Palestina, Czerniak. Este último adoptó la defensa India del Rey, desarrollando la partida en forma clásica de dicha línea de juego. Las negras cedieron la columna dama al adversario, para tratar de obtener mayor elasticidad para sus piezas menores. Las acciones fueron en la parte media equilibradas, pero Eliskases maniobró en gran forma y poco a poco consiguió adquirir un juego superior hasta el momento de la suspensión.

Czerniak decidió abandonar antes de reanudarse la partida en la sesión nocturna.

Michel contra Luckis

Reñido resultó el encuentro entre el alemán Michel y el lituano Luckis. Se inició el juego con P 4 R, con la apertura Ruy López, adoptando las negras una variante algo desusada. En el medio juego atacaron las blancas por el flanco rey, optando las negras por un contraataque por el flanco de la dama. Se produjo una partida compleja, y sacó de ella el mejor provecho Luckis, quien en el momento de suspenderse el juego quedó con un peón apoyado y libre, siendo probable su triunfo.

Najdorf contra Frydman

El maestro polaco Miguel Najdorf tuvo como adversario a su compatriota Frydman y comenzó el juego con P4D, y las negras, conducidas por el segundo de los nombrados, se defendieron con la variante Nimzowich, efectuando el doble "fianchetto". Al principio fueron equilibradas las acciones, aun cuando las blancas mantuvieron la ini-

cedor maniobró con seguridad y energía, terminando el juego en la jugada 25.

El desarrollo de esta partida fué el siguiente:

Guimard (blancas), Sulik (negras).

1. P4D, P4D; 2. C3AR, C3AR; 3. P3R, P3R; 4. A3D, P4A; 5. P3CD, C3A; 6. O-O, PxP; 7. PxP, A3D; 8. P3A, A2D; 9. T1R, D2A; 10. D2R, T1AD; 11. A2C, C4TR; 12. P3C, C3A; 13. CD2D, C2R; 14. C5R, P4TR; 15. CD3A, P3T; 16. TD1A, D4T; 17. CxA, CxC; 18. P3TD, D3C; 19. P4A, DxPC; 20. P5A, A1C; 21. C5C, T3A; 22. T1C, P4C; 23. D2D, A2A; 24. A3A, D5T; 25. A2A, y las negras abandonaron.

Stahlberg contra Jacobo Bolbochán

Fué este el encuentro que atrajo la mayor atención del público, no sólo porque se medían dos buenos adversarios, sino por la colocación que tiene el campeón de Suecia y la forma cómo este maestro se está comportando, y de seguir jugando así, será difícil desalojarlo de los puestos de honor y el más serio candidato al triunfo final.

En su partida de hoy abrió el juego Stahlberg con P4D, ensayando Bolbochán la defensa Nimzowich. El planteo fué favorable para las blancas, las que jugaron muy bien y sacaron ventaja posicional. A pesar de ello, el ajedrecista argentino maniobró en excelente forma y anuló una serie de amenazas difíciles, buscando en ciertos momentos la compensación por medio de un contraataque, pero Stahlberg prosiguió con precisión y mantuvo la superioridad, que aumentó más tarde, y finalmente se adjudicó la victoria en la jugada 41.

Raud contra Winz

Luego de haber perdido todas sus partidas, el palestino Winz consiguió su primera tablas frente al estonio Raud. Se abrió el juego con P4D, adoptando Winz la defensa Tarrasch. Se produjo una lucha abierta, que en seguida se equilibró, llegándose a un dificultoso final con dos piezas menores y cuatro peones por cada lado, algo favorable para Raud, pero Winz se defendió en buena forma y terminó la partida con un empate.

Engels contra Sonia Graf

El alemán Engels venció hoy con facilidad a Graf. Se inició la partida con P 4 R, empleando el primero la apertura Ruy López, que las negras trataron con cierta debilidad. Ello fué rápidamente aprovechado por Engels, quien, mediante una maniobra precisa, se adjudicó la victoria en la jugada 23.

Iliesco contra Feigins

Una apertura Zuckertort-Reti comenzó el encuentro de Iliesco contra Feigins. La lucha fué movida e interesante desde su comienzo, sucediéndose una serie de maniobras lucidas, de las que sacó mayor provecho Feigins, el que adquirió la superioridad y llegó

Buen triunfo de Najdorf frente a Frydman.
La Prensa. 23 de marzo de 1941

El maestro polaco Miguel Najdorf tuvo como adversario a su compatriota Frydman, y comenzó el juego con P4D, y las negras se defendieron con la variante Nimzowitsch, efectuando el doble fianchetto. Al principio fueron equilibradas las acciones, aun cuando las blancas mantuvieron la iniciativa, y al promediar la partida Najdorf maniobró en gran forma y mediante un ataque bien conducido se acreditó el triunfo en la jugada 42ª. El encuentro que atrajo la mayor atención del público fue el de Ståhlberg – Jacobo Bolbochán, no sólo porque se medían dos buenos adversarios, sino por la colocación que tiene el campeón de Suecia, y la forma cómo este maestro se está comportando.

De seguir jugando así será difícil desalojarlo de los puestos de honor, y es el más serio candidato al triunfo final. En su partida de hoy abrió el juego con P4D, ensayando Bolbochán la Defensa Nimzowitsch. El planteo fue favorable para las blancas, las que jugaron muy bien y sacaron ventaja posicional. A pesar de ello, el ajedrecista argentino maniobró en excelente forma y anuló una serie de amenazas difíciles, buscando en ciertos momentos la compensación por medio de un contraataque, pero Ståhlberg prosiguió con precisión y mantuvo la superioridad, que aumentó más tarde, y finalmente se adjudicó la victoria en la jugada 41ª. Engels venció hoy con facilidad a Graf.

Se inició la partida con P4R, empleando el primero la Apertura Ruy López, que las negras trataron con cierta debilidad. Ello fue rápidamente aprovechado por Engels, quien mediante una maniobra precisa, se adjudicó la victoria en la jugada 23ª. Con una Apertura Ruy López se inició la partida entre Vinuesa, con las blancas, y Julio Bolbochán. Las negras adoptaron la defensa del

[222] Notas del autor.

fianchetto del rey, lo que provocó una lucha cerrada y difícil, pero a poco fueron ellas desembarazándose, y adquirieron luego la superioridad, rematando la lucha a su favor mediante una carga contra las posiciones blancas en el costado de la dama.[223]

■ Guimard batió a Sulik, Julio Bolbochán jugó muy bien ante Vinuesa, y Najdorf derrotó en buena forma a Frydman, que tuvo dificultades con el tiempo. El torneo se está desarrollando de acuerdo con todas las previsiones. Ocupan los puestos de honor los maestros señalados por los expertos, y sin duda la prueba ha de resumirse en un duelo entre Eliskases, Ståhlberg, Frydman, Engels y Najdorf, los maestros europeos de más señalada fuerza. Entre los argentinos serán Julio Bolbochán y Guimard quienes puedan mezclarse entre los punteros, al menor desmayo de los mismos. Las últimas ruedas han destacado una enérgica reacción de Guimard, quien está buscando ahora la victoria de manera afanosa, y parece haberse repuesto totalmente.

Pero el detalle más interesante del torneo es la alta calidad de juego que despliegan los maestros, hasta el punto de que no hay casi partidas de mala calidad. Como lección técnica, es perfecta que imparten los jugadores en cada presentación, especialmente en los planteos y detalles técnicos del medio juego. Esto ha de ser cabalmente aprovechado por los ajedrecistas locales, ya de gran calidad, pero carentes de la experiencia que surge del frecuente intercambio con los mejores maestros europeos. La rueda cumplida hoy se caracterizó por la serie de partidas en las que se planteó la Apertura Española, poco frecuente en las competencias modernas, especialmente en nuestro medio.

Ståhlberg venció a Jacobo Bolbochán, PD, Sistema Nimzowitsch. Las blancas adoptaron la sólida maniobra del avance P3R, y luego, en mérito a una variante débil adoptada por Bolbochán, el campeón sueco dictó una verdadera clase de técnica. Avanzó el PR, desalojó el C3AR y emplazó un enérgico ataque sobre el enroque enemigo. Se defendió muy bien Bolbochán, pero sin equilibrar totalmente la partida. Finalmente ganó Ståhlberg mediante una excelente combinación. Vinuesa – Julio Bolbochán fue una Apertura Española, Sistema Alekhine. Desde el comienzo interesó este cotejo. Las negras recurrieron al sistema anti rutinario (Sic), pero ingenioso, puesto en boga por Alekhine en el torneo de San Remo. Sacaron, así, el alfil por el fianchetto rey, el caballo por 3TR a 2AR, y quedaron con dos alfiles en una posición pareja, pero promisoria para el final. Dominó el centro Julio Bolbochán, y luego deshizo la posición enemiga en el ala dama mediante una ingeniosa maniobra, para ganar en excelente estilo.

Guimard – Sulik fue PD, con 3.P3R. El primero ensayó una variante pasiva, para adquirir la lucha vivacidad bien pronto. En busca de complicaciones, Guimard creó algunas debilidades en su posición. Avanzó el PCD y puso el alfil en 2CD, dejando sin custodia el punto 4AR. Luego debió jugar P3CR, para sostener ese lugar, pero debilitando el enroque en momentos peligrosos, pues su rival no había enrocado aún y podía filtrar un ataque vía P4TR y P5TR. Oportunamente Guimard cerró el juego en el centro con un fuerte C5R, y a partir de ese momento las acciones le fueron favorables. Luego aumentó su ventaja, y una atrevida maniobra de la dama de Sulik fue hábilmente castigada por Guimard, pues logró coparla y ganar con facilidad. En Engels – Graf se jugó una Apertura Española, Variante Morphy Clásica. Una vez más Sonja Graf dio trabajo a su fuerte adversario Engels, quien debió meditar mucho en la apertura sus jugadas, ya que se produjo una posición difícil de conducir. Pero un error de Graf facilitó la tarea de su rival. La lucha se abrió en el centro, y Engels logró alguna ventaja por el dominio de 5D. Graf debió abandonar en la jugada 26ª.

En Najdorf – Frydman se jugó una Apertura Nimzowitsch, Defensa Doble Fianchetto. Ambos adversarios, de acuerdo con el espíritu de esta apertura, rehuyeron los contactos frecuentes de peo-

[223] *La Prensa*, 23 de marzo de 1941.

nes en el planteo. Las negras efectuaron el doble fianchetto y el equilibrio fue la nota saliente de las acciones. Mejoró la posición de Najdorf, pensó excesivamente Frydman, y de resulta de las dificultades y de la falta de tiempo, perdió dos peones, y la partidas fue ganada por Najdorf en buena forma. En Eliskases – Czerniak se jugó PD, India del Rey tipo Philidor (Sic). El campeón de Alemania atacó en el ala rey, ganó dos peones, y siguió presionando. Entregó más tarde una calidad, quizás prematuramente, y llegó aun final de alfil y cinco peones contra torre y dos peones, que se suspendió. Al no presentarse Czerniak, Eliskases ganó el cotejo. Los resultados generales fueron: Eliskases 1:0 Czerniak; Ståhlberg 1:0 Jacobo Bolbochán; Raud ½:½ Winz; Vinuesa 0:1 Julio Bolbochán; Guimard 1:0 Sulik; Engels 1:0 Sonja Graf; Najdorf 1:0 Frydman. Suspendidas: Michel – Luckis e Iliesco – Feigins.[224]

Guimard batió a Sulik en la 8a. rueda del torneo internacional de ajedrez de Mar del Plata

Julio Bolbochan jugó muy bien frente a Vinuesa y Najdorf derrotó en buena forma a Frydman, que tuvo dificultades con el tiempo

ELISKASES SE IMPUSO A CZERNIAK

Buena victoria de Guimard ante Sulik.
La Nación. 23 de marzo de 1941

9ª Rueda, 23 de marzo

Ståhlberg sigue primero, seguido a un punto por Eliskases y Engels. La sesión de hoy se caracterizó por la extraordinaria dificultad con que se desarrollaron todos los encuentros, que en general fueron muy reñidos, al punto de que al terminar la hora de juego solamente dos partidas quedaron definidas, suspendiéndose las siete restantes para la sesión de la noche. Luckis inició su partida contra Ståhlberg con P4D, ensayando las negras la Defensa Nimzovitsch. El primer jugador trató el planteo con el sistema favorito de Rubinstein, y más tarde consiguió que el enemigo quedara con el PD aislado, lo que provocó una lucha de gran interés. Las blancas trataron de hacer valer sus dos alfiles, pero su juego ofreció también debilidades por estar el PD aislado, y poco después ensayó Ståhlberg una combinación a base de la entrega de una pieza por tres peones.

En el momento de suspenderse el encuentro la posición era favorable para Ståhlberg, quien tiene torre y cuatro peones, tres de ellos unidos en un flanco, contra torre y alfil de su adversario. Guimard, luego de conquistar tres triunfos consecutivos, volvió hoy a demostrar su gran calidad venciendo en gran forma a Julio Bolbochán, que venía jugando muy bien. Se produjo una Defensa Francesa, que las blancas, conducidas por el perdedor, trataron con la variante de moda en la 3ª jugada consistente en la salida CD2D. Guimard maniobró con energía desde el comienzo, y poco a poco fue estableciendo una situación ventajosa, hasta que ganó un peón y luego la partida con una acción en el flanco de la dama.

Prosiguió Ayer en Mar del Plata el Torneo de Ajedrez

Stahlberg sigue primero seguido a un punto por E. Eliskases y L. Engels

Guimard vence a Julio Bolbochán.
La Prensa. 24 de marzo de 1941

[224] Roberto Grau, *La Nación*, 23 de marzo de 1941.

Ante la Apertura PD que adoptó Sonja Graf, Iliesco respondió con la Defensa India del Rey. El planteo favoreció a las blancas como consecuencia de que las negras pretendieron atacar por medio de un arriesgado avance de los peones en el lado del rey. Las acciones fueron un tanto violentas, desempeñándose ambos adversarios bien, pero en el momento de suspenderse la partida el juego favorecía a Sonja Graf. El cotejo Frydman – Eliskases centralizó la mayor atención de los aficionados. Se planteó una partida de PD, en la que las negras efectuaron la desclavada del alfil, lo que motivó una complicación central. El juego se mantuvo parejo durante toda la sesión, y después de lucidas maniobras se llegó a un final de caballo y peones por cada bando, donde a pesar de que Frydman tiene un peón demasiado avanzado que puede acarrear trastornos, la lucha puede aún ser larga y difícil. Feigins comenzó con P4D su partida contra Najdorf, efectuando ambos adversarios *fianchetto* del rey. Las blancas enrocaron en el flanco de la dama y buscaron inmediatamente el ataque en el flanco del rey negro, pero en una lucha compleja Najdorf sacó mejor provecho, y mediante una serie de jugadas precisas cristalizó el fuerte ataque conquistando una posición de mate que obligó a Feigins a abandonar en la jugada 43ª. En la sesión nocturna, se produjeron los resultados siguientes: Engels ½:½ Sulik; Luckis 0:1 Ståhlberg; Julio Bolbochán 0:1 Guimard; Czerniak ½:½ Michel; Jacobo Bolbochán ½:½ Raud; Sonja Graf ½:½ Iliesco; Frydman ½:½ Eliskases; Feigins 0:1 Najdorf y Winz 0:1 Vinuesa.[225]

▌Hoy, al promediar el torneo, los únicos jugadores invictos son Eliskases y Ståhlberg. Y hay uno que en las nueve rondas no ha hecho ni una tablas: Iliesco. No en balde él mismo dice que siempre juega *a muerte*. Najdorf ha comenzado a recuperar su forma, y en pocas rondas ha ascendido hasta la segunda colocación. Y la reacción de Guimard se acentúa: hoy añadió otro punto a su score venciendo a Julio Bolbochán en una partida muy instructiva. A la apertura de PR, opuso Guimard una Defensa Francesa, y cuando Bolbochán sostuvo el centro con 3. C2D, la antigua jugada de Tarrasch, con el objeto de poder construir una sólida cadena de peones sin pérdida de tiempo, contraatacó de inmediato en el flanco dama, lo que constituye sin duda alguna el mejor plan estratégico para contrarrestar el ataque el primer jugador, que puede fácilmente volverse muy peligroso en cuando las negras no jueguen con la debida energía y consecuencia.

Stahlberg y Eliskases Igualan el Primer Puesto

MAR DEL PLATA, 23 (De un enviado especial). — Los resultados de la novena ronda del Torneo Internacional de Ajedrez, al finalizar la primera sesión de juego, fueron los siguientes:

Frydman		Eliskases	(susp.)
Feigins	0	Najdorf	1
Sonja Graf		Iliesco	(susp.)
Sulik		Engels	(susp.)
Julio Bolbochán	0	Guimard	1
Winz		Vinuesa	(susp.)
Jac. Bolbochan		Raud	(susp.)
Luckis		Stahlberg	(susp.)
Czerniak		Michel	(susp.)

Hoy, al promediar el torneo, los únicos jugadores invictos son Eliskases y Stahlberg. Y hay uno que en las nueve rondas no ha hecho ni una sola partida tablas: Iliesco. No en balde él mismo dice que siempre juega "a muerte".

Najdorf ha comenzado a recuperar su forma, y en pocas rondas ha ascendido hasta la segunda colocación. Y la reacción de Guimard se acentúa. Hoy añadió otro punto a su score venciendo a Julio Bolbochán en una partida muy instructiva.

A la apertura de Peón de Rey, jugada por las blancas, opuso una Defensa Francesa, y cuando Bolbochán sostuvo el centro con C2D (la antigua jugada de Tarrasch) con el objeto de poder construir una sólida cadena de peones sin pérdida de tiempo, contraatacó de inmediato en el flanco dama, lo que constituye sin duda alguna, el mejor plan estratégico para contrarrestar el ataque del primer jugador, que puede fácilmente volverse muy peligroso en cuanto las negras no jueguen con la debida energía y consecuencia.

En la partida que comentamos, Guimard, jugando con gran concepto, mostró el vigor y la eficacia que puede alcanzar [illegible] ala del tablero para [illegible]

[illegible] de cerrar la presente edición: Eliskases, conduciendo las piezas negras, hizo tablas con Frydman. Defendió el gambito de la dama que le planteó éste con una ortodoxa variante Lasker, y al finalizar la sesión vespertina había suspendido en una posición equilibrada: caballo y cinco peones por bando.

DECIMA RONDA

El fixture de la décima ronda, que debe jugarse mañana, es el siguiente:

Eliskases v. Michel, Stahlberg v. Czerniak, Raud v. Luckis, Vinuesa v. Jacobo Bolbochán, Guimard v. Winz, Engels v. Julio Bolbochán, Iliesco v. Sulik, Najdorf v. Sonja Graf y Frydman v. Feigins.

TABLA DE POSICIONES

	J.	G.	T.	P.	S.	Pts.
Eliskases	9	4	5	-	-	6½
Stahlberg	8	5	3	-	1	6½
Engels	8	5	2	1	1	6
Najdorf	9	4	4	1	-	6
Bolbochán (Julio)	9	4	3	2	-	5½
Czerniak	8	5	1	2	1	5½
Frydman	9	3	5	1	-	5½
Feigins	9	4	2	3	-	5
Guimard	9	4	2	3	-	5
Michel	8	2	5	1	1	4½
Sulik	8	2	4	2	1	4
Bolbochán (Jacobo)	8	2	3	3	-	3½
Luckis	8	1	5	3	1	3½
Raud	8	1	4	3	1	3
Iliesco	8	2	-	6	1	2
Vinuesa	8	1	2	5	1	2
Sonja Graf	8	-	3	5	1	1½
Winz	8	-	1	7	1	½

Eliskases y Ståhlberg, invictos.
El Mundo. 24 de marzo de 1941

En esta partida Guimard, jugando con gran concepto, mostró el vigor y la eficacia que puede alcanzar la presión en un ala del tablero para contrarrestar el ataque en el flanco opuesto. Inútiles fueron los esfuerzos de Bolbochán por constreñir eficazmente el flanco de rey, pues la situación del otro sector del tablero empeoraba progresivamente. Una serie de debilidades provocadas por el hábil juego de Guimard, bien explotadas por éste, le dieron la victoria.[226]

▌El campeón sueco sigue primero; al promediar la competencia se destacan, además, por la ténica de sus partidas, Eliskases, Engels, Frydman y Najdorf. Que el torneo iba a ser generoso en luchas de emoción, era fácil suponerlo. La actuación de un grupo selecto de maestros ajedrecistas de fama mundial, y el contacto con ellos de algunos de los más fuertes exponentes del ajedrez ar-

[225] *La Prensa*, 24 de marzo de 1941.
[226] *El Mundo*, 24 de marzo de 1941.

gentino, era motivo sobrado para confiar en el brillo de la competencia. Pero puede afirmarse, sin hipérbole, que se han superado los pronósticos más optimistas, ya que se está jugando de magistral manera, y la competencia no ofrece ninguna partida que la desluzca ni atenúe su brillo. Sigue destacándose Ståhlberg, quien hoy produjo una partida extraordinaria, ya que desmoronó, mediante un sacrificio perfecto, la sólida posición alcanzada por el maestro Luckis, en una variante favorable para éste durante largo rato. Igualmente resulta admirable la sutil manera de conducir una partida de riguroso tipo posicional que jugaron Eliskases y Frydman, dos de las figuras europeas de más quilates de la competencia.

En Sonja Graf – Iliesco se jugó PD, India del Este. Graf desarrolló también su alfil por el fianchetto, y luego de un acentuado equilibrio, comenzó a tener posición preferible. Se llegó a un final con leve ventaja para las blancas, pero difícil de ganar a pesar de tener Iliesco peones doblados y aislados. El final fue muy complicado, y al suspenderse el cotejo la posición de Graf era levemente preferible. Muy compleja fue la partida Jacobo Bolbochán – Raud, Gambito de Dama Defensa Eslava, con el peón aceptado, que se desarrolló largo rato por una vía teórica. Bolbochán aisló el P3R enemigo, a cambio de ceder una poderosa casilla al caballo enemigo en 4D. Luego quedó Bolbochán con dos alfiles y torres contra dos caballos y torres, lo que le asignó buenas perspectivas.

El juego no logró abrirse, y Bolbochán, si bien mantuvo la iniciativa, no pudo quebrar la resistencia de Raud. Al suspenderse, se mantenía indecisa. Luckis – Ståhlberg fue PD, Defensa Nimzowitsch. Quedó estratégicamente inferior el blanco, por disponer su adversario de dos alfiles y tener dificultades en la casilla blanca 4AR. Paulatinamente fue equilibrándose el juego, y en cierto momento Ståhlberg sacrificó un caballo, para quedar con cuatro peones a cambio de la pieza, en un final interesante y muy difícil. Finalmente quedó Ståhlberg con torre y cuatro peones contra torre y alfil, en una posición ganadora. En este momento se suspendió la partida, que ha de ser, sin duda alguna, una de las mejores del torneo.

Julio Bolbochán – Guimard fue una Defensa Francesa, Sistema Keres. Un planteo interesante tuvo esta partida, que se caracterizó por la rapidez con que se abrió la posición. Logró conservar Guimard ambos alfiles, y el de dama prometía ser muy agresivo. En cambio, disponía Bolbochán de alguna ventaja en espacio en el ala rey y en el centro. Se trabaron los peones, y Guimard adquirió cierto dominio en el ala dama, para crearle problemas serios a su adversario en ese sector. Ganó luego un peón y más tarde la partida, en forma impecable. En Feigins – Najdorf se jugó PD, India del Este. Con gran rapidez jugó Najdorf el principio de esta partida, que fue igual a la que jugaron Feigins – Czerniak. Éste se enrocó largo, y se produjo una posición compleja de peones, agrediéndose entre sí en el centro, y dilatándose el cambio de los mismos. Presionó Feigins en el ala dama, tratando de quebrar la lucha en el punto 5AD. Ambos, pues, presionaban en el flanco de su propio enroque, con alguna ventaja en espacio por parte de Feigins. Los dos buenos alfiles de Najdorf se fueron imponiendo más tarde, y le permitieron ganar después de una combinación magistral.[227]

■ Ståhlberg sigue primero con un punto de ventaja sobre los maestros alemanes Eliskases y Engels. La idea de la cautela con que se disputaron las partidas es que, sobre nueve encuentros, cinco se hayan declarado tablas. Guimard venció ayer a Julio Bolbochán, obteniendo con este triunfo su cuarto consecutivo. Maniobró con energía desde el comienzo, y poco a poco fue estableciendo una situación ventajosa para sus piezas, que culminó con la ganancia de un peón. Luego de una demostración en el flanco de la dama se adjudicó la partida, cuando se había cumplido la 34ª movida. Una partida sumamente violenta jugaron la señorita Graf y el maestro rumano-argentino Iliesco. A pesar de que al suspenderse el juego la señorita Graf tenía posición superior, Iliesco niveló el juego, declarándose tablas poco después. El letón Feigins comenzó con PD su partida contra el polaco Najdorf,

[227] Roberto Grau, *La Nación*, 24 de marzo de 1941.

efectuando ambos el fianchetto del rey. Las blancas se enrocaron largo, iniciando una demostración contra el flanco rey adversario, que fue neutralizada por Najdorf con una serie de jugadas precisas, y luego conquistó una posición de mate, obligando a rendirse a Feigins en la jugada 43ª.[228]

10ª Rueda, 24 de marzo

▇ Contra una Apertura Reti que planteó Ståhlberg, Czerniak se defendió con una Defensa India del Rey, una de las tantas que se han jugado en este torneo. Parece que los maestros quisieron ilustrar a los aficionados sobre las posibilidades reales de una defensa que, en los últimos tiempos, estaba considerada como de muy delicada conducción para el segundo jugador, sobre todo en una de sus más difíciles ramificaciones: cuando el blanco ataca con otro *fianchetto* de rey.

Otro sí, digo: los aficionados a quienes realmente interese el ajedrez, reproduciendo las partidas de rondas anteriores pueden encontrar una serie de ejemplos muy ilustrativos sobre las grandes ventajas que suele dar el simple dominio de la columna de la dama para ambos jugadores, amén del procedimiento para anular dicho dominio. Entre otras cosas, este torneo podría servir como una muy buena ilustración práctica de dicho tema estratégico, pues hay ganadas por el blanco, por el negro, y otras en las cuales, por la columna de la dama, *se filtró la nulidad*. Nos atrevemos a decir, y es lógico, que en esos ejemplos no siempre los dos adversarios jugaron correctamente, pero eso es precisamente lo que da un valor de enseñanza práctica a las partidas de que hablamos, al mostrar las chances que dan, en esa familia de posiciones, los errores o inexactitudes en que incurre el adversario, y sobre todo, la forma de explotarlas, asunto éste no muy claro, pues *otra cosa es con guitarras*.[229]

Pasada la primera mitad del torneo comienzan a aclararse las posiciones en lo que respecta a los posible ocupantes de los puestos de honor: Ståhlberg, Eliskases, Najdorf y Engels. Guimard – Winz jugaron PD con el Gambito Aceptado. El encuentro fue movido e interesante en algunos aspectos de la lucha, cuando Guimard entregó un peón a cambio de una fuerte posición de ataque. La aceptación del sacrificio le ocasionó a Winz una situación desesperada, venciendo Guimard en buena forma. Comenzó Engels – Julio Bolbochán con la Apertura Ruy López, adoptando Bolbochán la Defensa Steinitz. En la parte media consiguió el ajedrecista alemán ganar un peón, y más tarde quedó con una posición netamente ventajosa. En la sesión de la noche, Engels se adjudicó la victoria.

De acciones pesadas resultó la partida Ståhlberg – Czerniak, PD, Defensa India del Rey. Se sucedieron algunas maniobras de interés en la parte media, pero luego de un cambio de piezas mayores se convino el empate. El polaco Najdorf venció rápida y fácilmente a Sonja Graf. Las negras jugaron bien el planteo, pero enseguida incurrieron en debilidades que les costaron primero un peón, y luego una pieza, adjudicándose Najdorf la victoria. Los resultados de ayer fueron los siguientes: Eliskases ½:½ Michel; Ståhlberg ½:½ Czerniak; Raud ½:½ Luckis; Vinuesa ½:½ Jacobo Bolbochán; Guimard 1:0 Winz; Engels 1:0 Julio Bolbochán; Iliesco 1:0 Sulik; Najdorf 1:0 Graf; Frydman ½:½ Feigins.[230]

▇ Abundaron las partidas tablas: Ståhlberg, Eliskases y Frydman, tres de los ajedrecistas mejor colocados, no pudieron batir a sus respectivos oponentes a pesar de la intensa lucha librada; en cambio, Guimard sigue venciendo, y continúa escalando en la tabla de posiciones. Nuevamente resultó una ronda de buen ajedrez, de partidas de emoción, de planteos de técnica inobjetable, de luchas azarosas, y de una permanente preocupación del público por las alternativas de los cotejos. No es posible sentir decepción por la actuación de los jugadores locales, ya que ninguna persona que tenga medianos conocimientos de ajedrez podía suponer que nuestros ajedrecistas pudieran

[228] Amílcar Celaya, *Noticias Gráficas*, 24 de marzo de 1941.

[229] Paulino Alles Monasterio, El Mundo, 25 de marzo de 1941 (Resumen). Típica expresión de Paulino.

[230] *La Prensa*, 25 de marzo de 1941.

competir sin alguna desventaja, en lucha singular, con algunos de los ases del ajedrez europeo que actúan en el torneo.

Abúndaron las partidas tablas en la décima rueda del torneo de ajedrez de Mar del Plata

Sthalberg, Eliskases y Frydman, tres de los ajedrecistas mejor colocados en la competencia, no pudieron batir a sus respectivos oponentes a pesar de la intensa lucha librada

GUIMARD SIGUE VENCIENDO

Guimard se recupera. *La Nación*, 25 de marzo de 1941

Pero se puede afirmar, sin estar cegado por la simpatía, que a parte de los tres o cuatro maestros de mayor calidad, los demás se encuentran en el mismo nivel o más bajo que los mejores elementos locales. Julio Bolbochán halló en el alemán Ludovico Engels a un rival de gran peligrosidad, que consiguió dominarlo en gran parte de la lucha, para ir imponiendo paulatinamente su mayor experiencia. La partida no alcanzó a definirse totalmente, pero la posición en que se suspendió acusa las mejores perspectivas para el ajedrecista europeo.

En Najdorf – Graf se jugó la Apertura Zukertort, y agradó la energía con que la segunda condujo las acciones. No se amilanó frente a un ajedrecista del temperamento enérgico de Najdorf, y sacrificó un peón en busca de una posición llena de promesas. Najdorf buscó en la complicación los recursos para imponer su mayor experiencia, y en el juego complejo que se produjo sacó las mejores perspectivas, para neutralizar la ofensiva enemiga y ganar en enérgica forma. En Guimard – Winz se jugó PD, Defensa Ortodoxa. Guimard pronto pudo realizar un fuerte avance central, y obtuvo posición favorable, aunque de cierta complejidad. Más tarde abrió la columna CR, y en base a la oportuna entrega de un peón asumió una enérgica iniciativa, que culminó con un vigoroso ataque triunfal contra el rey adversario. En Engels – Julio Bolbochán se planteó la Apertura Española, Sistema Steinitz Diferido.

El ajedrecista alemán es, sin duda, quien posee mayor ingenio, aun cuando carece de la admirable solidez de Eliskases. Jugó con un claro concepto de la posición, y paulatinamente fue presionando. Logró quebrar el semi-bloqueo de la posición en el momento oportuno, y a pesar de la tenaz defensa de Julio Bolbochán, tenía al suspenderse la lucha una cómoda ventaja.[231]

11ª Rueda, 25 de marzo

La victoria de Winz sobre Engels resultó la nota inesperada, ya que estaba último en la tabla de posiciones, y con un solo empate. Este resultado afirma la situación del alemán Eliskases y el sueco Ståhlberg como punteros del torneo. Engels es uno de los maestros de mayor renombre por sus antecedentes y brillante estilo de juego, pero hace pocos días un ajedrecista europeo de grandes conocimientos técnicos que actúa en el torneo, nos decía que no era posible hacerse muchas ilusiones por su actuación, ya que suele ganarle a los buenos jugadores, pero que con frecuencia pierde muchas partidas frente a los adversarios más débiles de los torneos. En Feigins – Eliskases se jugó PD, Defensa Nimzowitsch.

Eliskases consiguió una buena partida, y su ventaja posicional le permitió accionar con libertad. Más tarde pudo conseguir la ganancia de un peón, y se produjo un final de torres por ambos bandos, y alfiles de distinto color, lo que dificulta enormemente la labor del maestro alemán, pero probablemente en la sesión nocturna se impondrá.

[231] Roberto Grau, *La Nación*, 25 de marzo de 1941.

Se comentó la notable actuación de Sonja Graf frente a Frydman, a quien atacó rudamente, pero sin lograr mantener ese dominio, pues suspendió con desventaja posicional. Se jugó PD, Defensa India del Rey, obteniendo un planteo promisorio Sonja Graf, que como habitualmente hace, complicó el juego. Frydman debió emplearse seriamente para poder neutralizar los planes de su oponente, y obtuvo, después de ardua lucha, un final superior por poseer dos alfiles contra alfil y caballo. Existen, además, una torre por bando y peones iguales. El final es aún difícil. En Michel – Ståhlberg se jugó PR, Defensa Francesa. Las negras pudieron movilizar rápidamente sus piezas, para más tarde entregar un peón central a cambio del de CD de su rival. Después de una serie de cambios, de los que salió Ståhlberg con un peón de ventaja, se arribó a un final con superioridad para el sueco, quien posee un buen alfil contra un caballo que no tiene mayores perspectivas de actuar eficientemente.

Sulik – Najdorf fue PD, Defensa India de Dama. El juego se desarrolló con una línea conocida de esta apertura, y muy pronto se inició el cambio de piezas, hasta llegarse a una posición de completo equilibrio en un final de dama y caballo por bando, con igualdad de peones. Se declaró el empate a invitación de Najdorf. En Julio Bolbochán – Iliesco se jugó PD, Defensa Grünfeld. Quedó levemente inferior el negro en el planteo, y luego de algunas jugadas, Iliesco ubicó un C5R, con la finalidad de liberar su posición un tanto oprimida. Pero ése fue el origen de sus posteriores dificultades, y Bolbochán realizó una interesante combinación, ganando la dama por torre y caballo.

El argentino, para mantener su ventaja, debió maniobrar con gran exactitud; el cotejo se suspendió en posición netamente favorable para él. Jacobo Bolbochán – Guimard fue PD, Defensa Tarrasch. Se inició con una variante clásica en la que las negras entregan un peón para adquirir la iniciativa. Bolbochán aceptó la entrega, pero con buen criterio, inmediatamente la devolvió, realizando una vigorosa acción que le reportó la ganancia de un peón, y con tal ventaja provocó un final favorable. Apremiado por el tiempo, repitió dos veces las mismas jugadas, y la partida se declaró tablas por esa razón (Sic). Los resultados generales fueron los siguientes: Feigins ½:½ Eliskases; Graf 0:1 Frydman; Sulik ½:½ Najdorf; Julio Bolbochán 1:0 Iliesco; Winz 1:0 Engels; Jacobo Bolbochán ½:½ Guimard; Luckis 0:1 Vinuesa; Czerniak 0:1 Raud; Michel 0:1 Ståhlberg.[232]

La victoria de Winz sobre Engels resultó la nota inesperada de la 11a. rueda del torneo de ajedrez

Este resultado afirma la situación del alemán Eliskases y el sueco Stahlberg como punteros del concurso internacional de Mar del Plata

JUGARÁN HOY ENTRE SI

WInz obtiene una buena victoria sobre Engels. *La Nación*. 26 marzo de 1941

Engels ha sufrido una dura derrota: Winz, que hasta ahora no había ganado ninguna partida, lo venció con un juego sereno y lógico, aprovechando la oportunidad que le brindó su adversario al proponerse forzar la partida eligiendo una defensa que más bien suele ser un ataque, aunque a costa de una conformación de peones, que se presta a rupturas peligrosas (Sic).[233]

La nota de relieve de la jornada fue el excelente triunfo logrado por el jugador palestino Víctor Winz frente al alemán Engels, que ocupaba el segundo puesto. Feigins – Eliskases fue un cotejo sumamente reñido y de acciones intensas. El maestro alemán consiguió un peón de ventaja,

232 Roberto Grau, *La Nación*, 26 marzo de 1941.

233 *El Mundo*, 26 de marzo de 1941.

pero la fuerte resistencia opuesta por el letón Feigins impidió que esta diferencia se concretara, y en definitiva la partida fue declarada tablas. Ante la Apertura de PD planteada por la ajedrecista Sonja Graf, el maestro polaco Frydman opuso una Defensa India de la Dama. La lucha fue pareja al comienzo, pero paulatinamente Frydman concretó su superioridad, hasta definir su victoria en la jugada 40ª. El alemán Michel inició su juego con PR, a lo que el campeón de Suecia, Ståhlberg, opuso la Defensa Francesa. Ambos rivales condujeron el planteo con corrección, colocándose en posición superior (Sic).

Al suspenderse el juego, Ståhlberg tenía torre y tres peones contra torre y dos peones de su rival, y esta diferencia de material le permitió adjudicarse la victoria en la sesión complementaria.[234]

12ª Rueda, 26 de marzo

PROSIGÜE LA LUCHA ENCARNIZADA EN EL TORNEO DE MAR DEL PLATA

MAR DEL PLATA, 26. (De un enviado especial). — Finalizó hace un momento la primera sesión de juego de la 12ª Ronda, con los siguientes resultados:

12ª RONDA

Eliskases .... ½ v. Stahlberg .... ½
Def. Francesa, 33 jug.
Raud .... v. Michel ....
(Susp.) Zuckertort
Vinuesa .... v. Czerniak ....
(Susp.), India de Dama
Guimard .... 1 v. Luckis 0
P. D., 31 jug.
Engels .... v. Bolbochan (Jac.)
(Susp.), Siciliana
Iliesco .... v. Winz ....
(Susp.), India de Rey
Najdorf .... 1 v. Bolbochan (Jul.) 0
Nimzowitsch, 33 jug.
Frydman .... 1 v. Sulik 0
Def. Semieslava, 30 jug.
Feijins .... 1 v. Sonia Graf .. 0
G. D., 37 jug.

Al hacer tablas con Eliskases, Stahlberg permitió que Najdorf pasara a ocupar el segundo puesto a un punto de distancia. También Guimard sigue ascendiendo en la tabla, y después de su buena partida de hoy, ocupa ya el 5º y 6º puesto, empatado con Engels, a sólo un punto del segundo. Pero Engels, [illegible]

Tabla de Posiciones

	J.	G.	T.	P.	S.	Pts.
Stahlberg	12	7	5	-	-	9½
Najdorf	12	6	5	1	-	8½
Eliskases	12	4	8	-	-	8
Frydman	12	5	6	1	-	8
Engels	11	6	3	2	1	7½
Guimard	12	6	3	3	-	7½
Bolbochán Jul.	12	5	4	3	-	7
Czerniak	11	5	3	3	1	6½
Feigins	12	4	4	4	-	6
Michel	11	2	7	2	1	5½
Bolbochán Jac.	11	2	6	3	1	5
Raud	11	2	6	3	1	5
Sulik	12	2	6	4	-	5
Vinuesa	11	3	1	7	1	4½
Luckis	12	1	6	5	-	4
Iliesco	11	3	1	7	1	3½
Sonja Graf	12	-	4	8	-	2
Winz	11	1	1	9	1	1½

Eliskases, tablas con Ståhlberg.
El Mundo. 27 de marzo de 1941

▓ Al hacer tablas con Eliskases (blancas), Ståhlberg permitió que Najdorf pasara a ocupar el segundo puesto a un punto de distancia. Fue una Defensa Francesa, con entrega del centro en la 4ª. Quedó una posición típica de lucha de columna semiabierta de Rey, punto 5R! contra columna semiabierta de D, punto 4D! Ståhlberg jugó la difícil variante con su maestría habitual: desarrolló el AD oportunamente, uno de los más delicados problemas que presenta la posición. En la movida 25ª obtuvo el equilibrio en el centro mediante una *schein opfer* (Sic), y ambos adversarios resolvieron declarar tablas la partida en la jugada 32ª, cuando se había arribado a un final de Ts y Cs equilibrado.[235]

▓ Ståhlberg empató con Eliskases y se mantiene primero: eleva un punto la ventaja, como premio a su excelente actuación, ya que ha desplegado un estilo muy enérgico, sin desatender la solidez de sus posiciones. La rueda tenía un poderoso tema de atracción, y por eso no sorprendió que una considerable cantidad de público invadiera desde temprano las dependencias, ávido de asistir al desarrollo del cotejo entre Ståhlberg y Eliskases. Si la partida justificó la expectación lo dirán los lectores, pero puede anticiparse que ambos adversarios hicieron honor a sus antecedentes, y que fue tanto de admirar la sutil tenacidad con que Eliskases trataba de decidir la lucha a su favor, como la habilidad con que Ståhlberg sorteó todos los riesgos para lograr un empate que lo mantiene cómodamente primero en el torneo.

En cambio Najdorf, al batir a Julio Bolbochán, se ha colocado a un solo punto del primero, situación que compartirá también Engels, de ganarle a Jacobo Bolbochán, como pareciera indicarlo la posición en que se suspendió el cotejo. De los jugadores locales, sigue Guimard su racha de éxitos, que lo revelan como en su mejor época. Batió a Luckis en excelente estilo, y se ha colocado muy cerca de los ajedrecistas que encabezan la tabla. Las demás partidas siguieron el curso normal, y ninguno de los resultados alteró la placidez del torneo. Sólo merece destacarse la injusticia que significó la derrota de Sulik frente a Frydman, no por la calidad de juego, ya que no puede dudarse de la superioridad de éste, sino porque el primero había logrado una posición ganadora, que malogró cuando todo hacía suponer por lo menos un empate.

[234] *La Prensa*, 26 de marzo de 1941.
[235] Paulino Alles Monasterio, *El Mundo*, 27 de marzo de 1941. Un nuevo "efluvio" verbal de Paulino.

En Najdorf – Julio Bolbochán se jugó PD, Defensa Nimzowitsch. De mucho le valió a Najdorf la experiencia de un cotejo que disputó con Capablanca en el torneo de Margate, ya que se llegó a una posición idéntica. Como en aquella oportunidad conducía Najdorf las piezas negras, pudo explotar con facilidad algunas deficiencias técnicas de la posición enemiga, y sacar buen provecho de la existencia de dos alfiles en el medio juego. Un error grosero de Bolbochán aceleró los acontecimientos, ya que le significó la pérdida de una calidad, y como derivado de esto, el ajedrecista local abandonó.

En Eliskases – Ståhlberg se jugó PR, Defensa Francesa. En la apertura las negras cambiaron peones en el centro, llegándose a una posición completamente igualada. Se declaró el empate en la movida 33ª. Feigins – Graf fue PR, irregular. Un desempeño eficaz cumplieron las negras en esta partida: aislaron su PD en la apertura, y en base a ello pudieron movilizar rápidamente sus piezas, colocándolas en muy buena posición. Asumieron la iniciativa, pero más tarde, al entrar con sus torres en campo enemigo, quedaron comprometidas. Feigins ganó calidad, y en pocas jugadas la partida. Guimard – Luckis fue PD, *Defensa Doble Fianchetto.*

Al salir de la apertura, las blancas tuvieron un sólido baluarte central y sostenidas en él amenazaron un ataque en el flanco rey contrario. Luckis, en cierto momento debilitó su posición, y la agresión de las blancas adquirió gran violencia. Luego, Guimard entregó una pieza, que no fue aceptada, y ganó calidad, definiendo la lucha en su favor en la jugada 31ª, pues ganaba la dama o era mate. Los resultados generales fueron los siguientes: Engels 1:0 Jacobo Bolbochán; Iliesco 0:1 Winz; Vinuesa ½:½ Czerniak; Najdorf 1:0 Julio Bolbochán; Frydman 1:0 Sulik; Feigins 1:0 Graf; Raud ½:½ Michel; Guimard 1:0 Luckis; Eliskases ½:½ Ståhlberg.[236]

13ª Rueda, 27 de marzo

▒ El esquema de la partida Sonja Graf – Eliskases fue: Defensa Polaca, muy empleada por Sämisch hace años para complicar la partida y tratar de ganar con las negras. No es tan inferior como parece, y tiene tanto veneno como un *crótalus terrificus* (Sic). La señorita Graf jugó algo cohibida –era Eliskases quien estaba del otro lado del tablero– y esto bastó para que el formidable tirolés obtuviera una posición de arrollador dominio, la cual en la jugada 30ª explotó como una bomba, previo al conocido sacrificio inicial, tan bien sistematizado por el admirable Reti, AxPT+.

El esquema de la partida Czerniak – Guimard fue el siguiente: Gambito de Dama derivado de una Apertura Inglesa. AD del blanco encerrado, y A3D en 6ª. El negro entregó el centro, haciendo perder el consabido *tempo* al blanco, y contraatacó en la siguiente jugada (6.PxP y 7.P4A). En la movida siguiente, tal vez para conservar el famoso tiempito, Czerniak prefirió tomar con el PR dejándolo aislado en la columna D, antes que ceder los escaques 4R y 4AD del negro, por lo que Guimard se dedicó a bloquear 4D. El blanco, a su vez, explotó el suyo, 5R.

El jugador palestino, con buen criterio, evitó la simplificación (20.A1R), y se produjo la crisis de esa presión tan sostenida, cuando Guimard efectuó una combinación que más bien parece un error. Fue muy bien refutada por su adversario con dos jugadas intermedias y contundentes (22.D4R, 24.A3C!). Siguieron los fuegos artificiales hasta que en la movida 30ª el ex campeón abandonó, ante una jugada que ganaba la dama. Fue una buena partida del campeón de Palestina, y Guimard no tan feliz como de costumbre.[237]

▒ Czerniak se impuso a Guimard, y con este resultado el ajedrecista argentino ve interrumpida una serie de triunfos que lo habían llegado a un lugar destacado en la importante competencia. El torneo sigue concentrando la curiosidad de una apreciable cantidad de aficionados y turistas, que

[236] Roberto Grau, *La Nación*, 27 de marzo de 1941.

[237] Paulino Alles Monasterio, *El Mundo*, 28 de marzo de 1941. Si algún pobre lector logra descifrar el lenguaje de Paulino, podría otorgársele un premio.

han hallado en esta prueba deportiva un tema interesante para su curiosidad. La competencia destaca en el puesto de privilegio al campeón de Suecia, el notable maestro Gideon Ståhlberg, que ostenta en su historial deportivo nada menos que un *match* ganado frente al extraordinario ajedrecista ruso Aaron Nimzowitsch. Pero fuerza es reconocer que debe trabajar intensamente para mantener el lugar que ocupa en la tabla. Esto se puso en evidencia en la rueda de hoy una vez más, ya que halló en el estonio Raud un adversario de gran calidad que le obligó a jugar con mucho cuidado, hasta el punto de haberse suspendido la lucha en posición aún confusa.

Causó decepción en el público la defección de Guimard frente a Czerniak, contraste que interrumpe una serie apreciable de triunfos del ajedrecista local, que había pasado del último puesto de la tabla a compartir el sexto lugar. Czerniak se desempeñó muy bien, y ganó la dama con un ataque directo al enroque. Este resultado puede tener gravitación en la colocación del excelente ajedrecista local, pero conocido su espíritu de reacción, puede confiarse en que no ha de bastar para aminorar su empuje, sino que acentuará su deseo de victoria. Como nota igualmente comentada está la excelente actuación de Julio Bolbochán –blancas– frente al notable maestro polaco Frydman, con quien empató una partida difícil. El argentino inició el juego con PD, y Frydman opuso la Defensa Nimzowitsch. Las blancas pusieron su alfil en el fianchetto, como hizo Grau contra Fine en Varsovia. El juego se complicó al salir de la apertura, desempeñándose muy bien el jugador argentino. Las blancas pudieron ganar un peón, pero en el final que se presentó era muy difícil hacerlo valer, por lo cual ambos contendores decidieron declarar tablas el cotejo.

En Sonja Graf – Eliskases se jugó PD, Defensa Polonesa. Muy fácilmente se aseguró el campeón de Alemania, ventaja posicional. Más tarde atacó el enroque, y por medio de un típico ataque en base al sacrificio de un alfil en 2TR, ganó en enérgica forma. En Ståhlberg – Raud se jugó PD, Defensa Eslava. El ajedrecista estonio aceptó el peón del gambito, para devolverlo, después haberlo sostenido transitoriamente mediante el avance P4CD. El campeón de Suecia complicó la partida, para ganar una pieza a cambio de calidad y peón, pero la posición resultante no fue nada clara, y al suspenderse la lucha proseguía la incertidumbre sobre el desenlace del cotejo. En la sesión nocturna, Ståhlberg se impuso en buen estilo. En Winz – Najdorf se planteó PD, forma antigua.

La partida, desde sus comienzos, se presentó muy compleja. Ambos jugadores colocaron sus alfiles en los respectivos fianchettos. Winz muy pronto atacó el flanco de rey contrario, en base al avance de sus peones, pero Najdorf en todo momento jugó bien, y después de una serie de cambios quedó con un peón de ventaja en un final de torre y tres peones contra torre y dos. El final que deberá continuarse tiene, como todos en los que actúan torres, muchas dificultades, pero sin duda Najdorf posee buenas perspectivas. En la sesión nocturna, Winz logró empatar el cotejo, y los esfuerzos de Najdorf por buscar el desequilibrio fueron en vano. Los resultados de la rueda fueron los siguientes: Ståhlberg 1:0 Raud; Sulik 0:1 Feigins; Julio Bolbochán ½:½ Frydman; Jacobo Bolbochán ½:½ Iliesco; Czerniak 1:0 Guimard; Graf 0:1 Eliskases; Michel 0:1 Vinuesa; Winz ½:½ Najdorf. Suspendida: Luckis – Engels.[238]

14ª Rueda, 28 de marzo

▓ La partida que Vinuesa empató con Ståhlberg muestra la verdadera fuerza del ajedrecista rosarino. Tal vez, en cierto momento, hasta tuvo mejor posición. Pero Ståhlberg es *trés dur*... Evidentemente, Najdorf jugó dispuesto a forzar la partida con Jacobo Bolbochán. Contra una Defensa Semieslava jugó la variante PAxP seguido de P4R, aislándose un peón, del que se libró, por otra parte, jugadas después, avanzándolo. Así, la posición se transformó en francamente abierta y madura para iniciar un ataque violento. Tal fue lo que sucedió: ataque de D y 2 alfiles, *a la Harrwitz*. Inútil

[238] Roberto Grau, *La Nación*, 28 de marzo de 1941.

fue que Bolbochán intentara el cambio de damas para capear el temporal. Najdorf jugó el ataque muy bien, y los *holes* del 0-0 de Bolbochán facilitaron el resto.[239]

▓ Vinuesa empató con Ståhlberg, pero no obstante la pérdida de este medio punto, el campeón sueco se mantiene primero cuando faltan sólo tres ruedas. Una sucesión de partidas interesantes, que han demostrado de clara manera que los participantes del torneo desconocen la fatiga, a pesar del ritmo intenso impuesto a sus esfuerzos, fue la característica de esta rueda. De acuerdo con el ritmo, todo parece indicar que será el maestro sueco Gideon Ståhlberg quien se adjudique el premio UKA y la asignación en efectivo correspondiente, ya que si bien hoy sólo empató su cotejo con el ajedrecista rosarino Vinuesa, se mantiene en el puesto de honor con gran firmeza y energía.

Poco feliz resultó la tarde para Jacobo Bolbochán, que fue batido por Najdorf en mérito a un desacierto en la defensa. En cambio, Julio Bolbochán tiene alguna superioridad en su cotejo con Feigins, y Guimard suspendió en una posición muy ventajosa con Michel. En Najdorf – Jacobo Bolbochán se jugó PD, Defensa Eslava. Ensayó Najdorf el conocido tratamiento de esta línea que finca su fuerza oculta en mantener el AD detrás de la cadena de peones. La partida fue compleja, pues Najdorf, en busca de la ofensiva, aisló su PD para llevar a cabo un enérgico ataque sobre el enroque enemigo. No fue feliz en la defensa Bolbochán, lo que facilitó la tarea de Najdorf, que llegó a una posición en la que amenazaba mate. Luego el argentino entregó la dama, y abandonó pocas jugadas más tarde. Graf – Sulik también jugaron PD, Defensa Eslava. Las blancas sacrificaron un peón en el planteo, para lograr un buen desarrollo como derivado natural de la ganancia de tiempo que obtuvieron. Pero el ataque de Sonja fue bien neutralizado por Sulik, que más tarde ganó otro peón y la partida.

En Vinuesa - Ståhlberg se jugó PD, Defensa Tarrasch Sistema Folkestone. Luego de salir del planteo y entrar en el medio juego, las negras quedaron con ventaja en el flanco dama, obteniendo en él tres peones contra uno. Pero Vinuesa estableció un poderoso centro, y luego desarrolló un buen ataque. Consiguió destrozar la formación de peones negros y quedó superior, debiendo entonces Ståhlberg jugar con gran precisión.

Las acciones estuvieron a favor de las blancas durante largo tiempo, y puede decirse que éstas se hallaron a un paso de la victoria. Al suspenderse, quedaron las negras con torre y dos peones contra torre y un peón, en un final complicado. Resultados generales: Eliskases ½:½ Raud; Najdorf 1.0 Jacobo Bolbochán; Sonja Graf 0:1 Sulik; Feigins 1:0 Julio Bolbochán; Frydman 1:0 Winz; Vinuesa – Ståhlberg; Engels ½:½ Czerniak y Guimard 1:0 Michel. Iliesco – Luckis segúan jugando. Sigue encabezando las posiciones Ståhlberg con 11/14; Najdorf 10; Eliskases y Frydman 9½; Engels 9/13; Czerniak y Guimard 8½; Feigins 8; Julio Bolbochán 7.[240]

15ª Rueda, 29 de marzo

▓ Sólo Najdorf puede comprometer la situación de Ståhlberg: el campeón de Suecia lleva un punto al maestro polaco, y dos a sus otros próximos adversarios, cuando faltan dos ruedas para terminar la competencia. A pesar de faltar pocas ruedas, se hace difícil establecer un pronóstico fundado sobre su desenlace, ya que si bien se destaca la actuación del campeón de Suecia, Gideon Ståhlberg, se ha colocado a un solo punto de él el notable maestro polaco Miguel Najdorf, que podría reemplazarlo al menor desmayo del fuerte ajedrecista escandinavo. Pero la partida difícil que ayer debía sostener Ståhlberg frente a Guimard, parece que debe favorecerlo en el desenlace, ya que se suspendió en una posición delicada para Guimard, quien en la sesión nocturna no pudo evitar la

[239] Paulino Alles Monasterio, *El Mundo*, 29 de marzo de 1941. Nuevo ejemplo del repertorio lingüístico de Paulino.
[240] Roberto Grau, *La Nación*, 29 de marzo de 1941.

derrota. Al ganar este cotejo, el ajedrecista sueco mantiene un punto de ventaja, diferencia apreciable cuando sólo faltan dos ruedas para que la importante competencia termine.

Las probabilidades de Eliskases han disminuido por su exagerada tendencia al juego pausado, seguro, que lleva con frecuencia al empate aún frente a jugadores más débiles. En cuanto a Engels, su derrota de hoy frente a su compatriota Michel es un índice expresivo que lo aleja de la lucha por los puestos de honor. De los resultados de la reunión merecen destacarse la excelente actuación de Iliesco frente a Czerniak, a quien logró batir por imperio de la amplia ventaja material que alcanzó al suspenderse la lucha, y la hermosa victoria de Winz sobre Feigins, que lo rehabilita de sus actuaciones anteriores y lo muestra en la faceta que lo caracteriza: de buen jugador de ataque. En Jacobo Bolbochán – Frydman se jugó PD, Sistema Nimzowitsch. Las negras desarrollaron el AD por el fianchetto, y cuando avanzaron P4AD se produjo un cambio de peones que dejó la columna dama a merced de Bolbochán, y en cambio, la de CD bajo el dominio de Frydman. Las negras debieron defender con algunas dificultades su peón débil de 3D, y Bolbochán el de 2CD, con menos riesgo. Se cambiaron las piezas y se llegó a un final que ambos resolvieron declarar tablas.

Julio Bolbochán – Sonja Graf jugaron PD, Sistema Tarrasch. Fiel a su hábito, Sonja Graf buscó probabilidades en esta partida mediante la entrega de un peón. Más tarde lo recobró en buena forma, consiguiendo una posición muy cómoda que prometía terminar empatada. Pero desacertó en el final, y al suspenderse las acciones favorecían a Bolbochán, que ganó en buena forma. Ståhlberg – Guimard fue PD, defensa Ortodoxa. Las blancas obtuvieron un excelente planteo, y enrocaron del flanco de dama, lo que fue inmediatamente imitado por las negras. La posición que se presentó tuvo una gran complejidad en el centro. En cierto momento del medio juego, Ståhlbeg, mediante una buena combinación en base a la entrega de un caballo, puso en serias dificultades a Guimard.

Sólo Najdorf puede comprometer la situación de Stahlberg en el torneo internacional de ajedrez

El campeón de Suecia lleva un punto al maestro polaco, y dos a sus otros próximos adversarios, cuando sólo faltan dos ruedas para terminar la competencia

MAÑANA TERMINARÁ EL TORNEO

Ståhlberg corta la racha de Guimard. *La Nación*. 31 de marzo de 1941

Al suspenderse las perspectivas de triunfo se hallan de parte del maestro sueco, y en la reunión complementaria Ståhlberg ganó en buena forma. Luckis – Najdorf jugaron PD, Defensa Grünfeld. Durante la apertura las blancas consiguieron aislar el PAD y obtener una sana partida. Najdorf se vio en dificultades por una fuerte presión de Luckis en el ala de la dama, pero jugando correctamente equilibró la lucha. Más tarde, mediante un ataque al centro enemigo, que su oponente no pudo anular, ganó calidad, y en base a ello, la partida. Los resultados generales fueron: Michel 1:0 Engels; Winz 1:0 Feigins; Jacobo Bolbochán ½:½ Frydman; Julio Bolbochán 1:0 Graf; Raud 0:1 Vinuesa; Luckis 0:1 Najdorf; Czerniak 0:1 Iliesco; Sulik ½:½ Eliskases; Ståhlberg 1:0 Guimard.[241]

▓ Ståhlberg perfílase como el ganador del torneo. El esquema de la partida Luckis – Najdorf fue así: contra el PD de Luckis, opuso Najdorf la milenaria e insidiosa variante del Brahmaputra (Sic), reactivada y sutilizada en el período de fermentación ajedrecística de la post guerra por el famoso teórico vienés Ernst Grünfeld. Las blancas, en vista del éxito obtenido en ruedas anteriores,

[241] Roberto Grau, *La Nación*, 30 de marzo de 1941.

eligieron el sistema de Satanás y Belcebú (Sic). Pocas jugadas más tarde relajaron la tensión central cambiando los peones. Pero conociendo las triquiñuelas de la posición, no prosiguieron con el avance de los peones centrales, los que fácilmente pueden volverse débiles, casi colgantes, y sucumbir a la presión combinada del A2C y una columna.

Sin embargo, el plan de juego, tal vez carente de la necesaria energía y exactitud, permitió a las negras, ya en la 7ª movida, no tan solo liberar completamente su juego y obtener el equilibrio central, gracias a la acción del *Draken* de 2CR (Sic), sino también aislar el PAD contrario en una columna abierta. Y no se ve muy claramente la posibilidad de que este peón pudiera contribuir eficazmente a la represión (Sic) del flanco dama adversario. Ya en la jugada 13ª se cambiaron las damas, y en el final que se produjo Luckis prefirió no retribuir atenciones, aislando a su vez el PAD de su rival, por no deshacer su pareja de alfiles, toda su fortuna, dejando a Najdorf la suya.

Reconociendo su posición inferior, las negras intentaron hacer tablas por repetición de jugadas, amenazando el PR y una torre simultáneamente, pero el interesado eludió la variante entregando el peón, ganó calidad y poco después un alfil, visto lo cual Luckis abandonó. Michel jugó *a muerte* con Engels. Contra una Siciliana variante Rubinstein eludió la vidriosa (Sic) línea de juego P5R, y al tomar la partida la estructura de una *Draken*, se enrocó largo y lanzó un violento ataque a la bayoneta. Eliminó la mejor pieza del 0-0 –el A2C–, entró con la dama por negras, y fue desastre en pocas jugadas. La consabida presión de las negras en la columna AD no bastó.[242]

STAHLBERG PERFILASE COMO GANADOR DEL TORNEO DE AJEDREZ

MAR DEL PLATA, 29 (De un enviado especial). — Los resultados de las dos partidas suspendidas de la 14ª ronda, que aún continuaban jugándose anoche, fueron los siguientes:

SUSPENDIDAS DE LA 14ª RONDA

Guimard 1 Michel 0
(63 jugadas)
Iliesco Luckis
(Suspendida por 2ª vez, 88 jug.; T y T y A)

En esta última partida se juega un final de T y A v. T, sin peones. El maestro lituano cree poder ganar con una pequeña ayuda de Philidor. Al finalizar la primera sesión de juego de la 15ª ronda, que se inició esta tarde, cinco partidas se habían definido; las cuatro restantes se suspendieron, según detallamos a continuación:

RESULTADOS DE LA 15ª RONDA

Sulik ½ Eliskases ½
(Defensa francesa, 43 jugadas)
Bolbochan, Jul. Sonja Graf
(Defensa Tarrasch, 41 jugadas, suspendida)
Winz 1 Feigins 0
(Zuckertort-Nimzowitsch, 44 jugadas)
Bolbochan, Jac ½ Frydman ½
(Nimzo-India, 25 jugadas)
Luckis 0 Najdorf 1
(Defensa Grünfeld, 32 jugadas)
Czerniak Iliesco
(Def. India del Rey, 43 jug., suspendida)
Michel 1 Engels 0
(Defensa siciliana Draken, 23 jugadas)
Stahlberg Guimard
(Def. Ortodoxa, PAxP - PRxP, 46 jug., susp.)
Raud Vinuesa
(Def. Zuckertort-Nimzowitsch, 48 jug., susp.)

Dos breves y violentas partidas de esta Ronda:

Esquema de la partida Luckis v. Najdorf: Contra el P. D. de Luckis, opuso Najdorf la milenaria e insidiosa variante del Brahmaputra, reactivada y sutilizada en el período de fermentación ajedrecística de la post guerra, por el famoso teórico vienés Ernest Grünfeld. Las blancas, en vista del éxito obtenido en rondas anteriores, eligió el sistema de Satanás y Belcebú. Pocas jugadas más tarde relajaron la tensión central cambiando los peones. Pero, ... las triquiñuelas de la posi... el avance de los

Contra una Siciliana, variante Rubinstein, eludió la vidriosa línea de juego P5R, y al tomar la partida la estructura de una Draken se enrocó largo y lanzó un violento ataque a la bayoneta.

Eliminó la mejor pieza de defensa del O-O (el A2C), entró con la D. por Negras, y fué el desastre en pocas jugadas. La consabida presión de las Negras en la col. AD (5AD!) no bastó.

MICHEL v. ENGELS
Blancas Negras
Defensa siciliana (variante Draken)
(Por transposición de una Rubinstein)

1.	P4R	P4AD	13.	AxC	TxA
2.	CR3A	CR3A	14.	P5T	D4T
3.	C3A	P3D	15.	C3C	D3T
4.	P4D	PxP	16.	A6T	A3A
5.	CxP	P3CR	17.	AxA	RxA
6.	A2R	A2C	18.	PxP	PAxP
7.	A3R	O-O	19.	D6T+	R2A
8.	D2D	C3A	20.	P5C	C2D
9.	O-O-O	A2D	21.	DxP+	R1R
10.	P3A	TD1A	22.	DxP+	R1D
11.	P4CR	C4R	23.	D7C y las negras abandonaron	
12.	P4TR	C5A			

LA SESION NOCTURNA

Durante la sesión nocturna se definieron las siguientes partidas:

De la 13ª ronda
Luckis ½ Engels
(87 jugadas)

De la 15ª ronda
Bolbochan, Jul. 1 Sonja Graf
(59 jugadas)
Czerniak 0 Iliesco
(46 jugadas)
Stahlberg 1 Guimard
(63 jugadas)
Raud 0 Vinuesa
(56 jugadas)

Tabla de Posiciones

	J.	G.	T.	P.	S.
Stahlberg	15	9	6	-	-
Najdorf	15	8	6	1	-
[illegible]	15	5	10	-	-

El sistema de *Satanás y Belcebú (Sic)* de Paulino. *El Mundo*. 30 de marzo de 1941

El cotejo que suscitó mayor interés fue el del campeón sueco Ståhlberg, que esta vez tuvo como rival al ex campeón argentino, Carlos Guimard. La lucha resultó en extremo interesante, y no pudo definirse en la primera sesión, habiéndose comentado la excelente defensa que opuso el maestro argentino ante el más serio candidato para ganar el certamen. Se planteó una Apertura de PD con la Defensa Semieslava. La lucha fue favorable para el campeón de Suecia, pero Guimard maniobró con mucho acierto, y ante las dificultades crecientes de la posición, optó por entregar una calidad a cambio de un peón. Ello dio lugar a un final extraordinariamente dificultoso, y a pesar de la mencionada ventaja material del puntero, el juego era defendible al suspenderse la partida.

En la sesión de la noche Ståhlberg impuso la ventaja. Otra partida que motivó mucha expectativa fue la de Najdorf contra Luckis, dada la excelente colocación que actualmente tiene el maestro polaco. Ante la Apertura PD efectuada por Luckis, puso en práctica Najdorf la Defensa India del Rey. Desde el principio se produjo una lucha movida e interesante. Najdorf sacó mejor provecho de la situación, y mediante un ataque bien conducido se adjudicó el triunfo, con lo que se mantiene en segundo lugar.

Una partida correctamente jugada por ambas partes sostuvieron el polaco Sulik y el alemán Eliskases. Éste adoptó la Defensa Caro-Kann, y en una situación de igualdad acordaron el empate.

[242] Paulino Alles Monasterio, *El Mundo*, 30 de marzo de 1941. Los desbordes verbales de Paulino van en aumento.

Jacobo Bolbochán planteó una partida de PD a Frydman, quien adoptó la Defensa Nimzowitsch. La lucha se mantuvo equilibrada en todo momento, y finalmente ambos rivales resolvieron declarar las tablas. La partida que jugaron Julio Bolbochán y Sonja Graf resultó muy reñida. Comenzó con el sistema de ataque catalán, y por ambos lados se realizaron maniobras interesantes, llegándose a una posición favorable para Bolbochán, y así quedó suspendido el juego. En la sesión nocturna se impuso el argentino.[243]

16ª Rueda, 30 de marzo

■ El esquema de la partida Eliskases – Vinuesa fue Apertura Inglesa, transformándose en un ataque siciliano. Continuaron las blancas con la Variante Rubinstein, tan analizada después de los torneos de Marienbad y Debreczin 1925. Vinuesa eludió la variante principal 2...P5R, avanzando este peón sólo en la siguiente movida, cuando las blancas lo provocaron con 3.P4D. Se llegó así a la estructura definitiva de la partida: esqueleto de peones de una partida Francesa con los colores invertidos. No estuvo muy feliz Vinuesa en este planteo y preparación del medio juego: reforzó la posición central de su temible adversario, dejándolo, además, con los dos alfiles al intentar debilitar el flanco de la D.

Es verdad que quedó con dos caballos muy activos, prontos a ubicarse en algunos jaqueles negros débiles, pero fue entonces cuando se puso en evidencia una de las tantas ventajas de la pareja de alfiles: oportunamente Eliskases eliminó uno de los caballos fuertes desprendiéndose de un alfil, pero ganando un peón. Comprendió Vinuesa que en esas condiciones, frente a Eliskases, debía morir a fuego lento, por lo que entregó un caballo para intentar un ataque directo con D y T, pero el jugador tirolés aceptó solamente un peón, y el ataque se esfumó. Como a todo esto se añadía la acción de una T en 7ª, Vinuesa optó por no trabajar inútilmente.[244]

■ Los encuentros fueron observados por una extraordinaria cantidad de aficionados, que centralizaron su atención en los de Ståhlberg contra Engels y Najdorf contra Czerniak, por el hecho de que Najdorf es el único jugador que todavía puede aventajar al campeón de Suecia en la clasificación final. Mientras Ståhlberg hacía tablas, Najdorf luchaba con decisión para adjudicarse el triunfo. De vencer Najdorf en esta partida, la rueda final de mañana sería emocionante, pues Ståhlberg tendrá necesariamente que ganar para clasificarse primero absoluto. El cotejo Najdorf – Czerniak resultó lucido, comenzando con PD, Defensa Eslava. La parte media fue favorable para las blancas, que consiguieron ganar un peón, y en esas condiciones quedó suspendido el juego, que es favorable para Najdorf.

Una dificultosa partida jugaron la señorita Sonja Graf y Winz. Después de varias tentativas de forzar el juego, las blancas consiguieron ganar un peón, quedando en el momento de la suspensión con esa ventaja material, aunque será muy difícil la victoria. Ante una Apertura de PR de Sulik, contestó Julio Bolbochán con la Defensa Siciliana, originándose un juego movido pero equilibrado, finalizando la lucha con un empate.[245]

■ El resultado del campeonato se mantiene incierto. El maestro polaco Najdorf continúa siendo el único jugador que está en condiciones de comprometer el triunfo de Ståhlberg. La rueda reunió un gran número de aficionados, que siguieron con gran interés el desarrollo de los cotejos. Frente al tablero en que el fuerte maestro alemán Engels jugaba con el campeón de Suecia, Ståhlberg, se aglomeró la mayor cantidad de espectadores, ya que de esta lucha podía depender el ganador del certamen. En el final de esta partida, Ståhlberg, con su rey muy bien situado, pudo pretender forzar

[243] *La Prensa*, 30 de marzo de 1941.
[244] Paulino Alles Monasterio, *El Mundo*, 31 de marzo de 1941.
[245] *La Prensa*, 31 de marzo de 1941.

la ganancia, pero su colocación en la tabla de posiciones hizo que se conformara con dividir el punto, afianzándose así en el puesto de honor.

Najdorf, que marcha muy cerca, sigue siendo su competidor más peligroso para arrebatarle la condición de *leader*, pero para ello debe ganar su partida de mañana contra Michel, con negras, y Ståhlberg, por el contrario, debe ser vencido por Iliesco conduciendo las piezas blancas. Feigins – Jacobo Bolbochán fue PD, Defensa Nimzowitsch. Pocas jugadas después de iniciada la apertura, las acciones se fueron inclinando a favor de las blancas, y al llegar al medio juego, mediante la entrega de calidad y un peón, consiguieron estas, ganar una pieza. Bolbochán usó mucho de su tiempo, y por tal causa se vio apuradísimo en el final. Las maniobras desarrolladas por ambos contendientes adquirieron gran intensidad durante todo el transcurso del juego. Al suspenderse, Feigins tenía alfil y caballo contra una torre del argentino, y si a ello se suma que el primero tiene, además, dos peones libres y pasados en el ala de la dama, salta la evidencia de que al continuarse la lucha en la sesión nocturna el triunfo de las blancas es indudable.

En Sulik – Julio Bolbochán se jugó PD, Defensa Siciliana. Las negras, a fin de sostener una buena movilización para sus piezas, se aislaron el PD, que fue inmediatamente el centro de la presión de Sulik hasta que pudo apoderarse de él. Sin embargo, Bolbochán, con buen criterio, provocó el cambio de las damas y más tarde recuperó el material. Al llegar al final del juego y ante el exacto equilibrio de la posición, ambos oponentes acordaron el empate. Muy compleja fue la partida Sonja Graf – Winz, PD, Variante A4AR de las blancas. Las blancas, con la ambición del triunfo, atacaron reciamente, produciéndose maniobras de gran vistosidad, jugando Sonja Graf en forma excelente.

Al salir del medio juego ambos contrarios se vieron apremiados por el reloj, debiendo efectuar once jugadas en pocos minutos. Las blancas suspendieron el final con un peón de ventaja, y si bien con algunas dificultades, deben ganar al reanudarse la partida. En Najdorf – Czerniak se planteó PD, Sistema Antiguo. El jugador polaco dejó el alfil que corre por casillas negras dentro de la cadena de peones. Probablemente adoptó esta forma para evitar sorpresas, dada su colocación en el torneo. Se presentó una posición compleja en el centro, que las blancas liquidaron lo más pronto posible, con cierta ventaja, ya que Czerniak quedó con dos peones centrales sueltos y débiles. Con esta base, Najdorf maniobró constantemente para presionarlos, y logró ganar uno, provocando un final en el que tiene todas las perspectivas de vencer. Al suspenderse, el material era de torre y cuatro peones para Najdorf, torre y tres peones para Czerniak.[246]

El campeonato de ajedrez, cuyo resultado se mantiene incierto, terminará hoy en Mar del Plata

El maestro polaco Najdorf continúa siendo el único jugador que está en condiciones de comprometer el triunfo de Stahlberg en el torneo internacional

EL CAMPEÓN SUECO AFIRMÓ SU POSICIÓN

Najdorf derrota a Czerniak y se acerca.
La Nación. 31 de marzo de 1941

17ª Rueda, 31 de marzo

▌Las últimas partidas han definido las posiciones: Najdorf buscaba el triunfo, y Ståhlberg, sostenerse. Este torneo, herencia del más famoso Torneo de las Naciones efectuado en el mundo, mantuvo latente su extraordinario interés hasta el último instante. Notables maestros extranjeros que la marea de los conflictos que agitan al mundo dejó en nuestras playas benignas, han devuelto en la honesta moneda de su ciencia superior cuanto pueda haberles brindado la hospitalidad argen-

[246] Roberto Grau, *La Nación*, 31 de marzo de 1941.

tina. Las partidas de la última rueda tuvieron un dramatismo que escapó al ambiente de los salones donde se realizaron, para ganar a los aficionados de todo el país. Dos maestros extranjeros, campeones de sus respectivos países, figuras de notable prestigio mundial y de la más amplia simpatía, estaban disputando la partida más extraña del mundo: uno contra el otro, pero en tableros diferentes. Ståhlberg, líder, y Najdorf, único aspirante a reemplazarlo, agotaron sus recursos jugando con Iliesco, aquél, y con Michel, éste.

Toda la expectativa se refundió sobre esos dos tableros, y los conocedores del temperamento de los ajedrecistas pudieron asistir a un espectáculo tan pleno de matices y emociones como las que suelen brindar deportes de otra naturaleza. Ståhlberg jugaba extremando la modalidad de su talento, de línea estilizada y recursos técnicos, pues con solo empatar se aseguraba el primer puesto, aunque debiera compartirlo. Najdorf, por el contrario, fiel a su temperamento, buscaba la manera de forzar la partida, si bien tenía en frente a un jugador de los quilates de Michel.

Las Ultimas Partidas del Torneo Magistral de Ajedrez Han Definido las Posiciones

Najdorf Buscaba el Triunfo, y Stahlberg Sostenerse

ESTE torneo magistral de ajedrez, heredero del más famoso de los Torneos de las Naciones efectuados en el mundo, que llevó por escenario a Buenos Aires, mantuvo latente su extraordinario interés hasta el último instante. Notables maestros extranjeros, que la marea de los conflictos que agitan al mundo dejó en nuestras playas [illegible]

LA ULTIMA RUEDA

Las partidas de la última jornada tuvieron un dramatismo que escapó al ambiente de los salones donde se realizaron, para ganar a los aficionados de todo el país. Dos maestros extranjeros, campeones de sus respectivos países, figuras de notable prestigio mundial y de la más amplia simpatía, estaban disputando la partida más extraña del mundo: en efecto, jugaban uno contra el otro, pero en tableros diferentes, mientras la responsabilidad de la situación igualaba la tenaz resistencia opuesta por cada uno de sus rivales. Gedeón Stahlberg, líder del torneo, pero con sólo medio punto de ventaja, y Miguel Najdorf, único aspirante a reemplazarlo en esa posición, agotaron sus recursos jugando con Iliesco, aquél, y con Michel, éste. Y para que el caso ganara en aristas emocionantes, la [illegible]

Ståhlberg y Najdorf: emocionante duelo.
La Razón. 1º de abril de 1941

Finalmente, luego de situaciones azarosas y matices cambiantes, ambas partidas acreditaron medio punto a cada rival, y con ello el torneo cerró su desarrollo sancionando el triunfo del maestro Ståhlberg. A sólo medio punto de él finalizó Najdorf, que podría ser llamado el campeón de la simpatía, conquistada durante sus largas *jiras* por el interior del país, donde derrochó su ciencia y ganó amigos y admiradores, así como también la empresa Molinos Río de la Plata, entidad auspiciadora de su *jira* que no vaciló en interrumpirla para permitirle actuar en el torneo.[247]

▓ Ståhlberg ganó el torneo, y Najdorf se clasificó segundo. La competencia apasionó a los aficionados durante toda su realización, no sólo por la alta calidad de los maestros participantes, sino porque en todo momento pudo apreciarse que los jugadores se comportaban en forma excelente, produciendo encuentros que estaban a tono con su jerarquía. La actual situación europea ha permitido llevar a la práctica en nuestro país un certamen internacional de la magnitud del que acaba efectuarse. En efecto, con motivo de la guerra gran parte de los maestros tuvieron forzosamente que quedarse a vivir en Buenos Aires, y tal circunstancia ha permitido organizar esta competencia con un gasto reducido. La victoria de Ståhlberg ha sido magnífica, y tanto él como Eliskases son maestros de categoría mundial. Su triunfo ha sido inobjetable, y teniendo en cuenta las fuerzas de sus rivales y la significativa circunstancia de no haber perdido un solo juego, puede ostentar esta victoria como una de las más brillantes de su carrera.

Stahlberg Ganó el Torneo Internacional de Ajedrez

En el segundo puesto se clasificó el maestro polaco Miguel Najdorf

Mar del Plata, marzo 31 (De un enviado especial) — Con la victoria del campeón de ajedrez de Suecia, Gedeón Stahlberg, finalizó hoy el gran torneo internacional de ajedrez que se disputó en esta ciudad, organizado por la Asociación de Propaganda y Fomento de Mar del Plata, con la fiscalización de la Federación Argentina de ese deporte. La competencia apasionó a los aficionados durante toda su realización, no sólo por la alta calidad de los maestros participantes, sino por el hecho de que en todo momento pudo apreciarse que los jugadores se comportaban en forma excelente, produciendo encuentros que estaban a tono con la jerarquía de la prueba.

La actual situación europea ha permitido llevar a la práctica en nuestro país un certamen internacional de la magnitud del que acaba de efectuarse. En efecto, con motivo de la guerra gran parte de los maestros que vinieron a nuestro país para intervenir en el campeonato mundial que se jugó en Buenos Aires en el año 1939, tuvieron forzosamente que quedarse a residir en la capital federal, y tal circunstancia ha permitido organizar esta competencia con un gasto reducido. Tanto Stahlberg como Eliskases son ajedrecistas de categoría mundial, y la lucha por el puesto de honor entre estos dos grandes valores, considerados antes de comenzar el torneo como los mejores candidatos al triunfo, fue seguida con extraordinario interés por la gran can- [illegible]

La rueda final

[illegible]

Ståhlberg, brillante ganador.
La Prensa. 1º de abril de 1941

[247] *La Razón*, 1º de abril de 1941.

El maestro polaco Miguel Najdorf ocupó el segundo puesto luego de un avance espectacular, que inició al promediar el certamen. El estilo agresivo y agradable de Najdorf fue uno de los motivos de atracción de la competencia. El campeón de Alemania, Eliskases, vio malograda su posibilidad de triunfo por la clase de juego que en todo momento desarrolló. En efecto, desde las primeras ruedas se notó que Eliskases jugaba como respondiendo a un plan trazado de antemano, esto es, hacer un ajedrez científico. Condujo todas sus partidas con extraordinaria seguridad, pero el exceso de empates lo fue alejando del primer puesto. Los resultados de la rueda final fueron los siguientes: Julio Bolbochán ½:½ Eliskases; Winz 0:1 Sulik; Jacobo Bolbochán 1:0 Graf; Luckis ½:½ Feigins; Michel ½:½ Najdorf; Raud 0:1 Engels; Vinuesa ½:½ Guimard; Ståhlberg ½:½ Iliesco. Suspendida: Czerniak – Frydman.[248]

▓ Gideon Ståhlberg ha vencido jugando con una seguridad y una soltura dignas, realmente, de un *grossmeister.* Es un ajedrecista que nunca trata de pescar en río revuelto, y que jamás juega *pour la galerie.* Es evidente que en un torneo discretamente largo los resultados tienen muchas probabilidades de ser más ajustados a la verdad en lo que se refiere a la fuerza ajedrecística real de los participantes, que uno corto. Pero es necesario que el rigor de la prueba no sea excesivo. En este torneo se ha jugado diariamente, domingos inclusive, continuando las partidas suspendidas por la noche, y sin un solo día de descanso. No todos son capaces de soportar semejante prueba. Nos consta que tres jugadores, sobre todo, no han podido resistirla indemnes.

Son ellos Engels –cuya constitución física de las cejas para abajo no es la más apropiada para resistir impunemente *tours de force* de esa índole–, Julio Bolbochán –cuya fresca y equilibrada adolescencia se ve seriamente perturbada por el continuado esfuerzo– y *Fraulein* Sonja Graf, quien no necesita demostrar su fuerza ajedrecística, y que participó en este durísimo torneo sabiendo que no eran muchas las probabilidades de ocupar uno de los primeros puestos, pero demostrando que es una perfecta *sportswoman.*

Parece inconmovible la preferencia por las partidas de PD sobre las de PR. Y cuando éstas de juegan, la defensa de las negras es casi sin excepción una irregular, Francesa y Siciliana sobre todo. En todo el torneo sólo se han jugado dos Ruy López. Y para acrecer la importancia de este torneo, ni siquiera ha faltado el ensayo de una novedad técnica (A5CD), como en la variante sueca de la Defensa Tarrasch jugada por uno de sus forjadores, Ståhlberg, en su partida frente a Vinuesa de la rueda 14ª. El sueco parece también haber confirmado prácticamente que el ataque 3.C2D en la Defensa Francesa se previene cómodamente con el contraataque inmediato de las negras sobre el flanco dama 3...P4AD, como en su partida con Michel de la 11ª rueda, jugando si es necesario con el PD aislado.

Gana Stahlberg el Torneo Internacional de Ajedrez

Tabla de Posiciones

La *Defensa Brahmaputra (Sic)* de Paulino. *El Mundo.* 1º y 2 de abril de 1941

El auge de la Defensa del Brahmaputra (Sic) en todas sus variedades modernas, es sintomático, y parece que se puede jugar sin mayor riesgo. En cuanto

[248] *La Prensa*, 1º de abril de 1941.

al inefable y latinísimo Iliesco, ha tenido que luchar, como siempre, con el horrible hándicap de su temperamento. Su estilo *a muerte*, según su propia clasificación, suele conducir a un verdadero *harakiri*. Su score en las primeras nueve rondas no muestra una sola partida tablas. En la 10ª empató la primera, produciendo indignación en algunos que creyeron en algo así como una claudicación, aunque la explicación es mucho más simple. Recuperó enseguida su lirismo, hasta que Luckis, con el famoso final de T y A contra T, lo obligó a efectuar decenas de jugadas de las que no le gustan. Y digamos en su honor, que la partida de la última rueda contra Ståhlberg prueba que es posible empatar una partida por medio de una combinación elegante.

Sabemos perfectamente que no es asunto fácil la organización y financiación de un torneo de este calibre, y que no se encuentra todos los días una entidad cuyos dirigentes sean capaces de la inteligente actividad de los de la Asociación de Fomento de Mar del Plata, ni la oportuna contribución de la empresa de un Casino. Pero creemos que *herr* Pilnik podría aprovechar las enseñanzas que se derivan de la organización de este torneo, y hacer lo posible para que el muy próximo que patrocina la Sociedad Hebraica Argentina no presente los inconvenientes que ha evidenciado éste en lo que respecta al esfuerzo persistente y excesivo a que se somete a los jugadores.[249]

Ståhlberg, delante de Najdorf

▓ Obtuvo un gran triunfo el sueco Gideon Ståhlberg, con 13/17, quedando segundo Najdorf (Polonia) 12½. Luego siguieron Erich Eliskases (Alemania) 11½; Ludwig Engels (Alemania) y Paulin Frydman (Polonia) 11; Miguel Czerniak (Palestina), Movsa Feigins (Letonia) y Carlos Enrique Guimard 9½; Julio Bolbochán 9; Paul Michel (Alemania), Francisco Sulik (Polonia) y Juan Vinuesa 8; Jacobo Bolbochán 7½; Ilmar Raud (Lituania) 6½; Juan Iliesco 6; Marcos Luckis (Lituania) 5½; Víctor Winz (Palestina) 4½; Sonja Graf (Apátrida) 2½.[250]

Clausura

▓ Luego del torneo, por gestión del campeón de Mar del Plata y presidente del Círculo de Ajedrez de la ciudad, Néstor Dupetit, con la colaboración del doctor Carlos Arana, se obtuvo el apoyo de la Municipalidad y se organizó una sesión de simultáneas de Gideon Ståhlberg, quien obtuvo +20 =3 -3. Asimismo, se jugó un *match* de exhibición en consulta, venciendo Iliesco y Sonja Graf a Winz y Dupetit.[251]

▓ Una ceremonia sencilla pero de agradables relieves fue la que se realizó esta tarde a las 18.30 en el Casino, con motivo de procederse a la entrega de los premios del torneo. Una concurrencia crecida asistió al acto, deseosa de expresar su simpatía a los maestros, vencedores o vencidos, ya que todos colaboraron para el éxito técnico de la prueba, y cooperaron al realce del espectáculo. Y si bien hubo aplausos abundantes para el vencedor Gideon Ståhlberg, fue de una acentuada persistencia la salva de aplausos que acompañó a la señorita Sonja Graf, última, pero sin duda primera en la simpatía del público cuando se aproximó para recoger el premio que le correspondió.[252]

[249] Paulino Alles Monasterio, *El Mundo*, 1º y 2 de abril de 1941. Digna crónica de cierre en "lenguaje paulinístico".

[250] *Torneo Internacional de Ajedrez Mar del Plata 1941*, Luis Palau, Edición del autor, 1941. Alumni nº 307.

[251] *Caissa* nº 33, pág. 52. "A Sonja Graf recuerdo haberla visto y cambiado algunas palabras en el Club Argentino. Solo recuerdo que no me pareció linda, si bien interesante. Creo que era mayor que yo". Testimonio de Leonardo Lipiniks al autor, 9 de abril de 2006.

[252] Roberto Grau, *La Nación*, 2 de abril de 1941.

Se clausuró con palabras pronunciadas por el presidente de la Comisión de Fomento de Mar del Plata, señor Juan Fava,[253] y por el presidente de la Comisión de Torneos de la FADA, Roberto Gabriel Grau. La Federación entregó medallas récordatorias en agradecimiento por sus aportes al ajedrez argentino, a Félix Sola, R. Machinandiarena y M. Machinandiarena.[254]

Expresó Grau:

> FADA ha querido que fuera yo, en mi carácter de presidente de la Comisión de Torneos, quien hiciera oír su voz de agradecimiento en este acto que clausura el espectáculo ajedrecístico individual más trascendente que se haya realizado en Sudamérica. Ha ganado la prueba un hombre que trajo en sus ojos azules la simpatía que merece su patria lejana. La ha ganado un gran señor del tablero y un gran señor en la vida privada, que nos honra con su permanencia en nuestro medio. Expresión admirable de lo que debe ser un maestro de ajedrez en la vida de relación, sintetizaré en él, por su éxito que tanto nos alegra, la gratitud de la FADA hacia todos los competidores argentinos y extranjeros, que en esta tierra nuestra, donde la hermandad humana es uno de los bellos tesoros que conservamos, se han logrado fundir en un esfuerzo, donde todos, vencedores o vencidos, colaboraron por igual. A. Uds., señores, un emocionado ¡gracias! del ajedrez argentino.[255]

Semblanzas y personajes

Establecida la importancia del certamen, va implícito que la performance del ganador bastaría para calificarlo como un gran valor. Es cierto que no era menester este trascendente triunfo para llegar a la conclusión de que Ståhlberg es un gran maestro. No hemos descubierto a una gran figura, sino que hemos constatado que sigue siéndolo. La diferencia de medio punto que lo separó de Najdorf es, tal vez, la expresión exacta de los merecimientos de cada uno de ellos en esta justa. Pequeña fue la distancia, como pequeña fue la superioridad de la demostración realizada. Con esto, digo que ambas han sido magníficas, brillantes, y consagratorias. Tanto más en lo que se refiere al maestro polaco, cuya rápida ascensión a los primeros planos del ajedrez mundial ha tenido en esta oportunidad una confirmación de que era bien merecida. De parecida significación ambas performances, fueron logradas con demostraciones de distinto aspecto.

Más completo, equilibrado, el juego de Ståhlberg; genial e intuitivo el de Najdorf. Mientras aquél apoya su notable aptitud en profundos conocimientos teóricos, éste debe, en gran parte, sus triunfos a su instinto ajedrecístico. No obstante mi propósito de ser breve, no me perdonaría la omisión de mencionar la presencia de una mujer en este gran torneo. Además de poco galante, sería esta omisión más injusta, porque precisamente por tratarse de una mujer, la intervención de Sonja Graf es particularmente destacable. Por ello es que su performance debe juzgarse haciendo abstracción de su score final. Sonja Graf ha obligado a trabajar a todos sus rivales, y fue una de las grandes atracciones del certamen, pues hacia sus partidas convergía en gran parte la atención de los espectadores.[256]

[253] La Asociación de Propaganda y Fomento fue creada en 1928 con el fin de "...propulsar una corriente que de vida al comercio". Esta entidad llevó a cabo una actividad enorme por aquellos años; estuvo dirigida por hombres de conocida trayectoria, como Juan Fava, Rufino Inda, Antonio De Leonardis, y otros, vinculados a las principales industrias y comercios de la ciudad. Bajo el lema "Mar del Plata camina sola" y en pro de la 'democratización' del balneario, inició su apertura hacia nuevos sectores sociales. Concretaron la ruta nacional nº 2, y crearon el Circuito de Mar y Sierras, que más tarde transformarán a la ciudad en un centro de turismo regional. [Elisa Pastoriza, *La Política Conservadora, 1930 – 1940*]

[254] *El Ajedrez Americano* 2ª época nº 71 pág. 89. Libertad Lamarque cuenta en su libro autobiográfico que Miguel Machinandiarena era el concesionario del Casino de Mar del Plata. Nota del autor.

[255] Roberto Grau, *Torneo Internacional de Ajedrez Mar del Plata 1941*, op. cit., resumen.

[256] Pedro Barbé, *Torneo Internacional de Ajedrez Mar del Plata 1941*, op. cit., 1941.

Torneo Internacional de Mar del Plata 1941

		1	2	3	4	5	6	7	8	9	0	1	2	3	4	5	6	7	8	PTS	S.B.
1	Ståhlberg,Gideon	*	½	½	½	½	½	1	1	1	1	½	½	1	1	½	1	1	1	13.0/17	
2	Najdorf,Miguel	½	*	½	1	1	1	1	½	1	½	½	½	1	1	0	1	½	1	12.5/17	
3	Eliskases,Erich Gottlieb	½	½	*	½	½	1	½	1	½	½	½	1	½	½	1	½	1	1	11.5/17	
4	Engels,Ludwig	½	0	½	*	½	½	1	1	1	0	½	1	1	1	1	½	0	1	11.0/17	87.75
5	Frydman,Paulino	½	0	½	½	*	0	½	½	½	½	1	1	½	1	1	1	1	1	11.0/17	80.50
6	Czerniak,Moshe	½	0	0	½	1	*	½	1	0	½	1	½	1	0	0	1	1	1	9.5/17	73.25
7	Feigin,Movsa	0	0	½	0	½	½	*	0	1	½	1	1	1	1	1	½	0	1	9.5/17	70.25
8	Guimard,Carlos Enrique	0	½	0	0	½	0	1	*	1	1	1	½	½	½	0	1	1	1	9.5/17	69.75
9	Bolbochán,Julio	0	0	½	0	½	1	0	0	*	1	½	1	½	½	1	½	1	1	9.0/17	
10	Michel,Paul	0	½	½	1	½	½	½	0	0	*	½	0	½	½	½	½	1	1	8.0/17	61.75
11	Sulik,Franciszek	½	½	½	½	0	0	0	0	½	½	*	1	1	½	0	½	1	1	8.0/17	61.00
12	Juan Vinuesa,Antonio	½	½	0	0	0	½	0	½	0	1	0	*	½	1	1	1	1	½	8.0/17	57.75
13	Bolbochán,Jacobo	0	0	½	0	½	0	0	½	½	½	0	½	*	½	1	1	1	1	7.5/17	
14	Raud,Ilmar	0	0	½	0	0	1	0	½	½	½	½	0	½	*	1	½	½	½	6.5/17	
15	Iliesco,Juan Traian	½	1	0	0	0	1	0	1	0	½	1	0	0	0	*	½	0	½	6.0/17	
16	Luckis,Marcos	0	0	½	½	0	0	½	0	½	½	½	0	0	½	½	*	1	½	5.5/17	
17	Winz,Viktor	0	½	0	1	0	0	1	0	0	0	0	0	0	½	1	0	*	½	4.5/17	
18	Graf,Sonja	0	0	0	0	0	0	0	0	0	0	0	½	0	½	½	½	½	*	2.5/17	

Grau en Mendoza: todavía, la colecta

▮ El 9 de abril Grau vino a Mendoza, pero no por ajedrez sino por una famosa colecta. Récordó a Puga y a Ivanissevich, y aconsejó que gestionáramos la radicación aquí de algún maestro extranjero. No le hicimos caso, desgraciadamente.[257]

Ståhlberg en el Torneo Mayor de Rosario

▮ Acciones reñidas e interesantes se produjeron en las partidas de la tercera rueda, jugada en el Club Nerwell's Old Boys: Giustina se impuso a Romeo García Vera, y E. Martín a Espina. El maestro Ståhlberg se halló ante la primera dificultad al medirse con Oscar García Vera, quien empleando planes de tesonera lucha no le permitió conquistar ventajas en el límite de tiempo de la primera sesión, obligando a una suspensión que promete incidencias agradables.[258] Posiciones: Eduardo Martín 2½/3, Gideon Ståhlberg 2/2, Oreste Giustina 1½/3, Romeo García Vera 1/3, Oscar García Vera ½/2 y Carlos Espina ½/3.[259]

Acciones reñidas e interesantes se produjeron en las partidas de la 3a. rueda del torneo de ajedrez

Oreste J. Giustina se impuso a Romeo García Vera y E. Martin a C. J. Espina

Oscar García Vera complica a Ståhlberg.
La Capital, 26 de abril de 1941

[257] *Sistema Pereyra y el ajedrez mendocino*, op. cit., pág. 111.
[258] Finalmente la partida resultó tablas.
[259] *La Capital*, 26 de abril de 1941.

En la 4ª rueda, Oscar García Vera y Espina declararon tablas en la 49ª movida, en tanto Eduardo Martín y Romeo García Vera suspendieron en posición difícil. El maestro sueco Gideon Ståhlberg estará unos días ausente, por haberse trasladado a la Capital Federal, postergándose su encuentro con Giustina.[260]

Se desarrollaron las partidas de la séptima vuelta, y hoy, en el local social del Club Rosario Central, se llevará a cabo la octava. Gideon Ståhlberg empató con Romeo García Vera, luego de entregar una torre que obligó a la declaración de tablas por jaque perpetuo. Eduardo Martín perdió con Oscar García Vera, partida que hubiera resultado de difícil decisión de no mediar conceptos erróneos de Martín que provocaron un cambio desfavorable. Por último, Oreste Giustina derrotó a Carlos Espina; luego de una Defensa Philidor, las blancas se colocaron en situación ventajosa, e inútiles fueron los esfuerzos posteriores de Espina para salvar la partida. Ståhlberg tiene 6/7, y siguen Romeo García Vera 4; Oscar García Vera y Oreste Giustina 3½; Eduardo Martín 3 y Carlos Espina 1.[261]

SE DESARROLLARON LAS PARTIDAS DE LA 7a. VUELTA EN EL CONCURSO DE AJEDREZ QUE ESTA EN DISPUTA

HOY, EN EL LOCAL SOCIAL DE ROSARIO CENTRAL, SE JUGARA UNA NUEVA RUEDA

Ståhlberg, tablas con Romeo García Vera. *La Capital*, 8 de mayo de 1941

Durante los meses de abril y mayo se jugó en Rosario el Torneo Mayor, que ha sido organizado en esta oportunidad por los clubes Rosario Central y Newell's Old Boys en conjunto, donde venció con un score apabullante de 9/10 el sueco Gideon Ståhlberg, seguido por Romeo García Vera 6, Oscar García Vera 5½, Oscar Giustina 4½, E. Martín 3 y C. Espina 2. Fue patrocinado por los clubes rosarinos Newell's Old Boys y Rosario Central.[262]

Torneo Mayor de Rosario 1941

		1	2	3	4	5	6	PTS
1	Ståhlberg, Gideon	**	1½	1½	11	11	11	9.0/10
2	García Vera, Romeo	0½	**	½1	00	11	11	6.0/10
3	García Vera, Oscar	0½	½0	**	1½	½1	½1	5.5/10
4	Giustina, Oreste J.	00	11	0½	**	01	01	4.5/10
5	Martín, Eduardo	00	00	½0	10	**	½1	3.0/10
6	Espina, Carlos J.	00	00	½0	10	½0	**	2.0/10

Feigins en la Asociación Nueva Argentina

Se ha iniciado en la Asociación Nueva Argentina, Viamonte 2561, un interesante curso de ajedrez a cargo del maestro letón Movsa Feigins. Finalizada cada lección, se realizarán concursos de acertar jugadas, comentarios de partidas y torneos relámpago. Una vez finalizado el curso, Feigins jugará una sesión de partidas simultáneas frente a los participantes del mismo.[263]

Pelikán en el Club Cristalerías Rigolleau

El Club Cristalerías Rigolleau ha iniciado la disputa de un interesante torneo abierto, en el que participan Jorge Pelikán, Rafael Bensadón, Héctor Rossetto, Carlos Holovsko, Ítalo Mela y Emilio Dodero.[264]

[260] *La Capital*, 28 de abril de 1941.
[261] *La Capital*, 8 de mayo de 1941.
[262] *Caissa* nº 37, pág. 106. Libro de recortes de Antonio Virginis.
[263] *El Mundo*, 14 de abril de 1941.
[264] *El Mundo*, 14 de abril de 1941.

En abril y mayo, bajo los auspicios de Cristalerías Rigolleau, en su planta industrial de Berazategui, se jugó el torneo de primera categoría del club de esa empresa, que contó con seis participantes, y se realizó a doble ronda. Fue ganado por Rafael Bensadón con 8½ puntos, seguido por Jiri Pelikán y Héctor Rossetto 7; Emilio Dodero 4; Ítalo Mela 2½ y Carlos Holovsko 1.[265]

Comienza Hoy un Certamen Internacional de Maestros

LA PRIMERA RONDA

TABLA FINAL DE PUNTOS

Bensadón gana en Rigolleau. *El Mundo*, 19 de mayo de 1941

Campeonato Argentino Femenino

En los salones del Círculo, Bartolomé Mitre 670, comenzará a disputarse esta noche el torneo anual femenino, prueba que corresponde al programa de la FADA, y que sirve para determinar qué ajedrecista tendrá derecho a disputar el título de campeona argentina. La ganadora de este certamen tendrá la oportunidad de medirse con la actual poseedora, señorita Dora Trepat. Intervendrán diez conocidas jugadoras, y en la 1ª rueda se enfrentarán: Josefina González Vega (Círculo) – Carmen S. de Bernal (Club Jaque Mate; María Angélica Berea de Montero (Villa Ballester) – Brunilda O. de Münch (Club Argentino); María A. de Vigil (Club Jaque Mate) – Francia W. de Naranjo (Círculo); Augusta S. de Carné (Club Jaque Mate) – Electra Bilbao (Círculo); Salomé de Reischer (Círculo) – Catalina de Hecht (Círculo). Las cinco primeras ruedas se realizarán en el Círculo, la sexta en el Club Argentino, y las tres últimas en el Club Jaque Mate.[266]

Después de una lucha tenaz por el primer puesto, ha finalizado el Campeonato Femenino Argentino organizado por la FADA, en el que intervinieron nueve competidoras. El primer turno destacó en los mejores puestos a las siguientes señoras: Salomé S. de Reischer, Brynhild O. de Münch, María A. de Vigil y Catalina Hecht. Finalizado el turno final con las tres primeras, se impuso la señora Salomé S. de Reischer, con 8/9. Como ninguna de las tres primeras es argentina, la comisión de torneos ha resuelto hacer disputar un *match* entre la señorita Josefina González Vega y la señora Electra de Bilbao, con el fin de que la ganadora se mida con la señorita Dora Trepat, detentora del título de campeona argentina.[267]

		J	G	E	P	PTS
1	Salomé S. de Reischer	9	7	2	0	8
2	Brunilda O. de Münch	9	7	0	2	7
3	María A. de Vigil	9	4	1	4	4½
4	Catalina H. de Hecht	7	3	2	2	4
5	Josefina González Vega	7	3	0	4	3
6	Electra de Bilbao	7	3	0	4	3
7	Augusta S. de Carné	7	1	1	5	1½
8	Francia W. de Naranjo	7	0	0	7	0
9	María Angélica Berea de Montero	7	0	0	7	0

[265] *Caissa* nº 36, pág. 81. *El Mundo*, 19 de mayo de 1941. El maestro Pelikán me honró varias veces llamándome para ayudarle en el análisis de la subvariante Pelikán de la Defensa Sveshnikov. [Testimonio de Leonardo Lipiniks al autor, 29 de agosto de 2006]. No fue posible reconstruir el cuadro de posiciones. [Nota del autor]

[266] *La Nación*, 3 de mayo de 1941. *La Prensa*, 3 de mayo de 1941.

[267] *El Mundo*, 21 de junio de 1941.

Campeonato Argentino: Guimard arrasa a Maderna y es nuevo titular nacional

Maderna defenderá su título de campeón ante Guimard. Las autoridades de la FADA han fijado definitivamente la fecha: se iniciará el 17 del corriente, y será a 14 partidas, 40 jugadas en 2½ horas y 15 para cada hora subsiguiente.[268]

Guimard demolió a Maderna por el inusual resultado de 8:1, producto de siete victorias y dos empates. El triunfo ha sido a todas luces indiscutible, pero la excesiva diferencia en el puntaje, y el hecho de que Maderna no haya ganado una sola partida, revelan que éste último no se ha hallado en la plenitud de su fuerza ajedrecística. Ya es conocida la irregularidad de Maderna en sus actuaciones, y además, desde que obtuvo el título con Piazzini, no ha participado en ninguna actividad que pudiera servirle de entrenamiento.[269]

Carlos Guimard reconquistó el título de campeón por su tesón en la lucha. Rodeado de admiradores, muchos de ellos comprovincianos y porteños, encontramos al nuevo campeón argentino, que acaba de adjudicarse el título al vencer en forma brillante a Maderna. Nos trajo aparejados el eximio jugador santafesino, algunos recuerdos que, en parte, reflejan su propia personalidad, y con ello perfila en rasgos generales la de su adversario. Nos récordó, por ejemplo, su primer *match* con Roberto Grau, donde, ya próximo a finalizar el cotejo, para muchos ya casi perdido para aquél, tuvo una reacción que le significó la obtención del título. A continuación, el *match* con Piazzini, donde perdió dos partidas consecutivas, pero triunfó. Y últimamente el Torneo de Mar del Plata, donde sufrió tres serias derrotas, para llegar, por su poderosa reacción, a colocarse sexto frente a los más destacados jugadores del continente europeo. Frente a este fuerte y poderoso carácter de Guimard, a Maderna le falta el fuerte espíritu que es necesario para este tipo de contiendas. Acerca de las partidas, nos expresó:

> Todas las partidas tuvieron sus momentos críticos desde la jugada 25ª hasta la 35ª, momento importante en la administración del tiempo. Al llegar a este momento Maderna siempre se encontraba enemistado con el reloj, y en consecuencia, sus últimas jugadas eran realizadas en forma veloz, no permitiéndole concentrar el juego con la precisión necesaria.

Carlos E. Guimard Reconquistó el Título de Campeón por su Tesón en la Lucha

"Hemos Realizado Partidas de Modalidades Dispares con Carlos H. Maderna"

• TESON EN LA LUCHA

• CUANDO DEFINIO LAS PARTIDAS

Guimard y un momento excepcional.
La Razón, 14 de junio de 1941

No faltó que uno de sus admiradores y maestro a la vez, interrumpiera la conversación y nos obligara a recoger sus conceptos:

> A través de las partidas de Guimard se desprende un mayor conocimiento de la técnica ajedrecística, por la facilidad de trasladarse de una lucha a otra de características opuestas. Así vemos cómo en la primera partida ofrece un combate que se encara a fondo desde el primer movimiento planteando un audaz Gambito del Rey, y en la segunda, como si fuera un reverso, asistimos a sutiles maniobras donde un inconfundible sello confiere un juego puro en el que se utiliza la maniobra táctica para materializar una ventaja posicional.

[268] *La Prensa*, 8 de mayo de 1941.
[269] *Caissa* nº 37, pág. 104. *Enroque!!* nº 2, pág. 9.

El campeón argentino se ha hecho acreedor a la admiración general de todos los aficionados. El brillante jugador atraviesa por un momento de su carrera realmente excepcional, y no ha de ser ésta, de seguro, la última satisfacción que proporcione al ajedrez nacional.[270]

Buenos Aires/La Plata *Match* por el Campeonato Argentino 1941

		1	2	3	4	5	6	7	8	9	PTS
1	Guimard, Carlos Enrique	1	1	1	1	½	½	1	1	1	8.0/9
2	Maderna, Carlos Hugo	0	0	0	0	½	½	0	0	0	1.0/9

Paulin Frydman triunfa en el torneo de la Sociedad Hebraica Argentina

▒ Próximo torneo en esta Capital: se halla en Mar del Plata el señor Herman Pilnik, quien en representación de la Sociedad Hebraica Argentina ha invitado a algunos de los maestros que participan en el torneo internacional que termina mañana, para tomar parte en otro, que se iniciará en fecha próxima en la ciudad de Buenos Aires. Hasta el momento, han firmado su compromiso los siguientes jugadores: Markas Luckis, Paulin Frydman, Franciszek Sulik, Víctor Winz, Movsa Feigins y Jacobo Bolbochán. El virtual ganador de este torneo que finaliza mañana, Gideon Ståhlberg, ha pedido $ 500[271] por su firma, y los jugadores argentinos Julio Bolbochán y Carlos Guimard la han diferido por no saber si podrán participar por motivos de orden personal.

Los días de juego serán lunes, miércoles y viernes de 20.30 a 1.30, con suspendidas los martes a las 20.30 y los sábados a las 16.30. Se establecieron los siguientes premios: $ 400 y Copa Sociedad Hebraica Argentina al ganador; $ 250.- al segundo, y luego la siguiente escala: $ 150, $ 100, $ 80, $ 70, $ 60, $ 50. Habrá además un premio a la mejor partida.[272]

▒ Con la presencia de dieciséis maestros comenzará esta noche en la Sociedad Hebraica Argentina un torneo llamado a tener notable repercusión. Entre los participantes figuran ajedrecistas de enorme fama mundial, contándose entre ellos el campeón de Suecia, Gideon Staglberg, Paulin Frydman, Miguel Czerniak, y otros. De acuerdo al sorteo efectuado ayer en la sociedad organizadora, el orden de los participantes es el siguiente: 1. Movsa Feigins; 2. José Gerschman; 3. Jacobo Bolbochán; 4. Viktor Winz; 5. Juan Iliesco; 6. Franciszek Ksawery Sulik; 7. Guillermo Puiggrós; 8. Franz Benko; 9. Meyer Rauch; 10. Ilmar Raud; 11. Herman Pilnik; 12. Paulin Frydman; 13. Luis Marini; 14. Miguel Czerniak; 15. Gideon Ståhlberg; 16. Zelman Kleinstein.[273]

▒ Un esfuerzo de la más alta calidad es el realizado por la Sociedad Hebraica Argentina al llevar a efecto el Torneo Internacional de Maestros Copa SHA, cuya importancia ya ha tenido eco en todo el país y en el exterior, especialmente en América. Al terminar el Torneo de las Naciones, cuando la motonave Copacabana partía de nuestro puerto llevándose de vuelta a la mayoría de los competidores, un grupo de ajedrecistas extranjeros que habían ido a despedir a sus colegas, se quedaba en tierra en un arranque espontáneo, quizá previo a toda deliberación, frente a un futuro incierto. Este acto de voluntad incorporó de improviso a la vida ajedrecista argentina a un grupo de artistas deseosos de mostrar sus condiciones superiores.

S. H. A.
SOCIEDAD HEBRAICA ARGENTINA
PUBLICACION QUINCENAL
Año XI — Número 240 — Buenos Aires, 10 de Junio de 1941

Otro paso más

Homenaje Póstumo al Ing. Delfín Rabinovich

Revista de la SHA, 10 de junio de 1941

[270] *La Razón*, 14 de junio de 1941.
[271] Son aproximadamente unos U$S 2.500 de hoy.
[272] *El Mundo*, 2 de abril de 1941. *El Ajedrez Americano*, 2ª época nº 75 pág. 234/5. *Caissa* nº 38, pág. 131.
[273] *Noticias Gráficas*, 19 de mayo de 1941.

Es así como la SHA, siguiendo las normas de su razón de ser y de su ya largo mecenato (Sic), ha incorporado a sus actividades este número extraordinario del Torneo de Ajedrez de Maestros, que ha reunido en su sede a los más calificados maestros, tanto del país como extranjeros, brindándoles a todos una oportunidad que perdurará en la memoria de los adeptos del tablero y en sus anales, como una de las justas más notables realizadas en el Nuevo Mundo. Las autoridades del torneo son: directores, doctor Aarón Grinstein y A. Dunayevich; fiscales, J. M. Urbandt, David Elman, A. Blumenfeld, J. Mirochnik, A. Silberlein y V. Rouris; secretario de ajedrez, Raúl Elman.[274]

1ª ronda, 19 de mayo

En esta ronda atrajeron la atención de los entendidos los cotejos Bolbochán – Czerniak e Iliesco – Frydman, por el notable equilibrio de las contingencias (Sic) en juego. Por su brevedad, se distinguió la partida de Sulik y Pilnik, sorprendiendo la ajustada labor desarrollada por el segundo, alejado del tablero en estos últimos años. Y por su tenacidad, atrajo el juego desplegado por Gerschman frente a Ståhlberg, malogrando aquél las tablas en el momento de suspender el cotejo. Los resultados fueron los siguientes: Sulik 0:1 Pilnik, Cuatro Caballos, en la 30ª jugada; Feigins 1:0 Kleinstein, Gambito Ortodoxo (Sic), en la 37ª; Bolbochán ½:½ Czerniak, Defensa India del Rey, en la 43ª; Benko 1:0 Rauch, Defensa Francesa, en la 43ª; Puiggrós ½:½ Raud, Defensa Siciliana, en la 46ª; Winz ½:½ Marini, Zukertort, en la 70ª; Gerschman 0:1 Ståhlberg, Defensa Nimzovitsch, en la 75ª. Suspendida: Iliesco – Frydman.[275]

Jacobo Bolbochán – Czerniak. *El Mundo*, 21 de mayo de 1941

2ª ronda, 21 de mayo

Como en la reunión anterior, una gran cantidad de aficionados presenció las partidas, que en general ofrecieron alternativas interesantes. Ståhlberg derrotó al ex campeón argentino, Jacobo Bolbochán, en un encuentro que resultó muy lucido por la forma enérgica y precisa con que Ståhlberg remató el juego. Kleinstein, de Palestina, perdió frente a su compatriota Rauch, y el campeón de Palestina, Czerniak le ganó a Winz, de la misma nacionalidad. El argentino Puiggrós fue derrotado por el alemán Pilnick (Sic), y el argentino Marini empató con el rumano Iliesco. Quedaron suspendidas las partidas entre los polacos Frydman y Sulik, y el estoniano Raud con el húngaro Benko (Sic).[276]

Ajedrez

Jugóse la Segunda Ronda del Torneo Internacional

Buena victoria de Pilnik sobre Sulik. *El Mundo*, 23 de mayo de 1941

[274] *Revista SHA*, Año XI nº 240, 19 de junio de 1941.

[275] El Mundo, 23 de mayo de 1941.

[276] *La Prensa*, 23 de mayo de 1941.

3ª ronda, 23 de mayo

Winz batió a Stahlberg en el campeonato de ajedrez para maestros

Fué jugada la tercera rueda del torneo de maestros que se realiza en la Sociedad Hebraica Argentina. En ella dió la nota de sensación el maestro Winz, al vencer a uno de los más fuertes competidores, Stahlberg, reciente ganador invicto del torneo de Mar del Plata. El campeón de Suecia, Gedeon Stahlberg, en cierto momento de la partida sacrificó un peón para obtener mayor libertad de acción, pero más tarde incurrió en un error grave que le costó la pérdida de un alfil sin compensaciones, por lo cual optó por abandonar la lucha, ya que no le restaba la más remota posibilidad para evitar la derrota.

Los resultados generales fueron los que a continuación se mencionan: Benkö 0 v. Pilnik 1. Puiggrós 0 v. Frydman 1. Sulik 1 v. Marini 0. Bolbochan 0 v. Feigins 1. Gerschman 1 v. Kleinstein 0 y Winz 1 v. Stahlberg 0. Las partidas entre Rauch v. Raud e Iliesco v. Czerniak, quedaron suspendidas.

La cuarta rueda, que se efectuará mañana por la noche, enfrentará a los siguientes competidores: Kleinstein v. Raud, Pilnik v. Rauch, Frydman v. Benkö, Marini v. Puiggrós, Czerniak v. Sulik, Stahlberg v. Iliesco, Feigins v. Winz y Gerschman v. Bolbochan.

Winz sorprende a Ståhlberg.
La Nación, 25 de mayo de 1941

▓ Al finalizar la tercera ronda, encabezan las posiciones el conocido maestro letón Movsa Feigins y el aficionado Herman Pilnik, después de adjudicarse tres victorias consecutivas. Atrajeron en especial la atención los juegos de Bolbochán con Feigins e Iliesco con Czerniak, por el equilibrio de las fuerzas que el azar ponía frente a frente, y luego que fueron iniciados, los de Puiggrós – Frydman y Winz – Ståhlberg, por el rico filón de comentarios que las contingencias del juego no tardaron en brindar a las especulaciones de los aficionados que las presenciaban (Sic). La nota sensacional de la reunión la dio la citada partida, que fue ganada por Winz en la 32ª movida.[277]

▓ Dio la nota de sensación el maestro Winz, al vencer a uno de los más fuertes competidores, Ståhlberg, reciente ganador invicto del torneo de Mar del Plata. El campeón de Suecia en cierto momento sacrificó un peón para obtener mayor libertad de acción, pero más tarde incurrió en un error grave que le costó la pérdida de un alfil sin compensaciones, por lo que optó por abandonar la lucha, ya que no le restaba la más remota posibilidad para evitar la derrota. Los resultados generales fueron: Benko 0:1 Pilnik; Puiggrós 0:1 Frydman; Sulik 1:0 Marini; Bolbochán 0:1 Feigins; Gerschman 1:0 Kleinstein; Winz 1:0 Ståhlberg. Quedaron suspendidas Rauch – Raud e Iliesco – Czerniak.[278]

4ª ronda, 26 de mayo

▓ La rueda motivó una lucida reunión, en la que pudieron apreciarse varios encuentros interesantes. Los resultados registrados fueron los siguientes: Kleinstein 0:1 Raud, Pilnik 1:0 Rauch, Frydman 1:0 Benko, Marini ½:½ Puiggrós, Gerschman 0:1 Bolbochán; Ståhlberg 1:0 Iliesco. Suspendidas: Czerniak – Sulik, Feigins – Winz.[279]

▓ Va primero Pilnik, y Ståhlberg ganó. La rueda ha dado lugar a una lucida reunión, en la que pudieron apreciarse varios encuentros interesantes. Esta noche, a la hora de costumbre, se llevará a cabo la 5ª rueda.[280]

EN EL TORNEO VA PRIMERO PILNIK

Stahlberg, Ganó

La disputa de la cuarta rueda del Torneo Internacional de Maestros de Ajedrez que se viene jugando en los salones de la Sociedad Hebraica Argentina, ha dado motivo a que se efectuara una lucida reunión en la que pudieron apreciarse varios encuentros interesantes.

LOS RESULTADOS

Los resultados registrados en la sesión de anoche fueron los siguientes:

Stahlberg	1	Iliesco	0
Bolbochan	1	Gerschman	0
Kleinstein	0	Raud	1
Pilnik	1	Rauch	0
Frydman	1	Benkö	0
Marini	½	Puiggrós	½
Feigins	S	Winz	S
Czerniak	S	Sulik	S

LA QUINTA RUEDA

Esta noche, a la hora de costumbre, se llevará a cabo la quinta rueda del torneo, con el siguiente programa de partidas: Sulik contra Stahlberg, Rauch contra Frydman, Bolbochán contra Kleinstein, Winz contra Gerschman, Iliesco contra Feigins, Puiggrós contra Czerniak, Raud contra Pilnik, y Benkö contra Marini, jugando con las piezas blancas los citados en primer término.

Pilnik, primero.
Noticias Gráficas,
28 de mayo de 1941

[277] Paulino Alles Monasterio, *El Mundo*, 25 de mayo de 1941.
[278] *La Nación*, 25 de mayo de 1941.
[279] *La Prensa*, 28 de mayo de 1941.
[280] *Noticias Gráficas*, 28 de mayo de 1941.

5ª ronda, 28 de mayo

▌Sulik ½:½ Ståhlberg; Rauch 0:1 Frydman; Bolbochán 1:0 Kleinstein; Winz ½:½ Gerschman; Iliesco 0:1 Feigins; Puiggrós 0:1 Czerniak; Raud ½:½ Pilnick (Sic); Benko ½:½ Marini.

6ª ronda, 30 de mayo

▌En el local de la Sociedad Hebraica se ha disputado la sexta rueda de este importante torneo, que ha reunido una serie de jugadores de larga actuación en el país y en ambientes de mayor significación. Los resultados fueron los siguientes: Ståhlberg venció a Puiggrós, Kleinstein a Pilnik y Czerniak a Benko. Empataron Feigins – Sulik, Marini – Rauch. Quedaron suspendidas Frydman – Raud y Bolbochán – Winz.[281]

7ª ronda, 2 de junio

▌Winz 0:1 Kleinstein; Iliesco 1:0 Bolbochán; Sulik 1:0 Gerschman; Puiggrós 0:1 Feigins; Benko 0:1 Ståhlberg; Rauch 0:1 Czerniak; Raud 0:1 Marini. En Pilnik ½:½ Frydman se jugó PR, Defensa Siciliana Variante Scheveningen. Las blancas aprovecharon el juego pasivo de su rival, y montaron un fuerte ataque sobre el rey negro.

8ª ronda, 4 de junio

▌Frydman se destaca. En las últimas rondas del torneo la tabla de posiciones se ha modificado, tanto en los últimos puestos como en los primeros. Cumplida la primera mitad del programa, no se puede vislumbrar certeramente quién puede ser su posible ganador, pues varios son los candidatos que se presentan a la consideración de quienes siguen el desarrollo de la justa. Esto da la pauta de la lucha tenaz que se desarrolla en cada sesión. Al finalizar la octava ronda, el maestro Frydman encabeza la tabla de posiciones con mínima ventaja sobre sus perseguidores. Los resultados fueron los siguientes: Kleinstein 0:1 Frydman; Czerniak ½:½ Raud; Ståhlberg 1:0 Rauch; Feigins 1:0 Benko; Gerschman 0:1 Puiggrós. Suspendidas: Winz – Iliesco; Marini – Pilnik y Bolbochán – Sulik.[282]

Frydman se Destaca en el Torneo de Maestros

En las últimas rondas del Torneo Internacional de Maestros que se está jugando actualmente, la tabla de posiciones se ha modificado tanto en los últimos como en los primeros puestos. Cumplida la primera mitad de su programa, no se puede vislumbrar certeramente quién puede ser su posible ganador, pues varios son los candidatos que se presentan a la consideración del que sigue el desarrollo de la justa; y esto es, precisamente, lo que da la pauta de la lucha tenaz que se desarrolla en cada reunión.

Al finalizar la octava ronda, el destacado maestro polaco Paulin Frydman encabeza la tabla de posiciones con la mínima ventaja sobre sus perseguidores.

RESULTADOS DE LA SEPTIMA RONDA

BLANCAS		NEGRAS	
Pilnik	½	Frydman	½
Defensa siciliana, 26 jugadas.			
Winz	0	Kleinstein	1
Defensa india del rey, 71 jugadas.			
Iliesco	1	Bolbochán	0
Cuatro fianchettos, 39 jugadas.			
Puiggrós	0	Feigins	1
Defensa eslava, 48 jugadas.			
Rauch	0	Czerniak	1
Irregular del rey, 20 jugadas.			
Sulik	1	Gerschman	0
Defensa siciliana, 40 jugadas.			
Benkö	0	Stahlberg	1
Defensa francesa, 38 jugadas.			
Raud	0	Marini	1
Defensa Nimzovich, 27 jugadas.			

RESULTADOS DE LA OCTAVA RONDA

BLANCAS		NEGRAS	
Kleinstein	0	Frydman	1
Defensa india del rey, 41 jugadas.			
Czerniak	½	Raud	½
Gambito dama ortodoxo, 58 jugadas.			
Stahlberg	1	Rauch	0

PARTIDAS DE LA VII RONDA DEL TORNEO MAGISTRAL DE LA SOCIEDAD HEBRAICA ARGENTINA

Hermann Pilnik v. Paulin Frydman
BLANCAS NEGRAS
Defensa siciliana

1.	P4R	P4AD	15.	A3D	P3A
2.	CR3A	P3R	16.	PxPA	CxP
3.	C3A	P3D	17.	C5C	P4R
4.	P4D	PxP	18.	PxP	PxP
5.	CxP	CR3A	19.	AxP	D3A
6.	A2R	C3A	20.	D3C	C4T!
7.	A3R	A2R	21.	D4C	D4A+
8.	O-O	O-O	22.	R1T	DxA
9.	D1R	P3TD	23.	DxC	AxP+
10.	T1D	CxC	24.	R1C	D4A+
11.	AxC	D2A	25.	RxA	DxC+
12.	P4A	P4CD	26.	DxD	AxD
13.	P5R	C1R		(Tablas)	
14.	C4R	A2C			

Ilmar Raud v. Luis Marini
BLANCAS NEGRAS
Defensa Nimzovich

1.	P4D	CR3A	16.	AxA	PxP
2.	P4AD	P3R	17.	PxP	DxP
3.	CD3A	A5C	18.	TD1C	TD1C
4.	D2A	P3D	19.	TR1D	D4A
5.	C3A	CD2D	20.	D3A	T4R
6.	P4R	P4R	21.	T5D	D3A
7.	P3TD	AxC+	22.	P3CR	P3TD
8.	PxA	O-O	23.	A2C	TxT
9.	A3D	T1R	24.	PRxT	D4A
10.	O-O	C1A	25.	T1R	C4R
11.	A5C	P3TR	26.	A1A	P4CD
12.	A4T	C3C	27.	P3TR	PxP
13.	AxC	DxA		y las blancas abandonaron.	
14.	T1R	A5C			
15	A2R	AxC			

CUADRO DE POSICIONES

	J.	G.	T.	P.	S.	Pts.
Paulin Frydman	8	6	2	-	-	7
Miguel Czerniak	8	5	3	-	-	6½
Movsa Feigins	8	6	1	1	-	6½
Gideon Stahlberg	8	6	1	1	-	6½
Hermann Pilnik	8	4	2	1	1	5
Ilmar Raud	8	3	3	2	-	4½
Viktor Winz	8	3	2	2	1	4
Luis Marini	8	1	5	1	1	3½
Franciszek K. Sulik	8	2	3	2	1	3½
Juan Iliesco	8	2	2	3	1	3
Jacobo Bolbochán	8	2	1	4	1	2½
Zelma Kleinstein	8	2	-	6	-	2
Franz Benkö	8	1	1	6	-	1½
José Gerschman	8	1	1	6	-	1½
Meyer Rauch	8	1	1	6	-	1½
Guillermo Puiggrós	8	1	2	5	-	2

Frydman, bien arriba. *El Mundo*, 7 de junio de 1941

9ª ronda, 6 de junio

▌Czerniak dejó de ser invicto. Se han registrado anoche dos resultados de sensación: Meyer Rauch, el maestro palestino que ocupaba el último lugar de la tabla, venció al maestro letón Movsa Feigins, en una partida que comenzó con Ruy López. El otro cotejo que llamó poderosamente la atención

[281] *La Prensa*, 1º de junio de 1941.
[282] Paulino Alles Monasterio, *El Mundo*, 7 de junio de 1941.

fue la partida que Pilnik le ganó en la 28ª movida a Miguel Czerniak, que hasta anoche marchaba invicto.[283]

JUEGAN EN EL TOR[illegible]

La novena ronda del Torneo Internacional de Maestros tuvo como nota sensacional la partida que Meyer Rauch, que hasta ese momento ocupaba el último lugar del cuadro de posiciones, le ganara en buen estilo a Movsa Feigins, que venía actuando en forma notable entre los punteros.

Otro cotejo que llamó la atención de los espectadores por sus impetuosas incidencias fué el que disputaron Herman Pilnik y Miguel Czerniak, costándole el título de invicto al segundo de los nombrados.

RESULTADOS DE LA NOVENA RONDA

BLANCAS		NEGRAS	
Puiggros	½	Bolbochán	½
Ruy López, 40 jugadas			
Sulik	1	Winz	0
Defensa francesa, 41 jugadas			
Iliesco	1	Kleinstein	0
Apertura Bird, 38 jugadas			
Raud	0	Stahlberg	1
Apertura Van't Kruys, 38 jugadas			
Benkö	0	Gerschman	1
Defensa siciliana, 26 jugadas			
Pilnik	1	Czerniak	0
Fianchetto del rey, 28 jugadas			
Marini	0	Pilnik	1
Inglesa-Holandesa, 66 jugadas			
Rauch	1	Feigins	0
Apertura Ruy López			

SUSPENDIDAS

Frydman — Marini

Defensa Nimzovich

PARTIDAS JUGADAS EN LA IX RONDA DEL TORNEO MAGISTRAL DE LA SOCIEDAD HEBRAICA ARGENTINA

Herman Pilnik x Miguel Czerniak

BLANCAS NEGRAS

Sensacional victoria de Rauch. *El Mundo*, 10 de junio de 1941

La ronda tuvo como nota sensacional la partida que Meyer Rauch, que hasta el momento ocupaba el último lugar, le ganara en buen estilo a Movsa Feigins, que venía actuando en forma notable, entre los punteros. Otro cotejo que llamó la atención de los espectadores por sus impetuosas incidencias fue el de Pilnik – Czerniak, costándole el título de invicto al segundo de los nombrados. Los resultados fueron: Puiggrós ½½ Bolbochán; Sulik 1:0 Winz; Iliesco 1:0 Kleinstein; Raud 0:1 Ståhlberg; Benko 0:1 Gerschman; Pilnik 1:0 Czerniak; Marini 0:1 Frydman; Rauch 1:0 Feigins. Encabeza las posiciones Ståhlberg, con 7½/9; luego siguen Frydman 7/8; Pilnik 7/9; Feigins y Czerniak 6½; Winz 5; Raud y Sulik 4½; Iliesco 4; Marini 3½/8, Bolbochán 3½; Gerschman, Puiggrós y Rauch 2½; Kleinstein 2; Benko 1½.[284]

10ª ronda, 9 de junio

El torneo sigue dando margen a una lucha intensa, en la que destacan sus nombres aquellos maestros que la lógica indicaba al comienzo de la competencia. El campeón sueco Ståhlberg y el notable maestro polaco Frydman ocupan los dos primeros puestos, seguidos de cerca por el maestro palestino Czerniak, el letón Feigins y el jugador local Pilnik. En la rueda llevada a cabo ayer, Sulik batió a Iliesco, Marini a Kleinstein, Bolbochán a Benko, y Feigins a Raud. Quedaron suspendidas Gerschman – Rauch, Winz – Puiggrós, Czerniak – Frydman y Ståhlberg – Pilnik, estas dos últimas en posiciones difíciles pero con una muy leve superioridad a favor de Frydman y Ståhlberg. Mañana se jugará la 11ª rueda, y entre las partidas destacadas figura Frydman – Ståhlberg, el encuentro sensación del torneo.[285]

Stahlberg se impuso a Frydman y encabeza el torneo de ajedrez

Ante numerosa cantidad de aficionados se realizó la [illegible] rueda del torneo de maestros de la Sociedad Hebraica Argentina. La nota de sensación de la misma estuvo a cargo de los conocidos maestros Stahlberg y Frydman, que en el encuentro que sostuvieron acapararon la atención de los concurrentes, dado que ambos ocupan los puestos de honor en la competencia. Sin embargo, es preciso destacar que la partida defraudó un tanto, ya que el resultado no fué el fiel reflejo de la lucha. En efecto, Frydman, en una posición mejor, de la que por lo menos debía resultar un empate, cometió un serio error al entregar un alfil por tres peones, que no lo compensaban, y perdió al llegar a la jugada 32. Con este resultado Stahlberg ocupa el primer puesto en la tabla de posiciones.

Las partidas se resolvieron de la siguiente forma:

Sulik	1	v.	Kleinstein	0
Frydman	0	v.	Stahlberg	1
Pilnik	1	v.	Feigins	0
Winz	½	v.	Benkö	½
Raud	0	v.	Gerschman	1
Marini		v.	Czerniak (suspendida)	
Iliesco		v.	Puiggrós (suspendida)	
Bolbochan		v.	Rauch (suspendida)	

Cuadro de posiciones

	J.	G.	T.	P.	Pts.
Stahlberg	11	9	1	1	9½
Frydman	11	8	2	1	9
Pilnik	11	7	2	2	8
Feigins	11	7	1	3	7½
Sulik	11	5	4	2	7
Czerniak	10	5	3	2	6½
Winz	11	4	3	4	5½
Bolbochan	10	3	3	4	4½
Marini	10	2	5	3	4½
Raud	11	3	3	5	4½
Iliesco	10	3	2	5	4
Puiggrós	10	2	3	5	3½
Rauch	10	3	1	6	3½
Gerschman	11	3	1	7	3½
[illegible]	[illegible]	[illegible]	[illegible]	[illegible]	[illegible]

Ståhlberg se impone a Frydman. *La Nación*, 14 de junio de 1941

11ª ronda, 12 de junio

Ståhlberg se impuso a Frydman y encabeza el torneo: fue la nota de sensación de la jornada. El encuentro acaparó la atención de los concurrentes, dado que ambos ocupan los puestos de honor de la competencia. Sin embargo, es preciso destacar que la partida defraudó un tanto, ya que el resultado no fue el fiel reflejo de la lucha. En efecto, Frydman, en una posición mejor, de la que por lo menos debía resultar un empate, cometió un serio error al entregar un alfil por tres peones que no lo compensaban, y perdió al llegar a la jugada 32ª. Con este resultado, Ståhlberg ocupa el primer puesto. Las partidas se resolvieron de la siguiente forma: Sulik 1:0 Kleinstein; Benko ½:½ Winz; Raud 0:1 Gerschman; Pilnik 1:0 Feigins; Frydman 0:1 Ståhlberg. Suspendidas: Puiggrós – Iliesco; Rauch – Bolbochán; Marini – Czerniak. Encabeza las posiciones Ståhlberg con 9½/11, y siguen Frydman 9; Pilnik 8; Feigins 7½; Sulik 7; Czerniak 6½/10; Winz 5½;

283 *Noticias Gráficas*, 10 de junio de 1941.

284 Paulino Alles Monasterio, *El Mundo*, 10 de junio de 1941.

285 *La Nación*, 11 de junio de 1941.

Bolbochán y Marini 4½/10; Raud 4½/11; Iliesco 4/10; Puiggrós y Rauch 3½/10; Gerschman 3½/11; Benko y Kleinstein 2.[286]

▌Despunta Ståhlberg en el torneo internacional. Esta ronda trajo consigo dos resultados, principalmente, que se lograron después de un rudo combate por el punto en litigio. Nos referimos a las partidas de los maestros Frydman y Ståhlberg, donde el primero perdió su título de invicto, único que se conservaba a esta altura del certamen, la de Pilnik – Feigins, animada por la más apasionantes contingencias que pueden darse en una partida de ataque.[287]

12ª ronda, 14 de junio

Ante numerosos aficionados se efectuó esta rueda. La partida que atrajo especialmente el interés del público fue la que sostuvieron Frydman y Feigins, ambos en buenas posiciones, que tuvo un desarrollo interesante que finalizó en tablas. Pilnik, que se hallaba muy bien colocado, retrajo su posición al hacer tablas con Gerschman, mientras quedaba suspendido el encuentro del *leader* Ståhlberg con Marini, y la de Sulik con Puiggrós. En cambio, se completó la 11ª rueda, finalizando igualada Marini – Czerniak. Las partidas se resolvieron en la siguiente forma: Kleinstein 0:1 Czerniak; Feigins ½:½ Frydman; Gerschman ½:½ Pilnik; Bolbochán 1:0 Raud; Winz ½:½ Rauch; Iliesco 1:0 Benko. Suspendidas: Ståhlberg – Marini; Sulik – Puiggrós.[288]

13ª ronda, 16 de junio

▌Benko 1:0 Sulik; Czerniak 0:1 Ståhlberg; Frydman 1:0 Gerschman; Marini 0:1 Feigins; Pilnik 1:0 Bolbochán; Puiggrós 0:1 Kleinstein; Rauch 0:1 Iliesco; Raud 1:0 Winz. Muy interesante resultó la partida entre Czerniak y Ståhlberg, derivada de una Defensa Francesa con un tardío 6.e5. Las blancas entregaron el peón "e" a cambio de fuerte presión por las casillas centrales, sorprendiendo con el arriesgado golpe 14.c4, muy difícil de refutar sobre el tablero. Czerniak quedó con peón menos pero evitó que las negras enrocaran corto, quedando con su rey en peligro. Luego entregó una pieza a cambio de un feroz ataque. Dos errores en las jugadas 21ª y 23ª dejaron a las blancas inermes, y el maestro sueco se impuso claramente en la jugada 35ª.[289]

14ª ronda, 18 de junio

▌El primer puesto está entre los maestros Gideon Ståhlberg y Paulin Frydman, éste a medio punto de diferencia. El detalle más interesante de la prueba ha sido hasta ahora la excelente actuación del jugador alemán, radicado desde hace años en el país, Herman Pilnik, que ocupa el tercer lugar de la tabla, seguido por el maestro letón Movsa Feigins. El resto de los participantes nada puede hacer para discutir los cuatro puestos de honor. Será así la rueda de esta noche de sumo interés, ya que se podría alterar la situación de la tabla que dejó establecida la rueda de ayer, que tuvo los siguientes resultados: Feigins 1:0 Czerniak, en la 41ª movida, luego de una bonita partida.

Hoy debe terminar el concurso de ajedrez de la S. Hebraica

El primer puesto está entre los maestros Gedeon Stahlberg y Paulin Frydman

LA RUEDA FINAL

Esta noche se realizará en la Sociedad Hebraica Argentina la rueda final del torneo de ajedrez organizado por la entidad, prueba que ha reunido a una serie de ajedrecistas de calidad y entre ellos, algunos maestros de probada eficiencia. Como se suponía, ocupan los lugares de privilegio de la competencia los maestros Gedeon Stahlberg, campeón de Suecia y brillante vencedor del torneo de Mar del Plata, y a medio punto de diferencia, Paulin Frydman, el notable maestro polaco.

Pero el detalle más interesante de la prueba ha sido hasta ahora la excelente actuación del jugador alemán, desde hace años radicado en el país, Herman Pilnik, que ocupa el tercer lugar de la tabla seguido, también a medio punto, por el maestro letón M. Feigins. El resto de los participantes nada puede hacer para discutir los cuatro puestos de honor.

Será así la rueda de esta noche de sumo interés, ya que se podría alterar la situación de la tabla que dejó establecida la rueda finalizada ayer, que tuvo los siguientes resultados parciales: Feigins batió a Czerniak en 41 movidas, luego de una bonita partida que se inició con la defensa India del Rey. Bolbochan fué batido por Frydman cuando aquél había logrado una posición que permitía esperar un empate. Iliesco derrotó a Raud en 49 jugadas, luego de plantearse un Contragambito Albin. Pilnik superó a Winz en 26 jugadas; Marini empató con Gerschman en 23 movidas; Sulik superó a Rauch, y Benkö, que se encuentra enfermo, perdió por ausencia con Puiggrós.

Esta noche se llevarán a cabo los siguientes cotejos en la rueda final: Benkö v. Kleinstein, Rauch v. Puiggrós, Raud v. Sulik, Pilnik v. Iliesco, Frydman v. Winz, Marini v. Bolbochan, Czerniak v. Gerschman y Stahlberg v. Feigins.

Pilnik se encarama al 3º lugar. *La Nación*, 20 de junio de 1941

286 Roberto Grau, *La Nación*, 14 de junio de 1941.
287 *El Mundo*, 13 de junio de 1941.
288 *La Nación*, 16 de junio de 1941.
289 Notas del autor.

Bolbochán 0:1 Frydman, cuando el argentino había logrado una posición que permitía esperar un empate; Iliesco 1:0 Raud en la 49ª, luego de plantearse un Contragambito Albin; Pilnik 1:0 Winz, en la 26ª; Marini ½:½ Gerschman, en la 23ª; Sulik 1:0 Rauch y Benko 0a:1a Puiggrós, por encontrarse enfermo el primero. Ståhlberg tiene 12/14, y le siguen Frydman 11½; Pilnik 10½; Feigins 10; Sulik, Czerniak e Iliesco 8; Bolbochán 6½; Winz y Marini 6; Raud 5½; Gerschman y Puiggrós 4½; Rauch 4; Benko y Kleinstein 3.[290]

15ª ronda, 20 de junio

▓ Frydman ganó, mientras el campeón sueco perdió su partida final con Feigins y finalizó en segundo lugar. En esta última rueda se produjo la inesperada derrota de Ståhlberg, lo que automáticamente colocó a Frydman en el puesto de honor. Es ésta la segunda victoria lograda por Frydman en un torneo internacional argentino, y es la comprobación plena de su capacidad. Forma junto con Eliskases, Najdorf y Ståhlberg, una clase especial entre el conjunto de maestros europeos actualmente en nuestro medio y en actividad. En la rueda final Ståhlberg malogró sus grandes perspectivas de victoria al ser derrotado por el maestro letón Feigins, luego de una partida de alto valor teórico, ya que se ensayó y mejoró una variante de la Defensa Eslava puesta en práctica por Alekhine en su *match* con Euwe. Fue la nota de sensación de la noche por su trascendencia, el interés apasionante que la rodeó y la alta calidad de su técnica, lo que hace tanto más meritorio el triunfo de Feigins.

El tercer puesto correspondió a Herman Pilnik, ajedrecista alemán desde hace años radicado en el país, pero en realidad producto deportivo de nuestro medio. Se trata de la más destacada actuación lograda por este jugador, lo que revela que sus progresos son firmes, y que ha de resultar interesante una nueva actuación suya para comprobar la solidez de los mismos. También merece destacarse la notable actuación de Feigins, sin duda uno de los valores más sólidos del ajedrez europeo actualmente en el país, como las de Czerniak y Sulik, que le siguieron en la tabla. No ha sido en cambio tan feliz la actuación de los argentinos. Quien mejor se colocó fue Jacobo Bolbochán, que está lejos de hacer récordar al notable jugador de hace diez años.

P. Frydman ganó el torneo de ajedrez de la Sociedad Hebraica

El campeón sueco, Stahlberg, que perdió su partida final con Feigins, llegó segundo

TERCERO, PILNIK

Con la victoria del maestro polaco Paul Frydman terminó el torneo de ajedrez que se estaba desarrollando en la Sociedad Hebráica Argentina, y en el que han actuado una serie de jugadores de alta calidad y un grupo de fuertes aficionados, a quienes se les brindó una nueva oportunidad de alternar con elementos de gran prestigio dentro y fuera del país.

En la última rueda, terminada ayer, se produjo la inesperada derrota del campeón sueco, Gedeon Stahlberg, lo que automáticamente colocó a Frydman en el puesto de honor de la prueba, al que en realidad era acreedor por la excelente técnica de sus partidas, la seriedad de su estilo de juego y la tenacidad con que actuó durante toda la competencia.

Es ésta la segunda victoria lograda por Frydman en un torneo internacional argentino y es la comprobación plena de su capacidad. Forma con Eliskases, Stahlberg y Najdorf una clase especial entre el conjunto de maestros europeos actualmente en nuestro medio y en actividad, lo que se ha demostrado a través de los resultados que arrojan los últimos torneos.

En la rueda final el campeón sueco malogró sus grandes perspectivas de victoria al ser derrotado por el maestro letón Movsa Feigins, luego de una partida de alto valor teórico, ya que se ensayó y mejoró una variante de la Defensa Eslava puesta en práctica por Alekhine en su match por el campeonato mundial con Euwe. Fué esta partida la nota de sensación de la noche, por su trascendencia, el interés apasionante que la rodeó y la alta calidad de su técnica, lo que hace tanto más meritorio el triunfo de Feigins.

El tercer puesto correspondió a Herman Pilnik, ajedrecista alemán desde hace años radicado en el país, pero en realidad deportivamente producto de nuestro medio. Se trata de la más destacada actuación lograda por este jugador, lo que revela que sus progresos son firmes y que ha de resultar interesante una nueva actuación suya para comprobar la solidez de los

Victoria de Frydman, frustración de Ståhlberg. *La Nación*, 22 de junio de 1941

La simultaneidad del torneo con el *match* Maderna – Guimard impidió a éste intervenir. Los resultados de la última rueda fueron: Frydman venció a Winz, Pilnik a Iliesco, Feigins a Ståhlberg, Rauch a Puiggrós, Sulik a Raud, Bolbochán a Marini, Czerniak a Gerschman y Kleinstein a Benko, por ausencia de este último.[291]

▓ Con el triunfo del maestro polaco Paulin Frydman ha finalizado el torneo internacional disputado en los salones de la Sociedad Hebraica Argentina, Cangallo 348. La victoria de Frydman no hace más que confirmar la excelente impresión que este maestro ha merecido en nuestro país a raíz de sus continuas buenas actuaciones, que lo hacen aparecer como uno de los valores de primera línea. Con su estilo sobrio de juego y una gran regularidad, es Frydman en todo momento un enemigo de consideración, y un candidato para ocu-

290 *La Nación*, 20 de junio de 1941.

291 Roberto Grau, *La Nación*, 22 de junio de 1941.

par los puestos de privilegio de cualquier certamen internacional. En el torneo que acaba de terminar se produjo una situación final muy interesante, pues al llegarse a la última rueda Ståhlberg mantenía sólo medio punto sobre Frydman.

En esas condiciones, las partidas que ambos sostuvieron contra Feigins y Winz, respectivamente, fueron observadas por la concurrencia con extraordinaria expectativa. El desarrollo del encuentro de Feigins con Ståhlberg tuvo momentos de verdadera emoción, pues las acciones favorecieron al jugador letón, y resultaron inútiles los esfuerzos de Ståhlberg para evitar la derrota, que le significaba a la vez la pérdida del primer puesto. Mientras tanto, Frydman vencía a Winz y con ello se aseguraba el triunfo.[292]

En los salones de la Sociedad Hebraica Argentina, Callao 348, se realizará esta noche a las 21.30 el acto de entrega de los premios correspondientes el reciente torneo internacional. Integran la lista de los premiados Paulin Frydman, ganador –quien no estará presente pues se encuentra en viaje al Brasil, donde jugará el torneo de San Pablo–, Gideon Ståhlberg, Herman Pilnik, Movsa Feigins, Miguel Czerniak, Francisco Sulik, Juan Iliesco y Jacobo Bolbochán. A parte las autoridades de la SHA han instituido un premio especial para la partida más brillante, que será adjudicado cuando se conozca el dictamen de la comisión integrada por los señores Roberto Grau, Luis Palau y Paulino Alles Monasterio.[293]

P. Frydman Ganó el Torneo de Ajedrez De la Soc. Hebraica

En el segundo puesto se clasificó Tadeo Stahlberg y en el tercero Pilnick

Con el triunfo del maestro polaco Paulin Frydman, ha finalizado el torneo internacional de ajedrez disputado en los salones de la Sociedad Hebraica Argentina, Callao 343.

La victoria de Frydman no hace más que confirmar la excelente impresión que este maestro ha merecido en nuestro país a raíz de sus continuas buenas actuaciones, que lo hacen aparecer como uno de los valores de primera línea. Con su estilo sobrio de juego y una gran regularidad, es Frydman en todo momento un enemigo de consideración y un candidato para ocupar los puestos de privilegio en cualquier certamen internacional.

En el torneo que acaba de terminar se produjo una situación final sumamente interesante, pues al llegarse a la última rueda Stahlberg mantenía sólo medio punto sobre Frydman. En esas condiciones, las partidas que ambos sostuvieron contra Feigins y Winz, respectivamente, fueron observadas por la concurrencia con extraordinaria expectativa. El desarrollo del encuentro de Feigins con Stahlberg tuvo momentos de verdadera emoción, pues las acciones favorecieron al jugador letón y resultaron inútiles los esfuerzos de Stahlberg para evitar la derrota, que le significaba a la vez la pérdida del primer puesto. Mientras tanto, Frydman vencía a Winz, y con ello se aseguró el triunfo en el gran certamen.

Tercero se clasificó Hermán Pilnik cuya actuación ha sido en este torneo muy destacada, y cuarto el letón Feigins.

En general, las partidas ofrecieron durante el trascurso de la competencia mucho interés, notándose algunas novedades en los planteos que han servido para proporcionar provechosas enseñanzas a los aficionados.

Frydman gana en gran forma en la Sociedad Hebraica.
La Prensa, 22 de junio de 1941

El acto tuvo lugar en medio de una interesante reunión, a la que concurrieron numerosos asociados. El secretario de la entidad, doctor Ignacio Winizky, abrió el acto con breves palabras, estando presentes, además, los señores Juan Winizky, presidente de la misma, y Raúl Elman, representante de la comisión de ajedrez, y entusiasta promotor del certamen. En nombre de la FADA vertió breves conceptos el señor Paulino Alles Monasterio, y luego se procedió a la entrega de premios a los ganadores, que los fueron recibiendo en medio de los aplausos de la concurrencia. El primer premio, que correspondió al maestro polaco Frydman, ya había sido entregado con motivo de su viaje a Brasil, y consistía en la Copa SHA y $ 400 m/n.

El segundo premio fue para el maestro sueco Ståhlberg, que también se había tenido que ausentar y le fue entregado previamente. Al señor Herman Pilnik le correspondieron $ 150 por su tercer premio. El cuarto, de $ 100, al maestro Feigins, y el quinto/sexto a los maestros Miguel Czerniak y Franciszek Ksawery Sulik, a quienes correspondieron $ 75 a cada uno. El séptimo, para el maestro Iliesco, fue de $ 60, y el octavo, para el argentino Jacobo Bolbochán, $ 50. El premio a la partida más brillante no ha sido aún discernido.[294]

Con el objeto de optar al premio de brillantez, se han presentado las siguientes producciones: Winz 1:0 Ståhlberg; Pilnik 1:0 Puiggrós; Pilnik 1:0 Czerniak; Ståhlberg 1:0 Bolbochán; Ståhlberg 1:0 Raud; Feigins 1:0 Marini y Feigins 1:0 Raud.[295]

[292] *La Prensa*, 22 de junio de 1941.
[293] *La Prensa*, 29 de junio de 1941.
[294] Paulino Alles Monasterio, *El Mundo*, 7 de julio de 1941.
[295] *El Mundo*, 26 de julio de 1941.

Resumen

Entrega de premios del torneo SHA.
El Mundo, 7 de julio de 1941

Entre mayo y junio se jugó un torneo internacional muy importante, organizado por la Sociedad Hebraica Argentina, Cangallo 348. Participaron dieciséis ajedrecistas, muchos de ellos residentes en nuestro país luego del estallido de la Segunda Guerra Mundial. Venció el polaco Paulin Frydman con 12½/15, seguido a media unidad por el sueco Gideon Ståhlberg. Luego Herman Pilnik 11½; Movsa Feigins 11; Miguel Czerniak y Francizsek Sulik 9; Juan Iliesco 8; Jacobo Bolbochán 7½; Luis Marini y Viktor Winz 6; Guillermo Puiggrós e Ilmar Raud 5½; Meir Rauch 5; José Gerschman 4½; Zelman Kleinstein 4 y Francisco Benko 3.[296]

Un jurado integrado por Roberto Grau, Luis Palau y Paulino Alles Monasterio adjudicó el premio de brillantez a Herman Pilnik por su victoria frente a Czerniak. Hasta la anteúltima ronda Ståhlberg marchaba puntero con medio punto de ventaja sobre Frydman, pero en la última forzó el juego contra Feigins y perdió, pasándolo entonces Frydman.

Torneo Internacional de la Sociedad Hebraica Argentina 1941

		1	2	3	4	5	6	7	8	9	0	1	2	3	4	5	6	PTS	S.B.
1	Frydman, Paulin	*	0	½	½	1	1	½	1	1	1	1	1	1	1	1	1	12.5/15	
2	Ståhlberg, Gideon	1	*	1	0	½	1	1	1	0	½	1	1	1	1	1	1	12.0/15	
3	Pilnik, Herman H	½	0	*	1	1	1	1	1	1	1	1	½	1	½	0	1	11.5/15	
4	Feigins, Movsa	½	1	0	*	½	1	1	1	0	1	1	1	0	1	1	1	11.0/15	
5	Sulik, Franciszek Ksawery	0	½	0	½	*	½	1	½	1	1	0	1	1	1	1	0	9.0/15	58.75
6	Czerniak, Miguel	0	0	0	0	½	*	1	½	1	½	1	½	1	1	1	1	9.0/15	50.00
7	Iliesco, Juan	½	0	0	0	0	0	*	1	0	½	1	1	1	1	1	1	8.0/15	
8	Bolbochán, Jacobo	0	0	0	0	½	½	0	*	0	1	½	1	1	1	1	1	7.5/15	
9	Winz, Victor	0	1	0	1	0	0	1	1	*	½	0	0	½	½	0	½	6.0/15	47.75
10	Marini, Luis	0	½	0	0	0	½	½	0	½	*	½	1	½	½	1	½	6.0/15	36.00
11	Puiggrós, Guillermo	0	0	0	0	1	0	0	½	1	½	*	½	0	1	0	1	5.5/15	32.00
12	Raud, Ilmar	0	0	½	0	0	½	0	0	1	0	½	*	1	0	1	1	5.5/15	31.00
13	Rauch, Meyer	0	0	0	1	0	0	0	0	½	½	1	0	*	1	1	0	5.0/15	
14	Gerschman, José	0	0	½	0	0	0	0	0	½	½	0	1	0	*	1	1	4.5/15	
15	Kleinstein, Zelman	0	0	1	0	0	0	0	0	1	0	1	0	0	0	*	1	4.0/15	
16	Benko, Francisco	0	0	0	0	1	0	0	0	½	½	0	0	1	0	0	*	3.0/15	

Eliskases en Montevideo

Hoy comenzará a disputarse el torneo de Montevideo, en los salones del Jockey Club de esta ciudad. Esta competencia está auspiciada por la Federación Uruguaya y el Ministerio de Instrucción

[296] *El Ajedrez Americano* 2ª época nº 74 pág. 201/5.

Pública y Previsión Social, habiendo suscitado gran expectativa en el ambiente ajedrecístico local. Las primeras cinco ruedas se disputarán en citado club, y las seis siguientes en el Club Ancap.[297]

1ª rueda, 19 de mayo

En los salones del Jockey Club dio comienzo esta noche el torneo. El sorteo fijó la realización de una de las partidas más interesantes, la que disputaron los europeos Eliskases y Luckis, constituyendo la presentación del argentino Héctor Rossetto, de 19 años de edad, la nota de real sensación. Una selecta concurrencia prestó el marco social que correspondía, y al declarar inaugurado el torneo usó de la palabra el titular del Ministerio de Instrucción Pública, Cyro Giambruno, quien tuvo palabras de elogio para los maestros ajedrecistas. Como juez actuó el señor Juan B. Carmona.[298]

Eliskases Conquistó el Primer Puesto en El Torneo de Ajedrez

Victoria de Eliskases. *La Prensa*, 3 de junio de 1941

Eliskases obtuvo el concurso de ajedrez de Montevideo, evidenciando su extraordinaria regularidad y fuerte juego, sin sufrir ninguna derrota. Superó a Marcos Luckis en la clasificación general por un punto y medio. Quedó pendiente la partida Balparda – Isaín, pero luego ganaron las blancas. Posiciones finales: Eliskases 9½/11; Luckis 8; Engels y Rossetto 7; Roux 5; Balparda y Liebstein 4½; Olivera y Ledesma 4; Pons 3.[299]

Resumen

Entre el 19 y el 30 de mayo se jugó el Torneo Internacional de Montevideo, que fue ganado ampliamente por Erich Eliskases con 9½/11. Le siguieron Marcos Luckis 8; Ludovico Engels y Héctor Rossetto 7; y luego los uruguayos Julio César Balparda 5½; Alberto Roux 5; José Cánepa, Pedro Santos Isaín y Arturo Liebstein 4½; A. Ledesma y Alfredo Olivera 4 y Pons 2½. En su crónica, Seitz dice:

> Anunciado a principios de año con la participación de Capablanca, Frydman, Najdorf, Luckis, Czerniak, Gromer, Ståhlberg, Castillo, Flores, Guimard, Maderna, Grau, Jacobo Bolbochán, Walter Cruz, Souza Mendes y Trompowsky, no fue posible cumplir con el compromiso. Muy a menudo ocurre esto en ajedrez. Sin embargo, las autoridades del ajedrez uruguayo agotaron todos los esfuerzos y brindaron un torneo más modesto, pero donde la calidad de las partidas estuvo muy por encima de lo sospechado. Muchas partidas se definieron después de larga lucha, en tal forma que fue común presenciar encuentros de más de sesenta jugadas; además, el valor de las partidas no es inferior al de las que se jugaron en el reciente Torneo Bodas de Plata del Círculo de Ajedrez.[300]

Este último comentario es bastante vergonzoso, y va en consonancia con su propósito de desacreditar al Círculo de Ajedrez, ya que éste es conducido por Grau, a quien considera su enemigo. Solamente así puede justificarse esta afirmación rayana en lo ridículo, ya que la calidad de los participantes de ambos torneos tuvo una diferencia abismal a favor del Torneo del Círculo (Ver crónica más arriba). Tampoco la cantidad de partidas terminadas en 60 jugadas o más fue signifi-

297 *La Prensa*, 19 de mayo de 1941.

298 *La Prensa*, 20 de mayo de 1941.

299 *La Nación*, 1º de junio de 1941. *La Prensa*, 3 de junio de 1941.

300 *Enroque!!* nº 8, 30 de diciembre, pág.130/60. La colaboración está firmada por "J. Adolf Seitz". Como en otros casos, oculta que la J. se refiere a Jacobo. Nota del autor.

cativa: sólo el 16,66% (11 partidas de 66), en comparación con el torneo realizado en Buenos Aires: 17,85% (10 partidas de 56).[301]

Torneo de Montevideo 1941

		1	2	3	4	5	6	7	8	9	0	1	2	PTS	S.B.
1	Eliskases, Erich Gottlieb	*	1	½	1	½	½	1	1	1	1	1	1	9.5/11	
2	Luckis, Marcos	0	*	½	1	½	1	½	1	½	1	1	1	8.0/11	
3	Engels, Ludwig	½	½	*	½	1	½	1	1	1	½	0	½	7.0/11	36.75
4	Rossetto, Héctor	0	0	½	*	½	1	1	1	0	1	1	1	7.0/11	31.25
5	Balparda, Julio César	½	½	0	½	*	½	1	1	0	0	1	½	5.5/11	
6	Roux Cabral, Fausto	½	0	½	0	½	*	0	½	1	0	1	1	5.0/11	
7	Cánepa, José	0	½	0	0	0	1	*	1	1	0	½	½	4.5/11	21.00
8	Isain, Pedro Santos	0	0	0	0	0	½	0	*	1	1	1	1	4.5/11	17.50
9	Liebstein, Arturo	0	½	0	1	1	0	0	0	*	1	0	½	4.0/11	22.00
10	Olivera, Alfredo	0	0	½	0	1	1	1	0	0	*	0	½	4.0/11	20.00
11	Ledesma, Otoniel	0	0	1	0	0	0	½	0	1	1	*	½	4.0/11	18.75
12	Pons, A.	0	0	½	0	½	0	½	0	½	½	½	*	3.0/11	

Historieta ilustrada de Capablanca en *El Gráfico* nº 1142

El Gráfico tiene su columna de ajedrez

El 30 de mayo la revista *El Gráfico* nº 1142 publica una pequeña biografía de Capablanca en forma de historieta ilustrada.

Aparece *Enroque!!*

En mayo aparece una nueva revista argentina de ajedrez: *Enroque!!* Está editada en Necochea, provincia de Buenos Aires, como órgano oficial del Club de Ajedrez local. La CD que aprobó la publicación de esta revista, estaba integrada por el presidente, Santiago Oliva; el vice, doctor Eleazar Seiler; el secretario, Máximo Butikofer; y el tesorero, Marcial Cao, entre otros. Era un grupo de aficionados muy entusiasta, que se puso como meta promover el ajedrez en la ciudad de Necochea y toda la zona aledaña. En 1941 contaba con más de sesenta socios, y su *alma mater* y principal sostén económico era el presidente, Santiago Oliva, un comerciante español radicado en la ciudad desde hacía varios años. En el primer Editorial se escribe en un defectuoso castellano:

> Surge *Enroque!!*, al impulso quizá quijotesco, en procura de un noble ideal y desprovisto de toda suerte de especulativas utilidades. *Enroque!!* no mide el esfuerzo a realizar, ni los inconvenientes que por su índole pueda depararle, sólo piensa que es obra útil, que dará sus provechos, y que pese a la indiferencia y la vulgaridad, puede realizar y cumplir su obra de bien.

[301] Notas del autor.

Enroque!!, revista exclusivamente de ajedrez y órgano oficial del Club Ajedrez Necochea, aunque independiente de esta institución, al cumplir la misión informativa del Club, ha trazado su plan dentro de una encantadora sencillez, pero no menos encomiable: difundir el ajedrez en los diversos aspectos, (sean) didácticos, como elemento complementario y auxiliar al estudio, la educación y encauzamiento de la lógica y el razonamiento: de esparcimiento, como medio de satisfacciones pasatiempo, exaltando el pundonor personal; social, como actividad que cultiva el respeto y la consideración de los semejantes, no obstante la lucha empeñosa, tesonera pero altiva, que producen las distintas actividades del ajedrez.

Pese a ser una publicación modesta, cuya sede está alejada de los principales centros ajedrecísticos, tendrá una larga vida. Se entrega sin costo a los socios del club, y se vende a los no socios a 20 centavos. Su editor y propietario, Santiago Oliva, había nacido en Cataluña el 5 de febrero de 1892. Llegó muy joven a la Argentina, y a fines de la década del 30 llega a Necochea, desempeñándose en diversas empresas, entre ellas una destinada a la pesca de mar, siendo propietario de lanchas para ese fin. Fue además representante en Necochea de varias firmas industriales, y ocupó el cargo de Práctico de Puerto Quequén, tarea que consistía en el control de entrada y salida de barcos. Su actividad en pro del ajedrez necochense fue muy importante. Siendo presidente del Círculo de Ajedrez de Necochea, concibe la realización del primer Torneo por Equipos Playas de Necochea, en 1942, colaborando activamente con la realización de los primeros seis. Muy amplias crónicas de estos torneos se publicaron en *Enroque!!*[302]

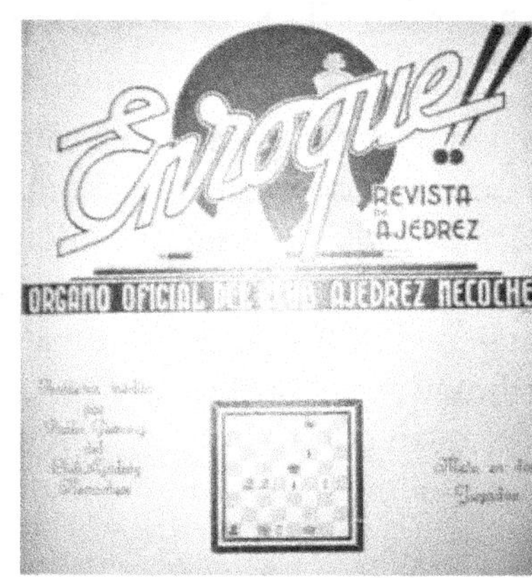

Portada de la nueva revista *Enroque!!*

La nueva FADA, el colapso financiero y la Confederación

El 31 de mayo se realiza la Asamblea y se conocen la Memoria y el Balance de la FADA. Se eligió como nuevo presidente para el período 1941/43 a Carlos Querencio, que había sido miembro fundador y a la vez primer presidente entre 1923 y 1927, y luego entre 1933 y 1935. El resto de la mesa directiva quedó integrado por Jorge Sanguineti como vice 1º, Carlos de la Llave como vice 2º, Alfonso Rodríguez Avellón como secretario, José Codoni como secretario de actas, Narciso Solari como tesorero, Alberto (Sic) Celaya como protesorero, y José Sordi como bibliotecario. En la Memoria se menciona "la falta de apoyo que resulta inexplicable, y lo es más porque instituciones con menos arraigo hallaron eco en sus gestiones" (Sic).

Esta incomprensión confirma el divorcio de la FADA con los clubes, hasta el extremo de que puede considerársela como un círculo privilegiado que vive a expensas de las demás instituciones, hacia las cuales guarda la mayor indiferencia, tanto por su orientación como en sus procedimientos, o más bien dicho, por su olvido más absoluto de las aspiraciones legítimas de la masa de ajedrecistas que contribuyen a su mantenimiento, en especial las del interior del país.

Este es uno de los problemas que deben encararse con urgencia, pues constituye el verdadero origen del movimiento iniciado el año pasado en el Congreso de Córdoba, para crear la Confederación Argentina de Ajedrez, cuya formación se está gestionando activamente, lo cual, traducido a la cruda verdad, es sencillamente el cisma en el seno de la familia ajedrecística argentina. (...) Así como he sido un crítico despiadado con los errores de las personas, reconozco también el verdadero mérito de sus obras, y esta página –no dudo que también *Caissa* entera– se halla dispuesta a apoyar

[302] Testimonio de Juan Carlos Obregoso al autor, 20 de marzo de 2006.

a la FADA en todo lo que signifique una reorganización equitativa de la familia ajedrecística diseminada por campos, pueblos y ciudades.[303]

▓ Un cambio de posición significativo muestra la revista *Caissa*, reconociendo el "verdadero mérito" de obras realizadas por "otros", refiriéndose obviamente en este caso a Roberto Grau. El movimiento del interior que promueve la fundación de la Confederación Argentina es muy importante, y requiere atención.[304]

Carlos Querencio es el nuevo presidente de la FADA

Anoche se llevó a efecto la Asamblea Ordinaria de la FADA para considerar la Memoria y el Balance, y designar el nuevo presidente, que terminaba su mandato. Luego de aprobarse ambas, se procedió a designar nuevo titular, siendo elegido el doctor Carlos Querencio, que ya lo fuera en el período 1923-1927. El presidente saliente, señor De Muro, hizo un vivo elogio de la personalidad del nuevo presidente, y récordó el acierto que lo caracterizó en la época inicial de la FADA, así como en su gestión última como consejero y vicepresidente de la entidad. A moción del doctor Molina, fue tributado un voto de aplauso al presidente saliente, récordándose su magnífica actuación en el TN, fruto, sin duda, de su esfuerzo personal. La Asamblea rubricó con una sostenida salva de aplausos la moción del delegado santafesino.[305]

Eliskases y el presidente del Brasil

▓ El 27 de junio Erich Eliskases le escribe una carta al presidente del Brasil, Getulio Vargas, para interesarlo por la situación de precariedad en que se encuentra en Brasil. Su principal preocupación es obtener un permiso de residencia de mayor tiempo de duración. Su ficha personal indica que su número de Registro S.R.E. (Serviço de Registro de Estrangeiros) es el nº 192458.[306]

Pelikán vence en el torneo interno del Club Quilmes

▓ El 2 de julio un periódico local informa que en el Club de Ajedrez de Quilmes "se disputó una especie de final entre Jiri Pelikán y el doctor Karel Skalicka, dado que debían enfrentarse en la última rueda con puntajes de 3½ Pelikán, contra 4 Skalicka. Pelikán llevó las blancas, y se impuso en el final".[307]

El fallecimiento de Ilmar Raud [Ver capítulo 7]

Eliskases y Guimard ganan en San Pablo

▓ Irán al certamen de San Pablo Guimard y Julio Bolbochán. Se iniciará el 30 del mes en curso, y se trata de una justa cuya cantidad y calidad de competidores la coloca a la altura, si no supera, todo lo realizado hasta la fecha en nuestro continente, excepción hecha, claro está, del Torneo de las Naciones. Competirán cinco campeones de países sudamericanos, cinco maestros europeos, y nueve jugadores más.[308]

[303] *Caissa* nº 37, pág. 113-117; nº 39, pág. 167. Nota firmada con el seudónimo Centaurus, titulada *A Salto de Caballo.*
[304] Nota del autor.
[305] *La Nación*, 1º de junio de 1941.
[306] Nota del autor.
[307] Libro de recortes de Antonio Virginis, 2 de julio de 1941. No se pudo obtener más información.
[308] *El Mundo*, 6 de junio de 1941.

▓ El 30 del mes en curso comenzará a jugarse en San Pablo un torneo internacional que por calidad y cantidad de los inscriptos, resultará interesante. La competencia ha sido organizada por el club de ajedrez de la citada ciudad, con el auspicio de la Federación Brasileña. Intervendrán representantes de distintos países: Eliskases, Frydman, Guimard, Julio Bolbochán, Arístides Gromer, Marcos Luckis, Mariano Castillo, Julio Salas Romo, Julio César Balparda, Pedro Santos Isaín, B. Sánchez Palacios, Orlando Rozas, Adhemar Silva Rocha, Boris Schneiderman, Alvaro Penna y Flavio de Carvalho. Se jugará cinco veces por semana, destinándose jueves y domingo para el descanso. Los jugadores argentinos y europeos que se encuentran en Buenos Aires, se embarcarán el próximo viernes 27 en el vapor Argentina. Con este motivo, a la hora fijada para la salida del vapor, se harán presentes en el puerto una delegación de la FADA integrada por miembros de distintos clubs y amigos personales de los jugadores que se ausentarán.[309]

Se embarcan hoy para el Brasil a bordo del vapor "Argentina", para tomar parte en el Torneo Internacional de Ajedrez de San Pablo, los jugadores locales Carlos E. Guimard y Julio Bolbochán, además de los conocidos maestros europeos Paulín Frydman, Markas Luckis y Aristide Gromer.

Los maestros Erich Eliskases y Ludwig Engels han terminado ayer sus gestiones para ausentarse del país, sumándose al grupo que sale de esta Capital, de donde partirán en avión, el próximo domingo.

Con aquel motivo, a la hora fijada para la salida del nombrado vapor se hará presente en el puerto una delegación de la F. A. D. A., integrada por miembros de distintos clubs y amigos personales de los jugadores que se ausentan.

Guimard y Julio Bolbochán, a San Pablo. *El Mundo*, 27 de junio de 1941

▓ El 3 de julio los diarios y revistas informan sobre el comienzo del Torneo Internacional Aguas de San Pedro de Piracicaba, San Pablo, organizado en el club del mismo nombre, por la Confederación Brasileña de Ajedrez.

1ª rueda, 4 de julio

▓ Se inició anoche en San Pedro de Piracicaba el torneo internacional. Las primeras ocho partidas tuvieron el siguiente resultado: Bolbochán, argentino, empató con el austríaco Alikases (Sic) en la 42ª movida; Engels, alemán, venció a Balparda, uruguayo; Prosdoscimi, brasileño, venció a Palacios, paraguayo, en la 36ª; Frydman, polaco, se impuso al brasileño Schneiderman, en la 32ª; Luckis, lituano, venció al francés Gromer, por haberse excedido éste en el tiempo; Salas Romo, chileno, venció a Penna, brasileño, en la 35ª. Luego de suspender, Castillo venció a Mangini. Quedaron suspendidas Guimard – Caetano Netto y Carvalho – Souza Mendes.[310]

2ª rueda, 5 de julio

▓ Fue disputada anoche la segunda rueda en los salones del Grand Hotel de Sao Pedro. La nota sobresaliente de la reunión la constituyó la victoria obtenida por el joven representante argentino Julio Bolbochán frente al maestro polaco Frydman, ganador del reciente torneo de la SHA en Buenos Aires. El ex campeón brasileño, doctor Souza Mendes, perdió por ausencia frente al actual campeón argentino, Guimard, y Eliskases conquistó la victoria ante el jugador paraguayo Sánchez Palacios. También venció el lituano Luckis en su encuentro frente al brasileño Penna. Otros resultados fueron: Prosdoscimi 1:0 Balparda; Castillo ½:½ Engels; Gromer 1:0 Netto y Mangini 1:0 Salas Romo.[311]

3ª rueda, 6 de julio

▓ Anoche continuó disputándose el torneo. Las primeras ruedas han ofrecido alternativas sumamente lucidas, y varios de los maestros participantes han jugado con mucha energía y precisión. Entre los aficionados que presencian los encuentros se comentó la buena actuación inicial que ha correspondido a los dos representantes argentinos Guimard y Bolbochán. Los resultados fueron:

309 *La Prensa*, 21 de junio de 1941. *El Mundo*, 27 de junio de 1941.

310 Agencia UP, *Crítica*, 5 de julio de 1941. Ganó Guimard.

311 Agencia UP, *La Prensa*, 6 de julio de 1941. En realidad, Frydman venció a Bolbochán, error que fue corregido por el diario *El Mundo* en la edición del 17 de julio, cuando informaba sobre las rondas 9ª y 10ª.

Guimard 1:0 Schneiderman; Bolbochán 1:0 Carvalho; Castillo 1:0 Prosdoscimi; Eliskases 1:0 Balparda; Frydman 1:0 Sánchez Palacios; Luckis 1:0 Mangini; Penna ½:½ Netto. Gromer se adjudicó el punto por no haberse presentado Souza Mendes.[312]

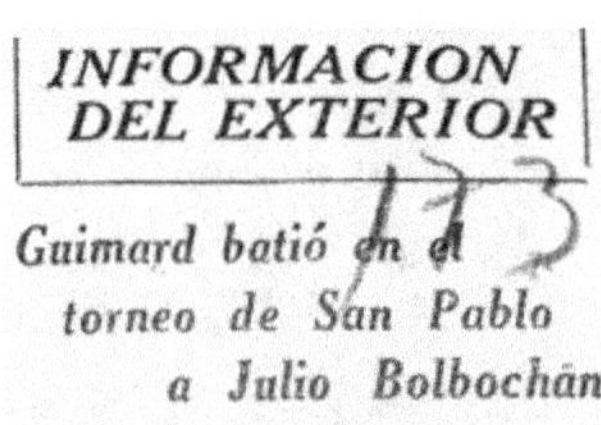

INFORMACION DEL EXTERIOR

Guimard batió en el torneo de San Pablo a Julio Bolbochán

San Pablo, 7 (Esp.).—La cuarta rueda del torneo internacional de ajedrez tuvo como partida de gran relieve el cotejo entre los ajedrecistas argentinos Carlos Guimard y Julio Bolbochan, que ocupaban las situaciones más destacadas de la prueba, junto con Luckis, Frydman y Eliskases. El cotejo fué ganado por Guimard, quien de esta suerte se destaca en el puesto de honor y ha interrumpido la notable teoría de éxitos que han sido la nota destacada de la actuación de su joven compatriota.

Las otras partidas terminaron así: Netto batió a Salas Romo, Schöiderman a Gromer y Carbalho a Sánchez. Balparda empató con Frydman. Castillo también igualó con Eliskases, Engels se impuso a Prodozini y Luckis suspendió con Manghini.

Guimard vence a Julio Bolbochán. *La Nación*, 8 de julio de 1941

4ª rueda, 7 de julio

▓ La ronda tuvo como partida de gran relieve el cotejo entre los ajedrecistas argentinos Carlos Guimard y Julio Bolbochán, que ocupaban las situaciones más destacadas de la prueba junto a Eliskases, Luckis y Frydman. El cotejo fue ganado por Guimard, quien de esa suerte se destaca en el puesto de honor. En las otras partidas, Netto venció a Salas Romo, Schneiderman a Gromer, Engels a Prosdoscimi y Carvalho a Sánchez. Balparda empató con Frydman, lo mismo que Castillo con Eliskases. Luckis empató con Mangini en la 76ª jugada.[313]

5ª rueda, 9 de julio

▓ La actuación de Guimard es una de las notas sobresalientes del torneo, que se lleva a cabo en la estación Termas de San Pedro de Piracicaba. Lleva el campeón argentino ganadas las cinco partidas, pues hoy venció al jugador paraguayo Sánchez Palacios, sin dudas aún inexperto para este tipo de competencias, en la 34ª jugada. En otras partidas, Eliskases venció a Engels después de la 46ª; Frydman superó a Castillo en la 42ª; Balparda a Carvalho en la 39ª; Schneiderman a Penna en la 32ª; Luckis a Caetano en la 37ª; Mangini a Prosdoscimi en la 26ª; Salas Romo por no presentarse Souza Mendes, y Gromer empató con Bolbochán en la 42ª. Guimard tiene 5/5; Frydman y Luckis 4½; Eliskases 4; Engels 3½.[314]

Continúa en San Pedro El Torneo de Ajedrez

San Pedro de Piracicaba, julio 1[illegible] (United) — La sexta rueda del torne[o] internacional de ajedrez fué disputad[a] anoche en los salones del Grand Hotel de esta localidad. La competenc[ia] se desarrolla dentro de un ambiente d[e] extraordinaria expectativa, motivand[o] elogiosos comentarios la brillante actuación que hasta ahora le ha correspondido al campeón argentino, Carlo[s] Guimard, quien se mantiene al frent[e] de los participantes en el cuadro de posiciones. Las próximas ruedas, qu[e] resultarán decisivas para la clasificación final, son esperadas con gran interés.

En la sexta reunión el maestro Eliskases venció al brasileño Prodoscini, Guimard derrotó al ex campeón uruguayo Balparda. El encuentro de Engels contra Frydman, que atrajo la mayor atención del público, terminó con una división de honores, y Gromer le ganó al paraguayo Sánchez Palacios.

Los resultados generales de la unión fueron los siguientes:

Guimard	1	Balparda	
Eliskases	1	Prodoscini	
Engel	½	Frydman	½
Schneiderman	1	Salas Romo	0
Bolbochán	½	Penna	½
Gromer	1	Sánchez	0
Castillo	1	Carvalho	0
Mangini	1	Netto	0

La séptima rueda del certamen será iniciada mañana por la tarde en el Grand Hotel y finalizará en la sesión complementaria de la noche.

Guimard sigue ganando. *La Prensa*, 11 de julio de 1941

6ª rueda, 10 de julio

▓ La competencia se desarrolla dentro de un ambiente de extraordinaria expectativa, motivando elogiosos comentarios la brillante actuación que hasta ahora le ha correspondido al campeón argentino, Carlos Guimard, que sigue en el primer lugar luego de vencer a Balparda en la 41ª jugada. Se registraron además estos resultados: Schneiderman venció a Salas Romo en la 46ª; Gromer a Palacios en la 52ª; Castillo a Carvalho en la 42ª; Eliskases a Prosdoscimi en la 42ª; Luckis a Souza Mendes por w.o.; Bolbochán hizo tablas con Penna en la 49ª, y el mismo resultado tuvo la partida entre Engels y Frydman. Guimard encabeza las posiciones con todas las partidas ganadas, 6/6, y siguen Luckis 5½; Eliskases y Frydman 5; Schneiderman, Engels y Castillo 4.[315]

7ª rueda, 11 de julio

▓ Con gran animación continúa disputándose en el Grand Hotel de San Pedro de Piracibaba el torneo. En esta rueda el argentino Carlos Guimard suspendió contra Castillo, y ha sido momentá-

[312] Agencia UP, *La Prensa*, 7 de julio de 1941.
[313] Especial, *La Nación*, 8 de julio de 1941.
[314] Agencia AP, *El Mundo*, 10 de julio de 1941. Especial, *La Nación*, 10 de julio de 1941.
[315] Agencia AP, *La Nación*, 11 de julio de 1941. United Press, *La Prensa*, 11 de julio de 1941.

neamente aventajado por medio punto, puede considerárselo como el puntero de la tabla, por cuanto su partida pendiente se encuentra en posición favorable para él. Los otros resultados fueron: Frydman venció a Prosdoscimi, Penna a Sánchez Palacios, Luckis a Schneiderman y Eliskases a Mangini. Carvalho hizo tablas con Balparda.[316] Quedó suspendida Salas Romo – Bolbochán.[317]

8ª rueda, 13 de julio

▮ Constituye la nota de interés el hecho de que el fuerte maestro austríaco Eliskases ha vencido a dos peligrosos rivales, como son los maestros Frydman y Engels, lo cual lo coloca en inmejorables condiciones para aspirar al triunfo final. Los resultados han sido: Schneiderman ½:½ Netto en la 24ª jugada; Bolbochán ½:½ Luckis en la 48ª; Sánchez Palacio 1:0 Salas Romo en la 55ª; Gromer 1:0 Castillo; Engels ½:½ Guimard en la 48ª; Prosdoscimi ½:½ Carvalho en la 20ª; Eliskases 1:0 Frydman en la 46ª. Balparda – Penna quedó suspendida. Eliskases y Luckis tienen 7/8, y siguen Guimard 6½/7; Frydman 6/8; Engels y Gromer 5/8.[318]

Guimard empató el match que jugó con Engels en el torneo de San Pablo

San Pablo, 14 (U.P.). — En la octava rueda del torneo de ajedrez se produjeron los siguientes resultados: Schneidermann hizo tablas con Caetano Neto en 24 jugadas; Bolchochan empató con Luckis, en 48 jugadas; Palacio venció a Romo, en 55; Gromer a Castillo, en 54; Engels hizo tablas con Guimard, en 48; Eliskasses venció a Frydman, en 46; Mangini a Mendes, por no presentarse, y Prodoscimi hizo tablas con Carvalho en 20 jugadas. La partida entre Balparda y Pena quedó suspendida por haber llegado al tiempo reglamentario.

La clasificación actual de los jugadores es como sigue: Eliskasses, 8 puntos; Luckis, 8; Guimard, 7; Frydman, 7; Gromer, 5 1|2; Schneidermann, 5 1|2; Engels, 5 1|2; Castillo, 4 1|2; Mangini, 4 1|2; Bolbochan, 4; Penna, 3 1|2; Prodoscimi, 3; Neto, 3; Calvalho, 3; Romo, 2; Palacio, 1, y Mendes, 0. Están pendientes las partidas entre Guimard y Castillo, Romo y Bolbochan y Balparda y Pena.

En la novena rueda, Eliskasses venció a Carvalho en 47 jugadas; Guimard hizo tablas con Prodoscimi, en 57; Cromer con Engels, en 47; Pena con Castillo, en 21; Balparda venció a Romo; Luckis a Palacios, en 27 jugadas; Bolbochan a Neto, en 46; Frydman a Mangini, en 43, y Schneiderman a Mendes, por no presentarse.

El de hoy, día de descanso, será aprovechado probablemente para definir las partidas suspendidas.

Eliskases vence a Frydman. *La Nación*, 15 de julio de 1941

9ª rueda, 14 de julio

▮ Continúa disputándose el torneo, que se juega en Aguas de San Pedro de Piracicaba. La partida Frydman – Bolbochán de la segunda ronda, según las noticias recibidas, se dio por ganada al jugador argentino, pero estamos en situación de rectificarla. Los resultados de la rueda fueron los siguientes: Carvalho 0:1 Eliskases; Guimard ½:½ Prosdoscimi; Gromer ½:½ Engels; Penna ½:½ Castillo; Salas Romo 0:1 Balparda; Luckis 1:0 Sánchez; Netto 0:1 Bolbochán; Frydman 1:0 Mangini.[319]

10ª rueda, 15 de julio

▮ Se ha producido hoy un resultado muy importante: la victoria de Eliskases sobre Guimard; de ese modo el maestro austríaco se consolida al frente de las posiciones. Los otros resultados fueron: Sánchez 0:1 Netto; Balparda 0:1 Luckis; Mangini ½:½ Schneiderman; Castillo 1:0 Salas Romo; Engels 1:0 Penna; Prosdoscimi 0:1 Gromer; Frydman 1:0 Carvalho.

El cuadro de posiciones muestra a Eliskases con 9/10; Luckis 8/9; Frydman 8/10; Engels 6½/10; Guimard 6/8; Gromer 5½/9; Schneiderman 5½/10; Bolbochán y Mangini 4/9.[320]

ELISKASES LE GANA A GUIMARD EN EL TORNEO DE SAN PABLO

SAN PABLO, 16 (Especial). — Continúa disputándose el torneo Internacional de Ajedrez, que se juega en Aguas de San Pedro de Piracicaba.

RESULTADOS DE LA NOVENA RONDA

Blancas		Negras	
Carvalho	0	Eliskases	1
Guimard	½	Prosdocimi	½
Gromer	½	Engels	½
Penna	½	Castillo	½
Salas Romo	0	Balparda	1
Luckis	1	Sánchez	0
Netto	0	Bolbochan	1
Frydman	1	Mangini	0

Libre: Boris Schneiderman.

RESULTADOS DE LA DECIMA RONDA

BLANCAS		NEGRAS	
Sánchez	0	Netto	1
Balparda	0	Luckis	1
Mangini	½	Schneiderman	½
Castillo	1	Salas Romo	0
Engels	1	Penna	0
Prosdocimi	0	Gromer	1
Eliskases	1	Guimard	0
Frydman	1	Carvalho	0

Libre: Julio Bolbochan.

LA PARTIDA BOLBOCHAN v. FRYDMAN

CUADRO DE POSICIONES

	J.	G.	T.	P.	S.	Pts
Erich Eliskases	10	8	2	-	-	9
Markas Luckis	9	7	2	-	-	8
Paulino Frydman	10	7	2	1	-	8
Ludwig Engels	10	4	5	1	-	6½
Carlos E. Guimard	9	5	2	1	1	6
Aristide Gromer	9	4	3	2	-	5½
Mariano Castillo	10	4	3	2	1	5½
Boris Schneiderman	9	4	3	2	-	[illegible]
Julio Bolbochan	9	2	4	2	1	4
José T. Mangini	9	3	2	4	-	4
Julio C. Balparda	10	2	3	5	1	3
Caetano Netto	9	2	2	5	-	3
Arturo Prosdocimi	10	2	2	6	-	3
A. J. de O. Penna	9	1	3	4	1	2½
Flavio de Carvalho	9	1	2	6	-	2
Julio Salas Romo	9	1	-	7	1	1
Juan B. Sánchez	10	1	-	9	-	1

LA DECIMOPRIMERA RONDA

BLANCAS		NEGRAS
Carvalho	v.	Mangini
Guimard	–	Frydman
Gromer	–	Eliskases
Penna	–	[illegible]
Salas Romo	–	Engels
Luckis	–	Castillo
Netto	–	Balparda
Schneiderman	–	Bolbochan

Decisiva victoria de Eliskases sobre Guimard. *El Mundo*, 17 julio 1941

[316] En realidad, ganó Balparda.

[317] United Press, *La Prensa*, 14 de julio de 1941. Ganó Salas Romo.

[318] United Press, *La Prensa*, 14 de julio de 1941. Agencia AP, *La Nación*, 15 de julio de 1941.

[319] *Especial, El Mundo*, 17 de julio de 1941.

[320] *Especial, El Mundo*, 17 de julio de 1941.

11ª rueda, 17 de julio

El torneo ha entrado ya en su fase más interesante, dado que faltan solamente cinco fechas para su terminación. La nota sobresaliente de la reunión la constituyó la excelente victoria lograda por el campeón argentino, Carlos Guimard, frente al maestro polaco Paulin Frydman, reciente ganador del torneo de Buenos Aires. A pesar de que en la sesión anterior Guimard había sido vencido por Eliskases, su actuación sigue siendo excelente, y motiva comentarios elogiosos de parte del público. El francés Gromer empató contra Eliskases, y Luckis derrotó en buena forma al campeón chileno, Mariano Castillo. Otros resultados fueron: Prosdoscimi 1:0 Penna; Engels 1:0 Salas Romo; Bolbochán 1:0 Schneiderman y Carvalho 1:0 Mangini. Hoy será día de descanso, y mañana viernes se jugará la 13ª rueda. Las autoridades del certamen decidieron que los días 21 y 22 se juegue en el Teatro Municipal de San Pablo.[321]

12ª rueda, 19 de julio

Los primeros cinco puestos son disputados en forma reñida por varios de los inscriptos, aun cuando parece descontarse que el triunfo final ha de corresponderle al maestro austríaco Eliskases. Pero tanto Guimard como Luckis y Engels están colocados en la tabla de posiciones en forma amenazante, y al menor decaimiento podrían aventajar al puntero. Los resultados generales de la 12ª (?) sesión han sido: Bolbochán 1:0 Mangini; Guimard 1:0 Carvalho; Frydman 1:0 Gromer; Eliskases 1:0 Penna; Salas Romo 1:0 Prosdoscimi; Engels 1:0 Luckis; Castillo 1:0 Netto; Schneiderman 1:0 Sánchez. En este momento Eliskases ocupa el primer puesto con 10½/12, Guimard el segundo, que comparte con Frydman y Luckis, con 9; Engels 8½; Castillo 6½; Bolbochán 6. Las cuatro ruedas finales serán disputadas en la ciudad de San Pablo.[322]

Continúa Disputándose El Torneo I. de Ajedrez

Eliskases sigue ganando.
La Prensa, 20 de julio de 1941

13ª rueda, 20 de julio

El maestro austríaco Erich Eliskases mantiene su primer lugar en la tabla de posiciones, y es el único invicto. Las partidas de la reunión de hoy se caracterizaron por la porfiada tenacidad con que fueron disputadas, llegando al límite reglamentario de tiempo con sólo cuatro encuentros definidos. El maestro argentino Carlos Guimard ha vuelto a ganar, colocándose a medio punto del puntero. Resultados: Guimard 1:0 Mangini; Gromer 1:0 Carvalho; Penna 0:1 Frydman; Bolbochán 1:0 Sánchez. Suspendidas: Salas Romo – Eliskases, Luckis – Prosdoscimi, Netto – Engels y Schneiderman – Balparda. Eliskases tiene 10½/12; Guimard 10/12: Frydman 10/13; Luckis 9/12; Engels 8½/13; Gromer y Bolbochán 7/12.[323]

14ª Rueda, 21 de julio

Sólo faltan dos ruedas para que finalice la competencia, y el interés de los aficionados se ha concentrado en la emocionante lucha entre el fuerte maestro austríaco Eliskases y el campeón argentino, Guimard, quien con su extraordinaria actuación ha puesto en serio peligro la victoria de

[321] *United Press, La Prensa*, 18 de julio de 1941.
[322] Agencia AP, *El Mundo*, 20 de julio de 1941. United Press, *La Prensa*, 20 de julio de 1941.
[323] Especial, *El Mundo*, 21 de julio de 1941.

tan calificado maestro. Guimard venció hoy al campeón francés, Gromer, y ha quedado tan solo a medio punto de Eliskases, si bien es cierto que éste tiene una partida pendiente, que en caso de ganarla obtendría una ventaja apreciable sobre el maestro argentino. Los resultados fueron: Mangini 1:0 Sánchez; Balparda ½:½ Bolbochán; Castillo 1:0 Schneiderman; Prosdoscimi 0:1 Netto; Eliskases 1:0 Luckis; Frydman 1:0 Salas Romo; Carvalho ½:½ Penna. De las ruedas anteriores, Gromer derrotó a Mangini y Guimard a Penna. Eliskases tiene 12½/14; Guimard 12/15; Frydman 11½/15; Engels y Luckis 10½/15. Se jugó en el foyer del teatro Municipal de San Pablo.[324]

15ª Rueda, 23 de julio

▓ Los partidos jugados dieron los siguientes resultados: Guimard venció a Penna en la 40ª jugada; Salas Romo a Carvalho en la 42ª; Engels a Schneiderman en la 34ª; Gromer a Mangini en la 24ª. Luckis empató con Frydman en la en 31ª. He aquí los resultados de las partidas suspendidas de la 14ª ronda: Eliskases venció a Salas Romo en la 100ª; Netto venció a Prosdoscimi en la 57ª; Carvalho empató con Penna en la 57ª. Eliskases tiene 12½, Guimard 12, Frydman 11½, Engels y Luckis 10½, Gromer 8, Castillo y Bolbochán 7½.[325]

Eliskases sigue en el primer lugar del torneo de ajedrez de San Pablo

San Pablo, 23 [illegible]. — Los partidos jugados en el Torneo Internacional de Ajedrez dieron los siguientes resultados: Guimard venció a Pena en 40 jugadas; Romo a Carvalho en 42; Luckis empató con Frydman, en 31 jugadas; Engels venció a Schneiderman, en 34, y Gromer a Mangini, en 24.

Se da a continuación la clasificación general:

Eliskases, 12 1|2; Guimard, 12; Frydman, 11 1|2; Engels, 10 1|2; Luckis, 10 1|2; Gromer, 8; Castillo, 7 1|2; Bolbochan, 7 1|2; Schneiderman, 6 1|2; Romo, 5; Mangini, 5; Neto, 4 1|2; Balparda, 4 1|2; Prodoscini, 4; Carvalho, 3 1|2; Pena, 3, y Palacios, 1.

He aquí los resultados de las partidas que habían sido dejadas en suspenso en la décimocuarta sesión: Eliskases venció a Romo, en 100 jugadas; Guimard a Gromer, en 56; Neto venció a Prodoscini, en 57, y Carvalho empató con Pena a las 57 jugadas.

En la penúltima sesión de ajedrez jugarán Castillo v. Palacios, Engels v. Bolbochan, Prodoscini v. Scheneiderman, Frydman v. Neto, Luckis v. Carvalho, Guimard v. Romo, Gromer v. Pena y Mangini v. Balparda.

Hoy a las 16 los ajedrecistas visitaron al interventor federal, Sr. Fernando da Costa.

Maratón de Eliskases. *La Nación*, 24 de julio de 1941

16ª Rueda, 24 de julio

▓ La rueda de hoy se jugó en el Clube de Xadrez de Sao Paulo. El campeón argentino, Carlos Guimard, obtuvo una importante victoria ante el maestro chileno Julio Salas Romo, y se acerca al puntero. Engels 1:0 Bolbochán; Frydman 1:0 Netto; Carvalho 0:1 Luckis; Mangini 0:1 Balparda. Castillo 1:0 Sánchez. Suspendidas: Prosdoscimi – Schneiderman y Gromer – Penna. Eliskases libre.[326]

17ª Rueda, 25 de julio

▓ Finalizó el torneo internacional, que reuniera a diecisiete maestros de reconocida habilidad y fama. El campeón austríaco, Erich Eliskases, y el campeón argentino, Carlos Guimard, finalizaron *ex aecquo* con 14. Esta es la mejor performance, verdaderamente consagratoria, que el señor Guimard ha cumplido hasta la fecha. En el puesto inferior terminaron, también empatados, los reputados maestros Paulin Frydman y Ludwig Engels, y luego el destacado maestro letón Marcos Luckis. Los resultados de la 17ª y última rueda fueron: Salas Romo ½:½ Gromer; Luckis 0:1 Guimard; Netto ½:½ Carvalho; Schneiderman ½:½ Eliskases; Bolbochán 1:0 Prosdoscimi; Sánchez 0:1 Engels; Balparda ½:½ Castillo; Penna 1:0 Mangini.[327]

FINALIZAN EMPATADOS ELISKASES Y GUIMARD EN EL T. DE SAN PABLO

SAN PABLO, 25 (Especial). — Finalizó en esta capital el certamen internacional de ajedrez que reuniera a diecisiete maestros de reconocida habilidad y fama.

Los conocidos ajedrecistas Erich Eliskases, campeón austriaco, y Carlos E. Guimard, campeón argentino, finalizaron "ex aequo" con catorce puntos cada uno. Es ésta la mejor "performance", verdaderamente consagratoria, que el señor Guimard ha cumplido hasta la fecha, y llena de satisfacción a los jugadores sudamericanos que intervinieron en el torneo, pues manifestaron que el maestro Eliskases se cuenta entre los diez mejores ajedrecistas del mundo.

En el puesto inmediato inferior terminaron también empatados los reputados maestros Paulin Frydman y Ludwig Engels y en el quinto lugar [illegible]

CUADRO FINAL

	J.	G.	T.	P.	Pts.
Erich Eliskases	[illegible]	[illegible]	[illegible]	[illegible]	[illegible]
Carlos E. Guimard	[illegible]	[illegible]	[illegible]	[illegible]	[illegible]
Paulin Frydman	[illegible]	[illegible]	[illegible]	[illegible]	[illegible]
Ludwig Engels	[illegible]	[illegible]	[illegible]	[illegible]	[illegible]
Markas Luckis	[illegible]	[illegible]	[illegible]	[illegible]	[illegible]
Mariano Castillo	[illegible]	[illegible]	[illegible]	[illegible]	[illegible]
Aristide Gromer	[illegible]	[illegible]	[illegible]	[illegible]	[illegible]
Julio Bolbochán	[illegible]	[illegible]	[illegible]	[illegible]	[illegible]
Boris Schneiderman	[illegible]	[illegible]	[illegible]	[illegible]	[illegible]
Julio C. Balparda	[illegible]	[illegible]	[illegible]	[illegible]	[illegible]
Julio Salas Romo	[illegible]	[illegible]	[illegible]	[illegible]	[illegible]
Cayetano Neto	[illegible]	[illegible]	[illegible]	[illegible]	[illegible]
José T. Mangini	[illegible]	[illegible]	[illegible]	[illegible]	[illegible]
Flavio de Carvalho	[illegible]	[illegible]	[illegible]	[illegible]	[illegible]
Alvaro de O. Pena	[illegible]	[illegible]	[illegible]	[illegible]	[illegible]
Arrigo Prosdocimi	[illegible]	[illegible]	[illegible]	[illegible]	[illegible]
Juan B. Sánchez	[illegible]	[illegible]	[illegible]	[illegible]	[illegible]

La J. significa partidas jugadas; la G., ganadas; la T., tablas; la P., perdidas, y Pts. los puntos obtenidos, contándose 1 el juego ganado y ½ las tablas.

Guimard y Eliskases, ganadores. *El Mundo*, 26 de julio de 1941

[324] *La Prensa*, 24 de julio de 1941. *El Mundo*, 23 de julio de 1941.
[325] Agencia AP, *La Nación*, 24 de julio de 1941.
[326] *El Mundo*, 23 de julio de 1941.
[327] *El Mundo*, 26 de julio de 1941.

Resumen

▓ Se jugó en el Gran Hotel San Pedro de Piracicaba, y ganaron Eliskases y Guimard, con 14/16. Siguieron Engels y Frydman 12½; Luckis 11½; Castillo 10; Gromer 9½; Julio Bolbochán 8½. También participaron B. Schneidermann, José Thiago Mangini, Julio César Balparda, Arrigo Prosdoscimi, Cayetano Netto, Julio Salas Romo, Flavio de Carvalho, Alvaro J. de O. Penna y Juan B. Sánchez Palacios. La 14ª Ronda se jugó en el foyer del teatro Municipal de San Pablo, y la 15ª en el Clube de Xadrez Sao Paulo, visitando los participantes el 23 de julio al Interventor Federal señor Fernando Costa.[328]

▓ Naturalmente que la actuación que le cupo al fuerte jugador alemán Eliskases no extrañó en absoluto, ya que sus méritos son suficientemente conocidos. En cambio, en lo que respecta a nuestro campeón, Carlos Guimard, llama la atención la forma enérgica con que ha disputado sus partidas, y las altas cualidades puestas de manifiesto en cada una de ellas. Esta victoria de Guimard era, tal vez, la que le faltaba para que su consagración dentro del ajedrez nacional y sudamericano fuera definitiva. En todo momento del torneo su espíritu de luchador se mantuvo permanente, y así pudo alcanzar en las ruedas finales a Eliskases, aprovechando que éste debió empatar su encuentro de la última rueda con Schneiderman, parta compartir el primer puesto de la tabla. Cuando venció a Luckis, una prolongada ovación y muchas felicitaciones le fueron dadas a nuestro compatriota, que alcanzaba el primer puesto.[329]

En el Torneo de San Pablo, Guimard y Eliskases Empataron el Primer Puesto

Destacada Actuación Tuvo Nuestro Compatriota

En la ciudad de San Pablo, Brasil, terminó anoche el Torneo Internacional de Ajedrez, que se disputó bajo el auspicio del Club de Ajedrez de San Pablo. El primer puesto de esta competencia terminó empatado entre el campeón alemán Erich Eliskases, este último considerado entre los 10 jugadores más fuertes del mundo.

ACTUACION DE LOS GANADORES

Naturalmente que la actuación que le cupo al fuerte jugador alemán no extrañó en absoluto, ya que sus méritos son suficientemente conocidos como para haberse adjudicado el torneo sin haber perdido un solo juego. En cambio, en lo que respecta a nuestro campeón, llama la atención la forma enérgica con que ha disputado sus partidas y las altas cualidades puestas de manifiesto en cada una de ellas. Esta victoria de Guimard era tal vez la que le faltaba para que su consagración, dentro del ajedrez nacional y sudamericano fuera definitiva.

En todo momento del torneo su espíritu de luchador se mantuvo permanente, y así pudo alcanzar en las ruedas finales a Eliskases, aprovechando que este jugador debió empatar el encuentro que disputó en la última rueda con Schneidarman, para compartir el primer puesto de la tabla.

COMO JUGARON LOS DEMAS

El tercer puesto fué igualado por el polaco Paulin Frydman y el alemán Ludovico Engels, terminando ambos a solo un punto y medio de los ganadores. El lituano Luckis, que comenzara el torneo con grandes bríos y cuya actuación fué buena en general, sufrió una declinación en su juego al promediar la competencia, que lo retrogradó al quinto puesto.

El campeón de Chile, Mariano Castillo [illegible]

[illegible] maestros estuvieron en condiciones de alcanzar el triunfo.

En lo que se refiere al aspecto técnico, debe también mencionarse especialmente, pues fueron muchas las partidas que ofrecieron detalles técnicos de importancia, poniendo de manifiesto el alto grado de preparación de los participantes y sus notables conocimientos teóricos.

LA RUEDA FINAL

Todas las ruedas, pero de una manera especial, la que se jugó anoche, fueron seguidas con sumo interés por gran cantidad de espectadores. Cuando el brasileño Schneiderman le empató a Eliskases todo el interés se volcó en el tablero en que jugaban Guimard contra Luckis, pues de ese encuentro dependía el primer puesto para el primero. Una prolongada ovación y muchas felicitaciones les fueron dadas a nuestro compatriota cuando se adjudicó la victoria que lo colocaba en el primer lugar del torneo, luego de una intensa lucha, que se prolongó por espacio de 16 ruedas.

En esta rueda se registraron los siguientes resultados:

Salas Romo	½	Gromer	½
Luckis	0	Guimard	1
Netto	½	Carvalho	½
Schneiderman	½	Eliskases	½
Bolbochán	1	Prosdocimi	0
Sánchez	0	Engels	1
Balparda	½	Castillo	½
Penna	1	Mangini	0

TABLA DE POSICIONES

El cuadro final del torneo, luego de disputarse las partidas pendientes de otras ruedas, es el siguiente:

	J.	G.	T.	P.	Ps
E. Eliskases	16	12	4	—	14
C. E. Guimard	16	13	2	1	14
P. Frydman	16	11	3	2	12½

C. E. GUIMARD

Guimard, destacado. *Noticias Gráficas*, 26 de julio de 1941

[328] *Caissa* nº 38, pág. 126.

[329] Amílcar Celaya, *Noticias Gráficas*, 26 de julio de 1941.

Torneo San Pedro Aguas de Piracicaba – San Pablo 1941

		1	2	3	4	5	6	7	8	9	0	1	2	3	4	5	6	7	PTS	S.B.
1	Eliskases, Erich	*	1	1	1	1	½	½	½	½	1	1	1	1	1	1	1	1	14.0/16	104.00
2	Guimard, Carlos	0	*	½	1	1	1	1	1	1	1	1	1	1	½	1	1	1	14.0/16	99.75
3	Engels, Ludwig	0	½	*	½	1	½	½	1	1	1	1	1	1	1	1	½	1	12.5/16	84.50
4	Frydman, Paulin	0	0	½	*	½	1	1	1	1	½	1	1	1	1	1	1	1	12.5/16	80.00
5	Luckis, Marcos	0	0	0	½	*	1	1	½	1	1	1	½	1	1	1	1	1	11.5/16	
6	Castillo, Mariano	½	0	½	0	0	*	0	1	1	½	1	1	1	1	½	1	1	10.0/16	
7	Gromer, Aristide	½	0	½	0	0	1	*	½	0	½	½	1	1	1	1	1	1	9.5/16	
8	Bolbochán, Julio	½	0	0	0	½	0	½	*	1	½	0	1	1	1	½	1	1	8.5/16	
9	Schneiderman, Boris	½	0	0	0	0	0	1	0	*	½	1	½	½	1	1	1	1	8.0/16	
10	Balparda, Julio César	0	0	0	½	0	½	½	½	½	*	0	1	½	0	1	1	1	7.0/16	
11	Salas Romo, Julio	0	0	0	0	0	0	½	1	0	1	*	0	0	1	1	1	0	5.5/16	
12	Mangini, Jose Thiago	0	0	0	0	½	0	0	0	½	0	1	*	1	1	0	0	1	5.0/16	25.25
13	Caetano Netto, Joaquim	0	0	0	0	0	0	0	0	½	½	1	0	*	1	½	½	1	5.0/16	22.00
14	Prosdoscimi, Arrigo	0	½	0	0	0	0	0	0	0	1	0	0	0	*	1	½	1	4.0/16	21.00
15	Penna, Alvaro	0	0	0	0	0	½	0	½	0	0	0	1	½	0	*	½	1	4.0/16	19.75
16	Carvalho Jr, Flavio de	0	0	½	0	0	0	0	0	0	0	0	1	½	½	½	*	1	4.0/16	18.75
17	Sanchez Palacios, Juan	0	0	0	0	0	0	0	0	0	0	1	0	0	0	0	0	*	1.0/16	

Sonja Graf, de gira por el interior

La conocida ajedrecista y subcampeona mundial, señorita Sonja Graf, ha iniciado una *jira* por el interior, que tiene perspectivas de prolongarse por las provincias de Córdoba, Entre Ríos y Santa Fe, efectuando partidas simultáneas, en consulta y *matches*. La actuación de la señorita Graf constituirá todo un acontecimiento en los círculos ajedrecísticos del interior, donde podrán valorar la personalidad de esta eminente ajedrecista.[330]

REALIZA UNA JIRA POR EL INTERIOR LA AJEDRECISTA SONIA GRAF

La conocida ajedrecista y subcampeona mundial señorita Sonia Graf ha iniciado una jira por el interior, que tiene perspectivas de prolongarse por las provincias de Santa Fe, Entre Ríos y Córdoba, efectuando partidas simultáneas en consultas y matches.

La actuación de la señorita Graf constituirá todo un acontecimiento en los círculos ajedrecísticos del interior, donde podrán valorar la personalidad de esta eminente ajedrecista.

Exhibiciones de Graf por el interior. *El Mundo*, 6 de julio de 1941

Czerniak, campeón argentino relámpago

Organizado por la comisión de torneos de la FADA se efectuó en la sede del Círculo la prueba anual del denominado Campeonato Argentino Relámpago, con la participación de trece jugadores. La competición se desarrolló en un solo turno, resultando vencedor absoluto el maestro Miguel Czerniak. El mejor jugador argentino clasificado fue Luis Piazzini.

El Campeonato Argentino Relámpago de Ajedrez Logró Ganar el Maestro Miguel Czerniak, en el Círculo

Luis R. Piazzini resultó el jugador argentino mejor colocado, al ocupar el cuarto puesto

173

INICIASE EL TORNEO DE CUARTA

ORGANIZADO por la Comisión de Torneos de la Federación Argentina de Ajedrez, se efectuó en el local del Círculo de Buenos Aires, Cangallo 670, la prueba anual denominada campeonato argentino relámpago con la participación de trece jugadores clasificados en las categorías privilegiada y primera.

La competición se desarolló en un solo turno, resultando vencedor absoluto el maestro Miguel Czerniak, mientras de los jugadores argentinos, el que mejor actuación le cupo fué a Luis R. Piazzini que logró ocupar el cuarto puesto.

El campeón palestiniano, sobre el total de partidas jugadas triunfó en nueve mientras perdió tres, sin empatar partida alguna, y por escaso margen logró imponerse a Movsa Feigins, quien sobre las doce partidas jugadas obtuvo siete triunfos, tres tablas y dos perdidas.

En orden de mérito continuó Herman Pilnik y de inmediato Luis R. Piazzini. La colocación de los competidores fué la [illegible]

J. G. E. P. Pt.

Miguel Czerniak . . 12 [illegible]
Movsa Feigins . . . 12 [illegible]
Herman Pilnik . . . 12 [illegible]
Luis R. Piazzini . . 12 [illegible]
Rafael Bensadón . . 12 [illegible]
Héctor Rossetto . . . 12 [illegible]
Nicolás Alvarez . . 12 [illegible]
Enrique Falcón . . . 12 [illegible]
Francisco Sulik . . . 12 [illegible]
Mario Camponovo . 12 [illegible]
R. de Arellano . . . 12 [illegible]

El turno final de ajedrez de cuarta

En el local del Club de [illegible] Jaque Mate, comenzará [illegible] hoy a las 21, el turno final [illegible] torneo nacional de 4a. categ[illegible]

Czerniak, campeón rápido. *La Razón*, 23 de julio de 1941

Las posiciones finales fueron las siguientes:[331]

[330] *El Mundo*, 6 de julio de 1941.

[331] *El Mundo*, 22 de julio de 1941. *La Razón*, 23 de julio de 1941.

		J	G	E	P	PTS
1	Miguel Czerniak	12	9	0	3	9
2	Movsa Feigins	12	7	3	2	8½
3	Herman Pilnik	12	7	2	3	8
4	Luis Piazzini	12	7	1	4	7½
5	Rafael Bensadón	12	7	0	3	7
6	Héctor Rossetto	12	6	2	4	7
7	Nicolás Álvarez	12	6	0	4	6
8	Enrique Falcón	12	4	3	5	5½
9	Franciszek Sulik	12	4	3	5	5½
10	Mario Camponovo	12	4	1	7	4½
11	Julio Ramírez de Arellano	12	2	3	7	3½
12	Abraham Simsilevich	12	3	1	8	3½
13	Luis Marini	12	2	2	8	3

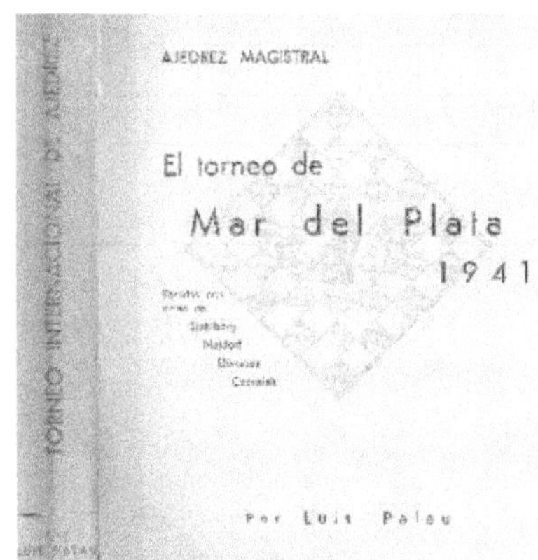

Luis Palau y su libro sobre Mar del Plata 1941

Se anuncia la aparición del libro Torneo Internacional de Mar del Plata 1941, por Luis Palau, edición del autor, 300 páginas, al precio de $ 6.[332]

Por la cantidad y la calidad de información que recopiló Palau, se trata de uno de los mejores libros ajedrecísticos argentinos de todos los tiempos.[333]

Czerniak gana en Quilmes

En agosto el Club Quilmes también aprovechó la presencia de maestros extranjeros, y organizó un gran certamen, que fue ganado por Miguel Czerniak con 8/9, seguido por Jiri Pelikán 7; Héctor Rossetto 6½; Karel Skalicka 5½; Rafael Bensadón y Emilio Dodero 5; Movsa Feigins 4½; Carlos Holovsko 2½; Fossatti 1 y Ítalo Mela 0. Czerniak ganó $ 140, Pelikán 120, Rossetto 100, Skalicka 80, Bensadón y Feigins 60 cada uno. Dodero fue el quilmeño mejor clasificado y recibió el premio Cosque. (Sic) Contribuyeron a la financiación del torneo la Comisión Municipal de Festejos $ 500, Casa ETAM 30, Gastón Texier, S. Danieri B. Cassinelli y T. De Blase $ 10 cada uno.[334]

Czerniak se adjudicó el Torneo de Quilmes, organizado con motivo de las fiestas recientemente efectuadas en esa localidad para celebrar sus Bodas de Plata como ciudad. La competencia tuvo alternativas lucidas, y la lucha por los primeros puestos resultó interesante, consiguiendo en definitiva acreditarse la victoria Czerniak, quien lo hizo con la significativa circunstancia de no perder ninguna partida. A un punto del vencedor se clasificó el maestro Pelikán, siguiendo luego Rossetto y Skalicka. La colocación final de los participantes fue así: Miguel Czerniak 8/9; Jorge Pelikán 7; Héctor Rossetto 6½; Karel Skalicka 5½; Rafael Bensadón y Emilio Dodero 5; Movsa Feigins 4½; Carlos Holovsko 2½; Fossatti 1 e Ítalo Mela 0.[335]

[332] *El Ajedrez Americano* 2ª época nº 77 pág. 290. *El Mundo*, agosto de 1941.
[333] Notas del autor.
[334] *Caissa* nº 40, pág. 190.
[335] *La Prensa,* 20 de agosto de 1941.

Torneo del Club de Ajedrez de Quilmes 1941

		1	2	3	4	5	6	7	8	9	0	PTS	S.B.
1	Czerniak, Miguel	*	1	½	1	½	1	1	1	1	1	8.0/9	
2	Pelikán, Jorge	0	*	1	1	0	1	1	1	1	1	7.0/9	
3	Rossetto, Héctor Decio	½	0	*	1	1	½	½	1	1	1	6.5/9	
4	Skalicka, Carlos	0	0	0	*	1	1	1	½	1	1	5.5/9	
5	Dodero, Emilio	½	1	0	0	*	0	½	1	1	1	5.0/9	16.75
6	Bensadón, Rafael	0	0	½	0	1	*	½	1	1	1	5.0/9	14.00
7	Feigins, Movsa	0	0	½	0	½	½	*	1	1	1	4.5/9	
8	Holovsko, Carlos	0	0	0	½	0	0	0	*	1	1	2.5/9	
9	Fossatti, Jorge	0	0	0	0	0	0	0	0	*	1	1.0/9	
10	Mela, Ítalo	0	0	0	0	0	0	0	0	0	*	0.0/9	

Capital Federal gana el Interprovincial por Equipos. La Cabeza de Goliat[336]

▌Hoy se inaugurará en el salón de actos del Club Social de Paraná el campeonato por equipos, con asistencia de las autoridades nacionales, provinciales, municipales y eclesiásticas. El certamen se iniciará mañana a las 20, es organizado por la Federación Entrerriana y patrocinado por la FADA. Se disputará la Copa Vicepresidente de la Nación en ejercicio del Poder Ejecutivo, doctor Ramón S. Castillo. En el acto inaugural hablará el presidente de la FIDE, don Augusto De Muro, en representación de la FADA, y por la Federación Entrerriana lo hará el doctor Oscar Sanguineti. El intendente municipal pronunciará el discurso de bienvenida a todas las delegaciones, en nombre de la ciudad. Al cerrarse ayer el registro de inscripciones, ocho fueron las delegaciones que asistieron, y estarán integradas de la forma que sigue:

▌Capital Federal: Herman Pilnik, Juan Iliesco, Héctor Rossetto, Luis Palau y Gregorio Lastra.[337]

▌La Plata: Carlos Maderna, Alberto Vilches, Rodolfo Romero y Luis García Baladó.[338]

▌Santa Fe: Pedro Passero, Juan M. Rivarola, Ramón Neyra, Antonio Bahamonde y Francisco Burgalat.

▌Catamarca: R. Arce Delgado, P. Ignacio Galarza, Ramón Robles, Mardoqueo Segura y Alberto M. Valverde.

▌Mendoza: Eduardo Ferrer, Pedro Ivanissevich, Jaime Prades, Jorge Soulés y Manuel Pereyra Puebla.

▌Entre Ríos: César Corte, Manuel Demonte Vitali, Eduardo Barbagelata, Diego Mackinnon y José M. Gangli.

Hoy se inaugurará en Paraná el campeonato de ajedrez por equipos

Paraná, 19.—En el salón de actos del Club Social, con asistencia de las autoridades nacionales, provinciales, municipales y eclesiásticas se iniciará mañana a las 20 el campeonato argentino de ajedrez por equipos, organizado por la Federación Entrerriana y patrocinado por la Federación Argentina, en el que se disputará la copa Vicepresidente de la Nación en ejercicio del Poder Ejecutivo, Dr. Ramón S. Castillo.

En el acto inaugural hablará el presidente de la Federación Internacional, D. Augusto De Muro, en representación de la Federación Argentina de Ajedrez, y por la Federación Entrerriana lo hará el Dr. Oscar Sanguinetti. El intendente municipal de esta capital pronunciará el discurso de bienvenida a todas las delegaciones en nombre de la ciudad.

Al cerrarse ayer el registro de inscripciones ocho fueron las delegaciones que han comprometido su intervención y estarán integradas en la forma que sigue:

Capital Federal: Piazzini, Iliesco, Rosetto y Reviso.

La Plata: Maderna, Vilches, Romero y García Balado.

Santa Fe: Pasero, Rivarola, Neyra, Tamonde y Burgalat.

Catamarca: Arce Delgado, Galarza, Robles, Segura y Valverde.

Mendoza: Ferrer, Inanisevich, Prades, Soules y Pereyra.

Entre Ríos: Corte, De Monte Vitale, Barbagelatta y Machinon.

En cuanto a las representaciones de Rosario y San Francisco, Córdoba, aun no se sabe cómo estarán formadas.

Simultáneamente con la disputa del campeonato, que durará del 20 al 27 del actual, deliberará un congreso formado por delegados de las federaciones que intervienen en el certamen, el que deberá abocarse a estudiar diversos asuntos de interés para el ajedrez del interior.

El congreso deliberará en los salones del Club de Gimnasia y Esgrima y su sesión inaugural se realizará el domingo a las 11.

El Campeonato Argentino por Equipos. *La Nación*, 21 de setiembre de 1941

[336] V Campeonato Argentino por Equipos.

[337] Primero se había anunciado un equipo formado por Luis Piazzini, Juan Iliesco, Héctor Rossetto y Cayetano Reviso (Sic, por Rebizzo).

[338] Jugó Huguet en lugar de García Baladó.

En cuanto a las delegaciones de San Francisco y Rosario, aún no se sabe cómo estarán formadas.[339] Simultáneamente con la disputa del torneo se realizará un congreso, al que asistirán los delegados que intervienen en el certamen, que se abocará a estudiar diversos asuntos de interés para el ajedrecista del interior. El congreso deliberará en los salones del Club de Gimnasia y Esgrima, y preparará un proyecto para ser entregado a la FADA.[340]

1ª rueda, 20 de setiembre

▓ Con una brillante reunión se inició anoche en los salones del Club Social de Paraná el Torneo Interprovincial, que ha despertado en ésta extraordinario interés. Asistieron al acto inaugural, en representación del gobernador de la provincia, doctor Eduardo Mihura, el secretario de la gobernación, doctor Félix Ramírez García; el intendente municipal, doctor Enrique B. Acébal, el presidente del Club Social, doctor César Blas Pérez Colman, y otras personalidades. El doctor Acébal abrió el acto dando la bienvenida a las delegaciones, y el presidente de la FIDE y delegado de la FADA, don Augusto De Muro, destacó a continuación los esfuerzos realizados por la Federación de Entre Ríos en la organización del torneo. **Le siguió en el uso de la palabra el don Oscar Sanguineti, quien agradeció los conceptos del señor De Muro, e hizo notar que era éste el primer torneo interprovincial que se realizaba en el interior del país, "lo que abre una nueva era para el deporte de tierra adentro". De inmediato comenzaron las partidas, que fueron seguidas con mucho interés y se extendieron hasta las primeras horas de esta madrugada.**[341]

▓ Entre el 20 y el 28 setiembre se jugó en la ciudad de Paraná el Campeonato Interprovincial por Equipos, con la participación de representativos de ocho federaciones. Ganó la Ciudad de Buenos Aires, con 22½/28, seguido por Rosario 20; La Plata 18; Santa Fe 15½; Entre Ríos y Mendoza 13; San Francisco 8½; Catamarca 1½. El equipo ganador formó con Pilnik, Iliesco, Rossetto, Palau y Gregorio Lastra. Otros ajedrecistas destacados que jugaron fueron Juan Vinuesa, Carlos Maderna, César Corte, y Juan M. Rivarola. El equipo de Mendoza, que formó con Prades, Soulés, Ivanissevich, Pereyra y Acerete, recibió un aporte del gobierno de la provincia por $ 600 para afrontar los gastos.[342]

Comenzó el torneo interprovincial de ajedrez en Paraná

Paraná, [illegible]. — Con [illegible] reunión se [illegible] en los salones del Club Social de Paraná el torneo interprovincial de ajedrez, que ha despertado en ésta extraordinario interés. Asistieron al acto inaugural, en representación del gobernador de la provincia, Dr. Enrique Mihura, el secretario de la Gobernación, Dr. Félix Ramírez García; el intendente municipal, doctor Enrique B. Acebal; el presidente del Club Social, Dr. César Blas Pérez Colman, y otras personalidades.

El intendente municipal, Dr. Acebal, abrió el acto dando la bienvenida a las delegaciones, para las que tuvo frases de agradecimiento y destacando la importancia del torneo, que tanto interés había despertado en toda la provincia. El presidente de la Federación Internacional y delegado de la Federación Argentina de Ajedrez, D. Augusto De Muro, destacó a continuación los esfuerzos cumplidos por la Federación de Entre Ríos en la organización del torneo, y aplaudió el interés que dichos dirigentes han puesto en su función, lo que se advirtió, según dijo, a través de muchos detalles.

Le siguió en el uso de la palabra el presidente de la Federación de Entre Ríos, D. Oscar Sanguinetti, quien agradeció los conceptos del Sr. De Muro e hizo notar que era éste el primer torneo de ajedrez interprovincial que se realizaba en el interior del país, lo que, expresó, abre una nueva era para el deporte de tierra adentro.

Finalmente, el presidente del Club Social, Dr. Pérez Colman, ofreció a las delegaciones las instalaciones de la entidad, considerando un motivo de satisfacción y orgullo para la misma que la importante competencia se efectuara en aquéllas.

De inmediato se iniciaron las partidas, de acuerdo con el fixture fijado, es decir: Entre Ríos v. Capital, La Plata v. Rosario, Catamarca v. Mendoza y Santa Fe v. San Francisco, Córdoba. Las partidas fueron seguidas con mucho interés, extendiéndose hasta las primeras horas de esta madrugada, sin que se hubieran resuelto.

De Muro, en Paraná. *La Nación*. 22 setiembre 1941

Campeonato Argentino por Equipos

		1	2	3	4	5	6	7	8	PTS
1	Capital Federal	X	1½	3	3	3½	4	3½	4	22½
2	Rosario	2½	X	1½	3½	4	2	3	3½	20
3	La Plata	1	2½	X	2	2½	2½	3½	4	18
4	Santa Fe	1	½	2	X	3	2	3	4	15½
5	Entre Ríos	½	0	1½	1	X	3	3½	3½	13
6	Mendoza	0	2	1½	2	1	X	2½	4	13
7	San Francisco	½	1	½	1	½	1½	X	3½	8½
8	Catamarca	0	½	0	0	½	0	½	X	1½

[339] Rosario anunció primeramente a Cristiá, los hermanos García Vera y Giustina.

[340] *El Día*, La Plata, 20 de setiembre. *La Prensa*, 22 de setiembre de 1941. *La Nación*, 21 de setiembre de 1941.

[341] *La Nación*, 21 de setiembre de 1941.

[342] *Caissa* nº 41, pág. 205. *Sistema Pereyra y el ajedrez mendocino*, op. cit., pág. 113. Por primera vez este certamen fue organizado fuera de la Capital Federal, encargándose la Federación Entrerriana. En 1942 se iba a realizar en Mendoza, pero no pudo hacerse.

Jacobo Bolbochán gana el Campeonato de 1ª Categoría del Club Jaque Mate

En el Club Jaque Mate ha comenzado el torneo de primera categoría, prueba que ha reunido a quince participantes, entre los cuáles se encuentran notables figuras de nuestro medio, tales como Jacobo Bolbochán, Movsa Feigins, Juan Iliesco, doctor Rafael Bensadón –campeón de la entidad– y Héctor Rossetto. La lista se completa con otros valores ansiosos de surgir: Horacio Huguet, Luis Carné, Marcelino Moguilevsky, José A. Sordi, Maximino Estonllo, Ricardo Rivarola, Manuel Benito, doctor Manuel Melamedoff, Efraín Berelejis y León Simsilevich.

La primera reunión, efectuada el sábado por la noche, trajo las siguientes definiciones: Moguilevsky 1:0 Huguet; Carné 0:1 Feigins; Iliesco 1:0 Sordi; Rivarola 1:0 Berelejis; Benito 1:0 Simsilevich. Suspendidas: Melamedoff – Rossetto, Bensadón – Estonllo. Libre: Jacobo Bolbochán. El certamen continuará los miércoles y sábados de 20.30 a 1.30, y el vencedor obtendrá la Copa Jaque Mate y el derecho a desafiar al doctor Bensadón por el título.[343]

Comenzó el Torneo de 1a. del Club de A. Jaque Mate

Un gran torneo de 1ª categoría en Jaque Mate. *El Mundo*, 7 de julio de 1941

Destácanse Jacobo Bolbochán y Feigins en el torneo del Club Jaque Mate, que encabezan la tabla de posiciones, seguidos por Juan Iliesco y Héctor Rossetto.[344]

Jacobo Bolbochán va primero en el torneo especial que se está jugando, habiendo totalizado 9/10. Como mayor adversario se presenta el maestro letón Movsa Feigins, que ha cumplido 8/11. Los siguen Rossetto 7; Estonllo 6; Benito 5; Bensadón, Iliesco y Moguilevsky 4½; Sordi 4; Huguet y Rivarola 3; Carné y Melamedoff 2½; Simsilevich 2.[345]

Los resultados de la rueda 12ª fueron los siguientes: Moguilevsky se impuso a Melamedoff, Huguet a Rivarola, Rossetto a Carné, Bolbochán a Simsilevich y Feigins a Sordi; hicieron tablas Estonllo con Benito. Bolbochán mantiene su brillante situación, ya que ha logrado hasta el prsente 11/12. Lo sigue el maestro letón Movsa Feigins, que tiene 10½, y luego Rossetto 8½, Moguilevsky 8 y Bensadón 6½.[346]

El ex campeón argentino, Jacobo Bolbochán, acaba de clasificarse primero en el torneo interno de primera categoría organizado por el Club Jaque Mate. Se adjudicó el certamen con la significativa circunstancia de no haber perdido ninguna partida, obteniendo +10 =3. A medio punto del ganador se clasificó Feigins, quien tampoco fue vencido en partida alguna. Ambos demostraron una superioridad neta sobre sus rivales, pues Rossetto, tercero, sólo consiguió totalizar 8½ puntos. Luego quedaron

Bolbochán Venció en El Torneo de Ajedrez Del Club Jaque Mate

Jacobo Bolbochán gana en el Jaque Mate. *La Prensa*, 19 de agosto de 1941

[343] *El Mundo*, 7 de julio de 1941.

[344] *El Mundo*, 28 de julio de 1941.

[345] *La Nación*, 31 de julio de 1941.

[346] *La Nación*, 2 de agosto de 1941.

Moguilevsky y Bensadón, con 8 puntos, y quinto Juan Iliesco, que vio disminuidas sus posibilidades por hallarse visiblemente indispuesto durante parte del torneo.[347]

▓ Entre julio y agosto se jugó el torneo de primera categoría del Club Jaque Mate, en su nueva sede de Pasteur 536. Resultó vencedor Jacobo Bolbochán con 11½/13, seguido por Movsa Feigins con 11; Héctor Rossetto 8½; Rafael Bensadón y Marcelino Moguilevsky 8; Juan Iliesco 7½; Maximino Estonllo 7; Manuel A. Benito 6; Horacio Huguet 5½; Manuel Melamedoff y José Sordi 5; Luis Carné y Abraham Simsilevich 3½; Ricardo Rivarola 3.[348]

Campeonato de 1ª Categoría del Club Jaque Mate 1941

		1	2	3	4	5	6	7	8	9	0	1	2	3	4	PTS	S.B.
1	Bolbochán, Jacobo	*	½	½	½	1	1	1	1	1	1	1	1	1	1	11.5/13	
2	Feigins, Movsa	½	*	½	1	½	1	1	1	1	1	1	1	½	1	11.0/13	
3	Rossetto, Héctor Decio	½	½	*	1	0	½	1	1	0	0	1	1	1	1	8.5/13	
4	Bensadón, Rafael	½	0	0	*	1	1	0	1	½	1	1	0	1	1	8.0/13	44.50
5	Moguilevsky, Marcelino	0	½	1	0	*	½	0	1	1	0	1	1	1	1	8.0/13	43.25
6	Iliesco, Juan	0	0	½	0	½	*	1	1	½	1	0	1	1	1	7.5/13	
7	Estonllo, Maximino	0	0	0	1	1	0	*	½	1	1	0	½	1	1	7.0/13	
8	Benito, Manuel A.	0	0	0	0	0	0	½	*	½	1	1	1	1	1	6.0/13	
9	Huguet, Horacio E.	0	0	1	½	0	½	0	½	*	0	½	1	½	1	5.5/13	
10	Sordi, José A.	0	0	1	0	1	0	0	0	1	*	½	0	0	½	4.0/13	25.50
11	Melamedoff, Manuel	0	0	0	0	0	1	1	0	½	½	*	½	½	0	4.0/13	22.75
12	Carné, Luis	0	0	0	1	0	0	½	0	0	1	½	*	½	0	3.5/13	19.25
13	Simsilevich, León	0	½	0	0	0	0	0	0	½	1	½	½	*	½	3.5/13	17.50
14	Rivarola, Ricardo A.	0	0	0	0	0	0	0	0	0	½	1	1	½	*	3.0/13	

Asamblea del Círculo

▓ Esta noche a las 22 se reelizará en el Círculo la Asamblea anual de la entidad. Deberán considerarse la Memoria y el Balance, y procederse a designar seis miembros de la CD, en reemplazo de otros tantos que terminan su período. Destaca la Memoria presentada la intensa actividad desplegada por la institución en el período que finaliza, entre ellos los dos torneos internacionales ganados por Frydman y Najdorf, respectivamente, y la serie de actos llevados a cabo con motivo de las Bodas de Plata.[349]

La asamblea del Círculo.
La Nación. 30 setiembre 1941

Récord de simultáneas de Ståhlberg en Santos Lugares

▓ Una original prueba de resistencia está realizando Gideon Ståhlberg en el Club Institución Sarmiento, de Santos Lugares, pues se propone jugar durante 48 horas consecutivas con 30 adversarios simultáneamente, como máximo, y 10 como mínimo. Al finalizar 23 horas de juego, el maestro había realizado 276 partidas, con el resultado de +254 =8 -13. La prueba finalizará hoy a las 24.[350]

[347] *El Mundo*, 20 de agosto de 1941. *La Prensa*, 19 de agosto de 1941.
[348] *Caissa* nº 40, pág. 181.
[349] *La Nación*, 30 de setiembre de 1941.
[350] *La Nación*, 31 de agosto de 1941.

Esta mañana a las 10.5 puso fin a su serie de simultáneas, realizadas en los salones del Club Institución D. F. Sarmiento, de Santos Lugares, provincia de Buenos Aires, el sueco Gideon Ståhlberg, que realizó una verdadera proeza y extraordinaria demostración de resistencia, al jugar sin descanso durante 36 horas, contra 30 tableros simultáneamente, en tandas. Jugó en total 400 partidas, +362 =16 -22. De este modo batió el récord mundial que ostentaba Miguel Najdorf en su reciente exhibición en Bahía Blanca. Al finalizar la sesión le hicieron objeto de una expresiva demostración de simpatías por el éxito conquistado.[351]

Enroque!! pasa a manos de Santiago Oliva

En octubre la responsabilidad editorial de la revista *Enroque!!* pasa a Santiago Oliva,[352] en su carácter de Director Propietario, y dos números después, el Club de Ajedrez Necochea queda desvinculado de la misma. La revista publica una nota presentando al doctor Jacobo Adolfo Seitz como nuevo colaborador. En un dificultoso castellano, dice, entre otras cosas:

> Bastamente (Sic) conocido en el ambiente ajedrecístico, el doctor Seitz nos exime de hacer una presentación ampulosa, en esta oportunidad, al tener que hacer resaltar su colaboración en *Enroque!!*, dándole un mayor prestigio y llevando a los aficionados ajedrecistas su reconocida aptitud de comentarista y su vasta erudición en el campo del ajedrez. El señor Seitz acaba de cumplir veinte años desde que recibiera su diploma de maestro de ajedrez; desde entonces su actividad en el ajedrez abarca todas sus manifestaciones, tanto como jugador, como periodista y comentador, así como organizador de torneos y manifestaciones ajedrecísticas.
>
> Su presencia en todo acontecimiento de ajedrez ha sido invariable, y siempre invitado especialmente, por eso sus crónicas adquirieron siempre la calificación de superiores y (fueron) estimadas por todos. En la práctica de juego ha enfrentado a los mejores maestros con resultados muy encomiables, tanto en partidas individuales como en certámenes. Sus conferencias despiertan el interés por lo matizado de su erudicción (Sic) que hace atrayente materia tan árida; ejercita en condiciones muy favorables demostraciones de simultáneas, así como partidas a ciegas. Tan desinteresada colaboración del doctor Seitz representa para *Enroque!!* un enriquecimiento que habrán de valorarlo nuestros lectores y los aficionados en general.

En la misma revista, Seitz y Lachaga escriben una nota titulada *A raíz de la contienda europea debe lamentar el ajedrez en sus filas la primera víctima.* Dice:

> De confirmarse las noticias llegadas recientemente a través de la Agencia Reuter, ha sido ejecutado en Praga el más famoso de los ajedrecistas checos, después del maestro Duras. El doctor Karel Treybal había nacido en Kotopek, pequeño pueblo cerca de Horowitz, en Checoslovaquia, el 2 de febrero de 1885. Desde muy joven, aún antes de dar término a su carrera universitaria, se destacó junto a su hermano Franz, como un jugador de excepcional calidad. Durante la pasada guerra mundial, después de ser dos veces herido, fue hecho prisionero por los rusos y estuvo a punto de ser ejecutado por ellos, pero merced a poderosas influencias, tuvo más suerte que esta vez y resultó indultado. En muchas oportunidades representó a su patria en los TN; en Varsovia 1935 enfrentó a Isaías Pleci, resultando tablas la partida. Durante toda su vida se le conoció y admiró por su carácter apacible y gran modestia. Fue capturado y luego ejecutado por los alemanes el 2 de octubre de 1941, cuando militaba en la resistencia checa.[353]

[351] *Caissa* nº 40, pág. 190. *Noticias Gráficas*, 1º de setiembre de 1941. La prueba se suspendió antes de las 48 horas debido al agotamiento del maestro Ståhlberg.

[352] Santiago Oliva será el principal mecenas en la organización de los futuros Torneos Playas de Necochea.

[353] *Enroque!!* nº 6, octubre, pág. 77/8 (Resumen). Notas del autor.

Iliesco en Nueve de Julio

En el Club Atlético Nueve de Julio se realizó la Semana del Ajedrez, con el concurso del maestro Juan Iliesco, quien pronunció conferencias, hizo partidas individuales, explicó partidas de los grandes maestros, e intervino en varias series de simultáneas y partidas a ciegas. El maestro Iliesco fue objeto de agasajos por parte de las instituciones locales y numerosos aficionados.[354]

El XXV Aniversario del Círculo. Intento de cerrar la grieta

La CD del Círculo designó una subcomisión que tendrá a su cargo la programación de los torneos, *matches*, simultáneas, conferencias y partidas en consulta para conmemorar las bodas de plata de la institución. Estará integrada por los señores Renato Ghia, Guillermo Puiggrós y Miguel Marschoff. Participarán destacados maestros europeos, jugadores de la entidad, elementos de las categorías superiores de los clubs locales, y distinguidas figuras femeninas.[355]

El Círculo de Ajedrez festejó con una comida sus Bodas de Plata: éxito señalado alcanzó el banquete. Concurrió una considerable cantidad de socios, varios de ellos fundadores y representantes de la FADA y entidades metropolitanas y platenses. Hizo uso de la palabra su presidente, don Roberto Grau, quien en ése carácter y en el de fundador de la entidad, récordó a grandes trazos la vida del Círculo y los nombres de quienes cooperaron al triunfo de la entidad. **El doctor Carlos Querencio, presidente de la FADA, se adhirió a la fiesta mediante una exhortación a la unidad absoluta del ajedrez nacional, y luego manifestaron su adhesión al acto el doctor Joaquín Gómez Masía, en nombre del Club Argentino, el señor Comarón, del Club Jaque Mate, y los señores Pedro Barbé, Valentín Fernández Coria, Patricio Grau, Carlos Guimard y Joaquín Alonso Díaz.**

Para significar la adhesión de los ajedrecistas europeos, que hallaron en la entidad cordial acogida desde su permanencia en el país, adhirieron su voz el ajedrecista holandés De Ronde, el maestro palestino Czerniak, y la subcampeona femenina Sonja Graf, cuyas palabras expresivas fueron muy festejadas.[356]

Festejó con una comida sus bodas de plata el Círculo de Ajedrez

Un banquete del Círculo con grandes personalidades. *La Nación*, 12 de agosto de 1941

Cumple hoy sus Bodas de Plata institucionales una de las entidades deportivas que ha dado más horas de prestigio al deporte argentino en la esfera de su acción. El Círculo de Ajedrez, que surgió a la vida el 15 de agosto de 1916, significa gran parte de la vida del ajedrez argentino. Nació cuando el panorama ajedrecístico nacional se reducía a la notable acción del Club Argentino, y vinculó el deporte a una serie de valores nuevos, producto del ambiente de uno de los cafés[357] que más contribuyeron en su época a la difusión del juego. Desde su nacimiento fue un club algo distinto, ya que en realidad se constituyó como una agrupación de ajedrecistas de cierta fuerza, que al par de ser sus representantes deportivos, se constituyeron en directores animosos de la entidad.

Pero en realidad, la verdadera acción del Círculo, complementaria de la que hasta ese momento había llevado a cabo el Club Argentino, comenzó en 1921. El I Torneo Nacional significó la consagración de Damián Miguel Reca, uno de los valores más notables que registra el historial ajedrecístico

[354] *La Nación*, 13 de agosto de 1941.
[355] *El Mundo*, 14 de abril de 1941.
[356] *La Nación*, 12 de agosto de 1941.
[357] *Los 36 Billares*, de Avenida de Mayo al 1200.

argentino, producto genuino de la peña de ajedrecistas que se forjó en la entidad que hoy celebra su 25º aniversario. El primer Sudamericano llevado a efecto en Carrasco en 1921 refirmó las esperanzas cifradas en Roberto Grau. Nuevos triunfos de los representantes de la entidad fueron preparando el terreno para justificar que los primeros equipos que fueron enviados a Europa para representar el ajedrez argentino en 1924, 1927 y 1928 fueran integrados casi en su totalidad por elementos surgidos del Círculo. Sólo en el torneo de 1927 se registró la actuación de un jugador que no fuera socio de la entidad: la del rosarino Juan Manuel Rivarola. **Puede afirmarse que su obra ha sido proficua, como que entre otras cosas ha sido, junto con el Círculo de Vélez Sarsfield, el iniciador de la FADA, y un colaborador constante en la obra federacionista que culminó cuando fue necesario prestar el concurso de todos sus hombres en la organización del Torneo de las Naciones.**[358]

Najdorf gana el "Torneo Trofeos Reca – Illa" del Círculo de Ajedrez

■ Un torneo de grandes maestros prepara el Círculo, que por la cantidad y calidad de los participantes constituirá uno de los acontecimientos de mayor importancia de la presente temporada, celebrando el 25º aniversario de su fundación. Comenzará el 5 de agosto próximo, y en caso de anotarse más de veinte jugadores, como se prevé, será dividido en dos grupos, disputándose como premios las copas Damián Reca y Rolando Illa, en homenaje a estas dos extraordinarias figuras del ajedrez argentino.[359]

■ En el Círculo de Ajedrez, una de las entidades más prestigiosas del país entre las que se dedican exclusivamente a la difusión del juego ciencia, celebra este mes las Bodas de Plata. Ha querido su CD festejar de amplia manera el acontecimiento, y desde hace algún tiempo está realizando torneos de categorías inferiores, que llevan la denominación de la fecha que se conmemora. Para darle más vigor al programa, ha organizado dos grandes torneos de maestros, uno de los cuales será iniciado el sábado próximo, y otro que se llamará Gran Torneo Bodas de Plata, en el que se procederá a una rigurosa selección de valores, para que la prueba signifique un acontecimiento del ajedrez argentino.

El torneo a iniciarse el sábado tendrá como premios principales dos copas, denominadas Rolando Illa y Damián Reca, en homenaje a dos notables ajedrecistas locales socios de la institución, que dejaron en su paso por el ajedrez un recuerdo permanente por la conducta de ambos, y la excepcional calidad de sus historiales deportivos. En 1921 se produjo el primer contacto deportivo oficial entre admirables figuras del ajedrez que produjo el Club Argentino por medio de su permanente y tesonera acción, y la nueva y juvenil fuerza del Círculo. Se jugó en primer gran torneo nacional, y ante el asombro del ajedrez del país, se encaramó al primer plano de la fama luego de su rotunda victoria, Damián Reca.

Entre los inscriptos en el torneo a iniciarse el sábado, o sea el primero de la serie, figuran los señores Czerniak, Michel, Pilnik, Iliesco, Rossetto, Puiggrós, Palau, Falcón, Benko, Marini, Vuskovic, Camponovo, Winz y Sonja Graf. El sorteo se llevará a cabo esta noche, organizándose luego un certamen rápido para jugadores de primera fuerza. La prueba se jugará tres veces por semana, martes, jueves y sábados de 21 a 2. Terminado este torneo, se iniciará el 15 de setiembre el Gran Torneo Bodas

Diversas actividades está organizando el Círculo de Ajedrez

Forman parte del festejo de las bodas de plata de la institución

El Círculo, en sus Bodas de Plata. Roberto Grau, *La Nación*, 8 de agosto de 1941

[358] *La Nación*, 14 de agosto de 1941.
[359] *La Prensa*, 22 de julio de 1941.

de Plata. En esta prueba actuarán, además de Eliskases, Frydman, Ståhlberg, Najdorf, Guimard y Grau, un grupo de los que participan en el torneo Reca-Illa.[360]

1ª ronda, 9 de agosto

▒ El Círculo inició su torneo especial de primera categoría correspondiente a los actos de festejo del 25º aniversario de la fundación de la entidad. Un considerable número de aficionados se reunió en el amplio local de la institución para asistir a la iniciación del torneo anunciado en recuerdo de los socios desaparecidos y notables ajedrecistas, Damián Miguel Reca y Rolando Illa, que en sus respectivas épocas fueron las figuras más salientes del panorama ajedrecístico argentino. El torneo ha reunido a un excelente conjunto de maestros, en su mayoría socios de la entidad, y otros que actúan en representación de diversas entidades de la capital, que de esta suerte han querido adherirse a los actos preparados. Fueron aplazadas las partidas Najdorf – Czerniak, Graf – Winz y Marini – Rossetto. Las dos primeras se realizarán el jueves por la tarde, y la última se estaba jugando anoche al cierre de esta edición. Michel 1:0 Camponovo; el maestro alemán impuso desde el primer momento su gran calidad. Logró amplia ventaja en desarrollo y jugó con suma energía. Para imponer su ventaja de posición perdió el enroque, y luego, en hábil maniobra, remató la partida por ataque.

Falcón 1:0 Pilnik; fue ésta una partida interesante y de vivas alternativas. Falcón logró buena ventaja de posición en el planteo. Su adversario adoptó la Defensa India del Oeste para luego seguir con un dudoso avance P4AD, que permitió bloquear la posición y lograr una situación favorable del Contragambito Benoni. En el momento más crítico de la lucha, Pilnik debió jugar con suma rapidez, lo que motivó una combinación de Falcón, no muy clara, pero sin duda excelente por la imposibilidad de su adversario para analizarla en sus detalles. En la jugada 38ª perdió por tiempo Pilnik, pero su posición ya no tenía remedio. Palau 1:0 Puiggrós; un Sistema Colle planteó Palau en este cotejo, que tuvo alternativas de interés en el planteo y medio juego. Logró Palau alguna ventaja en las posiciones, y cuando sus posibilidades eran inmejorables, precipitó los acontecimientos Puiggrós al perder una calidad.

Como en el caso de Falcón, fue comentado el buen resultado del veterano ajedrecista, que al igual que aquél es socio fundador de la entidad, y ambos festejan también sus 25 años de ajedrez en primera categoría. Vuskovic 1:0 Benko; un excelente comienzo en primera categoría ha tenido el joven ajedrecista Vuskovic, al batir a Benko, no ya por el resultado, sino por haberlo logrado luego de una lucha compleja y de un final con serias dificultades técnicas, en el que impuso la mejor ubicación de sus peones y de su rey. Carné – De Ronde fue la única partida que no alcanzó a definirse en la primera sesión.[361]

2ª ronda, 12 de agosto

▒ Una serie de interesantes partidas y un resultado que conmovió el ambiente, se produjeron en esta ronda del torneo especial Reca-Illa. Bien pronto la curiosidad se concentró en el tablero donde competían Sonja Graf con el joven ajedrecista local Héctor Rossetto, de prestigio acentuado por la calidad de sus últimas actuaciones. La partida adquirió bien pronto un cariz favorable para Sonja Graf, que explotó un planteo deficiente de su rival, para mantener hábilmente la ventaja y vencer finalmente en notable estilo. Entretanto, el maestro alemán Michel batió a Benko, luego de lucir una vez más la perfección de su técnica. Igualmente breve fue la partida que Pilnik se adjudicó frente a Vuskovic, que ofreció, sin embargo, una buena resistencia en la primera parte de la lucha.

[360] Roberto Grau, *La Nación*, 8 de agosto de 1941.
[361] Roberto Grau, *La Nación*, 11 de agosto de 1941.

El maestro polaco Najdorf jugó su primera partida frente a Puiggrós, y debió actuar con sumo tacto para imponerse con las negras en un Gambito Dama Aceptado. También fue batido el ajedrecista local Falcón frente al jugador holandés De Ronde en un final de instructiva estructura. Por el tiempo, el maestro Winz fue vencido por su compatriota Czerniak, en una posición en que las mejores probabilidades estaban ya a favor de este último, y Marini se impuso a Carné, luego de una sesión complementaria llevada a cabo anoche. Finalmente, Palau y Camponovo empataron después de un dilatado final. La partida atrasada entre Marini y Rossetto fue ganada por el primero, y la de Sonja Graf con Winz se suspendió en una posición dudosa.[362]

3ª ronda, 16 de agosto

La rueda dio lugar a la realización de ocho cotejos valiosos, algunos de innegable interés. Rossetto – Winz está suspendida; en el apuro de tiempo perdió una pieza el jugador local. Quedó un final de dama, caballo y tres peones para Winz, contra dama y dos peones de Rossetto, posición ganadora para Winz. Carné – Sonja Graf también se suspendió; incurrió un serio error en el planteo Graf, y logró Carné ganar dos peones. Se defendió angustiosamente la jugadora alemana, pero halló cierto premio a la perseverancia al ganar una calidad y suspender en situación dudosa.

videntemente Carné no jugó la etapa final de la lucha con la debida energía, y no es fácil saber ahora cuál será el desenlace de la partida. Falcón 1:0 Marini; con estilo técnicamente irreprochable inició Falcón esta partida y la condujo durante el medio juego. Y precisamente cuando la ventaja posicional lograda en el Gambito de la Dama parecía decisiva, simplificó excesivamente, para llegarse a un final, si bien favorable, no claro de ganar. Pero en esos momentos gravitó el apremio de tiempo en contra de Marini, y esto permitió a Falcón ganar en buena forma una pieza, y con ello la partida.

Vuskovic 1:0 De Ronde; Vuskovic, que este año ha realizado el doble y exitoso esfuerzo de ganar el torneo nacional de segunda categoría y el Selección, está probando en este torneo que posee calidades como para augurarle situaciones destacadas en el ajedrez nacional. Frente al jugador holandés De Ronde logró un triunfo merecido. Jugó con suma energía, sacrificó una pieza para pasar dos peones, recobró el material más tarde, y su adversario abandonó ante la presión ejercida por los peones avanzados. Michel ½:½ Pilnik fue una partida de factura antigua, típica de Ruy López en la Variante Morphy, que plantearon estos dos jugadores. El juego se bloqueó y quedó en situación prácticamente imposible de forzar, con las piezas menores que actuaban detrás de sus cadenas de peones.

Esto provocó un empate por repetición de posiciones en la jugada 42ª. Palau 0:1 Benko; con suma lentitud y defectuosamente planteó su partida el primero, para quedar con algunas dificultades por la poca coordinación de sus fuerzas. Se mantuvo, no obstante, el equilibrio, pero cuando entró a gravitar el reloj, o sea en las diez últimas jugadas, Benko inició una buena demostración sobre el enroque enemigo para ganar una torre y la partida en la jugada 37ª. Najdorf 1:0 Camponovo; una hermosa partida ganó la maestro polaco, que, sin duda, en una lucha paciente habría ganado sin riesgo. Prefirió de acuerdo con su inquieto temperamento, forzar las acciones, y emplazó un vigoroso ataque por medio del sacrificio de una

Najdorf, Czerniak y Michel encabezan el concurso de ajedrez

Ocho interesantes partidas se cumplieron en la tercera rueda del torneo Reca-Illa

JAQUE MATE

La tercera rueda del torneo abierto internacional del Círculo de Ajedrez, que ha reunido a un considerable conjunto de jugadores locales y maestros europeos, dió lugar a la realización de ocho cotejos valiosos, algunos de los cuales de innegable interés. De acuerdo con lo que establecía el fixture, los tableros fueron ocupados por las siguientes parejas de adversarios: Rosetto v. Winz, Carné v. Sonia Graf, Falcón v. Marini, Vuskovic v. De Ronde, [illegible]

peón de menos el maestro de Palestina, pero una posición dominante sobre el rey adversario, que por falta de material sólo podía resolverse con un empate, y cuando propuso este desenlace su adversario, erróneamente, lo desechó, a pesar de no tener materialmente tiempo para realizar las jugadas finales. Y su imprudencia halló el castigo que explicamos al iniciar este comentario.

La cuarta rueda

La cuarta rueda se realizará hoy de acuerdo con el fixture que sigue: Winz v. Puiggrós, Camponovo v. Czerniak, Benko v. Najdorf, Pilnik v. Palau, De Ronde v. Michel, Marini v. Vuskovic, Graf v. Falcón y Rosetto v. Carné.

La situación de los competidores al terminar la tercera rueda es la que sigue: Michel, Najdorf y Czerniak, 2 ½ puntos en tres ruedas; Falcón, Vuskovic y De Ronde, 2 en tres; Sonia Graf, 1 ½ en dos; Palau y Pilnik, 1 ½ en tres; Rosetto, [illegible] en dos; Benko y Marini, 1 en tres; Winz, ½ en dos; Camponovo, ½ en tres; Carné, 0 en dos, y Puiggrós, 0 en tres.

Torneo por equipos

Como números especiales preparados por el Círculo de Ajedrez se realizaron dos torneos por equipos de ajedrez rápido. El primero, de tercera categoría, reunió un team de la entidad local, otro del Club de Ajedrez Jaque Mate y un tercero de Nueva Argentina. En éste se impuso el Círculo por 12 ½ [illegible]

Tres punteros. *La Nación*, 18 de agosto de 1941

[362] Roberto Grau, *La Nación*, 14 de agosto de 1941.

pieza. La lucha adquirió alta tensión por las contra amenazas de las negras, pero nada pudo hacer el jugador local. Najdorf planteó una ingeniosa maniobra que lo llevó a una situación ganadora por medio de una amenaza de mate inevitable.

Czerniak 1:0 Puiggrós: que la ambición suele ser imprudente también en el ajedrez lo demostró el desenlace de esta partida. El maestro Czerniak propuso tablas en la jugada 34ª; Puiggrós rehusó, y en la jugada 37ª perdía por mate un final que en realidad no debió perder de haber dispuesto de más tiempo para meditar las jugadas finales. Fue ésta una partida compleja, en la que Czerniak entregó algún peón por ciertas contrachances, no claras por cierto. Luego se produjo un final con un peón de menos el maestro de Palestina, pero una posición dominante sobre el rey adversario, que por falta de material sólo podía resolverse en un empate, y cuando propuso este desenlace su adversario, erróneamente lo desechó, a pesar de no tener materialmente tiempo para realizar las jugadas finales. Y su imprudencia halló el castigo que explicamos antes (Sic). Michel, Najdorf y Czerniak tienen 2½/3; Falcón, Vuskovic y De Ronde 2; Sonja Graf 1½/2; Palau y Pilnik 1½/3; Rossetto ½.[363]

4ª ronda, 18 de agosto

▌Sonja Graf batió a Enrique Falcón; los maestros europeos Najdorf y Michel encabezan la prueba. Aunque las ocho partidas de esta rueda no ofrecían el cotejo entre sí de los más calificados participantes, aseguraban una serie de luchas de interés, acentuado por la paridad de fuerzas de los actores. Winz 1:0 Puiggrós; no está jugando Puiggrós en este torneo como lo ha hecho en años anteriores. Parece carecer de la fe en sí mismo de otrora, y esto lo lleva a tener serias dificultades en el medio juego. En su partida con Winz, no logró sortear los obstáculos tácticos que se le opusieron, y suspendió el cotejo en una situación perdida. Anoche abandonó, luego de una breve resistencia. Camponovo 0:1 Czerniak; Fácilmente Czerniak logró adjudicarse la victoria en este cotejo, que mostró la tenacidad de Camponovo para defenderse en posiciones perdidas. Pilnik 1:0 Palau; la partida comenzó con el PR y siguió con la Defensa Francesa, y las negras perdieron un peón. Se llegó a un final de torres aparentemente tablas, pero en realidad perdido por Palau, que abandonó anoche luego de una serie de maniobras que aclararon la posición.

De Ronde – Michel se suspendió; muy bien jugó De Ronde el planteo de esta partida, ya que logró cierta ventaja en espacio y buenas perspectivas para iniciar una maniobra favorable. Pero al finalizar la lucha no siguió con idéntica seguridad, y Michel equilibró las acciones, para ganar más tarde un peón a raíz de un serio error del jugador holandés. Al suspenderse el cotejo, Michel tenía dos peones de ventaja pero algunas dificultades, por disponer su rival de dos buenos alfiles. El cotejo seguía anoche al cerrarse esta edición. Benko 0:1 Najdorf; una ingeniosa maniobra en el medio juego permitió a Najdorf ganar un peón, y luego fue ya tarea relativamente clara la que cumplió para vencer. Benko contraatacó en el ala rey, pero perdió material y aceleró su derrota, que se produjo en la jugada 40ª.

Sonia Graf batió a Enrique Falcón en el concurso de ajedrez

Los maestros europeos Najdorf y Czerniak encabezan la prueba del Círculo

LA 5a. RUEDA

La cuarta rueda de partidas del torneo internacional que por el trofeo Recalilla lleva a cabo el Círculo de Ajedrez, como uno de sus principales actos en celebración de las bodas de plata de la institución estuvo constituida por ocho partidas, que si bien no ofrecían el cotejo entre sí de los más calificados participantes, aseguraban una serie de luchas de interés acentuado, por la paridad de fuerzas de los actores. Otras de las partidas acusaban desproporción de calidad entre los rivales, pero resultó instructivo observar de qué manera los maestros explotaban errores poco apreciables de sus adversarios y decidían la lucha en su favor.

Winz (1) v. Puiggrós (0)

No está jugando en este torneo Puiggrós como lo ha hecho en años anteriores. Parece carecer de la fe en sí mismo de otrora y esto lo lleva a tener serias dificultades en el medio juego. En su partida con Winz no logró sortear los obstáculos tácticos que se le opusieron y suspendió el cotejo en una posición perdida. Anoche abandonó luego de una breve resistencia.

Camponovo (0) v. Czerniak (1)

Fácilmente Czerniak logró adjudicarse la victoria en este cotejo, que mos-

Najdorf supera a Benko. Roberto Grau, *La Nación*, 21 de agosto de 1941

Marini ½:½ Vuskovic; correcto fue el planteo de este encuentro, que se mantuvo equilibrado dentro de cierta tensión y complejidad. Sin que se hubiera aclarado totalmente la situación, los rivales decidieron com-

[363] Roberto Grau, *La Nación*, 18 de agosto de 1941.

partir el punto. Sonja Graf 1:0 Falcón; una excelente victoria logró Graf, lo que la convirtió en el eje de la atención de la sala. Jugó una Apertura Ruy López, y contra una defensa clásica, consiguió una posición equilibrada. No jugó lo mejor Falcón, y tuvo algunas dificultades luego de aislarse un peón. Lo entregó para buscar mejor final, y quizá careció de la energía para seguir la lucha, lo que permitió a Graf ganar un segundo peón y el final, en buena forma. Rossetto 1:0 Carné; un serio error al finalizar la sesión precipitó el desenlace. Najdorf y Czerniak tienen 3½/4; Michel 2½/3; Sonja Graf, Vuskovic, Pilnik y Winz 2½.[364]

5ª ronda, 21 de agosto

Con gran animación continúa el torneo. Después de jugadas las cinco primeras fechas se destacan al frente de los competidores los maestros Miguel Czerniak, de Palestina, Paul Michel, alemán, y Miguel Najdorf, polaco, quienes han perdido sólo medio punto. Michel tuvo como adversario a Luis Marini, quien se comportó en buena forma frente al maestro, y consiguió empatar la partida. Puiggrós obtuvo su primera victoria al vencer a Camponovo. Najdorf se midió con Pilnick (Sic) y fue éste el encuentro que con mayor atención fue observado por los aficionados. La lucha tuvo alternativas interesantes, y finalmente quedó suspendido en situación compleja, con posibilidades equivalentes para ambos bandos. Sonja Graf jugó con Vuskovic una partida pareja, que en su parte final fue débilmente jugada por aquélla, quien quedó en posición perdida al suspenderse.[365]

Czerniak encabeza el torneo especial en el Círculo de Ajedrez

Lo sigue a medio punto Michel, que no pudo vencer al jugador local Marini

LA 6a. RUEDA

Najdorf – Pilnik, tablas. *La Nación*, 23 de agosto de 1941

Michel ½:½ Marini; fue ésta una partida técnicamente valiosa, en la que Marini puso en evidencia las singulares condiciones que lo distinguen entre los nuevos valores del ajedrez local. Se inició con la Defensa Francesa, y contra una variante un tanto discutida de las blancas, ensayó Marini una línea de juego que le asignó ventaja posicional, que mantuvo durante toda la lucha. Luego, apremiado por el tiempo, entregó una calidad para lograr un buen empate por jaque perpetuo. Czerniak 1:0 Benko; una partida con abundantes alternativas, y más interesante que ajustada a impecables normas técnicas, fue la que se produjo en este tablero. Logró ventaja en el comienzo del medio juego Czerniak, pero luego llevó a cabo una combinación dudosa que no condujo con la debida exactitud, lo que permitió a Benko ganar una pieza a cambio de dos peones. Pero a partir de este momento le tocó a Benko desacertar, pues perdió una calidad y la lucha, después de un largo final que Czerniak trató en buena forma.[366]

Vuskovic 1:0 Sonja Graf; luego de un final largo pero con escasas posibilidades de reacción para Graf, se definió esta partida con el triunfo de Vuskovic, que volvió a producir una partida correcta. Tuvo algunas dificultades en la apertura la subcampeón (Sic) mundial, y llegó a un final de torres y peones que en vano intentó salvar. De Ronde 1:0 Palau; una vez más Palau jugó una partida excelente en el planteo, logró ventaja posicional, y cuando parecía que iba a conquistar ventaja material, desacertó, para quedar, en cambio, con un peón menos y dificultades. A partir de este momento jugó con exactitud el jugador holandés, que se adjudicó una buena victoria en la sesión complementaria, llevada a cabo anoche. Falcón ½:½ Rossetto; un empate que premió los buenos esfuerzos de ambos adversarios se produjo en este cotejo, que se desarrolló de manera equilibrada

[364] Roberto Grau, *La Nación*, 21 de agosto de 1941.
[365] *La Prensa*, 23 de agosto de 1941.
[366] Al mismo tiempo, Czerniak finalizaba con una victoria el torneo de Quilmes.

casi hasta el final. Alcanzó luego Rossetto alguna ventaja material, pero no pudo valorizarla por tratarse de peones doblados. Anoche, en un final de torre y peones, se convino un empate.

Najdorf ½:½ Pilnik; fue ésta, sin duda, la partida más atentamente seguida por el público, que deseaba presenciar el cotejo por la promesa de una lucha viva y atrevida. Se planteó una Gambito de la Dama con el AD blanco detrás de la cadena de peones, y la lucha fue muy equilibrada. Cambió luego Pilnik una torre por un alfil y dos peones, y se llegó a un final complejo, que prometía un empate. Ambos rivales convinieron anoche en ese resultado, después de un breve final. Puiggrós 1:0 Camponovo; un error final de éste precipitó el final de la lucha. Suspendieron Carné – Winz, con éste en posición ganadora, que concretó rápidamente. Se mantiene en el primer puesto Michel con 4½/5, seguido por Czerniak y Najdorf, con 5.[367]

6ª ronda, 23 de agosto

▮ Michel y Najdorf van primeros; la victoria de Pilnik sobre Czerniak colocó a éste en el tercer lugar. La rueda ha sido la de más interesante influencia en la lucha por el primer puesto de la competencia. La derrota del puntero, Miguel Czerniak, a manos del excelente jugador alemán Herman Pilnik fue la nota saliente de la reunión. Hubo otros siete partidos interesantes, aun cuando no impecables ni mucho menos, en su técnica. Sonja Graf 0:1 Michel; un Contragambito del Centro fue el sistema defensivo que ensayó el maestro Michel. Esto originó una partida de factura desusada, en la que atacó rudamente Michel, a cambio de un peón que entregó en el planteo. Muy hábilmente se defendió Sonja Graf, pero luego cayó en una ingeniosa jugada de su rival, que entregó la dama por dos piezas para asegurarse una posición ganadora, que condujo en sus detalles finales de admirable manera.

Benko 0:1 Puiggrós; Una Defensa Tarrasch, no absolutamente ortodoxa en su técnica, se produjo en este tablero. Las acciones fueron indecisas, pero al promediar el cotejo, Benko, que disponía de poco tiempo, no halló el sistema para evitar que su rival pasara un peón, lo ubicara en 7D y ganara, mediante un bonito procedimiento, en base a esa ventaja estratégica en la jugada 30ª.

Rossetto 0:1 Vuskovic; indudablemente, Vicente Vuskovic es una de las nuevas figuras de sólida eficiencia del ajedrez argentino. Logró sacar buen provecho de una temeraria maniobra de su adversario, que, en busca de un ataque, ubicó un C7C, que Vuskovic consiguió copar. Pilnik 1:0 Czerniak; una Defensa Francesa clásica, con la típica cadena de peones central de las blancas y la ventaja de espacio negra en el ala dama, fue el planteo de esta partida. Jugó con exceso de confianza Czerniak, pues desconsideró las posibilidades de reacción que tiene el blanco, lo que le obligó a entregar una calidad sin compensaciones mayores. Pilnik remató la partida de enérgica manera.

DESTÁCANSE MICHEL Y NAJDORF EN EL TORNEO DE LAS BODAS DE PLATA

Mieczyslav Najdorf. *El Mundo*, 26 de agosto de 1941

De Ronde 0:1 Najdorf; viva, de acciones enmarañadas, típica del estilo de Najdorf, fue esta partida. Comenzó con el PD, siguió con la India del Este, y se produjo una lucha típica de enroque corto contra enroque largo. La debilidad de este último cuando está

[367] Roberto Grau, *La Nación*, 23 de agosto de 1941.

avanzado el PAD se puso nuevamente en evidencia, pues en base a esto prosperó el enérgico ataque de las negras, que ganaron en buen estilo. Otros resultados fueron: Carné 0:1 Falcón, y Camponovo 0:1 Winz. Marini – Palau quedó suspendida. Michel y Najdorf tienen 5/6; Czerniak, Vuskovic y Winz 4½; Pilnik 4; Falcón 3½; De Ronde 3; Graf y Rossetto 2½; Marini y Puiggrós 2; Palau 1½; Benko y Carné 1; Camponovo ½.[368]

▒ Se disputaron en el Círculo las ruedas 4ª, 5ª y 6ª, que destacan hasta ahora en los lugares de privilegio a los conocidos maestros Paul Michel y Mieczyslav Najdorf, seguidos a medio punto por los señores Czerniak, Winz y Vuskovic, éste toda una revelación por su notable desempeño hasta el presente.[369]

7ª ronda, 26 de agosto

▒ El torneo se lleva a cabo en el Círculo como número extraordinario del festejo de las Bodas de Plata institucionales, y como testimonio del dinamismo de la prestigiosa entidad. Najdorf y Michel siguen primeros; en el tercer lugar marchan empatados Winz y Vuskovic. A una lucha tenaz, intensa, está dando lugar el torneo, aunque todo induce a pensar que los maestros Michel y Najdorf han de mantener la excelente colocación que ostentan. Los resultados de hoy fueron los siguientes: Falcón 0:1 Winz; un planteo deficiente de Falcón significó ventaja posicional para Winz desde el comienzo de la lucha. Ésta se derivó en la ganancia de un peón, y en un final de piezas menores se impuso el ajedrecista palestino. Palau ½:½ Sonja Graf; correcta en sus detalles generales fue esta partida, que comenzó con el Gambito Dama, siguió con la Variante Vienesa y tuvo complicadas alternativas. Sonja Graf atacó en el ala Rey, se defendió bien Palau, y se llegó a un final que se declaró tablas en la jugada 34ª. Najdorf 1:0 Marini; fue ésta una de las buenas partidas del torneo. El maestro Najdorf ganó de notable forma, luego de una partida técnicamente valiosa. Una buena combinación final significó la merecida victoria de Najdorf. Michel 1:0 Rossetto; evidentemente Rossetto está pagando un poco su exceso de ajedrez en los últimos tiempos. Michel sacó rápida ventaja en mérito del planteo poco académico de su rival. Luego, el maestro alemán remató la partida con una bonita y típica combinación de mate.

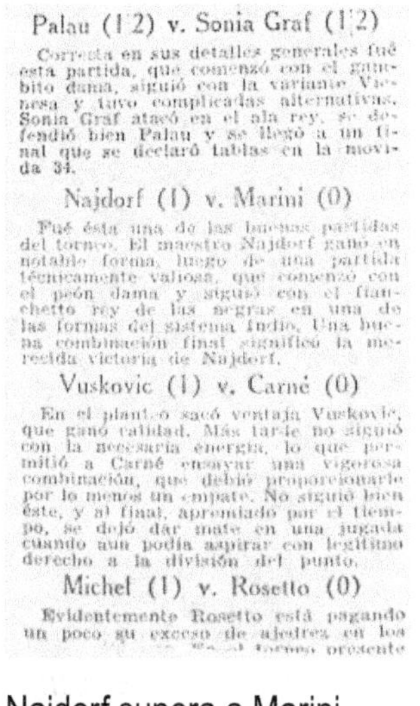

Czerniak 0:1 De Ronde; lo mismo que de Rossetto puede afirmarse de Czerniak, que jugó en la rueda que nos ocupa una partida carente de la solidez necesaria para aspirar al triunfo en un torneo de responsabilidad. Despreció excesivamente el principio de atacar con piezas bien sostenidas, y luego de un ping-pong vertiginoso llegó a una posición perdida. Puiggrós ½:½ Pilnik; bien se defendió Puiggrós en un final difícil, que se originó luego de una partida iniciada con el Sistema Ortodoxo del Gambito de la Dama. Quedó con un peón menos, pero se llegó a un final de torres donde el dominio de la séptima línea que ejercía Puiggrós compensaba la desventaja material. Vuskovic 1:0 Carné; en el planteo sacó ventaja Vuskovic,

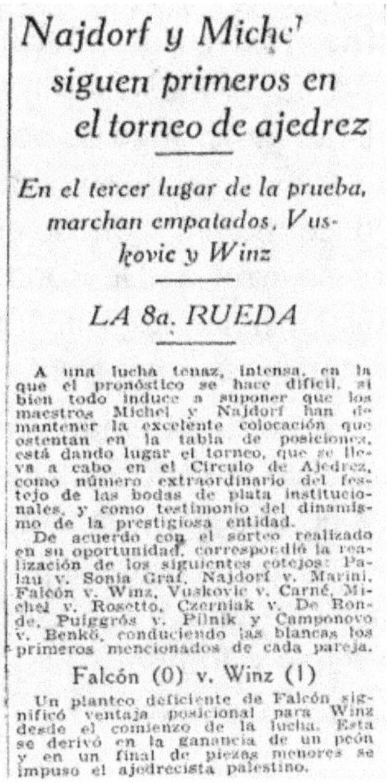

Najdorf supera a Marini. Roberto Grau, *La Nación*, 28 de agosto de 1941

[368] Roberto Grau, *La Nación*, 25 de agosto de 1941.
[369] Paulino Alles Monasterio, *El Mundo*, 26 de agosto de 1941.

que ganó calidad. Más tarde no siguió con la necesaria energía, lo que permitió a Carné ensayar una vigorosa combinación que debió proporcionarle por lo menos el empate. No siguió bien éste, y apreciado por el tiempo se dejó dar mate, cuando aún podía aspirar al empate.[370]

8ª ronda, 28 de agosto

Una serie de interesantes partidas se llevó a cabo en el Círculo en procura del trofeo Reca-Illa, que ha organizado la precitada entidad. El desarrollo de las partidas confirmó la excelente actuación de Miguel Najdorf y Paul Michel en el primer puesto de la tabla, a quienes sigue de cerca un compacto núcleo de jugadores que amenazan con desplazarlos al menor desliz. Pero no ha de ser esto fácil, ya que los dos punteros están jugando de la mejor manera, y unen a esto una calidad sobresaliente que solo ostentan muy pocos de los otros participantes de la prueba. Los resultados fueron: Falcón ½:½ Vuskovic; fue la partida de aspectos más emocionantes de la rueda, y se definió con un empate que premió la tenaz y eficiente labor de ambos contendientes.

Falcón combinó de notable manera, y su adversario se defendió bien, pues supo hallar el camino del empate cuando tenía una pieza más, pero los peones de las blancas parecían decisivos para el resultado. Carné 0:1 Michel; otra buena partida produjo Carné en el planteo. Quedó con una favorable posición y desbarató varias tentativas de su adversario, pero, como en otras oportunidades, desacertó al final de la sesión, y esto permitió a Michel pasar un peón en el ala dama y ganar en gran forma. Rossetto ½:½ Palau; una vez más Palau se vio apremiado por el tiempo, y salió airoso, luego de efectuar más de veinte jugadas en escasos minutos.

No tuvo variantes el torneo que realiza el Círculo de Ajedrez

Encabezan la prueba los maestros Najdorf y Michel, con 7 puntos en 8 posibles

LA 9a. RUEDA

Una serie de interesantes partidas se llevó a cabo en el Círculo de Ajedrez con motivo de disputarse la octava rueda del torneo internacional que en procura del trofeo Reca-Illa ha organizado la precitada entidad, y que cuenta con el poderoso concurso de una serie de valores consagrados en la arena internacional y un grupo calificado de ajedrecistas locales nuevos y de larga actuación, que en general están perfectamente a tono con la importancia del compromiso que se les ha exigido.

El desarrollo de las partidas confirmó la excelente actuación de Miguel Najdorf y Paul Michel en el primer puesto de la tabla, a quienes sigue de cerca un compacto núcleo de jugadores que amenazan desplazarlos al menor desliz. Pero no ha de ser esto fácil, ya que los dos punteros están jugando de la mejor manera y unen a esto una calidad sobresaliente, que sólo ostentan muy pocos de los otros participantes de la competencia.

Falcón (1|2) v. Vuskovic (1|2)

Fué esta partida, sin duda, la de aspectos más emocionantes de la rueda y se definió con un empate que premió la tenaz y eficiente actuación de ambos jugadores. Falcón combinó de notable manera y su adversario se defendió bien, pues supo hallar el camino del empate cuando tenía una pieza más, pero los peones de las blancas parecían decisivos para el resultado de la acción.

Carné (0) v. Michel (1)

Otra buena partida produjo Carné en el planteo. Quedó con una favorable posición y desbarató varias tentativas

Najdorf vence a Sonja Graf. Roberto Grau, *La Nación*, 30 de agosto de 1941

Que Sonja Graf está realizando evidentes progresos lo está demostrando este torneo. No tanto por el score, sino por la serie de buenas partidas realizadas. Esto lo confirmó frente a Najdorf, al que atacó vigorosamente, para alcanzar una posición plena de promesas. Un desacierto en el ataque permitió reaccionar a Najdorf, e imponer la acción de dos alfiles poderosos. Marini 0:1 Czerniak; un planteo defectuoso ensayó Marini, y vanos fueron sus intentos de normalizar la lucha. De Ronde 0:1 Puiggrós. Jugó de notable manera al comienzo Puiggrós, hasta ganar material. Cuando parecía que su victoria sería lógica, desacertó con el procedimiento y quedo con dos calidades menos. Y en ese momento, un grueso error de De Ronde retornó la partida por la senda desfavorable al jugador holandés, que abandonó de inmediato. Fácilmente logró Pilnik ventaja posicional frente a Camponovo, y ganó sin esfuerzo.

Winz 1:0 Benko; un grueso error de Benko en las movidas finales significó la victoria del ajedrecista palestino, y con este triunfo Winz se colocó tercero en la tabla, como justo premio a su ambición. Al término de la octava rueda, la posición de la tabla era como sigue: Najdorf y Michel 7/8; Winz 6½; Vuskovic 6; Czerniak y Pilnik 5½; Falcón y de Ronde 4; Palau y Puiggrós 3½; Sonja Graf y Rossetto 3; Marini 2; Benko 1½; Carné y Camponovo 1.[371]

[370] Roberto Grau, *La Nación*, 28 de agosto de 1941.

[371] Roberto Grau, *La Nación*, 30 de agosto de 1941.

9ª ronda, 30 de agosto

La nota destacada la ofreció Vuskovic, que venció a Winz luego de una ruda lucha. Fue una excelente victoria por la complejidad de la lucha y la tenacidad de que hizo gala el nuevo ajedrecista de primera categoría. Alcanzó su más alta tensión cuando las blancas, con calidad de menos, fijaron un fuerte P7D que compensaba ampliamente la desventaja material. Después de una larga lucha, en la que quizá se deslizaron posibles empates, la victoria correspondió al nuevo y ya exitoso ajedrecista del Círculo. Palau 0:1 Carné; la pérdida de una pieza de parte de Palau significo una amplia ventaja, que mantuvo bien la superioridad material. Najdorf 1:0 Rossetto; una bonita victoria, facilitada por el tipo de planteo adoptado por Rossetto, alcanzó el ajedrecista polaco.

Jugó un PD, siguió Rossetto con el Contragambito Budapest, y no logró recobrar el peón. Luego entregó una pieza en busca de un ataque dudoso. Aceptó la oferta Najdorf, desbarató el ataque, y ganó holgadamente. Czerniak 1:0 Sonja Graf; una partida típica del estilo de Czerniak fue la que se jugó en este tablero. Quedó con ventaja el ajedrecista palestino a poco de comenzar el planteo, e impuso su ventaja de buena forma mediante un ataque directo sobre el rey, que las negras no pudieron contrarrestar.

Ajedrez 8/9/41

Continúa la Disputa del Torneo "Bodas de Plata"

En el Círculo de Ajedrez de Buenos Aires continúa la disputa del torneo de maestros, con el que se festejan las bodas de plata de esa entidad con el ajedrez.

RESULTADOS DE LA NOVENA RONDA

Blancas		Negras	
Palau	0	Carné	1
P. D. India del rey, 39 jugadas			
Najdorf	1	Rosetto	0
P. D. Defensa Breslau, 25 jugadas			
Czerniak	1	Graf	0
Inglesa, 26 jugadas			
Camponovo	0	De Ronde	1
Defensa Grünfeld, 32 jugadas			
Vuskovic	1	Winz	0
Inglesa, 53 jugadas			
Michel	½	Falcón	½
Ruy López			
Puiggrós	½	Marini	½
P. D. Ortodoxa, 47 jugadas			
Benkö	½	Pilnik	½
P. D. Ortodoxa Antigua, 60 jugadas			

RESULTADOS DE LA DECIMA RONDA

Blancas		Negras	
Carné	0	Najdorf	1
Defensa india de dama, 35			
Marini	1	Camponovo	0
Zukertort, 40			
Falcón	1	Palau	0
Peón de dama, 34			
Rossetto	½	Czerniak	½
P. R. Defensa francesa, 39			
De Ronde	1	Benkö	0
Inglesa, 41			

BLANCAS Ch. De Ronde v. NEGRAS G. Puiggrós

Apertura inglesa

	Blancas	Negras		Blancas	Negras
1.	P4AD	P3R	16.	C2D	P4AD
2.	CD3A	P4D	17.	A1C	PxP
3.	P3R	CR3A	18.	D3D	P3C
4.	C3A	CD2D	19.	AxP	T1A
5.	P4D	P3A	20.	P4A	T5A!
6.	A3D	PxP	21.	A3R	P5D
7.	AxP	P4CD	22.	CxT	PxC
8.	A3D	A2C	23.	DxPA	PxA
9.	O-O	P3TD	24.	P5A	D7D
10.	P4R	A2R	25.	TD2A	T1A
11.	P5R	C4D	26.	DxT+	AxD
12.	CxC	PRxC	27.	TxD	A4A!
13.	D2R	C1A		y las blancas abandonaron.	
14.	A3R	C3R			
15.	TD1A	O-O			

CUADRO DE POSICIONES

	J.	G.	T.	P.	Pts
Mieczyslaw Najdorf	10	8	2	-	9
Paul Michel	10	6	4	-	8
Vicente Vuskovic	10	7	2	1	8
Miguel Czerniak	10	6	2	2	7
German Pilnik	10	5	4	1	7
Viktor Winz	10	6	1	3	6 ½
Christian De Ronde	10	6	-	4	6
Enrique Falcón	10	4	3	3	5 ½
Guillermo Puiggrós	10	3	3	4	4 ½
Sonja Graf	10	2	3	5	3 ½
Héctor Rossetto	10	2	3	5	3 ½
Luis Marini	10	2	3	5	3 ½
Luis Palau	10	2	3	5	3 ½
Luis Carné	10	2	-	8	2
Franz Benkö	10	1	2	7	2
Mario Camponovo	10	-	2	8	1

Najdorf lidera con un puntaje notable. *El Mundo*. 8 de setiembre de 1941

Najdorf tiene amplia ventaja en el torneo especial de ajedrez

Batió a Vuskovic en la importante competencia que organiza el Círculo

LA 13a. RUEDA

El torneo especial que el Círculo de Ajedrez está realizando, como uno de los números centrales de su extenso programa de actividades extraordinarias en festejo de las bodas de plata de la institución, sigue destacando la calidad superior de Miguel Najdorf, quien lleva realizado un score realmente notable, pues sólo ha perdido un punto en doce partidas hasta el presente cumplidas. La victoria del maestro polaco es poco menos que inevitable, pues tiene dos puntos de ventaja sobre el maestro alemán Paul Michel, que lo sigue en la tabla, y sólo faltan tres ruedas para terminar la competencia.

Las partidas de la undécima rueda, que finalizó ayer por la tarde, pues algunas partidas fueron postergadas, comenzaron a acentuar la ventaja del puntero. En dicha serie de cotejos Sonia Graf batió a Camponovo, Rosetto perdió con Puiggrós, Carné perdió su partida con Czerniak, Michel empató con Winz, Vuskovic empató con Palau y Benko derrotó a Marini. Ayer por la tarde se jugaron las dos partidas postergadas y en ellas Najdorf siguió su trayectoria de triunfos, luego de superar a Falcón en una partida en la que éste ofreció buena resistencia. Asimismo Pilnik se impuso al ajedrecista holandés De Ronde, en un interesante final de torres y peones.

Najdorf vence fácilmente a Rossetto. *La Nación*, 2 de setiembre de 1941

Puiggrós ½:½ Marini; un curioso empate se produjo en este tablero, en el que se originó una partida de acciones trabadas y de difícil técnica. Tuvo alguna ventaja de posición Puiggrós, más tarde Marini, que ganó dos peones pero con algunas compensaciones, y al final se produjo el empate por medio de una posición de jaque perpetuo. Camponovo 0:1 De Ronde; muy bien ganó el jugador holandés, que construyó una posición de mate. Benko ½:½ Pilnik; hábilmente desbarató Benko un ataque que parecía ganador y que produjo exagerado optimismo en el espíritu de Pilnik.

Quedó el blanco con calidad de ventaja, pero a cambio de dos peones, uno de ellos doblado, y al final se estrellaron los esfuerzos de ambos por desnivelar la partida. Se suspendió Michel – Falcón, con un peón menos para éste, pero con chances de tablas. De ruedas anteriores, Falcón empató con Vuskovic. La colocación de los participantes es la siguiente: Najdorf 8/9; Michel 7/8; Vuskovic 7/9; Czerniak y Winz 6½//9; Pilnik 6/9; De Ronde 5/9; Falcón 4/8; Puiggrós 4/9; Palau 3½/9; Graf, Marini y Rossetto 2½/9; Benko 2/8; Carné 2/9; Camponovo 1/9.[372]

[372] Roberto Grau, *La Nación*, 2 de setiembre de 1941.

10ª ronda, 2 de setiembre

Vuskovic derrotó a Michel, y al hacerlo pasó al segundo lugar del torneo especial del Círculo de Ajedrez, prestigiosa entidad que festeja sus bodas de plata institucionales. Precisamente la partida que teóricamente parecía más claramente definida antes de iniciarse, Carné – Najdorf, fue la que generó mayor emoción, pues por largo rato el ajedrecista europeo estuvo coqueteando con la derrota, y sólo por el imperio de la emoción, la sorpresa y la menor experiencia de su adversario, logró, no sólo salvar la situación, sino ganar con rapidez por el derrumbe de la eficiencia de Carné en el momento más crítico del esfuerzo. Sacó amplia ventaja en el planteo Carné, y debió luego Najdorf sortear las dificultades que nacieron de su exceso de confianza.

En parte por su gran capacidad de reacción, y en parte por un encogimiento de su rival, logró salvar la situación y ganar más tarde una pieza y la partida. Los resultados de la sesión no han alterado la tabla y siguen asegurando el derecho a la victoria de Najdorf, por cuanto Michel suspendió su partida en un final muy delicado para él, que anoche perdió, lo que unido al empate de su partida anterior con Falcón, le ha significado un serio retraso en la tabla. En cambio, se acentúa el interés por saber cómo terminará la lucha por el segundo lugar de la prueba, al que pueden aspirar legítimamente, por su juego y ubicación en la tabla, Vuskovic, Michel, Pilnik y Czerniak.

Winz 0:1 Pilnik; un interesante final de dos torres contra la dama ganó Pilnik en la sesión complementaria de ayer. La lucha fue intensa y se mantuvo equilibrada hasta poco antes de la suspensión. La ventaja de las dos torres se hizo sentir al finalizar el cotejo, y Pilnik ganó en buena forma. De Ronde 1:0 Benko; una bonita partida ganó el representante holandés. Mediante una hábil maniobra de sacrificio pasó un peón en la columna AD, para recobrar el material entregado y conquistar más tarde una calidad de ventaja, que le permitió ganar fácilmente en un breve final.

Marini 1:0 Camponovo; ofreció esta lucha equilibrio en el planteo y medio juego, hasta que Marini logró copar un caballo de su adversario, para ganar más tarde fácilmente. Sonja Graf ½:½ Puiggrós; fue una partida difícil, y en vano buscaron ambos el medio para violentar la lucha. Se llegó, al suspenderse, a una posición enmarañada, con aspectos de tablas por existir un semi-bloqueo y alfiles de distinto color. Luego de dos horas suplementarias de lucha, convinieron el empate. Rossetto ½:½ Czerniak; un justo premio al buen esfuerzo de ambos fue este empate, que se produjo después de un instructivo final de reyes y peones en el que no existía procedimiento para llegar a otra decisión. Falcón 1:0 Palau; muy bien jugó Falcón esta partida, que ganó luego de un planteo de Gambito Dama en el que dominó el punto 4D y bloqueó prácticamente la posición adversaria.

Vuskovic derrotó a Michel en el torneo especial del Círculo

Al hacerlo pasó al segundo lugar de la importante prueba de ajedrez

NAJDORF 1o.

La décima rueda del torneo especial de ajedrez que, organizado por el Círculo de Ajedrez, se lleva a cabo en el local de la prestigiosa entidad como uno de los números centrales del amplio programa trazado para festejar las bodas de plata institucionales, estuvo al borde de producir sorpresas extraordinarias y abundó en partidas generosas en calidad técnica y acciones de alto brillo.

La undécima rueda

Hoy se cumplirá la undécima rueda del torneo en el mismo local, Bartolomé Mitre 670. Jugarán: Michel v. Winz, Palau v. Vuskovic, Najdorf v. Falcón, Czerniak v. Carné, Puiggrós v. Rosetto, Camponovo v. Sonja Graf, Benkö v. Marini y Pilnik v. De Ronde. Por haberse ausentado transitoriamente de la capital el jugador De Ronde, esta última partida se llevará a cabo el domingo a las 15.

Para facilitar el acceso a los aficionados no socios, se ha resuelto en la entidad organizadora del torneo permitir la entrada de público mediante una cuota mínima de 50 centavos.

Posición de los competidores

	J.	G.	E.	P.	Pts.
M. Najdorf . . .	10	8	2	—	9
V. Vuskovic . . .	10	7	2	1	8
F. Michel . . .	10	6	3	1	7½
M. Czerniak . . .	10	6	2	2	7
H. Pilnik	10	5	4	1	7
V. Winz	10	6	1	3	6½
C. De Ronde . . .	10	6	—	4	6
E. Falcón	10	4	3	3	5½
G. Puiggrós . . .	10	3	3	4	4½
S. Graf	10	2	3	5	3½
L. Marini	10	2	3	5	3½
L. Palau	10	2	3	5	3½
H. Rosetto . . .	10	2	3	5	3½
F. Benkö	10	1	[illegible]	[illegible]	[illegible]
L. Carné	10	2	—	8	[illegible]
M. Camponovo . .	10	—	2	8	1

Carné casi da un susto a Najdorf.
La Nación. 4 de setiembre de 1941

Facilitó la tarea Palau con su desconcertante falta de visión en la resistencia, pero esto no desmerece el buen trabajo del vencedor. Vuskovic 1:0 Michel; si alguna duda cabía sobre la calidad del joven jugador Vuskovic, quedó disipada ayer ante la excelente partida que produjo frente al notable maestro alemán Michel. Se planteó un Gambito Dama, siguió el Sistema Rubinstein-Schlechter, y conservó el peón de ventaja Vuskovic. Dominó las acciones, y en determinado momento debió ganar con una simple maniobra. No la realizó y suspendió la lucha con dos peones de ventaja, en un final de torres que ofrecía aún algunas dificultades para ganar. En la sesión de anoche, sin embargo, quebró la resistencia del maestro alemán e impuso bien la ventaja material. Sigue primer Najdorf con 9/10, y siguen Vuskovic 8; Michel 7½; Czerniak y Pilnik 7; Winz

6½; De Ronde 6; Falcón 5½; Puiggrós 4½; Graf, Marini, Palau y Rossetto 3½; Benko y Carné 2; Camponovo 1.[373]

11ª ronda, 4 de setiembre

El Torneo Especial sigue destacando la calidad superior de Najdorf, quien lleva realizado un score realmente notable, pues solo ha perdido hasta ahora un punto. La victoria del maestro es poco menos que inevitable, pues tiene dos puntos de ventaja sobre el maestro alemán Michel. Las partidas de la 11ª rueda, que finalizó ayer por la tarde pues algunas partidas fueron postergadas, comenzaron a acentuar la ventaja del puntero. En dicha serie de cotejos Sonja Graf batió a Camponovo y Benko a Marini. Rossetto perdió con Puiggrós y Carné fue batido por Czerniak. Michel empató con Winz y Vuskovic con Palau. Ayer por la tarde se jugaron las dos partidas postergadas, y en ellas Najdorf siguió su trayectoria de triunfos luego de superar a Falcón, y asimismo Pilnik se impuso al ajedrecista holandés de Ronde en un interesante final de torres y peones.[374]

Destácase M. Najdorf en el Torneo de Maestros

Najdorf en las nubes.
El Mundo. 9 de setiembre de 1941

12ª ronda, 6 de setiembre

El torneo por el trofeo Reca – Illa que el Círculo de Ajedrez está realizando como uno de los números centrales de su extenso programa de actividades extraordinarias en festejo de sus bodas de plata, sigue destacando la calidad de Miguel Najdorf. Los resultados de la rueda fueron los siguientes: Winz 0:1 De Ronde; en buena forma De Ronde sacó ventaja de un planteo defectuoso de su adversario. Ganó un peón, simplificó la lucha y se impuso en correcta forma en un final de torres y peones. Marini 1:0 Pilnik; con suma energía actuó Marini.

Planteó una especie de ataque a la bayoneta sobre el enroque enemigo, mediante el típico avance de los cuatro peones del ala rey, para ganar una pieza luego de eludir las maniobras que para salvarse ensayó Pilnik, quien finalmente optó por abandonar ante la desventaja material. Rossetto 1:0 Camponovo; una holgada victoria alcanzó Rossetto. Por medio de una maniobra de ataque alcanzó clara ventaja posicional, obligando a Camponovo a abandonar ante la inminencia de la derrota (Sic). Carné 0:1 Puiggrós; este ganó por medio de un enérgico ataque.

Vuskovic 0:1 Najdorf; era ésta la partida central de la reunión, pero en realidad defraudó la expectación, por cuanto Najdorf logró rápida ventaja en mérito a un plan deficiente de su adversario. Con una India del Este sacó ventaja el jugador polaco, para bloquear luego un caballo

Najdorf tiene amplia ventaja en el torneo especial de ajedrez

Batió a Vuskovic en la importante competencia que organiza el Circulo

LA 13a. RUEDA

El torneo especial que el Circulo de Ajedrez está realizando, como uno de los números centrales de su extenso programa de actividades extraordinarias en festejo de las bodas de plata de la institución, sigue destacando la calidad superior de Miguel Najdorf, quien lleva realizado un score realmente notable, pues sólo ha perdido un punto en doce partidas hasta el presente cumplidas. La victoria del maestro polaco es poco menos que inevitable, pues tiene dos puntos de ventaja sobre el maestro alemán, Paul Michel, que lo sigue en la tabla, y sólo faltan tres ruedas para terminar la competencia.

Las partidas de la undécima rueda, que finalizó ayer por la tarde, pues algunas partidas fueron postergadas, comenzaron a acentuar la ventaja del puntero. En dicha serie de cotejos Sonia Graf batió a Camponovo, Rosetto perdió con Puiggrós, Carné perdió su partida con Czerniak, Michel empató con Winz, Vuskovic empató con Palau y Benko derrotó a Marini. Ayer por la tarde se jugaron las dos partidas postergadas y en ellas Najdorf siguió su trayectoria de triunfos, luego de superar a Falcón en una partida en la que éste ofreció buena resistencia. Asimismo Pilnik se impuso al ajedrecista holandés De Ronde, en un interesante

Notable score de Najdorf.
La Nación, 6 de setiembre de 1941

[373] Roberto Grau, *La Nación*, 4 de setiembre de 1941.
[374] Roberto Grau, *La Nación*, 6 de setiembre de 1941.

y ganarlo sin compensaciones, por lo que Vuskovic abandonó. Michel 1:0 Palau; que Palau está actuando en forma desconcertante se probó una vez más. El veterano jugador local planteó defectuosamente la Variante Clásica del Ruy López, y quedó perdido a poco de salir del planteo. Quedó suspendida Sonja Graf – Benko; se inició con el PR, siguió con el Ruy López y ofreció complicaciones serias en el ala rey.

La lucha se mantuvo indecisa, sin que se iniciara una franca demostración. Al suspenderse las blancas tenían un peón de ventaja, pero algunos problemas a resolver por la dificultad que ofrecía la acción de sus piezas. Tampoco se definió Falcón – Czerniak, que se suspendió en una posición de muy difícil pronóstico. Najdorf encabeza las posiciones con 11/12; siguen Michel 9/12; Vuskovic 8½/12; Czerniak 8/11; Pilnik 8/12; De Ronde y Winz 7/12; Puiggrós 6½/12; Falcón 5½/11; Graf 4½/11; Marini y Rossetto 4½/12; Palau 4/12; Benko 3/11; Carné 2/12; Camponovo 1/12.[375]

[illegible] rueda del torneo del Circulo de Ajedrez

La nota destacada la ofreció Vicente Vuskovic al derrotar a Victor Winz

La lucha por el primer puesto del torneo iniciado por la copa Reca-Illa ha sufrido un ligero paréntesis, ya que si bien el maestro polaco Miguel Najdorf ganó su partida con Rosetto—lo que lo mantiene en el primer puesto—, el excelente ajedrecista alemán Paul Michel suspendió su cotejo con Falcón en una posición no muy clara, a pesar de tener un peón de ventaja, y habrá que esperar hasta la sesión complementaria de esta noche para conocer su desenlace.

También experimentó una variación la lucha por el tercero de la tabla, ya que el ajedrecista local, Vicente Vuskovic derrotó luego de ruda lucha a Victor Winz y lo reemplazó en ese lugar de privilegio. Los otros cotejos no tenían en realidad importancia en la tabla de posiciones, ya que sus protagonistas no ocupan aún situaciones de compromiso para los punteros de la competencia.

Vuskovic (1) v. Winz (0)

Una excelente victoria por la complejidad de la lucha y la tenacidad de que hizo gala el nuevo ajedrecista de primera categoria, Vicente Vuskovic, fué la que obtuvo éste frente a Winz, luego de una partida que alcanzó su más alta tensión, cuando las blancas, con calidad de menos, fijaron un fuerte peón en 7D, que compensaba ampliamente la desventaja material. Después de una larga lucha, en la que quizá se deslizaron posibles empates, la victoria correspondió al nuevo y ya prestigioso ajedrecista del Circulo.

Michel v. Falcón

Sólidamente se defendió Falcón en su difícil compromiso con Michel. Se planteó la apertura Española, variante Siesta, y luego de una simplificación quedó Falcón con un peón menos, pero doblado. Se llegó a un final de caballo y peones por bando, que puede terminar empatado, ya que se suspendió en esos momentos.

Palau (0) v. Carné (1)

La pérdida de una pieza de parte de Palau significó amplia ventaja para Carné, que mantuvo bien la superioridad material y explotó más tarde el escaso tiempo que su adversario tenía para meditar, quien debió efectuar veinte jugadas en un minuto. Lo hizo, pero sin lograr salvar la partida, desfavorable para él desde su origen.

Najdorf (1) v. Rosetto (0)

Nueva victoria de Naidorf. *La Nación*. 7 de setiembre de 1941

13ª ronda, 9 de setiembre

A medida que avanza la realización del torneo, se perfila de manera más acentuada el maestro Najdorf como el vencedor de la competencia. En esta rueda batió de categórica manera al maestro alemán Michel, que ocupaba una excelente ubicación en la tabla, y se aseguró el primer puesto en la clasificación final. Las otras partidas tuvieron las siguientes alternativas: Sonja Graf 0:1 Pilnik; en un planteo Ruy López se defendió muy bien Sonja Graf, pero al iniciarse el medio juego permitió que su adversario abriera la columna TR, por la cual inició una demostración que provocó el abandono de las blancas, luego de un correcto sacrificio. Najdorf 1:0 Michel; fue una excelente partida, donde ensayó una Apertura Hund Diferida (Sic), y quedó con posición equilibrada. Luego entregó un peón por el ataque y condujo la ofensiva de impecable manera, para ganar en mérito a la incontenible acción de un alfil en la gran diagonal. Logró luego una calidad de ventaja y más tarde un final favorable, que se dilató a raíz de una estéril resistencia del buen maestro alemán. Czerniak 1:0 Vuskovic; el primero jugó de notable manera. Frente a una Defensa Francesa inició una demostración en el ala rey, con la que mostró la poca consistencia de la línea rusa, que tiende a cambiar el alfil malo de las negras por el de rey blanco. Ganó dos peones, y más tarde un final sin complicaciones.

Puiggrós 1:0 Falcón; jugó Falcón de manera desusada, ya que perdió rápidamente un peón sin compensaciones, en el planteo, donde suele conducirse con singular solidez. A raíz de esto quedó inferior, y nada pudo hacer para contrarrestar los buenos esfuerzos de Puiggrós, que ganó fácilmente. Benko 0:1 Rossetto; jugó bien Benko en el medio juego pero meditó en forma excesiva, lo que fue debidamente explotado por Rossetto, que anoche remató bien el cotejo en su favor. De Ronde 0:1 Marini; rápidamente ganó Marini esta partida, luego de un error de planteo del ajedrecista holandés que le significó tener que realizar una penosa marcha del rey hacia el flanco dama que conducía a un mate en el centro del tablero. En las partidas restantes, Camponovo perdió con Carné, e hicieron

[375] Roberto Grau, *La Nación*, 9 de setiembre de 1941.

tablas Palau y Winz. Najdorf encabeza las posiciones con 12/13, y le siguen Czerniak 10; Michel y Pilnik 9; Vuskovic 8½; Puiggrós y Winz 7½; De Ronde 7; Rossetto 6½; Marini y Falcón 5½; Graf y Palau 4½; Benko 4; Carné 3; Camponovo 1.[376]

14ª ronda, 11 de setiembre

▓ Con el empate registrado entre Michel y Czerniak, Najdorf se aseguró el primer puesto. Al faltar una rueda, lleva un punto y medio de ventaja a su más próximo adversario, Czerniak, quien, a su vez, se perfila como el segundo de la competencia. Lo siguen de cerca Pilnik, Michel y Vuskovic. Marini 1:0 Winz; luego de una partida que se inició en forma irregular, y que no se caracterizó precisamente por el estilo académico del planteo adoptado. Ganó un peón antes de suspenderse el cotejo el ajedrecista local, y en la sesión de anoche se adjudicó la victoria por no presentarse su rival, que ya estaba perdido. Sonja Graf 1:0 De Ronde; quizá ésta fue la partida más bonita de la noche. Sonja Graf ganó en excelente forma, luego de explotar hábilmente la ventaja lograda en el planteo. Se enrocó largo, atacó el enroque corto de su adversario, y remató la lucha de enérgica manera, probando que sus progresos son cada vez más acentuados.

Rossetto ½:½ Pilnik; poco interés ofreció este cotejo, donde se cambiaron rápidamente las piezas, revelando ambos adversarios excesiva prudencia y poco interés por la complicación. En la jugada 17ª se convino el empate. Carné 0:1 Benko; en la sesión complementaria de anoche Carné perdió un final que parecía muy equilibrado.

Falcón 1:0 Camponovo; fue una cómoda victoria para Falcón, que logró una posición de mate inevitable. Michel ½:½ Czerniak; era ésta la partida de más categoría de la noche por la calidad de los rivales. Se agregaba a esto la situación de ambos en la tabla. Comenzó con el PR, siguió con la Defensa Francesa, y quedó con ventaja Michel. No jugó éste de la mejor manera en el final, y pudo Czerniak reaccionar, para empatar en un breve final. Palau 0:1 Najdorf; no trató bien Palau la Defensa Holandesa opuesta por Najdorf, y tropezó luego con dificultades por la debilidad de su flanco rey. Más tarde, apremiado por el tiempo, facilitó la tarea de su fuerte adversario al perder una pieza, lo que motivó su abandono. Vuskovic – Puiggrós quedó suspendida; la lucha proseguía indecisa al cierre de esta edición. Encabeza las posiciones Najdorf con 13/14, y siguen Czerniak 10½; Michel y Pilnik 9½; Vuskovic 8½; Puiggrós y Winz 7½; De Ronde y Rossetto 7; Falcón y Marini 6½; Sonja Graf 5½; Benko 5; Palau 4½; Carné 3; Camponovo 1.[377]

15ª ronda, 13 setiembre

▓ Con feliz éxito finalizó el torneo Bodas de Plata (Sic. En realidad es el torneo Reca-Illa) del Círculo con el triunfo del maestro Miguel Najdorf. La trascendencia de este certamen residía en que participaron en el mismo los más destacados jugadores extranjeros residentes actualmente en nuestro país. Najdorf, que se ha constituido en una de las figuras más importantes dentro de la actividad ajedrecística en el país, logró vencer con toda comodidad, además de salir airoso en todos sus encuentros, pues no perdió un solo partido, totalizando 14/15. Los resultados fueron los siguientes: Najdorf 1:0 Winz, Czerniak 1:0 Palau, Puiggrós – Michel, Camponovo 1:0 Vuskovic, Benko – Falcón, Pilnik 1:0 Carné, De Ronde – Rossetto y Marini ½:½ Sonja Graf.[378]

[376] Roberto Grau, *La Nación*, 11 de setiembre de 1941.
[377] Roberto Grau, *La Nación*, 11 de setiembre de 1941.
[378] *El Mundo*, 15 de setiembre de 1941.

Resumen

▮ El maestro polaco Miguel Najdorf ganó el IV Torneo Internacional del Círculo de Ajedrez, Memorial Damián Reca – Rolando Illa. Anticipando los festejos por sus Bodas de Plata, que se cumplen el 15 de agosto, se realizó en el Círculo de Ajedrez un gran certamen internacional por el Trofeo Illa. Se jugó entre julio y agosto, participando dieciséis jugadores, y se impuso en gran forma Mieczyslav Najdorf, con 14/15. Le siguieron Miguel Czerniak 11½; Herman Pilnik 10½; Paul Michel 10; Guillermo Puiggrós 9; Voyin Vuskovic 8½; Viktor Winz 7½; Christian De Ronde, Enrique Falcón, Luis Marini y Héctor Rossetto 7; Sonja Graf 6; Francisco Benko 5½; Luis Palau 4½; Luis Carné 3 y Mario Camponovo 2.[379]

Memorial Reca – Illa, Círculo de Ajedrez 1941

		1	2	3	4	5	6	7	8	9	0	1	2	3	4	5	6	PTS	PTS
1	Najdorf, Miguel	*	½	½	1	1	1	1	1	1	1	1	1	1	1	1	1	14.0/15	
2	Czerniak, Miguel	½	*	0	½	1	1	1	1	1	½	0	1	1	1	1	1	11.5/15	
3	Pilnik, Herman	½	1	*	½	½	1	1	0	0	½	1	1	½	1	1	1	10.5/15	
4	Michel, Paul	0	½	½	*	½	0	½	½	½	1	1	1	1	1	1	1	10.0/15	
5	Puiggrós, Guillermo	0	0	½	½	*	1	0	½	1	1	1	½	1	0	1	1	9.0/15	
6	Vuskovic, Vicente	0	0	0	1	0	*	1	½	½	1	1	1	1	½	1	0	8.5/15	
7	Winz, Viktor	0	0	0	½	1	0	*	0	1	1	0	½	1	½	1	1	7.5/15	
8	Marini, Luis	0	0	1	½	½	½	1	*	0	0	1	½	0	0	1	1	7.0/15	46.75
9	Falcón, Enrique	0	0	1	½	0	½	0	1	*	½	0	0	½	1	1	1	7.0/15	42.50
10	Rossetto, Héctor	0	½	½	0	0	0	0	1	½	*	1	0	1	½	1	1	7.0/15	41.25
11	De Ronde, Christian	0	1	0	0	0	0	1	0	1	0	*	0	1	1	1	1	7.0/15	41.00
12	Graf, Sonja	0	0	0	0	½	0	½	½	1	1	1	*	0	½	0	1	6.0/15	
13	Benko, Francisco	0	0	½	0	0	0	0	1	½	0	0	1	*	1	1	½	5.5/15	
14	Palau, Luis	0	0	0	0	1	½	½	1	0	½	0	½	0	*	0	½	4.5/15	
15	Carné, Luis	0	0	0	0	0	0	0	0	0	0	0	1	0	1	*	1	3.0/15	
16	Camponovo, Mario	0	0	0	0	0	1	0	0	0	0	0	0	½	½	0	*	2.0/15	

Grau y Guimard: cien simultáneas a beneficio de la aviación inglesa en el City Hotel

▮ Los *Fellowship of the Bellows* –algo así como la comunidad del aire– fueron grupos internacionales poco organizados que se formaron durante la Segunda Guerra Mundial para recaudar fondos para la compra de aviones de la Royal Air Force. El nombre y el concepto de los Fellowship of the Bellows probablemente se inició en Argentina a partir de este acontecimiento ajedrecístico, cuando un grupo de jóvenes ingleses y anglo-argentino de Buenos Aires formó, algo en broma y algo en serio, esta asociación. Cada miembro aportaba un centavo de Argentina por cada avión caído.

[379] *El Ajedrez Americano* 2ª época nº 77 pág. 291. *Caissa* nº 39, pág. 168, y nº 40, pág. 182. Cuaderno de recortes de Antonio Virginis.

Un Spitfire o un Hurricane costaba alrededor de £ 5.000. Hacia noviembre de 1940 se habían recaudado más de £ 2500 en la Argentina.[380] La nota de *La Nación* decía:

> Una concurrencia numerosa se reunió anoche en los salones del City Hotel, con motivo de la exhibición de simultáneas que se realizó a beneficio de las obras que sostiene la institución the Fellowship of the Bellows. El fin benéfico de la iniciativa y el prestigio de los ajedrecistas que tuvieron a su cargo la sesión de partidas, atrajeron una concurrencia numerosa y entusiasta. Estuvieron a cargo de las partidas el actual campeón, Carlos Guimard, y el ex campeón, Roberto Grau, quienes condujeron cincuenta tableros cada uno. La sesión continuaba en momentos de cerrar esta edición. En su mayoría laspartidas resultaron sumamente interesantes. Guimard obtuvo +33 =0 -3; en tanto Grau logró +36 =1 - 4.[381]

Ståhlberg, también al bridge

El campeonato individual de primera categoría, última de las pruebas de esta clase que organiza anualmente el Club Social de Bridge, reunió a un calificado núcleo de aficionados, y luego de disputadas cincuenta y cinco manos, terminó con el siguiente resultado: 1º Adolfo Gabarret, 64½ puntos; 2º Anders Gideon Ståhlberg 64; 3º Eduardo Ortiz 63½.[382]

Adrogué: Najdorf y Palau, en consulta

En setiembre/octubre se jugó en Adrogué un interesante torneo en consulta, con la participación de cuatro parejas, adhiriendo a los festejos de la Semana de Adrogué. Ganaron Najdorf y Palau con 2½, seguidos por Czerniak y Pilnik con 1½ y Grau-Luckis y Michel-Skalicka con un punto.

Un torneo de interesante relieve y novedad en nuestro medio ha sido preparado por el Círculo de Ajedrez para adherirse a los actos de festejo que se llevan a cabo en Adrogué, y a pedido de la comisión especial que organiza los mismos. Como el torneo debe desarrollarse en sólo tres días, el jueves, viernes y sábado próximos se han preparado cuatro equipos de dos maestros cada uno, de manera de realizar un cotejo que ha de alcanzar especial importancia por la calidad de los *teams* designados.

El primero, que lleva el nombre de Brown, lo formarán Guimard y Grau; el segundo, con el nombre Buchardo, estará integrado por Frydman y Luckis el tercero, denominado Rosales, lo formarán Najdorf y Czerniak; y el cuarto, que se llamará Espora, lo constituyen Michel y Skalicka. El torneo será a un turno, y las partidas en consulta. La entrada para presenciarlas será libre, y la prueba será iniciada el

Un torneo de ajedrez en consulta comenzará el jueves en Adrogué

Participarán cuatro equipos, integrados por maestros locales y europeos de gran calidad

TRES RUEDAS

Torneo rápido

Torneo de bridge

Un novedoso torneo en consulta.
La Nación. 30 de setiembre de 1941

[380] Una nota de color que vale la pena mencionar consiste en la Hermandad de los Bramidos, “Fellowship of the Bellows”, un grupo formado en Buenos Aires, Argentina, cuando dio inicio la guerra. En un principio estaba formado por sólo por descendientes anglo-argentinos; luego se amplió. Consistía en un grupo de jóvenes que apoyaba el esfuerzo bélico británico mediante una suscripción. Mensualmente se recibía el informe de cuántos aviones alemanes habían sido derribados y cada miembro ponía 1 centavo de peso (en esa época equivalente a 4 centavos de dólar) para adquirir aviones. Para que se den una idea aproximada, un Spitfire costaba 5.000 libras esterlinas en 1940. En Argentina, se recaudaron 2.500 libras. [Revista *Zona Militar* Número 3 Julio 2015]

[381] *La Nación*, 6 y 7 de setiembre de 1941.

[382] *La Nación*, 25 de setiembre de 1941

jueves a las 21 en el Hotel La Delicia, donde proseguirá el viernes a las 20 y se clausurará el domingo a las 15.[383]

Rueda 1ª, 2 de octubre

▒ Comenzó anteanoche y siguió hasta la madrugada de hoy la primera serie de partidas del torneo por equipos en consulta, con motivo de celebrarse la Semana de Adrogué. La prueba, novedosa desde todos los ángulos por donde se la mire, ha reunido a 8 ajedrecistas de gran nivel internacional, que formaron cuatroquipos, preparados y seleccionados por el Círculo de Ajedrez, entidad encargada por las autoridades de la localidad para organizar los detalles de la competencia. A las 21, después de la bienvenida dada por el comisionado municipal señor Juan Pedro Irigoin, se efectuó el sorteo de los equipos, de la siguiente manera: 1. Roberto Grau y Marcos Luckis; 2. Miguel Najdorf y Luis Palau; 3. Miguel Czerniak y Herman Pilnik; 4. Paul Michel y el doctor Carlos Skalicka. De acuerdo al *fixture*, debían jugar las parejas 1-4 y 2-3. En la primera partida, Grau-Luckis iniciaron con el PD, para seguir Michel-Skalicka con un Sistema Krause (Sic) que llevó el juego en realidad a una de las líneas de la Variante Tarrasch.

Las blancas mantuvieron cierta iniciativa, pero sin lograr aumentarla nunca. Hábilmente lograron las negras en el momento crítico simplificar las acciones, y se llegó a un final de piezas menores que provocó el empate en la jugada 30ª. Mucho más agitada fue la lucha en el otro tablero, donde Najdorf-Palau jugaron un Gambito de la Dama con el alfil tras la cadena de peones, para llegarse a una Variante Merano evitada en su línea de juego más aguda. Se produjo una posición abierta, con los alfiles de ambos bandos atacando los respectivos enroques, y cuando más compleja era la lucha, Czerniak-Pilnik incurrieron en un error, a primera vista poco apreciable, pero que bastó para que las blancas, mediante una exacta serie de jugadas, ganaran una pieza y la partida. Anoche se inició la segunda serie de cotejos.[384]

El torneo de ajedrez de teams en consulta comenzó en Adrogué

La pareja Najdorf-Palau venció, en buena forma, a la de Czerniak - Pilnik

LA 2a. RUEDA

Un novedoso torneo en consulta. *La Nación*, 4 y 5 de octubre de 1941

Rueda 2ª, 3 de octubre

▒ La segunda serie de partidas del torneo dio margen a dos cotejos de acentuado interés técnico, pero que no alcanzaron a definirse de manera categórica, ya que el empate premió los buenos esfuerzos de los competidores en ambos encuentros. Grau-Luckis plantearon PD a Najdorf-Palau, y el negro siguió con el Sistema Grünfeld Diferido, para producirse una partida de corte clásico similar a la que llevaron a cabo Capablanca y Petrov, que fue tablas. Se produjo un juego abierto muy simplificado, que desde el comienzo dio la impresión que terminaría empatado. El otro encuentro fue mucho más agitado y generoso en emoción. Michel-Skalicka iniciaron con PD, y Czerniak-Pilnik adoptaron la Defensa Francesa, para seguir luego con una maniobra un tanto atrevida, pero de dudosa solidez. Se produjo una combinación central que llevó a una simplificación forzosa, con un final como resultante, levemente mejor para las blancas que no alcanzó a traducirse en una ventaja mayor. Se jugó largo rato un final de torre y peones que no se pudo violentar, y por eso se convino el empate. La tercera rueda y última de la competen-

[383] Roberto Grau, *La Nación*, 30 de setiembre de 1941.
[384] Roberto Grau, *La Nación*, 4 de octubre de 1941.

cia se llevará a cabo esta tarde, enfrentándose a partir de las 15, Najdorf-Palau vs Michel-Skalicka y Czerniak-Pilnik vs Luckis-Grau.[385]

Rueda 3ª, 4 de octubre

▮ El interesante torneo terminó con la victoria del binomio Najdorf-Palau. Se pudo apreciar la forma en que razonan los maestros durante el desarrollo de las partidas, circunstancia que sirve de estímulo y enseñanza para los aficionados que presencian los encuentros. La rueda final resultó sumamente movida, y todos los participantes hicieron esfuerzos para acreditarse el triunfo. La partida Najdorf-Palau vs Michel-Skalicka fue lucida. Se jugó PD con la Defensa Tarrasch, adoptada por los segundos. La lucha fue equilibrada al comienzo, pero en la parte media adquirieron las blancas mejores posibilidades, y a raíz de una debilidad cometida por las negras, obtuvieron un fuerte ataque que les proporcionó el triunfo, conquistando en tal forma el primer puesto. En el otro tablero, Czerniak-Pilnik jugaron una partida Ruy López frente a Luckis-Grau. El planteo fue equilibrado, y el juego transcurrió sin desnivelarse algún tiempo. Pero más tarde adquirieron las blancas una posición ventajosa, como consecuencia de una maniobra débil efectuada por las negras, y poco a poco fueron aumentando la ventaja hasta llegarse a una situación en que las negras no tuvieron más remedio que abandonar. Las posiciones finales fueron: Najdorf-Palau 2½/3; Czerniak-Pilnik 1½; Luckis-Grau y Michel-Skalicka 1.[386]

El Torneo de Ajedrez Disputado en Adrogué

Victoria del binomio Najdorf – Palau. *La Prensa*, 7 de octubre de 1941

Un importante torneo femenino prepara el Círculo

▮ En el Círculo se ha iniciado la inscripción para un torneo femenino, que coincidirá con el Torneo de Maestros Bodas de Plata. Han sido invitadas todas las ajedrecistas que actúan en la capital, y aquellas señoras o señoritas que practiquen el juego y deseen confrontar sus fuerzas con las jugadoras de más experiencia. Ambas pruebas se iniciarán en la primera quincena de agosto. Para el Torneo de Maestros se han fijado premios por valor de $ 2.000, aparte de medallas de oro y trofeos instituidos por el vice-presidente en ejercicio del poder ejecutivo, doctor Ramón S. Castillo, por la Cámara de Diputados de la Nación, por el Jockey Club de Buenos Aires, por la Casa Piccardo, los cigarrillos Condal, la Casa Miranda Hnos, y socios de la entidad. Algunos de estos trofeos serán instituidos para el torneo femenino.[387]

Un importante torneo femenino prepara el Círculo de Ajedrez

Coincidirá su realización con el torneo de maestros Bodas de Plata

OTROS CLUBS

Un torneo femenino y muchos premios. *La Nación*, 23 de setiembre de 1941

[385] Roberto Grau, *La Nación*, 4 y 5 de octubre de 1941.
[386] Luis Palau, *La Prensa*, 7 de octubre de 1941.
[387] *La Nación*, 23 de setiembre de 1941.

El Torneo Bodas de Plata del Círculo de Ajedrez, con grandes figuras

▒ El torneo de maestros organizado por el Círculo es una prueba rigurosa, y tiene la particularidad de ser a dos turnos. **El ganador recibirá una medalla de oro otorgada por el vicepresidente de la Nación en ejercicio del Poder Ejecutivo, doctor Ramón S. Castillo.** Al segundo le corresponderá un premio especial donado por el Jockey Club, y en cada ronda será puesto en juego un trofeo para premiar a la mejor partida, adjudicándolo el árbitro, señor Roberto Grau. Se jugará lunes, martes, viernes y sábados, de 10.30 a 1.30. El ritmo de juego será de cuarenta jugadas en dos horas y media, y las partidas pendientes se jugarán los miércoles y viernes de 21 a 1. La entrada para el público se ha fijado en $ 0,50.[388]

▒ Se efectuó anoche el sorteo correspondiente al gran torneo internacional Bodas de Plata que ha organizado el Círculo como número central de sus actividades extraordinarias en el año actual. Antes de efectuarse se recibió la comunicación de que Guillermo Puiggrós aceptaba intervenir en la competencia, lo que dejó terminada la lista de participantes. La entidad había limitado el número de ajedrecistas a ocho para poder realizar una prueba a dos turnos, y perfectamente seleccionada en la calidad de los integrantes. La lista completa de los mismos, muestra de qué manera ha sido cumplido el propósito. Jugarán, por orden de sorteo: 1. Guillermo Puiggrós; 2. Carlos Guimard; 3. Paulino Frydman; 4. Miguel Najdorf; 5. Herman Pilnik. 6. Gideon Ståhlberg; 7. Miguel Czerniak; 8. Paul Michel.[389]

1ª rueda, 18 de octubre

▒ La extraordinaria prueba ajedrecística que ha organizado el Círculo como número culminante de sus bodas de plata institucionales, tuvo un marco de proporciones a tono con su jerarquía. Una numerosa cantidad de aficionados desfiló permanentemente por la sede de la institución durante toda la noche, y en realidad, tuvo oportunidad de presenciar cuatro cotejos acordes con la calidad de los jugadores. El torneo ha de significar, a juzgar por su comienzo, una competencia de gran calidad técnica. Ocho ajedrecistas, consagrados en el país varios de ellos, y en competencias europeas el resto, han de brindar necesariamente notas destacadas. Se trata realmente de una prueba de primera categoría, pues la ausencia de puntos débiles es evidente.

Frydman – Ståhlberg fue la única partida que no logró definirse en las primeras cinco horas de juego. Comenzó Frydman, ante la sorpresa general, con el PR, deseoso sin duda de luchar contra la Defensa Francesa, arma favorita de su gran adversario. Aceptó el campeón sueco el duelo, y se produjo una variante teórica muy compleja. La partida tuvo reminiscencias con una que llevaron a cabo Capablanca contra el propio Ståhlberg, y fue admirablemente conducida por Frydman en el planteo y medio juego. Logró fiscalizar las casillas centrales negras y ubicar un poderoso C4D. Luego explotó sutilmente una dudosa maniobra de su rival, que se enrocó largo, y quedó con una posición sin duda ganadora. Al producirse la simplificación escogió, entre dos procedimientos, el más difícil, y si bien ganó un peón, fue a cambio de un final de torres. En esta etapa de la lucha desplegó Ståhlberg su gran abundancia de recursos, se suspendió el cotejo en una posición que ofrecía, en apariencia, pocas perspectivas de victoria.

Guimard 1:0 Czerniak; a pesar de la alta jerarquía internacional del cotejo anterior, el público tuvo una evidente preferencia: deseaba ver de qué manera el campeón argentino, Guimard, iniciaba su actuación en una prueba de tanta responsabilidad. Comenzó la lucha con el PD, siguió con un doble fianchetto en el ala rey, de acuerdo con los lineamientos del mismo cotejo de Eliskases con

[388] *El Mundo*, 18 de octubre de 1941.
[389] *La Nación*, 18 de octubre de 1941.

Czerniak en Mar del Plata. Adoptó Guimard una línea de juego técnicamente irreprochable, y debilitó las casillas negras del adversario al eliminarle el alfil rey. Quedó así en el medio juego con ventaja en espacio, si bien no era claro el procedimiento ganador. Una maniobra dudosa de Czerniak le permitió iniciar una enérgica maniobra central en baso a una pieza fijada, y ganar dos peones en un final de dama y peones, que ganó con su característica energía. Najdorf 1:0 Pilnik; quizá fue ésta la partida más interesante desde el punto de vista técnico. Najdorf repitió la línea de juego que practicó contra el propio Pilnik en el torneo Reca-Illa y en el torneo de Adrogué. Introdujo en ella una fina modificación técnica al jugar 9.D2A en lugar de A2D o D2R como antes.

Permitió el avance P4R de las negras, habitualmente suficiente para igualar las partidas en las aperturas de PD, pero maniobró con la necesaria habilidad para aislar el peón central adversario, y capturar más tarde el de 2AR por medio de una combinación táctica fácil, pero producida en realidad como derivado de su permanente presión. Finalmente consiguió una posición ganadora de ataque típico de torre y alfil contra el rey, y ganó en excelente forma. Puiggrós ½:½ Michel; jugó muy bien Puiggrós esta partida en el planteo y medio juego. Su rival, en busca de evitar líneas de juego muy usuales, contestó a 1.P4R con el Contragambito del Centro, y quedó con dificultades a cambio de una posición abierta.

Puiggrós valorizó en buena forma dos alfiles en la lucha contra alfil y caballo, y mantuvo la iniciativa largo rato. No halló luego el procedimiento para conservar esa ventaja, y al simplificar la partida el juego se equilibró totalmente, para declararse tablas en la movida 41ª, al suspenderse las acciones. El árbitro del torneo, don Roberto Grau, resolvió adjudicar el premio Masllorens, otorgado a la mejor partida de la rueda, al cotejo que el campeón argentino, Guimard, le ganó a Czerniak, por la alta calidad de su planteo y su enérgico remate, si bien dejó constancia especial del alto mérito que también ofrece el cotejo ganado por Najdorf.[390]

Inicióse el Certamen de Maestros Bodas de Plata

Inicióse en el Círculo de Ajedrez la disputa de un torneo de maestros limitado a ocho participantes, en el que compiten Gideon Stahlberg, campeón de Suecia; [illegible] Frydman, ex campeón de Polonia, y su conocido compatriota Mieczyslaw Najdorf; Paul Michel, integrante del equipo alemán que se clasificó campeón del mundo en el Torneo de las Naciones, y Miguel Czerniak, campeón de Palestina. Completan el número el campeón argentino Carlos E. Guimard, Herman Pilnik, la revelación del torneo de maestros de la Sociedad Hebraica Argentina, y el reputado jugador local Guillermo Puiggrós.

El certamen que motiva estas líneas es una prueba rigurosa para cualquiera de los nombrados, y tiene la particularidad de ser a dos turnos, es decir, con partido y desquite, para equilibrar las posibilidades y eliminar en lo posible el factor aleatorio del sorteo, que siempre influye de una u otra manera, al adjudicar los colores y la pequeña ventaja de la iniciativa.

El ganador del certamen recibirá una medalla de oro otorgada por el vicepresidente de la Nación en ejercicio del P. E., doctor Ramón S. Castillo. Al segundo le corresponderá un premio especial donado por el Jockey Club, y en cada ronda será puesto en juego un trofeo para premiar la mejor partida, adjudicándolo el árbitro señor Roberto Grau.

RESULTADOS DE LA PRIMERA RONDA

BLANCAS		NEGRAS	
Guimard	1	Czerniak	0
Defensa India del Rey, 42 jugadas			
Najdorf	1	Pilnik	0
Peón de Dama, 34 jugadas			
Puiggrós	½	Michel	½
Defensa Escandinava, 41 jugadas			
Suspendida			

Con un Empate Finalizó el Quinto Torneo de Palermo

Con un empate en el primer puesto terminó el Quinto Gran Torneo de Palermo, que organiza anualmente el Círculo Ajedrecístico Brisas del Plata, obteniendo este honor los señores Mario Merlandi y David Saposnik.

A continuación damos la tabla final de posiciones:

	J.	G.	E.	P.	Pts.
1º Mario Merlandi	8	3	5	0	5½
1º David Saposnik	8	5	1	2	5½
3º Horacio Pazos Gramajo	8	4	2	2	5
3º Antonio Garritani	8	4	2	2	5
5º Rafael Federowsky	8	4	1	3	4½
6º Mauricio Balakian	8	2	3	3	3½
7º Abraham Figelbaum	8	2	1	5	2½
8º Rafael Mancuso	8	2	1	5	2½
9º Bismarck Rodríguez	Eliminado				

TORNEO CONSUELO: Este torneo se jugó simultáneamente, con los eliminados del primer turno, debiendo disputar la final los señores Pedro A. Bianchi y Carmelo Bassi.

PRIMER TORNEO INFANTIL INTERCLUBS

La primera ronda del Torneo Infantil Interclubs que ha reunido a varios equipos de diminutos ajedrecistas bajo la organización del Club Atlético Independiente, tuvo los siguientes resultados:

Primera ronda

Independiente	6	Racing	5
Sp. Dock Sud	4	San Lorenzo	5
Huracán	8	E. de Avellaneda	2

La segunda ronda

La segunda ronda de este simpático cer[illegible]

Ståhlberg y Najdorf, las figuras.
El Mundo, 18 de octubre de 1941

Se inició el torneo Bodas de Plata en el Círculo de Ajedrez

En la primera rueda, Guimard batió a Czerniak y Najdorf a Pilnik

SEGUIRÁ HOY

La extraordinaria prueba ajedrecística que ha organizado el Círculo de Ajedrez como número culminante de sus bodas de plata institucionales tuvo un marco de proporciones a tono con su jerarquía. Una numerosa cantidad de aficionados desfiló permanentemente por la sede de la institución durante toda la noche y, en realidad, tuvo oportunidad de presenciar cuatro cotejos acordes con la calidad de los jugadores.

El torneo ha de significar, a juzgar por su comienzo, una competencia de gran calidad técnica. Ocho ajedrecistas, consagrados en el país varios de ellos y en competencias europeas el resto, han de brindar, necesariamente, notas destacadas. Se trata de una prueba realmente de primera categoría, pues la ausencia de puntos débiles es evidente. Han faltado sin duda algunos ajedrecistas [illegible] que puede quizá significar una experiencia definitiva acerca de la proporción de diferencia entre el mejor ajedrecista local y los altos valores del ajedrez magistral que en la competencia actúan.

Comenzó la lucha con el peón dama, siguió con un doble fianchetto en el ala rey y la partida siguió de acuerdo con los lineamientos generales del mismo cotejo de Eliskases con Czerniak del torneo de Mar del Plata. Adoptó el ajedrecista local una línea de juego técnicamente irreprochable y debilitó las casillas negras del adversario al eliminarle el alfil rey. Quedó así en el medio juego con ventaja en espacio, si bien no era claro el procedimiento ganador. Una maniobra dudosa de Czerniak le permitió iniciar una enérgica maniobra central en base a una pieza fijada, y ganar dos peones en un final de damas y peones, que ganó con su característica energía.

Najdorf (1) v. Pilnik (0)

Quizá fué ésta la partida más interesante desde el punto de vista técnico. Najdorf repitió la misma línea de juego que practicó contra el propio Pilnik en el torneo por la copa Reca-Illa, y en el torneo en consulta de Adrogué. Introdujo en ella una fina modificación técnica al jugar 9. D2A en lugar de A2D, o de D2R como realizó en cada una de las partidas antes mencionadas.

Permitió el avance P4R de las negras, habitualmente suficiente para equilibrar las partidas en las aperturas del peón de la dama, pero maniobró con la necesaria habilidad para aislar el peón central adversario y capturar más tarde el de 2AR, por medio de una combinación táctica fácil, pero producida en realidad como derivado de su permanente presión. Finalmente consiguió una posición ganadora de ataque típico de torre y alfil contra el rey y ganó en excelente forma.

Gran comienzo de Guimard.
La Nación, 20 de octubre de 1941

[390] Roberto Grau, *La Nación*, 20 de octubre de 1941.

2ª rueda, 20 de octubre

Por el tiempo perdió Najdorf el cotejo que sostuvo con Ståhlberg. La rueda estuvo constituida por cuatro cotejos de gran calidad, que mostraron cómo el buen ajedrez es producto exclusivo de la alta capacidad de los competidores. El ajedrez exige siempre una permanente preocupación, solidez de conocimientos, y quien aspire a jugar bien debe fundar su optimismo, no en la esporádica actuación de una noche feliz, sino en la suma de buenas performances a través de toda una competencia. Las partidas de la rueda lo mostraron: fueron cuatro cotejos difíciles, ricos en detalles técnicos, y si bien es posible que en la complejidad de la lucha y el apremio de tiempo final se hayan deslizado gazapos más o menos encubiertos, la verdad es que fue una sesión generosa en emoción y en notas de alta calidad. La mejor partida recibirá la Copa Grego.

Ståhlberg 1:0 Najdorf; por el tiempo perdió éste, en momentos en que precisamente el empate era la solución lógica. Sin duda, sorprenderá la información y será difícil explicarse cómo un jugador como Najdorf estuvo apremiado por el reloj, y la respuesta surge clara si se agrega que se produjo una partida difícil, de notable valor teórico, y que Ståhlberg ensayó una maniobra en el Gambito de la Dama Aceptado que es toda una magnífica novedad en nuestro medio, original del doctor Alekhine. Entregó un peón y logró una posición dominante. En ese momento el ingenio de Najdorf se puso a prueba y complicó la lucha, para equilibrarla más tarde y mantener un juego de gran tensión estratégica. Finalmente, cuando el empate parecía premiar el esfuerzo intenso de ambos, se produjo el desenlace favorable al negro que ya comentamos.

Puiggrós ½:½ Guimard; cuando se incluyó a Puiggrós entre los participantes seleccionados de este torneo, hubo quien dudó de la justicia de la designación. Pero las dos partidas que ha llevado a cabo muestran claramente que el ajedrecista del Círculo no desentona en la competencia, y que ha de costar gran trabajo batirlo. Juega sin otra aspiración que la de perfeccionarse, y sin duda ha de sacar gran provecho de la actual competencia, pues tiene el necesario talento ajedrecístico para conseguirlo. En la partida de ayer fue adversario el campeón argentino, duro y difícil rival que no consiguió superarlo a pesar de la habilidad y multiplicidad de sus recursos. Se inició el juego con el PD, siguió con la Defensa India del Oeste, y se mantuvieron parejas las acciones. En cierto momento pareció que Guimard tenía cerca la victoria, pero una excelente defensa de Puiggrós desbarató el intento y el empate sobrevino como consecuencia de la buena partida cumplida por ambos.

Czerniak – Frydman, se suspendió. Pocas veces se ha registrado en la historia del ajedrez una partida más azarosa, llena de complejidad y generosa en combinaciones de sacrificio como la que jugaron estos rivales. Correspondió al primero el esfuerzo más brillante, ya que pudo poner en acción su rico temperamento de ajedrecista y lucir sus facultades para la combinación. Comenzó el juego con el PR, siguió Frydman con la Defensa Francesa, y adoptó la Variante McCutcheon, para efectuar un atrevido enroque largo que le significó algunas dificultades por la acción del AR adversario, que fiscalizaba las diagonales negras. Entregó luego Czerniak una pieza, más tarde un caballo que Frydman rehusó, y después una calidad. Pero recobró parte del material y posteriormente sacó provecho del escaso de que disponía

Por el tiempo perdió Najdorf el cotejo que sostuvo con Stahlberg

No llegó a cumplir las primeras 40 movidas en dos horas y media

BUEN AJEDREZ

La increíble derrota de Najdorf frente a Ståhlberg, por tiempo. *La Nación*, 22 de octubre de 1941

Frydman, que se defendió de magistral manera largo rato, para debilitar su resistencia al final y quedar en una posición muy inferior al suspenderse el cotejo. Fue una partida incorrecta en sus detalles, pero de emocionante relieve, ha de ser récordada largo rato por quienes la presenciaron. Se definirá esta noche.

Michel 1:0 Pilnik; muy complicada fue esta partida. En ella se planteó una Apertura Ruy López Variante Morphy, para producirse uno de los habituales semibloqueos de peones en el ala del rey. Las acciones fueron equilibradas largo rato, si bien se desarrollaron siempre en un plano de acentuada complejidad. No obstante, el empate parecía una solución lógica al producirse la simplificación, pero, apremiado por el tiempo, Pilnik omitió una maniobra de su adversario que le permitió ganar un peón y llegar a un final favorable. Michel puso en evidencia en esta etapa de la lucha la solidez de sus conocimientos y la seguridad de su estilo. La partida pendiente Frydman – Ståhlberg finalizó tablas, luego de un vano intento del primero por imponer el peón de ventaja.[391]

La rueda motivó una serie de encuentros interesantes, que tuvieron alternativas agradables. La lucha que ofreció mayor interés para los aficionados fue la que sostuvieron los destacados maestros Gideon Ståhlberg y Miguel Najdorf. El primero comenzó el juego con PD, adoptando las negras el gambito aceptado. En el planteo, que fue similar al de una de las partidas del *match* por el Campeonato Mundial entre Euwe y Alekhine, ensayó Ståhlberg una novedad que parece tener gran fuerza, pues adquirió un juego superior. Las acciones fueron en extremo complejas, y favorables al maestro sueco, pero éste no atinó en cierto momento con el procedimiento juego, pues omitió un golpe que le habría proporcionado una pieza a cambio de dos peones.

Ello motivó que la lucha se equilibrara, pero en la parte final, cuando la partida debió terminar con un empate, Najdorf perdió por excederse en el tiempo reglamentario. Guimard y Puiggrós jugaron una partida de PD con la Defensa India del Oeste planteada por el campeón argentino. El juego no se desniveló en ningún momento, y por ambos lados se sucedieron maniobras precisas, terminando la partida con una división de honores. Czerniak jugó en gran forma frente a Frydman. Éste adoptó la Defensa Francesa con la variante llamada Winawer. Las blancas adquirieron la superioridad en el planteo y comenzaron un fuerte ataque contra el enroque de dama efectuado por las negras. La lucha adquirió gran vivacidad, y Czerniak condujo con mucho ingenio la partida, llegándose al momento de la suspensión con una posición ganadora para él.

Michel abrió el juego con 1.P4R frente a Pilnick (Sic) y se jugó una partida Ruy López que motivó un juego de gran dificultad. Las acciones fueron al comienzo parejas, pero en la parte media empezó a presionar seriamente el jugador de las blancas (Sic) y poco a poco la situación de Pilnick se hizo insostenible, hasta verse obligado a abandonar.[392]

Najdorf Fué Vencido Por Stahlberg en el Certamen de Ajedrez

La segunda rueda del torneo "Bodas de Plata" del Círculo de Ajedrez de esta capital motivó la realización de una serie de encuentros interesantes que tuvieron alternativas agradables.

La lucha que ofreció mayor interés para los aficionados, fué la que sostuvieron los destacados maestros Gedeón Stahlberg y Miguel Najdorf. El primero comenzó el juego con peón dama, adoptando las negras el gambito aceptado. En el planteo, que fué similar al de una de las partidas del "match" por el campeonato mundial entre Alekhine y Euwe, ensayó Stahlberg una novedad que parece tener gran fuerza, pues adquirió un juego superior. Las acciones fueron en extremo complejas y favorables al maestro sueco, pero éste no atinó en cierto momento con el procedimiento justo, pues omitió un golpe que le habría proporcionado una pieza, a cambio de dos peones, y ello motivó que la lucha se equilibrara. En la parte final, sin embargo, cuando la partida debió terminar con un empate, Najdorf perdió por excederse en el tiempo reglamentario.

Guimard y Puiggrós jugaron una partida de peón dama, con la defensa india del oeste planteada por el campeón argentino. El juego no se desniveló en ningún momento y por ambos lados se sucedieron maniobras precisas, terminando la partida con una división de honores.

Czerniak jugó en gran forma frente a Frydman. Este último adoptó la defensa francesa, con la variante denominada Winaver. Las blancas adquirieron la superioridad en el planteo y comenzaron un fuerte ataque contra el enroque de dama efectuado por las negras. La lucha adquirió gran vivacidad y Czerniak condujo con mucho ingenio la partida, llegándose al momento de la suspensión con una posición ganadora para él.

Najdorf pierde por tiempo con Ståhlberg. *La Prensa*, 22 de octubre de 1941

3ª rueda, 21 de octubre

Guimard y Ståhlberg encabezan el torneo. La rueda estuvo constituida por cuatro partidas de excepcional valor, que han respondido ampliamente a la confianza depositada en la prueba por los organizadores de la misma. De acuerdo con el *fixture* establecido, debieron enfrentarse los si-

[391] Roberto Grau, *La Nación*, 22 de octubre de 1941.
[392] La *Prensa*, 22 de octubre de 1941.

guientes jugadores: Guimard 1:0 Michel; una vez más el campeón argentino jugó de notable manera. Remató la lucha con su característica energía luego de una partida generosa en complicaciones, lo que le permitió ganar el premio La Camona, instituido a la mejor partida de la noche. Comenzó el cotejo con la Apertura de la Dama, siguió Michel con una Defensa Tarrasch, y Guimard aceptó el peón ofrecido por su adversario, para abrir el juego en el ala dama y disponer de un poderoso alfil en la gran diagonal, que vulneraba el enroque enemigo. Más tarde explotó un peón aislado, para rematar la lucha con una combinación de ataque al enroque, que le asignó al cotejo especial jerarquía.

Guimard y Stahlberg encabezan el torneo magistral de ajedrez

Vencieron respectivamente a Michel y Puiggrós, y llevan medio punto a Najdorf

LA 4a. RUEDA

Guimard y Ståhlberg, arriba. *La Nación*, 23 de octubre de 1941

Frydman 1:0 Puiggrós; también fue ésta una partida de excelente factura, que al final tuvo un desenlace excesivamente rápido por un error serio de Puiggrós, pero ya en momentos en que tenía un peón menos y consiguientes posibilidades en contra. El cotejo comenzó con la Ortodoxa, siguió el blanco con la simplificación central, y las acciones se mantuvieron equilibradas. Luego Frydman, con notable habilidad, aisló un peón de su adversario y atacó el enroque de manera enérgica, para realizar una combinación que le significó la ganancia de un peón. Como derivado del apremio de tiempo de Puiggrós, se precipitó el desenlace, que ya era evidente en su contra.

Najdorf 1:0 Czerniak; en un final que se prolongó largo rato y se definió anoche, Najdorf ganó una partida de correctas alternativas y muy difícil de forzar en el medio juego. Se abrió la lucha con el PD, adoptó Czerniak una variante desusada en base al oportuno desarrollo del CD por 3ª sin mover al PAD, y quedó con alguna leve ventaja Najdorf, pero difícil de materializar. El juego se simplificó, y fue tarea difícil para las blancas desequilibrar las acciones. Lo consiguieron finalmente, y se llegó a un final de torre y peones con ventaja material para Najdorf, que éste ganó anoche con su habitual seguridad.

El Maestro Czerniak Venció a Frydman en El Torneo de Ajedrez

El campeón argentino, Carlos Guimard, se medirá esta noche con Paulin Frydman

Najdorf vence a Czerniak. *La Prensa*, 27 de octubre de 1941

Pilnik 0:1 Ståhlberg; una partida limpia, de correctas alternativas, en la que se impuso la indiscutible superioridad de un adversario, fue la que jugaron estos dos participantes.

Ganó Ståhlberg sin complicaciones, a fuerza de ver más y mejor, en un cotejo que comenzó con la Defensa Francesa y tuvo detalles instructivos en todo su desarrollo. El oportuno avance de un peón central, luego de una simplificación que aparentemente llevaba al empate, señaló el comienzo de la ventaja de Ståhlberg, que ganó un peón, para después imponer esta ventaja en un delicado final de caballo y peones, cuyo desenlace precipitó Pilnik con alguna omisión que le significó el encierro de su caballo.[393]

El premio "La Camona" a la mejor partida de la rueda, fue adjudicado a Carlos Guimard por su victoria frente a Paul Michel. El jurado

[393] Roberto Grau, *La Nación*, 23 de octubre de 1941.

otorgó asimismo el Premio V. F. Grego al maestro Miguel Czerniak por su partida frente a Frydman. Ståhlberg tuvo como adversario a Pilnik, y planteó una Defensa Francesa ante la apertura de PR con que inició la lucha el jugador local. El juego fue parejo durante algún tiempo, pero al promediar la lucha comenzaron las negras a presionar en el campo enemigo, y poco a poco conquistaron la superioridad por medio de una serie de jugadas correctas, terminando la partida con el triunfo del ex campeón de Suecia. Najdorf planteó una partida de PD frente a Czerniak, quien optó por defenderse con la variante Ragozin. El juego fue complejo y lucido en todo su transcurso, obteniendo en la parte final una posición ventajosa el maestro polaco. En la sesión complementaria de anoche, Najdorf hizo valer rápidamente su ventaja y ganó la partida.[394]

4ª rueda, 23 de octubre

Después de realizadas cuatro ruedas, ocupan el primer puesto en la tabla de posiciones los maestros Guimard, Ståhlberg y Najdorf, debiéndose señalar especialmente la actuación que hasta ahora ha tenido el campeón argentino, que suscita elogiosos comentarios entre los aficionados. Ouiggrós 0:1 Najdorf; ante una Apertura de PD, optó Najdorf la Defensa India del Rey, y las blancas ensayaron el sistema de ataque a base del fianchetto del rey. La lucha fue interesante, pero rápidamente las negras conquistaron la superioridad, y organizaron un ataque contra las posiciones enemigas, rematando el juego Najdorf con gran energía. Guimard ½:½ Frydman; fue una partida de gran calidad. Comenzó el juego Guimard con 1.P4R, y el maestro polaco adoptó la Defensa Francesa con el Sistema Winawer.

Las acciones se tornaron desde el principio sumamente complejas, y por ambas partes se realizaron maniobras de gran precisión. La posición resultó en la parte media favorable para Frydman, pero el campeón argentino se defendió con extraordinaria exactitud. Al finalizar la reunión, Frydman, se vio apremiado y cometió un error que lo colocó en situación inferior. Guimard omitió más tarde un golpe ganador, y enseguida se llegó a una situación de igualdad, declarándose tablas la partida en la jugada 54ª.

Michel ½:½ Ståhlberg; comenzó el primero con 1.P4R, y el maestro sueco adoptó la Defensa Francesa. El juego se desarrolló dentro de las líneas usuales de dicha defensa, sin que se notara desnivelación para ninguno de los dos bandos, pero al promediar la lucha consiguió Michel quedar con una posición preferible y más tarde obtuvo la ganancia de un peón. A pesar de esta desventaja, Ståhlberg luchó con gran energía y defendió la situación hasta llegarse a una posición donde quedaron dos peones contra uno y una torre por lado en situación imposible de forzar la victoria, declarándose tablas el juego.

Czerniak ½:½ Pilnick (Sic); el ex campeón de Palestina inició el juego con PR, y puso en práctica la Apertura Escocesa. El encuentro fue muy interesante, pues se sucedieron varias maniobras de gran valor, adquiriendo Czerniak una ligera superioridad. Sin embargo, Pilnick defendió la situación con acierto, y consiguió finalmente arribar a una posición donde era imposible intentar la victoria, terminando en un empate en la sesión complementaria de ayer.[395]

Najdorf contra Puiggrós

En la cuarta fecha del torneo, Najdorf venció en buena forma a Puiggrós. Ante una apertura de peón dama, adoptó Najdorf la defensa india del rey y las blancas ensayaron el sistema de ataque a base del fianchetto del rey. La lucha fué interesante, pero rápidamente conquistaron las negras la superioridad y organizaron un ataque contra las posiciones enemigas, rematando Najdorf el juego a su favor con gran energía.

Guimard contra Frydman

Fué esta una partida de gran calidad. Comenzó el juego Guimard con peón cuatro rey y el maestro polaco adoptó la defensa francesa, con el sistema Winaver. Las acciones se tornaron desde el principio sumamente complejas y por ambas partes se realizaron maniobras de gran precisión. La posición resultó en la parte media favorable para Frydman, pero el campeón argentino se defendió con extraordinaria precisión. Al finalizar la reunión, Frydman se vió apremiado por el tiempo y cometió un error que lo colocó en situación inferior. Guimard omitió más tarde un golpe ganador y en seguida se llegó a una situación de igualdad, declarándose tablas la partida en la jugada cincuenta y cuatro.

Michel contra Stahlberg

Comenzó Michel con peón cuatro rey su partida frente al ex campeón de Suecia, Gedeón Stahlberg, y éste adoptó la defensa francesa. El juego se desarrolló dentro de las líneas usuales de dicha defensa sin que se notara desnivelación para ninguno de los bandos, pero al promediar la lucha consiguió Michel quedar con una posición preferible y más tarde obtuvo la ganancia de un peón. A pesar de esa desventaja, Stahlberg luchó con gran energía y defendió la situación hasta llegarse a una posición donde quedaron dos peones contra uno y una torre por cada lado, en situación imposible de forzar la victoria, declarándose tablas el juego.

Najdorf supera a Puiggrós. *La Prensa*, 29 de octubre de 1941

[394] *La Prensa*, 23 de octubre de 1941.
[395] *La Prensa*, 29 de octubre de 1941.

Se planteó en Guimard – Frydman un PD antiguo.[396] El resultado que epilogó esta brega, que terminó en tablas, no podría dar al aficionado una idea clara de lo que fue la lucha. Enconada desde la apertura, pasó por las distintas etapas del juego con el mismo aire, denuedo y alardes de toda laya, hasta llegar a una última posición final tan risueña como cuando sale el sol después de la tormenta.[397]

Despunta G. Stahlberg en el Torneo Bodas de Plata

La risueña posición final de Guimard – Frydman. *El Mundo*. 29 de octubre de 1941

Cuatro partidas de interesante relieve técnico pero de relieve técnico menos enjundioso que las de ruedas anteriores fueron las que se desarrollaron en esta rueda. Pero el hecho de que en una de ellas Guimard, el campeón argentino y sin duda para los aficionados locales la máxima atracción del torneo, tuviera por rival a Frydman, el notable maestro polaco, hizo que una concurrencia extraordinaria colmara las amplias instalaciones de la entidad. Y a la verdad que no fue defraudada tanta curiosidad. El cotejo alcanzó emocionante relieve, y si bien las acciones favorecieron alternativamente a uno y otro rival y la exactitud no fue extraordinaria en algunos momentos, la generosidad de las combinaciones resultó lo suficientemente acentuada como para que el público se retirara ampliamente satisfecho del espectáculo ofrecido. Guimard ½:½ Frydman fue un muy interesante cotejo. También Guimard jugó 1.P4R, a lo que Frydman, de acuerdo con su nueva modalidad, ensayó la Defensa Francesa.

Siguió más tarde con el viejo sistema de Maróczy, llegándose a una posición compleja. Ganó luego un peón Guimard, pero a costa de grandes complicaciones, y la lucha se mantuvo en un plano de acentuada tensión. Jugaron ambos sin enroque, y luego de gran incertidumbre por el resultado se llegó primero a una posición ganada por Frydman, y luego por Guimard. Pero el apremio de tiempo conspiró contra la corrección y fue sin duda el empate el más lógico de los resultados, por la buena actuación de ambos.

Czerniak ½:½ Pilnik; un buen empate, que premió con justicia la labor de ambos adversarios, fue el resultado de esta lucha. Se inició con el PR, siguió Czerniak con la Apertura Escocesa, y el juego se simplificó. Entregó más tarde un peón Pilnik, que recobró en buena forma para mantenerse igual las acciones. Finalmente cambió el negro una pieza por tres peones, y así se llegó a un final de torre, caballo y un peón de Pilnik, contra rey y cuatro peones de Czerniak, que ayer se declaró tablas luego del análisis privado llevado a cabo por cada participante que mostró la inutilidad de aspirar a otro resultado. Puiggrós 0:1 Najdorf; complicada fue esta partida, en la que Najdorf impuso su mayor dominio sobre las variantes que surgen de la Defensa India del Este. Logró ventaja en el planteo a raíz de una maniobra débil de su adversario, y luego la aumentó debidamente, para ganar por medio de un enérgico ataque sobre el enroque corto en la jugada 31ª.

Michel ½:½ Ståhlberg; algunas dificultades debió salvar Ståhlberg para empatar este cotejo, que Michel jugó enérgicamente en el planteo, y logró una buena posición. El campeón sueco jugó luego

396 Sic. Fue en realidad PR Defensa Francesa.

397 ¡Quedaron los dos reyes solos en el tablero! Paulino Alles Monasterio, *El Mundo*, 29 de octubre de 1941.

del planteo de excelente manera, y la lucha se simplificó para llegarse a un final levemente favorable para Michel, por tener un peón de ventaja. Sin embargo, no logró hacer valer la superioridad por tratarse de una situación de dos peones contra uno en un final de torres que no ofrecía posibilidades, por lo que ambos adversarios convinieron el empate. Encabezan las posiciones Guimard, Ståhlberg y Najdorf con 3/4, y luego siguen Frydman y Michel 2; Czerniak 1½; Puiggrós 1 y Pilnik ½.[398]

5ª rueda, 25 de octubre

▓ Como es su costumbre, Najdorf planteó la Apertura PD, y provocó el Sistema Tarrasch. La lucha se mantuvo equilibrada algún tiempo, pero Guimard maniobró en la parte media con gran precisión, y consiguió sacar mejor provecho de la situación, asegurándose una posición superior, que más tarde le proporcionó la ganancia de un peón. En tales condiciones quedó suspendida la partida, y en la sesión complementaria de ayer por la tarde continuó el juego, que terminó inesperadamente con la derrota de Guimard. Y decimos inesperadamente porque la posición, con un peón menos de parte de Najdorf, sólo ofrecía para éste lejanas posibilidades de empate, y la derrota del jugador local sólo podía producirse en caso de un error serio. Tal error se produjo. En cierto momento Guimard perdió una pieza, y luego nada pudo hacer para evitar la victoria de su fuerte adversario.

Ante una Apertura de PD adoptada por el maestro sueco Ståhlberg, se defendió Czerniak con la Variante de Lásker. El juego se desarrolló dentro de las características usuales de dicha defensa, que fue tratada correctamente por las blancas, las que poco a poco conquistaron una posición superior hasta ganar un peón. Czerniak trató de organizar un ataque contra la posición del rey enemigo, pero Ståhlberg maniobró en correcta forma y finalmente se adjudicó el triunfo.[399]

▓ La inesperada derrota de Guimard frente a Najdorf, sucedida ayer luego de una partida que en realidad no permitía suponer un contraste para el jugador local, fue la nota más importante de la rueda. La concurrencia que se reunió en amplio local de la entidad superó todas las previsiones, lo que demuestra de qué manera saben responder los aficionados cuando se les ofrece un espectáculo de alta calidad técnica y abundancia de partidas entre verdaderos jugadores de primera clase. Pilnik 1:0 Puiggrós; comenzó esta lucha con la Defensa Caro-Kann, y las blancas adoptaron la clásica maniobra en base al desarrollo C3AD, para lograr cierta presión central mediante la fiscalización del punto 5R. Jugó con cierta precipitación Puiggrós en el planteo, y dejó débiles algunas casillas de su ala rey luego del avance del PTR, lo que permitió a Pilnik presionar en ese sector para llevar más tarde la agresión al flanco dama, donde se habían enrocado las negras, y ganar por ataque en buena forma explotando alguna debilidad en la defensa de su rival.

Najdorf 1:0 Guimard; fue ésta una partida de interés deportivo por la calidad de los adversarios y la excelente situación de los mismos en la tabla. Jugó débilmente en el planteo Najdorf, lo que permitió a Guimard quedar con mejor partida. Éste optó luego por ganar un peón, cuando quizá debió buscar la victoria por otra ruta, y la superioridad material quedó neutralizada en parte, lo que hizo difícil ver cómo podría el ajedrecista local transformar la ventaja material en el triunfo. En este estado de cosas se suspendió la partida, en posición aún delicada, pero con las mejores posibilidades para Guimard. Para hacer tablas debía jugar Najdorf jugar con la mayor cautela, y precisamente en ese momento Guimard cometió un grueso error que le costó una pieza.

Quedó con tres peones a cambio de ella pero en una posición perdida, por lo que más tarde debió abandonar. Ståhlberg 1:0 Czerniak; interesante fue el planteo de esta partida. La inició Ståhlberg con el PD, siguió Czerniak con el Sistema Lásker luego de P3TR, y la partida se mantuvo indecisa. Fiel a su temperamento agresivo, entregó luego el negro el PCD para buscar posibilidades

[398] Roberto Grau, *La Nación*, 25 de octubre de 1941.
[399] Luis Palau, *La Prensa*, 28 de octubre de 1941.

en el ataque, pero fracasó en su intento. El maestro sueco lució una vez más la energía con que sabe rematar las posiciones que le son favorables, y su claro concepto de los planteos. A esta partida le fue adjudicado el premio Piccardo, instituido a la mejor partida de la ronda.

Najdorf y Guimard competirán hoy en el Círculo de Ajedrez

Encabezan el torneo Bodas de Plata juntamente con el maestro sueco Stahlberg

LA 4a. RUEDA

Cuatro partidas de interesante factura pero de relieve técnico menos enjundioso que las de ruedas anteriores fueron las que se desarrollaron en el Círculo de Ajedrez con motivo de realizarse la cuarta ronda del torneo denominado Bodas de Plata, que se lleva a efecto como acto de celebración del 25o. aniversario de la fundación de la entidad.

Pero el hecho de que en una de ellas Carlos Guimard, el campeón argentino y sin duda para los aficionados locales la máxima atracción del torneo, tuviera por rival a Paulino Frydman, el notable maestro polaco, hizo que una concurrencia extraordinaria colmara las amplias instalaciones de la entidad. Y a la verdad que no fué defraudada tanta curiosidad. El cotejo alcanzó emocionante relieve, y si bien las acciones favorecieron alternativamente a uno y otro rival y la exactitud no fué extraordinaria en algunos momentos, la generosidad de las combinaciones resultó lo suficientemen-

[illegible] planteo, a raíz de una maniobra débil de su adversario, y luego la aumentó debidamente, para ganar por medio de un enérgico ataque sobre el enroque corto. La partida se definió en la jugada 31.

Michel (1|2) v. Stahlberg (1|2)

Algunas dificultades debió salvar Stahlberg para empatar su cotejo con Michel, que jugó enérgicamente en el planteo y logró una buena posición. El campeón sueco jugó luego del planteo, que inició con la defensa Francesa, de excelente manera y la lucha se simplificó, para llegarse a un final levemente favorable para Michel, por tener un peón de ventaja. Sin embargo, no logró hacer valer la superioridad por tratarse de una situación de dos peones contra uno, en un final de torres que no ofrecía posibilidades, por lo que ambos adversarios convinieron el empate.

La quinta rueda

Esta noche se jugará en Bartolomé Mitre 670 la quinta rueda, que ofrece como partida de sensación para el público local el cotejo de Najdorf con Guimard. Las otras partidas, igualmente valiosas, las disputarán: Frydman con Michel, Pilnik con Puiggrós y Stahlberg con Czerniak. El ganador de la mejor partida recibirá la copa Piccardo. La entrada para el público se ha fijado en 50 centavos.

Las posiciones

La situación de los participantes es la que sigue:

	J.	G.	E.	P.	Pts.
Guimard . . .	4	2	2	–	3
Najdorf	4	3	–	1	3
Stahlberg. . .	4	2	2	–	3
Frydman . . .	4	1	2	1	2
Michel	4	1	2	1	2
Czerniak . . .	4	1	1	2	1½
Puiggrós . . .	4	–	2	2	1
Pilnik	4	–	1	3	½

Ståhlberg, premiado por Piccardo.
La Nación. 27 de octubre de 1941

Frydman ½:½ Michel; un buen empate, justo premio a la excelente actuación de los dos competidores, puso fin a esta partida. Las blancas iniciaron con el PD y las negras defendieron con el Sistema Tarrasch. Se llegó a una posición de la maniobra Rubinstein-Schlechter, y las negras debieron entregar el peón en busca de juego abierto para sus alfiles. Capturó el peón Frydman, pero tuvo que defenderse en la mejor forma ante el brío de la ofensiva de su rival, que hizo valer sus alfiles. Se llegó así a un final de dama, torre y pieza menor por bando, con un peón de ventaja Frydman, pero serias dificultades aún por la fuerte acción del alfil adversario en la gran diagonal, y así fue cómo en la sesión complementaria se llegó a un empate como justo resultado de una demostración de tan buen ajedrez. Najdorf y Ståhlberg tienen 4/5; siguen Guimard 3; Frydman y Michel 2½; Czerniak y Pilnik 1½ y Puiggrós 1.[400]

6ª rueda 27 de octubre

Najdorf encabeza el torneo, llevando medio punto de ventaja a Ståhlberg. No ofreció resultados que conmovieran la expectación de los numerosos concurrentes esta rueda. Michel – Czerniak fue suspendida; tuvo esta partida un planteo original. Czerniak adoptó contra 1.P4R un fianchetto rey en primera, y quedó con evidente desventaja estratégica a poco de iniciado el medio juego. Michel dominaba el centro, ubicó una poderosa D6D, y tuvieron las negras que defenderse de la mejor manera para evitar un rápido contraste. Como premio a su labor inicial, ganó Michel un peón, y el final le era claramente favorable, pero simplificó excesivamente la situación y se llegó a un final de torres y peones donde no parece fácil imponer la ventaja material. En esta situación se suspendió la partida. Puiggrós – Ståhlberg también fue suspendida; muy interesante fue el planteo de esta partida. Jugó Puiggrós 1.P4R y el maestro sueco adoptó la Defensa Francesa, para llegarse a una posición de gran complicación.

En busca de alguna iniciativa y buena acción de sus piezas, entregó Puiggrós un peón, pero su adversario actuó con su habitual maestría y quedó con mejores posibilidades, aun cuando en un marco de acentuada dificultad. Se produjo una serie de movidas rápidas como derivado de la escasez de tiempo, y cometió un grave error Ståhlberg, que le pudo costar la pérdida de una pieza en una sola movida, y como es natural, su derrota. A su vez, Puiggrós omitió la respuesta exacta, y se suspendió el cotejo con un peón de menos para el ajedrecista local, en un final en que parece ganador Ståhlberg.

Guimard 1:0 Pilnik; en esta partida se reprodujo la defensa que intentó Najdorf contra Ståhlberg en la segunda rueda, y Pilnik aplicó a Guimard una variante fruto del análisis de la partida citada. El

[400] Roberto Grau, *La Nación*, 27 de octubre de 1941.

campeón argentino improvisó de excelente manera, y obligó, a su vez, a improvisar a su adversario en una posición delicada. No lo hizo de la mejor manera, y Pilnik, excesivamente confiado, omitió una ingeniosa variante de Guimard, que pudo forzar la entrega de material. Con amplia ventaja, el resto fue simple para él, y se impuso en su enérgico estilo. Frydman ½:½ Najdorf; fue un Gambito de la Dama Aceptado, que siguió con escasa ambición de parte de ambos adversarios. El juego se simplificó rápidamente, y en la jugada 23ª los dos adversarios convinieron en dividirse el punto en litigio.[401]

■ Guimard – Pilnick (Sic) comenzó con 1.P4D, y se produjo una variante del gambito aceptado. Las blancas trataron bien el planteo, y obtuvieron la superioridad mediante una bonita entrega del peón central. Más adelante vigorizaron el ataque contra las posiciones enemigas y en cierto momento las negras se equivocaron y quedaron en situación perdida, viéndose obligadas a entregar la dama. Después el juego siguió algunos movimientos más, pero sin esperanzas de salvación para las negras, que abandonaron en la jugada 34ª. Frydman empató con Najdorf; inició con PD, adoptando éste el gambito aceptado. Ninguno de los rivales se esforzó por desnivelar la lucha y el juego fue completamente igual desde el principio, produciéndose varios cambios que aclararon más la situación. Se declaró el empate a la 20ª movida.

Ante una Apertura PR que planteó Puiggrós, Ståhlberg adoptó la Defensa Francesa. La lucha fue en el comienzo equilibrada, pero al promediar el encuentro consiguió el maestro sueco la superioridad, colocando a su adversario en una posición delicada. Al finalizar la sesión ambos adversarios se vieron apremiados por el reloj, y en tales circunstancias cometió Ståhlberg un error que debió costarle la partida, pero Puiggrós omitió la jugada ganadora, y cometió a su vez un error que lo dejó en posición perdida. Michel – Czerniak también se suspendió. El primero abrió el juego con 1.P4R, y las negras respondieron con una defensa irregular a base del fianchetto del rey. Esta defensa inferior acarreó serias dificultades al segundo jugador, y Michel explotó la situación ventajosa para asegurarse la superioridad. Sin embargo, al promediar la lucha no prosiguió con la debida corrección, llegándose al momento de la suspensión con un peón de ventaja para las blancas, pero con muchas probabilidades de tablas por existir torres.[402]

7ª rueda, 28 de octubre

■ Después de terminadas las partidas correspondientes al primer turno, el maestro sueco Ståhlberg ocupa el primer puesto. En esta rueda venció a Guimard en una partida de buena calidad, en tanto Najdorf sólo hizo tablas con Michel. Ståhlberg abrió el juego con P4D y puso en práctica la Variante Ortodoxa. Guimard adoptó la Defensa de Buenos Aires, contra la que las blancas jugaron en la mejor forma y mantuvieron la iniciativa de la salida, para presionar más tarde en forma sostenida y obtener la superioridad. La parte final de la partida fue bien jugada por ambas partes, pero cuando se había efectuado la 38ª movida, Guimard se excedió en el tiempo reglamentario, y perdió el juego, momentos en que, aun cuando tenía un peón menos, podía ofrecer seria resistencia. El maestro polaco Najdorf planteó una partida de los cuatro caballos frente al alemán Michel. La lucha se desarrolló dentro de las líneas usuales de esta apertura, y en el medio juego trataron las blancas de desnivelar la lucha a su favor, enrocando en el lado de la dama para poder emplazar un ataque contra el flanco rey adversario, pero las negras jugaron bien y el juego se equilibró rápidamente, terminando con un empate en la jugada 32ª.[403]

■ Ståhlberg ganó el primer turno, aventajando por un punto a Najdorf. Nuevamente el campeón argentino, Guimard, fue batido, pero una vez más actuó de excelente manera, y su derrota no des-

[401] Roberto Grau, *La Nación*, 29 de octubre de 1941.
[402] Luis Palau, *La Prensa*, 29 de octubre de 1941.
[403] *La Prensa*, 30 de octubre de 1941.

merece en nada su buena actuación en la prueba. Por un lado, la notable fuerza de su rival, el campeón sueco Ståhlberg, y por otra, la dificultad del planteo que adoptó, poco a tono para el espíritu agresivo de Guimard, contribuyeron a ese resultado. Por el tiempo perdió Guimard esta partida, pero ya en esos momentos su posición era delicada, pues tenía un peón menos, aun cuando ofrecía algunas dificultades técnicas la victoria. El juego se inició con el PD. Adoptó Guimard una defensa algo restringida, y Ståhlberg jugó de la mejor manera para mantener la fiscalización de la lucha. Meditó excesivamente el negro, y unido a la dificultad de la situación, provocó la pérdida de un peón y en la jugada 38ª de la partida, por tiempo. La derrota se produjo en un final de piezas menores y dama. El cotejo fue el de valor más acentuado, por lo que el jurado resolvió adjudicarle a Ståhlberg el premio Paul Hnos, instituido a la mejor partida de la ronda.

Esta Noche Continuará Jugándose el Certamen Del Círculo de Ajedrez

Ståhlberg gana el primer turno. *La Prensa*, 30 de octubre de 1941

Pero no fue sólo esta partida la que dio a la prueba un relieve acentuado: los otros tres cotejos abundaron en situaciones de emoción, y las luchas fueron generosas en complicaciones. Najdorf ½:½ Michel; el maestro alemán está mostrando en el torneo la alta calidad de sus recursos y su admirable tenacidad. Frente a Najdorf logró un planteo cómodo, y exigió del ajedrecista polaco un esfuerzo notable para equilibrar las acciones. La partida comenzó con el PR, siguió con la Variante de los Cuatro Caballos, y se produjo una lucha abierta que luego de una serie de escaramuzas se resolvió por un buen empate en la jugada 32ª. Pilnik 0:1 Frydman; fue una partida muy difícil, en la que las negras actuaron con notable maestría.

Pilnik debió sortear serias dificultades en una variante complicada de la Defensa Francesa, y en el medio juego su rival atacó con energía el rey blanco. Se zafó bien de la posición Pilnik, y aun pudo obtener ventaja en determinado momento, pero omitió la maniobra exacta. Se llegó a un final en el que los peones del ala dama de Frydman fueron más poderosos que los de su rival, y la victoria correspondió al maestro polaco, que jugó en notable estilo. Czerniak 1:0 Puiggrós; también se jugó una Apertura de los Cuatro Caballos, y ofreció abundante interés. Jugó con excesivo atrevimiento Puiggrós, al entregar material por un ataque que fracasó, permitiendo a Czerniak ganar de buena forma luego de desbaratar la agresión sobre su enroque.[404]

8ª rueda, 30 de octubre

▌Dio lugar a una serie de interesantes partidas esta rueda. La nota más destacada la brindó el encuentro entre Czerniak y Guimard, por cuanto realizaron una partida vigorosa, en la cual las acciones se desarrollaron en un marco de combinaciones que hicieron incierto durante largo espacio de la misma el probable desenlace, que finalmente favoreció a Guimard, quien logró colocar a su adversario en posición de mate inevitable. Inició Czerniak con 1.P4R, y replicó Guimard con la Defensa Francesa. Adoptó el maestro extranjero el Ataque Gledhill (Sic), pero tuvo que cambiar su poderoso AD por un caballo.

El juego se mantuvo incierto durante varias movidas, aun cuando la posición adquirida por Czerniak era bastante agresiva. Reaccionó vigorosamente Guimard, quien luchó por la posesión de la columna AD, cosa que consiguió, para luego atacar el enroque corto. Czerniak meditó con ex-

404 Roberto Grau, *La Nación*, 30 de octubre de 1941.

ceso, y en cierto momento se encontró sumamente apremiado por el tiempo, no hallando la réplica conveniente frente a las amenazas de Guimard.

Michel ½:½ Puiggrós; con las negras, Puiggrós adoptó la Defensa Siciliana, y obtuvo el maestro alemán un planteo preferible. Logró ventaja en espacio, atacó bien y consiguió dominar las acciones en el centro y flanco dama, obligando a Puiggrós a defenderse con mucha cautela. La partida se fue simplificando, para arribar a un final equilibrado. Erróneamente, Michel eludió la posibilidad de llegar a un final de torre y peones absolutamente tablas, para en cambio llegar a una lucha de alfil contra caballo con peón menos. En esa situación quedó suspendida la partida, y en la sesión complementaria, pese a los esfuerzos de Puiggrós por adjudicarse el triunfo, se declaró el empate.

Ståhlberg 1:0 Frydman; una nueva e importante victoria se adjudicó el primero. Se jugó una partida de PD con la Defensa Lásker, que acusó un gran valor teórico. Frydman remozó una variante practicada por él en anteriores ocasiones, y quedó con dos peones contra uno en el flanco dama, a cambio de cierta ventaja del adversario en el ala rey. Meditó luego con exceso y perdió un peón, lo cual le significó el desmoronamiento de su hasta entonces buena actuación. Aprovechó Ståhlberg para definir en enérgica forma.

Pilnik 0:1 Najdorf; en buen estilo ganó Najdorf esta partida, que se inició con PR y se continuó con la Defensa Filidor. Pilnik adoptó una conocida variante que conduce a la ganancia de una torre a cambio de pieza menor y dos peones. Esta táctica permitió a Najdorf obtener mejor desarrollo, ventaja que supo explotar de la más enérgica manera, para adjudicarse el triunfo en forma holgada. De las suspendidas, Michel – Czerniak no pudo ser definida sobre el tablero porque se suscitó una diferencia en la apreciación de los reglamentos, que habrá de ser resuelta por la comisión de torneos del Círculo. Ståhlberg tiene 6/7; Najdorf 6.[405]

9ª rueda, 1º de noviembre

▮ El gran torneo de maestros suscita ahora extraordinaria expectativa, a raíz de los resultados registrados en esta rueda, en la que el polaco Miguel Najdorf, que iba colocado en el segundo lugar, venció en excelente estilo al ex campeón de Suecia, Gideon Ståhlberg, y con tal resultado ambos maestros quedan en igualdad de condiciones en el cuadro de posiciones, por lo que las próximas partidas han de resultar emocionantes. Najdorf – Ståhlberg comenzó con PR, contra lo cual Ståhlberg adoptó la Defensa Caro-Kann. El planteo se desarrolló dentro de las líneas usuales de esa defensa, aun cuando las negras ensayaron una variante conceptuada como peligrosa para el segundo jugador. La lucha se mantuvo indecisa por algún tiempo, pero al promediar el encuentro comenzaron las blancas a presionar en buena forma, y mediante una precisa maniobra consiguió Najdorf quedar con un peón libre en la columna de dama, y más tarde el avance de ese peón decidió el juego a favor del maestro polaco. Guimard igualó con Puiggrós; ante una Apertura de PD puesta en práctica por el campeón argentino, adoptó Puiggrós la Defensa del Fianchetto del Rey, lo cual originó un juego complejo desde las primeras jugadas.

> En la parte media se complicaron aún más las acciones, consiguiendo Guimard avanzar peligrosamente con un peón por la columna libre de AD, mientras las negras se aseguraban, por su parte, una gran preponderancia en el flanco rey. Luego de un cambio general de piezas se arribó a un final, donde el campeón argentino quedó con una torre y rey, contra rey y tres peones del adversario. El final fue interesante, y terminó con una división de honores. Pilnik – Michel también empataron, luego de un planteo de Apertura Escocesa. El juego se desarrolló con una serie de maniobras bien conducidas por ambos rivales, pero la lucha no alcanzó a desnivelarse. Se llegó a una posición sin riesgos

[405] Roberto Grau, *La Nación*, 1º de noviembre de 1941.

> donde se convino en declarar tablas el juego. Frydman – Czerniak se suspendió; el encuentro atrajo en cierto momento la atención de los aficionados a raíz de las complicaciones y maniobras lucidas que se produjeron. Se produjo un cambio de piezas, y más tarde quedó Frydman con una pieza de ventaja a cambio de tres peones, en una posición en que la diferencia de material estaba perfectamente compensada. Esto dio lugar a un largo final, que volvió a suspenderse luego de la segunda sesión, en posición difícil.[406]

■ La nota sensacional fue la victoria del maestro polaco Mieczyslav Najdorf frente al campeón sueco, Gideon Ståhlberg. Abrió el juego Najdorf con el PR, quizá con la intención de verse frente a una Defensa francesa, arma favorita de Ståhlberg, pero éste a su vez replicó con la Defensa Caro-Kann, línea que pocas veces se le ha visto usar. Desde ese momento la partida atrajo la mayor cantidad de espectadores, que por cierto siguieron sus incidencias con todo interés, hasta producirse la decisión favorable al conductor de las blancas. Hasta la 7ª jugada la partida fue igual a la disputada en el Torneo de Berlín 1928 entre Nimzovitsch y Reti.

Mas en la 8ª movida las blancas introdujeron una modificación tendiente a provocar, más que todo, la sorpresa de su adversario, pues no se puede hablar de debilidades que no fueron. La partida se resolvió en el flanco de dama, y se ganó mediante la mayoría de peones y la posesión de los dos alfiles. Un error de cálculo dejó a Frydman con peor posición frente a Czerniak, que no tardó en aprovecharlo ganando material, pero desde ese momento aquél desarrolló un plan de notable tenacidad, que si bien no le procuró otras compensaciones, dilató enormemente una victoria que parecía inmediata.[407]

■ El premio Miranda Hnos, otorgado a la mejor producción de esta 9ª rueda, fue otorgado a Najdorf por su victoria sobre Ståhlberg.[408]

10ª ronda, 3 de noviembre

■ En el encuentro del palestino Czerniak contra el polaco Najdorf se jugó una Defensa Filidor que motivó una posición compleja, en la que el segundo jugador cometió un error, siendo ello explotado debidamente por las blancas para asegurarse una posición netamente ventajosa. La lucha prosiguió en tales condiciones, y debió terminar con el triunfo de Czerniak, pero éste no jugó más tarde bien, y permitió a su adversario salvar las dificultades. En la sesión complementaria de ayer la lucha siguió en forma difícil y volvió a suspenderse en una posición en la que ambos rivales tienen posibilidades de vencer.[409]

■ El ex campeón de Suecia, Gideon Ståhlberg, inició su partida frente a Pilnik con P4D, contra lo cual optaron las negras por aceptar el peón del gambito. El juego fue en principio equilibrado, pero en la parte media el maestro sueco jugó con gran habilidad y obtuvo una posición ventajosa, llegándose al momento de la suspensión con un final que debió ganar. Pero en la sesión complementaria realizada ayer por la tarde, cometió un error Ståhlberg y permitió a las negras encontrar una providencial posición de nulidad, por lo que el juego fue declarado tablas cuando se había efectuado la 84ª movida.[410]

■ A dos participantes se reduce la lucha: Ståhlberg y Najdorf están librando un enérgico duelo por la primera colocación. La rueda ha mantenido la incertidumbre acerca de la lucha por el primer puesto, aparentemente reducida a un duelo entre los maestros citados, que llevan amplia ventaja en

[406] Luis Palau, *La Prensa*, 3 de noviembre de 1941.
[407] Paulino Alles Monasterio, *El Mundo*, 3 de noviembre de 1941.
[408] *La Nación*, 5 de noviembre de 1941.
[409] Najdorf se impuso en 70 jugadas.
[410] *La Prensa*, 5 de noviembre de 1941.

la tabla de posiciones. En cambio, el campeón argentino, Guimard, parece haber perdido su seguridad de estilo, quedando inferior en el medio juego de su partida con Michel, que le ganó más tarde en enérgico estilo. Se inició con el PR, y siguió Guimard con la Defensa Francesa, para adoptar un tratamiento dudoso en la movida 9...C3AD, en lugar de P4AD. Luego se enrocó largo y provocó una combinación de las negras que el jugador local creyó insuficiente para ganar, pero en cambio era muy buena. Así lo demostró el jugador alemán al ganar de correcta forma.

Ståhlberg ½:½ Pilnik; un curioso empate en un final de torres con dos peones de menos Pilnik, se produjo en este tablero. Comenzó con el PD, siguió con el Gambito Aceptado, y quedó Ståhlberg con un peón aislado pero con gran ventaja posicional. No siguió más tarde de la mejor manera, reaccionó el negro, y fue luego Pilnik quien no continuó con lo mejor, para perder un peón y quedar con un final delicado. En busca de mayores perspectivas, entregó Pilnik un segundo peón, para arribarse al final que comentamos, que en vano trató de forzar Ståhlberg, por lo que ayer se convino el empate. La partida de más calidad de la rueda fue la que le ganó Frydman, con negras, a Puiggrós. Una interesante línea de juego de la Defensa Siciliana jugó el maestro polaco.

Logró ubicar dos fuertes alfiles en el dominio de los cuadros centrales, luego de una difícil maniobra que en apariencia debía costarle un peón. No sucedió así, y en cambio el peón centralizado y débil se convirtió en el eje de la ventaja de Frydman, que ganó luego de una serie de maniobras de precisión admirable. Czerniak – Najdorf, suspendida. No fue precisamente un modelo de técnica y precisión este cotejo. Comenzó con PR, siguió Najdorf con la Defensa Philidor, y tuvo serias dificultades desde el comienzo de la lucha. Su posición era muy delicada, y cuando no era claro saber de qué manera podría defenderse, fue su rival el que desacertó.

Esto permitió a Najdorf poner en juego la generosa gama de sus recursos, y no sólo reaccionar, sino quedar en posición ganadora. Ayer siguió la partida, y la variante escogida por Najdorf no fue la mejor. Volvió a suspenderse, y éste tiene algunas posibilidades de victoria, aun cuando no absolutamente claras. Ståhlberg tiene 7½/10; Najdorf 7/9; Michel 6/10; Guimard y Frydman 5½/10; Czerniak 3/9; Pilnik 2½/10; Puiggrós 2/10.[411]

11ª rueda, 4 de noviembre

▓ La espectacular derrota de Guimard frente a Frydman fue la nota central de la rueda. El público que presenció las alternativas salió desconcertado por la rápida decisión de este cotejo, que mostró un Guimard realmente desconocido, pues incurrió en un grave error poco habitual en él. Unido a su mala actuación en las partidas del segundo turno, muestra que el exceso de actividad ha hecho mella en su calidad. Frydman 1:0 Guimard se inició con el PR, y el campeón argentino adoptó la Defensa Francesa, línea de juego que ha gozado de especial favor en este torneo, aun cuando los resultados obtenidos no han justificado esa simpatía.

En este caso Guimard escogió una variante de Alekhine muy delicada, pero en lugar de enrocarse largo, como lo hace el campeón mundial, lo hizo en su debilitada ala del rey, lo que permitió a Frydman emplazar un buen ataque. No le dio la debida importancia Guimard, y omitió una bonita jugada que ganaba inmediatamente por la amenaza de mate inevitable, lo que provocó su abandono en la jugada 14ª.

Ståhlberg 1:0 Michel; muy bien ganó esta partida el campeón sueco. Su adversario planteó el Contragambito Benoni, que la práctica ha radiado de manera casi definitiva. La ventaja de Ståhlberg se tradujo en la ganancia de un peón y el dominio central en espacio. El final fue ganado por Ståhlberg con una serie de precisas maniobras.

411 Roberto Grau, *La Nación*, 5 de noviembre de 1941.

Pilnik 1:0 Czerniak; evidentemente el maestro palestino ha sentido su continua actuación en torneos y el tren severo de esta competencia. Jugó débilmente el planteo de esta partida, y si bien ganó un peón, quedó con el rey comprometido y las casillas negras a disposición de su adversario. Aprovechó bien Pilnik la ventaja en desarrollo, rompió la cadena de peones adversaria, y acentuó su ventaja. Más tarde pareció que la lucha se equilibraba, pero no fue así, ya que las torres de las negras quedaron desconectadas y los peones débiles, lo que permitió a Pilnik ganar por ataque en excelente forma. Najdorf 1:0 Puiggrós; la tenaz resistencia de éste en el planteo y medio juego no bastó para evitar el triunfo de Najdorf, que explotó en excelente forma el dominio de la columna AD y la situación de un peón aislado de su adversario. Comenzó el juego con el PD, y se produjo un bloqueo de peones en el centro que complicó la lucha. Ganó más tarde una calidad Najdorf, e impuso su superioridad material en enérgico estilo. Najdorf tiene 9/11;, Ståhlberg 8½; Frydman 6½; Michel 6; Guimard 5½; Pilnik 3½; Czerniak 3; Puiggrós 2. El premio especial Aceite Cocinero para la mejor partida de la fecha fue otorgado a Ståhlberg por su victoria frente a Michel.[412]

Najdorf encabeza el torneo magistral del Círculo de Ajedrez

Lleva medio punto a Stahlberg, y a ambos ha quedado reducida la lucha

AMPLIA VENTAJA

La espectacular derrota de Carlos Guimard frente a Paulin Frydman fué la nota central de la undécima rueda del torneo magistral que realiza el Círculo de Ajedrez, como número principal de sus bodas de plata institucionales. El público que presenció las alternativas de los cotejos salió en realidad desconcertado por la rápida decisión de este cotejo, que mostró un Guimard realmente desconocido, pues incurrió en un grave error poco habitual en él, lo que, unido a su mala actuación en las partidas de la segunda serie de cotejos, muestra que el exceso de actividad ha hecho mella en su calidad.

De acuerdo con el fixture, correspondió la realización de los siguientes cotejos: Stahlberg v. Michel, Pilnik v. Czerniak, Najdorf v. Puiggrós, y Frydman v. Guimard.

Stahlberg (1) v. Michel (0)

Muy bien ganó esta partida el campeón sueco. Su adversario planteó una defensa denominada contragambito Benoni, que la práctica ha radiado de manera casi definitiva. El cotejo se inició de la misma manera que todos los que se originan en este sistema de juego cuando se avanza el peón central a 5D con las blancas, y la ventaja de Stahlberg se tradujo en la ganancia de un peón y el dominio central en espacio.

Esta superioridad, convenientemente mantenida y acentuada, se tradujo en una merecida victoria del excelente maestro sueco. El final fué ganado con una serie de precisas maniobras.

Pilnik (1) v. Czerniak (0)

Evidentemente, el maestro palestino Czerniak ha sentido su continua actuación en ...

Frydman le hace una miniatura a Guimard. *La Nación*, 6 de noviembre de 1941

12ª rueda, 6 de noviembre

■ Najdorf aumentó su ventaja, ya que en esta ronda batió en forma excelente al campeón argentino, Guimard, en tanto Ståhlberg sólo logró igualar con Czerniak: la ventaja de Najdorf es ahora de un punto. Faltan sólo dos ruedas, pero no obstante la situación no es clara, ya que Najdorf debe enfrentar a Frydman, adversario de notable calidad que le exigirá, sin duda, un esfuerzo muy serio; Ståhlberg tendrá como rival a Pilnik, que en la primera serie le empató. Guimard 0:1 Najdorf, el planteo de esta partida fue muy interesante. Guimard jugó mejor que su adversario y logró debilitar los cuadros negros al provocar la movida P3R, luego de haber efectuado Najdorf una India del Rey. Siguió jugando bien y su posición era algo favorable, pero al finalizar la primera sesión actuó con carencia de un plan lógico, lo que permitió a Najdorf simplificar la partida, cambiar varias piezas, y llegar a un final donde impuso la excelente acción de su caballo. Michel ½:½ Frydman; un rápido empate se produjo en esta partida. Puiggrós 0:1 Pilnik; una cómoda partida alcanzó Puiggrós en el planteo y su posición era mucho más cómoda, pero luego no siguió de la mejor manera, y Pilnik pudo rehacerse, pasar un peón en cada flanco, y suspender la partida en posición favorable. Anoche definió el cotejo en su favor.

Czerniak ½:½ Ståhlberg; fue ésta una partida valiente y atrevida, pero un tanto reñida con los moldes clásicos. Planteó el maestro sueco la Defensa Francesa, para atacar más tarde el enroque largo de su adversario, anticipándose así a un fuerte ataque emplazado por el ajedrecista palestino. Entregó una pieza Ståhlberg y quedó con desventaja. Su posición era prácticamente perdida, pero no jugó bien Czerniak, y quedó en posición muy delicada. Se produjeron algunas movidas rápidas que permitieron nivelar las posibilidades, y el encuentro se suspendió, teniendo Ståhlberg calidad y dos peones a cambio de una pieza. La posición abierta era propicia al jaque perpetuo, y ayer los dos

[412] Roberto Grau, *La Nación*, 6 de noviembre de 1941.

convinieron en dividirse el punto. Najdorf tiene 10/12; Ståhlberg 9; Frydman 7; Michel 6½; Guimard 5½; Pilnik 4½; Czerniak 3½; Puiggrós 2.[413]

13ª rueda, 8 de noviembre

■ Los resultados generales de la penúltima rueda fueron los siguientes: Ståhlberg 1:0 Puiggrós; el maestro abrió el juego con 1.P4D, planteándose una defensa Ortodoxa. Las negras efectuaron un sistema defensivo de mayor riesgo que el que se produce con las viejas líneas de dicha apertura, y ello permitió a Ståhlberg quedar con una posición preferible. Sin embargo, Puiggrós organizó un buen ataque contra el rey enemigo, y pudo arribar a un final con un peón menos, pero de cierta dificultad. Pero en la última parte jugó débilmente, y en la movida 36ª tuvo que abandonar. Najdorf ½:½ Frydman; los maestros polacos jugaron una Defensa Francesa. Se jugó una variante con el cambio central de peones por parte de las negras, en la 4ª jugada, adoptando Frydman una línea algo delicada. Al promediar la lucha entregaron las blancas un peón para obtener un ataque contra el enroque adversario, pero el procedimiento no prosperó, y poco a poco quedaron las negras con mejor partida. Sin embargo, al llegarse a la jugada 35ª, en momentos en que la posición era ganadora para Frydman, éste dio un jaque perpetuo y se declaró tablas la partida, con cuyo resultado Najdorf quedaba con medio punto de ventaja sobre Ståhlberg en el cuadro de posiciones.

Czerniak – Michel, fue suspendida. Inició el primero con la Apertura Inglesa, desarrollándose el juego dentro de las líneas usuales de esta apertura. El juego fue en la parte media interesante, y se sucedieron diversas maniobras lucidas, bien jugadas por ambos bandos. Se llegó al momento de la suspensión a una situación difícil que aún puede dar lugar a una intensa lucha.[414] Pilnick (Sic) – Guimard también se suspendió. La partida tuvo alternativas lucidas y muy complejas, aun cuando a través de sus últimas actuaciones se nota un decaimiento en el juego del campeón argentino, quien tuvo contrastes inexplicables. En este encuentro se produjo un juego de contragolpes que finalmente favoreció a Pilnick, quedando la lucha suspendida en situación delicada para Guimard.[415] Encabeza las posiciones Najdorf, con 10½/13; le siguen Ståhlberg 10; Frydman 7½; Michel 7; Guimard 6; Pilnick (Sic) 5; Czerniak 4; Puiggrós 2.[416]

14ª rueda, 10 de noviembre

■ Hoy por la noche se jugará en el Círculo la rueda final del gran torneo de maestros. La circunstancia de haberse llegado a la última fecha sin que pueda establecerse todavía el ganador, indica lo reñido de la lucha. Najdorf y Ståhlberg, los dos maestros que de antemano se indicaron como los probables ganadores, confirmaron esas apreciaciones, y ya al promediar la prueba se distanciaron de sus rivales, entablando entre sí una emocionante lucha por el puesto de honor, la que recién podrá quedar definida una vez que se cumpla la fecha final. Pero Najdorf ha quedado con una evidente ventaja, pues tiene medio punto más que el campeón de Suecia, quien esta noche tendrá que hacer el máximo de esfuerzo para ganar su partida frente al campeón argentino Guimard, mientras que Najdorf está en la cómoda situación de que empatando con Michel sólo podría ser igualado por Ståhlberg. Y ello ha contribuido a que la rueda de esta noche sea esperada con extraordinaria expectación por los aficionados.[417]

413 Roberto Grau, *La Nación*, 8 de noviembre de 1941.
414 Finalmente fue tablas.
415 Fue tablas.
416 *La Prensa*, 10 de noviembre de 1941.
417 *La Prensa*, 10 de noviembre de 1941.

▒ Najdorf y Ståhlberg empataron el primer puesto. La última rueda resultó la más emocionante y expectante (Sic) de las que se realizaron por este trofeo, pues dos grandes figuras del ajedrez mundial residentes en nuestro país, Ståhlberg y Najdorf, lucharon denodadamente para ocupar el primer puesto. Si bien es cierto que éste llevó una mínima ventaja a su adversario, en cambio, el campeón de Suecia no se amilanó y logró en la ronda jugada anoche infligir una seria derrota a nuestro campeón, Guimard, y con ello pasó a ocupar el primer puesto.

Mientras tanto, la lucha de Najdorf para imponerse a Michel se hizo infructuosa, dado el juego mesurado pero efectivo del jugador teutón, y sólo debió conformarse con un empate. De ese modo se produjo una igualdad de puntos en el primer puesto del certamen. El joven argentino Puiggrós nos dio un triunfo inobjetable frente a Czerniak, y finalmente Frydman terminó su partida con Pilnik con medio punto cada uno (Sic).[418]

Ståhlberg y Najdorf empataron el torneo; luego quedaron Frydman, Michel y Guimard. Ha terminado el torneo magistral que se desarrolló en el Círculo de Ajedrez con un empate final en el primer puesto entre los maestros Ståhlberg y Najdorf. Y con este desenlace ha dado término el esfuerzo deportivo de más jerarquía en materia de torneos individuales llevado a cabo en nuestro país. El Círculo, prestigiosa entidad que lleva 25 años de labor sin desmayos en bien del ajedrez, y que en el momento actual es, sin lugar a dudas, la piedra angular de la actividad ajedrecística de la capital,[419] ha logrado realizar un doble esfuerzo que merece ser señalado: primero el Reca-Illa, y luego el Bodas de Plata. El certamen ha tenido un resultado exacto. El empate en el primer puesto pone justo término al duelo emocionante librado por ambos rivales desde el comienzo de la prueba, y hace justicia a la calidad de juego por ellos desplegada.

Apresurémonos a decir que ni jugó Ståhlberg como en el Torneo de Mar del Plata, ni Najdorf como en el del Círculo de 1939. Ambos maestros han jugado peor que en aquellas oportunidades, a pesar del impresionante score alcanzado. Se ha hecho un ajedrez difícil, complejo en los planteos, y esto ha provocado partidas donde el error acechó con alguna frecuencia, lo que explica en parte la serie de partida donde tanto Ståhlberg como Najdorf vencieron sin tener, en realidad, derecho al triunfo, de acuerdo con la posición lograda.[420]

▒ Hermoso espectáculo fueron las catorce ruedas de este certamen, otros tantos peldaños de una escalera por la cual llegaron al primer puesto los maestros Mieczyslav Najdorf y Gideon Ståhlberg, no sin procurarse mutuamente un traspié, pero al no decidirse por ninguno la victoria, ha dejado pendiente el dirimir una rivalidad que dará lugar a nuevas y hermosas luchas. El tercer premio le corresponde al maestro Frydman, que por cierto no estuvo animado por una ambición extraordinaria, sino más bien indecisa, logrando al fin un lugar honorable. (…) La justa que termina ha traído consigo una nueva experiencia, tanto para los competidores como para los organizadores, que indudablemente aprovecharán sus enseñanzas. La prueba deja un saldo favorable de partidas comparables a las de cualquier torneo magistral. Entre los dos ganadores no hubo desempate, y se repartieron los premios por partes iguales. De las 56 partidas que se jugaron, se definieron a favor de uno de los competidores 35, de las cuales 25 ganaron las blancas, y sólo 10 las negras.[421]

[418] *La Razón*, 11 de noviembre de 1941.

[419] Este párrafo alude indirectamente a la superioridad sobre el Club Argentino, su rival deportivo, ausente en los últimos torneos impoortantes.

[420] Roberto Grau, *La Nación*, 12 de noviembre de 1941.

[421] *La Prensa*, 14 de noviembre de 1941.

Resumen

El 18 de octubre comenzó en el Círculo de Ajedrez organizó su Torneo Internacional Bodas de Plata, con la participación de ocho de los más fuertes ajedrecistas locales y extranjeros, a doble ronda. El ganador recibió una medalla de oro otorgada por el vice-presidente de la Nación, en ejercicio de la presidencia, doctor Ramón Castillo. Cada rueda tuvo también un premiado con una copa, donada por las empresas auspiciantes. En la primera ronda se entregó la Copa Masllorens. Luego siguieron las Copas Virginio F. Griego, Compañía La Camona, Piccardo, Paul Hermanos, Miranda Hermanos, Geniol, Molinos Harineros Río de la Plata, y otras. Resultaron ganadores Gideon Ståhlberg y Miguel Najdorf, con 11/14, seguidos por Paulin Frydman 8; Paul Michel 7½; Carlos Enrique Guimard 6; Herman Pilnik 5½; Miguel Czerniak 5 y Guillermo Puiggrós 2.

La cuestión de a quién pertenece el derecho de publicar las partidas de un torneo de ajedrez es tan vieja como los torneos mismos. Jugadores, asociaciones, clubs, sociedades de fomento, algunas veces se han reservado el derecho de publicación de un libro de torneo, pero el derecho no ha sido nunca debatido probablemente porque no siendo una cuestión jurídica muy clara, nadie ha querido correr riesgos de perder su dinero en juicios dudosos. La FADA se reserva el derecho de publicación de los torneos que organiza, si bien es cierto que nunca ha hecho un depósito como marcan las leyes. El último Torneo de Mar del Plata se publicó sin preguntar a la FADA si daba la autorización necesaria, y con ello, eventualmente, se ha establecido en la Argentina un precedente.[422]

Círculo de Ajedrez Bodas de Plata 1941

		1	2	3	4	5	6	7	8	PTS	S.B.
1	Ståhlberg, Gideon	**	10	½1	½1	11	1½	1½	11	11.0/14	66.00
2	Najdorf, Miguel	01	**	½½	½½	11	11	11	11	11.0/14	63.50
3	Frydman, Paulino	½0	½½	**	½½	½1	1½	0½	11	8.0/14	
4	Michel, Paul	½0	½½	½½	**	01	1½	1½	½½	7.5/14	
5	Guimard, Carlos Enrique	00	00	½0	10	**	1½	11	½½	6.0/14	
6	Pilnik, Herman	0½	00	0½	0½	0½	**	½1	11	5.5/14	
7	Czerniak, Moshe	0½	00	1½	0½	00	½0	**	11	5.0/14	
8	Puiggrós, Guillermo	00	00	00	½½	½½	00	00	**	2.0/14	

Simultáneas de Najdorf en el Círculo

Esta noche a las 21 el maestro polaco Miguel Najdorf jugará veinte partidas simultáneas, cuatro de ellas sin ver el tablero. Los aficionados que deseen participar deben inscribirse en la secretaría de la entidad.[423]

El Club Jaque Mate gana la Copa Honorable Senado de la Nación

El 19 de noviembre se inició el II Torneo por Equipos Copa Honorable Senado de la Nación, organizado por la LADEP (Liga Argentina de Empleados Públicos), participando siete instituciones. Los equipos estuvieron formados por diez jugadores, dos de primera categoría, dos de segunda, tres de tercera y tres de cuarta. Ganará la Copa el equipo que venza tres veces consecutivas o cinco

[422] *Enroque!!* nº 7, 29 de noviembre de 1941. La revista publica todas las partidas del certamen, muchas con comentarios de J. A. Seitz. *Caissa* nº 42, pág. 220. Erróneamente se menciona a "La Carmona" como uno de los auspiciantes, cuando se trata en realidad de "La Camona", una empresa ubicada en Maipú a metros de Bartolomé Mitre. (Testimonio de Horacio Amil Meilán al autor, 5 de mayo de 2008).

[423] Luis Palau, *La Prensa*, 7 de octubre de 1941.

alternadas. Ganó nuevamente el Club Jaque Mate, con 39/60. Siguieron el Círculo de Ajedrez 34½; el Círculo Vélez Sarsfield 34; el Club San Lorenzo de Almagro 31½; la Asociación Cultural Nueva Argentina 26, el Club Boca Juniors 25 y la Liga Argentina de Empleados Públicos (LADEP) 19.

Najdorf encabeza el torneo magistral del Círculo de Ajedrez

Lleva medio punto a Stahlberg, y a ambos ha quedado reducida la lucha

AMPLIA VENTAJA

El Club Jaque Mate gana la Honorable Copa del Senado de la Nación. *El Mundo*, 18 de noviembre de 1941

Club Jaque Mate: Rafael Bensadón, Héctor Rossetto, Jacobo y Julio Bolbochán. En 2ª, Alfonso Adámoli, Julio Ramírez de Arellano, Abraham Eliaschev y Manuel A. Benito. En 3ª, Julio Adámoli, M. Fernández, R. Sadler Arean, Arístides Aráoz de Lamadrid y C. Joga. En 4ª, R. Díaz, Antonio Adámoli, Comarón, F. De Toro, Adolfo Grischkan y Vidal.

Círculo: Mieczyslav Najdorf, Paul Michel, Marcial Di Gregorio, Arístides Góliz, Lepanto Tollerutti, Jorge Fowler Newton, C. A. Tenaglia, Gabriel Barco, L. Fabricant y Horacio Amil Meilán.

Círculo de Vélez Sarsfield: Albert Becker, Eduardo Magee, Eleuterio Grané, J. Castellanos, R. Alonso, Héctor Carrazzoni, Lorenzo Álvarez, J. N. Lorenzen, J. Ray y C. Asman.

Asociación Nueva Argentina: Abraham Simsilevich, Manuel Melamedoff, Renato Domingo Sanguinetti, José E. Martínez, I. Valmayor, E. G. Barca, A. Balaclav, A. N. Lestard, L. Joselovsky y H. Gómez.

San Lorenzo de Almagro: Juan Iliesco, Marcos Luckis, R. S. Raffo, F. Tarturo, J. M. Rancaño, A. Revetria, Israel Naymark, Jacobo Schapces y N. Solari.

Boca Juniors: Carlos Guimard, Luis Marini, C. Travetto, F. Ramírez, J. Maure, E. Montbrun, A. Travetto, P. Andrade y A. Iacovelli.[424]

En la primera ronda se midieron Boca Junios vs Círculo de Ajedrez, Club Jaque Mate vs LADEP y Círculo de Vélez Sarsfield vs Club San Lorenzo. Las partidas se jugaron en las sedes de las entidades nombradas en primer término, desde las 21.30 horas.

En la segunda ronda debían jugar, en distintos *matches*, Najdorf – Jacobo Bolbochán, Michel – Julio Bolbochán, Simsilevich – Guimard, Marini – Melamedoff, Sordi – Becker y Aguirre – Carballo.[425]

En la cuarta ronda los resultados fueron: Círculo 6:4 San Lorenzo; Boca 3:7 Jaque Mate; Nueva Argentina 2:8 . Posiciones luego de la 4ª ronda: Jaque Mate 27½; Vélez Sarsfield 24½; Círculo 21½;

GANA JAQUE MATE EL TORNEO POR LA COPA SENADO DE LA NACION

Ganó Jaque Mate. *El Mundo*, 25 de noviembre de 1941.

[424] *Enroque!!* nº 7, pág. 113. *Caissa* nº 44, pág. 46.
[425] *El Mundo*, 25 de noviembre de 1941.

San Lorenzo 16; LADEP y Nueva Argentina 10½; Boca Juniors 9½. Los tres primeros en 4 *matches*, el resto en 3.[426]

Ståhlberg – Guimard

▓ Quedó concertado ayer por la tarde el *match* que el Club Sarmiento de Santos Lugares ha organizado, entre el campeón argentino, Guimard, y el maestro sueco, Ståhlberg. Se ha establecido que se efectúen ocho partidas, y que el encuentro se inicie el sábado 13 de diciembre.[427]

Luckis gana un escandaloso Torneo Mayor; Rossetto, beneficiado por el caos

▓ Tiene doce inscriptos el Torneo Mayor, la prueba anual que tiene por finalidad destacar el aspirante al título de campeón argentino. Hasta el presente no son muchos los inscriptos, notándose la ausencia entre los mismos de los ajedrecistas argentinos de más cartel. Se han anotado hasta ahora los siguientes: Luckis, Gerschman, Benko, Falcón, Ojeda y Marini del Círculo de ajedrez; Bensadón y Rossetto del Club Jaque Mate; Secchi de la Federación Cordobesa; Iliesco del Club San Lorenzo; Pelikán de la Federación de Quilmes y Aguirre del Círculo de Villa Crespo.[428]

▓ Once inscriptos han ratificado su inscripción en el Torneo Mayor. En la reunión celebrada ayer por la noche en la sede de la FADA, presidida por el doctor Carlos Querencio, se resolvió definitivamente comunicar a las entidades que han enviado representantes al Torneo Mayor que éste dará comienzo el jueves próximo a las 20.30 en la sede de la Liga de Empleados Públicos (LADEP), con el siguiente sorteo: 1. Benko (Círculo); 2. Luckis (Círculo); 3. Pilnik (Club Argentino); 4. Rossetto (Jaque Mate); 5. Falcón (Círculo); 6. Iliesco (San Lorenzo); 7. Winz (Círculo); 8. Ojeda (Círculo); 9. Villegas (Club Argentino); 10. Vuskovic (Círculo); 11. Aguirre (Villa Crespo). Con respecto a las fechas y locales de juego, serán los siguientes:

1ª y 2ª rondas, 27y 29 de noviembre, en LADEP; 3ª ronda, 2 de diciembre, Club Huracán; 4ª ronda, 4 de diciembre, Club Argentino; 5ª ronda, 6 de diciembre, Círculo de Vélez Sarsfield; 6ª ronda, 9 de diciembre, Club Jaque Mate; 7ª ronda, 11 de diciembre, Club Argentino; 8ª ronda, 13 de diciembre, Círculo de Villa Crespo; 9ª, 10ª y 11ª rondas, 16, 18 y 22 de diciembre, Círculo de Ajedrez.[429] El certamen se jugará a dos turnos, interviniendo en el segundo aquellos competidores que hayan totalizado al menos el 50% del score ideal.[430]

▓ Comenzará mañana el Torneo Mayor. Luego de una serie de postergaciones ha sido definitivamente concretada su realización, la más importante prueba anual de la FADA. La competencia ha languidecido desde hace poco como efecto de la actuación en nuestro medio de una serie de ajedrecistas europeos de gran fuerza que intervienen en otras pruebas, lo que resta a la otrora básica competencia del ajedrez nacional

Comenzará mañana el torneo mayor del ajedrez argentino

Intervendrán en la prueba once ajedrecistas de buena actuación en el ambiente

EL FIXTURE

Luego de una serie de postergaciones ha sido definitivamente concretada la realización del torneo mayor, la más importante prueba anual de la Federación Argentina de Ajedrez, que tiene por finalidad principal determinar quién es el ajedrecista que debe disputar el título máximo del ajedrez nacional con el poseedor del título.

La competencia ha languidecido desde hace poco tiempo como efecto de la actuación en nuestro medio de una serie de ajedrecistas europeos de gran fuerza que intervienen en otras pruebas, lo que resta a la otrora básica competencia del ajedrez nacional su trascendencia teórica. A esto se ha agregado la ausencia desde hace algunas temporadas de los más altos valores del ajedrez nacional, lo que obliga a pensar en la conveniencia de modificar la estructura del torneo para evitar se acentúe esta indiferencia general hacia la prueba.

El presente torneo, sin embargo, ha logrado a último momento mejorar el grupo de sus participantes con la inclusión de algunos fuertes valores, varios de ellos extranjeros, que si no tienen derecho a jugar por el título máximo, en cambio han de imprimir a la lucha especial atractivo.

La lista de inscriptos, luego del sorteo efectuado, quedó limitada a once ajedrecistas, a los que correspondió el siguiente número en el mismo: 1. Franz Benko; 2. Marcos Luckis; 3. Herman Pilnik; 4. Héctor Rosetto; 5. Enrique Falcón; 6. Juan Iliesco; 7. [illegible] Winz; 8. Joaquín Ojeda; 9. Benito Villegas; 10. Vicente Vuskovic, y 11. Pablo F. Aguirre. Los Sres. Vuskovic y Aguirre [illegible]

Comienzo del Torneo Mayor. *La Nación*, 28 de noviembre de 1941

[426] *El Mundo*, 18 de noviembre de 1941.

[427] Este *match* nunca se concretó. *La Nación*, 29 de noviembre de 1941.

[428] *La Nación*, 25 de octubre de 1941.

[429] Luego se cambiaron varias de las sedes.

[430] *El Mundo*, 25 de noviembre de 1941.

su trascendencia teórica. A esto se ha agregado la ausencia, desde hace algunas temporadas, de los más altos valores del ajedrez nacional, lo que obliga a pensar en la conveniencia de modificar la estructura del torneo para evitar que se acentúe esta indiferencia general hacia la prueba.

El presente torneo, sin embargo, ha logrado a último momento mejorar el grupo de sus participantes con la inclusión de algunos fuertes valores, algunos de ellos extranjeros, que si no tienen derecho a jugar por el título máximo, en cambio han de imprimir a la lucha especial atractivo. La lista de inscriptos, luego del sorteo efectuado, quedó limitada a 11 ajedrecistas: 1. Benko; 2. Luckis; 3. Pilnik; 4. Rossetto; 5. Falcón; 6. Iliesco; 7. Winz; 8. Ojeda; 9. Villegas; 10. Vuskovic y 11. Aguirre. Vuskovic y Aguirre juegan en carácter de condicionales, pues deberán cumplir con el 40% de los puntos para permanecer en la categoría superior. El concurso se realizará a razón de tres veces por semana, los martes, jueves y sábados, de 20.30 a 1.30. Los jugadores que alcancen el 50% del score ideal realizarán un segundo turno limitado.[431]

La organización de este torneo representó un duro fracaso para la nueva conducción de la FADA, ya que participaron solamente diez jugadores, de los cuales eran argentinos solamente cuatro, y el resto extranjeros. Como consecuencia, el desafiante del campeón argentino saldría de cuatro aspirantes, y el resto jugaba fiuera de concurso. La información publicada en los diarios y revistas especializadas fue escasísima.[432]

1ª Ronda, 27 de noviembre, LADEP

Rossetto, Vuskovic y Pilnic (Sic) ganaron, y dos partidas terminaron empatadas. En el local de la LADEP se inició el Torneo Mayor, la más importante prueba del calendario anual de la FADA, que ha reunido este año a diez ajedrecistas de larga actuación en la categoría superior. A último momento debió desistir de actuar Pablo Aguirre, por haber sido sometido a una operación quirúrgica. Una apreciable cantidad de aficionados, socios de los diversos clubes a los que pertenecen los ajedrecistas inscriptos, concurrió al local de la entidad, y tuvo la oportunidad de apreciar una serie de cotejos lucidos, generosos en emoción, en los que abundaron las notas destacadas.

Se jugó la primera rueda de ajedrez del Torneo Mayor

Rossetto, Vuskevic y Pilnic, vencieron, y dos partidas terminaron empatadas

LA RUEDA DE HOY

Sólo diez finalistas participan en el Torneo Mayor. *La Nación*, 29 de noviembre de 1941

El público se especializó en observar el encuentro en el que actuó frente al maestro lituano Luckis, el veterano maestro argentino Villegas, que ha dado ejemplo de tenacidad y espíritu deportivo a una cantidad de ajedrecistas de cartel al presentarse en la clásica competencia, a pesar de haberse ganado ya un merecido descanso por su larga y proficua obra en bien de la difusión del deporte en el país. La partida resultó empatada después de una tenaz lucha, en la que Villegas puso una vez más a prueba su capacidad de resistencia. Se planteó un PD, siguió la Cambridge-Springs, y luego de una simplificación se convino el empate, quizá un tanto prematuro, pues aún parecía haber posibilidades de lucha.

Una amplia ventaja logró en el planteo y medio juego Winz, pero no jugó más tarde con la debida exactitud. Reaccionó muy bien Rossetto, para no sólo equilibrar la lucha, sino asegurarse ventaja suficiente como para ganar. Un empate por jaque perpetuo se produjo en la lucha que libraron Falcón e Iliesco. El primero logró una pieza de ventaja, pero su

[431] Roberto Grau, *La Nación*, 28 de noviembre de 1941. Éste sería el primer torneo que organiza la FADA desde la asunción de Carlos Querencio como presidente.

[432] Nota del autor.

rival tenía una cómoda posición de ataque. Jugó Iliesco apremiado por el tiempo, y optó por una variante de empate cuando era poco claro el procedimiento ganador, de existir éste.

Buena partida ganó Vuskovic a Ojeda. Comenzaron con un Sistema Catalán, se llegó a una especie de Stonewall, y ganó un peón, para apoderarse luego de la columna AD y vencer en un buen final. No fue muy justo el desenlace de la partida entre Pilnik y Benko. Jugó mejor Benko en el comienzo, y alcanzó una posición ganadora. Omitió el procedimiento para llegar a un final con un peón pasado y sostenido el negro, pero luego jugó débilmente, lo que permitió a Pilnik adjudicarse el triunfo después de un prolongado final. Los resultados fueron: Vuskovic 1:0 Ojeda; Rossetto 1:0 Winz; Falcón ½:½ Iliesco; Luckis ½:½ Villegas; Benko 0:1 Pilnik.[433]

2ª Ronda, 29 de noviembre, LADEP

▌Rossetto 0:1 Vuskovic; Ojeda 1:0 Benko; Iliesco 0:1 Luckis; Pilnik 1:0 Falcón; Winz 1:0 Villegas.

3ª Ronda, 2 de diciembre, Círculo de Ajedrez

▌Rossetto se impuso a Benko, luego de una partida que se inició con la Defensa India del Este. Winz batió a Vuskovic, por cierto, injustamente, pues la situación fue favorable para el notable jugador chileno en buena parte de la lucha. Luckis empató con Pilnik luego de una partida en la que el ajedrecista lituano tuvo posición preferible; y Ojeda empató con Falcón.

Villegas ½:½ Iliesco; Falcón ½:½ Ojeda; Luckis ½:½ Pilnik; Benko ½:½ Rossetto; Winz 1:0 Vuskovic.[434]

4ª Ronda, 4 de diciembre, Club Huracán

▌Una lucha tenaz e intensa se está produciendo en el Torneo Mayor, que ha reunido este año a diez ajedrecistas, cuatro de los cuales tienen legítimo derecho a disputarle el título máximo a Guimard, por ser argentinos. Ellos son: Ojeda, Villegas, Falcón y Rossetto. Los demás participantes, entre los que se encuentran algunos de los ajedrecistas europeos que se radicaron en el país luego del Torneo de las Naciones, participan al sólo efecto de animar la competencia, reemplazando así a los muchos jugadores locales que por razones diversas han desistido de prestar su concurso. Sin duda, entre éstos están los más altos valores del ajedrez nacional. Las partidas se definieron anoche a última hora, pues quedaron suspendidas luego de la primera sesión.

En ellas se registró la victoria de Vuskovic sobre Benko, luego de un difícil final que quizá pudo ser tablas. Rossetto batió a Falcón en un cotejo que se inició con la Apertura Bird. Ojeda y Luckis empataron una Defensa Siciliana, que fue honorable en el planteo para el ajedrecista local. Villegas dio la nota de sensación al dominar a Pilnik en buena forma, y Winz se adjudicó una excelente victoria sobre Iliesco, en un cotejo que comenzó con la Apertura Catalana. Esta noche se llevará a cabo la quinta ronda. Los resultados fueron: Rossetto 1:0 Falcón; Winz 1:0 Iliesco; Vuskovic 1:0 Benko; Pilnik 0:1 Villegas; Luckis ½:½ Ojeda.[435]

[433] Roberto Grau, *La Nación*, 29 de noviembre de 1941.
[434] *La Nación*, 6 de diciembre de 1941.
[435] Roberto Grau, *La Nación*, 6 de diciembre de 1941.

5ª Ronda, 6 de diciembre, Círculo de Vélez Sarsfield

La quinta ronda se jugó en el Círculo de Vélez Sarsfield. En la competencia de este año intervienen solamente cuatro argentinos: Falcón, Villegas, Rossetto y Ojeda, más Pilnik, nacido en Alemania, pero nacionalizado argentino. Obtendrá el derecho a desafiar a Guimard por la disputa del título máximo de nuestro ajedrez el que mejor de ellos se clasifique en este torneo. Resultados: Benko 0:1 Winz; Falcón 1:0 Vuskovic; Luckis – Rossetto; Villegas 0:1 Ojeda; Iliesco 1:0 Pilnik.[436]

6a Ronda, 9 de diciembre, Club Jaque Mate

Resultados: Winz 0:1 Pilnik; Ojeda 0:1 Iliesco; Benko 1:0 Falcón; Rossetto ½:½ Villegas; Vuskovic 0:1 Luckis.

7a Ronda, 11 de diciembre, Club Argentino

Resultados: Villegas 1:0 Vuskovic; Pilnik 1:0 Ojeda; Falcón 0:1 Winz; Iliesco ½:½ Rossetto; Luckis 1:0 Benko.

8a Ronda, 13 de diciembre, Círculo de Ajedrez

Resultados: Vuskovic 0:1 Iliesco; Falcón 0:1 Luckis; Rossetto 1:0 Pilnik; Villegas – Benko; Winz – Ojeda. La lucha por los lugares que daban derecho a disputar el segundo turno del Torneo Mayor se hizo cada vez más interesante en las últimas rondas. Sobre diez participantes, no pasará de siete el número de finalistas, en el mejor de los casos. El maestro lituano Markas Luckis, que intervino en calidad de condicional, es decir, con la obligación reglamentaria de marcar más de un 40%, no solamente lo ha superado, sino que se mantiene holgadamente en el primer puesto desde hace varias reuniones.[437]

9a Ronda, 16 de diciembre, Círculo de Ajedrez

Resultados: Luckis 1:0 Winz; Villegas 1:0 Falcón; Iliesco 1:0 Benko; Pilnik 1:0 Vuskovic; Ojeda 0:1 Rossetto.

Ajedrez

18/12/41

Gana M. Luckis Invicto el Primer Turno del T. Mayor

Con el mayor de los éxitos ha finalizado el primer turno del Torneo Mayor organizado por la Federación Argentina, con el objeto de seleccionar el desafiante al título máximo de nuestro ajedrez.

El conocido maestro lituano Markas Luckis ha finalizado en el puesto de honor, separado por la mínima diferencia del maestro palestino Viktor Winz. En los tres puestos inmediatos inferiores, con iguales puntos, han terminado los señores Juan Iliesco, Herman Pilnik y Héctor Rossetto, cerrándose con el nombre del veterano maestro Benito H. Villegas la nómina de clasificados para actuar en el segundo turno. Fueron eliminados por no alcanzar el cincuenta por ciento de los puntos posibles, los señores Joaquín Ojeda, Vicente Vuskovic, Franz Benko y Enrique Falcón.

El segundo turno comenzará a disputarse mañana, de acuerdo al siguiente sorteo: 1. H. Rossetto, 2. M. Luckis, 3. B. H. Villegas, 4. J. Iliesco, 5. H. Pilnik, y 6. V. Winz. Los colores de las partidas serán los contrarios de los que haya llevado cada pareja en el primer turno. Los puntos obtenidos en el primer turno se sumarán a los del turno final.

RESULTADOS DE LA NOVENA RONDA

Blancas		Negras	
Pilnik	1	Vuskovic	0
(P. R. Defensa francesa, 22 jugadas)			
Iliesco	1	Benkö	0
(Zukertort, 29 jugadas)			
Villegas	1	Falcón	0
(Catalana, 36 jugadas)			
Luckis	1	Winz	0
(Inglesa, 40 jugadas)			
Ojeda	0	Rossetto	1
(P. R. Defensa francesa, 42 jugadas)			

RESULTADOS DE LAS PARTIDAS

5.	A2C	P3A	18.	D5R	P3A
6.	P4AD	C3A	19.	D3A	D3C
7.	PxP	CxP	20.	D4A+	R1T
8.	C3A	C3A	21.	P4CD	C3R
9.	O-O	A3D	22.	A3R	TD1A
10.	P4D	O-O	23.	D3C	DxP
11.	D3D	P3CR	24.	DxC	A1A
12.	A5C	A2R	25.	DxP+	A2C
13.	TD1D	CD2D	26.	D7A	T1R
14.	P5D	CxP	27.	D5D	P4TD
15.	A5T	T1R	28.	T1A	TD1R
16.	CxC	PxC	29.	A5A y las negras abandonaron.	
17.	DxPD	C4A			

CUADRO DE POSICIONES

Al finalizar el primer turno, la posición de los competidores era la siguiente:

	J.	G.	T.	P.	Pts.
Markas Luckis	9	5	4	-	7
Viktor Winz	9	6	1	2	6½
Juan Iliesco	9	4	3	2	5½
Herman Pilnik	9	5	1	3	5½
Héctor Rossetto	9	4	3	2	5½
Benito H. Villegas	9	3	4	2	5
Joaquín Ojeda	9	2	1	6	3
Vicente Vuskovic	9	3	-	6	3
Franz Benkö	9	1	2	6	2
Enrique Falcón	9	1	2	6	[illegible]

NOTA. — La J., significa partidas jugadas; la G., ganadas; la T., tablas; la P., perdidas, y Pts., los puntos obtenidos, contándose uno el juego ganado y medio punto las tablas.

LA DECIMA RONDA

La primera ronda del segundo turno

Luckis gana el primer turno. *El Mundo*, 18 de diciembre de 1941

[436] *La Prensa*, 7 y 18 de diciembre de 1941.

[437] Libro de recortes de Antonio Virginis, 8 de diciembre de 1941.

2º Turno

10ª Ronda (1ª del turno final), 24 de diciembre, Círculo de Ajedrez

El 2º turno del Torneo Mayor ha comenzado a disputarse con extraordinario vigor. La ventaja y el título de invicto que llevaba el maestro lituano Luckis ha debido cederlos al tiempo pasado (Sic). Bastaría decir que en el segundo turno no se ha registrado hasta ahora ninguna tablas, y que los seis competidores que quedaron se escalonan en los estrechos límites de un punto y medio que hay entre el primero y el último, para formarse una idea cabal de la decisión con que se jugaron los cotejos que iniciaron el turno de finalistas. Tiene el certamen otro aspecto interesante, y es la carrera que disputan Rossetto y Villegas en procura del título de desafiante. Uno y otro representan, respectivamente, a la primera y a la última generación de ajedrecistas de torneos que tenemos, y es de hacer notar el entusiasmo y la ambición con que vienen desempeñándose; más loable, fuera de toda duda, en el caso del veterano jugador, cuyo amor por el juego todos los años reverdece con bríos renovados (Sic). Los resultados fueron: Iliesco 0:1 Villegas, Zukertort, en la 47ª jugada; Pilnik 1:0 Luckis, Ruy López, en la 50ª; Winz 0:1 Rossetto, PR, Alekhine. Luckis tiene 7/10; Winz, Pilnik y Rossetto 6½; Villegas 6; Iliesco 5½.[438]

11ª Ronda, (2ª del turno final) 26 de diciembre, Círculo de Ajedrez.

Sigue Luckis encabezando el Torneo Mayor. Al terminar la 11ª rueda, que venía a ser la segunda fecha del turno de los finalistas, se había reducido aún más, en medio punto, el ya estrecho *espacio vital* en el que se agitan las ambiciones de los competidores, que están dando a la afición un espectáculo por demás interesante en su continuo forcejeo por desalojar a un rival del puesto que ocupa. Nunca se ha visto una final tan reñida, como que un punto de diferencia resulta demasiado estrecho para dar cabida a seis contrarios (Sic). Las tres rondas que faltan por jugarse cobran por esta razón un valor excepcional, puesto que cualquier error puede malograr las mejores posibilidades, y el clima en que se vienen desarrollando las partidas añade un factor psicológico de suma importancia, del cual sólo saldrán mejorados aquellos jugadores con más temple. El maestro lituano Luckis continuaba en el puesto de honor con medio punto de ventaja al terminar esta sesión. Los resultados fueron: Iliesco 1:0 Winz, Zukertort, en la 28ª jugada; Rossetto ½:½ Luckis, Defensa Nimzowitsch, en la 42ª; Villegas ½:½ Pilnik, en la 50ª. Luckis tiene 7½/11; Pilnik y Rossetto 7; Villegas, Winz e Iliesco 6½.[439]

12ª Ronda (3ª del turno final), 28 de diciembre, Club Argentino

La tercera ronda de los finalistas ha separado en dos grupos a los competidores: sus resultados vinieron a destacar los tres punteros: Luckis, Pilnik y Rossetto, am imponerse en forma terminante a sus tres contrarios, Winz, Iliesco y Villegas. Es posible que en las dos fechas restantes se desgrane aún más el número de competidores, pero la afición puede asistir a una lucha enconada si tanto el maestro Winz como Iliesco vuelven a luchar con el tesón que los distinguió en el primer turno. Las últimas posibilidades de los competidores se pueden conjeturar de acuerdo a los siguientes compromisos: Rossetto debe jugar con Iliesco y Pilnik; Luckis con Villegas e Iliesco; Pilnik con Rossetto y Winz. Los resultados fueron: Pilnik 1:0 Iliesco, Defensa Siciliana, en la 30ª jugada;

[438] Paulino Alles Monasterio, *El Mundo*, 26 de diciembre de 1941.
[439] Paulino Alles Monasterio, *El Mundo*, 28 de diciembre de 1941.

Winz 0:1 Luckis, Defensa India Antigua, en la 51ª; Villegas 0:1 Rossetto, Defensa Nimzowitsch, en la 64ª. Luckis tiene 8½/12; Pilnik y Rossetto 8; Iliesco, Villegas y Winz 6½.[440]

13ª Ronda (4ª del turno final), 30 de diciembre, Club San Lorenzo

Mantienen su Posición los Favoritos en el Torneo Mayor

La penúltima ronda del Torneo Mayor efectuada, como lo anunciáramos, en la sede del Club Atlético San Lorenzo de Almagro, no trajo consigo ninguna variación substancial para los favoritos del certamen.

El representante del Club Jaque Mate, Héctor Rossetto, tuvo que esperar por espacio de más de tres cuartos de hora la presencia del maestro y representante del C. A. San Lorenzo, Juan Iliesco, que hizo una criticable exhibición de mal espíritu deportivo y peor ajedrez. Herman Pilnik se impuso a Viktor Winz en una partida que finalizó con un enérgico remate y pudo así equilibrar su situación con el primer vencedor de la reunión. Mientras tanto, el maestro lituano Markas Luckis tenía más ruda labor con el veterano Benito H. Villegas, que si bien no estuvo muy acertado en la elección de su plan de juego, llegó al final de la sesión, oponiendo una tenaz resistencia hasta el momento de suspenderse la partida, cuyo final es netamente favorable a las negras.

Damos a continuación otros detalles de esta reunión, que terminó con H. Pilnik y H. Rossetto en los puestos de vanguardia:

RESULTADOS DE LA CUARTA RONDA DE LOS FINALISTAS

BLANCAS		NEGRAS	
Pilnik	1	Winz	0
P. R. Defensa siciliana, 31 golpes			
Rossetto	1	Iliesco	0
P. R. Defensa siciliana, 20 golpes			

SUSPENDIDA

Villegas — Luckis

P. D. Defensa Nimzoindia

PARTIDAS JUGADAS EN LA PENULTIMA RONDA DEL TORNEO MAYOR DE 1941

Apertura P. R. Defensa siciliana

BLANCAS — NEGRAS

Benito H. Villegas — Markas Luckis

Apertura P. D. Defensa Nimzoindia

	Blancas	Negras		Blancas	Negras
1.	P4D	C R3A	22.	TR1D	R2T
2.	P4A	P3R	23.	C1T	A1R
3.	CD3A	A5C	24.	R2A	D3C
4.	D2A	P3D	25.	R1R	C5T
5.	P3CR	C3A	26.	R2D	C3A
6.	C3A	P4R	27.	C2A	P3A
7.	P5D	AxC +	28.	PxP	P4D
8.	DxA	C2R	29.	R1R	AxP
9.	A5C	C5R	30.	T4D	T2D
10.	AxC	DxA	31.	TD1D	TR1D
11.	D3R	P4AR	32.	A1T	PxP
12.	A2C	P4TD	33.	TxT	CxT
13.	O-O	O-O	34.	P4CR	PADx[illegible]
14.	C1R	C4A	35.	D3C	PxP
15.	C3D	P3CD	36.	AxP	C4A
16.	P4AR(?)	P3R	37.	D[illegible]TR	TxT +
17.	P3CD	D3A	38.	CxT	DxA
18.	C2A	A2D	39.	P5A	D8T
19.	P4TD(?)	TD1R	40.	P6A	DxPA
20.	TD1C	P3TR	41.	P5T	
21.	P4TR	T2R			

Suspendida por las negras.

CUADRO DE POSICIONES

Al terminar la penúltima ronda, el puntaje de los competidores era el siguiente:

	J.	G.	T.	P.	S.	Pts.
Herman Pilnik	13	8	2	3	-	9
Héctor Rossetto	13	7	4	2	-	9
Markas Luckis	13	6	5	1	1	8 ½
Benito H. Villegas	13	4	5	3	1	6 ½
Juan Iliesco	13	5	3	5	-	6 ½
Viktor Winz	13	6	1	6	-	6 ½

NOTA: La J., significa partidas jugadas; la G., ganadas; la T., tablas; la P., perdidas; la S., suspendidas y Pts., los puntos obtenidos, contándose 1 por juego ganado y ½ las tablas.

LA ULTIMA RONDA

La última ronda de este certamen tiene una partida de suma importancia para el primero y segundo puesto final; nos referimos a la que disputarán H. Pilnik y H. Rossetto, ambos con igualdad de puntos e idénticas ambiciones. He aquí el sorteo completo de esta fecha:

Pilnik v. Rossetto
Villegas " Winz
Luckis " Iliesco

Se jugará en el Club Argentino de Ajedrez mañana viernes, iniciándose a las 20.30 horas.

Tres favoritos: Luckis, Rossetto y Pilnik.
El Mundo. 2 de enero de 1942

Mantienen sus posiciones los favoritos: la ronda no trajo consigo ninguna variación sustancial para los primeros. El representante del Club Jaque Mate, Rossetto, tuvo que esperar por espacio de más de tres cuartos de hora la presencia del maestro y representante del Club San Lorenzo Juan Iliesco, que hizo una criticable exhibición de mal espíritu deportivo y peor ajedrez (Sic). Pilnik se impuso a Winz, en una partida que finalizó con un enérgico remate, y pudo equilibrar así su situación con la del primer vencedor de la reunión. Mientras tanto, el maestro lituano Luckis tenía más ruda labor con el veterano Villegas, que si bien no estuvo muy acertado en la elección de su plan de juego, llegó al final de la sesión oponiendo una tenaz resistencia hasta el momento de suspenderse la partida, cuyo final es netamente favorable a las negras. Pilnik y Rossetto terminaron en los puestos de vanguardia, esperando el resultado de Luckis. Los resultados fueron: Pilnik 1:0 Winz, Defensa Siciliana, en la 31ª jugada; Rossetto 1:0 Iliesco, Defensa Siciliana, en la 20ª; Villegas – Luckis, Defensa Nimzowitsch, suspendida. Encabezan las posiciones Pilnik y Rossetto con 9/13; Luckis 8½/12.[441]

14ª Ronda (5ª del turno final), 2 de enero de 1942, Club Argentino. La grieta

Gana Luckis el torneo Mayor de la FADA: totalizó 10½ puntos, y perdió un solo cotejo, con el ajedrecista que se clasificó en el segundo puesto. La personalidad del ganador se ha venido destacando en nuestro ambiente, así como en los certámenes de Montevideo y San Pablo, sin contar el último de Mar del Plata y los realizados por el Círculo, obteniendo, en general, buenas colocaciones que han venido a premiar las dotes que adornan a este destacado cultor del juego ciencia. En el segundo puesto, a medio punto, se ha clasificado el conocido ajedrecista Pilnik, representante del Club Argentino, logrando una nueva actuación que viene a ratificar su campaña en nuestro medio, donde ha subido peldaño por peldaño, hasta lograr la maestría que actualmente luce.

Rossetto ha resultado el jugador argentino mejor clasificado; esta notable performance del más joven de los competidores –19 años– le vale el título de desafiante del campeón argentino, en poder de Guimard desde que venciera a Maderna. En los círculos ajedrecísticos, en especial en el Club Jaque Mate y en Bahía Blanca, su actuación ha sido seguida con especial interés; por su juventud, tiene un promisorio porvenir. Villegas es el otro jugador argentino que se clasificó entre los finalistas, y durante buena parte del segundo turno fue un obstinado rival de Rossetto.

[440] Paulino Alles Monasterio, *El Mundo*, 30 de diciembre de 1941.
[441] Paulino Alles Monasterio, *El Mundo*, 2 de enero de 1942.

En el primer turno jugaron diez ajedrecistas, quedando primero Marcos Luckis con 7/9, seguido por Víctor Winz 6½; Juan Iliesco, Héctor Rossetto y Herman Pilnik 5½; Benito Villegas 5; Voyin Vuskovic y Joaquín Ojeda 3; Francisco Benko y Enrique Falcón 2. Los seis primeros –obtuvieron más del 40% de los puntos– jugaron el turno final, y confirmó su victoria el maestro lituano Luckis con 10½/14, seguido por Herman Pilnik 10, Héctor Rossetto 9 –fue el primer argentino, y adquirió el derecho a desafiar al campeón Carlos Guimard–, Benito Villegas y Viktor Winz 7; y el rumano Juan Iliesco 6½. Esto indica que en el turno final participaron dos argentinos –Villegas y Rossetto–, un argentino nacionalizado –Pilnik– y tres extranjeros, por lo que el desafiante se eligió sólo entre tres jugadores.[442]

■ Con el triunfo del maestro lituano Marcos Luckis finalizó el Torneo Mayor de la FADA, la competencia de más trascendencia que anualmente organiza, por ser la que sirve para establecer el orden de los ajedrecistas locales para posibles intervenciones en el extranjero, y para determinar al mismo tiempo cuál es el ajedrecista argentino que en cada temporada puede disputar el título máximo de nuestro ajedrez. Luckis aventajó por la mínima diferencia al ajedrecista local Herman Pilnik. El comportamiento de este último resultó sobresaliente en la parte final de la prueba, llegándose a la rueda final en la que pudo clasificarse primero, a no mediar por un accidente en la partida entre Iliesco y Luckis. En efecto, en dicho encuentro consiguió Iliesco una posición completamente ganadora, y cuando el público presente consideraba a Pilnik ganador del certamen, se vio con sorpresa que Iliesco cometía un serio error y perdía la partida, ganando con ello Luckis el certamen. En el tercer lugar se clasificó Rossetto, quien disputó con Pilnik, en la última rueda, el segundo lugar.

El Campeonato Argentino se vio deslucido por la circunstancia de que sólo se inscribieron cuatro jugadores argentinos, lamentándose la ausencia de todos los ajedrecistas locales que figuran en el plano superior de nuestro ajedrez. De acuerdo con la reglamentación del torneo y los estatutos de la FADA, ha obtenido Héctor Rossetto, por ser el argentino que se colocó mejor en el certamen, el derecho de medirse con el campeón, Carlos Guimard. Dicho jugador es uno de los elementos más jóvenes de los que actúan en nuestro medio, y a pesar de que hasta ahora no ha tenido actuaciones sobresalientes, ha de resultar de interés un encuentro con el campeón Guimard, por tratarse de ajedrecistas de distintas épocas y estilos. El desafío se tendrá que formalizar dentro de los diez días de terminado el Torneo Mayor, y el *match* deberá disputarse en abril próximo.[443]

■ El Torneo Mayor recientemente disputado, ha ofrecido un espectáculo deplorable desde el punto de vista de su significación y finalidad. Sirve esta competencia para establecer en cada temporada cuál es el ajedrecista argentino que puede medirse en un *match* con el campeón nacional, y a la vez para formar el cuadro superior para el caso de producirse pruebas internacionales. En ambos casos, según lo dispone la reglamentación y estatutos de la Federación, sólo pueden intervenir ajedrecistas argentinos. Y en este torneo, de los once inscriptos sólo cuatro eran argentinos, y ninguno está capacitado para medirse con éxito frente a los valores consagrados de nuestro ajedrez.[444]

■ El Torneo Mayor recientemente disputado ha sido objeto de una desagradable incidencia que ha puesto en evidencia un sordo rencor de personas que se han visto merecidamente desplazadas de puestos destacados desde los cuales dominaban la situación y manejaban a su antojo la principal

[442] *Enroque!!* nº 7, pág. 113. Caissa nº 43, pág. 5.

[443] *La Prensa*, 4 de enero de 1942.

[444] *El Ajedrez Americano* 2ª época nº 81 pág. 33. Los cuatro argentinos mencionados entre los 11 participantes eran en realidad 5: Rossetto, Villegas, Falcón, Ojeda y Marini.

organización ajedrecística del país. No conformes con su alejamiento e incapaces de reflexionar sobre sus errores han apelado al obstruccionismo para desprestigiar a la entidad que otrora fuera su cuartel general. Una excusa cualquiera, sin fundamento valedero, fue suficiente *camouflage* para encubrir una 'orden' a los jugadores de una vieja y prestigiosa institución, exigiéndoles la anulación de su inscripción en la prueba citada. **Pero los ajedrecistas fueron más sensatos y el torneo pudo realizarse con su presencia, pero la incidencia demuestra que el enemigo está pronto para atacar con procedimientos arteros a la institución que tan mal parada dejaron. ¡Esta es la voz de alerta!**[445]

La opinión de Roberto Grau en *Estrategia*

▓ El Torneo Mayor ha sido la competencia más calificada de nuestro ajedrez, y resulta doloroso verlo reducido a una prueba de segundo orden. Pero mejor que lamentarse, es buscar las razones de este fenómeno y poner el hombro para que la FADA encuentre la manera de asignarle su anterior jerarquía. (...) La decadencia del Torneo Mayor comienza precisamente después del TN. La permanencia en el país de una serie de maestros calificados cambió el panorama de nuestro ajedrez. Desde el mismo momento en que éstos echaron raíces en nuestro medio, existió una meta más valiosa para los jugadores locales que el Campeonato Argentino. Antes éste era el exponente máximo de la capacidad ajedrecística del país.

Desde 1939, la ambición de los mejores jugadores tiene otro horizonte más vasto y halagüeño. Quienes supieron del placer de ser campeones argentinos, comprendieron que vencer en un certamen donde actuaran los maestros, era, en realidad, mayor galardón que ganar el Torneo Mayor, ya que la prohibición que existe de que los jugadores extranjeros puedan ser campeones y representen al país, impedía prácticamente la actuación de los mismos en la máxima prueba de FADA. La solución, en mi opinión, es otra. Cuando recobré por tercera vez el Campeonato Argentino manifesté que el sistema de *matches* por el título debía abolirse, y que los torneos mayores serían más interesantes si en realidad, como sucede en muchos países, el ganador del mismo fuera automáticamente el campeón. Y si se autorizara la participación de cualquier jugador que tuviera una permanencia de un año en el país, se lograría que el torneo concentrara los mejores jugadores en actividad. Jugar un torneo es una cosa agradable. Jugar un *match*, donde se triunfa o se es derrotado, es una cosa amarga. (...) Mientras el Torneo Mayor esté limitado a jugadores locales y haya pruebas abiertas a maestros de más jerarquía deportiva, no volverá a su antiguo esplendor.[446]

Las soluciones que propone de Luis Palau

▓ Para salvar la irregularidad, creo que hay dos caminos. Que en el Torneo Mayor sólo puedan intervenir jugadores argentinos, o bien que la inscripción sea libre para argentinos y extranjeros, y cualquiera sea el ganador, pueda disputar el Campeonato Argentino. En este último caso, sólo bastaría un cambio de nombre: el ganador sería el campeón de ajedrez de la Argentina.[447]

[445] *Caissa* nº 43, pág. 20. Nota firmada con el seudónimo Centaurus, bajo el título A Salto de Caballo. Evidentemente Centaurus habla de un supuesto boicot del Círculo al Torneo Mayor, y por esa razón no habrían jugado sus principales jugadores, como por ejemplo Grau, Nogués Acuña, Maderna, Palau, Puiggrós.

[446] *Estrategia* nº 1, marzo de 1942.

[447] *Estrategia* nº 1, marzo de 1942.

Preliminar y Final del Torneo Mayor 1941

		1	2	3	4	5	6	7	8	9	0	PTS	S.B.
1	Luckis, Marcos	**	½0	1½	½1	½1	11	½	1	1	1	10.5/14	
2	Pilnik, Herman	½1	**	01	0½	11	01	1	1	1	1	10.0/14	
3	Rossetto, Héctor	0½	10	**	½1	11	½1	1	0	½	1	9.0/14	
4	Villegas, Benito	½0	1½	½0	**	0½	½1	0	1	½	1	7.0/14	44.00
5	Winz, Viktor	½0	00	00	1½	**	10	1	1	1	1	7.0/14	32.25
6	Iliesco, Juan	00	10	½0	½0	01	**	1	1	1	½	6.5/14	
7	Ojeda, Joaquín	½	0	0	1	0	0	**	0	1	½	3.0/9	15.25
8	Vuskovic, Voyin	0	0	1	0	0	0	1	**	1	0	3.0/9	14.00
9	Benko, Francisco	0	0	½	½	0	0	0	0	**	1	2.0/9	10.00
10	Falcón, Enrique	0	0	0	0	0	½	½	1	0	**	2.0/9	7.75

Notas de Seitz en *Enroque!!* de Necochea

En el número aparecido el 29 de noviembre de la revista de Necochea, Jakob Adolf Seitz publica un aviso que dice:

> Doctor Adolfo J. Seitz, maestro de ajedrez. Corresponsal técnico de los mejores diarios europeos. Lecciones particulares, giras, simultáneas. Honorarios razonables a convenir. Canje y compra de revistas argentinas y extranjeras de ajedrez, especialmente la Revista del Club Argentino de Ajedrez. Casilla de Correo Central nº 1421, Ciudad de Buenos Aires.

El editorial de este número se titula *Un paso más*, e informa que el ejemplar está dedicado especialmente al Torneo del Círculo que terminó el 10 de noviembre, conteniendo las 56 partidas del mismo, "14 de ellas comentadas especialmente para *Enroque!!* por el destacado nuestro colaborador de ajedrez y erudito crítico de este juego doctor J. A. Seitz", a quien publican un aviso ofreciendo sus servicios.[448]

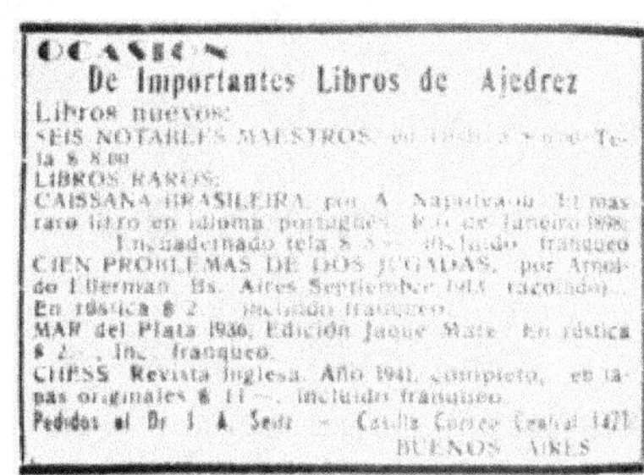

Avisos de Seitz en *Enroque!!*

Ludwig Engels se va al Brasil

El alemán Engels, que permanecía en nuestro país desde 1939, es invitado a participar en el Torneo Internacional de Aguas de São Pedro, Brasil, y se quedará allí definitivamente, participando en numerosos torneos. Su principal actividad será la de *instructor* del Clube de Xadrez São Paulo.

[448] *Enroque!!* nº 7, 29 de noviembre, pág. 120.

El Club Jaque Mate festeja su XIV Aniversario

Con motivo de cumplir el Club Jaque Mate sus catorce años de vida deportiva, será servido un banquete mañana sábado en el Restaurante Buenos Aires, Pueyrredón 25, que promete asumir gratos contornos en virtud del entusiasmo que reina entre los asociados. Por otra parte, y como complemento de la cena, se efectuará una reunión danzante el domingo 7 por la tarde, a las 18 horas, en el local social de Pasteur 536.

Además, y en virtud del acontecimiento que se celebra, la entidad se ha trazado un nutrido y variado programa de actividades, que abarcará la totalidad del mes en curso, que consistirá, entra otras pruebas, en torneos rápidos, partidas en consulta, concursos de reproducción de partidas, etc. Asimismo, serán dictadas varias conferencias, que estarán a cargo del campeón de la institución, Rafael Bensadón, y de Marcelino Moguilevsky. Las sesiones de simultáneas serán conducidas por Julio Bolbochán, Movsa Feigins y Héctor Rossetto.[449]

Lásker en *El Gráfico*

El 12 de diciembre de 1941, *El Gráfico* nº 1183 publica una pequeña biografía de Emanuel Lásker, en forma de historieta ilustrada.

Historieta de Emanuel Lásker en *El Gráfico* nº 1183

Simultáneas de Najdorf

El 15 de diciembre a las 21.30 en el Club Argentino, Santa Fe 1292, se realizó un extraordinario espectáculo a cargo del maestro internacional Mieczyslav Najdorf, campeón de Polonia. Consistirá en una serie de cuarenta a cincuenta partidas simultáneas, cinco de las cuáles serán a ciegas, con caracterizados jugadores de entidades locales. Hasta ahora el récord jugado en la Argentina es el que mantiene el campeón mundial, doctor Alekhine, con 30 simultáneas y dos a ciegas, realizadas años atrás en los salones de Príncipe Jorge.

El Club Argentino ha invitado especialmente a numerosos jugadores de distintas asociaciones similares, y ha establecido premios especiales para aquellos jugadores que logren ganar su partida. El prestigio de este notable maestro, que por razones de guerra reside en nuestro país, ha sido

[449] *La Prensa,* 7 de diciembre de 1941.

acrecentado a raíz de su triunfo en el último torneo de maestros realizado en esta capital. Entre las facultades extraordinarias de que está dotado este notable jugador se encuentra la velocidad con que juega este género de partidas.[450]

Dora Trepat, campeona argentina

El Campeonato Argentino Femenino del año en curso ha comenzado a disputarse entre las conocidas jugadoras señorita Dora B. de Trepat, que viene defendiendo el título máximo desde hace varios años, y la señora Electra de Bilbao, la jugadora argentina mejor clasificada en el último certamen, ganado por la campeona palestiniana (Sic) señora Salomé D. de Reischer, que por su condición de extranjera no podía aspirar al título de desafiante. Las dos partidas efectuadas hasta la fecha se han jugado en el Club Argentino, campo neutral que ambas adversarias eligieron para realizar los ocho encuentros concertados, y en ambos ha vencido la campeona. El Campeonato Argentino Femenino fue ganado fácilmente por la múltiple campeona argentina Dora Trepat, que en esta oportunidad enfrentó en un *match* a una jugadora de calidad muy inferior, a quien derrotó fácilmente: Electra Bilbao.[451]

Guimard y el Círculo, Cruz de Hierro

La FADA ha resuelto designar a Carlos Guimard, por segunda vez, como el ajedrecista que, por el alto grado de eficiencia y sus virtudes deportivas, se ha hecho acreedor a la ya clásica Cruz de Hierro, que entrega el Club Náutico Buchardo todos los años a las figuras más nítidas del panorama deportivo del momento. No podía caber ninguna duda en la elección. La actividad del ajedrez argentino en 1941 ha sido la del Círculo de Ajedrez, en materia de organización deportiva, y la Carlos Guimard, como jugador y alto exponente del ajedrez nacional. La actuación de Guimard tiene como detalle consagratorio su victoria, en compañía de Eliskases, en el Torneo de San Pablo.[452]

Efectos de la guerra en Alemania

La tapa de la revista de ajedrez editada en Leipzig editada por Curt Ronniger en noviembre de 1941 muestra los devastadores efectos de la guerra.

Portada de *Deutsche Schachblätter* con lista de ajedrecistas fallecidos

[450] *La Nación*, 5 de diciembre de 1941.

[451] *Estrategia* nº 1, marzo de 1942. Libro de recortes de Antonio Virginis, 8 de diciembre de 1941.

[452] Roberto Grau, Frente al Tablero, *La Nación*, 11 de enero de 1942. En 1939 el Club Náutico Buchardo entregó esta distinción a la "deportista modelo Carola Lorenzini, Aero Club Argentino".

Capítulo 4

EL PAÍS EN 1942

1942: Neutralidad argentina: ¿Nazismo encubierto? ¿conveniencia inglesa? Visitas al *generalísimo* Franco. Los alemanes hunden cinco barcos brasileños. El presidente Ortiz queda ciego y debe renunciar. Tropas alemanas llegan al río Don: miedo universal.

El país en 1942

▓ En enero de 1942 se realiza la Conferencia de Río de Janeiro, donde participan todos los países americanos, y Argentina queda sola con su posición de neutralidad. Esto generó un fuerte enojo en los Estados Unidos, que lanzó una campaña contra el gobierno argentino, a quien acusaba de *"nazi fascista y pro Eje"*. Los cargos se basaban en la ayuda económica desembozada que la Embajada de Alemania que, a través de su embajador Edmund Von Thermann, brindaba a las publicaciones pro alemanas, y a las negociaciones de figuras del gobierno con empresas alemanas, incluso por la provisión de armas. Circulaban en Buenos Aires rumores de una inminente invasión desde Brasil, y de proyectos de ocupación de ciudades argentinas en el sur por marines yanquis.

Embajador von Thermann.
Foto Embajada de Alemania

▓ El 7 de abril, junto con otros argentinos convocados por el "Generalísimo" Franco, viaja a España Juan Carlos "Bebe" Goyeneche.[453] Fue despedido en una cena convocada por el Embajador de España. En su discurso dijo que "la guerra de Hitler le signaba su hora al gusano lento y eficaz del liberalismo". Llevaba en su valija un decreto secreto de cobertura firmado por el presidente Ramón Castillo y su ministro de Relaciones Exteriores, Enrique Ruiz Guiñazú.[454] Su misión "oficial" era "estudiar el desenvolvimiento de las relaciones Culturales con España". Su misión secreta era contactarse con los más altos jerarcas del régimen nazi, objetivo que cumplirá exitosamente al entrevistarse posteriormente con varios de ellos.[455] El 3 de mayo Goebbels escribe en su diario: "Argentina puede volverse muy importante para la evolución ulterior de la situación en América del Sur".

[453] Hijo del Intendente de la Ciudad de Buenos Aires, Arturo Goyeneche.

[454] Enrique Ruiz Guiñazú había reemplazado a Julio A. Roca (h). El discurso puede verse en *Juan Carlos Goyeneche, Ensayos, Artículos, Discursos*, Ediciones Dictio 1976, Buenos Aires. Citado en *Perón y los alemanes*, Uki Goñi, pág. 64.

[455] Perón y los alemanes, Uki Goñi, página 30.

En tanto, los oftalmólogos discuten todavía sobre si es posible operar o no al presidente Ortiz. Para tomar una decisión definitiva, y por gestión del presidente de los Estados Unidos, Franklin D. Roosevelt, fue convocado el eminente especialista Ramón Castroviejo, quien llegó al país el 11 de mayo. De la evaluación final surge que no es posible realizar la operación, y que la ceguera de Ortiz es irreversible. El 18 de junio le comunican la noticia, y el 26 renuncia a la presidencia. El 27 la Asamblea Legislativa acepta por unanimidad su renuncia. Es un hombre derrumbado. Deja la residencia de la calle Suipacha y se aloja en su departamento de Callao y Paraguay, donde fallece el 15 de julio de 1942.

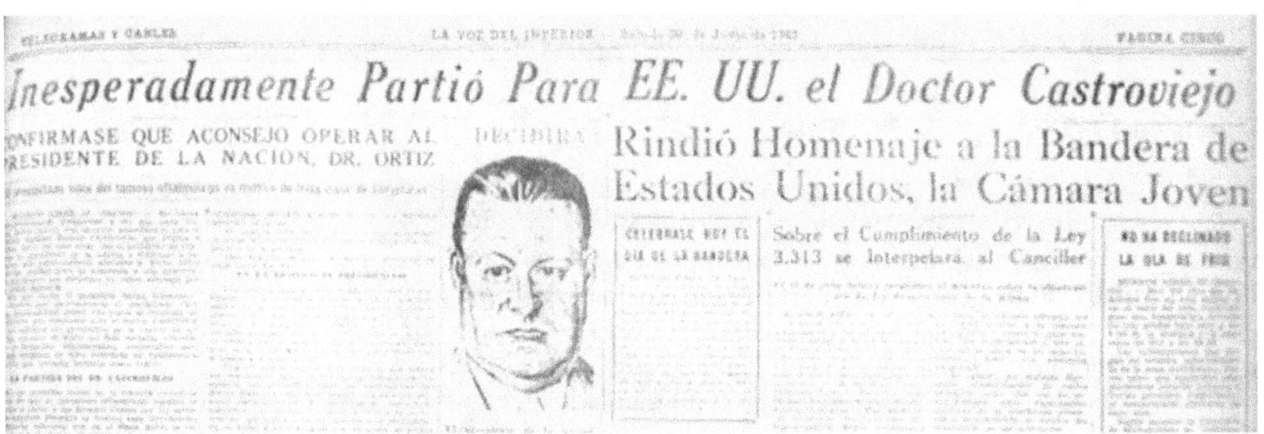

nesperadamente Partió Para EE. UU. el Doctor Castroviejo

NFIRMASE QUE ACONSEJO OPERAR AL
RESIDENTE DE LA NACION, DR. ORTIZ

Rindió Homenaje a la Bandera de Estados Unidos, la Cámara Joven

Sobre el Cumplimiento de la Ley 3.313 se Interpelará al Canciller

El Dr. Castroviejo deja el país. Facsímil *La Voz del Interior*

En agosto Brasil le declara la guerra a los países del Eje, y Argentina queda cada vez más aislada en el continente cmericano con su posición neutralista. El 24 de julio los diarios dan la noticia de que los alemanes llegaron hasta el Río Don, que se producen cruentas batallas en Voronezh, y que se incrementa de la actividad bélica en El Alamein.

El 18 de agosto submarinos alemanes hunden cinco barcos brasileños, provocando una ola de indignación en todo Brasil. Cuatro días después, esta nación le declara la guerra a Alemania.

LOS PRINCIPIOS

TROPAS ALEMANAS HAN LLEGADO AL RIO DON EN UN AMPLIO FRENTE DE DOSCIENTOS KILOMETROS

Informaciones Soviéticas han Anunciado Exitos Locales de sus Contingentes, en Voronezh

Una Pronunciada Intensificación de las Actividades Bélicas Nótase en la Región Oeste de El Alamein

Los alemanes llegan hasta el Río Don. *Los Principios*, 24 de julio de 1942

LA VOZ DEL INTERIOR — Miércoles 19 de Agosto de 1942 PAGINA TRES

Una Ola de Indignación Indescriptible Provocó el Hundimiento de las Cinco Naves Brasileñas

No Quedarán sin Castigo Estos Actos de Piratería, Declaró el Primer Magistrado de la Nación Hermana

EL BAEPENDY CONDUCIA A 300 SOLDADOS QUE SE DIRIGIAN A FERNANDO DE NORONHA

Brasil Contará en la Emergencia con el Total Apoyo del Uruguay

Submarinos alemanes hunden cinco barcos brasileños. *La Voz del Interior*, 19 de agosto de 1942

Domingo 23 de Agosto de 1942 PAGINA TRES

Desde Ayer, Brasil se Halla en Guerra con Alemania e Italia

LA DECLARACION OFICIAL DEL GOBIERNO CARIOCA

La Noticia Causó Profunda Emoción

LA AGRESIVIDAD DEL "EJE" LLEVA A BRASIL A UNA CONTIENDA QUE NO DESEABA Y QUE NO HA PROVOCADO

Brasil le declara la guerra a Alemania. *La Voz del Interior*, 23 de agosto de 1942

CABLES LA VOZ DEL INTERIOR — Domingo 3 de Mayo de 1942 PAGINA TRES

Destinada a Quebrar las Líneas Alemanas, las Fuerzas Soviéticas Lanzaron Otra Poderosa Ofensiva en el Norte

En los Frentes del Centro y Sur se Desarrollan Recios Combates

HUBO EN EE. UU. UN GRAVE ACCIDENTE

GIRAUD, HABRIA SIDO ENTREGADO A LOS ALEMANES

Alas Norte Americanas en Birmania

Otro Atentado se Produjo en Francia

El 6 de octubre el diputado socialista Mario Bravo se atrevió a descorrer el velo de la financiación de la Guerra del Chaco. "La Comisión Argentina encargada de adquirir municiones en el extranjero también lo hacía para Paraguay", dijo Bravo ante un auditorio estupefacto.

> El hombre vinculado a los contratos de armas, y a quien yo denuncié como gestor de las coimas, y documenté todas esas cosas, no sólo robaba en connivencia con los fabricantes para beneficiarse él en los contratos argentinos, sino que también robaba en los contratos para el Paraguay. Y debo denunciar, porque hace al caso, que el corruptor de gran parte de los funcionarios vinculados a la comisión de adquisiciones de materiales en el extranjero, el señor Fritz Mandl, es un personaje que hoy vive en el país, goza de prestancia en los círculos sociales, aristocráticos y oficialistas, tiene industrias, lucra en el país y ha entrado aquí sin ninguna restricción del gobierno argentino.[456]

Desde febrero de 1932, el Mayor Perón es la mano derecha del titular del Ministerio de Guerra de Agustín P. Justo. Cuando abandona la función nueve meses después, ha urdido una red de contactos y compromisos que resultarán vitales para la evolución del conflicto entre Bolivia y Paraguay. El embajador paraguayo, en cada comunicación a su presidente, le encarece máxima discreción, sugiriendo incluso que el cónsul en Formosa quede al margen de las maniobras. Cada vez que en algún informe se reporta algo, enfáticamente agrega: "Según me aseguró el Mayor Perón". La Comisión Argentina para la compra de armamentos en Europa tenía autorización para comprar materiales con destino al Paraguay. El contacto en Europa era un personaje muy conocido en la época infame, un individuo tan capaz como intrépido, que convenció a los militares argentinos acerca de la calidad de sus relaciones. El fabricante de armas era Fritz Mandl.[457]

DEBE SOBREVENIR UN CAMBIO SOCIAL DE ESTA GUERRA, NOS DICE LA ESCRITORA JULIA PRILUTZKY DE ZINNY

Sra. Julia P. Farny de Zinny

En Córdoba, Julia Prilutzky habla sobre la guerra. *La Voz del Interior*. 11 de noviembre de 1942

■ El 11 de noviembre la escritora Julia Prilutzky Farny visita la ciudad de Córdoba para pasar unas breves vacaciones antes de viajar a México. La escritora, nacida en Kiev pero adoptando la nacionalidad argentina, declara que "de esta guerra debe sobrevenir un cambio social".[458]

■ El 25 de noviembre los diarios informan a grandes titulares que hay unos 300.000 soldados alemanes que se encuentran en grave peligro.[459]

■ A comienzos de diciembre el "Generalísimo" español Francisco Franco hace votos por el triunfo nazi, y elogia a Mussolini.[460]

[456] *Últimas noticias de Perón y su tiempo*, Rogelio García Lupo, Vergara Grupo Zeta, 2006, pág. 41/2.

[457] El plan argentino para dividir a Bolivia. Noventa mil muertos por un petróleo que jamás apareció, por el doctor Sergio Julio Nerguizián, El Ojo Digital Web.

[458] Diario *La Voz del Interior*, 11 de noviembre de 1942.

[459] Diario *La Voz del Interior*, 25 de noviembre de 1942.

[460] Diario *La Voz del Interior*, 6 de diciembre de 1942.

Hizo Votos por el Triunfo Nazi, Francisco Franco

Afírmase que éste pronunciará mañana un importante discurso

MADRID, 5. (Saporiti) — El general Franco contestó el telegrama que le enviara Hitler con motivo de haber cumplido aquel 50 años. "Muchas gracias a usted y al pueblo alemán, expresa el mensaje telegráfico por las felicitaciones enviadas y le agradezco sus votos por el futuro español y por mí. Ojalá sus armas triunfen en la gloriosa empresa de limpiar a Europa del terror bolchevique".

HABLARA MAÑANA

BERLIN, 5. (Saporiti) — La agencia oficial alemana informó que el general Franco hablará oficialmente el lunes próximo con motivo de la constitución del consejo nacional de la falange, reorganizado recientemente. Se atribuye gran importancia al discurso que pronunciará aquel.

Franco Exaltó a Mussolini y Fustigó al Liberalismo

Se ensañó con las revoluciones francesa y rusa y expresó confianza en el triunfo de los totalitarios

MADRID, 8. (Saporiti). — El general Franco, pronunció un importante discurso en la sesión inaugural del nuevo consejo nacional de la falange celebrada en el antiguo edificio del Senado, con asistencia de todos los nuevos consejeros, presididos por el señor José Luis Arrese y virtualmente todo el cuerpo diplomático, incluyendo a los embajadores de Gran Bretaña, Estados Unidos, Argentina y Chile y a los representantes del "eje".

El discurso que fué radiad[o] había despertado gran inter[és] por tratarse del primero q[ue] pronuncia aquél, después de [la] ocupación de Francia por l[os] alemanes y de Africa del nor[te] por las fuerzas aliadas.

"Hitler y Mussolini — ha de[clarado] Franco— combatiero[n] el comunismo y establecieron [un] nuevo orden y representan n[o] a una nación determinada [ni] una raza sino la fe nueva y l[a] "revolución" social contra [el] viejo mundo liberal que con[o]...

Francisco Franco desea el triunfo nazi. *La Voz del Interior,* 6 de diciembre de 1942

Noticias alemanas en Buenos Aires: ¿Alekhine, herido en Praga?

▮ En *Enroque!!* nº 22, pág. 13, la revista informa que "llegan informaciones de que el campeón del mundo, Alexander Alekhine, fue herido seriamente en Praga y remitido a un Hospital".[461]

▮ El 5 de diciembre la Justicia Federal confirma que la Embajada de Alemania, cuyo embajador es Edmund von Thermann, se halla implicada en las actividades de espionaje nazi en la Argentina.[462]

▮ El 15 de diciembre Juan Carlos Goyeneche, le enviaba una carta desde París a Edith Faupel en estos términos: "Ayer fui informado que el señor Himmler me ha concedido una entrevista para los días que voy a estar en Berlín".[463]

TELEGRAMAS Y CABLES — LA VOZ DEL INTERIOR — Sábado 5 de Diciembre de 1942 — PAGINA CINCO

RECONOCIO LA JUSTICIA FEDERAL QUE LA EMBAJADA ALEMANA ESTA COMPLICADA EN LAS ACTIVIDADES DE ESPIONAJE EN NUESTRO PAIS

[CO]NFIRMA ASI EL JUEZ DR. JANTUS CUANTO ADELANTARA YA LA COMISION INVESTIGADORA DE LAS ACTIVIDADES ANTIARGENTINAS

[L]A SUPREMA CORTE DE JUSTICIA DECIDIRA AHORA LA SITUACION DE LOS DIPLOMATICOS NAZIS

Más Tropas se Dirigen a Africa

SERA PROCESADO EL COMISARIO FLORIO

EL CAMPEONATO DE BASKET CONTINUO DISPUTANDOSE AYER

A Puerto Belgra[no] Va el Presiden[te]

Espionaje alemán en Argentina. *La Voz del Interior,* 5 de diciembre de 1942

Reportaje a Leonardo Lipiniks [Juan Sebastián Morgado]

Contame algunas anécdotas del sueco Ståhlberg.

Ståhlberg fue uno de los ajedrecistas exiliados más activo y exitoso. El siguiente testimonio es revelador de su personalidad. Tengo un agradable recuerdo de él. Recientemente he leído que también era judío, aunque en aquel tiempo ni me pasó por la imaginación. Tanto lo admiraba que,

461 Se trató de una noticia totalmente falsa.

462 Diario *La Voz del Interior*, 5 de diciembre de 1942.

463 *Perón y los alemanes,* op. cit, pág. 31. Edith Faupel era la esposa del general retirado Wilhelm Faupel, una personalidad muy destacada dentro de la estructura nazi, que se suicidó cuando cayó el Reich.

teniendo que empezar mi jornada laboral a las 7 horas, me quedaba en el Club Argentino hasta las 2, 3 ó 4 de la mañana sólo para poder acompañarlo, caminando, desde el Club hasta el Jousten Hotel de la Calle Corrientes y 25 de Mayo, donde él vivía. Tras despedirnos, yo tomaba el tranvía 2 que me llevaba en una hora a Liniers, para dormir una o dos horitas antes de partir para el trabajo. De él recuerdo, por ejemplo, que estando en el Club el glorioso Villegas analizando una posición con Puiggrós, lo vio entrar a Ståhlberg y le gritó:

Che, gringo, ¿quién te parece que gana, las blancas o las negras?

Tras un vistazo rápido dijo:

> Con blancas, gano....

Amagó con retirarse de la habitación, pero antes de cruzar la puerta, remarcó:

> ¡Ah! ¡y con negras también!

Ståhlberg fue mi único "hincha" en el Torneo Mayor de 1946 donde, posiblemente por la cola de paja que me quedó tras abandonar mi *match* con el doctor Schvartzman, jugué muy mal, ayudando a mis rivales a darme mate en dos y arruinando partidas muy ventajosas, que dieron como resultado que saliera anteúltimo entre más de 20.[464] En una de las partidas donde yo estaba bien situado, Ståhlberg se me acerca y me susurra:

> No me diga que esta partida no la va a ganar.

Después se lamentaba conmigo porque ese encuentro también la perdí. Por pudor o falta de medios nunca le pregunté si me daría clases, así que nuestras charlas nocturnas siempre eran sobre temas generales. Tal vez pensé que, por ósmosis, adquiriría algo de su maestría.[465]

¿Cómo fue que tu familia llegó a Buenos Aires?

Te cuento una historia. Al volver a casa luego del mitin de los Demócratas Progresistas junto a sus aliados comunistas en el Luna Park, el 19 de diciembre de 1942, le expresé a papá y mi admiración por los esfuerzos que se había dicho que hacía el gobierno soviético para mejorar las condiciones de los trabajadores. Tras felicitarme por mi entusiasmo por interesarme en este problema, luego, suavemente, me dijo algo así:

> Hijo, no debes aceptar todo lo que se dice y escribe, ya que el partido nunca tratará seriamente de mejorar el nivel del pueblo: en caso de lograrlo, lo perdería enseguida.

Cabe comentar que papá fue un activista letón, y que los letones estaban en su gran mayoría entusiasmados porque los revolucionarios les habían prometido que se expropiarían las tierras ocupadas por alemanes para adjudicárselas a ellos. En efecto, la expropiación se hizo, pero no para los letones sino para el gobierno soviético en Moscú.

Una vez, ya en Argentina, me explicó las dos grandes razones para su emigración. Una, huir de la guerra, que en 1927 ya se daba por inevitable por el fraude de los aliados al prometer aplicar los puntos de la proclama de Wilson,[466] y no cumplirlos tras la rendición. La otra, el inevitable

[464] El *match* entre Schvartzman y Lipiniks estaba igualado en 2½ puntos, y éste decidió abandonarlo para jugar el nuevo torneo. Por ese motivo se le dio por ganado el encuentro a Schvartzman, y retuvo su título del Club Argentino.

[465] Testimonio de Leonardo Lipiniks al autor, 9 de abril de 2006.

[466] Hacia el final de la Gran Guerra, el 8 de enero de 1918, el presidente de los Estados Unidos, Woodrow Wilson pidió a las naciones europeas en conflicto que detuvieran el fuego y dieran paso a la reconstrucción del continente. Para esto redactó un

avance del comunismo en Europa. Ambas afirmaciones se produjeron. Dejó en Letonia un buen trabajo de "maestro panadero matriculado", para lo cual obtuvo certificados de trabajo no solo en Rusia sino en lugares del Asia como por ejemplo el imperio zarista del Turquestán,[467] que ahora se llama distinto.[468]

Czerniak gana el torneo relámpago del Círculo

El 22 de febrero se jugó en el Círculo de Ajedrez un lucido torneo relámpago correspondiente al año anterior, con hándicap, en el que intervinieron destacados jugadores extranjeros y argentinos. Una vez más consiguió imponerse el maestro palestino Miguel Czerniak, precediendo a Mieczyslav Najdorf y Carlos Guimard. Luego quedaron Markas Luckis, Vicente Vuskovic, Mateo Gianolio y Kuperman. Efectuado el cómputo total de puntos acumulados durante la temporada fenecida, colocó a los aspirantes a los premios de la siguiente forma: 1° Miguel Czerniak 28; 2° Markas Luckis 20½; 3° Alejandro Nogués Acuña 16; P. Andrade 14 y Paul Michel 13.[469]

Desesperante situación en Alemania

La portada de la revista de ajedrez *Deutsche Schachblätter* en marzo de 1942 continúa dando testimonio de la devastación ocasionada por el conflicto mundial.

Doppelnummer 5 u. 6

DEUTSCHE SCHACHBLÄTTER

SCHACHVERLAG HANS HEDEWIGS NACHF. CURT RONNIGER, LEIPZIG C 1

31. JAHRGANG NUMMER 5/6

Ehrentafel des Großdeutschen Schachbundes

Es starben für Großdeutschland:

Oberfunker Heinz Mayer

Leutnant Rudi Müller

Soldat Franz Mertens

Obergefreiter Ernst Rieder

Soldat Herbert Schlüter

Gefreiter Günter Proiwarsinski

Soldat Robert Modrach

Soldat Johann Kudlacek

Ajedrecistas alemanes fallecidos en la portada de *Deutsche Schachblätter*, marzo de 1942

Nueva Biblioteca de Ajedrez de Editorial Sopena

Editorial Sopena anuncia la Nueva Biblioteca de Ajedrez en *Leoplán*, en un aviso publicitario de una página. Se ofrecen, entre otros, *El Final*, de M. Czerniak, *Ideas modernas en las aperturas de ajedrez*, de Tartakower, *Mis mejores partidas de ajedrez 1924/37*, de Alekhine, *Sugestiones para*

discurso conocido como de los "Catorce Puntos", que era una serie de propuestas para desvanecer el fantasma de la guerra y la conformación de un nuevo orden mundial. El discurso fue dado el 8 de enero de 1918 ante el Congreso de los EE.UU. De aquí salió la iniciativa para la conformación de una Sociedad de Naciones, antecedente de la Naciones Unidas.

[467] Actualmente se llama Kazakhistán.

[468] Testimonio de Leonardo Lipiniks al autor, 22 de setiembre de 2008.

[469] *El Mundo*, 23 de febrero de 1942.

la estrategia ajedrecística, de Tartakower, *Combinaciones y celadas en las aperturas*, de Luis Palau, y el *Tratado General* de Grau.

Este acuerdo entre Grau y Palau con la Editorial Sopena, una muy importante empresa en aquellos tiempos, se produce en el marco de su pelea contra Boero, que viene de lejos.[470]

Aviso de Editorial Sopena en *Leoplán* 185, 11 de febrero de 1942

La revista *Estrategia*

El 1º de marzo aparece una nueva revista: Estrategia, revista mensual de ajedrez y bridge, dirigida por Miguel Czerniak en la sección ajedrecística, y por Adolfo Gabarret en bridge. Tiene muy buena presentación en imprenta, con tapa en color, y se vende a 50 centavos. Se presenta del siguiente modo:

[470] *Leoplán* nº 185 del 11 de febrero de 1942. Notas del autor.

Al ingresar a la familia ajedrecística, *Estrategia* saluda, desde sus columnas, a la prensa en general, y en especial a los aficionados, quienes considera necesario decir algunas palabras sobre sus propósitos. Es posible que más de un émulo de Ruy López se pregunte, al ver nuestro título: ¿Otra revista de ajedrez? Suponemos al lector algo prevenido contra las publicaciones que aparecen y desaparecen como fantasmas; lo suponemos, también, cansado de las promesas que hacen casi todas las revistas que se inician, asegurando que "ésta no será como las anteriores, sino mejor, muchísimo mejor". Estrategia, amigo lector, no hace promesas que luego no pueda cumplir. Nuestra revista no será ni la más amplia, ni la más barata, ni tampoco la mejor del mundo.

Tratará, sencillamente, de ser una buena revista de ajedrez, para lo cual cuenta desde ya con la colaboración valiosa de maestros y problemistas argentinos y extranjeros. No prometemos nada, pero desde este primer número ofrecemos el ajedrez tratado bajo diversos aspectos, y desde varios puntos de vista: del más serio al más ameno, desde el elemental hasta el magistral. En lo que respecta al bridge, Estrategia viene a llenar una necesidad ineludible, si se tiene en cuenta la enorme difusión , y los apreciables progresos alcanzados por este científico pasatiempo.

Entre otras actividades, *Estrategia* invita a jugar partidas por correspondencia con el director Miguel Czerniak. Incluye varios avisos publicitarios.

Revista *Estrategia, bridge y ajedrez*, 1942 nº 3, mayo de 1942

El fallecimiento de Capablanca

El 8 de marzo la noticia importante es el fallecimiento de José Raúl Capablanca. De su permanencia en nuestro país dejó Capablanca una legión de amigos y admiradores, muchos de los cuales ansiaron que consiguiera ver realizado su deseo de que Alekhine le concediera la revancha. Pero no fue posible llegar a un acuerdo ni siquiera cuando ambos volvieron a encontrarse en el gran

TN que se llevó a cabo en Buenos Aires, a la que vino entonces por última vez este maravilloso ajedrecista.[471]

▓ El ajedrecista cubano se encontraba presenciando unas partidas de ajedrez en el Manhattan Chess Club de Nueva York, y en cierto momento manifestó que se sentía mal y le dolía mucho la cabeza. Casi de inmediato perdió el conocimiento, y ya no lo recobró, falleciendo pocas horas después. (...) Se hicieron algunas tentativas para efectuar un nuevo *match* en Buenos Aires, pero ellas fracasaron, justo es decirlo, más por culpa de Capablanca que de Alekhine. Estas gestiones se realizaron en nuestra capital en 1939, cuando ambos maestros estaban en el país con motivo del Torneo de las Naciones.[472]

▓ El 13 de marzo *El Gráfico* nº 1183 publica una extensa nota necrológica.

> Son las 9 de la noche. Capablanca llega al Manhattan Chess Club. Míster Link, uno de los ajedrecistas de ese club, le sale al encuentro y se interesa por su salud. Responde:
>
> > No me siento muy bien. Durante toda la semana he sufrido fuertes dolores de cabeza.
>
> Sin embargo, el aspecto del maestro es saludable y vigoroso, y como siempre, hace gala de excelente espíritu. Sin quitarse el sobretodo, toma asiento frente a la mesa en que juegan una partida de ajedrez los señores Saxon y Kenton. Sigue las alternativas de la lucha con alegría infantil, lanzando bromas atinadas sobre las movidas de los contendientes. Su humor es magnífico. De pronto se pone de pie, exclamando con voz débil y angustiosa:
>
> > ¡Ayúdenme a quitarme el abrigo!

Su rostro se contrae. Sus ojos adquieren un color vidrioso que produce la asfixia. Se desploma. A las 5.30 de la mañana del 8 de marzo Capablanca dejaba de existir, a los cincuenta y tres años de edad.

Cuando los restos de Capablanca fueron desembarcados en La Habana, el pueblo de Cuba les tributó una grandiosa demostración de duelo. Desembarcado el cadáver por la tarde a las 15 horas, fue depositado en el Salón Martí del Capitolio a las 15.45. El cortejo se puso en marcha a las 17. A la señal de que se permitiese el acceso al salón Martí, un público numeroso lo colmó, desfilando ante el féretro. El ataúd, de color caoba, se encontraba situado sobre un túmulo en terciopelo rojo. Al fondo, había una multitud de coronas, donde con flores se habían esculpido banderas cubanas, tableros de ajedrez…

El cadáver, embalsamado, parecía plácidamente dormido. "Capa", ataviado de punta en blanco, como en vida, vestía smoking y llevaba al pecho la cinta azul de la condecoración de Carlos Manuel de Céspedes, que el gobierno le había otorgado en el grado de Comendador.

Hondo Sentimiento de Pesar Causó en EE. UU. la Muerte de José R. Capablanca

Los diarios y destacados ajedrecistas de ese país elogian al gran maestro desaparecido

Nueva York, marzo 9 (United) — El sincero sentimiento de pesar de los centenares de aficionados al ajedrez que desfilan ante los restos de José Raúl Capablanca y el comentario elogioso que tributan a su memoria los órganos de la prensa, hablan elocuentemente de la pena que ha causado la inesperada muerte del gran ex campeón mundial.

Como su fallecimiento se produjo durante el fin de semana, la noticia se divulgó con cierta lentitud, pero esta mañana en la sede del Manhattan Chess Club se sucedían los llamados telefónicos para solicitar confirmación de la infausta nueva, pues muchos recordaban que hace tan sólo diez días lo habían visto, al parecer disfrutando de excelente estado de salud, mientras presenciaba en el club el desarrollo de las partidas de los principiantes, con quienes comentaba, con su paciencia característica, sus errores y aciertos.

Los veteranos del ajedrez recordaban, a su vez, la "elegancia" con que supo aceptar la pérdida del campeonato mundial frente al doctor Alekhine, en el histórico torneo de Buenos Aires, en 1937, especialmente en la partida final, en circunstancias en que Capablanca —después de una serie de jugadas audaces frente al rival calculador y metódico—, ya derrotado, se retiró impasible a otra [...] su independencia de las reconcepciones dogmáticas, por su extraordinaria facilidad natural y por su sorprendente técnica refinada".

Los restos de Capablanca yacen en uno de los salones de velatorio de esta ciudad, donde permanecerán hasta el miércoles, mientras se ultiman los arreglos para su repatriación.

En la Embajada de Cuba

Washington, marzo 9 (United) — En la embajada de Cuba se recibió con profundo sentimiento la noticia de la muerte de José Raúl Capablanca. El embajador, señor Aurelio Fernández Concheso, envió a Nueva York dos coronas, una en su nombre, y otra en el del primer magistrado de su patria, coronel Fulgencio Batista.

Según informa el señor Fernández Concheso, la embajada está a la espera de instrucciones de la familia del extinto sobre los funerales. Cree que la señora de Capablanca desea que reciban sepultura en La Habana, pero no se ha resuelto nada concreto hasta ahora.

Conceptos de un Ajedrecista

Massachusetts, marzo 9 (United) —

Dolor por la muerte de Capablanca.
La Prensa. 9 de marzo de 1942

[471] *El Ajedrez Americano* 2ª época nº 83 pág. 104/5, abril de 1942.
[472] *El Ajedrez Americano* 2ª época nº 83 pág. 110, abril de 1942.

La guardia militar cargó el féretro y lo colocó en una cureña, entre los pliegues de una bandera cubana, esa misma bandera de la que Capa no quiso renegar cuando se le propuso que se hiciera ciudadano norteamericano. Así pasó Capablanca a la inmortalidad.[473]

▌En la Embajada de Cuba se recibió con profundo sentimiento la noticia de la muerte de Capablanca. El Embajador, señor Aurelio Fernández Concheso, envió a Nueva York dos coronas, una en su nombre y **otra en el del primer magistrado de su patria, coronel Fulgencio Batista.** Según informa el señor Fernández Concheso, la embajada está a la espera de instrucciones de la familia del extinto sobre los funerales. Cree que la señora de Capablanca desea que reciban sepultura en La Habana, pero no se ha resuelto nada concreto hasta ahora.[474]

Torneo de Mar del Plata 1942: emocionante victoria de Najdorf

▌Conjeturas. Escenario de rusos combates ajedrecísticos, Mar del Plata vive momentos de emoción a pocas horas del torneo magistral. Somos dieciocho participantes; la ausencia de Becker fue subsanada con la presencia del maestro checo Palian. ¿Quién va a ganar este año? Las conjeturas muestras como posibles candidatos a los vencedores del año pasado: Ståhlberg y Najdorf. (...) El torneo de este año no es tan fuerte como el anterior, pero a pesar de estar ausentes Eliskases, Frydman, Engels y Feigins, se vislumbra un certamen interesante y de alta calidad. Veremos, entre otras cosas, si Najdorf puede ganarle alguna vez a Iliesco y Czerniak a Pilnik. ¿Cuántos empates producirá Michel? ¿Cuántas veces perderá por tiempo César Corte? ¿Cuántos finales kilométricos se adjudicará Jacobo Bolbochán? ¿Qué valdrá más: la experiencia del veterano Villegas o el empuje del joven Rossetto?[475]

Los maestros viajan en tren hacia Mar del Plata. De izquierda a derecha: un dirigente, Iliesco, Jacobo Bolbochán, Najdorf con bigotes, Fenoglio, Villegas, Maderna y Espina.
El Mundo, 9 de marzo de 1942

▌El sorteo se realizó el día 10 de marzo, y arrojó el siguiente resultado: 1. César Corte; 2. José Caneta; 3. Jacobo Bolbochán; 4. Paul Michel; 5. Miguel Najdorf; 6. Virgilio Fenoglio; 7. Miguel Czerniak; 8. Juan Iliesco; 9. Herman Pilnik; 10.Sonja Graf; 11. Carlos Guimard; 12. Héctor Rossetto; 13. Carlos Maderna; 14. Gideon Ståhlberg; 15. Benito Villegas; 16. Marcos Luckis; 17. Carlos Espina y 18. Jorge Pelikán. En el tren que salió anoche de Constitución partió un núcleo de jugadores que participan en el torneo, y el grupo restante lo hará hoy al mediodía. Los diarios reflejaron con

[473] Nota de Paulino Alles Monasterio en *Mundo Deportivo* nº 3 del 5 de mayo de 1949.
[474] United Press, *La Prensa*, 9 de marzo de 1942.
[475] Miguel Czerniak, *Estrategia* nº 1, marzo de 1942.

amplias notas la importancia del torneo, especialmente El Mundo, cuyas crónicas eran del propio director del torneo, Paulino Alles Monasterio.[476]

1ª ronda, 11 de marzo

En la primera rueda, el campeón argentino, Guimard, fue batido por Iliesco. El Club Mar del Plata volvió a ofrecer el señorío de sus salones para la disputa del torneo. El acto inaugural de la primera rueda alcanzó acentuado relieve. Desde temprano, aficionados locales, veraneantes y competidores se dieron cita en el local de juego, y el acto tuvo así el marco necesario a su importancia. Es que se agregaba a la natural importancia del torneo, el hecho de que había querido la suerte que en la primera rueda se enfrentaran los dos competidores con mayores títulos, precisamente quienes ocuparon el primero y el segundo puestos en el torneo realizado en este balneario el año pasado.

Se confiaba en una lucha intensa, dado el estilo de ambos y la simpática rivalidad que ha caracterizado la actuación de ellos en el país. Pero el acentuado interés por esta partida no podía eclipsar el que para el ajedrez local surgía de la actuación de Fenoglio contra Maderna, y la de Guimard con Iliesco, propicios, por su estilo, a dar lugar a una generosa lucha en emoción. A esto se agregaba el natural interés que despiertan las actuaciones de la excelente ajedrecista Sonja Graf, cuyos progresos en nuestro medio han sido evidentes, aun cuando todavía no permitan asignarle responsabilidad en sus cotejos frente a un núcleo tan capacitado de adversarios. Como nota interesante figura la inclusión del excelente maestro checoslovaco J. Pelikán, quien ha llenado el hueco por la deserción de Adolfo Becker.

En Mar del Plata se inició el torneo magistral de ajedrez

En la primera rueda el campeón argentino C. Guimard, fué batido por J. Iliesco

LOS RESULTADOS

Mar del Plata, 11 (De un enviado especial).—El Club Mar del Plata volvió hoy a ofrecer el señorío de sus salones para la disputa de un torneo internacional de ajedrez, y el acto inaugural de la primera rueda de la importante competencia alcanzó por esta causa acentuado relieve. Desde temprano, aficionados locales, veraneantes y competidores se dieron cita en el local de juego, y el acto tuvo así el marco necesario a su importancia. Es que se agregaba a la natural importancia del torneo el hecho de que había querido la suerte que en la primera rueda de la competencia se enfrentaran los dos competidores con mayores títulos de la prueba, precisamente quienes ocuparon el primero y el segundo puestos en el torneo realizado en este balneario el año pasado.

La campaña de ambos en Europa, aderezada con brillantes performances, especialmente la del campeón sueco, Gedeón Stahlberg, y notable en nuestro medio de Miguel Najdorf, concentraron en este tablero todas las miradas, pues se confiaba en una lucha intensa, dado el estilo de ambos y la simpática rivalidad que ha caracterizado la actuación de ellos en el país.

Pero el acentuado interés por esta partida no podía eclipsar el que para el ajedrez local surgía de la actuación de Fenoglio frente a Maderna, dos de los ajedrecistas locales de mayor calidad, y la de Guimard con Iliesco, propicios por su estilo para dar lugar a una lucha generosa en emoción. A esto [illegible] el natural interés que des-

Guimard fue vencido por Iliesco. *La Nación*, 12 de marzo de 1942

Sólo cinco partidas terminaron en la primera sesión de juego. El resultado más inesperado fue la derrota del campeón argentino, Carlos Guimard, frente al ajedrecista rumano Juan Iliesco. La partida, que comenzó con la Apertura Zukertort-Reti, fue equilibrada, pero un error de Guimard en el medio juego le significó la pérdida una calidad. Hábilmente la devolvió Iliesco, para ganar el final en buena forma en la jugada 47ª. En la 33ª movida consiguió Maderna superar a Fenoglio, en una partida abierta con el PD, para proseguir con la clásica maniobra de Staunton, o sea el sacrificio del PR. No atacó bien Fenoglio, y el campeón platense contraatacó en gran estilo para ganar de categórica manera.

Con alguna facilidad, Pilnik batió a Sonja Graf, en un cotejo que se inició con el PR y siguió con el Sistema de los Cuatro Caballos. La lucha se prolongó hasta la 27ª jugada. Ofreció acciones complejas la partida que disputaron Najdorf y Ståhlberg, que fue abierta con la Apertura Zukertort-Nimzowitsch, y abundó en acciones difíciles. Ganó Najdorf calidad por medio de un buen ataque, a cambio de un peón. Luego de intensos esfuerzos de ambas partes, se llegó a un final de dos torres y tres peones Najdorf, contra torre, alfil y cuatro peones el maestro sueco, que prometía terminar empatado. En la sesión nocturna el final se simplificó aún más, y al cerrar la presente edición seguía desarrollándose en una situación que prometía dar lugar a un empate. La partida entre Bolbochán y Luckis se desarrolló acorde con el temperamento pausado de ambos. No obstante la aparente ventaja material de Bolbochán, Luckis halló un ingenioso procedimiento para forzar el empate.[477]

[476] *Libro oficial del torneo*, Carlos Skalicka, Club La Regence, 1946. *El Mundo*, 31 de marzo de 1942. Notas del autor.

[477] Roberto Grau, *La Nación*, 12 de marzo de 1942.

La reunión inaugural tuvo lugar en el Salón Blanco del club marplatense, donde también se juegan las partidas. Fue presenciada por numerosas personas, y formando grupo a parte, estaban presentes todos los participantes del torneo. Hizo uso de la palabra el presidente de la Comisión de Torneos de la FADA, Paulino Alles Monasterio, quien en nombre de las autoridades de la misma dio la bienvenida a todos los jugadores. Figuraban entre los presentes el presidente de la Asociación de Propaganda y Fomento de Mar del Plata, señor Juan Fava, y el secretario municipal del Partido de General Pueyrredón. Acto seguido, se procedió al sorteo de los diecisiete participantes, para establecer las rondas. Todas comenzarán a las 14.15 horas, prolongándose hasta las 19.15. Las suspendidas se proseguirán en la sesión de la noche. Luego se agregó el 18º jugador, Jorge Pelikán.

El encuentro Michel – Villegas fue el primero que se definió. Contra la salida de PR elegida por el maestro alemán, el veterano Villegas opuso la Defensa Siciliana, que según los críticos, es la mejor contra 1.P4R. Bien pronto se originó un cambio de piezas y luego de damas, para restar una posición desequilibrio que forzosamente debió resultar así. A la jugada 26ª, Villegas, dirigiéndose a su contendor, propuso tablas, lo que fue aceptado por el maestro alemán. Una partida difícil produjeron los renombrados maestros Najdorf y Ståhlberg. Najdorf planteó la Apertura Zukertort-Nimzowitsch, para dar margen a una serie de complicaciones en el medio juego.

Bastante bien Ståhlberg consiguió eludir las siguientes difíciles y de combinación que se proponía obtener el contrario (Sic), y en un momento dado tuvo que entregar la calidad para salvar una situación de apremio. Pero con ello liberó el juego, y obtuvo compensaciones. En el momento de suspenderse la posición era difícil. La jugada 41ª de Ståhlberg tomó de sorpresa a Najdorf, y asegura la nulidad. Una partida digna de estas dos brillantes figuras del ajedrez mundial.

La jugadora alemana fue vencida en la 27ª jugada por Pilnik, quien en una partida de los cuatro caballos efectuó una brillante combinación que le dio la victoria, en un final de problema en que el mate era inevitable. Una gran partida produjo el rumano Iliesco frente al campeón argentino, Guimard. La apertura Zukertort-Reti fue defendida en una forma un tanto irregular, lo cual favoreció a Iliesco para obtener ventaja en el centro, ganando en calidad, y arribar a un final favorable. (Sic) En vano trató Guimard de equilibrar el juego; tuvo que abandonar en la jugada 47ª. El triunfo de Iliesco es meritorio.[478]

El encuentro entre el campeón uruguayo, Cánepa, y el jugador rosarino Espina, terminó con una división de honores, y la partida entre Najdorf y Ståhlberg también finalizó empatada, después de la 71ª jugada.[479]

2ª ronda, 12 de marzo

Villegas – Najdorf resultó muy interesante por la forma enérgica en que jugó Villegas, logrando en el medio juego ganar un peón. Pero el fuerte maestro polaco consiguió equilibrar la situación mediante un sutil ataque sobre el enroque de Villegas. Esto dio margen a un cambio general de piezas, para terminar en tablas en la jugada 43ª. Pelikán, el maestro de Bohemia y Moravia, venció a la jugadora alemana Sonja Graf después de una lucha relativamente corta. En el comienzo, la defensa de las negras con el sistema Indio del Rey fue correcto, pero más tarde, al producirse una complicación, bien pronto la situación se desniveló en contra de ellas, para imponerse Pelikán. Fue el primer encuentro que terminó en la sesión de la tarde. El desarrollo de la partida Ståhlberg – Fenoglio enseña cuál es el procedimiento a seguir contra una antigua variante de la Defensa Eslava en el PD, que muchas veces ha jugado Fenoglio. Ståhlberg jugó en forma muy enérgica, para efectuar

[478] *El Mundo*, 11 al 13 de marzo de 1942.
[479] Luis Palau, *La Prensa*, 13 de marzo de 1942.

en cierto momento una lucida combinación del sacrificio de una pieza, que recuperó pocas movidas después, ganando con ello varios peones. Desde ese momento quedó definido el juego.[480]

3ª ronda, 13 de marzo

La mayor parte de los encuentros resultó interesante. Los resultados generales registrados fueron los siguientes: Najdorf y Luckis jugaron una partida correcta que atrajo la atención del público; hicieron tablas en la 36ª movida. El campeón argentino, Carlos Guimard, venció con facilidad a Sonja Graf, en la 31ª jugada; el checoslovaco Pelikán derrotó al campeón uruguayo, Cánepa, en la 29ª; Bolbochán le ganó a Corte en la 33ª; Fenoglio perdió frente a Villegas; Pilnick (Sic) venció a Rossetto en la 26ª; Michel le ganó a Espina en la 38ª, Iliesco a Maderna en la 49ª y Czerniak – Ståhlberg hicieron tablas después de la 50ª. Mañana sábado a las 14.15 será disputada la 4ª rueda.[481]

El primer juego que terminó fue el de Sonja Graf versus Carlos Guimard, el representante del Club Atlético Boca Juniors, venciendo este último. Una partida fácil tuvo el campeón argentino frente a la jugadora alemana. El medio juego de la Defensa Siciliana le fue netamente favorable, dejando a su rival sin recursos en la jugada 31ª. Los maestros Mendel Najdorf y Markus Luckis brindaron a los espectadores una lucha espectacular, que suscitó animados comentarios entre los presentes. Luckis, que parecía perdido en el final, forzó un inesperado empate. El juego desarrollado por el maestro lituano fue altamente agresivo. En el medio juego no titubeó en asaltar el enroque enemigo, sacrificando una pieza. La defensa de Najdorf fue admirable, y en un momento dado éste tenía torre de ventaja. Pero la situación del enroque blanco había quedado destruida, y permitió a Luckis empatar por jaque continuo. No tenía otro camino a seguir, ya que virtualmente se había quedado sin fuerzas. Conservó la dama para el recurso salvador.

En Mar del Plata se Continuó Disputando El Torneo de Ajedrez

Najdorf vs Luckis, tablas. *La Prensa*. 14 de marzo de 1942

Czerniak y Ståhlberg brindaron una exhibición de alta técnica, en una partida con serias complicaciones. Hasta el momento de la suspensión no pudieron superarse. Fue posiblemente la partida más complicada de la ronda. Ambos pusieron de manifiesto sus virtuosas aptitudes, uno para probar la bondad de la variante Czerniak en el PD, y el otro para demostrar que las negras pueden defenderse contra ella con todo éxito. Jiri Pelikán, que representa al Club Cristalerías Rigolleau, ha iniciado el torneo con singular empuje, pero aún no se encuentra en completa forma, por haber estado alejado del tablero más de un año.

Se anotó su tercera victoria consecutiva frente al campeón uruguayo Cánepa. Pilnik puso otra vez en evidencia su peculiar estilo combativo frente a Rossetto. El representante de Bahía Blanca tiene un estilo de juego demasiado arriesgado, debilitando sin motivo grave su posición. Después de plantearse la Defensa Francesa, Rossetto posiblemente enrocó prematuramente, y luego debilitó aún más la situación jugando P3CR. Todo esto facilitó a Pilnik para decidirse por uno de sus característicos ataques, a base de C5C y P4TR. Fue tan violento, que después de la 25ª jugada Rossetto tuvo que rendirse.

El representante del Club San Lorenzo de Almagro, Juan Iliesco, defendió con entusiasmo la colocación alcanzada con sus dos victorias seguidas sobre Guimard y Rossetto. Se enfrentó con Maderna, representante del Jockey Club de La Plata. Fue una partida muy interesante, llena de acciones vivas que despertaron sumo interés. Después de un planteo teórico, Iliesco obtuvo la ven-

[480] Paulino Alles Monasterio, *El Mundo*, 13 de marzo de 1942.
[481] Luis Palau, *La Prensa*, 14 de marzo de 1942.

taja de dos alfiles contra dos caballos, pero teniendo Maderna un C5R que domina ampliamente el centro. En esta forma quedó suspendido para la sesión de la noche; su resultado es difícil de pronosticar.[482]

▓ Pelikán e Iliesco encabezan el torneo: han ganado las tres ruedas. Casi todos los cotejos se destacaron por la intensidad de las acciones, y el numeroso público que desfiló por la sala halló así amplia satisfacción para su curiosidad y su deseo de presenciar maniobras de alto relieve técnico. De todas ellas, quizá la que dio lugar a mayor expectación fue la que llevaron a efecto Miguel Najdorf con Marcos Luckis, que se inició con el PD, Defensa Nimzowitsch. Consiguió el maestro polaco ganar un peón, pero cedió a su adversario una posición de ataque. Luckis realizó un sacrificio falso de torre, y de resultas del mismo alcanzó la posición de tablas por jaque perpetuo, resultado que facilitó Najdorf con algún desacierto en la etapa final.

Tampoco logró Ståhlberg vencer en su partida con Czerniak, si bien tuvo una posición favorable en todo el transcurso de la lucha. Se inició con la Apertura Breyer, y al final algún desacierto permitió a Czerniak hallar un hábil procedimiento para empatar. Una nueva victoria logró Guimard. Batió a Sonja Graf, pero fuerza es confesar que ésta facilitó el desenlace al iniciar una combinación falsa en una posición absolutamente equilibrada, que hacía presumir un empate.

Sin duda alguna, el maestro de Bohemia y Moravia, Pelikán, que representa al Club Cristalerías Rigolleau, es quien mejor está jugando hasta el presente, aunque no ha debido enfrentarse todavía con los más serios aspirantes. Batió en buena forma al uruguayo Cánepa. Una nueva y valiosa victoria alcanzó Iliesco. Venció a Maderna en una partida iniciada con la Zukertort-Reti. Se llegó a una antigua posición de la Ortodoxa y las blancas lograron dominar la columna AD. Ganaron un peón, y luego el final en buen estilo. El challenger del Campeonato Argentino, Héctor Rossetto, fue batido por Pilnik en una partida que comenzó con el PR y siguió con la Defensa Francesa y por las clásicas líneas de la Variante Maróczy. Iliesco y Pelikán encabezan con 3/3; Bolbochán 2½.[483]

Pelikan e Iliesco encabezan el torneo magistral de ajedrez

Han ganado las tres ruedas del concurso internacional de Mar del Plata

LAS POSICIONES

Mar del Plata, 13 (De un enviado especial).—La tercera serie de partidas del torneo internacional de ajedrez fué, sin duda, la de más interesantes relieves de las llevadas a efecto hasta el presente. Casi todos los cotejos se destacaron por la intensidad de las acciones, y el numeroso público que desfiló por la sala halló así amplia satisfacción para su curiosidad y su deseo de presenciar maniobras de alto relieve técnico.

Quizá de todas ellas la que dió lugar a mayor expectación fué la partida que llevaron a efecto Miguel Najdorf con Marcos Luckis, que se inició con el peón dama, defensa Nimzowitsch. Consiguió el maestro polaco ganar un peón, pero cedió a su adversario una posición de ataque. Este realizó un sacrificio falso de torre, y de resultas del mismo alcanzó la posición de tablas por jaque perpetuo, resultado que facilitó Najdorf con algún desacierto en la etapa final.

Tampoco logró Stahlberg vencer en su partida con Czerniak, si bien tuvo una posición favorable en todo el transcurso de la lucha. Se inició con la apertura Breyer, y al final algún desacier-

Pelikán e Iliesco, tres en tres. *La Nación*, 14 de marzo de 1942

4ª ronda, 14 de marzo

▓ Esta tarde fue disputada la cuarta rueda, y la comisión del certamen resolvió que se siga jugando todos los días, con descanso el día 19. Los resultados generales de la sesión fueron: Maderna hizo tablas con Pilnick (Sic) en la 35ª movida; Bolbochán derrotó al campeón uruguayo, Cánepa, en la 44ª; Sonja Graf fue vencida por Rossetto en la 38ª, y Michel le ganó a Corte en la 28ª. Quedaron en suspenso los encuentros restantes. En la sesión de la noche prosiguieron las partidas, con los siguientes resultados: Pelikán empató con el campeón argentino, Guimard, en la 41ª; Najdorf venció al rosarino Espina en la 76ª; Ståhlberg derrotó a Iliesco en la 54ª; Luckis y Fenoglio empataron en la 54ª y el encuentro de Villegas con Czerniak volvió a suspenderse. Mañana domingo se disputará la 5ª rueda.[484]

▓ La actuación del maestro polaco Najdorf no ha sido hasta ahora la esperada, pero se confía en que mejorará su actuación en las próximas vueltas. Parece que la apertura Zukertort-Reti cuenta con

[482] Ganó Iliesco. Paulino Alles Monasterio, *El Mundo*, 14 de marzo de 1942.
[483] Roberto Grau, *La Nación*, 14 de marzo de 1942.
[484] Luis Palau, *La Prensa*, 15 de marzo de 1942.

la preferencia en este torneo. También la adoptó el jugador rosarino Espina, contestando Najdorf con el sistema P3CD India de Dama, también en boga. Después de un juego de lucidas alternativas, la ventaja que consiguió Najdorf en el momento de la suspensión es de un peón, que parece suficiente para imponerse. Sin duda la partida de más sensación fue la del maestro Ståhlberg contra el rumano Iliesco. Tuvo brillantes alternativas, e Iliesco, jugando como en sus mejores tiempos, logró sortear con éxito las posiciones de apremio que le planteó su fuerte contendor. Sin embargo, Ståhlberg logró una pequeña ventaja de un peón, pero por ser un final de torres, las probabilidades de tablas son mayores. En el momento de la suspensión, Ståhlberg tiene cinco peones contra cuatro de Iliesco.[485]

▓ La rueda ofreció como nota central la excelente actuación de los jugadores locales frente a los europeos. Las partidas se destacaron por la intensidad y la lucha recia. Las figuras centrales, Ståhlberg y Najdorf, deben apelar a todos sus recursos para sacar ventaja y poder mantenerse en el torneo en situación cómoda para disputar entre ambos la primera colocación. Intensa fue la partida que produjeron Pelikán y Guimard. Comenzó con la Zukertort-Reti y se mantuvo equilibrada hasta que el campeón argentino provocó una maniobra que, en realidad, era errónea, por lo que debió entregar un peón. Se suspendió la partida en este momento y era difícil ver cómo podía vencer el maestro de Bohemia y Moravia. Al reanudarse, se convino el empate. Bien le ganó Bolbochán a Cánepa; el juego se resolvió en la 44ª jugada.

Un rápido empate hubo en el cotejo de Maderna y Pilnik. Si bien Maderna alcanzó un leve dominio, no pudo quebrar la resistencia de su adversario. En la jugada 34ª se estableció el empate. Evidentemente, Sonja Graf está jugando por debajo de su capacidad. En su partida con Rossetto se equivocó en un planteo Giuoco Piano, y a pesar de su resistencia, debió abandonar en la jugada 38ª. Otra vez Corte fue víctima de su falta de habilidad para administrar el tiempo. Meditó excesivamente en un contragambito del centro, que provocó una partida difícil. Al finalizar la lucha, la ventaja de Michel se acentuó y decidió la victoria del excelente jugador alemán.

Recia resistencia opuso Espina a Najdorf. La partida comenzó con un Sistema Catalán, y si bien logró ganar un peón Najdorf, existían amplias compensaciones que hacían difícil la tarea. En el final de torre y peones que se presentó, el maestro extranjero logró imponer su ventaja. Una Apertura del PR, que siguió con la Defensa Siciliana, se produjo en el cotejo de Ståhlberg e Iliesco. Éste último entregó un peón y quedó con un final inferior. Al reanudarse la partida, Iliesco llegó con retraso en el reloj, para ofrecer una buena resistencia a su fuerte adversario, pero su posición poco a poco fue tornándose crítica, y abandonó ente la imposibilidad de evitar la coronación de un peón. Pelikán y Bolbochán encabezan con 3½/4; siguen Ståhlberg e Iliesco con 3/4; Luckis, Guimard, Miguel y Najdorf 2½/4.[486]

5ª ronda, 15 de marzo

▓ Pilnik le gana a Ståhlberg, en una ronda de la cual los espectadores dieron preferencia al encuentro del representante del Club Independiente,[487] Jacobo Bolbochán, y el fuerte maestro de Bohemia y Moravia Jirhi (Sic) Pelikán, primeros ambos en la tabla de posiciones. Después de una lucha altamente lucida, dividieron honores. Se comenta la admirable actuación del veterano jugador argentino Benito Villegas. Lleva cumplidos más de sesenta años, y sin embargo su estilo de juego es aún vigoroso, sorprendiendo a sus rivales con combinaciones brillantes. Hoy dio cuenta de Iliesco en una partida de lucidas filigranas, que el público premió con aplausos. Otro de los encuentros que despertaron intenso interés fue el de Pilnik contra el maestro sueco Ståhlberg. Se esperaba que

[485] Ganaron Najdorf y Ståhlberg. Paulino Alles Monasterio, *El Mundo*, 15 de marzo de 1942.

[486] Roberto Grau, *La Nación*, 15 de marzo de 1942.

[487] Bolbochán no puede representar al Club Jaque Mate porque estsba suspendido, y a poco sería parte del cisma.

este último se impusiera, teniendo en cuenta sus últimas actuaciones y sus altas aptitudes de ajedrecista, pero la sorpresa fue grande, y al mismo tiempo un honor para el ajedrez argentino, que Pilnik dominara la situación. Fue una sensacional partida, en la que Pilnik jugó con gran audacia, exponiéndose evidentemente, pero sus movidas fueron tan precisas que nada pudo hacer Ståhlberg para salvarse.

Contra 1.P4D el maestro de Bohemia y Moravia Pelikán eligió la Defensa Grünfeld, para intensificarse las acciones en el flanco dama. Bolbochán logró en cierto momento ganar un peón, que su contrario contrarrestó atacando reciamente el enroque enemigo. La buena defensa de éste hizo que pasaran los peligros, llegándose a una posición de igualdad en la jugada 31ª, que resolvieron declarar tablas. Najdorf se impuso fácilmente a Corte, en una partida que se inició con PD. El representante de Paraná intentó defenderse del ataque de Najdorf, pero falló no sólo en la exactitud de las movidas, sino que se extralimitó en el tiempo. Se anotó el primer triunfo del torneo el maestro Czerniak, al vencer al lituano Luckis, quien es derrotado por primera vez en el certamen. Las acciones fueron violentas al sacrificar Luckis una pieza por dos peones, pero la acertada defensa de Czerniak defraudó las esperanzas del maestro lituano. Más adelante, la ventaja de Czerniak aumentó a una torre, después de lo cual toda resistencia fue estéril.[488]

H. PILNIK LE GANA A G. STAHLBERG EN EL TORNEO DE MAR DEL PLATA

MAR DEL PLATA, 15 (De nuestro enviado especial). — Proseguía con creciente interés el torneo internacional de ajedrez que se está disputando en el Club Mar del Plata. En la sesión de hoy le tocó el turno a la 5ª ronda, de la cual los espectadores dieron preferencia al encuentro del representante del Club Independiente, Jacobo Bolbochán, y el fuerte maestro de Bohemia y Moravia, Jirbi Pelikan, primeros ambos en la tabla de posiciones. Después de una lucha altamente lucida dividieron honores.

Se comenta entre los maestros participantes del torneo la admirable actuación del veterano jugador argentino Benito H. Villegas. Lleva cumplidos más de 60 años y, sin embargo, su estilo de juego es aún vigoroso, sorprendiendo a sus rivales con combinaciones brillantes.

En la ronda de hoy Villegas dió cuenta de Iliesco en una partida de lucidas filigranas, sin dar alce a su contrario en ningún momento. Fué una victoria merecida que el público presente premió con comentarios elogiosos. Es, sin duda, uno de los rivales más peligrosos del torneo.

Otro de los encuentros que despertaron intenso interés fue el de Pilnik contra el maestro sueco Stahlberg. Se esperaba que este último se impusiera teniendo en cuenta sus últimas actuaciones [illegible]

10.	PRxP	C3A	31.	CxA	
11.	A2C	A3D	32.	CxTR	TxC+
12.	C2R	D1C	33.	R2A	C4R
13.	P3C	P4TR	34.	T1D	P6D
14.	P5A	A2A	35.	A2C	CxP
15.	P3TD	P4T	36.	TxP	C7T
16.	C3A	AxP+	37.	T3D+	R1C
17.	PxA	DxP+	38.	T1C+	C5C+
18.	R1A	C5CR	39.	R3A	T6R+
19.	C1D	C7T+	40.	RxP	TxP
20.	R2R	C2R	41.	T8D+	R2T
21.	C1A	CxC	42.	T6CD	

(Las negras abandonan.)

MICHEL v. CANEPA

El maestro alemán superó al campeón uruguayo atacando con éxito la defensa Siciliana. Según la situación suspendida, Michel debe ganar.

FENOGLIO v. ESPINA

Este encuentro resultó sumamente correcto. Fenoglio inició el juego con el peón dama, siguiendo una especie de sistema Colle a base de P4R, acción en el centro que Espina defendió con acierto. Al suspenderse en la sesión de la tarde, la situación era de difícil pronóstico.

ILIESCO v. VILLEGAS

Pocas veces se juega la apertura Bird en los torneos de importancia; Iliesco la adoptó para eludir el camino tan trillado de las demás aperturas. Villegas se defendió bien adoptando el sistema del "fianchetto" P3CR, P3CD, y más tarde atacó en el centro con gran energía [illegible] le reportó la ganancia de un peón, y a l [illegible]

Sensacional victoria de Pilnik sobre Ståhlberg.
El Mundo. 16 de marzo de 1942

▌Bolbochán y Pelikán encabezan el torneo; Pilnik produjo la nota de sensación al vencer al sueco Gideon Ståhlberg. A este resultado, de suyo extraordinario por los altos valores del maestro vencido, se agrega la notable partida que Villegas le ganó a Iliesco, poniendo en evidencia que se halla en un excelente momento de su intensa vida ajedrecística, y que los años no han apagado sus bríos ni su eficiencia. La primera partida definida fue la que llevaron a cabo Guimard y Rossetto, precisamente el desafiador por el título de campeón argentino que el primero posee. La partida, que fue un anticipo del *match* que debe efectuarse el mes que viene, fue ganada por Guimard en enérgico estilo. Comenzó con el PD Variante Capablanca, y se llegó a la posición de mate inevitable en la movida 23ª.

Con una Apertura PR y Defensa Alekhine se inició la partida de Sonja Graf y Maderna, que fue ganada por el segundo en correcta forma luego de ganar un peón a poco de salir del planteo. Intensa fue la lucha entre Bolbochán y Pelikán. Comenzó la partida con el PD, siguió con la India del Rey, y quedó mejor el ajedrecista local. Más tarde no jugó con la debida precisión, y una hábil maniobra del maestro checoslovaco llevó a una simplificación y a la declaración de tablas de común acuerdo. Otra vez perdió Corte por el tiempo en su lucha con Najdorf. Éste sacó ventaja en el planteo, logró ganar la dama por torre y caballo, y cuando observó que su rival no disponía de tiempo material para jugar, se concretó a ganar por el reloj, sin complicar la lucha con la necesaria energía. La aguja indicadora de tiempo cayó en la movida 34ª. El centro de atracción de la reunión fue el cotejo de Pilnik y Ståhlberg, que se inició con el PR, siguió variante agresiva contra la Defensa Francesa, y tuvo aspectos de intensa lucha. En busca de ataque, sacrificó dos peones, el ajedrecista sueco.

488 Paulino Alles Monasterio, *El Mundo*, 16 de marzo de 1942.

Su rival, que se defendió de notable manera, desbarató la ofensiva y quedó luego con cuatro peones en calidad de ventaja. Al suspenderse, la única compensación de Ståhlberg era la acción conjugada de la dama y el alfil, que amenazaban seriamente al monarca adversario. En la sesión nocturna Pilnik se aseguró la victoria en buena forma.[489]

6ª ronda, 16 de marzo

■ Destacada actuación de Najdorf y Pelikán en el torneo. La brillante actuación de nuestros jugadores, cinco de los cuáles se entreveran en los primeros puestos con los maestros, ha suscitado ecuánimes comentarios de aprobación. Se espera que continúen jugando en la misma forma, pero se prevé que la fuerza de los maestros Najdorf y Ståhlberg se impondrá en las ruedas finales. El campeón uruguayo, Cánepa, adoptó la Defensa India de Dama contra la salida de PD de Najdorf. Desde las primeras acciones se notó que Najdorf dominaba la situación, para efectuar un digno remate que puso de manifiesto su garra de maestro. El encuentro entre Bolbochán y Michel despertó expectativa. Éste, contra el PD, eligió el sistema del Contragambito Budapest.

Las maniobras que siguieron favorecieron un tanto al representante del Club Independiente: ganó un peón y posición superior. En el momento de la suspensión, quedó un final de damas. Es posible que Bolbochán triunfe. La suspendida seguía jugándose en un final singular. Ambos coronaron un peón, pues hay cuatro damas sobre el tablero, con ventaja para Bolbochán, por tener tres peones unidos contra uno aislado en el flanco de rey. Además, el rey de Michel está demasiado expuesto. Hasta la 43ª jugada, la jugadora alemana Graf resistió el juego decidido del campeón, Ståhlberg, en una partida que se inició con el Gambito Dama, Variante Ortodoxa. Al final se impuso la superioridad de Ståhlberg.

Juan Iliesco fue vencido por tercera vez consecutiva, y esta vez por no aceptar las tablas que le ofreció Luckis en cierto momento. Un juego correcto del PD con variante India del Rey condujo el juego a una posición de equilibrio, mas Iliesco, al querer forzarla, incurrió en un error perdiendo la calidad, y por l tanto también la partida. El juego Pelikán – Rossetto fue una exhibición que entusiasmó al público por sus acciones brillantes. Contra 1.C3AR, al intentar el negro entrar en la Defensa Holandesa, 1…P4AR, el maestro de Bohemia y Moravia se decidió por el Gambito Lemberg 2.P4R, poco conocido, y cuya bondad es discutible.

El representante de Bahía Blanca rehuyó el ofrecimiento del peón pocas jugadas después, y en ese momento Pelikán efectuó una interesante combinación. Sacrificó alfil y caballo por torre y dos peones; compensó la situación quedando con dos peones pasados en el flanco de rey. La correcta defensa de Rossetto dio por resultado la nulidad.[490]

…stacada Actuación de Najdorf y Pelikan en el Torneo de Ajedrez

Najdorf y Pelikán, destacados.
El Mundo. 17 de marzo de 1942

■ Guimard fue derrotado ayer por Maderna, y vuelve a retroceder. Se produjeron algunos resultados que hacen modificar la tabla de posiciones en los primeros puestos, como ser el avance del polaco Najdorf. Los encuentros tuvieron los siguientes resultados: Pelikán hizo tablas con Rossetto,

[489] Roberto Grau, *La Nación*, 16 de marzo de 1942.
[490] *El Mundo*, 17 de marzo de 1942.

el sueco Ståhlberg le ganó a la jugadora alemana Sonja Graf, Villegas hizo tablas con el alemán Pinick (Sic), el lituano Luckis derrotó al rumano Iliesco, Najdorf se impuso al campeón uruguayo, Cánepa, y la partida entre los argentinos Corte y Fenoglio terminó con el triunfo del primero.

Al proseguirse los encuentros suspendidos en la sesión nocturna, Czerniak consiguió vencer al campeón rosarino, Espina, en la 69ª jugada, mientras que la partida del argentino Bolbochán con el alemán Michel dio motivo a una lucha sumamente reñida. El juego no terminó en la segunda sesión, presentándose bastante favorable al jugador local. Najdorf y Pelikán tienen 4½:6, Bolbochán, Maderna, Pilnick (Sic), Ståhlberg y Villegas 4.[491]

▓ Maderna se impuso a Guimard. Bolbochán, que suspendió con Michel en posición favorable, es prácticamente puntero. Una serie de partidas de acentuado interés, aun cuando algunas técnicamente defectuosas, se produjeron en la sexta rueda del torneo. De todas ellas, había despertado justificada expectación la de Guimard con Maderna, ya que se presumía que éste realizaría un vivo esfuerzo para borrar la impresión dejada por la victoria categórica alcanzada por Guimard en el *match* anterior por el título. Los hechos probaron la verdad de esa impresión, ya que Maderna logró ganar, y de excelente manera.

Guimard ensayó una variante inferior de la defensa India de Dama, y tuvo serias dificultades en el medio juego. Maderna acentuó su ventaja, ganó un peón y luego la partida, en correcto estilo. La primera partida definida fue la que jugaron Luckis e Iliesco. El primero planteó el PD, siguió con la India del Rey, y la lucha fue muy equilibrada. Posteriormente se simplificó, Luckis ofreció tablas, e Iliesco rehusó, para incurrir éste en un grueso error de inmediato y perder una calidad y la partida.

Un buen empate se produjo en el tablero en que competían Pelikán y Rossetto. Se planteó una Apertura Zukertort, siguió el negro con un contragambito, y luego quedó Rossetto con una pieza de ventaja a cambio de calidad y dos peones. Éstos, avanzando en el ala rey, provocaron la posición de tablas. Sonja Graf opuso a Ståhlberg buena resistencia, en una lucha que comenzó con el PD y siguió con un Sistema Lásker. Pudo el campeón sueco ganar un peón, y más tarde impuso la ventaja en un final de torres y peones. Un leve dominio posicional mantuvo Villegas en su cotejo con Pilnik, pero cerró excesivamente la posición, lo que equilibró totalmente las acciones; fue tablas en la movida 43ª. Un nuevo espectáculo de lucha contra el reloj se produjo en el tablero en que jugaba Corte. Esta vez contagió a Fenoglio de su nerviosidad, y luego de una serie de jugadas vertiginosas, de piezas mal ubicadas en las casillas, de golpes al reloj y alteración de la necesaria calma de la sala, quedó Corte con dos peones de ventaja, ganando la partida. Interesante fue la partida de Cánepa con Najdorf. Se inició con PD Variante India del Rey, y una combinación atrevida de Cánepa, que entregó calidad, fracasó, quedando el maestro polaco con posición ganadora. Serias dificultades debió vencer Czerniak en su partida con Espina, pero en la sesión nocturna ganó en buena forma.[492]

Los encuentros de la mencionada reunión tuvieron los siguientes resultados: Pelikán hizo tablas con Rosetto; Maderna le ganó a Guimard; el sueco Stanlberg venció a la jugadora alemana Sonia Graf; Villegas hizo tablas con el alemán Pilnick; el lituano Luckis derrotó al rumano Iliesco; Najdorf se impuso al campeón uruguayo Cánepa, y la partida entre los argentinos Corte y Fenoglio terminó con el triunfo del primero. Quedaron sin definirse las partidas de Espina contra Czerniań y Bolbochán contra Michel, las que se proseguirán en la sesión complementaria de esta noche.

Al proseguirse los encuentros en la sesión nocturna, Czerniak consiguió vencer al campeón rosarino Espina en 69 jugadas, mientras que la partida del argentino Bolbochán contra el alemán Michel, dió motivo a una lucha sumamente reñida. El juego no terminó en la segunda sesión, presentándose bastante favorable para el jugador local.

La situación de los participantes es ahora la siguiente:

	J.	G.	T.	P.	Pts.
Najdorf	6	3	3	—	4½
Pelikan	6	3	3	—	4½
Bolbochán	5	3	2	—	4
Maderna	6	3	2	1	4
Pilnick	6	3	2	1	4
Stanlberg	6	3	2	1	4
Villegas	6	2	4	—	4
Czerniak	6	2	3	1	3½
Guimard	6	3	1	2	3½
Michel	5	3	1	1	3½
Luckis	6	2	3	1	3½
Iliesco	6	3	—	3	3
Rossetto	6	2	1	3	2½
Corte	6	2	—	4	2
Espina	6	—	2	4	1
Fenoglio	6	—	2	4	1
Cánepa	6	—	1	5	½
Sonia Graf	6	—	—	6	0

Maderna se desquita frente a Guimard. *La Prensa*, 17 de marzo de 1942

7ª ronda, 17 de marzo

▓ Las acciones del encuentro Najdorf – Bolbochán fueron complejas y bien conducidas por las partes. La lucha se cristalizó en el centro, después de plantearse la Apertura Zukertort-Nimzowitsch,

[491] *La Prensa*, 17 de marzo de 1942.
[492] *La Nación*, 17 de marzo de 1942.

defendida por el fianchetto del rey P3CR. Poco a poco se fueron cambiando las piezas, de acuerdo a acertadas maniobras, para restar una posición de tablas a la jugada 31ª. Este encuentro despertó expectativa, dada la situación de Najdorf y Bolbochán en el cuadro de posiciones. El público presente dio su preferencia por el encuentro Guimard – Ståhlberg, que prometía resultar emocionante.

Así fue, en efecto, por sus acciones violentas y a la vez brillantes. El campeón argentino atacó resueltamente la Defensa Francesa empleando el Ataque Chatard, eludiendo el golpe de 5.AxA como jugara Pilnik contra Ståhlberg. Ambos perdieron el enroque, y las perspectivas de una definición rápida fueron remotas. Guimard siguió jugando valientemente, mientras que la defensa fue maestra por parte de Ståhlberg. Se cambiaron las damas y en un momento dado Guimard ganó la calidad. Esto hizo pensar que iba a ganar, pero nuevamente el campeón sueco contestó magistralmente, forzando el empate ante el peligro de que el PD, que el negro consiguió pasar, pudiera coronarse.

Posiblemente Graf realizó frente al veterano Villegas su mejor exhibición del torneo. Jugó en gran forma, anulando todas las chances de Villegas, que obtuvo una única ventaja: un peón aislado en el centro. Quedó suspendido en un final de alfil por parte de Graf, contra caballo de Villegas. Se comentó que la resistencia se debe a que Villegas no se lanzó a fondo para decidir la lucha de una vez, sino que jugó para lograr la ventaja posicional.[493] Los dos maestros extranjeros Michel y Pelikán dieron una lucida exhibición. El medio juego resultante de la Defensa Siciliana no dio ventaja para ninguno de los dos bandos; sólo al final, Michel cometió un error con una jugada de rey, que le costó un peón. El final suspendido es de alfil y cuatro peones por parte de Pelikán, contra caballo y tres peones que tiene Michel. Parece que ganará el maestro de Bohemia y Moravia. Sin embargo, su rival cree posible obtener el empate.[494]

■ Guimard empató con Ståhlberg y Bolbochán con Najdorf, ambos en buena forma; perdió Maderna. El salón de juego del Club Mar del Plata se vio colmado, ocupado por una cantidad de espectadores superior a la de ruedas anteriores, y no fue difícil comprobar que era la partida entre el sueco Gideon Ståhlberg y el campeón argentino, Carlos Guimard, la que había polarizado mayor interés. De las otras, mereció destacarse el empeño de Sonja Graf frente a Villegas, el feliz planteo de Michel contra Pelikán, el acentuado interés teórico del cotejo de Luckis y Pilnik, y la importancia de la lucha entre Najdorf y Bolbochán, de capital interés en el duelo por el puesto de honor de la tabla. Comenzaron la lucha con la Apertura Zukertort-Nimzowitsch, y luego las blancas plantearon el doble fianchetto. El juego se mantuvo equilibrado, y más tarde ambos convinieron en dividirse el punto. Muy bien planteó Sonja Graf su juego con Villegas, hasta el punto de lograr buenas posibilidades luego de pasar un peón en el centro del tablero, en un cotejo que comenzó con el PD y siguió con la Defensa India del Rey. Al final no jugó con la debida exactitud, y experimentó una injusta derrota.

En Luckis – Pilnik, éste ensayó una variante indicada por Gilg y el juego se simplificó, aun cuando mantuvo cierta tensión a pesar de la escasez de material. La partida seguía al cerrarse la presente edición. La partida central de la sesión entre Guimard y Ståhlberg comenzó con una atrevida línea de juego de la Defensa Francesa. El campeón argentino ensayó el Ataque Chatard, y las negras adoptaron una variante preconizada por los analistas rusos que no alcanzó a dar la ventaja supuesta, ya que Guimard, a pesar de tener un peón de menos, debió ganar la partida. Obtuvo calidad de ventaja, pero luego, ante la falta de tiempo, optó por repetir jugadas y hacer tablas. En Rossetto – Maderna, el primero logró un lucido triunfo. Najdorf y Villegas tienen 5/7; Bolbochán y Pelikán 4½/6; Ståhlberg 4½/7.[495]

[493] Villegas impuso muy bien su ventaja posicional.

[494] Tuvo razón Michel. Paulino Alles Monasterio, *El Mundo*, 18 de marzo de 1942.

[495] Roberto Grau, *La Nación*, 18 de marzo de 1942.

En Mar del Plata se jugó la 7a. rueda del concurso de ajedrez

Guimard empató con Stahlberg y Bolbochan con Najdorf, ambos en buena forma

PERDIÓ MADERNA

Mar del Plata, 17 (De un enviado especial). — Sin duda alguna la séptima rueda del torneo internacional de ajedrez que se lleva a cabo en Mar del Plata ha sido la que ha dado lugar a una serie de cotejos más interesantes, del cotejo de Luckis y Pilnik, y la importancia de la lucha entre Bolbochan y Najdorf, de capital interés en el duelo por el puesto de honor de la tabla, ya que si bien Bolbochán tenía medio punto menos que los primeros, ha suspendido su cotejo con Michel en una posición probablemente ganadora, lo que automáticamente lo colocaría, de batir a Najdorf o empatar la partida, en el primer puesto de la competencia.

La partida de Michel y Pelikan se inició con el peón rey, siguió con la defensa Siciliana y las blancas iniciaron un fuerte ataque a la bayoneta, según se ha dado en llamar a la agresión directa por medio de los peones del enroque. Quedó Michel con una posición dominante, pero la partida fué larga y al cerrarse la presente edición permanecía indecisa.

La lucha entre Corte y Czerniak también comenzó con la defensa Siciliana y siguió con una pasiva variante, en la que las negras pusieron en juego el alfil rey por vía 2R. La partida se suspendió y en la sesión nocturna Corte perdió por el tiempo. Su posición era inferior en ese momento.

Najdorf y Bolbochan comenzaron la lucha con la apertura Zukertort-Nimzowitsch... tura Catalana simplificada. Las blancas alcanzaron buen desarrollo, pero a costa de dejar un peón débil en una columna abierta —la de AD—, que rápidamente el ajedrecista rosarino presionó. No dió el debido resultado esta presión y la partida terminó empatada.

La tercera defensa Siciliana de la jornada se produjo en el tablero en que competían Luckis y Pilnik. Este último ensayó una variante indicada por Gilg y el juego se simplificó, aun cuando mantuvo cierta tensión a pesar de la escasez de material. La partida seguía al cerrarse la presente edición.

El cotejo entre Fenoglio y Cánepa se desarrolló en el planteo de manera lenta. Las blancas jugaron el peón dama, siguieron con una variante de tensión central y el equilibrio fué la nota dominante. Este llevó a un justo empate.

La partida central de la sesión, entre Guimard y Stahlberg, comenzó con una atrevida línea de juego de la defensa Francesa. El campeón argentino ensayó el ataque Chatard y las negras adoptaron una variante preconizada por los analistas rusos, que no alcanzó a dar la ventaja supuesta, ya que Guimard, a pesar de tener un peón menos, ... 6; Stahlberg y Czerniak, 4 ½ en 7; Pilnik, 4 en 6; Guimard y Maderna, 4 en 7; Michel, 3 ½ en 6; Luckis, 3 ½ en 6; Iliesco y Rossetto, 3 ½ en 7; Corte, 2 en 7; Espina y Fenoglio, 1 ½ en 7; Cánepa, 1 en 7, y Sonia Graf, 0 en 7.

Los resultados

Los resultados generales fueron los siguientes:

Michel . . . . v. Pelikan . . .

(Suspendida)

Czerniak . . . . 1 v. Corte 0
Najdorf . . . . ½ v. Bolbochán . . ½
Sonia Graf . . . 0 v. Villegas . . . 1
Iliesco . . . . . ½ v. Espina . . . ½
Rossetto . . . . . 1 v. Maderna . . . 0
Pilnik . . . . . . v. Luckis . . .

(Suspendida)

Guimard . . . . ½ v. Stahlberg . . ½
Fenoglio . . . . ½ v. Cánepa . . . ½

La octava rueda

En la octava rueda de partidas, a realizarse esta noche, se efectuarán los cotejos que siguen: Pelikan v. Maderna, Stahlberg v. Rossetto, Villegas v. Guimard, Luckis v. Graf, Espina v. Pilnik, Corte v. Iliesco, Cánepa v. Czerniak, Bolbochán v. Fenoglio y Michel v. Najdorf.

Guimard jugó bien contra Ståhlberg: tablas. *La Nación*, 18 de marzo de 1942

Los encuentros de hoy fueron sumamente reñidos, y solamente dos partidas quedaron definidas en la primera sesión. Fueron ellas precisamente las dos más importantes de la reunión, tanto por la calidad de los jugadores como por la situación que los mismos ocupan en la tabla de posiciones. El campeón argentino, Carlos Guimard, empató con el fuerte maestro sueco Ståhlberg, y la partida de Najdorf contra Bolbochán terminó también con una división de honores. En la sesión complementaria de esta noche prosiguieron todos los demás encuentros, que finalizaron con los siguientes resultados: Rossetto le ganó al ex campeón argentino, Maderna, en la 40ª movida; Fenoglio hizo tablas con el uruguayo Cánepa en la 56ª; el palestino Czerniak venció al argentino Corte en la 53ª; el rumano Iliesco empató con el argentino Espina; el alemán Pilnik (Sic) venció al lituano Luckis y Villegas le ganó a Graf, volviendo a suspender Michel con Pelikán. Najdorf, Pilnik y Villegas tienen 5/7; Bolbochán y Pelikán 4½/6; Czerniak y Ståhlberg 4½/7.[496]

8ª ronda, 18 de marzo

Con los resultados de hoy se coloca en el primer puesto el argentino Herman Pilnik, que fue el único que consiguió derrotar a Ståhlberg hasta ahora. Se conduce en este torneo en forma notable, y se anotó un nuevo triunfo frente al rosarino Espina. La Apertura PD dio motivo a una defensa clásica, imponiéndose Pilnik en forma decidida. El estilo de juego que adoptara Luckis en la Apertura Inglesa no le reportó ningún beneficio. Su hábil adversaria Sonja Graf consiguió cambiar todas las piezas menores, para quedar en una situación donde las torres negras eran más activas. El maestro lituano, en cierto momento, jugó débilmente, aprovechando muy bien la jugadora alemana para atacar el enroque.

Luckis tuvo que abandonar porque no podía evitar la pérdida de la dama. Ståhlberg – Rossetto mereció la preferencia del público por sus acciones altamente interesantes sobre la Defensa Nimzowitsch en

HERMAN PILNIK VA PRIMERO EN EL TORNEO INTERNACIONAL DE AJEDREZ

Corte .... 1 Iliesco 0
(Peón rey, India de Rey, 44 jug.)
Cánepa .... 1 Czerniak 0
(Peón dama, 24 jug.)
Bolbochán .... — Fenoglio .... —
(Peón rey, def. Caro Kann)
Michel .... ½ Najdorf .... ½
(Peón rey, def. siciliana, 29 jug.)

LA 8ª RONDA DE MAÑANA

BLANCAS		NEGRAS
Najdorf	v.	Pelikán
Fenoglio	"	Michel
Czerniak	"	Bolbochán
Iliesco	"	Cánepa
Pilnik	"	Corte
Graf	"	Espina
Guimard	"	Luckis
Rossetto	"	Villegas
Maderna	"	Stahlberg

LA SESION NOCTURNA

Como se esperaba, Maderna venció a Pelikán, Corte venció a Iliesco, mientras el encuentro de Bolbochán v. Fenoglio seguía jugándose.

El encuentro de Michel v. Pelikán de la 7ª ronda, fué dado por tablas, después de 73 movidas.

Hoy es tarde libre, pero por la tarde se jugarán las suspendidas de Bolbochán v. Fenoglio, Bolbochán v. Michel.

CUADRO DE POSICIONES

	J.	G.	T.	P.	Pts.
Pilnik	8	5	2	1	6
Najdorf	8	3	5	-	5½
Villegas	8	3	5	-	5½
Stahlberg	8	4	3	1	5½
Pelikán	8	3	4	1	5
Maderna	8	4	2	2	5
Bolbochán	6	3	3	-	4½
Guimard	8	3	3	2	4½
Czerniak	8	3	3	2	4½
Michel	7	3	3	1	4½
Iliesco	8	3	1	4	3½
Luckis	8	2	3	3	3½
Rossetto	8	3	1	4	3½
Corte	8	3	-	5	3
Cánepa	8	1	3	4	2½
Fenoglio	7	-	3	4	1½
Espina	8	-	3	5	1½
Graf	8	1	-	7	1

Ståhlberg vence fácilmente a Rossetto. *El Mundo*. 19 de marzo de 1942

[496] *La Prensa*, 18 de marzo de 1942.

el PD. Rossetto jugó la defensa según las últimas novedades: avanzar en el centro con P4R, lo que Ståhlberg trató en forma enérgica, logrando evidente ventaja posicional.

Encabeza el Torneo De Mar del Plata el Ajedrecista Pilnick

Categórica victoria de Ståhlberg sobre Rossetto. *La Prensa*. 19 marzo 1942

Los peones del negro quedaron débiles. Rossetto intentó, sin éxito, atacar el enroque, después de lo cual, al cambiarse las damas, la situación del negro se tornó crítica. Poco a poco Ståhlberg fue tomando los peones contrarios, ante lo que Rossetto abandonó en un final ya desesperado. Michel – Najdorf resultó uno de los encuentros más correctos del torneo. Después de adoptar Najdorf la Defensa Siciliana, las maniobras que ella encierra dieron por resultado un cambio de piezas, para darse por tablas la partida después de la 29ª jugada. Parece que el representante del Jockey Club de La Plata, Maderna, es el que derrotará por primera vez al maestro de Bohemia y Moravia, Pelikán, pues la posición suspendida le es netamente ganadora. Maderna jugó en forma magnífica, nada de juego brillante, sino puramente posicional. Dio preferencia a la Apertura Zukertort, según se jugó en el torneo de Nueva York 1927.[497]

▓ Encabeza el torneo el ajedrecista Pilnick (Sic). El ex campeón de Suecia, Gideon Ståhlberg, venció al argentino Rossetto, y con ello asciende peligrosamente en el cuadro de posiciones. El campeón argentino, Guimard, hizo tablas con su compatriota Villegas, cuya regularidad en el presente certamen lo hace acreedor al buen lugar que actualmente ocupa en la clasificación general. La partida de Michel con el polaco Najdorf terminó con un empate. El rosarino Espina perdió con el alemán Pilnick (Sic), mientras que la partida que disputaron el lituano Luckis y la jugadora alemana Sonja Graf constituyó la nota de mayor sensación, en virtud de que el primero se vio en cierto momento en dificultades, y el juego fue rematado bien por Graf, quien ganó la partida. Pilnick tiene 6/8; Najdorf, Ståhlberg y Villegas 5½; Maderna y Pelikán 5.[498]

▓ Sonja Graf batió a Luckis. Otro resultado de sensación fue la victoria de Cánepa sobre Czerniak. Fue la rueda de las sorpresas. A la victoria sensacional de Sonja Graf sobre el maestro lituano Marcos Luckis debió sumarse la derrota del maestro de Palestina, Czerniak, frente al uruguayo Cánepa. Estos dos desenlaces inesperados imprimieron singular atractivo a la reunión, y provocaron el comentario de los numerosos espectadores que seguían las alternativas de los cotejos. Las otras partidas, en las que actuaron competidores de gran paridad de fuerzas, dieron lugar a luchas interesantes.

El empate de Najdorf con Michel y el de Guimard con Villegas hicieron que la situación de éstos no se alterara en la tabla, y mantiene a la prueba con gran número de jugadores en excelente posición para optar a la victoria final. La partida de Michel y Najdorf se inició con la Defensa Siciliana, y si bien Najdorf logró buenas posibilidades a costa de un peón aislado, no pudo quebrar la tenaz resistencia adversaria. Terminó, por esa causa, empatada. La inesperada victoria de Sonja Graf fue el tema de la

Luckis en el torneo magistral de ajedrez

Otro resultado de sensación fué la victoria de Cánepa sobre Czerniak

LA 9a. RUEDA

Día de sorpresas, con victorias de Cánepa y Graf. *La Nación*, 19 de marzo de 1942

[497] Paulino Alles Monasterio, *El Mundo*, 19 de marzo de 1942.
[498] Luis Palau, *La Prensa*, 19 de marzo de 1942.

sesión. Luckis abrió el juego con la Apertura Inglesa y ganó un peón a cambio de ciertas posibilidades de ataque de la ingeniosa ajedrecista alemana.

Luego se emparejó la lucha y las blancas lograron alguna ventaja, pero un error del maestro lituano al intentar contener un ataque de Graf, le significó la pérdida de la dama por una torre, razón por la cual abandonó. Bien está jugando Pilnik. A su victoria sobre Luckis en la suspendida de la rueda anterior, se agrega la excelente partida que se adjudicó contra Espina en la sesión de hoy. Un buen final le ganó Ståhlberg a Rossetto. Las negras debieron jugar sin enroque, y el sueco comenzó a dominar y se impuso en categórico estilo. Pilnik tiene 6/8; Najdorf, Ståhlberg y Villegas 5½/8; Maderna y Pelikán 5/6; Bolbochán 4½/6.[499]

9ª ronda, 20 de marzo

La mayor parte del público presente dio marcada preferencia a este encuentro Najdorf – Pelikán. No se defraudaron las esperanzas, porque las acciones violentas fueron espectaculares. Cuando aún la Defensa Grünfeld contra 1.P4D no había alcanzado todo su desarrollo, Pelikán entregó la primera pieza para desviar la acción de un alfil. Luego, ante la sorpresa general, sacrificó una segunda pieza, que no se podía tomar porque las blancas habrían recibido mate. Y Pelikán, en el afán de destrozar, costara lo que costara, el enroque de Najdorf, entregó una tercera pieza.

El resultado de toda la combinación, y teniendo en cuenta que Najdorf jugó en forma espléndida, fue que Pelikán quedara con una pieza menor de menos, por dos peones. Las negras no cesaron en el ataque; una nueva pieza fue llevada al ala rey, y en este momento, Najdorf, jugando enérgicamente, aumentó la ventaja a una torre, ante lo cual Pelikán se rindió. Sólo maestros de la talla de Najdorf son capaces de neutralizar y luego salir triunfantes en partidas como ésta, de ataques audaces, donde el menor error echa por tierra toda la labor de una defensa minuciosa.

Notable Exhibición de Ajedrez
Realizaron Najdorf y Pelikán

Gran victoria de Najdorf sobre Pelikán. El Mundo, 21 de marzo de 1942

La segunda partida sensacional de la tarde fue Maderna – Ståhlberg. Mucho se esperó del jugador argentino, pero desde el comienzo Ståhlberg dominó ampliamente. La apertura Zukertort fue tratada por el maestro sueco en forma que parece novedosa: dejar retrasado el PAD, con el plan de avanzar rápidamente en el centro con P4R y P5R. Dio motivo a una variante que puede ser nueva o no, es muy poco conocida. Ståhlberg, al conseguir restringir el juego blanco con P5R, se aseguró el dominio del centro y flanco rey. Más tarde las negras atacaron decididamente el enroque, y si bien no obtuvieron ventaja material, la posición obtenida les aseguró una merecida victoria. En su orden, Czerniak – Bolbochán fue el tercer cotejo de importancia.

El maestro palestino no esperó mucho para lanzar una fulminante ofensiva sobre el enroque, sin reparar en sus consecuencias de pérdida de material. La defensa de Bolbochán fue magnífica, y en

499 Roberto Grau, *La Nación*, 19 de marzo de 1942.

el momento culminante tuvo que entregar la dama, pero fue por tres piezas. Quedó suspendido en una situación de difícil pronóstico. Czerniak tiene dama y tres peones, contra alfil, caballo, torre y dos peones de Bolbochán. Bolbochán impuso su ventaja material: las tres piezas fueron en el final superiores a la dama. Con este resultado Bolbochán sigue primero con Pilnik. Como de costumbre, el juego de Pilnik fue tanto enérgico como preciso. Las acciones que se produjeron en el centro las explotó con habilidad. Corte meditó nuevamente con exceso, pasándose en el tiempo en la movida 27ª, pero de todos modos estaba perdido.[500]

▓ Hoy fue disputada en el Club Mar del Plata la 9ª rueda, y en la sesión de la tarde hubo varias partidas que ofrecieron aspectos interesantes. Se destacó la rápida victoria de Ståhlberg sobre Maderna, a quien venció en la 30ª jugada. Asimismo, Najdorf derrotó en buena forma al fuerte maestro checoslovaco Pelikán. Sonja Graf hizo tablas con Espina, y Pilnick (Sic) se mantiene en el primer puesto al vencer a Corte; Fenoglio hizo tablas con Michel y el mismo resultado tuvo el encuentro de Iliesco con Cánepa.[501]

▓ La partida que más expectación había despertado y la que tuvo el desenlace más rápido fue la de Maderna con Ståhlberg. Se inició con la Apertura Zukertort-Reti y por inversión de jugadas se llegó a un Gambito de la Dama Aceptado. La lucha fue muy enérgica, y quedó definida a favor del maestro sueco en la 20ª jugada, luego de un violento ataque. Rápido desenlace tuvo la partida entre Sonja Graf y Espina. Comenzó con el PR, siguió con el Giuoco Piano, y luego de una simplificación se acordó el empate. Muy interesante fue la partida de Najdorf con Pelikán. Éste se defendió con la India del Rey contra el PD, y las blancas entregaron un peón a cambio de posición desahogada. Luego Pelikán emplazó un buen ataque mediante el sacrificio de dos piezas, pero éste fracasó y el final fue bien ganado por Najdorf.

Pilnik aseguró su condición de puntero de la prueba al batir a Corte en una partida abierta con el PD, y que siguió con la Defensa Siciliana (Sic). Éste, apremiado por el tiempo, malogró sus buenos y lentos esfuerzos primeros, tal cual le sucede en casi todas sus actuaciones desde hace muchos años. Bien condujo Bolbochán su encuentro con Czerniak, hasta el punto de suspenderlo en una posición en la que cambió su dama por torre, caballo y alfil, teniendo por esta causa las mejores perspectivas. El cotejo, que comenzó con la Apertura Inglesa y se transformó en una variante de la Defensa Siciliana, siguió disputándose en la sesión nocturna. En esta etapa de la lucha se impuso en excelente forma el excelente ajedrecista local. Con un peón de ventaja y algunas posibilidades de victoria, propuso tablas Cánepa a Iliesco, lo que éste, como es natural, aceptó. La fatiga, sin dudas, y el consiguiente temor a malograr el buen esfuerzo, inspiraron esta decisión del ajedrecista uruguayo. Bolbochán y Pilnik tienen 7/9; Najdorf y Ståhlberg 6½; Villegas y Michel 5½.[502]

10ª ronda, 21 de marzo

▓ La competencia ha adquirido gran interés por la circunstancia de que varios participantes luchan en forma sumamente reñida por el puesto de honor. En la sesión de la tarde Pilnick (Sic) le ganó al campeón uruguayo, Cánepa, en la 36ª jugada, y en tal forma sigue ocupando el puesto de honor (Sic). Najdorf venció al argentino Fenoglio en la 26ª jugada, y Ståhlberg derrotó al checoslovaco Pelikán en la 28ª movida. El ex campeón argentino, Jacobo Bolbochán, hizo tablas con el rumano Iliesco. El lituano Luckis le ganó al argentino Rossetto en la 26ª jugada, y los demás encuentros quedaron postergados para ser continuados en la sesión de la noche. Reanudados los

[500] Paulino Alles Monasterio, *El Mundo*, 21 de marzo de 1942.
[501] Luis Palau, *La Prensa*, 21 de marzo de 1942.
[502] Roberto Grau, *La Nación*, 21 de marzo de 1942.

juegos, Guimard fue vencido por Espina, el alemán Michel derrotó a Czerniak, y Corte le ganó a Sonja Graf, volviendo a suspenderse Villegas contra Maderna.[503]

▓ La disputa por el primer puesto, y de manera cada vez más nítida, sigue concretándose a una lucha entre cuatro participantes, que están desplegando un estilo de juego acorde con la importancia del compromiso y la severidad del esfuerzo. En realidad, no podía sorprender mayormente el hecho en Ståhlberg y Najdorf, pero ha provocado el comentario desde el ángulo del ajedrez nacional por la merecida situación que en la tabla ocupan tanto Pilnik como Bolbochán.

En la rueda llevada a cabo esta tarde Pilnik mantuvo su puesto de puntero al batir en excelente forma al uruguayo Cánepa. La partida fue iniciada con el Gambito Dama Aceptado, y rematada por medio de una enérgica maniobra, en la que Pilnik impuso la mejor situación de sus piezas, y la poderosa acción de los alfiles. No pudo Fenoglio –negras– oponerse a la buena actuación de Najdorf, que sacrificó dos peones en una Apertura Zukertort, para atacar con dos alfiles, y venció luego de quebrar un contraataque de las blancas. El maestro sueco Ståhlberg venció, y mantuvo así su excelente situación en la tabla de posiciones. Se impuso al checoslovaco Pelikán en enérgica forma, luego de un cotejo que comenzó con la Apertura Bird. Bien batió Luckis a Rossetto, en un cotejo que se inició con el PD y siguió con la Ortodoxa. Las blancas jugaron con el AD detrás de la cadena de peones, y luego de quedar Luckis mejor, la partida prometía equilibrarse, pero omitió Rossetto una maniobra que permitió a Luckis ganar una pieza y la partida. Al perder medio punto con Iliesco, Bolbochán pasó a compartir el segundo puesto de la tabla, con Najdorf y Ståhlberg. La partida que nos ocupa se inició con el PD, y siguió con la India de Rey, y el equilibrio no pudo ser quebrado en ningún momento. Esto movió a los adversarios a convenir un empate.[504]

Luckis obtuvo una excelente victoria en su partida con el sueco Stahlberg

TRIUNFÓ GUIMARD

Mar del Plata, 23 (De un enviado especial).—El gran torneo internacional de ajedrez que se disputa en el Club Mar del Plata de esta ciudad ha entrado en una de sus fases más interesantes, y aun cuando se acerca la parte final de la competencia, la lucha por el puesto de honor se mantiene en toda su intensidad, provocando la creciente expectativa de los aficionados que diariamente concurren a presenciar los encuentros.

Hoy por la tarde se inició la duodécima rueda del certamen con la realización de los nueve encuentros establecidos. El campeón argentino, Guimard, tuvo como adversario al campeón uruguayo, Cánepa, quien comenzó la partida con peón dama. El jugador local respondió con la defensa Tarrasch y una vez terminado el planteo entregó un peón para buscar una posición de ataque en un juego complejo. Mediante una serie de buenas maniobras, Guimard consiguió una posición superior y finalmente ganó una calidad y poco después el juego.

Najdorf jugó en gran forma frente al rumano Iliesco, quien ante una apertura de peón dama adoptó la defensa India del Rey. Se produjo una lucha inicial en el centro y Najdorf sacó mejor provecho de la situación, obteniendo ventaja. En seguida organizó un fuerte ataque contra el enroque enemigo, y cuando ya la situación era insostenible para Iliesco, éste se excedió en el límite de tiempo y perdió la partida.

Cuatro luchan por la punta. *La Nación*. 22 marzo 1942

▓ La mayor parte del público que asistió a la ronda de hoy dio su simpatía por este cotejo, integrado por el puntero del torneo, Bolbochán, e Iliesco, un jugador que mostró su fibra de combinador al vencer no hace mucho al maestro palestino Czerniak.[505] Pilnik volvió a conducirse admirablemente, venciendo la obstinada resistencia de Cánepa, después de un ataque conducido con suma maestría. Como de costumbre, el jugador argentino eligió la Defensa Eslava en el PD.

Najdorf, con clara visión de la posición que quedaría, entregó un peón central; pudo obtener la evidente ventaja teórica de dos alfiles contra dos caballos. Estando el juego en esto, Fenoglio, enrocando en el flanco dama, amagó un ataque contando con la línea de torre abierta. Entregó primero un caballo y luego la dama, en una combinación equivocada, pues su resultado hubiera dado ventaja material a Najdorf, en vista de lo cual abandonó. La Apertura Bird es en realidad una línea de juego casi similar a la Defensa Holandesa contra 1.P4D, pero alterando los colores y con un tiempo de ventaja. Sin embargo, no es muy eficaz, como lo demostró Ståhlberg con acciones enérgicas que interrumpieron (Sic) en el centro y flanco dama de las blancas. Pelikán trató de planear una ofensiva a base de P4R y C5CR, pero las réplicas del campeón sueco fueron contundentes. Tuvo que abandonar a la jugada 28ª por perder la calidad sin remedio.

503 Luis Palau, *La Prensa*, 22 de marzo de 1942.
504 Roberto Grau, *La Nación*, 22 de marzo de 1942.
505 Iliesco había vencido a Czerniak en el torneo de Mar del Plata de 1941.

El juego de Ståhlberg se está afianzando día a día; parece que ahora se impondrá en los tramos finales, siempre que Najdorf pierda por ahí medios puntos con tablas o que los jugadores argentinos comiencen a defeccionar frente a las grandes figuras, lo que no parece probable. El ex campeón argentino no pudo quebrar la acertada defensa de Iliesco, por más tentativas que realizó en el centro del tablero; pero hay que advertir que Bolbochán quizás evitó jugar el todo por el todo, no sólo por el score obtenido (hasta el momento), sino porque junto con Najdorf son los dos únicos invictos del torneo. Fue declarada tablas en la 40ª jugada.[506]

11ª ronda, 22 de marzo

▓ La numerosa concurrencia siguió con visible interés el desarrollo de las tres partidas fundamentales anunciadas para esta jornada: Pilnik – Bolbochán, Czerniak – Najdorf y Villegas – Ståhlberg. La expectativa no duró mucho, pues el gran combinador polaco daba cuenta de Czerniak en la 36ª jugada; el último, un sacrificio ganador. El maestro Najdorf jugó la Defensa Siciliana en un estilo poco conocido: avanzar después del desarrollo el PR a 4R, dejando retrasado el PD, pero como el blanco no pudo evitar el movimiento liberador P4D del adversario, ese peón retrasado no representó ninguna debilidad. Czerniak desarrolló su plan para lograr un peón pasado en el flanco dama: lo obtuvo, pero dio oportunidad a Najdorf de asegurarse ventaja en el centro. A raíz de una serie de jugadas hábilmente preconcebida por Najdorf, la situación del jugador palestino se tornó crítica; un golpe final de las negras les aseguró la ventaja de una pieza y con ello la ganancia del encuentro. También el torneo de 1941 Czerniak había perdido con Najdorf.

Villegas, llevando las negras, intentó probar la bondad de la Defensa Cambridge Springs en una variante del Gambito Dama Rehusado. El maestro sueco Ståhlberg, gran conocedor de la teoría y de esa línea de juego, actuó siempre lo mejor y emplazó un fuerte ataque central sobre el rey. No eludió el sacrificio necesario para abrir una brecha en el campo enemigo, obteniendo pronto sus frutos. Villegas tuvo que abandonar en la jugada 42ª. La partida Pilnik – Bolbochán dio motivo a una brillante exhibición, en la cual Pilnik puso todo su empeño en salir airoso sobre su rival local.

Bolbochán se defendió con habilidad, pero no pudo evitar que las blancas lograsen ventaja posicional, que parece suficiente para convertirla en ganancia positiva. Pero fue de lamentarse que al final de la sesión de la tarde se produjese una incidencia relacionada con el tiempo de dos horas y media que se estipula para que cada jugador totalice 40 jugadas. En los últimos minutos de la partida, y con el propósito de ganar movidas, dio una serie de rápidos jaques sucesivos, llegando así a la jugada final 40ª.

Pasó que el fiscal presente no pudo establecer con precisión si Pilnik efectuó esa jugada 40ª dentro del tiempo reglamentario, es decir, antes o después de caer la aguja del reloj. Esta noche se reúne la comisión de torneos de la FADA, integrada por los señores Alles Monasterio, doctor Skalicka y De la Llave, para aclarar lo sucedido. Con respecto a la incidencia de la partida Pilnik – Bolbochán, la comisión de torneos de la FADA, después de escuchar la declaración de los contrincantes y enterarse del informe del fiscal que controló la partida, cada miembro votó en secreto, y el fallo fue unánime, dando por perdida la partida a Pilnik por excederse en el tiempo reglamentario.[507]

▓ Puede verse en este caso la mezcla de funciones de Paulino. A la vez que es el periodista de *El Mundo*, es el árbitro de apelaciones. Las últimas jugadas efectuadas fueron: 40.D4R AxA 41.DxA y en esta posición perdida para Bolbochán, la partida se interrumpió y se envió al jurado. Si la última jugada fue la 41ª, la pregunta más sencilla es: ¿cómo pudieron determinar si la aguja cayó antes de Pilnik apretara su botón del reloj? Bolbochán no reclamó, ya que jugó 40...AxA. Eso implicaría

[506] Paulino Alles Monasterio, *El Mundo*, 22 de marzo de 1942.
[507] Paulino Alles Monasterio, *El Mundo*, 23 de marzo de 1942.

que el fiscal actuó "de oficio". ¿Cuál fue "la prueba" que utilizaron los árbitros para darle el punto por perdido a Pilnik? El hecho es que esta victoria lo catapultaba al primer puesto en solitario, e incluso hubiera sido el ganador del torneo.[508]

▓ Ståhlberg venció ayer a Villegas en la 48ª jugada, y el campeón argentino, Guimard, derrotó a Corte en la 26ª movida. Najdorf le ganó al palestino Czerniak en la 27ª, y Espina a Rossetto en la 37ª. Los demás encuentros se suspendieron para ser continuados en la sesión de la noche. En la sesión complementaria nocturna, Fenoglio obtuvo su primera victoria al vencer al checoslovaco Pelikán, el rumano Iliesco hizo tablas con el alemán Michel, y el argentino Maderna derrotó al lituano Luckis. La partida entre el alemán Pilnik y el ex campeón argentino Bolbochán terminó con el triunfo reglamentario de este último. En efecto, cuando la situación era favorable para Pilnik, éste se excedió en el tiempo de reflexión. La comisión, de acuerdo con los reglamentos, le dio por perdido el encuentro. Con los resultados de hoy pasan a encabezar el cuadro de posiciones Bolbochán, Ståhlberg y Najdorf, con igualdad de puntos, por lo que las próximas ruedas son esperadas con gran interés.[509]

▓ Por excederse en el tiempo perdió Pilnik con Bolbochán. Esto se produjo en momentos en que la posición del perdedor era favorable. Apreciable cantidad de público se concentró en esta rueda. La razón que justificó tanta expectación era el hecho de que en la misma debían enfrentarse dos de los punteros de la prueba: Bolbochán y Pilnik, precisamente a quienes les ha correspondido la responsabilidad de discutirles a los maestros Najdorf y Ståhlberg el derecho al primer puesto del concurso. Y fue precisamente esa partida origen de una incidencia reglamentaria, ya que el fiscal se la adjudicó perdida por tiempo a Pilnik. Al realizar éste la jugada 40ª, se advirtió que había caído la flecha que determina el límite de tiempo. Más tarde Pilnik reclamó, por entender que la jugada había sido realizada antes del límite máximo, y esto provocó una reunión de la comisión del torneo para dictaminar de manera definitiva. Las acciones eran difíciles, y consiguió Pilnik al finalizar la lucha ganar un peón y obtener por esto las mejores posibilidades. En ese momento se produjo la incidencia relatada.

Entretanto, Ståhlberg y Najdorf ganaron sus respectivas partidas, manteniendo la excelente ubicación que ocupan en la tabla de posiciones. El primero inició su juego con Villegas con PD, siguió el ajedrecista local con la Cambridge-Springs, y luego, para consolidar un C5R debilitó su configuración de peones. Ståhlberg atacó con maestría, y después de una serie de maniobras exactas ganó por ataque. Más compleja fue la apertura de la partida de Czerniak y Najdorf. Empezó con el PR, siguió con la Defensa Siciliana, y la lucha se mantuvo indecisa. Luego, apremiado por el tiempo, jugó débilmente Czerniak, por lo que perdió una pieza y acto seguido abandonó. Bien le ganó el uruguayo Cánepa a Sonja Graf. La partida empezó con el PD, siguió con el Sistema Nimzo-Indio, y luego de un buen planteo Sonja Graf jugó débilmente, lo que permitió a Cánepa ganar calidad y la partida. No quiso Iliesco hacer tablas con Michel, y la suspendió en un final de torres y peones levemente inferior para él. Anoche se declaró tablas luego de un breve final. Ahora Bolbochán, Najdorf, Ståhlberg y Pilnik tienen 8/11; Michel 7; Maderna 6½; Guimard y Villegas 6.[510]

12ª ronda, 23 de marzo

▓ El torneo ha entrado en una de sus fases más interesantes, y aun cuando se acerca la parte final de la competencia, la lucha por el puesto de honor se mantiene en toda su intensidad, provocando la creciente expectativa de los aficionados que diariamente concurren a presenciar los encuentros.

[508] Notas del autor.
[509] Luis Palau, *La Prensa*, 23 de marzo de 1942.
[510] Roberto Grau, *La Nación*, 23 de marzo de 1942.

Najdorf jugó en gran forma frente al rumano Iliesco, quien ante una apertura de PD adoptó la Defensa India del Rey. Se produjo una lucha inicial en el centro y Najdorf sacó mejor provecho de la situación, obteniendo ventaja. Enseguida organizó un fuerte ataque contra el enroque enemigo, y cuando ya la situación era insostenible para Iliesco, éste se excedió en el límite de tiempo y perdió la partida.

El ex campeón argentino, Jacobo Bolbochán , venció con facilidad a Sonja Graf. Comenzó el juego con una Apertura Ruy López y en el planteo ganó un peón. Más tarde atacó Bolbochán con energía las posiciones enemigas y obtuvo una pieza, abandonando su rival en la jugada 35ª. Con este triunfo el ajedrecista local se mantiene en el primer puesto, en igualdad de condiciones con el polaco Najdorf. El alemán Michel tuvo como adversario a su compatriota Pilnick (Sic). Se jugó una partida Ruy López, que resultó en extremo compleja. Mediante una interesante maniobra a base de la entrega de calidad, Michel colocó un peligroso peón en 7ª línea, y dejó a su rival sin movimientos satisfactorios, suspendiéndose la partida en posición ganadora para Michel, quien luego de reanudado el juego venció en gran estilo.

El checoslovaco Pelikán planteó una Apertura Zukertort frente al argentino Villegas, quien empleó la Defensa del *Fianchetto* Rey. Se produjeron interesantes maniobras en ambos flancos, y Pelikán consiguió ganar un peón. A pesar de ello, el juego quedó suspendido en una situación muy difícil, tanto que al final se definió a favor de Pelikán. La partida entre el lituano Luckis y el sueco Ståhlberg fue la que atrajo en su parte final la mayor atención del público, por lo complejo de las acciones y por la circunstancia de que ante una situación de verdadero apremio, Ståhlberg arriesgó extremadamente el juego, y en el momento de la suspensión Luckis quedó con todas las posibilidades de la victoria.

La lucha comenzó con PR, adoptando Ståhlberg la Defensa Francesa. Las blancas jugaron 3. C2D y las negras respondieron 3...C3AD, produciéndose un juego similar al de la partida de Julio Bolbochán con Guimard del Torneo de San Pablo 1941. Luckis atacó en buena forma y entregó una pieza para colocar a su fuerte rival en una situación crítica. Reanudada la partida, Luckis sacó provecho de esa situación, ya que luego de diversas jugadas de indudable mérito, logró vencer al fuerte ajedrecista sueco.[511]

Stahlberg Fué Vencido Ayer por Luckis en el Certamen de Ajedrez

Najdorf vence a Iliesco.
La Prensa, 24 marzo 1942

■ La sesión de esta tarde motivó una lucida reunión, en la que numeroso público presenció las alternativas de los encuentros, especialmente aquellos en los que intervinieron los maestros Ståhlberg, Najdorf y Bolbochán, que luego de la rueda anterior quedaron en el primer puesto de la tabla de posiciones. Najdorf tuvo hoy como adversario a Iliesco, a quien venció en la 40ª jugada. Bolbochán le ganó a Sonja Graf en la 35ª, quedando por lo tanto otra vez empatado el primer lugar entre Najdorf y Bolbochán. En cambio, Ståhlberg tuvo una partida extremadamente delicada frente al lituano Luckis. Éste entregó una pieza a cambio de un fortísimo ataque, y el juego se suspendió en situación ganadora para él. Rossetto venció a Corte en la 35ª, Czerniak le ganó a Fenoglio y Guimard a Cánepa.

La partida entre los alemanes Michel y Pilnick (Sic) quedó suspendida en posición ganadora para el primero. Villegas y Pelikán suspendieron en situación de equilibrio, lo mismo que Espina y Maderna. En la sesión complementaria de la noche, como estaba previsto, Luckis le

[511] Roberto Grau, *La Nación*, 24 de marzo de 1942.

ganó a Ståhlberg, quien perdió así su excelente colocación en la tabla de posiciones. Pelikán derrotó a Villegas, Michel a Pilnick (Sic) y Espina a Maderna.[512]

Una vez más el campeón sueco, Ståhlberg, adoptó, contra 1.P4R, la discutida Defensa Francesa, que le fue fatal contra Pilnik, y con la que tuvo que compartir honores ante Guimard en la séptima rueda. Luckis jugó en forma magistral y a la vez valientemente, pues, como Pilnik, atacó con firme resolución el rey enemigo. Sacrificó una pieza, y en el momento de interrumpirse la partida, Ståhlberg tiene un peón menos en un final de torres. Luckis tiene chance de ganar. (...) Después de la reanudación, la nota sensacional del torneo fue la derrota que sufrió Ståhlberg en la jugada 62ª, en un final que Luckis condujo magistralmente.

Puede decirse que toda la dificultad de la partida de Iliesco fue no poder desarrollar debidamente el alfil dama, que siempre es un problema difícil de resolver en el PD. Najdorf, cuyo juego acusa un mayor dinamismo día a día, resolvió la lucha en el centro a su favor, y dominó fuertemente el cuadro 6D. Una vez obtenido esto, emplazó un ataque decisivo y final contra el enroque. La precisión de las movidas de Najdorf fue notable; el público denotó su satisfacción por el remate final, ganando ineludiblemente una pieza.

El jugador alemán Michel planteó la Ruy López, con una variante a base de P5D, juego lento pero de gran eficacia. Consiguió, no obstante, el juego peligroso y combinador de Pilnik arribar a un final donde obtuvo un fuerte peón pasado en 6D, que parece suficiente ventaja para decidirla a su favor. (...) Pilnik abandonó la partida sin proseguirla. El maestro Pelikán, después de defeccionar en varias rondas seguidas, se comportó bien contra el veterano Villegas, iniciando el juego con la Apertura Zukertort, variante Nimzowitsch, C3AR y P3CD. Villegas jugó con cierta flojedad, pues perdió un peón. Con esta desventaja se suspendió un final de piezas menores. Pelikán se impuso en la 55ª jugada.[513]

LUCKIS VENCE A STAHLBERG EN LA DECIMO SEGUNDA RONDA

Guimard le empata a Ståhlberg. *El Mundo*, 18 de marzo de 1942

13ª Ronda, 24 de marzo

Bolbochán venció al campeón argentino, Carlos Guimard. Después de la inesperada derrota sufrida ayer por Ståhlberg, el interés de los aficionados aumentó, pues la lucha por el primer puesto se tornó en extremo reñida. Los resultados de la sesión de esta tarde dan mayor atractivo, dado que Najdorf fue vencido por Pilnick (Sic), y este resultado favorece al argentino Bolbochán, quien queda ahora con posibilidades de mantener el primer puesto en el caso de no ser vencido hoy por Guimard. Fenoglio derrotó hoy a Iliesco en la 59ª jugada; Michel le ganó a Graf en la 36ª; Luckis y Villegas empataron en la 37ª; y Rossetto le ganó a Cánepa en la 22ª. Los demás encuentros quedaron suspendidos para ser continuados en la sesión nocturna. Proseguidas por la noche, tuvieron

Bolbochan Venció al Campeón Argentino en El Torneo de Ajedrez

Bolbochán derrota a Guimard. *La Prensa*, 25 de marzo de 1942

[512] *La Prensa*, 24 de marzo de 1942.

[513] Paulino Alles Monasterio, *El Mundo*, 18 y 19 de marzo de 1942.

estos resultados: Guimard fue vencido por Bolbochán, quien con este triunfo queda primera absoluto; Maderna venció a Corte en la 52ª; y Czerniak hizo tablas con Pelikán en la 57ª.[514]

La ronda resultó una de las más notables exhibiciones, y de acuerdo con sus primeros resultados, en vez de despejar la incógnita para vislumbrar quién será el ganador, hace que la lucha sea más reñida que nunca entre los cinco competidores que van colocados en los puestos de honor. Herman Pilnik derrota a Najdorf en una sensacional partida. La creciente expectativa que se había despertado para ver frente a frente al jugador argentino y al maestro polaco Najdorf resultó una feliz realidad, por cuanto desde que comenzaron las acciones se pudo comprobar que Pilnik estaba dispuesto a quebrar la resistencia de Najdorf sin reparar en sus consecuencias. Causó impresión que el maestro polaco adoptara la Defensa Caro-Kann, poco propicia para el estilo característico de su juego. Las blancas no titubearon en atacar el enroque, mientras Najdorf quiso vulnerar el centro enemigo, maniobra de cierta lentitud que no alcanzó a debilitar el asedio de las blancas.

En efecto, Pilnik, mediante varios sacrificios, uno espectacular de dama, logró destruir la posición del enroque, y obtener la tan ansiada situación ganadora. Najdorf reaccionó fuertemente ante el peligro, pero por más que empleó todos sus recursos, no pudo evitar la derrota. La partida electrizó a un público compacto que se había situado alrededor de la mesa de juego. (...) La notable combinación de Pilnik comienza con el sacrificio del caballo 19.CxPT, y luego 20.A6A amenazando DxPT y mate. La defensa 20...D4A es única, y sigue 21.T1D. El golpe 22.P4CD es genial; la dama negra no puede abandonar la horizontal pues 22...CxP es forzada, y entonces viene la movida del sacrificio decisivo, uno de problema, en que la dama no puede ser tomada por T8D mate. Sin embargo, luego Najdorf encontró una maniobra de contraataque: 26...T1A, amenazando DxA+ y mate con T8A, lo que Pilnik paró con la simple 27.P3TR, justamente la que gana, por cuando el A5C no puede escapar por seguir D7C+ y luego mate. El resultado final fue que Najdorf tuvo una pieza menos, a más que su rey quedó en posición de no poder escapar al mate o perder la dama con A7R+. La hazaña de Pilnik, derrotando en el mismo torneo a figuras internacionales notables como Ståhlberg y Najdorf, es difícil que la logre un aficionado y también un maestro.

Al vencer a Guimard, Bolbochán ocupa el primer puesto. El ex campeón argentino adoptó la misma defensa que Najdorf, pero hay que tener en cuenta que su estilo de juego es muy opuesto al del maestro polaco. Bolbochán consiguió ventaja en el medio juego, y quizás alentado secretamente por el gran triunfo de su compañero, aceleró aún más las acciones mediante maniobras de singular envergadura. Consiguió ganar la calidad, y tiene posición muy ventajosa en el momento de la suspensión. En la reanudación, Bolbochán ganó en la 49ª jugada, manteniendo además su invicto.

Gana Pilnik a Najdorf en el Torneo Magistral

Espectacular victoria de Pilnik sobre Najdorf. *El Mundo*, 25 de marzo de 1942

También despertó mucho interés el cotejo entre el campeón sueco, Ståhlberg, y el rosarino Espina, quien se defendió con firmeza. Ståhlberg, haciendo gala de su peculiar estilo, consiguió ventaja material, que le debe dar el triunfo en la sesión de la noche. La continuación tuvo alternativas que sorprendieron. En cierto momento Ståhlberg cometió un error, ganando Espina la calidad y quedando con un peón pasado. Esto hizo pensar en el triunfo del campeón rosarino, pero inexplicablemente se equivocó a su vez, perdiendo por un jaque doble el peón pasado. Ahora resta

[514] Luis Palau, *La Prensa*, 25 de marzo de 1942.

un final de torre y un peón por parte de Espina, contra caballo y tres peones unidos de Ståhlberg. Finalmente fue tablas en la 79ª jugada.[515]

Pilnik se impuso a Najdorf, y con este resultado Bolbochán encabeza la tabla con un punto de ventaja. Una vez más correspondió a Pilnik dar la nota de sensación en el torneo. Su cotejo con Najdorf concentró intensa expectación, y el público recibió con interés esta nueva manifestación de los progresos del buen ajedrecista local. Najdorf fue batido de manera impresionante, y Pilnik, indudablemente, es el ajedrecista que ha jugado en la forma más espectacular en el torneo. Sólo a la fatalidad se debe que, al perder reglamentariamente con Bolbochán un cotejo que tenía ganado y había conducido en notable forma, malogró en parte el más acentuado esfuerzo de su vida deportiva. Ello no atenuó la impresión que ha dejado a través de su estilo, su peligrosidad en las posiciones en que asume la iniciativa, y su optimismo para juzgar a los adversarios y a las posiciones. Se trata, sin duda, de un valor que actuará por mucho tiempo en el primer plano del ajedrez nacional. En posición favorable para Bolbochán se suspendió su cotejo con Guimard. Fue iniciado con la Defensa Caro-Kann. Las blancas tuvieron buen juego por medio de los dos alfiles, pero luego comprometieron la posición, y al suspenderse el cotejo Bolbochán tenía calidad de ventaja. Anoche ganó en excelente forma.

Una notable resistencia le opuso Ståhlberg a Espina (Sic). El cotejo comenzó con el PD, siguió con la Ortodoxa, y si bien el maestro sueco ganó dos peones, lo hizo a costa de la calidad. En ese estado de cosas se suspendió el encuentro. En la sesión nocturna la ventaja de Espina se acentuó, y cuando las dificultades del maestro eran serias, un error de Espina le significó la pérdida de un peón, y el final se volvió a complicar. La partida seguía al cierre de esta edición. Bolbochán tiene 10½/13; Najdorf 9½/13; Pilnik y Michel 9/13; Ståhlberg 8½/12.[516]

FRENTE AL TABLERO

El torneo de Mar del Plata. — La nueva defección de Stahlberg y la victoria de Pilnik sobre Najdorf. — El desempeño de Bolbochán.— Problemas. — Final y soluciones.

Impactante éxito de Pilnik sobre Najdorf.
La Nación, 28 de marzo de 1942

14ª ronda, 26 de marzo

La competencia ha entrado en su faz final y suscita una extraordinaria expectativa como consecuencia del sobresaliente comportamiento del ajedrecista argentino Jacobo Bolbochán, quien al vencer hoy a Rossetto mantiene su privilegiada situación, encabezando la tabla de posiciones con un punto de ventaja sobre el fuerte maestro polaco Miguel Najdorf. El campeón argentino hizo hoy tablas con el alemán Michel. El checoslovaco Pelikán derrotó al lituano Luckis, y el campeón uruguayo fue vencido por Maderna. El alemán Pilnick (Sic) le ganó al argentino Fenoglio, y los demás encuentros quedaron suspendidos para la sesión de la noche. Reanudadas las partidas, finalizaron con estos resultados: Ståhlberg le ganó a Corte, quien, como de costumbre, se excedió en el tiempo. Najdorf derrotó a Graf, Czerniak a Iliesco y Villegas fue vencido por Espina.[517]

Bolbochán se mantiene primero; lleva un punto de ventaja a Najdorf y faltan sólo tres ruedas. Se aproxima a su término el torneo, y es aún poco menos que imposible vaticinar el desenlace, ya

515 Paulino Alles Monasterio, *El Mundo*, 25 y 26 de marzo de 1942.
516 Roberto Grau, Frente al Tablero, *La Nación*, 28 de marzo de 1942. *La Nación*, 25 de marzo de 1942.
517 Luis Palau, *La Prensa*, 27 de marzo de 1942.

que si bien se encuentra cómodamente primero el excelente jugador argentino Jacobo Bolbochán, tiene éste que enfrentarse con el sueco Gideon Ståhlberg, y la gran responsabilidad que ofrece este compromiso impide forjarse excesivas ilusiones sobre la posición del ajedrecista local. Pero si se analiza la prueba sin dejarse influenciar por el nombre y antecedentes, y sólo se considera a través de la eficiencia probada en la misma y el estilo de juego desplegado por todos, puede afirmarse que Bolbochán debe ganar el torneo, ya que es, junto con Pilnik, quien mejor se ha desempeñado hasta el presente, y más méritos ha destacado como para aspirar a un triunfo de tal significación. El enemigo mayor de Bolbochán es, por ahora, el maestro polaco Miguel Najdorf, que tiene un punto menos en la tabla. A los dos les falta jugar tres partidas.

Los adversarios de Bolbochán serán Maderna, Ståhlberg y Villegas, y los de Najdorf serán Guimard, Rossetto y Maderna, lo que hará sin duda difícil al maestro polaco la tarea de superar a aquél en la clasificación final. En la rueda de hoy el puntero derrotó a Rossetto, luego de una lucha que comenzó con el PR, siguió con la Variante Mac-Cutcheon de la Defensa Francesa, y destacó la gran complejidad y brío de la lucha. Explotó bien Bolbochán la falta de desarrollo de su adversario en el ala dama, y ganó por medio de un enérgico avance de peones en el ala del rey. Una partida de escasa vivacidad, produjeron Michel y Guimard. El primero quedó con alguna ventaja en desarrollo, y luego llegó a un final de torres y un alfil, que era más cómodo para el maestro alemán. Éste entendió que la ventaja era insuficiente para vencer, por lo que aceptó una propuesta de tablas de su adversario. A pesar de su excelente resistencia, Sonja Graf fue vencida por el maestro polaco Miguel Najdorf, en un cotejo abierto con el PD que se prolongó hasta la 43ª jugada.

Bolbochan se mantiene primero en el torneo magistral de ajedrez

Lleva un punto de ventaja a Najdorf y sólo faltan tres ruedas

LOS RESULTADOS

Bolbochán, primero con un punto de ventaja. *La Nación*. 27 de marzo de 1942

Evidentemente, el maestro sueco Ståhlberg está lejos de actuar de acuerdo con sus antecedentes y su calidad. Luego de algunas actuaciones poco convincentes en las últimas ruedas, se desempeñó hoy frente a Corte y tuvo serias dificultades. El apremio de tiempo impidió a Corte rematar la lucha de la mejor manera, y al suspenderse la partida se llegó a un final dudoso de torre, caballo y cuatro peones por bando, en el que Corte tenía como mayor dificultad el hecho de que sólo disponía de tres minutos para efectuar once movidas. Ésta fue la causa de su derrota, posicionalmente injusta, ya que al caer la flecha que decretó su abandono tenía un final fácilmente tablas. Por el tiempo perdió Fenoglio con Pilnik, pero ya su posición era inferior. Bolbochán tiene 11½/14; Najdorf 10½; Pilnik 10; Michel 9½; Ståhlberg 9.[518]

Bolbochán mantiene su ventaja, al dar cuenta del challenger al Campeonato Argentino, Héctor Rossetto, en un combate vistoso, de acciones brillantes, un tanto reñido con su estilo seguro. Puede decirse que el representante del Club Independiente tiene seguro virtualmente el primer premio. En la Defensa Francesa, Rossetto adoptó la Variante Mc Cutcheon, en la que Bolbochán emplazó un fuerte ataque central. Primero sacrificó la calidad, luego un caballo, material que recuperó, quedando en situación ganadora. Nada pudo hacer Rossetto con una ingeniosa defensa para impedir que un peón hiciese dama. Como era de esperarse, Najdorf venció a la jugadora alemana Sonja Graf, quien aceptando el gambito que le ofreció su contendor, resistió hasta la 45ª jugada. El cotejo entre Corte y el maestro sueco Ståhlberg no pudo definirse en la sesión de la tarde, a pesar de que se consideraba que Ståhlberg debía ganar sin mayor esfuerzo. Pero parece que el maestro sueco está pasando por un mal momento: juega sin esa precisión que le dio renombre mundial. En la posición suspendida,

[518] Roberto Grau, *La Nación,* 27 de marzo de 1942.

Corte debe efectuar doce movidas en dos minutos y medio. Como era de preverse, Corte no pudo realizarlas en el tiempo estipulado, y por lo tanto perdió la partida.

Pelikán – Luckis tuvo desde las primeras movidas un cariz emocionante, por cuanto Luckis quiso atacar a toda costa, mientras Pelikán ya había efectuado maniobras preparatorias de una ofensiva sobre el enroque. Luckis se aventuró con su dama, acción que aprovechó su contrario para sacrificar un caballo, amenazando un mate inminente. Luckis no tuvo otra alternativa que entregar la dama por dos caballos. La partida había quedado virtualmente definida, mas Pelikán tuvo que emplearse a fondo para obligar a su contrario a rendirse. Ha quedado establecido que el lunes 30 a las 11 se efectuará en el Salón Blanco del Club Mar del Plata el acto de clausura del torneo.

Se procederá a la entrega de premios a los vencedores, y han sido invitados los miembros de la Asociación de Fomento y Propaganda de nuestro primer balneario, los directores de la Sociedad Financiera UKA, el intendente municipal y autoridades del Club Mar del Plata. Se fijó en horas de la mañana para que los jugadores y la Comisión de Torneos de la FADA puedan tomar el tren de la tarde a la Capital Federal. El doctor Carlos Piccardo ha donado premios especiales para aquellos jugadores mejor clasificados, y para la partida más brillante.[519]

15ª ronda, 27 de marzo

Mantiénese indeciso el resultado del torneo, que ha brindado notables episodios a la afición argentina, y hasta las últimas rondas no se puede predecir con exactitud cuáles serán los jugadores que ocuparán los tres primeros puestos. Otra vez Pilnik atacó fuertemente la Defensa Caro-Kann que adoptó su rival Czerniak. Entregó un peón forzando las acciones, pero Czerniak se defendió bien, restando en el momento de la suspensión un final de damas y torres de pronóstico difícil. Pilnik ganó en la 67ª jugada. Guimard – Najdorf despertó mucha expectativa entre el público presente. Es poco común que se adopte la Apertura Vienesa en torneos de esta categoría. Se produjo una variante muy conocida, y parecía que Guimard había obtenido mejor situación. Pero Najdorf, haciendo gala de su talento ajedrecístico, entregó un peón para realizar una admirable combinación, que en definitiva le reportó la ganancia de una pieza, y con ella la partida.

Maderna – Bolbochán fue la partida más sensacional de la tarde. Por ser Bolbochán el puntero, se esperaba un combate de singular envergadura. Lo fue, en efecto, puesto que Bolbochán, mediante maniobras de gran alcance, había logrado posición que según los entendidos le era ganadora. Luego se equivocó en las últimas cinco jugadas, que le costaron la pérdida de material. Hay crecida expectativa por conocer el resultado en la sesión de la noche. La partida no fue continuada, resolviendo ambos darla por tablas. Era verdad que Bolbochán tenía una pequeña desventaja material, pero por la situación equilibrada en sus demás aspectos, la decisión adoptada es la más conveniente. Tanto uno como otro salen favorecidos en el score.

Mantiénese Indeciso el Resultado del Torneo Magistral de Ajedrez

MAR DEL PLATA, 27 (De nuestro enviado especial). — Acércase a su fin la disputa del magistral torneo de ajedrez, cuyo desarrollo ha brindado notables episodios a la afición argentina y hasta las últimas rondas no se puede predecir con exactitud cuáles serán los jugadores que ocuparán los tres primeros puestos.

La decimaquinta ronda jugada esta tarde en los salones del Club Mar del Plata, se caracterizó por mantener latente el interés por la reñida lucha entre los punteros y por el número de partidas que quedaron pendientes: cinco de las nueve disputadas.

COMENTARIOS DE LA 15ª RONDA

ILIESCO v. PELIKAN

Este encuentro dió motivo a un combate sumamente vivo con acciones brillantes por parte del maestro de Bohemia y Moravia. Las blancas no estuvieron muy acertadas en el desarrollo, por cuanto Pelikán obtuvo pronto el dominio de las acciones atacando el flanco dama. Iliesco trató de construir un ataque sobre el enroque, entregó peones y avanzó sus piezas; mas el negro lo previó todo con admirable exactitud. En el momento oportuno la contraofensiva fué netamente ganadora.

PILNIK v. CZERNIAK

Otra vez Pilnik atacó fuertemente la defensa Caro Kann que adoptó el negro. Entregó un peón forzando las acciones, pero Czerniak se defendió bien, restando en el momento de la suspensión un final de damas y torres de pronóstico difícil.

GRAF v. FENOGLIO

En la posición pendiente de esta partida, se tiene un final de alfiles de igual color con peones iguales por las partes. Fenoglio tiene mejor colocados los peones.

GUIMARD v. NAJDORF

Este encuentro despertó mucha expectativa entre el público presente. Es poco [illegible]

MADERNA v. BOLBOCHAN

Esta fué la partida más sensacional de la tarde. Por ser Bolbochán el puntero, se esperaba un combate de singular envergadura; lo fué en efecto, puesto que Bolbochán, mediante maniobras de gran alcance, había logrado posición, que según los entendidos le era ganadora. Luego se equivocó en las últimas cinco jugadas, que le costó pérdida de material. Hay crecida expectativa por conocerse el resultado en la sesión de la noche.

STAHLBERG v. CANEPA

De las partidas decididas en el presente torneo, ésta debe ser la más corta. El campeón uruguayo jugó una defensa Nimzowitsch en el peón dama, originando una variante clásica, que puso de manifiesto los grandes conocimientos teóricos de Stahlberg. El negro no debió estabilizar el centro enemigo, por cuanto el blanco pudo jugar más tarde P4R obteniendo ventaja. Canepa, ante la sorpresa de los espectadores avanzó hasta 6T el peón del enroque y poco después rendía su rey sin verse su razón inmediata. Mas, poco le hubiera costa a un maestro de la talla de Stahlberg alcanzar la victoria.

A continuación insertamos las jugadas efectuadas:

BLANCAS Stahlberg — NEGRAS Canepa

DEFENSA NIMZOWITSCH

	Blancas	Negras		Blancas	Negras
1.	P4D	C3AR	11.	O-O	C2R
2.	P4AD	P3R	12.	C3C	C3C
3.	C3AD	A5C	13.	P3A	T1R
4.	P3R	P4D	14.	TD1C	P3CD
5.	P3TD	AxC+	15.	D1R	A3D
6.	PxA	P4A	16.	P4R	P4TR
7.	PAxP	PRxP	17.	A5C	P3T
8.	A3D	P3A	18.	C5T	PxT
9.	A2A	O-O	19.	P4CR	
10.	C2R	C3A			

(Las negras abandonan.)

Podría haberse seguido el juego, pero el ataque en el flanco de rey no tiene defensa. Posiblemente una de las partidas [illegible]

Bolbochán deja escapar sus chances ante Maderna. *El Mundo*. 28 de marzo de 1942

[519] Paulino Alles Monasterio, *El Mundo*, 27 y 29 de marzo de 1942.

En la posición pendiente de Graf – Fenoglio, se tiene un final de alfiles de igual color con leones iguales. Fenoglio tiene mejor ubicados los peones. El encuentro resultó tablas después de la 56ª movida. Ståhlberg – Cánepa debe haber sido la partida más corta del torneo. El campeón uruguayo jugó una Defensa Nimzowitsch en el PD, originando una variante clásica, que puso de manifiesto los grandes conocimientos teóricos de Ståhlberg. En negro no debió estabilizar el centro enemigo, por cuanto el blanco pudo hacer más tarde P4R, obteniendo ventaja. Cánepa, ante la sorpresa de los espectadores, avanzó hasta 6T el peón del enroque, y poco después rendía su rey sin verse su razón inmediata.[520] Bolbochán lleva 12/15; Najdorf 11½; Ståhlberg y Pilnik 11.[521]

Empató con Maderna y lleva medio punto a Najdorf, que batió a Guimard

LA 16a. RUEDA

Mar del Plata, 27 (De un enviado especial).—Se cumplió hoy la 15a. rueda del torneo internacional de ajedrez.

La rueda ofrecía como nota central el cotejo de los ajedrecistas locales Carlos Hugo Maderna y Jacobo Bolbochan.

La partida que tuvo un desenlace más rápido fué la del campeón sueco Stahlberg y el uruguayo Cánepa. La ganó el primero en sólo 19 jugadas y fué iniciada con el peón dama, defensa Nimzowitsch.

También fué breve el cotejo de Michel y Rosetto. Fiel a su estilo prudente y a su carencia de ambición, el maestro alemán aceptó un empate en sólo 14 jugadas, luego de una partida que siguió con unas líneas más simples de la apertura de los cuatro caballos.

Es fácil afirmar que el campeón argentino Carlos Guimard está lejos de recordar al seguro jugador de otros torneos. En su cotejo de hoy con el maestro polaco Najdorf quedó bien en el planteo y luego omitió una maniobra de su adversario, lo que le significó serias dificultades. Jugó muy bien Najdorf y ganó en buena forma en la jugada 40.

Una partida tranquila produjeron Sonia Graf y Virgilio Fenoglio. Comenzó con el peón dama, siguió con la defensa Eslava y se llegó a un final de piezas menores y siete peones por bando, con aspecto de tablas. En esta situación la partida se suspendió. Terminó esta noche, tal cual se suponía, empatada.

Bolbochán pierde la oportunidad para vencer a Maderna: tablas. *La Nación*, 28 de marzo de 1942

Bolbochán empató con Maderna y lleva medio punto a Najdorf, que batió a Guimard. La rueda ofrecía como nota central el cotejo de los ajedrecistas locales Carlos Maderna y Jacobo Bolbochán. Muy enérgicamente planteó la partida Bolbochán. Con las negras, el leader del torneo se defendió con la India del Rey, y luego de bloquear los peones del flanco rey, atacó enérgicamente el enroque largo de las blancas. Cuando su victoria era poco menos que inevitable, Bolbochán equivocó el procedimiento y la lucha se simplificó, para suspenderse en un final en que, si bien Bolbochán tenía dos penes menos, era probable un empate. Esto se produjo en la sesión nocturna, donde las tablas se convinieron sin realizar ningún movimiento. La partida que tuvo un desenlace más rápido fue la del campeón sueco, Ståhlberg, y el uruguayo Cánepa.

La ganó el primero en la temprana 19ª jugada, y fue iniciada con el PD Defensa Nimzowitsch. También fue breve el cotejo de Michel y Rossetto. Fiel a su estilo prudente y a su carencia de ambición, el alemán aceptó un empate en la 14ª jugada. Es fácil afirmar que el campeón argentino, Carlos Guimard, está lejos de récordar al seguro jugador de otros torneos. En su cotejo de hoy con el maestro polaco Najdorf quedó bien en el planteo, y luego omitió una maniobra de su adversario, lo que le significó serias dificultades. Jugó muy bien Najdorf y ganó en buena forma en la jugada 40ª.

Una partida tranquila produjeron Sonja Graf y Virgilio Fenoglio. Se llegó a un final de torres y siete peones por bando, con aspecto de tablas. En esa situación la partida se suspendió, terminando esta noche, tal cual se suponía, tablas. Intensa lucha hubo en la partida que realizaron Pilnik y Czerniak. Comenzó con el PR, siguió con la Defensa Caro-Kann, y al suspenderse el cotejo la posición de Pilnik era ventajosa y se anticipaba un final más cómodo para el jugador local. La ventaja, bien ampliada esta noche, significó un buen triunfo de Pilnik. Bolbochán tiene 12/15; Najdorf 11½; Pilnik y Ståhlberg 11; Michel 10; Maderna 9; Pelikán 8½.[522]

Villegas frente a Corte. *Mundo Deportivo*

[520] Cánepa estaba totalmente perdido, y por eso abandonó en la jugada 19ª.
[521] Paulino Alles Monasterio, *El Mundo*, 28 de marzo de 1942.
[522] Roberto Grau, *La Nación*, 28 de marzo de 1942.

16ª ronda, 28 de marzo

Toca a su fin la realización de una de las justas ajedrecísticas más sensacionales realizadas en el país. Las tres partidas fundamentales de la tarde fueron: Bolbochán – Ståhlberg, Najdorf – Rossetto e Iliesco – Pilnik. Una concurrencia más numerosa que otros días rodeó las mesas donde se disputaban esos cotejos. La expectativa fue creciendo a medida que se conocían los resultados. Najdorf dio cuenta de Rossetto en un combate que sólo duró hasta la 21ª jugada. Luego Maderna era derrotado por Michel en una partida de admirable envergadura. El ex campeón argentino, Bolbochán, fue superado por Ståhlberg en un final que condujo con precisión matemática. En tanto, Pilnik – Iliesco quedó pendiente para la sesión nocturna en una situación mejor para Pilnik. Estos resultados modifican el puntaje de los delanteros (Sic). Va primero Najdorf con 12½, luego Bolbochán y Ståhlberg 12 y Pilnik 11, junto con Michel. Parece que el primer puesto ha quedado definido para Najdorf, pues sólo le falta enfrentarse con Maderna, y los entendidos prevén que ganará.

La partida Bolbochán – Ståhlberg fue la que más emoción dio al público. Por segunda vez en este torneo se adoptó la Defensa Escandinava. Primero fue Michel contra Corte, y ahora Bolbochán no eligió la variante más acertada para refutarla. Ståhlberg no logró mayor ventaja en el medio juego, pero en el final, hizo valer la superioridad del caballo sobre el alfil, combinándolo con la acción de dos torres. Es posible que Bolbochán jugara muy nervioso; su jugada 28.T7R fue demasiado arriesgada, pero de todos modos su situación era ya comprometida. El final lo explotó Ståhlberg en forma clásica. Fue la primera derrota del ex campeón argentino. Najdorf obtuvo una victoria fulminante ante Rossetto, representante de Bahía Blanca. Desde las primeras jugadas, el maestro polaco, atacando la Defensa India de Dama, imprimió un ritmo impresionante a las acciones, todas decisivas, que obligaron a Rossetto a rendirse. La nota simpática la dio el triunfo de la jugadora alemana Sonja Graf sobre el maestro Palestino Czerniak. En la sesión nocturna, Pilnik venció a Iliesco después de la 63ª jugada. Con esto, Pilnik también tiene 12 puntos.[523]

Bolbochán fue vencido ayer por Ståhlberg. La circunstancia de que el ex campeón argentino, Jacobo Bolbochán, encabezara, al iniciarse la reunión, la tabla de posiciones, aventajando a maestros de la alta calidad de Najdorf y Ståhlberg, hizo que concurriese hoy una gran cantidad de aficionados a presenciar los juegos, máxime teniendo en cuenta que el encuentro de Ståhlberg contra Bolbochán constituía prácticamente una partida decisiva, puesto que, de haber ganador Bolbochán, se habría asegurado el primer puesto. Pero pese a sus esfuerzos, el ajedrecista local fue superado por Ståhlberg, quien en definitiva lo derrotó en la 34ª jugada.

Es la primera partida que Bolbochán pierde en el certamen, y con ello ha sido desalojado del primer puesto, dado que Najdorf venció hoy fácilmente a Rossetto en la 21ª jugada, y lo aventaja por medio punto. Luckis le ganó a Corte en la 35ª movida, y Czerniak perdió con Sonja Graf en la 40ª. El alemán Michel le ganó a Maderna en la 30ª, Pelikán venció a Espina y Villegas a Cánepa. Guimard hizo tablas con Fenoglio, y la partida entre Iliesco y Pilnick (Sic), luego de suspenderse en posición de igualdad, se definió a favor del segundo. El encuentro de ayer entre Villegas y Corte finalizó con un empate. Najdorf tiene 12½/16; Bolbochán, Ståhlberg y Luckis 12; Michel 11; Pelikán 9½; Maderna 9. Hoy será disputada la rueda final.[524]

Najdorf pasó al 1er. puesto del torneo magistral de ajedrez

Stahlberg batió a Bolbochan y Sonia Graf se impuso a Czerniak

Ståhlberg vence claramente a Bolbochán. *La Nación*, 29 de marzo de 1942

[523] Paulino Alles Monasterio, *El Mundo*, 29 de marzo de 1942.

[524] Luis Palau, *La Prensa*, 29 de marzo de 1942.

La derrota de Bolbochán frente al maestro Ståhlberg ha significado no sólo la caída del último invicto, sino que ha permitido que pase al primer puesto el maestro polaco Miguel Najdorf. El importante torneo adquirió así una característica nueva, que ha hecho que se acentúe el interrogante de su desenlace. Najdorf lleva medio punto de ventaja a Bolbochán, Ståhlberg y Pilnik. El público, sin embargo, no halló en esta partida el tema exclusivo para su curiosidad.

Una clara y nítida victoria logró el maestro Ståhlberg en su cotejo decisivo con Jacobo Bolbochán. La partida empezó con el Contragambito de la Dama, se transformó en una especie de Gambito de la Dama, y luego de una gran simplificación, el maestro sueco ganó dos peones, para adjudicarse una merecida victoria. Inesperadamente pasó al primer plano del interés el cotejo de Sonja Graf con Czerniak, en el cuál la excelente jugadora alemana batió de impresionante manera a su rival, después de una lucha generosa en la que abundaron las situaciones gratas para los aficionados. El cotejo comenzó con el PR, siguió con la Defensa Nimzowitsch, y fue favorable para Czerniak. Como mejor solución Sonja Graf entregó la dama por dos piezas menores, y luego, ante una jugada confiada de su adversario, la vencedora efectuó una serie de combinaciones que le permitieron, no sólo recobrar la dama sino ganar una pieza, para imponerse en el final de excelente manera.

La partida más larga de la sesión fue la que llevaron a cabo Iliesco y Pilnik. Se suspendió en una posición abierta, compleja, en la que era muy difícil imponer alguna leve ventaja de las negras. Rehusó un probable empate Pilnik, y en la sesión nocturna ganó un peón Iliesco, para recobrarlo Pilnik más tarde, y adjudicarse en buena forma la victoria.[525]

17ª Ronda, 29 de marzo

Miguel Najdorf se impuso en gran estilo. La última rueda sirvió para ratificar la situación que ya se había presentado como la solución más probable en los últimos tramos de la prueba: la preeminencia de Miguel Najdorf, la afirmación de Herman Pilnik y el mantenimiento honroso de posiciones destacadas por el campeón sueco, Gideon Ståhlberg, el maestro de mayores valores técnicos que actuó en el concurso. No se produjo, en cambio, el ansiado recobre de Jacobo Bolbochán, que para terminar el torneo de acuerdo con el nivel de juego que ha realizado, debió superar al veterano Benito Villegas. Sin embargo, fue derrotado por éste y perdió el segundo puesto, que hubiera compartido con justicia con Ståhlberg y Pilnik.

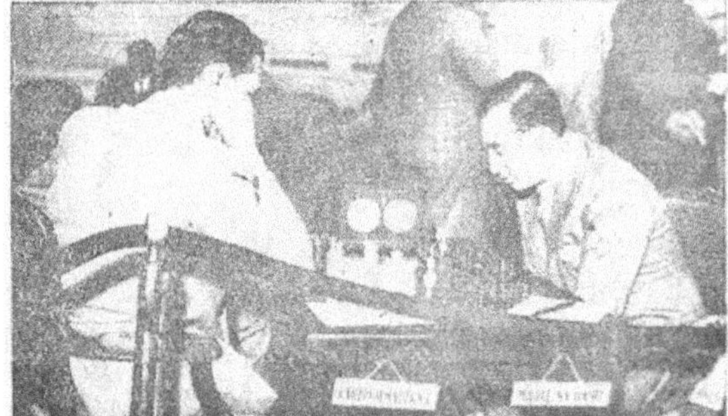

Miguel Najdorf se Impuso en Gran Estilo en Mar del Plata

La última partida disputada por Miguel Najdorf, frente a Hugo Maderna, donde se impuso el campeón polaco en gran forma

MAR DEL PLATA — La última rueda del torneo de ajedrez de Mar del Plata sirvió para ratificar la situación que ya se había presentado como la solución más probable en los últimos tra- [...] unidas, hacen de Najdorf un autodidacta, que improvisa sus planes sobre el tablero, concibiendo combinaciones de una complicación extrema, razón por la cual saca partido de los desarrollos

Najdorf confirmó su preeminencia.
La Razón. 30 de marzo de 1942

El juego de Najdorf durante el torneo, consagrado por el triunfo, es el éxito del ajedrez particularísimo del maestro polaco, sostenido por sus dotes excepcionales. En efecto, el juego de Najdorf es una proyección fidelísima de su propia personalidad dinámica, inquieta, de matices cambiantes, y apoyada ajedrecísticamente en una memoria y rapidez mental extraordinarias. Ese juego de condiciones, tan raramente unidas, hace de Najdorf un autodidacta que improvisa sus planes sobre el tablero, concibiendo combinaciones de una complicación extrema, razón por la cual saca partido de los desarrollos menos ortodoxos y modifica los planteos más firmes.

[525] Roberto Grau, *La Nación*, 29 de marzo de 1942.

El maestro Herman Pilnik fue la revelación. Alemán de origen, pero formado en nuestro medio, fue el motivo resonante del torneo. Cabe asignarle teóricamente el punto de su partida con Bolbochán, que perdió por decisión reglamentaria en una situación inusitada. Ha quedado segundo a medio punto, junto con Ståhlberg. La sensación de la última jornada la constituyó la derrota de Bolbochán por el veterano Villegas, peligroso siempre por su sólido juego. En el aspecto técnico es destacable la partida que le ganó Ståhlberg a Michel.[526]

▌Miguel Najdorf ganó el torneo, que había suscitado intensa expectativa, especialmente en la parte final de la competencia por la reñida lucha que se produjo por el puesto de honor entre varios de los contendientes. Dos ruedas antes de la finalización del certamen, el argentino Bolbochán encabezaba la tabla de posiciones con medio punto de ventaja sobre Najdorf, pero éste pasó al primer puesto luego de realizada dicha rueda, a raíz de la derrota del jugador local con Ståhlberg. Najdorf venció hoy a Maderna en la 46ª jugada, conquistando el primer puesto del gran torneo, con lo que agrega un laurel más a su corta y excelente campaña. Los demás encuentros tuvieron estos resultados: Ståhlberg le ganó a Michel en la 72ª movida; Pilnik derrotó a Pelikán en la 39ª; Graf hizo tablas con Iliesco; Guimard se impuso frente a Czerniak; Rossetto hizo tablas con Fenoglio; Luckis le ganó a Cánepa, y Espina empató con Corte en la 71ª. La última partida en definirse fue la de Bolbochán con Villegas. El primero quiso forzar el juego en una situación de igualdad, pero Villegas jugó bien y ganó en la jugada 67ª.[527]

▌El maestro Mieczyslav Najdorf se adjudicó en Mar del Plata el Torneo Magistral, frente a calificadas figuras extranjeras y locales. En plena apertura, Maderna entregó un peón en aras del ataque, y más adelante otro, pero el campeón polaco, jugando magistralmente, anuló todas las chances y se impuso, no obstante los alfiles de distinto color. Najdorf obtuvo 13½ puntos, en tanto Herman Pilnik empató el segundo y tercer lugares con Ståhlberg, logrando 13; nos manifestó que se siente dispuesto a repetir estas performances frente a Najdorf y Ståhlberg, a quienes venció en las partidas individuales. Bolbochán, que perdió frente a Villegas en esta última ronda, quedó cuarto con 12. El ganador, Mieczyslav Najdorf, de nacionalidad polaco, es un maestro formidable para las partidas rápidas y exhibiciones de simultáneas, donde no tiene rivales. Posee un juego altamente seguro, ve muy lejos, analiza admirablemente, y es también un maestro que realiza combinaciones brillantes de ribetes notables. Las posiciones finales fueron: Miguel Najdorf, con 13½/17, seguido por Herman Pilnik y Gideon Ståhlberg, con 13. Luego siguieron Jacobo Bolbochán 12; Paul Michel 11, Marcos Luckis y Jorge Pelikán 9½; Carlos Enrique Guimard, Carlos Maderna y Benito Villegas 9; Héctor Rossetto 7½, Miguel Czerniak y Carlos Espina 7; Virgilio Fenoglio y Juan Iliesco 5½; César Corte 5; Juan Cánepa y Sonja Graf 3½.[528]

Gana el Maestro M. Najdorf el Torneo Magistral de Ajedrez de Mar del Plata

MAR DEL PLATA, 29 (De nuestro enviado especial). — [illegible]

Primer premio: Najdorf, con 13 ½ puntos.

Segundo y tercer premio, empatados: Stahlberg y Pilnik, con 13.

Cuarto premio: Bolbochán, con 12.

Quinto premio: Michel, con 11.

Sexto premio: Pelikán, con 9 ½.

Séptimo y octavo premios, empatados: Guimard y Maderna, con 9.

[illegible]

BLANCAS Maderna — NEGRAS Najdorf

Def. siciliana

[illegible]

(Las blancas abandonan.)

GUIMARD v. CZERNIAK

[illegible]

MAR DEL PLATA. — [illegible]

Ajustada victoria de Mieczyslav Najdorf. *El Mundo*. 30 de marzo de 1942

[526] *La Razón*, 30 de marzo de 1942.
[527] Luis Palau, *La Prensa*, 30 de marzo de 1942.
[528] Paulino Alles Monasterio, *El Mundo*, 30 de marzo de 1942.

▓ Najdorf se adjudicó el torneo: venció a Maderna y mantuvo medio punto de ventaja sobre Ståhlberg y Pilnik. Con una nueva demostración de la eficiencia del maestro Miguel Najdorf terminó hoy el torneo. El excelente profesional polaco batió hoy en la última serie de partidas al representante del Jockey Club de la provincia, Carlos Maderna, y mantuvo el medio punto de ventaja conquistado en la penúltima ronda a raíz de la derrota de Jacobo Bolbochán con Ståhlberg. La victoria de Najdorf vuelve a demostrar la indiscutida capacidad del vencedor, y evidencia de qué manera rinde en un medio como el nuestro que ha hecho de la táctica llevada al sistema estratégico la base fundamental de su confuso pero productivo estilo. Tiene un talento ajedrecístico excepcional, e intuye los planes ganadores con una rapidez y precisión evidentes. Pero la nueva victoria ha sido difícil.

Lo han escoltado a sólo medio punto ajedrecistas de calidad. Uno, el campeón sueco, Gideon Ståhlberg, cuyo nombre exime el comentario. Logró producir varias partidas de calidad, entre ellas las dos últimas, especialmente la de hoy, pero no ha demostrado toda su seguridad. Fueron notables los esfuerzos de Herman Pilnik y Jacobo Bolbochán, especialmente por el jugoso estilo de sus partidas y la revelación de capacidad que el resultado indica. No es necesario afirmar que Pilnik es quien ha jugado mejor en el torneo, y hasta sería fácil de demostrar que debió ser el ganador, ya que sólo por una sanción reglamentaria justa, pero dolorosa, perdió el punto con Bolbochán en una partida que debió ganar.

Sus progresos son nítidos y significan la consagración de un valor que dará mucha ocasión al adjetivo en su futura vida deportiva. En sólo dos sesiones malogró Jacobo Bolbochán la oportunidad de una amplia recuperación, ya que, luego de su cotejo con Pilnik, debió vencer en el torneo. Empató con Maderna una partida que estaba prácticamente definida en su favor, y su derrota frente a Ståhlberg hizo el resto. Pero jugó de notable manera, y merece el aplauso por su tesón y su estilo sólido. La rueda de hoy concentró una considerable cantidad de espectadores. Najdorf se impuso a Maderna luego de un cotejo que le fue siempre favorable. Pilnik batió bien a Pelikán por el tiempo, en momentos en que la posición de éste ya era inferior. Ståhlberg venció a Michel después de una magnífica partida, iniciada con la novedad teórica de la Defensa Eslava, y Guimard a Czerniak por ataque en un Gambito de la Dama Variante Lásker.

Menos violenta fue la lucha de Fenoglio y Rossetto, que terminó empatada en la 23ª movida, y el mismo resultado arrojó la de Sonja Graf con Iliesco. Sólo tres partidas quedaron indecisas para la sesión nocturna, una de ellas de indudable gravitación para los primeros puestos, ya que de ganarle Bolbochán a Villegas se aseguraba un empate en el segundo lugar. El cotejo, abierto con la Zukertort-Reti, se suspendió en un final de torres y peones en el que Villegas tenía un peón de ventaja. Reanudada la partida, se la adjudicó Villegas, con lo que Bolbochán descendió al cuarto puesto. Corte y Espina fue tablas, y Luckis venció a Cánepa.[529]

Sintesis: Najdorf ganó el V Torneo Internacional de Mar del Plata

▓ Entre el 10 y el 30 de marzo se jugó el V Torneo Internacional de la ciudad de Mar del Plata, cuya sede fue el Salón Blanco del majestuoso edificio social del Club del mismo nombre. El certamen está ya totalmente consolidado en el calendario ajedrecístico anual. Nuevamente participan numerosos extranjeros radicados en el país desde 1939. Participaron dieciocho jugadores, de ellos diez extranjeros y seis argentinos. El discurso de inauguración lo pronunció Paulino Alles Monasterio, quien destacó el valor histórico de este certamen.

[529] Roberto Grau, *La Nación*, 30 de marzo de 1942.

Al igual que el anterior, contó con el patrocinio de la FADA, y el amplio apoyo de la Asociación de Propaganda y Fomento de Mar del Plata, que tomó a su cargo los viajes y alojamiento de los participantes. La Sociedad Financiera Unión Kursaal Argentina aportó $ 4000,[530] que fueron destinados a los premios. Además, el doctor Carlos B. Piccardo instituyó los premios especiales para aquellos que obtuvieran el mejor score contra los premiados. El aspecto organizativo fue impecable, merced a la tarea desempeñada por el presidente de la Comisión de Torneos de la FADA, Paulino Alles Monasterio.[531]

El acto de clausura

▓ En el Salón Blanco del Club Mar del Plata se realizó ayer por la mañana el acto de clausura del torneo, con asistencia de muchos aficionados e invitados especiales. Entre éstos se contó a los directores de la Sociedad Financiera UKA, a las autoridades del Club Mar del Plata, al Comisionado Municipal señor Manuel González Guerrico, al presidente de la Asociación de Propaganda y Fomento señor Juan Fava, a los miembros de la Sociedad de Turismo, Playas y Sierras, a los directores de la Unión Kursaal Argentina y a las autoridades de la FADA.

Dio margen a una simpática fiesta e hizo uso de la palabra el presidente de la FADA, doctor Carlos A. Querencio, quien se refirió a la importancia de estas justas y a sus ganadores. Agregó que la prueba mereció un decidido apoyo material y moral por parte de muchas entidades del país, y también de los diarios metropolitanos; que su resultado marca un admirable rumbo en pro de la constante difusión del juego ciencia en la República. Elogió el comportamiento de todos los participantes, en especial de los argentinos triunfantes. El premio a la partida más brillante fue discernido por una Comisión de la FADA, integrada además por el doctor Karel Skalicka, correspondiendo a Herman Pilnik por su victoria frente a Najdorf.[532]

Regreso a Buenos Aires

▓ En el tren que llegó anoche a la Estación Constitución regresó de Mar del Plata un grupo de participantes del torneo. Fueron Herman Pilnik, Carlos Guimard, Héctor Rossetto, Jacobo Bolbochán, José Cánepa y Miguel Czerniak, acompañados del presidente y otros delegados de la FADA. Fueron esperados por sus familiares y muchos aficionados locales, que se dieron cita para felicitar efusivamente a los componentes del equipo nacional que mantuvo en jaque constantemente a los maestros. Regresan haciendo elogios de la organización de la prueba. Con excepción de unos cuantos, un tanto fatigados por el esfuerzo que representa tener que jugar tantos días consecutivamente, estarían dispuestos a competir inmediatamente en otra prueba de la misma severidad.[533]

Najdorf, triunfador

▓ De cuantos ajedrecistas intervinieron en el Torneo del Mar del Plata, el que produce una impresión más extraordinaria y asombrosa es, sin duda alguna, el que lo ganó: Miguel Najdorf. Su retentiva es maravillosa: no sólo revélase capaz de disputar un montón de partidas de memoria, sin ver el tablero, sino que recuerda y reproduce en cualquier momento casi todas las partidas que ha

[530] Equivalentes hoy día a aproximadamente U$S 20.000.

[531] *Libro oficial del torneo*, Carlos Skalicka, Club La Regence, 1946. *Enroque!!* nº 10, pág. 28. Paulino Alles Monasterio fue, además, quien escribió las notas para *El Mundo*, aunque obviamente no podía figurar su nombre, y sólo figuraba como "nuestro enviado especial".

[532] *Libro oficial del torneo*, op. cit. Paulino Alles Monasterio, *El Mundo*, 31 de marzo de 1942.

[533] Paulino Alles Monasterio, *El Mundo*, 1º de abril de 1942.

jugado en su vida. Sorprendidos por esta facultad excepcional, la comentamos en cierta oportunidad con Paulino Frydman, su notable compañero del equipo polaco. Nos dijo:

> No, Najdorf, era antes cuando tenía memoria. Ahora la ha perdido mucho.

¡Cómo sería antes, entonces! Además de su memoria, su velocidad de cálculo y de concepción táctica, son igualmente impresionantes. Las partidas ping-pong a toda velocidad las conduce casi tan bien como las tranquilamente meditadas. Y lo más admirable, es que no practica en unas y en otras un estilo sólido y sin riesgos, sino que en todas ellas muestra una hermosa fantasía, reflejada en sus brillantes combinaciones. El vencedor moral de la prueba fue el joven alemán, formado ajedrecísticamente en la Argentina, Herman Pilnik, que derrotó a los dos grandes maestros, Najdorf y Ståhlberg, lo que significa una *performance* insuperable, y perdió contra Bolbochán, por excederse en el tiempo reglamentario, una partida que tenía definida a su favor.[534]

Czerniak después de Mar del Plata 1942

▓ Al comparar el resultado del Torneo de Mar del Plata 1942 con las conjeturas que hicimos en el número anterior, confesamos habernos equivocado en lo que se refiere a la actuación de Guimard y Czerniak. Ambos jugadon débilmente esta vez. Asimismo, la actuación de los favoritos fue menos acertada que el año pasado. Sin disminuir los méritos indiscutibles de Jacobo Bolbochán y Pilnik, se podría afirmar que Najdorf y Ståhlberg, actuando en la mejor forma, no deberían temer la competitividad de los ajedrecistas locales. Pero Najdorf se encamina últimamente hacia un juego puramente defensivo.

Esperar un error del adversario, ¡qué tarea ingrata para un jugador de talento! Su defensa es verdaderamente muy buena, pero resulta ineficaz cuando enfrenta a jugadores que no lo atacan prematuramente. Ståhlberg, en cambio, fuerza la posición a veces sin terminar su propio desarrollo, y a costa de demasiados sacrificios. Su juego es muy ingenioso, pero no tan seguro como lo era en Mar del Plata el año pasado.[535]

Al margen del Torneo

▓ Lo más sabroso y picante del torneo –los comentarios de sus participantes– sólo se escuchan en el café, que es, como de costumbre, el lugar de expansión de los émulos de Filidor. Allí se elucubran chistes –la mayoría más malos que malignos, no del todo carentes de ingenio, pero casi siempre sazonados con una dosis variable de esa *alacranería* contra la cual los ajedrecistas ya están vacunados. Siguiendo el sabio concepto de *nombrar al milagro, pero no al santo*, nos hicimos eco de algunos de ellos, dejando al lector en libertad para atribuirles paternidad y destino.

** Dos maestros que debían enfrentarse en una rueda próxima, conversaban amistosamente sobre sus respectivas probabilidades. De pronto, uno de ellos dice muy serio:

Yo ya he jugado todas las partidas difíciles, mientras que usted todavía tiene que jugar conmigo.[536]

** Según las malas lenguas, hay entre los competidores un simpático muchacho que tiene la particularidad de perder sus partidas por tiempo antes de salir de la apertura.[537]

[534] Paulino Alles Monasterio, *Mundo Argentino*, 22 de abril de 1942.

[535] *Estrategia* nº 3, mayo de 1942.

[536] Quien dijo esa frase fue el veterano Villegas, y su interlocutor era Luckis, luego de la ronda 12ª.

[537] César Corte.

** Dos participantes disputaron entre sí una partida muy reñida, hasta que en cierto momento quedaron en el tablero solamente los dos reyes. ¡Qué consuelo para los principiantes, que también a veces llegan a esas "posiciones equilibradas!

Dijo uno de ellos:

> Bueno, ahora acepto tablas.

Replicó el otro, que creía estar mejor porque tenía el rey mejor colocado:

> Pero si yo no propuse tal cosa.

No los nombraremos para no avergonzarlos. Sólo diremos que uno es campeón de Rosario, y el otro de Paraná.[538]

Torneo Internacional de Mar del Plata 1942

		1	2	3	4	5	6	7	8	9	0	1	2	3	4	5	6	7	8	PTS	S.B.
1	Najdorf, Miguel	*	½	0	½	½	½	1	½	1	1	1	1	1	1	1	1	1	1	13.5/17	
2	Ståhlberg, Gideon	½	*	0	1	1	0	1	1	½	1	1	½	½	1	1	1	1	1	13.0/17	99.25
3	Pilnik, Herman	1	1	*	0	0	1	1	½	0	½	1	1	1	1	1	1	1	1	13.0/17	99.00
4	Bolbochán, Jacobo	½	0	1	*	½	½	½	0	1	½	1	1	1	½	1	1	1	1	12.0/17	
5	Michel, Paul	½	0	1	½	*	0	½	½	½	1	½	1	1	½	½	1	1	1	11.0/17	
6	Luckis, Marcos	½	1	0	½	1	*	0	½	½	0	1	0	1	1	½	1	0	1	9.5/17	77.00
7	Pelikán, Jorge	0	0	0	½	½	1	*	1	½	0	½	½	1	1	0	1	1	1	9.5/17	66.25
8	Villegas, Benito H	½	0	½	1	½	½	0	*	½	½	0	½	0	1	1	½	1	1	9.0/17	68.50
9	Guimard, Carlos Enrique	0	½	1	0	½	½	½	½	*	0	1	1	0	0	½	1	1	1	9.0/17	68.25
10	Maderna, Carlos Hugo	0	0	½	½	0	1	1	½	1	*	0	½	0	0	1	1	1	1	9.0/17	66.00
11	Rossetto, Héctor Decio	0	0	0	0	½	0	½	1	0	1	*	1	0	0	½	1	1	1	7.5/17	
12	Czerniak, Moshe	0	½	0	0	0	1	½	½	0	½	0	*	1	1	1	1	0	0	7.0/17	52.75
13	Espina, Carlos	0	½	0	0	0	0	0	1	1	1	1	0	*	½	½	½	½	½	7.0/17	52.50
14	Iliesco, Juan Traian	0	0	0	½	½	0	0	0	1	1	1	0	½	*	0	0	½	½	5.5/17	44.00
15	Fenoglio, Virgilio	0	0	0	0	½	½	1	0	½	0	½	0	½	1	*	0	½	½	5.5/17	40.50
16	Corte, César Juan	0	0	0	0	0	0	0	½	0	0	0	0	½	1	1	*	1	1	5.0/17	
17	Graf, Sonja	0	0	0	0	0	1	0	0	0	0	0	1	½	½	½	0	*	0	3.5/17	25.50
18	Cánepa, José	0	0	0	0	0	0	0	0	0	0	0	1	½	½	½	0	1	*	3.5/17	19.50

Seitz en la revista *Enroque!!*

▌El 15 de marzo el doctor Seitz anuncia en la revista *Enroque!!* la publicación de un boletín con las partidas del *match* Lásker – Capablanca al cumplirse veintiún años del encuentro por el título mundial. Dice Seitz:

> Estas partidas se publicaron en distintos idiomas. En inglés, siendo el editor el propio Capablanca, se vendió desde el primer día de su publicación hasta la fecha al exorbitante precio de 5 dólares. La edición alemana, que apareció por primera vez en febrero de 1922, y fue reeditada en 1926, tiene

538 Nota de Miguel Czerniak en *Estrategia* nº 3, abril de 1942. La partida es Espina – Corte, ronda 17ª, tablas en la 71ª.

también un alto precio, no sólo por la escasez de ejemplares, sino por razones políticas, pues nadie ignora que el doctor Lásker no era ario. (...) A muchos parecerá fuera de oportunidad la reproducción de todas las partidas de este *match*, dado que ha transcurrido casi media vida de un hombre, pero el fin primordial que nos guía es ponerlo al alcance de los aficionados en una edición modesta y a bajo precio.[539]

La Regence festeja con sus amigos

Ex libris de Albert Becker

▮ El 1º de abril, en la sede del Círculo La Regence, Nazca 752, se celebró un almuerzo de camaradería el 4º Aniversario de la entidad. Entre los invitados especiales estuvieron Arnoldo Ellerman, Albert Becker, Enrique Reinhardt, Jacobo Adolfo Seitz, Paulino Alles Monasterio, Enrique Boero, además de numerosos socios. Se entregaron pergaminos a Becker y Seitz por cumplir veinte años como maestro de ajedrez y periodista internacional, respectivamente. El presidente, doctor Adolfo Bermúdez, cerró el acto con un agradecimiento a los presentes. La CD actual está formada además por Milcíades Lachaga como secretario, Gaspar Villalonga como tesorero, Raúl Gueret y Oscar Pensa como vocales y Anolide Romeo como síndico.[540]

▮ *Enroque!!* tiene en el Círculo La Regence los mejores amigos, y de allí recibe también las inspiraciones y el calor para proseguir cumpliendo la dura misión que se ha empeñado. La Regence es una verdadera cátedra de ajedrez. Las charlas y conferencias ajedrecísticas son comunes y seguidas, con participación de maestros extranjeros como Michel, y otro buen amigo el señor Arnoldo Ellerman, el famoso problemista reconocido como campeón mundial del mate en dos. Cuenta como socios, entre otros, a Reinhardt, el profesor Becker, el doctor Seitz, nuestro inteligente y valioso colaborador, Engels, Eliskases y otros, que con los jugadores locales que tienen, contribuyen en forma notable al adelanto del ajedrez. Enroque se une con regocijo, festejando ese aniversario, augurándole a La Regence larga vida de satisfacciones y progreso.[541]

Dos revistas

▮ El 17 de abril aparecen el nº 45 de *Caissa*, y el nº 2 de *Estrategia*, publicación de ajedrez y bridge a cargo de Miguel Czerniak y Adolfo Gabarret.[542]

Rossetto vence a Guimard y es el nuevo campeón argentino

▮ Entre el 9 de mayo y el 13 de julio se jugó el *match* por el Campeonato Argentino entre el titular Carlos Guimard y el desafiante Héctor Rossetto, pactado a catorce partidas. La primera se

[539] *Enroque!!* nº 10, 15 de marzo de 1942. No tenemos conocimiento de que este librito se haya editado.
[540] *Caissa* nº 47, pág. 98, y nº 48, pág. 130.
[541] *Enroque!!* nº 11 del 20 de abril de 1942.
[542] *El Mundo*, 17 de abril de 1942.

jugó en el Club Boca Juniors, y las tres subsiguientes en la localidad de Nueve de Julio, provincia de Buenos Aires. Luego de una lucha cerrada, Rossetto jugó muy bien la parte final del encuentro, y se impuso por 8:5 (+6 =4 -3), coronándose como el campeón más joven, a los 20 años.[543]

■ El *match* Rossetto – Guimard quedó suspendido estando 7:5 a favor del joven desafiante. Faltan todavía dos partidas, y Guimard tendría que ganarlas para empatar el *match* y retener el título. En el mal momento por el que atraviesa el campeón parece difícil que lo haga, pero así y todo, el público está esperando estas dos partidas con impaciencia comprensible. ¿Y qué pasó? El *match* está suspendido, y el Consejo Federal de la FADA debe resolver si se jugarán estas dos partidas, o si el título pasará a Rossetto sin terminar. Parece que Guimard, estando afuera, solicitó que se postergara la 13ª partida otra vez, y el Club Jaque Mate, al cual pertenece Rossetto, protestó "en virtud de que los permisos especiales ya están agotados".

Me permito hacer una observación. Un *match* por el campeonato nacional es una competencia importante, que pierde mucho de su valor a raíz de sus postergaciones y prolongaciones innecesarias. El *match* actual comenzó –¡después de haberse postergado unas cuantas veces!– el 9 de mayo, ¡y las doce partidas jugadas duraron más de cincuenta días! Parece que los competidores hubieran jugado sólo guiados por su comodidad. (...) La solución está en un cambio radical en la reglamentación, para que el próximo *match* se dispute a razón de cinco partidas por semana.[544]

Tienen fecha las dos últimas partidas finales del Campeonato Argentino

■ En la última reunión del Consejo Federal de la FADA, por unanimidad, se resolvió llamar la atención a Guimard, no hacer lugar al pedido del Club Jaque Mate para que se adjudique a Rossetto el punto por ausencia, puesto que no se empleó el mismo rigor cuando Rossetto faltó a la primera fecha de la partida que iba a disputarse en el Círculo de Vélez Sarsfield, aceptándose después sus razones. Se fijaron las fechas de las dos últimas partidas. El sábado 11 en el Club Jaque Mate, y el martes 14 en el Club Boca Juniors.[545]

■ La FADA resolvió que el *match* prosiga el sábado en los salones del Club Jaque Mate. El cotejo había sufrido un largo paréntesis a raíz de un pedido de postergación de la 13ª partida hecho por Guimard, en virtud de no estar en esta Capital el día en que debió jugarse. La actitud del campeón motivó una presentación del Club Jaque Mate ante la FADA, solicitando que se diera el punto por perdido a Guimard, por no cumplir el reglamento. Esta reclamación causó sorpresa en los centros de ajedrez, dada la forma irregular en que se ha realizado el campeonato desde el punto de vista reglamentario.

En efecto, la FADA fijó oficialmente el 2 de mayo para iniciar la lucha, pero como Rossetto no estaba en esta capital, pidió su postergación y se empezó a jugar el día 9. Luego de algunas dilaciones no muy justificadas, Rossetto solicitó en cierta oportunidad permiso para no jugar justamente a la hora de iniciarse el juego, en contra claramente de lo establecido en el reglamento. La situación se resolvió dentro de un ambiente de buena voluntad, para evitar deslucir la primera manifestación ajedrecística del país. En definitiva, las autoridades de la FADA resolvieron rechazar la reclamación del Jaque Mate y disponer la continuación del campeonato.[546]

[543] *Caissa* nº 48, pág. 121, y nº 49, pág. 163.
[544] Editorial de Miguel Czerniak en *Estrategia* nº 5, julio de 1942.
[545] *El Mundo*, 13 de julio de 1942.
[546] *La Nación*, 13 de julio de 1942.

13ª partida, Club Jaque Mate, 13 de julio

victoria no admite retaceos, aunque en realidad el vencido jugó por debajo de su gran capacidad y en ningún momento justificó su propia campaña.
Ganó el match quien mejor jugó, aun cuando admite serios reparos la técnica del cotejo, que no alcanza a empañar el recuerdo de las anteriores competencias por el título. Más que al surgimiento de un nuevo valor, hemos asistido a la inesperada caída de un ajedrecista que hasta hace poco tiempo era considerado, y con justicia, el más firme valor del ajedrez argentino.

Héctor Rossetto

Guimard no deseaba jugar el match; la pérdida de importancia de los últimos torneos mayores y el escaso interés por la conquista del título máximo observada desde hace algún tiempo, y que se inició cuando Grau hizo abandono del mismo, han hecho que el campeón perdiera, a su vez, el deseo de mantener su título.

Rossetto vence a Guimard y es campeón argentino. *La Nación*, 14 de julio de 1942

Fué Disputada Anoche La Penúltima Partida Del "Match" de Ajedrez

Ayer fué jugada la decimotercera partida del "match" que por el título de campeón argentino de ajedrez sostienen el actual poseedor del mismo, Carlos Guimard, y el desafiante Héctor Rossetto. Se inició la lucha con peón cuatro dama, adoptando las blancas, conducidas por Guimard, el sistema de ataque de Rubinstein, lo cual proporcionó al primer jugador un juego superior en el planteo. Al promediar las acciones, comenzó el campeón un ataque contra el flanco rey enemigo, pero de valor discutible, en razón de que las negras aun no habían efectuado el enroque. Las jugadas fueron realizadas con lentitud y esto motivó un gran apremio de tiempo en la parte final, en cuyas circunstancias Guimard no jugó con la debida corrección y perdió dos peones, arribándose al momento de la suspensión con esa desventaja material y en un final de torre y alfil contra torre y caballo con cuatro peones contra dos y una posición en que las blancas no pueden aspirar a vencer.

Guimard barranca abajo, y Rossetto es campeón argentino. *La Prensa*, 12 de julio de 1942

▌¡Rossetto es el nuevo campeón argentino! Con la derrota de Carlos Guimard ha surgido un nuevo campeón argentino. Héctor Rossetto, el joven y fuerte ajedrecista bahiense, se ha incorporado al primer plano del ajedrez nacional, y su victoria no admite retaceos, aunque en realidad el vencido jugó por debajo de su gran capacidad y en ningún momento justificó su propia campaña. Ganó el *match* quien mejor jugó, aun cuando admite serios reparos la técnica del cotejo, que no alcanza a empañar el recuerdo de las anteriores competencias por el título. Más que al surgimiento de un nuevo valor, hemos asistido a la inesperada caída de un ajedrecista que hasta hace poco tiempo era considerado con justicia como el mejor valor argentino. Guimard no deseaba jugar el *match*.

La pérdida de importancia de los últimos torneos mayores y el escaso interés por la conquista del título máximo observada desde hace algún tiempo, y que se inició cuando Grau hizo abandono del mismo, han hecho que el campeón perdiera, a su vez, el deseo de mantener su título. No obstante esto, por espíritu de disciplina jugó el *match*, pero el resultado ha demostrado que no es posible actuar con éxito cuando no se pone el esfuerzo, el interés y la ambición de triunfo que éste requiere. Héctor Rossetto puso en la lucha su máxima energía, y si bien estuvo perdido en varias partidas, triunfó al fin su mayor perseverancia y deseo de victoria.[547]

▌El encuentro de ayer era esperado con gran interés, por el hecho de que Rossetto tenía ya 7 puntos a su favor, contra 5 de Guimard, y con sólo medio punto se clasificaba campeón. Comenzó el juego con P4D, con la variante de Rubinstein, respondiendo Rossetto con una defensa corriente. La lucha fue en un comienzo favorable para Guimard, pero enseguida organizó un ataque prematuro contra el flanco rey adversario, sin esperar a que éste se enrocase, y ello permitió a las negras organizar a su vez el ataque en ese mismo flanco contra el rey enemigo.

El juego adquirió así una gran vivacidad, pero Guimard no continuó en buena forma, y quedó en posición muy delicada, perdiendo en la parte final, apremiado por el tiempo, dos peones. Al llegarse a la hora de la suspensión quedó la partida con una torre, un alfil y dos peones por parte del campeón, y una torre, un caballo y cuatro peones para Rossetto. En tales condiciones, Guimard no podrá ganar el juego, y por lo tanto, perderá su título de campeón argentino.[548]

▌En el Club Jaque Mate se realizó la 13ª partida, iniciada por Guimard planteando una apertura del PD que repetidamente usara el maestro Akiba Rubinstein. Las negras, pocas jugadas después, iniciaron un prematuro avance del PAD, y la partida tomó por senderos poco visitados por la experiencia. En la jugada 10ª las negras pudieron ganar un peón, pero prefirieron, con justo motivo, no ceder el AR. Las blancas evitaron, quizás ex profeso, el avance P4AD en la 13ª movida, y luego, al evitarlo

[547] Roberto Grau, *La Nación*, 14 de julio de 1942.
[548] *La Prensa,* 12 de julio de 1942.

las negras casi definitivamente, quedaron sin poder imponer la ventaja de tiempo, y con un peón retrasado en dicha línea. Guimard se dedicó entonces a jugar por un ataque en el flanco rey, pero el procedimiento resultó por demás artificial, y las negras lo anularon emplazando sus torres en esa ala. La partida quedó suspendida con ventaja para Rossetto.[549]

Héctor D. Rossetto es el nuevo campeón argentino

▓ Con la definición de la 13ª partida Héctor Decio Rossetto ha ganado el más alto galardón del tablero argentino, al imponerse al campeón del año pasado, Carlos E. Guimard, por el punteo terminante de 8:5. El nuevo campeón nació en Bahía Blanca en 1922, aprendió a mover las piezas en sus más tiernos años, y llegó a destacarse precozmente entre los valores ajedrecísticos bahienses, llegando a integrar el equipo de esa ciudad que nos visitara con motivo del Torneo Interprovincial de 1937. Culminó su campaña ascendente ganando el título nacional que ahora ostenta, con una juventud que promete un desempeño futuro de los más promisorios.[550]

▓ En situación desesperada por la abrupta catástrofe de las últimas dos partidas, Guimard llegó a este juego en muy malas condiciones anímicas. Ya desde la apertura se vio que no acertaba con un planteo que pudiera darle alguna chance de lucha. Inició con el PD, eligiendo un sistema antiguo de desarrollo que fue siendo dejado de lado por los maestros debido a su pasividad. Peor aún, en la jugada 5ª permitió a Rossetto expulsar su A3D de su importante posición central.

En la jugada 10ª se produjo un curioso episodio: Rossetto hace una jugada de desarrollo que parece natural, ¡pero que pierde la dama! Guimard no aprovecha el insólito regalo, e inicia una prematura excursión con tu torre, decidiendo Rossetto aguantar el embate con su rey en el centro. Cuando la posición todavía era compleja, Guimard se equivoca en las jugadas 33ª y 37ª, y aunque Rossetto no acierta con el remate, gana enseguida. ¡Hay un nuevo campeón argentino! Guimard 5:8 Rossetto.[551]

A los cuatro años movió las piezas el flamante campeón argentino

▓ Un nuevo campeón de sólo diecinueve años surge a la popularidad con el triunfo obtenido ayer por Héctor Rossetto sobre Carlos Guimard. Por 8:5 fue vencido el hasta ayer campeón argentino Carlos Guimard, en una lucha cuyas briosas alternativas despertaron el interés de aficionados y profesionales. Despertamos esta mañana al vencedor del *match*, quien había dado órdenes de que lo dejaran dormir sobre sus flamantes laureles. Queríamos conocer su impresión, consiguiendo llegar hasta el dormitorio del ajedrecista. No bien despierto, nos refiere:

> Me encontré con un Guimard aparentemente disminuido. Advertí que deseaba vencer precipitadamente para conseguir una definición rápida y total. Yo aproveché ese apremiante propósito haciendo todas aquellas jugadas que podían molestar a mi contrincante. Desde mi punto de vista dejóse de lado la preocupación técnica para entrar en las partidas vivas. No tuvo el *match* interés teórico, pero sí de lucha. Fue emocionante y sorpresivo. Cuando me vi con un plus de dos puntos de ventaja, comprendí que mi triunfo era un hecho.

Llevamos a Rossetto hacia el camino de los recuerdos. Sonríe con complacencia, refiriendo:

[549] *El Mundo*, 13 de julio de 1942.
[550] *El Mundo*, 15 de julio de 1942.
[551] Notas del autor.

Todo se produce con precocidad en mi vida. A los cuatro años moví mis primeras piezas de ajedrez en Bahía Blanca, ciudad donde nací el 4 de setiembre de 1922. Mi padre era aficionado de café, y yo solía acompañarlo, quedándome absorto ante ese lento mover de reinas y alfiles, de torres y peones. Así fui aprendiendo a jugar, y a medirme con el autor de mis días. Fui también un aficionado de café realmente precoz, ingresando luego en 1935 a los círculos de ajedrez de mi ciudad natal. En 1937, teniendo catorce años, vine a Buenos Aires integrando la representación de Bahía Blanca para disputar el Campeonato Argentino por Equipos. En 1941, pasando por alto otras tenidas importantes, fui invitado a Montevideo, donde venció Eliskases y yo fui tercero.

A los 4 Años Movio las Primeras Piezas el Flamante Campeón Argentino de Ajedrez

HECTOR ROSETTO

Fué un match reñido

Ajedrecista de café

Dice que llevaba ventaja

Del ajedrez de café al ajedrez grande.
El Mundo, 6 de agosto de 1942

Volvamos a su enfrentamiento con Guimard...

Al enfrentarme con Guimard sabía que me jugaba una carta brava. Sin embargo, mi situación era más cómoda que la de él, que estaba obligado a ganar para mantener su prestigio. En cambio, para mí era suficiente con hacer un buen papel. Planeé un juego sólido, opuesto al de mi rival, que estaba decidido a vencer con rapidez. Esa actitud suya fue ofreciéndome posibilidades que no desperdicié. Guimard y yo somos de estilos parecidos, pero yo preferí variar en busca de las oportunidades.

La partida que más me satisfizo ganar fue la 10ª, donde vislumbré la posibilidad de llevarme el *match*. Me siento feliz de haber obtenido el título, y siento que mi padre –fallecido el año anterior– no pueda regocijarse con lo que para él sería un legítimo orgullo. Mi plan ahora es realizar una gira por el interior, vinculándome con los ajedrecistas provincianos. Lo demás, lo dirá el futuro.[552]

Match por el Campeonato Argentino 1942

		1	2	3	4	5	6	7	8	9	0	1	2	3	PTS
1	Rossetto, Hector Decio	0	1	0	½	½	1	0	½	½	1	1	1	1	8.0/13
2	Guimard, Carlos Enrique	1	0	1	½	½	0	1	½	½	0	0	0	0	5.0/13

Ståhlberg, en el Club Argentino

▇ El maestro sueco Gideon Ståhlberg brinda una sesión de simultáneas en el Club Argentino, recibiendo honorarios por $ 80.[553]

Simultáneas de Grau

▇ El 28 de junio Roberto Gabriel Grau ofrece una sesión de simultáneas en el Club Don Bosco, y luego es agasajado con una cena.

[552] *El Mundo*, 6 de agosto de 1942.
[553] Son aproximadamente unos U$S 400 de hoy.

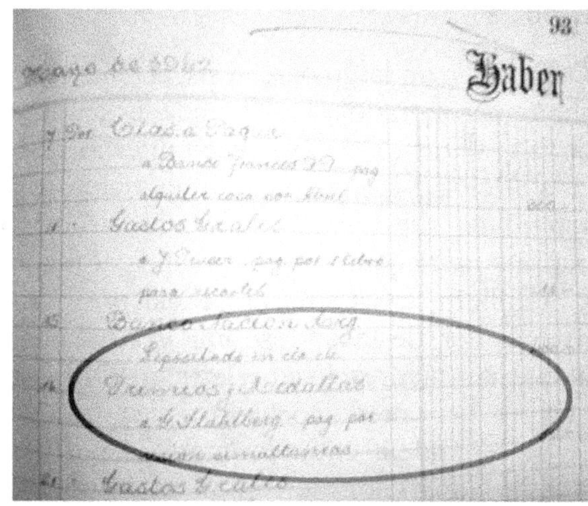

Ståhlberg recibe su remuneración por unas simultáneas. Libro de tesorería del Club Argentino

Grau luego de una simultánea en el Club Don Bosco, 28 de junio de 1942

Más simultáneas de Najdorf

▓ El 9 de julio el Club Villa Raffo venció al Club Sparta por 5:3. Luego el maestro Miguel Najdorf ofreció una sesión de partidas en esa institución, que festejaba el primer aniversario de su fundación. Najdorf obtuvo +52, =1 -7, dos a ciegas. Igualó con el señor Luciano Soto), y contra los señores José A. Casamitjana, Hermenegildo Marín, Severo Mansilla, Eva Fabret, Armando Bossero, Nicanor Arias y Oscar Russian, ésta última a ciegas. El reputado maestro de ajedrez Miguel Najdorf ha sido encargado de la animación de la sala de ajedrez y dictará clases los días lunes y viernes desde las 21 horas en adelante.[554]

Nueva *jira* de Najdorf por el interior

▓ El conocido maestro polaco M. Najdorf tiene organizada una *jira* por las siguientes localidades del interior, donde dará conferencias y realizará partidas simultáneas y partidas a la ciega:[555]

30 de julio	Club Independiente	Daireaux	Prov. de Buenos Aires
2 y 3 de agosto	Centro de Ajedrez	Ayacucho	Prov. de Buenos Aires
5 de agosto	Club Almafuerte	San Andrés de Giles	Prov. de Buenos Aires
6 al 8 de agosto	Club Artesanos	Salto	Prov. de Buenos Aires
9 de agosto	Club Independiente	Capitán Sarmiento	Prov. de Buenos Aires
10 y 11 de agosto	Club Social	Armstrong	Santa Fe
13 de agosto	Argentino Sports	Pozo del Molle	Córdoba
15 al 17 de agosto	Círculo de Ajedrez	Hernando	Córdoba
18 y 20 de agosto	Sociedad Kadima	Moisés Ville	Santa Fe
24 y 25 de agosto	Club Peones Negros	Campo Gallo	Santiago del Estero
28 de agosto	Círculo de Ajedrez	Santiago del Estero	Santiago del Estero

[554] *El Mundo*, 30 de junio de 1942. *Enroque!!* nº 14 y 15, pág. 124 y 145. *Caissa* nº 49, pág. 164/5, y nº 50, pág. 180.
[555] *El Mundo*, 25 de julio de 1942.

Ståhlberg gana el Torneo Especial del Club Argentino

FRENTE AL TABLERO

El torneo de primera categoria del Club Argentino de Ajedrez. — La actuación del maestro Stahlberg y de Herman Pilnik, la revelación del año 1941. — La reincorporación de Luis Piazzini a las actividades deportivas. — Problemas y soluciones.

Después de un largo paréntesis, el Club Argentino de Ajedrez se ha reincorporado a las actividades ajedrecísticas de primera fuerza con la realización de un torneo interno que se ofrece a la afición a la manera de un anticipo de futuras actividades de alta jerarquía. La prueba ha reunido a seis participantes; entre ellos se encuentra el maestro Gedeón Stahlberg, cuya sola presencia prestigia un torneo, y junto a él, destacándose una vez más como una realidad del ajedrez local, Herman Pilnik, alemán de origen, pero producto ajedrecístico de nuestro medio.

Otro tema de acentuado interés deportivo lo constituye la reaparición de Luis Piazzini, que fué campeón argentino y en el momento culminante de su vida deportiva jalonó su actuación con una impresionante teoría de éxitos. Apagado más tarde por su alejamiento del tablero y reducido en el aspecto máximo de su eficiencia; su indudable caudal teórico absolutamente al día en materia de novedades, actuó por última vez en el match frente a Maderna donde sólo al final del cotejo comenzó

jugadas con esta misma variante, está lejos de haber tenido una solución clara. Pocos maestros en el mundo dominan esta línea de juego de más completa manera que Stahlberg, por eso resulta interesante ver el tratamiento que a la misma da el campeón sueco.

Muchas son las líneas de juego ensayadas en esta posición y ninguna absolutamente categórica. Se ha jugado D2R-C3TD-A3D-C5R y ninguna parece ser en realidad por completo satisfactoria. La del texto resulta un interesante ensayo para buscar el desequilibrio y tratar de atenuar la fuerza de la presión que sobre el punto 5R ejercen las negras.

9 ... A3D.

No es fácil saber cuál es la mejor réplica. La maniobra aparente 9 ... A3C tendría como posible contestación 10 D3C, y la maniobra natural 10 ... D2R, restaría a la dama la posibilidad de explotar la situación del caballo sin sostén de 4TR por cuanto la dama debe mantenerse en la vigilancia del alfil de 5CD. Sin embargo, quizá esa maniobra, seguido el D3C de P4AD y luego C3AD,

Un sextangular magistral en el Club Argentino.
La Nación, 29 de mayo de 1942

Después de un largo paréntesis, el Club Argentino se ha reincorporado a las actividades ajedrecísticas con la realización de un torneo interno, que se ofrece a la afición a la manera de un anticipo de futuras actividades de alta jerarquía. La prueba ha reunido a seis participantes, y entre ellos al maestro Gideon Ståhlberg, cuya sola presencia prestigia el torneo; junto a él, destacándose una vez más como una realidad del ajedrez local, Herman Pilnik, alemán de origen, pero producto ajedrecístico de nuestro medio. Otro tema de acentuado interés deportivo lo constituye la reaparición de Luis Piazzini, que fue campeón argentino, y en el momento culminante de su vida deportiva jalonó su actuación con una impresionante serie de éxitos.[556]

Gana Ståhlberg el primer turno del Torneo Especial sin perder ninguna partida y cediendo sólo medio punto al que le sigue en la tabla de posiciones. En el segundo puesto se ha clasificado el conocido aficionado Herman Pilnik, de ascendente actuación en los últimos certámenes realizados, y uno de los pocos jugadores, sino el único, que con su presencia ha puesto una valla a la natural ambición de los jugadores profesionales que son nuestros huéspedes desde el TN. Los dos puestos inmediatos los ocupan Jon Traian Iliesco y Carlos Portela, que ha vuelto a la liza con renovados bríos después de varios años de ausencia. Cierran la tabla de posiciones Benito Villegas y Luis Piazzini, actuando éste por primera vez desde que integrada el equipo olímpico argentino en 1939. En la rueda de hoy, Ståhlberg venció a Iliesco. De los varios recursos que tiene un maestro cuando quiere forzar el juego en procura de un punto, lo demuestra esta partida desde la apertura, que es de por sí una sorpresa: una especie de Ruy López del flanco dama. Iliesco aceptó el reto y entró decidido en las complicaciones, pero cuando tomaron la palabra los alfiles de las blancas y la mayoría de peones, el litigio quedó ganado con relativa facilidad. La jugada 29ª de las blancas, con el jaque, puso punto final al combate.[557]

Gana Stahlberg el Primer Turno del Torneo Especial

El torneo especial de primera categoría del Club Argentino de Ajedrez ha llegado al final del primer turno con el reputado maestro sueco Gideon Stahlberg ocupando el puesto de honor, sin perder ninguna partida y cediendo sólo medio punto al que le sigue en la tabla de posiciones.

En el segundo puesto se ha clasificado el conocido aficionado Herman Pilnik, de ascendente actuación en los últimos certámenes realizados y uno de los pocos jugadores locales, sino el único, que con su presencia ha puesto una valla a la natural ambición de los notables profesionales que son nuestros huéspedes desde el Torneo de las Naciones.

Los dos puestos inmediatos los ocupan los conocidos ajedrecistas Jon Traian Iliesco y Carlos M. Portela, que ha vuelto a liza con renovados bríos, después de varios años de ausencia. Cierran la tabla de posiciones Benito H. Villegas y Luis R. Piazzini, actuando este último por primera vez desde que integrara el equipo olímpico argentino en 1939.

ILIESCO v. STAHLBERG

De los varios recursos que tiene un maestro cuando quiere forzar un juego en procura del punto, lo demuestra esta partida desde la apertura que es de por sí una sorpresa: una especie de Ruy Lopez del flanco de dama. Iliesco aceptó el reto y entró decidido en las complicaciones, pero cuando tomaron la palabra los alfiles de las blancas y la mayoría de peones, el litigio quedó ganado con relativa facilidad. La jugada 29 de las blancas, con el jaque, puso punto final al combate.

BLANCAS — Gideon Stahlberg; NEGRAS — Jon Traian Iliesco

(Apertura: peón de dama)

	Blancas	Negras		Blancas	Negras
1.	P4D	CR3A	16.	A2D	TR1D
2.	CD3A	P4D	17.	P4TR	C4D
3.	A5C	A4A	18.	AR4A	C5D
4.	P3A	CD2D	19.	[illegible]	[illegible]
27.	R2A	R1C	35.	T3A+	R2R
28.	T7T	P4TD	36.	R2D	P6A+
29.	R2R	T1AR	37.	RxP	TxT
30.	T3A	T3AR	38.	RxT	TxPT
31.	P4TD	T3CR	39.	R3C	T5C+
32.	P3C	T2C	40.	R3A	T5TD
33.	T8T+	R2A	41.	R3C	T5C+
34.	T6T	T5C	42.	R3A	T5TD

Tablas.

CUADRO DE POSICIONES

Al finalizar la quinta ronda, y con ella el primer turno, la clasificación de los competidores era la siguiente:

	J.	G.	T.	P.	Pts.
Gideon Stahlberg	5	4	1	-	4½
Herman Pilnik	5	2	3	-	3½
Jon T. Iliesco	5	1	2	2	2
Carlos M. Portela	5	-	4	1	2
Luis R. Piazzini	5	-	3	2	1½
Benito H. Villegas	5	-	3	2	1½

Nota: La J. significa partidas jugadas; la G. ganadas; la T. tablas; la P. perdidas, y Pts. los puntos obtenidos, contándose un punto la partida ganada y medio punto las tablas.

EMPATAN EL MATCH GUIMARD Y ROSETTO EN LA 6ª PARTIDA

La sexta partida del Campeonato Argentino, organizado por la Federación de Ajedrez, tuvo lugar en la sede social del Club Atlético Boca Juniors, y finalizó con la victoria del desafiante, señor Héctor D. Rosetto, que se adjudicó fácilmente el punto, después que las negras incurrieran en error decisivo en la jugada décima. A esta sola movida, que arrastró al segundo jugador al desastre de su bando, deben atribuirse todas las consecuencias más o menos inevitables que luego se produjeron. Con una calidad y un peón menos y una posición netamente inferior, no podía esperarse que Guimard ni nadie, se salvara frente a un rival calificado por sus obras.

Ståhlberg, amplia superioridad.
La Nación, 29 de mayo de 1942

[556] Roberto Grau, Frente al Tablero, *La Nación*, 31 de mayo de 1942. Grau se refiere indirectamente a la poca participación del Club Argentino en las actividades de la FADA, y ajedrecísticas en general, entre 1938 y 1942. Ahora esta situación cambia, al tomar la presidencia de la FADA, Carlos Querencio.

[557] Roberto Grau, *La Nación*, 29 de mayo de 1942.

8ª y 9ª ruedas

■ Los resultados del Torneo Especial de primera categoría que se está jugando en el Club Argentino con la participación del renombrado campeón sueco Gideon Ståhlberg y una selección de cinco ajedrecistas, no hicieron más que refirmar en sus puestos a los distintos participantes en la 8ª y 9ª rondas. Pudo notarse que en las mismas el maestro rumano Ion Traian Iliesco sufría un doble revés, pero aún así ninguno de sus perseguidores pudo desalojarlo del puesto, y tan solo Carlos Portela logró igualarlo. Mientras tanto, los maestros Ståhlberg y Pilnik aumentaban su ventaja después de jugar una interesante partida individual, que fue decisiva para un primer puesto sin empate.

En contadas ocasiones un jugador local ha logrado jugar de esta manera frente a un maestro de los méritos de Ståhlberg. La defensa de las negras es la primera sorpresa de la partida, y luego la improvisación que hace Pilnik sobre el tablero muestra un ingenio que estuvo a punto de caer vencido frente a la experiencia del maestro, pero que al fin arribó al empate. Es éste, en verdad, un cotejo de lucha sin descanso. Los resultados de la 8ª rueda fueron: Piazzini 0:1 Ståhlberg; Pilnik 1:0 Portela; Villegas 1:0 Iliesco. En cuanto a los de la 9ª, Pilnik ½:½ Piazzini; Iliesco ½:½ Ståhlberg; Villegas ½:½ Portela.[558]

10ª rueda

■ El Torneo Especial de primera categoría, competición a doble turno reservada a ganadores de altos premios, ha finalizado con el triunfo del maestro sueco Gideon Ståhlberg. El segundo puesto fue conquistado por el señor Herman Pilnik, y sus dos partidas tablas con Ståhlberg vienen a refrendar sus evidentes progresos. En la última rueda, los resultados fueron: Pilnik ½:½ Piazzini; Iliesco ½:½ Ståhlberg; Villegas ½:½ Portela.[559]

■ La prueba se desarrolló entre mayo y junio, con el formato de un sextangular a doble ronda, en su sede social de la Av. Santa Fe 1292. En el primer turno Ståhlberg obtuvo un score de 4½/5, seguido por Pilnik 3½ –ambos invictos–, Iliesco y Portela 2, Piazzini y Villegas 1½. En el segundo turno continuó la demoledora actuación de Gideon Ståhlberg, que finalizó con 8½/10. Le siguieron Herman Pilnik 7; Carlos Portela y Juan Iliesco 4; Luis Piazzini 3½ y Benito Villegas 3. El ganador recibió un premio de $ 200, Pilnik $ 120 e Iliesco $ 40. Los dos primeros finalizaron invictos, aunque en algunas partidas fueron afortunados al escapar de algunas posiciones perdidas.[560]

Especial 1ª Categoría del Club Argentino 1942

		1	2	3	4	5	6	PTS	S.B.
1	Ståhlberg, Gideon	**	½½	½1	11	11	11	8.5/10	
2	Pilnik, Herman	½½	**	½½	1½	½1	11	7.0/10	
3	Iliesco, Juan Traian	½0	½½	**	½0	½½	10	4.0/10	19.75
4	Portela, Carlos	00	0½	½1	**	½½	½½	4.0/10	16.00
5	Piazzini, Luis Roberto	00	½0	½½	½½	**	01	3.5/10	
6	Villegas, Benito	00	00	01	½½	10	**	3.0/10	

558 *El Mundo*, 13 de junio de 1942.
559 *El Mundo*, 16 de junio de 1942.
560 *El Ajedrez Americano* 2ª época nº 86 pág. 207/11. *Caissa* nº 47-48, pág. 116 y 129. *Estrategia* nº 4/5, jun/jul 1942.

Antonio Juan Vinuesa gana en Rosario

Entre el 9 y el 29 de junio el Club Newell's Old Boys de Rosario realizó un certamen de primera categoría, con ocho participantes. Después del primer turno fueron eliminados los tres últimos, y los cinco primeros jugaron una segunda vuelta. Venció en gran forma Antonio Juan Vinuesa con 8½/11, seguido por Romeo García Vera 8; Espina 6½; Oreste Giustina 6; Sonja Graf 4½, y los tres no clasificados Desiderio Ivancich 2½; Rodolfo Parody 2; Alberto Gover 0.[561]

4ª Rueda

Sonja Graf igualó con Desiderio Ivancich, planteándose en este tablero una Ruy López con la Defensa Steinitz, en cuya 5ª movida cambiaron las negras C3AR por P3AR, lo que no debe considerarse bueno porque con ello se perjudica el libre desarrollo de las piezas mayores, al tiempo que se crean debilidades sobre una importante diagonal. Sonja Graf enrocó largo, cambió los peones centrales, y después efectuó otro para sacar al rey enemigo de su casilla inicial, pero en una situación final demasiado dilatada (Sic), el doctor Ivancich dio sus dos torres por la dama, declarándose tablas poco después. Vinuesa empató con Giustina. Pese a que al suspenderse Giustina tenía una leve ventaja posicional, se demostró al reanudar el juego que no era suficiente, forzándose el tablas pocas jugadas después.[562]

5ª Rueda

En la 5ª fecha los resultados contribuyeron a establecer diferencias en el puntaje de los distintos participantes. Giustina se impuso a Parody, en una partida de PR Defensa Siciliana. Giustina llevó el peón central al quinto jaquel, entregó poco después una calidad y emplazó un violento ataque sobre el enroque enemigo, decidiendo el juego a la 26ª jugada. Ivancich perdió con Vinuesa. Dueñas las negras de la columna TD, obligaron a que se colocara una torre blanca en situación precaria, definiendo más tarde el juego. Gover perdió con Espina, en un final de torres y peones. Romeo García Vera venció a Sonja Graf, en un Ruy López continuado con la Variante Morphy. En un cambio central, García Vera maniobró defectuosamente al entregar una pieza, pero la jugadora alemana, que se vio colocada en situación tan ventajosa, equivocó en forma lamentable la ruta perdiendo no sólo el material en ganancia, sino también peones, que fueron causas decisivas para obligarle a abandonar. Romeo García vera tiene 4½/5, Vinuesa 4; Espina 3½; Giustina 3; Graf 2½; Ivancic 1½; Parody 1; Gover 0.[563]

En la sede del Club Newell's Old Boys ha finalizado el primer turno del certamen de 1ª categoría, quedando empatados en el primer puesto Romeo García Vera y Antonio Juan Vinuesa con 5½/7, invictos. Luego quedaron Oreste Giustina 4½; Carlos Espina y Sonja Graf 4; Desiderio Ivancich 2½; Roberto Parody 2 y A. Gover 0. Han quedado eliminados los tres últimos por no haber llegado al 50% de los puntos, y el certamen continúa el segundo turno, interviniendo los cinco primeros clasificados.[564]

561 *Caissa* nº 49, pág. 165. *Estrategia* nº 4, junio de 1942.
562 *La Capital*, Rosario.
563 *La Capital*, Rosario.
564 *El Mundo*. Web *Cronología del ajedrez rosarino* 1942, Christian Sánchez. Cuadro de posiciones reconstruido.

Torneo de Newell's Old Boys de Rosario 1942

		1	2	3	4	5	6	7	8	PTS
1	Juan Vinuesa, Antonio	**	1½	½½	1½	1½	1	1	1	8.5/11
2	García Vera, Romeo	0½	**	1½	½½	11	1	1	1	8.0/11
3	Espina, Carlos	½½	0½	**	1½	1½	1	0	1	6.5/11
4	Giustina, Oreste	0½	½½	0½	**	01	1	1	1	6.0/11
5	Graf, Sonja	0½	00	0½	10	**	½	1	1	4.5/11
6	Ivancich, Desiderio	0	0	0	0	½	**	1	1	2.5/7
7	Parody, Rodolfo	0	0	1	0	0	0	**	1	2.0/7
8	Gover, Alberto	0	0	0	0	0	0	0	**	0.0/7

Círculo Italiano (Santa Fe) vs La Regence (Buenos Aires)

Entre el 10 y el 12 de julio se jugó en Santa Fe un *match* a cinco tableros entre el Círculo Italiano de esa ciudad y un equipo de extranjeros, todos ellos miembros del Círculo La Regence de Buenos Aires, venciendo éstos por 5½:4½. Para La Regence jugaron Karel Skalicka, Paul Michel, Enrique Reinhardt, Albert Becker, Jakob Adolf Seitz y Arnoldo Ellerman. Para los locales, Antonio Bahamonde, Pedro Passero, Luciano Cámara, Luis Chemes, Agustín Pettinari y Ramón Neyra. Los resultados fueron: Becker 2:0 Passero; Seitz 1½:½ Neyra; Skalicka ½:1½ Bahamonde; Michel 1:0 Cámara; Michel 0:1 Chemes; Reinhardt ½:1½ Pettinari. Todos los viajeros participaron además en conferencias y simultáneas en diversas localidades vecinas.

Seitz se presentó en San Cristóbal, Skalicka en el Club Alfil Blanco de Santa Fe, y Ellerman en Marcelino Escalada, donde se inauguró un centro ajedrecístico que lleva su nombre. La concertación de este encuentro fue realizada por el ingeniero Dámaso Lachaga y Ricardo Basaldúa, de Santa Fe, y Adolfo Bermúdez y Milcíades Lachaga, por el Círculo La Regence. Luego de este encuentro, Seitz se quedará en Santa Fe durante unos dos años, gracias a los trabajos ajedrecísticos que le consiguió el ingeniero Dámaso Lachaga. Los coordinadores del encuentro fueron el presidente del Círculo Italiano, J. H. Wedekind, y el prosecretario, Guillermo Kestens.[565]

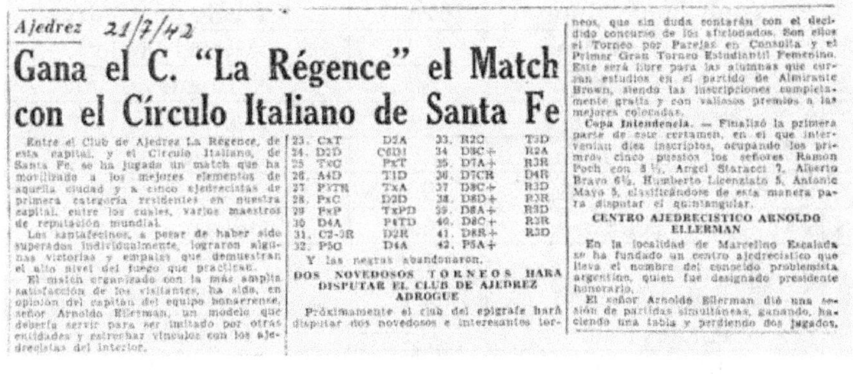
Ajedrez 21/7/42

Gana el C. "La Régence" el Match con el Círculo Italiano de Santa Fe

Entre el Club de Ajedrez La Régence, de esta capital, y el Círculo Italiano, de Santa Fe, se ha jugado un match que ha movilizado a los mejores elementos de aquella ciudad y a cinco ajedrecistas de primera categoría residentes en nuestra capital, entre los cuales, varios maestros de reputación mundial.

Los santafecinos, a pesar de haber sido superados individualmente, lograron algunas victorias y empates que demuestran el alto nivel del juego que practican.

El match organizado con la más amplia satisfacción de los visitantes, ha sido, en opinión del capitán del equipo bonaerense, señor Arnoldo Ellerman, un modelo que debería servir para ser imitado por otras entidades y estrechar vínculos con los ajedrecistas del interior.

23. CxT	D2A	33. R2C	T3D
24. D2D	C6D	34. D8C+	R2A
25. TxC	PxT	35. D7A+	R3R
26. A4D	T1D	36. D7CR	D4R
27. PxTR	TxA	37. D8C+	R3D
28. PxC	D2D	38. D8D+	R3R
29. PxP	TxPD	39. D8A+	R3D
30. D4A	P4TD	40. D8C+	R3R
31. C2-3R	D2R	41. D8R+	R3D
32. P5C	D4A	42. P5A+	

Y las negras abandonaron.

DOS NOVEDOSOS TORNEOS HARA DISPUTAR EL CLUB DE AJEDREZ ADROGUE

Próximamente el club del epígrafe hará disputar dos novedosos e interesantes torneos, que sin duda contarán con el decidido concurso de los aficionados. Son ellos el Torneo por Parejas en Consulta y el Primer Gran Torneo Estudiantil Femenino. Este será libre para las alumnas que cursan estudios en el partido de Almirante Brown, siendo las inscripciones completamente gratis y con valiosos premios a las mejores colocadas.

Copa Intendencia. — Finalizó la primera parte de este certamen, en el que intervenían diez inscriptos, ocupando los primeros cinco puestos los señores Ramon Poch con 8½, Angel Staracci 7, Alberto Bravo 6½, Humberto Licenziato 5, Antonio Mayo 5, clasificándose de esta manera para disputar el quinlangular.

CENTRO AJEDRECISTICO ARNOLDO ELLERMAN

En la localidad de Marcelino Escalada se ha fundado un centro ajedrecístico que lleva el nombre del conocido problemista argentino, quien fue designado presidente honorario.

El señor Arnoldo Ellerman dió una sesión de partidas simultáneas, ganando, haciendo una tabla y perdiendo dos juegos.

El *match* del Club Italiano frente al Círculo La Regence
en *El Mundo*, 21 de julio de 1942

[565] *Caissa* nº 51, pág. 198. *Enroque!!* nº 14 y 15, 25 agosto y 25 setiembre 1942. *El Ajedrez Americano* 2ª época nº 87 pág. 247. *El Mundo*. Testimonio de Susana Oldrini al autor. Web *Cronología del ajedrez rosarino* 1942, Christian Sánchez.

Círculo La Regence Buenos Aires	5:3	Círculo Italiano de Santa Fe
Albert Becker	11:00	Pedro Passero
Adolf Jakob Seitz	1½:½	Ramón Neira
Carlos Skalicka	0½:1½	Antonio Bahamonde
Paul Michel	10:01	Luciano Cámara – Luis Chemes
Enrique Reinhardt	0 ½:1½	Agustín Pettinari

Simultáneas de Rauch y Najdorf

▓ El 6 de julio el integrante del equipo de Palestina, Meyer Rauch, jugó una serie de partidas simultáneas a la ciega. El 17 de julio la misma institución ofreció una sesión "en cascada", a 30 tableros, que estuvo a cargo de los maestros Roberto Grau y Miguel Najdorf.[566]

Setenta aficionados se han inscripto en el torneo de la Academia Rex

▓ El conocido maestro Paulin Frydman ha sido designado director de la Academia Rex, que próximamente tendrá lugar en esa frecuentada sala de ajedrez. Hasta la fecha se han inscripto alrededor de setenta aficionados, que serán dispuestos en cuatro grupos preliminares. Las partidas deberán definirse en el término de una hora y quince minutos para cada jugador. Regirá en los demás detalles el reglamento de la FIDE y de la FADA.[567]

Club Jaque Mate vs Círculo de Ajedrez

▓ La expectativa despertada por el anuncio del *match* a 20 tableros entre el Círculo de Ajedrez y el Club Jaque Mate se exteriorizó plenamente en la cantidad de aficionados que se dieron cita en los salones de la vieja entidad. Favorecía la curiosidad general, no sólo la calidad y cantidad de los participantes, sino la reaparición de ciertas figuras un tanto alejadas de la lucha activa que volvían a *despuntar el vicio.* Ganó Jaque Mate por 10½:8½, con una partida inconclusa en posición pareja. El sorteo preliminar lo ganó el capitán del club visitante, que dispuso que todos sus tableros impares llevando las piezas blancas. El *match* revancha se debía efectuar el 3 de agosto, pero el equipo del Círculo no se presentó.[568]

	Club Jaque Mate	10½:8½	Círculo de Ajedrez
1	Rafael Bensadón	½:½	Miguel Najdorf
2	Héctor Rossetto	½:½	A. Nogués Acuña
3	Herman Pilnik	1:0	Carlos Guimard
4	Jacobo Bolbochán	½:½	Marcos Luckis
5	Julio Bolbochán	0:1	Luis Piazzini
6	Jorge Pelikán	½:½	Guillermo Puiggrós
7	Juan Iliesco	1:0	Voyin Vuskovic
8	Virgilio Fenoglio	0:1	Cayetano Rebizzo
9	Andrés Pazó	0:1	Joaquín Ojeda
10	Rubén Kaminsky	1:0	Enrique Falcón
11	Antonio Bahamonde	1:0	Luis Palau

566 *El Mundo*, 30 de junio de 1942.
567 *El Mundo*, 23 de julio de 1942.
568 *El Mundo*, 28 de julio de 1942. *El Gráfico* nº 1291, 17 de julio de 1942, pág. 14.

12	Antonio Piro	0:1	Francisco Benko
13	Marcelino Moguilevsky	Susp	Meir Rauch
14	Manuel Benito	1:0	Guillermo Holtey
15	Carlos Holovsko	½-½	Valentín Fernández Coria
16	Horacio Huguet	½-½	Zelman Kleinstein
17	Arnoldo Ellerman	1:0	Arturo Senderey
18	Abraham Eliaschev	½-½	Atilio Laguzzi
19	J. Ramírez de Arellano	0:1	Juan Vara
20	Arístides A. Lamadrid	1:0	Mateo Gianolio

▓ El interesante *match* a 20 tableros de 1ª categoría concertado ayer entre el Círculo de Ajedrez y el Club Jaque Mate, que debió jugarse la noche del sábado pasado, tuvo que ser suspendido hasta nueva fecha a causa de la copiosa lluvia que impidió la presencia de la mayor parte de los participantes. La circunstancia adversa fue tanto más de lamentar, cuanto que la mayor parte de los inscriptos estaban dispuestos a medirse, comunicándolo así a las dos entidades telefónicamente, lo cual trajo a su vez tal número de llamadas telefónicas que llegó un momento en que fue imposible, en ciertos casos, ponerse al habla con los organizadores. Estaban listos para jugar los más notables ajedrecistas de ambas entidades, y se iban a incorporar al equipo del Círculo los maestros Gideon Ståhberg y Carlos Maderna que habían venido por la tarde expresamente de La Plata. Se esperaba un cotejo tan encarnizado o más que el primero. La fecha del desquite será fijada oportunamente por los organizadores.[569]

Aparecen las clases del doctor Bensadón

▓ En julio aparece el libro *Clases de Ajedrez*, del doctor Rafael Bensadón, compuesto con los apuntes taquigráficos tomados por el señor Ernesto M. Carranza, en las clases dictadas por el doctor Bensadón a los aficionados de la Asociación Cristiana de Jóvenes, dos veces por semana, desde el 15 de abril hasta el 15 de octubre de 1941. Las 52 clases están ilustradas por otras tantas partidas de maestros, donde se comentan distintas fases del juego.[570]

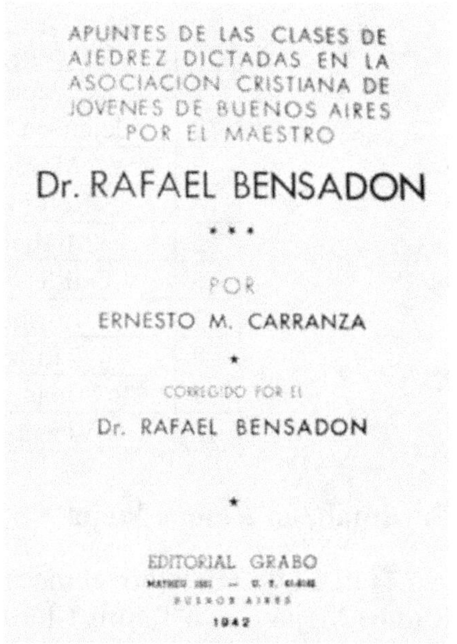

APUNTES DE LAS CLASES DE AJEDREZ DICTADAS EN LA ASOCIACION CRISTIANA DE JOVENES DE BUENOS AIRES POR EL MAESTRO

Dr. RAFAEL BENSADON

* * *

POR

ERNESTO M. CARRANZA

*

CORREGIDO POR EL

Dr. RAFAEL BENSADON

*

EDITORIAL GRABO

BUENOS AIRES

1942

Página de títulos de Clases de Ajedrez

El Club Quilmes y las Cristalerías Rigolleau

▓ El Club Quilmes organizó un certamen de 1ª Categoría en el Club Cristalerías Rigolleau, que fue ganado ampliamente por Jiri Pelikán, con 12 puntos. Siguieron A. Espósito 9; Carlos Holovsko 8½; Ítalo Mela 8, etc. Pelikán ganó también el *match* por el título de campeón de la Federación de Quilmes ante Mela por 6:0. El nuevo campeón también dicta clases en el Círculo de Ajedrez de la Fábrica Ducilo.[571]

569 *El Mundo*, 3 de agosto de 1942.
570 *El Mundo*, 28 de julio de 1942.
571 *El Ajedrez Americano* 2ª época nº 87 pág. 245. *Caissa* nº 50, pág. 186.

Gira extensa de Rossetto

Entre el 26 de agosto y el 2 de noviembre, el campeón argentino, Héctor Rossetto, realizó una extensa gira por varias localidades de la provincia de Buenos Aires y Río Negro, brindando sesiones de simultáneas. Estuvo en Punta Alta, Bahía Blanca, Coronel Dorrego, Punta Alta, General Lamadrid, Coronel Suárez, Carmen de Patagones, Viedma, Puerto Belgrano, Olavarría, Sierras Bayas, Club San Cayetano, Necochea y Tandil. En total jugó más de quinientas partidas en dieciocho sesiones diferentes, obteniendo +446 =30 -27, con un puntaje total de 461/503, 91,65%.[572]

Becker gana en el Club Alemán

El 8 de setiembre finalizó el Torneo de Invierno que organizó el Club Alemán de Ajedrez de Belgrano, con sede en Echeverría 2292 de la Ciudad de Buenos Aires. Venció Becker con 11/12, seguido por Michel con 10½ y Reinhardt con 10.[573]

El Círculo vence a Newell's Old Boys

Los días 12 y 13 de setiembre se realizó en Rosario un gran *match* a diez tableros entre el Círculo de Ajedrez y el Club Newell's Old Boys. El Círculo se impuso por 6½:3½. Antes de comenzar el concurso, el señor Justo P. Arijón, pesidente del club local, pronunció palabras alusivas, destacando el significado de tan grata visita y la buena voluntad hallada por las directivas de ambas instituciones, que hicieron posible la realización del *match.* Respondió en nombre de la delegación visitante, Roberto Grau, agradeciendo los conceptos vertidos. Poco después se dio comienzo a las partidas, que tuvieron estos resultados:[574]

	Círculo de Ajedrez	**6:4**	**Club Newell's Old Boys**
1	Gideon Ståhlberg	1:0	Antonio Juan Vinuesa
2	Alejandro Nogués Acuña	½:½	Manuel Calatayud
3	Marcos Luckis	0:1	Romeo García Vera
4	Roberto G. Grau	0:1	José María Cristiá
5	Miguel Czerniak	1:0	Oscar García vera
6	Guillermo Puiggrós	1:0	Oreste Giustina
7	Enrique Falcón	1:0	R. Fernández
8	Luis Marini	½:½	Rodolfo Parody
9	Joaquín Ojeda	½:½	Desiderio Ivancich
10	Vicente Vuskovic	½:½	M. Gover

Frydman, en Ramos Mejía

El 12 de setiembre el maestro polaco Paulin Frydman brindó una sesión de simultáneas en el Ramos Mejía Lawn Tennis Club, obteniendo +22 =4 -0.[575]

[572] *Enroque!!* nº 17, pág. 191. *La Prensa*, 4 de noviembre de 1942.
[573] *Caissa* nº 51, pág. 206.
[574] *Caissa* nº 51, pág. 214. *Enroque!!* nº 15 del 25 de setiembre de 1942. *La Nación*, 15 de setiembre de 1942.
[575] *Caissa* nº 51, pág. 214.

Torneo Semana de Turismo – Córdoba 1942[576]

Najdorf gana el VI Torneo Internacional del Círculo de Ajedrez

En 24 de octubre se inició en el Círculo de Ajedrez, Bartolomé Mitre 670, el Torneo de Maestros, un gran certamen de primera categoría, con la participación de trece jugadores. Se jugó los martes, jueves y sábado de 20.30 a 1.30, con suspendidas al día siguiente. Esta competencia anual es, desde hace varios años, una interesante manifestación en el ambiente local, por el hecho de reunir a las principales figuras del ajedrez del país, y esta vez la lista de participantes no desmerece en nada las anteriores. Figuran inscriptos hasta ahora Ståhlberg, Najdorf, Guimard, Czerniak, Luckis, Michel, Marini, Palau, Benko y Laguzzi, siendo posible la participación del ex campeón argentino Grau, del holandés de Ronde y del canadiense (Sic) O'Donovan.[577]

En virtud de la falta de precisión en las crónicas de los diarios y revistas, las fechas que se indican son aproximadas. Se han podido obtener muy pocas partidas.[578]

1ª Rueda, 24 de octubre

En el Círculo se inició un interesante torneo. Ståhlberg, Guimard y Najdorf vencieron con facilidad. Con la participación de calificado número de competidores se realizó en los salones de la entidad la primera rueda del gran certamen internacional, donde intervienen los grandes maestros extranjeros residentes en nuestro país y algunas figuras destacadas locales. Las partidas jugadas anoche congregaron a crecida cantidad de aficionados, que observaron con viva atención los *matches* del ex campeón argentino, Carlos Guimard, contra Luis Marini, y el del ex campeón de Suecia, Gideon Ståhlberg, contra Enrique Falcón. Tanto el primero como el segundo tuvieron rivales de consideración, y aunque Guimard prolongó un poco más su partida, ambos lograron triunfar con facilidad.

Comienza el torneo del Círculo con figuras. *La Prensa*, 16 de octubre de 1942

El destacado jugador polaco Miguel Najdorf, de tan brillante actuación en nuestro ambiente ajedrecístico, superó notoriamente al jugador local Atilio Laguzzi, quien por primera vez actúa en un certamen de esta magnitud. La labor intensa pero pareja de Luis Palau contra Christian De Ronde y Marcos Luckis contra Paul Michel, hizo que finalmente terminaran repartiéndose los honores, aunque resultó más brillante y lucida la partida de estos últimos. Una sola partida no se jugó, y fue diferida para la fecha próxima, y fue la de Franz Benko contra Miguel Czerniak. Libre quedó Vicente Vuskovic. La próxima rueda se realizará el martes próximo, con el *fixture* Marini – Vuskovic, Benko – Ståhlberg, Najdorf – Guimard, Palau – Czerniak, Michel – Laguzzi, Luckis – De Ronde. Falcón quedará libre.[579]

Najdorf vence fácilmente a Laguzzi en el Círculo

576 Ver capítulo "Las vicisitudes de Sonja Graf en Argentina"
577 *La Prensa*, 26 de octubre de 1942.
578 Nota del autor.
579 Libro de recortes de Rubén March Ríos.

2ª Rueda, 26 de noviembre

▓ La rueda ofreció alternativas lucidas, destacándose el encuentro que sostuvieron el ex campeón argentino, Carlos Guimard, y el maestro polaco Miguel Najdorf. Comenzó esta partida con la Apertura Zukertort, y Guimard adoptó la India del Rey. Las acciones fueron en la parte media sumamente complicadas, pero ambos rivales se comportaron bien, y el juego no pudo ser desnivelado. El maestro lituano Marcos Luckis obtuvo una buena victoria sobre el holandés De Ronde. Luckis quedó mejor desde el comienzo, aumentando en la parte media la ventaja hasta colocar a su adversario en una posición indefendible.

Stahlberg Logró Vencer a Benko

CON singular éxito se realizó en los salones del Círculo de Ajedrez, Bartolomé Mitre 670, la segunda rueda del torneo para maestros, al que asistieron numerosos aficionados a presenciar las partidas, especialmente la que sostuvieron Miguel Najdorf y el ex campeón argentino Carlos E. Guimard. El cotejo se desarrolló en forma pareja y movida desde el comienzo, y al llegar a un final con igualdad de posición y material, optaron por declarar tablas.

G. Stahlberg

La partida que logró también despertar expectativa fué la que sostuvieron el ex campeón de Suecia, Gedeón Stahlberg y Frank Benko, en el que el juego acertado y medido de aquél le permitió superarlo

Por la sobriedad de fuerza que poseen Marcos Luckis y Paul Michel, pudieron vencer con cierto ajuste a I. de Ronde y A. Ieguzzi, respectivamente. Una sola partida fué suspendida la de V. Vuscovich contra L. Marini, y quedó libre E. Falcón.

Tabla de posiciones

	J.	G.	E.	P.	S.	Pts.
G. Stahlberg ...	2	2	—	—	—	2
C. E. Guimard .	2	1	1	—	—	1½
M. Najdorf	2	1	1	—	—	1½
P. Michel	2	1	1	—	—	1½
M. Luckis	2	1	1	—	—	1½
L. Palau	2	—	2	—	—	1
M. Czerniak ...	2	—	1	—	1	½
I. De Ronde ..	2	—	1	1	—	½
V. Vuscovich ..	1	—	—	—	1	0
F. Benko	2	—	—	1	1	0
L. Marini	2	—	—	1	1	0
E. Falcón	1	—	—	1	—	0
A. Laguzzi	2	—	—	2	—	0

Los encuentros correspondientes a la tercera rueda se realizarán con el siguiente sorteo: A. Laguzzi contra M. Luckis; M. Czerniak contra P. Michel; C. E. Guimard contra L. Palau; G. Stahlberg contra M. Najdorf; V. Vuscovich contra F. Benko; E. Falcón contra L. Martini e I. de Ronde, libre.

Ståhlberg vence a Benko. *La Prensa*, 28 de noviembre de 1942

Ante una Apertura de PR de Benko, adoptó Ståhlberg la Defensa Francesa, que motivó una serie de maniobras interesantes. Sacó mejor provecho el maestro sueco, quien poco a poco fue adquiriendo gran ventaja, hasta imponerse en la jugada 41ª. El juego Palau – Czerniak fue interesante y complejo, arribándose a un final de torres y peones parejo, que finalizó con un empate. Michel jugó una Apertura Ruy López frente a Laguzzi. En la parte media se produjo una posición dificultosa, donde las negras ganaron un peón a cambio de una buena posición de ataque de las blancas. Poco a poco Michel fue asegurándose la superioridad, y ganó en la jugada 42ª.[580]

▓ Ståhlberg logró vencer a Benko. Con singular éxito se realizó en los salones del Círculo, Bartolomé Mitre 670, la 2ª ronda, a la que asistieron numerosos aficionados a presenciar las partidas, especialmente la que sostuvieron Najdorf y el ex campeón argentino, Guimard. El cotejo se desarrolló en forma pareja desde el comienzo, y al llegar a un final con igualdad de posición y material, resolvieron declararla tablas. La partida que también logró despertar expectativa fue la que sostuvieron Ståhlberg y Benko. El juego acertado y medido de aquél logró imponerse. Por la sobriedad de fuerza que poseen, Luckis y Michel pudieron vencer con cierto ajuste (Sic) a De Ronde y Laguzzi, respectivamente. Una sola partida fue suspendida, la de Vuskovic con Marini, y quedó libre Falcón.[581]

3ª Rueda, 28 de noviembre

▓ En la sede del Círculo se disputa actualmente un torneo de 1ª categoría en el que intervienen varios conocidos maestros extranjeros junto con renombrados ajedrecistas de esta capital. En las cuatro primeras ruedas se ha venido destacando el maestro sueco Gideon Ståhlberg, entre los rivales más tenaces que han sido hasta ahora Miguel Najdorf, Markas Luckis, Carlos Guimard y Paul Michel. Los resultados de la ronda fueron: Czerniak ½:½ Michel; Ståhlberg ½:½ Najdorf; Guimard 1:0 Palau;

Despunta G. Stahlberg en el Torneo del C. de Ajedrez

Ståhlberg – Najdorf, tablas. *El Mundo*. 2 de diciembre de 1942

[580] *La Prensa*.

[581] Luego fue adjudicada a Marini por ausencia. Cuaderno de recortes de Luis Piñol.

Falcón 0:1 Marini; Luckis 1:0 Laguzzi. Vuskovic – Benko no jugaron. Libre: De Ronde. La partida entre Ståhlberg y Najdorf fue de alta emoción. En el planteo de una Defensa Nimzowitsch alcanzó alguna ventaja Ståhlberg, y ésta se mantuvo en todo el transcurso de la lucha. Najdorf volvió a destacar la habilidad que lo caracteriza para defenderse en posiciones delicadas, lo que le permitió alcanzar un empate valioso. Guimard se impuso a Palau en una partida que no le fue, por cierto, favorable al vencedor. Palau adoptó una variante dudosa, que Guimard no explotó como él sabe hacerlo. Apremiado por el tiempo, Palau cometió un error que bastó para que Guimard se impusiera en su típico enérgico estilo.[582]

4ª Rueda, 1 de diciembre

▮ Una vez más el maestro Gideon Ståhlberg destacó su calidad al batir en buen estilo a Luis Palau, en una partida que se inició con el PD, siguió con la India del Rey y se mantuvo en un acentuado tren de equilibrio. Posteriormente, Palau debió doblar un peón, y su posición comenzó a complicarse. Era, no obstante, aún difícil el resultado, pero un error final del ajedrecista local aceleró la victoria del jugador europeo en la jugada 32ª. Desde la apertura tuvo Falcón ganada su partida con Benko. Éste perdió una calidad rápidamente, y vanos fueron sus intentos de igualar la lucha. En buena forma Laguzzi ganó su primera partida, imponiéndose al ajedrecista holandés De Ronde por medio de un ataque que llevó con gran exactitud.

Muy reñida fue la partida de Luckis y Czerniak. Plantearon la Variante Tarrasch de la Defensa Francesa, y en la apertura el maestro lituano superó a Czerniak, ya que logró ganar un peón. Se llegó, no obstante, a un difícil final de torres, caballos y peones, que anoche prosiguió, para nuevamente suspenderse. La posición favorece a Czerniak. En un difícil final de dos torres y peones contra torre, alfil y peones, suspendieron Michel y Guimard. La posición ofrecía ventajas inicialmente para el primero, que explotó bien un erróneo cambio de torre por una pieza menor que realizó Guimard. Anoche éste abandonó sin realizar ninguna jugada. Vuskovic perdió por ausencia con Najdorf.[583]

5ª Rueda, 3 de diciembre

▮ Esta noche se cumplió el programa de la 5ª rueda: Guimard ½:½ Luckis; Czerniak 1:0 De Ronde; Ståhlberg ½:½ Michel; Falcón 0:1 Najdorf; Marini 0:1 Benko.

6ª Rueda, 5 de diciembre

▮ El torneo anual del Círculo adquiere los relieves de un acontecimiento por la serie de valores de prestigio internacional que actúan. Buena prueba de lo afirmado lo dio el desarrollo de las últimas partidas, que ofrecieron notas de excepcional colorido, en especial por el interés técnico y la vivacidad de las acciones. Al término de la rueda se mantienen en el puesto de honor los maestros Najdorf, Czerniak, Ståhlberg y Michel, quienes están escoltados de muy cerca por Luckis y Guimard. Los últimos resultados fueron: Najdorf 1:0 Marini; Falcón 0:1 Najdorf; Czerniak 1:0 Laguzzi; De Ronde 0:1 Czerniak; Ståhlberg ½:½ Michel; Luckis ½:½ Ståhlberg, en violenta lucha; Marini 0:1 Benko. El score actual es el siguiente: Najdorf y Czerniak 4/5; Ståhlberg 4½/6; Michel 3½/5; Luckis 3/5; Guimard 2½/4; Benko y Palau 1/3; Falcón y Marini 1/4; Laguzzi 1/5; De Ronde ½/4.[584]

582 *El Mundo*, 2 de diciembre de 1942

583 *La Prensa y La Nación*, 3 de diciembre de 1942.

584 *La Nación*, 7 de diciembre de 1942.

7ª rueda, 8 de diciembre

La 7ª rueda se juega esta noche de acuerdo al programa que sigue: Guimard 0:1 Laguzzi; Ståhlberg 1:0 De Ronde; Falcón ½:½ Michel; Marini 1:0 Palau y Benko 0:1 Najdorf.

8ª rueda, 10 de diciembre

Con negras, Ståhlberg superó a Benko; Michel 1:0 Laguzzi en 42 jugadas; Najdorf empató con Guimard en 36; Palau igualo con Czerniak; Falcón 0:1 De Ronde.

9ª rueda, 12 de diciembre

El Torneo de Maestros continúa disputándose con gran animación. La expectación de los aficionados ha aumentado ahora a causa de la reñida lucha que por el primer puesto sostienen los extranjeros Gideon Ståhlberg y Miguel Najdorf. Al iniciarse la fecha ambos tenían la misma cantidad de puntos, pero a Najdorf le faltaba jugar una partida. El maestro polaco hizo tablas, y en esa forma queda con medio punto de ventaja sobre el sueco. Sin embargo, Ståhlberg suspendió su partida frente a Czerniak en situación compleja, donde no parece fácil adjudicarse el triunfo.

Las alternativas de la rueda fueron lucidas e interesantes, destacándose el encuentro entre Najdorf y Palau, que se inició con la Apertura Zukertort, para transformarse enseguida en una partida de PD Sistema Antiguo. Las negras, conducidas por Palau, adoptaron una defensa cerrada, y en la parte media iniciaron un ataque, con el que obtuvieron un juego más libre, dominando las acciones. Pero ello no fue suficiente para definir la lucha, y Najdorf, jugando con su habitual seguridad, consiguió arribar a un final de nulidad, declarándose tablas la partida en la jugada 43ª. Ståhlberg jugó una partida compleja contra el palestino Czerniak, y en la parte media se produjo una situación en extremo delicada para éste. El sueco atacó con energía las posiciones enemigas y entregó una pieza para vigorizar el ataque, pero ello no proporcionó mayores resultados, y el encuentro se suspendió con la citada desventaja material, a cambio de dos peones, en posición difícil pero probablemente tablas.

Michel y Benko jugaron una partida que comenzó con la Apertura Inglesa, y desde el principio resultó favorable para el primero, quien a poco fue aumentando su ventaja y se impuso en la jugada 51ª. Ante una Apertura de PD planteada por Falcón, el holandés De Ronde adoptó la Defensa India del Rey. La lucha fue equilibrada en el comienzo, pero a raíz de un cambio débil efectuado por el ajedrecista local, quedó De Ronde con ventaja, y en la parte final la hizo valer en buena forma, abandonando Falcón en la jugada 49ª. La partida pendiente entre Ståhlberg y Laguzzi volvió a suspenderse en posición de tablas.[585]

Proseguirá Hoy el Torneo de Maestros en El Círculo de Ajedrez

El torneo de maestros del Círculo de Ajedrez de esta capital, Bartolomé Mitre 670, continúa disputándose con gran animación. La expectación de los aficionados ha aumentado ahora a causa de la reñida lucha que por el primer puesto sostienen los extranjeros Gedeón Stahlberg y Miguel Najdorf. Al iniciarse la novena rueda del certamen, ambos jugadores tenían la misma cantidad de puntos, pero a Najdorf le faltaba jugar una partida. En dicha reunión el maestro polaco hizo tablas y en esa forma queda prácticamente con medio punto de ventaja sobre el campeón sueco. Sin embargo, Sthalberg suspendió su partida frente a Czerniak en situación compleja, donde no parece fácil adjudicarse el triunfo.

Las alternativas de la citada novena rueda, fueron lucidas e interesantes, destacándose el encuentro que sostuvieron Najdorf contra Palau, que se inició con la apertura Zukertort para trasformarse en seguida en una partida de peón dama, sistema antiguo. Las negras, conducidas por Palau, adoptaron una defensa cerrada y en la parte media iniciaron un ataque con el que obtuvieron un juego más libre, dominando las acciones. Pero ello no fué suficiente para decidir la lucha y Najdorf, jugando con su habitual seguridad, consiguió arribar a un final de nulidad, declarándose tablas la partida en la jugada cuarenta y tres.

Stahlberg jugó una partida compleja contra el palestino Czerniak, y en la parte media se produjo una situación en extremo delicada para este último. El sueco atacó con energía las posiciones enemigas y entregó una pieza para vigorizar el ataque, pero ello no proporcionó mayores resultados y el encuentro se suspendió con la citada desventaja material a cambio de dos peones, en posición difícil pero probablemente tablas.

Michel y Benko jugaron una partida que comenzó con la apertura inglesa y que desde el principio resultó favorable para el primero de los nombrados, quien poco a poco fué aumentando la ventaja hasta adjudicarse el

Ståhlberg apura a Najdorf, pero tablas. *La Prensa*, 14 de diciembre de 1942

10ª Rueda, 15 de diciembre

Finalizó la 10ª ronda, con estos encuentros: Michel 0:1 Najdorf, en 40 movidas; Luckis 1:0 Benko, en 39; De Ronde 0:1 Marini; Laguzzi 0:1 Falcón; Guimard 0:1 Ståhlberg en 30.

585 *La Prensa*, 14 de diciembre de 1942

11ª Rueda, 17 de diciembre

La intensa lucha que se ha producido por el primer puesto ha suscitado extraordinaria expectativa. Después de los resultados de la 11ª sesión, los maestros Ståhlberg y Najdorf consolidaron su situación al frente de los participantes, con 7½ puntos. Pero las mejores posibilidades están de parte de Najdorf, dado que le faltan dos partidas por jugar, en tanto a Ståhlberg sólo le falta una. En la ronda de hoy Ståhlberg venció a Guimard, cuyo comportamiento ha sido poco eficaz; Najdorf le ganó una partida muy bien jugada a Luckis; Benko venció a De Ronde; Falcón perdió ante Czerniak, y Michel le ganó a Palau. Quedó suspendida la partida entre los jugadores locales Marini y Laguzzi. En la sesión de esta noche se efectuará el siguiente programa: De Ronde – Najdorf; Czerniak – Marini; Luckis – Palau; Laguzzi – Benko; Guimard – Falcón.[586]

Hoy Finalizará en el Círculo de Ajedrez el Certamen de Maestros

Con la realización de la decimotercera rueda finalizará esta noche en el Círculo de Ajedrez de esta capital, Bartolomé Mitre 670, el torneo de maestros que reúne a varios ajedrecistas calificados, argentinos y extranjeros.

Como una comprobación de la intensa lucha suscitada por la posesión del primer puesto, cabe destacar la circunstancia de que al llegarse a la rueda final del torneo, tres maestros están en condiciones de ocupar el puesto de honor. Son ellos el polaco Miguel Najdorf, el sueco Gedeón Stahlberg y el palestino Miguel Czerniak.

En la sesión de esta noche se realizarán dos encuentros decisivos para la clasificación final. Najdorf se medirá con Czerniak y si este último vence, compartirá el primer puesto con el polaco y también con Stahlberg, si el campeón sueco vence a Marini. Pero las mayores probabilidades de triunfo están de parte de Najdorf, pues solamente con hacer tablas su partida de hoy, quedará primero absoluto del certamen. Así pues, la sesión de esta noche ha de resultar interesante.

En la penúltima reunión, Najdorf derrotó al holandés De Ronde. Czerniak venció a Marini en una partida compleja y sumamente difícil. Falcón tuvo también una partida inferior frente al ex campeón argentino Carlos Guimard, pero éste jugó mal en la parte media y perdió. Evidentemente, Guimard pasa por un mal momento de su carrera. Palau tuvo una partida superior frente a Luckis, pero al final omitió la jugada ganadora y terminó el juego empatado. Laguzzi venció a Benko.

Tres maestros para un puesto. *La Prensa*, 21 de diciembre de 1942

12ª Rueda, 19 de diciembre

Finalizará esta noche el certamen, y tres maestros están en condiciones de ocupar el puesto de honor: Najdorf, Ståhlberg y Czerniak. En la sesión de esta noche se realizarán dos encuentros decisivos: Najdorf – Czerniak y Ståhlberg – Marini. Pero las mayores probabilidades de triunfo están del lado de Najdorf, pues solamente con hacer tablas su partida de hoy, quedará primero absoluto. En la penúltima reunión, Najdorf derrotó a De Ronde, y Czerniak a Marini. Falcón tuvo partida inferior contra Guimard, pero éste jugó mal en la parte media y perdió. Evidentemente, Guimard pasa por un mal momento. Palau tuvo una partida superior contra Luckis, pero al final omitió la jugada ganadora, y terminó el juego empatado. Laguzzi venció a Benko.[587]

13ª Rueda, 22 de diciembre

Por la mínima diferencia ganó Miguel Najdorf el torneo magistral. En la rueda final empató con Miguel Czerniak luego de una lucha difícil en la que el vencedor se concretó a evitar la derrota, ya que con sólo medio punto se aseguraba el puesto de honor. Su adversario jugó en gran forma, y la partida alcanzó acentuado interés en todo su desarrollo, por la trascendencia de su resultado y su calidad técnica. El segundo lugar fue alcanzado por Ståhlberg, que al igual que Najdorf, finalizó invicto. Como siempre, destacó una técnica excelente, y bien mereció compartir el puesto de honor. El tercer lugar de Czerniak es igualmente valioso, pues aventajó a dos elementos de la calidad de Michel y Luckis, que lo escoltaron en ese orden. Menos feliz fue la actuación de Guimard, que ratificó su desconcertante actuación última.

M. Najdorf ganó el torneo magistral del Círculo de Ajedrez

Por la mínima diferencia, el maestro polaco Miguel Najdorf ganó el torneo interno de primera categoría del Círculo de Ajedrez, prueba que alcanza anualmente los relieves del máximo acontecimiento ajedrecístico de la capital, por la gran fuerza de los maestros europeos y elementos locales que actúan en las filas de la prestigiosa entidad.

En la rueda final empató con Miguel Czerniak, luego de una lucha difícil, en la que el vencedor del torneo se concretó a evitar la derrota, ya que con sólo medio punto se aseguraba el puesto de honor de la competencia. Su adversario jugó en gran forma y la partida alcanzó acentuado interés en todo su desarrollo por la trascendencia de su resultado y la calidad técnica de la misma.

El segundo lugar fué alcanzado por el maestro sueco Gedeón Stahlberg, que al igual que Najdorf finalizó invicto en la competencia. Como siempre, destacó una técnica excelente y bien mereció compartir el puesto de honor.

El tercer lugar de Czerniak es igualmente valioso, pues aventajó a dos elementos de la sólida actuación de Michel y Luckis, que lo escoltaron en ese mismo orden. Menos feliz fué la actuación de Guimard, que ratificó su desconcertante performance última. El notable ajedrecista local se encuentra en un período anormal derivado sin duda de algunos trastornos físicos que han alterado su eficiencia y, lo que es más serio, atenuado su voluntad de triunfo.

Como nota digna de ser señalada, está el advenimiento de Laguzzi, nuevo jugador de primera categoría que ha logrado el buen promedio del [illegible] por ciento, ante tan calificados rivales.

La clasificación final de la prueba fué la siguiente:

Najdorf ganó por la mínima.
La Nación, 24 de diciembre de 1942

[586] *La Prensa*, 19 de diciembre de 1942.
[587] *La Prensa*, 21 de diciembre de 1942.

El notable ajedrecista local se encuentra en un período anormal, derivado sin duda de algunos trastornos físicos que han alterado su eficiencia, y lo que es más serio, han atenuado su voluntad de triunfo. Como nota digna de ser destacada, está el advenimiento de Laguzzi, nuevo valor de 1ª categoría, que ha logrado el buen promedio del 40% ante tan calificados rivales. La clasificación final fue como sigue: Najdorf (+7 =4 -0) 9/11; Ståhlberg (+6 =5 -0) 8½; Czerniak (+6 =4 -1) 8; Michel (+5 =5 -1) 7½; Luckis (+5 =2 -2); Benko (+5 =0 -6) 5; Laguzzi (+3 =3 -5) 4½; Falcón, Guimard y Marini (todos +3 =2 -6) 4; Palau (+0 =6 -5) 3; De Ronde (+1 =1 -9) 1½.[588]

▌Se impuso Miguel Najdorf con 9/11, seguido por Gideon Ståhlberg 8½; Miguel Czerniak 8; Paul Michel 7½; Marcos Luckis 7; Francisco Benko 5; Atilio Laguzzi 4½; Enrique Falcón, Carlos Enrique Guimard y Luis Marini 4; Luis Palau 3 y Christian De Ronde 1½. Laguzzi consiguió conservar la categoría. De esta manera Najdorf se coronó campeón del Círculo de Ajedrez.[589]

VI Torneo Internacional del Círculo 1942

		1	2	3	4	5	6	7	8	9	0	1	2	PTS	S.B.
1	Najdorf, Miguel	*	½	½	1	1	1	1	1	½	1	½	1	9.0/11	
2	Ståhlberg, Gideon	½	*	½	½	½	1	½	1	1	1	1	1	8.5/11	
3	Czerniak, Miguel	½	½	*	½	1	0	1	1	1	1	½	1	8.0/11	
4	Michel, Paul	0	½	½	*	½	1	1	½	1	½	1	1	7.5/11	
5	Luckis, Marcos	0	½	0	½	*	1	1	1	½	1	½	1	7.0/11	
6	Benko, Francisco	0	0	1	0	0	*	0	0	1	1	1	1	5.0/11	
7	Laguzzi, Atilio	0	½	0	0	0	1	*	0	1	½	½	1	4.5/11	
8	Falcón, Enrique	0	0	0	½	0	1	1	*	1	0	½	0	4.0/11	18.75
9	Guimard, Carlos Enrique	½	0	0	0	½	0	0	0	*	1	1	1	4.0/11	16.50
10	Marini, Luis	0	0	0	½	0	0	½	1	0	*	1	1	4.0/11	14.50
11	Palau, Luis	½	0	½	0	½	0	½	½	0	0	*	½	3.0/11	
12	De Ronde, Christian	0	0	0	0	0	0	0	1	0	0	½	*	1.5/11	

Guimard, hábil en el ping-pong

▌Una interesante prueba de ajedrez rápido se llevó a cabo en el Círculo de Vélez Sarsfield, y finalizó con el triunfo del ex campeón argentino, Carlos Guimard, representante de Boca Juniors, en un certamen en el que participaron 8 jugadores a doble ronda. Guimard obtuvo 12/14, y le siguieron Manuel Benito (Jaque Mate) 10½; Arón Schvartzman (Club Argentino) 10; Juan Iliesco (San Lorenzo) 8½; Paulino Alles Monasterio (Club Argentino) 7; Abraham Simsilevich y Ricardo Rivarola (ambos de Nueva Argentina) 3; José Sordi (LADEP) 2.[590]

Torneo Interclubs por Equipos de Buenos Aires

▌También en noviembre se realiza en el Círculo de Ajedrez Vélez Sarsfield el Torneo Interclubs por Equipos, participando la Asociación Cultural y Deportiva Nueva Argentina, el Club San Lorenzo de Almagro, la Liga Argentina de Empleados Públicos LADEP, el Club Ríver Plate, el Círculo de Villa Crespo, el Círculo de Ajedrez. El Club Boca Juniors y el Círculo de Vélez Sarsfield.

[588] *La Nación*, 24 de diciembre de 1942.
[589] *Enroque!!* nº 16, pág. 172, y nº 17 pág. 191. *Caissa* nº 53, diciembre de 1942, pág. 246.
[590] Este certamen se disputó al mismo tiempo que la 4ª ronda del torneo del Círculo. *El Mundo*.

Los primeros tableros fueron, respectivamente, Ricardo Rivarola, Juan Iliesco, José Sordi, Roberto Gabriel Grau, Cayetano Rebizzo, Marcos Luckis, Carlos Enrique Guimard y Alberto Becker.

▓ Por la Copa Oría se jugaron lucidos *matches*. El 11º lo sostuvieron los equipos del Círculo y Ríver Plate, imponiéndose el primero con soltura, por 7½:2½. La LADEP, al enfrentar al aguerrido conjunto de Boca Juniors, obtuvo un ajustado pero merecido triunfo por 5½:4½.[591]

Por la Copa Oría se Jugaron Lucidos Matches de Ajedrez

Resultaron vencedores Liga de Empleados Públicos y el Círculo de Ajedrez

EN forma [illegible] se viene realizando el torneo de ajedrez por equipos por la [illegible] de la Copa Ministro de Obras Públicas, Doctor Salvador Oría, en el Círculo de Ajedrez de Velez Sársfield. El undécimo partido lo [illegible] los equipos del Círculo de Ajedrez y Club River Plate, en el [illegible] se impuso con soltura merced a un score de 7½ a 2½ puntos.

La Liga de Empleados Públicos, al enfrentar al aguerrido conjunto de Boca Juniors, obtuvo un triunfo ajustado, pero merecido, por 5½ puntos contra 4½.

En el primer encuentro se destacó como labor individual el jugador letón Marcos Luckis, quien se impuso tras de una partida interesante, pero muy reñida, contra Renato Sanguinetti, y en el cotejo siguiente, el ex campeón argentino Carlos E. Guimard, tablero No. 1 de Boca, venció

C. de Ajedrez 7½		River Plate . 2½	
M. Luckis ...	1	R. Sanguinetti	0
L. Vilardell .	0	A. Alvarez ..	1
M. Melamedoff	1	H. P. Gramajo	0
C. Joga	1	H. C. Irigoyen	0
D. Bollini ...	½	R. Saccardo .	½
L. Tollerutti .	1	J. Somma ...	0
O. Amil	1	J. Griskan ...	0
L. Fabricant .	1	C. Scopa	0
J. Scally	1	H. F. Riera .	0
E. Martinez .	0	L. Feugas ...	1

L. Empleados 5½		Boca Juniors . 4½	
P. Aguirre ..	0	C. E. Guimard	1
A. Reolin	1	C. Travetto ..	0
F. Crespo	½	G. Sanguinetti	½
O. Montiel ..	½	J. Faure	½
S. Carbonell .	0	A. J. Costa ..	1
E. Flores	½	A. Madbron .	½
A. Liska	1	A. Gentile ...	0
B. Roldán ...	1	B. Miranda ..	0
P. L. Lasere .	1	S. Scaiano ...	0
R. Arzatz	0	S. Rogero ...	1

Héctor [illegible]setto es nuevo [illegible]mpeón del ajedrez argentino

Con la derrota de Guimard en la dé[illegible] del match por el

El torneo por equipos Salvador Oría. *El Mundo*, noviembre de 1942

	Círculo de Ajedrez	7½:2½	Club Ríver Plate
1	Marcos Luckis	1:0	Renato Domingo Sanguinetti
2	L. Vilardell	0:1	A. Álvarez
3	Manuel Melamedoff	1:0	Horacio Pazos Gramajo
4	Constantino Joga	1:0	E. Cella Irigoyen
5	D. Bollini	½:½	R. Saccardo
6	Luis Tollerutti	1:0	J. Somma
7	Horacio Amil	1:0	Adolfo Grischkan
8	Luis Fabricant	1:0	C. Scoppa
9	J. Scally	1:0	H. F. Riera
10	E. Martínez	0:1	L. Feigins

	Liga de Empleados	5½:4½	Club Boca Juniors
1	Pablo Aguirre	0:1	Carlos Guimard
2	Ángel Reolín	1:0	Constancio Travetto
3	F. Crespo	½:½	G. Sanguinetti
4	Osvaldo Montiel	½:½	J. Fauré
5	S. Carbonell	0:1	A. J. Costa
6	E. Flores	½:½	A. Madborn
7	A. Liska	1:0	Andrés Gentile
8	B. Roldán	1:0	B. Miranda
9	P. L. Lasere	1:0	S. Scaiano
10	R. Arzatz	0:1	S. Roger

[591] Libro de recortes de Rubén March Ríos.

El Círculo ganó la Copa Salvador Oría

Finalizó la Disputa de la Copa "Ministro S. Oría"

El Círculo vence a Vélez Sarsfield y gana la Copa Oría. *El Mundo*. diciembre de 1942

▓ Con el triunfo de la representación del Círculo de Ajedrez finalizó el torneo interclubs en el que se disputaba como primer premio la copa donada especialmente por el doctor Salvador Oría. La competencia suscitó intensa expectativa entre los aficionados locales por la forma reñida en que se desarrolló, y por la circunstancia de que entre los participantes figuraban varios maestros de reconocidos méritos, como el alemán Adolfo Becker, el lituano Marcos Luckis, el ex campeón argentino, Carlos Guimard, Cayetano Rebizzo y otros. Al llegarse a la rueda final, el Círculo de Vélez Sarsfield aventajaba al Círculo de Ajedrez por medio punto, y ello provocó gran interés, dado que en la misma se midieron precisamente esas dos instituciones.

La partida Luckis – Becker, que se adjudicó el primero, determinó finalmente la victoria de la representación del Círculo por 6:3. La colocación final fue la siguiente: Círculo de Ajedrez 12 puntos; Círculo de Vélez Sarsfield 11; Ríver Plate 9; LADEP 7; Nueva Argentina 6; San Lorenzo 5; Villa Crespo 4; Boca Juniors 2. El representante del conjunto ganador Marcos Luckis conquistó la copa especial para quien tuviera mejor actuación en el primer tablero, logrando 7½ puntos. La última rueda fue disputada ante una gran cantidad de aficionados, concurriendo a presenciar los juegos el doctor Salvador Oría, titular del Ministerio de Obras Públicas, quien fue agasajado por las autoridades del club local, sirviéndose en su honor una copa de champaña.[592]

▓ Finalizó el gran torneo interclubs con la victoria del Círculo de Ajedrez, que venció en el encuentro decisivo al Círculo de Vélez Sarsfield por amplio score. La prueba dio motivo a una brega de gran interés, pues entre los jugadores titulares y suplentes movilizó a unos 100 ajedrecistas de todas las categorías. Los equipos estuvieron formados por 1 jugador de 1ª categoría, 2 de 2^{a}, 3 de 3^{a} y 4 de 4^{a}. El ministro Oría estuvo presente en la jornada final, y fue agasajado por las autoridades locales.

El Círculo de Ajedrez tuvo el equipo más homogéneo, y ganó con justicia.[593]

	Círculo de Ajedrez	6½:3½	Círculo de Vélez Sarsfield
1	Marcos Luckis	1:0	Albert Becker
2	Marcial Di Gregorio	1:0	Castillo
3	Manuel Melamedoff	½:½	José Castellanos
4	Constantino Joga	1:0	Lorenzo Álvarez
5	B. Bollini	½:½	Greinstein
6	Lepanto Tollerutti	0:1	Iujvidin
7	Horacio Amil Meilán	1:0	Ray
8	Luis Fabrikant	0:1	Novot
9	J. Scally	½:½	C. Asman
10	Wind	1:0	Orosco

592 *La Prensa*, diciembre de 1942.
593 *El Mundo*, diciembre de 1942.

Jaque Mate vence al Círculo

En los salones del Círculo de Ajedrez fue disputado un *match* a 20 tableros entre representantes de dicha entidad y del Club Jaque Mate. La competencia había suscitado mucha expectativa, porque en ambos equipos figuraban varios maestros extranjeros y argentinos de conocida actuación internacional, aun cuando a último momento faltaron varios de los principales jugadores. Después de jugada la primera serie de encuentros, Jaque Mate vence al Círculo por 8½:6½, quedando en suspenso 5 partidas, varias de las cuáles presentan posiciones favorables al primero, pudiendo entonces descontarse que esta primera serie será ganada por el Jaque Mate. No concurrieron por el Círculo, Isaías Pleci, Roberto Grau, Carlos Maderna, Paulin Frydman, Gideon Ståhlberg y Paul Michel. En el Club Jaque Mate no hubo ausencias notorias.[594]

	Club Jaque Mate	**11:9**	**Círculo de Ajedrez**
1	Rafael Bensadón	½:½	Miguel Najdorf
2	Héctor Decio Rossetto	½:½	Alejandro Nogués Acuña
3	Herman Pilnik	1:0	Carlos Guimard
4	Jacobo Bolbochán	½:½	Marcos Luckis
5	Julio Bolbochán	0:1	Luis Piazzini
6	Jorge Pelikán	½:½	Guillermo Puiggrós
7	Virgilio Fenoglio	0:1	Cayetano Rebizzo
8	Jaime Kaminsky	1:0	Enrique Falcón
9	Antonio Bahamonde	1:0	Luis Palau
10	Antonio Piro	0:1	Francisco Benko
11	Manuel Benito	1:0	Guillermo Holtey
12	Carlos Holovsko	½:½	Valentín Fernández Coria
13	Arnoldo Ellerman	1:0	Arturo Senderey
14	Julio Ramírez de Arellano	0:1	Juan Vara
15	Arístides Aráoz de Lamadrid	1:0	Mateo Gianolio
16	Juan Iliesco	1:0	Vicente Vuskovic
17	Andrés Pazó	0:1	Joaquín Ojeda
18	Marcelino Moguilevsky	½:½	Meyer Rauch
19	Horacio Huguet	½:½	Zelman Kleinstein
20	Abraham Eliaschev	½:½	Atilio Laguzzi

Simultáneas de Najdorf y Grau

En octubre y noviembre la ciudad de Concordia (Entre Ríos) organiza muchas actividades ajedrecísticas, invitando a destacados maestros a dar simultáneas y conferencias. El 3 y el 5 de octubre concurre Miguel Najdorf, el 12 de noviembre Roberto Gabriel Grau.

Cristalerías Rigolleau vs Los Inmortales

El 22 de noviembre se jugó un *match* a 13 tableros entre el Club Cristalerías Rigolleau y Los Inmortales Ajedrez Club, ganando los primeros por 7½ a 5½. En el primer tablero, Pelikán igualó con Ellerman.[595]

[594] *La Nación. La Prensa.*
[595] *Enroque!!* nº 17, pág. 193.

Grau en Grafa

En diciembre se realizó en el Club GRAFA una sesión de simultáneas, brindada por Roberto Gabriel Grau, que ganó 13 partidas, empató una y perdió con Carlos Incutto.[596]

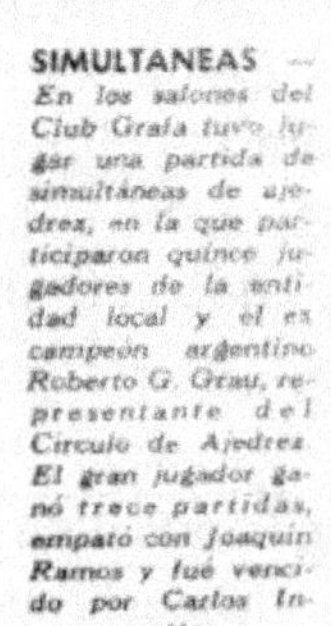

SIMULTANEAS — En los salones del Club Grafa tuvo lugar una partida de simultáneas de ajedrez, en la que participaron quince jugadores de la entidad local y el ex campeón argentino Roberto G. Grau, representante del Círculo de Ajedrez. El gran jugador ganó trece partidas, empató con Joaquín Ramos y fué vencido por Carlos Incutto.

Simultáneas de Roberto Grau en la empresa GRAFA. *El Gráfico* nº 1224, 25 de diciembre 1942

Ståhlberg gana un torneo rápido en el Jockey Club de La Plata

Con motivo de inaugurarse el torneo de 1ª categoría del Jockey Club de la Provincia de Buenos Aires, concurrió a la sede de la entidad una delegación del Club Argentino constituida por el Doctor Carlos Querencio, Luis Piazzini, Gideon Ståhlberg, Jorge Sanguineti, Alberto Daroqui, Ovidio Barrancos y Paulino Alles Monasterio, que fueron recibidos por las autoridades de la casa. Acto seguido se organizó un torneo relámpago, instituyéndose dos valiosos premios para los competidores mejor clasificados. Participaron 18 ajedrecistas, y se impuso Gideon Ståhlberg, con 13½/17.

Luego siguieron Luis Piazzini 12; Paulino Alles Monasterio 11½; Carlos Maderna, Alberto Vilches, Ovidio Barrancos, Conrado Bauer, Rodolfo Romero, Luis García Baladó, Miguel Itzigsohn, Jacobo Flannenbaum, J. Oro Ocampo, Carlos Querencio, Ítalo Daneri, Jorge Sanguineti y Juan Carlos Merlo Villanueva. Luego se realizó el sorteo del torneo de 1ª categoría, y se determinaron las parejas de la primera ronda: Bauer – García Baladó; doctor Romero – capitán Romero; Merlo Villanueva – Daneri; Maderna – Vilches. Libre: doctor Luis Herrera.[597]

Cambios importantes en el reglamento de FADA para el Campeonato Argentino

También en diciembre la FADA resuelve cambiar el reglamento del Campeonato Argentino, eliminando el *match* entre el campeón y el desafiante, y reemplazándolo por el ganador del Torneo Mayor. El establecimiento de este nuevo sistema ocasiona severas críticas. Las autoridades de la Federación han publicado la nueva reglamentación, que contiene fallas que indican (...) un lamentable apresuramiento en el estudio de sus artículos. Se fija que el caso de numerosa inscripción se dividirá el certamen en grupos, sistema evidentemente poco adecuado para una competencia de tanta importancia. En caso de producirse un empate en el primer puesto, ¡¡el título de campeón argentino se resolverá por medio del sistema de desempate Sonneborn-Berger!!, que solamente se emplea a los efectos de la distribución de premios en pruebas internacionales. (...)

[596] *El Gráfico* nº 1224, 25 de diciembre de 1942, pág. 35. Carlos Incutto fue luego un destacado ajedrecista argentino, participante en varios Campeonatos Argentinos, y en famosos torneos de Mar del Plata, como en 1957 y 1960, donde hizo tablas frente al soviético David Bronstein. Nota del autor.

[597] *El Mundo*, diciembre de 1942.

El último artículo permite la invitación a maestros extranjeros de reconocidos méritos, 'quienes actuarán fuera de concurso'. Corresponde que la Federación indique si los puntos obtenidos contra tales maestros son válidos o no. (...) Pero en lo que dejamos sentada nuestra más formal protesta, en nuestra calidad de argentinos, es en lo que se refiere al artículo tercero. Se establece que podrán jugar el torneo los extranjeros que tengan como mínimo cinco años de residencia en el país. ¿Quién les ha dicho a los señores de la Federación que son más dignos de respeto o que son merecedores de mayores beneficios los extranjeros que tienen cinco años de permanencia en nuestro país, que los que tienen tres o más años? Desconocemos en absoluto el derecho a esas autoridades para constituirse en tribunal y acordar beneficios a extranjeros que durante veinte años o más han estado en nuestro país, sin que durante tanto tiempo considerasen suficientemente digno para ellos solicitar carta de ciudadanos argentinos.[598]

Críticas al cambio en el reglamento

▓ Después que Rossetto le arrebató a Guimard el título superándolo efectivamente sobre el tablero, a FADA, impresionada por el poco éxito que había tenido el Torneo Mayor de este año, reformó su reglamentación tradicional y resolvió suprimir el *match* por el campeonato. En adelante, sería campeón argentino quien ganase el Torneo Mayor. Se decretó la defunción de la justa que, hasta entonces, había provocado mayor expectativa, y despertado inigualadas emociones en el ambiente ajedrecístico. Se amputó una de las fuentes más fecundas del progreso del ajedrez nacional. En nuestro concepto, se cometió un error. Es menester que la FADA vuelva sobre sus pasos, restableciendo el *match* tradicional por el Campeonato Argentino. Si suprimir el *match* ha sido un error, como creemos, fácil le será al doctor Querencio enmendarlo.[599]

De Torneo Mayor a Campeonato Argentino 1942: Pilnik gana "de facto"

▓ A partir del 7 de diciembre se jugó el Torneo Mayor, con sólo diez participantes. La Federación Argentina aplicó el nuevo reglamento, y el campeón surgió directamente del torneo, sin *match* desafío. Pudieron participar los extranjeros con un mínimo de cinco años de residencia. Por el cambio reglamentario, Rossetto no pudo defender su título.

▓ Causó revuelo en el ambiente ajedrecístico la reforma a los reglamentos. Fue afectado por ella el campeón argentino, Héctor Rossetto, a quien se le quitó el derecho de desafiar al futuro vencedor del Torneo Campeonato Argentino, que automáticamente quedaba consagrado como campeón por el año en curso. Se fundamentó en el argumento de que hay que salvar el prestigio del Campeonato Argentino, ya que éste decayó por la ausencia de las figuras estelares, que por una u otra razón, prefieren disputar otros certámenes. El *match*, entonces, se anulaba con el objeto de estimular a los participantes con la posible conquista directa del cetro.[600]

▓ Esta noche se iniciará en el Club Argentino el Torneo Mayor, prueba que ofrece este año como motivo de atracción que el vencedor será considerado campeón argentino. Para llegar a esto la FADA ha resuelto despojar a Héctor Rossetto del derecho que le corresponde como campeón nacional, medida que ha sido mal recibida en el ambiente deportivo. El propósito perseguido puede ser loable, pero se lamenta que quien surgió al primer plano del ajedrez argentino de tan nítida manera

[598] *El Ajedrez Americano* 2ª época nº 91 pág. 337/8.

[599] Amílcar Celaya bajo el seudónimo de Roque de Reina, *Mundo Argentino*, 1943.

[600] Carlos Guimard, *Mundo Deportivo*, 20 de agosto de 1953. Nota del autor: posteriormente, en 1944, el *match* volvió a implementarse, y jugaron Rossetto – Iliesco.

vea tronchada su situación en plena marcha hacia el perfeccionamiento. Se han inscripto en la prueba 10 jugadores, varios de ellos de larga actuación, y alguno de notable prestigio en el ámbito local.

Se destaca en primer término Jacobo Bolbochán, el otrora prestigioso campeón argentino, y junto a él, Herman Pilnik, jugador alemán que, de acuerdo también por una particular decisión de la FADA, será considerado con todos los derechos para ostentar el título como ciudadano argentino, por haber actuado en nuestro medio desde hace cinco años. Luego de efectuar el sorteo correspondiente, se estableció que la primera rueda dará lugar a estas partidas: Piro – Burgalat; Rebizzo – Marini; Iliesco – Pilnik y Puiggrós – Jacobo Bolbochán. Se jugará a razón de 40 jugadas en 2½ horas todos los martes, jueves y sábados. Aún debe establecerse en qué locales continuará la competencia.[601]

El desinterés de los diarios de la época fue muy visible, y solamente El Mundo, a través del colorido Paulino Alles Monasterio, brindó crónicas completas y con partidas. La magnitud del conflicto entre las federaciones del interior –capitaneadas por Grau– y las de la FADA –liderada por los dirigentes del Club Argentino– era tan grande que *El Ajedrez Americano* no publicó ni una línea de este torneo.[602]

1ª Rueda, 7 de diciembre

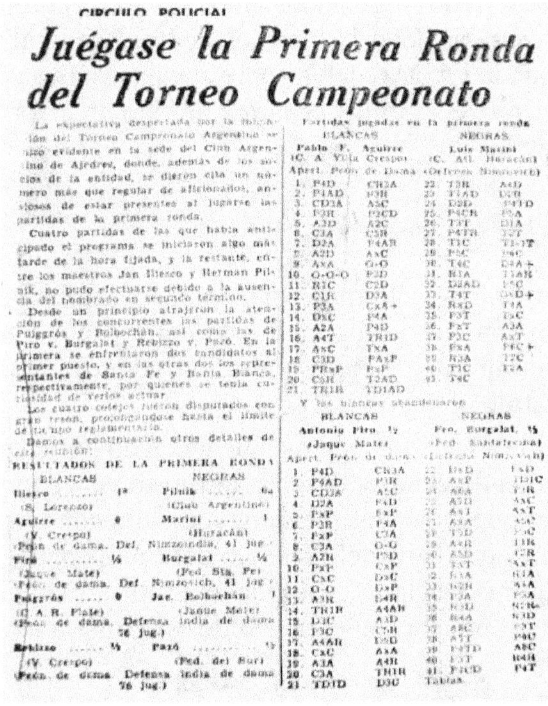
CIRCULO POLICIAL

Juégase la Primera Ronda del Torneo Campeonato

La expectativa despertada por la iniciación del Torneo Campeonato Argentino se hizo evidente en la sede del Club Argentino de Ajedrez, donde, además de los socios de la entidad, se dieron cita un número más que regular de aficionados, ansiosos de estar presentes al jugarse las partidas de la primera ronda.

Cuatro partidas de las que había anticipado el programa se iniciaron algo más tarde de la hora fijada, y la restante, entre los maestros Jan Iliesco y Herman Pilnik, no pudo efectuarse debido a la ausencia del nombrado en segundo término.

Desde un principio atrajeron la atención de los concurrentes las partidas de Puiggrós y Bolbochán, así como las de Piro v. Burgalat y Rebizzo v. Pazó. En la primera se enfrentaron dos candidatos al primer puesto, y en las otras dos los representantes de Santa Fe y Bahía Blanca, respectivamente, por quienes se tenía curiosidad de verlos actuar.

Los cuatro cotejos fueron disputados con gran tesón, prolongándose hasta el límite de tiempo reglamentario.

Damos a continuación otros detalles de esta reunión:

RESULTADOS DE LA PRIMERA RONDA

BLANCAS		NEGRAS	
Iliesco (S. Lorenzo)	1ª	Pilnik (Club Argentino)	0a
Aguirre (V. Crespo)	0	Marini (Huracán)	1
(Peón de dama. Def. Nimzoindia, 41 jug.)			
Piro (Jaque Mate)	½	Burgalat (Fed. Sta. Fe)	½
(Peón de dama. Def. Nimzovich, 41 jug.)			
Puiggrós (C. A. R. Plate)	0	Jac. Bolbochán (Jaque Mate)	1
(Peón de dama. Defensa india de dama 76 jug.)			
Rebizzo (V. Crespo)	½	Pazó (Fed. del Sur)	½
(Peón de dama. Defensa india de dama 76 jug.)			

Partidas jugadas en la primera ronda

BLANCAS: Pablo F. Aguirre (C. A. Villa Crespo) — NEGRAS: Luis Marini (C. Atl. Huracán)

Apert. Peón de Dama (Defensa Nimzovich)

BLANCAS: Antonio Piro ½ (Jaque Mate) — NEGRAS: Fco. Burgalat ½ (Fed. Santafecina)

Tablas.

Pilnik pierde por ausencia, pero Iliesco lo perdona.
El Mundo

En la primera ronda Pilnik no se presentó a jugar frente a Iliesco, y se le dio por perdida la partida. Sin embargo, Pilnik presentó una nota a la Comisión del Torneo explicando los motivos de su ausencia, y con consentimiento de su rival, la partida se llevó a cabo, triunfando Pilnik.[603]

Juégase la 1ª ronda del Torneo Campeonato Argentino. La expectativa despertada fue evidente en la sede del Club Argentino, donde, además de los socios de la entidad, se dieron cita un número más que regular de aficionados, ansiosos de estar presentes al jugarse las partidas de la primera ronda. Cuatro partidas se iniciaron algo más tarde de la hora fijada, y la restante, entre los maestros Iliesco y Pilnik, no pudo efectuarse por la ausencia del segundo. Desde un principio atrajeron la atención de los concurrentes las partidas Puiggrós – Bolbochán, así como las de Piro – Burgalat y Rebizzo – Pazó.

En la primera se enfrentaron dos candidatos al primer puesto, y en las otras dos los representantes de Santa Fe y Bahía Blanca, por quienes se tenía curiosidad de verlos actuar. Los cuatro cotejos fueron disputados con gran tesón, prolongándose hasta el límite de tiempo reglamentario. Los resultados fueron: Iliesco 1a:0a Pilnik; Aguirre 0:1 Marini; Piro ½:½ Burgalat; Puiggrós 0:1 Jacobo Bolbochán; Rebizzo ½:½ Pazó.[604]

[601] *La Nación*, 9 de diciembre de 1943.
[602] Nota del autor.
[603] *El Mundo*, 9 de diciembre de 1943.
[604] *El Mundo*, 10 de diciembre de 1943.

▓ El Torneo Mayor comenzó con sólo cuatro partidas. Uno de los participantes, Pilnik, comunicó a último momento su imposibilidad de disputar la partida que le correspondía jugar con el rumano Iliesco, por lo que se le dio por perdida. Circunstancias diversas, entre ellas la ausencia de miembros de la FADA, motivaron un aplazamiento en la iniciación del concurso, que comenzó 35 minutos más tarde que lo establecido. A las 23.05 estaban iniciadas las cuatro partidas restantes, que dieron motivo a cuatro encuentros de lucidas alternativas, no siempre ajustados a la técnica, pero generosos en detalles de acentuado interés.

De todos ellos, como es natural, despertó más expectación el que reunió a Jacobo Bolbochán, favorito de la competencia, y Guillermo Puiggrós, de buena actuación en nuestro medio. La partida, que fue reñida, se mostró equilibrada luego de una Apertura de la Dama. Para desnivelarla, Bolbochán lanzó un ataque sobre el enroque, que no prosperó. Luego, al llegar al final, se equivocó Puiggrós, lo que le permitió a aquél arribar a un final de alfiles de distinto color, pero con peones de ventaja, que le dio la victoria.[605]

2ª Rueda, 9 de diciembre

Pilnik ½:½ Puiggrós, Piro 1:0 Rebizzo, Aguirre ½:½ Iliesco; Bolbochán 1:0 Pazó. En Burgalat 1:0 Marini sea jugó una Defensa Francesa. El juego fue equilibrado, sacrificando las negras dos peones a cambio de un peligroso ataque. No continuaron luego con precisión, y Burgalat impuso la ventaja material en un final de alfiles de distinto color.[606]

3ª Rueda, 11 de diciembre

▓ Destácase Bolbochán. En la sede del Club Jaque Mate se llevó a cabo esta ronda del Torneo Campeonato, en el que intervienen 10 destacados competidores, entre los que se encuentran dos representantes del ajedrez provinciano, los aficionados Francisco Burgalat y Andrés Pazó, cuya presencia en la prueba resulta sumamente halagadora para las autoridades de la FADA. En esta reunión les tocó medirse con dos puntos altos del ajedrez metropolitano, y como vinieron desempeñándose en forma más que discreta, se esperó con particular interés su actuación frente a Rebizzo e Iliesco, respectivamente. Rebizzo planteó esa apertura que tantas victorias le ha dado: la Escocesa, y contrariando no precisamente el espíritu de la misma, se desprendió rumbosamente de un valioso peón central, poniendo a su adversario en una encrucijada en la 4ª movida, verdadero Brenero (Sic) ajedrecístico entre la Partida Italiana y la Prusiana. En vez del suave deslizar de piezas del Giuoco Piano, prefirió Burgalat el camino del juego fuerte que conduce a la agresiva Defensa Prusiana, y tendidas las líneas de ataque, se esperó el choque de las fuerzas.

Hasta la 13ª movida de las blancas el juego fue igual al de una partida en consulta dirigida por Tartakower v. Oskam, pero la modificación introducida por Burgalat 13...D4D en vez de 13... D4TR! no condice con su jugada anterior, y no probó ser mejor ni mucho menos que lo conocido, pues permitió a Rebizzo completar su desarrollo, simplificar, y entrar en un final favorable, donde impuso su mayoría de peones. Los resultados fueron: Rebizzo 1:0 Burgalat; Iliesco 1:0 Pazó; Jacobo Bolbochán ½:½ Pilnik; Aguirre 1:0 Piro. Suspendidas de la 2ª rueda: Pilnik ½:½ Puiggrós; Piro 1:0 Rebizzo.[607]

605 *La Nación*, 13 de diciembre de 1943.
606 Notas del autor.
607 *El Mundo*, 13 de diciembre de 1943.

4ª Rueda, martes 14 de diciembre

Burgalat ½:½ Bolbochán; Pazó 1:0 Aguirre; Pilnik 1:0 Marini; Piro 0:1 Iliesco. En Rebizzo 0:1 Puiggrós se jugó PR, Defensa Siciliana, con un orden heterodoxo de jugadas que condujo a un medio juego equilibrado. Las blancas no acertaron con sus jugadas 31ª y 32ª, perdieron material y tuvieron que abandonar enseguida.[608]

5ª Rueda, jueves 16 de diciembre, Club Huracán, Caseros 3159

Aguirre 0:1 Burgalat; Iliesco ½:½ Rebizzo; Marini 1:0 Bolbochán; Puiggrós 0:1 Piro. En Pazó 0:1 Pilnik se planteó PR, Defensa Francesa, donde las blancas permitieron un temprano cambio de damas. Se produjo una larga lucha de maniobras donde las blancas disponían de dos alfiles y caballo, frente a dos caballos y alfil, con 7 peones simétricos por bando. En una posición completamente igualada, las blancas cometieron un grave error táctico que les costó una pieza en la movida 42ª, y tuvieron que abandonar en la 52ª.

6ª Rueda, sábado 18 de diciembre, Centro Asturiano, Solís 475

▌Los resultados de la 5ª fueron: Puiggrós 0:1 Piro; Aguirre 0:1 Burgalat; Iliesco ½:½ Rebizzo. Las suspendidas finalizaron así: Bolbochán ½:½ Pazó; Pilnik 1:0 Marini. Por la 6ª, las partidas finalizaron de la siguiente forma: Rebizzo 0:1 Puiggrós; Pazó 0:1 Pilnik; Piro 0:1 Bolbochán. Suspendidas: Aguirre – Iliesco y Burgalat – Marini.[609]

7ª Rueda, martes 21 de diciembre, Club Argentino, Santa Fe 1292

Fué jugada la 7a. rueda del Torneo Mayor de ajedrez

Pilnik vence a Piro.
La Nación

▌Pilnik se impuso a Piro, con lo que acentuó sus buenas perspectivas para adjudicarse la victoria. Pero su situación en la tabla de posiciones es aún indecisa, ya que Iliesco ha vuelto a reclamar por la determinación de la Comisión del Torneo, que adjudicó a Pilnik la partida que ambos disputaron. Corresponderá, ante los nuevos argumentos presentados, que vuelva a considerarse el problema, por lo que aún podría variar la tabla de posiciones. Los resultados fueron: Aguirre 1:0 Puiggrós; Marini 1:0 Pazos Gramajo; Iliesco 1:0 Burgalat. Bolbochán – Rebizzo, suspendida. La partida atrasada Aguirre – Iliesco fue tablas. Esta noche se jugará en el Club Jaque Mate la penúltima rueda.[610]

8ª Rueda, jueves 23, Club Jaque Mate

▌Pilnik se adjudicó el Torneo Mayor. Prácticamente ha quedado definido el Torneo Mayor con la victoria del ajedrecista alemán Herman Pilnik, que, de acuerdo con una resolución del Consejo Federal de la FADA, obtendrá el título de campeón argentino. Para llegar a esta situación se decidió retirarle al término de este torneo a Rossetto el título que logró después de su notable victoria con Carlos Guimard. Los aficionados han comentado desfavorablemente esta medida, por entender que nada justificaba una resolución tan urgente que daña derechos tan legítimos como los ostentados por el campeón argentino. Quizá se pudo haber modificado el reglamento vigente, pero sin lesionar situaciones creadas, y fijando normas para las que se produjeran en lo futuro.

[608] Notas del autor.
[609] *El Mundo*, 20 de diciembre de 1943.
[610] *La Nación*, 20 de diciembre de 1943.

La situación de Pilnik es, por cierto, muy cómoda, ya que lleva 1½ puntos de ventaja sobre Bolbochán, Marini e Iliesco, que lo escoltan en la tabla de posiciones faltando sólo una partida. Aún existe en pie una reclamación de Iliesco sobre su partida con Pilnik, pero sobre la misma ya ha sentado criterio la Comisión de Torneos, y como sus fallos son inapelables, es de suponer que nada alterará la situación de la competencia. En la penúltima rueda se produjeron los siguientes resultados: Burgalat 1:0 Pazó; Bolbochán 1:0 Aguirre; Iliesco ½:½ Puiggrós; Pilnik 1:0 Rebizzo y Marini 1:0 Piro. Se anticipó la partida Puiggrós – Burgalat, que ganó el primero. la situación al iniciarse la rueda final es la que sigue: Pilnik 6½/8; Bolbochán, Iliesco y Marini 5; Burgalat y Puiggrós 4½/9; Rebizzo y Aguirre 3; Piro 2½ y Pazó 2. Esta noche terminará el torneo en el Club Argentino, jugando Marini – Rebizzo; Bolbochán – Iliesco; Pazó – Piro y Pilnik – Aguirre.[611]

Herman Pilnik se adjudicó el torneo mayor de ajedrez

Prácticamente ha quedado definido el torneo mayor de ajedrez con la victoria del ajedrecista alemán Herman Pilnik, que, de acuerdo con una [illegible] resolución del Consejo Federal de la Federación Argentina, obtendrá el título de campeón argentino de ajedrez. Para llegar a esta situación se [illegible] retirarle al término de este torneo a Héctor Rossetto el título que logró después de su notable victoria sobre Carlos Guimard, medida que los aficionados han comentado desfavorablemente, por entender que nada justificaba una resolución tan urgente que daña derechos tan legítimos como los ostentados por el campeón argentino. Quizá se pudo haber modificado el reglamento si esto era necesario o conveniente, pero sin lesionar situaciones creadas y fijando normas para las que se produjeren en lo futuro.

La situación de Pilnik es por cierto muy cómoda, ya que lleva un punto y medio de ventaja sobre Bolbochan, Marini e Iliesco, que lo escoltan en la tabla de posiciones y sólo falta una partida. Aun existe en pie una reclamación de Iliesco acerca de la partida de éste con Pilnik, pero sobre la misma ya ha sentado criterio la Comisión de Torneos y, como reglamentariamente sus fallos son inapelables, es de suponer que nada alterará la situación de la competencia.

En la penúltima rueda se produjeron los siguientes resultados: Burgalat venció a Pazó, Bolbochan a Aguirre, Iliesco empató con Puiggrós, Pilnik batió a Rebizzo y Marini a Piro. Se anticipó la partida entre Puiggrós y Burgalat, que ganó el primero. La situación del torneo al iniciarse la rueda final es la que sigue: Pilnik, 6 1/2 puntos; Bolbochan, Iliesco y Marini, 5; Burgalat y Puiggrós, 4 1/2 en 9 partidas, por lo que ambos han terminado ya su esfuerzo en el torneo; Rebizzo y Aguirre, 3; Piro, 2 1/2, y Pazó, 2 puntos.

Esta noche en el Club Argentino de Ajedrez terminará el torneo, jugando Marini v. Rebizzo, Bolbochan v. Iliesco, Pazó v. Piro y Pilnik v. Aguirre.

Pilnik gana una rueda antes del final. *La Nación*

Pilnik tiene asegurado el primer puesto.

Tiene asegurado el primer puesto Herman Pilnik, el conocido ajedrecista del Club Argentino. En efecto, cualquiera sea el resultado de la última rueda, ninguno le podrá dar alcance. En cambio, el segundo puesto es de más difícil pronóstico, y será el compromiso de Marini el encargado de dar la pauta entre los tres jugadores igualados en puntos, toda vez que Bolbochán e Iliesco deben medirse en la última fecha.[612]

Gana H. Pilnik el Campeonato de la Federación Argentina

Finaliza la Misión de un Agregado Militar

Pilnik logró un título que ansiaba. *El Mundo*

9ª Rueda, sábado 25, Club Argentino

Sin decisiones terminó la 9ª y última ronda con respecto al segundo puesto. Se disputaron cuatro partidas, ya que Burgalat – Puiggrós ya había sido disputada ayer. Pilnik se midió con el fuerte jugador condicional Pablo Aguirre, del Círculo de Villa Crespo, disputándose una reñida partida que llegó al término del tiempo reglamentario sin llegar a una definición. En posición equilibrada ha quedado suspendida hasta esta noche a las 21, en el Club Argentino. La partida entre Bolbochán e Iliesco atrajo la atención del público presente. En forma paulatina y metódica las piezas blancas de Bolbochán fueron adueñándose del mayor espacio vital del tablero, obligando a Iliesco a una retirada estratégica. Iliesco tuvo que recurrir a toda su habilidad para preparar un avance en el flanco del rey, que neutralizara en parte las maniobras del contrario. Finalmente Bolbochán aplazó hasta esta noche, disponiendo de ventaja, que puede materializar.

[611] *La Nación*, 25 de diciembre de 1943.

[612] *El Mundo*, 25 de diciembre de 1943.

Con la victoria de Pilnick Terminó el Certamen de Ajedrez

Con la prosecución de las partidas pendientes de la décima rueda, quedó terminado el torneo principal de la Federación Argentina de Ajedrez. Como informamos oportunamente, el certamen había quedado prácticamente definido en la novena rueda con la victoria del ajedrecista alemán Hernán Pilnik, a quien la nombrada entidad acuerda por su triunfo el título de campeón argentino, de conformidad con la nueva reglamentación.

En la rueda final del torneo, Pilnik tuvo como adversario al jugador condicional Aguirre. La lucha fué netamente favorable para Aguirre, quien pudo ganar con facilidad, pero a raíz de un serio error perdió la ventaja adquirida y la partida terminó empatada. Bolbochán derrotó a Iliesco y con ello se aseguró el segundo puesto. La partida de Rebizzo contra Marini fué perdida por este último. Con este resultado Marini se clasificó en el tercero y cuarto puesto, empatado con Iliesco. En quinto lugar quedó el campeón de Santa Fe, Burgalat, cuya actuación general fué buena, quedando clasificado definitivamente en el cuadro superior de la Federación, por haber totalizado los puntos reglamentarios. La colocación final de los participantes fué lógica, pues antes de empezar la competencia se estimaba que el primer puesto sería disputado por Bolbochán y Pilnick.

Terminado el certamen, el cuadro de posiciones es así:

Pilnick .... 7 puntos
Bolbochán .... 6 "
Iliesco .... 5 "
Marini .... 5 "
Burgalat .... 4½ "
Puiggrós .... 4½ "
Rebizzo .... 4 "
Aguirre .... 3½ "
Piro .... 3½ "
Pazó .... 2 "

Pilnik, campeón argentino *de facto. La Prensa*

El representante del Club Huracán, Luis Marini, planteó su acostumbrada línea favorita de la Apertura Inglesa, respondiendo Rebizzo con 1…P4R. Efectuado el avance central de las blancas, se llegó a una posición de liquidación donde ambos tuvieron que maniobrar con sumo cuidado. Trascurrido este momento crítico de la apertura, el juego se fue liquidando en una serie de cambios, suspendiéndose en posición sensiblemente equilibrada. La única partida definida fue la que disputaron Piro – Pazó. El representante de la Federación del Sur no estuvo a la altura de sus conocimientos. Desganado, quizás, por algunos reveses injustos, no puso mayor empeño en el juego, aprovechando Piro esta circunstancia ajena a su voluntad para anotarse el punto.[613]

▌Gana Pilnik el Campeonato de la FADA. El I Torneo Campeonato Argentino organizado por la FADA ha finalizado con el triunfo del conocido jugador del Club Argentino Herman Pilnik, que viene con este éxito a ratificar una campaña ajedrecística que ya lleva más de un decenio en el ambiente metropolitano, donde ha venido escalando los puestos de honor de varios certámenes, hasta conseguir el que motiva esta crónica. Pilnik llegó al país en 1930, iniciándose al año siguiente como ajedrecista. En 1932 ingresó en 1ª categoría. En 1941 y 1942 fue segundo en Mar del Plata, premiándosele una partida brillante con el maestro Najdorf. Segundo fue Jacobo Bolbochán, a un punto de diferencia, luego de cumplir una labor que se inició con cierta incertidumbre, hasta que logró su acostumbrada regularidad.[614]

▌Con la victoria de Pilnick (Sic) terminó el Campeonato Argentino. Con la prosecución de las partidas pendientes de la 10ª rueda quedó terminado el torneo principal de la FADA. Como ya informamos, el certamen había quedado definido prácticamente en la 9ª rueda, con la victoria del ajedrecista alemán Herman Pilnik, a quien la nombrada entidad acuerda por su triunfo el título de campeón argentino, de conformidad con la nueva reglamentación. En la rueda final Pilnick (Sic) tuvo como adversario al jugador condicional Aguirre. La lucha fue netamente favorable para Aguirre, quien pudo ganar con facilidad, pero a raíz de un serio error perdió la ventaja adquirida, y la partida terminó empatada. Bolbochán derrotó a Iliesco, y con ello se aseguró el segundo puesto.

Ex Torneo Mayor Campeonato Argentino 1942

		1	2	3	4	5	6	7	8	9	0	PTS	S.B.
1	Pilnik, Herman	*	½	1	1	½	½	1	½	1	1	7.0/9	
2	Bolbochán, Jacobo	½	*	0	1	1	½	½	1	1	½	6.0/9	
3	Marini, Luis	0	1	*	½	½	0	0	1	1	1	5.0/9	19.75
4	Iliesco, Juan	0	0	½	*	½	1	½	½	1	1	5.0/9	18.50
5	Puiggrós, Guillermo	½	0	½	½	*	1	1	0	0	1	4.5/9	19.00
6	Burgalat, Francisco	½	½	1	0	0	*	0	1	½	1	4.5/9	18.75
7	Rebizzo, Cayetano	0	½	1	½	0	1	*	½	0	½	4.0/9	
8	Aguirre, Pablo F.	½	0	0	½	1	0	½	*	1	0	3.5/9	16.00
9	Piro, Antonio	0	0	0	0	1	½	1	0	*	1	3.5/9	12.75
10	Pazó, Andrés	0	½	0	0	0	0	½	1	0	*	2.0/9	

613 *El Mundo*, 27 de diciembre de 1943.
614 *El Mundo*, 27 de diciembre de 1943.

Sopena fabrica el Auto-ajedrez Benko.

▓ A fin de año la Editorial Sopena anuncia la aparición del Auto-ajedrez Benko, "magnífico entretenimiento que permite a todo ajedrecista confrontar su capacidad con la de los más calificados jugadores y familiarizarse, de modo fácil y sencillo, con el pensamiento ajedrecístico". Se vende a $ 30.[615]

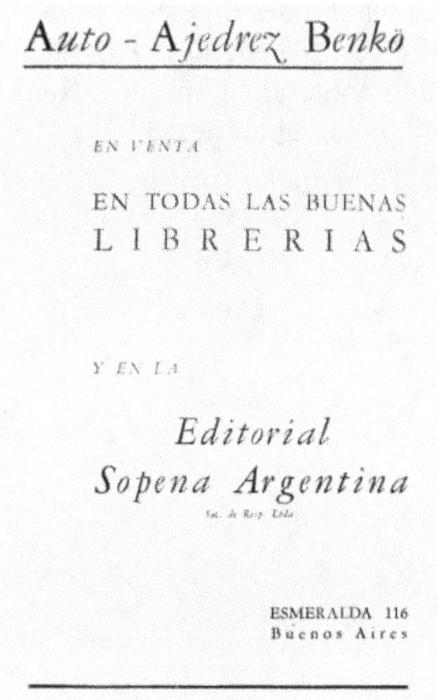

Folletos del invento de Francisco Benko

¡Jaque al Rey! en Bahía Blanca

▓ En diciembre aparece una publicación bahiense de ajedrez, *¡Jaque al Rey!*, y se auto define como *revista mensual de ajedrez dirigida a todo el sur argentino*, dirigida por Víctor Concetti. Contiene mucha información local, y refleja también los hechos más importantes a nivel nacional. Colaboran maestros como Miguel Najdorf, Héctor Rossetto, Julio C. Avanza, Jakob Adolf Seitz, Pedro Aguilar y Antonio Cuadrado.[616]

Un gran torneo en la Academia Rex

▓ Se han inscripto 67 competidores en el torneo rápido organizado por la Academia Rex, bajo la dirección del maestro Paulin Frydman. Fueron divididos en cuatro grupos, habiéndose inscripto, entre otros, Héctor Torcellán, Mario Varangot, la señora Paulette Schwartzmann.[617]

Najdorf gana en las simultáneas

▓ Por primera vez en el país se realizó anoche en el Club Boca Juniors un interesante torneo en el que se acumulaban tiempo y puntos a favor de los contrincantes, para adjudicarse el triunfo final

[615] *El Ajedrez Americano* 2ª época nº 91 pág. 359.
[616] *¡Jaque al rey!* nº 11, octubre de 1943. La publicación tuvo muy corta vida.
[617] *El Mundo*. Simultáneo con la tercera rueda del torneo del Círculo de Ajedrez.

(Sic). Tres destacadas figuras de nuestro ambiente intervinieron: Gideon Ståhlberg, Roberto Grau y Miguel Najdorf. Ellos tuvieron que enfrentar en simultáneas a 24 tableros cada uno, debiendo jugar por espacio de dos horas. En ese lapso se les computaban las partidas ganadas, empatadas y perdidas, además del excedente de tiempo si llegaban a finalizarlas antes de las dos horas. Se destacó en forma notoria Miguel Najdorf, quien empleó 1 hora y 4 minutos en finalizar las 24 partidas, con 21 triunfos y tres empates. Logró totalizar, entre tiempo y puntos, 33½ unidades. Gideon Ståhlberg ocupó el segundo lugar, pues empleó 1 hora y 32 minutos, ganando 21, empatando 2 y perdiendo 1, y totalizando 27½. Tercero quedó Grau, quien empleó 1 hora y 24 minutos, ganando 17, empatando 3 y perdiendo 4, computando 27 puntos. Najdorf y Ståhlberg se adjudicaron una medalla cada uno, en tanto Grau recibió una plaqueta.[618]

[618] *La Nación.*

Capítulo 5

EL PAÍS EN 1943

1943: Revolución del 4 de junio: invariante militar, monarquía funcional, desprecio a la ley. Argentina queda como el único país neutral en la guerra, pero le hunden barcos. Unos 20 coroneles constituyen el GOU: uno de ellos será elegido para ocupar el poder. El gobierno fascista de Castillo persigue comunistas y promueve a Patrón Costas.

El país en 1943

▓ El 20 de enero Chile rompe con el eje, y Argentina queda como el único país neutral de la región americana. Al comenzar este año, Castillo estaba tironeado por uno y otro sector, tanto en el ámbito militar como dentro de su propio gabinete. Como un péndulo, oscilaba sin decidirse entre las dos posiciones antagónicas. Por un lado, se sentía presionado por una ciudadanía hostil, por la subversión y el desembozado espionaje germano, y por el hundimiento de buques mercantes argentinos atacados en el Atlántico por submarinos nazis.

Por otro lado, tiraban de él los grupos nacionalistas católicos, los militantes anti-norteamericanos y su círculo de poder dentro de su partido. También lo seducía el deterioro militar que se manifestaba en Europa, y las posibilidades que ello podría ofrecer a Argentina.[619]

▓ Como este año era electoral –el calendario indicaba como fecha de elecciones el mes de setiembre–, pese a todos estos problemas externos, Castillo comenzó a ocuparse de la promoción de la próxima fórmula de la Concordancia que continuaría con el sistema fraudulento iniciado en 1930. Y creyó que Robustiano Patrón Costas[620], figura tradicional de ese partido, era la figura indicada. Sin embargo, no tomó en cuenta que este terrateniente salteño era fuertemente resistido por la mayoría de los sectores civiles y militares.

▓ El 10 de marzo de 1943, en un salón del Hotel Conte[621] unos veinte oficiales del Ejército se constituyeron en Logia Secreta, redactando una serie de normas a las que ajustarían la acción. La llamaron GOU,[622]y tenía entre sus miembros mayoría de germanófilos. La revolución, sin auspicio concreto de partido político o sector civil alguno, se cumplió el 4 de junio de 1943. En Campo de Mayo se reunieron en la Escuela de Caballería los catorce jefes de unidades, resolviendo que en la madrugada saldrían las tropas hacia la Capital.

El GOU estaba integrado por oficiales del segundo escalón del ejército, típicamente coroneles y tenientes coroneles, la mayoría de ellos sin mando de tropa y ubicados en la burocracia de la corporación militar. A diferencia del punto de vista de los generales comprometidos en el golpe, estos

[619] *Odessa al Sur*, Jorge Camarassa, página 58.

[620] La fórmula era Robustiano Patrón Costas – Manuel de Iriondo.

[621] El Hotel Conte estaba ubicado sobre la calle Victoria, en la esquina con Balcarce, frente a la Plaza de Mayo y a la Casa de Gobierno. Nota del autor.

[622] La sigla representaba el llamado Grupo Obra de Unificación, según Robert Potash en su libro *Perón y el GOU, los documentos de una logia secreta*, Editorial Sudamericana, 1984. El propio Potash, en su obra anterior *El Ejército y la Política en la Argentina* Tomo I, Hyspamérica 1981, indica que la sigla podía referirse a Grupo de Oficiales Unidos, u otras. Tenía una estructura horizontal, en forma de células, y no había un jefe visible. Su objetivo era saltear la cadena de mandos del ejército. Eran integrantes del grupo el teniente coronel Enrique P. González y el coronel Juan Domingo Perón, destacados por haber cumplido misiones en Italia y Alemania. Notas del autor.

jóvenes oficiales comparten una intransigente posición neutralista, que no es independiente de la atracción que ejerce sobre ellos el ejemplo militar pero también político de las potencias fascistas. Para los miembros del GOU, la Revolución de Junio aparece como la oportunidad para reorganizar las bases de todo el régimen institucional a fin de ponerlo al abrigo de la corrupción de los políticos civiles y de la amenaza del comunismo.

Más realista frente a los avatares de la política, Perón no compartió la objeción de principio a los comunistas, dominante en los círculos militares. Dispuesto a buscar adhesiones donde ellas se encontraran, hizo los movimientos necesarios para llegar a un acuerdo. En cada caso tropezó con la intransigencia de los dirigentes sindicales comunistas. A las ofertas económicas, éstos respondieron invariablemente enarbolando consignas del partido, la vuelta a la legalidad, el giro de la política exterior, en fin, la rendición del régimen militar. El precio de actitudes tan temerarias fue la represión más implacable. (...) El desplazamiento de los comunistas, que casi ninguna voz del resto del movimiento obrero se alzó para condenar, dejó el campo en manos de dirigentes que en gran parten eran afiliados socialistas, más dispuestos a recorrer el sendero de la colaboración abierto desde el Estado y a sacar de él su propio provecho corporativo.[623]

En su condición de ayudante del general Farrell, Perón se manejó con discreción y entusiasmo para tratar de obtener un poder político que a su jefe –amante de las peleas de box en el Luna Park, y de las conquistas amorosas en fiestas y reuniones sociales– no le interesaba demasiado. El manejo de los destinos militares que decidía el Ministerio de Guerra, y que Farrell dejó en sus manos, le otorgó una gran influencia, pero Juan Domingo aseguraba que era el propio Ministro quien resolvía esos asuntos. Los oficiales que no pertenecían al GOU, movidos por los celos, pedían al presidente Ramírez que separara de sus cargos a Farrell y a Perón, sin éxito, mientras que, por el contrario, Juan Domingo lograba colocar a su gente en puestos de responsabilidad. Esto le brindaba al Coronel una gran satisfacción y una agradable sensación de revancha.

El gobierno de Estados Unidos presionaba a la Argentina para que cumpliera los pactos de solidaridad americanos firmados, y declarara la guerra al Eje, pero con resultados contraproducentes. Cerca de fin de año, Ramírez desplazó a sus colaboradores moderados, y nombró como Ministro de Educación a Gustavo Martínez Zuviría, un famoso escritor antisemita que firmaba con el seudónimo de Hugo Wast, y titular del Ministerio del Interior al general Luis Perlinger, reconocido partidario del nazismo.[624]

El 13 de marzo de 1943 el Encargado de Negocios en Alemania, Luis Luti, se refiere en una nota enviada desde Berlín al titular del Ministerio, Enrique Ruiz Guiñazú, a la orden de requisición. Describe cómo los alemanes buscan mano de obra para su proyecto en las zonas ocupadas, en este caso en Francia. En dicha nota señala que "se tiene la impresión de que existen divergencias marcadas entre los italianos y los alemanes", con respecto al trato a los judíos.

N° 122.- Reservada - Berlín, 13 de Marzo de 1943.

Señor Ministro:

De fuente digna de fe he recibido las informaciones que siguen sobre los acontecimientos que se han desarrollado recientemente en Francia, sobre todo desde que se aplica la orden de requisición. Los alemanes, en efecto, buscan por sí mismos la mano de obra en la zona ocupada, sin esperar que ella les sea proporcionada por las autoridades francesas. Poco hace, una comisión alemana se dirigió

[623] *La vieja guardia sindical y Perón*, Juan Carlos Torre, Eduntref, Editorial Universitaria de Tres de Febrero, Buenos Aires, 1990, pág. 37, 65, 66.

[624] *Juan Domingo*, Ignacio García Hamilton, Sudamericana, Buenos Aires 2009, pág. 103.

a Burdeos y entre el personal de los diversos diarios que allí aparecen designó los hombres de 18 a 50 años que fueron obligados a abandonar la ciudad dos días después para venir a trabajar a Alemania.

El diario bordelés *Francia* tuvo que deshacerse en tal forma de 64 personas que trabajaban como tipógrafos, empleados de la administración y de la redacción. A los periodistas se los hace partir en calidad de aprendices. En el conocido diario "Le Petit Parisien" se ha procedido igualmente a grandes requisiciones de personal y actualmente, hasta en las propias administraciones oficiales se procede a retirar personal para enviarlo al Reich. La impresión general es que se trata de quitar a Francia el mayor número posible de hombres jóvenes que podrían —en caso de un desembarco de tropas angloamericanas y de la llegada al territorio de los soldados de Giraud— ser movilizados. En Burdeos los jóvenes entre 16 y 19 años han sido detenidos en la vía pública y enviados a la organización Todt para los trabajos de fortificación de la costa, instalándoseles en campamentos rodeados de alambre de púa, a fin de impedir que se evadan.

En París, la partida de obreros ha dado lugar a numerosas manifestaciones comunistas, pues son generalmente los sospechosos de comunismo los que primeramente son enviados a Alemania. Se dice que en la estación del Este, a la salida de los trenes, los hombres cantaban la Internacional, prorrumpiendo en vivas a los soviets. Otras manifestaciones del mismo género han tenido lugar en Montluçon. La policía y las autoridades francesas se muestran impotentes para obligar a las gentes a partir hacia Alemania. De 350 obreros de una usina de armamentos, que debían presentarse para ser enviados al Reich, sólo lo hicieron 48.

Los restantes habían escapado buscando refugio en casa de parientes o amigos. Detenidos por la gendarmería y embarcados de fuerza, volvieron a huir en la primera parada del tren. Muchos de ellos, según se dice, estaban maniatados. Otros se ocultan en los campos o cambian de lugar de residencia para evitar ser aprehendidos. El 20 del mes pasado, en un encuentro entre obreros franceses y soldados alemanes, en Nîmes, seis soldados y dos mujeres francesas fueron muertos, contándose además 15 heridos. Como los alemanes exigieron se les entregara 20 rehenes, se produjo una gran manifestación popular de protesta que parece sembró la inquietud entre las autoridades.

En cuanto al problema de los judíos, se tiene la impresión de que existen divergencias marcadas entre los italianos y los alemanes. Aquellos protegen a los judíos hasta el punto de darles documentos para que puedan escapar a las requisiciones y hacen pasar a Italia a personas vigiladas por el Comisariado para las cuestiones relacionadas con los judíos. Muchos de éstos, franceses y apátridas, han sido reunidos en Gurs[625] para ser enviados luego a Alemania y probablemente de aquí a Polonia.

Firmado: Encargado de Negocios a.i.[626]

▌En mayo el jefe de la SD Walter Schellenberg, firma un ´acuerdo de colaboración mutua´ con los militares argentinos.[627] La justificación de la Revolución fue consecuencia de una imposición que el gobierno del doctor Castillo quiso hacer al país, en las elecciones para elegir al hombre que habría de sucederle. Su candidato era uno de los grandes terratenientes que existían en aquel momento: Robustiano Patrón Costas. Este gran explotador tenía un ingenio en San Martín del Tabacal,

[625] No hay mucha gente que sepa lo que ocurrió en esta zona del sur de Francia. Y, sin embargo, el campo de concentración que se instaló allí resume uno de los momentos más trágicos de la historia del viejo siglo XX. Fue desmantelado a finales de 1945. Sus desechos se vendieron como chatarra, los restos se incendiaron. Sobre su emplazamiento, en 1950, se plantó el bosque. Y frente al bosque solo quedó un cementerio con más de mil muertos: no se atrevieron a arrasarlo. Es fácil comprender que quisieran borrarlo del mapa: nadie desea vivir junto a un símbolo de la ignominia. Al fin y al cabo, Gurs es un hermoso pueblecito de la Navarra francesa. [El País, 22 de agosto de 2014]

[626] Declaración de Schellenberg ante los norteamericanos, luego de finalizada la guerra. *La Auténtica Odessa*, Uki Goñi, Paidós, Argentina 2002.

[627] Fuente: AMREC, Exp. 241, 1940, G.E., Nota No 12, Berlín, 13/03/43.

donde emitía moneda propia y tenía policía particular. Una forma de feudo. Estos estados feudales ya no son concebibles en los tiempos que vivimos. La designación de Patrón Costas como candidato hizo reaccionar al pueblo, a la gente de pensamiento y a grandes sectores de la opinión pública. Ése fue el motivo de la Revolución: el Ejército se puso en movimiento para evitar ese estado de cosas e impedir que el Gobierno cayera en manos de los reaccionarios.[628]

▓ La debilidad del presidente Ramón Castillo era tan grande, que había continuas reuniones de militares y políticos, y las intrigas y los rumores eran parte de la rutina diaria. La existencia del GOU se fue conociendo, y surgieron grupos varios opositores, aunque dispersos. Siempre el tema principal era la declaración de guerra a los países del eje, o el mantenimiento de la neutralidad. Al conocer un movimiento tendiente a alejar al Ministro de Guerra de Castillo, General Pedro Ramírez, reemplazándolo por otro militar afín a un acuerdo con Estados Unidos, el GOU anticipó sus planes, y la mañana del 4 de junio las tropas marcharon hacia la Casa Rosada y derrocaron a Castillo, al frente del General Arturo Rawson. Pero como éste era partidario del acuerdo, fue inmediatamente desplazado, y asumió como presidente el general Pedro Ramírez, ex titular del Ministerio de Guerra de Castillo. Los miembros del GOU le juraron fidelidad; sin embargo, en el resto del año continuaron produciéndose graves intrigas y conflictos. A poco de asumir, Ramírez le promete al embajador norteamericano que la Argentina rompería relaciones con el eje a más tardar en agosto.[629]

▓ La situación internacional es altamente crítica. (...) La neutralidad, los pro-nazis, la especulación de un triunfo del Eje, la nostalgia de nuestros oficiales por sus profesores prusianos y las cuestiones internas del país, hacen que el presidente Ramírez asuma una actitud decisiva. Analiza el problema con algunos expertos y luego se convence de que es preciso moralizar, y para moralizar es primordial empezar por el idioma. Limpiemos, pues, el idioma, y se lanza una reglamentación suprimiendo el uso del lunfardo. Cualquiera que soltara en público una palabrota o se le escapara un asqueroso vocablo en *slang* podía ser severamente amonestado por un vigilante, y aún detenido y transportado hasta una comisaría, donde el oficial de guardia le recriminaría la soltura de su lengua procaz, le récordaría su deficiente educación, y la orden del Gobierno Nacional de que ningún ciudadano podía hablar con ordinariez. Como medida urgente se procedió al cambio de nombre de algunos tangos, y así *El Ciruja* se convirtió, durante la Presidencia de Ramírez, en *El Recolector,* y *Quevachaché* en un honrado *"Qué hemos de hacerle".* Que me digan si esto no es Poder Culto. Y del más activo.[630]

▓ El 10 de junio de 1943 había nacido Bernardo, el segundo de la prole Levenson, apenas seis días después del golpe que había llevado al poder primero al General Arturo Rawson, y luego al General Pedro Pablo Ramírez. La guerra mundial teñía cada discusión política. El ultranacionalismo presenciaba admirado la marcha de Hitler, y en la Argentina recrudecían las facciones, fervores y fanatismos. El nuevo hijo había encontrado a Gregorio Levenson al frente de un comando agitador del Partido Comunista que, con revueltas, huelgas y proclamas impresas en folletines baratos buscaba conquistar la adhesión de los trabajadores y derrocar al nuevo gobierno militar. Las voces de los líderes del partido inundaban el espíritu de los militantes.

> Los comunistas no persiguen ningún fin o propósito diferente de aquellos fines o propósitos que se proponen todas las fuerzas democráticas y progresistas del país. Estamos dispuestos, una vez abatida la dictadura pro-nazi, a cooperar en la solución ordenada de los conflictos entre el capital y el trabajo.

[628] *Yo, Juan Domingo Perón*, op. cit. pág. 34.
[629] *El 45*, Félix Luna, Editorial Sudamericana, Buenos Aires, 1975, pág. 54.
[630] *Balcarce 50*, Hugo Ezequiel Lezama, Ediciones La Bastilla, Buenos Aires 1972, pág. 192/5.

El comunismo estaba proscripto y la dictadura, calificada de fascista, perseguía a sus integrantes para acallar sus críticas. En medio de una revuelta, Gregorio, junto a otros compañeros, fue detenido y encerrado por la tenebrosa Sección Especial de la Policía Federal. En los calabozos de los altos de la Comisaría 8º de Once conoció la tortura y su cuerpo desnudo se estremeció de dolor con las descargas de la picana eléctrica. Gregorio se sintió morir varias veces, entre golpes y electrocuciones.

Después, los carceleros lo regresaban agonizante al agujero oscuro donde dormía. Cerraba los ojos para reencontrar su pensamiento, descubrirse vivo y ejercitar la mente para evitar caer en el desmayo y la muerte. En la soledad, Gregorio revisó sus convicciones y comenzó a preguntarse si el comunismo estaba realmente en el futuro de la Argentina. Lentamente diseccionó las partes del rompecabezas que había hecho y deshecho en sus quince años de militancia. Descubrió errores recientes y añejos. No comprendió el objetivo central y único de su partido: el apoyo incondicional a Rusia en su protagonismo en la contienda mundial. Tampoco la férrea oposición del comunismo a la política populista de Perón. En la oscuridad del calabozo sus pensamientos se entremezclaban con el recuerdo de las lúgubres sonrisas de sus torturadores (José) González y (Cipriano) Lombilla.[631]

El 26 de setiembre de 1943 las autoridades de la policía italiana invitaron al presidente de la Comunidad Judía de Roma, Dr. Ugo Foa, y al presidente de las comunidades judías italianas, Dr. Dante Almansi, a presentarse por unas notificaciones en el despacho del comandante de la policía alemana de Roma, Herbert Kappler, quien expuso el tema de la siguiente forma: "Nosotros los alemanes os consideramos a los judíos como enemigos y os tratamos como a tales. No tenemos necesitad de vuestras vidas ni la de vuestros hijos, pero en cambio necesitamos vuestro oro. Dentro de 36 horas tenéis que entregar 50 kilos de oro. De lo contyrario serán apresados y deportados a Alemania 200 judíos".[632]

Al concluir la guerra en 1945, Gran Bretaña había perdido la supremacía financiera del mundo. Eran acreedores suyos la India, Egipto, Irlanda y la Argentina. Pero Inglaterra estaba muy lejos de perder su poder, uno de cuyos pilares era la inteligencia política, adquirida a lo largo de siglos de dominación mundial. Por esa causa, se desembarazó a un alto costo para los argentinos, de los ferrocarriles, desvalorizó la libra y volatilizó su deuda externa en 1945-1948, arrancando un último girón de carne a su ingrato dominio del Plata antes de retirarse para siempre.[633]

VII Torneo Internacional del Círculo: Héctor Rossetto y Julio Bolbochán, en consulta

En enero el Círculo de Ajedrez reeditó su Torneo en Consulta. El Círculo ha puesto en práctica novedosas e instructivas competencias, que más tarde fueron adoptadas por otras instituciones del país y del extranjero. Este torneo es un motivo de atracción, especialmente para los aficionados que presencian el certamen, donde las parejas en consulta razonan en voz alta, de manera que los que escuchan tienen la oportunidad de aquilatar conocimientos y puntos de vista, siendo indiscutible que con tal procedimiento se benefician los aficionados, pues reciben así una lección técnica de valor.

[631] *El siglo pasado*, Eduardo Chaktoura, Paola Estomba, Damián Nabot, Planeta, 1999, pág. 150/1. En su época, su sólo nombre ya resultaba temible para estudiantes y la oposición política y obrera. Lombilla era un torturador que exhibía su impunidad: en su despacho tenía un portarretrato con una foto dedicada por Perón en la que posaba junto a él. La Sección Especial era, en la práctica, un organismo autónomo de la Policía Federal. Respondía directamente a la Dirección de Informaciones Políticas, que dirigía el comandante de Gendarmería General Guillermo Solveyra Casares. La Dirección estaba en la Casa Rosada, en un despacho contiguo al del presidente Perón. Lombilla identificaba su oficio con una frase que transmitía a sus asistentes: "El arte de la tortura es no matar. Es jugar siempre al límite para lograr la confesión, pero evitar que el detenido muera sobre la mesa". El hombre de "enlace administrativo" era el subcomisario José González, que revestía como subjefe de Informaciones Políticas y también como subjefe de la Sección Especial, un escalón por debajo de Lombilla. [Marcelo Larraquy, *Infobae Web*, 2 de agosto de 2019]

[632] Este episodio condujo luego a la conocida masacre de las fosas ardeatinas. El proceso contra Kappler.

[633] *La factoría pampeana 1922-1943*, Jorge Abelardo Ramos, Editorial Galerna, 1984, pág. 278/9, 287/9.

2ª Rueda

■ Junto con la proclamación de Herman Pilnik como nuevo campeón argentino, se jugó la 2ª fecha del torneo en consulta que ha organizado el Círculo. Una crecida cantidad de aficionados asistió, atraída por la alta calidad de los elementos participantes, y tuvo oportunidad de asistir a dos cotejos de interés técnico en el planteo y en el medio juego. El primer que se definió fue el que disputaron la pareja Rossetto – Bolbochán contra Ståhlberg – Vuskovic. Se inició con el PD, siguió con la Defensa Tarrasch, y se definió por un empate luego de lucidas alternativas. También ha de terminar tablas el partido de Czerniak – Falcón contra Najdorf – Laguzzi. Se llegó a un final de alfiles de distinto color que no ofrece ninguna posibilidad de victoria.[634]

Continúa Disputándose El Torneo de Maestros Del Círculo de Ajedrez

Grau-Palau vencen a Naidorf-Laguzzi. *La Prensa*

3ª Rueda

■ Grau – Palau plantearon una partida de PR que Najdorf – Laguzzi defendieron con la Siciliana. El juego se desarrolló dentro de las viejas líneas teóricas, y las blancas mantuvieron la iniciativa durante todo el transcurso de la lucha, consiguiendo arribar al momento de la suspensión a una posición netamente favorable. Posteriormente, Najdorf – Laguzzi abandonaron la partida sin continuarla. Compleja y lucida resultó la partida que jugaron Czerniak – Falcón contra Rossetto – Bolbochán. En la parte media adquirieron alguna ventaja posicional los citados en primer término, pero las negras defendieron la situación con gran seguridad, y se llegó al momento de la suspensión a una posición que posiblemente derivará en un empate.[635]

5ª Rueda

■ Se disputó la última fecha del Torneo en Consulta, y la partida decisiva para el primer puesto se jugó entre las parejas formadas por Héctor Rossetto y Julio Bolbochán, que midieron sus fuerzas con Roberto Grau y Luis Palau. Quedaban libres Najdorf y Laguzzi con el tercer puesto asegurado, e iban a disputar la zaga del cuadro de posiciones Ståhlberg y Vuskovic versus Czerniak y Falcón. Ambas producciones resultaron muy interesantes en todas las fases del juego, consiguiendo la pareja nombrada en primer término una posición decisiva mediante una jugada ingeniosa, en cuanto el juego salió de las líneas conocidas. Conseguida la ventaja de un peón, resultó muy interesante el procedimiento empleado para imponerla. Rossetto y Bolbochán conquistaron de esta manera el primer puesto.

GANA EL TORNEO EN CONSULTA LA PAREJA H. ROSSETTO-J. BOLBOCHAN

Rossetto – Bolbochán ganan el torneo en consulta. *El Mundo*, 11 de enero de 1943

[634] *La Prensa.*
[635] *La Prensa.*

La partida de Ståhlberg – Vuskovic vs Czerniak – Falcón dio lugar a una lucha más intensa, en la cual las blancas sacrificaron la calidad para llegar a un final favorable, muy atrayente por la serie de maniobras efectuadas por ambas partes en el ataque y en la defensa. La posición suspendida era favorable a los primeros, pero una defensa tenaz de las negras hizo la partida tablas, igualando puntos tres parejas.[636]

	Torneo en Consulta Círculo	1	2	3	4	5	PTS
1	Rossetto – Bolbochán	X	1	½	½	1	3
2	Grau – Palau	0	X	1	1	½	2½
3	Najdorf – Laguzzi	½	0	X	½	½	1½
4	Ståhlberg – Vuskovic	½	0	½	X	½	1½
5	Czerniak – Falcón	0	½	½	½	X	1½

Grau critica fuertemente a la FADA

Habiendo tomado el poder de la FADA los allegados al Club Argentino, cambia radicalmente la política. En ese marco se producen polémicos cambios de reglamentos, y las invitaciones a los torneos importantes pasan a ser monopolizadas por representantes de esa institución. Ante este panorama, Grau reacciona a través de su revista:

> El cúmulo de desaciertos que ha caracterizado la acción de los directores de la FADA, al desorganizar la estructura de la categoría superior y del Campeonato Argentino, ha de ponerse en evidencia en el próximo torneo de Mar del Plata. (...) Quienes despojaron al campeón argentino, Rossetto, de su título, sin tener la cortesía de informárselo, tanto que él ignora todavía esa determinación, bien pueden ahora designar para que intervengan en Mar del Plata los jugadores de sus simpatías. Sean o no quienes deben actuar.[637] Al costado de nombres incuestionables, actuaron otras figuras de menos fuerza presente, y otras que perjudican el fulgor de sus historia al prestar su nombre, para que sin méritos, se encaramen sobre él elementos de ninguna jerarquía deportiva.[638]

Sonja Graf continúa su *jira* por Córdoba

Contratada por la Dirección Provincial de Turismo de Córdoba, continúa su *jira* la subcampeona mundial señorita Sonja Graf. Su última actuación fue en Alta Gracia.[639] En enero, dentro de una crónica acerca del Torneo de San Remo de 1930, Seitz se refiere nuevamente a Grau en duros términos en su típico dificultoso castellano:

> Grau, en aquel entonces, aún era jugador de ajedrez, pero en lo que respecta a la simpatía de la que hablo en el prefacio de la edición alemana, me he equivocado. Al correr del tiempo ha logrado un nombre como experto en automovilismo y perito en aviación. Su tendencia hacia la estratósfera ha de provenir, probablemente, de la radio, donde habla con la vista levantada al cielo, y cuántas palabras lindas y abundantes dice.[640]

[636] *El Ajedrez Americano* 2ª época nº 89 pág. 281, y nº 93, pág. 44. *El Mundo*, 11 de enero de 1943. *II Torneo Internacional en Memoria de Roberto Grau*, Carlos Skalicka, Buenos Aires 1958. No fue posible obtener datos de la 1ª rueda.
[637] *Sexto Torneo Internacional de Ajedrez Mar del Plata 1943*, op. cit. pág. 3/6.
[638] *El Ajedrez Americano* 2ª época nº 95, pág. 82.
[639] *El Mundo*, 11 de enero de 1943.
[640] *Enroque!!* nº 19, pág. 224/5, enero 1943.

Najdorf se entrena en simultáneas a ciegas

▓ El 20 de enero Najdorf ofrece una serie de exhibiciones en el Club de los XXV de la ciudad de Dolores, Provincia de Buenos Aires. A comienzos de marzo Mieczyslav Najdorf se presenta en el Círculo de Coronel Dorrego, que jugó 15 partidas a la ciega, ganando 14 y haciendo tablas la restante.[641]

▓ En el Círculo de Ajedrez de Coronel Dorrego, el conocido maestro Miechislav (Sic) Najdorf disputó una serie de 15 partidas a la ciega, ganando 14 y haciendo tablas la restante.[642]

AJEDREZ

Una Brillante Exhibición Realizó el C[...] Mundial de Simultáneas Sr. M. Najdor[f]

EN EL CLUB LOS XXV, SIENDO LARGAMENTE APLAUDIDO

Organizado y patrocinado por el Circulo de Ajedrez, se realizó anoche en el local del Club Los XXV, una sesión de simultáneas a cargo del maestro Miguel Najdorf, quien demostró poseer una retentiva extraordinaria y una agilidad mental y dominio del ajedrez, nunca visto en Dolores.

Con la presencia de 35 jugadores y numerosa concurrencia, se inició el juego, jugando a la vez tres partidas a ciegas con un jugador de primera, segunda y tercera categoría espectivamente, atendiendo a la vez a los 32 jugadores restantes, demostrando en el desarrollo de las partidas a ciegas, sus condiciones de una figura de gran valor mundial, lo que provocó el aplauso entusiasta de todos los aficionados y numeroso público que había concurrido a presenciar un espectáculo de primera magnitud dentro del orden ajedrecístico y nunca emulado por los maestros q' nos han visitado en otras oportunidades y entre los que podemos citar a Guimard, Stalberg, Plesci y otros.

Le cupo el honor de vencer al maestro Najdorf al ex campeón local señor Santos Guerbi, quien jugó hábilmente logrando el alto honor de hacer inclinar el monarca blanco que conducía el maestro.

Lograron hacerles tablas, la señora Julia Quenard de Wallace, única dama que participó y engalanó con su presencia el acto, y el Dr. Urbano Eyras, siendo felicitado por el maestro Najdorf.

El maestro Najdorf cerró el acto con un ejercicio difícil [de] retentiva, cantando de la primera hasta la última jugada [de] la partida a ciegas con el fuerte aficionado Emme de primera categoría, a quien logró vencer en forma brillante, siendo muy aplaudido por el esfuerzo realizado por este gran maestro.

Diario *El Tribuno*, Dolores, 20 de enero de 1943. Archivo de Carlos E. Drake

Enroque!! y Seitz

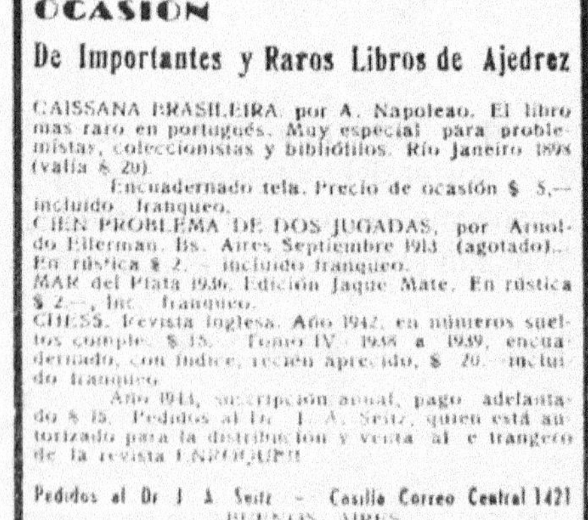

OCASION

De Importantes y Raros Libros de Ajedrez

CAISSANA BRASILEIRA, por A. Napoleao. El libro mas raro en portugués. Muy especial para problemistas, coleccionistas y bibliófilos. Río Janeiro 1898 (valía $ 20).

Encuadernado tela. Precio de ocasión $ 5,— incluido franqueo.

CIEN PROBLEMA DE DOS JUGADAS, por Arnoldo Ellerman. Bs. Aires Septiembre 1913 (agotado). En rústica $ 2.— incluido franqueo.

MAR del Plata 1936. Edición Jaque Mate. En rústica $ 2.—, inc. franqueo.

CHESS. Revista inglesa. Año 1942, en números sueltos comple. $ 15. Tomo IV 1938 a 1939, encuadernado, con índice, recién aparecido, $ 20. incluido franqueo.

Año 1943, suscripción anual, pago adelantado $ 15. Pedidos al Dr. J. A. Seitz, quien está autorizado para la distribución y venta al extrangero de la revista ENROQUE!!

Pedidos al Dr J. A. Seitz — Casilla Correo Central 1421
BUENOS AIRES

▓ El 28 de febrero *Enroque!!* publica un aviso promocionando las actividades de Jakob Adolf Seitz, quien anuncia la venta de Caissana Brasileira, un libro brasileño editado en 1898, por la suma de $ 5. También ofrece una obra de Ellerman y el Torneo de Mar del Plata 1936. Se presenta, asimismo, como representante de la revista inglesa *Chess*, dirigida por Baruch Wood, muy conocido en Argentina ya que integró el equipo inglés en el TN de 1939. Se presenta como "Doctor J. A. Seitz, Casilla de Correo Central 1421, Buenos Aires".

Seitz se anuncia representante de la revista inglesa *Chess*.
Aviso en *Enroque!!*

[641] *El Mundo*, 6 de marzo de 1943.
[642] *El Mundo*, 5 de marzo de 1943.

Mar del Plata: gran triunfo de Najdorf

Una delegación de la FADA se entrevistó ayer con el intendente de esta ciudad, don Manuel González Guerrico, con el objeto de pedirle que patrocinara y auspiciara el torneo, que tendrá lugar en la 2ª quincena de marzo, prometiendo éste la más amplia colaboración oficial. Los mismos representantes de la FADA, doctores Carlos Querencio, Jorge Sanguineti y el señor Paulino Alles Monasterio, terminaron su cometido obteniendo la colaboración de la Asociación de Propaganda y Fomento, cuyo presidente, el señor Juan A. Fava, se mostró interesado en la realización de la prueba, prometiendo toda la ayuda posible. Los directores de la empresa UKA fueron visitados con el mismo objeto, donando $ 3.000 para la realización del torneo, que posiblemente de desarrollará en el edificio del Kursaal.[643]

Nuestro primer balneario será teatro dentro de pocos días de otro importante torneo magistral, contándose con la participación de destacadas figuras argentinas y extranjeras. La prueba ha sido organizada por la FADA, y cuenta con los auspicios del Ministerio de Obras Públicas de la provincia de Buenos Aires, de la Intendencia Municipal de General Pueyrredón, y de la Sociedad UKA, la que, como en años anteriores donó $ 4.000 para ser distribuidos en premios. Además, la Asociación de Propaganda y Fomento de Mar del Plata dará al torneo el apoyo necesario, asegurando la buena estada de los jugadores en el balneario. La lista definitiva de los participantes es la siguiente:

> Jiri Pelikán (Bohemia y Moravia, representante del Club Cristalerías Rigolleau); 2. Herman Pilnik (campeón argentino 1942); 3. Virgilio Fenoglio (Club Argentino); 4. Carlos Hugo Maderna (Jockey Club de La Plata); 5. Arturo Liebstein (campeón uruguayo); 6. Héctor Rossetto (Club Boca Juniors, ex campeón argentino); 7. Juan Traian Iliesco (Rumano, Club San Lorenzo de Almagro); 8. Miguel Czerniak (Palestina); 9. Benito Villegas (Jockey Club de Buenos Aires); 10. Carlos Guimard (Ex campeón argentino, Club Boca Juniors); 11. Gideon Ståhlberg (Suecia); 12. Miguel Najdorf (Polonia); 13. Paul Michel (Alemania) y 14. Jacobo Bolbochán (Club Atlético Independiente).

(...) Fiscalizará la FADA, habiendo sido nombrado director el señor Paulino Alles Monasterio. El jurado estará integrado por el doctor Carlos Skalicka, Paulino Alles Monasterio, Gideon Ståhlberg, Jiri Pelikán, Benito Villegas y Carlos Guimard. La primera sesión tendrá lugar mañana martes a las 22, y la primera rueda se jugará el miércoles a las 14. El horario de juego será de 14 a 19. (...) En el tren que partirá hoy a las 12.20 de la Estación Constitución saldrán para Mar del Plata los jugadores y delegados de la FADA que intervienen en la prueba, a excepción de Najdorf y Rossetto, quienes ya se encuentran en el balneario.[644]

COMIENZA HOY EN MAR DEL PLATA EL TORNEO MAGISTRAL DE AJEDREZ

En el Casino de Mar del Plata se jugará esta tarde la primera ronda del torneo magistral de ajedrez, organizado por la Federación Argentina de Ajedrez y bajo los auspicios del Ministerio de Obras Públicas de la Provincia de Buenos Aires.

RESEÑA DE LOS PARTICIPANTES

SORTEO DE JUGADORES

Destácanse Stahl

Guimard en el To

Gran expectativa en Mar del Plata. *El Mundo*. 17 de marzo de 1943

[643] Libro de recortes de Rubén March Ríos.

[644] *El Mundo*, 15, 16 y 17 de marzo de 1943. Son crónicas oficiales de Paulino Alles Monasterio. A los tres extranjeros (Najdorf, Ståhlberg y Michel) no se los menciona como representantes del Círculo. Se advierte que varios jugadores han tenido que cambiar de Club para poder participar: Bolbochán, Guimard, Rossetto. Nota del autor.

El cisma del ajedrez argentino, presente. La crisis en la prensa. La grieta

▌Tal cual lo suponíamos, las invitaciones se realizaron con un espíritu caprichoso. Ni se respetó el último Torneo Mayor, ya que no fue invitado entre otros Guillermo Puiggrós, ni tampoco el ranking, ya que se olvidaron los organizadores que en el ajedrez argentino existen jugadores de la fuerza de Roberto Gabriel Grau, Alejandro Nogués Acuña, Arón Schvartzman, Isaías Pleci, Juan Vinuesa y José M. Cristiá, entre otros, pues ninguno de estos mereció los honores de una invitación.[645]

Este comentario es un nuevo capítulo de la lucha entre Grau y las nuevas autoridades de la FADA. El cisma también se puede observar en la representación de los jugadores. Jacobo Bolbochán y Héctor Rossetto, referentes muy importantes del Club Jaque Mate, en conflicto con la FADA, representan al Club Independiente y al Club Boca Juniors, respectivamente. Lo mismo, Carlos Guimard, habitual representante del Círculo de Ajedrez, debió inscribirse a través de Boca Juniors para ser invitado. En lo que respecta a la cobertura del evento en la prensa en general, se notó una gran baja en la cantidad de espacio que se le dedicó, comparado con los torneos de Mar del Plata de 1941 y 1942.[646]

▌¿Najdorf o Ståhlberg? En el Piso de Deportes del Casino de Mar del Plata, cedido especialmente por el Ministerio de Obras Públicas de la Provincia de Buenos Aires, se ha iniciado un importante torneo internacional de ajedrez. En buena lógica, debería decidirse entre Najdorf y Ståhlberg, triunfadores, precisamente, de los dos últimos certámenes del balneario. Una vez ganó Najdorf, y Ståhlberg fue segundo; otra ganó Najdorf, y Ståhlberg fue segundo junto a Pilnik. Lo más meritorio de este torneo es que, de veras, se va a jugar, a pesar de cuantos obstáculos se atravesaron en su camino.

AJEDREZ

El Torneo de Mar del Plata

Por Amílcar Celaya

¿Najdorf o Stahlberg?

¿Najdorf o Ståhlberg? *Clarín*, 17 de marzo de 1943

La FADA realizó una obra ciclópea con la organización y desarrollo del pasado Torneo de las Naciones, pero quedó exhausta. Sus entradas actuales no alcanzan para atender los compromisos contraídos entonces. En situación tan difícil se le ofreció la presidencia de la entidad a su primer presidente, al hombre que la creó y que le dio personería internacional enviando a los ajedrecistas criollos, por primera vez, a luchar contra los maestros europeos. Merced a su tesón incansable, el nombre de la Argentina se prestigió como el del país de la América del Sur más adelantado en el noble e intelectual deporte. Dijo Tartakower: *la Argentina ya no exporta solamente cereales y carne; ahora exporta también variantes.* El doctor Carlos Querencio, su primer presidente, es también su presidente actual. Aceptó el áspero presente porque es un puesto de lucha.[647]

[645] *El Ajedrez Americano* 2ª época nº 95 pág. 82.

[646] Nota del autor.

[647] Amílcar Celaya, *Clarín*, 17 de marzo de 1943.

1ª Ronda, 17 de marzo

AJEDREZ

El Torneo de Mar del Plata

Por Amílcar Celaya

"DESPARAMADO"

JEAN Train Iliescus, desmelenado caballero rumano, apareció una tarde por los "36 Billares", hará quizá veinte años. Decía que sabía jugar al ajedrez. Mentía. Conocía, es cierto, el movimiento de las piezas, pero manejaba con ellas tan mal que sus partidas no eran ajedrez ni nada parecido. Había luchado en el ejército rumano, en la guerra de 1914, contra Alemania; luego, caído prisionero de los germanos, cuyos campos de concentración conoció; finalmente, libertado y conducido a París en oportunidad del armisticio. Vivió en París y aprendió admirablemente el francés. Fué marino, y el azar de su destino lo arrojó a las playas argentinas. Jean Train Iliescus estaba predestinado a ser maestro argentino de ajedrez. Todo lo que sabe de ajedrez lo aprendió, efectivamente, en nuestros cafés y en nuestros clubs; entre el "macaneador" que apareció por los "36 Billares", hace veinte años, y el maestro moderno, media un abismo.

Me rectifico: media un abismo en calidad y en precisión, pero el estilo, que es el reflejo del temperamento, es el mismo: depurado, estilizado, hecho infinitamente más científico, pero el mismo. En aquel entonces decía Iliesco —quien luego privó a su apellido de la terminación latina "us", que induce a reconocer como ascendiente suyo a alguno de los legionarios del César que conquistaron la actual Romania—: "Me gusta el juego "desparamado". Desparramado, con ere en lugar de erre, letra que él no puede pronunciar, es decir, abierto, peligroso, arriesgado.

JEAN T. ILIESCO

•

EL maestro Iliesco, como el aficionado de aquel entonces, se "desparamó" en Mar del Plata contra el campeón palestino Czerniak. Le entregó un peón en la apertura y no se preocupó jamás de recuperarlo. Todo lo contrario, le siguió entregando peones, para lograr una posición abierta en la que se impusieran sus dos alfiles sobre los dos caballos enemigos. En el momento en que Iliesco tenía la partida completa y absolutamente ganada, Czerniak le llevaba tres —¡tres!— peones de ventaja.

He aquí la instructiva partida en cuestión, que constituye un modelo de la forma cómo debe hacerse valer la superioridad teórica de dos alfiles contra dos caballos.

Iiesco "desparrama" a Czerniak.
Clarín. 19 de marzo de 1943

Se inició en el salón de bridge del Casino a las 14.30. Pudo notarse que el juego de los participantes fue bastante cuidadoso, sin arriesgarse, teniendo en cuenta que el torneo tiene 13 rondas, y que medio punto perdido puede resultar muy perjudicial en el final. El jugador argentino Fenoglio, que a último momento fue invitado a participar en reemplazo del campeón rosarino Espina, hizo un gran debut, al empatar nada menos que con Najdorf. Fenoglio jugó en forma excelente. Fue una Defensa India de Dama, con Fenoglio llevando las blancas, que resultó tablas en 39 jugadas. El primer juego en definirse fue el de Pelikán con Bolbochán, resultando un empate en un final de piezas menores. Luego el campeón argentino, Pilnik, realizó tablas contra Michel: una mejor performance que el año pasado, pues Michel había resultado vencedor. Maderna – Ståhlberg quedó suspendida, debiendo ganar este último por tener un peón de ventaja en el flanco de dama. (...) Fue una Zukertort, y se definió en 55 jugadas.[648]

Al maestro Iliesco le agrada definir su juego como "desparramado". Se "desparramó" aquí contra el campeón palestino, Miguel Czerniak. Le entregó un peón en la apertura, y no se preocupó jamás de recuperarlo. Todo lo contrario, le siguió entregando peones para lograr una posición abierta en la que se impusieran sus dos alfiles sobre los dos caballos enemigos. En el momento en que Iliesco tenía la partida completa y absolutamente ganada, Czerniak le llevaba tres –¡tres!– peones de ventaja.[649]

2ª Ronda, 18 de marzo

Puestos en marcha los relojes en el amplio salón de bridge, comenzaron los partidos de la 2ª ronda, en un ambiente de silencio que es característico en el desarrollo del juego ciencia. Tanto los maestros como los jugadores uruguayos y argentinos se esforzaron en producir una exhibición de científico ajedrez. El maestro polaco Najdorf fue el primero en terminar el juego, venciendo al campeón platense, Maderna. Es difícil que Najdorf pierda una partida por la forma segura de conducir el juego. Poco después, Bolbochán y Czerniak dividían honores al no lograr superarse. El ex campeón argentino es otro de los competidores que llama la atención por su juego sin riesgos. Pelikán contra Pilnik jugaron una partida llena de incidencias; primero, por las dificultades que presentaban las posiciones de uno y otro, y luego, al final de la sesión, ambos se vieron obligados en el tiempo reglamentario, tanto que no pudieron anotar las últimas 8 movidas.

Tuvo que intervenir la Comisión del Torneo, y en vista de que las probabilidades en contra de cada uno eran iguales, se llegó a un acuerdo en declararla tablas en la movida 41ª. Un lucido triunfo obtuvo el maestro sueco Ståhlberg frente al campeón de la vecina orilla Liebstein. Éste, con las

[648] *El Mundo*, 18 de marzo de 1943.
[649] Amílcar Celaya, *Clarín*, 19 de marzo de 1943.

negras, adoptó la Defensa Americana en el Gambito de Dama, la cuál es débil, como lo demostró Ståhlberg, emplazando un fuerte ataque sobre el enroque. Sacrificó primero una pieza y luego la dama, para recuperarla, quedando con un final insostenible por parte de Liebstein.[650]

Jugóse la Segunda Ronda del Torneo Magistral

Najdorf vence a Maderna en la apertura. *El Mundo*. 19 de marzo de 1943

Ståhlberg va primero. La ronda dio lugar a la realización de siete interesantes partidas, de las cuáles cinco se definieron. El resultado destaca en el primer puesto al maestro Gideon Ståhlberg, con dos victorias, ya que su más peligroso adversario, el polaco Miguel Najdorf, empató el cotejo de la 1ª rueda con Fenoglio. Los resultados fueron los siguientes: Bolbochán ½:½ Czerniak, en 37 jugadas; Ståhlberg 1:0 Liebstein, en 48; Najdorf 1:0 Maderna, en 34; Michel ½:½ Fenoglio, en 40; Pelikán ½:½ Pilnik, en 41. Quedaron suspendidas Rossetto – Guimard e Iliesco – Villegas.[651]

3ª Ronda, 19 de marzo

Las dos principales partidas de cada ronda son reproducidas en tableros murales; en uno, los comentarios estuvieron a cargo de otra figura veterana delo elenco nacional: Julio A. Lynch, y en el otro, por el jugador de la categoría Gregorio Lastra. Najdorf parece que no podrá vencer al uruguayo Liebstein, en el final suspendido de torres de tres peones contra dos en el flanco de rey. El campeón uruguayo no estuvo acertado en el final de torres frente al formidable Najdorf, quien, no obstante de disponer de poso material, realizó una serie de finas maniobras que su adversario no pudo calcular ni evitar. Al final, Najdorf quedó con dos peones de más y libres, que le reportaron la victoria. Se comentó que tampoco otros jugadores habrían podido eludir la exactitud de las maniobras del maestro polaco. El secreto de ganarlo radica en que el rey negro debe avanzar antes que el peón pasado, de lo contrario sería seguro tablas. El maestro Najdorf conduce la parte final con mucho acierto, y su golpe en la jugada 53 ilustra un pequeño estudio en finales.

El maestro sueco Ståhlberg obtuvo su tercer triunfo consecutivo al vencer con negras al joven Rossetto. Fue una exhibición de alto ajedrez, en la cual Ståhlberg puso de relieve las grandes condiciones de combinador. El encuentro de Maderna con Michel sólo duró 25 golpes. La Apertura Zukertort-Reti la defendió Michel con el sistema denominado de Lásker (P4D y P5D) y bien pronto obtuvo tal ventaja que Maderna tuvo que abandonar. El ex campeón argentino, Guimard, jugando contra Iliesco, adoptó un sistema de defensa similar al empleado por Michel contra Maderna, y nuevamente salieron airosas las fuerzas negras tan sólo en un combate de 30 movidas. Guimard está jugando en gran forma, por cuanto en el torneo de 1942 resultó vencedor su rival de hoy.[652]

4ª Ronda, 20 de marzo

Destácanse Najdorf, Ståhlberg y Guimard. No obstante haberse jugado sólo tres rondas, ya puede notarse un creciente interés de los espectadores en presenciar de cerca las partidas de los

[650] *El Mundo*, 19 de marzo de 1943.
[651] *La Nación*, 19 de marzo de 1943.
[652] *El Mundo*, 20 y 23 de marzo de 1943

maestros Ståhlberg y Najdorf, cuyos desempeños son brillantes. También hay expectativa en los cotejos donde intervienen Michel, Pilnik y Guimard. Se considera que si el representante del Club Boca Juniors continúa con su actual performance, es un serio candidato para los primeros puestos. Hoy ganaron todos los que están en los primeros puestos. El maestro Ståhlberg ganó por 4ª vez consecutiva, esta vez frente a Iliesco. La forma como remata Ståhlberg es notable. El campeón uruguayo, Liebstein, fue vencido esta vez por el maestro Michel, quien con la Apertura Española puso de relieve la forma de ganar ante una defensa dudosa.

El campeón argentino jugó una excelente partida frente a Fenoglio. Éste eligió la Defensa Nimzowitsch (1...C3AD), que es de difícil manejo, y ante el decidido ataque de Pilnik tuvo que abandonar en 51 jugadas. Maderna llegó un 1¼ horas de retraso para jugar su partida con Pelikán, y por lo tanto ésta había sido adjudicada al maestro checo. Pero Maderna apeló ante la comisión del torneo, manifestando que no pudo concurrir antes por sentirse indispuesto. La comisión del torneo hizo lugar al pedido de una consideración, por cuanto el maestro Pelikán manifestó que no quería ganarse un punto por ausencia, y que vino a Mar del plata a jugar al ajedrez. El caso fue consultado con todos los otros participantes, los que por unanimidad estuvieron de acuerdo en que se jugase la partida. Así se hizo, y quedó suspendida para la noche en una posición favorable para Maderna, por tener calidad y dos peones de ventaja. Una gran partida jugó Guimard frente al maestro palestino. La parte final, en la preparación del ataque, demuestra a las claras que Guimard vuelve a ser ese Guimard que una vez venciera tan decisivamente a Grau. Bolbochán hizo tablas con Villegas en 36, y Najdorf venció a Rossetto en 26.[653]

5ª Ronda, 22 de marzo

▓ La derrota de Guimard frente a Villegas fue la nota más comentada de la rueda. Este resultado ha destacado en el primer puesto, una vez más, a los dos clásicos rivales de nuestras últimas competencias ajedrecísticas: Najdorf y Ståhlberg, que sólo han perdido hasta el presente medio punto. De cerca los sigue el ajedrecista alemán Michel. Los resultados generales fueron: Michel batió a Rossetto en sólo 13 jugadas, a causa de un grave error del argentino; Najdorf se impuso a Iliesco en 27; Ståhlberg empató con Czerniak en 33; Villegas derrotó a Guimard en 48. Seguían jugándose al cierre Fenoglio – Bolbochán; Liebstein – Pelikán y Maderna – Pilnik. Najdorf y Ståhlberg 4½/5; Michel 4; Guimard 3½.[654]

6ª Ronda, 23 de marzo

▓ ¡Cómo repercute un campo de concentración! Jean Train Iliescus, el desmelenado caballero rumano, quien generalmente juega tan bien, se arregló ayer para perder en sólo cinco jugadas con el alemán Paul Michel. Será ésta, sin duda, la partida más corta que se dispute en este torneo, y es una de las más breves que se han desarrollado en todos los torneos del mundo. ¿Qué le ha pasado a Iliesco? Su explicación de que creyó que Michel había hecho una jugada cuando en realidad hizo otra, no convence. Supongamos, en efecto, que Michel hubiera jugado 2.P4CD en lugar de 2.C3AR, como pretexta Iliesco, y la sencilla combinación de las blancas se hubiera producido lo mismo. Por eso, habría que ensayar una explicación de otra índole, quizá psicológica.

Michel es alemán, y tiene, además, un aspecto inconfundible de germano: rubio, colorado de cara, dos gruesos cristales cubren sus ojos miopes. Aunque de estatura mediana, es rítmico, seco y cortante en sus ademanes. Iliesco ha visto ese tipo germano, tan parecido probablemente a los cen-

[653] *El Mundo*, 21 de marzo de 1946.
[654] *La Nación*, 23 de marzo de 1943.

tinelas que le apuntaban con sus fusiles en el campo de concentración donde estuvo internado en la guerra pasada, y olvidándose de que ahora Rumania y Alemania son aliadas –un poco a la fuerza, pero aliadas al fin– jugó con miedo, alterado su subconsciente por dolorosas impresiones recibidas en otro tiempo. Si esta explicación no fuera más verosímil es, por lo menos, más pintoresca que la que ha dado el señor Iliesco.[655]

▓ ¿A qué se debió la catástrofe? Se han ensayado diferentes explicaciones, pero ninguna ha concluido de satisfacernos. En fin, transcribiremos la versión del autor del error garrafal, inserta en la atenta carta que nos ha dirigido, que copiamos respetando sus razones, su indignación y su estilo:

Estimado Roque de Reina:

En el asunto Michel, crea con toda firmeza que lo que digo es verdad pura. Yo esperaba de Michel una reacción que, al no venir, me decidió a abandonar. Confundí la 3ª jugada de mi adversario. Creí que había hecho 3.P4CD y no 3.P4D, debido a que, por la colocación de la mesa en el salón del torneo, se produce una rara refracción de luces sobre el tablero, que me indujo al error. Al advertirlo se lo expliqué al señor Michel, sin que obtuviera de éste otra reacción que no fuera una sonrisa irónica. Decidí entonces abandonar la partida, no tanto por la posición inferior de mi juego, sino como expresión de protesta, por cuanto desde hacía varios días venía solicitando al director del torneo que no me hiciera jugar en esa mesa, ya que, por mi vista cansada, el juego de luces que se produce sobre el tablero me hacía incurrir en frecuentes confusiones. Pagué por el capricho del director del torneo.

De tal modo, y sin riesgos, Michel mantiene su excelente ubicación en la tabla de posiciones, a escasa diferencia de los punteros. Con ello, se perjudican los demás participantes, que han tenido que luchar conmigo, mientras el alemán me ganó sin trabajar. Al producirse la incidencia, se comentó el contraste entre la actitud del maestro alemán ante una evidente confusión mía, en una defensa en la que soy especialista, y la actitud que asumió recientemente el maestro checo Pelikán frente a Maderna: después de haberse adjudicado el punto por ausencia del argentino, no sólo accedió sino que reclamó jugar la partida, exponiéndose a perder, y perdiendo en lucha leal un punto valiosísimo, pues Maderna lo derrotó frente al tablero.

Ajedrez

Michel Derrota a Iliesco en una Partida Relámpago de 5 Jugadas

MAR DEL PLATA, 23 (De nuestro enviado especial). — Cumplióse hoy una nueva jornada del torneo magistral de ajedrez que se está disputando en el Casino Provincial de este balneario. Le tocó el turno a la sexta ronda, integrada por varios encuentros de real valía. Ya puede vislumbrarse que la lucha por los primeros puestos será sensacional en las últimas fechas y, dado que recién se ha llegado a la mitad de las rondas a jugarse, algunos de los participantes pueden sin duda ascender en la tabla de posiciones, amagando a los punteros. Es de preguntar si será posible desalojar tanto a Stahlberg o a Najdorf de los dos primeros puestos, o también que otro maestro y representante argentino logre superar a Michel.

LA SEXTA RONDA

El detalle de esta ronda produjo un caso curioso en ajedrez. Iliesco, jugando contra el maestro Michel, efectuó su tercera movida bajo la impresión de que Michel había jugado P4CD (el golpe "fantasma" que no se realizó), y luego hizo su siguiente jugada bajo igual creencia. Contestó Michel con una movida ganando una pieza, así que Iliesco, ciertamente sorprendido, tuvo que abandonar a la quinta jugada. Es quizás la partida más corta jugada en un torneo. He aquí las movidas de este encuentro relámpago:

BLANCAS Michel — NEGRAS Iliesco

Def. Siciliana

1. P4R	P4AD	4. PxP		PCxP
2. C3AR	P3D	5. D6D		Las negras abandonan
3. P4D	P3CD?			

PILNIK v. LIEBSTEIN

BLANCAS Pilnik — NEGRAS Liebstein

Peón-Dama

1. P4D	C3AR	22. T1D	D5AR
2. C3AR	P3R	23. P3CR	D3T
3. P4A	P4D	24. P5R	C2T
4. C3A	CD2D	25. R2C	P4C
5. A5C	A2R	26. D4R	T1AD
6. P3R	P3CD	27. T7D	P3T
7. PxP	CxP	28. P3TR	T1C
8. AxA	CxA	29. T7T	C1A
9. A3D	A2C	30. D3A	D3C
10. O-O	O-O	31. C4R	P4T
11. D2R	C3C	32. C6D!	P3A
12. TR1D	C3A	33. D6A	C2T
13. TD1A	D2R	34. CxA!	R1T
14. C5R	TR1A	35. D7A	T1T
15. A6T	P4A	36. DxD+	C1A
16. CxC	PTxC	37. DxC+	R2T
17. P4R	PxP	38. PxP	TxT
18. TxP	T1D	39. CxT	PxP
19. AxA	DxA	40. D7R+	Las negras abandonan
20. D2D	TxT		
21. DxT	D2A		

La fecha de esta tarde fué la menos decisiva de las jugadas hasta ahora, por cuanto las cuatro partidas restantes quedaron suspendidas para la sesión nocturna. Son: Bolbochán contra Guimard, en posición equilibrada; Najdorf contra Czerniak en un final de cinco peones y un caballo por ambas partes: debe resultar un empate; Pelikan contra Rossetto, en un final de torres y tres peones por cada parte, y Fenoglio contra Maderna, en situación compleja.

RESULTADO DE LAS SUSPENDIDAS DE LA 5ª RONDA

BLANCAS — NEGRAS

Fenoglio .... 0 Bolbochán 1
(Peón-dama, 75 jug.)
Maderna .... ½ Pilnik .... ½
(Gambito dama, 78 jug.)
Liebstein .... 0 Pelikán 1
(Peón-rey, Def. Siciliana, 74 jug.)

RESULTADOS DE LA 6ª RONDA

BLANCAS — NEGRAS

Stahlberg .... 1 Villegas 0
(Peón-dama, Def. Nimzowitsch, 31 jug.)
Michel .... 1 Iliesco 0
(Peón-rey, Def. Siciliana, 5 jug.)
Pilnik .... 1 Liebstein 0
Gambito Dama, Ortodoxa, 48 jug.)
Bolbochán .... ½ Guimard .... ½
(Gambito Dama, Ortodoxa, 44 jug.)
Najdorf .... 1 Czerniak 0
(Peón-dama, Def. Eslava, 52 jug.)
Pelikán .... ½ Rossetto .... ½
(Gambito Dama, Def. Ortodoxa, 43 jug.)
Fenoglio .... ½ Maderna .... ½
(Peón-Dama, Def. India del rey antigua, 41 jug.)

LA SESION NOCTURNA

MAR DEL PLATA, 23 (De nuestro enviado especial). — Finalizaron las cuatro partidas pendientes de la tarde con el siguiente resultado:

Najdorf venció a Czerniak en un final de difícil envergadura. Tenía muchas chances de tablas, pero el maestro polaco entregó en cierto momento el caballo para lograr parar un peón que dió la victoria. Con este nuevo éxito de Najdorf, nuevamente va primero con Stahlberg con 5 ½ puntos.

Bolbochán hizo tablas con Guimard, Pelikán igual resultado con Rossetto y Fenoglio versus Maderna dividieron honores a la movida 41.

LA 7ª RONDA DE HOY

BLANCAS		NEGRAS
Maderna	v.	Bolbochán
Liebstein	"	Fenoglio
Rossetto	"	Pilnik
Iliesco	"	Pelikán
Czerniak	"	Michel
Villegas	"	Najdorf
Guimard	"	Stahlberg

CUADRO DE POSICIONES

	J.	G.	T.	P.	Pts.
Stahlberg	6	5	1	-	5½
Najdorf	6	5	1	-	5½
Michel	6	4	2	-	5
Pilnik	6	3	3	-	4½
Guimard	6	3	2	1	4
Pelikán	6	2	3	1	3½
Bolbochán	6	1	4	1	3
Czerniak	6	1	2	3	2
Iliesco	6	2	-	4	2
Maderna	6	1	2	3	2
Rossetto	6	1	2	3	2
Villegas	6	1	1	4	1½
Fenoglio	5	0	3	3	1½
Liebstein	6	-	-	6	0

Ståhlberg y Najdorf, primeros.
El Mundo. 23 de marzo de 1943

Después de esta explicación, estamos más desorientados que antes…[656]

[655] Amílcar Celaya, *Clarín,* 25 de marzo de 1943. Al año siguiente, Amílcar Celaya escribió sobre Michel en *Noticias Gráficas*, 19 de marzo de 1944: "Firme, rubio, cuadrado –aunque de cuerpo más menudo que la mayoría de sus compatriotas– con gruesos cristales que le permiten sobrellevar una miopía de nacimiento, al maestro alemán no se le mueve un músculo de la cara. Sonrió una sola vez: cuando Iliesco, el año pasado, le pidió, muy suelto de cuerpo, que le aceptara volver atrás una jugada. No está allí para hacer gracias, sino para ganar".

[656] Amílcar Celaya bajo el seudónimo de Roque de Reina, *Mundo Argentino*, 30 de marzo de 1943.

7ª Ronda, 24 de marzo

Al promediar el certamen marchan en los tres primeros puestos los maestros Ståhlberg, Najdorf y Michel, quienes están jugando con gran seguridad. En la sesión de hoy Michel derrotó a Czerniak en 49 movimientos; Rossetto hizo tablas con Pilnick (Sic) en 48; Bolbochán le ganó a Maderna en 35; Fenoglio derrotó a Liebstein en 38; Iliesco hizo tablas con Pelikán en 41; Najdorf empató con Villegas. La partida de Ståhlberg contra el ex campeón argentino, Guimard, quedó suspendida en posición equilibrada. Michel y Najdorf tienen 6/7; Ståhlberg 5½/6; Pilnick 5/7; Guimard 4/6; Pelikán y Bolbochán 4/7.[657]

Continúa Disputándose El Torneo de Ajedrez

Mar del Plata, marzo 24 — Con la realización de la séptima rueda, prosiguió jugándose hoy el torneo internacional de ajedrez en los salones del Casino de esta ciudad.

Al promediar el certamen marchan en los tres primeros puestos los maestros Stahlberg, Najdorf y Michel, quienes están jugando con gran seguridad.

En la sesión de hoy Michel derrotó a Czerniak en 49 movimientos; Rossetto hizo tablas con Pilnick en 48 jugadas; Bolbochán le ganó a Maderna en 35; Fenoglio derrotó a Liebstein en 38; Iliesco hizo tablas con Pelikán en 41 jugadas y Najdorf empató con Villegas.

La partida de Stahlberg contra el ex campeón argentino Carlos Guimard quedó suspendida en posición equilibrada.

La colocación de los participantes es ahora la siguiente:

	J.	G.	T.	P.	Ps.
Michel	7	5	2	-	6
Najdorf	7	5	2	-	6
Stahlberg	6	5	1	-	5½
Pilnick	7	3	4	-	5
Guimard	6	3	2	1	4
Pelikán	7	2	4	1	4
Bolbochán	7	2	4	1	4
Rosetto	7	1	3	3	2½
Fenoglio	7	1	3	3	2½
Iliesco	7	2	1	4	2½
Maderna	7	1	2	4	2
Czerniak	7	1	2	4	2
Villegas	7	1	2	4	2
Liebstein	7	-	-	7	0

Michel y Najdorf, arriba. *La Prensa*, 25 de marzo de 1943

Michel es la antítesis del soñador. De todos los ajedrecistas que he conocido es, quizás, el más práctico y positivo. No teme llegar a posiciones equilibradas, ni se afana por descubrirle cinco pies al gato: si la posición es pareja, acepta tablas de buen grado. En cambio, si tiene cualquier ventaja, aunque sea pequeña, ¡con qué férreo tesón trata de transformarla en el punto codiciado! Llevando las negras opone al Gambito de la Dama la desmonetizada Defensa Tarrasch, con la que, sin embargo, se ingenia para totalizar punto tras punto. Con ella derrotó ayer a Czerniak. Más que un ajedrecista, parece ser un vivaz hombre de negocios. Muy felicitado fue ayer el veterano Villegas por las tablas que le hizo al notable maestro polaco Miguel Najdorf.

Pocos de los demás participantes del torneo pueden jactarse de una división de honores con tan peligroso adversario. Fenoglio derrotó mediante un ataque bien llevado al campeón uruguayo, Liebstein. Fue la primera partida que ganó el representante argentino, y la séptima consecutiva que perdió el uruguayo. El cuidadoso y prudente Jacobo Bolbochán venció en una partida de contraataque al agresivo Maderna. Se cambiaron los papeles. Maderna siguió a medias el análisis que publiqué de la partida Rossetto – Ståhlberg de la 3ª fecha.[658]

Perlas de Mar del Plata. *Clarín*. 25 de marzo de 1943

Hoy llegará a Mar del Plata el maestro Paulin Frydman, que integrara el equipo de Polonia en el Torneo de las Naciones de 1939. Dado que no podía estar ausente de la Capital Federal durante los 16 días que dura el torneo –estaba a cargo del Salón Rex–, Frydman tiene especial interés en presenciar el desarrollo de las rondas decisivas de la justa, y es probable que comente en el tablero mural del Casino Provincial una de las partidas durante su realización.[659]

[657] *La Prensa*, 25 de marzo de 1943.

[658] Amílcar Celaya, *Clarín*, 25 de marzo de 1943.

[659] *El Mundo*, 26 de marzo de 1943.

8ª Ronda, 25 de marzo

▓ Los estudios de Ståhlberg, que éste ha publicado en varias revistas y en forma orgánica en *El Gambito de Dama*, no sólo le aprovechan a él: sirven también a los demás maestros, y hasta a sus adversarios. Najdorf, por ejemplo, aprovechó uno de esos estudios para obtener posición preferible frente a Guimard, posición que después remató el maestro polaco en la forma contundente como él sabe hacerlo. Najdorf venció a Guimard con las propias armas que, en su libro, le brindó Ståhlberg. Uno nunca sabe para quién trabaja.[660]

▓ Con los resultados parciales de la tarde, el astro polaco Miguel Najdorf se coloca en el primer puesto con medio punto de ventaja sobre Michel y Ståhlberg, por cuanto venció en gran estilo al ex campeón argentino, Guimard. Por el contrario, Ståhlberg contra Bolbochán y Michel contra Villegas, no lograron vencer la tenaz resistencia opuesta por los jugadores argentinos, y tuvieron que conformarse con tablas. Pilnik – Iliesco: tiene ventaja este último, por haber sacrificado el campeón argentino la calidad en procura de un ataque que no resultó. (...) En la sesión nocturna, Iliesco venció, y Pilnik sufre su primera derrota en el certamen. Los resultados fueron: Bolbochán ½:½ Ståhlberg; Najdorf 1:0 Guimard; Michel ½:½ Villegas; Pelikán 1:0 Czerniak; Pilnik 0:1 Iliesco; Fenoglio 0:1 Rossetto; Maderna ½:½ Liebstein.[661]

▓ Despertó gran expectativa el encuentro entre las dos grandes figuras del tablero: Najdorf – Ståhlberg. Resultó, en efecto, una hermosa partida, la que, después de acciones complejas e interesantes, terminó con un honroso empate. La nota sensacional la dio el campeón uruguayo, Liebstein, al vencer en gran estilo a Bolbochán. En la sesión nocturna, Czerniak venció a Pilnik, ya que este último se equivocó, para encontrarse en una situación de *réplica forzada*.[662]

AJEDREZ

El Torneo de Mar del Plata

Triunfa Najdorf con las Armas de Stahlberg

STAHLBERG y Najdorf, lo mismo que en los dos anteriores torneos de Mar del Plata, hicieron tablas entre sí. Con este resultado, el segundo sigue precediendo al primero, por medio punto, en la tabla de posiciones. Se confirma así lo que, sin arriesgarme mucho, pronostiqué al iniciarse el certamen: que el triunfo no debía salir del campeón sueco y el maestro polaco. Y se confirma, también — por lo menos hasta ahora — mi impresión personal de que cualquiera que sea la elevada valía de Stahlberg, la bella profundidad de sus análisis y de sus estudios teóricos, en el ajedrez práctico, en la lucha frente al tablero y con la angustia del reloj al lado, la seguridad y la velocidad de percepción de Najdorf le asignan una ventaja pequeñísima, infinitesimal, si se quiere, sobre su temible adversario.

Los estudios de Stahlberg, que éste ha publicado en varias revistas y, en forma orgánica, en "El Gambito de Dama", no sólo le aprovecha a él: sirven también a los demás maestros y aficionados, y hasta a sus adversarios. Najdorf, por ejemplo, aprovechó uno de esos estudios para obtener posición preferible frente a Guimard, en la rueda anterior del certamen, posición que después remató el maestro polaco en la forma contundente como él sabe hacerlo. Sin hurtarle el mérito del remate, tan irrebatible como suyo, debemos admitir que Najdorf venció a Guimard con las propias armas que, en "El Gambito de Dama", le brindó Stahlberg.

Uno nunca sabe para quien trabaja.

He aquí lo bien que Najdorf aprendió la lección de su más calificado rival, para ganarle al ex campeón argentino Guimard, quien, precisamente, acababa de hacer tablas con Stahlberg...

NAJDORF

GAMBITO DE LA DAMA ORTODOXO

Defensa de Cambridge-Springs

BLANCAS NAJDORF (Polaco)	NEGRAS C. E. Guimard (Argentino)

1. P4D	P4D	6. C3A	D4T
		7. PxP	CxP!

17. DxC, A2D; 18. O-O, TD1A; 19. D3C, D3T! (Stahlberg - Spielmann, Moscú 1935) y las negras, que presionan la única línea abierta, que amenazan... A5T y disponen de la potente pareja de alfiles, están sin duda mejor que las blancas; o bien:

b) 11. P3R, CxC; 12. PxC, A6T; 13. T1CD, P4R, con juego incierto, de dos filos.

Las perlas de Amílcar en Mar del Plata.
Clarín. 25 de marzo de 1943

▓ Triunfa Najdorf con las armas de Ståhlberg. Lo mismo que en los dos torneos anteriores de Mar del Plata, hicieron tablas entre sí. Con este resultado, el primero precede al segundo por medio punto en la tabla de posiciones. Se confirma así lo que, sin arriesgarme mucho, pronostiqué al iniciarse el certamen: que el triunfo no debía salir del campeón sueco y el maestro polaco. Y se confirma también mi impresión personal de que cualquiera sea la elevada talla de Ståhlberg, la bella profundidad e sus análisis y de sus estudios teóricos, en el ajedrez práctico, en la lucha sobre el tablero y con la angustia del reloj al lado, la seguridad y la velocidad de percepción de Najdorf le asignan una ventaja pequeñísima, infinitesimal, si se quiere, sobre su temible adversario.[663]

660 Amílcar Celaya, *Clarín*, 27 de marzo de 1943.
661 *El Mundo*, 26 de marzo de 1943.
662 *El Mundo*, 27 de marzo de 1943.
663 Amílcar Celaya, *Clarín*, 27 de marzo de 1943.

10ª Ronda, 27 de marzo

▌Una nueva victoria conquistó hoy el ajedrecista polaco Miguel Najdorf, venciendo a Bolbochán, y dado que Ståhlberg no pudo quebrar la resistencia de Michel, con quien empató, Najdorf se ha colocado con un punto de ventaja en el primer puesto, resultando ahora sumamente difícil para sus rivales desalojarlo de tal situación en las tres ruedas que faltan para que termine la competencia. Pelikán hizo tablas con Guimard, Pilnik derrotó a Villegas, Czerniak le ganó a Fenoglio, Maderna empató con Iliesco y Rossetto venció a Liebstein.[664]

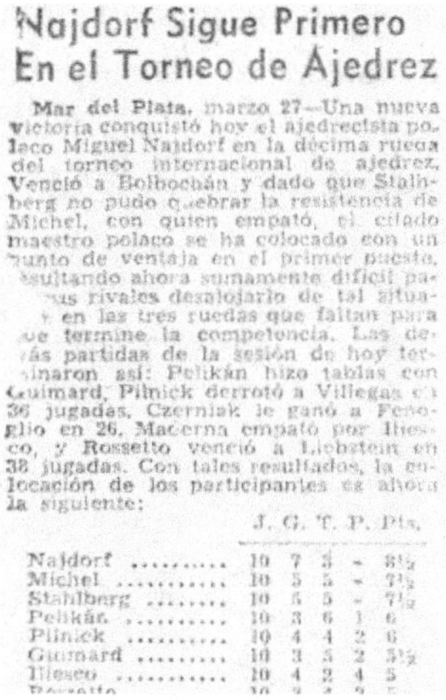
Najdorf Sigue Primero En el Torneo de Ajedrez

Mar del Plata, marzo 27—Una nueva victoria conquistó hoy el ajedrecista polaco Miguel Najdorf en la décima rueda del torneo internacional de ajedrez. Venció a Bolbochán y dado que Stahlberg no pudo quebrar la resistencia de Michel, con quien empató, el citado maestro polaco se ha colocado con un punto de ventaja en el primer puesto, resultando ahora sumamente difícil para sus rivales desalojarlo de tal situación en las tres ruedas que faltan para que termine la competencia. Las demás partidas de la sesión de hoy terminaron así: Pelikán hizo tablas con Guimard, Pilnick derrotó a Villegas en 36 jugadas, Czerniak le ganó a Fenoglio en 26, Maderna empató por Iliesco, y Rossetto venció a Liebstein en 38 jugadas. Con tales resultados, la colocación de los participantes es ahora la siguiente:

	J.	G.	T.	P.	Pts.
Najdorf	10	7	3	-	8½
Michel	10	5	5	-	7½
Stahlberg	10	5	5	-	7½
Pelikán	10	3	6	1	6
Pilnick	10	4	4	2	6
Guimard	10	3	5	2	5½
Iliesco	10	4	2	4	5
Rossetto	[illegible]	[illegible]	[illegible]	[illegible]	[illegible]

Najdorf vence a Jacobo Bolbochán. *La Prensa*, 28 de marzo de 1943

▌La 10ª rueda ha permitido al maestro polaco Miguel Najdorf aumentar su ventaja en la tabla de posiciones, al batir a Bolbochán luego de una lucha que en realidad no le fue siempre favorable. Entre tanto, sus adversarios más próximos, Ståhlberg y Michel, jugaron entre sí y al empatar, se restaron otro medio punto en la tabla.[665]

▌El panorama del torneo faltando sólo tres rondas es que tres maestros internacionales superaron ampliamente a los representantes nacionales. Esto no es una sorpresa, pero en la mayoría de las veces ha habido una nota grata para la afición argentina. Por ejemplo, el brillante empate de Guimard con Eliskases en San Pablo, el segundo puesto de Guimard en Montevideo, detrás de Alekhine, y el empate de Pilnik con Ståhlberg en Mar del Plata el año pasado. El comportamiento de los aficionados locales defraudó un tanto las esperanzas que nuestros dirigentes y numerosos aficionados (Sic) habían depositado en ellos. La admirable actuación de Najdorf, Ståhlberg y Michel, y hasta puede decirse de Pelikán, acusa un mayor porcentaje de éxitos al hacer una comparación con el torneo pasado. Guimard comenzó muy bien, con muchos bríos, para declinar luego sin saberse el por qué. Jacobo Bolbochán y Villegas han sido vencidos varias veces en partidas de difícil explicación. Iliesco, Rossetto y Maderna actuaron más o menos como en el torneo de 1942.

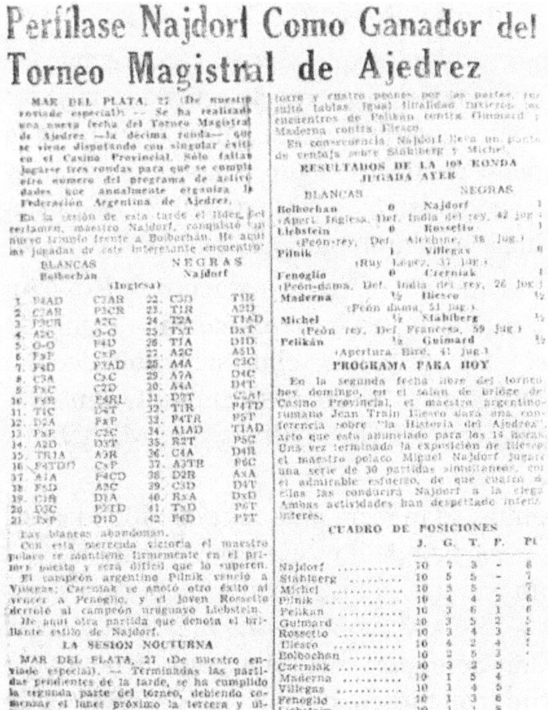
Perfílase Najdorf Como Ganador del Torneo Magistral de Ajedrez

MAR DEL PLATA, 27 (De nuestro enviado especial). — Se ha realizado una nueva fecha del Torneo Magistral de Ajedrez —la décima ronda— que se viene disputando con singular éxito en el Casino Provincial. Sólo faltan jugarse tres rondas para que se cumpla otro número del programa de actividades que anualmente organiza la Federación Argentina de Ajedrez.

En la sesión de esta tarde el líder del certamen, maestro Najdorf, conquistó un nuevo triunfo frente a Bolbochán. He aquí las jugadas de este interesante encuentro:

BLANCAS Bolbochán — NEGRAS Najdorf

(Inglesa)

	Blancas	Negras		Blancas	Negras
1.	P4AD	C3AR	22.	C3D	T1R
2.	C3AR	P3CR	23.	T1R	A2D
3.	P3CR	A2C	24.	T2A	T1AD
4.	A2C	O-O	25.	TxT	DxT
5.	O-O	P4D	26.	T1A	D1D
6.	PxP	CxP	27.	A2C	A3D
7.	P4D	P3AD	28.	A4A	C3C
8.	C3A	CxC	29.	A7A	D4C
9.	PxC	C2D	30.	A4A	D4T
10.	P4R	P4RL	31.	D2T	C2A
11.	T1C	D3T	32.	T1R	P4TD
12.	D2A	PxP	33.	P4TR	P5T
13.	PxP	C2C	34.	A1AD	T1AD
14.	A2D	D3T	35.	R2T	P5C
15.	TR1A	A3R	36.	C4A	D4R
16.	P4TD	CxP	37.	A3TR	P6C
17.	A1A	P4CD	38.	D2R	AxA
18.	P5D	A2C	39.	C3D	D4T
19.	C1R	D1A	40.	RxA	DxD
20.	D3C	P3TD	41.	TxD	P6T
21.	TxP	D1D	42.	P6D	P7T

Las blancas abandonan.

Con esta merecida victoria el maestro polaco se mantiene firmemente en el primer puesto y será difícil que lo superen.

El campeón argentino Pilnik venció a Villegas; Czerniak se anotó otro éxito al vencer a Fenoglio, y el joven Rossetto derrotó al campeón uruguayo Liebstein.

He aquí otra partida que denota el brillante estilo de Najdorf.

LA SESION NOCTURNA

MAR DEL PLATA, 27 (De nuestro enviado especial). — Terminadas las partidas pendientes de la tarde, se ha cumplido la segunda parte del torneo, debiendo comenzar el lunes próximo la tercera y última. Los resultados que se registraron [...] torre y cuatro peones por las partes, resultó tablas. Igual finalidad tuvieron los encuentros de Pelikán contra Guimard y Maderna contra Iliesco.

En consecuencia, Najdorf lleva un punto de ventaja sobre Stahlberg y Michel.

RESULTADOS DE LA 10ª RONDA JUGADA AYER

BLANCAS		NEGRAS	
Bolbochan	0	Najdorf	1
(Apert. Inglesa, Def. India del rey, 42 jug.)			
Liebstein	0	Rossetto	1
(Peón-rey, Def. Alekhine, 38 jug.)			
Pilnik	1	Villegas	0
(Ruy López, 37 jug.)			
Fenoglio	0	Czerniak	1
(Peón-dama, Def. India del rey, 26 jug.)			
Maderna	½	Iliesco	½
(Peón dama, 51 jug.)			
Michel	½	Stahlberg	½
(Peón rey, Def. Francesa, 59 jug.)			
Pelikán	½	Guimard	½
(Apertura Bird, 41 jug.)			

PROGRAMA PARA HOY

En la segunda fecha libre del torneo hoy domingo, en el salón de bridge del Casino Provincial, el maestro argentino-rumano Jean Train Iliesco dará una conferencia sobre "La Historia del Ajedrez", acto que está anunciado para las 14 horas. Una vez terminada la exposición de Iliesco el maestro polaco Miguel Najdorf jugará una serie de 30 partidas simultáneas, con el admirable esfuerzo, de que cuatro de ellas las conducirá Najdorf a la ciega. Ambas actividades han despertado intenso interés.

CUADRO DE POSICIONES

	J.	G.	T.	P.	Pt
Najdorf	10	7	3	-	8
Stahlberg	10	5	5	-	7
Michel	10	5	5	-	7
Pilnik	10	4	4	2	6
Pelikan	10	3	6	1	6
Guimard	10	3	5	2	5
Rossetto	10	3	4	3	[illegible]
Iliesco	10	4	2	4	[illegible]
Bolbochan	10	2	5	3	[illegible]
Czerniak	10	3	2	5	
Maderna	10	1	5	4	
Villegas	10	1	4	5	
Fenoglio	10	1	3	6	
Liebstein	10	1	1	8	

Mañana lunes, proseguirá el torneo

Najdorf vence a Bolbochán y lidera. *El Mundo*. 28 de marzo de 1943

Hoy hubo descanso y simultáneas de Najdorf. En el Casino Provincial se realizó esta tarde un acto ajedrecístico que despertó interés y entusiasmo, con la presencia de mucho público marplatense. Primero el maestro rumano-argentino Iliesco disertó sobre historia del ajedrez, y a continuación el maestro polaco Najdorf jugó 23 partidas simultáneas, 4 de ellas a ciegas. Najdorf puso de manifiesto sus grandes aptitudes en conducir partidas rápidas, ganando, de las 19, viendo 18, y una la perdió contra el señor F. Higgel. De las 4 sin ver el tablero, ganó 2, y las otras 2 fueron tablas, frente a la señora Carmen S. de Bernal y el ingeniero T. Cilley Hernández.[666]

[664] *La Prensa*, 28 de marzo de 1943.
[665] *La Nación*, 28 de marzo de 1943.
[666] *El Mundo*, 29 de marzo de 1943.

11ª Ronda, 29 de marzo

■ El campeón polaco obtuvo un brillante triunfo sobre Michel en una partida digna de un maestro. Fue una Apertura PD, Defensa Tarrasch, en 34 jugadas. Las negras abandonaron, porque si 34...D4C 35.T4xA! Esta partida tiene interés teórico, porque hasta la jugada 19ª del negro era igual a la de Czerniak – Michel de la 7ª ronda de este torneo. La jugada 20.P3R es una mejora de Najdorf, y véase cómo logra destruir el centro negro, y luego gana calidad, dado que las amenazas del contrario eran muy difíciles de parar por parte de Michel, quien es vencido por primera vez en el torneo. Por su parte, Ståhlberg le ganó a Pelikán, Peón-Dama, Contragambito Benoni, en 39 jugadas, en notable estilo, dejando entrever que no podrá ser superado en este torneo, salvo por Najdorf, que continúa llevándole un punto de ventaja. Los otros resultados fueron: Rossetto 1:0 Bolbochán; Villegas 0:1 Fenoglio; Guimard ½:½ Pilnik; Czerniak 1:0 Maderna. Najdorf tiene 9½/11; Ståhlberg 8½; Michel 7½; Pilnik 6½; Pelikán, Guimard y Rossetto 6.[667]

Michel es Derrotado por Najdorf en el Torneo de Mar del Plata

Brillante triunfo de Najdorf sobre Michel. *El Mundo*, 30 de marzo de 1943

■ Afianza Najdorf su triunfo final. Esta rueda arrojó resultados que vienen a confirmar las anteriores performances. Miguel Najdorf, con el triunfo que logró hoy frente al aguerrido jugador alemán Paul Michel, afianza la posibilidad de ganar el torneo, pues éste quedó ahora relegado a la tercera posición. Sin embargo, el campeón de Suecia, Gideon Ståhlberg, sigue siendo un rival muy serio para el puntero, pues conduciendo las piezas blancas se impuso bien en la jugada 39ª al destacado jugador Pelikán. Con ello, se coloca en el segundo lugar a sólo un punto de Najdorf.

La partida que provocó comentarios y sorprendió fue la que efectuaron los argentinos Rossetto y Jacobo Bolbochán, en la que aquél se impuso en forma categórica cuando promediaba la jugada 29ª. En cambio, se hizo prolongada la partida de Villegas y Fenoglio, pues el primero sólo decidió dar por perdido el cotejo al llegar a la jugada 61ª. Los encuentros Iliesco – Liebstein, Guimard – Pilnik y Czerniak – Maderna fueron suspendidos. Najdorf tiene 9½/11; Ståhlberg 8½; Michel 7½; Pelikán, Pilnik y Rossetto 6.[668]

■ La victoria de Najdorf en su cotejo con Michel acentúa de manera neta las posibilidades del maestro polaco. Si bien Ståhlberg también se impuso en la partida de hoy, el primero mantiene un punto de ventaja, lo que no parece fácil de ser descontado, ya que, si bien Najdorf debe aún jugar con Pelikán y Pilnik, el maestro sueco tendrá por rivales a Pilnik y Fenoglio. La mayor eficiencia actual de Pelikán en relación con Fenoglio favorece a Ståhlberg, pero no parece suficiente como para descontar un punto, Queda, pues, prácticamente definido el torneo, que ha sido un duelo entre los dos maestros europeos. En la rueda de hoy se produjeron los siguientes resultados: Rossetto 1:0 Bolbochán, en 28 jugadas; Fenoglio 1:0 Villegas, en 71; Ståhlberg 1:0 Pelikán, en 39; Najdorf 1:0 Michel, en 34; Czerniak 1:0 Maderna, en 48; Guimard ½:½ Pilnik, en 40. Fue suspendida para esta noche Iliesco – Liebstein.[669]

[667] *El Mundo*, 30 de marzo de 1943.
[668] Libro de recortes de Luis Piñol.
[669] *La Nación*, 30 de marzo de 1943.

12ª Ronda, 30 de marzo

▌Ståhlberg venció a Pilnik. La penúltima rueda deparó resultados lógicos, y en consecuencia las posiciones de los participantes varió en forma sensible (Sic). Si bien es cierto que Ståhlberg pudo vencer a Pilnik en la jugada 32ª, no es menos cierto que dicho resultado era esperado, pues la superioridad de juego del campeón de Suecia permitía descontar ese triunfo, pese al desempeño acertado del jugador local y de la brillante forma en que jugó su partida (Sic). Por su parte, Michel tuvo que dividir honores con Jacobo Bolbochán, pues en la forma cómo se planteó la partida desde el comienzo, no podía deparar otro resultado que medio punto por jugador. Sin embargo, la partida que deparó comentarios fue la jugada de Héctor Rossetto y el maestro rumano Juan Iliesco, pues aquél, que en las últimas ruedas del certamen está jugando con mucho acierto, le impuso un juego recio, por lo que Iliesco abandonó en la jugada 21ª (Sic). Las partidas jugadas por Pelikán contra Najdorf y Fenoglio contra Guimard, quedaron en suspenso.[670]

▌El maestro polaco Najdorf tiene el triunfo asegurado, por cuanto esta tarde, jugando contra Pelikán, suspendió su partida en situación que debe ganar por tener dos peones de ventaja en un final de torres y piezas menores. Por otra parte, el maestro Ståhlberg tiene asegurado el 2º puesto, al vencer al campeón argentino, Pilnik, en una lucha donde puso de manifiesto sus notables aptitudes. Michel, que está colocado 3º, ganó contra Bolbochán. La nota simpática la constituye la reacción de dos participantes, Czerniak y Rossetto, que es ahora el argentino mejor colocado.[671]

13ª Ronda, 31 de marzo

▌Luego de los resultados de la 13ª y última ronda, Miguel Najdorf se impuso por medio punto, luego de igualar con Herman Pilnik. Ståhlberg, que venció a Fenoglio, ocupó el segundo lugar. El vencedor triunfa por 2ª vez en un Torneo de Mar del Plata; en 1942 también aventajó a Ståhlberg por la misma mínima ventaja de medio punto. Es Najdorf un maestro de nacionalidad polaca, ya bien conocido en nuestro ambiente ajedrecístico por sus características singulares en dirigir los trebejos, dando lugar a exhibiciones que siempre han entusiasmado a la afición argentina. Se clasificó segundo Gideon Ståhlberg, cuya actuación ha sido también notable en todo sentido. No perdió frente a ningún adversario, denotando un juego científico de primera agua. El maestro sueco es siempre el rival más formidable que tiene Najdorf, y casi siempre el encuentro entre ambos termina en un empate.[672]

▌La prueba ha significado una plena ratificación de la indiscutida superioridad de los profesionales Miguel Najdorf y Gideon Ståhlberg, del Círculo de Ajedrez, quienes una vez más redujeron la competencia a un *match* entre ambos. Ha triunfado

1/4/1943

4/4/43

Gana Najdorf por Medio Punto el Certamen Magistral de Mar del Plata

MAR DEL PLATA, 31 (De nuestro enviado especial). — Finalizó en nuestro primer balneario el 6º torneo internacional, que había comenzado el 17 del actual y cuyo éxito se debe a la eficaz labor que desarrolló la entidad organizadora.

Los resultados de la 13a y última ronda de hoy establecen la siguiente clasificación final de los vencedores:

1º Miguel Najdorf .... 11 puntos
2º Gideon Stahlberg ..... 10 ½ „
3º Paúl Michel .... 8 ½ „
4º Héctor Rossetto .... 7 ½ „
5º Hermán Pilnik .... 7 „

Sexto, séptimo y octavo premio divididos entre Jiri Pelikan, Carlos Guimard y Miguel Czerniak, con 6½.

El score de los demás participantes es, a saber: Jacobo Bolbochán y Jean Train Iliesco 5 puntos, con una suspendida; Maderna, 5; Fenoglio 4 ½, Villegas 3 (una suspendida) y Liebstein 2 ½ con una suspendida.

ACTUACION DE LOS VENCEDORES

El vencedor, Miguel Najdorf, triunfa por segunda vez en un torneo de Mar del Plata; en 1942 también aventajó a Stahlberg por la misma mínima ventaja de medio punto, esta vez sin perder una sola partida, lo cual significa un comportamiento único y brillante. Es Najdorf un maestro de nacionalidad polaca, ya bien conocido en nuestro ambiente ajedrecístico por sus características singulares en dirigir los trebejos, dando lugar a exhibiciones que siempre han entusiasmado a la afición argentina. Su actuación en el año 1942, a más de ganar en Mar del Plata, son: Primero empatado con Stahlberg en el torneo internacional de Córdoba y primero en el torneo internacional del Círculo de Ajedrez, llegando segundo Stahlberg, lo cual no hace más que confirmar sus notables dotes de ajedrecista nato.

Se clasificó segundo Gideón Stahlberg, cuya actuación ha sido también notable en todo sentido; no perdió frente a ningún adversario, denotando un juego científico de primera agua. El maestro sueco es siempre el rival más formidable que tiene Najdorf, y casi siempre el encuentro entre ambos termina con un empate.

Tercero se clasificó Paul Michel, quien superó su actuación del año 1942. Jugó en gran forma, ganando diversas partidas en un estilo ponderable, y su única derrota frente a Najdorf, no hace más que valorar la bondad del ganador del certamen.

Sobre el comportamiento de los demás participantes, ya quedó establecido lo referente a ellos, faltando tres rondas para la terminación de la prueba. Sólo deben citarse ahora de nuevo al joven argentino Héctor Rossetto y al maestro palestino Miguel Czerniak. Tanto uno como otro ganaron cuatro partidas seguidas, de la 9ª ronda a la 12ª, para enfrentarse en la fecha final, empatando honores. Rossetto, al clasificarse cuarto y con el mejor score de los representantes nacionales, deja entrever que es una promesa para el futuro, y que su victoria sobre Guimard en 1942 y clasificarse campeón, no fué ocasional, sino una demostración de que posee singulares aptitudes de ajedrecista. Czerniak, al reaccionar tan meritoriamente en la etapa final, vislumbra que puede ser, sin duda, un maestro tan fuerte en la práctica como lo es teóricamente.

RESULTADOS DE LA DECIMOTERCERA Y ULTIMA RONDA

BLANCAS — NEGRAS

Czerniak .... ½ Rossetto .... ½
(Peón-dama, defensa Grunfeld, 25 jugadas)
Guimard .... ½ Maderna .... ½
(Peón-dama, sistema Colle, 39 jugadas)
Stahlberg ...... 1 Fenoglio 0
(Gambito-dama, def. Eslava, 66 jugadas)
Najdorf .... ½ Pilnik .... ½
(Gambito-dama aceptado, 52 jugadas)
Michel .... ½ Pelikan .... ½
(Peón-rey, defensa Siciliana, 30 jugadas)

SUSPENDIDAS

Iliesco — Bolbochán
(Zukertort)
Villegas — Liebstein
(Ruy López)

DE LA DECIMOSEGUNDA RONDA

Pelikan .... 0 Najdorf 1
(Peón-dama, def. India de rey, 50 jug.)
Fenoglio .... 1 Guimard 0
(Peón-dama, def. India de rey, 73 jug.)

CUADRO FINAL DE POSICIONES

	J.	G.	T.	P.	Pts.
Najdorf	13	9	4	-	11
Stahlberg	13	8	5	-	10½
Michel	13	5	7	1	8½
[illegible]setto	13	5	5	3	7½
[illegible]ik	13	4	6	3	7
Guimard	13	3	7	3	6½
Pelikan	13	3	7	3	6½
Czerniak	13	5	3	5	6½
Iliesco	12	4	2	6	5
Bolbochán	12	2	6	4	5
Maderna	13	2	6	5	5
Fenoglio	13	3	3	7	4½
Villegas	12	1	4	7	3
Liebstein	12	2	1	9	2½

EL ACTO DE CLAUSURA DE HOY

Hoy se realizará en el salón de bridge del Casino Provincial de Mar del Plata el acto de clausura del 6º torneo internacional que acaba de finalizar, que promete resultar muy concurrido dada la expectativa que despertó el desarrollo del certamen en el público marplatense.

Najdorf, vencedor inobjetable.
El Mundo. 1º de abril de 1943

[670] *La Razón*, 31 de marzo de 1943.
[671] *El Mundo*, 31 de marzo de 1943.
[672] *El Mundo*, 1º de abril de 1943.

nuevamente el maestro polaco, quien destacó su estilo sólido y firme, tan productivo en esta clase de pruebas. Ha ganado bien, ya que jugó en notable forma, al probar otra vez su alta clase internacional. El campeón sueco, Ståhlberg, también jugó con su habitual brillo, si bien con poca fortuna en algunas partidas. El resultado lo muestra, sin embargo, en posesión de sus mejores medios, y sus partidas fueron, como siempre, valiosos temas de atractivo para los aficionados., que gustan de su estilo movido, agresivo y dinámico. Una vez más el maestro alemán Paul Michel, también del Círculo de Ajedrez, se clasifica en un puesto de honor luciendo su solidez, a menudo excesiva. Quizá pudo haber comprometido la situación de los primeros, de poseer una ambición de triunfo más señalada.

Como buen resultado de un ajedrecista local, merece consignarse el cuarto puesto del ex campeón argentino, Héctor Rossetto, tan injustamente despojado por una modificación reglamentaria del título nacional. La prueba fue, en general, interesante. a pesar de la ausencia de elementos calificados del país que no fueron invitados, y la actuación de otros jugadores que nada aportaron al brillo del concurso y a la magnitud del esfuerzo cumplido por las autoridades de Mar del Plata, que colaboraron permanentemente. Los resultados de la última rueda fueron los que siguen: Najdorf ½:½ Pilnik; Guimard ½:½ Maderna; Czerniak ½:½ Rossetto; Michel ½:½ Pelikán; Ståhlberg 1:0 Fenoglio; Villegas 0:1 Liebstein.[673]

▓ Se advierte en esta crónica una manifestación del cisma del ajedrez argentino. Grau elogia al Círculo de Ajedrez, y critica a la FADA por las omisiones en las invitaciones. Además, pone de relieve la baja actuación de otros participantes, indirectamente referida a la pobre actuación de Villegas, representante del Club Argentino.[674]

▓ Se dio la lógica. Dije al iniciarse el torneo que el primer puesto debía decidirse entre el maestro polaco Miguel Najdorf y el campeón sueco, Gideon Ståhlberg. Y que de los dos, no obstante los admirables conocimientos de Ståhlberg y la belleza y profundidad de sus análisis, me parecía que, como ajedrecista práctico, rápido y certero en sus maniobras, y de una seguridad envidiable en sus partidas, Najdorf era ligerísimamente superior. Los hechos se han ajustado estrictamente a mis previsiones.

Najdorf y Ståhlberg han finalizado primero y segundo, a holgada distancia de los demás, y separados entre sí por la mínima diferencia de medio punto. Ni uno ni otro han perdido partida alguna. Además de su habilidad para el ajedrez regularmente disputado, Najdorf descuella por sus facultades prodigiosas para jugar partidas simultáneas a ciegas, y ping-pong a toda velocidad, *sin que se le vean las manos*. En Bahía Blanca condujo 222 partidas al mismo tiempo, de las cuáles una a ciegas. Ganó 202, hizo tablas 12 y perdió solamente una. El tercer puesto ha correspondido al maestro alemán Paul Michel, a cuyo estilo clásico y sólido, directamente inspirado en los principios del ilustre doctor Tarrasch, *praeceptor germaniae*. Michel cayó vencido una única vez frente a Najdorf, no sólo por la superioridad del maestro polaco, sino también por la rígida consecuencia del alemán, empeñado en adoptar todas las líneas de juego de su venerado maestro, inclusive las que la teoría contemporánea considera deficientes.

Héctor Decio Rossetto, ex campeón argentino, el adolescente bahiense que despojó del título máximo a Guimard y que perdió el campeonato al establecerse una nueva reglamentación, ha sido el argentino mejor clasificado. Sólo ahora repara la afición en Rossetto. Sólo ahora se piensa que su victoria sobre Guimard fue *posiblemente* justa. ¡Tardío reconocimiento! Rossetto ha cumplido 20 años, y todavía son muchas las satisfacciones que puede deparar al ajedrez nacional.[675]

La decisión del maestro Paulino Frydman

▓ Los dos premios especiales del VI Torneo de Mar del Plata –a la mejor partida y a la más brillante– instituidos por el doctor Carlos Blas Piccardo, están a punto de ser discernidos por el árbitro

[673] Roberto Grau, *La Nación*, 1º de abril de 1943.

[674] Nota del autor.

[675] Amílcar Celaya, *Clarín*, 1º de abril de 1943.

único, el maestro Paulino Frydman, que con su conocida responsabilidad se ha dedicado a la tarea de clasificarlas. Dicho maestro ha recibido las siguientes partidas: Pilnik – Ståhlberg (12ª ronda), Ståhlberg – Pelikán (11ª); Rossetto – Ståhlberg (3ª); Rossetto – Iliesco (12ª); Fenoglio – Guimard (12ª); Iliesco – Czerniak (1ª); Czerniak – Michel (8ª). Son en total 7 producciones que aspiran a los premios, haciéndose acreedores a $ 60 cada una. El señor M. Mendel Najdorf, invitado a enviar una de sus mejores partidas, ha manifestado su deseo de no hacerlo, entendiendo que los ganadores no deben competir en esos premios.[676]

▓ El torneo contó con el apoyo del Ministerio de Obras Públicas de la Provincia de Buenos Aires, que cedió una sala del Piso de Deportes, donde se jugaron las rondas entre las 14.15 y las 19.15. Fue financiado con la suma de $ 4.000 por la Unión Kursaal Argentina (UKA), y el doctor Carlos Blas Piccardo donó $ 120 para las mejores partidas, Ståhlberg por su victoria ante Pelikán, y Michel ante Czerniak. La Asociación de Propaganda y Fomento de Mar del Plata se encargó de la hotelería y los viajes de los jugadores.[677]

▓ El vicepresidente de la FADA, al hacer uno de la palabra, se refirió a la importancia que siempre despiertan estas justas ajedrecísticas, y puso de relieve el apoyo moral y material que brindaron muchas entidades del país al éxito del certamen. Acto seguido fueron entregados los premios a los vencedores, y también fueron adjudicados tres premios a los mejores scores sobre los cinco primeros: 1° y 2° empatados Guimard y Pelikán, y 3° Miguel Czerniak. Los dos premios a las mejores partidas serán adjudicados por Paulino Frydman posteriormente.[678]

▓ Llegó mal Benito Villegas en este torneo: ¡14° entre 14!. Lo decimos despacito, porque si fuera por la inextinguible afición y el cariño que el veterano maestro siente por el ajedrez, debería haber finalizado primero, y lejos. La FADA le ofreció que concurriera al balneario para explicar las partidas al público, o bien como miembro del jurado, o para las dos cosas. Villegas no quiso saber nada:

> ¡Yo voy, pero a jugar![679]

Torneo Internacional de Mar del Plata 1943

		1	2	3	4	5	6	7	8	9	0	1	2	3	4	PTS	S.B.
1	Najdorf, Miguel	*	½	1	1	½	1	1	1	1	1	1	½	1	½	11.0/13	
2	Ståhlberg, Gideon	½	*	½	1	1	½	1	½	½	1	1	1	1	1	10.5/13	
3	Michel, Paul	0	½	*	1	½	½	½	1	½	1	1	½	1	½	8.5/13	
4	Rossetto, Héctor Decio	0	0	0	*	½	½	½	½	1	1	½	1	1	1	7.5/13	
5	Pilnik, Herman	½	0	½	½	*	½	½	0	1	0	½	1	1	1	7.0/13	
6	Guimard, Carlos Enrique	0	½	½	½	½	*	½	1	½	1	½	0	1	0	6.5/13	40.50
7	Pelikán, Jorge	0	0	½	½	½	½	*	1	½	½	0	1	1	½	6.5/13	36.25
8	Czerniak, Miguel	0	½	0	½	1	0	0	*	½	0	1	1	1	1	6.5/13	35.00
9	Bolbochán, Jacobo	0	½	½	0	0	½	½	½	*	1	1	1	0	½	6.0/13	
10	Iliesco, Juan Traian	0	0	0	0	1	0	½	1	0	*	½	1	0	1	5.0/13	26.75
11	Maderna, Carlos Hugo	0	0	0	½	½	½	1	0	0	½	*	½	½	1	5.0/13	26.50
12	Fenoglio, Virgilio	½	0	½	0	0	1	0	0	0	0	½	*	1	1	4.5/13	
13	Liebstein, Arturo	0	0	0	0	0	0	0	0	1	1	½	0	*	1	3.5/13	
14	Villegas, Benito Higinio	½	0	½	0	0	1	½	0	½	0	0	0	0	*	3.0/13	

676 *El Mundo,* 2 de abril de 1943.
677 *El Ajedrez Americano* 2ª época nº 94, pág. 57. *Enroque!!* nº 22, pág. 11. *Caissa* nº 57, pág. 74.
678 *El Mundo*, 2 de abril de 1943.
679 Amílcar Celaya bajo el seudónimo de Roque de Reina, *Mundo Argentino*, 1º de abril de 1943.

II Torneo Playas de Necochea

■ Del 18 al 21 de marzo se juega el II Torneo Inter Regional por Equipos Playas de Necochea, en los salones del Royal Hotel. Fue ganado por Bahía Blanca, seguido por Tres Arroyos, Olavarría, Dolores, Necochea, Tandil y Bolívar. *Enroque!!* titula: *El doctor. J. A. Seitz en Necochea.* Luego, dice:

> El Círculo La Regence destacó al doctor. A. J. Seitz, a invitación del Club de Ajedrez Necochea, en carácter de técnico y supervisor del torneo, quien ha podido apreciar la importancia y la buena organización del certamen. Nuestros lectores ya conocen al doctor Seitz a través de la continua colaboración en estas páginas, pero su fama es internacional, no sólo como jugador de ajedrez, sino como periodista, organizador de torneos y demás actividades ajedrecísticas, acrecentadas como maestro y demostraciones en conferencias, simultáneas, etc. Durante la permanencia entre nosotros ha hecho varias exhibiciones que han sido muy ilustrativas y provechosas para nuestros aficionados. Ha realizado tres sesiones de simultáneas de cinco tableros con reloj, los días 14, 15 y 16 de marzo.
>
> El resultado final ha sido de ocho ganadas, siete tablas y dos perdidas. El 28 de marzo jugó 20 partidas, ganando 10, haciendo tablas 9 y perdiendo una. Ese mismo día a las 21.30, con motivo de las partidas del doctor Seitz, cumplida su misión de La Regence en el Torneo Playas de Necochea 1943, y del campeón local, Guillermo Cao, que se radica en Tandil, El Club Necochea ofreció a ambos una cena de despedida, que se realizó en el restaurant *La Sonámbula.* A los postres, el presidente, Santiago Oliva, pronunció breves y sentidas palabras de agradecimiento.[680]

Las partidas se llevarán a efecto en el Hotel Royal y otros que se cederán para tal fin. Como carácter de comentarista y crítico, ha sido nombrado el doctor A. J. Seitz, representante del Círculo La Regence de Buenos Aires. Es el doctor Seitz uno de los corresponsales que más torneos y *matches* ha presenciado en todas partes del mundo.[681]

Ståhlberg, de gira por el interior

■ El 28 de abril el sueco Gideon Ståhlberg inicia en Rafaela, Santa Fe, un ciclo de conferencias y exhibiciones que se prolongó por todo el mes. Fue organizado por el Círculo local, presidido por Ernesto Bruera.[682]

Guimard, a Perú

■ A fines de abril Guimard se traslada a Perú, donde tiene un contrato por dos meses para dar conferencias, simultáneas y otras exhibiciones. Durante el viaje, se detuvo en varias localidades del norte argentino, ofreciendo demostraciones en San Miguel de Tucumán, Salta, San Salvador de Jujuy, San Pedro de Jujuy.[683]

XX Asamblea de FADA

■ A comienzos de junio la FADA instala su Secretaría en la Asociación del Fútbol Argentino, Viamonte 1366, 5° piso. En este local se realizó la 20ª Asamblea, en la que se llevó a cabo una breve

680 *Enroque!!* nº 21 del 29 de marzo de 1943. *El Mundo*, 6 de marzo de 1943.
681 *El Mundo*, 16 de marzo de 1943.
682 *Enroque!!* nº 22, pág. 13.
683 *Enroque!!* nº 23, pág. 35.

discusión sobre la Memoria, aclarado el cuál se pasó al Balance, para terminar con la elección del presidente para el período 1943/5, siendo reelegido nuevamente por aclamación el doctor Carlos A. Carlos Querencio, quien en breves palabras agradeció a la Asamblea su voto unánime, bosquejando un programa de actividades que vendrán a complementar los trabajos del período expirado. El acto terminó con la designación de los señores Eduardo Souto, del Club Jaque Mate, y Guillermo Varela, del Club Lanús, para firmar y aprobar el acta. Al darse por finalizado el acto, el señor Souto propuso que se mandara una nota especial al diario *El Mundo*, agradeciendo la información completa que viene dando del juego ciencia desde sus columnas. En la próxima reunión del Consejo Federal, que tendrá lugar el martes 8 de junio, se procederá a elegir la Mesa Directiva, jurado y demás comisiones.[684]

Seitz y Grau, enemigos

▓ Desde el 1º hasta el 20 de junio el doctor Seitz realiza una serie de actividades en el Círculo Roberto Gabriel Grau de Rafaela, entidad muy activa presidida por Ernesto Bruera, que cuenta con unos 150 socios. El 1º de junio jugó 5 simultáneas con reloj, venciendo en tres y empatando dos. El día 3 le fue ofrecida una demostración de honor mediante una cena a la que concurrieron 110 personas. El día 5 ofreció una sesión de 14 simultáneas, ganando 9 y empatando 5. La crónica de *Enroque!!* finaliza diciendo:

> El doctor Seitz, con la bonhomía característica y su basta erudicción (Sic) en el ajedrez, cumple su misión con explicaciones y demostraciones que habrán de ser muy provechosas para los aficionados ajedrecistas. Es importante la actividad ajedrecística en Rafaela (...) mereciendo ser citado el niño Luis González, que apenas cuenta con diez años de edad y marcha invicto en el torneo de cadetes en el que participan 15 aficionados. El doctor Seitz quedará en Rafaela hasta fin de junio, conforme a los compromisos contraídos con el Círculo Roberto Gabriel Grau.

▓ La sorda enemistad de Roberto Gabriel Grau con los editores de *Caissa* y el propio Seitz se nota en que presentan la noticia como *Club R. G.*, sin mencionar las palabras 'Roberto Gabriel Grau'.[685]

Esclarecedor es el testimonio de Susana Oldrini:

> En 1940/1 Adolf Seitz vivió en Santa Fe, por gestión del ingeniero Dámaso Lachaga. Siempre lo vi solo, y su situación económica no era la mejor.[686]

▓ Interesante es la descripción del doctor Seitz que brindó Leonardo Lipiniks:

> Al doctor Seitz lo conocí en el Círculo de La Regence, donde se ocupaba de los libros de la entidad y de la edición de material nuevo. Trabajaba allí con el doctor Albert Becker, quien había jugado por Alemania en 1939. Me gustaba visitarlos de vez en cuanto y me trataban muy bien. Años después me enteré que el doctor Seitz no había integrado el equipo alemán sino que era un periodista que viajó con la delegación y también quedó anclado. Por su apellido siempre supuse que Seitz era judío, y al principio me sorprendió su animadversión para con el maestro lituano Markas Luckis, explicándome que había cambiado su apellido de Lutzky por el de Luckis para disimular su origen hebreo.

[684] *Enroque!!* nº 23, pág. 35. *El Mundo*, 5 de junio de 1943. En *El Mundo* escribía Paulino Alles Monasterio.
[685] *Caissa* nº 58, agosto de 1943, pág. 118. *Enroque!!* nº 22 del 22 de mayo de 1943.
[686] Testimonio de Susana Oldrini al autor, julio de 2007

Por esa misma razón hoy por hoy creo que el doctor Seitz era de origen judío, porque todavía no he encontrado a nadie tan capaz de reírse de sí mismo como la gente judía que conozco. Se dice, tal vez con mucha razón, que nunca se ofenden por los cuentos de judíos porque son ellos mismos los que los crean. Un punto de duda, sin embargo, es cómo podría un periodista judío integrar un equipo alemán en esa época. Tal vez haya escapado aprovechando la coyuntura.[687] En cuanto a conocimientos de ajedrez, siempre me pareció una enciclopedia viviente.[688]

El Campeonato de 1ª Categoría del Círculo

■ El Campeonato de 1ª y 2ª Categorías del Círculo de Ajedrez está dando lugar a una lucha de alto interés, en la que destacan su actuación varios jugadores de larga campaña. La iniciativa de esta prestigiosa entidad de reunir en una misma prueba a elementos de ambas clasificaciones ha tenido un éxito señalado, pues ha permitido que demostraran su capacidad una serie de jóvenes jugadores que han de tener destacada figuración en el futuro. Luego de 8 fechas, la situación de los participantes es la siguiente: Enrique Falcón 5½/8; Vicente Vuskovic 5/7; Luis Palau 4½/5; José Gerschman 4½/6; Oscar Fracassi 4½/7; José Novo y Fernando Solans 4½/8; Atilio Laguzzi 3/6; Manuel Melamedoff 2½/8; Andrés Pazó 2/6; Fernando Ramírez 1½/7; Carlos Ungaro 1/6; Pedro Aguilar ½/3.[689]

Conferencia de Grau en el Círculo

■ En los salones del Círculo de Ajedrez, Bartolomé Mitre 670, pronunciará esta noche a las 21.30 una conferencia sobre ajedrez el ex campeón argentino, Roberto Grau. A la disertación han sido invitadas las autoridades de distintos clubes, y tendrán, además, acceso al local todos los aficionados pertenecientes a entidades afiliadas a la AMDA. El acto forma parte de una serie de conferencias que se dictarán en el mismo club, interviniendo otros maestros locales y extranjeros.[690]

Grau en la Semana de Córdoba

■ Durante los festejos de la Semana de Córdoba, que se realizarán próximamente en aquella ciudad, ha prometido actuar el ex campeón argentino, Roberto Grau, jugando una serie de 100 partidas simultáneas. A tal efecto, y dado el número de tableros, se levantará una instalación especial en la Plaza San Martín de dicha ciudad, que permita idéntica comodidad al público y sus jugadores.[691]

Najdorf se entrena en simultáneas a ciegas

■ El 19 de junio el maestro polaco Najdorf concita la atención, jugando partidas simultáneas a ciegas en el Círculo de Ajedrez, con el excelente resultado de +14 =4 -2. La sesión duró ocho horas, y el maestro no mostró cansancio, y comentó varias de ellas luego de terminar. Luego, juega en San Andrés de Giles, +13 =8 -0. Najdorf batió el récord argentino, y declara que quiere batir el récord de treinta y cinco partidas a ciegas de Koltanowsky.[692]

[687] Seitz no integraba la delegación oficial de Alemania.

[688] Testimonio de Leonardo Lipiniks al autor, 9 de abril de 2006.

[689] *La Nación*. No pudo obtenerse la información completa. Nota del autor. La ausencia de los maestros extranjeros muestra la debilidad en que se encuentra el Círculo.

[690] *La Prensa*.

[691] *El Mundo*, 21 de junio de 1943.

[692] *El Ajedrez Americano* 2ª época nº 98 pág. 169. *Enroque!!* nº 23, pág. 35. En *Enroque!!* nº 24 se informa que Najdorf había jugado simultáneas a ciegas en Bolívar el año anterior, a modo de entrenamiento: +13 =2 -0, y luego +12 =3 -3. *¡Jaque al Rey!* nº 10, julio de 1943. *El Gráfico* nº 1250, 25 de junio de 1943.

▓ En la localidad de San Andrés de Giles el destacado maestro polaco Miguel Najdorf volvió a batir su récord argentino de partidas simultáneas a ciegas, que había obtenido la semana pasada en el Círculo de Ajedrez. En esa oportunidad, el extraordinario jugador polaco logró +14 =4 -2. En cambio, la labor cumplida en el Club Almafuerte de San Andrés de Giles fue superior, pues obtuvo +13 =8 -0, lo que justifica una vez más sus extraordinarias bondades.[693]

Becker en el Club Alemán

▓ En el Club Alemán de Ajedrez de Belgrano, bajo la dirección de Albert Becker, se juega un torneo con la participación de los maestros Michel y Reinhardt, y los aficionados Filloy, Froch, Polzlbauer, von Rossen, Vogel, Lobenstein, Wilmsen y Rauhaus. Asimismo, Paul Michel ofreció una sesión de 24 partidas simultáneas en el Club Particulares, ganando todas.[694]

Nuevo Record del Maestro Najdorf

EN la localidad de San Andrés de Giles, el destacado maestro polaco Miguel Najdorf volvió a batir su propio récord argentino de partidas simultáneas a ciegas, que había obtenido la semana pasada en el Círculo de Ajedrez de Buenos Aires. En esa oportunidad, el extraordinario jugador polaco, sobre 20 tableros, logró vencer a 14, empatar a 4 y perder 2 partidas.

En cambio, la labor cumplida en el Club Almafuerte de San Andrés de Giles fué superior, pues jugó contra 21 tableros, de los cuales se impuso sobre 13 jugadores y empató con 8, lo que justifica una vez más sus extraordinarias bondades, si consideramos que no perdió una sola partida, lo que le significó un promedio elevadísimo en el porcentaje, es decir, más del 90 %.

Record de Najdorf en San Andrés de Giles. *La Prensa*, 2 de iulio de 1943

Se agudiza el conflicto en el ajedrez argentino. La grieta

▓ A comienzos de julio, sobreviene el cisma. Nace la Asociación Metropolitana, constituida por tres de los principales clubes de la Ciudad de Buenos Aires: el Círculo de Ajedrez, el Círculo de Vélez Sarsfield y el Club Jaque Mate. Esta agrupación surge principalmente del profundo desacuerdo con las políticas de la Federación Argentina, y por primera vez surgen diferencias entre el Club Argentino y las instituciones mencionadas. Se establece que "en lo sucesivo tendrá la dirección del ajedrez de la Ciudad de Buenos Aires, y propenderá a crear la Confederación Argentina de Ajedrez, cuyo objetivo será la unión de todas las federaciones del país.

La Comisión Organizadora ha sido formada por los presidentes de las tres instituciones, Luis Palau, Eduardo Souto y Carlos de la Llave, y se designa una comisión asesora integrada por Roberto Gabriel Grau, Pedro Barbé, Alfonso Rodríguez Avellón, Carlos Cassinelli, Germán Berraondo y José J. Castellanos. En el Anuario de La Razón del año siguiente se indica que "esta Institución cuenta en estos momentos con la afiliación de numerosos clubes deportivos y ajedrecísticos". Su Secretaría funciona en el Círculo, Bartolomé Mitre 670.[695]

Llegó el momento de orientar definitivamente el ajedrez de la ciudad de Buenos Aires, siendo el Círculo de Vélez Sarsfield, conjuntamente con el Club Jaque Mate y el Círculo de Ajedrez, los que iniciaron la cruzada para independizar a la metrópoli de la entonces nueva Federación Argentina de Ajedrez. Se fundó la Asociación Metropolitana –similar a la que se creó luego en 1959– como una necesidad imperiosa para nuestra Capital, cuya función específica fue la de dar lugar a que la FADA pudiera ocuparse con más detenimiento de los problemas del interior, olvidados en ese entonces casi por completo.[696]

▓ Las tres entidades más destacadas del ajedrez porteño forman la Asociación Metropolitana. Por iniciativa de las autoridades del Círculo de Ajedrez, el Círculo de Vélez Sarsfield y el Club Jaque Mate, entidades que se destacan en el ambiente ajedrecístico local por ser las que reúnen a la casi totalidad de los jugadores de mayor fuerza, ha sido creada la Asociación Metropolitana de Ajedrez

[693] *La Prensa*, 2 de julio de 1943.
[694] *Caissa* nº 57, pág. 95.
[695] *El Ajedrez Americano* 2ª época nº 99 pág. 201, 228. *Anuario de La Razón* 1944. *La Prensa*.
[696] El Ajedrez Americano 2ª época nº 99 pág. 216. *Enroque!!* nº 25, pág. 74. *Caissa* nº 58, pág. 100.

(AMDA), que tendrá bajo su dirección las actividades del ajedrez local, y propenderá a la formación de la Confederación Argentina, con el objeto de unir a las federaciones de todo el país.

Ha quedado conformada la comisión organizadora de la nueva entidad con los presidentes de las tres instituciones, señores Luis Palau, Carlos de la Llave y Eduardo Souto, con una comisión asesora integrada por los señores Roberto Grau, Pedro Barbé, Alfonso Rodríguez Avellón, José J. Castellanos, Germán Berraondo y Carlos Cassinelli. Como medida inicial se ha dispuesto no cobrar cuota alguna a las entidades que se incorporen al nuevo organismo, durante el tiempo en que actúe la comisión provisoria, cuya Secretaría funciona en B. Mitre 670. Las nuevas autoridades están preparando un inmediato y extenso programa de actividades para todas las categorías, el que se publicará oportunamente.[697]

Las 3 Entidades más Destacadas del Ajedrez Porteño Forman la Asociación Metropolitana

Por iniciativa de las autoridades del Círculo de Ajedrez de Buenos Aires, el Círculo de Ajedrez de Vélez Sársfield y el Club de Ajedrez Jaque Mate, entidades que se destacan en el ambiente ajedrecístico local por ser las que reúnen a la casi totalidad de los jugadores de mayor fuerza, ha sido creada la Asociación Metropolitana de Ajedrez, que tendrá bajo su dirección las actividades del ajedrez local y propenderá a la formación de la Confederación Argentina de Ajedrez, con el objeto de unir a las federaciones de todo el país.

Ha quedado formada la comisión organizadora de la nueva entidad con los presidentes de las tres citadas instituciones, señores Luis Palau, Carlos de la Llave y Eduardo Souto, con una comisión asesora integrada por los señores Roberto Grau, Pedro Barbé, Alfonso Rodríguez Avellón, José J. Castellanos, Germán Berraondo y Carlos Casinelli.

Como medida inicial se ha dispuesto no cobrar cuota alguna de afiliación a las entidades que se incorporen al nuevo organismo durante el tiempo en que actúe la comisión provisoria, cuya secretaría funciona en la calle Bartolomé Mitre 670.

Las nuevas autoridades están preparando un inmediato y extenso programa de actividades para todas las categorías, el que se publicará oportunamente.

18°3, a las 16 hs.

En el Observatorio Central de Villa Ortúzar se han registrado esta tarde a las 16 los siguientes datos relativos al estado del tiempo: presión atmosférica: 776,8; temperatura: 18°3; humedad relativa 72 por ciento; viento prevalente del nordeste, a una velocidad de 12 kilómetros por hora.

La temperatura mínima se registró a las 8.10, con una marca de 14 grados.

Fundación de la Asociación Metropolitana.
La Prensa

Grau y el cisma

Respecto al cisma, dijo de Grau el cronista de ajedrez de la revista *Qué sucedió en 7 días* del 24 de junio de 1947:

> Además de notable maestro, además de magnífico y ameno publicista y periodista, además de político insuperado en el ambiente ajedrecístico, fue uno de los creadores de la FADA y quizá, si le hubiesen quedado algunos meses más de vida, la habría volteado; el entusiasmo que Grau derrochó para difundir el ajedrez no tiene parangón.

Najdorf gana el Torneo Internacional del Club Newell's Old Boys de Rosario

5ª Rueda, 14 de julio

Czerniak, Najdorf y Giustina ganaron sus partidas de la 5ª rueda. Parody y Campanella declararon tablas. Una buena victoria conquistó el maestro Czerniak, y con ello totaliza 5, las cuales corresponden a un número igual de partidas que lleva disputadas en el certamen que tiene como escenario el Salón José Raúl Capablanca del Club Newell's Old Boys (Sic). Esta ventaja, que cobra valor por la forma alcanzada, no puede considerarse, sin embargo, como decisiva, ya que las cuatro ruedas que restan del programa bien se prestan para producir diferencias, especialmente si se tiene en cuenta el deseo de lucha que anima a cada uno de los participantes.

El doctor Ivancich, que llevaba las blancas ante Najdorf, después de los detalles de la apertura condujo el juego por rutas en las que su destacado rival no obtuvo ventaja. Poco antes de llegarse al límite de la sesión, un plan equivocado anuló todo su esfuerzo, debiendo declinar el rey en el movimiento 42. Oscar García Vera perdió con Czerniak. Al Peón de la Dama opusieron las negras la Variante India del Flanco Rey, con posiciones interesantes para ambas partes. En el movimiento 22, Czerniak llevó su dama al sector adversario, cuyo esfuerzo fue armonizado poco después con el de las demás piezas mayores, las que entraron en juego mediante el avance decisivo del peón central.

[697] *La Prensa.*

Romeo García Vera perdió con Giustina. Terminados los planes de apertura, García Vera acusó indecisión para conquistar la iniciativa que promisoriamente se le presentaba, resolviéndose por el enroque largo justo en momentos en que Giustina estaba presto para iniciar un ataque en el sector, cuya importancia bien pronto se probó. Mediante golpes enérgicos, Giustina dejó al rey sin defensa. Czerniak tiene 5/5; Najdorf 3½/4; Giustina 3/5; Oscar García Vera y Michel 2½/4; Romeo García Vera 2/4; Ivancich y Parody ½/4; Campanella ½/5.[698]

M. Czerniak, M. Najdorf y O. Giustina ganaron sus partidas de la quinta rueda en el concurso de ajedrez

RODOLFO PARODY Y JORGE CAMPANELLA DECLARARON TABLAS

Czerniak, ganó cinco partidas consecutivas en Rosario

9ª Rueda, 23 de julio

▓ Gana Najdorf, en Rosario, el Torneo de Newell's Old Boys. Organizado por el Club Newell's Old Boys, ha dado término la prueba magistral denominada "Torneo Capablanca", cuyo desarrollo se vio matizado por las más interesantes alternativas. En el acto inaugural habló el conocido maestro rosarino Oscar García Vera haciendo una semblanza del gran maestro cubano, a quien tuvo oportunidad de conocer de cerca durante una larga estada en La Habana hace unos años. La sala en que se inició el certamen también fue bautizada con el nombre del gran maestro antillano, dando motivo a una cita en que se reunieron los más calificados jugadores rosarinos y los maestros extranjeros invitados especialmente a competir en el torneo. Integraron la lista de competidores M. Mendel Najdorf, ex campeón polaco, Paul Michel, integrante del equipo alemán en 1939, y Moisés Czerniak, campeón de Palestina. Intervinieron además los rosarinos de 1ª categoría Romeo y Oscar García Vera, Oreste Giustina, Desiderio Ivancich, Rodolfo Parody y Julio Campanella.

El torneo ha terminado con el señor Najdorf en el primer puesto, seguido por el señor Czerniak y luego el señor Michel. El mejor jugador rosarino resultó el señor Oscar García Vera, un tanto retirado de las actividades en los últimos tiempos.[699]

▓ Entre el 9 y el 23 de julio se jugó el Torneo de Rosario, donde Najdorf continuó con su frenética actividad. El certamen fue organizado por el Club Newell's Old Boys, y Miguel Najdorf venció con comodidad, invicto, con 7/8. Se lo denominó Torneo Capablanca, en récordación por el reciente falleci-

GANA M. NAJDORF, EN ROSARIO, EL TORNEO DE NEWELL'S OLD BOYS

Najdorf gana en Rosario.
El Mundo. 3 de aaosto de 1943

[698] Cuaderno de recortes de Rubén March Ríos.

[699] *El Mundo,* 3 de agosto de 1943. Najdorf permaneció en Rosario durante un año, contratado por el Club organizador como profesor.

miento del cubano. Le siguieron Miguel Czerniak 6½; Paul Michel 5½; Oscar García Vera 5; Romeo García Vera 4½; Oscar Giustina 4, Jorge A. Campanella 1½; Desiderio Ivancich 1 y Rodolfo Parody ½. Siguió entusiastamente el torneo una gran cantidad de público.[700]

Torneo Capablanca – Newell's Old Boys de Rosario 1943

		1	2	3	4	5	6	7	8	9	PTS	S.B.
1	Najdorf, Miguel	*	½	½	1	1	1	1	1	1	7.0/8	22.75
2	Czerniak, Miguel	½	*	½	1	1	1	1	1	1	7.0/8	22.75
3	Michel, Paul	½	½	*	½	½	½	1	1	1	5.5/8	
4	Giustina, Oreste	0	0	½	*	½	1	½	1	1	4.5/8	11.75
5	García Vera, Oscar	0	0	½	½	*	½	1	1	1	4.5/8	10.50
6	García Vera, Romeo	0	0	½	0	½	*	1	1	1	4.0/8	
7	Campanella, Julio	0	0	0	½	0	0	*	½	½	1.5/8	3.25
8	Ivancich, Desiderio	0	0	0	0	0	0	½	*	1	1.5/8	1.25
9	Parody, Rodolfo	0	0	0	0	0	0	½	0	*	0.5/8	

Más simultáneas a ciegas de Najdorf en el Círculo

Fue brillante la exhibición de Najdorf en el Círculo, demostrando una vez más sus excepcionales aptitudes para jugar partidas simultáneas sin ver el tablero. Jugó veinticinco partidas contra un buen conjunto de adversarios, y en todas ellas lució la claridad de su memoria y facilidad para aislar la posición de cada tablero sin confundirlos entre sí. Mostró en esta actuación mayor rapidez para conducir los juegos, ya que tardó sólo 8½ horas para cumplir su esfuerzo, con el resultado +18 =3 -4, logrando superarlo los aficionados J. Bergonzelli, A. Giménez, R. Sardú y C. Keefe. Fueron tablas los cotejos con los señores C. Stuttman, J. Minnock y H. López.

Es de hacer notar que algunas de las partidas que perdió debió ganarlas, ya que un grave error alteró el curso de los acontecimientos.[701] Debe destacarse, además, que al finalizar la sesión Najdorf no demostró estar fatigado, y ello hace presumir que está en condiciones de salir airoso en la difícil tentativa de mejorar el récord mundial de partidas a ciegas, que realizará en los primeros días del próximo mes de octubre en el Club Newell's Old Boys de Rosario.[702]

Una brillante exhibición hizo el maestro Najdorf

El Ajedrecista Najdorf Disputó 25 Partidas a Ciegas Simultáneamente

Brillante exhibición de 25 simultáneas a la ciega de Najdorf. *La Nación. La Prensa*

[700] *Jaque Mate* nº 14, junio de 1953.

[701] En la revista *¡Jaque al rey!* nº 11 se indica que "obtuvo 21 puntos".

[702] *Caissa* nº 60, pág. 165; *¡Jaque al rey!* nº 11, octubre de 1943. *La Prensa.*

Repercusiones por el cisma: FADA contra AMDA. La grieta

El cisma se refleja en varias publicaciones. En la revista *Caissa* de julio se publica un comunicado de la FADA que dice:

> La FADA se dirige a la prensa en general, ante publicaciones aparecidas en ciertos diarios de la ciudad de Buenos Aires que podrían sembrar confusión entre las entidades afiliadas y entre la afición ajedrecística del país, para reiterar que la FADA es la única entidad reconocida oficialmente por la CAD y por la FIDE para ejercer la dirección general del ajedrez en todo el país, y por ende de la Ciudad de Buenos Aires. Buenos Aires, 21 de julio de 1943. Firmado doctor Carlos Querencio, presidente, y Eduardo Cella Irigoyen, secretario.[703]

Club Argentino Campeonato de 1ª categoría: victoria de Guillermo Puiggrós

En agosto se jugó el torneo de primera categoría del Club Argentino, participando siete jugadores a doble vuelta. Luego de nueve rondas se mantiene en el primer puesto el conocido maestro Guillermo Puiggrós, con dos puntos de ventaja sobre su más inmediato perseguidor, que es el señor Luis Piazzini. Las posiciones: Guillermo Puiggrós 7/9; Luis Piazzini 5; Benito Villegas 4½; Rafael Castells Méndez y Juan Iliesco 4; Carlos Portela 3½ y Julio Lynch 2. Con esta victoria Puiggrós inmediatamente desafió al campeón de la institución, Arón Schvartzman.[704]

Campeonato de 1ª Categoría Club Argentino 1943

		1	2	3	4	5	6	7	PTS	S.B.
1	Puiggrós, Guillermo	**	½1	11	10	10	11	11	9.5/12	
2	Piazzini, Luis	½0	**	1½	½1	½1	1½	10	7.5/12	40.75
3	Iliesco, Juan Traian	00	0½	**	1½	½1	11	11	7.5/12	33.50
4	Villegas, Benito	01	½0	0½	**	1½	01	11	6.5/12	
5	Portela, Carlos	01	½0	½0	0½	**	½0	½½	4.0/12	25.25
6	Castells Méndez, Rafael	00	0½	00	10	½1	**	10	4.0/12	19.25
7	Lynch, Julio Alberto	00	01	00	00	½½	01	**	3.0/12	

La FADA, en alerta y dispuesta a reprimir. La grieta

Graves medidas aconseja tomar a la FADA una comisión especial. La FADA ha convocado para el 17 del actual a una Asamblea General Extraordinaria para juzgar la actitud antideportiva del Círculo de Ajedrez de Buenos Aires, Círculo de Vélez Sarsfield y Club Jaque Mate. Dada la trascendencia del asunto, la FADA se dirige a sus afiliados reiterando la presencia de los delegados, y se dirige también a todos los aficionados del país señalando la actitud disolvente adoptada por dichos círculos.[705]

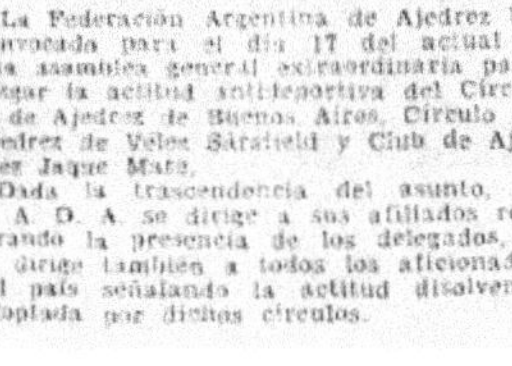
GRAVES MEDIDAS ACONSEJA TOMAR LA F. A. D. A. UNA COMISION ESPECIAL

La Federación Argentina de Ajedrez ha convocado para el día 17 del actual a una asamblea general extraordinaria para juzgar la actitud antideportiva del Círculo de Ajedrez de Buenos Aires, Círculo de Ajedrez de Velez Sarsfield y Club de Ajedrez Jaque Mate.

Dada la trascendencia del asunto, la F. A. D. A. se dirige a sus afiliados reiterando la presencia de los delegados, y se dirige también a todos los aficionados del país señalando la actitud disolvente adoptada por dichos círculos.

Mensaje amenazante de la FADA a los tres clubes disidentes. *El Mundo*

[703] *Caissa* nº 57, pág. 73, 96. "E. Grabo" es un seudónimo.
[704] *El Mundo*, 19 de agosto y 2 de setiembre; *La Nación*, 5 de setiembre de 1943.
[705] *El Mundo*.

El cisma se agranda. La grieta

▓ El 13 de setiembre Paulino Alles Monasterio publica en el diario *El Mundo* una nota de la FADA contra los clubes disidentes, que dice:

> Se convoca a la Asamblea General Extraordinaria para juzgar la actitud antideportiva del Círculo de Ajedrez de Buenos Aires, Círculo de Vélez Sarsfield y Club Jaque Mate. Dada la trascendencia del asunto, la FADA se dirige a sus afiliados reiterando la presencia de los delegados, y se dirige también a todos los aficionados del país, señalando la actitud disolvente adoptada por dichos Círculos.[706]

▓ El 17 de setiembre la FADA realizó una Asamblea Extraordinaria en su sede de Viamonte 1366, la que pasó a cuarto intermedio hasta el 1º de octubre, para juzgar el alzamiento de los tres clubes fundadores de la Asociación Metropolitana, tomando severas medidas. Resolvió la expulsión de ellos, "por encerrar sus actos una manifiesta falta de moral deportiva". Asimismo, exigió el pago de las deudas que por diversos motivos esas entidades tienen con la Federación. También reclamó al Círculo de Ajedrez importes por saldo de precios de objetos de la FADA.[707]

▓ Se designó una comisión *ad-hoc*, que ha estudiado los antecedentes, y ha dado a conocer el siguiente dictamen:

> 1º) No hacer lugar a pedidos de descalificación y suspensión, respectivamente, formulados por el Círculo de Ajedrez de Buenos Aires, el Círculo de Ajedrez de Vélez Sarsfield y el Club de Ajedrez Jaque Mate, por no satisfacer el requisito enunciado en el art. 55º de los estatutos.
>
> 2º) Decretar la expulsión de las citadas entidades, considerando que los hechos expuestos constituyen una grave insubordinación art. 7º, inciso 1º de los estatutos), que evidencian la más elemental inexistencia de moral deportiva indispensable para seguir perteneciendo a esta Federación.
>
> 3) Disponer lo necesario para que las entidades de referencia hagan efectivo el importe que adeudan como cuotas de afiliación e inscripciones, y en lo que respecta al Círculo de Ajedrez, por el saldo de precio de los objetos de esta Federación, que tiene en su poder desde hace varios años.
>
> Firmado: doctor Jorge Sanguinetti, doctor Jorge A. Roche, Eduardo Cella Irigoyen, Narciso Solari y Orlando D'Adamo. Los firmantes actúan por el Consejo Federal de la FADA como delegados de las siguientes entidades: Federación Entrerriana, Fundación Ateneo de la Juventud, Club River Plate, Asociación Nueva Argentina y Club San Lorenzo de Almagro.

Como se ve, pues, la continuación de la Asamblea tiene vital importancia, y adoptará, sin duda, severas medidas contra aquellas entidades nombradas.[708]

▓ La FADA está constituida por un centenar de entidades afiliadas directamente, o por intermedio de diez federaciones diseminadas por todo el país. Está reconocida por la CAD y por la FIDE, y goza de la personalidad (Sic) jurídica otorgada por el Superior Gobierno de la Nación. La obra de veinte años está reunida en ese esfuerzo.[709]

▓ En su número de setiembre, la revista *Caissa* comenta el nuevo reglamento del Campeonato Argentino, donde se ha establecido que el Torneo Mayor otorgará el título directamente, sin recurrir a ningún *match*, y que los jugadores extranjeros que estén radicados en el país durante más de cinco años tendrán derecho a jugarlo. Caissa opina estos términos:

[706] *El Mundo*, 13 de setiembre de 1943.
[707] *Enroque!!* nº 26/7, pág. 103.
[708] *Caissa* nº 60, pág. 164. *Enroque!!* nº 26/7 del 22 de noviembre de 1943. *La Prensa*, 18 de setiembre de 1943.
[709] Paulino Alles Monasterio, *El Mundo*, 13 de setiembre de 1943.

Mientras sea una prueba por el Campeonato Argentino, no debería tener derecho de competir por el título ningún extranjero. Ya que la FADA ha decidido que los extranjeros puedan aspirar a ser campeones, nada más lógico sería modificar el título de la prueba, estableciendo el *Torneo por el Campeonato de la Argentina.*

Trata de superar un récord el ajedrecista Najdorf

Bajo los auspicios de la Federación Rosarina inició el ajedrecista polaco Miguel Najdorf su sesión de simultáneas sin ver el tablero, con el propósito de batir el récord mundial. La prueba, que durará unas quince horas aproximadamente, se está desarrollando en el Círculo de Obreros. Antes de iniciarse la prueba, que comenzó a las 15.40, usó de la palabra el presidente de la Federación Rosarina, doctor Vicente Pomponio, designado veedor por la FIDE. Hablaron luego el ajedrecista Najdorf, el ex campeón argentino, Roberto Grau, y el rosarino, Oscar García Vera, quien leyó el reglamento de la prueba. A las 24.30 el maestro había ganado 14 partidas y entablado una.[710]

Trata de Superar un Récord el Ajedrecista M. Najdorf

Najdorf busca el record mundial "a ciegas".
La Capital, 9 de octubre de 1943

Najdorf bate el récord mundial de simultáneas a ciegas

El 9 de octubre Najdorf bate un récord. Cuarenta partidas de memoria. Najdorf comenzó a jugar a las 16.15 del sábado, y finalizó el domingo a las 9.15. Después de 17h 35' conduciendo a ciegas 40 tableros, de los cuales obtuvo +36 =1 -3, estableciendo un nuevo récord mundial, el maestro polaco Miguel Najdorf se dirigió a los fiscalizadores de la prueba y les manifestó su deseo de reproducir, inmediatamente, la totalidad de las partidas desarrolladas. Los fiscalizadores Roberto Gabriel Grau, Héctor Rossetto y Oscar García Vera, como así también el doctor Vicente Pomponio, presidente de la Federación Rosarina de Ajedrez y delegado de la FIDE designado por el presidente Augusto De Muro se opusieron a ello.[711] En verdad, verlo a Najdorf durante el desarrollo de la reunión que se cumplió en la sede del Círculo de Obreros de Rosario, calle Entre Ríos 1264, era un espectáculo. Finalizado el intento, la tensión nerviosa de Najdorf era tal que no pudo conciliar el sueño. Por la tarde fue a ver fútbol. Luego, en el Club Newell´s Old Boys reprodujo las cuarenta partidas en un tiempo relativamente breve, y como sabía que no podía dormir, paseó en automóvil, buscó distracciones y finalmente fue al cine. Mirando una película se quedó dormido.[712]

Los vencedores de Najdorf fueron Osvaldo Carlino, Fernando Pesenti, Eugenio Professione y Juan Pesenti; estos dos últimos atendieron alternativamente uno de los tableros. Igualó Pedro Giorno. Los cuarenta tableros estuvieron a cargo de jugadores de tercera y cuarta categorías.[713]

[710] *La Capital*, 9 de octubre de 1943.

[711] Vicente Pomponio fue diputado nacional por el Partido Demócrata Progresista. Asumió el 20 de enero de 1932 y finalizó su mandato el 19 de enero de 1936. Militó junto a Lisandro de la Torre y Enzo Bordabehere. Entre los proyectos de ley que presentó, se destaca el del Sufragio Femenino, en 1932. Fue miembro de la AFA en 1943. Nota del autor.

[712] *El Gráfico* nº 1267, 22 de octubre de 1943, pág. 32. *El Ajedrez Americano* 2ª época nº 102 pág. 297.

[713] *Enroque!!* nº 26/7, pág. 94. *La Capital*, 6/9 de octubre 1943. Lista de perdedores: Roque Alberiza, Jorge Coward, Elías González, Segundo Isleño, Juan Verne, Alfredo Peláez, Santiago Morandini, Marcos Aberman, Enrique Morandini, Francisco González, Vicente Pariente, Rodolfo Quebleen, Raimundo Estébanez, Juan Novaro, Alfredo Cerioni, Alberto Prestera, Dante Bozzini, Francisco Schatauer, B. Ferrari, Raúl Giacone, Sergio Filgueira, Oscar Bello, Miguel Arancón, Fernández Bustos, Pedro Martínez, Ernesto Hurtado, Raimundo Cosgaya, Osvaldo Carlín, José Gorosito, Jesús Verón, Victorio Ingrasia, Manuel Napadenski, Eugenio Pueblas, Ramón Saraví, Diego Manquiegni, Alfredo Blanc, Miguel Ferrari.

CUARENTA PARTIDAS DE MEMORIA

Sorprendentes declaraciones de Miguel Najdorf, el nuevo recordman mundial

Por JUAN PASCUAL

Bajo la quietud superficial se desarrolla la interna acción: Miguel Najdorf, en la sala donde se encontraba conduciendo simultáneamente cuarenta partidas de ajedrez, sin ver los tableros.

Najdorf no estaba en este salón, pero los rivales lo veían por todas partes. La prueba se realizó en el Círculo de Obreros de Rosario.

Después de 17 horas 35 minutos conduciendo a ciegas 40 tableros, de los cuales ganó 36, empató 1 y perdió 3 estableciendo un nuevo record mundial, el maestro polaco Miguel Najdorf se dirigió a los fiscalizadores de la prueba y les manifestó su deseo de reproducir, inmediatamente, la totalidad de las partidas desarrolladas. Roberto Grau, Héctor Rosetto y Oscar García Vera, como así también el Dr. Vicente E. Pomponio, presidente de la Federación Rosarina de Ajedrez y fiscal de la Federación Internacional, se opusieron a ello. No obstante, pocas horas después, en el local del Club Newell's Old Boys, Najdorf cumplía con ese propósito dando una demostración notable de su memoria.

Cuatro días después, mientras el Dr. Pomponio revisaba las planillas para enviarlas a la Federación Internacional, no encontró muy clara la que se relacionaba con el tablero Nº 13. Consultó con Najdorf y éste, en cinco minutos, le reprodujo totalmente la partida. Estamos, pues, frente a un caso notable, ante un cerebro privilegiado que tiene la gran facilidad y disciplina para poder recordar la posición de las piezas en un juego complicado como es el ajedrez.

Hemos preguntado a Najdorf cuál ha sido su método para cumplir con tanto éxito y en forma tan admirable su intento y nos ha dicho:

—Método, ninguno. No existe en verdad una técnica apropiada para ello. He tratado, por ejemplo, de realizar el mayor número de aperturas distintas en los 35 tableros en que conducía las piezas blancas. En total fueron 8. Tenía luego cinco tableros con piezas negras, así es que en ellos debía seguir los planteos de mis adversarios. Y en los otros 27, salvo los primeros movimientos, luego adquiría rápidamente una orientación exacta sobre el estado de las piezas. El retener en la memoria el desarrollo de cada una de las partidas ha sido una de las bases del éxito. La otra, aunque no lo parezca, ha sido el saber olvidar la posición anterior de las piezas. Vale decir que yo "veía", mentalmente, la posición de cada tablero antes de realizar una jugada, sin confundirme con las situaciones anteriores.

* * *

La preparación de Najdorf para esta tentativa duró tres meses. Se radicó en una ciudad tranquila de la provincia de Buenos Aires: 9 de Julio. Durante ese tiempo no tomó bebida excitante y dormía, aproximadamente, 12 horas diarias. Luego fué realizando diversas pruebas conduciendo tableros a ciegas. Primero fueron 10, luego 15, después 18, hasta llegar a los 25 con los que estableció el record argentino.

Cuando la Federación Rosarina de Ajedrez decidió patrocinar su intento, Najdorf sabía muy bien que tendría que realizar un esfuerzo singular. El mismo nos ha dicho:

—Decidí optar por conducir cuarenta tableros, sabiendo que no sería fácil llegar a igualar o superar esa cifra. No es solamente la acción mental la que está en juego, sino que también el desgaste físico que se sufre con tantas horas continuadas de actividad. No obstante, si ahora hubiera quien pudiera mejorar mi record, yo no tardaría mucho tiempo en realizar una nueva tentativa, pero deseo sinceramente que ello no ocurra.

* * *

En verdad, verlo a Najdorf durante el desarrollo de la reunión que se cumplió en la sede del Círculo de Obreros de Rosario, era un espectáculo. En cualquier momento el maestro polaco reproducía el desarrollo de la partida que le solicitaban e insinuaba las variantes probables a registrarse. En una oportunidad, uno de sus adversarios realizó una jugada que Najdorf consideró inoportuna y se permitió indicarle que, con otro movimiento, lograría complicarle a él la definición de la partida. Otro caso fué el que se registró en el tablero Nº 11, que después de 10 horas de juego decidió abandonar. Najdorf dijo que su rival había procedido apresuradamente y que aún tenía posibilidades de seguir luchando. Solicitó a los fiscales designaran un substituto y esa partida se prolongó durante cuatro horas más.

Estas no son más que dos referencias rápidas de una serie de hechos notables que se registraron en el transcurso de las 17 horas 35 minutos que duró la competencia y que sirve para demostrar exactamente la visión que tenía Najdorf de la posición de los tableros que conducía.

* * *

El record de Najdorf tiene mayor mérito, porque la Federación Rosarina de Ajedrez hizo lo necesario para que la tentativa tuviera incuestionable significado. El promedio del maestro polaco, con 91,25 por ciento, supera fácilmente el anterior del belga Jorge Koltanovsky, que sobre 34 partidas ganó 24 y empató 10 con 85,29 por ciento de promedio. Pero en el record de Koltanovsky, las partidas se definieron con un promedio de 12 jugadas, mientras que en las de Najdorf se registraron 30 jugadas. Además, sus adversarios fueron en su mayoría jugadores de 3ª y 4ª categorías entre los cuales hay valores promisorios del ajedrez rosarino. Todos estos detalles, como así también la fiscalización a cargo de Grau, Rossetto y García Vera, celosamente cuidada por la Federación Rosarina, hacen, repetimos, más significativo el record registrado.

* * *

Finalizado el intento, la tensión nerviosa de Najdorf era tal que no pudo conciliar el sueño. Por la tarde fué a ver fútbol, luego reprodujo las cuarenta partidas en un tiempo relativamente breve, y como sabía que no podría dormir, paseó en automóvil, buscó distracciones y finalmente fué al cine. Mirando una película se quedó dormido. Comenzó así a dominar su cerebro y alejar la visión de los tableros de ajedrez. Catorce horas continuadas de sueño repararon a Najdorf del esfuerzo realizado y el domingo, a varios días de su hazaña, nos ha dicho que estaría en condiciones de recordar, totalmente, todas las partidas realizadas.

En nuestro próximo número publicaremos nota gráfica y comentario del partido entre **BOCA JUNIORS y NEWELL'S OLD BOYS**.

Najdorf bate el record mundial. *El Gráfico* nº 1267 del 22 de octubre de 1943

En un gran salón fueron convenientemente dispuestas las cuarenta mesas, ocupadas por otros tantos aficionados, y en una salita contigua se ubicó el maestro, quien por medio de un altoparlante iba dictando las jugadas que realizaba en cada uno de los tableros. Al cumplirse las nueve horas de juego, las partidas continuaban en forma interesante, y el comportamiento de Najdorf era motivo de elogiosos comentarios, pero se calculaba que la sesión se prolongaría fácilmente hasta las cinco o seis de la mañana del domingo. (...) El maestro Najdorf, al cumplirse las 10½ horas de juego, había obtenido +12 =0 -1, continuando los juegos con todo éxito.[714]

Superó Miguel Najdorf el récord mundial de juego a ciegas. En la sede del Círculo de Obreros batió ayer el conocido maestro polaco Miguel Najdorf el récord mundial de partidas simultáneas "a la ciega", al enfrentar a tableros ocupados por jugadores de 3ª y 4ª categorías. El resultado fue +36 =1 -3, superando ampliamente la marca anterior del maestro belga Koltanowski. La prueba efectuada por el señor Najdorf fue organizada por la Federación Rosarina, actuando como fiscales los señores Roberto Grau y Héctor Rossetto, y como delegado de la FIDE el doctor Vicente Pomponio, presidente del Club Newell's Old Boys. La exhibición se inició a las 15.40 del día sábado, y duró hasta las 9.30 de ayer, momento en el cual el simultaneísta se disponía a reproducir, dictándolas de memoria, las cuarenta partidas que había jugado, deseo al que se opusieron los fiscales por considerarlo un esfuerzo superfluo.

Llamó poderosamente la atención de los espectadores las energías que aún conservaba el maestro Najdorf al terminar el acto, y además, el no haber efectuado ningún error que tuviera que ser rectificado al dictar las jugadas. Al promediar el acto, Najdorf pidió un minuto de descanso, que inmediatamente le fue concedido. Durante la prueba, el señor Najdorf fue asistido por el médico, doctor Ambrossetti, de Nueve de Julio, que vigiló continuamente su estado y racionó su dieta.[715]

Superó M. Najdorf el Record Mundial de Juego a Ciegas

Record mundial de Najdorf en Rosario.
El Mundo. 10 de octubre de 1943

Batió Najdorf el récord mundial de partidas a ciegas. Una nueva muestra de su extraordinaria capacidad mental demostró el ajedrecista polaco Miguel Najdorf al intentar, con pleno éxito, mejorar el récord de partidas simultáneas sin mirar el tablero. En el local del Círculo de Obreros de esta ciudad, inició ayer a las 15.30 su intento, bajo el patrocinio de la Federación Rosarina y la fiscalización de la FIDE, representando la cual controló los tableros el delegado del Club Newell's Old Boys, doctor Vicente Pomponio.

Desde un primer momento, el maestro Najdorf mantuvo un ritmo de juego sumamente vivaz, sin decaer en ningún momento, por lo que las perspectivas de éxito se fueron acentuando a medida que transcurrían las horas. Los cuarenta tableros que se oponían al maestro estaban dirigidos por aficionados de 3ª y 4ª categorías de esta ciudad, Nueve de Julio y Puerto Borghi. A las 8.18 de hoy, y en medio de una estruendosa salva de aplausos, el maestro dio término a su intento, obteniendo

714 *La Prensa*, 10 de octubre de 1943.
715 *El Mundo*, 10 de octubre de 1943.

el récord mundial. Había logrado +36 =1 -3. El maestro polaco jugó por espacio de 18h18'. Los tableros que lograron aventajar al nuevo campeón fueron Juan Pesenti y Eugenio Professione –en conjunto–, Fernando Pesenti y Osvaldo Carlino.[716]

Batió el Record Mundial de Partidas a Ciegas. Najdorf

ROSARIO — Una nueva muestra de su extraordinaria capacidad mental demostró el ajedrecista polaco Miguel Najdorf al intentar, con pleno éxito, mejorar el record mundial de partidas simultáneas sin mirar el tablero. No es ésta la primera vez, aunque sí la de mayor importancia, de las pruebas de esta naturaleza que realiza el destacado cultor del juego-ciencia. Ya en otras oportunidades demostró su gran capacidad, por lo que esta tentativa ostentaba las mayores probabilidades de éxito.

Record mundial

En el local del Círculo de Obreros de esta ciudad inició ayer a las 15.30 el ajedrecista su intento, bajo el patrocinio de la Federación Rosarina de Ajedrez y la fiscalización de la Federación Internacional de ese deporte, representando la cual controló los tableros el delegado del Club Newell's Old Boys, doctor Vicente Pomponio.

Desde el primer momento, el maestro Najdorf mantuvo un ritmo de juego sumamente vivaz, sin decaer en ningún momento, por lo que las perspectivas de éxito se fueron acentuando a medida que transcurrían las horas. Los cuarenta tableros que se oponían al maestro estaban dirigidos por aficionados de tercera y cuarta categoría de esta ciudad, 9 de Julio, provincia de Buenos Aires y de Puerto Borghi.

A las 9.18 de hoy y en medio de una estruendosa salva de aplausos, el maestro dió término a su intento, que le permitió la obtención del record mundial. Había logrado 36 victorias, perdiendo 3 partidas y haciendo tablas la restante.

La marca mundial la mantenía el ajedrecista belga Jorge Koltanovsky, quien en el año 1937 en Dublín (Irlanda), se enfrentó contra 34 ajedrecistas. En esa ocasión logró ganar en 24 opor-

El celebre maestro polaco Miguel Najdorf, que acaba de batir el record mundial de partidas a ciegas, estableciendo asi una extraordinaria performance

nio Profesiones, en común, Fernando Pecenti y Osvaldo Carlino. Se hace aún más meritorio el triunfo si se tiene en cuenta que en el primero de estos tableros las jugadas fueron concebidas por dos aficionados, tal como lo establece el reglamento.

Record mundial de simultáneas a ciegas de Najdorf en Rosario

▓ Estos resultados no fueron homologados, a raíz de que Augusto de Muro no fue reconocido como presidente de la FIDE en el período posterior al TN de 1939, tal como había resuelto el Congreso. Por eso, Najdorf hará otro intento en San Pablo, tiempo después.[717]

Match Círculo vs Jockey Club de La Plata (rebelde)

▓ El 17 de octubre se disputó en el Círculo de Ajedrez, Bartolomé Mitre 670, la segunda parte de un interesante *match* entre el Círculo de Ajedrez y el Jockey Club de La Plata, a partido y revancha, treinta tableros, que fue ganado ajustadamente por el Círculo por 21½: 18½.[718]

▓ El cotejo fue patrocinado por la Dirección de Cultura Física de la Provincia de Buenos Aires. El primer cotejo fue ganado por el Círculo por 11½:8½.

En esta oportunidad jugaron para el Círculo: Miguel Najdorf, Roberto Grau, Miguel Czerniak, Paul Michel, Marcos Luckis, Héctor Rossetto, Atilio Laguzzi, Enrique Falcón, Luis Palau, Vicente (Voyin) Vuskovic, José Gerschman, Joaquín Ojeda, Franz Benko, Renato Domingo Sanguinetti, P. Ramírez, Joaquín Alonso Díaz, Andrés Pazó, Pedro Aguilar, José Novo, Marcial Di Gregorio, Oscar Fracassi, Juan Vara, Manuel Melamedoff, Carlos Ungaro, P. Tenaglia, Carlos Maqueda, M. Joga, Pedro Barbé, Jorge Fowler Newton, Roberto López, César Barco, José Scally y Horacio Amil Meilán.

Para el Jockey Club de La Plata lo hicieron Carlos Maderna, Alejandro Nogués Acuña, Alberto Vilches, Julio César Avanza, Rodolfo Romero, Conrado Bauer, Ítalo Daneri, Miguel Itzigsohn, Héctor Ortiz, Luis Atencio, Gregorio Yanover, Alfredo Lasa, Enrique Grimaux, Alfredo Barros, Antonio Oro Ocampo, Roberto Terrasa, Roberto Kuguel, Hermidio Cataldi y Manuel Chaves. Las partidas comenzaron a las 15.30.[719]

▓ De forma lucida fue disputado un *match* entre ajedrecistas. En el Círculo de Ajedrez se jugó ayer la segunda serie de encuentros del *match* que sostuvieron los conjuntos representativos de la nombrada entidad y el Jockey Club de la Provincia de Buenos Aires, competencia que se realizó con el patrocinio de la Dirección de Cultura de La Plata, y que seguirá disputándose entre ambas instituciones todos los años. Después de la primera serie de partidas, que habían demostrado un marcado equilibrio de fuerzas, se esperaba con interés el partido desquite, por lo que ayer concurrió gran cantidad de público para presenciar las alternativas de la lucha, que en todo momento fue interesante y sumamente reñida, al punto de que cada uno de los equipos totalizó 10 puntos. Como en el primer *match* el Círculo había vencido por 11½:8½, el resultado final fue: Círculo 21½:18½ Club de La Plata.

716 Cuaderno de recortes de Luis Piñol.
717 Nota del autor.
718 *El Ajedrez Americano* 2ª época nº 102 pág. 309. *Caissa* nº 61, pág. 189.
719 *La Prensa*, 17 de octubre de 1943.

1º *Match*

	Círculo de Ajedrez	11½:8½	Club de La Plata
1	Miguel Najdorf	½:½	Carlos Maderna
2	Roberto Grau	½:½	Alejandro Nogués Acuña
3	Paul Michel	1:0	Alberto Vilches
4	Marcos Luckis	1:0	Julio C. Avanza
5	Miguel Czerniak	½:½	Rodolfo Romero
6	Héctor Rossetto	0:1	Luis García Baladó
7	Enrique Falcón	½:½	Rodolfo Romero (h)
8	Luis Palau	½:½	Ítalo Daneri
9	Renato Domingo Sanguinetti	½:½	Miguel Itzigsohn
10	Fernando Ramírez	½:½	Nicolás Chasqui
11	Oscar Fracassi	0:1	Héctor Ortiz
12	Juan E. Vara	0:1	Gregorio Yanover
13	Pedro Aguilar	1:0	Alfredo Lasa
14	Carlos Ungaro	1:0	Enrique Grimaux
15	Carlos Tenaglia	1:0	Alfredo Barros
16	Constancio Maqueda	1:0	José Antonio de Oro Ocampo
17	Jorge Fowler Newton	0:1	Roberto Terrasa
18	Pedro Barbé	1:0	Roberto Kuguel
19	Arturo Epstein	0:1	Herminio Cataldi
20	Roberto López	1:0	Manuel Chaves

2º *Match*

	Círculo de Ajedrez	10:10	Club de La Plata
1	Miguel Czerniak	½:½	Carlos Maderna
2	Roberto Grau	½:½	Alejandro Nogués Acuña
3	Paul Michel	1:0	Alberto Vilches
4	Marcos Luckis	0:1	capitán Rodolfo Romero
5	Héctor Rossetto	1:0	doctor Rodolfo Romero
6	Vicente Vuskovic	1:0	Ítalo Daneri
7	Enrique Falcón	0:1	Miguel Itzigsohn
8	Luis Palau	1:0	Juan C. Merlo Villanueva
9	Atilio Laguzzi	1:0	N. Chasqui
10	Renato Domingo Sanguinetti	0:1	H. Ortiz
11	Juan Vara	1:0	Gregorio Yánover
12	Joaquín Alonso Díaz	0:1	B. Martínez
13	Carlos Ungaro	0:1	J. Petrone
14	Fernando Ramírez	1:0	A. Barros
15	Tenaglia	0:1	José Antonio de Oro Ocampo
16	C. Maqueda	0:1	I. Ser
17	Constantino Joga	0:1	J. Ferreira
18	Jorge Fowler Newton	1:0	Oscar Garritani
19	Horacio Amil Meilán	1:0	A. Torres
20	Roberto López	0:1	H. Cataldi

Después de terminadas las partidas, la delegación visitante fue obsequiada con una comida, que se sirvió en el mismo local del Círculo.[720]

En Forma Lucida Fué Disputado un Match Entre Ajedrecistas

El Círculo vence ajustadamente al Jockey Club de La Plata. La Prensa

Campeonato Argentino caótico: Iliesco, campeón nacional; Ståhlberg, ganador

1ª Ronda, Club Argentino, 28 de octubre

Comenzó el torneo de primera categoría de la F. A. de Ajedrez

Ståhlberg vence con esfuerzo a Sanguinetti. *La Nación*, 29 de octubre de 1943

■ La ronda estuvo constituida por cotejos que ofrecieron detalles lucidos en su mayoría. La partida que concentró más interés fue la que se llevó a cabo entre Ståhlberg y el ajedrecista local Renato Domingo Sanguinetti. Fue una interesante demostración por ambas partes, y es de mencionar la excelente actuación del jugador local. Poco antes de suspenderse, la lucha aún era incierta, y no eran pocas las posibilidades de llegar a una posición donde las perspectivas de tablas fueran muy grandes. Por último, quedó suspendida en un final donde Ståhlberg tiene un peón de ventaja, lo que permitió al maestro sueco imponerse luego de un buen final. Bien le ganó Guimard a Rossetto, después de una lucha compleja en la que primero impuso la acción de sus dos alfiles y mejor conformación de sus peones. Entre tanto, Piazzini definió con mayor rapidez su partida frente a Burgalat, por medio de una buena combinación de sacrificio. Villegas empató con Aguirre, en una posición levemente favorable para éste.[721]

■ Tres partidas se definieron en la ronda. Acudieron al acto inaugural las autoridades de la FADA, un grupo de damas y numerosos aficionados, dirigiendo la palabra a los competidores el presidente de la FADA, doctor Carlos Querencio, refiriéndose a la importancia de la justa, prestigiada por tan selecto grupo de competidores como no se había logrado reunir desde el Torneo de las Naciones de 1939. En nombre del Club Argentino dio la bienvenida a los jugadores y presentes el señor Ricardo Mazzini, presidente de esa entidad. Acto continuo pasaron las parejas sorteadas a ocupar sus puestos, iniciándose las partidas en medio de la mayor expectativa.

720 *La Prensa, La Nación.*
721 *La Nación*, 29 de octubre de 1943.

Fue la mesa ocupada por el conocido maestro sueco Gideon Ståhlberg, que interviene fuera de concurso especialmente invitado por la FADA, la que atrajo mayor número de espectadores. Tenía de contrario al aficionado Renato Domingo Sanguinetti, representante del Club Ríver Plate, que iniciaba sus actividades en la categoría privilegiada con tan grave compromiso, conduciendo, por añadidura, las piezas negras. La ansiedad de sus partidarios pronto se vio confortada al verlo con una sólida posición, desde la que resistió la iniciativa y el ataque de las blancas.

Llegó a un final de dama, torre y dos peones, contra dama, torre y tres peones de Ståhlberg, que ha quedado pendiente. El otro cotejo suspendido fue el que disputaron Guimard, del Club Boca Juniors, y Rossetto, de la Federación de Nueve de Julio. El planteo se hizo con una Vienesa de ágiles movimientos, y en el afán de no ceder ventajas, las accione se fueron complicando, hasta el momento en que Guimard logró materializar sus intenciones.

El juego no languideció por eso, pues Rossetto trató de hacer valer un peón pasado que tenía, suspendiéndose el final al cumplirse el tiempo reglamentario. Otros resultados fueron: Piazzini 1:0 Burgalat; Villegas ½: Aguirre; Rebizzo 1:0 Beretta; Ståhlberg 1:0 Sanguinetti; Guimard 1:0 Rossetto. Es sensible que en esta lista de participantes no figure el nombre de Herman Pilnik, que además de defender el título, hubiera agregado al certamen el indudable prestigio de su actuación en vez de abandonarlo sin lucha. Las partidas suspendidas terminaron con el triunfo de Ståhlberg sobre Sanguinetti, luego de un largo final, y Rossetto abandonó su juego con Guimard sin reanudarlo.[722]

2ª Ronda, Club Argentino, 30 de octubre

Prosiguió anoche el Torneo Mayor, que ha congregado a un grupo de destacados valores. En empeño puesto en la lucha dio lugar a que se produjeran una serie de encuentros emocionantes, en los que, si bien es cierto no se alcanzó una calidad extraordinaria, la complejidad de los mismos fue motivo para mantener tensa la expectativa hasta avanzada hora, en que se definió Iliesco – Piazzini. Pero no fue justamente esta partida la que concentró más atención en el público. En un tablero vecino, Héctor Rossetto, desempeñándose muy bien, colocaba en dificultades al maestro sueco Gideon Ståhlberg; Aguirre ofrecía seria resistencia a Guimard; Renato Domingo Sanguinetti, en un ataque a todo trance, colocaba en apuros a Rebizzo, y Villegas dominaba completamente a Burgalat en la apertura. Detalles de interés tuvo el planteo de la partida Rossetto – Ståhlberg. El primero inició el juego con la Apertura de Rey, y siguió por las líneas de la Defensa Siciliana Variante Clásica. Pero Ståhlberg, en determinado momento, se apartó de lo que la práctica aconseja, y quedó con una posición ligeramente inferior.

A su desventaja estratégica trató de neutralizarla mediante ajustadas maniobras tácticas, y por fin consiguió establecer y completo equilibrio, declarándose empatado el juego a la 30ª movida. Iliesco inició el juego con la Apertura de Dama, y prosiguió con la Defensa Tarrasch, que Piazzini practica con frecuencia. Salvadas las dificultades de la apertura por el negro, se arribó a un equilibrio. Más tarde, Iliesco hizo valer su buena disposición de peones centrales para iniciar un ataque en el flanco rey, y Piazzini debió ceder el dominio de casillas vitales. La lucha se tornó favorable para el blanco, que ganó calidad, y luego de un largo final consiguió imponerse en la jugada 53ª.

Valiente fue el planteo de la partida Sanguinetti – Rebizzo. No obstante haberse planteado un Gambito de Dama, Defensa Ortodoxa, la contienda adquirió, como consecuencia de los enroques en lados opuestos, inusitada violencia. El blanco buscó el ataque en forma decidida, las negras aceptaron el reto, y después de consolidar la posición de su rey, a su vez iniciaron una contra demostración. El ataque blanco fue bien conducido, y seguramente hubiera dado sus frutos a no ser

[722] Paulino Alles Monasterio, *El Mundo*, 29 y 31 de octubre de 1943.

por un recurso defensivo inesperado, mediante el sacrificio de una calidad, que le permitió a Rebizzo conjurar las amenazas y luego obtener dos peones a cambio de la calidad. En tal situación ha quedado suspendido el juego.

Stahlberg y Rossetto Empatan en la segunda fecha del Torneo

Un peculiar Campeonato Argentino. *Crítica*, 31 de octubre de 1943

Aguirre planteó un Gambito de Dama que Guimard respondió con la Defensa Ortodoxa. Luego de una serie de maniobras complejas, Guimard consiguió una excelente posición de ataque y obligó a su rival a ceder posiciones. Más tarde la situación de las blancas se hizo insostenible, y abandonaron en la jugada 36ª. En Burgalat – Villegas se jugó una Defensa Siciliana, y el veterano maestro consiguió una posición promisoria, pero en la parte final se equivocó y la lucha concluyó en un empate después de 43 movidas.[723]

▓ La disputa de la fecha llevó una cantidad de aficionados al Club Argentino, donde se habían tomado las disposiciones para que los competidores, distribuidos en dos salones, pudieran jugar sin temer a la afluencia de espectadores. El cotejo del ex campeón sueco Ståhlberg con el ex campeón argentino Rossetto, atrajo desde el comienzo la mayor parte de la concurrencia. El planteo fue conducido en forma muy interesante por los dos contrarios, resolviéndose la partida en el momento en que las blancas amenazaban irrumpir en el flanco de dama. Guimard se adjudicó en buena forma su segunda victoria consecutiva al superar a Aguirre, encabezando de esta manera la tabla de posiciones con 2 puntos. Los resultados fueron: Rossetto ½:½ Ståhlberg; Aguirre 0:1 Guimard; Burgalat ½:½ Villegas e Iliesco 1:0 Piazzini. Suspendida: Sanguinetti – Rebizzo.[724]

▓ Rossetto le hizo tablas al gran maestro Ståhlberg. ¿Retomará Guimard a empuñar el cetro del Campeonato Argentino que un día perdió frente al pequeño Rossetto? Es lo que el público que presencia el Torneo/Campeonato que ha organizado la FADA en los tradicionales salones del Club Argentino, se preguntaba anoche, al advertir la seguridad y el brillo con que el maestro santiagueño superaba a Pablo Aguirre, de la misma manera como había superado a Rossetto en la rueda inicial. Constituyó la sensación de la rueda de anoche el meritorio empate de Rossetto contra Ståhlberg.[725]

Rossetto le Hizo Tablas al Gran Maestro G. Stahlberg

—GUIMARD ENCABEZA EL TORNEO—

Rossetto le iguala a Ståhlberg. *El Mundo*. 2 de noviembre de 1943

[723] *Crítica*, 31 de octubre de 1943.
[724] Paulino Alles Monasterio, *El Mundo*, 31 de octubre de 1943.
[725] Libro de recortes de Luis Piñol.

▌Con la participación de once jugadores comenzó a disputarse el torneo de la FADA por el título de campeón del país que, de acuerdo con la nueva reglamentación implantada el año pasado, puede serle otorgado a cualquier ajedrecista argentino o extranjero con la sola condición de que éstos tengan cinco años de residencia en el país. En las ruedas iniciales, el sueco Gideon Ståhlberg venció a Sanguinetti, Villegas hizo tablas con Aguirre, Piazzini le ganó a Burgalat, Guimard a Rossetto y Rebizzo a Beretta. En la segunda sesión, Ståhlberg hizo tablas con Rossetto, en una partida que el maestro sueco defendió con la Variante Siciliana (Sic) y que en todo momento se mantuvo equilibrada, llegándose finalmente a un final de torres y alfiles de distinto color donde era imposible forzar el juego sin riesgos serios, por lo que ambos rivales convinieron el empate. Piazzini fue vencido por Iliesco, y Guimard le ganó a Aguirre, finalizando empatada la partida de Villegas contra Burgalat.[726]

3ª Ronda, Club Argentino, 2 de noviembre

▌La rueda realizada anoche dio margen a partidas de singular valor. La calidad de juego en algunas y las alternativas emocionantes en otras, fueron motivos más que suficientes para mantener la expectativa del numeroso público que se dio cita en el Club Argentino. Nuevamente al maestro Ståhlberg le tocó una partida difícil en su desarrollo, y debió suspender el juego para esta noche. Mientras tanto, Guimard obtenía un buen triunfo frente a Burgalat, representante de la Federación de Santa Fe, manteniéndose así en la primera colocación con tres victorias consecutivas. No menos valioso ha sido el desempeño de Rossetto, quien venció a Rebizzo haciendo gala de capacidad para desempeñarse con maestría en situaciones complejas. Villegas no jugó con la debida energía la apertura con Iliesco, que habíase defendido con la India del Rey, de la Apertura Inglesa con que se inició el juego. Iliesco comenzó a asumir la iniciativa y a iniciar un lento pero progresivo ataque en el sector del rey. Armonizando mejor sus fuerzas, consiguió imponerse en la 44ª jugada, después de haber ganado la dama mediante una combinación.[727]

▌La calidad de juego de algunas partidas, y las alternativas emocionantes en otras, fueron motivos más que suficientes para mantener la expectativa del numeroso público que se dio cita en el Club Argentino. Nuevamente al maestro Ståhlberg le tocó una partida difícil en su desarrollo, y debió suspender el juego para esta noche. El maestro sueco jugó un Gambito del Dama clásico, que fue defendido por Aguirre con la Ortodoxa. El *match* quedó suspendido después de la 42ª jugada. Villegas no jugó con la debida energía la apertura, y dio oportunidad a Iliesco, que habíase defendido con la Defensa India del Rey, de la Apertura Inglesa con que se inició el juego, a asumir la iniciativa e iniciar un lento pero progresivo ataque en el sector del rey. Armonizando mejor sus fuerzas, consiguió imponerse en la 44ª jugada, después de haber ganado la dama mediante una combinación.

El representante del Círculo de Villa Crespo, Cayetano Rebizzo, abrió el juego con la apertura de rey, y su oponente, al plantear la Defensa Francesa, siguió por compleja línea de juego. El blanco se apartó de las líneas conocidas y sacrificó un peón, pero no obtuvo las compensaciones esperadas, y quedó inferior. No obstante, el juego estaba lejos de definirse, pero Rossetto, que jugó muy bien la parte media, encontró el procedimiento para acrecentar su ventaja, e imponerse sin dificultades en la 27ª movida. Burgalat, con negras, planteó una Defensa India de Dama frente a Guimard, pero no consiguió igualar totalmente, y su posición en el flanco dama adolecía de serios defectos.

Acumuladas las fuerzas en ese sector, el otro lado del tablero quedó desguarnecido, circunstancia que fue explotada para realizar una agresión directa contra el monarca, maniobra que dio por resultado la ganancia de un peón, sin que por ello las negras mejoraran su posición. El blanco definió el juego en la 33ª jugada, mediante un ataque directo.[728]

[726] *La Prensa*, 31 de octubre de 1943.
[727] Carlos Guimard, *Crítica*, 3 de noviembre de 1943.
[728] *Crítica*, 3 de noviembre de 1943.

4ª Ronda, 4 de noviembre, Club Argentino

▓ Si los espectadores y la crítica creyeron ver en la actuación del maestro Ståhlberg en las rondas iniciales, cierto desgano, en esta reunión todo el mundo estuvo de acuerdo en que no hubiera podido demostrar más decisión, seguridad y pujanza. A Burgalat le tocó pagar en breve tiempo el tributo a la buena disposición espiritual del ex campeón sueco, acicateado, quizá, por los rumores que habían llegado a sus oídos, y así fue que a la 29ª jugada dio cuenta de la resistencia opuesta por el campeón de la ciudad de Santa Fe.

Jugóse la 4ª Ronda del Campeonato

Ståhlberg muestra su categoría.
El Mundo. 5 de noviembre de 1943

El ex campeón argentino, Héctor Rossetto, fue quien consiguió la segunda decisión de la noche al superar en buena forma al representante de la Federación Suburbana, Héctor Beretta. Mientras tanto, el maestro rumano Ian Iliesco, conduciendo las piezas blancas, se medía con el ex campeón argentino, Carlos Guimard, y conseguía poner a éste en apremio de tiempo mediante un continuo martilleo de la posición de las negras, para caer luego en la tentación de no cambiar uno de los dos caballos centralizados de Guimard, y perder material en consecuencia, quedando la partida suspendida. Los resultados fueron: Rossetto 1:0 Beretta; Burgalat 0:1 Ståhlberg; Piazzini ½:½ Villegas; Aguirre ½:½ Rebizzo; Iliesco 0:1 Guimard.[729]

5ª Ronda, 7 de noviembre, Círculo de Villa Crespo

▓ Al promediar el campeonato, el maestro santiagueño-santafesino Guimard ha ganado todas las partidas. Hacía mucho tiempo que Guimard no estaba jugando con tan extraordinario empuje. Ni el mismo Ståhlberg puede alcanzarlo en la tabla de posiciones. Anoche se jugó la mitad exacta del torneo; falta, pues, la otra mitad, en la que el sueco puede descontar el medio punto que le lleva nuestro compatriota, y aún sacarle alguna ventaja. Se daría la lógica, por cierto, si así aconteciera, lo que, sin embargo, no tendría influencia en el discernimiento del título máximo del ajedrez nacional, pues Ståhlberg participa fuera de concurso. ¡Jugada fantástica de Iliesco ante Ståhlberg! Al llegar a 26.C2T P4A?, inmediatamente de avanzar este peón, el maestro rumano-argentino se nos aproximó para decirnos:

Al Promediar el Campeonato, Guimard Ha Ganado Todas las Partidas

Jugada "Fantástica" de Iliesco

¿Una jugada fantástica de Iliesco?
Clarín. 8 de noviembre de 1943

> ¡He hecho una *jugada fantástica*!

Y, en efecto, era fantástica, pero no en el sentido en que él pronunció la palabra. Es la jugada que pierde. Luego de 27.PxP! R1T, recién ahora se dio cuenta Iliesco que no podía capturar el caballo blanco, en apariencia indefenso, porque a 27...TxC?? seguiría 28.D4A, ganando la torre suicida. Las demás partidas terminaron así: Sanguinetti 0:1 Rossetto; Beretta 0:1 Aguirre; Rebizzo ½:½ Burgalat.[730]

[729] Paulino Alles Monasterio, *El Mundo*, 5 de noviembre de 1943.

[730] Amílcar Celaya, *Clarín*, 8 de noviembre de 1943.

▓ Después de los resultados de la reunión, el ex campeón argentino, Carlos Guimard, se mantiene en el primer puesto con medio punto de ventaja sobre el sueco Ståhlberg. Guimard tuvo como rival al ex campeón, Luis Piazzini, a quien venció en buena forma. Por su parte, Ståhlberg derrotó a Iliesco, y Rossetto le ganó a Sanguinetti. La partida de Rebizzo con Burgalat terminó empatada, y Beretta fue vencido por Aguirre. Guimard tiene 5/5; Ståhlberg 4½; Rossetto 3½; Rebizzo 2½.[731]

Hoy Comenzará a Jugarse el Torneo de Ajedrez de Buenos Aires

Prosigue Disputándose El Torneo Mayor de la Federación de Ajedrez

El cisma en su máxima expresión: dos campeonatos simultáneos. *La Prensa*. 8 noviembre 1943

▓ Todas las partidas se definieron dentro del tiempo reglamentario establecido. Volvieron a ganar Carlos Guimard, que ocupa la primera colocación desde la iniciación de la justa, y el maestro Gideon Ståhlberg, su más tenaz competidor. Héctor Rossetto, que ahora va tercero, se ha hecho un lugar de acuerdo a sus méritos, ascendiendo al tercer lugar de la tabla. Guimard 1:0 Piazzini, PD Antiguo, en la 30ª jugada; Ståhlberg 1:0 Iliesco, Gambito Ortodoxo Antiguo, en la 39ª; Rebizzo ½:½ Burgalat, Defensa India de Dama, en la 25ª; Beretta 0:1 Aguirre, Defensa Francesa, en la 33ª; Renato Domingo Sanguinetti 0:1 Rossetto, Defensa Grünfeld, en la 31ª; libre: Benito Villegas. Las posiciones actuales son: Guimard 5; Ståhlberg 4½; Rossetto 3½; Rebizzo 2½; Iliesco y Aguirre 2; Piazzini y Villegas 1½; Burgalat y Sanguinetti 1 y Beretta ½.[732]

Stahlberg y Guimard Lograron Vencer a Iliesco y Piazzini

Ganan Stahlberg y Guimard

Las otras partidas

Ståhlberg y Guimard, arriba. *Crítica*. 9 de noviembre de 1943

▓ Ståhlberg y Guimard lograron vencer a Iliesco y Piazzini. La lucha por el primer puesto se torna, fecha a fecha, más interesante. Ståhlberg, Rossetto, Iliesco y quien esto escribe, son los mejor situados. El maestro, con sólo medio punto en contra sobre cinco partidas jugadas, es sin duda el candidato obligado al primer puesto. Y yo, que he totalizado el score ideal del 100%, también tengo mis aspiraciones. Rossetto, que ha perdido sólo un punto y medio, e Iliesco, que ha jugado tal vez las partidas más fuertes, cierran, por el momento, la lista de participantes a la primera colocación. Los dos punteros se adjudicaron nuevas victorias, y valiosas por cierto, si tenemos en cuenta la calidad de sus oponentes, pues Iliesco y Piazzini suelen vender cara la derrota. Ståhlberg, después de la apertura, no tenía mucho más que una posición sólida, y algunas lejanas posibilidades en el centro.

Empero, esto fue suficiente para gestar su victoria, amenazando en forma simultánea el centro y el flanco rey. Ganó un peón, y en pocas jugadas más el triunfo fue suyo. En mi partida con Piazzini,

[731] *La Prensa*, 8 de noviembre de 1943.
[732] *El Mundo*, 8 de noviembre de 1943.

pronto las complicaciones se hicieron presentes, y pudo mi rival equilibrar las acciones con 8...C5C!, pero al omitirla, quedó inferior. Más tarde realizó una arriesgada combinación mediante la entrega de un caballo, pero la defensa justa puso de relieve sus defectos y quedó perdido...[733]

6ª Ronda, 9 de noviembre, Club Argentino

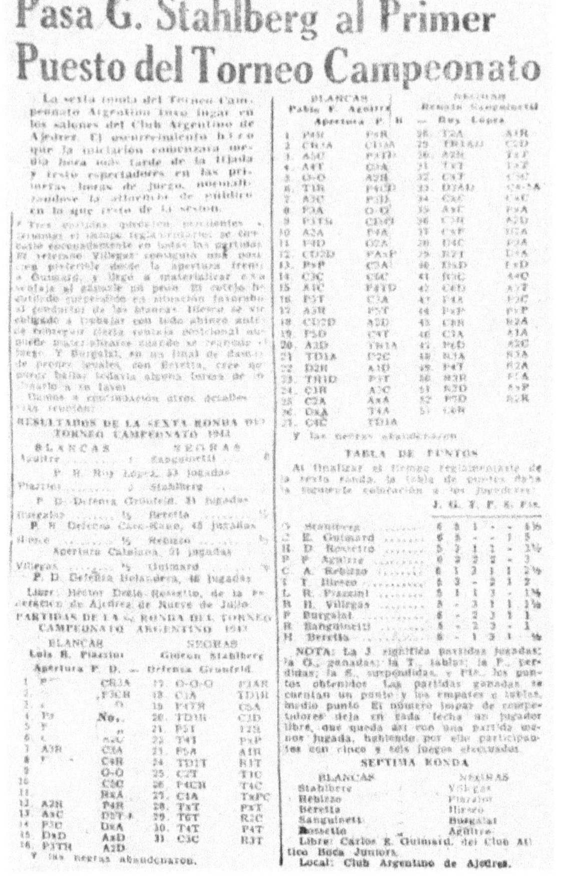

Pasa G. Stahlberg al Primer Puesto del Torneo Campeonato

RESULTADOS DE LA SEXTA RONDA DEL TORNEO CAMPEONATO 1943

PARTIDAS DE LA 6ª RONDA DEL TORNEO CAMPEONATO ARGENTINO 1943

Y las negras abandonaron.

TABLA DE PUNTOS

SEPTIMA RONDA

Local: Club Argentino de Ajedrez.

Corte de luz, y Ståhlberg.
El Mundo. 10 de noviembre de 1943

▒ La rueda tuvo lugar en el club Argentino, y el oscurecimiento hizo que comenzara media hora más tarde de la fijada, y restó espectadores en las primeras horas de juego, normalizándose la afluencia de público en lo que restó de la sesión. Tres partidas quedaron pendientes de terminar en el tiempo reglamentario. Se combatió enconadamente en todas las partidas. El veterano Villegas consiguió una posición preferible desde la apertura frente a Guimard, y llegó a materializar esa ventaja al ganarle un peón. El cotejo ha quedado suspendido en posición favorable a Villegas. Ante Rebizzo, Iliesco se vio obligado a trabajar con todo ahínco antes de conseguir cierta ventaja posicional, que puede materializarse cuando se reanude el juego. Y Burgalat, en un final de damas con peones iguales con Beretta, cree que puede hallar todavía alguna forma de inclinarlo a su favor. Los resultados fueron: Aguirre 1:0 Sanguinetti; Piazzini 0:1 Ståhlberg; Burgalat ½:½ Beretta; Iliesco ½:½ Rebizzo; Villegas ½:½ Guimard. Ståhlberg tiene 5½/6; Guimard 5/5; Rossetto 3½/5; Aguirre 3/6.[734]

▒ Ståhlberg se afianza en la primera colocación. Sólo dos de las cinco partidas del Torneo/ Campeonato alcanzaron definición. Este detalle nos da una idea bien clara de la forma reñida en que se desarrollaron, y más, si tenemos en cuenta que en las suspendidas el equilibrio se mantiene, salvo en la de Villegas y Guimard, ligeramente favorable para el veterano maestro. Ståhlberg, después de su triunfo de anoche, se afirma en su posición de puntero, ya que en mi partida, que sigue esta noche, parece que en el menor de los casos sólo puedo conseguir el empate. Piazzini inició el juego con la Apertura de Dama, y el maestro sueco se defendió con la Variante Grünfeld, permitiendo a su rival cierta preponderancia de peones en el centro, a cambio de un mejor juego de piezas.

▒ Piazzini, que disponía de poco tiempo para realizar varias jugadas, cometió un grave error que le costó la partida en la jugada 31ª. Villegas planteó un PD y opuse la Defensa Holandesa, pero a poco de iniciado el juego cometí un error de carácter posicional que me dejó en inferioridad para el resto de la partida. Villegas mantuvo su ventaja en todo momento, y en el medio juego obtuvo un peón como consecuencia de una nueva indecisión, arribándose a un final de dama, torres y peones, y alfiles de distinto color de difícil manejo, pero siempre conservando el blanco todas las posibilidades de triunfo. Aguirre planteó una Apertura Ruy López, y después de la 53ª jugada venció a Sangui-

[733] Carlos Guimard, *Crítica*, 9 de noviembre de 1943.

[734] Paulino Alles Monasterio, *El Mundo*, 10 de noviembre de 1943.

netti. Burgalat y Beretta han suspendido en posición equilibrada después de la 40ª, en una partida que se inició con la Apertura de Rey y siguió por los dominios del Caro-Kann. Iliesco y Rebizzo también han suspendido, en posición ligeramente favorable al primero, habiéndose desarrollado el juego por las líneas de la partida catalana.[735]

7ª Ronda, 12 de noviembre, Club Argentino

Ståhlberg venció a Villegas con comodidad. Se planteó el PD y el veterano eligió una defensa interesante, mezcla de Nimzoindia y Holandesa. Saliendo de la apertura en posición equilibrada, Villegas opta por una jugada 12ª posicionalemente absurda, permitiendo a Ståhlberg tomar la iniciativa. Luego de la jugada 18ª se ve claramente la calamitosa posición de las torres negras. Luego las blancas ganan un peón y definen con claridad. Beretta perdió con Iliesco, PR Defensa Siciliana. Luego de una apertura equilibrada, Beretta ofrece un absurdo cambio de damas que arruina su estructura de peones, y facilita el trabajo posterior de Iliesco, que se impone en un final de torres. En las restantes partidas, Sanguinetti pierde con Burgalat, Rossetto le gana a Aguirre y Rebizzo pierde con Piazzini.[736]

8ª Ronda, 14 de noviembre, Club San Lorenzo de Almagro

El torneo está dando lugar a una tenaz lucha por el primer puesto, cuya posesión definitiva incluye un premio donado por el Jockey Club, al que pueden aspirar todos los competidores, y el título de campeón argentino, del que está excluido Ståhlberg, que interviene fuera de concurso especialmente invitado por la FADA. Desde 1939 no se ha jugado un Torneo Mayor de la calidad del actual, ni por la calidad de los participantes, ni por el mérito de los jugadores de la última generación, Renato Domingo Sanguinetti y Héctor Beretta. Si éstos han quedado distanciados de los jugadores de mayor experiencia debe buscarse la explicación en el alto nivel de juego que están desarrollando los delanteros, imprimiendo a la carrera por los puntos todo el ardor y la seguridad de su propio adiestramiento (Sic). Los resultados de la ronda fueron: Iliesco 1:0 Sanguinetti; Burgalat ½:½ Rossetto. Suspendidas: Guimard – Ståhlberg; Piazzini – Beretta; Villegas – Rebizzo. De la 7ª: Aguirre 0:1 Rossetto. Ståhlberg 6½/7; Guimard 5½/6; Rossetto 5/7; Iliesco 4½/7.[737]

Defínense Dos Partidas en la Octava Ronda del Campeonato

Ståhlberg, fuera de concurso; *Guimard*, arriba.
El Mundo

Fue difícil mi partida de anoche con Ståhlberg. El programa ofrecía una serie de luchas de gran importancia para la tabla de posiciones, sobre todo la que sostuve con Ståhlberg, que prácticamente define la primera colocación, pues ambos sólo habíamos perdido medio punto de la puntuación

[735] Carlos Guimard, *Crítica*, 10 de noviembre de 1943.
[736] Notas del autor.
[737] Paulino Alles Monasterio, *El Mundo*, 15 de noviembre de 1943.

ideal. Y agregamos a esto que Rossetto, para conservar las mejores posibilidades, debía vencer a Burgalat; Iliesco, que después de sus contrastes, está jugando nuevamente bien, y Luis Piazzini, que fecha a fecha parece recuperar algo de su otrora gran fuerza, tendremos expuestos los motivos que provocaron tanta expectativa por esta ronda. Sólo Rossetto y Ståhlberg estuvieron presentes en el local de juego a las 20.30 para iniciar sus partidas; el resto de los participantes llegó con algún retraso, y solamente a las 20.40 se iniciaron algunas.

Iliesco, como siempre que lleva las blancas, planteó la Zukertort-Reti, y el representante de Ríver Plate, Sanguinetti, siguió según el modelo del doctor Lásker, ubicando su alfil en 4A. El juego fue equilibrado, hasta que Iliesco, para forzar el curso de los acontecimientos, entregó material y ganó por ataque directo. Burgalat abrió el juego con la Apertura de Rey Sistema Keres, 3.C2D, y fue defendido por Rossetto con 3…C3AD. Rossetto consiguió eludir las dificultades de la apertura, y su posición fue siempre ligeramente superior. En la parte final no prosiguió con la exactitud debida, y sus posibilidades fueron bien anuladas. En el momento de declararse el empate, era Burgalat quien estaba mejor.

Fué Difícil mi Partida de Anoche con Gedeón Stahlberg

C. GUIMARD

CULMINO en su interés, en la fecha de anoche, la disputa del torneo por el campeonato argentino de ajedrez. Y es que el programa a realizarse en el Club San Lorenzo de Almagro ofrecía una serie de luchas de gran importancia para la tabla de posiciones, sobre todo la que sostuve con Stahlberg, que prácticamente define la primera colocación, pues ambos sólo habíamos perdido un medio punto de la puntuación ideal.

Y si agregamos a esto que Rossetto para conservar las mejores posibilidades debía vencer a Burgalat, e Iliesco, que después de sus contrastes, está jugando nuevamente bien (los hinchas decían que anoche debía hacerlo por doble motivo), y Luis Piazzini, que fecha a fecha parece recuperar algo de su otrora gran fuerza, tendremos expuestos los motivos que provocaron tanta expectativa por la ronda disputada anoche.

Se inician las partidas

Sólo Rossetto y Stahlberg estuvieron presentes en el local de juego a las 20 y 30, para iniciar sus partidas; el resto de los participantes llegó con algún retraso, y solamente a las 20 y 40 se iniciaron algunas. Iliesco, como siempre que lleva las blancas, planteó la Zukertort-Reti, y el representante de River Plate, Sanguinetti, siguió según el modelo del doctor Lasker, en una partida famosa contra Reti, ubicando su alfil en 4A. El juego fué equilibrado, hasta que Iliesco, para forzar el curso de los acontecimientos, entregó material y ganó mediante un ataque directo.

Burgalat abrió el juego con la apertura de rey sistema Keres 3 C2D... y fué defendido por Rossetto con 3 ... C3AD variante que ensayó con éxito, creo que por primera vez en luchas formales, contra Julio Bolbochán en San Pedro (Brasil) y en Mar del Pla-

los caminos de la defensa India del oeste y la lucha por el centro fué el aspecto saliente de la primera parte del juego. Como decimos, se complicó la lucha y Stahlberg consiguió ventaja posicional, que luego se transformó en la ganancia de un peón, teniendo, pues, en el momento de suspenderse, todas las posibilidades en su favor. El desarrollo de la partida fué así:

Apertura: Peón dama-India del Oeste

	BLANCAS	NEGRAS		BLANCAS	NEGRAS
1	P4D	C3AR	11	D3C	C3A
2	P4AD	P3R	12	P5D	C4T
3	C3AR	P3CD	13	D4T	PxP
4	P3CR	A2C	14	PxP	A3A
5	A2C	A2R	15	C1R	AxA
6	0—0	0—0	16	CxA	D2R
7	C3A	C5R	17	D2A	P4AD
8	D2A	CxC	18	T1CD	C2C
9	DxC	A5R	19	A3R	C3D
10	T1D	P4AR	20	A4A	C4C

Negras: Stahlberg

Ståhlberg supera a Guimard en difícil partida. *Crítica*. 15 de noviembre de 1943

Ante Beretta, Piazzini realizó una buena demostración de saber ajedrecístico. Contra una Defensa Caro-Kann, primero consiguió ventaja en espacio, luego obtuvo mayoría de peones en el flanco dama, y ha suspendido en un final de igual material que estratégicamente está decidido a su favor. Villegas jugó otra Apertura Inglesa, y como la mayoría de sus partidas, fue una lucha de pesados movimientos. Poco antes de suspenderse, permitió a Rebizzo el sacrificio de un caballo, que debe ser ganador.

En mi partida con Ståhlberg los acontecimientos se desarrollaron en un marco de complejidad extraordinaria, difícil en su concepción estratégica, y de iguales o parecidas características desde un punto de vista táctico. Iniciado el juego con la Apertura de Dama, se orientó por los caminos de la Defensa India del Oeste, y la lucha por el centro fue el aspecto saliente de la primera parte del juego. Como decimos, se complicó la lucha, y Ståhlberg consiguió ventaja posicional, que luego se transformó en la ganancia de un peón. En el momento de suspender, todas las posibilidades son en su favor.[738]

Los salones del Club San Lorenzo se vieron colmados anoche de una entusiasta concurrencia. Habrían de medirse el santiagueño-santafesino Guimard y el sueco Ståhlberg, punteros del certamen. El resultado de esta partida estaba destinado a dilucidar –y dilucidará, sin duda– el nombre del vencedor del torneo, pues uno y otro rivales han ganado todas las partidas que jugaron, con excepción de la tablas de Ståhlberg con Rossetto, y la que Guimard logró contra Villegas. Apenas salidos de las maniobras de la apertura, el maestro Ståhlberg, no obstante conducir las piezas negras, asumió decididamente la iniciativa, que Guimard, vacilante entre varios planes que se le presentaban a su mente, neutralizaba con esfuerzo. La presión de las negras se acentuó hasta que nuestro compatriota, con escasísimos minutos para realizar sus últimas jugadas, no advirtió que el sueco le

[738] Carlos Guimard, *Crítica*, 15 de noviembre de 1943.

capturaría impunemente un peón. Luego se suspendió la partida en un final complejo, pero en que la ventaja material y de posición de Ståhlberg es visible.[739]

9ª Ronda, 17 de noviembre, Nueva Argentina

Se jugó en la Asociación Nueva Argentina, y trajo como nota sensacional la derrota del ex campeón, Carlos Guimard (negras), frente a Cayetano Rebizzo. Fue una partida modestamente planteada por las blancas, como recogiendo fuerzas para luego saltar decididas sobre el enroque de las negras, que, sobrevalorando sus defensas, admitieron ciertas propincuidades (Sic) peligrosas, como lo mostró el breve desenlace. No menos emoción trajo el desarrollo del juego entre Rossetto (blancas) e Iliesco: se dirimía en el cotejo un alto puesto en la tabla de posiciones. Ambos contrarios con de los que vienen picando alto en esta brega, y por eso estuvo muy visitada la mesa en la que durante casi cinco horas estuvieron las acciones más o menos equilibradas, hasta el momento en que, próximo a terminar la sesión, Rossetto, que se había olvidado (de) su reloj, se encontró apremiado por el cronómetro en una posición no menos apremiante. Rechazada la proposición de tablas por Iliesco, algunas jugadas después las blancas perdían una pieza sin mayor compensación. En tanto, Piazzini (negras) venció a Sanguinetti, y quedó suspendida Villegas – Beretta.[740]

Gana Rebizzo a Guimard en la 9a. Ronda del Campeonato

La novena ronda del Torneo Campeonato, efectuada en la sala de ajedrez de la Asociación H. y C. Nueva Argentina, trajo como nota sensacional la derrota del ex campeón Carlos E. Guimard frente a Cayetano A. Rebizzo. Fué una partida modestamente planteada por las blancas, como recogiendo fuerzas para luego saltar decididas sobre el enroque de las negras que, sobrevalorando sus defensas, admitieron ciertas propincuidades peligrosas, como lo demostró el breve desenlace.

No menos emoción trajo el desarrollo del juego entre H. D. Rossetto y Ian Trian Iliesco; se dirimía en el cotejo un alto puesto en la tabla de posiciones, pues ambos contrarios son de los que vienen picando alto en esta brega, y por eso estuvo muy visitada la mesa en que durante casi cinco horas estuvieron las acciones más o menos equilibradas, hasta el momento en que, próximo a terminarse la sesión, Rossetto, que había olvidado su reloj, se encontró apremiado por el cronómetro en una posición no menos apremiante. Rechazada la proposición de tablas por Iliesco, algunas jugadas después las blancas perdían una pieza sin mayor compensación. He aquí otros detalles de esta reunión:

RESULTADOS DE LA NOVENA RONDA

Rossetto ... 0 Iliesco ... 1
(G. Dama. Defensa Grünfeld, 41 jugadas)
Rebizzo ... 1 Guimard ... 0
(Peón de dama antiguo, 21 jugadas)
Sanguinetti ... 0 Piazzini ... 1
(Gambito de dama eslavo, 38 jugadas)

SUSPENDIDAS

Villegas Beretta
(P. R. Defensa siciliana)
Iliesco Rossetto
(P. D. Defensa Grünfeld)

TORNEO CAMPEONATO DE 1943

Partida jugada en la novena ronda

BLANCAS Héctor D. Rossetto — NEGRAS Ian T. Iliesco
(Apertura G. dama. Defensa Grünfeld)

	Blancas	Negras		Blancas	Negras
1.	P4D	C3RA	22.	D6T	TD1R
2.	P4AD	P3CR	23.	D2T	D4C
3.	P3A	P4D	24.	A3R	D5C
4.	PxP	CxP	25.	DxD	CxD
5.	P4R	C3C	26.	TxT+	AxT
6.	C3A	A2C	27.	A5C	A4A
7.	A3R	P3AD	28.	P5R	P3TR
8.	P4A	O-O	29.	P4C	A3C
9.	C3A	A3R	30.	A1A	T1D
10.	P4TR	A5C	31.	A2C	C6R
11.	A2R	CD2D	32.	T1AD	C4A
12.	C5R	CxC	33.	R1A	CxC
13.	PAxC	C5A	34.	P4T	C4A
14.	A2A	AxA	35.	P5T	A5D
15.	DxA	P4CD	36.	T7A	AxA
16.	P5T	P3R	37.	TxP	T7D
17.	T1D	P4AD	38.	P5C	C6R
18.	PTxP	PAxP	39.	R1C	A5D
19.	O-O	PxP	40.	P6C	C4D + ch
20.	CxP	CxP	41.	R1A	
21.	CxP	D2R			

Inmediatamente las blancas abandonan.

BLANCAS Cayetano Rebizzo — NEGRAS Carlos E. Guimard
(Apertura peón de dama antiguo)

	Blancas	Negras		Blancas	Negras
1	C3RA	C3RA	13	[illegible]	[illegible]
2	P4D	P3R	14	[illegible]	[illegible]
3	CD2D	P4A	15	[illegible]	[illegible]
4	P3R	C3A	16	[illegible]	[illegible]
5	P3A	D2A	17	[illegible]	[illegible]
6	A3D	P3CD	18	[illegible]	[illegible]
7	O-O	A2R	19	[illegible]	[illegible]
8	D2R	CxD	20	[illegible]	[illegible]
9	P4A	C3A	21	[illegible]	[illegible]
10	P3CD	O-O	22	[illegible]	[illegible]
11	A2C	P3D	23	[illegible]	
12	P3TR	P4TD			

Y las negras abandonaron.

LA ULTIMA RONDA

La 11a y última ronda se jugará el sábado en la sala de ajedrez del Club Atlético Boca Juniors, iniciándose las partidas a las 18. La penúltima ronda se jugará esta noche en el Club Argentino de Ajedrez.

FINALIZAN LAS PRELIMINARES DE TERCERA CATEGORIA

Finalizaron los turnos preliminares del torneo de tercera categoría organizado por la Asociación Metropolitana de Ajedrez. El grupo disputado en el Círculo de Ajedrez terminó con el triunfo del señor H. Amil, segundo por el señor C. Maqueda. En el grupo que se disputó en el Club Jaque Mate resultó ganador el señor A. Lume, seguido por el señor R. De Tanti.

Estos jugadores comenzaron a disputar el turno final en el Círculo de Ajedrez, siendo el fixture para la primera ronda el siguiente: Amil v. R. De Tanti y A. Lume v. C. Maqueda.

ASOCIACION METROPOLITANA DE AJEDREZ

Dió comienzo el torneo de tercera categoría, habiendo reunido el mismo a dieciséis participantes, que juegan divididos en dos grupos.

El grupo "A" se disputa en el Círculo de Ajedrez, Bartolomé Mitre 670, y está formado por los siguientes jugadores: B. Reichler, M. Vita, E. Franca Ponce, C. Maqueda, H. Amil, E. Eceder, P. Guanca y C. J. Rusines. Este grupo juega los días miércoles y sábados.

El grupo "B" se disputa en el Club Jaque Mate, Santiago del Estero 932, y está formado por los siguientes jugadores: R. De Tanti, L. Espósito, C. Incutto, A. Lume, P. L. Róspide, R. F. Díaz, E. Vider y R. Martínez. Este grupo juega los días lunes y viernes.

Continúa abierta la inscripción para los torneos de 1a y 2a categorías de la Asociación Metropolitana, que cuentan hasta el momento con un elevado número de inscriptos. Para el torneo de 1a se cuenta hasta el momento con las siguientes inscripciones: R. Falcón, M. Luckis, R. Grau, M. Najdorf, L. Palau, M. Czerniak, A. Pareó, A. Piró, G. Hand, E. Nager, H. Rossetto, R. Romero, I. Daneri, L. Herrera, R. Romero, N. Charqui, H. Ortiz, M. Ilzinton y J. A. de Oro Ocampo. Los últimos nueve nombrados disputarán un grupo en la ciudad de La Plata.

Rebizzo golpea inesperadamente a Guimard.
El Mundo. 18 de noviembre de 1943

10ª Ronda, 27 de noviembre, Club Argentino

Los resultados fueron: Iliesco 1:0 Aguirre, Ståhlberg 1:0 Rebizzo, Guimard 1:0 Beretta. En tanto, hicieron tablas Rossetto – Piazzini y Villegas – Sanguinetti. El maestro sueco, que juega fuera de torneo, sacó una ventaja de dos puntos sobre Guimard e Iliesco, entre quienes se definirá el campeonato. Las partidas decisivas serán Guimard – Sanguinetti e Iliesco – Burgalat.[741]

11ª Ronda, 28 de noviembre, Club Boca Juniors

La 11ª y última rueda se jugó en el Club Boca Juniors, iniciándose las partidas a las 18. Al perder Guimard con Renato Domingo Sanguinetti, Iliesco quedó solo en el segundo lugar, pasando de este modo a ostentar el título de campeón argentino del año en curso. El maestro Iliesco, que se iniciara allá por 1926 en los torneos de tercera categoría de la FADA, culmina su carrera con el más

[739] Amílcar Celaya, *Clarín*, 16 de noviembre de 1943.
[740] Paulino Alles Monasterio, *El Mundo*, 18 de noviembre de 1943.
[741] Notas del autor.

alto galardón que pueda ostentar un ajedrecista de nuestro país. Su larga ascensión hasta el campeonato muestra el entusiasmo que siempre le animara, contándosele como participante habitual en todos los torneos mayores y torneos/campeonato realizados hasta la fecha.

Gana el Maestro Iliesco el Campeonato Argentino

Con el resultado de la partida pendiente de la última ronda del Torneo Campeonato Argentino de 1943, entre Renato Sanguinetti y Carlos E. Guimard, al perderla el último de los nombrados quedó solo en el segundo puesto el conocido maestro rumanoargentino Ian Traian Iliesco, pasando de este modo a ostentar el título de campeón argentino del año en curso.

El maestro Iliesco, que se iniciara allá por el año 1926 en los torneos de tercera categoría de la Federación Argentina de Ajedrez, culmina su carrera con el más alto galardón que pueda ostentar un ajedrecista en nuestro país. Su larga ascensión hasta el campeonato muestra el entusiasmo que siempre le animara, contándosele como participante habitual en todos los torneos mayores y torneos campeonatos realizados hasta la fecha. Esta actividad ejemplar, conocida de todos los que siguen de cerca el movimiento ajedrecístico, unida al espíritu de buen deportista que ha mostrado en todas las ocasiones, le han granjeado la simpatía de innumerables aficionados, que siguen sus actuaciones con especial interés.

Ian Traian Iliesco

Shearer y R. Taylor; Zazá, C. Colbert y H. Marshall: Derecho al corazón.

El final pendiente entre Sanguinetti y Guimard tuvo a su alrededor un nutrido grupo de espectadores. Pronto se vió que el ex campeón argentino forzaba las acciones para inclinarlas a su favor; "jugaba para ganar", que vale tanto como decir que jugaba para perder, puesto que las tablas que con un peón de más hubiera podido honestamente proponer de nada le servían para el caso, si con medio punto más no podía dar alcance a Iliesco. Se apreciará mejor el trascendental combate entre Sanguinetti y Guimard desarrollándolo de acuerdo al detalle que damos más abajo.

TORNEO CAMPEONATO ARGENTINO, 1943

Partida jugada en la 11a ronda

	BLANCAS Héctor Beretta	NEGRAS Gideón Stahlberg			
	(Apertura P.R. Defensa Alekhine)				
1.	P4R	CR3A	19.	P3T	A2D
2.	CD3A	P4D	20.	TD1D	D1A
3.	PxP	CxP	21.	P5A	PxP
4.	P4D	P3CR	22.	C5C	P3TR
5.	AR4A	C3C	23.	C3A	[illegible]
6.	A3C	A2C	24.	C4T	[illegible]
7.	A3R	O-O	25.	D2A	P5A
8.	CR2R	C3A	26.	DxP	A3C
9.	O-O	C4T	27.	C3-5A	D2R
10.	D1A	T1R	28.	CxP+	AxC
11.	C4R	CxA	29.	DxA	C2D
12.	PTxC	P4R	30.	A4D	C4R
13.	PxP	AxP	31.	TD1R	[illegible]
14.	CR3C	D2R	32.	AxC	D4A+
15.	A5A	D3T	33.	R1T	TxA
16.	P4AR	A2C	34.	CxA	T5T
17.	P4A	A5C	35.	C7R+	
18.	D2A	D1D			

Y las negras abandonaron.

TABLA FINAL

	J.	G.	T.	P.	Pts.
Gideon Stahlberg	10	8	1	1	8½
Ian Traian Iliesco	10	7	1	2	7½
Carlos E. Guimard	10	6	1	3	6½
Héctor D. Rossetto	10	4	4	2	6
Cayetano A. Rebizzo	10	3	4	3	5
Luis A. Piazzini	10	4	3	3	5½
Pablo F. Aguirre	10	3	2	5	4
Benito H. Villegas	10	-	7	3	3½
Francisco Burgalat	10	1	4	5	3
Héctor Beretta	10	1	3	6	2½
Renato Sanguinetti	10	1	3	6	2½

Iliesco gana el Campeonato Argentino.
El Mundo. 29 de noviembre de 1943

El final pendiente entre Sanguinetti y Guimard tuvo a su alrededor un nutrido grupo de espectadores. Pronto se vio que el ex campeón argentino forzaba las acciones para inclinarlas a su favor; "jugaba para ganar", que vale tanto como decir que jugaba para perder, puesto que las tablas que con un peón más hubiera podido honestamente proponer, de nada la servían para el caso, si con medio punto más no podía dar alcance a Iliesco.[742]

▒ Fue prisionero de guerra en el (año) 1914 el nuevo campeón argentino. Las dos partidas que quedaron pendientes el sábado tuvieron el resultado que previmos: Sanguinetti se anotó su primer triunfo derrotando a Guimard, e impidiéndole compartir el campeonato con Iliesco. Aguirre y Piazzini hicieron tablas. Fue una rueda postrera plagada de sorpresas, pues en ella perdieron dos favoritos: Ståhlberg y Guimard, con los dos que han quedado últimos del certamen, Beretta y Sanguinetti. Juan Iliesco, ajedrecista rumano-argentino, finalizó, a consecuencia de estos resultados, segundo del torneo a un solo punto de Ståhlberg, y como el sueco actuaba fuera de concurso, Iliesco es por primera vez en su dilatada carrera ajedrecística, campeón argentino. Prisionero de los alemanes en la guerra del 14, Iliescus, inflamado su patriotismo contra los invasores germanos –otra era la posición internacional del gobierno rumano– se alistó entre los defensores de su patria, pero perdió esta primera partida bélica.

Los alemanes lo capturaron, lo hicieron prisionero, y lo confinaron en un campo de concentración. ¿Cómo hubiera podido prever, ni siquiera el más brujo de los profetas, que ese soldado rumano prisionero, que no sabía una palabra de español, y que entonces como ajedrecista no pasaría de cuarta categoría, algún día habría de conquistar el más preciado galardón del ajedrez argentino? Junto con otros confinados, fue llevado Iliesco a París, cuando se efectuó un canje de prisioneros. Allí se radicó nuestro hombre por algún tiempo, trocando su apellido latino de Iliescus por Iliesco, debido a razones eufónicas del idioma francés. Después, como marinero, oficio en que le valieron su fuerza física y su agilidad para encaramarse hasta el tope del palo mayor, arribó a Buenos Aires, para incorporarse definitivamente a nuestro hospitalario país, su segunda patria. ¿A qué se habría de dedicar Iliesco en Buenos Aires? ¡A profesor de ajedrez!

Era como para caerse de espaldas, porque Iliesco, en realidad, apenas si conocía el movimiento de las piezas. Fue, en puridad de verdad, *un macaneador*, aunque él quisiera justificar sus fracasos diciendo que su juego era *desparramado*, porque tiene cierta dificultad para pronunciar la doble erre, y no excesivamente prudente, como el estilo de algunos de sus adversarios, que despreciaba, aunque lo derrotaban vuelta a vuelta. Pero todo esto es historia antigua. Ahora Juan Iliesco es un

[742] Paulino Alles Monasterio, *El Mundo*, 29 de noviembre de 1943.

verdadero maestro, que inició antes que ningún otro las giras de los ajedrecistas por el interior, donde descubrió precisamente a Guimard. Desde Santa Fe nos trajo la fotografía del astro local que estaba surgiendo, y que le había ganado a él una partida. Tampoco podía sospechar Iliesco que entre el entonces adolescente Guimard y él habría de dirimirse, once años más tarde, el Campeonato Argentino. El Club San Lorenzo de Almagro, que lo tiene por eficaz profesor, puede estar orgulloso de él.[743]

Fué Prisionero de Guerra en el 14 el Nuevo Campeón Argentino de Ajedrez

PRISIONERO DE LOS ALEMANES

PROFESOR DE AJEDREZ

EL NUEVO CAMPEON ARGENTINO

De prisionero de guerra a campeón argentino de ajedrez. *Clarín*, 30 de noviembre de 1943

Juan Iliesco logró obtener el título de campeón. Por segunda vez un ajedrecista extranjero con más de cinco años de permanencia en el país logra el título, de acuerdo con la nueva reglamentación. En ella se ha eliminado el *match* y se le ha asignado el título al vencedor en la prueba anual de primera categoría. Se ha establecido, asimismo, reconocer como argentinos a los jugadores de otros países que tengan una permanencia prolongada en la República. Al escoltar a Ståhlberg, que jugó fuera de concurso, Iliesco ha logrado ostentar una situación valiosa dentro del ajedrez nacional. Poseedor de una técnica personal y un adiestramiento permanente, ha logrado un triunfo meritorio que confirma su indudable calidad. La ausencia en la prueba de una serie de destacados valores ha facilitado su acción, pero el hecho de haber superado en la clasificación final a dos jugadores locales de los medios de Guimard y Rossetto es un expresivo índice sobre la justicia de la situación que ocupa, cualquiera sea la polémica que pueda suscitar el hecho de que el título máximo de la FADA pueda ser ostentado por un extranjero.

Bien jugó Guimard en la primera parte, pero al final su derrota con Rebizzo, y más tarde su desconcertante actuación ante Sanguinetti, significaron la pérdida de todas sus esperanzas, y las de los ajedrecistas argentinos que tanto confiaban y confían en el excelente ajedrecista santiagueño. Fue discreta la actuación de Rossetto, y menos expresiva la de Piazzini y Villegas, que jugaron por debajo del nivel de su capacidad. Poco mostraron los jugadores nuevos, pero de tener que hacer un balance, sería Aguirre quien lograría la mejor clasificación. En las suspendidas, Piazzini logró empatar a Aguirre, y Sanguinetti venció a Guimard.[744]

Ståhlberg ganó el torneo, pero Iliesco es campeón argentino

La última fecha nos proporcionó alternativas interesantes. La primera sesión de la ronda nos trajo aparejado un resultado sensacional, como lo fue el triunfo de Héctor Beretta, último en la clasificación, frente al destacado maestro sueco Gideon Ståhlberg, que logró el primer puesto pero no el título de campeón, por estar fuera de concurso. En la segunda sesión, jugada anoche en el Club Argentino, se produjo la derrota de Carlos Guimard en manos del joven jugador Renato Domingo Sanguinetti, que comparte el último puesto con Beretta. Ello le significó al ex campeón argentino no poder recuperar el título, pues ha pasado a ocupar el segundo puesto absoluto Juan Iliesco, maestro

[743] Amílcar Celaya, *Clarín*, 30 de noviembre de 1943.
[744] *La Prensa*, 30 de noviembre de 1943.

rumano que por nuestra reglamentación es considerado argentino por tener más de cinco años de residencia en el país.

La partida de Sanguinetti con Guimard fue intensa desde el principio. Comenzó aquél con P4R, optando las negras por la Defensa Francesa. Apenas salidos de la apertura, las blancas lograron un peón de ventaja, que mantuvo casi hasta el final, a no ser por un error cometido por Guimard que le costó la partida. La otra partida reanudada anoche fue la de Beretta con Piazzini. Al promediar la 48ª jugada los adversarios resolvieron declararla tablas ante la imposibilidad de sacar ventaja.[745]

CAMPEONATO A. DE AJEDREZ ★ VOLVIO A PERDER C. GUIMARD

Stahlberg Ganó el Torneo, Pero Iliesco es Campeón Argentino

LA última fecha del campeonato argentino de ajedrez nos proporcionó alternativas interesantes. La primera sesión de la décima ronda nos trajo aparejado un resultado sensacional, como lo fué el triunfo de Héctor Beretta, último en la clasificación, frente al destacado maestro sueco Gedeón Stahlberg, que logró el primer puesto, pero no el título de campeón, por estar fuera de concurso. La segunda sesión, la jugada anoche en el Club Argentino de Ajedrez, fué la derrota de Carlos E. Guimard, en manos del joven jugador Renato Sanguinetti, que comparte el último puesto junto con Beretta. Ello le significó al ex campeón argentino no poder recuperar el título, pues ha pasado a ocupar el segundo puesto absoluto Juan Iliesco, maestro rumano que por nuestra reglamentación es considerado argentino, por tener más de cinco años de residencia en el país.

La partida de Sanguinetti contra Guimard fué intensa desde el principio. Comenzó aquél con P4R, optando las negras la defensa francesa, y apenas salidos de la apertura éstas lograron un peón de ventaja, que mantuvo casi hasta el final, a no ser por un error cometido por Guimard, que lo que al principio pareció dificultar el triunfo de éste, sin embargo, le costó la partida, pues la pérdida de material le creó una serie de dificultades, de las cuales las negras no pudieron salir airosas, optando Guimard en dar por perdida su partida en la jugada 53a.

La otra partida suspendida y reanudada anoche fué la de Héctor Beretta contra Luis Piazzini. Inició el juego aquél con apertura española, desarrollando las negras la defensa Murphy. Continuó un juego un tanto impreciso y complejo por parte de ambos contrincantes; sin embargo, se notó que frente al vigoroso ataque de las blancas Piazzini pudo actuar con acierto, aunque llegó un momento en perder material. Reanudado el juego fué más eficiente la labor de Piazzini, pues llegó a equilibrar la lucha y al promediar la jugada 48a. los adversarios optaron por declararla tabla ante la imposibilidad de sacar ventaja.

La posición final del campeonato argentino es la siguiente:

	J.	G.	E.	P.	Pts.
G. Stahlberg ...	10	8	1	1	8½
J. Iliesco	10	7	1	2	7½
C. E. Guimard ..	10	6	1	3	6½
H. E. Rosetto	10	4	4	2	6
L. A. Piazzini ...	10	4	3	3	5½
C. A. Rebizzo ...	10	3	4	3	5
P. Aguirre	10	3	3	4	4½
R. Villegas	10	—	7	3	3½
F. Burgalat	10	1	4	5	3
R. Sanguinetti ..	10	1	3	6	2½
H. Beretta	10	1	3	6	2½

De acuerdo con estos resultados resultó ganador del certamen el maestro sueco, Gedeón Stahlberg, pero en virtud de su condición de extranjero no puede obtener el título de campeón argentino. En cambio, conquista el título Juan Iliesco que se clasificó segundo, en virtud de la derrota experimentada por Guimard anoche, pero no obstante ser de nacionalidad rumana, de acuerdo con los reglamentos de la Federación Argentina de Ajedrez, se le considera como argentino por estar radicado entre nosotros hace más de cinco años.

El maestro Juan Iliesco, que, pese a clasificarse segundo, se adjudicó el título de campeón

El último, Beretta, le gana al puntero, Ståhlberg. *La Razón*, 30 de noviembre de 1943

Repercusiones

▮ La Federación Argentina ha considerado que el maestro rumano-argentino llena los requisitos reglamentarios se residencia en el país, ya que actúa en el ajedrez argentino desde 1926.[746]

▮ De acuerdo con la nueva reglamentación, el título obtenido en el torneo puede ser reconquistado por el campeón del año anterior, siempre que, dentro del plazo establecido, presente el desafío oficial.[747]

Homenaje a Iliesco en Nueve de Julio

▮ Recientemente fue servida en el local del estadio del Club Nueve de Julio una cena en honor del campeón argentino, Ion T. Iliesco, que pasó una breve temporada en esa ciudad prodigando sus enseñanzas entre los numerosos aficionados al noble juego. Al hacer uso de la palabra para

[745] *La Razón*, 30 de noviembre de 1943.
[746] *Enroque!!* nº 26/7, pág. 95.
[747] Carlos Portela, Frente al Tablero, *La Nación*, 14 de diciembre de 1947.

agradecer la demostración, anunció como acontecimiento muy probable la realización de un *match* con el maestro Roberto Grau, que tendría por escenario esa localidad bonaerense. Luego se refirió con palabras muy elogiosas al niñito Omar Barroso, de sólo cinco años, de quien dijo que era toda una promesa para el ajedrez mundial. En el mismo acto le fue entregado al campeón argentino un distintivo del Club Atlético Nueve de Julio, como recuerdo de su visita a dicha entidad.[748]

Campeonato Argentino 1943

		1	2	3	4	5	6	7	8	9	0	1	PTS	S.B.
1	Ståhlberg, Gideon	*	1	1	½	1	1	1	1	1	0	1	8.5/10	
2	Iliesco, Juan Traian	0	*	0	1	1	½	1	1	1	1	1	7.5/10	
3	Guimard, Carlos Enrique	0	1	*	1	1	0	1	½	1	1	0	6.5/10	
4	Rossetto, Héctor Decio	½	0	0	*	½	1	1	½	½	1	1	6.0/10	
5	Piazzini, Luis	0	0	0	½	*	1	½	½	1	1	1	5.5/10	
6	Rebizzo, Cayetano	0	½	1	0	0	*	½	1	½	1	½	5.0/10	
7	Aguirre, Pablo	0	0	0	0	½	½	*	½	1	1	1	4.5/10	
8	Villegas, Benito	0	0	½	½	½	0	½	*	½	½	½	3.5/10	
9	Burgalat, Francisco	0	0	0	½	0	½	0	½	*	½	1	3.0/10	
10	Beretta, Héctor	1	0	0	0	0	0	0	½	½	*	½	2.5/10	13.00
11	Sanguinetti, Renato	0	0	1	0	0	½	0	½	0	½	*	2.5/10	12.00

Libro de Mar del Plata 1943 por Skalicka – Lachaga

A fines de octubre aparece el libro Mar del Plata 1943, de Karel Skalicka y Milcíades Lachaga, editado por el Círculo La Regence. El club organizó el Torneo Invitación, que fue ganado por el campeón del Club Alemán de Belgrano, Otto Lobenstein, con 6 puntos, seguido por Paul Michel 5½; Antonio Garritani 4; M. Castillo y P. Sánchez 3; L. Filloy 2½; M. Polzlbauer 2 y K. Vogel 1.[749]

Tapa del Sexto Torneo de Mar del Plata 1943

El Campeonato de Buenos Aires de la Asociación Metropolitana (rebelde)

En el campeonato de 1ª categoría de la ciudad de Buenos Aires, han confirmado hasta el presente su inscripción los señores Miguel Najdorf, Luis Palau, Enrique Falcón, Miguel Czerniak, Marcos Luckis, Carlos Maderna, Alejandro Nogués Acuña, Antonio Piro, Guillermo Hand, Eduardo Magee, Roberto Grau, Andrés Pazó, Rodolfo Romero, Ítalo Daneri, Luis Herrera, Rodolfo Romero (h), N. Chasqui, H. Ortiz, Miguel Itzigsohn y José A. de Oro Ocampo. Estos últimos nueve jugadores disputarán un grupo en La Plata, y los dos primeros jugarán la final, prueba en la que actuarán diez maestros y seis ganadores de grupos.[750]

[748] *El Mundo.*
[749] *Caissa* nº 62, pág. 215.
[750] *La Nación.*

▓ Con la participación de treinta y dos ajedrecistas comenzará a disputarse hoy a las 20.30 el Campeonato de Buenos Aires, prueba que organiza y dirige la AMDA. La nómina de los inscriptos es la siguiente: Miguel Najdorf, Albert Becker, Herman Pilnick (Sic), Paul Michel, Roberto Grau, Carlos Maderna, Miguel Czerniak, Marcos Luckis, Luis Palau, Alberto Vilches, Héctor Rossetto, Atilio Laguzzi, Enrique Falcón, Guillermo Hand, Juan Vara, Jesús Pérez, Marcial Di Gregorio, Joaquín Ojeda, Emilio Rodríguez, Manuel Melamedoff, Andrés Pazó, Rogelio Linskens, Antonio Piro, Alfonso Adámoli, Eduardo Magee, Rodolfo Romero, Rodolfo C. Romero (h), J. Terrero, Miguel Itzigsohn, Héctor Ortiz, Ítalo Daneri y Carlos Merlo Villanueva.

Dado el elevado número de inscriptos, el mayor registrado en el país en competencias de esta naturaleza, se ha resuelto dividir el certamen en tres grupos, que jugarán en el Círculo, Club Jaque Mate y Jockey Club de La Plata. Los dos mejores de cada grupo entrarán a jugar el turno final, para el que ya están clasificados los ex campeones argentinos y sudamericanos, y los maestros extranjeros de reconocidos méritos. De acuerdo con la reglamentación de la AMDA, los 10 primeros de este año podrán intervenir directamente en el turno final del año que viene. Las partidas se disputarán los miércoles y sábados a las 20.30.[751]

▓ El 3 noviembre se inicia el campeonato de la Ciudad de Buenos Aires, organizado por la Asociación Metropolitana, entidad de reciente fundación. Participan veintitrés ajedrecistas de primera categoría, que fueron divididos en tres grupos. Las sedes designadas fueron el Círculo de Ajedrez, Bartolomé Mitre 670, el Club Jaque Mate, Santiago del Estero 952, y el Jockey Club de La Plata. Los días de juego fueron los miércoles y sábados, de 20.30 a 1.30. Los dos primeros de cada sección clasificarán para la Final, para la cual se han inscripto ocho maestros: Miguel (Mieczyslav) Najdorf, Albert Becker, Paul Michel, Roberto Grau, Miguel (Moisés) Czerniak, Carlos Maderna, Marcos (Markas) Luckis y Herman Pilnik.

El **Grupo A**, Círculo de Ajedrez, está integrado por Luis Palau, Marial Di Gregorio, Enrique Falcón, Juan José Pérez, Guillermo Hand, Juan Vara y Agustín Laguzzi.

El **Grupo B**, Club Jaque Mate, por E. Rodríguez, J. Adámoli, Joaquín Ojeda, Antonio Piro, Manuel Melamedoff, Eduardo Magee, Andrés Pazó y Rogelio Linskens.

En el **Grupo C**, Jockey Club de La Plata, jugarán Alberto Vilches, doctor Rodolfo Romero, capitán Rodolfo Romero (h), Héctor Ortiz, Miguel Itzigsohn, Ítalo Daneri, Nicolás Chasqui, José de Oro Ocampo y Luis G. Herrera.[752]

▓ Miguel Itzigsohn, representante del Club Gimnasia y Esgrima de La Plata, ganó el torneo del Jockey Club. Se jugó a dos turnos, y finalizó el 14 de enero de 1944. Itzigsohn logró 10½/14, y le siguieron el doctor Rodolfo Romero 9; Alberto Vilches 8½; Ítalo Daneri y Héctor Ortiz 7½; Gregorio Yanover 7; J. Oro del Campo 3½ y el capitán Rodolfo Romero 2½. Abandonó Nicolás Chasqui, y el capitán Romero se retiró tempranamente por razones de salud. El torneo ha sido el punto de iniciación de las actividades que en esta temporada desarrollará la entidad patrocinante, para la que se ha proyectado un interesante programa.[753]

▓ Palau, Piro y Hand se clasificaron para la final. Han terminado las series preliminares de partidas del campeonato de la ciudad de Buenos Aires, prueba que organiza la AMDA. Las pruebas de clasificación destacaron en el Grupo A, que se cumplió en el local del Club Jaque Mate, los nombres de Luis Palau y Antonio Piro, quienes empataron en el primer puesto. En Grupo B se cumplió en el Círculo, y quedó clasificado el ajedrecista Guillermo Hand. En breve ha de fijarse la fecha de iniciación del torneo final, que estará limitado a catorce ajedrecistas especialmente invi-

[751] *La Prensa.*

[752] *La Prensa, Crítica*, 3 y 16 de noviembre de 1943.

[753] *El Mundo*, 15 de enero de 1944. No se indica en la nota si este torneo perteneció a una zona del Campeonato de la Asociación Metropolitana, como se había anunciado.

tados. Falta conocer el desenlace del torneo que se realiza en La Plata, que arrojará otros dos finalistas.[754]

▓ Palau, primero. En los salones del Círculo prosigue disputándose el torneo de 1ª categoría. La competencia ha entrado ya en su faz decisiva, pues sólo faltan tres ruedas para su finalización, y se ha entablado una lucha interesante por los primeros puestos, aun cuando el veterano ajedrecista Luis Palau lleva una apreciable ventaja que lo coloca en buenas condiciones para la victoria final. Las posiciones son las siguientes: Luis Palau 8/9 (+7 =2 -0); Enrique Falcón 6½/9 (+6 =1 -2); José Novo 6/10 (+5 =2 -3); O. Fracassi 5½/9 (+5 =1 -3); Vicente Vuskovic (5/8 (+5 =0 -3); F. A. Solans 4½/9 (+2 =5 -2); Fernando Ramírez 4½/10 (+4 =1 -5); José Gerschman y Atilio Laguzzi 4/8 (ambos +3 =2 -3); Manuel Melamedoff (+2 =2 -5) y Andrés Pazó (+3 =0 -6) 3/9; Pedro Aguilar 2/8 (+1 =2 -5); C. A. Ungaro 1/8 (+0 =2 -6). El torneo se juega los miércoles y sábados de 21 a 1.[755]

Continúa Jugándose el Torneo de Primera en El Círculo de Ajedrez

En los salones del Círculo de Ajedrez de esta capital, Bartolomé Mitre 670, prosigue disputándose el torneo de primera categoría, en el que intervienen, además de ajedrecistas del cuarto superior de dicha entidad, varios aspirantes a ingresar en el mismo. La competencia ha entrado ya en su faz decisiva, pues sólo faltan tres ruedas para su terminación, y se ha entablado una interesante lucha por los primeros puestos, aun cuando el veterano ajedrecista local Luis Palau [illegible] una apreciable ventaja, que lo [illegible] en buenas condiciones para obtener la victoria final.

La colocación actual de los participantes es como sigue:

	J.	G.	T.	P.	Pts.
L. Palau	9	7	2	-	8
E. Falcón	9	6	1	2	6½
J. Novo	10	5	2	3	6
O. J. Fracassi.....	9	5	1	3	5½
V. Vuskovic	8	5	-	3	5
F. A. Ramírez.....	10	4	1	5	4½
F. A. Solans.......	9	2	5	2	4½
J. Gerschman	8	3	2	3	4
A. Laguzzi	8	3	2	3	4
M. Melamedoff	9	2	2	5	3
A. Pazó	9	3	-	6	3
P. A. Aguilar.....	8	1	2	5	2
C. A. Ungaro.....	8	-	2	6	1

La J. significa partidas jugadas; la G., ganadas; la T., tablas; la P., perdidas, y Pts., el total de puntos obtenidos.

El torneo se juega todos los miércoles y sábados, de 21 a 1, desarrollándose a razón de 40 jugadas en dos horas.

Palau, con buen aventaja. *La Prensa*

▓ Los dos jugadores que se clasifiquen primeros en los grupos jugarán la final con los maestros europeos Miguel Najdorf, Paul Michel, Miguel Czerniak y Marcos Luckis, y los ajedrecistas locales de primera fuerza Carlos Maderna, Herman Pilnik y Roberto Grau. Se agregarán además dos jugadores de la selección de La Plata.[756]

Simultáneas de varios maestros

▓ Najdorf, Ståhlberg, Grau y Guimard ofrecen sesiones de partidas simultáneas en el Club Boca Juniors.[757]

La Copa Reca y simultáneas en el Club Boca Juniors

Cisma y laudo de la AFA; expulsión de los tres clubes disidentes

▓ Pasó a cuarto intermedio la asamblea de la FADA. Anoche se reunió la asamblea con el fin de considerar la situación provocada por algunos clubs importantes, que están de hecho separados de la entidad. Luego de diversas consideraciones que se prolongaron por un largo lapso, se resolvió pasar a cuarto intermedio hasta el 1º de octubre próximo a las 18.30.[758]

▓ Pronúnciase el doctor (Jacinto) Armando en el conflicto del ajedrez. La escisión producida en el ajedrez metropolitano ha culminado con la gestión amistosa iniciada por el presidente de la AFA, doctor Jacinto C. Armando, concretada en un laudo para restablecer la unión entre la FADA y el movimiento separatista organizado por el Círculo de

[754] *La Nación.*
[755] *La Prensa.*
[756] Este anuncio nunca pudo ser concretado. *La Nación.* No pudo reconstruirse el cuadro de posiciones. Nota del autor
[757] *Revista del Club Atlético Boca Juniors.*
[758] *La Nación*, 18 de setiembre de 1943.

Ajedrez, secundado por el Círculo de Vélez Sarsfield y el Club Jaque Mate, que dio nacimiento a la AMDA. El 30 del actual a las 18.30 se reanudará en el local de la FADA la Asamblea Extraordinaria del día 17 de setiembre último, que había pasado a cuarto intermedio. En la misma se considerará el laudo del doctor Armando.[759]

Pronúnciase el Dr. J. Armando en el Conflicto del Ajedrez

El laudo de Jacinto C. Armando. *El Mundo*

Se intentó resolver el cisma del ajedrez argentino mediante un laudo que aceptaron ambas partes, que sería dictado por el presidente de la AFA, Jacinto C. Armando. Este laudo se dictó el 4 de noviembre, constaba de cinco artículos y decía así:

> 1º) Dar por no presentados los pedidos de desafiliación de la FADA de las tres entidades, ni que la FADA hizo acto alguno tendiente a la expulsión de las mismas. 2º) Las tres entidades continúan afiliadas a la FADA.
>
> 3º) Reconstituir dentro de los veinte días la mesa directiva de la FADA con nuevos miembros, a excepción del actual presidente.
>
> 4º) Nombrar seguidamente a la constitución de la nueva mesa directiva una comisión de cinco miembros para aconsejar modificaciones al régimen de gobierno del ajedrez argentino.
>
> 5º) Disuelta la Asociación Metropolitana, incorporar a la FADA las otras instituciones conforme a las disposiciones del régimen de gobierno a dictarse".

El laudo fue acatado por la FADA, pero no por la Asociación Metropolitana, por lo cual el señor Armando resolvió el 15 de diciembre:

> Ante el silencio del Círculo de Ajedrez, del Club Jaque Mate y del Círculo Vélez Sarsfield con respecto al laudo pronunciado por el suscripto el 4 de noviembre, para restablecer la unión del ajedrez argentino, y correspondiendo interpretar que este laudo ha sido desoído o desestimado por aquellas instituciones, el que suscribe declara que la FADA (...) queda desde la fecha en plena libertad de acción.[760]

Finalmente, la Asamblea de la FADA resolvió por unanimidad expulsar a los tres clubes. La medida se tomó después de rechazarse los pedidos de desafiliación, por estar las tres entidades en mora de pagos de afiliación y de inscripción de jugadores en los torneos de la FADA, y de agotarse el proceso de mediación del presidente de la AFA, señor Jacinto C. Armando.[761]

Intervienen *Caissa* y Seitz. La grieta

El 22 de noviembre, el editorial de *Enroque!!* acomete sobre un tema acuciante. Se titula: *División en el ajedrez argentino.*

[759] *El Mundo.* Jacinto C. Armando fue presidente de la AFA desde el 8 de agosto de 1943 hasta el 8 de marzo de 1944. Probablemente su vínculo político fueran los conservadores.

[760] *Enroque!!* nº 28, pág. 113. La nota de la revista, firmada por Carlos M. Degiovanni, justifica la actitud de la FADA, y critica severamente a los disidentes.

[761] *Caissa* nº 63, pág. 22.

Malos vientos soplan en el ajedrez argentino, y felizmente ello no es porque el juego decaiga, sino muy por el contrario: la Argentina está marcando índices extraordinarios por el alto porcentaje no sólo en la práctica del ajedrez sino por la calidad sensiblemente elevado (Sic). Los vientos son de otro orden, que desgraciadamente no responde a la dignidad del ajedrez: los intereses en juego, las posiciones especulativas de utilidad privada, todo ello más que los de orden directriz y político. (Sic). Bien podemos recordar las turbias actuaciones en el asunto del TN, para señalar uno de los tantos que podrían citarse.

Los entusiastas ajedrecistas del interior, a impulsos de desinterés y al deseo de que el acontecimiento fuera exitoso, se empeñaron tesoneros para reunir aportes, pero lamentablemente (en) la realidad, pasados los primeros momentos de entusiasmo, pudo constatarse la informalidad y el incumplimiento de compromisos contraídos. La FADA, por diversos motivos, ha hecho acusaciones graves, no concretadas, pero sí lanzadas en forma tan evidente que no eran necesarias más palabras. Quizás sea demasiado feo todo. Quizás se quiera echar un manto de perdón y olvido. La división que se produce es perturbadora y va en perjuicio general.[762]

Pelikán gana el Torneo de Cristalerías Rigolleau

▓ En diciembre el Club Cristalerías Rigolleau, de Berazategui, bajo la fiscalización de J. Rodríguez Avellón y S. Scotto, organizó su segundo torneo internacional. Pelikán gana ampliamente con 9/9, seguido por Miguel Czerniak 7½. Luego siguieron Karel Skalicka 7; Rafael Bensadón 5½; Félix Espósito 4½; Fossatti 4; Romeo Lungarzo 3½; Carlos Holovsko 2½; Alejandro Arregui 2; Ítalo Mela 0.[763]

[762] *Enroque* nº 26-27, pág. 85. Los numerosos errores de redacción indicarían que fue redactado por Adolfo J. Seitz. Vuelve a mencionar "las turbias actuaciones en el TN", interpretación que trasmite luego a los editores de la revista Chess, de Inglaterra.

[763] *El Ajedrez Americano* 2ª época nº 102 pág. 336. *Enroque!!* nº 32, pág. 24. *La Prensa*, 13 diciembre de 1943.

Capítulo 6

LOS ENEMIGOS DE GRAU: SEITZ, BOERO/CAISSA, QUERENCIO[764]

Personalidad del doctor Jakob Adolf Seitz [Zoilo R. Caputto]

▓ Fue en la librería de Boero donde pude conocer a uno de los maestros extranjeros que se radicaron en el país durante la guerra: el doctor Adolf Jakob Seitz (1898-1970), experto en ciencias económicas y distinguido periodista, con el que mantuve circunstanciales conversaciones sobre ajedrez. A propósito del librito de San Remo 1930, guardo otro recuerdo imborrable: una mañana, mientras lo estaba copiando, apareció el doctor Seitz y, asombrado por mi empeño, me contó la historia de la edición que tenía en mis manos. Él había publicado ese libro en alemán como "La victoria record de Alekhine", después de grandes esfuerzos personales y económicos que comenzaron con su viaje hasta San Remo para reunir todo el material necesario. Pero en la segunda edición, realizada en la imprenta de László Toth –un discreto maestro húngaro de ajedrez–, parece que se hizo un tiraje ilegal aparte del contrato, ¡lo que le permitió luego al impresor vender el libro más barato que el autor!

De haber registrado entonces todas las pruebas que decía tener el doctor Seitz de este delito, hoy podría llenar varias páginas; pero lo cierto es que perdí el entusiasmo de hacer ese gran torneo en castellano, a pesar de tener hasta la fotografía que me había enviado uno de los participantes, el maestro alemán Karl Ahues, a quien pensaba dedicar el libro.

El doctor Seitz era un hombre tan inteligente como emprendedor. Además de maestro de ajedrez y ameno conferenciante, era sobre todo un destacado periodista, que vivió de esa profesión tanto en Europa como en Argentina. Aquí aprendió muy pronto nuestro idioma y fue capaz de escribir en castellano la mayoría de los interesantes artículos que publicó en la revista *Caissa*. Siempre hacía gala de su buen humor bávaro; aunque a veces por su espontaneidad se excedía un poco, y en ese sentido, recuerdo algunos casos anecdóticos contados por él mismo:

** Cubría la información periodística del Torneo Internacional de Moscú 1936, donde tres rondas antes de finalizar, Capablanca llevaba una cómoda ventaja de dos puntos. Sabido es que el gran maestro cubano siempre trataba de regular su esfuerzo, por lo menos en el ajedrez, y en este caso *parece* que había pactado las tablas de antemano con los tres adversarios que aún debía enfrentar. Enterado el doctor Seitz, cablegrafió enseguida a su diario para que anunciara en la edición del día siguiente: ¡Capablanca ganó el torneo!

** En ocasión en que el doctor Seitz jugaba un torneo en Inglaterra, se sintió tan molesto por el rumor de los comentarios del público durante el juego, que no encontró mejor manera de mostrar su disgusto que la de colgarse en la oreja un cartel que reclamaba ¡Silencio!

** Aseguró que había visto la planilla de la famosa partida entre Capablanca y Grau del Torneo de las Naciones de 1939. Famosa, porque en un momento del juego Capablanca rectificó una movida de dama que había hecho, lo que ante la aceptación pasiva de su adversario, le permitió ganar la partida. A pesar de que el gran maestro cubano luego tachó todas las jugadas que siguieron a esa movida reglamentaria y se convinieron las tablas, el comentario del doctor Seitz sobre este hecho fue lapidario: ¡Con esto Capablanca arruinó toda su carrera deportiva!

[764] Este texto se publicó como Capítulo X en *Luces y Sombras del Ajedrez Argentino*, tomo 1, 2014.

** Cierro mis recuerdos con un caso frecuente del juzgador juzgado, en el que todos podemos caer a veces sin darnos cuenta. En las publicaciones, y especialmente en sus artículos, era habitual ver las iniciales y no los nombres completos del doctor Seitz –J. A. Seitz, o aún A. J. Seitz–, algo que me llamaba la atención, aunque nunca me atreví a decírselo. Yo sabía que su segundo nombre era Adolfo, el que obviamente podía ser más que bien mirado por *algunos*, pero su primer nombre era Jacobo, y eso podría explicar la *prudencia* de las iniciales, sobre todo en aquellos tiempos de la Segunda Guerra Mundial.

Lo más curioso es que el doctor Seitz comentó una vez con ironía que *un* maestro por entonces residente en Argentina, hubiera cambiado su nombre propio Mendel por el de Miguel, obviamente aludiendo a Najdorf. También Seitz criticaba al lituano Luckis por haber cambiado su apellido, cuando debía haberlo *castellanizado* como Lutzky.[765]

▓ No tengo dudas que Seitz fue el corresponsal que proveía a Baruch Wood, el director/editor de la revista Chess (Sutton Coldfield) con el material anti-Grau.[766] En la revista Enroque de enero de 1943 Seitz se presenta como representante de la revista Chess, de Baruch Wood. Preguntado el GM Héctor Rossetto, dijo que Seitz "era un intrigante, y que hablaba demasiado".[767]

Leonardo Lipiniks, sobre Seitz

▓ Interesante es la descripción del doctor Seitz que brindó Leonardo Lipiniks, desde Asunción del Paraguay:

> Al doctor Seitz lo conocí en el Círculo de La Regence, donde se ocupaba de los libros de la entidad y de la edición de material nuevo. Trabajaba allí con el doctor Albert Becker, quien había jugado por Alemania en 1939. Me gustaba visitarlos de vez en cuando y me trataban muy bien. Años después me enteré que el doctor Seitz no había integrado el equipo alemán sino que era un periodista que viajó con la delegación y también quedó anclado. Por su apellido siempre supuse que Seitz era judío, y al principio me sorprendió su animadversión para con el maestro lituano Markas Luckis, explicándome que había cambiado su apellido de Lutzky por el de Luckis para disimular su origen hebreo.[768] Por esa misma razón hoy por hoy creo que el doctor Seitz era de origen judío, porque todavía no he encontrado a nadie tan capaz de reírse de sí mismo como la gente judía que conozco. Se dice, tal vez con mucha razón, que nunca se ofenden por los cuentos de judíos porque son ellos mismos los que los crean. En cuanto a conocimientos de ajedrez, siempre me pareció una enciclopedia viviente.[769]

Juan Carlos Obregoso: Seitz en Necochea

▓ Seitz aparece en Necochea por su vinculación con Santiago Oliva, al comentar el Torneo Playas de Necochea 1943/4 en la revista Enroque!! Luego del posterior distanciamiento que se produce entre ellos volvió a Necochea algunos veranos.[770] Me consta que se dedicaba a la filatelia, y se decía propietario de una colección muy valiosa. Personalmente le llevé a Buenos Aires dos grandes álbumes de sellos. Las desavenencias entre Oliva y Seitz pueden explicarse analizando los comentarios y los avisos que aparecen en *Enroque* nº 37, página 118, 1945. Si bien no lo nombra, es evidente que en el comentario de la columna derecha, Oliva se está refiriendo a Seitz. En cuanto al ¨cariño¨ que le

[765] Testimonio del profesor Zoilo Rudecindo Caputto al autor, enero de 2008.

[766] Testimonio de Edward Winter al autor, 21 de mayo de 2007.

[767] Testimonio de Héctor Rossetto al autor. Seitz había nacido el 14 de Febrero de 1898 en Mettingen, y falleció el 6 de abril de 1970 en Basilea.

[768] Coincide con el del profesor Caputto, citado más arriba.

[769] Testimonio de Leonardo Lipiniks al autor, 9 de abril de 2006:

[770] Ver más adelante el detalle de los incidentes entre Oliva y Seitz.

profesaba Seitz a Grau, queda demostrado con el párrafo que le dedica en oportunidad de comentar en *Enroque!!* el torneo de San Remo 1930.[771]

El último registro de la presencia de Seitz en Argentina fue en el X Torneo Playas de Necochea de 1951. Decía la crónica de *Caissa*:

> Como en años anteriores, en marzo se iniciará en el Royal Hotel el X Torneo Playas de Necochea por Equipos, cuya organización está a cargo del Club de Ajedrez Necochea. El maestro doctor Jakob Adolf Seitz ha sido designado para entrenar el equipo local, que ganó el torneo en 1949.[772]

Milcíades Lachaga, a favor de Seitz

En el reportaje que este autor le hiciera a Milcíades Lachaga en 1984, en un párrafo se refirió a la situación de Seitz.

> *Ajedrez de Estilo: Tenemos entendido que durante el Torneo de las Naciones se produjeron ciertos problemas. ¿Qué nos puede decir?*
>
> Hubo un hecho desagradable que tomó estado público, debido al maltrato que recibió el periodista alemán, doctor Seitz. A partir de este momento él se convirtió virtualmente en un enemigo de Grau; en realidad, de la FADA dirigida por Grau. La revista *El Ajedrez Americano* le debía a Seitz una cierta cantidad de dinero por sus colaboraciones, y habían convenido con él que le darían hospedaje y atención en Buenos Aires para que él pudiera realizar sus crónicas para las revistas europeas. Pero no solamente no se cumplió con esa promesa, sino que ni siquiera le permitieron ingresar al lugar de juego. El doctor Seitz era un hombre muy punzante en sus opiniones, pero jamás mentía. Era muy exigente. Él cumplía y quería que todos así lo hicieran. Como yo lo comprendía, tuve con él una gran amistad, y luego de la Segunda Guerra Mundial lo visité en Alemania; noté que era un hombre que estaba llamado a vivir bien, y no a llevar la vida miserable que tuvo que hacer aquí.[773]

¿Por qué se enojaron Seitz y Grau?

El testimonio arriba citado de Lachaga representa, evidentemente, la versión de Seitz: Grau le debía dinero de notas anteriores, y le había prometido un trato especial para tener acceso a la información del TN. Es difícil saber hasta dónde es cierta esta versión. Los incidentes de Seitz en el torneo de Nueva York 1924, su expulsión de la revista *Enroque!!*, el testimonio de Rossetto y el incidente del *match* Argentina 13:2 España –que se verá al final de este capítulo–, no otorgan una buena credibilidad a Seitz.

Este autor ha buscado los artículos de Seitz que podría haber publicado Grau en *El Ajedrez Americano*, pero sin resultados. La excepción sería el artículo firmado con el seudónimo de Adolfo Engel; es decir, una sola nota, y para *La Nación*. Otra razón habría que buscarla en el incidente de Seitz con Alekhine, que pese a ser aparentemente insustancial, realmente enfureció al campeón mundial. A continuación se analizan estos hechos.

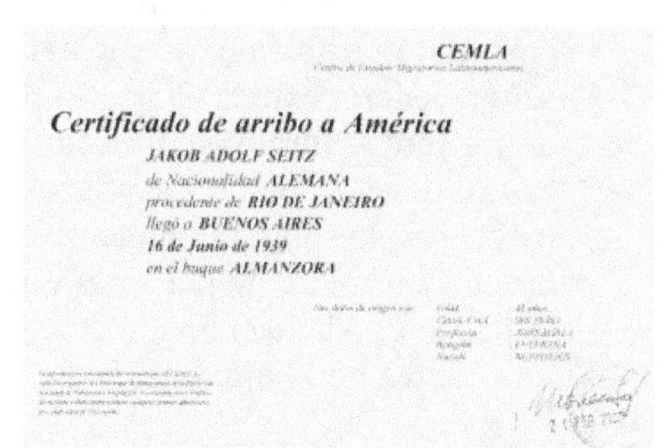
CEMLA

Certificado de arribo a América
JAKOB ADOLF SEITZ
de Nacionalidad ALEMANA
procedente de RIO DE JANEIRO
llegó a BUENOS AIRES
16 de Junio de 1939
en el buque ALMANZORA

Certificado de arribo de Jakob Adolf Seitz, 16 de junio de 1939

771 Testimonio de Juan Carlos Obregoso al autor, 28 de marzo de 2006.

772 *Caissa* nº 133, enero/marzo de 1951, pág. 29. *La Prensa*, 4 de marzo de 1950. El torneo de 1950 fue ganado por el fuerte equipo bahiense.

773 Reportaje del autor a Milcíades Lachaga, *Ajedrez de Estilo* 53/4, pág 186, abril de 1984.

1924: Un antecedente curioso de Seitz en Nueva York

En *Chess Notes*[774] 5080 y 5088 Edward Winter se refiere a la que llama "Controversia por el reloj", por lo sucedido en la partida Capablanca – Lasker del torneo de Nueva York 1924. Luca d'Ambrosio (Bolzano, Italia) cita lo siguiente de la página 74 de *Deutsches Wochenschach,* 30 abril 1924:

> Un informe digno de atención es el del doctor A. Seitz, que asistió al torneo como un espectador, observando la partida de Lasker con Capablanca. Dice que la derrota de Lasker fue a causa de un reloj defectuoso; debido a ese defecto, que causó que ambos relojes estuvieran avanzando al mismo tiempo en el momento crítico, Lasker cayó en zeitnot y pasó por alto una jugada que obtenía el empate. Además, nuestro corresponsal remite a una frase escrita por Adolf Jakob Seitz en la página 146 de Wiener Schachzeitung mayo 1924: "El secretario del torneo no podría ser elogiado por su excesiva imparcialidad". Finalmente, d'Ambrosio cita un pasaje del informe sobre Nueva York, 1924 página 3 del Schachjahrbuch 1924 volumen I, de L. Bachmann (Ansbach, 1925): "Los participantes en el torneo expresaron la gran satisfacción con su bienvenida y estancia. Por supuesto, existían las quejas comunes sobre el ciertos comportamientos desconsiderados de los maestros, como es usual y como ocurrió aquí también, y no hubo quejas de favoritismo del director del torneo por parte del lado alemán.

En Chess Notes 5098 se aclaran muchos aspectos del incidente, ya que "en una carta, el señor Lederer[775] ha llamado a nuestra atención el hecho de que el doctor Seitz no tenía acceso a las mesas de juego, y solamente se enteró del tema por habladurías". Dice el señor Lederer:

> Me enteré que durante la partida el doctor Lasker no apretó el botón de su reloj lo suficiente, y por eso ambos relojes estaban funcionando al mismo tiempo. Cuando la partida fue suspendida a las seis, notamos precisamente la diferencia de tiempo, que era de alrededor de ocho minutos. Además, confirmo que el doctor Lasker no estuvo en zeitnot en ningún momento. Al contrario, antes del final de la partida, Capablanca sí se encontraba en un considerable zeitnot, y dos veces después del sacrificio de pieza no realizó las mejores jugadas (Df3 en vez de De2, y Cxd6 en vez de g4 [sic]). Cuando la partida se reanudó a las ocho, ambos jugadores estaban, por supuesto, sin zeitnot, y la jugada que, de acuerdo con el análisis de Lasker, ofreció la posibilidad de un empate (Ad5 en lugar de Qe6), tuvo lugar mucho después de que la partida había sido interrumpida. El doctor Lasker, por supuesto, nunca realizó un comentario que pudiera ser interpretado queriendo decir que perdió la partida por cualesquiera razones que no tuvieran que ver con el ajedrez, y habló de la jugada de su adversario con el respeto más grande; simplemente comentó que De6 era el movimiento perdedor y que Ad5 le habría permitido posiblemente empatar, y seguramente los análisis posteriores darán el veredicto final". El señor Lederer expresa luego su pesar sobre el burlón y denigrante comentario del doctor Seitz acerca del comité arbitral y la dirección del torneo, que es tan injustificado como falso. Dice que esto podía causar que los hombres a quienes tenemos que agradecer por la organización del torneo no repitan sus esfuerzos, hechos simplemente en beneficio del ajedrez, si el resultado de su trabajo son los ataques crueles por parte de personas que han disfrutado la hospitalidad del Club de Ajedrez de Manhattan y del Hotel Alamac. Finalmente, al doctor Seitz le fue impedido el acceso a las instalaciones del club del ajedrez de Manhattan.

Cuando el tema de la partida Capablanca - Lasker explotó en los Estados Unidos en enero de 1927, Lederer escribió algo parecido en la página 71 del boletín del *American Chess Bulletin,* marzo 1927:

[774] *Chess Notes* es un boletín famoso mundialmente, editado por Edward Winter. El autor investiga pequeños episodios del ajedrez mundial, y responde numerosas preguntas de sus lectores.

[775] Norbert Lederer era el secretario del Manhattan Chess Club, y fue el director del torneo.

El reloj cuestionado estaba en perfecto estado, y lo que realmente ocurrió fue que el doctor Lasker no accionó adecuadamente el botón pulsador, con el resultado de que por alrededor de ocho minutos ambos funcionaron simultáneamente. De todas maneras, hay una regla bien establecida en los torneos, por la cual cada jugador tiene que vigilar su propio reloj. Lasker no solamente falló al apretar su pulsador, sino que tampoco se dio cuenta que su reloj no se había detenido. Contrariamente a su afirmación, el incidente fue advertido por un observador, que me permitió advertir el hecho. Entonces, yo mismo pulsé el botón de Lasker, protegiendo sus intereses.

Al momento de suspender, Lasker y yo, sumando los tiempos de ambos relojes, encontramos que Lasker perdió alrededor de ocho minutos de su tiempo. Por lo tanto, es sorprendente leer que Lasker ahora reclama que a mí no me podían encontrar por ninguna parte, y que él perdió 15 minutos o probablemente 20 ocupado en la reparación de su reloj. Ese reloj nunca fue reparado, por la simple razón de que no había necesidad de repararlo, y continuó siendo usado luego de la suspensión de la partida, y hasta el final del torneo. Como se prueba en la planilla original, Lasker tuvo mucho tiempo para pensar, en tanto fue Capablanca quien estuvo apremiado por el tiempo.[776]

1935: Seitz transmite a Buenos Aires el gran torneo de Moscú

Ya en 1935, Seitz tenía contacto con los editores de diarios y revistas argentinos. Durante febrero y marzo el gran certamen de Moscú acaparó la atención de los ajedrecistas argentinos. El Mundo, donde escribía sobre ajedrez Paulino Alles Monasterio, lideró las notas periodísticas. Decía la revista *Confirmado*, del 6 de octubre de 1966:

> ...en los últimos años de la década del 30, los diarios metropolitanos publicaban los resultados de torneos internacionales con títulos a todo ancho de página. El matutino El Mundo del 28 de febrero de 1935 abría la sección deportes con un título a cinco columnas consagrado al torneo de la Unión Soviética: *Lasker puede vencer a Capablanca al reanudar el juego suspendido.* Ese año *El Mundo* fue el único rotativo argentino que recibió diariamente un servicio especial sobre ajedrez de 5.000 palabras cablegrafiadas desde Moscú por el doctor Adolfo Seitz.

1936: Seitz entrevista a Alekhine para *La Nación*

Bajo el seudónimo de Adolfo Engel,[777] Seitz envía a *La Nación* una extensa nota sobre Alekhine, en momentos en que se tramitaba la revancha entre Euwe y Alekhine. Evidentemente en este momento Seitz y Grau deben haber tenido contacto:

> Nuestro corresponsal en Viena, don Adolfo Engel (Sic), ha tenido una entrevista con la dirección del Hotel Panhans, de Semmering, para que organice un match desquite por el campeonato mundial. Asimismo, Engel fue un camarada entusiasta del equipo argentino que en viaje para Varsovia se detuvo en la bella capital austríaca, y ésto le ha hecho preocuparse vivamente de todo lo que pueda interesar al ajedrez local. Nada mejor, pues, que darle cabida en esta sección a una correspondencia que nos envía desde Viena en la que narra una entrevista con el doctor Alekhine.

[776] Las reglas de Nueva York 1924 fueron publicadas en las páginas 27-28 del número de Febrero de 1924 del *American Chess Bulletin.* El tiempo de reflexión era de 30 jugadas en las primeras dos horas y 15 jugadas por hora subsiguiente. El horario estipulado fue de 13.30 a 17.30 y de 19.30 a 23.30, y luego fue modificado a 14.00 a 18.00 y 20.00 a 24.00 (*American Chess Bulletin*, Marzo 1924, página 49). Un facsímil de la planilla de Capablanca se publicó en la página 80 del libro *A Picture History of Chess,* de Fred Wilson (New York, 1981).

[777] La razón del uso del seudónimo Adolfo Engel puede estar relacionada con la intención de ocultar su nombre Jacobo y su apellido Seitz, ambos judíos, tal como suponen Caputto y Lipiniks en los testimonios arriba citados. En 1936 ya existían fuertes ataques anti-semitas por parte de los nazis.

Todo estaba bien con el maestro. No hace falta ser demasiado perspicaz para notar que Adolfo Engel no es otro que Adolfo Seitz. En varias ocasiones, en publicaciones europeas, él mencionó esta entrevista. En el siguiente párrafo describe su conversación con Alekhine, de la que está evidentemente orgulloso:

> En Europa frecuentemente se encuentra la ocasión de ver o hablar con reyes destronados. El de España y el de Portugal, el de Bulgaria y el de Sajonia, continuamente viajan por el mundo. Otras cabezas coronadas, como el ex emperador de Alemania y algunos duques y grandes príncipes de Rusia y de los pequeños estados alemanes viven tranquilamente en un destierro voluntario, o habitan, como simples particulares o terratenientes, las casas y castillos de su propiedad en el mismo país de que antes fueron dueños. También yo tuve hace poco la ocasión de encontrarme con un ex rey, pero no de uno que hubiera mandado a pueblos: simplemente era un rey de ajedrez que, como sus hermanos de sangre azul, ahora, perdido su reino, vaga por el mundo.
>
> Era el doctor Alekhine, campeón mundial durante largos años, que hace poco cedió su soberbio título al maestro holandés doctor Euwe y está poseído por el deseo ferviente de recuperarlo. El doctor Euwe prometió darle desquite a fines de 1937, pero Alekhine recibió una proposición seria de la Semmering Hotel A.G., e invitó a Euwe a jugar el match en el curso del mes de julio de este año. El director general de la citada compañía habría propuesto como lugar de match al Hotel Panhans, grandioso establecimiento situado en las montañas de Semmering, a una altura de 1000 metros. (...)
>
> Alekhine no habla mucho de la pérdida de su título. Sólo me dijo que menospreció a su adversario y jugó con ligereza en varias partidas. Después se dio cuenta de lo serio de la situación, pero ya era tarde. Ha perdido por culpa propia, pero se muestra segurísimo de ganar en el próximo match y recuperar el título.
>
> Alekhine piensa hacer un gran viaje por el mundo, y espera visitar también la Argentina. Le une al país el recuerdo grato del gran match con Capablanca. Alekhine se muestra entusiasmado con la fuerza del equipo argentino, lo que, para él, fue una sorpresa a pesar de haberlo conocido. Lo vio actuar en Varsovia 1935, y menciona el partido que le tocó jugar con el campeón argentino Roberto Grau, que terminó empatado, pero en el que, según dice, estuvo perdido. Estaría muy contento, según afirma, de poder medirse en Buenos Aires con los grandes ases argentinos: Grau, Bolbochán y Pleci. Expresa:
>
> ¿Por qué no se organiza en la Argentina un gran torneo internacional? Existen allá todas las condiciones favorables que aseguran un buen éxito. El país es rico, los clubs y las organizaciones son poderosas, los jugadores son excelentes, y los grandes campeones de los países europeos con mucho gusto aprovecharían la ocasión de mostrar sus capacidades ante un público que tanto entiende de ajedrez.
>
> Prometí al ex campeón transmitir su propuesta por intermedio de *La Nación* a los aficionados de la Argentina, así como también sus saludos al país, a sus habitantes y a la gran ciudad donde consiguió el éxito más ruidoso de su vida.
>
> En la media hora que duró nuestra conversación, el nervioso maestro ingirió media docena de tazas de café y fumó más de una docena de cigarrillos. ¿No sería prudente que el nervioso doctor Alekhine limite el consumo de estos estimulantes antes de medirse con el moderado y tranquilo campeón mundial holandés?[778]

[778] Adolfo Jacobo Seitz bajo el seudónimo de Adolfo Engel, Frente al Tablero, *La Nación*, 3 de abril de 1936.

1936: Grau contra Boero

Luego de separarse de Enrique Boero en junio de 1934, Grau reasume la publicación de *El Ajedrez Americano* en su segunda época, en junio de 1935. Durante esos meses el ajedrez quedó sin cobertura periodística, y hay que recurrir a las informaciones de los diarios para conocer los resultados de los torneos.

En setiembre de 1935 reaparece el tema de la conflictiva relación entre Grau y Boero. Un aviso indica:

> Advertimos a nuestros lectores que nuestra revista, así como nuestros directores Roberto Grau y Luis Palau, nada absolutamente tienen que ver con la llamada Editorial Grabo ni con Enrique L. Boero.[779]

Aparece la nueva *Caissa*, y embiste contra Grau y Palau

En enero de 1937 sale una nueva revista: *Caissa*, que se anuncia como "una publicación bimestral de la Editorial Grabo", y está dirigida por Arnoldo Ellerman, secundado como secretario de redacción por Máximo V. Podestá. Su precio es de $ 0,50, y contiene 32 páginas más la tapa. Desde este momento recrudecerá una especie de "guerra subterránea" entre ambas revistas, como resultado del conflicto entre Roberto Grau y Enrique Boero. Para empezar, *Caissa* publica la derrota de Grau a manos del campeón de Uruguay, Hounie Fleurquin, que es calificada como "una joya del ajedrez rioplatense" por Amílcar Celaya. La revista anuncia que "el señor Arnoldo Ellerman está dispuesto a jugar partidas por correspondencia, las cuáles, una vez concluidas, él mismo comentará, indicando sus errores y detalles sobresalientes, haciendo un análisis amplio e instructivo para el aficionado estudioso. La inscripción está limitada a cinco personas, y el precio de la inscripción será de $ 15. Por último, se publica el siguiente anuncio:

> Tenemos el agrado de confirmar un anuncio que se viene repitiendo en una publicación de ajedrez que actualmente usufructúa el prestigio que adquirió anteriormente otra revista del mismo nombre y que era editada por la Editorial Grabo.[780] Efectivamente, el señor Roberto G. Grau no tiene nada que ver con nuestra editorial, a la que estuvo vinculado únicamente como director de la revista citada, ya que la misma fue totalmente financiada por el señor Enrique Boero, que era en ese entonces el único propietario de esta editorial. Además, se le editó su libro Tratado General de Ajedrez, que significó uno de los más grandes esfuerzos editoriales hechos en la Argentina en obras de ajedrez.
>
> En cuanto a Palau, tampoco tiene nada que ver ahora con nuestra casa, salvo en oportunidad de cobrar abultados derechos por un libro del que dice ser su autor. En alguna ocasión hemos tenido relaciones comerciales, ya que bien se sabe que este aficionado se dedicó siempre a vender libros y elementos de ajedrez. En cuanto a lo que dice Palau de que no tiene nada que ver con el señor Boero, sabe muy bien cuál es el motivo del entredicho habido, surgido por su falta de cumplimiento y de palabra, al desconocer lo convenido con el señor Boero, en representación de la Editorial Grabo, con respecto a la colaboración y beneficios que nos correspondían para que pudiera publicarse la revista que ahora explota. Firma: Editorial Grabo.[781]

[779] *El Ajedrez Americano* segunda época nº 16, pág. 281. Grau también está a cargo de la sección Frente al Tablero de *La Nación*.

[780] Obviamente, se refiere a *El Ajedrez Americano*, que había iniciado su segunda época.

[781] *Caissa* nº 1, enero de 1937, pág. 15, 31, 32. Este aviso sería motivo de la acción judicial de Grau y Palau contra Boero en 1938.

Sigue la guerra de *Caissa* vs *El Ajedrez Americano*

En marzo de 1937 continúa la guerra verbal entre Grau y Boero, y en la revista *Caissa* puede leerse este comentario irónico:

> Llegó a mis manos una circular que anunciaba la reaparición de una revista (¡gloria del ajedrez nacional, en qué manos caíste!), y en la que a modo de plataforma política enumeraba una serie de virtudes y entre ellas prometía "...la total desaparición de los errores tipográficos". Al leer esto me impresioné profundamente. Sentí grandes deseos de conocer al "descubridor" de la fórmula mágica que libraría a diarios, revistas y libros del "cáncer", incurable hasta hoy. Al día siguiente corrí a ver uno de los firmantes de la nota; al más alto (física y moralmente), y éste me volvió a la realidad, reconociendo conmigo que esa afirmación era una pedantería del otro director, que confiaba quizá en la colaboración que podía prestarle una maestra de escuela para salvar los inconvenientes que involucraba esa promesa. Reapareció la revista, y como era lógico, comenzaron a deslizarse los inevitables pequeños errores tipográficos, hasta que en el número de diciembre, la gotera había crecido. ¡Y de qué manera! Aquello era a ratos ilegible. Más que errores eran Horrores (así, con mayúscula). Moraleja: el oficio de Redentor está muy mal pagado.[782]

Boero dispara munición gruesa

Fue este torneo de 1941 el más fuerte realizado hasta ahora en la ciudad de Mar del Plata. La realización de esta competencia se ha producido afortunadamente en un momento de inexplicable inercia por parte de las autoridades encargadas de velar por la actividad ajedrecística argentina, que después del excepcional 1939, se echaron a dormir sobre los laureles... Es de lamentar que el torneo se haya realizado poco menos que de improviso, tomando por sorpresa a muchos jugadores que fueron a la lucha desentrenados, lo cual va en perjuicio del resultado técnico, ya que no hubo tiempo material para prepararse a ensayar variantes nuevas. (...)

La fiscalización de la competencia y reparto de invitaciones para participar en el torneo fue confiada a una entidad determinada por creerse que ello significaba el máximo de seriedad, o daba mayor prestigio a la prueba, pero la caridad entendida empieza por casa, así que lo mismo pudo encomendársele a una institución local que, aunque más modesta, precisamente por su mayor imparcialidad, quizás hubiera sido lo más acertado. El reparto de las invitaciones fue efectuado ¨a piacere¨, pues no se respetó, como pudiera suponerse, el ranking de la categoría superior, en lo que a los jugadores argentinos se refiere. (...) En fin, que estudiando la lista de los primeros invitados y observando la presencia de determinados participantes, no puedo menos que acordarme del viejo Vizcacha: ¨hay que hacerse amigo del juez¨.

Sobre las ausencias merece transcribirse el párrafo siguiente, extractado de La Nación del 23 de marzo: ¨la ausencia de altos valores se debe a la falta de interés de algunos para establecer comparaciones que, quizás, han temido que pudieran serles desfavorables¨. Habría que ver si el autor del parrafito, que ha permanecido plácidamente en Mar del Plata durante todo el torneo, no ha resultado confesándose sin quererlo, confirmando aquello de que ¨el pez por la boca muere¨.[783]

[782] El título de la nota es Tomando al Paso, y el autor se hace llamar Peón Aislado. Es evidente que se está refiriendo a la reaparición de *El Ajedrez Americano* en junio de 1935, y que luego se están marcando supuestos errores del número 19, de diciembre de 1936, pero hemos examinado ese número, y no los hemos encontrado; tampoco en otros números cercanos. *Caissa* nº 2, marzo de 1937, pág. 34.

[783] *Caissa* nº 35, mayo de 1941, pág. 64. Esta nota, firmada con el seudónimo de "Centaurus" y titulada *A Salto de Caballo*, es la continuación de la lucha de Boero contra Grau, a quien se refiere elípticamente como "el autor del parrafito".

Fin de la novela: Grau y Palau le ganan el juicio a Boero

El 5 de julio de 1938 se dirime legalmente el conflicto entre Grau y Boero, iniciado en 1934, en el que Grau y Palau reclamaban $ 252, producto de la venta de ejemplares de *El Ajedrez Americano* de junio de 1936. El fallo judicial del Juez Dámaso E. Palacio, favorece a Grau y Palau, y condena a Boero a pagarles, dentro de los diez días, etc.[784]

1939: temprana llegada de Seitz y Alekhine a Buenos Aires, desde Perú y Brasil

Antes de llegar a Buenos Aires para jugar el TN, Alekhine realizó una gira por varios países de América. Seitz venía siguiendo sus pasos, con idea de escribir artículos para revistas europeas, principalmente para *Chess Sutton Coldfield.* También aprovechaba Seitz para ofrecer sesiones de partidas simultáneas, pero sus resultados eran tan malos que desistió de seguir haciéndolo. Informaban *Xadrez Brasileiro y Ajedrez en Perú*:

En abril Alekhine pasó también por Perú, donde ofrece varias exhibiciones, una de ellas el día 17 en el Palacio Municipal de Exposición, donde Pinzón Solís logra hacerle tablas. Entre el 25 de mayo y el 19 de junio Alekhine continúa su gira latinoamericana previa al Torneo de las Naciones, visitando Brasil. En Río de Janeiro, patrocinado por el Prefeito (alcalde) de la ciudad, Enrique Dodsworth, permanece hasta el 6 de junio, jugando 70 partidas de exhibición en sus distintas modalidades (Simultáneas, a ciegas, en consulta, etc), de las obtiene un score de +51 =14 -5. Entre el 15 y el 19, organizadas por la Federación Mineira, juega otras 70 partidas en Bello Horizonte, +61 =9. Lo sigue el doctor Jacobo Adolfo Seitz, que también está haciendo una gira por las Américas, y también aprovechó para dar 21 simultáneas en el Club de Xadrez de Río de Janeiro, con el pobre resultado de +7 =9 –8. También jugó en San Pablo, pero no se dispone de los resultados. Se anuncia que viajará a la Argentina, y que luego volverá a Río de Janeiro. En carta fechada el 29 de mayo último, mi distinguido amigo y colega señor Francisco Vieira Agarez, director de Xadrez Brasileiro, me informa amablemente que en aquella Capital se encontraban, en esos momentos, el doctor Alejin (Sic) y el doctor A. Seitz, que darán exhibiciones.[785]

Seitz visita el Club Jaque Mate

Ya el 20 de junio de 1939, Seitz se encuentra en Buenos Aires. Visita el Club Jaque Mate y firma una dedicatoria en el libro de visitantes de la institución. Días después, Seitz ofrece simultáneas sin cobrar honorarios, a beneficio de la FADA. *La Prensa* anunciaba:

> Llega el *maestro doctor* Adolf Seitz, periodista, para cubrir el Torneo de las Naciones. Esta noche se realizará en el Círculo la primera exhibición que efectúa en nuestro medio el conocido maestro doctor Seitz. Este fuerte ajedrecista húngaro ha venido a esta capital en calidad de periodista, para transmitir las noticias concernientes al próximo Torneo de las Naciones a diversos diarios y revistas europeos. Ha intervenido en distintos campeonatos internacionales durante su larga campaña, y en la mayor parte de las veces ha conquistado situaciones sobresalientes, razón por la cual su actuación de esta noche en el Círculo es esperada con verdadero interés. Además corresponde destacar como nota simpática de parte del maestro europeo el hecho de haberse ofrecido a actuar en forma gratuita

[784] *El Ajedrez Americano* 2ª época nº 75 pág. 248. El título de la nota es *Motivos de una campaña difamatoria.* No se indica el monto de la suma que debió pagar Boero.

[785] *Xadrez Brasileiro* nº 84-85, pág. 81/85. *El Ajedrez en Perú*, Felipe Pinzón Solís, edición del autor, 1987, pág. 11/2. Juan Corzo, *Carteles,* Cuba, 18 de julio de 1939.

> a total beneficio de la FADA, para contribuir a financiar el TN. En las simultáneas de hoy se cobrará una cuota de $ 2 por cada participante.[786]

Evidentemente, hasta este momento todo estaba bien entre Seitz, Grau, el Círculo y la FADA.

1939: El incidente Seitz – Alekhine

▌El TN había entrado en su fase final, y los diarios reflejaban el acontecimiento dedicándole una enorme cantidad de espacio. En la 4ª rueda del turno final, el martes 5 de setiembre Argentina perdía con Alemania por 1:3, y se medían Lituania – Francia, en cuyo primer tablero jugaban Vladas Mikenas con el campeón mundial Alejandro Alekhine.

En la sesión complementaria, la Argentina salvó contra Alemania aquello que se podía salvar, y el score respectivo de estos dos equipos antes de la 5ª rueda, marcando una diferencia de sólo medio punto, y es imposible pronosticar un resultado definitivo.

Entre las otras partidas que suscitaron interés en la sesión hay que anotar la derrota del doctor Tartakower frente al imaginativo representante de Palestina, Czerniak, y mi final contra Mikenas, que una parte de la prensa había considerado como muy peligroso para mí. El hecho de que la partida fuera declarada tablas después de solamente ocho jugadas, prueba hasta qué punto ese juicio era superficial. En esta oportunidad quiero rectificar una falsa información publicada por un periodista extranjero y poco escrupuloso[787] y repetida de buena fe por los periódicos argentinos, diciendo que Mikenas me había batido dos veces; mi score contra el campeón lituano es hasta hoy de uno a uno y tres tablas.[788]

Luego de la furia de Alekhine, Amílcar Celaya rectifica

▌Seitz, quien se jactaba de poseer grandes conocimientos sobre historia del ajedrez, luego de la partida que Alekhine empató con Mikenas en la 4ª rueda del turno final del Torneo de las Naciones, le dijo a Amílcar Celaya, de Noticias Gráficas, que Mikenas llevaba ventaja en el score personal contra Alekhine de 2:1, y una tablas. El 6 de setiembre Celaya publicó:

> (...) Mikenas, que le ha ganado dos partidas a Alekhine en otros torneos internacionales, volvió a hacerle pasar malos momentos al campeón mundial.[789]

Alekhine enfureció, y respondió en su nota de *El Mundo* del 8 de setiembre. Celaya se vio obligado a publicar la desmentida de esa noticia, y el día siguiente escribió:

> En lo que respecta a Alekhine, dejamos constancia, por aclaración expresa del doctor Alekhine, que no es exacto, como apareció en la revista inglesa Chess y transcribieron los demás –nosotros, entre ellos– que Mikenas le haya ganado dos partidas. Nos dijo el campeón del mundo que él derrotó al lituano en Folkestone 1933, y perdió con él en Kemeri 1937. Es decir, fue derrotado EN UNA SOLA PARTIDA (Sic). Las demás (tres) que disputaron finalizaron tablas.[790]

[786] *La Prensa,* 15 de julio de 1939. Serían $ 2 equivalentes hoy día a aproximadamente U$S 10.
[787] Obviamente se refiere a Adolf Jacob Seitz.
[788] Alexander Alekhine, *El Mundo*, 8 de setiembre de 1939.
[789] Amílcar Celaya, *Noticias Gráficas*, 6 de setiembre de 1939.
[790] Amílcar Celaya, *Noticias Gráficas*, 9 de setiembre de 1939.

1939 – 1940: la FIDE a Buenos Aires, Rueb, en desacuerdo

▓ Durante sus dos sesiones finales, el XVI Congreso decide que la sede de la FIDE pase a Buenos Aires. El presidente de la FIDE, doctor Rueb, en desacuerdo, manifestó que correspondía considerar el dictamen de la comisión designada para expedirse acerca del proyecto sobre el funcionamiento de la FIDE mientras dure el estado actual de cosas en Europa. El delegado del Paraguay, señor Boettner, propuso en nombre de las federaciones de su país y del Uruguay, Bolivia, Ecuador, Chile, Perú, Costa Rica y Guatemala que, en virtud del estado de guerra existente en Europa, la asamblea resolviera trasladar transitoriamente el asiento de la FIDE a Buenos Aires. Boettner señaló la situación reinante en el Viejo Mundo, que impone la paralización de las actividades ajedrecísticas internacionales, y dijo que, dada la capacidad de organización demostrada por la FADA, sería una garantía para el ajedrez mundial que la FIDE funcionara en Argentina. Luego hizo el elogio del doctor Rueb, y propuso también que la asamblea lo designara presidente honorario de la FIDE. El doctor Boettner concretó su proposición en los siguientes puntos:

1) Trasladar transitoriamente el asiento de la FIDE a Buenos Aires.

2) Designar presidente honorario de la FIDE a Alexander Rueb.

3) Nombrar presidente de la FIDE al presidente de la FADA, señor Augusto De Muro.

4) Establecer que la duración del mandato del nuevo presidente se prolongará hasta la realización del próximo Congreso de la FIDE.

El doctor Rueb se opuso a esta proposición, manifestando que el mandato le había sido conferido por el término de cuatro años, y que vencía en 1941. El delegado del Perú, doctor Ayala, hizo notar entonces que, de acuerdo con la letra y el espíritu de los estatutos, la Asamblea General es la autoridad suprema de la FIDE, y puede, en consecuencia, adoptar cualquier resolución. Hablaron después para apoyar la iniciativa del delegado paraguayo, los representantes de las federaciones del Uruguay, doctor Mieres, y de Dinamarca, señor Jens Enevoldsen. El presidente de la delegación Argentina, señor Long Vidal, expresó también que consideraba necesaria la traslación de la FIDE, y anticipó que, por razones obvias, se abstendría de votar. Finalmente, la asamblea aprobó la proposición. Se abstuvieron de votar los delegados de Argentina, Alemania, Francia y Letonia.

El delegado argentino agradeció el honor que significaba para la federación local el voto aprobado, y elogió la actuación que ha tenido el doctor Rueb, quien retuvo la presidencia durante más de diez años. El doctor Rueb hizo algunas consideraciones acerca de las disposiciones estatutarias, y se retiró del local. La asamblea designó entonces presidente ad-hoc al doctor Mieres, delegado uruguayo. Propuso luego el delegado peruano doctor Ayala que la asamblea diera un voto de aplauso a la FADA por la organización del Torneo de las Naciones, iniciativa aprobada por aclamación. Enseguida se designó una comisión para comunicar estas resoluciones al presidente de la FADA, señor De Muro, a quien se invitaría a presidir la sesión de hoy día 19 a las 11. Por indicación del delegado de Guatemala, se resolvió telegrafiar la resolución aprobada al vicepresidente y al tesorero de la FIDE. Enseguida se levantó la sesión.[791]

Testimonio peruano sobre Rueb

▓ Además del TN, se realizó el Congreso de la FIDE, cuyo presidente el doctor Rueb, holandés, ocupaba el cargo desde hacía muchos años, ejerciendo una virtual dictadura. Iba siempre con un *cartapacio* bajo el brazo, y los rumores indicaban que allí llevaba todas las actas de la FIDE: entre los delegados de América y algunos de Europa se formó el consenso de que debía elegirse nuevo

[791] *La Prensa*, 20 de setiembre de 1939.

presidente ejecutivo. Nuestro delegado era el doctor José Jacinto Rada, cónsul general de Perú en Argentina, que había sido designado delegado merced a sus dotes diplomáticas, más que por sus méritos ajedrecísticos. Precisamente esas cualidades le permitieron calibrar con exactitud la situación para plantear la candidatura a la presidencia de la FIDE del señor Augusto De Muro, presidente de la FADA, considerando que en virtud del estado de guerra en existente en Europa, era necesario trasladar provisoriamente la sede de la FIDE a Buenos Aires. La habilidad diplomática del doctor Rada se evidenció en las negociaciones entre bastidores, concretándose al fin el proyecto suscripto por los delegados de Uruguay, Chile, Bolivia, Perú, Ecuador, Costa Rica, Guatemala y Paraguay. Se aprobó finalmente el traslado de la sede de la FIDE a Buenos Aires, se designó presidente honorario al doctor Rueb y se nombró presidente ejecutivo a Augusto De Muro. Fue un éxito de la diplomacia peruana en el campo del ajedrez mundial.[792]

El 19 de setiembre se realizó la sesión de clausura del congreso, y la elección del señor De Muro fue ratificada por los siguientes países: Uruguay, Chile, Paraguay, Lituania, Polonia, Bolivia, Canadá, Francia, Alemania, Bohemia y Moravia, Hungría, Estonia, Perú, Costa Rica, Cuba, Brasil, Guatemala, Ecuador y Estados Unidos (19 votos). Argentina y Letonia se abstuvieron. Holanda, Islandia, Bulgaria, Irlanda, Palestina y Dinamarca estuvieron ausentes.[793]

Grau se sincera contra Rueb

▒ El doctor Rueb fue desposeído de su cargo de presidente de la FIDE en el Congreso de Buenos Aires. La situación europea, la carencia de simpatía por su obra entre los maestros de renombre, y la dictadura absurda que ejercía el doctor Rueb en el organismo, que dirigía como un bien propio, motivaron esa actitud de los delegados al Congreso. La resolución se adoptó por unanimidad, pero el doctor Rueb la desconoció. Tomó su cartera de papeles, archivo ambulante de la FIDE, se embarcó, y ahora proclama su derecho a mantener la presidencia, aun cuando nadie quiera reconocer sus funciones. Actitud graciosa, por más que tienda a crear un cisma en la organización de la FIDE. Eso sería, sin duda, lamentable.[794]

Durísimo ataque de Grau a Rueb

▒ El doctor Rueb pretende crear un cisma en el ajedrez mundial: no se resigna a que sea Buenos Aires la sede del ajedrez mundial. Por unanimidad de votos, y premiando el esfuerzo más extraordinario de la historia del ajedrez, Buenos Aires fue elegida como nueva sede de la FIDE y el señor Augusto De Muro su presidente. Pero apenas regresó a Europa, el doctor Rueb negó legalidad a la resolución de marras, y pese a todas las federaciones del mundo, proclamóse único y verdadero presidente. Al iniciarse la disputa del Torneo de las Naciones, el doctor Rueb dirigió la palabra a los aficionados argentinos, única tarea que se ha reservado cada dos años, cuando hace turismo en compañía de su esposa. El hombre suele identificarse con sus esfuerzos. Cobra cariño a sus actividades, y si es director deportivo, a menudo se olvida de que ejerce un mandato y que sólo es representante de la voluntad de quienes lo designaron. Esto ha sucedido hasta la saciedad, y ésta es la causa por la cual notables directores de federaciones y de clubs, que en la primera hora fueron elementos indispensables para el triunfo, fracasan lamentablemente más tarde, y deben ser desalojados violentamente de los puestos que consideran como un bien propio. La FIDE fue durante muchos años ejemplo cabal de esto.

[792] *El Ajedrez en Perú*, Felipe Pinzón Solís, edición del autor, 1987, pág. 11/2.
[793] *Boletín oficial del XVI Congreso de la FIDE*, pág. 14/18.
[794] Roberto Grau, *Leoplán*, 31 de enero de 1940.

Elegido presidente de la misma en el Congreso de París de 1925, el doctor Rueb, con el voto de todos los que tuvimos la fortuna de fundar la FIDE, fue el representante de Holanda un eficaz continuador de la obra iniciada. Se convirtió en el nervio de la misma, y su tino fue aplaudido en más de una oportunidad. Pero fue perdiendo poco a poco la visión de los problemas fundamentales. Dirigía la administración de la FIDE desde su hogar y nunca hubo un orden en la misma, ni un archivo que guardara la verdadera historia de la FIDE. La FIDE eran él mismo y su memoria, y los problemas fundamentales del ajedrez mundial, entre ellos el campeonato, nunca fueron tratados con la energía y la autoridad necesarias. El doctor Rueb no podía hacer esto por dos cosas. Primero, por su falta de relación con la mayoría de los maestros. Después, por su vinculación con el doctor Euwe, que fue siempre en realidad el defensor de sus actitudes. Euwe es el Papa negro de la FIDE. Fue eficaz mientras figuró entre los aspirantes al título; resultó peligroso cuando se sumó a la lista de los interesados en su disputa. Los Congresos de la FIDE se realizaron siempre durante la disputa de los Torneos de las Naciones, pero el orden del día para los mismos, así como la designación de autoridades, se efectuaban en pequeñas reuniones que realizaban en alguna ciudad europea los miembros del comité ejecutivo y algunos delegados que recibían poderes para actuar en los mismos. De esta forma se escamoteaba a los grandes congresos la posibilidad de remover la mesa directiva, y de encarar asuntos de real importancia, como juzgar actitudes y eficiencias.

El doctor Rueb se convirtió, poco a poco, en el dictador de la FIDE, y en un viajero que todos los años se hacía pagar los gastos de su esposa para actuar en los congresos, que debían tratar tontas órdenes del día e inaugurar solemnemente los grandes torneos por equipos, única actividad eficaz de la FIDE: era necesario terminar con un estado de cosas tan anormal. Rueb había convertido a la presidencia de la FIDE en un bien propio, en los debates hacía respetar la orden del día cuando le convenía, e incorporaba asuntos cuando éstos eran propiciados por él o por la Federación Suiza, que lo seguía fielmente. De hecho, el tesorero de la FIDE a perpetuidad, el señor Nicolet, era uno de sus miembros. Así lo entendieron en Buenos Aires los delegados, que, extrañados ante la forma de conducir los debates, la ausencia de un programa y la carencia de datos concretos sobre la administración de la FIDE, agregados al problema del momento planteado por la guerra, –que habría de agravar esta inercia– resolvieron designar sede provisoria de la FIDE a Buenos Aires, por su gran alejamiento del conflicto; y al presidente de la FADA, don Augusto De Muro, presidente de la FIDE, premiando así su esfuerzo más extraordinario que registra la historia del ajedrez mundial en todo su desarrollo. La resolución se adoptó por absoluta unanimidad de votos. Hubo alguna abstención, que en la reunión final de la clausura del congreso, desapareció, pues el acta fue firmada por todos los delegados.

Quiere decir que había un acuerdo perfecto y que era evidente el deseo de separar al doctor Rueb del puesto que él conservaba por haber siempre escamoteado la consideración de sus actos, y haber resuelto que las reelecciones no se efectuaran en los grandes congresos a que dan lugar los Torneos de las Naciones. Pero el doctor Rueb no se resignó, y una vez en Europa, se dedicó a escribir cartas negando la legalidad de la resolución de Buenos Aires, y proclamándose único y verdadero presidente de la FIDE, mal que le pese a todas las federaciones del mundo.

Es una postura pueril y un tanto ridícula, pero que podría dañar al ajedrez del mundo, ya que no faltarían algunas federaciones que prefirieran alejarse hasta tanto el conflicto se resuelva. Pero la guerra ha evitado esto, y hasta el momento sólo dos federaciones del mundo, la de Costa Rica y la de Suiza, parecen apoyar al doctor Rueb en su actitud. La primera, sin duda, por estar mal informada del problema, y la segunda, porque el señor Nicolet se niega a entregar los pesos que se encuentran en su poder y el cargo que el presidente derrocado le asignó, también a perpetuidad. Es un asunto desdichado, que puede llevar a conmover las bases de la FIDE, por la dificultad que existe en aclararlo y por la gran confusión de la situación mundial. Y que por primera vez ve la luz pública ante la campaña un tanto turbia del bueno del doctor Rueb, *auto-presidente* de la FIDE, que no se resigna a la realidad.[795]

1939-1940: micro-biografía de Rueb

▮ Rueb era doctor en leyes y trabajó por largos años para el estado de los Países Bajos (Holanda). Fue coleccionista de libros y todo otro material de ajedrez, teniendo además directa influencia en el cuidado de los archivos de la FIDE. En 1945, en Rotterdam, vio desaparecer el trabajo de muchos años y tesoros preciosos de la literatura del ajedrez mundial, luego de los bombardeos e incendios catastróficos efectuados por los aviones militares alemanes. En el tiempo de la guerra, Rueb se comportó correctamente.[796]

▮ La revista *De Schaaakwereld*, diciembre de 1939, pág. 147, titula: "Grave conflicto en la FIDE. Maneras sudamericanas". Y después dice:

> El Congreso de la FIDE, ha tomado algunas decisiones en las cuales se cuestiona el mandato de la presidencia del señor A. Rueb. En una de las decisiones de la asamblea general de ese organismo, se decidió trasladar la oficina de la FIDE, que se encuentra establecida en La Haya, hacia Buenos Aires, por un corto plazo. Se eligió al señor De Muro, presidente de la FADA, como presidente de la FIDE, tomando el cargo de su antecesor y nombrándose al señor Rueb como presidente honorario de la FIDE. Por su parte el señor Rueb no acepta el nombramiento y considera las medidas adoptadas como ilegales, por lo que no serán ejecutadas. Si los miembros de Sud América no cambian su posición, no se descarta la posibilidad de que ocurra un cisma en la FIDE Mientras tanto, debemos de aguardar el desarrollo de los futuros acontecimientos.[797]

Seitz habla de despojo a Rueb

▮ El 25 de noviembre de 1939, el doctor Jacob Adolf Seitz, sumamente crítico con la resolución del Congreso de la FIDE realizado en Buenos Aires que designó al señor De Muro como presidente, le escribe una carta al señor Rueb, preguntándole su opinión sobre el tema. Dice:

> Augusto De Muro (...) que en 1939 fuera obsequiado con la presidencia de la FIDE después de una asamblea en que contó con la complacencia de los aprovechados del ajedrez, y la muy lamentable inercia de otros, con lo que se cometió un acto incalificable de despojo hacia la persona del doctor A. Rueb.

Asimismo, la revista *Caissa* anuncia la incorporación de Seitz a la redacción, desde donde ejercerá su acción periodística contra la FADA. Seitz y Boero formarán una fuerte dupla para atacar también a Grau.[798]

▮ En enero de 1940, Seitz, en contacto directo con Holanda, publica una nota sobre el ajedrez en Europa en la revista *Caissa.*

> La Segunda Guerra Mundial fue una tempestad que abatió la actividad del ajedrez en Europa. Los diarios tienen que economizar papel y ello condujo a la suspensión de varias columnas de ajedrez

[795] Roberto Grau, *¡Aquí Está!*, 18 de mayo de 1940. Justin Corfield, op. cit., pág. 145, lo definió así: "Roberto Grau era un hombre en regordete que a menudo se inclinaba sobre el tablero al decidir sus movimientos. Jugaba con pasión y era el autor de numerosos libros".

[796] Testimonio de Hébert Pérez García al autor, 7 de julio de 2008.

[797] Traducción al español de Hébert Pérez García, enero de 2012.

[798] *Caissa* nº 19, noviembre de 1939, pág. 114.

en varios importantes periódicos de Inglaterra y Alemania. La única excepción es Holanda. Allí los diarios traen todavía noticias ajedrecísticas, y aún gastan en telegrafiar para obtener novedades acerca de las negociaciones del match Alekhine – Capablanca, y anuncios o cancelaciones de otros torneos. Un ajedrecista de Holanda me escribe:

> *Aquí, exceptuando la movilización, nada sucede. La vida es igual que antes.*
>
> Ellos juegan matches interclubs y desde navidad es de nuevo Holanda el centro del ajedrez internacional. Las 14 partidas del match entre Keres y Euwe han comenzado. (...) En un *match* el Club Kralingen venció al Bussum por 7 a 2—[799] Finalmente, Keres venció a Euwe por 7½:6½.

El 10 de mayo las tropas alemanas invadieron Holanda, obligando a la rendición una semana después: Hitler no cumplía el tratado de paz. Holanda había ignorado el rearme alemán y no había tomado ninguna medida importante para prepararse para una guerra. La mayoría de la población creía ingenuamente que tanto Alemania como los Aliados iban a respetar su neutralidad, como lo habían hecho en la Primera Guerra Mundial.

1943: Tres años después, Seitz vuelve al ataque

En los siguientes años, Seitz contó con dos revistas para publicar sus artículos, que utilizó varias veces para defender la posición de Rueb, y atacar a Grau. En este marco, en enero de 1943, dentro de una crónica acerca del Torneo de San Remo de 1930, Seitz se refiere nuevamente a Grau en duros términos en su típico dificultoso castellano:

> Grau, en aquel entonces, aún era jugador de ajedrez, pero en lo que respecta a la simpatía de la que hablo en el prefacio de la edición alemana, me he equivocado. Al correr del tiempo ha logrado un nombre como experto en automovilismo y perito en aviación. Su tendencia hacia la estratósfera ha de provenir, probablemente, de la radio, donde habla con la vista levantada al cielo, y cuántas palabras lindas y abundantes dice.[800]

Seitz, en Santa Fe: sigue el odio

Desde el 1º hasta el 20 de junio de 1943 el doctor Seitz realiza una serie de actividades en el Círculo Roberto Gabriel Grau de Rafaela, entidad muy activa presidida por Ernesto Bruera, que cuenta con unos 150 socios. El 1º de junio jugó cinco simultáneas con reloj, venciendo en tres y empatando dos. El día 3 le fue ofrecida una demostración de honor mediante una cena a la que concurrieron 110 personas. El día 5 ofreció una sesión de 14 simultáneas, ganando 9 y empatando 5. La crónica de *Enroque!!* finaliza diciendo:

> El doctor Seitz, con la bonhomía característica y su basta erudicción (Sic) en el ajedrez, cumple su misión con explicaciones y demostraciones que habrán de ser muy provechosas para los aficionados ajedrecistas. Es importante la actividad ajedrecística en Rafaela (...) mereciendo ser citado el niño Luis González, que apenas cuenta con diez años de edad y marcha invicto en el torneo de cadetes en el que participan quince aficionados. El doctor Seitz quedará en Rafaela hasta fin de junio, conforme a los compromisos contraídos con el Círculo Roberto Gabriel Grau.

[799] *Caissa* nº 21, enero de 1940, pág. 30. Keres permaneció em Estonia y sobrevivió a dos invasiones: la de la Unión Soviética en junio de 1940, y la de los alemanes nazis en abril de 1941.

[800] *Enroque!!* nº 19, pág. 224/5, enero 1943.

La sorda enemistad de Roberto Gabriel Grau con los editores de Caissa y el propio Seitz se nota en la presentación de la noticia como *Club R. G.*, sin mencionar las palabras Roberto Gabriel Grau. El destino había puesto a Seitz en una situación incómoda, pues el Círculo de Rafaela se llamaba precisamente "Roberto Grau", quien era muy apreciado en esa ciudad.[801]

Muy esclarecedor es el testimonio de Susana Oldrini, sobrina de Milcíades Lachaga:

> En 1940/1 Adolf Seitz vivió en Santa Fe, por gestión del ingeniero Dámaso Lachaga, hermano de Milcíades. Siempre lo vi solo, y su situación económica no era la mejor.[802]

Caissa y Seitz sobre el cisma. La grieta

El 22 de noviembre de 1943, el editorial de *Enroque!!*, seguramente redactado por Seitz, se titula "División en el ajedrez argentino". Se refiere al reciente cisma de los tres clubes y a los antecedentes de la organización del TN de 1939:

> Malos vientos soplan en el ajedrez argentino, y felizmente ello no es porque el juego decaiga, sino muy por el contrario: la Argentina está marcando índices extraordinarios por el alto porcentaje no sólo en la práctica del ajedrez sino por la calidad sensiblemente elevado (Sic). Los vientos son de otro orden, que desgraciadamente no responde a la dignidad del ajedrez: los intereses en juego, las posiciones especulativas de utilidad privada, todo ello más que los de orden directriz y político. (Sic). Bien podemos recordar las turbias actuaciones en el asunto del Torneo de las Naciones, para señalar uno de los tantos que podrían citarse.
>
> Los entusiastas ajedrecistas del interior, a impulsos de desinterés y al deseo de que el acontecimiento fuera exitoso, se empeñaron tesoneros para reunir aportes, pero lamentablemente (en) la realidad, pasados los primeros momentos de entusiasmo, pudo constatarse la informalidad y el incumplimiento de compromisos contraídos. La FADA, por diversos motivos, ha hecho acusaciones graves, no concretadas, pero sí lanzadas en forma tan evidente que no eran necesarias más palabras. Quizás sea demasiado feo todo. Quizás se quiera echar un manto de perdón y olvido. La división que se produce es perturbadora y va en perjuicio general.[803]

La crónica del fallecimiento de Grau según sus enemigos

Acerca del fallecimiento de Roberto Grau, la revista *Caissa* solamente publica seis líneas en la sección de informaciones. Enroque!!, a su vez, incluye un párrafo que es evidentemente inspirado por Jakob Adolf Seitz:

> Las actividades ajedrecísticas fueron su inicial y principal motivo en que se destacó, pero posteriormente extendió a otros órdenes sus aptitudes, como en el periodismo, en la sección Frente al Tablero de *La Nación*, en la sección de deportes de *La Razón*, la revista del ACA, y otras. Sin discusión, ha sido en los primeros tiempos un gran propulsor del ajedrez nacional, por su dinamismo y sobresaliente capacidad para ello, pero últimamente fue seriamente discutida sus actuaciones directivas (Sic).

La mano de Seitz se advierte claramente a través de los errores de redacción y de ortografía, similares en todas sus notas publicadas en *Enroque!!*[804]

[801] *Caissa* nº 58, pág. 118. *Enroque!!* nº 23 del 29 de marzo de 1943.
[802] Testimonio de Susana Oldrini de Roncoroni (sobrina de Milcíades Lachaga), al autor, julio de 2007
[803] *Enroque!!* nº 26-27, 22 de noviembre de 1943, pág. 85.
[804] *Caissa* nº 65, pág. 68, mayo de 1944. *Enroque!!* nº 39/1, marzo-abril de 1944, pág. 167

Expulsión del doctor Seitz de *Enroque!!*

En junio la dirección de la revista *Enroque!!* comunica que *"se hace saber que el doctor Jacob Adolf Seitz ha quedado desvinculado en todo sentido de la revista desde febrero de 1945"*. A partir de ese momento la revista comienza a publicar las actividades de la Asociación Metropolitana, la entidad rebelde. A su vez, la revista *Caissa* publica un aviso del doctor Seitz que dice:

> Hago saber que estoy completamente desvinculado de la revista *Enroque!!*, de Necochea, y también de su director, propietario y editor, Santiago Oliva.

Muy significativo es el párrafo publicado por *Enroque!!* nº 37, justo al lado del aviso mencionado al comienzo, donde Oliva indica los motivos de la separación de Seitz:

> Cerraremos la presente crónica para dejar constancia de la actuación deleznable de un maestro extranjero de ajedrez, y periodista, que en una bajeza y mezquindad de procedimientos, falseando la realidad, ha estado haciendo una campaña derrotista a nuestro torneo. Felizmente ya está señalado en todos los ambientes ajedrecísticos, tanto entre maestros como en aficionados, nacionales y extranjeros. Señalamos este detalle para prevenir sorpresas.[805]

1941-1943: Carlos Querencio: del amor al odio. La grieta

Ya hemos visto la adhesión de Carlos Querencio al grupo de los emprendedores revolucionarios del Círculo y de la propia FADA en ocasión de su fundación,[806] años 1923/5. Ahora la situación ha cambiado. Luego del desastre financiero de la FADA tras el Torneo de las Naciones de 1939, el señor Augusto De Muro y los demás miembros de la comisión directiva que condujo la institución durante el desarrollo del torneo, renunciaron. Se renovó en forma total la conducción, designándose a Querencio como nuevo presidente por el período 1941/3. Decía *La Nación*:

> Anoche se llevó a efecto la Asamblea Ordinaria de la FADA para considerar la Memoria y el Balance, y designar el nuevo presidente, que terminaba su mandato. Luego de aprobarse ambos, se procedió a designar nuevo titular, siendo elegido el doctor Carlos Querencio, que ya lo fuera en el período 1923-1927. El presidente saliente, señor De Muro, hizo un vivo elogio de la personalidad del nuevo presidente, y recordó el acierto que lo caracterizó en la época inicial de la FADA, así como en su gestión última como consejero y vicepresidente de la entidad. A moción del doctor Molina, fue tributado un voto de aplauso al presidente saliente, recordándose su magnífica actuación en el torneo de las Naciones, fruto, sin duda, de su esfuerzo personal. La Asamblea rubricó con una sostenida salva de aplausos la moción del delegado santafesino.[807] El resto de la mesa directiva quedó integrado por Jorge Sanguineti como vice 1º, Carlos de la Llave como vice 2º, Alfonso Rodríguez Avellón como secretario, José Codoni como secretario de actas, Narciso Solari como tesorero, Alberto (Sic, por Amílcar) Celaya como protesorero, y José Sordi como bibliotecario.

El elogio de De Muro a Querencio no fue correspondido, ya que éste fue adquiriendo cada vez más poder, y colocó a la FADA prácticamente a disposición del Club Argentino. Así gobernó durante ocho años, con sucesivas reelecciones. Los ajedrecistas de los principales clubes de la ciudad comenzarán a separarse, y sobrevendrá el cisma. Decía la señora Gloria Grau:

805 *Enroque!!* nº 40, pág. 46, y nº 37, pág. 118. *Caissa* nº 77, pág. 138.
806 Ver más detalles en *Los años locos del ajedrez argentino*, Juan S. Morgado, 2013.
807 *La Nación,* 1º de junio de 1941.

En ese momento yo tendría 12 o 13 años, poco antes del fallecimiento de mi padre. No conocía los motivos, pero cuando en casa se hablaba de Querencio, era muy mal considerado.[808]

▮ Para ser invitados a los torneos de FADA, los ajedrecistas de los clubes Jaque Mate, Vélez Sarsfield y Círculo, debieron cambiar de institución. La crisis fue subiendo de tono, y en 1943 se produce el cisma de los tres clubes.

El cisma del ajedrez argentino, presente. La crisis en la prensa. La grieta

▮ Tal cual lo suponíamos, las invitaciones (al torneo de Mar del Plata) se realizaron con un espíritu caprichoso. Ni se respetó el último Torneo Mayor, ya que no fue invitado entre otros Guillermo Puiggrós, ni tampoco el ranking, ya que se olvidaron los organizadores que en el ajedrez argentino existen jugadores de la fuerza de Roberto Gabriel Grau, Alejandro Nogués Acuña, Aron Schvartzman, Isaías Pleci, Juan Vinuesa y José M. Cristiá, entre otros, pues ninguno de estos mereció los honores de una invitación.[809]

▮ Este comentario es un nuevo capítulo de la lucha entre Grau y las nuevas autoridades de la FADA. El cisma también se puede observar en la representación de los jugadores. Jacobo Bolbochán y Héctor Rossetto, referentes muy importantes del Club Jaque Mate, en conflicto con la FADA, representan al Club Independiente y al Club Boca Juniors, respectivamente. Lo mismo, Carlos Guimard, habitual representante del Círculo de Ajedrez, debió inscribirse a través de Boca Juniors para ser invitado. En lo que respecta al a cobertura del evento en la prensa en general, se notó una gran baja en la cantidad de espacio que se le dedicó, comparado con los torneos de Mar del Plata de 1941 y 1942.

A comienzos de julio, sobreviene el cisma. Nace la Asociación Metropolitana, constituida por tres de los principales clubes de la Ciudad de Buenos Aires: el Círculo de Ajedrez, el Círculo de Vélez Sarsfield y el Club Jaque Mate. Decía *El Ajedrez Americano*:

> Esta agrupación surge principalmente del profundo desacuerdo con las políticas de la FADA, y por primera vez surgen diferencias entre el Club Argentino y las instituciones mencionadas. Se establece que "en lo sucesivo tendrá la dirección del ajedrez de la Ciudad de Buenos Aires, y propenderá a crear la Confederación Argentina de Ajedrez, cuyo objetivo será la unión de todas las federaciones del país". La Comisión Organizadora ha sido formada por los presidentes de las tres instituciones, Luis Palau, Eduardo Souto y Carlos de la Llave, y se designa una comisión asesora integrada por Roberto Gabriel Grau, Pedro Barbé, Alfonso Rodríguez Avellón, Carlos Cassinelli, Germán Berraondo y José J. Castellanos. Su Secretaría funciona en el Círculo, Bartolomé Mitre 670. Llegó el momento de orientar definitivamente el ajedrez de la ciudad de Buenos Aires, siendo el Círculo de Vélez Sarsfield, conjuntamente con el Club Jaque Mate y el Círculo de Ajedrez, los que iniciaron la cruzada para independizar a la metrópoli de la entonces nueva FADA. Se fundó la Asociación Metropolitana –similar a la que se creó luego en 1959– como una necesidad imperiosa para nuestra capital, cuya función específica fue la de dar lugar a que la FADA pudiera ocuparse con más detenimiento de los problemas del interior, olvidados en ese entonces casi por completo.[810]

▮ El fallecimiento de Grau el 12 de abril de 1944 debilitó a la nueva entidad, aunque el entusiasmo de sus directores la condujo con fuerza durante varios años, en los que editó, incluso, una revista. El autoritarismo de la FADA contra la nueva asociación y los tres clubes se incrementó

[808] Testimonio de la señora Gloria Grau, hija de Roberto, al autor, mayo de 2007.
[809] *El Ajedrez Americano 2ª época* nº 95, abril de 1943, pág. 82.
[810] *El Ajedrez Americano 2ª época* nº 99, agosto de 1943, pág. 201, 228.

notablemente, y otras varias instituciones menores recibieron amenazas de desafiliación si participaban en los torneos de la Asociación Metropolitana. Lo mismo sucedió con algunos jugadores. Ante esa situación, varias de ellas, como por ejemplo el Círculo de Villa del Parque y el Círculo de Villa Crespo, adhirieron a la FADA. Esto provocó, en buena parte, la derrota en el match España-Argentina de 1946, que se trata en otro capítulo de esta obra. Así llegamos hasta 1949, en que, ya sin Grau en el escenario, la acción de Seitz vuelve a mostrarse, en este caso en la forma de un ataque contra las autoridades de la organización del match revancha España – Argentina y de la FADA. Y todo termina tan mal como había comenzado.[811]

1949: *Match* revancha Argentina – España

Tres años pasaron de gestiones de los dirigentes de la FADA para conseguir el *match* revancha con los españoles. La derrota de 1946[812] se había producido en pleno desarrollo del cisma del ajedrez argentino, razón por la que no se había formado el equipo más fuerte, además de que Najdorf y Guimard no habían podido intervenir por encontrarse fuera del país. El más ferviente buscador del nuevo encuentro era, precisamente, el presidente de la FADA, doctor Carlos Querencio, ya bastante liberado de la lucha contra los clubes disidentes agrupados en la Asociación Metropolitana, que estaba ya en decadencia palpable: no había podido sobreponerse a la prematura muerte de Roberto Grau. Sin embargo, Querencio no podría disfrutar de sus exitosas gestiones: en la asamblea de la FADA del 31 de mayo de 1949 habían desembarcado los dirigentes políticos peronistas. De ahora en más, la FADA pasaba a ser una entidad dependiente directamente del gobierno, y su tesorería –y obviamente su revista oficial *El Ajedrez Argentino*– recibiría apoyo económico a cambio de propaganda política. Veamos cómo evalúa los hechos Carlos Portela:

> Es elegido nuevo presidente de la FADA por gran mayoría de votos, Juan Carlos Laurens. La gestión anterior del doctor Querencio fue reconocida por los presentes, y saludada con aplausos. Los restantes miembros son Luciano Long Vidal (Vélez Sarsfield) como vice 1º, Alfonso Rodríguez Avellón (Jaque Mate) como vice 2º, Jorge Sanguineti como secretario general, Antonio Cotton (Villa Crespo) como secretario, Marcial Ruiz (Federación Marplatense) como tesorero, Antonio Álvarez (River Plate) como protesorero, y Julio Fuentes (Villa del Parque) como bibliotecario. La asamblea fue muy numerosa, ya que participaron 30 delegados y 17 consejeros, que representaron 3044 votos de los 3130 votos computables. La elección se realizó por boletas firmadas, y Laurens se impuso a Querencio por 1798 votos contra 1039, y 215 abstenciones.
>
> En la Memoria se indica que la FADA tiene 63 entidades afiliadas. Durante este período se hizo una visita al presidente de la CADCOA, doctor Rodolfo González Valenzuela, a quien se le hizo llegar un memorial detallando las necesidades de la FADA para el próximo período, ante lo cual expresó que iba a llevar esas inquietudes al presidente de la Nación, general Juan Perón. (…) Consecuente con los propósitos enunciados en el memorial presentado ante la Confederación de Deportes, la Mesa Directiva se dirigió por nota a la Confederación General del Trabajo (CGT), propiciando la práctica de nuestro juego-ciencia entre los obreros argentinos. (…) En su parte final, la Memoria agradece al Superior Gobierno de la Nación por al amplio apoyo económico brindado, y a la AFA por la ayuda financiera y por la cesión gratuita de su sede para la FADA.[813]

[811] La reivindicación básica de los tres clubes era la creación de una asociación que organizara el ajedrez de la ciudad de Buenos Aires, independiente de la FADA. Además, se hacía hincapié en la notoria desatención del ajedrez del interior. La fundación de la Federación Metropolitana se demorará todavía 16 años: recién fue fundada en 1959.

[812] Ver los detalles del *match* España – Argentina de 1946 en el capítulo 2 de Luces y Sombras tomo 1.

[813] Carlos Portela, *Vea y Lea*, 21 de junio de 1949. Laurens era al mismo tiempo Jefe de Aduanas. González Valenzuela fue en 1952 ministro decano, y en 1953, presidente de la Corte Suprema de la Nación.

Gran interés argentino por tomar desquite

▓ El *match* entre España y Argentina concitó, como muy pocos, el interés de jugadores y aficionados. Existía una razón fundamental para que el mundo ajedrecístico argentino se preocupara por su resultado, pues tenía carácter de desquite del disputado el 12 de octubre de 1946, en el que sorpresivamente el equipo español se impuso a los nuestros por 8:7. Aquella derrota no fue tomada en serio: sabíamos que ese resultado no habría de repetirse. Conocemos a España y sus jugadores, y también sabemos que el ajedrez de la Argentina se ha tonificado con una calidad que no admite discusiones; pero España había triunfado. Esa era la verdad; se discutiera lo que se discutiera, existía un hecho que podía dar pie a las conjeturas más variadas. Antes de jugar algún otro match, debíamos reparar aquél traspié.

Una semana antes del día 8, Najdorf, designado por la FADA capitán del equipo, invitó a una reunión a todos los representantes, la que se llevó a cabo en el Club Argentino. Allí se conversó y se cambiaron opiniones respecto a los planteos a efectuar contra cada uno de los maestros de España, atendiendo a su estilo y a las posiciones en las que no les gustaría estar. Como se vio luego, eso tenía importancia. La consigna era ganar, pero ganar en forma que no dejara dudas respecto a la potencialidad de nuestro *team*. De ahí que se conviniera en no ceder a los empates hasta agotar el último recurso.[814]

▓ El encuentro comenzó el 8 de diciembre, y contó con el patrocinio de la FADA y del Consejo Nacional de Educación Física de España. Se inició a las 13, hora argentina, previo intercambio de telegramas de salutación entre los presidentes de la Federación Española y del Jockey Club de La Plata. El equipo local jugó en el Jockey Club de La Plata, y los españoles en el Real Madrid Club. En la capital española estuvieron presentes el ministro de asuntos exteriores, Martín Artajo, y el embajador argentino, Pedro Radío; dirigió el cotejo el presidente de la FEDA, marqués de Montecorto. En La Plata el acto fue inaugurado por el doctor Luis Herrera, estando presentes el representante del gobernador, Alfredo Sarquise, el cónsul de España en La Plata, Teodomiro Aguilar Colomer, el delegado de la FEDA, José Barrio Santamera, el presidente de la FADA, Juan Carlos Laurens, el doctor Uberto Vignart, y numerosos dirigentes.

Argentina	**13:2**	**España**
Miguel Najdorf	1:0	Antonio Rico González
Julio Bolbochán	1:0	Antonio Medina
Carlos Guimard	1:0	Francisco Pérez y Pérez
Héctor Rossetto	1:0	José Sanz Aguado
Luis Marini	1:0	Arturo Pomar
Marcos Luckis	1:0	Rafael Saborido
Pedro Martín	½:½	Jaime Lladó Lumbera
Rubén Shocrón	1:0	Juan Manuel Fuentes
Renato Sanguinetti	1:0	Rafael Llorens
Jacobo Bolbochán	½:½	Román Torán Albero
Carlos Maderna	½:½	José Alonso Leira
Horacio Huguet	½:½	Pedro Cherta
Fernando Casas	1:0	Leonardo García Junco
Alfredo Espósito	1:0	Javier Sanz
Luis M. García Baladó	1:0	Sergio Martínez Mocete

[814] *Mundo Deportivo*, 15 de diciembre de 1949. La nota no está firmada.

Nuestros tres primeros tableros ganaron bastante rápido. A las 11 horas de juego eran evidentes las victorias de Casas, García Baladó, Sanguinetti y Marini, y los seguros empates en Maderna – Alonso y Torán – Jacobo Bolbochán. A la 1 del día 9, la lentitud en la llegada de las jugadas de los españoles era exasperante, siendo inexplicable que se siguieran partidas que estaban completamente decididas para nuestros jugadores: Shocrón – Fuentes, Espósito – Sanz. Después de las 3, el embajador argentino en Madrid, doctor Pedro Radío, que fiscalizó el encuentro, transmitió que era indispensable dar por terminado el encuentro por la hora avanzada. Se dio por ganadas las partidas a Rossetto con Sanz, y a Luckis con Saborido. Nuestro último despacho llegó a España cuando ¨el sol de Madrid contempla la gran victoria argentina¨, frase con que el Marqués de Montecorto, presidente de la FEDA, contestó el último mensaje argentino. Arnoldo Ellerman y Paulino Alles Monasterio tuvieron a su cargo la organización del encuentro. Unos días después del *match,* Medina insinuó en una revista española que los argentinos habían jugado fraudulentamente en equipo, algo totalmente infundado.[815]

Alegría argentina

Los distintos diarios y revistas fueron haciéndose eco de la amplia victoria del equipo argentino, brindando distintos detalles de color. *Mundo Deportivo* publicaba lo siguiente:

> Así llegó el día. El público y los aficionados no se imaginan cómo se juega un match por radio. Desde el Jockey Club de La Plata se transmitían las jugadas por teléfono a Buenos Aires, donde, a su vez, Transradio las enviaba por radiotelegrafía a Madrid, operación que demanda muy poco tiempo. Para esto, cada jugador tiene al lado un fiscal que se encarga de llevar su jugada anotada hasta el técnico de la Transradio. El tiempo se controla sólo en un reloj, y cada maestro puede pedir el de su adversario cuando lo crea conveniente. Naturalmente, no es posible realizar una fiscalización estricta, y nadie puede confiarse en que ganará por tiempo. Las partidas comenzaron a las 13.15. Guimard fue el primero en ganar.[816] Pérez entregó un peón, confundiendo tal vez la posición con otra de la partida Botvinnik – Euwe, que conocía. Tomó el peón el argentino, y con algunas movidas acertadas consolidó su juego. En procura de un ataque, aquél abrió su enroque, creándose debilidades latentes que explotó Guimard en contragolpe. Simplificando la posición, lo dejó con tres peones menos. Por ello, abandonó a las 22.18. Un minuto después, ¡maravillas de la ciencia!, se recibía un telegrama de felicitación del embajador argentino en España, doctor Radío.
>
> La primera victoria dejó escuchar en el Real de Madrid el Himno Argentino. A las 23.54 Julio Bolbochán consiguió el segundo triunfo, contra Medina. Con un peón de más, que Julio había ganado en una bonita celada de apertura, empezó a *trabajar* la partida sin apremios, como él sabe hacerlo cuando quiere asegurar la victoria sin dar chances. La tercera victoria la conquistó Najdorf. No sorprendió el telegrama de Rico diciéndole: ¨Gracias, maestro, por la lección. Trataré de asimilarla¨. Efectivamente, Najdorf planteó una Defensa Siciliana Variante Boleslavsky, siguiendo una idea suya muy fina, contra la que Rico no encontró defensa a pesar de jugar muy bien.
>
> Tocó a Fernando Casas seguir la serie. Su rival, García Junco, quedó inmediatamente inferior con blancas. Después perdió un peón. Se rindió a las 2.45. Advirtióse entonces cierta lentitud en la recepción de las jugadas, y teniendo en cuenta la diferencia de hora, en Madrid debía estar amaneciendo. Fue cuando recibimos este mensaje: ¨El Sol de Madrid alumbra ya la victoria argentina. Pero, ¿quieren explicarnos por qué se demora tanto el tablero 7?¨. Nos sorprendió, porque tanto el tablero 7, de Martín, como otros más, hacía tiempo que habían remitido sus jugadas. Algo andaba mal. A

[815] *Caissa* nº 120/1, pág. 299, y nº 122, pág. 14/6. *El Ajedrez Argentino 2ª época* nº 12-1949, pág. 203/5. *La Prensa*, 9 y 10 de diciembre de 1949.

[816] Se hizo acreedor por ello a la Copa del diario *El Plata.*

esta altura, abandonaron los rivales de Renato Sanguinetti y Rubén Shocrón, y daban tablas Maderna y Jacobo Bolbochán. También se recibió un mensaje del Doctor Radío, quien transmitía la propuesta española de someter al arbitraje de los maestros argentinos y españoles el resultado de las partidas restantes, pues a causa de la restricción en materia de consumo de energía eléctrica imperante allá, el match no podía continuarse.

Y así, decidióse: dar por ganada la partida a Luckis contra Saborido, por tener calidad de más; a Marini sobre Pomar, por estar decidida con una pieza de ventaja a favor del primero; a Rossetto sobre José Sanz, pues Rossetto definía rápidamente barriendo los peones de su adversario; a García Baladó, pues Nocete muy poco podía hacer para evitar el mate; y a Espósito contra Sanz, porque éste no tenía defensa en un final con calidad y peones de menos. Declaráronse tablas Lladó – Martín y Huguet – Cherta. Advirtióse que sólo hubo dos planteos de PR de los españoles, lo que no se explica habiéndoles dado tan buen resultado en el primer match. En síntesis, este resultado de 13:2 no hace más que afirmar la potencialidad del ajedrez criollo, que exige adversarios de la misma calidad.[817]

▪ Los españoles sintieron fuertemente el impacto del amplio revés. Con excepción de un solo diario, la prensa madrileña no comenta el aplastante resultado: la auto-censura es evidente. El vespertino *El Alcázar* es el único que publica una escueta información. Había asegurado la noche anterior que el triunfo local sería la consagración del ajedrez español en el terreno internacional, y hoy dice que a la derrota no la esperaban ni los más pesimistas. Agrega que el equipo español libró una lucha durísima, pero que "fue impotente ante sus temibles adversarios. Ha sido éste un revés tremendo. La Argentina ha triunfado en toda la línea, y este hecho ha tenido que sorprender hasta a los propios argentinos". Luego, elogia a Miguel Najdorf, a quien considera como el forjador del triunfo argentino, y uno de los jugadores más formidables del país sudamericano.[818]

La versión de Antonio Medina

▪ Uno de los integrantes del equipo español, el conocido maestro Antonio Medina, que había perdido su partida del tablero 2 con Julio Bolbochán, toma actitud insólita y… algo más. *La Prensa* inserta el siguiente despacho:

La revista *Vida Deportiva* publica con el título "Una inmerecida página negra en el ajedrez español", un artículo firmado por el ex campeón español Antonio Medina, quien hace consideraciones sobre lo que define como inmerecida severa derrota frente a los argentinos. Después de referirse al cariz favorable para el equipo español que ofrecía el encuentro, a su entender, en el comienzo de las partidas, a la debilidad del equipo español, que pudo haber sido reforzado, y a la excesiva duración de la prueba, dice el señor Medina:

También en el orden moral nos produjo cierto desaliento y una inconsciente inhibición de facultades al observar la formidable reacción y rápidas victorias de Najdorf, Guimard y Bolbochán, que estaban en desventaja, pero que, a partir de aquel momento, parecieron misteriosamente inspirados, hasta el punto que, superando las dificultades, con una clase de juego diferente de la habitual conocida en ellos, dieron vuelta completa a las partidas. Por otra parte, al avanzar la sesión, pudo comprobarse que había fallas en la parte técnica, tanto en el control de tiempo como en la retransmisión, originando ello grandes irregularidades que perjudicaron a nuestro bando, irregularidades que no pudieron ser certificadas por nuestro representante de la embajada española, que debió velar por intereses patrios en Buenos Aires, y que tal vez por una interpretación errónea, consideró concluida su misión luego de presenciar el acto inaugural. Es lástima que los argentinos, en su afán de satisfacer su amor propio

[817] *Mundo Deportivo*, 15 de diciembre de 1949.
[818] Agencia AP, *El Argentino*, 11 de diciembre de 1949.

herido del encuentro anterior, hayan permitido tales irregularidades, desluciendo una victoria que, por la superioridad de su equipo, habrían obtenido por senderos normales, aunque en forma más equilibrada.[819]

Refutación a Medina

Indignadas por las ofensivas palabras de Medina, varias publicaciones argentinas salen a refutar sus acusaciones. Decía Carlos Portela:

> El texto (de Medina) ha corrido como una llama en un reguero de pólvora. En todas partes lo mismo: ¿qué había ocurrido en La Plata?, parta justificar, o al menos explicar, tales consideraciones, o, mejor dicho, tales *desconsideraciones*. Las numerosas crónicas del match, algunas suscriptas por mí, como la del número anterior de Vea y Lea, no mencionan *tales irregularidades*. Si alguna hubo, particularmente por la demora de las respuestas esperadas desde Madrid, que prolongó el cotejo mucho más allá de lo previsto, no puede atribuirse responsabilidad a la organización argentina. Ésta fue dirigida con celo infatigable, desde que se pensó en organizar este segundo match, así como en su tramitación y durante el desarrollo, desde las 14 del día 8 hasta las 5 del día 9, ¡una super-maratón!, por el doctor Luis Gabriel Herrera, asistido por miembros de la FADA, cuyas autoridades, el doctor Juan Carlos Laurens, presidente, el doctor Jorge Sanguineti, secretario general, así como el presidente del Jockey Club platense, doctor Uberto Vignart, periodistas, maestros nacionales y extranjeros y numeroso público –un buen lote de cómplices, para el señor Medina–, presenciaron el match. Se hizo constantemente lo posible para que el match, en lo que a nuestra parte se refiere, resultara inobjetable, y puede afirmarse que se logró.
>
> ¿Qué significan, pues, esas altisonantes y confusas expresiones del señor Medina? ¿Acaso respirar por la herida, francamente mortal, de la tremenda derrota? No dice tampoco la verdad, y lo que es peor, a sabiendas, cuando manifiesta que las partidas estaban al comienzo en desventaja para el equipo argentino. ¿En qué momento? No podría probarlo en un solo caso. Y concretándonos a los tres que cita, basta reproducir esas partidas, y se verá que ni Rico frente a Najdorf, ni Pérez frente a Guimard, jugaron ni estuvieron bien, y que el propio Medina incurrió en un ingenuo traspié de apertura, que naturalmente Julio Bolbochán aprovechó sin demora para ganarle un peón y dejarle una posición que era una lástima.
>
> ¿Qué significa "clase de juego diferente de la habitual" en Najdorf, Guimard y Bolbochán? ¿Qué, ese "parecieron misteriosamente inspirados"? ¿Sugerir que algún *espíritu* influyó en sus maniobras? ¿Es que, por ventura, se evocó allí inútilmente al de Ruy López de Sigura, y que *siguramente* esta vez no se mostró dispuesto a prestar su astral cooperación? Resulta, en cambio, curioso que la partida que más rápidamente pareció habría de resolverse a nuestro favor fue la de Huguet con Cherta, pero un plan erróneo la hizo peligrar, y si luego llegó laboriosamente a tablas no fue sin fundado temor de que señalara el único punto en contra para el equipo argentino. De todas las demás, ni el señor Medina ni nadie sería capaz de mostrar una en que estuviéramos en inferioridad. ¿A qué viene, entonces, ese vago conato de probanza ajedrecística que insinúa? ¿Por aquello de que vale más afirmar que probar? Puede, en ocasiones, ser más cómodo, aunque ofenda a la verdad. (...)
>
> No creemos que la FEDA ni los miembros de su equipo se solidaricen con esas consideraciones, que finalmente, y para no dejar nada sin herir, agravian también gratuita e injustamente al caballero que, si tuvo el honor de representar, por delegación, a la entidad, a su vez la honró representándola, don José Barrio Santamera, quien cumplió con exceso y dignamente la misión que se le confiara. Se trata de un episodio ingrato y sin elegancia, felizmente excepcional en la historia del ajedrez, sobre todo de nuestro ajedrez, y tanto más lamentable por ser Antonio Medina, que debiera guardar buenos

[819] Arnoldo Ellerman, *La Prensa*, 19 del noviembre de 1946.

y respetuosos recuerdos de nuestro país, quien asume el deslucido papel de protagonista tan poco a tono con la tradicional hidalguía hispana.[820]

Castells Méndez, irónico con Medina

El doctor Rafael Castells Méndez, ambicioso dirigente que aspiraba a la presidencia de la FADA, escribía en *Mundo Deportivo*, y titulaba: "Medina, un muchacho *muy español*" :

> Antonio Medina, ex campeón español, es un muchacho muy simpático. Lo conocimos personalmente porque la FADA lo invitó al Torneo de Mar del Plata, y cosechó en nuestro ambiente buenas y durables amistades. Pero por encima de su simpatía y de su fuerza ajedrecística, Medina es *muy español.* Sus declaraciones sobre el match que les ganamos por radio –¡11 ganadas, 4 empates y ninguna derrota!– publicadas en Barcelona, prueban que su pasión nacional es más potente que su amor por la verdad ajedrecística. Medina, en sus declaraciones, dejó traslucir que ese triunfo argentino pudo deberse a que Najdorf, Guimard y Bolbochán, nuestros puntales, al terminar prematuramente sus partidas, intervinieron ilícitamente en las demás, con variantes y consejos.
>
> La prudente redacción de sus frases en la revista deportiva *Vida Deportiva* no oculta el pensamiento del muchacho. Y nosotros creemos que las cosas hay que decirlas tal como se piensan... Debemos, pues, recordarle a Medina, amistosamente desde luego, que el ajedrez argentino no necesita recurrir a semejantes mañas para adjudicarse un match en las que lleva, de antemano, todas las de ganar. (…) No hay en esta afirmación fanfarronería alguna. El ajedrez no las permite, y la hidalga condición argentina no las tolera. (...) Es preciso afirmar, categóricamente, que en el *match* efectuado en La Plata no hubo nada ilícito, nada irregular.[821]

¿El origen de la versión de Medina? ¡Seitz expulsado!

La FADA acaba de dar a conocer el siguiente comunicado, que se relaciona con la sanción aplicada al doctor J. A. Seitz, ajedrecista extranjero radicado en el país, que ha incurrido en apreciaciones calumniosas para con el ajedrez argentino. Dice la resolución:

> La revista *El Ajedrez Español* publicó recientemente un artículo en el que hace referencia a otro aparecido en *Chess World*, de Australia, firmado por el doctor J. A. Seitz, en el que éste hace apreciaciones calumniosas sobre la actuación del equipo argentino en el match radiotelefónico con el de España, y pone en tela de juicio la legitimidad y legalidad del triunfo. El Consejo Federal de esta federación inició gestiones ante la entidad directriz española para dilucidar este asunto, porque considera inadmisible, teniendo en cuenta las relaciones amistosas que nos unen, que su órgano oficial rehaga eco de semejante imputación, aunque en el orden deportivo sea innecesaria ninguna aclaración, porque propios y extraños saben que el desempeño de la representación argentina en el Torneo de las Naciones realizado en Yugoslavia demostró de modo fehaciente que el ajedrez argentino se halla entre los más calificados del mundo entero, y que no necesita de ningún mal recurso para imponerse a cualquier adversario.
>
> Pero, sin perjuicio de los trámites realizados para resolver esta enojosa cuestión, considera que en el orden interno no le es posible silenciar ni tolerar la actitud del doctor Seitz, extranjero radicado en la Argentina, que vive al amparo de nuestras generosas leyes y de nuestra tradicional hospitalidad, que usufructúa una posición en torno al ajedrez argentino, que medra con ella, y que no obstante este cúmulo de circunstancias con olvido de un sentimiento primordial como es el de la gratitud, habla

[820] Carlos Portela, *Vea y Lea*, diciembre de 1949. La Prensa, 19 de diciembre de 1949.
[821] Nota de Rafael Castells Méndez bajo seudónimo Peón Cuatro Rey, *Mundo Deportivo*, diciembre 1949.

en desmedro del deporte local, con el manejable agravante de que lo hace usando de la mentira y de la calumnia, sin haber concurrido siquiera a presenciar el torneo del que luego extrajo conclusiones que menoscaban nuestra dignidad y nuestro prestigio tradicional de deportistas cabales e íntegros.

Por estas consideraciones, el Consejo Federal de la FADA, en uso de atribuciones que le son propias, considerando necesario adoptar ante este agravio una medida severa y ejemplarizadora para el autor de lo que significa una falta grave anti-argentina e inamistosa, resuelve:

Art. 1: expulsar al doctor A. J. Seitz de la FADA y disponer que todas las entidades que la integran adopten igual, medida.

Art. 2: Inhabilitarlo a perpetuidad para actuar en ningún carácter en el ajedrez argentino.

Art. 3: Comunicar esta medida a la FIDE, a todas las federaciones extranjeras con las que la FADA mantiene vinculaciones, y a las entidades afiliadas.

Juan Carlos Laurens (Presidente)

Antonio Cotón (Secretario)[822]

Confirmando la medida contra el doctor Seitz, el 24 de noviembre de 1950 se lee en la reunión de la CD del Club Argentino una nota de la FADA, donde se comunica la expulsión del mismo.

Consecuencias y perjuicios, hoy (2019)

▓ Las consecuencias de las peleas de los años 30, 40 y 50, ¿se mantienen hoy? Lamentablemente, la respuesta es, ¡sí! El conflicto internacional Grau – Rueb relatado más arriba, tuvo su correlato nacional. Cuando en 1941 Querencio es elegido para ocupar la presidencia de la FADA, liquida cualquier posibilidad de considerar como argentino el reclamo contra Rueb, para convertirse en un tema político doméstico, y en consecuencia, conveniente para algunos de los protagonistas, pero altamente perjudicial para el país. En otras palabras, Querencio y los dirigentes que le acompañan retiran el reclamo de reconocimiento al traslado de la presidencia de la FIDE a la Argentina, decidida en el Congreso de la FIDE en 1939. Cuando Rueb "re-asume" la presidencia de la FIDE luego de la guerra, en el Congreso de Winterthur 1946, y borra históricamente el mencionado congreso de 1939, la FADA asume una actitud pasiva, cuando no cómplice. Querencio privilegió su enemistad con Grau, a la activación del legítimo reclamo que correspondía. Y tampoco hicieron nada sus continuadores, desde 1949 en adelante.

¿Consecuencias todavía hoy? La FIDE sigue sin reconocer lo que el Congreso de 1939 decidió, y coloca a Rueb como presidente desde 1924 hasta 1949, en forma ininterrumpida. No reconoce a Augusto De Muro como el presidente elegido en 1939, por un período indefinido, hasta que la guerra finalizara y se realizara el siguiente congreso.

Desde que fuera designado presidente de la FIDE, no es mucho lo que De Muro pudo hacer: la guerra estaba en pleno desarrollo, y las principales federaciones nacionales se habían disuelto o estaban exánimes. Veamos:

** Asistió a la inauguración del Torneo de Mar del Plata 1941, siendo presidente a la vez de FADA y FIDE.

[822] *Tribuna,* 24 de octubre de 1950.

** Designó a Vicente Pomponio como delegado de la FIDE para arbitrar la simultánea de 40 tableros a ciegas de Najdorf, en Rosario, 1943. Este acontecimiento no fue reconocido por la FIDE de Rueb.

** Asistió al segundo torneo en memoria de Grau, en el Círculo, en 1945, en pleno cisma.

** Fue entrevistado por Radio Rivadavia en diciembre de 1945.

** Najdorf debió jugar una nueva sesión de partidas simultáneas a la ciega –esta vez 45– en San Pablo, 1947, para que la FIDE de Rueb, finalmente, reconozca su record mundial.

** Durante los festejos del 25º aniversario de la FADA en 1947, en el largo discurso de Querencio no fue mencionado el hecho de que De Muro no estaba siendo reconocido por la FIDE de Rueb.

** En julio de 1947, Alexander Rueb, quien se considera el ¨presidente legal¨ de la FIDE, reconoce que se perdieron los archivos de la entidad.[823]

** En 1948 la FADA envió como delegado al Congreso de la FIDE a su vicepresidente, Jorge Sanguineti, quien no solicitó el reconocimiento a De Muro, limitándose a hacer gestiones por los posibles torneos a realizarse en Buenos Aires en el futuro.

Conclusiones finales

▓ Desde 1946, cuando la FIDE de Rueb reinició sus actividades, no realizó ningún Congreso en el que se estableciera la invalidez de la asamblea de 1939. Por lo tanto, la actual FIDE debería considerarlo válido, e incorporar a De Muro como uno de sus presidentes, en el período 1939 y 1946, ya que el artículo 4 de la resolución de 1939 establecía que el dirigente argentino sería presidente ¨hasta la realización de un nuevo congreso¨.

Entrevistado por este autor en marzo de 2012, el presidente de la FADA, señor Nicolás Barrera, expresó:

> La cuestión de 1939 no es de nuestro interés, actualmente. Quizás las resoluciones de esa asamblea no fueron válidas.

Es de justicia que los futuros dirigentes nacionales se ocupen de este penoso lastre histórico para el país.

[823] Rueb fue entrevistado por la revista suiza de ajedrez, a quien manifestó que tanto él, como su esposa y tres hijos sobrellevaron felizmente las alternativas de la guerra, pero todos los archivos, premios, recuerdos y libros de la FIDE fueron destruidos totalmente por el fuego. [*Enroque!!* nº 46, pág. 150]

Capítulo 7

LA VERDAD SOBRE LA MUERTE DE RAUD EN 1941[824]

Trayectoria de Raud en Argentina

Ajedrez, Publicación Argentina nº 9 del 15 de agosto de 1940, expresaba en su crónica del Torneo del Círculo de Ajedrez de ese año:

> Cuarto finalizó el fuerte maestro estoniano Ilmar Raud, a quien se conceptuaba uno de los mejores candidatos a las posiciones de privilegio. Si bien no defraudó, ya que produjo la partida más brillante del certamen frente a Marcos Luckis, en otras partidas frente a rivales inferiores demostró apatía para explotar situaciones favorables, aceptando tablas que redujeron sus probabilidades finales donde se presumía que sólo sería desalojado después de recia lucha, cosa que no aconteció.
>
> Ilmar Raud, ganó dos hermosas partidas en el TN de Varsovia 1935, obteniendo el título nacional de maestro. Estas dos partidas sirvieron para que pasara a la final del torneo, que fue ganado por Keres, seguido de Friedemann. Luego de este torneo fue convocado a las fuerzas de defensa de Estonia.

Raud,Ilmar - Popa,Toma [D61]

Torneo de las Naciones de Varsovia ronda 13, 26.08.1935

1.c4 Cf6 2.d4 e6 3.Cc3 d5 4.Ag5 Cbd7 5.e3 Ae7 6.Cf3 0–0 7.Dc2 c6 8.a3 b6 9.cxd5 exd5 10.Ad3 h6 11.Af4 Ab7 12.h3 c5 13.g4 Te8 14.0–0–0 Cf8 15.Tdg1 C8h7 16.h4 c4 17.Axh7+ Cxh7 18.g5 hxg5 19.hxg5 g6 20.Ae5 Af8 21.Txh7 Txe5 22.Tgh1 Txg5 23.Th8+ Rg7 24.T1h7+ Rf6 25.Cxg5 1–0

Raud,Ilmar - Romi,Massimiliano [D36]

Torneo de las Naciones de Varsovia ronda 19, 31.08.1935

1.d4 d5 2.c4 e6 3.Cc3 Cf6 4.Ag5 Cbd7 5.e3 c6 6.Dc2 Ad6 7.cxd5 exd5 8.Ad3 h6 9.Ah4 0–0 10.Cge2 Te8 11.g4 Da5 12.g5 hxg5 13.Axg5 Ce4 14.h4 Cxc3 15.Cxc3 Cf8 16.Tg1 Rh8 17.De2 Ab4 18.Dh5+ Rg8 19.Af6 Axc3+ 20.Re2 Cg6 21.Txg6! fxg6 22.Dxg6 Ag4+ 23.Rf1 Ah3+ 24.Rg1 Dc7 25.Dh7+ Rf8 26.Dh8+ Rf7 27.Dxg7+ Re6 28.Dxc7 Rxf6 29.bxc3 Tg8+ 30.Rh2 1–0

Luckis,Marcos - Raud,Ilmar [D65]

Buenos Aires Buenos Aires, 1940 *[Juan S. Morgado]*

1.d4 Cf6 2.c4 e6 3.Cc3 d5 4.Cf3 Ae7 5.Ag5 Cbd7 6.e3 0–0 7.Tc1 c6 8.Ad3 a6 9.cxd5 exd5 10.Dc2 Te8 11.0–0 Cf8 12.Ce5 Cg4 13.Axe7 Dxe7 14.Cxg4 Axg4 15.Ce2 Tad8 16.Cg3 Td6 17.Tfe1 Dh4 18.b4 Th6 19.Cf1 Ce6 20.a4 Af3 21.Ae2 Ae4 22.Dd2? [22.Ad3 Axg2 23.Rxg2 Dg4+ 24.Rh1 Df3+ 25.Rg1 Cg5 26.Cg3 Dg4 27.Af5 Cf3+ 28.Rf1 Cxh2+ 29.Rg2 Df3+ 30.Rg1 g6 ventaja negra] 22...Cg5–+ 23.f3 Ch3+ 24.gxh3 Tg6+ 25.Cg3 Txg3+ 26.hxg3 Dxg3+ 27.Rf1 Dxh3+ 28.Rg1

[824] Adaptación de dos notas publicadas en Chess Base Web, marzo de 2017.

Dg3+ 29.Rf1 Dh2 30.fxe4 Te6 31.Dd1 dxe4 32.Tc2 Dh3+ [32...Dg3–+] 33.Rg1 Tg6+ 34.Ag4 Txg4+ 35.Dxg4 Dxg4+ 36.Tg2 Df5 37.Tb2 h6 38.b5 c5 39.Tf2 Dg5+ 40.Tg2 Dd5 0–1

Contexto y cronología

En Vísperas de un "Papelón" Incalificable:
Torneo de Ajedrez y Tendremos que Suspende

Noticias Gráficas. 27 de abril de 1939

Existiendo una evidente distorsión de los hechos descriptos en las crónicas de *Chess*, es necesario clarificar debidamente la cronología de los acontecimientos. Por ello, citaremos algunas crónicas de los diarios argentinos, para que se comprenda mejor la secuencia que culminó en la muerte de Raud. Ya en el Capítulo 10 del tomo 1 se explicaron las vicisitudes dramáticas por las que pasó el TN, que fue prácticamente cancelado porque el 26 de abril de 1939, alegando razones económicas, el gobierno se negó a entregar los fondos del subsidio aprobado por el Congreso. Solamente la extraordinaria voluntad de un pequeño grupo de organizadores, especialmente de Roberto Grau y Augusto De Muro, pudo reiniciarse la tarea organizativa.

¡Imagínese el lector qué hubiera sucedido si Grau hubiese bajado los brazos y el TN no hubiera tenido lugar! La mayoría de los más de 150 ajedrecistas que llegaron al país se hubieran encontrado en Europa en medio de la guerra!

Rehacerse de entre las cenizas implicó el llamado a una colecta nacional pro-TN, algo que nunca se había experimentado en la Argentina. ¡Una colecta para apoyar el ajedrez parecía algo utópico! Escribía Grau:

> La FADA confía, para hacerle frente, en la reflexión de los hombres de gobierno y en la adhesión de todo el país. Pocas veces, o quizá ninguna, la federación deportiva de un país se ha visto frente a un problema tan grave como el del TN. Tres meses antes de la iniciación de la prueba, cuando más tupida era la red de compromisos de la FADA, teníamos la seguridad que inspiraba el subsidio acordado por Ley en el presupuesto de 1938. Se habían concertado viajes, y comprometieron sus recursos hasta los directores.[825]

> ¡Para que lo ganen sus muchachos, el pueblo argentino hará el TN! Hay que seguir la partida! Alguna vez habrá que escribir la historia del desarrollo adquirido por la cultura física y los deportes en el país. La FADA emprende la cruzada enorme de reunir, en todo el país, $ 400.000. Lo hace porque quienes dirigen la institución y actúan en todos los clubs de ajedrez saben que han de encontrar, hasta en el club más humilde de la República, el apoyo inmediato, aunque sea de la cuota que ha de reunirse con moneditas. Porque así, con moneditas, se formaron las grandes instituciones, y ese comienzo tuvieron las iniciativas más generosas y más bellas. Los grandes clubs deportivos, los menos pudientes, los pequeñísimos de los barrios o de los pueblos de la campaña, han de sentirse solidarios con nosotros.[826]

> Es una fuerza ineludible la que me impulsa a alzar mi voz a favor del TN. No quiero que esto se interprete como una forma más de las muchas en que se manifiesta la humana vanidad. No me alienta otro propósito que el de contribuir, en mi medida, a que se cumpla la palabra empeñada ante 42 países. Simple y grande es el propósito que me inspira. Tiene la sencillez de las cosas grandes, y la grandeza de las cosas sencillas.[827]

[825] Roberto Grau, *Leoplán*, 21 de junio de 1939.
[826] Augusto De Muro, *Crítica*, 2 de junio de 1939.
[827] Roberto Grau, *Crítica*, 2 de junio de 1939.

Resolvió la Federación De Ajedrez Realizar el Torneo de las Naciones

Se tratará de cubrir la falta del subsidio con una suscripción popular

Como informamos en su oportunidad, el consejo directivo de la Federación Argentina de Ajedrez había resuelto suspender la realización del Torneo de las Naciones, anunciado en Buenos Aires para el próximo mes de julio, con la participación de 40 paises. Esta decisión se debió a la falta de apoyo del gobierno nacional, que dispuso no entregar los fondos del subsidio de 150.000 pesos acordado para ese efecto por ley.

Para considerar la situación creada con motivo de la suspensión del certamen internacional, el consejo directivo convocó la asamblea de la Federación, que se reunió anoche, con asistencia de los delegados de la mayoría de los clubs adheridos.

La asamblea fué presidida por el titular, señor Augusto de Muro, quien hizo la narración de los hechos producidos y que son del dominio público y comunicó que eran tantas y tan elocuentes las adhesiones recibidas por la Federación, provocadas todas por la noticia de la suspensión del torneo mundial, que los miembros del comité organizador habían llegado a la conclusión de que el certamen debía efectuarse a pesar de los hechos producidos, haciendo honor a la palabra argentina empeñada en el Congreso Internacional de Ajedrez de Estocolmo.

A continuación hablaron varios delegados para apoyar la idea de llevar adelante la organización del torneo, y finalmente se aprobó este temperamento. Para la financiacion de la gran competición ajedrecística se solicitará el apoyo de la Municipalidad de la capital, de los gobiernos de provincia y de los municipios, de los clubs deportivos y sociales y de todos los aficionados y simpatizantes del país.

En seguida se redactó y aprobó por aclamación un manifiesto en el que la Federación explica los hechos y solicita el apoyo del país para la realización del Torneo de las Naciones.

El manifiesto aprobado—

El manifiesto alude a la repercusión que tendría en el exterior la suspensión del certamen, y agrega que la Federación Argentina de Ajedrez entiende que no es posible cruzarse de brazos ante una situación de esta naturaleza. Dice que podría aceptar la cómoda resignación que elude el esfuerzo, pero advierte que no es ese el camino más digno y vuelve sobre la anterior decisión. La tarea es inmensa, agrega, pero vamos a ella con una fe invencible, porque nos sabemos respaldados por la calurosa simpatía de todos.

La Federación organizará el torneo, con la eficacia y con la amplitud que le permitan su tesón, su empeño, su firme decisión de vencer todos los obstáculos y, sobre todo, la colaboración de las instituciones deportivas, las entidades particulares, el comercio y la industria nacionales, las colectividades extranjeras, los ajedrecistas y todos los habitantes que se complacerán de ver a la Argentina como eje y centro de una actividad noble y desinteresada que suscitará, durante un mes, el cordial interés del mundo.

La Mañana

GUALEGUAY

La Federación Argentina de Ajedrez Solicita una Contribución de Todos los Clubs Argentinos

Por iniciativa de varios clubs pertenecientes a distintas Federaciones deportivas los que ofrecieron su apoyo a la Federación Argentina de Ajedrez, esta entidad ha resuelto dirigirse a todos los clubs de la república para solicitarles su adhesión mediante el envío de una cuota uniforme de diez pesos a fin de cancelar las deudas pendientes con motivo del Torneo de las Naciones.

Las primeras cartas remitidas en ese sentido han hallado una acogida favorable y entusiasta y desde los puntos más alejados llega la adhesión a la Federación de Ajedrez con manifestaciones de gran elocuencia que ponen en evidencia la simpatía con que se juzga el gran esfuerzo realizado en la organización del magno certamen ajedrecístico.

También se han recibido en la Federación de Ajedrez, recortes de diarios de todo el mundo en los que se alude a la perfecta organización, atenciones con los ajedrecistas extranjeros, y el gran éxito que en todos los aspectos tuvo el certamen. Aun de los países actualmente en guerra tales: Gran Bretaña, Francia y Alemania se han recibido páginas de diarios y revistas lo cual demuestra el extraordinario significado y el grado de interés que despertara el Torneo de las Naciones todo lo cual constituye para el deporte argentino un motivo de ver[illegible] halago.

LA NUEVA PROVINCIA

BAHIA BLANCA

Torneo de la Federación de Ajedrez

Partidas para hoy

Tablas de posiciones

La FADA sigue adelante pese a las dificultades.*Crítica*, 2 de junio de 1939. Diarios *La Mañana* y *La Nueva Provincia*, 24 de octubre de 1939

El resurgimiento del TN tuvo su precio: de las 45 federaciones inscriptas, la demora ocasionó el desistimiento de casi una veintena. La nueva fecha de iniciación se trasladó al 23 de agosto. Grau emprendió un largo y agotador viaje para recaudar fondos. Su trabajo consistió en convencer a organismos nacionales y provinciales, a empresas, a clubes, al público en general, de hacer aportes para poder financiar el TN. Incluía sesiones de simultáneas en las que se cobraba una pequeña inscripción. El 14 de julio de 1939 la revista *El Gráfico* publica una foto de Roberto Grau, con el siguiente epígrafe:

> Roberto Gabriel Grau, nuestro campeón de ajedrez, está trabajando arduamente para que se verifique el TN. A los efectos de reunir fondos para esa patriótica empresa, en estos días iniciará un viaje a Jujuy en avión, y luego vendrá jugando partidas simultáneas y organizando comisiones en distintos pueblos y ciudades hasta llegar a la Ciudad de Buenos Aires. Todo el producto de sus partidas pasará al fondo destinado a solventar las necesidades del gran torneo.[828]

> El Gobierno de la Nación ha concedido a la FADA la autorización correspondiente para realizar una colecta pública en favor del TN: comenzará el 15 y finalizará el 25 de este mes. Se realizará en las principales calles de la ciudad. Un desinteresado grupo de señoritas solicitará la adhesión del público, provistas de alcancías.[829]

[828] Esta nota se publica en el momento en que el Gobierno anunció que no pagaría los fondos prometidos. Amílcar Celaya, *El Gráfico* nº 1044, 14 de julio de 1939. *El Ajedrez Americano* 2ª época nº 51.

[829] *La Prensa*, 15 de julio de 1939.

> Una promisoria iniciación alcanzó la colecta popular organizada por la FADA como contribución al TN. Un grupo de señoritas recorrió varias calles céntricas de la capital, y se trasladó anteayer al estadio del Club Independiente, donde se midieron los equipos del fútbol local y Newell's Old Boys. La colecta proseguirá hasta el 25 del actual.[830]

Es así, luego de este esfuerzo gigante, que el 24 de agosto se llegó a la inauguración del TN en el Teatro Politeama, con la participación de 27 equipos de países y 20 damas que participarían en el Campeonato Mundial Femenino Individual.

Ese mismo día, en presencia de Stalin, los ministros alemán y soviético, Joachim von Ribbentrop y Viacheslav Mólotov, firmaron el pacto que establecía una serie de cláusulas de no agresión mutua y el reparto de facto de las respectivas "zonas de interés". En el caso de Polonia, ello implicó la partición del país de acuerdo a la línea divisoria de los ríos Narev, Vístula y San. La consecuencia inmediata desde el Tercer Reich fue, seis días después, la invasión de Polonia. Dos semanas más tarde, el 17 de septiembre de aquel año, y también conforme a la colaboración acordada entre Hitler y Stalin, –dos personalidades con *hybris* monumentales– los territorios orientales de Polonia fueron invadidos y anexionados por la URSS.[831]

Los estonios

■ Llegan 100 ajedrecistas en el vapor *Piriápolis*. Entre ellos estaba el equipo estonio, formado por Keres, **Raud**, Schmidt, Friedemann y Turn. Luego de estallar la Segunda Guerra Mundial, se produjo al finalizar el certamen un desbande general de los jugadores, que decidieron acerca de sus vidas de maneras muy diferentes. Todos los integrantes del equipo estonio decidieron volver a Europa, excepto **Ilmar Raud**, quien, junto a otros jugadores extranjeros, fue ayudado principalmente por el Círculo de Ajedrez, Grau y De Muro. Raud participó en tres torneos, cuya secuencia anotamos a continuación.

Raud en el Torneo Mayor del Círculo (III Torneo Internacional)

■ En el tomo 2 de esta misma obra se detallan otras actividades en las que participó Raud (simultáneas, torneos rápidos). Este certamen se jugó entre el 15 de junio y el 2 de agosto de 1940. Ganó Paulin Frydman, con 11½/13, cediendo sólo tres empates. Luego siguieron Roberto Gabriel Grau y Marcos Luckis 9; **Ilmar Raud 8**; Miguel Czerniak, Víctor Winz y Franciszek Sulik 7; Carlos Enrique Guimard 6½; José Gerschman 5½; Guillermo Puiggrós, Luis Palau y Francisco Benko 5; Joaquín Ojeda 3; Christian De Ronde 2½.

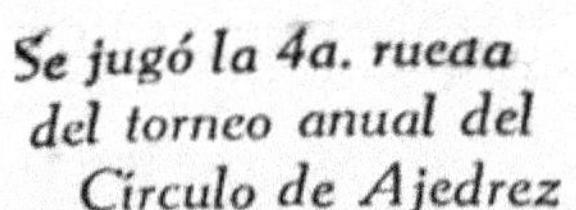

Se jugó la 4a. rueda del torneo anual del Círculo de Ajedrez

Frydman encabeza esta prueba y Guimard la del Club Argentino

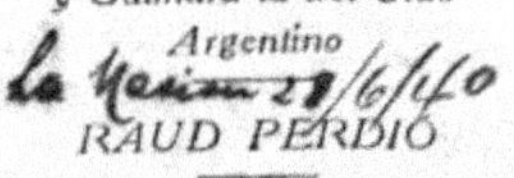

RAUD PERDIO

Una rueda lucida en la que se desarrollaron varias partidas de excelente relieve fué la cuarta del torneo internacional de ajedrez que se realiza en el Círculo de Ajedrez. La prueba está destacando, tal cual se esperaba, la seriedad del estilo de Paul Frydman, el notable maestro polaco que se ha adjudicado hasta el pres[illegible] las cuatro partidas realizadas.

En la rueda que nos ocupa superó en terminante estilo a Franz Benko, que trató de sacar provecho de una defensa Siciliana que le planteó su fuerte adversario. No lo logró, y mediante una atrevida maniobra central consiguió Frydman ventaja estratégica que se tradujo en la ganancia de dos piezas menores a cambio de una torre. Esta ventaja, hábilmente aumentada, determinó su victoria.

Mucha expectación había despertado la partida entre el ajedrecista estoniano Raud y Grau. El cotejo tuvo un planteo interesante. El jugador argentino, con las negras, se defendió con el mismo sistema que ensayó en una partida con Fine, del torneo de Estocolmo, que le fué desfavorable. Mejoró en esta oportunidad la variante, para lograr una buena partida y a cambio de un peón entrar con una torre en séptima, ganar calidad y adjudicarse más tarde la victoria, pese a la tenaz resistencia opuesta por Raud.

No consiguió Guimard quebrantar la defensa que le opuso el polaco Sulik, que se está revelando como un ajedrecista tesonero y efectivo. Se planteó una apertura del peón dama y luego de una serie de complicaciones se llegó a un final que en vano Guimard trató de desnivelar. Terminó empatado en la jugada 56.

Muy bien jugó Palau su partida con Luckis hasta el momento precisamente en que logró una posición ganadora. Cuando su victoria era ya tarea más simple, apremiado por el tiempo desacertó con el procedimiento, para ir perdiendo su ventaja y suspender la lucha en un final estratégicamente perdido.

Intensa y equilibrada fué la lucha entre Puiggrós y Ojeda, que se suspendió en un final de reyes y peones. Comenzó el juego con una defensa de los dos caballos, para mantenerse parejo, salvar ambos bien las dificultades y llegarse a un final en el que Puiggrós incurrió en una falla al cambiar la única torre que tenían ambos jugadores. Esto ha dado lugar al final de peones que antes mencionamos, en el que la posición de las blancas es delicada.

Las partidas de Gerschman y Czerniak y Winz y De Ronde se postergaron por estar enfermos los dos ajedrecistas palestinos. Marcha primero en el torneo Frydman, con cuatro puntos, seguido por Guimard, Sulik y Grau, que tienen tres puntos cada uno.

La Nación, 28 de junio de 1940

[830] *La Nación*, 18 de julio de 1939.
[831] Nota del autor.

Raud en Mar del Plata, 15 al 31 de marzo de 1941

▓ Obtuvo el 1° lugar Gideon Ståhlberg, con 13/17, Najdorf 12½, Erich Eliskases 11½; Ludwig Engels y Paulin Frydman 11; Miguel Czerniak, Movsa Feigins y Carlos Guimard 9½; Julio Bolbochán 9; Paul Michel, Francisco Sulik y Juan Vinuesa 8; Jacobo Bolbochán 7½; **Ilmar Raud 6½;** etc. Durante el certamen, Pilnik gestionó jugadores para el torneo que organizaría la Sociedad Hebraica.

Abundaron las partidas tablas en la décima rueda del torneo de ajedrez de Mar del Plata

Sthalberg, Eliskases y Frydman, tres de los ajedrecistas mejor colocados en la competencia, no pudieron batir a sus respectivos oponentes a pesar de la intensa lucha librada

GUIMARD SIGUE VENCIENDO

La Nación, 24 de marzo de 1941

Raud en el Torneo de la Sociedad Hebraica Argentina, 19 de mayo al 20 de junio

▓ Participaron 16 ajedrecistas, venciendo el polaco Paulin Frydman con 12½/15, luego quedaron Gideon Ståhlberg 12; Herman Pilnik 11½; Movsa Feigins 11; Miguel Czerniak y Francizsek Sulik 9; Juan Iliesco 8; Jacobo Bolbochán 7½; Luis Marini y Viktor Winz 6; Guillermo Puiggrós e **Ilmar Raud 5½;** Meir Rauch 5; José Gerschman 4½; Zelman Kleinstein 4 y Francisco Benko 3.

Stahlberg y Czerniak en Un Torneo de Maestros

Se Inicia Hoy en la S. Hebráica

CZERNIAK STAHLBERG ILIESCO BOLBOCHAN PILNIK

Disputan el Torneo de Ajedrez

Cinco de los ajedrecistas europeos y locales que participan en el Torneo de Ajedrez de Maestros, que se inicia esta noche.

Con la presencia de 16 maestros, comenzará esta noche, en la Sociedad Hebráica Argentina, un torneo de ajedrez llamado a tener notable repercusión. Entre los participantes a esta nueva manifestación ajedrecística figuran jugadores de renombre mundial, contándose entre ellos el campeón de Suecia, Gideon Stahlberg, reciente ganador del Torneo Internacional de Mar del Plata, delante de su compatriota Engel, Eliskases, Najdorf, Frydman y otros, el mismo Paulin Frydman, jugador de indudable prestigio internacional, y el campeón de Palestina, Miguel Czerniak.

LOS PARTICIPANTES

De acuerdo con el sorteo efectuado en la tarde de ayer en la sede de la entidad organizadora la lista de los competidores es la siguiente:

[illegible]

LA RUEDA DE HOY

Las parejas que esta noche disputarán la primera rueda del torneo, están integradas de la siguiente manera:

[illegible]

Noticias Gráficas, 19 de mayo de 1941

Las notas de Baruch Wood en su publicación, y la sombra de Seitz

En la revista inglesa *Chess (Sutton Coldfield)* de octubre de 1941 apareció una nota acerca del fallecimiento del ajedrecista estonio Ilmar Raud en Buenos Aires; 60 años después, la misma publicación, en un artículo del periodista John Saunders titulado *Chess in the war,* Vol. 75 nº 8, noviembre 2010, recuerda aquél hecho de 1941, transcribiendo enteramente el mismo contenido. Lamentablemente este texto tiene una gran cantidad de falsedades y difamaciones, que es mi obligación aclarar debidamente.

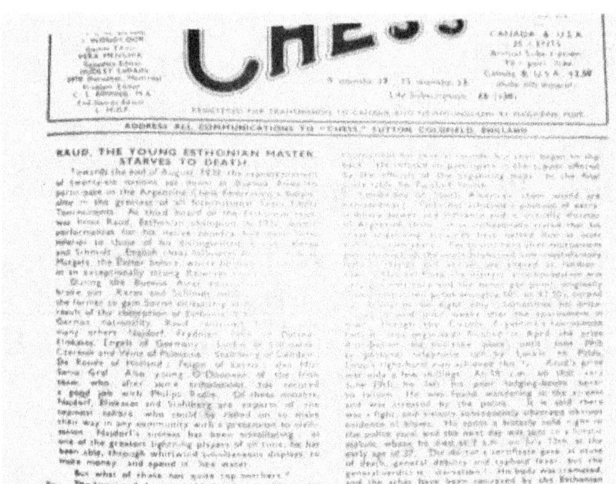

RAUD, THE YOUNG ESTHONIAN MASTER STARVES TO DEATH

Ver nota Saunders en:
https://en.chessbase.com/post/che-in-the-war

▓ La misma pregunta se hace Edward Winter en su notable publicación *Chess Notes* nº 4905:

> Después de participar en el TN de 1939, Raud permaneció en la Argentina, pero menos de dos años más tarde había muerto, a la edad de 28 años. En la página 246 de la edición de agosto de 1941 de *El Ajedrez Americano* se informó que fue 'víctima de una repentina dolencia, y que estuvo internado en un sanatorio', mientras que casi toda la primera página de *CHESS* de octubre de 1941 fue dedicada a un relato de sus últimos meses, bajo el título "Raud, el joven maestro estonio, muere de hambre". Debajo están los detalles de su fallecimiento según lo divulgado por *Chess*.

Luego Winter, que es un historiador muy serio, "invita a confirmar la validez o invalidez de esas afirmaciones". Con mucha demora de casi 80 años, pero con absoluta justicia, demostraremos que las acusaciones contra Grau fueron totalmente falaces. Este derecho a réplica tiene por objeto desmentir esas informaciones, cuya falsedad es manifiesta. El director de *Chess*, señor Baruch Wood tenía, lamentablemente, como única fuente de información, al doctor Adolf Jakob Seitz, que era un enemigo acérrimo de Grau, y por extensión, de toda la FADA.

La propia revista *Chess* y también *British Chess Magazine*, fueron informando detalladamente las alternativas de la organización del TN, y relataron las vicisitudes que se vivieron. La designación de Buenos Aires como sede del certamen se había producido en el Congreso de Estocolmo de 1937. Fue una condición para designar a Buenos Aires como sede que la FADA se hiciera cargo de los gastos de traslado, ida y vuelta. Esto significaba una enome erogación, y los dirigentes, con Grau a la cabeza, se entrevistaron con el presidente de la Nación y le solicitaron un subsidio, que fue aprobado por el Congreso en 1938, aprobándose para 1939 la suma de $ 150.000. Se calculaba el gasto total en unos $ 360.000, de manera que las autoridades de la FADA previeron la ayuda adicional del gobierno de la ciudad de Buenos Aires y de varias provincias, además de aportes de empresas privadas, para obtener los $ 210.000 restantes. Sin embargo, fueron surgiendo una serie de dificultades que pusieron en serio peligro la realización del torneo.

A continuación transcribimos los fragmentos más destacados de la nota de *Chess*, intercalando nuestras observaciones:

> Muchos de los participantes de la Olimpíada de Buenos Aires de 1939 permanecieron en Argentina por varias razones; para muchos de ellos, particularmente los jugadores polacos o judíos, era una decisión de vida o muerte. Sin embargo, una historia narrada en la edición de *Chess*, octubre de 1941, demostró que la vida en América del Sur no estaba exenta de peligros...

▓ De ninguna manera puede atribuirse a las condiciones de vida de la ciudad de Buenos Aires la desgracia acaecida a Raud. La gran mayoría de los ajedrecistas que se quedaron forzadamente en Buenos Aires fueron ayudados por sus consulados o embajadas, y aún casos como los de Christian De Ronde y John O'Donovan, menos conocidos, demostraron que era posible sobrevivir aún en condiciones de pobreza. Quizás el caso más dramático fue el del escritor polaco Witold Gombrowicz, quien soportó situaciones extremas con gran entereza, y pasó gran parte de esos años en el Salón Rex, dirigido por el polaco Paulin Frydman, que también integraba la legión de migrantes.

En el caso de Raud han tenido responsabilidades el Club Estonio de Buenos Aires y el Consulado de Estonia,[832] que lo abandonaron y no lo contuvieron como debían; pero en ningún caso puede atribuírsele responsabilidad alguna al Círculo como institución, ni a Grau como persona. Por el contrario, ambos hicieron grandes esfuerzos por ayudar a los refugiados, y Raud no fue la excepción. Lo que sí debemos lamentar es que el Círculo haya estado muy solo en esa tarea, con alguna

[832] La Sociedad Estonia de Argentina fue creada en 1924, mucho antes que en otros países.

ayuda del Club Jaque Mate y sin colaboración del Club Argentino, un club mucho más poderoso económicamente. Sigue diciendo *Chess:*

> Raud, el maestro estonio, muere de hambre. Durante el torneo de Buenos Aires, estalló la guerra... Raud se quedó junto a muchos otros maestros. Najdorf, Eliskases y Ståhlberg eran figuras mundiales, que podrían encontrar medios de subsistencia en cualquier comunidad civilizada. Pero, ¿qué sucedió con quienes no eran tan destacados? La historia del ajedrez está salpicada de historias miserables, y ahora Ilmar Raud, al morir, nos ha mostrado otra. Su juego siempre había mostrado destellos de brillantez, pero sin consistencia. Se dice que su madre le rogó a volver a casa y que uno de sus hermanos fue asesinado cuando los soviéticos anexaron Estonia. (...)
>
> El esperado torneo de Mar del Plata dio a los muchos maestros europeos su oportunidad. El triunfo de Ståhlberg tuvo como contrapartida el fracaso de Raud: él sólo alcanzó el 14° lugar entre 18. Eso significó que a Ståhlberg le ofrecerían muchas actividades, y se le dio la bienvenida como maestro en varios hogares aristocráticos; en cambio, Raud fue rechazado. No podía subsistirse solamente de jugar ajedrez en los cafés.

▒ Aquí *Chess* hace un salto en el tiempo y habla del torneo de Mar del Plata 1941. En general, estas afirmaciones son correctas: es obvio que los ajedrecistas más destacados (Najdorf, Ståhlberg, Eliskases) pudieron afrontar mejor aquellos difíciles tiempos. Muchos de los visitantes comenzaron a concurrir al antes mencionado Café Rex, que desde 1941 fue regenteado por el polaco Paulin Frydman, que, en muchos casos, incluso se transformó en un mecenas, como en el mencionado caso de Gombrowicz. Seguimos el texto de *Chess*:

> Poco después, llegó el último torneo de Raud, un evento organizado por el Círcolo Argentino (Sic). Sus principales competidores fueron Frydman, que terminó primero, y Grau y Luckis que empataron para el segundo lugar. Raud lideró el torneo durante varias rondas, pero luego comenzó a retroceder. Se negó a participar en la cena ofrecida por los funcionarios del organismo organizador. En el marcador final terminó cuarto.

▒ En este párrafo existen varias inconsistencias e inexactitudes. En primer término, no fue este el último torneo que jugó Raud. Se jugó en el Círculo en junio/julio de 1940, y ganó Frydman 11½/13, seguido por Grau y Luckis 9; **Raud 8,** Winz, Czerniak y Sulik 7; Guimard 6½, etc. En *El Ajedrez Americano* nº 63, pág. 197, y nº 64, pág. 130, se transcriben una crónica, partidas comentadas y el cuadro final de posiciones. Nada se menciona sobre la ausencia de Raud en la cena de cierre. En *Caissa* nº 27, pág. 222, revista que representaba al sector "anti-Grau" principalmente en la persona de Adolf Seitz, sólo hay una muy breve nota, y en el nº 29, pág. 271, una crónica más amplia con el cuadro de posiciones. Intentando burdamente vincular el fallecimiento de Raud con la demora en los pagos de premios de los torneos del Círculo, el doctor Adolf Jakob Seitz escribió mucho tiempo después:

> Algunas veces los premios son entregados dos meses después de la rueda final; un profesional genuino se acostumbra a cobrar sus premios no más tarde que 24 horas después de haber jugado su última partida. Si el pobre Ilmar Raud aún viviera podría referirnos una interesante historia acerca de un cuarto premio ganado en el Torneo del Círculo.[833]

[833] Este torneo es de 1940; aunque Raud haya cobrado el premio con alguna demora, no puede asociarse con su muerte, que fue un año después. [II Torneo Internacional en memoria de Roberto Grau, Carlos Skalicka, Buenos Aires, 1958. *Caissa* nº 38, pág. 133. Nota firmada por el doctor J. A. Seitz (1898-1970)]

La fuente de información de Baruch Wood fue, indudablemente, el citado Seitz, enemigo declarado de Grau, conflicto cuyos pormenores relaté en *Luces y Sombras del Ajedrez Argentino, tomo 1*, 2014, reitero en esta misma obra, capítulo 6. El siguiente párrafo ya ingresa en la categoría de la calumnia; veamos:

> Las condiciones en el mundo de ajedrez de Sudamérica son extraordinarias. Grau ha logrado una posición de extraordinario poder e influencia y es virtualmente dictador del ajedrez argentino.

Esta afirmación es, además de inexacta, calumniosa. Ignora que en junio de 1939, como vimos, el TN fue cancelado debido a la negación del pago del subsidio –aprobado por el Congreso de la Nación en 1938–, por parte de un funcionario del Ministerio de Educación, doctor Coll. ¡Claro que esto no fue nada extraordinario, sino penoso! Merced al extenuante esfuerzo de Grau, De Muro y otras pocas personas, se organizó una gigantesca colecta nacional para procurar fondos que compensaran la pérdida. Grau inició una agotador viaje por todo el país, ofreciendo simultáneas en las que se cobraba un módico arancel, que después formó parte de un fondo. Es así que el TN "resucitó", fijándose nueva fecha de comienzo en agosto de 1939. Estos dos meses de dilaciones causaron la pérdida de 15 equipos: se habían inscripto 42, y finalmente participaron solamente 27. A causa de esta extenuante gira, Grau llegó agotado y jugó las partidas en bajo nivel. ¡Grau no fue un "dictador", sino un factótum! ¡Luchó contra los poderes fácticos y logró derrotarlos! ¡El TN sólo pudo realizarse **gracias** a la acción de Grau! Continúa *Chess:*

> Se afirma de manera auténtica que sus actividades de organización de ajedrez le han compensado (a Grau) por lo menos £ 5.000 en dos años.
>
> En el mismo sentido y refiriéndose al período post TN 1939, Justin Corfield menciona lo siguiente en su libro:[834]
>
> Grau continuó organizando torneos, haciendo una fortuna en el proceso. Se casó a principios de 1944. Sin embargo, el estrés de los torneos fue inmenso y murió en abril de 1944, en parte por exceso de trabajo (Sic).

Una vez más este autor debe desmentir categóricamente estas difamaciones. Grau se casó con María Gloria Lagomarsino el 16 de agosto de 1923, quien quedó embarazada de su única hija Gloria durante el famoso Torneo de San Remo 1930. Respecto a la supuesta fortuna de Grau, aclaro:

> *Ningún organizador de torneos ganaba mucho dinero en aquellos tiempos. Salvo contadas excepciones, no había espónsores y los premios eran, por lo general, donados por personas allegadas de alto poder adquisitivo.
>
> * Grau fue un auténtico *self made man*, que sólo terminó la escuela primaria: todo lo aprendió trabajando y esforzándose. Su familia era de clase media típica, con su padre como sostenedor del hogar –trabajaba en la Casa de la Moneda–, y su madre como ama de casa. Era una persona híper-activa, que llegó a tener varios trabajos simultáneos: columnista en *La Nación*, en *Leoplán*, en la revista del *Automóvil Club Argentino* –escribía notas sobre automovilismo, paracaidismo y urbanismo–, profesor en el Club River Plate, "alma mater" del Círculo, editor de la revista *El Ajedrez Americano*, autor de su Tratado General de Ajedrez –que ya lleva siete décadas de ediciones–. Además, ¡jugaba bastante bien al ajedrez, como lo pudieron comprobar Fine, Euwe y el propio Alekhine! Tenía, sin duda, una fuente variada de ingresos económicos, pero nunca tuvo coche: para trasladarse se manejaba con

[834] Nota del autor. Justin Corfield, op. cit., pág. 305.

trolebuses, subterráneos y colectivos. La cifra de "5.000 libras en dos años" es producto de la mala intención del autor de la nota de *Chess*. No tiene ninguna fuente que certifique esos datos: es una simple calumnia.[835]

Proseguimos con el texto de esa revista:

> Sin embargo, torneo tras torneo se realiza de la manera más desordenada e insatisfactoria. Las fechas y lugares se alteran al azar. Incluso en Mar del Plata, el alojamiento de los maestros fue muy insatisfactorio y el bono por punto, originalmente anunciado como diez pesos, finalmente resultó ser sólo ocho. A veces no se paga ningún premio-dinero hasta semanas después del torneo.

■ Esta afirmación es arbitraria; quizás las condiciones ofrecidas a los ajedrecistas fueran inferiores a las de los torneos europeos, pero en Argentina eran muy aceptables. Debe decirse que esta época fue fundacional, y permitió ir alcanzando de a poco un *status* más profesional del ajedrez argentino. En Mar del Plata, por ejemplo, todos los participantes tenían hotel y comida sin cargo, además de viáticos. Los maestros más importantes cobraban además un *cachet*. Sigue *Chess*:

> A pesar de que el torneo del Círculo, que Grau organizó, finalizó en abril, la distribución de los premios no tuvo lugar hasta el 29 de junio. Una llamada telefónica personal de Luckis a Palau, la mano derecha de Grau, logró esto.

■ ¡Volvemos otra vez para atrás! ¡Información incorrecta y artera! Este torneo se jugó entre el 15 de junio y el 2 de agosto de 1940.

> El premio de Raud era sólo de unos pocos chelines. A las diez de la mañana del 29 de junio, dejó a su pobre inquilinato para no volver.

■ ¡Aquí salta otra vez sin escalas hasta el año 1941, y menciona la fecha en que Raud fallece! Pero es muy simple reconstruir cronológicamente los hechos. Antes, entre el 16 de marzo y el 1º de abril de 1941 se había jugado el enorme Torneo de Mar del Plata, con 18 participantes. Gana Ståhlberg con 13/17, seguido por Najdorf 12½; **Raud** finalizó 14º con 6½ puntos. ¡Aquí sí puede haber cobrado Raud solamente unos pocos chelines! De acuerdo a lo informado por todos los diarios de la época, los premios fueron pagados durante la ceremonia de clausura, el 2 de abril. No hubo ninguna demora.

Posteriormente, el 19 de mayo de 1941 comenzó el Torneo de la Sociedad Hebraica, que finalizó el 21 de junio. Como bien observó Eduardo Bauzá Mercere, ¡este gran certamen fue organizado por Pilnik, y no por Grau! Además de **Raud**, participaron, entre otros, los asilados Movsa Feigins, Viktor Winz, Franciszek Ksawery Sulik, Meyer Rauch, Herman Pilnik, Paulin Frydman, Miguel Czerniak, Gideon Ståhlberg, Zelman Kleinstein.[836] Venció el polaco Paulin Frydman con 12½/15, seguido a media unidad por el sueco Gideon Ståhlberg. **Raud** finalizó 11º/12º con 5½ puntos. Precisamente el programa del torneo ya establecía que los premios se entregarían durante una cena el 29 de junio… ¡Tampoco hubo, pues, ningún retraso! Veamos la crónica de *La Prensa*:

> En los salones de la Sociedad Hebraica Argentina, Callao 348, se realizará esta noche a las 21.30 el acto de entrega de los premios correspondientes el reciente torneo internacional. Integran la lista de los premiados Paulin Frydman, ganador –quien no estará presente pues se encuentra en viaje al Brasil, donde jugará el torneo de San Pablo–, Gideon Ståhlberg, Herman Pilnik, Movsa Feigins, Miguel

[835] *Roberto Grau, el maestro*, Gloria Grau, Jorge Delfino, Juan S. Morgado, Colihue 2008, pág 74. Notas del autor.
[836] *Noticias Gráficas*, 19 de mayo de 1941.

Czerniak, Francisco Sulik, Juan Iliesco y Jacobo Bolbochán. A parte las autoridades de la SHA han instituido un premio especial para la partida más brillante, que será adjudicado cuando se conozca el dictamen de la comisión designada al efecto, integrada por los señores Roberto Grau, Luis Palau y Paulino Alles Monasterio.[837]

Finalmente, el editor de *Chess* describe la horrible muerte de Raud, pero nuevamente sin brindar sus fuentes:

> Fue encontrado vagando por las calles y fue arrestado por la policía. Se dice que hubo una pelea, y los visitantes posteriormente observaron pruebas evidentes de golpes. Pasó una noche amargamente fría en el patio de la policía, y al día siguiente fue enviado a un manicomio, donde murió a las 2am, el 13 de julio de 1941, a la temprana edad de 27 años. Muerte, debilidad general y fiebre tifoidea, pero el veredicto general es: ¡hambre! Su cuerpo fue incinerado, y las cenizas han sido enviadas por el consulado estonio a Europa. Dentro de la tristeza del mundo de hoy, ésta es una historia sumamente desgraciada.

Sólo podemos agregar que ni en los diarios ni en las revistas de la época se han ofrecido algunos de esos datos, por ejemplo, “fiebre tifoidea”. Las frías crónicas dieron cuenta de una noticia terrible:

> El 13 de julio falleció *miserablemente* en la ciudad de Buenos Aires Ilmar Raud, el maestro estonio que había permanecido en nuestro país desde la finalización del Torneo de las Naciones en 1939. Ajedrecista muy joven aún, gran conocedor de finales, tuvo en esta capital escasa actuación debido a la depresión moral causada por la trágica situación de su país natal, donde residen sus familiares. En el reciente torneo de la Sociedad Hebraica finalizó en el puesto 11º, debido a su precario estado de salud.
>
> El maestro estoniano Ilmar Raud falleció ayer en esta capital, víctima de una dolencia repentina que motivó hace pocos días su internación en una casa de salud. Llegó Raud a nuestra capital en 1939 como integrante del fuerte equipo de Estonia, capitaneado por Paul Keres. Su actuación en el TN fue lucida y contribuyó eficazmente a la buena colocación que en definitiva correspondió a su país. Terminado el gran certamen, decidió quedarse en Buenos Aires, a pesar de que todos sus compañeros de equipo prefirieron regresar a su patria. Aquí intervino en varios torneos, y en todos ellos se comportó bien, conquistando la simpatía de los aficionados. Conocía un extraordinario número de finales, y siempre que se le solicitaba se encontraba dispuesto para exponer sus conocimientos con una agradable modestia. Su desaparición, conocida anoche en los centros de ajedrez, ha causado un sentimiento general de pesar. Sus restos serán inhumados hoy a las 14 en el Cementerio del Oeste.[838]
>
> Luego de una corta enfermedad, falleció ayer en esta capital el maestro estonio Ilmar Raud, que permanecía en nuestro país desde la terminación del TN. La noticia ha repercutido dolorosamente en el ambiente ajedrecista de la capital, donde había actuado en varios torneos internacionales. En todos ellos se deslizó con su singular suavidad de maneras, y conquistó simpatías por su admirable conducta y rara discreción. Segundo tablero del equipo de Estonia, era un ajedrecista erudito y de gran capacidad, a pesar de su gran juventud y escasa experiencia en ambientes ajenos a su país. El drama que significó la imposibilidad de regresar a su tierra natal agravó sin duda sus males, y ha sido factor decisivo en el penoso desenlace que comentamos. En la noche de ayer grupos de compatriotas y de ajedrecistas se allegaron a la casa donde se realizó el velatorio, y entre ellos algunas delegaciones de entidades de la capital que practican ajedrez. La inhumación de sus restos se realizará hoy a las 16 en el Cementerio del Oeste.[839]

[837] *La Prensa*, 29 de junio de 1941.
[838] *La Prensa*, 14 de julio de 1941.
[839] Roberto Grau, *La Nación*, 14 de julio de 1941.

Fueron cremados los restos del ajedrecista estoniano Ilmar Raud. La noticia de su fallecimiento, como consecuencia de una breve enfermedad que motivó su internación, se supo anteayer en todos los centros ajedrecísticos. El extinto vino al país como segundo tablero del equipo de Estonia, actuando junto con Paul Keres. Representó a su país en los torneos de las naciones de Varsovia 1935, Munich 1936, Estocolmo 1937 y Buenos Aires 1939. Su notable saber ajedrecístico le había dado una bien ganada fama en todo el mundo. Salió de su país sin haber terminado sus estudios de química, pero resolvió no volver al complicarse la situación internacional. La muerte lo sorprende cuando apenas contaba con 27 años. Desfilaron ante su féretro compatriotas y ajedrecistas.[840]

En el párrafo final de su crónica del torneo de la Sociedad Hebraica, Jakob Adolf Seitz escribe:

Es el deseo de todos que muy pronto se inicie otro torneo, en memoria de Ilmar Raud, de quien tienen aficionados y maestros el recuerdo de su inigualada modestia.[841]

✝ AJEDRECISTA DE ESTONIA ILMAR RAUD, q. e. p. d., falleció el 13 de julio de 1941.—El Club Estoniano y el Círculo de Ajedrez invitan a sus relaciones a acompañar los restos del extinto al cementerio del Oeste hoy lunes 14 a las 14 horas.—Casa mortuoria, Córdoba 1776.—Servicio, Casa Mirás, Callao y Córdoba. S

La Nación, 14 de julio de 1941[842]

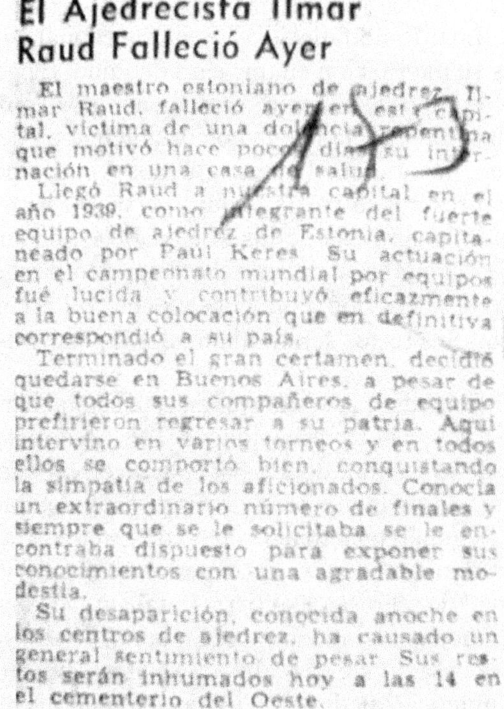

El Ajedrecista Ilmar Raud Falleció Ayer

El maestro estoniano de ajedrez, Ilmar Raud, falleció ayer en esta capital, víctima de una dolencia repentina que motivó hace pocos días su internación en una casa de salud.

Llegó Raud a nuestra capital en el año 1939, como integrante del fuerte equipo de ajedrez de Estonia, capitaneado por Paul Keres. Su actuación en el campeonato mundial por equipos fué lucida y contribuyó eficazmente a la buena colocación que en definitiva correspondió a su país.

Terminado el gran certamen, decidió quedarse en Buenos Aires, a pesar de que todos sus compañeros de equipo prefirieron regresar a su patria. Aquí intervino en varios torneos y en todos ellos se comportó bien, conquistando la simpatía de los aficionados. Conocía un extraordinario número de finales y siempre que se le solicitaba se le encontraba dispuesto para exponer sus conocimientos con una agradable modestia.

Su desaparición, conocida anoche en los centros de ajedrez, ha causado un general sentimiento de pesar. Sus restos serán inhumados hoy a las 14 en el cementerio del Oeste.

El fallecimiento de Ilmar Raud. *La Prensa*, 14 de julio de 1941

[840] *El Mundo*, 19 de julio de 1941.

[841] Resumen de lo publicado en *El Ajedrez Americano* 2ª época nº 75 pág. 247. *Enroque* nº 4, pág. 50, nº 7, pág. 90 y nº 30/1, pág. 171. *Caissa* nº 38, pág. 144.

[842] Christian Sánchez, Web Rosario.

Capítulo 8

LAS VICISITUDES DE SONJA GRAF EN ARGENTINA

Destino de una Señorita Maravilla: la vida de Sonja Graf-Stevenson [Michael Negele][843]

En el otoño del 1938 Sonja Graf estaba en Polonia, donde jugó en un torneo local que aumentó su importancia por la participación de los Grandes Maestros Najdorf y Przepiorka. Su ritmo fue de sólo dos partidas por semana. Sonja Graf llegó a 5/7, con una notable tablas contra Przepiorka, aun bueno en las carreras. En ese momento, noviembre de 1938, se vio obligada a salir de Varsovia, porque a causa de las crecientes tensiones políticas entre la Gran Alemania y Polonia, su permiso de estadía no fue renovado a pesar de la oposición del presidente del club de ajedrez. Sonja se fue totalmente desilusionada, se sentía como una ciudadana independiente y no como "Gran Alemana". Habiendo quedado totalmente sin medios, ya que tuvo que entregar todo su dinero polaco al cruzar la frontera, llegó a Berlín. Envió un cable a Inglaterra para obtener ayuda y encontró también apoyo en la escena ajedrecística de Berlín. Por tres largos meses vivió en el espléndido Hotel Metropole, atraída sobre todo por la muy divertida vida nocturna. Las apuestas en dinero en partidas de ajedrez atraían a mucho más que 60 espectadores, y la entusiasmaban.

Dentro de sus posibilidades, se esforzaba también para que la Asociación Alemana de Maestras Femeninas, en Stuttgart, la aceptara como integrante. El torneo realizado en Pencostés lo ganó Friedl Rinder. Según documentos oficiales, sólo eran aceptadas como miembros las que, por lo menos al 01-11-1938, eran socias de la GDSBb.[844] Sus pedidos fracasaron: Sonja Graf había caído en desgracia con el poder, y no querían dejarla jugar para la Gran Alemania. Más tarde, en los Estados Unidos, se extendió la versión de que Josef Goebbels, personalmente, expresó que su nominación para el torneo femenino de Buenos Aires 1939 quedaba desaprobada.

En su comprensible desesperación, parece que Sonja Graf se acordó de sus amigos holandeses y le volvió definitivamente la espalda a Alemania. En febrero 1939 jugó con la joven Fenny Heemskerk en Ámsterdam, un *match* que Sonja ganó claramente por 4-0, por lo que decidió quedarse allí. Después participó en un sextagonal, que ganó en forma aplastante Salo Flohr con 4½ puntos, seguido por Sämisch con 3. Sonja Graf perdió contra Saemisch y empató las demás partidas. Entonces, en marzo de 1939 se organizó en Rotterdam un segundo match con Catharina Roodzant, a quien esta vez Sonja Graf venció por 3-1. Luego jugó otra vez en abril 1939 en el Congreso de Pascua de Margate, en el Master Reserves Section C, un torneo ciertamente atractivo que sería el último del oeste europeo, obteniendo 6/11. Resultó ganador el viejo maestro Jacques Mieses, con 9½. Regresó a Inglaterra y recibió una noticia desgraciada: su amigo londinense había fallecido...

En esta aparentemente compleja situación apareció la intervención del presidente de la FIDE, el holandés Alexander Rueb, quien autorizó que Sonja Graf fuera nominada para el Campeonato Mundial Femenino de Buenos Aires 1939. Sola y con confusos sentimientos, emprendió el largo viaje a Sudamérica en el barco correo británico *Highland Patriot.* Allí esperó, desde mediados de agosto 1939, la llegada de los equipos olímpicos de Europa; entre ellos venía también Vera Menchik, todos reunidos en el vapor de línea *Piriápolis.* Baruch H. Wood informó de su sorpresa al encontrar

[843] Fragmento del texto de Michael Negele en alemán, traducido por el autor.
[844] Asociación de Ajedrez de la Gran Alemania.

en Buenos Aires a la "indomesticable" Sonja Graf.[845] Naturalmente, esto dio inmediato lugar a diversas especulaciones acerca de si la partida entre Menchik y Graf en el certamen, considerando el relativamente débil nivel de las 20 participantes, podría decidir la ganadora del torneo.

Se llegó, como era esperado, a una carrera cabeza a cabeza: Sonja Graf se presentó como apátrida bajo una bandera de fantasía del país ficticio "Libre", y Vera Menchik, comenzaron el ataque con cuatro triunfos cada una; solamente la chilena Berna Carrasco pudo mantener el paso. En la rueda 5ª Menchik venció a la chilena, mientras Graf perdió contra May Karff de los Estados Unidos. Las predicciones parecían haberse caído. Entonces, el 1º de setiembre de 1939 se inicia la II Guerra Mundial en Europa. Tras una breve deliberación, se decidió seguir el torneo, y el duelo de Menchik – Graf continuó. En la ronda 22ª la campeona mundial cedió su primer medio punto frente a la letona Lauberte, de modo que la directa competencia de las rivales daba a Menchik con 10½, Graf 10; y más atrás seguían Carrasco y Rinder con 9 cada una. Más dramático y desafortunado no podía haber sido el final. Sonja Graf superó con negras a la campeona mundial, pero pasó por alto la mejor continuación. A la suspensión mostraba un peón pasado y bien defendido en la sexta línea, todavía estando algo mejor. Había rechazado ofertas de tablas, y fue construyendo consecuentemente su ventaja, hasta disponer por dos veces de un fácil triunfo. Finalmente, tras un espantoso error terminó perdiendo. Esta partida selló el destino de Sonja Graf, que escribió en *Así juega una mujer*:

> Nunca sufrí un dolor más grande en toda mi carrera ajedrecística.

El ajedrecista y psicológo Adriaan de Groot, en su libro "Pensamiento y Elección en Ajedrez", 1965, escribe un completo informe sobre la emocionalidad de Sonja y su táctica ajedrecística. ¿Se pueden considerar como de verdadera combatiente del ajedrez sus consideraciones morales sobre ofertas de tablas en posiciones perdidas, o transformar la desilusión tras una derrota en auto-odio o baja de estima?

Volviendo al torneo, fue admirable que Sonja Graf, ya en la siguiente partida, acumuló la energía suficiente como para jugar con quien la igualaba en puntos, Friedl Rinder, quien era representante de la Gran Alemania, a quien venció. De este modo pudo continuar luchando por el segundo puesto junto con Carrasco. Mientras Vera Menchik seguía solitaria en la punta y solamente cedió unas tablas, continuaba la dura lucha por el subcampeonato mundial. En la rueda 17ª Sonja Graf pudo pasar a la chilena por medio punto, pero en la siguiente perdió y quedó nuevamente detrás de ella: ¡qué escenario trágico se abría para Sonja Graf! Pero esta vez el destino la favoreció: Friedl Rinder derrotó en la última ronda a Berna Carrasco y Sonja Graf se aseguró, con 16 puntos, el segundo puesto, a tres puntos de la incomparable Vera Menchik. Sonja Graf fue la única mujer que se arriesgó a eludir los sucesos de la guerra y se quedó en Argentina: no tenía razón alguna para volver a Europa. En Buenos Aires encontró suficiente apoyo para poder sobrevivir poniendo en juego su condición de ajedrecista. Recordó muchos años después Portela:

> ¡Simpáticamente extraña! El Campeonato Mundial Femenino nos dejó por un tiempo a la talentosa y simpáticamente extraña Sonja Graf, clasificada segunda, jugadora independiente, de origen alemán, que supo mostrar en la oportunidad, y después durante su permanencia de varios años, lo que reza el título de su interesante libro, editado también aquí, *Así juega una mujer*.[846]

Tuvo reiteradamente la oportunidad de participar en los torneos magistrales que tenían lugar regularmente, sin obtener resultados dignos de mención. Los torneos estaban llenos de los jugadores

[845] *Chess Sutton Coldfield*, octubre 1939, página 18 f.
[846] Carlos M. Portela, *Najdorf y Reshevsky*, Editorial Hemisferio, Buenos Aires, 1954.

olímpicos que se quedaron, en su mayoría fuertes como los mejores. Sin ser la totalidad, sigue una lista de los torneos argentinos en los cuales Sonja Graf participó entre 1939 y 1946.[847]

Las partidas de Sonja [Juan S. Morgado]

A continuación del TN, en octubre de 1939, el Círculo comandado por Roberto Grau organizó un gran torneo internacional, donde Sonja Graf finalizó penúltima con 2½ puntos. Comenzó deslumbrando, pero luego arruinó muy buenas posiciones contra Czerniak y Ståhlberg. [848]

Graf, Sonja - Ståhlberg, Gideon [D43]

Buenos Aires Círculo de Ajedrez, 1939 *[Juan S. Morgado]*

1.d4 Cf6 2.c4 c6 3.Cc3 d5 4.Cf3 e6 5.Dc2 Ab4 6.a3 Axc3+ 7.Dxc3 0–0 8.Af4 Cbd7 9.e3 Ce4 10.Dc2 f5 11.h4 Cdf6 12.Ce5 Ch5 13.c5 Cxf4 14.exf4 Ad7 15.g3 Ae8 16.Ag2 b6 17.0–0 b5 18.a4 b4 19.a5 Tb8 20.Tfd1 h6 21.Axe4 fxe4 22.De2 Tf5 23.De3 Dc7 24.De2 De7 25.De3 Rh7 26.Rg2 a6 27.Te1 Tb5 28.f3 exf3+ 29.Cxf3 Tf6 30.g4 Dc7 31.Rg3 Ag6 32.De5 Dd8 33.h5 Ae4 34.g5 Tf8 35.Txe4 dxe4 36.Dxe4+ Rh8 37.Ce5 hxg5 38.Cg6+ Rg8 39.Cxf8 gxf4+ 40.Rg4 Rxf8 41.Dxf4+ [41.Dxe6 con ventaja blanca] **41...Rg8 42.De5 Df6 43.Df4 b3 44.Tf1 Dxf4+ 45.Rxf4 Txa5 46.Re5 Ta2 47.Tb1 Ta4 48.Td1 Ta2 49.Tb1** [49.Td2 Rf7 50.Tf2+ y mejor las blancas] **49...Ta4 50.Td1** [50.Rd6! Txd4+ 51.Rxc6] **50...Ta2 51.Td2 a5** [no era mejor 51...Rf7 por 52.Rd6 a5 53.Tf2+ Rg8 54.Rxe6 a4 55.d5 a3 56.dxc6 Txb2 57.c7 Txf2 58.c8D+ Rh7 59.h6+-] **52.Rxe6+– a4 53.d5 a3 54.dxc6 Txb2 55.Td8+ Rh7 56.c7 Te2+ 57.Rd7** [57. Rd6 a2 58.Ta8+–] **57...b2 58.Tb8 Te8 59.Rxe8 a2 60.c8D b1D 61.Txb1 axb1D 62.Dc6 De1+ 63.Rd7 Dd1+ 64.Dd6 Dg4+ 65.De6 Dd4+ 66.Dd6 Dg4+ 67.Rd8 Dg5+ 68.De7 Dd5+ 69.Dd6 Dg5+ 70.Rd7** [70.Rc8 Dxh5 71.Dd3+ Rh8 72.c6 Dg4+ 73.Rb7 Db4+ 74.Ra6 Da4+ 75.Rb6 Db4+ 76.Db5 Dd4+ 77.Rb7 De4 78.Dc5 Rg8 79.Rb8 Db1+ 80.Rc8 De4 81.c7+–] **70...Df5+** [70...Dg4+ 71.Rc6 Dxh5 72.Rc7 Df7+ 73.Rd8 Dg8+ 74.Re7 Dc4 75.c6 Dh4+ 76.Re8 De4+ 77.Rd7 Df5+ 78.Rd8 Dg5+ 79.De7 Dd5+ 80.Dd7 Dg5+ 81.Rc8+–] **71.Re7 Dg5+ 72.Rd7 Df5+ 73.Rd8 Dg5+ 74.Rc8 Dxh5 75.c6 Df5+ 76.Dd7 Df8+ 77.Rb7 Db4+ 78.Rc8 Df8+** ½–½ (??) [78...Df8+ 79.Rc7 *(79.Rb7+–; 79.Dd8+–)* 79... Df4++– mate en 32 jugadas según las tablas Lomonosov][849]

Graf, Sonja – Czerniak, Moshe [A49]

Buenos Aires Círculo de Ajedrez, 1939 *[Juan S. Morgado]*

1.d4 Cf6 2.Cf3 g6 3.g3 Ag7 4.Ag2 0–0 5.0–0 d6 6.Te1 Cbd7 7.e4 e5 8.dxe5 dxe5 9.Cc3 b6 10.De2 Ab7 11.Ad2 De7 12.Tad1 Cc5 13.Ch4 Tad8 14.Ac1 Td4 15.Txd4 exd4 16.Cd5 Cxd5 17.exd5 Dxe2 18.Txe2 d3 19.cxd3 Cxd3 20.Tc2 Te8 21.Ae3 Tc8 22.Ah3 f5 23.Cxf5 gxf5 24.Axf5 Cc5 25.Axc8 Axc8 26.Axc5 bxc5 27.Txc5 [ventaja blanca] **26...Ae5 28.Tb5** [Más fuerte era 28.Rg2 Ad6 29.Tc1 Ab7 30.Td1 Rf7 31.f4 c6 32.dxc6 Axc6+ 33.Rf2 Ac5+ 34.Re2 h5 35.a3 con mejor juego] **28...Rf7 29.f4 Ad4+ 30.Rg2 Re7 31.h3 h5 32.d6+ Rxd6 33.Txh5 Axb2** [compensación] **34.g4 c5 35.Rf3 Ab7+ 36.Re3?** [36.Re2 c4 37.Th6+ Rc5 38.Te6 Ag2 39.h4 Rd4 40.Te7 c3 41.Td7+ Re4 42.Rd1 Rxf4 43.Txa7 Ae4 44.Tc7 Rxg4 45.Tc4=] **36...Ac1+ 37.Rd3 Axf4 38.Th7 Ad5 39.Txa7 c4+ 40.Rc2** [40.Rd4 Ae5+ 41.Re3 Ab2 42.Ta4 Re5 43.Re2 Rd4 44.Ta6 Ae4–+] **40...Ae5–+ 41.Ta4 Ae4+ 42.Rc1 Af4+ 43.Rb2 Rc5 44.Rc3 Ae5+ 45.Rd2 c3+ 46.Re3 c2 47.Rxe4 Ac3 48.Rd3 c1D 49.Tc4+ Rd5 50.Txc3 Dd1+** 0–1

Graf, Sonja - Grau, Roberto [D02]

Buenos Aires Círculo de Ajedrez, 1939 *[Juan S. Morgado]*

1.d4 d5 2.Af4 e6 3.Cf3 Cf6 4.c3 Ae7 5.Cbd2 0–0 6.e3 Cbd7 7.Ad3 c5 8.Ce5 Cxe5 9.dxe5 Cd7 10.Dh5 f5 11.g4 g6 12.Dh3 c4 13.Ac2 Cc5 14.Td1 Da5 15.a3 Ad7 16.gxf5 exf5 17.Tg1 Aa4 18.Axf5 Txf5 19.Dxf5 Tf8 20.Txg6+ Rh8? [20...hxg6 21.Dxg6=] **21.Tf6 Axf6 22.exf6 Cd3+ 23.Re2?** [23.Rf1 Da6 *(23...Axd1? 24.Ae5 Cxe5 25.Dxe5+–)* 24.Cf3

[847] Graf end version, Michael Negele, en alemán.

[848] Crónica completa de este torneo en otro capítulo de este libro.

[849] Es increíble cómo Graf no pudo ganar esta partida. Inclusive en la posición final, tiene una victoria bastante sencilla a su disposición.

Txf6 25.Dc8+ Rg7 26.Dc7+ Rg8 27.Dd8+ Rg7 28.Td2 De6 29.Dc7+ Rg8 30.Ce5 algo mejor las blancas] **23...Cxf4+** [23...Axd1+ 24.Rxd1 Da4+ 25.Re2 Dc2 26.Dg5 Cxf4+ 27.Dxf4 Dd3+ 28.Re1 Dg6 29.e4 Dxf6 30.De3 dxe4 31.Cxc4 b6 iniciativa] **24.Dxf4 Axd1+ 25.Rxd1 Dd8= 26.f7 Rg7 27.Dd4+ Rxf7 28.Dxa7 Dd7 29.Dd4 Rg8 30.f3 De6 31.h4 b5 32.Re2 h5 33.Cf1 Df5 34.Cd2 Tf6 35.Rf2 Tg6 36.e4 dxe4 37.Cxe4 Df4 38.Dd8+ Rg7 39.De7+ Rh6 40.Dd8 Rg7 41.Dd4+ Rg8 42.Dd8+ ½–½**

Graf, Sonja - Luckis, Marcos [A47]

Buenos Aires Círculo de Ajedrez, 1939 *[Juan S. Morgado]*

1.d4 Cf6 2.Cf3 b6 3.g3 Ab7 4.Ag2 c5 5.c3 e6 6.0–0 Ae7 7.Cbd2 0–0 8.Te1 cxd4 9.cxd4 d5 10.Ce5 Cc6 11.Cxc6 Axc6 12.Cf3 Tc8 13.Ce5 Ab7 14.Da4 a6 15.b4 b5 16.Db3 Cd7 17.Cd3 Cb6 18.Cc5 Axc5 19.dxc5 Cc4 20.Td1 Df6 21.Ae3 Ac6 22.Tac1 Tfd8 23.Ad4 [23.f4=] **23...e5 24.Aa1 De6 25.Dd3 f6 26.h4?!** [26.e3=] **26...d4 27.Axc6 Dxc6 28.Df5?** [28.a4] **28...g6** [mejor 28...a5] **29.Dg4 Rf7** [29...a5 ventaja] **30.a4 h5 31.Dh3 De4?!** [31...a5 más fuerte] **32.Dg2 Dxg2+ 33.Rxg2 Re6 34.a5 Td7 35.Td3 Tcd8 36.Tcd1 Td5 37.Rf3 f5 38.Rg2 T5d7 39.Rh3 Td5 40.Rg2 T5d7 ½–½**

Sonja perdió también una clara oportunidad de revertir una posición inferior, producida luego de un error de Najdorf. Pero no lo supo aprovechar…

Najdorf,Miguel - Graf,Sonja [C53]

Buenos Aires Círculo Buenos Aires, 1939 *[Juan S. Morgado]*

1.e4 e5 2.Cf3 Cc6 3.Ac4 Ac5 4.c3 De7 5.d3 d6 6.Cbd2 Ad7 7.b4 Ab6 8.Ab3 Cd8 9.Cc4 c6 10.Cxb6 axb6 11.0–0 Cf6 12.Cd2 b5 13.f4 exf4 14.Cf3 Ae6 15.Axf4 Axb3 16.axb3 Txa1 17.Dxa1 Cd7 18.c4 f6 19.Cd4 g6 20.cxb5 0–0 21.bxc6 bxc6 22.Da5 Te8 23.Tc1 c5 24.bxc5 dxc5 25.Cb5 Cc6 26.Da4 Cde5 27.Axe5 Cxe5 28.Cc7? [28.Cc3 iniciativa.] **28...Tc8??** [28...Td8! con clara ventaja de las negras] **29.Cd5+– Dd6 30.h3 f5 31.Db5 Tb8 32.Dxc5 Dxc5+ 33.Txc5 Cxd3 34.Tc3 fxe4 35.Cf6+ Rg7 36.Cxe4 Cf4 37.Tc7+ Rf8 38.Cg5 Cd5 39.Td7 Ce3 40.Cxh7+ Rg8 41.Cf6+ Rf8** 1–0

Palau, Luis Argentino - Graf, Sonja [B08]

Buenos Aires Círculo de Ajedrez, 1939 *[Juan S. Morgado]*

1.d4 Cf6 2.Cf3 g6 3.Cc3 Ag7 4.e4 d6 5.Ac4 0–0 6.0–0 Ag4 7.h3 Axf3 8.Dxf3 Cbd7 9.Ae3 e5 10.Tad1 Rh8 11.De2 Ch5 12.Dd2 f5 13.exf5 gxf5 14.Ag5 De8 15.Ae2 f4 16.Cd5 Dg6 17.Axh5? [17.Cxc7 Dxg5 18.Cxa8 Txa8 19.Db4 posición compleja.] **17...Dxh5 18.Ae7?** [18.Cxc7 Dxg5 19.Cxa8 Txa8 iniciativa.] **18...Tf7 19.Cxc7 Tg8 20.Axd6 f3–+ 21.De3 Dg6** [21...Tf5–+; 21...Ah6 22.Axe5+ Cf6–+] **22.g3 Dxd6 23.dxe5 Dxc7 24.e6 Axb2 25.Rh2 Te7 26.Txd7 Txd7 27.exd7 Dxd7 28.Dxf3 Dg7 29.Td1 Ad4 30.Df4 Ae5 31.De3 Ac7 32.f4 Ab6 33.De5 Dxe5 34.fxe5 Td8 35.Te1 Td2+ 36.Rh1 Txc2 37.e6 Tc8 38.Tf1 Te8 39.Tf6 Te7 40.g4 Ad4 41.Tf5 Txe6 42.Tf7 Tb6 43.a4 a6** 0–1.

Luego ella jugó en 1940 en el Torneo Mayor de la Federación Argentina de Ajedrez, finalizando con 3½/15, 14ª sobre 16 jugadores: +2 =3 -10. Venció a José Gerschman y León Simsilevich, empató con Francisco Sulik, Luis Marini y Cayetano Rebizzo, y perdió las demás. Las demás partidas de Graf se han perdido.

Gerschman, José - Graf, Sonja [C30]

Torneo Mayor Buenos Aires (15), 17.10.1940 *[Juan S. Morgado – Sonja Graf]*

1.e4 e5 2.Cc3 Cc6 3.Ac4 Cf6 4.f4 Ac5 5.Cf3 d6 6.d3 [Seguramente es mejor en este momento 6.f5 que encierra el AD negro, que con este pasivo desarrollo podrá salir A5C, activando el propio flanco dama y preparando el gran enroque con mucha rapidez, brindando una buena ocasión de dificultar el juego blanco por esta clavada, y al mismo tiempo una gran oportunidad de contraatacar (Graf)] **6...Ag4 7.Ca4 De7** [Creo que no puede aprovecharse mejor con las negras. Este movimiento, que deja cambiar los dos alfiles por los caballos, tiene una especial importancia para la continuación de la partida, pues el cambio abrirá la columa D, y al enrocarse largo, emplaza económicamente su T1D, ejerciendo una fuerte presión central (Graf)] **8.Cxc5 dxc5 9.h3** [9.Ab5!?] **9...Axf3 10.Dxf3 Cd4 11.Df2 0–0–0?!** [11...

b5 con contrajuego.] **12.0–0 b5 13.Ab3 c4?!** [13...Rb7 14.fxe5 Dxe5 15.Af4 Dxf4 16.Dxf4 Ce2+ 17.Rh2 Cxf4 18.Txf4,] **14.dxc4?** [Un error que trae consecuencias. Las blancas obtenían ventaja con 14.c3 cxb3 15.cxd4 exd4 16.axb3 con ventaja blanca (Morgado)] **14...Cxe4** [He aquí otro noble caballo que entra en la lucha con terrible fuerza. Analizando la posición se ve claramente que el negro tiene amplia ventaja de tiempo y desarrollo. Domina la columna D, y sus dos caballos tienen una enorme fuerza, mientras que las figuras blancas están muy restringidas en sus movimientos, especialmente el flanco dama (Graf)] **15.De1 Cg3 16.Tf2 Dc5** [Impidiendo el desarrollo del AD a 2D o 3R.] **17.Rh2** [En caso de 17.Ad2? Cde2+ 18.Rh2 Txd2 etc. (Graf); también es mala 17.Ae3? exf4 18.Axf4 The8 consiguiendo las negras una posición aplastante (Graf)] **17...Cdf5** [17...The8 era más fuerte] **18.Tf3** [18.cxb5 Td1 19.Dxd1 Dxf2 20.Ac4 e4 mejor negras] **18...The8! 19.Ae3 Cxe3** [19...Cf1+ ventaja negra] **20.Dxe3 Dxe3 21.Txe3 exf4 22.Txe8 Txe8 23.cxb5 f6** [Otro procedimiento era 23...Te2 pero creo que el que adopté en la partida viva es bueno e interesante. Estos 4 peones contra los 2 del flanco rey son más fuertes que los 4 del flanco dama enemigo. Por cierto que el caballo en casilla de distinto color del alfil y apoyado por el peón "f" es más fuerte que el alfil, que esta casi anulado, porque las negras tienen todas sus figuras en cuadros negros (Graf)] **24.Ac4 g5 25.a4 h6 26.Rg1 Te5 27.Ad3 Rd7 28.b4 Rd6?!** [28...Ce2+ 29.Axe2 Txe2 30.Tc1 Td2 31.a5 f5 32.c4 Td4 iniciativa] **29.Rf2?!** [29.c4 contrajuego.] **29...f5 30.Ta3** [30.c4 Ce4+ 31.Axe4 fxe4 complejo] **30...Te3 31.a5 Ce4+ 32.Rf1 Cg3+ 33.Rf2 Ce4+ 34.Rf1 Cd2+ 35.Rg1 Cc4** [35...g4!] **36.Ta1 Cb2 37.Axf5 Te5 38.Ag6 Txb5 39.c3 Te5 40.Tb1 Cc4 41.Td1+ Re7 42.Td4 Ce3 43.Ae4** [43.c4 c5 44.bxc5 Txc5 mejor las negras (Graf)] **43...c5 44.bxc5 Txc5 45.a6 Txc3 46.Tb4 Rd6 47.Tb8 Tc1+ 48.Rf2 Tf1+ 49.Re2 Ta1 50.Ab7 Ta2+ 51.Rd3 Cxg2 52.Th8 Ta3+ 53.Re2 f3+ 54.Rf2 Ch4 55.Txh6+ Re5 56.Th7 Ta2+ 57.Re3 Ta3+ 58.Rf2 Rf4 59.Tf7+ Cf5 60.Ad5 Td3 61.Ae6 Td2+ 0–1**

En el muy fuerte IV Torneo en Mar del Plata, en marzo 1941, Sonja Graf quedó en el último puesto entre 18 participantes, con 2½/17. Sólo empató cinco juegos, con Vinuesa, Iliesco, Luckis, Raud y Winz. El ganador fue Ståhlberg con 13; luego finalizaron Najdorf 12½ y Eliskases 11½.

Graf, Sonja - Winz, Víctor [D55]

Mar del Plata Buenos Aires (16), 30.03.1941 *[Juan S. Morgado]*

1.d4 d5 2.c4 e6 3.Cc3 Cf6 4.Ag5 Ae7 5.e3 0–0 6.Cf3 h6 7.Af4 c5 8.Ad3 Cc6 9.0–0 a6 10.Ce5 dxc4 11.Axc4 Cxe5 12.Axe5 cxd4 13.Axd4 b5 14.Ab3 Ab7 15.De2 Dd6 16.f4 Tac8 17.Tad1 Db8 18.Ae5 Da8 19.f5 exf5 20.Txf5 b4? 21.Ca4? [Sonja pierde aquí una buena oportunidad. Era contundente 21.Txf6! Tc5 *(21...Axf6 22.Axf6 gxf6 23.Dg4++–)* 22.Txf7 Txf7 23.Axf7+ Rxf7 24.Tf1+ Rg8 25.Dh5 con ventaja blanca] **21...Tc6 22.Axf6 Axf6 23.Ad5 Tc7 24.Axb7?** [24.Txf6 Axd5 25.Cb6 Ac4 26.Dg4 De8 27.Cxc4 h5 28.Dxh5 Txc4 29.Tf3 con peón de ventaja.] **24...Dxb7 25.Cc5 Dc8 26.Tdd5 Td8 27.Txd8+ Axd8 28.Dd3 Ag5µ 29.Cxa6 Tc4?** [29...Td7–+] **30.Tb5 Tc1+** [30...Axe3+ 31.Dxe3 Dxa6 32.Tb8+ Rh7 33.h3 Dc6 algo mejor las negras.] **31.Rf2 Dc2+** [31...Ah4+ 32.g3 Tc2+=] **32.Dxc2 Txc2+ 33.Rf3 Txb2 34.Cxb4** [y las blancas emergieron con un peón de ventaja.] **34...Rh7 35.a4 Tb1 36.Cd5 Ta1 37.a5 Ad8 38.Cb6 Ag5 39.Cc4 Ta4 40.Cb2 Ta3 41.Cc4 Ta4 42.Tc5 Ad8 43.g3 g5 44.h3 Rg7 45.g4 f6 46.Re2 h5 47.Rd3 Ta1 48.gxh5 Rh6 49.Tc6** [La última posibilidad de ganar era 49.Re4 Rxh5 50.Rf5 Rh4 51.Td5 Ae7 52.Re6!] **49...Axa5 50.Cxa5 Txa5 51.Txf6+ Rxh5 52.Re2** [Ahora las blancas no podrán imponer el peón.] **52...Ta4 53.Rf3 Th4 54.Rg3 Te4 55.Tf3 Ta4 56.Tf8 Rg6 57.Te8 Th4 58.Tf8 Te4 59.Rf2 Th4 60.Tf3 Ta4 61.Re2 Ta2+ 62.Rd3 Ta3+ 63.Re4 Ta4+ 64.Re5 Ta5+ 65.Re4 Ta4+ 66.Rd5 Ta5+ 67.Rd4 Ta4+ 68.Re5 Ta5+ ½–½**

Graf, Sonja - Iliesco, Juan Traian [A49]

Mar del Plata Buenos Aires (9), 23.03.1941 *[Juan S. Morgado]*

1.d4 Cf6 2.Cf3 g6 3.g3 Ag7 4.Ag2 0–0 5.Rf1 d6 6.c4 Ag4 7.Cc3 Cc6 8.Ae3 Cd7 9.Dd2 Axf3 10.Axf3 e5 11.Axc6 bxc6 12.Td1 f5 13.dxe5 Cxe5 14.b3 Te8 15.Rg2 De7 16.Ad4 a5 17.The1 Df7 18.f4 c5 19.Axe5 dxe5 20.Dd5 exf4 21.Dxf7+ Rxf7 22.Cd5 Ae5 23.gxf4 Ad6 24.Rf3 a4 25.Cc3 [25.Cb6=] **25...axb3 26.axb3 Ta3 27.Tb1 c6 28.Ted1 Re6 29.Td3 Tb8 30.Cd1 Ae7 31.Cf2 h6 32.h3 g5 33.e4 fxe4+ 34.Rxe4 gxf4 35.Rxf4 Tf8+ 36.Rg3 Ad6+ 37.Rg2 Ta2 38.Te1+ Ae5 39.Tf3 Tg8+ 40.Rf1 Rd6 41.Ce4+ Rc7 42.Tf2 Txf2+ 43.Rxf2 Ad4+ 44.Rf3 Rb6 45.Cd6 Tg6 46.Cf5 Ra5 47.Te8 Rb4 48.Tb8+ Rc3 49.Tb6 Te6 50.Rg4 Ae5 51.Ce3 Tf6 52.Cf5 Ac7 53.Tb7 Aa5 54.h4 Ab4 55.h5 Rxb3 56.Tb6 Rxc4 57.Ce7 Te6 58.Cxc6 Rc3? 59.Rf5** [59.Cxb4 Te4+ 60.Rf5 Txb4 61.Txh6=] **59...Td6?** [59...Te3=] **60.Re5??** [60.Cxb4+–] **60...Td1??** [60...c4!–+] **61.Cxb4 cxb4 62.Txh6 b3 63.Tc6+ Rd3 64.Td6+ Rc2 65.Tc6+ ½–½** Los graves errores de ambos bandos en el final pusieron una nota de humor.

Vinuesa, Juan - Graf, Sonja [D04]

Mar del Plata Buenos Aires (6), 20.03.1941 *[Juan S. Morgado]*

1.d4 Cf6 2.Cf3 d5 3.e3 Ag4 4.c4 Axf3 5.gxf3 e6 6.Db3 Dc8 7.Cc3 dxc4 8.Axc4 Ae7?! [8...a6] **9.Ad2** [9.d5 e5 10.d6 cxd6 11.Axf7+ iniciativa.] **9...Cbd7 10.Tc1 Cb6 11.Ae2 Dd7 12.Cb5 c6 13.Cxa7 Txa7 14.Dxb6 Txa2 15.Ac4 Ta8 16.Re2 0–0 17.Ta1 Tfb8 18.Thc1 Cd5 19.Axd5 exd5 20.Ta7 Dd8 21.Dxd8+ Axd8 22.Tca1 Txa7 23.Txa7 Ac7 24.f4 f5 25.Aa5 Axa5 26.Txa5 Rf7 27.Rd3 Re6 28.f3 Rd6 29.e4 Te8?!** [29...fxe4+ 30.fxe4 dxe4+ 31.Rxe4 Te8+ 32.Rd3 Te7 33.Te5 Tf7=] **30.e5+** [iniciativa.] **30...Rc7 31.Ta1 Te6 32.Tg1 g6 33.Rc3 b6 34.Ta1 Rb7 35.b4 Te7 36.Rd2 Te8 37.Rc3 Te7 38.Rb3 Te8 39.Ta2 Te7 40.Tg2 Te6 41.Tg3 Ra6 42.Tg2 Rb7 43.Ta2 Te7 44.b5 cxb5 45.Rb4 Tc7 46.Rxb5 Tc1 47.Te2 Tb1+ 48.Ra4 Rc6** [48...Ta1+ 49.Rb4 Rc7=] **49.e6 Ta1+ 50.Rb4 Ta8 51.e7 Te8 52.Te5 Rd6 53.Rb5 Rc7 54.Te6 Rd7 55.Txb6** [55.Te1 Rc7 56.h4 Rb7 57.Te6 Rc7 y las negras resisten.] **55...Rxe7 56.Rc5 Td8 57.h4 Rf7 58.Tb7+ Re6 59.Tb6+ Rf7 60.Td6 Tc8+ 61.Tc6 Td8 62.Tc7+ Re6 63.Tc6+ Rf7 64.Td6 Tc8+ 65.Rxd5 Tc3 66.h5 Txf3 67.Td7+ Rf6 68.h6 Txf4 69.Txh7 Rg5?** [69...g5=] **70.Rc5 Tf1 71.d5 f4??** [71...Tc1+ 72.Rb5 Td1 73.Rc6 Tc1+ 74.Rb6 Td1=] **72.d6+– Tc1+ 73.Rb6 f3 74.d7 Td1 75.Rc7 Tc1+ 76.Rd6 Td1+ 77.Re7 f2 78.Tf7 Te1+** [Las blancas aceptan el empate en posición ganadora. Luego de 78...Te1+ 79.Rd8 f1D 80.Txf1 Txf1 81.h7 Th1 82.Re8 Txh7 83.d8D+ ¡con jaque!] ½–½ Las vicisitudes ocurridas en el final muestran el nerviosismo de los rivales.

Graf, Sonja - Luckis, Marcos [E32]

Mar del Plata Buenos Aires (1), 15.03.1941 *[Juan S. Morgado]*

1.d4 Cf6 2.c4 e6 3.Cc3 Ab4 4.Dc2 d6 5.Ag5 Cbd7 6.e3 b6 7.Cf3 Ab7 8.Ae2 De7 9.0–0 Axc3 10.bxc3 h6 11.Ah4 g5 12.Ag3 Ce4 13.Cd2 Cxd2 14.Dxd2 h5 15.f3 0–0–0 16.a4 a5 17.e4 e5 18.c5 dxc5 19.d5 Cf8 20.Db2 Cg6 21.Ae1 h4 22.Tb1 Cf4 23.Tf2 f5 24.c4 g4 25.fxg4 fxe4 26.Ac3 The8 27.Te1?! [Muy difícil de calcular sobre el tablero era 27.Axa5 h3 28.Ad2 Tf8 29.Dc1 Cd3 30.Axd3 Txf2 31.Axe4 Dh4 32.De1 Txg2+ 33.Axg2 Dxg4 34.Dg3 Dxg3 35.hxg3 hxg2=] **27...h3 28.g3 Cg2?** [28...Cd3 29.Axd3 exd3 iniciativa.] **29.Tef1! Aa6?** [29...Tf8 30.Txf8 Txf8 31.Txf8+ Dxf8 32.Dc2 con ventaja blanca] **30.Tf7+– Dg5 31.Ad2 Dg8 32.T1f5** [32.T1f6!+–] **32...Td6 33.Dc2 Rb8 34.Dxe4 Ac8 35.T5f6 Txf6 36.Txf6 Dg7 37.g5 Ad7 38.Ag4** [38.Ah5+–] **38...Axg4 39.Dxg4 e4 40.Ac3 Ra7 41.Rf2 Dh7 42.Re2 Te7 43.Th6 Df7 44.Af6 De8 45.Axe7 Dxe7 46.Th8??** [46.Df5+–] **46...De5** [Los programas anuncian mate en 11 jugadas.] **47.Dxh3 Db2+ 48.Rd1 Db3+??** [48...Ce3+ mate en 6.] **49.Rc1= Dxc4+ 50.Rb2 Db4+ 51.Rc1 De1+ 52.Rb2 Dd2+ 53.Rb1 Dd1+ 54.Rb2 Dxd5 55.Dc8** ½–½ Insólita es la parte final de esta partida. Parece increíble que Graf no hubiera sabido ganar en una posición abrumadora, y de repente quedara expuesta a un mate en 11 jugadas. Por fortuna para ella, Luckis no lo vio, y el juego terminó empatado.

Graf, Sonja - Raud, Ilmar [D37]

Mar del Plata Buenos Aires (5), 19.03.1941 *[Juan S. Morgado]*

1.d4 Cf6 2.Cf3 e6 3.c4 d5 4.Cc3 Ae7 5.Af4 0–0 6.e3 a6 7.Tc1 Cbd7 8.Ad3 dxc4 9.Axc4 b5 10.Ad3 Ab7 11.0–0 c5 12.De2 Tc8 13.Tfd1 cxd4 14.exd4 Cb6 15.Ae5 Cbd5 16.Ce4 Db6 17.h3 g6 18.Cc5 Tfd8 19.Dd2 Cd7 20.Cxd7 Txd7 21.Txc8+ Axc8 22.Dh6 Af8 23.Dc1 Ab7 24.a3 Td8 25.Dd2 b4 26.axb4 Dxb4 27.De2 Db6 28.Tc1 Ah6 29.Ta1?! [29. Tc4] **29...Cf4 30.Axf4 Axf4 31.Ae4 Tc8** [31...Axe4 32.Dxe4 Dxb2 con peón de ventaja.] **32.Axb7 Dxb7 33.g3 Tc1+ 34.Txc1 Axc1 35.b3 Dxb3 36.Dxa6 Dxf3 37.Dc8+ Rg7 38.Dxc1 h5 39.De1 h4 40.De5+ Rh7 41.De1 hxg3 42.fxg3 Rg8 43.De5 Dd1+ 44.Rg2 Dc2+ 45.Rf3 Dd3+ 46.Rg2 Db3 47.Df4 Db7+ 48.Rf2 Dh1 49.h4** ½–½

El destacado dirigente y mecenas de varios ajedrecistas que quedaron en Buenos Aires en 1939, decía de Sonja Graf en Mar del Plata 1941:

> No me perdonaría la omisión de mencionar la presencia de una mujer en este gran Torneo. Además de poco galante, sería ésta omisión más injusta por tratarse de una mujer, la intervención de Graf es particularmente destacable. Por ello es que su performance debe juzgarse haciendo abstracción de su score final. Por ello, y porque el puntaje registrado no premia como merece la calidad de muchas de sus partidas, sobre todo en las primeras horas de juego, que es cuando –no perturbada por el cansancio, que incide más en ella que en los hombres– se manifiesta en toda su plenitud su innegable talento

ajedrecístico. Sonja ha obligado a *trabajar* a todos sus rivales. Y fue una de las grandes atracciones del certamen, pues hacia sus partidas convergía en gran parte la atención de los espectadores.[850]

Mejor le fue a Graf en el Torneo XXV Aniversario del Círculo, organizado en memoria de Damián Miguel Reca – Rolando Illa, que tuvo lugar en 1941. Graf obtuvo 6/15 (+4 =4 -7), ubicándose el 12º puesto. Contabilizó cuatro triunfos contra Enrique Falcón, Christian De Ronde, Héctor Rossetto y Mario Camponovo; y cuatro empates, frente a Marini, Winz, Puiggrós, y Palau.[851]

Graf, Sonja - Rossetto, Héctor [C04]

Memorial Reca - Illa, Círculo Buenos Aires (2), 12.08.1941 *[Juan S. Morgado]*

1.e4 e6 2.d4 d5 3.Cd2 Cc6 4.Cgf3 f6 [4...Cf6] **5.c3 Cge7 6.Ad3 Cg6 7.0–0 Ae7 8.Te1 0–0 9.Cf1 Ca5?!** [9...f5 10.exf5 exf5 11.Db3 algo mejor las blancas] **10.Dc2! De8?!** [10...dxe4 11.Axe4 f5 12.Ad3!] **11.exd5 exd5 12.Ce3! Ae6 13.h4 Rh8 14.Af5** [Ganaba enseguida 14.h5 Cf4 15.Cf5 Axf5 16.Axf5+-] **14...Ag8 15.g3 Ad6 16.Cg2** [16.Cc4 Cxc4 17.Txe8 Taxe8 18.b3!] **16...Db5 17.h5 Ce7 18.Ad3 Dd7 19.Af4 Tae8 20.Axd6 Dxd6 21.Te2 Dd7 22.Tae1 Cc8 23.Cf4 Txe2 24.Dxe2 Cc6 25.Ch4** [25.Cg6+ hxg6 26.Ch4 Ae6 27.Cxg6+ Rg8 28.Cxf8 Rxf8 29.Dxe6+–] **25...Af7 26.Af5 De7 27.Df1 Dd8 28.Chg6+ Axg6 29.Cxg6+ Rg8 30.Cxf8 Rxf8 31.Axh7 Cd6 32.Dh3 Dc8 33.Dh4 Ce7 34.Df4 Cf7 35.De3 Dd7 36.Ad3 a6 37.Rg2 Cg5 38.Th1 Cg8 39.f4 Cf7 40.Te1** [Ha sido una partida brillante de Sonja, que superó netamente a Rossetto desde las misma apertura.] **1–0** No se conocen las demás partidas de Graf.

También el quinto Torneo Internacional de Mar del Plata, en marzo 1942, resultó demasiado fuerte para Graf: esta vez compartió el último puesto con 3½/17 (+2 =3 -12).[852]

Graf, Sonja - Iliesco, Juan Traian [E15]

Mar del Plata Buenos Aires (17), 29.03.1942 *[Juan S. Morgado]*

1.d4 Cf6 2.Cf3 b6 3.c4 e6 4.g3 Ab7 5.Ag2 d5 6.cxd5 exd5 7.0–0 Ad6 8.Cc3 a6 9.Dc2 Cbd7 10.e4 [10.Cxd5 Axd5 11.e4 Cxe4!] **10...Cxe4 11.Cxe4 dxe4 12.Cg5 f5 13.Ce6 De7 14.Cxc7+ Axc7 15.Dxc7 Ad5 16.Af4 0–0 17.Ad6** [17. Tfc1=] **17...Dd8 18.Dxd8 Tfxd8 19.b3 Tdc8 20.Tfc1 Rf7 ½–½**

Czerniak, Moshe - Graf, Sonja [B00]

Mar del Plata Buenos Aires (16), 28.03.1942 *[Juan S. Morgado]*

1.e4 Cc6 2.d4 d5 3.e5 Af5 4.g4 Ad7 5.Ch3 [5.f4!?] **5...e6 6.c3 Cce7 7.Ae3 c5 8.dxc5 Cc6 9.f4 Ch6 10.Ad3 Dh4+?!** [10...b6 poco claro] **11.Cf2 0–0–0?!** [11...b6 12.cxb6 axb6 13.Cd2 iniciativa *(13.Axb6?! Tb8 complejo)*] **12.Cd2 d4 13.Cf3! dxe3 14.Cxh4 exf2+ 15.Rxf2 Axc5+ 16.Rg3 g5 17.Cf3 gxf4+ 18.Rxf4! Thg8 19.g5 Ce7 20.c4?** [20.Axh7 con ventaja] **20...Ac6 21.De2??** [21.gxh6 f5 22.exf6 Txd3 23.Dxd3 Cg6+ 24.Dxg6 única Txg6 25.Thf1 Txf6+ 26.Rg4 Txh6 complejo] **21...Txd3!–+ 22.Dxd3 Cg6+ 23.Dxg6 fxg6 24.gxh6 Tf8+ 25.Rg3 Txf3+ 26.Rg4 Tf5 27.Thf1 Ae3 28.Txf5 gxf5+ 29.Rh3 f4 30.b4 Ae4 31.Td1 f3 32.Rg3 f2 33.c5 Ad5 34.a3 Ac4 35.Rf3 Axc5 36.bxc5 f1D+ 37.Txf1 Axf1 38.Rf4 Rc7 39.Rg5 Ad3 40.Rf6 Af5 0–1**

Graf, Sonja - Fenoglio, Virgilio [D43]

Mar del Plata Buenos Aires (15), 27.03.1942 *[Juan S. Morgado]*

1.d4 d5 2.Cf3 Cf6 3.c4 c6 4.Cc3 e6 5.Ag5 Ab4 6.Dc2 Da5 7.Axf6 gxf6 8.e3 Cd7 9.cxd5 cxd5 10.Cd2 f5 11.Ae2 Cf6 12.0–0 Ad7 13.a3 Ad6 14.f4 Tc8 15.Tfc1 Ce4 16.Cdxe4 fxe4 17.Dd2 Db6 18.b4 0–0 19.Ad1 Dd8 20.Df2 Rh8 21.Ca2 De7 22.De1 Tg8 23.Ae2 f6 24.Txc8 Txc8 25.Tc1 Df8 26.Txc8 Dxc8 27.Dc3 Rg7 28.Dxc8 Axc8 29.a4?! [29.

[850] Pedro Barbé, *Torneo Internacional de Mar del Plata 1941*, Luis Palau, 1941.

[851] Ver crónica completa en el capítulo correspondiente.

[852] Ver crónica completa en el capítulo correspondiente.

Rf2=] **29...Rf7** [29...Ad7!? 30.b5 e5 31.fxe5 fxe5 32.Ad1 exd4 33.exd4 Af4 etc.] **30.Rf2 Re7 31.h4 Re8** [31...e5 algo mejor las negras] **32.g4 h6 33.Ad1 Ad7= 34.Ab3 Re7 35.b5 a6 36.bxa6 bxa6 37.Cc3 Ab4 38.Ce2 Rf7 39.f5 Ad6?!** [39...Re7 40.Cf4 Rd6=] **40.Cf4?!** [40.Cc3 Ac6 41.fxe6+ Rxe6 42.a5 Ac7 43.Cxe4 Axa5 44.Cc5+ Rd6 45.Cxa6 iniciativa] **40...Axf4 41.exf4 exf5 42.Axd5+ Re7= 43.a5 fxg4 44.Axe4 Ac8 45.Re3 Rd6 46.f5 h5 47.Rf4 Rd7 48.Ad5 Re7 49.Ag8 Ab7 50.Ah7 Ad5 51.Ag6 Af7 52.d5 Ae8 53.d6+ Rd8 54.Rg3 Rd7 55.Rf4 Rd8 56.Rg3 Rd7 ½–½**

Graf, Sonja - Espina, Carlos [C50]

Mar del Plata Buenos Aires (9), 20.03.1942 *[Juan S. Morgado]*

1.e4 e5 2.Ac4 Cc6 3.Cf3 Ac5 4.d3 d6 5.Ae3 Cd4 6.Axd4 Axd4 7.c3 [7.Cxd4 exd4 8.Dh5 g6 9.Df3 Df6 10.Dxf6 Cxf6= Sliwa – Hess, Alemania 1998] **7...Ab6 8.d4 De7 9.Cbd2 Cf6 10.0–0 0–0 11.Te1 Ag4 12.Dc2 exd4 13.Cxd4** [13.cxd4!?] **13...Dd7 14.C2f3 Tae8 15.Cf5??** [15.h3=] **15...Axf5??** [15...d5! 16.Tad1 Txe4–+] **16.exf5 Txe1+ 17.Txe1 Te8 18.Txe8+ Dxe8 19.De2 Dxe2 20.Axe2 Cg4 21.Cd4 Axd4 22.Axg4 Ab6 ½–½**

Luckis, Marcos - Graf, Sonja [A28]

Mar del Plata Buenos Aires (8), 18.03.1942 *[Juan S. Morgado]*

1.c4 e5 2.Cc3 Cf6 3.Cf3 Cc6 4.d3 h6 5.g3 Ab4 6.Ad2 0–0 7.Ag2 Te8 8.0–0 Axc3 9.Axc3 d5 10.cxd5 Cxd5 11.Tc1 [11.Da4 Ad7 12.Db3 Cxc3 13.bxc3 b6 14.Cd2 Ca5 15.Dc2 Ac6 16.Axc6 Cxc6 17.e4 Dd7= Todorovic (2415) - Drasko (2485), Belgrado 1989] **11...Cxc3 12.bxc3 Ae6 13.Tb1 Tb8 14.Da4 Dc8** [14...Dd7=] **15.d4** [15.Cd2!?] **15...Ad7 16.dxe5 Cxe5 17.Dxa7 Cc6 18.Da3 Txe2 19.Cd4 Cxd4 20.cxd4 Ah3?!** [20...c6=] **21.Axh3 Dxh3 22.Txb7 Tbe8** [22...Dc8 23.Txb8 Dxb8 24.Da5!] **23.Df3?!** [23.Da5!] **23...Te1 24.Dg2 Dd7 25.Df3??** [Un error tremendo; 25.h4 T1e7 complejo] **25...Txf1+ 0–1**

En *Mundo Argentino*, Paulino Alles Monasterio comprendía y justificaba el último lugar al que había sido relegada Sonja:

> Sonja Graf, la única mujer que disputó el torneo de Mar del Plata 1942, ha sido también la última, pero esta vez no ha quedado sola en ese lugar modesto, sino que lo ha compartido con el campeón de Uruguay, José Cánepa, lo que significa que la sub-campeona del mundo puede alternar ajedrecísticamente con los hombres. Cuando todos juegan bien, alguien tiene que llegar último. En este torneo ha habido dos, lo que no es nada desdoroso, por cierto, ni para ella —las damas primero— ni para él.[853]

Según informa el diario de Córdoba, *La Voz del Interior*, del 22 de agosto, Sonja Graf jugó un torneo en Rosario, "finalizado tercera, no obstante competir con la plana mayor de los jugadores de esa ciudad".[854]

Actividades ajedrecísticas por la Semana de Turismo de Córdoba 1942

▓ En julio, Roberto Gabriel Grau estuvo presente en los festejos de la Semana de Córdoba, brindando uno de los números más interesantes: en plena plaza pública sostuvo una serie de partidas simultáneas, pudiendo ser rival suyo todo aquel que asistiera llevando bajo su brazo el tablero y las piezas. Una vez más se confirmó la popularidad de Grau.[855]

▓ La expansión notable de la organización de múltiples actividades ajedrecísticas, derivada del TN, se va extinguiendo lentamente. En este contexto se organizó un gran torneo en Córdoba, por gestión de Roberto Grau, quien estaba promocionando su movimiento pro organización de una Confederación Argentina, que luego llevó al cisma del ajedrez nacional. Se aprovecharon las fiestas

[853] Paulino Alles Monasterio, *Mundo Argentino*, 22 de abril de 1942.
[854] Este torneo debe haberse jugado previo a la gira de Graf por Córdoba. No hemos encontrado antecedentes.
[855] *Anuario de La Razón* 1939.

turísticas de esa ciudad para organizar un atractivo espectáculo con la participación de varios de los mejores jugadores del momento junto a los más destacados del ámbito local. Por desgracia, las informaciones publicadas en los diarios y revistas de la época fueron muy escasas: en los diarios de Buenos Aires aparecieron solamente minúsculas gacetillas. Es por eso que recurrimos a los diarios cordobeses, donde había buena información pero sin partidas.[856]

Sonja Graf viajó luego a Córdoba, donde jugó el certamen del Club Atlético Belgrano, en el Barrio Alberdi, junto a varios de los mejores jugadores locales. Recordaba el destacado Gran Maestro de Teleajedrez, Rodolfo Argentino Redolfi:

> Hasta que llegó a Córdoba, Sonja Graf estuvo en pareja con el publicista argentino Mateo Gianolio, pero viajó a nuestra ciudad en soledad. Muchos amigos me decían que ella era muy varonil. Aparentemente, le *arrastraba el ala* Abel Ramírez Capdevila, un ajedrecista cordobés de cierta fuerza, y también dirigente. Luego del asado final de despedida organizado por los jugadores, se jugó un partido de fútbol, en el que Sonja Graf jugó de *arquera.*
>
> Se hizo muy amiga de Eduardo Secchi, y cuando les tocó jugar en el torneo del Club Belgrano, ambos iban en los puestos de punta. Ella le ofreció tablas antes de jugar, con al argumento de que vivía del ajedrez y necesitaba mantener su prestigio. Pero Secchi se negó y le ganó la partida. Por esa razón, quedaron luego muy enemistados. Llevó para vender algunos ejemplares de *Así juega una mujer*, y dedicó varios a los ajedrecistas cordobeses.[857]

Poco tiempo después, el mismo Alles Monasterio reproducía una llamativa opinión de Sonja acerca de la belleza y la inteligencia:

> Yo sé bien que, aunque no soy fea ni mucho menos, tampoco soy un dechado de hermosura; pero sé también que nunca he sentido la amargura de no ser una belleza excepcional, como les pasa a muchísimas mujeres que viven con esa única preocupación, porque considero la belleza corporal como una cosa secundaria. Bien es cierto que no rechazaría una radiante belleza si la tuviera; pero he observado que, entre la gente que comenta mis cabellos cortos o mi andar enérgico, son siempre más abundantes los comentarios de las mujeres que los de los hombres, y de entre ellas, el 99% de las que más se asombran son feas como una desesperación, y ridículas en sus maneras y sus vestidos. De las mujeres inteligentes, en cambio, siempre he recibido elogios, y hasta alguna que otra confidente palabrita de sincera y cariñosa admiración.[858]

Sonja Graf es invitada al torneo del Club Belgrano

La presencia de la subcampeona mundial en Córdoba, señorita Sonja Graf, ha sugerido a las autoridades del ajedrez cordobés la posibilidad de realizar un gran certamen para los aficionados de la categoría superior, que se llevaría a cabo en breve, y contaría con el atractivo máximo de la participación de dicha notable jugadora. Los delegados de los clubs Esso, Belgrano, Redes Cordobesas, Central Córdoba, Atenas, Vélez Sarsfield, Jaque Mate, Deportivo Municipal y otros, que forman la federación, han sido invitados a estudiar la forma de financiar el torneo.[859]

[856] Nota del autor.
[857] Testimonio de Rodolfo A. Redolfi al autor, diciembre de 2009.
[858] *Así juega una mujer*, Sonja Graf, reproducido en *Mundo Argentino*, 17 de junio de 1942.
[859] *El Mundo*, 3 de agosto de 1942.

Ajedrez espectáculo

Los organizadores de la Semana de Córdoba, en colaboración con la Federación Cordobesa, han organizado una partida de ajedrez viviente, cuyas piezas se moverán mediante órdenes transmitidas por altavoces. Las piezas estarán ataviadas con trajes apropiados., y se reproducirá una partida célebre. Dos ómnibus llegarán al escenario del espectáculo elegido como tablero, conteniendo uno las piezas blancas y otro las negras. Mientras se efectúe el acomodo de los trebejos vivientes, un comentarista historiará a grandes rasgos la historia del ajedrez desde sus orígenes hasta nuestros días. Un gran reloj estratégicamente ubicado y cuyas manecillas serán movidas por dos personas, regulará el tiempo de las jugadas. Una banda de música ejecutará obras adecuadas al acto. Previamente serán elegidas y coronadas dos reinas del ajedrez en una fiesta organizada por todos los clubs de ajedrez cordobeses. La partida será conducida por un maestro que integrará la delegación del Club Ríver Plate y por el campeón cordobés.[860]

Torneo del Club Belgrano

Corría el año 1942 y en mi ciudad, Córdoba, se celebraron dos grandes certámenes, de los cuales casi no se tienen noticias. Fueron el de la Semana de Turismo, que contó con la participación de Najdorf, Ståhlberg y Pilnik, entre otras figuras, y uno especialmente importante para mí, con Sonja Graf como invitada, en el club de mis amores, Belgrano. Con motivo de cumplirse 100 años de vida deportiva de esa institución busqué en la hemeroteca municipal datos sobre ambos eventos, y para mi sorpresa todos los periódicos cubrieron muy bien los torneos pero...¡No se conserva ninguna partida!

EL MARTES COMIENZA EN BELGRANO UN TORNEO DE AJEDREZ

Juega Sonja Graf

El martes próximo se iniciará en el Club Belgrano, un torneo de ajedrez que ha despertado gran interés, por participar en él la señorita Sonja Graf, vice-campeona del mundo, el campeón de la provincia Eduardo B. Secchi, el campeón de la ciudad de Córdoba Jorge Mario Lagos y los aficionados Jorge Victorio Emiliani, Jorge Félix de Goycoechea, Fernando Arraya, Abel Ramírez Capdevila y otros más que han de ofrecer una lucha de excepcional interés.

Es ésta la primera vez que un ajedrecista extranjero actúa en nuestro medio y es más simpático el hecho por tratarse de un excelente valor como lo es la señorita Sonja Graf, que ha alternado con diverso éxito en torneos magistrales en los cuales logró éxitos aislados de singular resonancia, calidad que ha ratificado ya en su actuación en la Argentina y en nuestra ciudad.

Este torneo es organizado por el Club Belgrano, exclusivamente para sus ajedrecistas y se ha invitado únicamente a participar al campeón provincial Eduardo B. Secchi, para que el mismo adquiera una significativa proyección.

Claro que es muy extraño, aunque sí se informa sobre los resultados y se incluyen muchas anécdotas. Sólo conseguí un par de partidas del torneo del Club Belgrano en la excelente reseña del recordado periodista Héctor Luis González, *"50 años de ajedrez en Cordoba"*, publicado allá por el lejano 1979. Los archivos del ajedrez de mi ciudad desgraciadamente se perdieron, bajo la (des)atenta mirada de desaprensivas y sucesivas administraciones. Así que, como homenaje al ajedrez de esos tiempos y, por supuesto, al club que siempre cautivó mi corazón futbolero y deportivo, les comento estas dos partidas. También para quienes estén interesados en armar la historia del ajedrez argentino y mundial, dada la magnitud de los participantes,envío un detalle con las tablas de posiciones.[861]

Domingo 26 de julio de 1942

Los Principios anuncia que el martes 28 comienza en el Club Belgrano un torneo de ajedrez, con la participación de Sonja Graf, que es presentada como "la vice-campeona del mundo". Informa que los otros participantes son Eduardo Secchi –campeón de la provincia de Córdoba–, Jorge Mario Lagos –campeón de la ciudad de Córdoba–, y los aficionados Jorge Victorio Emiliani, Jorge Félix de Goycoechea, Fernando Arraya, Abel Ramírez Capdevila y otros.

[860] *El Mundo*, 10 de julio de 1942. Lamentablemente no se conservó ninguna partida. Nota del autor.

[861] Nota del MI Guillermo Soppe, quien cuenta también que Sonja Graf le ofreció tablas a Secchi antes de la partida, argumentando que ella vivía del ajedrez, pero el cordobés las rechazó y luego le ganó.

Martes 28 de julio (Ronda 1ª)

▪ *La Voz del Interior* titula: *"Un importante torneo de ajedrez comenzará esta noche en (el Barrio) Alberdi"*. El certamen se jugará todos los días de 21 a 1, con el ritmo de 40 jugadas en dos horas. A los participantes mencionados antes, se agrega Boris Yurevich. En la primera ronda el sorteo deparó las siguientes parejas: Ramírez Capdevila 0:1 Secchi, de Goycoechea 0:1 Arraya, Yurevich – Lagos (suspendida) y Graf 1:0 Emiliani. Las rondas siguientes se jugarán el 29 y 30 de julio, y del 3 al 6 de agosto.

Un Importante Torneo de Ajedre[z] se Iniciará Esta Noche en Alberd[i]

DESTACADOS AFICIONADOS ACTUARAN EN EL CERTAMEN

Organizado por el Club Atlético Belgrano y con la participación de la señorita Sonja Graf vice-campeona mundial de ajedrez femenino, Eduardo B. Secchi, Jorge María Lagos, Jorge Victorio Emiliani, Jorge Félix de Goycoechea, Fernando Arraya, Abel Ramírez Capdevila y Boris Yurevich, en su sede social ubicada en el estadio de Alberdi, se iniciará esta noche a las 21 un torneo de ajedrez, que ha despertado gran interés por la calidad de los participantes.

El certamen se jugará todos los días de 21 a 1, con cuarenta jugadas cada dos horas por adversario, y es éste el primero en que interviene en nuestro medio una figura tan destacada en el ajedrez mundial como la señorita Graf, que ha alternado con éxito en certámenes internacionales con maestros de fama mundial.

LOS PARTIDOS PARA HOY

La reunión de hoy, primera del torneo, comprende estas partidas:
Ramírez Capdevila v. Secchi.
De Goycoechea v. Arraya.
Yurevich v. Lagos.
Sonja Graf v. Emiliani.

DEL MATCH EN ALBERDI

TABLA DE POSICIONES DEL CAMPEONATO OFICIAL

▪ *Los Principios* incluye un título del ancho de página: *"Con la participación de Sonja Graf comienza hoy el torneo de ajedrez"*.

CON LA PARTICIPACION DE SONJA GRAF COMIENZA HOY EL TORNEO DE AJEDRE[Z]

PATROCINA EL CLUB BELGRANO ESTE CERTAMEN

EL PROGRAMA

Herminio Masantonio

BETTY AGUERO IRAOLA GANO LA COPA "TESORERO" JUGADA EN LOS LINKS DE VILLA ALLENDE

HOY SE HACE EL PROGRAMA DE FUTBOL

REALIZARA ACTIVIDAD DE TENIS EL CLUB ALBERDI

Concurso de Pronósticos para la Prensa en el Turf Local

DE LA REUNION DEL DOMINGO

Miércoles 29 de julio (Ronda 2ª)

▪ *Los Principios* publica las fotos de seis de los participantes: Graf, Secchi, Lagos, de Goycoechea, Emiliani y Arraya. Anuncia que hoy se jugará la segunda rueda, con las partidas Ramírez Capdevila 1:0 de Goycoechea, Secchi 1:0 Emiliani, Arraya 1:0 Yurevich y Lagos 1:0 Graf.

Participan en el Certamen de Ajedrez

Seis de los ajedrecistas que participan en el torneo especial de ajedrez organizado por el Club Belgrano y en el cual participa la señorita Sonja Graf. Son ellos: Sonja Graf, Eduardo B. Secchi, Jorge María Lagos, Jorge Félix de Goycoechea, Jorge Victorio Emiliani, Fernando Arraya, los que juntamente con Abel Ramírez Capdevila y Boris Yurevich animan la competición.

Eduardo Zárate se entrenó ayer en la cancha de Talleres

Eduardo Zárate, que a raíz de una sanción disciplinaria aplicada por el Club Atlético Talleres, no ha vuelto a integrar el equipo superior ni de otras divisiones de dicha entidad, ha recomenzado su entrenamiento, haciéndolo ayer, conjuntamente con los integrantes del equipo superior y de la cuarta especial.

El hecho reviste la importancia de que el destacado jugador no esté lejano de reintegrarse activamente a las prácticas del futbol, creyéndose, con justificada razón, de que se halla muy próximo un arreglo entre el citado player y los dirigentes de Barrio Jardín.

LA SEGUNDA REUNION DEL TORNEO DE AJEDREZ DE BELGRANO SE JUEGA HOY DISPUTANDOSE BUENAS PARTIDAS

Esta noche a las 21, en la secretaría del Club Belgrano, ubicada en el estadio de Alberdi, se iniciará la segunda reunión del torneo especial de ajedrez que organiza la mencionada entidad y en el cual interviene la señorita Sonja Graf, junto con aficionados locales.

La reunión de hoy comprende partidas interesantes y, lógicamente, congregará la expectación general la que juegue la señorita Graf, vice campeona del mundo de ajedrez femenino, y que es la mayor atracción del certamen, junto con el campeón de la provincia Eduardo B. Secchi, el campeón de la ciudad de Córdoba, Jorge María Lagos y Jorge Félix de Goycoechea, pudiendo los restantes, Fernando Arraya, Jorge Victorio Emiliani, Abel Ramírez Capdevila y Boris Yurevich, alternar con cierto éxito, pero la lógica indica a los mencionados en primer término como serios aspirantes al triunfo.

LAS PARTIDAS DE ESTA NOCHE

Jueves 30 de julio (Ronda 3ª)

▪ *La Voz del Interior* destaca: *"Proseguirá esta noche el certamen de ajedrez del Club Atl. Belgrano"*. Las partidas que se juegan hoy son Yurevich 0:1 Ramírez Capdevila, de Goicoechea 0:1 Secchi, Graf 1:0 Arraya y Emiliani 1:0 Lagos se postergó hasta el lunes 3. *Los*

Principios titula: *"Sonja Graf juega esta noche con Fernando Arraya por el Torneo de Ajedrez del Club A. Belgrano".*

— Jueves 30 de Julio de 1942 POLICIA - DEPORTES

PROSEGUIRA ESTA NOCHE EL CERTAMEN DE AJEDREZ DEL CLUB ATL. BELGRANO

Cita a Práctica el Club A. Peñarol

BUENOS ENCUENTROS SE CUMPLIRAN EN LA REUNION

Su Plantel ... Audax Córdoba

Pesca Comercial Dique San Roque

SONJA GRAF 1 v. JORGE V. EMILIANI 0

RAMIREZ CAPDEVILA 0 v. EDUARDO SECCHI 1

JORGE DE GOYCOECHEA 0 v. FERNANDO ARRAYA 1

BORIS YUREVICH v. JORGE M. LAGOS, SUSPENDIDA

EL PROGRAMA PARA HOY

Yurevich v. Ramírez Capdevila.
De Goycoechea v. Secchi.
Sonja Graf v. Arraya.
Emiliani v. Lagos.

TORNEO DE AJEDREZ DE 3a. CATEGORIA

SONJA GRAF JUEGA ESTA NOCHE CON FERNANDO ARRAYA, POR EL CERTAMEN DE AJEDREZ DEL CLUB A. BELGRANO

Esta noche a las 20.45, en la secretaría del Club Atlético Belgrano, se disputará la tercera reunión del torneo especial de ajedrez que organiza esa entidad y en el cual intervienen la señorita Sonja Graf y siete aficionados locales.

Las partidas a jugarse hoy son las siguientes:

Boris Yurevich v. Abel Ramírez Capdevila.

Jorge Félix de Goycoechea v. Eduardo B. Secchi.

Sonja Graf v. Fernando Arraya.

Jorge V Emiliani v. Jorge M. Lagos.

LA PRIMERA REUNION

La primera reunión realizada anteanoche, contó con la presencia de numeroso público que siguió atentamente el desarrollo de las partidas, las que ofrecieron alternativas interesantes.

La señorita Graf venció a Emiliani. Aquella con las blancas inició con PD y el segundo efectuó una defensa cerrada, con buenas perspectivas de resistencia, pero cometió un gravísimo error en plena apertura que le reportó la pérdida de un peón, el enroque y una posición sumamente inferior. Siguió el negro y en busca de contrachances entregó un peón, luego un caballo y más tarde otro caballo y consiguió un poderoso ataque, que no dió sus frutos por su enorme inferioridad de material, por lo que debió rendirse.

Secchi quedó con un peón menos y posición inferior frente a Ramírez Capdevila, pero éste no jugó el final con certeza y quedó en posición de mate, adjudicándose el primero, de esta manera, un laborioso triunfo.

Goycoechea atacó a Arraya, pero no encontró las jugadas exactas y debió rendirse cuando quedó con material de menos.

Lagos y Yurevich suspendieron su partida con ventaja material para el primero, que tiene Torre y Alfil y tres peones contra dos Alfiles y tres peones. Si bien Lagos debe vencer, ello no será sin antes jugar un trabajoso final.

Viernes 31 de julio

▓ *Los Principios* informa que: *Jorge Lagos se impuso sobre la Vice campeona Mundial Sonja Graf.* Anuncia que el domingo 2 de agosto Graf visitará Alta Gracia. *La Voz del Interior* indica que el certamen seguirá el lunes 3 de agosto. Yurevich – Lagos recién continuará mañana sábado. La ronda 4ª se pasa para el martes 4.

Jorge M. Lagos se Impuso, en el Torneo de Ajedrez, Sobre la Vice Campeona Mundial, Srta. S. Graf

FUE INTERESANTE LA REUNION

Esta noche, a las 20.45, en la secretaría del Club Atlético Belgrano se disputará la partida que quedó suspendida en la primera reunión, entre Lagos y Yurevich, con ventaja material para el primero, que tiene torres y alfil y tres peones contra dos alfiles y tres peones.

LA SEGUNDA REUNION

Como prueba del interés despertadodo por el torneo especial que organiza el Club Atlético Belgrano, numerosos aficionados se hicieron presentes para presenciar las partidas que fijaba la segunda reunión. De todas ellas, destacaba su importancia, la que debían realizar el campeón de la provincia, Eduardo Secchi y Jorge V. Emiliani. Dicha partida, que fué interesante, presentó en su comienzo un planteo favorable para el campeón, quedando con la ventaja técnica de dos alfiles contra dos caballos. Emiliani, buscando contra chances, entregó un peon, que a la postre fué el factor de su derrota, tras un lucido final.

Jorge M. Lagos consiguió una trabajosa victoria sobre la vice campeona mundial señorita Sonja Graf. Consiguió Lagos una ventaja de dos peones, a poco de comenzar, pero a costa de dejar a su dama en una posición crítica. Más tarde recuperó la señorita Graf el material perdido, decidiéndose la partida, al final, a favor de Lagos, en un vertiginoso ping-pong debido a la falta de tiempo.

Fernando Arraya logró un valioso triunfo frente a Boris Yurevich, que tuvo, al comienzo, una posición superior, ganando un peón, a continuación calidad y cuando todo hacía prever su triunfo, un grave error cometido condujo a su adversario a la victoria.

Abel Ramírez Capdevila consiguió acreditarse el punto reglamentario ante Jorge Félix de Goycoechea, que tuvo, al iniciar la partida, una posición de evidente predominio, obteniendo la ventaja de un peón, cometiendo una equivocación que fué aprovechada por su rival, para vencerlo.

Sonja Graf actuará en Alta Gracia

Alta Gracia, 29. — El domingo próximo visitará esta ciudad la vice campeona mundial de ajedrez, señorita Sonja Graf, invitada por el Club de Ajedrez "Alta Gracia".

En tal oportunidad será ofrecido, por las autoridades del club un almuerzo en su honor, luego del cual la prestigiosa ajedrecista hará una exhibición consistente en una serie de simultáneas, enfrentando a los más capacitados aficionados locales.

LAS POSICIONES

Disputadas dos fechas del torneo especial de ajedrez, la posición de los participantes es la siguiente:

Jugador	J.	G.	T.	S.	P.	Ps.
F. Arraya	2	2	-	-	-	2
E. Secchi	2	2	-	-	-	2
J. M. Lagos	2	1	-	1	-	1
Sonja Graf	2	1	-	-	1	1
A. Ramírez	2	1	-	-	1	1
B. Yurevich	2	-	-	1	1	0
J. V. Emiliani	2	-	-	-	2	0
J. Goycoechea	2	-	-	-	2	0

DOLOR DE CABEZA GENIOL

EL LUNES PROSEGUIRA EL TORNEO DEL C. BELGRANO

Anteanoche se jugó en Belgrano la segunda rueda del torneo de ajedrez que esa institución organiza para sus asociados, con la participación de la vicecampeona mundial de ajedrez femenino, Sonja Graf y del campeón provincial E. Secchi, como invitados especiales.

Esa rueda ofrecía dos partidas de especial atracción: la de Jorge Lagos con Sonja Graf y la de E. Secchi con Jorge Emiliani.

Ambas partidas concitaron el interés del numeroso público asistente, que siguió con marcada atención el desarrollo de sus jugadas.

He aquí el resultado de los encuentros:

J. LAGOS 1, S. GRAF 0

A una apertura PD las negras contestaron la defensa Tarrasch y trataron de presionar, entregando para ello dos peones. Lagos se defendió con exactitud, devolviendo un primer peón con el fin de cambiar las damas. Más tarde, siempre dentro de un marco de singular complicación, entregó el peón que le quedaba de ventaja con el objeto de retomar la iniciativa. En este momento la señorita Graf cometió un serio error que le ocasionó la pérdida de una pieza, por lo cual optó por abandonar.

E. SECCHI 1, J. EMILIANI 0

Con la apertura inglesa iniciaron las blancas esta partida, que durante todo su desarrollo se caracterizó por su índole estrictamente posicional. Consiguió el campeón llegar a un final con dos peones de ventaja y alfil contra caballo y a pesar de la exactitud con que el negro maniobró en el final [illegible]

CAPDEVILA 1, GOYCOECHEA 0

[illegible]

F. ARRAYA 1, B. YUREVICH 0

[illegible]

... tablero en posición de mate, por lo cual las negras abandonaron.

El torneo continúa el lunes próximo.

La tabla de posiciones es la siguiente:

	J.	G.	T.	P.	Ps.
Arraya	2	2	-	-	2
Secchi	2	2	-	-	2
Lagos	2	1	-	1	1
Graf	2	1	-	1	1
Ramírez	2	1	-	1	1
Yurevich	1	-	-	1	0
Goycoechea	2	-	-	2	0
Emiliani	2	-	-	2	0

Falta computar la partida Yurevich-Lagos, suspendida en una posición favorable a Lagos y que se debe continuar mañana.

A. CICLON JUGARA CON S. ALBERDI

El Club Atl. Ciclón, teniendo un compromiso con el Club Sportivo Alberdi, en su cancha para mañana, han constituido su conjunto de la siguiente manera:

Ortiz, Paz y Simones; Fernández, Filippa y Carrizo; Lázaro, Conde, Leal, Castiglia A. y Ferro.

HABRA ENCUEN[...] CAMP. DE BAS[...]

Ha de proseguir hoy la disputa del torneo de basket-ball de segunda división de la Asociación Cordobesa Femenina con un encuentro a cargo de los equipos representativos de Gimnasio Provincial [illegible]

EL TORNEO DE PRIMERA [illegible]

SE DISPUTARA "CHICHA" EN [...]

[illegible]

Sábado 1º de agosto

▓ *Los Principios* titula: *"Graf, Secchi y Ramírez Capdevila ganaron a Arraya, de Goycoechea y Yurevich".*

Sonja Graf, Secchi y Ramírez Capdevila Ganaron a Arraya, de Goycoechea y B. Yurevich

Palermo reforzará su conjunto de primera división

GANADORES DE ZON

Martes 4 de agosto (Ronda 4ª)

▌*La Voz del Interior*: *"Eduardo Secchi y Jorge Lagos juegan hoy".* Desde las 20.45 juegan Ramírez Capdevila 0:1 Graf (suspendida), de Goycoechea – Yurevich (suspendida), Secchi 1:0 Lagos y Arraya 0:1 Emiliani. Es muy probable que la reunión de hoy se postergue para permitir que continúe la suspendida entre Emiliani – Lagos.

EDUARDO B. SECCHI Y JORGE M. LAGOS JUEGAN ESTA NOCHE POR EL TORNEO

SONJA GRAF Y JORGE DE GOYCOECHEA JUEGAN POR EL TORNEO DE AJEDREZ QUE ORGANIZA EL CLUB A. BELGRANO

Esta noche a las 20.45, en la secretaría del Club Atlético Belgrano, se iniciará la quinta reunión del torneo especial de ajedrez que organiza esa entidad y que congrega a numerosos aficionados que van a presenciar el desarrollo de las partidas.

La reunión de hoy comprende las siguientes partidas:

Jorge V. Emiliani v. Abel Ramírez Capdevila.
Jorge M. Lagos v. Fernando Arraya.
Sonja Graf v. Jorge F. de Goycoechea.
Boris Yurevich v. Eduardo B. Secchi.

Es muy probable que la reunión de hoy se postergue, para que se juegue la partida suspendida entre Jorge V. Emiliani y Jorge M. Lagos.

Miércoles 5 de agosto (Ronda 5ª)

▌*Los Principios* dice: *"Eduardo Secchi venció a Jorge Lagos en el torneo del Club Belgrano". La Voz del Interior* titula: *"Graf y de Goicoechea juegan por el Torneo de Ajedrez que organiza el C. Belgrano".* Las partidas fueron: Emiliani – Ramírez Capdevila, Graf 1:0 de Goycoechea, Yurevich 0:1 Secchi y Lagos 1:0 Arraya.

EDUARDO B. SECCHI VENCIO A JORGE M. LAGOS EN EL TORNEO DE AJEDREZ QUE ORGANIZA EL CLUB BELGRANO

Esta noche se juega la quinta reunión

La cuarta reunión del torneo de ajedrez organizado por el club Atlético Belgrano, tuvo como nota principal la confrontación del campeón de la de la provincia Eduardo B. Secchi y del campeón de la ciudad de Córdoba, Jorge Mario Lagos, quienes realizaron una interesante partida que a las cuatro horas de juego fué suspendida, prosiguiendo ayer por la tarde y finalizando con el triunfo de Secchi.

Abel Ramírez Capdevila y la señorita Sonja Graf suspendieron en posición favorable a la vice campeona y Jorge Victorio Emiliani venció a Fernando Arraya, quien cometió un grueso error en la apertura que le costó la pérdida de una pieza sin compensación alguna.

Anoche se jugaron las partidas suspendidas, para completar la rueda y esta noche a las 20.45 se iniciará la quinta reunión con este programa:

Jorge V. Emiliani v. Abel Ramírez Capdevila.
Sonja Graf v. Jorge F. de Goycoechea.
Boris Yurevich v. Eduardo B. Secchi.
Jorge M. Lagos v. Fernando Arraya.

LAS POSICIONES

Las posiciones son las siguientes:

Jugador	J.	G.	E.	P.	Ps.
Secchi..	4	4	—	—	4
Sonja Graf ..	3	2	—	1	2
Arraya	4	2	—	2	2
Ramírez	3	2	—	1	2
Lagos	2	1	—	1	1
Emiliani	3	1	—	2	1
Goycoechea	3	—	—	3	0
Yurevich.	2	—	—	2	0

No se computan estas partidas suspendidas: Lagos v. Yurevich; Emiliani v. Lagos; Ramírez v. Graf y Goycoechea v. Yurevich, todas las cuales se estaban realizando anoche.

TORNEO INTERNO DE BELGRANO

El torneo interno de Belgrano que se juega junto con el anterior y en el que se computan las partidas de Lagos, Arraya, Ramírez, Emiliani, de Goycoechea y Yurevich, que pertenecen a la entidad, da estas posiciones:

Jugador	J.	G.	E.	P.	Ps.
Arraya	3	2	—	1	2
Ramírez	2	2	—	—	2
Emiliani.	1	1	—	—	1
Goycoechea	2	—	—	2	0
Yurevich	2	—	—	2	0
Lagos	—	—	—	—	—

Faltan definirse estas partidas: Yurevich v. Lagos, favorable al segundo; Yurevich v. de Goicoechea y Emiliani v. Lagos.

Concurso en el Jaque Mate

Esta noche a las 21, en la sede social del Club Jaque Mate, sita en calle Castro Barros 865, se realizará un concurso de resolución de problemas de ajedrez, en el cual pueden participar todos los aficionados que deseen. Se expondrán cinco problemas, originales, todos ellos, del autor local señor Juan Carlos Morra.

Jaque Mate v. Belgrano

El domingo próximo a las 15, en el Club Jaque Mate, se jugará un match de ajedrez entre equipos de la entidad mencionado y Belgrano, integrados por quince aficionados cada uno.

Por Jaque Mate actuarán, entre otros, Teobaldo V. García, Benito Moyano Boero, R. Casiva, Schargorovsky, Juan C. García; y por Belgrano Jorge M. Lagos, Jorge F. de Goycoechea, F. Arraya, Miguel A. Tagle, Abel Ramírez Capdevila, etcétera.

EL MEJOR TEAM DE

JORGE V. EMILIANI GANO A JORGE M. LAGOS, UNA PARTIDA VIOLENTA Y QUE ALCANZO CONTORNOS INTERESANTES

Se disputaron ya todas las partidas suspendidas del torneo especial de ajedrez que organiza el Club Atlético Belgrano. Jorge M. Lagos, como se preveía, ganó el final con Boris Yurevich y la señorita Sonja Graf también consiguió imponerse a Abel Ramírez Capdevila, no sin antes tener que esforzarse al máximo para quebrar la notable resistencia de su adversario. Jorge Félix de Goycoechea superó en forma fácil a Boris Yurevich, [illegible] tras emplazar un fuerte ataque con el cual puso a su adversario en posición de mate.

La partida más interesante era la que debían jugar Jorge V. Emiliani y Jorge M. Lagos. Aquel con las blancas comenzó con P4R oponiendo Lagos una defensa Alekhine que bien pronto se transformó en defensa Francesa. El negro ganó un peón en plena apertura y al apurarse en ganar un segundo peón, permitió que el blanco mediante el sacrificio de dos piezas emplazara un violento ataque, debiendo Lagos sacrificar su Dama por tres piezas menores para aliviar la posición. Poco a poco se fueron eliminando las piezas y se arribó a un final de Dama, Torre y dos Peones del blanco contra dos Torres, Alfil y dos Peones del negro, que ganó el blanco merced a su ventaja material y sus peones avanzados.

ESTA NOCHE PROSIGUE

Esta noche a las 20.45, en la secretaría del Club Belgrano, ubicado en el estadio de Alberdi, se iniciará la sexta reunión con estas partidas:

Abel Ramírez Capdevila v. Jorge Mario Lagos.
Jorge F. de Goycoechea v. Jorge V. Emiliani.
Boris Yurevich v. Sonja Graf.
Eduardo B. Secchi v. Fernando Arraya.

LAS POSICIONES

Las posiciones en el torneo especial son estas:

Jugador	J.	G.	E.	P.	Pts.
Secchi	4	4	—	—	4
Sonja Graf	4	3	—	1	3
Arraya	4	2	—	2	2
Emiliani	4	2	—	2	2
Lagos	4	2	—	2	2
Ramírez	4	2	—	2	2
Goycoechea	4	1	—	3	1
Yurevich	4	—	—	4	0

TORNEO INTERNO DE BELGRANO

En el torneo interno del Club Belgrano y en el cual no se computan las partidas de Secchi y la señorita Graf, las posiciones son estas:

Jugador	J.	G.	E.	P.	Pts.
Emiliani	3	3	—	—	3
Ramírez	3	3	—	—	3
Arraya	3	2	—	1	2
Lagos	2	1	—	1	1
Goycoechea	3	1	—	2	1
Yurevich	4	—	—	4	0

Jueves 6 de agosto

▓ *Los Principios* tituló: *"Secchi, Sonja Graf y Lagos ganaron a Arraya, Goycoechea y Ramínez en el Torneo Especial"*. La Voz del interior indicó: *"Jorge Emiliani ganó a Jorge M. Lagos una partida violenta"*. Se completaron todas las suspendidas: Lagos venció a Yurevich, Graf a Ramírez Capdevila, de Goycoechea a Yurevich y Emiliani a Lagos. Hoy a las 20.45 en la Secretaría del Club Belgrano, se juega la sexta fecha con los siguientes cotejos: Ramírez Capdevila 0:1 Lagos, de Goycoechea – Emiliani, Secchi 1:0 Arraya. Yurevich abandonó el certamen y no jugó su partida con Graf.

▓ Miguel Czerniak actuó en San Francisco, contratado por la federación local. Brindó cuatro sesiones de simultáneas: jueves 30 en el Centro Cultural +15 =4 -3; viernes 31 en el Jockey Club, con reloj +7 =1 -1; sábado 1 +9 =1 -2 y lunes 3 en Unión Social +21 =4 -3.

SECCHI, SONJA GRAF Y LAGOS GANARON A ARRAYA, GOYCOECHEA Y RAMIREZ EN EL CERTAMEN ESPECIAL DE AJEDREZ

Se disputó la sexta reunión del torneo especial de ajedrez que organiza el Club Atlético Belgrano, registrándose en la misma estos resultados:

Secchi 1 v. Arraya 0. Por trasposición de jugadas se planteó aquí un gambito del Rey, que dió lugar a una partida muy violenta y en la que el blanco se impuso merced a un excelente ataque ante el cual nada pudo hacer Arraya, que se rindió.

Sonja Graf 1 v. de Goicoechea 0. De Goycoechea, que en este torneo no rinde de acuerdo a sus méritos, que son muchos, jugó flojo ante la señorita Graf y ésta desempeñándose con justeza logró ganar calidad y luego la partida.

Lagos 1 v. Ramírez Capdevila 0. Lagos logró un punto muy trabajoso, ante un adversario que en este certamen se ha desempeñado con gran acierto. Ramírez entregó un alfil por un peón, buscando mejor posición y tras algunos cambios se llegó a una de torre y cinco peones para Ramírez contra torre, alfil y cuatro peones para Lagos, no fácil de ganar. Sin embargo jugó con gran exactitud y Ramírez, pese a defenderse con tesón, debió rendirse.

LAS POSICIONES

Las posiciones son ahora las siguientes:

Jugador	J.	G.	T.	P.	Pts
Secchi	6	6	-	-	6
Sonja Graf . .	6	5	-	1	5
Emiliani . . .	6	4	-	2	4
Lagos	6	4	-	2	4
Arraya	6	2	-	3	2
Ramírez . . .	6	2	-	4	2
Goycoechea . .	5	1	-	4	1
Yurevich . . .	7	-	-	7	0

TORNEO INTERNO DE BELGRANO

En el torneo interno del Club Belgrano, las posiciones son las siguientes:

Jugador	J.	G.	T.	P.	Pts
Emiliani . . .	4	4	-	-	4
Lagos	4	3	-	1	3
Arraya	4	2	-	2	2
Ramírez . . .	4	2	-	2	2
Goycoechea . .	3	1	-	2	1
Yurevich . . .	5	-	-	5	0

Restan jugarse estas partidas: Lagos v. Goycoechea y Arraya v. Ramírez, que se estaban jugando anoche y Goycoechea v. Emiliani, que se disputará hoy.

EL AJEDRECISTA CZERNIAK ACTUO EN SAN FRANCISCO

San Francisco, 6. — Con éxito actuó en esta ciudad el maestro de ajedrez Miguel Czerniak, quien llegó contratado por la Federación local. El campeón de Palestina ofreció cuatro exhibiciones, registrándose los siguientes resultados:

Jueves 30, en el Centro Cultural 22 partidas jugadas, 15 ganadas, 4 tablas y 3 perdidas; viernes 31, en el Jockey Club 9 partidas con reloj, 7 ganadas, 1 tablas y 1 perdida; sábado 1º, 12 partidas, 9 ganadas, 1 tablas y 2 perdidas; lunes 3, en Unión Social, 28 jugadas, 21 ganadas, 4 tablas y 3 perdidas.

En total el maestro Czerniak, en cuatro exhibiciones jugó 71 partidas, venciendo en 52, haciendo 10 tablas y perdiendo 9 encuentros.

TORNEO DE UNION SOCIAL

Faltándose disputar sólo cuatro partidas del torneo libre de primera categoría que realiza Unión Social, la colocación de los participantes, es la que se detalla a continuación:

	J.	G.	T.	P.	Ptos.
A. Sienra	7	5	2	—	6
Doctor Menassé . .	7	6	—	1	6
E. Videtta	7	4	1	2	4½
P. Dentesano . .	8	4	1	3	4½
D. Peretti	6	3	1	2	3½
E. Cappanera . . .	8	2	2	4	3
A. Damia	7	2	1	4	2½
Doctor Díaz	7	—	2	5	1
Sánchez	7	—	2	5	1

Las partidas que faltan jugarse y que definirán el certamen son las siguientes: Sienra v doctor Menassé; Dionisio Peretti v. Ernesto Videtta y Antonio Díaz v. doctor Díaz Cornejo, encontrándose un encuentro suspendido entre D. Peretti y Julián Sánchez, en situación preferible para el nombrado en segundo término.

Lunes 10 de agosto (Ronda 6ª)

▓ Los resultados de la ronda fueron: Emiliani 1:0 Ramírez Capdevila, Lagos 1:0 Arraya, de Goicoechea 0:1 Graf. Secchi quedó libre por el abandono de Yurevich.

Graf,Sonja - De Goycoechea,Jorge [A40]

Club Belgrano, Córdoba, 13.08.1942 *[Juan S. Morgado]*

1.d4 d5 2.c4 e6 3.Cc3 Cf6 4.Ag5 Cbd7 5.e3 Ae7 6.Cf3 c6 7.Ad3 0–0 8.0–0 dxc4 9.Axc4 Cd5 10.Af4 a6 [10...Cxf4 11.exf4 Dc7 12.Dd2 era la idea de Graf] **11.Tc1 b5** [11...Cxf4 12.exf4 b5 13.Ad3 c5 14.Dc2 g6 15.d5 complejo] **12.Ad3 Ab7?!** [12...Cxf4 13.exf4 c5 complicado *(13...Ab7 14.Ce4* también era del agrado de Sonja*)*] **13.Cxd5 cxd5?** [13...exd5 14.Ce5 con iniciativa blanca]
14.Tc7 [clara ventaja] **14...Ta7 15.Dc2 h6 16.Tc1** [Era más fuerte 16.Ah7+ Rh8 17.Ce5 Cxe5 18.Axe5 f6 19.Af4 Ad6 20.Axd6 Dxd6 21.Tc1 con posición ganadora] **16...Cb6?!** [16...Cf6 era más resistente] **17.Ce5+– Ad6** [17...Cc4 18.Cd7!] **18.Ah7+ Rh8 19.Cxf7+ Txf7 20.Txf7 Dc8 21.Dxc8+ Cxc8 22.Txc8+ Axc8 23.Txa7 Axf4 24.Ag6 1–0**

EL CERTAMEN DE AJEDREZ DE BELGRANO SIGUE

Esta noche a las 20 y 45, en la secretaría del Club Belgrano, se disputará la quinta reunión del torneo especial de ajedrez organizado por esa entidad, jugándose estas partidas:

Jorge Mario Lagos v. Fernando Arraya.

Jorge Félix de Goycoechea v. Sonja Graf.

Jorge Victorio Emiliani v. Abel Ramírez Capdevila.

Eduardo B. Secchi v. Boris Yurevich.

NOTAS VARIAS DE AJEDREZ

Esta semana iniciamos la publicación de problemas de ajedrez, con dos de los que es autor el compositor local, Juan Carlos Morra, cuya calidad como tal es demasiado conocida, no sólo en nuestro medio, sino en círculos internacionales.

Desde ya invitamos a todos los compositores de nuestra provincia a enviar sus producciones a LA VOZ DEL INTERIOR, sección Ajedrez, para su publicación.

PROBLEMA Nº 1 — Blancas: C5TD, T5CD, A2AD, C3AD, A8D, T6AR, D1CR, R6TR, 8 piezas.

Negras: T3TD, C3CD, P4AD, P3D, R4R, P5AR, C1AR, A6CR, A8TR, 9 piezas.

Juegan las blancas y dan mate en dos jugadas.

PROBLEMA Nº 2 — Blancas: C4TD, D1TD, T8CD, P6AD, R2D, C4D, P5D, A3AR, P4CR, A8TR.

Negras: P5CD, P6CD, P2AD, R5AD, P6D, P2R, A3AR, P5AR, P4CR.

Juegan las blancas y dan mate en tres jugadas.

Publicaremos las soluciones el próximo jueves.

UNA BUENA PARTIDA

Para que nuestros lectores puedan darse una idea acerca de la calidad de juego desplegada en el toneo del C. A. Belgrano, reproducimos dos partidas del mismo. He aquí la primera:

BLANCAS	NEGRAS
Sonja Graf	**J. de Goycoechea**
1 P4D	P4D
2 P4AD	P3R
3 C3AD	C3AR
4 A5C	CD2D
5 P3R	A2R
6 C3A	P3A

En esta posición preferimos la jugada 6....O—O, para luego poder elegir la continuación que siguió o si no una formación en base a P3TD, P4CD, P4AD y A2C.

7 A3D	0—0
8 0—0	P×PA
9 A×PA	C4D
10 A4A	

Lo usual es ahora 10.A×A, seguido de P4R, lo cual nos parece más conveniente.

10	P3TD
11 T1A	P4CD
12 A3D	A2C

Las blancas, al no tomar C×C de inmediato, permitieron a las negras liberarse, mediante la misma jugada. De Goycoechea deja pasar esta oportunidad y no tendrá otra en la partida.

13 C×C	PA×C
14 T7A!	

Tomando resueltamente la iniciativa.

14	T2T
15 D2A	P3T
16 T1A	C3C?

Las piezas negras no armonizan y el flanco dama está completamente dominado por las blancas. Ahora las negras perderán material.

17 C5R	A3D

Se amenazaba C6A. Esta jugada lo evita, pero permite otra combinación ganadora.

18 A7T jaque	R1T
19 C×P jaque	T×C
20 T×T	D1AD

Unica para impedir D8C, que era terminante.

21 D×D jaque	C×D
22 T×C jaque	A×T
23 T×T	A×A

24 A6C y las negras abandonaron, ante la pérdida inevitable de una pieza. Una partida conducida con energía por la vicecampeona mundial de ajedrez femenino.

BLANCAS	NEGRAS
E. Secchi	F. Arraya
1 P4AR	P4R
2 P4R	P4D
3 P×PD	P5R
4 C3AD	C3AR
5 D2R!?	

Jugada frecuente en nuestro medio y que nos parece errónea.

5	A4AR?

Preferimos A5CR y si 6.C3AR, A4AD para continuar con 0—0!.

6 P3CD	A4A
7 A2C	0—0
8 D4A	D2R
9 0—0—0	

Con esta maniobra las blancas han quedado en una posición muy cómoda y no se ve la compensación que puedan tener las negras a cambio del peón entregado.

9	A6T
10 CR2R	A×A jaq.
11 R×A	P3A
12 C3C	A5C
13 T1R	P4TD

Las negras buscan iniciativa a toda costa.

14 C(3A)×P	P×P
15 C×P	C×C
16 D×C	P5T

Ya la partida está definida estratégicamente.

17 D6D	D5T
18 P3C	D4T
19 C5C	P×P
20 A4A	C3A

21 PT×P ganando la pieza, que no se puede retirar por P4CR. Si va a A3R la pérdida del peón sería terminante por las diversas amenazas.

21	P3TR
22 P3TR	TD1D
23 P×A	D×T

24 D6C! bonito remate, ante el cual las negras abandonaron.

Miércoles 12 de agosto (Ronda 7ª)

▓ *Los Principios* titula a todo el ancho de página: *"Hoy se juega la última reunión del torneo de ajedrez"*. *La Voz del Interior* informa que *"Finalizó el campeonato del Club Belgrano"*. Las partidas que se disputaron fueron: Arraya 0:1 Ramírez Capdevila, Lagos ½:½ de Goycoechea; Graf 0:1 Secchi. Emiliani – Yurevich no se jugó, ya que éste abandonó luego de la 4ª ronda. El resultado final fue: Eduardo Secchi 7; Sonja Graf y Jorge Emiliani 5, Jorge Lagos 4½; Abel Ramírez Capdevila 3; Fernando Arraya 2, Jorge de Goycoechea 1½; Boris Yurevich 0.

EDUARDO SECCHI SE ADJUDICO EL CERTAMEN DE AJEDREZ

LA SRTA S. GRAF Y JORGE V. EMILIANI FUERON SEGUNDOS

Emiliani a su vez se clasificó campeón de Belgrano, al ganar el torneo interno

COMENTARIOS

Las partidas correspondientes a la última reunión del torneo de ajedrez del Club Belgrano, jugadas antenoche dieron los siguientes resultados:

Secchi ganó a la señorita Sonja Graf; Ramírez Capdevila a Arraya y Lagos empató con de Goycoechea. Ayer tarde se realizó la partida suspendida entre Emiliani y de Goycoechea, venciendo el primero.

Se da término así a un torneo que logró contornos sobresalientes y en el cual se impuso luego de evidenciar clara superioridad el campeón provincial Eduardo B. Secchi, que se adjudicó las siete partidas que jugó, hecho por demás elocuente y que se comenta con sólo enunciarlo. Secchi si bien es cierto estuvo inferior en unas partidas enderezó las mismas merced a sus extraordinarias condiciones, en especial en los finales y nada pudieron hacer sus adversarios.

Segundos fueron la señorita Sonja Graf y Jorge Victorio Emiliani. La primera demostró que sus méritos son muchos y en ciertas partidas se desempeñó con notable acierto, siendo vencida únicamente por Secchi y Lagos. Emiliani, que reaparecía luego de una prolongada relache, cumplió una buena actuación y su segundo puesto es merecido.

Jorge Mario Lagos fué el cuarto y pudo mejorar su posición, aunque debe destacarse que respondió a sus antecedentes.

Abel Ramírez Capdevila, séptimo, ha sido la verdadera revelación del certamen, pues jugó de igual a igual con los sindicados como superiores y sólo debió ceder ante la mayor clase de aquéllos.

Fernando Arraya, tuvo mala suerte en algunas partidas y Jorge de Goycoechea, cumplió una performance completamente falsa, ya que su calidad está muy por encima del punto y medio que ha totalizado. Boris Yurevich, jugó sólo cuatro partidas y las perdió, demostrando que el torneo era muy fuerte para él.

Las posiciones

Las posiciones finales fueron las siguientes:

Jugador	J.	G.	T.	P.	Pts.
Secchi	7	7	-	-	7
Emiliani . .	7	5	-	2	5
Sonja Graf .	7	5	-	2	5
Lagos	7	4	1	2	4½
Ramírez . . .	7	3	-	4	3
Arraya . . .	7	2	-	5	2
Goycoechea .	7	1	1	5	1½
Yurevich . .	7	-	-	7	0

Emiliani, campeón de Belgrano

Juntamente con el anterior se jugó el torneo interno del Club Belgrano, en el cual las partidas en que participaban la señorita Graf y Secchi, no se computaban. Venció Jorge V. Emiliani, que logró uno y medio punto de ventaja sobre Jorge M. Lagos, motivo por el cual aquél es campeón de la entidad mencionada.

Las posiciones en este certamen fueron las siguientes:

AVELLANEDA Y RACING SON PUNTEROS EN EL TORNEO DE FUTBOL DE TERCERA DIVISION ESPECIAL CON 18 PUNTOS

El torneo oficial de futbol de tercera división especial, viene ofreciendo un desarrollo por demás interesante, ya que hay varios conjuntos con probabilidades de ser campeones, aunque las mayores chances están de parte de Avellaneda y Racing que cuentan con 18 puntos, siguiéndoles Bolívar con 16. Los restantes es difícil puedan comprometer las posiciones de los mencionados equipos, ya que el cuarto, Nacional, sólo posee 12 puntos a favor.

Avellaneda sobre 11 encuentros ha ganado 9 y perdido 2, mientras que Racing con la misma cantidad de partidos jugados tiene 8 ganados, 2 empatados y 1 perdido. Bolívar con 11 encuentros cuenta 7 victorias, 2 empates y 2 derrotas.

Las posiciones

Las posiciones son las siguientes:

Equipos	J.	G.	E.	P.	Ps.
Avellaneda . .	11	9	—	2	18
Racing . . .	11	8	2	1	18
Bolívar . . .	11	7	2	2	16
Nacional . . .	10	5	2	3	12
Bella Vista . .	11	5	1	5	11
Huracán . . .	11	4	2	5	10
Peñarol . . .	11	4	2	5	10
Pte. Roca . . .	11	4	1	6	9
Los Andes . . .	11	3	2	6	8
9 de Julio . . .	11	3	—	8	6
Sp. Barracas . .	11	1	—	10	2

Sportivo Barracas ha sido eliminado.

Los Andes suspendió al futbolista Giambartolomei

La comisión directiva del club Los Andes, que actúa en segunda división ascenso, ha resuelto suspender por tiempo indeterminado al half Luis Giambartolomei, por hacer abandono del field frente a Peñarol, sin motivar causa que justifique su decisión.

LOS REGLAMENTOS DE LA LIGA DE FUTBOL LOCAL

Al final de la sesión de anteayer del consejo directivo de la Liga Cordobesa de Futbol, el delegado del Club Junior's, escribano Lisandro Balgorria, pronunció breves palabras a fin de que el consejo se dirija a las entidades afiliadas a la Liga para que se expidan a la brevedad posible en lo referente a la consulta que se les ha hecho sobre reformas a los estatutos, reglamento interno y código de penas, para que de esta manera la comisión encargada de redactar los mismos tenga el material necesario para apresurar y dar término a su delicada labor.

El consejo resolvió dar plazo hasta fin de mes a las entidades para que emitan sus opiniones y consideramos que su decisión es sumamente acertada, puesto que será esta la única manera en que la Liga podrá contar con reglamentaciones ordenadas e impresas y no como en el presente en que todo se hace a base de la buena memoria de algunos consejeros. Las palabras del señor Balgorria, indican claramente que las únicas culpables de la mora en la redacción de los reglamentos etcétera, son las entidades y nadie más.

LOS CERTAMENES DE BOCHAS SIGUEN EL PROXIMO SABADO

Pasado mañana en las canchas del Club Río Segundo y desde las 14.30 se jugarán los siguientes partidos oficiales de bochas:

CAMPEONATO INDIVIDUAL DE PRIMERA

7 Mokola v. M. B. Pérez; 8. Galeazzi v. Pallach; 9. A. Runzer v. Baetti; 10 perdedor de 7 v. ganador de 8; 11 ganadores de 9 y 10; 12 ganadores de 11 y 7, final.

CAMPEONATO DE PAREJAS DE SEGUNDA

Canchas del Club Progreso, a las 14.30:

Semifinal: Talleres v. Río Segundo; final: Progreso v. ganador del anterior.

Estos partidos corresponden a la zona B.

CAMPEONATO DE PAREJAS DE TERCERA

Canchas del Club Oath y Chaves, a las 14.30.

Padre Monti v. Quilmes. Unión v. Belgrano; los ganadores harán la final de la zona B.

Zona C, canchas del Club Quilmes, a las 14.30:

Corcemar v. Farol; P. Monti v. Central Córdoba; Atenas v. Quilmes.

SEÑORITA SONJA GRAF JUEGA N EDUARDO SECCHI, LA MEJOR RTIDA QUE BRINDA LA REUNION

rge Mario Lagos se mide con Goycoechea y Arraya con Ramírez Capdevila, iniciándose todas a las 21

a noche a las 21, se iniciará en evaria del Club Atlético Belgrano la última reunión del torneo al de ajedrez que organiza esa ad y que viene desarrollándose ngular éxito, pues participan mismo valores destacados del o local además de la señorita a Graf, vice campeón mundial tina. La reunión de hoy tiene cional importancia, pues de o al resultado de las partie definirán los primeros puesomo así también el título de on del Club Belgrano.

ni va primero con un punto la señorita Graf y necesita menos empatar para clasifiprimero, la señorita Graf de puede ver comprometido su puesto ya que Lagos y Emiliani vienen actuando con seguridad a un solo punto de ella.

el torneo interno de Belgrano ni va primero, y aun perdiendo mañana su partida suspendida Goycoechea, conservaría su ón pero que le podría ser empa por Lagos o Ramírez Capdeque le persiguen de cerca.

LAS PARTIDAS DE HOY

s partidas a jugarse esta noche las siguientes:

rnando Arraya v. Abel Ramírez evila.

e Mario Lagos v. Jorge Félix oycoechea.

ja Graf v. Eduardo B. Secchi.

ñana a las 15, se jugará la para entre Emiliani y de Goycoea finalizando el torneo.

PARTIDAS DE ANTENOCHE

s partidas de antenoche se defin así:

cchi 1 v. Arraya 0. Al Peón Rey ecchi contestó Arraya con P4R y rrolló una Ruy López, en la que posición fué muy pareja, pero po meditó con exceso y el blanco aprovechó ello para emplazar un ue directo al Rey. Arraya muy ado por el tiempo cometió un grave error y al tomar un alfil perdió la Dama, por lo que abandonó. Su posición era ya un poco inferior.

Emiliani 1 v. Ramírez Capdevila 0. Al Peón Rey del blanco jugó el negro una Siciliana y se siguió por vías teóricas bastante rato, hasta que el blanco para buscar chances efectuó una combinación posicional que le reportó la pérdida de un peón, pero para colocar un fuerte caballo en 6D apoyado por un peón. Ramírez, siguió jugando para tablas, y el blanco creó ciertos problemas no muy eficaces, pero el negro no jugó lo correcto y Emiliani logró pasar un peón y cuando se iba a coronar el negro abandonó.

LAS POSICIONES

Las posiciones en el torneo especial son éstas:

Jugador	J.	G.	T.	P.	Pts.
Secchi	5	5	—	—	5
Sonja Graf	5	4	—	1	4
Emiliani	6	4	—	2	4
Lagos	5	3	—	2	3
Arraya	5	2	—	3	2
Ramírez	5	2	—	3	2
Goycoechea	4	1	—	3	1
Yurevich	7	—	—	7	0

Yurevich abandonó el torneo al finalizar la cuarta reunión y hemos computado los puntos a los adversarios que debía enfrentar.

TORNEO INTERNO DE BELGRANO

En el torneo interno de Belgrano, donde no se computan las partidas en que intervienen la señorita Graf y Secchi, las posiciones son éstas:

Jugador	J.	G.	T.	P.	Pts.
Emiliani	4	4	—	—	4
Lagos	3	2	—	1	2
Arraya	4	2	—	2	2
Ramírez	3	2	—	1	2
Goycoechea	3	1	—	2	1
Yurevich	5	—	—	5	0

FINALIZO EL CAMPEONATO DE AJEDREZ DE BELGRANO

Eduardo Secchi, se impuso en el certamen abierto, ocupando el primer puesto en el torneo interno, el jugador Jorge Emiliani

LAS POSICIONES FINALES

Ha finalizado el jueves la disputa del campeonato abierto de ajedrez del C. Atlético Belgrano, certamen que como se sabe contó con la participación de la excelente jugadora Srta. Sonia Graff, alcanzando en su desarrollo el mejor de los éxitos.

La última reunión finalizada como decimos el jueves, con el match de Emiliani y Goycoechea en el que se impuso el primero, arrojó las victorias de Secchi sobre la Srta. Graff, de Ramírez sobre Araya y el empate de Lagos con Goycoechea.

EL CAMPEONATO ABIERTO

Como es del conocimiento de los aficionados, en este certamen se disputaban dos títulos, el del campeonato abierto y el del interno del club organizador. En el primero que contó con la participación de dos jugadores de otras entidades, el campeón provincial Secchi y la Srta. Graff, finalizó con el triunfo del primero de los nombrados, siendo las posiciones finales las siguientes:

	J.	G.	E.	P.	Pts.
Secchi	7	7	-	-	7
Emiliani	7	5	-	2	5
Srta. Graff	7	5	-	2	5
Lagos	7	4	1	2	4½
Ramírez	7	3	-	4	3
Arraya	7	2	-	5	2
Goycoechea	7	1	1	5	1½
Yurevich	7	-	-	7	0

EL CAMPEONATO INTERNO

En lo que hace al campeonato interno del club Belgrano que se disputó simultáneamente, no computándose los matches en que intervenían la señorita Graff y Secchi ,fué ganado por Emiliani arrojando el siguiente resultado:

	J.	G.	E.	P.	Pts.
Emiliani	5	5	-	-	5
Lagos	5	3	1	1	3½
Ramírez	5	3	-	2	3
Arraya	5	2	-	3	2
Goycoechea	5	1	1	3	1½
Yurevich	5	-	-	5	-

Jueves 13 de agosto

En el Hotel Viña de Italia es agasajado Jorge Mario Lagos, que acaba de clasificarse primer campeón de la Provincia de Córdoba, al adjudicarse el certamen organizado por la Asociación Cordobesa. Este certamen se jugó "dentro" del torneo internacional, de manera que no se contaron los resultados de Sonja Graf ni de Eduardo Secchi. Adhirieron Eduardo Secchi, Sonja Graf, Abel Ramírez Capdevila, y otros

ESTA NOCHE SERA AGASAJADO JORGE MARIO LAGOS

Esta noche a las 21.15 en el hotel "Viña de Italia", será servida una cena en honor del ajedrecista Jorge Mario Lagos, que acaba de clasificarse primer campeón de la Ciudad de Córdoba, al adjudicarse el torneo respectivo organizado por la Asociación Cordobesa de ese juego.

Han adherido numerosos aficionados y amigos personales de Lagos a esta demostración e invitan a hacerlo:

Eduardo B. Secchi, Raúl Ramírez Capdevila, señorita Sonja Graf, Abel Ramírez Capdevila, doctor José Manuel Lascano, Miguel A. Lascano Garzón, Carlos Bazán, Fernando Arraya, Antonio Broggin, doctor Jaime Oulleré, Jorge Victorio Emiliani, José Ignacio Chaves, Jorge Félix de Goycoechea.

Córdoba, Club Belgrano 1942

		1	2	3	4	5	6	7	8	PTS	S.B.
1	Secchi, Eduardo Bautista	*	1	1	1	1	1	1	1	7.0/7	
2	Emiliani, Jorge Emilio	0	*	1	0	1	1	1	1	5.0/7	11.50
3	Graf, Sonja	0	0	*	1	1	1	1	1	5.0/7	11.00
4	Lagos Altamira, Jorge	0	1	0	*	1	½	1	1	4.5/7	
5	Ramírez Capdevila, Abel	0	0	0	0	*	1	1	1	3.0/7	
6	De Goycochea, Jorge	0	0	0	½	0	*	½	1	2.0/7	
7	Arraya, Fernando	0	0	0	0	½	½	*	1	1.5/7	
8	Yurevich, Jorge	0	0	0	0	0	0	0	*	0.0/7	

Viernes 14 de agosto

J. M. Lagos Ganó en un Certamen

En el club de ajedrez Jaque Mate de barrio San Martín se llevó a cabo el domingo último una interesante reunión ajedrecística la que contó con la participación de un destacado núcleo de aficionados a este juego.

La base de la reunión la constituyó un torneo ping-pong el que arrojó los siguientes resultados:

Jorge M. Lagos ...... 20 Pts.
Teobaldo V. García .. 19 Pts.
Fernando Arraya .... 17 ½ Pts.
José M. Lascano ..... 17 ½ Pts.
Antonio M. Brogin ... 16 ½ Pts.
Sonja Graf .... 16 ½ Pts.
A. Ramírez Capdevila 16 Pts.
Boris Yurevich .... 14 Pts.
Bernardo Bzura ...... 13 Pts.
Juan C. García ...... 12 ½ Pts.
Ernesto Schargorodsky 12 ½ Pts.
Robustiano Casiva ... 12 Pts.
M. Lascano Garzón .. 10 Pts.

▌*La Voz del Interior*: Najdorf visita las localidades de Freyre y San Francisco, brindando exhibiciones de simultáneas. En el Club Jaque Mate del Barrio San Martín se jugó un torneo rápido, con la participación de quienes intervinieron en el torneo del Club Belgrano, y otros aficionados destacados de la zona. Venció Jorge M. Lagos, con 20/24, seguido por Teobaldo García 19; Fernando Arraya y José Lascano 17½; Sonja Graf y Antonio Brogin 16½; Abel Ramírez Capdevila 16; Boris Yurevich 14; Bernardo Bzura 13; Juan C. García y Ernesto Schargrodsky 12½; Robustiano Casiva y M. Lascano Garzón 10.

Sábado 22 de agosto

▌*La Voz del Interior* publica un artículo sobre el torneo, titulado *"Al margen del torneo del Club Belgrano"*.

El torneo que organizara el Club Belgrano con motivo de la estadía en nuestro medio de la vice campeona mundial de ajedrez, señorita Sonja Graf, se ha visto coronado con el más franco éxito, como ya se esperaba por la calidad de los participantes, entre los cuales se encontraba el campeón provincial Eduardo Secchi, el de la ciudad Jorge Lagos, y los fuertes aficionados Emiliani, Arraya, de Goycoechea. Además, esta prueba servía de comparación para los ajedrecistas locales, ya que participaba Sonja Graf, quien en un torneo en Rosario había finalizado tercera, no obstante competir con la plana mayor de los jugadores de esa ciudad. Se han podido comprobar, al mismo tiempo, la energía con que conduce la vice campeona sus partidas y la seguridad y eficacia de nuestros aficionados, al finalizar Secchi con dos puntos de ventaja sobre Sonja Graf y Jorge Emiliani, clasificados segundos.

Con respecto a la actuación individual, podemos decir que el campeón de la provincia inició el torneo jugando con cierta imprecisión contra Ramírez, quien lo puso en apuros muy serios, perdiendo luego el final por la mayor exactitud con que Secchi los juega. Estuvo también en cierto momento inferior con nuestro campeón de Goycoechea, en una partida complicada, en la que luego dominó a voluntad ante un error posicional de su contrincante. Las demás partidas, las ganó de punta a punta, evidenciando haber recuperado perfectamente su estilo vigoroso.

Sonja Graf actuó con cierta irregularidad. Con Lagos perdió una partida que pudo haber hecho tablas, y con Secchi en ningún momento estuvo feliz. Con Ramírez se impuso luego de larga lucha, en la que hubo momentos en que estuvo inferior, demostrando tener mucha habilidad para salir con bien de posiciones difíciles. Con Arraya, una feliz combinación de ataque al rey le dio el triunfo, en momento en que parecía haber cometido un grave error. Derrotó muy bien a Emiliani y en forma muy enérgica a de Goycoechea.

AL MARGEN DEL TORNEO DEL CLUB AT. BELGRANO

Con la presente, iniciamos hoy una seccion de ajedrez que se publicará semanalmente, sin perjuicio de las notas y comentarios que hagamos otros dias, relacionadas con el llamado juego ciencia.

Esta seccion, a cargo de dos de los mas destacados aficionados de nuestro medio, tratará de la difusion del ajedrez en todos sus aspectos, dando preferente atención a los acontecimientos de actualidad, asi como a la publicación de partidas y comentarios técnicos de las aperturas.

AL MARGEN DEL TORNEO DEL BELGRANO

El torneo especial que organizara el Club A. Belgrano con motivo de la estada en nuestro medio de la vice campeona mundial de ajedrez, señorita Sonja Graf, se ha visto coronado con el más franco éxito, como ya se esperaba por la calidad de los participantes entre los cuales se podía notar al campeón de la provincia, Eduardo B. Secchi, al de la ciudad, Jorge M. Lagos y a los fuertes aficionados Emiliani, Arraya, de Goycoechea, etc.

Además, esa prueba [illegible] de comparación para los ajedrecistas locales, ya que participaba Sonja Graf, quien en un torneo de la ciudad de Rosario había finalizado tercera no obstante competir con la plana mayor de los jugadores de esa ciudad. Se ha podido comprobar, al mismo tiempo, que la energía con que conduce la vice-campeona sus partidas, la seguridad y eficacia de nuestros aficionados, al finalizar Secchi con dos puntos de ventaja sobre Sonja Graf y Jorge V. Emiliani, clasificados segundos.

Con respecto a la actuación individual, podemos decir que el campeón de la provincia inició el torneo jugando con cierta imprecisión

LA COPA

Sonja Graf en el torneo pueblerino de Villa María

Emiliani, luego de perder sus dos primeras partidas con Secchi y Graf, se impuso en todas las restantes, entre la que podemos mencionar la que le ganó a Lagos, por la forma en que ambos rivales actuaron, arriesgando el todo por el todo. Lagos actuó en forma algo floja, y pudo haber perdido algún otro punto, además de sus derrotas ante Secchi y Emiliani. De Goicoechea y Arraya estuvieron muy por debajo de sus antecedentes, y en varias partidas cometieron gruesos errores. Yurevich debió abandonar el certamen cuando aún le faltaban tres partidas por jugar. En las que disputó, demostró también estar muy por debajo de sus condiciones. La revelación del torneo ha sido Ramírez Capdevila. Este veterano jugador que casi nunca participa en torneos, ha demostrado tener mucho sentido posicional, y tuvo a sus fuertes rivales en apuros, sobre todo a los que ocuparon los tres primeros puestos.

Debe mencionarse también el pequeño torneo de Villa María, que se jugó entre el 11 y el 16 de setiembre en el Hotel Palace,[862] donde superó a los jugadores locales.

Municipalidad de Villa María, edificio del ex Hotel Palace

[862] El domingo 18 de mayo de 1930, en la esquina de calle Mendoza y la entonces Bolivia, se inauguraba el Palace Hotel. En el año 1987, una de las tantas empresas hoteleras que lo hacía funcionar no lograba hacer que el hotel fuera rentable, y cierra sus puertas para venderlo a la Municipalidad. Así se convierte en el palacio Municipal. El último pasajero se retiró el 20 de junio de aquel año a las tres de la tarde. En el Palace se alojaron ilustres visitantes y en sus salones se escucharon excelentes músicos a través de su historia. Cuando se inauguró era de los hoteles más lujosos del país, a las pocas cuadras Villa María aún mostraba muchos ranchos de adobe. La noche de su inauguración, arribó un tren desde Córdoba con una gran cantidad de personalidades invitadas a la fiesta. El hotel, de cuatro pisos, contaba con 120 habitaciones y 92 baños. Tenía peluquerías para damas y caballeros, sala de lectura, cantina, fábrica de helados, fiambrería, fábrica de masas y dulces, con horno instalado. También disponía de cafetería, local para la confección de sándwichs, servicios para el personal, dependencia para el chef, cámara frigorífica para vinos, cámara frigorífica para carnes y lavadero de ropa arriba del garaje, donde se podían guardar hasta sesenta automóviles. El Palace contaba con salones de baile, con sus respectivos palcos o balcones donde tocaban las orquestas. El Salón Dorado fue el más tradicional. [Notas del autor]

11 de setiembre

▓ *Los Principios* titula: *"La señorita Graf ganó un torneo de ajedrez jugado en la ciudad de Villa María"*. Organizado por el Círculo de Ajedrez de esta localidad, se disputó un torneo de ajedrez con la participación de la señorita Sonja Graf, vice campeona mundial femenina, y los aficionados locales Katz, Carmona, Calabrés,[863] Kube y Rubio. El certamen tuvo un desarrollo sumamente interesante, y la señorita Graf impuso su calidad y conocimientos técnicos, logrando un amplio triunfo, ya que aventajó a Katz por un punto, siendo este el único que logró empatar con aquella, ya que los restantes fueron vencidos. Las posiciones finales fueron las siguientes:

	Participantes	1	2	3	4	5	6	PTS	S.B.
1	Sonja Graf	X	½	1	1	1	1	4½	
2	David Katz	½	X	0	1	1	1	3½	
3	Antonio Carmona	0	1	X	½	0	1	2½	5,25
4	Benjamín Calabrés	0	0	½	X	1	1	2½	3,25
5	Enrique Kube	0	0	1	0	X	½	1½	
6	Julián Rubio	0	0	0	0	½	X	½	

▓ La señorita Graf acepta giras al interior, y los interesados pueden dirigirse a San Jerónimo 235, Córdoba.

La Señorita Son ja Graf Ganó un Torneo de Ajedrez Jugado en la Ciudad de Villa María

En la ciudad de Villa María y organizado por el Círculo de Ajedrez de ésa, se disputó un torneo de ajedrez con la participación de la señorita Sonja Graf, vice campeona mundial femenina y los aficionados locales Katz, Carmona, Calabrese, Kubbe y Rubio.

El certamen tuvo un desarrollo sumamente interesante y la señorita Graf impuso su calidad y conocimientos técnicos, logrando un amplio triunfo ya que aventajó a Katz por un punto, siendo éste el único que logró empatar con aquella, ya que los restantes fueron vencidos.

Las posiciones finales fueron las siguientes:

Jugador	J.	G.	E.	P.	Pts.
Sonja Graf	5	4	1	-	4½
Katz	5	3	1	1	3½
Carmona	5	2	1	2	2½
Calabrese	5	2	1	2	2½
Kubo	5	1	1	3	1½
Rubio	5	-	1	4	½

La señorita Graf acepta jiras al interior y los interesados pueden dirigirse a calle San Jerónimo 235, Córdoba.

Benjamín Calabrés y Antonio Carmona [Testimonios octubre de 2010]

▓ Benjamín Calabrés recuerda perfectamente el torneo, que jugó cuando tenía 18 años. Dice que Sonja llegó con varios ejemplares de *Así juega una mujer*, y que los vendía a $ 5.[864]

> Lamentablemente no guardé ningún papel ni partidas del certamen. Con Graf jugué bastante mal y ella me ganó con facilidad. Empaté una larga partida con Antonio. Éramos ajedrecistas débiles, y fuimos figuras por un rato.

Antonio Carmona, nacido en 1922, ya fallecido, fue un ajedrecista postal fuerte, y también tiene agradables recuerdos de este evento:

[863] Benjamín Calabrés jugó en torneos postales de LADAC en 1953, desde su domicilio de Corrientes 1520, Villa María, Córdoba.

[864] Equivalentes a unas 7 revistas de ajedrez de la época, aproximadamente unos U$S 16 de hoy.

Pude empatarle la partida a Graf, pero me equivoqué sobre el final de la primera sesión, y perdí. Sin querer le arruiné el torneo a mi amigo Katz, quien me tenía en muy mala posición, pero cometió un grave error en el apuro de tiempo. Ella era brava para el sexo, y eso allá por los años 40 era revolucionario... Se vestía con ropa de hombre muy colorida, utilizaba pelo corto, y no se pintaba ni se arreglaba. Durante el día salía con el farmacéutico, quien la llevaba a pasear por el pueblo en un sulky. Después de las partidas, durante la noche, el Hotel habilitaba el salón de baile y ella era una de las primeras en llegar. Bailaba con aquellos parroquianos que la invitaran. Se hizo muy amiga de Blas Alberto Dos Santos, uno de los dueños de la Farmacia Repetto, que estaba frente a la plaza. La llevaba a pasear por el pueblo en un carro con capota tirado por caballos.[865]

Torneo Semana de Turismo – Córdoba 1942

4 de setiembre de 1942

▓ *La Voz del Interior* anuncia el próximo torneo internacional de ajedrez. La Federación Cordobesa ha puesto en movimiento una idea que, de materializarse, habrá de lograr un amplio apoyo entre la afición local. Se trata de la realización de un torneo magistral de ajedrez durante la Quincena de Turismo, con la intervención de las más calificadas figuras del país y maestros extranjeros residentes en la República, contándose, entre ellos, Gideon Ståhlberg , Miguel Najdorf, Paulino Frydman y Marcos Luckis, y entre los nacionales, Héctor Rossetto –campeón argentino–, Carlos Guimard –ex campeón argentino–, Jacobo Bolbochán, Juan Vinuesa –campeón rosarino–, Carlos Hugo Maderna, Eduardo Secchi –campeón de la Provincia de Córdoba– y Jorge Lagos, campeón de nuestra ciudad. A tal fin, se han dirigido a la Junta de la Quincena de Turismo, solicitando su ayuda, pedido que sin duda alguna ha de encontrar amplia aprobación, por la importancia que reviste el torneo y por ser el primero de tal trascendencia que se efectúa en esta ciudad.

TORNEO MAGISTRAL DE AJEDREZ HABRA EN NUESTRA CIUDAD

La Federación Cordobesa de Ajedrez ha puesto en movimiento una idea que de materializarse, habrá de lograr un amplio apoyo entre la afición local, y ella la realización de un torneo magistral de ajedrez durante la "Quincena de Turismo" con la intervención de las más calificadas figuras del país, como así también, con la intervención de los maestros extranjeros residentes en la república, contándose entre ellos Gedeón Sthalberg, Miguel Nardorf, Paulin Frydman y Marcos Luckis y entre los nacionales, Héctor Rossetto, campeón argentino, Carlos Guimard, ex-campeón, reciente del anterior, Jacobo Bolbochán, Juan Vinuesa, campeón rosarino, Carlos Hugo Maderna, Eduardo B Sechi, campeón de la provincia de Córdoba y Jorge M. Lagos, campeón de nuestra ciudad.

A tal fin, se han dirigido a la Junta de la Quincena de Turismo, solicitando su ayuda, pedido que sin duda alguna, ha de encontrar amplia aprobación, por la importancia que reviste el torneo y por ser el primero de tal trascendencia que se efectúa en esta ciudad, que podrá apreciar un espectáculo de es-

11 de setiembre

▓ *Los Principios* detalla también los pormenores de la organización del Torneo Quincena de Turismo.

El Torneo Magistral y los ajedrecistas locales. La junta designada para organizar todos los actos a celebrarse con motivo de la Quincena de Turismo ha decidido ya prestar el apoyo financiero necesario para realizar en ésta el anunciado torneo de maestros, del cual nos hemos ocupado en ediciones anteriores. Resta aún sin embargo la tarea más difícil: su organización. Desde ya, dirigentes de la Federación Cordobesa de Ajedrez, a cuyo cargo estará la dirección del mismo, se han ocupado con loable empeño de que esta prueba ajedrecística, que por la calidad de sus participantes y por la proyección llamada a tener constituirá el jalón más preciado de la historia de nuestro ajedrez, se vea coronada por el mayor de los éxitos.

Exclusión inoportuna. Hay empero un detalle de organización que creemos que la Federación no ha apreciado debidamente. Existe en dicho organismo la idea de que participen ocho maestros y dos

865 En los periódicos locales *El Heraldo y Tercero Abajo* salieron notas y fotos del torneo. Ya estamos en 2019, y no he podido encontrarlas, ya que no están ni el Archivo Histórico Municipal, ni en Patrimonio Histórico de Villa María ni en Casa de Cultura de Villa María ni en la Biblioteca del Colegio Bernardino Rivadavia.

ajedrecistas cordobeses solamente. Se basa dicho criterio, a parte de motivos de orden económico muy discutibles por cierto, en el hecho de querer dar al magno certamen toda la jerarquía indispensable, y de que, por lo tanto, la participación de un número crecido de valores cordobeses amenguaría su calidad. Es indudable que nuestros más destacados cultores del juego ciencia, por su condición de simples aficionados, observan una técnica que aparece disminuida con relación a la de quienes han hecho del ajedrez su profesión habitual, su *modus vivendi*, pero de ahí a asegurar que desentonarían alternando con tan ilustres maestros, nos parece un error de apreciación.

Tenemos grandes figuras. Se dirá que con la intervención de Secchi y Lagos el ajedrez cordobés estará bien representado en número y calidad, pero ello no es suficiente. Es necesario que toda nuestra plana mayor esté presente, o por lo menos gran parte, si es que ello puede pesar gravemente en las finanzas del torneo. Es evidente que Emiliani, de lucida actuación en el torneo especial del Club Belgrano, empatando el segundo lugar con Sonja Graf, segura participante, García y Roque Núñez, gratas revelaciones del Torneo Mayor de la Asociación, Arraya, un valor que surge, Lascano, de gran experiencia y de lucidas actuaciones en nuestro medio, y de Goycoechea, de calidad reconocida por todos, no serían meros *convidados de piedra* en esta emergencia. Y no mencionamos a Chaves y Román, jugadores veteranos pero igualmente capaces, por considerar que no tendrían la suficiente resistencia física dada su edad, para afrontar una prueba de la naturaleza como la que nos ocupa.

EL TORNEO MAGISTRAL Y LOS AJEDRECISTAS LOCALES

EXCLUSION INOPORTUNA

TENEMOS GRANDES FIGURAS

Pero apartándonos de todos estos considerandos, que siempre estarían dentro del terreno de la discusión, hay argumentos que nos parecen indiscutibles. Córdoba es la que financia y organiza el certamen; luego, es lógico que apliquemos la frase *la caridad empieza por casa,* y seamos por lo tanto más egoístas. Para ello tenemos el ejemplo que nos dan de todas partes: Buenos Aires, Rosario, Santa Fe, han realizado estos torneos con la base de dos o tres de estos maestros, y ocho o más jugadores locales.

Debe aumentarse el número. Y ejemplificando más, ¿no tenemos a Londres con sus famosos torneos de primavera, en que intervenían un Capablanca o un Alekhine y varios jugadores locales? ¿Se podrá afirmar que los mismos se han visto disminuidos en su esplendor por esa circunstancia? Otra aspiración, y que no es de menospreciar, es la de que el *standard* de nuestro juego mejoraría, pues bien cierto es que la manera más indicada de progresar es la de establecer contacto con fuerzas superiores. ¿Será posible entonces que desaprovechemos una oportunidad como ésta?

En resumen, nuestra opinión es que debe aumentarse el número de participantes cordobeses, aún a costa de la exclusión de algún maestro extranjero. Un torneo con la intervención de tres a cinco maestros europeos, dos argentinos –Rossetto y Guimard--, Sonja Graf y cuatro aficionados cordobeses cumpliría con todas las finalidades perseguidas, inclusive con la de la Dirección de Turismo, ya el torneo que tendría seguramente repercusión en el país y en el extranjero. Con estos comentarios, creemos hacerlos eco de un anhelo de la afición cordobesa, que no quiere ser una mera espectadora de una fiesta de tal trascendencia, sino actora.

Domingo 13 de setiembre

▮ *Los Principios* anticipa: *"Despierta enorme interés el torneo que se desarrollará en nuestra ciudad".*

Es casi segura la participación del campeón polaco Miguel Najdorf, el campeón sueco Gideon Ståhlberg , de Paul Michel, de Adolfo (Sic) Becker y la señorita Graf. También intervendrán los argentinos Héctor Rossetto –campeón nacional–, Carlos Guimard y Jacobo Bolbochán –ex campeones argentinos–. Junto a ellos lucharán el campeón provincial Eduardo Secchi, el de la ciudad Jorge Lagos y posiblemente dos ajedrecistas más, que se elegirían entre Teobaldo García, José M. Lascano, Jorge de Goycoechea y Horacio Núñez, los más altos valores en actividad.

Despierta Enorme Interés el Torneo de Ajedrez que se Realizará en Nuestra Ciudad

El torneo de ajedrez que está organizando la Federación Cordobesa de Ajedrez, con el apoyo de la Junta Ejecutiva de la Quincena Provincial de Turismo, y en el cual han de participar los más destacados maestros extranjeros que se encuentran radicados en nuestro país, debido a la guerra, despierta enorme interés, pues será la primera vez que Córdoba sea escenario de una justa de tanta trascendencia.

Es casi segura la participación del campeón polaco Miguel Najdorf, del campeón sueco Gideón Stahlberg, del polaco Paulyn Frydmann, de Paúl Michell, de Adolfo Beker y la señorita Sonja Graf.

También intervendrán los argentinos Héctor D. Rossetto, campeón nacional, Carlos E. Guimard, y Jacobo Bolbochán, ex campeones argentinos. Junto a ellos lucharán el campeón provincial Eduardo B. Secchi y el de la ciudad Jorge Mario Lagos y posiblemente dos ajedrecistas más, que se elegirían entre Teobaldo V. García, José Manuel Lascano, Jorge Félix de Goycoechea y Horacio Roque Núñez, los más altos valores en actividad.

Martes 15 de setiembre

▌*La Voz del Interior*: *"Pasado mañana se iniciará el torneo magistral de ajedrez"*. Se cuenta con la participación del campeón sueco Ståhlberg , que conjuntamente con el polaco Najdorf son los dos jugadores extranjeros de más categoría radicados actualmente en la Argentina. Además, participarán los maestros Czerniak, Michel, los argentinos Carlos Guimard y Herman Pilnik. (...) Otro motivo de atracción lo constituirá Sonja Graf, la vice campeona mundial de ajedrez femenino, así como la participación de los jugadores locales Secchi y Lagos, a quienes puede agregarse a último momento uno o dos más, a elegir entre Lascano, de Goycoechea, García, Roque Núñez. Se ha fijado fecha de iniciación para el próximo jueves, y se jugará diariamente, con excepción del domingo 20 y el jueves 24, a razón de 40 jugadas cada dos horas y media por cada competidor.

Pasado Mañana se Iniciará el Torneo Magistral de Ajedrez

Miércoles 16 de setiembre

▌*Los Principios* titula a todo el ancho de página: *"Mañana dará comienzo en Córdoba el Torneo Internacional de Ajedrez"*. Participan en el mismo maestros de fama mundial: son ellos Gideon Ståhlberg , Paul Michel, Miguel Najdorf y Miguel Czerniak.

MAÑANA DARA COMIENZO EN CORDOBA EL TORNEO INTERNACIONAL DE AJEDREZ

PARTICIPAN EN EL MISMO MAESTROS DE FAMA MUNDIAL

EL SABADO PROXIMO SE INICIARA EL CERTAMEN SUDAMERICANO DE BOX

Chile, Uruguay y Argentina participan del torneo de Buenos Vecindad que ofrece el Córdoba Sport Club en su nuevo estadio

CESTAC EN EL TEAM NACIONAL

Antecedentes de los productos perdedores que actuarán el domingo en Córdoba

HUBO PARTIDOS DE TENIS EN EL CLUB GRAL. PAZ JUNIORS

Renovó parcialmente sus autoridades el Córdoba Sport

Hubo Ejercicios Excelentes en el Hipódromo

UN CERTAMEN DE ATLETISMO HABRA EL SABADO 19

PETIT SOT, CON ROBERTO CECCHI, TRABAJO BIEN

Fué suspendido el jockey de la Mata

DOLOR DE CABEZA GENIOL

Jueves 17 de setiembre (Ronda 1ª, pareos)

▌*La Voz del Interior*: *"Iníciase hoy el Torneo Magistral de Ajedrez. Maestros de fama mundial actuará en el certamen"*. Ha de darse comienzo esta noche en el local de la Bolsa de Comercio, Rosario de Santa Fe 291, a la disputa del Torneo Magistral de Ajedrez, certamen de excepcional importancia organizado con motivo de la Quincena de Turismo, con la participación de las más grandes figuras del juego ciencia actualmente en el país. La sola enunciación de los participantes nos da una idea de lo justificado del interés que existe por esta prueba, tanto en nuestra ciudad como en todo el país. Intervienen el campeón sueco Gideon Ståhlberg , el campeón polaco Miguel Najdorf, el alemán Paul Michel, Herman Pilnik, Miguel Czerniak y Sonja Graf, figuras todas de fama universal en el juego ciencia. Representando al ajedrez local actuarán el campeón de la provincia Eduardo Secchi, el campeón de la ciudad Jorge Lagos, y José M. Lascano, designado por la Federación Cordobesa.[866] *Los Principios* del jueves 17 de setiembre destaca que "debe librarse una luicha de calidad", y que juegan Ståhlberg, Najdorf, Michell (Sic), Czerniak, Pilnik, Secchi y otros valores".

VOZ DEL INTERIOR — Jueves 17 de Septiembre de 1942 — INFORMACION POLICIA — DEPORTES

Iníciase Hoy el Torneo Magistral de Ajedre

MAESTROS DE FAMA MUNDIAL ACTUARAN EN EL CERTAMEN

Ha de darse comienzo esta noche en el local de la Bolsa de Comercio, Rosario de Santa Fe 291, a la disputa del torneo magistral de ajedrez, certamen de excepcional importancia organizado con motivo de la "Quincena de Turismo" con la participación de los más grandes figuras del juego ciencia actualmente en el país.

La sola enunciación de los maestros participantes nos da una idea de lo justificado del interés que existe por esta prueba tanto en nuestra ciudad como en todo el país. Así tenemos que intervienen el campeón sueco, Gideón Stahlberg, el campeón polaco Miguel Najdorf, el alemán Paul Michel, Herman Pilnik, C. Czerniak, y Sonja Graff, figuras todas de fama universal en el juego ciencia. Por otra parte, representando al ajedrez local actuarán el campeón de la provincia, Eduardo Secchi, Lagos, campeón de la ciudad y Lascano, designado especialmente por la Federación Cordobesa.

Su Aniversario Festejará el C. At. Villa Esquiú

SE CONSTITUYO EL COMBINADO QUE JUGARA EN RIO IV

ESTAMPAS DEL CAMPEONATO — Por Tressot

PARTICIPAN EN EL MISMO MAESTROS DE FAMA MUNDIAL

Son ellos Gideón Stahlberrg, Paúl Michell, Miguel Najdorf y Miguel Czerniak

Mañana a la noche, en el local de la Bolsa de Comercio, se iniciará el torneo internacional de ajedrez que organiza la Federación Cordobesa de ese juego con el apoyo financiero de la Junta Ejecutiva de la Quincena de Turismo y que ha despertado extraordinaria expectación en el ambiente, por participar en el maestros de reconocida calidad y de prestigio mundial, como lo son el campeón de Suecia Gideón Stahlberg, el campeón de Polonia Miguel Najdorf, el campeón de Palestina Miguel Szerniak, el alemán Paúl Michell, conjunto de excepcional valía y junto al cual Hermán Pilnik, nacido en Alemania pero radicado en nuestro país desde su niñez en nuestro país, han de producir un ajedrez de alta calidad. A la nómina de los extranjeros debe agregarse la señorita Sonja Graf, que hace poco actuara en ésta dejando buena impresión.

El Certamen Ma

JUEGAN EN EL STAHLBERG, NAJDORF ZERNIAK MICHELL, PILNIK, SECCHI, LAGOS, LASCANO Y OTROS VALORES

EN EL LOCAL DE LA BOLSA DE COMERCIO A LAS 20, SE COMENZARA LA PRIMERA RUEDA, HABIENDO DESPERTADO MUCHO INTERES

Debe librarse una lucha de calidad

Esta noche a las 20, en el local de la Bolsa de Comercio, ubicado en calle Rosario de Santa Fe 291, y cedido gentilmente por el presidente de la misma doctor Horacio Martínez, se iniciará el torneo internacional de ajedrez en el cual participan valores de prestigio mundial, a la par de elementos locales que han de obtener grandes enseñanzas en su confrontación con los maestros. Es la primera vez que se realiza en nuestro medio una prueba de tanta jerarquía y si bien es cierto que la Federación Cordobesa de Ajedrez organiza el torneo, no es lógico relegar a segundo plano la ayuda financiera de la Junta Ejecutiva de la Quincena de Turismo que ha tenido por virtud allanar numerosos inconvenientes que sin su cooperación hubieran resultado insalvables para nuestros dirigentes.

MAESTROS DE CALIDAD EXCEPCIONAL

Con sólo mencionar al campeón de Suecia, Gideón Stahlberg y al de Polonia, Miguel Najdorf, podrá tenerse una idea de la importancia del certamen que hoy se inicia.

Stahlberg y Najdorf, son dos valores excepcionales del ajedrez mundial y figuran entre los maestros de más prestigio. Ambos se han adjudicado casi todos los torneos en que han actuado en nuestro país y Naydorf, cumplió la hazaña de empatar un primer puesto con el estonio Paul Kéres y ganarle además la partida individual, hecho éste del que muy escasos maestros pueden alardear. Los dos han de ser los candidatos al primer puesto y la lucha entre ellos será brillante.

[866] También participa el local Teobaldo García.

Viernes 18 de setiembre (Ronda 1ª, resultados. Ronda 2ª, pareos)

▮ *La Voz del Interior* destacó: "*El torneo magistral de ajedrez se inició anoche*". Ha dado lugar a una singular expectativa la realización en esta ciudad del torneo magistral de ajedrez, en el cual toman parte los más destacados ajedrecistas de fama mundial. Al acto de iniciación del torneo, que se juega en el salón de la Bolsa de Comercio de esta ciudad, asistió el gobernador de la provincia, Dr. Santiago Del Castillo, y miembros de la junta ejecutiva de la Quincena de Turismo, a parte de numeroso público aficionado. Usó de la palabra el Presidente de la Federación Cordobesa de Ajedrez, señor Enrique R. Mantegani, quien destacó la importancia intelectual del calificado deporte.

Iniciados de inmediato los partidos, una numerosa concurrencia que circundaba el cuadrado siguió con vivo interés las alternativas del juego, hasta su finalización a la 1.30 de hoy. Los resultados de la primera rueda son los siguientes:

Pilnik venció a Lagos a las 32 jugadas; Secchi hizo tablas con Najdorf a las 51 jugadas; Ståhlberg venció a Lascano en 39 jugadas por haberse excedido éste en el tiempo reglamentario; T. García hizo tablas con Graf a las 40 jugadas; Czerniak y Michel suspendieron la partida a las 40 jugadas. Esta partida continuará hoy a las 14 en la Biblioteca Vélez Sarsfield.

EL TORNEO MAGISTRAL DE AJEDREZ SE INICIO ANOCHE

Ha dado lugar a una singular expectativa la realización en esta ciudad, del torneo magistral de ajedrez, en el cual toman parte los más destacados ajedrecistas de fama mundial.

Al acto de iniciación del torneo, que se juega en el salón de la Bolsa de Comercio de esta ciudad, asistió el gobernador de la provincia, doctor Santiago H. del Castillo, y miembros de la junta ejecutiva de la Quincena de Turismo, aparte de numeroso público aficionado. Usó de la palabra el presidente de la Federación Cordobesa de Ajedrez, señor Enrique R. Mantegani, quien destacó la importancia intelectual del calificado deporte.

Iniciados de inmediato los partidos, en la forma que damos a conocer más abajo, una numerosa concurrencia que circundaba el cuadrado siguió con vivo interés las alternativas del juego, hasta su finalización, a la 1.30 de hoy.

Los resultados de la primera rueda disputada anoche, son los siguientes:

H. Pilnik venció a J. M. Lagos a las 32 jugadas.

E. Secchi hizo tablas con M. Najdorf a las 51 jugadas.

G. Stahlberg venció a J. M. Lazcano a las 39 jugadas por haberse éste excedido en el tiempo reglamentario.

T. García hizo tablas con Sonja Graf a las 40 jugadas.

C. Czerniak y P. Michel suspendieron la partida a las 40 jugadas. Esta partida continuará hoy a las 14 en la biblioteca V. Sársfield.

LOS PARTIDOS DE HOY

El torneo seguirá esta noche, en el mismo lugar y hora, disputándose, en consecuencia, de 20 a 1. Los partidos de la segunda rueda son los siguientes: G. Stanlberg v. N. Najdorf; S. Graf v. E. Secchi; P. Michel v. T. García; J. M. Lagos v. C. Czerniak; y J. M. Lazcano v. H. Pilnik.

Los Principios tituló: *Ståhlberg y Najdorf juegan esta noche por el torneo de ajedrez*. Ayer nos han visitado cuatro destacados maestros extranjeros de ajedrez: Michel, Pilnik, Najdorf y Czerniak. Y al día siguiente destacó: *"Eduardo B. Secchi empató con al maestro Najdorf en el Torneo Magistral de Ajedrez"*.

STAHLBERG Y NAJDORF JUEGAN ESTA NOCHE POR EL TORNEO DE AJEDREZ

Ayer nos han visitado cuatro destacados maestros extranjeros de ajedrez que intervienen en el torneo magistral que se está disputando en nuestra ciudad. Ellos son Paúl Michel, Hernán Pilnik, Miguel Majdorf y Miguel Czerniak, no habiendo podido acompañar a los nombrados, por circunstancias imprevistas, el destacado ajedrecista sueco Gedeón Stahlberg

Esta noche a las 20, en la Bolsa de Comercio en calle Rosario de Santa Fe 291, se jugará la segunda reunión del torneo magistral de ajedrez, que se iniciara anoche con singular éxito.

Reviste suma importancia la sesión de hoy, pues se enfrentan los dos candidatos al primer puesto, el sueco Gidcón Stahlberg y el polaco Miguel Najdorf, que han de brindar una partida de extraordinaria calidad. Completan el programa, los siguientes partidas:

Sonja Graf v. Eduardo Secchi;; Paúl Michel v. Teobaldo García. Jorge Mario Lagos v. Miguel Czerniak y José Manuel Lascano v. Hernán Pilnik.

El aficionado local García, actúa en lugar del maestro Marcos Luckis, que no ha podido asistir, por circunstancias imprevistas.

Sábado 19 de setiembre (Ronda 2ª, resultados. Ronda 3ª, pareos)

▮ *La Voz del Interior*: "*El maestro Pilnik encabeza el torneo magistral de ajedrez*". Con creciente expectativa, y en medio de extraordinario entusiasmo siguen los aficionados el torneo magistral que se disputa en el local de la Bolsa de Comercio con la participación de jugadores extranjeros de fama mundial. La partida que quedó suspendida anteanoche se resolvió ayer tarde en la Biblioteca Vélez Sarsfield en tablas, entre Czerniak y Michel.

EDUARDO B. SECCHI EMPATO CON EL MAESTRO MIGUEL NAJDORF EN EL TORNEO MAGISTRAL DE AJEDREZ

Anoche se jugó la segunda reunión con los siguientes resultados: Czerniak venció a Lagos a las 40 jugadas; Pilnik venció a Lascano a las 42 jugadas; Michel y T. García hicieron tablas a las 56 jugadas; Ståhlberg y Najdorf hicieron tablas a las 40 jugadas; Secchi suspendió a las 40 jugadas su partida con Sonja Graf, en posición favorable, contando con un peón de ventaja. Esta partida se definirá hoy a las 14 en la Biblioteca Vélez Sarsfield. Con estos resultados, el maestro Pilnik pasó a encabezar la tabla con 2 puntos, siguiéndole Ståhlberg y Czerniak 1½.

▓ *Los Principios* se hizo eco del gran resultado de un jugador local: *"Teobaldo García empató con al maestro Paul Michel en el certamen magistral de ajedrez".*

TEOBALDO V. GARCIA EMPATO CON EL MAESTRO PAUL MICHELL EN EL CERTAMEN MAGISTRAL DE AJEDREZ

EL MAESTRO PILNIK, ENCABEZA EL TORNEO MAGISTRAL DE AJEDREZ

Con creciente especialiica y en medio de extraordinario entusiasmo siguen los aficionados el torneo magistral de ajedrez que se disputa en el local de la Bolsa de Comercio con la participación de jugadores extranjeros de fama mundial. La partida que quedó suspendida antenoche se resolvió ayer tarde en la biblioteca Vélez Sársfield en tablas entre Czerniak y Michel.

Anoche se jugó la segunda avunión con los siguientes resultados:

Miguel Czerniak venció a Jorge M. Lagos a las 40 jugadas.

Herman Pilnik venció a José M. Lazcano a las 42 jugadas.

Paul Michel y Teobaldo García hicieron tablas a las 56 jugadas.

Gideón Stahlberg y Miguel Najdorf hicieron tablas a las 40 jugadas.

Eduardo Secchi suspendió a las 40 jugadas su partida con Sonja Graf, en posición favorable al primero que lleva un peón de ventaja. Hoy a las 14 se definirá esta partida en la biblioteca Vélez Sársfield.

PILNIK ENCABEZA LA TABLA

Con los resultados de hoy el maestro Herman Pilnik pasó a encabezar la tabla con 2 puntos, siguiéndole Gideon Stahlberg y Miguel Czerniak con 1 ½ puntos, Teobaldo García, Miguel Najdorf y Paul Michel llevan un punto; Sonja Graf y Eduardo Secchi ½ punto con una partida menos y Lazcano y Lagos no han logrado aún ningún punto.

LAS PARTIDAS DE ESTA NOCHE

Esta noche se disputará la tercera reunión con este fixture: H. Pilnik v. G. Stahlberg; M. Czerniak v. J. M. Lazcano; T. García v. J. M. Lagos; E. Secchi v. P. Michel y M. Najdorf v. Sonja Graf. Como de costumbre, las blancas serán jugadas por los primeros nombrados.

▓ Esta noche juegan por la 3ª ronda Pilnik – Ståhlberg , Czerniak – Lascano, García – Lagos, Secchi – Michel y Najdorf – Graf.

Domingo 20 de setiembre (Ronda 3ª, resultados. Ronda 4ª, pareos)

▓ *La Voz del Interior* tituló: *Ståhlberg y Pilnik juegan una interesante partida.* Anoche se disputó, dentro del gran entusiasmo con que los aficionados siguen el torneo, la tercera reunión del magistral de ajedrez que se juega en el local de la Bolsa de Comercio, de la calle Rosario de Santa Fe. La partida suspendida entre Secchi y Graf se resolvió en favor del primero ayer, en la Biblioteca

Vélez Sarsfield. Los resultados de anoche fueron: García venció a Lagos en 33 jugadas; Czerniak a Lascano a las 49; Najdorf a Graf a las 30; Secchi hizo tablas con Michel a las 31; Pilnik y Ståhlberg suspendieron a las 40 con ventaja de calidad para el segundo. Esta partida se definirá el lunes 21 a las 14. Esta noche se jugará la cuarta reunión, con los siguientes partidos: Ståhlberg – Graf, Michel – Najdorf, Lagos – Secchi, Lascano – García y Pilnik – Czerniak. Czerniak pasó a encabezar la tabla de posiciones, con 2½ puntos. Le siguen Najdorf, Secchi, García y Pilnik 2, Ståhlberg (1) y Michel (1) 1½, Graf ½, Lascano y Lagos sin puntos.

Proseguirá Esta Noche el Torneo de Buena Vecindad

Un Gran Programa se Desarrollará

STAHLBERG Y PILNIK JUEGAN UNA INTERESANTE PARTIDA

A las cuarenta jugadas suspendieron con ventaja de calidad en favor del primero

Anoche se disputó, dentro del gran entusiasmo con que los aficionados siguen el torneo, la tercera reunión del torneo magistral de ajedrez que se juega en el local de la Bolsa de Comercio, de calle Rosario de Santa Fe. Como informamos en nuestra última edición, la partida entre Secchi y Sonja Graf fué suspendida en posición favorable al primero, resolviéndose ayer tarde, en la biblioteca Vélez Sársfield, a favor de Secchi, a las 57 jugadas.

RESULTADOS DE ANOCHE

Los resultados de la tercera reunión, son los siguientes:

García venció a Lagos a las 33 jugadas; Czerniak a Lazcano a las 49 y Najdorf a Sonja Graf a las 30; Secchi hizo tablas con Michel a las 31 jugadas y Pilnik v. Stahlberg suspendieron a las 40 con ventaja en calidad para el segundo. Esta partida se definirá el lunes a las catorce.

LA CUARTA REUNION

Esta noche se jugará la cuarta reunión con las siguientes partidas: Stahlberg v. Sonja Graf; Michel v. Najdorf; Lagos v. Secchi; Lazcano v. García y Pilnik v. Czerniak.

LAS POSICIONES

Con los resultados de ayer, Czerniak pasó a encabezar la tabla de posiciones con 2 1/2 puntos; le siguen con 2 puntos Najdorf, Secchi, García y Pilnik, este último con una partida menos; Stahlberg, con un partido menos y Michel, tiene 1 1/2 puntos; Sonja Graf tiene 1/2 punto y Lazcano y Lagos sin puntaje.

SUCESOS VARIOS

Lunes 21 de setiembre (Ronda 4ª, resultados. Ronda 5ª, pareos)

La Voz del Interior destacó nuevamente a su : *"En gran forma juega García en el torneo de ajedrez".* Ante una gran cantidad de aficionados se jugó anoche en el local de la Bolsa de Comercio la cuarta ronda del torneo magistral de ajedrez Quincena de Turismo. Los aficionados locales Secchi y García han demostrado hallarse en excelentes condiciones de entrenamiento, siendo su juego bastante efectivo. El hecho de que después de tres reuniones se conserven siete invictos demuestra la paridad de fuerzas de los adversarios.

Los resultados de anoche fueron: Ståhlberg venció a Graf a las 26 jugadas; Lagos a Secchi a las 54; García a Lascano a las 49. García se está convirtiendo en la revelación del certamen; Michel y Najdorf hicieron tablas en forma rapidísima, a las 16 jugadas; Pilnik suspendió con Czerniak en posición ligeramente favorable. Las posiciones luego de la reunión de anoche son: García 3, Ståhlberg (1), Czerniak (1) y Najdorf 2½, Pilnik (2), Michel y Secchi 2, Lagos 1, Graf ½ y Lascano sin puntos. Esta noche proseguirá el torneo con la disputa de la quinta ronda, debiendo enfrentarse Czerniak – Ståhlberg , García – Pilnik, Secchi – Lascano, Najdorf Lagos y Graf – Michel. La partida suspendida el sábado entre Ståhlberg y Pilnik se jugará hoy a las 14 en la Biblioteca Vélez Sarsfield.

▓ *Los Principios* tituló: *"Ayer llegó Grau"*. El ex campeón nacional don Roberto Grau, que fuera designado director técnico del torneo magistral, arribó ayer a nuestra ciudad. No lo hizo con anterioridad debido a que ciertas gestiones requirieron su permanencia en la Capital Federal. Al día siguiente destacaba: *"El maestro Gideon Ståhlberg va primero"*

EN GRAN FORMA JUEGA GARCIA EN EL TORNEO DE AJEDREZ

Ante una gran cantidad de aficionados se jugó anoche en el local de la Bolsa de Comercio, la cuarta ronda del torneo magistral de ajedrez que con la presencia de maestros extranjeros, se realiza en nuestra ciudad como acto integrante de los festejos preparados para la Quincena de Turismo. Como lo informáramos en nuestra edición anterior, el maestro M. Czerniak pasó a encabezar con 2 1/2 puntos la tabla al final de la tercera reunión, aunque sus contendientes Stahlberg y Pilnik tienen una partida suspendida, cuya resolución hará variar las posiciones principales. Los aficionados locales Secchi y García han demostrado hallarse en excelentes condiciones de entrenamiento, siendo su juego bastante efectivo. Por otra parte, el hecho de que después de tres reuniones se conserven siete invictos de diez participantes, demuestra la paridad de fuerzas de los adversarios.

PILNIK

LA CUARTA RONDA

Los resultados de anoche, correspondientes a la cuarta reunión del torneo, fueron los siguientes: Stahlberg venció a Sonja Graf a las 26 jugadas, Lagos a Secchi a las 54 y García, que se está convirtiendo en la revelación del certamen, a Lazcano, a las 40; Michel y Najdorf hicieron tablas en forma rapidísima, pues a las 16 jugadas resolvieron dar por empatada la partida, mientras que Pilnik suspendió con Czerniak en posición que le es ligeramente favorable.

Esta noche proseguirá el torneo con la disputa de la quinta rueda, debiendo enfrentarse Miguel Czerniak con Gideón Stahlberg, Teobaldo García con Herman Pilnik, E. Secchi con José M. Lazcano, Miguel Najdorf con Jorge M. Lagos y Sonja Graf con Paul Michel. Como de costumbre, los jugadores nombrados en primer término jugarán las blancas.

CZERNIAK

La partida suspendida el sábado, entre Stahlberg y Pilnik, se jugará hoy a las 14 en la biblioteca Vélez Sársfield. Esta partida ha concitado enorme interés entre los aficionados por tratarse de dos calificadísimos aspirantes a adjudicarse el torneo. La partida entre Pilnik y Czerniak, se jugará mañana a las 14 en la biblioteca Vélez Sársfield en razón de que hoy el primero de los nombrados debe definir la partida con Stahlberg, a la tarde, y jugar a la noche con García.

POSICIONES DESPUES DE LA REUNION DE ANOCHE

Después de las partidas de anoche, las posiciones de los participantes es la siguiente:

	J.	G.	E.	P.	Ps.
García	4	2	2	0	3
Stahlberg	3	2	1	0	2½
Czerniak	3	2	1	0	2½
Najdorf	4	1	3	0	2½
Pilnik	2	2	0	0	2
Michel	4	0	4	0	2
Secchi	4	1	2	1	2
Lagos	4	1	0	3	1
S. Graf	4	0	1	3	½
Lazcano	4	0	0	4	0

El Maestro Gideón Stahlberg va Primero en el Certamen de Ajedrez que se Realiza

La cuarta reunión del torneo magistral de ajedrez que se realiza en nuestra ciudad, tuvo su nota sensacional en la victoria que el aficionado Jorge Mario Lagos logró sobre el campeón provincial Eduardo H. Secchi, conquistando así su primer éxito y quitando a éste su título de invicto. Secchi jugó flojo y Lagos, pese a que en cierto momento no encontró las movidas exactas, consiguió luego ganar un peón y más tarde más, quedando con un final absolutamente ganador. Secchi siguió por el hecho de haber alfiles de distintos color, pero no pudo evitar su derrota.

Gideón Stahlberg ganó fácilmente a la señorita Sonja Graf, ya que la partida se definió en sólo 26 jugadas.

Miguel Najdorf y Paul Michel hicieron tablas en sólo 16 jugadas por repetición de movimientos y en una partida sin interés.

Teobaldo V. García estuvo un poco inferior frente a José Manuel Lazcano, pero éste una vez más fué apremiado por el reloj y cometió serios errores que le reportaron la pérdida de la partida.

El mejor encuentro de la noche estuvo a cargo de Herman Pilnik y Miguel Czerniak. El primero logró posición favorable y presionó constantemente el flanco dama de su rival, pero éste opuso una tenaz resistencia y se llegó a un final en que Pilnik tiene las mejores perspectivas, pero muy difícil de forzar. Esta partida se definirá esta tarde a las 14 en la Biblioteca Popular Vélez Sársfield.

Ayer tarde prosiguió la partida suspendida entre Stahlberg y Pilnik, venciendo el primero, luego de un trabajoso final y en el que impuso la calidad que tenía de ventaja.

LAS POSICIONES

Las posiciones son al presente las siguientes:

Jugador	J.	G.	T.	P.	Pts.
Stahlberg . . .	4	3	1	—	3½
García . . .	4	2	2	—	3
Najdorf . . .	4	1	3	—	2½
Czerniak . . .	3	2	1	—	2½
Pilnik . . .	3	2	—	1	2
Michel . . .	4	—	4	—	2
Secchi . . .	4	1	2	1	2
Lagos . . .	4	1	—	3	1
Sonja Graf . .	4	—	1	3	½
Lazcano . . .	4	—	—	4	0

HOY NO SE JUEGA

Hoy ha sido decretado fecha libre en el torneo de ajedrez, para que los participantes tengan un descanso a su intensa labor, puesto que llevan cinco días seguidos jugando. Mañana se hará la sexta reunión en el local de la Bolsa de Comercio y las tres últimas se efectuarán en localidades serranas, siendo la del sábado en el Sierras Hotel de Alta Gracia, cuyos propietarios como el intendente municipal de esa ciudad don Héctor Llorens, han colaborado para que la reunión pueda jugarse en ésa.

AYER LLEGO ROBERTO GRAU

El ex-campeón nacional de ajedrez don Roberto Grau, que fuera designado director técnico del torneo magistral arribó ayer tarde a nuestra ciudad. No lo hizo con anterioridad debido a que ciertas gestiones requirieron su permanencia en la Capital Federal.

Martes 22 de setiembre (Ronda 5ª, resultados. Ronda 6ª, pareos)

▓ *La Voz del Interior* tituló: *Actúan con éxito. El maestro Ståhlberg encabeza el torneo magistral de ajedrez.* Prosiguió ayer disputándose el torneo magistral con las partidas correspondientes a la quinta reunión. La definición de la partida entre Ståhlberg y Pilnik, jugada ayer tarde en la Biblioteca Vélez Sarsfield, despertó gran expectativa entre los aficionados. Ambos contendientes jugaron en forma notable, pero el juego se inclinó a favor de Ståhlberg , quien pudo vencer la resistencia de su calificado adversario en 71 jugadas. Los resultados de la quinta ronda fueron: Pilnik venció a García a las 25 jugadas; Najdorf a Lagos a las 30; Secchi a Lascano a las 32; las partidas Czerniak – Ståhlberg y Graf – Michel fueron suspendidas a las 40 jugadas. Hoy a las 14 se juegan sólo las suspendidas Czerniak – Pilnik, Czerniak – Ståhlberg y Graf – Michel. Las posiciones quedaron así: Ståhlberg (1) y Najdorf 3½; Pilnik (1), García, Secchi 3, Czerniak (2) 2½, Michel (1) 2, Lagos (1) 1, Graf (1) ½ y Lascano sin puntos.

Se Iniciará Hoy Torneo "Bandera

ACTUAN CON GRAN EXITO

GIDEON STAHLBERG, el notable jugador sueco y Eduardo Secchi, el campeón de la provincia de Córdoba, que en el certamen magistral de ajedrez están actuando en excelente forma

El Maestro Stahlberg Encabeza el Torneo Magistral de Ajedrez

Miércoles 23 de setiembre (Ronda 6ª, resultados. Ronda 7ª, pareos)

▓ Desde las 14, hoy la ronda 6 se jugó en Cosquín. *Los Principios* publica una graciosa caricatura de varios participantes del torneo, dirigentes y periodistas, obra del dibujante Tinko.

APUNTES DEL TORNEO MAGISTRAL DE AJEDREZ

Nuestro dibujante Tinko ha captado a los jugadores Jorge Mario Lagos, doctor José Manuel Lascano, Miguel Najdorf y Escribano, Eduardo R. Secchi, en sus poses habituales mientras disputan sus partidas de ajedrez. A Lagos, por más que se esforzó Tinko, no lo pudo hermosear; Lascano fué un blanco muy fácil porque se pasó toda la noche pensando; Najdorf, el más movedizo de todos, no fuma, pero Tinko le puso un cigarrillo en la mano para crearle una cortina de humo, pues en ese momento lo tenían a mal traer; por último, el campeón provincial, está echado sobre el tablero, mira las piezas con algo de asombro, pues no le parecía verdad que un maestro, de la talla del polaco, tuviera que quemar sus últimos cartuchos para evitar la derrota

SECCHI HIZO TABLAS CON MICHEL Y VENCIERON EN SUS PARTIDAS M. NAJDORF M. CZERNIAK Y GARCIA

▓ Por la noche, a la hora de costumbre, se iniciaron las partidas de la quinta rueda, de las que a las 0.30 habían finalizado las siguientes: García 0:1 Pilnik; Najdorf 1:0 Lagos; Secchi 1:0 Lascano. De las ruedas anteriores, Lagos 1:0 Secchi; García 1:0 Lascano; Pilnik 1:0 Ståhlberg.[867]

▓ La 6ª rueda se jugó en la sede del Club Tiro Nacional, de Cosquín. Los resultados fueron: Ståhlberg ½:½ Michel; Pilnik 1:0 Secchi; Najdorf 1:0 Lascano; Lagos 1:0 señorita Graf. Suspendieron Czerniak – García, continuando esta tarde e imponiéndose el primero. También se rectificó el resultado de la partida Ståhlberg – Czerniak de la 5ª rueda, que la oficina de prensa de la Federación dio por ganada al primero, cuando en realidad finalizó empatada.[868]

[867] *La Nación*, 23 de setiembre de 1942.
[868] *La Nación*, 24 de setiembre de 1942.

STAHLBERG SE AFIANZA EN EL PUESTO DE VANGUARDIA

Se realizaron ayer los matches que quedaran suspendidos el lunes por el campeonato magistral de ajedrez que con tanto éxito viene desarrollándose con la presencia de figuras de indiscutibles prestigios en el juego ciencia.

La colocación de los participantes con Stahlberg a la cabeza, jugador que ha perdido sólo medio punto como consecuencia de su tablas con Najdorf, daba gran interés a las partidas finalizadas ayer, ya que el puntero debía terminar su match con Czerniak, el que presumiase tablas.

A primera hora finalizaron Pilnik y Czerniak la partida que desde la rueda anterior tenían suspendida, la que finalizó tablas, mientras que Michel logró vencer a Sonja Graf. A continuación se prosiguió el match entre Czerniak y Stahlberg el que al final dió la victoria al segundo de los nombrados, triunfo que lo afianza en el primer puesto sindicándolo como el más serio candidato a la victoria definitiva.

POSICIONES ACTUALES

Luego de las partidas finalizadas ayer, las posiciones de los participantes han quedado así:

	J.	G.	T.	P.	Pts.
Stahlberg	5	4	1	-	4 ½
Pilnik	5	3	1	1	3 ½
Najdorf	5	2	3	-	3 ½
García	5	2	2	1	3
Secchi	5	2	2	1	3
Czerniak	5	2	2	1	3
Michel	5	1	4	-	3
Lagos	5	1	-	4	1
Graf	5	-	1	4	½
Lazcano	5	-	-	5	-

GIDEON STAHLBERG AUMENTO SU VENTAJA EN EL CERTAMEN DE AJEDREZ, QUE PROSEGUIRA HOY

La reunión es en Cosquín

Magistrales

Llegó el director técnico del torneo magistral de ajedrez don Roberto Grau. Si no se apura un poco, el ex-campeón nacional iba a venir cuando el certamen estuviese ya finalizando. La entrada del gordo fue un acontecimiento: todos le saludaban, le preguntaban una cosa y otra y aquél lo más amable contestaba y contestaba, haciendo acotaciones al margen de las respuestas. Corría la hora y Grau hablaba y hablaba. Hasta que comenzó a sentirse el clásico:

—¡Psss! ¡Psss! ¡ Psss!

Grau seguía hablando y:

—¡Psss! ¡Psss! ¡Psss!

Al final el gordo con esa cancha magistral que posee se dió cuenta que las papas quemaban y comenzó a emitir el clásico ¡Psss! ¡Psss!! la la par que decía:

—¡Pero cómo conversa esta gente!

***

Michel, la solidez hecha ajedrez, fue la nota sensacional frente a la señorita Sonja Graf. En efecto, su juego es tranquilo, posicional, algo aburrido por ahí; nunca comete errores y mueve las piezas con una corrección despampanante. Bien, frente a la señorita Graf se olvidó de toda su tradición, de que él debe ser cauto y prudente y entregó una pieza para atacar!

La quinta reunión del torneo magistral de ajedrez que se realiza bajo la organización de la Federación Cordobesa de ese juego y el auspicio económico de la Junta Ejecutiva de la "Quincena de Turismo", tuvo partidas interesantes. La de mayor trascendencia era la que apuraban los maestros Miguel Czerniak y Gideón Stahlberg, por la colocación predominante de ambos en la tabla de posiciones. La lucha resultó sumamente intensa y el maestro Stahlberg, logró posición levemente favorable, pero su adversario maniobró con visible acierto. Con todo, Stahlberg ganó un peón y la partida se suspendió. Ayer tarde prosiguió y en su jugada sellada Czerniak no movió lo mejor y perdió un nuevo peón, que le costó un punto en final largo.

Hermán Pilnik venció al local Teobaldo V. García fácilmente; éste cometió un grueso error en la apertura y Pilnik, atacando con violencia, obligó a García a abandonar en sólo 26 jugadas.

Miguel Najdorf atacó rápidamente a Jorge Mario Lagos y aunque en cierto momento no efectuó la jugada exacta, se impuso en 27 movimientos.

Eduardo B. Secchi jugó muy bien frente a José Manuel Lascano y ganó en 30 jugadas luego de un interesante sacrificio de alfil.

Paúl Michel y la señorita Sonja Graf jugaron una partida muy correcta y el maestro alemán, para forzar la lucha, entregó un alfil por dos peones, suspendiéndose el encuentro. Al proseguirse ayer tarde, la señorita Graf no encontró la réplica exacta en cierto momento y quedó con una pieza y dos peones de menos, por lo que abandonó.

Ayer tarde se disputó la partida que fuera suspendida entre Hermán Pilnik y Miguel Czerniak, finali-

DE SETIEMBRE DE 1942

S SE EFECTUARAN ESTA NOCH

TERMINA HOY EL SUDAMERICANO DE BUENA VECINDAD

Cestac y Camus protagonizarán un match de atracción al igual de Caraune y Bastida

APUNTES DEL TORNEO MAGISTRAL DE AJEDREZ

Prosiguió ayer en Córdoba el concurso magistral de ajedrez

Córdoba, 24.—En la [illegible] del [illegible] Tiro Nacional [illegible] se [illegible] la 5a. rueda del [illegible] magistral [illegible] ajedrez. Stahlberg y Michel hicieron tablas; Pilnik le ganó a Secchi; Najdorf a Lascano, y Lagos a la Srta. Graf. Suspendieron sus partidas Czerniak y García, continuándola esta tarde, [illegible] que se impuso el primero. También se rectificó el resultado de la partida entre Stahlberg y Czerniak de la quinta rueda, que la oficina de prensa de la Federación dió como ganada al primero, cuando en realidad finalizó empatada.

HICIERON EL MEJOR MATCH

Los maestros M. Czerniak y G. Stahlberg que tuvieron a su cargo el cotejo de mayor importancia de la última reunión del campeonato magistral de ajedrez, match que finalizó ayer tarde, tablas

Ståhlberg – Michel, tablas. *La Nación*, 24 de setiembre de 1942. *La Voz del Interior*

Michel Empató con Stahlberg y Pilnik Venció a Secchi y Najdorf a Lascano en Ajedrez

Ayer tarde en el local del Club Tiro Nacional de la ciudad de Cosquín se disputó la sexta reunión del torneo magistral de ajedrez, bajo el patrocinio del Club Social de Ajedrez de Cosquín.

La partida más interesante fué la de Stahlberg con Michel. El primero logró posición superior y ganó calidad, pero el maestro Michel accionó con notable exactitud y se llegó a un final imposible de forzar que se declaró tablas.

Hermán Pilnik jugó muy bien frente a Eduardo B. Secchi y ganó una bonita partida.

José Manuel Lascano ganó un peón a Miguel Najdorf y quedó con posición muy superior, pero no supo aprovechar esa ventaja y además el reloj le impidió desempeñarse con corrección, logrando Najdorf un triunfo que parecía imposible.

Jorge Mario Lagos suspendió en posición ganadora con Sonja Graf y el maestro Miguel Czerniak suspendió con Teobaldo V. García, en posición algo preferible.

La partida entre Stahlberg y Czerniak, debido a un error de la oficina de prensa de la Federación se informó que había sido ganada por el primero, cuando en realidad suspendióse por segunda vez.

LAS POSICIONES

Las posiciones son al presente las siguientes:

JUGADOR	J	G	E	P	Pts.
Najdorf	6	3	3	1	4½
Pilnik	6	4	1	1	4½
Stahlberg	5	3	3	-	4
Michel	6	1	5	-	3½
Czerniak	4	2	2	-	3
García	5	2	2	1	3
Secchi	6	2	2	2	3
Lagos	5	1	-	4	1
Sonja Graf	5	-	1	4	½
Lascano	6	-	-	6	0

HOY SE JUEGA LA SEPTIMA REUNION

Hoy se jugará la séptima reunión con este programa:

Pilnik v. Najdorf.
Secchi v. Czerniak.
Lascano v. Sonja Graf.
García v. M. Stahlberg.
Lagos v. Michel.

La reunión se iniciará a las 20 y será en el local de la Bolsa de Comercio, calle Rosario de Santa Fe 291.

Najdorf supera a Lascano. *Los Principios*, 23 de setiembre de 1942

■ *La Voz del Interior:* Ståhlberg empató con Michel. El sueco ganó calidad, pero Michel se defendió con exactitud y logró el empate; Lagos suspendió con Graf en posición ganadora; Pilnik venció a Secchi en una bonita partida; Czerniak suspendió con García en posición algo preferible: Najdorf venció a Lascano. Lascano ganó un peón y quedó con posición muy superior, pero apurado por el tiempo cometió errores, y Najdorf ganó una partida imposible. Mañana se jugará la séptima ronda, con estas partidas: Pilnik – Najdorf, Secchi – Czerniak, Lascano – Graf, García – Ståhlberg y Lagos – Michel. La reunión será a las 20, en la Bolsa de Comercio de la ciudad de Córdoba. Ståhlberg – Czerniak se suspendió otra vez, y finalmente Ståhlberg logró imponerse en un largo final. Las posiciones presentan un cuádruple empate en el primer puesto: Czerniak, Najdorf, Pilnik y Ståhlberg 4½; Michel 3½; Secchi y García 3; Lagos 2; Graf ½ y Lascano 0.

LA 6a. RUEDA DEL TORNEO DE AJEDREZ SE JUGO EN COSQUIN

Ayer tarde se jugó en la localidad serrana de Cosquín, la sexta ronda del torneo magistral de ajedrez, punto hacia el cual viajaron los participantes y un numeroso grupo de aficionados locales.

Los resultados de las partidas disputadas fueron los siguientes: Pilnik venció a Secchi en 41 jugadas; Najdorf venció a Lazcano a las 48 y Lagos a Sonja Graf a las 40, por abandono; Stalhberg hizo tablas con Michel a las 60 jugadas y García suspendió con Czerniak a las 40 jugadas en posición levemente favorable a este último.

LA REUNION DE HOY

Hoy deberá disputarse la 7a. reunión, en el local de la Bolsa de Comercio con los siguientes matches:

T. García v. G. Stahlberg.
E. Secchi v. C. Czerniak
M. Najdorf v. H. Pilnik.
S. Graf v. J. M. Lascano.
P. Michel v. J. M. Lagos.

Los jugadores Paul Michel y Miguel Najdorf, de lucida actuación en el torneo magistral de ajedrez

Jueves 24 de setiembre (Ronda 7ª, resultados. Ronda 8ª, pareos)

▌*La Voz del Interior*: Con la 7ª ronda jugada anoche, va tocando a su fin el torneo magistral de ajedrez, que con la participación de famosos jugadores extranjeros que residen en la Capital Federal, se lleva a cabo como acto integrante de la Quincena de Turismo. No obstante hallarse a sólo dos reuniones de su finalización, no puede aún vislumbrarse con seguridad al probable ganador. En las partidas de anoche se produjeron estos resultados: Ståhlberg venció a García a las 42 jugadas; Michel a Lagos en 32; Czerniak a Secchi en 39; Najdorf suspendió con Pilnik a las 40 jugadas en posición pareja. Luego de la suspensión, Najdorf obtuvo la victoria; Graf y Lascano suspendieron a las 40 jugadas. En la reanudación, Graf venció. Estuvieron parejos toda la partida, y al final jugaron un emocionante ping-pong llegando a la jugada 40ª en posición pareja. Finalmente, Graf se impuso. En la partida suspendida, jugada en la Biblioteca Vélez Sarsfield, Czerniak venció a García. Las posiciones son: Ståhlberg , Czerniak y Najdorf 5½; Michel y Pilnik 4½; Secchi y García 3; Lagos 2; Graf 1½; Lascano 0. Mañana a las 20 se juega la penúltima ronda en la Bolsa de Comercio, con estas partidas: Ståhlberg – Lagos, Lascano – Michel, Pilnik – Graf, García – Secchi, Czerniak – Najdorf. Luego, la última reunión se jugará en Alta Gracia.

SUMAMENTE REÑIDO SE PRESENTA EL TORNEO MAGISTRAL DE AJEDREZ

Con la 7a. reunión, cumplida anoche, va tocando a su fin el torneo magistral de ajedrez, que con la participación de los famosos jugadores extranjeros que residen en la Cap. Federal, se lleva a cabo como acto integrante de la "Quincena de Turismo". No obstante hallarse a sólo dos reuniones de su finalización, no puede aún vislumbrarse con mayor seguridad al posible ganador, en razón de que cinco de los jugadores extranjeros han demostrado hallarse actualmente en excelentísimo estado de entrenamiento, y poseer fuerzas parejas entre ellos.

LAS PARTIDAS DE ANOCHE

Como decimos, anoche se jugó la séptima ronda del torneo, la que arrojó los siguientes resultados: Stahlberg venció a García a las 42 jugadas, Michel a Lagos en la 32 y Czerniak a Secchi en las 39, Najdorf con Pilnik suspendieron a las 40 jugadas en posición pareja y Sonja Graf con Lazcano también suspendieron a igual número de jugadas con leve ventaja para el local.

En cuanto a la partida suspendida anteanoche entre Czerniak y García, se jugó ayer tarde en la biblioteca Vélez Sársfield, definiéndose a favor del primero.

CONTINUA ESTA NOCHE

Hoy a las 20, se juega la penúltima reunión en la Bolsa de Comercio con las siguientes partidas:

Stahlberg v. Lagos.
Lazcano v. Michel.
Pilnik v. Graf.
García v. Secchi.
Czerniak v. Najdorf.

La última reunión se jugará mañana a la tarde en Alta Gracia.

LAS POSICIONES

Después de las partidas de anoche, la posición de los competidcres, es la siguiente:

	P.	J.	G.	E.	Pts.
Stahlberg	7	4	3	0	5½
Czerniak	7	4	3	0	5½
Najdorf	6	3	3	0	4½
Pilnik	6	4	1	1	4½
Michel	7	2	5	0	4½
García	7	2	2	3	3
Secchi	7	2	2	3	3
Lagos	7	2	0	5	2
Sonja Graf	6	0	1	5	½
Lazcano	6	0	0	6	0

▌Los resultados de las partidas de la 7ª rueda fueron los siguientes: Ståhlberg venció a García en la 42ª jugada; Czerniak a Secchi en la 40ª; Michel a Lagos en la 28ª; Najdorf a Pilnik y Graf a Lascano.[869]

[869] *La Nación*, 26 de setiembre de 1942.

Viernes 25 de setiembre (Ronda 8ª, resultados. Ronda 9ª, pareos)

▮ *Los Principios. "La 8ª reunión del torneo magistral de ajedrez realizada en la Bolsa de Comercio, brindó partidas de gran atracción".* Najdorf y Czerniak libraron una lucha notable. Najdorf, con las negras, buscó ganar de toda forma y complicó el juego, efectuando una larga combinación que le reportó ganancia de calidad, suspendiéndose el juego en esa circunstancia. Siguió al día siguiente, y luego de dos horas de juego volvió a suspenderse, para terminar finalmente en Alta Gracia, antes de jugarse la última ronda. Ståhlberg venció a Lagos con facilidad; Lascano fue vencido por Michel en un difícil final; Pilnik le ganó a Graf; García perdió con Secchi; Czerniak perdió con Najdorf en una maratónica partida de 95 jugadas. Las posiciones quedaron: Najdorf y Ståhlberg 6½; Czerniak, Pilnik y Michel 5½; Secchi 4; García 3; Lagos 2; Graf 1½; Lascano 0.

La reunión será en el Casino del Sierras Hotel y comenzará a las 14

RESULTADOS

Esta tarde a las 14, en el amplio salón del Casino del Sierras Hotel de la ciudad de Alta Gracia, se iniciará la última reunión del torneo magistral de ajedrez reunión que auspician el Club de Ajedrez y la intendencia municipal de la ciudad indicada.

Las partidas a jugarse despiertan gran interés, pues según sea el resultado de las mismas se definirán los primeros puestos, por los cuales luchan los maestros que nos visitan y que están dando muestras de su extraordinaria calidad, brindando a los aficionados locales partidas excelentes y que dejarán grandes enseñanzas.

El programa de hoy es el siguiente:
Gideón Stahlberg v. Eduardo B Secchi.
Miguel Czerniak v. Sonja Graf.
Jorge M. Lagos v. José M. Lascano.
Hermán Pilnik v. Paul Michel.
Miguel Najdorf v. Teobaldo V García.

LA SEPTIMA REUNION

Antenoche se jugó la séptima reunión dando estos resultados:

Ståhlberg venció fácilmente a García en una partida interesante. Michel ganó a Lagos tras jugar con suma corrección el medio juego para rematar la partida con un excelente sacrificio de torre. Czerniak superó a Secchi y le ganó en un final conducido con la seguridad que sabe hacerlo el maestro visitante. Najdorf atacó constantemente a Pilnik que opuso una firme resistencia hasta que la partida suspendióse en posición difícil. Lascano y Sonja [illegible]

Magistrales

Miguel Najdorf es algo notable. Cuando juega se levanta, camina por el salón y al primero que encuentra, sepa o no ajedrez, le pregunta a quema ropa:

—¿Tengo buena posición, cierto?

Si le contestan que sí queda satisfecho, y como todos son gentiles siempre ratifican la pregunta del maestro y éste sonríe y dice:

—Gracias.

Frente a Pilnik, estaba algo superior, y por ahí se levanta y le dice a Grau:

—¡Estoy perdido!

Y a continuación agregó:

—Jugué bien, verdad?

Y así anda de un lado para otro: pregunta por preguntar, porque su espíritu inquieto le obliga a decir algo, aunque ese algo sea algo sin nada de algo!

• • •

Un aficionado local ha donado una caja de bombones para el último clasificado. Los únicos candidatos al premio son la señorita Sonja Graf y José M. Lascano. En la séptima reunión se enfrentaron e hicieron lo indecible por vencerse. El donante de los bombones, al ver el empeño de ambos ajedrecistas por no salir últimos, se quedó triste y se preguntó:

—[illegible] los bombones [illegible] quiero comerlos?

• • •

Paul Michel tomando el "argot" popular es "una piedra ajedrecista", por la forma notable con que se defiende. Jorge Mario Lagos, el local, tiene también algo de piedra, así que el jueves se midieron dos formidables conocedores de los secretos defensivos del juego. Michel atacó [illegible]

▮ Hoy se disputará en Córdoba la final del certamen. Esta noche se jugó la 8ª y penúltima rueda del torneo, en el que se ha producido una lucida e intensa lucha por el puesto de honor. Después de jugadas las partidas de hoy, el maestro Ståhlberg se colocó a la cabeza de los participantes, pero tanto Czerniak como Najdorf podrían igualarlo, pues aun cuando éstos tienen un punto menos, ambos han suspendido su partida de hoy, y el que gane podrá aspirar al triunfo. Los resultados fueron: Ståhlberg 1:0 Lagos; Michel 1:0 Lascano; Pilnik 1:0 Graf; Secchi 1:0 García. En la sesión de la tarde se jugaron varias partidas pendientes del día anterior, venciendo Najdorf a Pilnik y Graf a Lascano. Encabeza las posiciones Ståhlberg con 6½/8; Czerniak y Najdorf 5½/7; Pilnik y Michel 5½/8; Secchi 4/8; García 3/8; Lagos 2/8; Graf 1½/8 y Lascano sin puntos.[870]

[870] *La Prensa,* 26 de setiembre de 1942.

LOS PRINCIPIOS — VIERNES 25 DE SETIEMBRE DE

LOS MAESTROS MIGUEL CZERNIAK Y MIGUEL NAJDORF JUEGAN ESTA NOCHE LA PARTIDA MAS IMPORTANTE DEL TORNEO DE AJEDREZ

Magistrales

La sexta reunión del torneo magistral de ajedrez jugóse en la ciudad de Cosquín y como siempre hubo notas interesantes y entre ellas el sandwich de García se ganó los honores. García siempre pide un sandwich de jamón y un naranja exprimida, cuando va a comenzar una partida. En Cosquín hizo lo propio. Pidió la merienda a las 15 y se la trajeron a las 16. El tucumano se frotaba las manos de satisfacción, pero en un descuido Hermán Pilnik se acercó a su mesa y se comió el sandwich!

García al volver y comprobar la desaparición del almuerzo casi se desmayó de susto y comenzó a protestar a todo evento. Era la indignación hecha persona! Luego de protestar media hora pidió otro sandwich y se lo trajeron recién después de una hora. Mientras tanto, la naranja continuaba en el vaso. El sandwich demoraba y García para dar un golpe de efecto, le dijo al fiscal:

—¡Haga traer rápido el sandwich, que la naranja se está muriendo de hambre!!

* * *

Diálogo entre dos maestros:

—Ud. juega mañana con García?

—Sí.

—Quiere la receta para vencerle?

—Sí.

—¡No le deje comer el sandwich!

* * *

Esta noche a las 20, en el local de la Bolsa de Comercio, calle Rosario de Santa Fe 231, se iniciará la octava y penúltima reunión del Torneo Magistral de Ajedrez, ofreciendo partidas de interés, destacándose entre ellas la que enfrentará a los maestros Miguel Czerniak y Miguel Najdorf, ambos con grandes perspectivas al primer puesto junto con Gideón Stahlberg y Hermán Pilnik. Los locales Teobaldo V. García y Eduardo B. Secchi, colocados en igualdad de condiciones pueden definir a quien le corresponde el premio "Arizona", donado por la firma Massalin y Celasco, para el mejor clasificado de Córdoba. Hermán Pilnik debe vencer a la señorita Sonja Graf, lo mismo que el maestro Gideón Stahlberg a Jorge Mario Lagos. José Manuel Lascano enfrentará al maestro Paúl Michel, y las perspectivas están de parte de este último.

LAS POSICIONES

Definida la partida entre Miguel Czerniak y Teobaldo V. García a favor del primero, las posiciones son estas:

Jugador	J.	G.	T.	P.	Pts.
Czerniak	6	3	3	—	4½
Najdorf	6	3	3	—	4½
Pilnik	6	4	1	1	4½
Stahlberg	6	3	3	—	4½
Michel	6	1	5	—	3½
Secchi	6	2	2	2	3
García	6	2	2	2	3
Lagos	6	2	—	4	2
Sonja Graf	6	—	1	5	½
Lascano	6	—	—	6	0

MAÑANA JUEGAN EN ALTA GRACIA

Mañana se disputará la última reunión en la ciudad de Alta Gracia y en los salones del Sierras Hotel. Auspicia esta reunión el Club de Ajedrez y la Intendencia municipal de esa [illegible]

Hoy se Disputará en Córdoba la Final del Certamen de Ajedrez

Córdoba, septiembre 25.—Esta noche se jugó en esta ciudad la penúltima rueda del torneo internacional de ajedrez, en el que se ha producido una intensa y lucida lucha por el puesto de honor. Después de jugadas las partidas de hoy, el maestro sueco Stahlberg se colocó a la cabeza de los participantes, pero tanto Czerniak como Najdorf están en condiciones de igualarlo en la clasificación final, pues aun cuando éstos tienen un punto menos, ambos jugadores han suspendido su partida de hoy y el que gane podrá aspirar al triunfo.

Los resultados de la penúltima rueda fueron los siguientes: Stahlberg le ganó a Lagos, Michel a Lascano, Pilnick a Graf y Secchi a García, suspendiéndose el encuentro de Najdorf contra Czerniak. En la sesión de la tarde se jugaron las partidas del día anterior pendientes, venciendo Najdorf a Pilnik y Graf a Lascano.

La colocación de los participantes es ahora así:

	J.	G.	T.	P.	Pts.
Stahlberg	8	5	3	-	6½
Czerniak	7	4	3	-	5½
Najdorf	7	4	3	-	5½
Michel	8	3	5	-	5½
Pilnik	8	5	1	2	5½
Secchi	8	3	2	3	4
García	8	2	2	4	3
Lagos	8	2	-	6	2
Graf	8	1	1	6	1½
Lascano	8	-	-	8	0

En la rueda final se efectuarán los siguientes encuentros: Secchi contra Stahlberg, Najdorf contra García, Graf contra Czerniak, Michel contra Pilnick y Lagos contra Lascano, jugando con las blancas los citados en primer término.

Ståhlberg, primero. *Los Principios y La Prensa*, 26 de setiembre de 1942

Sábado 26 de setiembre (Ronda 9ª, resultados)

Gideon Stahlberg y Miguel Najdorf han Ganado el Torneo Magistral de Ajedrez

EN ALTA GRACIA SE JUGO AYER LA ULTIMA REUNION

Los maestros sueco y polaco, vencieron ayer a Secchi y García, respectivamente

LAS POSICIONES

La octava reunión del torneo magistral de ajedrez realizada anteanoche en el amplio salón de la Bolsa de Comercio, brindó partidas de gran atracción. Miguel Najdorf y Miguel Czerniak que, juntamente con Gideón Stahlberg, ocupaban el primer puesto, libraron una lucha notable. Najdorf con las negras buscó ganar de todo forma y complicó el juego efectuando una larga combinación que le reportó la ganancia de calidad, suspendiéndose el juego en esa circunstancia. Ayer de mañana prosiguió y luego de dos horas de continuación, suspendióse nuevamente para terminar la partida en Alta Gracia, venciendo Najdorf.

Gideón Stahlberg venció con toda facilidad a Jorge Mario Lagos, lo mismo que Hermán Pilnik a Sonja

EL CAMPEONATO NACIONAL DE TIRO AL PLATILLO SE DISPUTARA ESTA MAÑANA EN EL TIRO FEDERAL LOCAL

En el Campeonato Nacional de Tiro al Platillo, que se llevará a cabo hoy, bajo el auspicio de la Dirección de Tiro y Gimnasia y como uno de los números de la Semana Nacional de Tiro, cumplida en nuestra ciudad con tan señalado éxito, bajo la organización del Tiro Federal de Córdoba, participará un equipo representativo de la Asociación de Pescadores y Cazadores Aficionados Cordobeses, en cuyas filas ha suscitado un marcado entusiasmo la realización de este certamen, el primero de su índole que se verifica en el medio.

En el torneo de hoy, en el que se tirará con escopeta libre, desde una distancia única de 16 metros, participan tiradores de todos los clubs afines de la república, por lo que cabe esperar una contienda rica en alternativas y de grandes resultados técnicos.

El equipo de la Asociación de Pescadores y Cazadores Aficionados Cordobeses estará integrado por los siguientes aficionados: Juan Orsi, Jorge Guidi, Eduardo [illegible], Adán Vesel y Renato Carignani.

LOS RESULTADOS DE AYER EN LA SEMANA DE TIRO

En el polígono del Tiro Federal de Córdoba siguieron ayer los campeonatos correspondientes a la Sexta Semana Nacional de Tiro, registrándose los siguientes resultados:

Trofeo "Jefe de Policía de la Capital" para carabina 22: Primero Tiro Federal Argentino con 1673 puntos; segundo, Tiro Federal de Baradero con 1673 y tercero, Tiro Federal La Plata con 1640. Son campeones de conjunto los señores Pablo Gennaro con 571 puntos; Mario Gennari con 549 y Juan Alberti con 566. Participaron veinte y una sociedades de tiro.

Trofeo "General Adolfo Arana", datos no oficiales: Primero, Tiro Federal Cosquín, con 1423 puntos; segundo Asociación Italiana de Tiro al Blanco con 1418 y tercero, Tiro Federal Baradero con 1415.

█ *La Voz del Interior* expresó: *"Gideon Ståhlberg y Miguel Najdorf han ganado el torneo magistral de ajedrez"*. Hoy a las 14 se jugó la última ronda en Alta Gracia, en el amplio salón del Casino Sierras Hotel, con el auspicio de la Municipalidad local. La reunión comenzó tarde, a las 17.30, ya que se debió esperar el final de la partida Czerniak – Najdorf, que se prolongó 95 jugadas. Las partidas despertaron gran interés, pues definían los primeros puestos; Lagos hizo tablas con Lascano en 27 jugadas; Ståhlberg derrotó a Secchi en 30; Najdorf a García en 32; Michel y Pilnik hicieron tablas; Graf venció a Czerniak.

Graf y Edoardo B. Secchi a Teobaldo V. García. Paúl Michel derrotó a José Manuel Lascano, tras un difícil final que el maestro condujo con su habitual corrección.

Terminada la octava reunión, las posiciones eran las siguientes:

Jugador	J.	G.	T.	P.	Pts.
Stahlberg	8	5	3	—	6 ½
Najdorf	8	5	3	—	6 ½
Czerniak	8	4	3	1	5 ½
Michel	8	3	5	—	5 ½
Pilnik	8	5	1	2	5 ½
Secchi	8	3	2	3	4
García	8	2	2	4	3
Lagos	8	2	—	6	2
Sonja Graf	8	1	1	6	1 ½
Lascano	8	—	—	8	0

LA NOVENA REUNION

Alta Gracia, 26. — En el Casino del Sierras Hotel de esta ciudad, con el auspicio de la intendencia municipal y Club de Ajedrez local y con la presencia de numerosa cantidad de público inicióse hoy a las 17.30, la novena y última reunión del torneo magistral de ajedrez, siendo las partidas las siguientes:

Stahlberg v. Secchi; Michel v. Pilnik; Najdorf v. García; Lagos v. Lascano y Czerniak v. Sonja Graf.

La reunión comenzó tarde, pues el final entre Najdorf y Czerniak se prolongó extensamente, debido a la responsabilidad del mismo, logrando imponerse el primero de los nombrados a las 76 jugadas.

Mientras se jugaba el final entre Najdorf y Czerniak realizaron su ... gos y José Manuel Lascano, terminando la misma tablas a las 27 jugadas. A continuación se iniciaron las restantes que dieron estos resultados: Stahlberg ganó a Secchi en 30 jugadas; Najdorf a García en 32 y Czerniak tiene mejor posición frente a la señorita Graf y Pilnik con Michel tenían posición pareja.

Con estos resultados se clasifican primeros los maestros Gideón Stahlberg y Miguel Najdorf, siendo las posiciones, sin computar las dos partidas que restan definirse las siguientes:

Jugador	J.	G.	T.	P.	Pts.
Najdorf	9	6	3	—	7 ½
Stahlberg	9	6	3	—	7 ½
Michel	9	3	5	—	5 ½
Czerniak	8	4	3	1	5 ½
Pilnik	9	5	1	2	5 ½
Secchi	9	3	2	4	4
García	9	3	2	5	3
Lagos	9	2	1	6	2 ½
Sonja Graf	8	1	1	6	1 ½
Lascano	9	—	1	8	½

Mañana daremos a conocer un comentario sobre este torneo y las posiciones finales de los restantes puestos.

Lunes 28 de setiembre

▮ Finalizó empatado el torneo: totalizaron 7½ puntos, Ståhlberg y Najdorf, ambos invictos, y cumpliendo performances similares. Por el tercer puesto riñeron en forma intensa el jugador alemán Paul Michel y el argentino Herman Pilnik, quienes obtuvieron seis puntos. Sin embargo, la partida pendiente de Miguel Czerniak puede hacer variar dicho puesto, pues si logra vencer a Sonja Graf sacaría 6½ puntos.[871]

Finalizó Empatado el T. de Ajedrez

Totalizaron 7 1 2 puntos G. Stahlberg y M. Najdorf

LOS RESULTADOS

CORDOBA — El torneo internacional de ajedrez que se llevó a efecto en esta ciudad con singular éxito, finalizó anoche con la disputa de la novena rueda, en la que permitió que el ex campeón de Suecia, Gedeón Stahlberg y el prestigioso jugador polaco, Miguel Najdorf, ocuparan el primer puesto con ½ puntos sin llegar a perder partida alguna, y después de haber cumplida similar performance.

Por el tercer puesto riñieron en forma intensa el jugador alemán Paul Michel y el argentino Herman Pilnik, quienes obtuvieron igualdad de puntos, seis, con lo que dicho puesto también resultó empatado. Sin embargo, la partida pendiente de Miguel Czerniak, puede hacer variar dicho puesto, pues si logra vencer a Sonia Graf, sacaría 6 ½ puntos.

Del resto de los jugadores, especialmente los locales, merece destacarse la performance cumplida por el campeón cordobés, Eduardo Secchi, quien totalizó 4 puntos, perdiendo tan sólo con 4 de los grandes

Ultima ronda

Stahlberg	1	Secchi	0
Najdorf	1	García	0
Michel	½	Pilnik	½
Lagos	½	Lascano	½

Tabla de posiciones

	J.	G.	T.	P.	Ps.
Najdor	9	6	3	—	7½
Stahlberg	9	6	3	—	7½
Michel	9	3	6	—	6
Pilnick	9	5	2	2	6
Czerniak	8	4	3	1	5½
Secchi	9	3	2	4	4
García	9	2	2	5	3
Lagos	9	2	1	6	2½
Graf	8	1	1	6	1½
Lascano	9	—	1	8	½

Najdorf y Ståhlberg ganan en Córdoba. *La Prensa*, 28 de setiembre de 1942

▮ *Los Principios dijo*: *"Consideraciones sobre el torneo. Stahlberg y Najdorf, los dos mejores"*. Ha finalizado el torneo magistral de ajedrez organizado por la Federación Cordobesa de Ajedrez, y con el apoyo financiero de la Junta Ejecutiva de la Quincena de Turismo, alcanzando notables proyecciones, pues el juego desplegado fue de calidad excepcional y satisfizo a los más exigentes.

[871] *La Voz del Interior*, 28 de setiembre de 1942.

Posiblemente, este certamen haya sido la actividad más calificada de la quincena en lo que a deportes se refiere. (…) Los maestros visitantes demostraron que su colocación en el escenario mundial es cosa merecida, pues nunca se había presenciado en nuestra ciudad un juego de tanta calidad como el visto en esta oportunidad, y difícilmente en el futuro pueda superarse el éxito de este torneo. Indudablemente, la superioridad de los maestros fue indiscutida en relación a nuestros aficionados, y entre éstos es posible hacer algunas diferencias, aunque éstas no sean muy marcadas.

Tenemos que el sueco Gideon Ståhlberg y el polaco Miguel Najdorf destacaron superioridad sobre los restantes, y el punto y medio de ventaja que consiguieron es señal evidente. Ståhlberg fue más técnico y más ordenado que Najdorf, pero éste le superó en iniciativa e imaginación. Cada uno en su estilo dieron lecciones magistrales a los locales, que han de ser bien aprovechadas.

Después habría debería colocarse al alemán Paul Michel, de una defensa extraordinariamente fuerte, pero que carece de vigor, como se desprende de haber logrado tres triunfos y seis tablas, sin perder partida alguna. Michel produjo algunas partidas excelentes, y todas ellas fueron correctísimas.

Herman Pilnik y Miguel Czerniak poseen los estilos de Najdorf y Ståhlberg, respectivamente, aunque levemente inferiores a aquellos. Pilnik gusta del ataque, y cuando toma la iniciativa es un jugador poderoso; Czerniak es más amigo del juego pausado, aunque también gusta de las complicaciones y las domina. De los restantes, Eduardo Secchi fue el mejor. Superó claramente a los locales, y tuvo dos empates honrosísimos frente a Najdorf y Michel. Su única partida floja fue con Lagos.

Teobaldo García tuvo un comienzo promisorio, pero luego debió ceder ante la calidad de sus adversarios. Jorge Mario Lagos y José Manuel Lascano, pese a todo, jugaron algunas partidas interesantes. Especialmente Lascano, fue muy perjudicado por los apuros de tiempo.

La señorita Graf no tuvo la performance esperada, pero no puede exigírsele más en un certamen tan duro y tan agotador.

RESULTADOS FINALES DEL TORNEO DE AJEDREZ

Finalizado el Torneo Magistral de Ajedrez, las [illegible] de los participantes en el mismo fueron éstas:

Jugadores	J	G	T	P	Pts.
Gideón Stahlberg	9	6	3	—	[illegible]
Miguel Najdorf	9	6	3	—	[illegible]
Paul Michel	9	3	6	—	[illegible]
Herman Pilnik	9	5	2	2	[illegible]
Miguel Czerniak	9	4	3	[illegible]	[illegible]
Eduardo B. Secchi	9	3	2	4	[illegible]
Teobaldo V. García	9	2	2	5	[illegible]
Jorge M. Lagos	9	2	1	6	2½
Srta. Sonja Graf	9	2	1	6	2½
José M. Lascano	9	—	1	8	½

Torneo Semana de Turismo – Córdoba 1942

		1	2	3	4	5	6	7	8	9	0	PTS	S.B.
1	Najdorf, Miguel	*	½	½	1	1	½	1	1	1	1	7.5/9	28.75
2	Ståhlberg, Gideon	½	*	½	½	1	1	1	1	1	1	7.5/9	27.75
3	Michel, Paul	½	½	*	½	½	½	½	1	1	1	6.0/9	22.25
4	Pilnik, Herman	0	½	½	*	0	1	1	1	1	1	6.0/9	19.25
5	Czerniak, Miguel	0	0	½	1	*	1	1	0	1	1	5.5/9	
6	Secchi, Eduardo Bautista	½	0	½	0	0	*	1	1	0	1	4.0/9	
7	García, Teobaldo	0	0	½	0	0	0	*	½	1	1	3.0/9	
8	Graf, Sonja	0	0	0	0	1	0	½	*	0	1	2.5/9	7.50
9	Lagos, Jorge	0	0	0	0	0	1	0	1	*	½	2.5/9	6.75
10	Lascano, José M.	0	0	0	0	0	0	0	0	½	*	0.5/9	

Domingo 27 de setiembre

■ *Los Principios* informa que Ståhlberg juega 30 simultáneas en la Biblioteca Popular Vélez Sarsfield, ubicada en el Barrio General Paz, en una exhibición organizada por la Federación Cordobesa.

STAHLBERG JUEGA SIMULTANEAS HOY A LAS 14 EN LA VELEZ SARSFIELD

Sábado 10 de octubre

■ *Los Principios.* La Federación Cordobesa ha dado a publicidad un comunicado en el cual se hace eco de las críticas que le formularan en un comentario del diario local, y expresa que se ha tergiversado abiertamente la verdad con el visible objeto de confundir a la opinión pública, haciéndole crearse un concepto errado sobre la seriedad y la capacidad de los dirigentes de Córdoba. En el comentario en cuestión se criticaba el hecho de no haber sido invitadas figuras del ajedrez nacional al torneo magistral realizado recientemente, y a este punto la Federación contesta así:

> El campeón argentino, Héctor Rossetto, en telegrama del 11 de setiembre despachado en Bahía Blanca, hace saber que compromisos contraídos le impedían viajar a Córdoba. Los ajedrecistas Carlos Guimard y Jacobo Bolbochán, en notas que están a disposición de quien las quiera leer, manifiestan su imposibilidad de participar porque sus ocupaciones no les permiten salir de la Capital Federal, y Virgilio Fenoglio contesta afirmativamente cuando el torneo ya había empezado. Respecto a la nota que ajedrecistas locales elevaron solicitando ser incluidos en el torneo magistral, fue dirigida a la Junta Ejecutiva de la Quincena de Turismo, y no a la Federación de Ajedrez, lo que significó una falta de disciplina de parte de los jugadores federados, y por ello se los eliminó del certamen. Agrega la Federación que entre los firmantes de esa nota figuran personas que no tienen nada que ver con el ajedrez, y que entre las que deseaban participar en el torneo hay un aficionado que no posee ficha ni en la Asociación Cordobesa ni en la Federación Cordobesa, por lo que su pedido no tenía validez alguna.

Termina diciendo el comunicado que en lo que se refiere a la actividad ajedrecística de nuestro medio, es incumbencia de la Asociación, y que ésta contestó oportunamente los cargos que se le hacen, "debiendo anotarse que en este año la actividad ha sido de las más intensas habida en el ajedrez cordobés, logrando un éxito pocas veces igualado".

HACE UNA ACLARACION LA F. C. DE AJEDREZ

La Federación Cordobesa de Ajedrez ha dado a publicidad un comunicado en el cual se hace eco de las críticas que le formulara en un comentario un diario local, y expresa que "se han tergiversado abiertamente la verdad con el visible objeto de confundir a la opinión pública, haciéndole crearse un concepto errado sobre la seriedad y la capacidad de los dirigentes del ajedrez de Córdoba".

En el comentario en cuestión se criticaba el hecho de no haber sido invitadas figuras del ajedrez nacional al torneo Magistral realizado recientemente, y a este punto contesta así la Federación: "Que el campeón argentino Héctor Rossetto, en telegrama de fecha 11 de setiembre, despachado en Bahía Blanca, hace saber que compromisos contraídos le impiden viajar a Córdoba. Los ajedrecistas Jacobo Bolbochán, y Carlos E. Guimard, en notas que están a disposición de quien las desee leer, manifiestan su imposibilidad de participar porque sus ocupaciones no le permiten salir de la Capital Federal y Virgilio Fenoglio contesta afirmativamente cuando el torneo ya se había iniciado". Respecto a la nota que ajedrecistas locales elevaron solicitando ser incluidos en el torneo Magistral, la fué ante la Junta Ejecutiva de la Quincena y no ante la Federación de Ajedrez, lo que significó una falta de disciplina de parte de los jugadores federados y por ello se los eliminó del certamen. Agrega la Federación que entre los firmantes de esa nota figuran personas que nada tienen que ver con el ajedrez y que entre los que deseaban participar en el torneo hay un aficionado que no posee ficha ni en la Asociación Cordobesa de Ajedrez ni en la Federación Cordobesa de Ajedrez, por lo que su pedido no tenía validez alguna.

Termina diciendo el comunicado que en lo que se refiere a la actividad ajedrecista en nuestro medio, es de incumbencia de la Asociación y que ésta contestó oportunamente los cargos que se le hacen, "debiendo anotarse que la actividad en el corriente año ha sido de las más intensas habida en el ajedrez cordobés, logrando un éxito pocas veces igualado".

Martes 10 de noviembre

■ *Los Principios.* Nos visitará el campeón Rossetto. Para el día 15 está anunciada la visita del campeón argentino, Héctor Decio Rossetto, que jugará una simultánea y dará una conferencia en el Club Esso de esta ciudad de Córdoba.

Magistrales de Los Principios (I)

▓ ** La inauguración se hizo con la presencia del gobernador Dr. Santiago H. Del Castillo. Se habló de todo, y al final, uno de esos que no faltan, le preguntó a S. E.:

¿Juega Ud. al ajedrez?

Al ajedrez propiamente, no. Pero eso sí, mis funciones representan una partida muy difícil.

Es de aclarar que la partida mencionada por S. E. va por el medio juego, ¡y es de esperar que sea buen finalista!

** Gideon Ståhlberg , el maestro sueco que no se hace el tal, fue un espectáculo. A parte de jugar bien, demostró que es un maratonista consumado. En efecto, se pasó la noche caminando de un lado para otro. Uno de la barra, al ver el físico exuberante de Ståhlberg, exclamó:

Hace ejercicio para adelgazar.

Esperamos el final del torneo para poner en la balanza al maestro sueco y comprobar el resultado de sus ejercicios. De ser bueno, se lo recomendaremos a Don Salvador Martínez, Don Lisandro Baigorria, Don Hermelindo Audano, y otros tiburones.

** Najdorf, Pilnik y Ståhlberg son los tres candidatos al primer puesto. Cuando Secchi tenía mal a Najdorf, los dos restantes se acercaban continuamente para ver el desarrollo de la partida, y sus rostros satisfechos eran índice elocuente que el campeón local estaba haciéndole pasar un mal trago al polaco.

** Czerniak y Michel jugaron una partida muy correcta. Era un desparramo de técnica, y como tal la lucha fue fría y poco accesible a los *chocolateros*. Uno que la estaba presenciando dijo:

¡Parece una sinfonía tonta!

** Teobaldo García enfrentó a la señorita Graf. La partida fue floja, pero hubo algo notable: García apuntaba una jugada en su planilla y se quedaba pensando, en vez de mover la pieza. Al rato sacaba una goma, borraba la jugada que había anotado, y apuntaba otra. Repitió varias veces esta operación, demostrando una indecisión alarmante. La barra, que estuvo feliz, presenció asombrada las borratinas de García, y uno manifestó:

¡A esto lo aprendió en una borratina electoral!

¡Ah! Y a todo esto, la señorita Graf fumaba y fumaba, haciéndole la competencia a las chimeneas.

** Lagos resultó una atracción. No por su juego, pero sí por sus nervios. Temblaba desde la punta de la cabeza hasta la punta de los pies. ¡Había descubierto el movimiento continuo!

Magistrales de Los Principios (II)

▓ ** Najdorf, el simpático polaco que desparrama optimismo por la sala elegante de la Bolsa de Comercio, jugaba con Ståhlberg, y apenas hechas unas jugadas, se levantaba y al primero que veía le decía:

¿Cierto que con las negras salí mejor de la apertura?

Todos contestaban que sí, y Miguelito sonreía agradecido. Repitió tantas veces la pregunta, que al final, cuando se dirigía a alguien, le replicaban sin esperar la pregunta:

> Sí, estás mejor.

** Teobaldo García sigue borrando jugadas con la goma, y Ståhlberg sigue caminando briosamente alrededor del salón.

** Lagos y García son un espectáculo, pero no jugando, sino comiendo sus sendos sándwiches de jamón.

** El maestro Paul Michel es la tranquilidad hecha persona. No habla: apenas si su rostro deja entrever alguna sensación, camina lentamente, mueve las piezas suavemente, apunta las jugadas despacito, y siempre entre sus labios hay un toscanito que, como su propietario, se va quemando lentamente, suavemente, sin echar humo siquiera. Esta descripción del maestro alemán se refleja en su juego: tranquilo, meduloso, suave, sin barullos. Tal para cual.

** García tenía mal a Michel, y éste rompió su manera de ser, y dijo:

> Decían que jugaba mal este muchacho, pero puedo asegurar que es un excelente ajedrecista.

** Czerniak se acerca al tablero en que jugaban Pilnik y Lascano, y al ver que el primer conducía unas piezas que, en vez de ser negras, eran rojas, expresó:

> A Pilnik le gusta atacar y todavía le ponen piezas rojas, como a los toros, ¡para enfurecerlo!

** Discutían Pilnik y Czerniak sobre qué variante del Ruy López había hecho el primero. Decía Pilnik y replicaba Czerniak.

> *Es una Chigorin.*

> No, una Steinitz

No se pudieron de acuerdo, y al final Czerniak dio el golpe de gracia:

> ¡Cada uno la llama como se le da la gana!

** ¡Ah! ¡Ståhlberg sigue caminando, y Lagos y García comiendo sándwiches!

** Viendo las partidas estaban los campeones de San Francisco y Río Cuarto, Adolfo Sienra y Jaime Gil, respectivamente. Se han venido de incógnito para aprender a unas jugaditas y aplicárselas a sus rivales sanfranciscueños y riocuartenses. ¡Ligeros los mozos!

** Final obligatorio: Lascano apurado por tiempo.

TEOBALDO V. GARCIA EMPATO CON EL MAESTRO PAUL MICHELL EN EL CERTAMEN MAGISTRAL DE AJEDREZ

La segunda reunión del Torneo Magistral de Ajedrez que se juega en el local de la Bolsa de Comercio, tuvo como principal atractivo la partida entre los maestros Gideón Stahlberg y Miguel Najdorf, firmes aspirantes al primer puesto junto con Pilnik, Michel y Czerniak. La partida entre aquéllos fué interesante y algo fuera de la cánones de la técnica, para entrar al campo de la improvisación. Najdorf, con las negras, opuso una defensa Nimzowitsch al peón dama de Stahlberg y logró salir de la apertura con posición preferible, pero difícil de hacer valer. Maniobró el maestro polaco con firmeza a fin de concretar más su mejor disposición en el tablero, pero Stahlberg, desempeñándose con notable justeza, anuló todas las aspiraciones del negro y al final forzó un tablas por jaque perpetuo.

Teobaldo V. García fué la sensación de la noche. Jugó bastante mal la apertura siciliana que planteó al maestro alemán Paul Michel, y éste tuvo una posición completamente favorable. Cuando parecía que Michel iba a atacar el enroque negro, se "quedó parado" y poco a poco su ventaja posicional fué desapareciendo y más tarde García quedó con un fuerte ataque y de no haber omitido una jugada muy fuerte, seguramente habría vencido. Con todo, García llegó a un final con un peón de más que luego perdió y más adelante fué Michel quien tuvo el peón de más, pero como

Magistrales

La segunda reunión del torneo magistral de ajedrez, como la primera, tuvo sus notas interesantes. Najdorf, el simpático polaco que desparrama optimismo por la sala elegante de la Bolsa de Comercio, jugaba con Stahlberg y apenas hechas unas jugadas, se levantaba y al primero que veía le decía:

—¿Cierto que con las negras salí mejor en la apertura?

Todos contestaban que sí y Miguelito sonreía agradecido. Repitió tantas veces la pregunta que al final, cuando se dirigía a alguien, le replicaban sin esperar la interrogación:

—Sí, ¡estás mejor!

***

Teobaldo García sigue con la goma borrando jugadas y Gideón Stahlberg sigue caminando briosamente alrededor del salón.

***

Lagos y García, son un espectáculo no jugando, pero sí comiendo sus sendos sandwiches de jamón!

***

El maestro Paul Michell es la tranquilidad hecha persona. No habla: apenas si su rostro deja entrever alguna sensación, ca-

Magistrales de Los Principios (III)

▓ ** Miguel Najdorf se ha convertido en "el grito de la moda"; alguno dijo "el alarido", pero por envidia. En efecto, usa un traje diferente todas las noches. El sábado debía jugar con la señorita Graf, y fue con uno de esos trajes en el que el pantalón hace juego con el saco del vecino, y el saco con el pantalón del amigo. La señorita Graf, por su parte, fue muy elegante con un traje de esos que se llaman estampados. Al ver ese derroche de elegancia, uno exclamó:

> ¡Estos se han confundido y creen que el ajedrez es un baile de gala!

SECCHI HIZO TABLAS CON MICHEL Y VENCIERON EN SUS PARTIDAS M. NAJDORF M. CZERNIAK Y GARCIA

La tercera reunión del torneo magistral de ajedrez deparó otro resultado alentador para el ajedrez cordobés, ya que el campeón Eduardo B. Secchi hizo tablas con el maestro Paúl Michel tras jugar una partida correcta y muy pareja en todo su desarrollo. Aunque cuando se declaró la división de honores había muchas piezas en el tablero, debe considerarse que sólo un grave error podía desnivelar la partida.

Miguel Najdorf logró rápidamente posición ganadora frente a Sonja Graf y aunque en cierto momento cometió un grave error y quedó con dos peones de menos, pudo vencer a su entusiasta adversaria fácilmente.

Teobaldo V. García que se está desempeñando con sumo acierto superó a Jorge Mario Lagos, en buena forma y logró así sumar un punto más a su haber.

El maestro Miguel Czerniak ganó un peón a José Manuel Lascano y tras cambiar las piezas quedó con un final absolutamente ganador y venció sin dificultad.

Hermán Pilnik tuvo posición favorable frente a Gideón Stahlberg, pero no acertó en su continuación y poco a poco fué quedando inferior hasta que tuvo que entregar calidad. La partida se suspendió y seguirá esta tarde, teniendo todas las de ganar Stahlberg aunque el procedimiento no es sencillo.

LAS POSICIONES

Las posiciones cumplidas tres reuniones son estas:

Jugador J. G. T. P. Pts.

Magistrales

Miguel Najdorf se ha convertido en el "grito de la moda", alguno dijo el alarido pero por envidia; en efecto, aquél todas las noches usa un traje diferente. El sábado debía jugar con la señorita Graf y se fué con uno de esos trajes en que el pantalón hace juego con el saco del vecino y el saco con el pantalón del amigo. La señorita Graf por su parte fué muy elegante con un traje de esos que se llaman estampados.

Uno al ver ese derroche de elegancia, expresó:

—Estos se han confundido y creen que el ajedrez es un baile de gala!

***

Las caras se renuevan constantemente en la barra. Pero hay una o dos, o tres y quizá cuatro que son familiares. El doctor Arturo García Vogliño, con su señora esposa, señorita hija y su señor suegro, son infaltables. Siempre sonrientes, siempre con una frase amable a flor de labio, desparraman simpatía por la sala. Son tanto o más populares ya que los ajedrecistas y en cuestión de simpatía la familia lleva una amplia ventaja.

** Czerniak ha escrito un libro sobre finales, y en especial, de torres y peones. Bien. Lascano jugó antenoche con Czerniak, y llegó a un final de torres y peones con un peón menos. Alguien le contó a Lascano lo del libro de Czerniak, y el extenso ajedrecista local contestó:

> –¡Lamento no haber leído ese libro, pues de haberlo conocido no me hubiera molestado en jugar el final!

** ¡Ståhlberg sigue caminando, y Lagos y García comiendo sándwiches!

** Jugaba Najdorf con la señorita Graf y por ahí Miguelito se acerca a un espectador y le expresa:

> Qué curioso. Es la primera vez que frente a la señorita Graf logro posición superior.

Seguía Miguelito comentando esa rareza, y dos jugadas después cometía un grave error y quedaba algo inferior. Entonces Najdorf, todo contento, volvió a su amigo y le dijo:

> ¡No podía ser! Ahora ya estoy inferior

Y reía como un chiquillo que juega con un trencito. ¡La partida era para él una diversión!

Magistrales de Los Principios (IV)

▓ ** Llegó el director técnico del torneo magistral, don Roberto Grau. Si no se apura un poco, el ex campeón nacional iba a venir cuando el certamen estuviese ya finalizado. La entrada del gordo fue un acontecimiento: todos lo saludaban, le preguntaban una cosa y otra, y él lo más amable, contestaba y contestaba, haciendo acotaciones al margen de las respuestas. Corría la hora y Grau hablaba y hablaba. Hasta que comenzó a sentirse el clásico:

> Pssss, pssss, pssss.

Grau seguía hablando, y

> Pssss, pssss, pssss.

Al final, el gordo, con esa cancha magistral que posee, se dio cuenta que las papas quemaban y comenzó a emitir el clásico "Pssss, pssss, pssss", a la par que decía:

¡Pero cómo conversa esta gente!

** Michel, la solidez hecha ajedrez, fue la nota sensacional frente a la señorita Graf. En efecto, su juego es tranquilo, posicional, por ahí algo aburrido; nunca comete errores y mueve las piezas con una corrección despampanante. Bien, frente a la señorita Graf se olvidó de toda su tradición, de que él debe ser cauto y prudente, ¡y entregó una pieza para atacar! La voz de alarma cundió por el salón, y el asombro se registró en todos los rostros.

¡Michel entregó una pieza!

¡Michel ha sacrificado!

¡Michel ataca!

¡Michel solo!

Y ganó Michel.

** Teobaldo García siempre come un sándwich durante sus partidas. Con Pilnik perdió tan rápido, ¡que no alcanzó a finalizar la cena!

** Miguel Czerniak tiene en preparación un libro sobre la Defensa Francesa. Ståhlberg, con las negras, le planteó sin temor alguno esa defensa, y alguno comentó:

¡Me parece que Czerniak va a tener que corregir los originales!

** A Lascano parece que le gustan los bombones, pues se ha aferrado al último puesto, aunque algunos comentan que la señorita Graf también es afecta a ellos.[872]

** Un aficionado nos ha enviado estos versos como colaboración para Magistrales:

Llegó. Su figura entera
simula un verde follaje
por el color de su traje
era Grau la primavera
Juegan Ståhlberg – Czerniak
para los nervios en tensión
bebe el primero cognac
y el otro toma limón.
El perder es muy humano
en los grandes encontrones
y Secchi le dio a Lascano
su voto "pa" los bombones.

[872] ¡Se estableció que el último del torneo se lleva como premio una caja de bombones!

Magistrales de Los Principios (V)

** La 6ª reunión del torneo magistral se jugó en la ciudad de Cosquín, y como siempre hubo notas interesantes, y entre ellas el sándwich de García se ganó todos los honores. García siempre pide un sándwich de jamón y una naranja exprimida cuando va a comenzar una partida. En Cosquín hizo lo propio. Pidió una merienda a las 15 y se la trajeron a las 16. El tucumano se frotaba las manos de satisfacción, ¡pero en un descuido Pilnik se acercó a su mesa y le comió el sándwich! Al volver y comprobar la desaparición de su almuerzo, García se desmayó de susto y comenzó a protestar. ¡Era la indignación hecha persona! Luego de protestar media hora pidió otro sándwich y se lo trajeron recién después de una hora. Mientras tanto, la naranja continuaba en el vaso. El sándwich se demoraba y García, para dar un golpe de efecto, le dijo al fiscal:

¡Haga traer rápido el sándwich, que la naranja se está muriendo de hambre!

** Diálogo entre dos maestros:

Usted juega mañana con García.

Sí.

¿Quiere la receta para vencerle?

¿No le deje comer el sándwich!

** Ståhlberg le jugó un peso a Najdorf, a que Pilnik no le ganaba a Secchi, y el polaco aceptó. Ganó Pilnik, y al cobrar el peso Najdorf dijo:

Siempre ganaba yo. Si Pilnik perdía me convenía porque era un rival menos al primer puesto, y si ganaba engrosaba mi capital con un peso más.

¡Lógica simple!

** En el Club Tiro Federal Nacional habían preparado los tableros en una pieza bastante pequeña y algo incómoda. Entonces alguien dijo:

Es necesario jugar en el salón de baile, que es bastante amplio, para que así el maestro Ståhlberg pueda caminar cómodamente.

** El maestro Czerniak a nuestro cronista de ajedrez:

Le voy a dar material para sus Magistrales, y aunque no tiene relación con este torneo, es una anécdota interesante. En Europa, y a iniciativa del maestro Tartakower, se ha formado una entidad que se llama "Club de Vera Menchik", y pertenecen a la misma todos aquellos maestros que han perdido con la campeona mundial. El presidente es el doctor Euwe, y socios conspicuos maestros de calidad internacional como Frydman y otros.

Muchas gracias. Pero debo informarle, maestro, que en la Argentina se formará el "Club de Sonja Graf", con las mismas bases que el anterior.

¡Ah, muy bien! ¿Y quién será el presidente?

¡Usted, maestro![873]

[873] Se refiere a que Graf venció a Czerniak.

** Lascano jugó frente a Secchi una Ruy López y cometió algunos errores que este aprovechó para ganar fácilmente. Secchi jugó frente a Pilnik una Ruy López y la condujo igual que Lascano frente a él, y lógicamente perdió. Uno comentaba:

> Lascano le demostró a Secchi cómo no se juega la Ruy López, y Secchi, muchacho gentil, aprendió la lección y se la enseñó a Pilnik… ¡para que éste no vaya a jugar igual en partidas difíciles!

Magistrales de Los Principios (VI)

▓ ** Miguel Najdorf es algo notable. Cuando juega, se levanta, camina por el salón, y al primero que encuentra, sepa o no ajedrez, le pregunta a quemarropa:

> Tengo buena posición. ¿Cierto?

Si le contestan que sí, queda satisfecho, y como todos son gentiles siempre ratifican la pregunta del maestro, y este sonríe y dice:

> ¡Gracias!

Frente a Pilnik estaba algo superior, y por ahí se levanta y le dice a Grau:

> ¡Estoy perdido!

Y a continuación agrega:

> Jugué bien, ¿verdad?

Y así anda de un lado para otro: pregunta por preguntar, porque su espíritu inquieto le obliga a decir algo, aunque ese "algo" sea "algo" sin nada de "algo"…

** Un aficionado local ha donado una caja de bombones para el último clasificado. Los únicos candidatos al premio son la señorita Graf y Lascano. En la 7ª reunión se enfrentaron e hicieron lo indecible por vencerse. El donante de los bombones, al ver el empeño de ambos por no salir últimos, se quedó triste y preguntó:

> ¿Serán tan feos los bombones que ninguno quiere comerlos?

** Paul Michel, tomando el *argot* popular, es una *piedra ajedrecista*, por la forma notable como se defiende. Lagos, el local, tiene también algo de piedra, así que el jueves se midieron dos formidables conocedores de los secretos defensivos del juego. Michel atacó y ganó sacrificando una torre en brillante estilo. Uno de la barra, al ver que Michel atacaba, dijo:

> ¡Cómo será de piedra este Lagos, que Michel lo lleva por delante!

** Teobaldo García se ha propuesto dar las notas del torneo. Su *sándwich* de jamón ha tomado carta de ciudadanía y ahora se ha traído un lápiz, que un rato escribe en color azul, y otro rato en rojo. Un arco iris perfecto. El lápiz llamó la atención a todos, y en algunos rostros se dibujaban sonrisas. García se dio cuenta, y no encontró nada mejor que decir:

> Se ríen del lápiz y no se dan cuenta que es algo prodigioso: ¡escribe en todos los idiomas!

El final de Sonja Graf [Michael Negele]

▓ Tras este certamen, tuvo una aparente pausa de dos años en sus actividades. Recién en el fortísimo VIII Torneo de Mar del Plata de 1945, se la vio a Sonja Graf nuevamente activa. Venció Najdorf con 13½, y apenas después quedó Ståhlberg con 13. Sonja aterrizó en el puesto 15º/16º con 4½ (+4 =1 -10). Aquí Ståhlberg perdió una posición claramente ganadora contra ella, lo que le costó el torneo.

En el XL Torneo Aniversario del Club Argentino de Ajedrez de Buenos Aires, en mayo 1945, Herman Pilnik ganó con 15 puntos, en tanto Sonja Graf logró 6½/19, quedando en el puesto 16º. Su último torneo en su patria provisoria lo jugó Sonja Graf en Paraná en enero de 1946, alcanzando 4½/13 y ubicándose en la posición 9º/10º. El torneo fue ganado por Ståhlberg con 12, delante de H. Pilnik 11½ y R. Letelier 10. A pesar de que Sonja Graf llegó en la mayoría de estos torneos en las posiciones más bajas, tanto su juego como su presentación impresionaron a los aficionados argentinos, como lo demostró Guillermo Puiggrós en su libro "Brillantes Partidas Argentinas" 1977, donde incluyó una partida tablas de ella contra Roberto Grau.

Circunstancia curiosa, fue quizás Max Euwe quien advirtió a Sonja que en la Argentina peronista corría el riesgo de que la supervivencia se le hiciera difícil, y le dio un decisivo giro a su vida. La siguiente anécdota (y otras) se encuentran en el libro de Max Euwe y Bob Spaak, Meneer Caïssa, editado en 1956. Creemos que el ex campeón mundial holandés es una fuente muy valiosa. Durante su gira sudamericana en la primavera 1947, Euwe hizo escala en Buenos Aires y allí, por un error de comunicación en el hotel comenzó a conversar con un camarero de la Marina Mercante norteamericana, llamado Vernon Stevenson. Ya que este Stevenson se interesaba por el ajedrez, y a toda costa quería conocer personalmente a Euwe, invitó al siempre falto de tiempo holandés a un encuentro post almuerzo incluyendo a Sonja Graf. Desde ese momento se desarrolló un tormentoso romance: el marino y Sonja armonizaron rápidamente, y enfilaron al "seguro puerto de la boda". Más tarde ellos mismos lo admitieron. Vernon Stevenson estaba seguro de querer a Sonja, y pudo mantenerse libre de dudas, según Euwe, a pesar del "descarado" discurso de Herman Pilnik. Este vino con el americano a una de las recepciones oficiales relacionada con el torneo en Buenos Aires y, en uso de la palabra, se rozó el tema del tema ajedrez femenino. La cosa corrió, según Euwe, luego que Pilnik dijera:

> Jugar al ajedrez no es algo para mujeres. Tomen, como ejemplo a Sonja Graf. Mírenla, allá está ella. Es, pues, la famosa Sonja Graf, una jugadora de ajedrez. Bueno, si me ustedes me lo preguntan: ella no es ni un hombre y ni una mujer.

Vernon Stevenson contestó secamente:

> Oh, muchas gracias. Ella es mi prometida.

Queda abierto conocer cómo Pilnik pudo salir de esta "metida de pata".[874] A partir del verano de 1947 Sonja Graf vivió en la soleada California del Sud (Los Ángeles, luego Palm Springs) como señora Stevenson: una ironía del destino.

▓ El conocido periodista León Mirlas lamentaba la ausencia de Sonja en el Torneo de Mar del Plata 1948:

> Hay que deplorar la ausencia en este Torneo de Mar del Plata 1948 de una nota simpática que adornara antaño nuestros torneos internacionales: la de Sonja Graf, vicecampeona femenina del

[874] Se refiere a que Pilnik le contó a Stevenson acerca de los amores de Sonja en Buenos Aires…

mundo. Sonja, con su melena corta, su indumentaria varonil, y su aire de mujer emancipada, se había asimilado muy bien a nuestro ambiente, y alternaba dignamente con los demás maestros en nuestros torneos. Pero a todo le llega su hora: cayeron las murallas de Jericó y... ¡Sonja Graf se ha casado! Mucho nos tememos que el hallazgo de la felicidad la haya alejado del ajedrez para siempre... Ya sabemos que el amor es el enemigo tradicional del arte, del ajedrez, del deporte... Absorbente, tirano, no tolera la menor competencia...

Poco tiempo después, León Mirlas decía:

¡Mujeres ajedrecistas: Vera y Sonja! Sólo figuran en la trayectoria del ajedrez dos mujeres que merecen mención: la campeona del mundo Vera Menchik, fallecida hace poco, que resistió dignamente el parangón con adversarios valiosos del otro sexo, y Sonja Graf, que nos visitó integrando un equipo extranjero cuando se efectuó el Torneo de las Naciones en el Politeama, y que ha sido considerada siempre como la segunda jugadora del mundo. Hace poco, a pesar de su indumentaria y sus arrestos varoniles, se ha casado, y con ella ha desaparecido la última amazona del tablero.[875]

Tras la muerte de Vera Menchik-Stevenson por una bomba voladora el 27.06.1944 en Argentina Sonja se auto-designó Campeona Mundial Femenina de Ajedrez, aunque por razones que no me son conocidas ella no fue incluida en el Campeonato Mundial de Moscú de 1949. Tal vez por ese tiempo nacía su hijo Alexander, aunque esto es pura especulación. Max Euwe lamentó su ausencia especialmente en el libro del torneo *Wereldkampioenschap Schaken Dames*, editado en 1950, y encargó a la FIDE organizar un *match* entre Ludmila Rudenko y Sonja Graf-Stevenson, ya que él la consideraba Campeona Mundial sin corona durante los años 1944-1950.

Sonja Graf no tuvo ambición alguna para volver a la vida ajedrecística hasta 1952, teniendo en cuenta que tras la segunda guerra el ajedrez femenino estaba muy poco valorado en los Estados Unidos. Por ello fue una gran sorpresa verla participar en el torneo internacional de Hollywood, en abril 1952, más precisamente en el "Mama Weiss Czardas Restaurant" en Beverly Hills. El breve torneo (10 participantes entre los cuales estaban S. Gligoric, A. Pomar. H. Steiner, I. Kashdan, y A. Dake, además de algunos maestros californianos) fue organizado por Herman Steiner, a cuyo círculo Sonja Graf-Stevenson obviamente pertenecía. Sin embargo este ensayo de regreso se transformó en una gran desilusión para Sonja, que ocupó el último puesto. Obtuvo sólo medio punto contra Arthur Drake (1° Gligoric 7½, 2° Pomar 7, 3° H. Steiner 6).

Como consecuencia hubo en la prensa ajedrecística californiana una áspera crítica por la invitación a Sonja, pero la foto muestra que los maestros gustaron que ella ocupara el centro de la fotografía. Ella misma había reconocido que su fuerza no era suficiente para sostenerse en tal competición, y tras una nueva pausa de dos años, Sonja Graf-Stevenson jugó exclusivamente en torneos abiertos o en torneos puramente femeninos. Siempre tuvo grandes resultados, como se indica en la siguiente lista, completa dentro de lo posible.

El claro triunfo (8-0) en el Campeonato Femenino norteamericano de California 1945, fue pura formalidad; en cambio, su participación en el US-Open en New Orleans, el mismo año, fue más exigente. El torneo femenino fue un buen ejemplo: tras Gisela Gresser con 8-2 puntos, Sonja Graf-Stevenson y May Karff empataron el segundo puesto con 7-3. Las tres clasificaron para el Torneo de Candidatos para el Campenato Mundial en Moscú 1955; éste fue su último intento de luchar por ser campeona mundial femenina. Las señales eran buenas, ya que en el US Open 1955) Long Beach, California, se inscribió en el grupo masculino, por sistema suizo, logrando 6/11 (+5,=2,-4), quedando delante de la maestra femenina Kathryn Slater.

[875] *El pintoresco mundo del ajedrez.* León Mirlas, *¡Aquí Está!*, mayo de 1948.

En Moscú enfrentó a muchas rivales más jóvenes, y no era posible pensar en ganar el torneo. Tras un buen inicio con triunfos rápidos contra May Karff (USA) y Berna Carrasco (Chile), y un empate con Gisela Gresser (USA), contra la yugoslava Lazarevic se demostró que Sonja no podía equiparar los conocimientos de aperturas de las jóvenes maestras europeas. Sin embargo, se pudo reponer de esta innecesaria derrota, y tres triunfos seguidos antes de la octava ronda la mantuvieron con perspectivas con 5½ puntos. Los organizadores soviéticos recibieron a la vice campeona mundial con gran respeto y el boletín número 3 del torneo ponderó ampliamente su carrera. En la segunda entrevista, Sonja suena optimista:

> Es cierto. Bajo la impresión (de los éxitos en los torneos norteamericanos[876] comencé el Torneo de Moscú demasiado agresivamente, pero después del encuentro descorazonador con Lazarevic, eso terminó para mí y me orienté hacia la precaución. Mis oponentas plantean cualquier apertura, pero no juegan mal. Las primeras rondas establecieron la fuerza de las jugadoras soviéticas y yugoeslavas claramente; también Chaudé de Silans, E. Keller-Hermann y F. Heemskerk son desde hace mucho conocidas en el mundo ajedrecístico. Estoy por ahora satisfecha con mi actuación (en el momento de la entrevista 3½/5). Calculo que podré jugar muy bien en este torneo, ya que a cada una de mis partidas la considero como una preparación para la siguiente.

Pero el quiebre amargo, que se preveía, se presentó. Cuatro derrotas seguidas contra Ivanov, Keller-Hermann, Heemskerk y Borisenko, todas tras suspensiones agotadoras, le quitaron a Sonja Graf-Stevenson toda chance de ganar el torneo. Los periodistas informaban acerca de su impresionante "desfile de modas" en este torneo. Si esperaba ganar, venía con un disfraz de cowboy o de caucasiana, y luego de una derrota se ponía una "imbracata" de los toreros españoles. Sonja Graf-Stevenson lo saboreaba como una envejecida actriz de cine, nuevamente enfocada por la luz de las candilejas, pero también parecía disfrutar del vodka ruso, como supo informar Salo Flohr.

Objetivamente, Sonja podía estar satisfecha con su resultado general, obtenido tras una larga ausencia en los torneos, porque estaba en relación con su fuerza de esa época. Con todo, consiguió 2½ puntos contra las fuertes participantes rusas; venció a Furfinkel y a la Maestra de la URSS Sworjikina, empató con Ignatjewa, y fue vencida por Borisenko, Wolpert y la futura ganadora del torneo, Olga Rubzowa. Al final contabilizó 9½/19 y terminó en los puestos 10º/13º en igualdad de puntos con Gresser, Ignatjewa y Chaudé de Silans. Debe destacarse que Sonja Graf-Stevenson ganó contra todas las jugadores rankeadas por debajo del 50%, y perdió con todas las clasificadas por arriba de esa cifra, a excepción de Sworjikina.

Vuelta de Moscú, renunció Sonja a la ya anunciada participación en el campeonato femenino de los Estados Unidos, pero se mantuvo activa en otros torneos del país. Logró un nuevo éxito en el Open 1956 en Oklahoma City, donde otra vez se ubicó como la mejor dama. Esto lo repitió Sonja Graf-Stevenson en el Open 1957 en Cleveland, Ohio, aunque su natural "guerra de los sexos" en este abierto le fue muy desfavorable. El torneo femenino del Herman Steiner Chess Club, en los Ángeles, que ella ganaría solemnemente con 6½/7, delante de Lena Grumette y Jacqueline Piatigorski, fue una simple formalidad. De mucho más valor fue su triunfo compartido en el Campeonato Femenino de USA en Los Ángeles: Gisela Gresser y Sonja Graf-Stevenson ganaron con un mítico 9½/11. Ella perdió una vez más contra May Karff, empató con Gresser y ganó las demás. Tras este éxito, Sonja y Gisela fueron nominadas para el primer torneo femenino por equipos en Emmen, Países Bajos, en setiembre 1957. Sin embargo ella no volvió al país de sus primeros éxitos, y J. Piatigorski jugó en el tablero 2 para los Estados Unidos.

[876] Nota del autor.

Durante casi dos años desapareció Sonja Graf-Stevenson de los torneos, y recién en el US Open 1959 en Omaha (Nebraska), logró otra vez su puesto de mejor dama. Este fue su último torneo. No tomó en serio la nominación para el torneo de mayo 1959, imponente Candidatura Femenina, en Plovdiv, Bulgaria. Al torneo femenino de USA, diciembre 1959 en New York, en el Log Cabin Club, West Orange, no concurrió aunque estaba maquillada para la fiesta; el certamen se jugó con solamente 9 participantes. Por años no hubo nada más en la prensa ajedrecística americana sobre Sonja Graf-Stevenson; ella pareció olvidada. Pero, repentinamente, en mayo de 1964, apareció en el Campeonato de la USA para damas, en New York, hacia donde, después de la jubilación de su marido, se mudaron con la familia. Fue un regreso sensacional. Tras una derrota inicial contra G. Gresser, consiguió el primer puesto con 8½/10 con un punto de ventaja. Este éxito fue el último destello de una luz moribunda: el alcohol había minado su salud visiblemente. Sonja Graf-Stevenson falleció el 06.03.1965 a la edad de 52 años,[877] a causa de una de las habituales enfermedades del hígado, según Hans Kmoch. La alguna vez brillante estrella se había apagado para siempre.[878]

Tapa de *Así juega una mujer*

Así juega una mujer (1941)

Publicado por Editorial Sudamericana el 5 de mayo de 1941, prólogo de Roberto Grau, presentado como "impresiones y recuerdos de la carrera ajedrecística de la autora y psicología de los ajedrecistas", 310 páginas, *Así juega una mujer*, es el título del libro de Sonja Graf editado aquí, y no podría hallarse otro más oportuno para la demostración en la que logró imponerse a uno de los más calificados adversarios de toda su carrera ajedrecística.[879]

Graf era muy aguda, no sólo como jugadora sino también como observadora de la realidad. Tomemos un fragmento de su libro:

[877] Según Gaige, a los 50; según Deutsche Schach Zeitung, a los 56. Editada el 22.12.2004, la versión abreviada apareció en Karl 3/2004, páginas 28-34.

[878] Mi agradecimiento vale para algunos amigos ajedrecísticos de la Ken Whyld Association: Josep Alió (España), Andy Ansel (USA), Bert Corneth (Países Bajos), Hans-Jürgen Fresen (Bochum), Peter Holmgren (Suecia), Tomasz Lissowski (Polonia), Manfred Mädler (Dresden), Alessandro Sanvito (Italia), y Jurgen Stigter (Países Bajos) quienes con valiosas traducciones tanto de informaciones como de documentos, han ayudado completar material acumulado. Mucho se ocupó Juan Sebastián Morgado (Argentina) acerca de la difícil estructuración de "Yo soy Susann", Thomas Lemanczyk (Solingen) proveyó traducciones del boletín ruso, y Vlastimil Fiala de Sachovy Tyden. A Wolfgang Unzicker, Wolfgang Kamm y Alfred Schattmann (todos de Munich), Edward Winter (Satigny, Suiza) así como Siegfried Schönle (Kassel) agradezco por sus esfuerzos e indicaciones para aclarar los datos biográficos de Sonja Graf. Le estoy muy agradecido por su ayuda al amigo ajedrecístico Georg Böller (Hirschau), quien se acordó del artículo de Hans Kmoch. Manuel Fruth (Unterhaching) merece mi agradecimiento por pasarme las planillas de partidas. Me entusiasmé por el canje con Jennifer Shahade (Philadelphia), cuyo artículo en *Chess Magazine* Número 7/2004 me gustó especialmente. [Michael Negele]

[879] Cuaderno de recortes de Rubén March Ríos.

...En Europa no hay verdaderamente clubes de ajedrez, sino en contadas ciudades. La mayoría se forman en cafés o restaurantes. Los torneos importantes se juegan generalmente en hoteles o grandes balnearios. Me llamó la atención que los ajedrecistas argentinos, aunque aman el juego, no lo practican como sus colegas europeos. En casi todos los clubes los socios prefieren mirar o conversar, a trabarse en una lucha ajedrecística, y es raro que las grandes figuras del ajedrez argentino jueguen entre ellos partidas que no sean de torneos.[880]

Sonja Graf hace declaraciones en *El Diario* de Paraná (enero de 1946)

Sonja Graf en El Diario, de Paraná. 1946

Cuando era muy pequeña, muy jovencita, tenía la virtud de ser mala, díscola y descarada. A decir verdad, todavía tengo algunas de esas cualidades. Cuando llegué más o menos a los 12 o 14 años, me enamoré terriblemente desde la cabeza hasta los pies. Bien es cierto que esto no es raro, porque seguramente les pasa lo mismo a casi todas las muchachas, que a esa edad tienen un íntimo ideal y ya suspiran con el príncipe enamorado. Pero mi amor era de distinta índole, y será seguramente una sorpresa para usted, mi querido lector, conocer el motivo de mis amores: era un Rey, un Rey de madera, esbelto y enigmático, pensativo y melancólico. Rey del más noble y espiritual de los juegos, era un Rey del ajedrez.

Así nos cuenta su amor Sonja Graf, la magnífica ajedrecista que nos visita, en su libro *Así juega una mujer*, donde la autora revela una capacidad narrativa muy aguda e interesante. En Múnich, la hoy destruida ciudad alemana, nació Sonja Graf. Sus padres le inyectaron la pasión del ajedrez. Luego en el Club de Ajedrez de Múnich, bajo la dirección cariñosa del maestro Siegbert Tarrasch, aprendió a conocer los mil secretos de este juego. Desde entonces vive enamorada de este Rey de madera. Ha recorrido gran parte del mundo, asombrando a los grandes maestros y al público por la calidad de su juego. Leyendo su libro recorremos las principales capitales y ciudades del globo, los torneos en que ha participado, y sabrosas anécdotas de su vida, descripto todo con singular estilo. En 1919 llegó a nuestro país participando en el TN realizado en Buenos Aires. Desde entonces ha fijado su residencia en el país. Su actuación ha sido siempre brillante. Las mujeres de Paraná podrán ver ahora a esta magistral ajedrecista, que como la Reina de su juego, domina el centro de acción de atracción de los torneos que juega. Sonja Graf, expresión de voluntad triunfante, cordial, sencilla y amable, dejará en Paraná el grato recuerdo de su presencia femenina y de su condición de ajedrecista.[881]

Yo soy Susann (1946)

El 15 de mayo *Leoplán* nº 288 anuncia la aparición del libro *Yo soy Susann*, de Sonja Graf, "que ha sido recibido con general beneplácito del público". Se había editado el 5 de abril de 1946, Editorial Piatti, y en la misma página del título ya se presentaba como "relato íntimo y autobiográfico, impresiones reales, recuerdos y confidencias amorosas, historia de la vida en sí misma con su

[880] *Historia del ajedrez olímpico argentino. La generación pionera*, op. cit., pág. 380.

[881] Libro de recortes de Gaspar D. Soria. Sonja Graf fue presentada como "campeona mundial", ya que ella se consideraba como tal luego del trágico fallecimiento de Vera Menchik en un bombardeo alemán sobre Londres.

enseñanza y su verdad". El prólogo fue redactado por Carlos Ibarra Grasso, conocido como asiduo colaborador de la revista Martín Fierro y autor de *El Oro de las Tardes*, entre muchas obras.

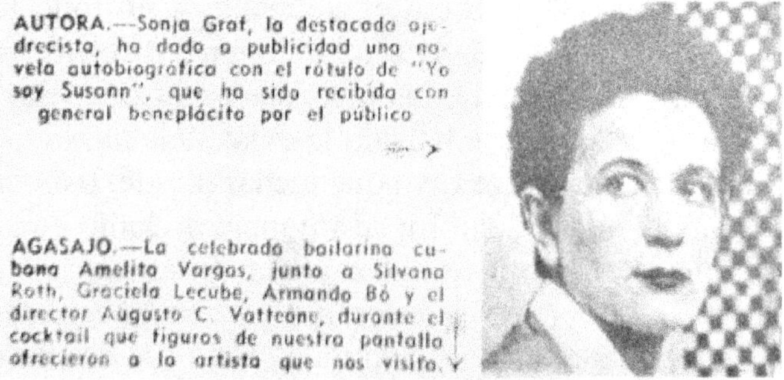

AUTORA.—Sonja Graf, la destacada ajedrecista, ha dado a publicidad una novela autobiográfica con el rótulo de "Yo soy Susann", que ha sido recibida con general beneplácito por el público

AGASAJO.—La celebrada bailarina cubana Amelita Vargas, junto a Silvana Roth, Graciela Lecube, Armando Bó y el director Augusto C. Vatteone, durante el cocktail que figuras de nuestra pantalla ofrecieron a la artista que nos visita.

Leoplán anuncia la aparición del libro de Sonja Graf

Cubierta de Tapa de *Yo Soy Susann*

Perfil de *Yo soy Susann*

Si no por su forma, por su contenido, es éste un libro audaz, escrito por la campeona mundial, Sonja Graf. Se grata de su autobiografía, y es de una franqueza tal que por lo menos recuerda las *Confesiones* de Rousseau, no titubeando la autora en describir situaciones escabrosas. La forma es vacilante y no todo lo correcta que fuera de desear, pero es tal el espíritu humano de estas páginas, que el lector bien pronto se olvida de las incorrecciones de estilo para absorberse en este río turbulento que ha sido la existencia de Sonja Graf. Es una novelesca vida de mujer que tuvo que luchar (desde) bien temprano contra asechanzas de toda índole. En su infancia no halló en su hogar el afecto que su alma de niña necesitaba, y esa decepción acibaró sus primeros años, hasta el punto de que terminó por rebelarse y abandonar la casa paterna, para lanzarse a correr mundo. Todo ese drama está narrado en su autobiografía, si no con galas literarias, con áspero realismo y comunicativa emoción.[882]

YO SOY SUSANN, por Sonja Graf. *(Editorial Piatti).* — Si no por su forma, por su contenido es éste un libro audaz, escrito por la campeona mundial de ajedrez. Se trata de su autobiografía, y es de una franqueza tal, que por momentos recuerda las *Confesiones* de Rousseau, no titubeando la autora en describir escenas escabrosas.

La forma es vacilante y no toda lo correcta que fuera de desear. Pero es tal el ímpetu humano de estas páginas, que el lector bien pronto se olvida de incorrecciones de estilo para absorberse en este río turbulento que ha sido la existencia de Sonja Graf.

Es una novelesca vida de mujer que tuvo que luchar desde bien temprano contra las asechanzas de toda índole. En su infancia no halló en su hogar el afecto que su alma de niña necesitaba, y esa decepción acibaró sus primeros años, hasta el punto que terminó por rebelarse y abandonar la casa paterna para lanzarse a correr mundo. Todo ese drama está narrado en su autobiografía, si no con galas literarias, con áspero realismo y comunicativa emoción.

Yo soy Susann, una cruda y emocionante autobiografía.
Mundo Argentino, 15 de mayo de 1940

Sonja Graf en Argentina [Juan S. Morgado]

Su visita al Círculo de Ajedrez de General San Martín

El Círculo de Ajedrez de San Martín es una de las instituciones más longevas, fundada el 2 de febrero de 1928. Desde muy temprano desarrolló una intensa tarea en su zona de influencia, y participó en la organización de diversas labores educativas en conjunto con el Municipio.

A poco de iniciar sus actividades, fue visitada por las autoridades nacionales:

> Con motivo de la visita del presidente de la FADA ingeniero Enrique Pujadas, y del campeón argentino don Roberto Grau, esta institución ha organizado un festival ajedrecístico que se realizará el 30 del corriente en la Sociedad Española (de San Martín), calle San Lorenzo 22. Grau jugará cuarenta partidas simultáneas.[883]

Sonja Graf también ha sido invitada a dar una exhibición en 1941, y así ha quedado asentado el acontecimiento en los Libros de Actas:

8 de julio de 1941, Sesión Ordinaria Acta Nº 331

c) Actividades: se acepta en principio la oferta hecha por la señorita Sonja Graf para la realización de una sesión de simultáneas

15 de julio de 1941, Sesión Ordinaria Acta Nº 332

b) Se da por aprobada (finalizada la consideración de la propuesta de la Srta. Sonja Graf) y se fija para el 2 de Agosto la realización de una sesión de partidas simultáneas acordándose en pesos 2 (dos) la suma a abonar por jugador para reservar el derecho a tablero en dicha sesión.[884]

[882] Paulino Alles Monasterio, *Mundo Argentino*, 15 de mayo de 1940.

[883] Roberto Grau, *La Nación*, 25 de mayo de 1928.

[884] Actas del Círculo de General San Martín. Información de Roberto Gabriel Álvarez. El importe de $ 2 por persona era equivalente a cuatro revistas *El Ajedrez Argentino,* aproximadamente unos U$S 10 de hoy.

Mateo Gianolio y Sonja Graf: pareja y cigarrillos (Horacio Amil Meilán)

Sonja Graf y Mateo Gianolio fueron pareja aproximadamente entre los años 1939 y 1941. Gianolio era un publicitario y eximio dibujante, "acompañante oficial de la despabilada Sonja Graf", según Amil Meilán. Paulin Frydman y Francia W. de Naranjo también estaban en pareja, y todos ellos vivían en el mismo edificio, Maipú 52, entre Rivadavia y Bartolomé Mitre. En *Leoplán* salió una nota que incluye una foto probablemente tomada desde ese lugar. Graf era una fumadora empedernida, y fumaba cigarrillos De Reszke, que eran los más caros de la época.[885] Iban a cenar al restaurant Maxim's, de Maipú y Diagonal Norte. Ella nadaba muy bien.[886]

Las diversiones de Sonja (Zoilo R. Caputto)

Sonja Graf era hiper-kinética, nerviosa, muy fumadora. Durante las partidas estaba inquieta, no podía concentrarse adecuadamente; por eso muchas veces elegía jugadas arriesgadas, que solían tener éxito en torneos femeninos, pero eran refutadas por los maestros. Ella buscaba diversión nocturna, el baile, la bebida, sexo con varones o con colegas mujeres. Ese ritmo de vida también le ocasionaba problemas en sus partidas, ya que muchas veces arribaba cansada a los torneos. Durante bastante tiempo ella tuvo problemas económicos, y muchos ajedrecistas abusaron malamente de ella. Su casamiento y posterior viaje a los Estados Unidos representó para Sonja un enorme alivio.

Sonja Graf, la campeona sin corona (Raúl Alberto Castelli)[887]

Ajedrecista alemana nacida en 1914, que fue considerada la segunda jugadora del mundo en la época anterior a la segunda guerra mundial. Siendo una niña, en 1928 recibió lecciones en Múnich del anciano doctor Tarrasch, de quien conservó un recuerdo imborrable durante toda su vida. Ya en 1935 produjo un resultado sensacional: en el clásico torneo internacional de Margate (Inglaterra), jugando en el grupo de reserva, ocupó el cuarto puesto empatada con el maestro Koblenz, que llegaría a jugar la final del campeonato soviético, portaría el título de entrenador emérito y sería preceptor de Miguel Tal. En el torneo internacional de maestros de Praga 1937, hace tablas con Keres, el vencedor.

[885] Habían comenzado a venderse en Argentina en 1932, como *El Cigarrillo de los Aristócratas*. El barrio de Almagro fue uno de los primeros en el que se afincaron numerosas fábricas de cigarrillos y tabacos, destacándose entre otras: Abdulla, De Reszke, hacia 1932-1940, en Sarmiento 3980. Por aquella época de 1932 la fábrica de Cigarros y cigarrilos DE RESZKE, tributaba con el empréstito patriótico, para reforzara las arcas de aquellos momentos.

[886] Testimonio de Horacio Amil Meilán al autor, 24 de abril de 2012. *64...Repetida Cifra*, edición del mismo autor, 2008, pág. 75.

[887] Texto complementario de Juan Sebastián Morgado

Graf,Sonja - Keres,Paul [A40]

Praga (11), 1937 *[Juan S. Morgado]*

1.d4 e6 2.c4 Ab4+ 3.Ad2 De7 4.Axb4 Dxb4+ 5.Dd2 Cc6 [5...Dxd2+ 6.Rxd2 f5 7.g3 Cc6 8.e3 b6 9.Ag2 Ab7= Talla (2411) – Biolek (2432), Czechia 2015] **6.e3 Dxd2+ 7.Rxd2 f5 8.Cc3 Cf6 9.Cb5 Rd8 10.f3 a6 11.Cc3 f4 12.Cge2 fxe3+ 13.Rxe3 d5 14.Cg3 Te8 15.Td1 Ad7 16.Ae2 e5 17.Rf2 dxc4 18.dxe5 Cxe5 19.h3 Rc8 20.Td4?!** [20.The1 compensación.] **20...b5** [iniciativa] **21.f4 Cc6 22.Td2 Tb8 23.Af3 Cb4 24.Cge4 Tb6 25.Cc5 Af5 26.g4 Cd3+ 27.Cxd3 Axd3 28.g5 Ce4+??** [Un serio descuido de Keres. Era buena 28...Cd7 29.Tdd1 Af5 30.Tde1 Tbe6 31.Txe6 Axe6 32.Ce4 Ad5 iniciativa. Ahora las blancas quedan con gran ventaja luego de…] **29.Cxe4! Axe4 30.Te1 Ag6 31.Ag4+ Rb7 32.Txe8** [32.f5 con era terminante. Por ejemplo: 32...Txe1 33.Rxe1 Ae8 34.Td8 Ac6 35.f6 gxf6 36.Ac8+ Ra7 37.gxf6 Ad5 38.Txd5 Txf6 39.Af5 con ventaja blanca] **32...Axe8 33.Td8 Ac6** [Ante el peligro, Keres ofreció tablas, en vista de que luego de 33...Ac6 34.Ae6! las blancas tienen las mejores posibilidades.] ½–½

Luego desafía a Vera Menchik a un *match* por el Campeonato Mundial Femenino que se disputó en Viena ese mismo año. Aunque Graf se batió con entusiasmo y entereza, fue arrasada sin piedad: +9 =5 -2 (11½-4½). Quedó deshecha, tanto que en el siguiente Campeonato Mundial, Estocolmo 1937, apenas pudo llegar cuarta entre 20 participantes, no sólo detrás de Menchik (que ganó todas las partidas) sino también de la italiana Clarisa Benini, y de la letona Milda Lauberte, a cinco puntos de la ganadora.

Pero Sonja Graf era una luchadora obsesiva: colocada en la lista negra por el nazismo, que en el Campeonato Mundial de Buenos Aires 1939 inscribió como representante de la Gran Alemania a Frau Friedl Rinder, Graf batalló ante la FIDE para que se le permitiera intervenir como apátrida, lo que el organismo internacional aceptó y cubrió con el piadoso eufemismo de "jugadora libre". El campeonato de Buenos Aires mostró un drama conmovedor: Vera Menchik y Sonja Graf, con la chilena Berna Carrasco pisándoles los talones, ganaban sus partidas en una carrera emocionante. Menchik, pasando la aplanadora a sus adversarias, generalmente en pocas jugadas; Graf, luchando denodadamente en casi todas las partidas, para no alejarse del ritmo frenético de la campeona mundial imponía en los torneos femeninos. Al promediar el magno certamen, Sonja iba un punto atrás a causa de su derrota ante Carrasco. Pero en la 10ª rueda ocurrió lo que nadie esperaba: la letona Lauberte, ante el desconcierto general, consiguió hacer tablas con Menchik. Graf ganó y quedó medio punto atrás. La rueda siguiente mostraba en los cartelitos indicadores del Teatro Politeama un enunciado único: Menchik – Graf. La partida, que fue comentada por Alekhine en su libro póstumo *Gran Ajedrez*, aparecido en España, respondió a las expectativas que había despertado: Sonja (un palo vestido, el cabello cortado a lo varón, una tabla por delante y por atrás, con la cara prematuramente arrugada a los 25 años y fumando cigarrillo tras cigarrillo), parecía aún más insignificante frente a Menchik (exuberante, redonda por delante y por detrás, inconmovible y glacial, que había jugado infinidad de partidas con adversarios como Lasker, Botvinnik, Capablanca, Alekhine, Euwe, Flohr, Keres, etc.).

Pero el "mísero ratón" fue poco a poco, mediante un esfuerzo sobrehumano, logrando y manteniendo primero una pequeñísima ventaja, y luego una superioridad clara, y más tarde una posición ganadora. Quienes presenciábamos la partida, sobre todo en la sesión de suspendidas, creíamos, sin embargo, estar viendo un cuadro completamente diferente: Graf, vacilante, insegura, temblorosa, parecía exteriorizar su pensamiento: "¿Me equivocaré ya en la próxima jugada? ¡Debo esforzarme en encontrar todavía otras jugadas buenas! ¿Acaso no he llegado hasta aquí? ¡Ay, qué poco tiempo me queda! ¿Por qué ella juega como si pudiera ganarme sin necesidad de pensar? Pero, ¡la tengo mal, eh! ¡Le estoy dando un susto!" Menchik, con la afilada mirada de sus bellos ojos clavada, ora en el tablero, ora en el rostro de su infortunada oponente, trasuntaba un claro mensaje: "Has progresado bastante. En realidad, tu posición se gana fácilmente, y esta partida la he jugado con excesivo descuido. Pero vamos, ya es tiempo de que comiences a jugar en tu verdadero nivel. ¿Ves? Ya has cometido la primera estupidez: 50…h5! era mucho más fuerte que eso que acabas de jugar". La "estupidez" se repitió inexorablemente, una segunda vez. Y una tercera, y una cuarta. Todo.

En el lapso de unas pocas jugadas. Destruida, Graf abandonó. Vera Menchik firmó la planilla con displicencia y se retiró con aplomo de reina. Sonja se quedó largo rato sentada frente al tablero, llorando. Parecía adivinar que había perdido su última oportunidad. En Europa, cinco días antes había estallado la segunda guerra mundial.[888]

Menchik,Vera - Graf,Sonja [E53]

Campeonato Mundial Femenino, Buenos Aires, 1939 *[Juan S. Morgado]*

1.d4 d5 2.c4 e6 3.Cf3 Cf6 4.Cc3 Cbd7 5.e3 Ab4 6.Ad3 c5 7.0–0 0–0 8.Ad2 a6 9.cxd5 exd5 10.Tc1 c4 11.Ab1 Te8 12.Ce2 [12.Ce1 Cf8 13.f3 b5 14.a3 Aa5= Shianovsky – Geller, Kiev 1957] **12...Ad6 13.Ac3?** [13.De1=] **13...b5** [ventaja clara] **14.Cg3 g6 15.Te1 Ab7 16.Te2 b4 17.Ae1 a5 18.Cg5 Cg4 19.Ch3 f5 20.Cf1 Dc7 21.f4 Cdf6 22.Ah4 a4 23.Cg5 De7?!** [23...Ce4 con mejor juego] **24.Te1 a3 25.b3 c3 26.Cf3 Dg7 27.h3 Ch6 28.Axf6 Dxf6 29.Ce5 De7 30.Ch2 Tec8 31.Chf3 Cf7 32.Ad3 Tc7 33.De2 Dd8?!** [33...Tf8 iniciativa] **34.Tc2?!** [34.g4 fxg4 35.hxg4 Te7 36.Dh2 Ac7 37.Dh4 Cxe5 38.dxe5 Ab6 39.Rg2 contrajuego] **34...Dc8 35.Cxf7 Txf7 36.Ab5 Tc7 37.Ad3 Af8 38.Ce5 Ag7 39.Rh2 Af6 40.Tg1 Rf8?!** [40...De6 41.Tf1 Rh8 42.Df3 Tf8 43.Rg1 Tg7 iniciativa] **41.g4= Axe5 42.fxe5 fxg4 43.Tf1+?!** [43.Txg4=] **43...Tf7 44.Txf7+ Rxf7 45.hxg4 Dd8?!** [45...Rg8!] **46.Rg3?** [46.Df3+ Rg8 47.Tf2 De7 48.Dg3=] **46...Rg7 47.Df1 De7 48.Tf2 Tf8µ 49.Tf4 Ac8 50.Ac2? Ae6?!** [50...h5! indicada por Castelli, era mejor: 51.Dh1 Axg4 52.Txf8 Dxf8 53.Dxd5 De7 54.Dc6 Dg5 55.Rh2 Af5–+] **51.Txf8 Dxf8 52.Da6** [52.Df4 De7 53.Ad3 *(53.g5 Df7 54.Rf2 Af5 55.e4 dxe4 56.Re3 Ae6 57.Dxe4 Af5 etc)* 53...h6 54.Rg2 Df7 55.Dg3 g5 56.Ac2 h5 57.gxh5 Dxh5 58.Df2 Dg4+ 59.Rf1 Dh3+–+] **52...De7–+ 53.Ad1** [53.e4 dxe4 54.Axe4 Af7 55.Rf2 *(55.Dd6 Dxd6 56.exd6 Rf6 57.d5 Ae8 58.Rf2 Re5 59.Re3 Ad7)* 55...Dh4+–+ 56.Re3 h5–+] **53...Rf7??**
[53...h5 54.Dc6 Dd7 55.Db6 Axg4 56.Df6+ Rh7 57.Ac2 Af5–+] **54.Rf4??** [54.Da8=] **54...h6??** [54...Dh4!–+ y mate en 14 jugadas] **55.Df1** [55.Rf3 h5 56.gxh5 gxh5 57.Ac2 h4 58.Dd6 Dg5 59.Dc7+ Rg8 60.Db8+ Rg7 61.Dc7+ Af7 62.e6 Df6+–+] **55...Rg7–+** [55...Dh4 56.e4 Re7 57.exd5 Axd5 58.De2 Dh1 59.e6 Dg1 60.Re5 Axe6–+] **56.Rg3 h5 57.gxh5** [57.Df4 Axg4–+] **57...Dg5+ 58.Rf2 Df5+** [58...Dh4+–+; 58...gxh5–+] **59.Af3 Dc2+?!** [59...g5–+; 59...gxh5–+] **60.De2??** [60.Rg1 gxh5 61.Axh5 Rh6 62.Ad1 Dg6+ 63.Rh2 Af5 64.e6 Dxe6 65.Df4+ Rg7 66.Dc7+ Rg6 67.Dg3+ Rf7 68.Dc7+ De7–+] **60...Dxe2+??** [60...Db2–+] **61.Rxe2 Af5??** [61...g5 62.Rd3 Rh6 63.e4 dxe4+ 64.Axe4 Axb3 65.e6 c2 66.Rd2 Axe6 67.Rxc2 Axa2–+] **62.hxg6= Rxg6??** [Último grave error, esta vez trágico; 62...Ae6 era única 63.Rd3 Af5+ 64.Re2=] **63.Axd5+– Ab1 64.Rd1 Ad3** [64...Axa2 65.Rc2+–] **65.Ac6?!** [65.Ae6+–] **65...Rf7 66.d5 Re7 67.e4 Rf7 68.e6+ Rf6 69.e5+ Re7 70.Ab7 Ag6 71.Aa6 Ae4 72.Ac4 Ag6 73.d6+ Rd8 74.Ab5 1–0**

Comenzaron años de espera en Argentina. Jugó mal los torneos internacionales del Círculo en 1939, y de Mar del Plata 1941 y 1942, donde quedó en las últimas posiciones. Y en 1944, se conoció la noticia desoladora: Vera Menchik había muerto en un bombardeo alemán sobre Londres. La vida de Sonja Graf había quedado desprovista de sentido. Comenzó una nueva historia: Sonja se proclamó a sí misma campeona mundial –lo cual no era tan absurdo: había muerto la campeona siendo ella la subcampeona– y así se la llamó en Buenos Aires. Publicó en 1941 un libro con una selección de sus partidas comentadas, *Así juega una mujer*, y en 1946, una autobiografía titulada Yo soy Susann. En la euforia triunfalista típicamente "south-americana" del momento, se la invitó como "campeona mundial" al gran torneo internacional de La Plata, 1944, donde finalizó penúltima pero venció en una partida sensacional al Gran Maestro Ståhlberg, que debió resignarse a entrar segundo detrás de Najdorf.

Graf,Sonja - Ståhlberg,Gideon [E18]

La Plata Jockey Club La Plata (1), 20.11.1944 *[Notas de Juan S. Morgado]*

1.d4 Cf6 2.Cf3 b6 3.g3 Ab7 4.Ag2 e6 5.0–0 Ae7 6.c4 0–0 7.Cc3 Ce4 8.Cxe4 Axe4 9.Ce1 Axg2 10.Cxg2 Cc6 [10... d6!?, 10...d5 11.cxd5 Dxd5 12.Cf4 Db7= Zagoriansky – Botvinnik, Sverdlovsk 1943] **11.e3** [11.d5 Ca5 12.b3 exd5

[888] Debe remarcarse que la descripción que hace Castelli es acerca de lo que vio "in situ", y sus análisis posteriores son obviamente sin ayuda de programas competitivos. Él tenía nueve años, y fue llevado al Teatro Politeama por su tío Oscar Castelli, de conocida actuación en la Federación del Sur en su época. Hoy día, con los modernos medios de análisis, puede observarse que Graf pudo ganar en casi una decena de veces. En al menos en dos de ellas, cometió errores graves pero que no le ocasionaban la pérdida de la partida: el juego se resolvía en un empate. Desgraciadamente para ella, el último error grave sí le provocó la derrota.

13.Dxd5 Af6 14.Tb1= Tukmakov (2490) – Gulko (2530), Yerevan 1976] **11...e5 12.d5 Ca5 13.De2 e4 14.Ad2 Cb7 15.Ac3 Af6 16.Axf6 Dxf6 17.Tad1 a5 18.b3 d6 19.Td4 Tfe8 20.Dg4 Cc5 21.Cf4 g6 22.h4 Te5 23.Ce2 Tf5 24.Td2 h5 25.Dh3 De7 26.Cd4 Tf6 27.Cc6 De8 28.Dg2 Rg7 29.Cd4 Cd3 30.Cc6 Cc5 31.Cd4 Dd7 32.Rh2 De7 33.Cc6 De8 34.Td4 Tf3 35.Td2 Cd7 36.Rh1 Ce5 37.Cd4 Dd7 38.Cxf3?** [38.Rh2=] **38...exf3?** [38...Cxf3 39.Td4 Dg4 ventaja negra] **39.Dh2= a4 40.Tb1 Df5 41.Dg1 axb3 42.axb3 Cg4?!** [suspendida] [42...Dh3+ 43.Dh2 Df5 44.Dg1=] **43.Ta1, Te8 44.Db1 Dd7** [44...Dxb1+ 45.Txb1 Ta8 46.Rg1!] **45.Rg1** [45.Ta7 Cf6 46.Rh2 Cg4+ 47.Rg1 Ce5 complejo] **45...g5** [45...Cf6 46.Td4 Ce4 47.Txe4 Dh3 48.Df1 Dxf1+ 49.Rxf1 Txe4 50.Ta7 iniciativa] **46.hxg5 h4 47.gxh4??** [Luego de este grave error las negras dan mate en 6. Había que jugar 47.Df1 Ce5 *(47...hxg3 48.Dh3 etc)* 48.g4 Dxg4+ 49.Rh2 h3 50.Td4 Dxg5 51.Dg1 Dg2+ 52.Dxg2+ hxg2 53.Th4 Rf6 complejo. Pero no lo ven y devuelven el error] **47...Ce5??** [47...Ch2!–+] **48.Td4** [Ahora las blancas quedan con posición ganadora] **48...Cg6 49.Rh2 Th8 50.Rg3 f5 51.gxf6+ Rf7 52.Rxf3** [52.Tg4+–] **52...Ce5+ 53.Re2 Dh3 54.Dh1 Df5 55.Dg2** [55.Ta7+–] **55...Tg8 56.De4 Dh5+ 57.Rd2 Tg4 58.Db1?!** [58.f4+–] **58...Cf3+ 59.Rc3 Cxd4 60.exd4 Txh4 61.De1 Df3+ 62.Rb4 Te4 63.Dh1 Df4 64.Ta8?!** [64.Dh7+ Rxf6 65.Ta8+–] **64...Dh4 65.Dxh4 Txh4 66.Ta7 Rxf6 67.Txc7 Txd4 68.Tc6 Re7 69.Txb6 Td3 70.Ra5 Tf3 71.b4 Txf2 72.Tb7+ Rd8 73.Rb6 Tc2 74.c5 dxc5 75.bxc5 Rc8 76.Th7 Ta2 77.c6 Tb2+ 78.Rc5 Tc2+ 79.Rd6 Rb8 80.Rd7 1–0** ¡Una partida con muchos vaivenes!

El periodista de *Mundo Deportivo*, Pío García, entrevistó a Sonja en el Club Argentino, en 1944, donde habló nuevamente sobre la independencia femenina:

Había preguntado yo, siguiendo el clásico juego malabar de las preguntas y respuestas de todo reportaje a figuras prominentes, ubicadas entre las primeras del mundo, como ocurría en ese momento con Sonja Graf, la alemana participante en el TN de 1939:

> *Bueno, ¿Qué opina usted de nuestras ajedrecistas?*
>
> Le voy a hacer una confidencia desconcertante. Las que intervienen habitualmente en torneos y certámenes son incuestionablemente buenas, pero las mejores jugadoras argentinas, ¡que son muchísimas!, nadie, o muy pocos, las conocen, porque están en las trincheras…
>
> *¿En las trincheras?*
>
> Exactamente, en las trincheras, protegiéndose de los prejuicios, de los inconvenientes de todo tipo y calibre. Por el solo hecho de ser yo mujer, he tenido oportunidad de conocer a muchas mujeres que, siendo completamente desconocidas en el campo ajedrecístico, me resultaron fortísimas jugadoras en el recinto hogareño, en su casa, o en la intimidad.

Así me habló Sonja Graf, entonces campeona del mundo, una noche de 1944, en un rincón del Club Argentino. Recuerdo aquella confidencia precisamente hoy 7 de junio de 1954, es decir, justamente 10 años después, cuando en el 1º piso del Automóvil Club Argentino se ha consagrado a la señora Celia B. de Moschini campeona del Torneo Zonal Sudamericano, semifinal del campeonato femenino mundial.

Pero, ¿Y quién es esta dama que de buenas a primeras salta al conocimiento del hombre de la calle, al primer plano de la actualidad, asumiendo tan grandes responsabilidades? Pues nada menos que una jugadora de trinchera, como las calificó Sonja Graf.[889]

Esta victoria sobre el gran maestro sueco le valió una nueva invitación para el torneo 40º Aniversario del Club Argentino, en 1945 (1º Pilnik), donde finalizó 16ª/20, con 6½/19, con victorias sobre Montiel, Villegas, Lascano y Tralla Sim; además de empates frente a Marini, Aguirre, Beretta, Puiggrós y Luckis.[890]

Emigró en 1947 a Estados Unidos, donde se casó con un hombre que llevaba el mismo apellido que el esposo de su clásica antagonista: Stevenson. Por supuesto, la FIDE nunca la reconoció como

[889] Pío García, *Mundo Deportivo*, junio de 1954.

[890] No se conocen las partidas de Graf de este torneo.

campeona. Para fines de 1955 estaba anunciada la realización del II Torneo de Candidatos de la FIDE, en Moscú. En agosto se jugó el campeonato norteamericano, con once participantes, que era también torneo zonal y clasificaba tres jugadoras para Moscú. Una de las once era Sonja Graf, que conquistó una de esas plazas. En Moscú demostró que todavía podía jugar al ajedrez; fue 10ª entre 20, compartiendo el puesto con tres ajedrecistas más, entre ellas una soviética. Pero ya era una sombra del pasado. Murió en Nueva York diez años después, en 1965, pocos meses después de haber ganado por cuarta vez el campeonato norteamericano femenino. No pudo realizar su sueño, y sólo pasó a la historia como "la jugadora nº 2" de la era Menchik.

Micro-biografía de Sonja Graf [Roberto Grau]

▓ Sonja Graf fue mujer sin prejuicios, y ajedrecista genial. Sonja Graf juega como un maestro, ama la libertad, escribe versos, y bate records mundiales de simultáneas. Hace un año llegó a Buenos Aires una mujer singular. Delgada, con más aspecto de adolescente travieso o muchacho desenfadado, que de mujer; fue tema de mil comentarios desde sus primeros pasos en la metrópoli. Venía a jugar el Campeonato Mundial Femenino, como representante libre, como personaje de un mundo distinto, de una generación femenina del futuro. Era Sonja Graf, alemana por nacimiento, hija de rusos, figura singular del ambiente ajedrecístico mundial, y personalidad interesante, por su independencia, su vida y su concepto de las cosas.

La jugadora libre representó así en el torneo a su propio concepto de la libertad. Porque Sonja es libre en todos los aspectos de su vida. Desde niña buscó la libertad, y libre vivió siempre, como pájaro viajero. Evitó todo aquello que pudiera trabarla en su acción, se despojó de prejuicios, comprendió que la coquetería femenina conspira contra la independencia, obliga a vivir pensando en los demás, cuando es tan bello vivir para sí, y expuso su espíritu y su concepto de la vida con la misma limpidez que su rostro, sin afeites ni retoques.

Tuve la fortuna de conocer a Sonja en Estocolmo 1935. Confieso que al principio me chocó esa mujer, aparentemente tan poco mujer y tan excesivamente personal. Creí que todo era pose y excentricidad, pero una mayor vinculación con ella me ha probado que Sonja no sabe de comedias ni de *snobismo*. Es así porque surgió a la vida junto con cuatro hermanos varones, y fue uno más en los juegos y travesuras. Dueña de una inteligencia clara, fue revolucionaria en su concepto de la vida. Despreció la coquetería y luchó contra la tiranía del hogar. Quería vivir a gusto, ser dueña de su vida, y no esclavizada a nada ni a nadie. No la alejó del hogar ningún amor ni ninguna emoción transitoria. Fue el anhelo de buscar panoramas, de hallar horizontes, de luchar sola en la vida, para comprenderla y conquistarla.

Discípula del doctor Tarrasch, conocía ya el ajedrez y amaba sus complicaciones. Triunfó rápidamente en el difícil arte, y partió de Múnich, su ciudad natal, hacia Berlín, donde el doctor Siegbert Tarrasch sería su preceptor. El viejo y glorioso maestro se encariñó con la discípula, y cinceló en ella con sus magistrales conocimientos técnicos. Viena fue luego su escenario, y en 1933 realizó allí su primer gran esfuerzo técnico participando en el torneo femenino y adjudicándose la primera victoria en su campaña ajedrecística. Nadie suponía que aquella muchacha delgada, de andar masculino, de maneras enérgicas y que ocultaba una vigorosa sensibilidad femenina, pudiera triunfar, pero al verla jugar comenzó a cundir su nombre como el de la única esperanza que ofrecía el ajedrez femenino para discutirle a Miss Vera Menchik el cetro mundial.

Sonja Graf comenzó a recorrer el mundo. Realizó exhibiciones en Holanda, Suecia, Noruega, España, Bélgica, Alemania, Austria, Checoslovaquia, Dinamarca, Gran Bretaña, y fue así acumulando conocimientos. En Hamburgo batió a la campeona de Alemania, para actuar luego en la reserva del torneo de Margate, por primera vez frente a hombres, y provocar asombro al compartir el 2 y 3 puestos. Su capacidad excedía ya el nivel del ajedrez femenino, y un peligro comenzaba a entreverse en el reinado, aparentemente inexpugnable, de Miss Menchik. Algunas victorias y resultados extraordinarios frente a maestros de renombre jalonaron su campaña, y en 1937 jugó un *match* con Menchik por el título máximo. La experiencia de la campeona se impuso por 11½:4½ (+9 =5 -2), excelente resultado si se considera que Miss Menchik posee la fuerza de un maestro nacional de cualquier país. La misma, por lo menos, de los mejores ajedrecistas argentinos y europeos que actúan en nuestro medio, con tres o cuatro excepciones.

Con este bagaje de antecedentes y una personalidad perfectamente definida llegó Sonja Graf a Buenos Aires, y cuando tenía prácticamente asegurada la victoria en el Campeonato del Mundo, fue batida por Miss Menchik luego de una partida que le fue favorable a Sonja. Si se hubiera adjudicado la victoria, obtenía el título máximo. No pretendemos afirmar con esto que juegue mejor que esas extraordinaria ajedrecista, pero consideramos injusta la afirmación de que no pueda ser reemplazada, ya que tanto una como otra juegan mucho mejor que las demás ajedrecistas del mundo. Y tengo razones para afirmarlo, ya que si Sonja exhibe en su campaña victorias o empates contra ajedrecistas de la fuerza de los maestros Przepiorka, Ståhlberg , Luckis, Prokopp, Palau, Gerschman y muchos otros, jugó conmigo una notable partida en el Torneo Internacional de Buenos Aires, que fue tablas, y no evidentemente por obra del azar, sino por su excelente técnica.

La guerra la ha obligado a permanecer en nuestro país, donde se ha constituido en uno de los números más cotizados para exhibiciones de partidas simultáneas. Sus resultados en el interior del país son notables, y pueden compararse a los de los buenos ajedrecistas locales. Ha culminado su actuación con un record mundial femenino de simultáneas, realizado en 9 de Julio, donde jugó 48 partidas y sólo perdió una. Actualmente está terminando un libro en el que ha reunido sus mejores partidas. Será el primer libro de ajedrez escrito en el mundo por una mujer, y será nuestro idioma el que difundirá una obra de tal significado. Hemos hablado largo rato con Sonja, para que nos detallara su actuación ajedrecística. No hemos querido reflejar esta conversación en forma de reportaje, para poder decir lo que sentimos, y nos parece esta singular mujer, que es, además de una extraordinaria ajedrecista, dueña de un espíritu delicado, capaz de albergar las mayores pasiones, y de transmitirlas por medio de poesías de sorprendente factura.

Pero antes de terminar agregaremos lo que nos contestó cuando le preguntamos si le parecía que las mujeres tenían menos capacidad que los hombres para el ajedrez. Nos dijo:

> No lo creo. Lo que ha impedido a la mujer triunfar con mayor frecuencia en las especulaciones mentales es el erróneo sistema con que son educadas. Se las orienta exclusivamente hacia la meta del matrimonio, y se procura sólo hacerlas amas de casa. Resulta injusto exigirles, entonces, que puedan competir con los hombres en las especulaciones que sólo a éstos han sido destinadas. Por eso yo no quise ser como las demás mujeres.

Así nos habló Sonja Graf, que si ha logrado diferenciarse objetivamente de sus compañeras de sexo, por su carencia de afeites, su desprecio a la coquetería y su envidiable independencia, es espiritualmente una mujer cabal.[891]

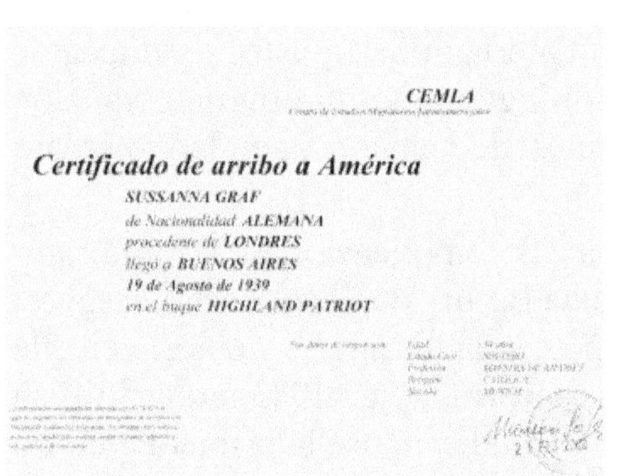
CEMLA

Certificado de arribo a América

SUSSANNA GRAF
de Nacionalidad ALEMANA
procedente de LONDRES
llegó a BUENOS AIRES
19 de Agosto de 1939
en el buque HIGHLAND PATRIOT

Certificado de arribo de Sonja Graf, 19 de agosto de 1939

[891] Roberto Grau, *Leoplán*, 25 de setiembre de 1940.

Capítulo 9

AJEDREZ ARIO: SIN RESPONSABILIDAD PARA ALEKHINE

La polémica por los artículos ¿firmados? por Alekhine

▓ Se conocieron hacia marzo de 1941 varios artículos firmados por Alexander Alekhine, publicados en el Pariser Zeitung, periódico editado en París por las fuerzas alemanas ocupantes. Se titulaban "Ajedrez ario y judío", y afirmaban que los judíos habían tenido un efecto destructivo en el desarrollo del juego. También se aparecieron en la revista alemana *Deutsche Schachzeitung* entre abril y junio de 1941, cuyos títulos eran los siguientes:

> Eine psychologische Studie, die – gegründet aud die Erfahrungen am schwarz-weissen Brett – jüdischen Mangel an Mut und Gestaltungskraft nachweist. Von Schachweltmeister Dr. Aljechin in "Deutsche Zeitung in den Niederlanden". Paris, 22 März 1941

La traducción aproximada sería:

> Un estudio psicológico que, fundado en las experiencias en ajedrecísticas, demuestra la falta de coraje y poder creativo de los judíos. Desde el campeón mundial de ajedrez Dr. Aljechin hasta "Deutsche Zeitung en los Países Bajos". París, 22 de marzo de 1941

> Der jüdische Angriffspieler Botwinnik und Capablanca, der sich ganz dem Verteidigungsgedanken ergab, waren Ausnahmen von der Regel. Paris, 28 März 1941

Cuya traducción cercana sería:

> El jugador de ataque judío Botwinnik y Capablanca, que adoptaron plenamente la idea defensiva, fueron excepciones a la regla. París, 28 de marzo de 1941

Estos textos tuvieron el efecto de una bomba, y las repercusiones se produjeron en todo el mundo. En sus conocidos *Chess Notes* de 1989, el historiador inglés Edward Winter dedicó varias páginas para procurar un esclarecimiento a la polémica. El espectro de opiniones osciló en los extremos: muchos atacaron ferozmente a Alekhine –por ejemplo, Euwe–, y otros lo defendieron argumentando que esos escritos fueron redactados bajo amenazas.

Si hay algo que no puede discutirse es que la primera víctima de la guerra es la verdad. Por lo tanto, debe desconfiarse de la autenticidad del contenido. Veamos algunos ejemplos, seleccionados por Winter:

> * ¿Tienen los judíos, como raza, un don para el ajedrez? Después de 30 años de experiencia en ajedrez me gustaría responder a esta pregunta de la siguiente manera: sí, los judíos tienen un talento excepcional para explotar el ajedrez, las ideas de ajedrez y las posibilidades prácticas que surgen. Pero no ha habido hasta ahora un judío que sea un verdadero artista de ajedrez.

> * Al igual que con Nimzowitsch y su Sistema, también Reti recibió una cálida bienvenida por la mayoría de los pseudo-intelectuales anglo-judíos por su libro *Die neuen Ideen im Schach*. ... Y este farol barato, esta desvergonzada autopublicidad, fue tragada sin resistencia por un mundo de ajedrez,

envenenado por periodistas judíos, que se hicieron eco de los gritos jubilosos de judíos y sus amigos: "Viva Réti, y viva el ajedrez neoromántico hipermoderno".

* Una vez más en el *match* revancha con Euwe en 1937 se despertó el judío colectivo de ajedrez. La mayoría de los maestros judíos mencionados en esta revisión asistieron como reporteros de prensa, entrenador y segundos para Euwe. Al comienzo de la 2ª partida ya no podía dejarme engañar: es decir, tuve que luchar no contra Euwe, sino contra el combinado judío, y mi victoria decisiva (10:4) fue un triunfo contra la conspiración judía.

El periodista polaco Tomasz Lissowski exhibe un punto de vista muy criterioso, que resume de manera simple el estado de situación que observa:

> Claro que Alekhine no era nazi. Era completamente indiferente a la política, pero le gustaba mucho ser agasajado como un presidente o un rey. O al menos, a ser gratificado como un pequeño rey...
>
> De hecho, su único amor verdadero era el ajedrez. Siempre y en todas partes quiso jugar ajedrez. Probablemente alrededor de 1941, después de la caída de Francia, Holanda, Noruega, Yugoslavia, etc, pensó Alekhine que el III Reich de Adolf Hitler sería el elemento dominante en una futura Europa y en el todo el mundo. Creía (es la expresión de Botwinnik) que el Apocalypsis había llegado". Y - se unió al campamento de los ganadores. En Mitteleuropa alemana podía jugar al ajedrez, con Keres, Bogolubov, Stoltz y otros. Cuando las autoridades alemanas querían que Alekhine escribiera artículos sobre ajedrez desde el punto de vista racial, probablemente los escribió. Pudo haber sido extorsionado, o podría haber estado bajo amenaza, o alguien podría haber distorsionado el lenguaje del artículo agregando muchos absurdos. Ataca de nuevo a los campeones de ajedrez judíos. ¿Te diste cuenta? El Lionel Kieseritzky, un buen hombre alemán, en los artículos se transformó en "judío polaco".[892]

Podemos agregar que en ninguna de sus visitas a Argentina en 1926, 1927, 1938 o 1939, se pudo entrever el más mínimo indicio que Alekhine fuera anti-judío. Es más, durante el TN se refirió a Alemania duramente en sus notas periodísticas, como puede apreciarse en los capítulos de esta obra. Justin Corfield también ha puesto en evidencia una muy buena razón para explicar las acciones de Alekhine: salvaguardar la vida de su esposa Grace Wishaar, que era judía.

Ajedrez ario en Bélgica

▓ El Campeonato Belga se jugó del 22 al 28 de Diciembre de 1940 en Gent. **Los ocho participantes eran arios, sin excepción.** O'Kelly y Soultanbeieff fueron excluídos de participar. Se coronó campeón el joven habitante de Bruselas, el holandés van Seters con 6½/7, delante de Devos con 6 puntos. Aquí sigue una victoria por ataque del triunfador:[893]

Van Seters,Frits - Tondriau [A40]

Campeonato de Bélgica, 02.1941

1.e4 e5 2.Cf3 Cc6 3.Ab5 a6 4.Aa4 Cf6 5.0–0 Ae7 6.Te1 b5 7.Ab3 d6 8.c3 0–0 9.h3 Ca5 10.Ac2 c5 11.d4 Dc7 12.Cbd2 Cc6 13.dxe5 dxe5 14.Cf1 h6 15.Cg3 Ch7 16.Ch2 Ae6 17.Dh5 Cf6 18.Df3 Tfe8 19.Chf1 Ca5 20.Ce3 Cc4 21.Cd5 Axd5 22.exd5 Tad8? [22...e4!?] 23.Cf5 e4 24.Axe4 Cxe4 25.Txe4 Ag5? [25...Af8] 26.Axg5 hxg5 27.Tae1 Txe4 28.Dxe4 Df4 29.De7 Txd5 30.De8+ Rh7 31.Ce7 1–0

[892] Testimonio de Tomasz Lissowski al autor, 22 de febrero de 2006.
[893] *Deutsche Schachblätter* 3/4 – 1941. Traducción de Mario Schätzle

Doppelnummer 1 u. 2

DEUTSCHE SCHACHBLÄTTER

ZEITSCHRIFT DES GROSSDEUTSCHEN SCHACHBUNDES

Schriftleitung: Kurt Richter, Berlin- Karlshorst, Dönhoffstr. 29 · Problemteil: F. Palatz, Ladelund über Leck Schleswig · Bezugspr.: Vierteljährl. RM -.75 zuzügl. 25 Pf. Porto. Ausland: jährl. RM 5.— einschl. Porto. · Einzelnummer 20 Pf. · Bestellungen durch alle Postanstalten u. Buchhandlungen.
SCHACHVERLAG HANS HEDEWIGS NACHF. CURT RONNIGER, LEIPZIG C 1
29. JAHRGANG NUMMER 1/2 1. JANUAR 1940

A. Becker:

Wie wir siegten

Bericht vom Schacholympia in Buenos Aires an die Bundesleitung

Nach mancherlei Irrfahrten hat uns der Bericht des Führers der deutschen Mannschaft, A. Becker, doch noch erreicht. Wir geben ihn gekürzt hier wieder. Dagegen sind 80 ebenfalls gesandte Schachpartien leider verloren gegangen. Schriftleitung.

Die Überfahrt selbst ging glatt vor sich, am 21. August waren wir hier. Ich habe sofort die Verbindung zur Deutschen Botschaft hergestellt; wir wurden äußerst

Nach dem Siege

V. l. n. r.: Reinhardt, Eliskases, Frau Rinder, Becker, Miehe, Michel, Engels)

Cómo ganamos: informe a la Administración Federal del capitán, Albert Becker, acerca de la Olimpíada de Ajedrez de Buenos Aires. En la foto, Reinhardt, Eliskases, Sra. Rinder, Miehe, Michel y Engels

Doppelnummer 15 u. 16

DEUTSCHE SCHACHBLÄTTER

ZEITSCHRIFT DES GROSSDEUTSCHEN SCHACHBUNDES

Schriftleitung: Kurt Richter, Berlin- Karlshorst, Dönhoffstr. 29 · Problemteil: F. Palatz, Ladelund über Leck/Schleswig · Bezugspr.: Vierteljährl. RM -.75 zuzügl. 25 Pf. Porto. Ausland: jährl. RM 5.— einschl. Porto. · Doppelnummer 40 Pf. · Bestellungen durch alle Postanstalten u. Buchhandlungen.
SCHACHVERLAG HANS HEDEWIGS NACHF. CURT RONNIGER, LEIPZIG C 1
29. JAHRGANG NUMMER 15/16 1. AUGUST 1940

Ehrentafel des Großdeutschen Schachbundes

Es starben für Großdeutschland:

Soldat Werner Herrmann,
Mitglied der Berliner Schachgruppe Pankow,
gefallen im Mai 1940.

Soldat Friedrich Meyer,
Mitglied des Oldenburger Schachvereins,
gefallen im Juni 1940.

Soldat Peter Buschmann,
Mitglied des Schachvereins Königspringer in Lüdenscheid,
gestorben in einem Lazarett im Juni 1940.

Soldat Richard Grünewald,
Mitglied des Schachvereins in Fröndenberg,
gefallen im Juni 1940.

Funker Rudolf Scune,
Mitglied der Schachgesellschaft Leipzig Ost,
gefallen im Mai 1940.

Soldat Erich Reiche,
Mitglied der Schachgesellschaft Grimma,
gestorben in einem Reservelazarett im Juni 1940.

Schachhilfe für Soldaten

Der Großdeutsche Schachbund und die NS.-Gemeinschaft Kraft durch Freude haben folgende Pressenotiz vereinbart:

„Im Rahmen der gesamten Truppenbetreuung führt die NS.-Gemeinschaft Kraft durch Freude künftig in enger Zusammenarbeit mit dem Großdeutschen Schachbund auch die schachliche Betreuung der Soldaten durch."

Die nunmehr von beiden Organisationen gemeinschaftlich betriebene Betreuung der Wehrmacht umfaßt jede Art schachlicher Hilfe in Vorträgen, Simultanspielen, Lehr- und Übungskursen, Turnieren, Wettkämpfen usw.; sie erstreckt sich auf alle Soldaten an der Front, in den Lazaretten, in der Heimat und in den besetzten Gebieten. Der Antrag auf schachliche Betreuung kann entweder bei dem Zentralbüro der NS.-Gemeinschaft Kraft durch Freude, Amt Feierabend, in Berlin-Wilmersdorf, Kaiser-Allee 25, oder bei der Geschäftsstelle des Großdeutschen Schachbundes in Berlin-Charlottenburg 1, Kirchplatz 2, gestellt werden. Die Ausführung erfolgt so-

Lista de honor de soldados fallecidos, *Deutsche Schachblätter* agosto 1940

Oeynhausen-Doppelnummer

DEUTSCHE SCHACHBLÄTTER

ZEITSCHRIFT DES GROSSDEUTSCHEN SCHACHBUNDES

Schriftleitung: Kurt Richter, Berlin-Karlshorst, Dönhoffstr. 29 · Problemteil: F. Palatz, Ladelund über Leck/Schleswig · Bezugspr.: Vierteljährl. RM -.75 zuzügl. 25 Pf. Porto. Ausland: jährl. RM 5.— einschl. Porto. · Doppelnummer 40 Pf. · Bestellungen durch alle Postanstalten u. Buchhandlungen.
SCHACHVERLAG HANS HEDEWIGS NACHF. CURT RONNIGER, LEIPZIG C 1

29. JAHRGANG NUMMER 17/18 1. SEPTEMBER 1940

Kriegsmeisterschaft von Großdeutschland

Der Großdeutsche Schachbund hat es sich nicht nehmen lassen, das Turnier um die Schachmeisterschaft von Großdeutschland auch im Kriege auszutragen. Wie alles sportliche und kulturelle Leben, so geht auch das Schachleben in Deutschland ohne Unterbrechung weiter.

Das Turnier um die höchste Würde im deutschen Schach kann in seiner Werbewirkung als Spitzenkampf nicht hoch genug veranschlagt werden. In allen schachlich interessierten Kreisen des weiten großdeutschen Reiches wird es mit fast leidenschaftlicher Anteilnahme verfolgt. Vertreter vieler großer Tageszeitungen sind anwesend und berichten eingehend über das tägliche Geschehen. Wenn im

Vor dem Kurhaus in Bad Oeynhausen
Von l. nach r. sitzend: Brinckmann, Ahues, Kieninger, Kurdirektor Wendt, Turnierleiter Mohnke.
Stehend, vordere Reihe: Badedirektor Blechstein, Heinicke, Kranki, Lachmann, Gilg, Regedzinski, H. Keller, Engert.
Stehend, hintere Reihe: Herrmann, Lange, Richter, Schmidt, Kohler, R. Keller.

"No debe subestimarse
el impacto publicitario
de este torneo alemán de alta categoría".
Deutsche Schachblätter setiembre 1940

Seite 130 DEUTSCHE SCHACHBLÄTTER Nr. 17/18 / 1940

Meister im Bad Oeynhausener Kurhaus vom Kurdirektor Wendt im Namen des preußischen Staatsbades und der Stadt Bad Oeynhausen herzlich begrüßt. Er dankte der Leitung des Großdeutschen Schachbundes, daß auch das erste Turnier um die Schachmeisterschaft während eines Krieges wieder in Bad Oeynhausen ausgespielt wird. In seiner Antwort betonte Bundesgeschäftsführer Post, eingehend auf das Schachspiel während des Krieges, daß das königliche Spiel keinen Augenblick in seiner Ausbreitung unterbunden worden ist. Das nun beginnende Turnier, das wieder an traditionell gewordener Stätte ausgetragen wird, konnte sogar längst gesichert werden. Darauf wandte sich der Bundesgeschäftsführer an seine Meister und hieß zuerst die Soldaten Hans Herrmann, Keller (Dresden), Kohler und Kranki willkommen; dann begrüßte er besonders die Volksdeutschen Schmidt und Regedzinski, die nunmehr mit ihren Kameraden am schwarzweißen Brett ihr Können zeigen werden.

Bundesgeschäftsführer Post benutzte die Gelegenheit, um die an den Bundesschatzmeister Karl Miehe, an den Velberter Schachvereinsleiter Preuß, an den Verbandsleiter Dr. Fabian (Mecklenburg) und an den Schachmeister Kurt Richter verliehenen Ehrennadeln des Großdeutschen Schachbundes persönlich zu überreichen. Zum Schluß verlas er ein Telegramm des früheren Kurdirektors Dr. de Haan, der im treuen Gedenken an die Bad Oeynhausener Schachturniere auch dem derzeitigen einen recht guten Verlauf wünschte. Als Turnierleiter wurde Mohnke (Hamm), der auch in den früheren Jahren mit dabei war, eingesetzt.

Über den Verlauf des Kampfes berichten wir an anderer Stelle. Hier wollen wir noch hervorheben, daß die Aufnahme der Meister, ihre Unterbringung und Verpflegung wie stets in Oeynhausen vorzüglich waren. Theatervorstellungen, Ausflüge nach Vlotho und dem Arminsberg, Konzerte und ähnliche Veranstaltungen dienten der Ablenkung und Zerstreuung der Teilnehmer nach den schweren Kämpfen des Tages.

Am 11. August 1940 kamen sämtliche Meister zu einer Besprechung über die Lage im deutschen Schach zusammen. Sie bekannten dabei einmütig ihre volle Zustimmung zu dem Wirken und Walten des Großdeutschen Schachbundes. Sie dankten der Bundesleitung für ihre zielbewußte und erfolgreiche Arbeit, die ein hochwertiges deutsches Schach geschaffen und ihm eine überragende Weltstellung erobert habe. Der Aufbau zum Meisterschach nach einem für alle geltenden und gerechten Leistungsprinzip habe alle Erwartungen erfüllt, die zahlreichen Meisterturniere mit ihren wechselnden Besetzungen befriedigten Meister und Nachwuchsspieler in gleichem Maße. Anzuregen sei eine noch stärkere Erfassung der jungen Talente auf dem Lande und in den kleineren Städten, denen in besonderen Turnieren untereinander eine Bewährungsmöglichkeit für die Wertungs- und Zonenturniere gegeben werden sollte. Die Meister gelobten dem Großdeutschen Schachbund unverbrüchliche Treue und geschlossenes Zusammenhalten zu ihrer bewährten Schachorganisation.

An den Herrn Generalgouverneur Dr. Frank wurde ein Huldigungsschreiben sämtlicher Meister gesandt. Dr. Frank hat darauf wie folgt geantwortet:

Der Generalgouverneur
für die besetzten polnischen Gebiete.

Burg Krakau, 10. August 1940.

Sehr geehrte Herren!

Den Teilnehmern und der Leitung des Schachturniers um die Meisterschaft von Großdeutschland danke ich herzlich für die liebenswürdigen Grüße aus Bad Oeynhausen.

Ich lade Sie hiermit ein zu einem von Ihnen mir vorzuschlagenden Termin als meine Gäste im Generalgouvernement in den kommenden Monaten einen Schachkampf auszutragen.

Heil Hitler!
gez. Frank.

Agradecimiento del Dr. Frank
a los participantes del Torneo
de Bad Oeynhausen.
Deutsche Schachblätter,
setiembre 1940

Recepción del Gobernador General Dr. Frank
en el castillo de Cracovia.
En la foto están Alekhine y otros jugadores.
Deutsche Schachblätter diciembre 1940.

Doppelnummer 23 u. 24

DEUTSCHE SCHACHBLÄTTER

ZEITSCHRIFT DES GROSSDEUTSCHEN SCHACHBUNDES

Schriftleitung: Kurt Richter, Berlin-Karlshorst, Dönhoffstr. 29 · Problemteil: F. Palatz, Ladelund über Leck/Schleswig · Bezugspr.: Vierteljährl. RM -.75 zuzügl. 25 Pf. Porto. Ausl.: jährl. RM 3.— u. RM 1.— Porto · Doppelnummer 40 Pf. · Bestellungen durch alle Postanstalten u. Buchhandlungen.
SCHACHVERLAG HANS HEDEWIGS NACHF. CURT RONNIGER, LEIPZIG C 1

29. JAHRGANG	NUMMER 23/24	1. DEZEMBER 1940

Krakau — Krynica — Warschau

Die große Schachveranstaltung im Generalgouvernement

Während noch im Nordwesten und Südosten Europas die Waffen sprechen, kann im Schutze der deutschen Wehrmacht der GSB. bereits darangehen, seine Arbeit in die Gebiete zu tragen, die vor kurzem noch Kriegsschauplätze waren. So beginnt heute das 1. Meisterschaftsturnier des GSB. im Generalgouvernement, eine Veranstaltung, die zustande gekommen ist durch Anregung und Förderung eines der ersten Freunde des Deutschen Schachs, Generalgouverneur und Reichsminister Dr. Frank. Ihm gebührt unser herzlichster Dank. Ich bedaure, daß ich dem Kampf der Meister nicht beiwohnen kann und wünsche aus dem Westen des Reiches dem Turnier im neuen Osten einen recht schönen Ablauf.

Bundesleiter Franz Moraller.

Beim Empfang durch Generalgouverneur Dr. Frank auf der Burg zu Krakau
(Links im Vordergrund: Der Generalgouverneur. Rechts neben ihm Post und Miehe von der Leitung des Großdeutschen Schachbundes)

Nr. 1/3 / 1941 — Deutsche Schachblätter — Seite 3

Schachturniere 1941

Generalgouverneur Dr. Frank übersandte mit nachfolgendem Schreiben dem Großdeutschen Schachbund eine Einladung zu einem neuen Turnier.

DER GENERALGOUVERNEUR — Krakau, Burg den 29. November 1940.

An den
Großdeutschen Schachbund e. V.
Berlin-Charlottenburg
Kirchplatz 2.

Sehr geehrte Herren!

Ich habe mich über die freundliche Übersendung Ihres Dankschreibens aus Warschau vom 17. November dieses Jahres sehr gefreut. Ich bin gerne bereit, zu einem geeigneten Zeitpunkt, den Sie mir gegebenenfalls vorschlagen wollen, ein Turnier ähnlichen Gehalts im Generalgouvernement wieder zu veranstalten. Vielleicht hätten Sie die Güte, mir mitzuteilen, ob bei der Preisverteilung in Warschau und bei der Verteilung meiner Fotografien an die Schachmeister irgendwelche Wünsche bestehen geblieben sind, die ich gerne erfüllen würde.

Ich bitte, den beteiligten Meistern, die durch ihr hervorragendes Spiel den Hochstand der vom Großdeutschen Schachbund so hervorragend geförderten deutschen Schachkultur erneut unter Beweis stellten, meine [illegible] Anerkennung zu übermitteln.

Mit freundlichsten Grüßen und
Heil Hitler!
gez. Frank

El Dr. Frank envió una invitación
a un nuevo torneo en una carta
a la Federación de la Gran Alemania

Mineros ucranianos
tallando una mesa de ajedrez
para el Dr. Frank

Ukrainische Bergbauern schnitzten Schachtisch für Dr. Frank

Die ukrainische Volksgruppe des Generalgouvernements übermittelte die Weihnachts- und Neujahrswünsche der Ergebenheit und Siegeszuversicht für Großdeutschland. Einer alten deutschen, aber ebenso auch ukrainischen Sitte folgend, überreichte sie dem Generalgouverneur zum Zeichen der Dankbarkeit, die die ukrainische Volksgruppe dem Führer, dem deutschen Volk und ihm, dem Generalgouverneur, schulde, einen von ukrainischen Bergbauern geschnitzten Schachtisch. Der Generalgouverneur gab seiner tiefempfundenen Freude Ausdruck über die ungewöhnliche Überraschung, die ihm durch das Geschenk bereitet wurde.

(Empfang auf der Burg zu Krakau am 21. Dezember 1940.)

1941 April Nr. 4

Jüdisches und arisches Schach

Eine psychologische Studie, die – gegründet auf die Erfahrungen am schwarz-weißen Brett – den jüdischen Mangel an Mut und Gestaltungskraft nachweist

Von Schachweltmeister Dr. Aljechin
in „Deutsche Zeitung in den Niederlanden"

Paris, 22. März 1941

Darf man hoffen, daß mit Laskers Tode — dem Tode des zweiten und recht wahrscheinlich letzten jüdischen Schachweltmeisters — das durch den jüdischen Verteidigungsgedanken auf Abwege geratene arische Schach seinen Weg zum Weltschach findet? Man gestatte mir, noch nicht allzu optimistisch zu sein, denn Lasker hat Schule gemacht und einige Epigonen hinterlassen, die dem Weltschachgedanken noch recht schädlich werden könnten.

Laskers große Schuld als führender Schachmeister (als Mensch und „Philosoph" will ich und kann ich über ihn nicht sprechen) war vielfacher Art. Nachdem er den 30 Jahre älteren Steinitz durch seine taktische Gewandtheit besiegte (es war übrigens ein erbauliches Schauspiel, die beiden geschickten Taktiker zu beobachten, die beide der Schachwelt einreden wollten, daß sie große Strategen bzw. Entdecker neuer Ideen seien!), dachte er keinen Augenblick daran, der Schachwelt einen eignen schöpferischen Gedanken zu bringen, sondern begnügte sich damit, eine Reihe von in Liverpool gehaltenen Vorlesungen in Buchform zu veröffentlichen unter dem Titel „Common Sense in Chess".

Lasker plagiierte den großen Morphy

In diesen Vorlesungen, in diesem Buche plagiierte Lasker den großen Morphy und dessen Ideen über den „Kampf um die Mitte" und über den „Angriff an und für sich". Denn dem Schachmeister Lasker war die Idee des Angriffs als eine freudige, schaffende Idee durchaus fremd, und in dieser Beziehung war Lasker ein natürlicher Nachfolger von Steinitz, dem größten Grotesken, den die Schachgeschichte erleben mußte.

Was ist eigentlich jüdisches Schach, der jüdische Schachgedanke? Diese Frage ist nicht schwer zu beantworten: 1. materieller Gewinn um jeden Preis. 2. Opportunismus — ein bis zum äußersten getriebener Opportunismus, der jeden Schatten einer möglichen Gefahr beseitigen will und infolgedessen eine Idee (wenn man das Idee nennen darf) zum Vorschein bringt: „Die Verteidigung an und für sich!". Mit dieser „Idee", die ja in jeder Form des Kampfes letzten Endes einem Selbstmord gleichkommt, hat sich das jüdische Schach, was Zukunftsmöglichkeiten anbelangt, sein eignes Grab gegraben. Denn durch bloße Verteidigung kann man gelegentlich (und wie oft?) nicht verlieren — aber wie gewinnt man damit? Eine Antwort wäre vielleicht da: durch einen gegnerischen Fehler. Was aber, wenn dieser Fehler nicht kommen will? Dann bleibt eben dem „Verteidiger à tout prix" nichts übrig, als diese „Fehlerlosigkeit" jammernd zu beklagen.

XCVI 4

Ajedrez ario y judío (I).
Deutsche Schachzeitung
abril 1941

Jüdisches und arisches Schach

Von Schachweltmeister Dr. Aljechin in der „Pariser Zeitung"[1]

Hiermit wird der Abdruck der Ausführungen des Weltmeisters fortgesetzt. Sie wären vor einigen Jahren überzeugender gewesen. Damals aber, bei Kriegsbeginn 1939, verband sich Dr. Aljechin während des Mannschaftsturniers zu Buenos Aires 1939 mit Dr. Tartakower (der jetzt Leutnant im Heere des Verrätergenerals de Gaulle ist) und der Mannschaft Palästinas, alles Juden, zum Versuche des moralischen Boykotts der deutschen Mannschaft, um dieser den Sieg streitig zu machen. Vgl. dazu Beckers Brief D. S. 1940, S. 1.

Kieseritzky ist übrigens, wie wir schon vermuteten, nicht Jude gewesen. G. Jirikoff (der ähnlich wie H. Kuhne und M. Karstedt sich um die Aufklärung bemüht), weist darauf hin, daß schon die Tatsache, daß K. am 1. 1. 1806 in Dorpat (Livland, nicht Polen!) geboren ist, das zeigt. Dorpat gehörte zu den Städten Rußlands, in denen keine Juden leben durften. Außerdem ist der Name K. ein angesehener baltendeutscher, und viele seiner Träger werden wohl jetzt in Großdeutschland leben. — Vgl. auch Deutsches Wochenschach 1912, S. 353.
M. B.

Der jüdische Angriffsspieler Botwinnik und Capablanca, der sich ganz dem Verteidigungsgedanken ergab, waren Ausnahmen von der Regel

Paris, 28. März 1941

Wie Nimzowitsch mit seinem „System", so fand auch Réti mit seiner Schrift „Die neuen Ideen im Schach" bei der Mehrzahl der anglo-jüdischen Pseudointellektuellen warmen Beifall, und zwar wirkte auf diese Leute ganz besonders das von Réti erfundene absurde Schlagwort „Uns, die Jungen (Er war damals schon 34) interessieren nicht die Regeln, sondern die Ausnahmen". Wenn dieser Satz überhaupt einen Sinn hat, so soll er etwa folgendes besagen: „Uns (eigentlich mir) sind die Regeln, die das Schach beherrschen, nur zu bekannt. Sie weiter durchzuforschen, soll von jetzt an die Aufgabe der beschränkten Schachgemeinde sein. Ich aber, der große Meister, werde mich ausschließlich den feineren Filigranarbeiten widmen und der bezauberten Schachwelt glänzende Ausnahmefälle mit meinen einleuchtenden Aufklärungen vorzeigen." Und dieser billige Bluff, diese schamlose Selbstreklame wurde von der durch jüdische Journalisten vergifteten Schachwelt widerstandslos geschluckt und jauchzend widerhallte das Geschrei der Juden und Judenfreunde: „Es lebe Réti, es lebe das hypermoderne, neuromantische Schach!"

Schon vor Réti starb die „Doppelochidee"

Réti starb früh, als Vierzigjähriger. Noch früher war aber seine „Doppelochidee" eines stillen ruhmlosen Todes gestorben. Die jetzigen Vertreter des jüdischen Schachwissens sind ihm nicht gefolgt, sondern haben es vorgezogen, ältere Beispiele (Steinitz, Rubinstein) nachzuahmen. So ist der Prager Salomon Flohr im schachlichen Sinne ein Produkt teils des Steinitzschen ängstlichen Verteidigungsgedankens, teils des Rubinsteinschen „religiösen"

[1] Auch der Artikel auf S. 49 ist zuerst in der Pariser Zeitung erschienen.

XCVI 5

Ajedrez ario y judío (II).
Deutsche Schachzeitung
mayo 1941

DR. ALEKHINE

We are still unable to re-establish contact with Dr. Alekhine, though belated news tells of a simultaneous exhibition against sixty-three opponents at Lisbon on April 8th, when he won 49, drew 11 and lost 3.

The Nazi press has given wide publicity to an alleged statement of his: "With my victory over Euwe who, though an 'Aryan,' was supported by the Jewish chess clique, Jewish influence in the chess world is finished for ever. In the match I knew I had to defeat not only Euwe but the Jewish clique, and by ten games to four I beat the champion and Jewry."

This sounds like a desperate attempt to placate the Nazis, probably in the hope of securing the release of Madame Alekhine from Occupied France, and few of the World Champion's many Jewish friends will think anything of it.

Chess reproduce supuesto ataque de Alekhine a Euwe "por estar apoyado por los judíos". Julio 1941[894]

DR. ALEKHINE'S NEGOTIATIONS

WORLD CHAMPIONSHIP POSSIBILITIES

Dr. Alekhine has written us briefly and has some interesting news. He has written Mr. George Sturgis, President of the U.S. Chess Federation, suggesting three possibilities:—

"(1) A match with Capablanca;

(2) A match with Reshevsky;

(3) (To my mind the most interesting and fairest) A match-tournament (Capablanca, Reshevsky, Fine and myself) like St. Petersburg 1914, to be arranged in the autumn, and five or six months later a title match between the winner (or the second if I am first) and myself. I added that, in case this last project came to fruition, I should be perfectly willing to take a formal obligation to defend the title at a given time.

"It is certainly most unfortunate that Botvinnik, Keres, Flohr and Euwe (who is now working for the Nazis) are in the war-zone, but I suppose we must make the best of it."

OFF THE MARK

Salisbury Chess Club has thrown out a general challenge to Army chess players.

U.S. READER PUTS A WORLD CHAMPION RIGHT

Mr. Carl Weberg, of Salina, Kansas, well-known to devotees of our problem and end-game sections as an expert analyst, writes:—

"In game No. 1188, page 122 of May CHESS, between Dr. Alekhine and the Portuguese players in consultation, Dr. Alekhine played 20. ... K—R1, with two exclamation marks, and appends the note 'This definitely saves the game, as 21. B × KP is no longer possible because of 21. ... R—Kt1, etc.' I realise it is serious business going out on a limb and saying the world champion is wrong, so I will give you my variation and just say it looks like he overlooked something."

Alekhine propone a Capablanca, Reshevsky, Fine, Botvínnik, Flohr,

Acusa a Euwe de trabajar para los nazis por sus notas en Deutsche Schachblätter. *Chess*, agosto 1941

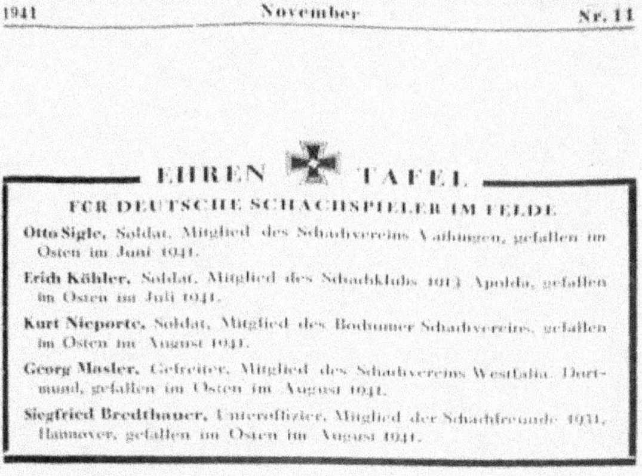
1941 November Nr. 11

EHREN TAFEL

FÜR DEUTSCHE SCHACHSPIELER IM FELDE

Otto Sigle, Soldat, Mitglied des Schachvereins Vaihingen, gefallen im Osten im Juni 1941.

Erich Köhler, Soldat, Mitglied des Schachklubs 1913 Apolda, gefallen im Osten im Juli 1941.

Kurt Nieporte, Soldat, Mitglied des Bochumer Schachvereins, gefallen im Osten im August 1941.

Georg Masler, Gefreiter, Mitglied des Schachvereins Westfalia, Dortmund, gefallen im Osten im August 1941.

Siegfried Bredthauer, Unteroffizier, Mitglied der Schachfreunde 1931, Hannover, gefallen im Osten im August 1941.

Das 2. Turnier im Generalgouvernement

Das Generalgouvernement entwickelt sich immer mehr zu einem Schachland! Äußeres Zeichen dafür war sein 2. Meisterturnier, das vom 5. bis 19. Oktober 1941 stattfand. Die ersten (6. bis 8. Oktober) und die letzten drei Runden (16. bis 18. Oktober) wurden in Krakau gespielt, die mittleren fünf (10. bis 14. Oktober) in Warschau. An Bedeutung übertraf dieses Turnier das vorjährige schon deshalb, weil der Weltmeister Dr. Aljechin teilnahm. Ihn erwartete fast jedermann als überlegenen Sieger zu sehen. In der Tat verlief der Kampf aber ganz anders. In der 1. Runde gelang Aljechin der Sieg gegen Reger (früher Regedzinski) nur deshalb, weil der Litzmannstädter im

	1	2	3	4	5	6	7	8	9	10	11	12	+	−	=	Sa.
1. Dr. Aljechin	–	1	1	½	½	1	1	½	1	½	1	½	6	0	5	8½
2. P. Schmidt	0	–	1	½	1	1	1	1	0	1	1	1	8	2	1	8½
3. Bogoljubow	0	0	–	½	½	1	1	1	½	1	1	1	6	2	3	7½
4. K. Junge	½	½	½	–	½	1	1	½	½	½	1	½	3	0	8	7
5. J. Lokvenc	½	0	½	½	–	0	½	½	½	½	1	1	2	2	7	5½
6. T. Reger	0	0	0	0	1	–	0	1	0	1	1	1	5	6	0	5
7. M. Blümich	0	0	0	0	½	1	–	0	1	½	½	1	3	5	3	4½
8. Hahn	½	0	0	½	½	0	1	–	½	1	0	½	2	4	5	4½
9. G. Kieninger	0	1	½	½	½	1	0	½	–	½	0	0	2	4	5	4½
10. C. Carls	½	0	0	½	½	0	½	0	½	–	0	1	1	5	5	3½
11. Mroß	0	0	0	0	0	0	½	1	1	1	–	0	3	7	1	3½
12. H. Nowarra	½	0	0	½	0	0	0	½	1	0	1	–	2	6	3	3½

XCVI 11

Soldados fallecidos y Torneo de Cracovia. *Deutsche Schachzeitung* noviembre 1941

[894] En los números subsiguientes de *Chess (Sutton Coldfield)* se transcriben los artículos supuestamente firmados por Alekhine, y se produce una intensa polémica entre los lectores a través de sus cartas.

Doppelnummer 21 u. 22

DEUTSCHE SCHACHBLÄTTER

ZEITSCHRIFT DES GROSSDEUTSCHEN SCHACHBUNDES

Schriftleitung: Kurt Richter, Berlin-Karlshorst, Dönhoffstr. 29 · Problemteil: F. Palatz, Pollnow (Pommern), Schloßstr. 18 · Bezugspr.: Vierteljährl. RM -.75 zuzügl. 15 Pf. Porto. Ausl.: jährl. RM 3.– u. RM 1.– Porto · **Doppelnummer 40 Pf.** · Bestellungen durch alle Postanstalten u. Buchhandlungen.
SCHACHVERLAG HANS HEDEWIGS NACHF. CURT RONNIGER, LEIPZIG C 1

30. JAHRGANG	NUMMER 21 22	1. NOVEMBER 1941

Ehrentafel des Großdeutschen Schachbundes

Es starben für Großdeutschland:

Soldat Otto Sigle
Mitglied des Schachvereins Vaihingen/Württ.
in Rußland gefallen im Juni 1941

Soldat Paul Löffler
Mitglied des Kölner Schachklubs von 1861
in Rußland gefallen im Juli 1941

Soldat Erich Köhler
Mitglied des Schachklubs 1923 Apolda-Thür.
in Rußland gefallen im Juli 1941

Gefreiter Arthur
Mitglied des Schachvereins Zuffenhausen
in Rußland gefallen im Juli 1941

Soldat Kurt Nieporte
Mitglied des Bochumer Schachvereins
in Rußland gefallen im August 1941

Gefreiter Georg Masler
Mitglied des Schachvereins Westfalia in Dortmund
in Rußland gefallen im August 1941

Unteroffizier Siegfried Bredthauer
Mitglied der Schachfreunde 1931 in Hannover
in Rußland gefallen im August 1941

Lista de honor de soldados fallecidos.
Deutsche Schachblätter
noviembre 1941

Jüdisches und arisches Schach

Von Schachweltmeister Dr. Aljechin in der „Pariser Zeitung"[1]

Hiermit wird der Abdruck der Ausführungen des Weltmeisters fortgesetzt. Sie wären vor einigen Jahren überzeugender gewesen. Damals aber, bei Kriegsbeginn 1939, verband sich Dr. Aljechin während des Mannschaftsturniers zu Buenos Aires 1939 mit Dr. Tartakower (der jetzt Leutnant im Heere des Verrätergenerals de Gaulle ist) und der Mannschaft Palästinas, alles Juden, zum Versuche des moralischen Boykotts der deutschen Mannschaft, um dieser den Sieg streitig zu machen. Vgl. dazu Beckers Brief D. S. 1940, S. 1.

Kieseritzky ist übrigens, wie wir schon vermuteten, nicht Jude gewesen. G. Jirikoff (der ähnlich wie H. Kohne und M. Karstedt sich um die Aufklärung bemüht), weist darauf hin, daß schon die Tatsache, daß K. am 1. 1. 1806 in Dorpat (Livland, nicht Polen!) geboren ist, das zeigt. Dorpat gehörte zu den Städten Rußlands, in denen keine Juden leben durften. Außerdem ist der Name K. ein angesehener baltendeutscher, und viele seiner Träger werden wohl jetzt in Großdeutschland leben. — Vgl. auch Deutsches Wochenschach 1912, S. 353.
M. B.

Der jüdische Angriffsspieler Botwinnik und Capablanca, der sich ganz dem Verteidigungsgedanken ergab, waren Ausnahmen von der Regel

Paris, 28. März 1941

Wie Nimzowitsch mit seinem „System", so fand auch Réti mit seiner Schrift „Die neuen Ideen im Schach" bei der Mehrzahl der anglo-jüdischen Pseudointellektuellen warmen Beifall, und zwar wirkte auf diese Leute ganz besonders das von Réti erfundene absurde Schlagwort „Uns, die Jungen (Er war damals schon 34) interessieren nicht die Regeln, sondern die Ausnahmen". Wenn dieser Satz überhaupt einen Sinn hat, so soll er etwa folgendes besagen: „Uns (eigentlich mir) sind die Regeln, die das Schach beherrschen, nur zu bekannt. Sie weiter durchzuforschen, soll von jetzt an die Aufgabe der beschränkten Schachgemeinde sein. Ich aber, der große Meister, werde mich ausschließlich den feineren Filigranarbeiten widmen und der bezauberten Schachwelt glänzende Ausnahmefälle mit meinen einleuchtenden Aufklärungen vorzeigen." Und dieser billige Bluff, diese schamlose Selbstreklame wurde von der durch jüdische Journalisten vergifteten Schachwelt widerstandslos geschluckt und jauchzend widerhallte das Geschrei der Juden und Judenfreunde: „Es lebe Réti, es lebe das hypermoderne, neuromantische Schach!"

Schon vor Réti starb die „Doppellochidee"

Réti starb früh, als Vierzigjähriger. Noch früher war aber seine „Doppellochidee" eines stillen ruhmlosen Todes gestorben. Die jetzigen Vertreter des jüdischen Schachwissens sind ihm nicht gefolgt, sondern haben es vorgezogen, ältere Beispiele (Steinitz, Rubinstein) nachzuahmen. So ist der Prager Salomon Flohr im schachlichen Sinne ein Produkt teils des Steinitzschen ängstlichen Verteidigungsgedankens, teils des Rubinsteinschen „religiösen"

[1] Auch der Artikel auf S. 49 ist zuerst in der Pariser Zeitung erschienen.

XCVI 5

Ajedrez judío y ario.
Deutsche Schachblätter
noviembre 1941

Doppelnummer 23 u. 24

DEUTSCHE SCHACHBLÄTTER

ZEITSCHRIFT DES GROSSDEUTSCHEN SCHACHBUNDES

Schriftleitung: Kurt Richter, Berlin-Karlshorst, Dönhoffstr. 29 · Problemteil: F. Palatz, Pollnow (Pommern), Schloßstr. 18 · Bezugspr.: Vierteljährl. RM -.75 zuzügl. 15 Pf. Porto. Ausl.: jährl. RM 3.— u. RM 1.— Porto · **Doppelnummer 40 Pf.** · Bestellungen durch alle Postanstalten u. Buchhandlungen.

SCHACHVERLAG HANS HEDEWIGS NACHF. CURT RONNIGER, LEIPZIG C 1

30. JAHRGANG	NUMMER 23 24	1. DEZEMBER 1941

Ehrentafel des Großdeutschen Schachbundes

Es starben für Großdeutschland:

Gefreiter Arthur Haeusser
Mitglied des Schachvereins Zuffenhausen
in Rußland gefallen im Juli 1941

Soldat Hans Eissel
Mitglied des Barmbecker Schachklubs 1926
in Rußland gefallen

Soldat Ernst Bargtrede
Mitglied des Barmbecker Schachklubs 1926
in Rußland gefallen

Unteroffizier Erhard Schulz
Mitglied der Schachgruppe Berlin-Wittenau
in Rußland gefallen

Soldat Erwin Ertel
Mitglied der Schachgruppe Berlin-Pankow
in Rußland gefallen

Schütze Werner Tetzlaff
Mitglied der Kieler Schachgesellschaft
in Polen gefallen

Unteroffizier Otto von Rhein
Mitglied der Schachfreunde Beuna-Kötzschen (Saale)
in Griechenland gefallen im April 1941

Matrose G. Kob
Mitglied des Bochumer Schachvereins
gefallen auf der „Bismarck"

Lista de honor de soldados fallecidos.
Deutsche Schachblätter
diciembre 1941

Dr. ALEKHINE

Since participating in the Munich [illegible] nament, Dr. Alekhine has scored another [illegible] Nazi-organised tournament at the Café Velou[illegible] Paris, the full score of which we have not received [illegible] the time of going to press.

Luego de vencer en Múnich, Alekhine
jugó un torneo "nazi" en París.
Chess, diciembre 1941

Dr. ALEKHINE

Returning from Lisbon to Nazi-occupied country, after failing to secure the release of his wife, Alekhine played against nine of Madrid's strongest exponents simultaneously, winning five, drawing three and losing one. He claimed to have played more than 50,000 games of chess since 1908, over 3,000 of these against masters.

An anecdote from Lisbon illustrates his own charac-

Alekhine viaja de Lisboa a Madrid
y juega con españoles,
sin poder asegurar la libertad de su esposa
Chess, enero de 1942

Deutsche Schachzeitung

Organ für das gesamte Schachleben

Herausgegeben von

M. Blümich · H. Ranneforth · J. Halumbirek

unter ständiger Mitarbeit von A. Becker, E. Eliskases, M. Euwe, J. Foltys, K. Gilg, E. Grünfeld, G. Kieninger, H. Müller, K. Opočensky

WALTER DE GRUYTER & CO. · BERLIN W 35

Nr. 2 · Februar 1942 Gegründet 1846 97. Jahrgang

EHREN TAFEL

FÜR DEUTSCHE SCHACHSPIELER IM FELDE

Andreas Reuter, Gefreiter, Mitglied des Köln-Lindentaler Schachclubs, gefallen am 23. Dezember 1941 im Osten.

Matthias Saar, Soldat, Mitglied der Schachvereinigung Köln-West 1900, gefallen 1941 im Osten.

Johann Abels, Soldat, Mitglied der Schachvereinigung Köln-West 1900, gefallen 1941 im Osten.

Lista de honor de soldados fallecidos.
Deutsche Schachzeitung
febrero 1942

Deutsche Schachzeitung

Organ für das gesamte Schachleben

Herausgegeben von

H. Ranneforth · J. Halumbirek

unter ständiger Mitarbeit von A. Becker, E. Eliskases, M. Euwe, J. Foltys, K. Gilg, E. Grünfeld, G. Kieninger, H. Müller, K. Opočensky

WALTER DE GRUYTER & CO. · BERLIN W 35

Nr. 4 · April 1942 Gegründet 1846 97. Jahrgang

EHREN TAFEL

FÜR DEUTSCHE SCHACHSPIELER IM FELDE

Dr. Paul Homma, Ritter von Amannshof, Gefreiter, Mitglied des Deutschen Schachvereins Wien, im Osten gefallen.

Heinrich Baues, Oberschütze, Mitglied des Schachklubs Turm Schiefbahn, im Osten gefallen.

Werner Hofmann, Soldat, Mitglied der Schachgemeinschaft Leuna, im Osten gefallen.

Friedrich Kehlenbrink, Soldat, Mitglied der Schachvereinigung Osnabrück, im Osten gefallen.

Johann Kudlacek, Soldat, Mitglied des Delmenhorster Schachklubs, durch Fliegerbombe getötet.

Josef Lassmann, Gefreiter, Mitglied des Schachklubs Flörsheim 1921, im Osten gefallen.

Lothar Mauff, Soldat, Mitgl. des Schachvereins Mühlhausen, im Osten gef.

Franz Mertens, Soldat, Mitglied des Sv. Turm in Duisburg-Hamborn, im August 1941 im Osten gefallen.

Heinz Meyer, Oberfunker, Mitglied der Neustädter Schachfreunde, in Nordfrankreich Juni 41 gefallen.

Robert Modrach, Soldat, Mitglied der Berliner Schachgesellschaft, in Afrika gefallen, Dezember 41.

Rudi Müller, Leutnant, Mitglied des Schachklubs Anderssen, Haldensleben, gefallen im Osten, Juli 41.

Günther Preiwarsinski, Gefreiter, Mitglied der Schachgruppe Eckbauer in Berlin, gefallen im Osten, Oktober 41.

Ernst Rieder, Obergefreiter, Mitglied des Schachklubs Waldkirch i. Br., verunglückt in Norwegen, September 41.

Helmut Schäfer, Soldat, Mitgl. des Hamburger Schachklubs, im Osten gef.

Herbert Schlüter, Soldat, Mitglied der Schachgruppe Berlin-Tegel, im Osten gefallen, September 41.

Gerhard Steinert, Soldat, Mitglied des Schachvereins Mühlhausen, im Osten gefallen.

Georg Weber, Soldat, Mitgl. des Schachvereins Ebingen, im Osten gef.

Karl Welch, Gefreiter, Mitglied des Schachklubs Jena, im Osten gefallen.

Lista de honor de soldados fallecidos.
Deutsche Schachzeitung
abril 1942

Lista de honor de soldados fallecidos.
Deutsche Schachzeitung
mayo 1942

Deutsche Schachzeitung
Organ für das gesamte Schachleben
Herausgegeben von
Th. Gerbec · J. Halumbirek · H. Ranneforth
unter ständiger Mitarbeit von A. Becker, E. Eliskases, M. Euwe, J. Foltys, K. Gilg, G. Kieninger, H. Müller, K. Opočenský
WALTER DE GRUYTER & CO. · BERLIN W 35

Nr. 5 · Mai 1942 — Gegründet 1846 — 97. Jahrgang

EHREN  TAFEL
FÜR DEUTSCHE SCHACHSPIELER IM FELDE

Karl Feistkorn, Gefreiter, Mitglied der Schachgr. Osram, Berlin, im Osten gefallen.

Werner Jäschke, Schütze, Mitglied der Svg. Eckbauer in Berlin-Charlottenburg, im Osten gefallen.

Felix Jung, Schütze, Mitglied des Vereins der Schachfreunde Frankfurt a. M., im Osten gefallen.

Arthur Kolassen, Soldat, Mitglied des Sk. Bielefeld, im Osten gefallen.

Wilhelm Kröger, Soldat, Mitglied des Sv. Bochum-Hamme, im Osten gefallen.

Kurt Paltzer, Unteroffizier, Mitglied des Vereins der Schachfreunde Frankfurt a. M., im Osten gefallen.

Alfred Rehs, Schütze, Mitglied des Vereins der Schachfreunde Frankfurt a. M., im Osten gefallen.

Josef Ronzon, Soldat, Mitglied des Sv. Menden, im Osten gefallen.

Walter Simpich, Feldwebel, Schachwart der Svg. Eckbauer in Berlin-Charlottenburg, am 5. April im Lazarett Lyck gestorben.

Heinz Thiede, Unteroffizier, Mitglied des Vereins der Schachfreunde Frankfurt a. M., im Osten gefallen.

Franz Wojtach, Schütze, Mitglied des Sk. Hietzing in Wien, im Osten gefallen.

Doppelnummer 5 u. 6

DEUTSCHE SCHACHBLÄTTER
ZEITSCHRIFT DES GROSSDEUTSCHEN SCHACHBUNDES

Schriftwalter: Kurt Richter, z. Zt. bei der Wehrmacht, Vertreter Alfred Brinckmann, Kiel, Steinstraße 22 · Problemteil: F. Palatz, Pollnow (Pommern), Schloßstr. 18 · Bezugspr.: Vierteljährl. RM -.75 zuzügl. 15 Pf. Porto, Ausl.: jährl. RM 3.– u. RM 1.– Porto · Doppelnummer 40 Pf. · Bestellungen durch alle Postanstalten u. Buchhandlungen.
SCHACHVERLAG HANS HEDEWIGS NACHF. CURT RONNIGER, LEIPZIG C 1

31. JAHRGANG — NUMMER 5/6 — 1. MÄRZ 1942

Ehrentafel des Großdeutschen Schachbundes
Es starben für Großdeutschland:

Oberfunker Heinz Meyer
Mitglied der Neustädter Schachfreunde
in Nordfrankreich gefallen im Juni 1941

Leutnant Rudi Müller
Mitglied des Schachklubs „Andersen" in Haldensleben
in Rußland gefallen im Juli 1941

Soldat Franz Mertens
Mitglied des Schachvereins „Turm" Duisburg-Hamborn
in Rußland gefallen im August 1941

Obergefreiter Ernst Rieder
Mitglied des Schachklubs Waldkirch i. Br.
in Norwegen verunglückt im September 1941

Soldat Herbert Schlüter
Mitglied der Schachgruppe Berlin-Tegel
in Rußland gefallen im September 1941

Gefreiter Günter Preiwarsinski
Mitglied der Schachgruppe „Eckbauer" Berlin
in Rußland gefallen im Oktober 1941

Soldat Robert Modrach
Mitglied der Berliner Schachgesellschaft
in Afrika gefallen im Dezember 1941

Soldat Johann Kudlacek
Mitglied des Delmenhorster Schachklubs
durch Fliegerbombe getötet

Liebe Freunde des Großdeutschen Schachbundes!

Durch Jahrhunderte und aber Jahrhunderte hat das edle Schachspiel seinen Wert bewahrt als der Ausdruck geistigen Wettkampfes, rascher Entschlußkraft, sorgfältigen Abwägens und fairen Spielens.

Als die Leitung des Großdeutschen Schachbundes an mich mit der Bitte herantrat, die Ehrenpräsidentschaft zu übernehmen, war ich mir darüber klar, daß es sich

Lista de honor de soldados fallecidos.
Deutsche Schachblätter
marzo 1942

GERMANY

Munich is planned as the venue of (a) a match between Italy and Germany and (b) a tournament for the individual championship of "Europe." A European Chess Bund of National Federations is also mooted.

The Salzburg tournament finished: Alekhine 7½, Keres 6, Schmidt and Junge (the 17-year-old new star) 5, Bogolyubov 3½, Stoltz 3. Alekhine beat Keres twice—but lost to Junge! Euwe was invited, but declined.

Alekhine vence en Salzburg, y Euwe rechaza invitación nazi. *Chess*, agosto de 1942

CHESS UNDER THE NAZIS

The "European Championship" in Munich in September, ended as follows: 1. Dr. Alekhine (France) 8½ points (out of eleven games: he lost to Rellstab of Berlin, drew against Bogolyubov, Foltys and Rohacek and won the rest); 2. Keres, 7½; 3-5. Bogolyubov, Foltys and Richter, 7; 6. Barcza (Hungary), 5½; 7. Junge (the new German "prodigy"), 5; 8. Rellstab, 4½; 9-10. Rohacek (Slovakia) and Stoltz (Sweden) 4; 11. Napolitano, 3½; 12. Rabar (Croatia) 2½.

The last four are relegated for the next tournament; it is [illegible] that Stoltz, winner of the last "European Championship" above Alekhine, should go down. The qualifying tournament resulted as follows: 1. Danielsson (Sweden), 8 out of 11 games; 2. Szily (Hungary), 7; 3-5. Pustar (Hungary), Muller (Austria) and Morcia (Italy), 6½; 6. Nestler (Italy) [illegible]; 7. Samarian (Rumania) and Zwetkoff (Bulgaria) 5[illegible]; 9. Suberic (Croatia) 5; 10. Ahues 4½; 11. Roe[illegible] (Holland) 4; 12. Kinnmark (Sweden) [illegible]. Danielsson and Szily are promoted to the Championship tournament next year (if there is one!)

A rather surprising [illegible] of names with, however, some [illegible]. We take off our hats to Holland, all of whose best players seem to be resisting Nazi blandishments en bloc.

According to Berlin radio, Dr. Alekhine has been taken seriously ill in Prague, and conveyed to hospital.

Alekhine vence en Múnich, pero estaría enfermo en Praga. *Chess*, febrero de 1943

Vera Menchik fallece víctima de un bombardeo alemán. *Chess*, agosto de 1944

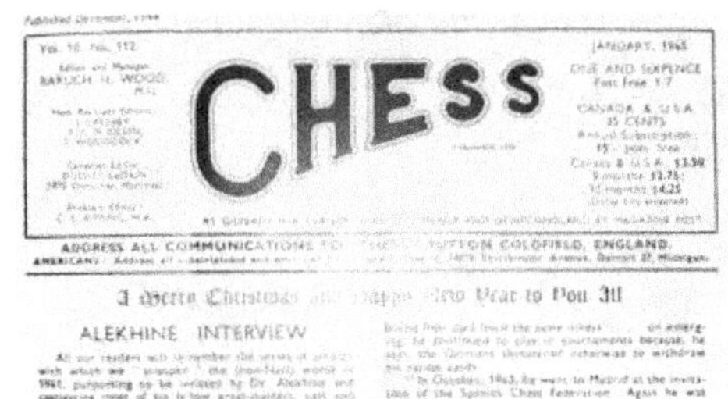

Descargo de Alekhine en entrevista a *Revista de Noticias*, Madrid, 23 noviembre 1944[895]

[895] Reproducida por *Chess*, enero de 1945. Según informa *Chess*, noviembre de 1945, en octubre Alekhine es invitado al Torneo de Hastings, pero Euwe se opone y los organizadores la cancelan. Sigue en esta revista una enorme polémica a través de cartas de lectores cruzadas, con apoyos y repudios a Alekhine. El 24 de marzo de 1946 muere Alekhine en Lisboa, y comienzan las discusiones dentro de la FIDE acerca de la sucesión del título mundial. Nuevamente *Chess* publica una larga serie de artículos y cartas de lectores sobre la personalidad del campeón mundial fallecido.

Capítulo 10

LA GRAN NOVELA DE ARIEL MAGNUS

Una mirada sobre *El que mueve las piezas* de Ariel Magnus

[Sergio Ernesto Negri – Juan Sebastián Morgado]

Esta "magna" novela recientemente editada tiene como telón de fondo el Torneo de Ajedrez de las Naciones de Buenos Aires de 1939. Un misterio personal, el deseo (la necesidad) de desentrañar la causa por la que a su abuelo judío le habían extendido un certificado que acreditaba una incomprobable fe católica apostólica y romana, y la posibilidad de determinar a ciencia cierta la razón médica de la muerte de alguien de quien heredará la pasión por la escritura, le hace pensar al autor que la respuesta se halla en el entorno temporal en que se dio esa competencia disputada en la capital argentina.

Magnus, ya en la ficción, en un escenario histórico que es coincidente con la declaración de la Segunda Guerra Mundial, construye una atrapante trama, con mucho humor y con aires de espionaje, vinculando acontecimientos agonales que se plantean a ambos lados del Atlántico. Alemania y Polonia están presentes en los inicios de un nuevo periodo de conflagración armada y son a su vez protagonistas de la prueba olímpica. Siendo así, el autor no desaprovecha la ocasión para plantear que el torneo, pese a su lejanía del verdadero campo de conflicto, podía ser un reflejo de lo que sucedía en un continente que perderá el rumbo. Y ya sabemos que el ajedrez fue concebido como *Ludimus effigiem belli…*

Este es el contexto en el que se presenta la espléndida *El que mueve las piezas,* título de indudables ecos borgianos, por aquellos versos de los sonetos *Ajedrez*: *"Dios mueve al jugador, y éste, la pieza./¿Qué Dios detrás de Dios la trama empieza/ de polvo y tiempo y sueño y agonía?". La trama empieza,* así se iba a llamar originalmente la novela, es una prueba cabal de la influencia del gran poeta argentino y universal. No será una divinidad la que se esconda detrás del escenario, sino el propio abuelo del autor, una figura influyente, que inspirará a su nieto y lo interpelará a partir de un *Diario* que le servirá al demiurgo de fuente del relato.

Como todo transcurre en un territorio específico y en el contexto de una competencia dada, con personajes que en muchos casos son ajedrecistas, podríamos llegar a creer que estamos en presencia de un texto en el que la realidad es la que impera. Muy por el contrario, será la fantasía la que gane espacio, creciente e inexorablemente. A punto tal de que a Mirko Czentovic, personaje central de la *Novela de Ajedrez* de Stefan Zweig, se lo presenta apareciendo en Buenos Aires. Al bucear en su ancestro, el autor nos termina brindando una obra de tono histórico, donde la idea de la reversibilidad entre ficción y realidad se hace evidente a cada paso.

Magnus, con mucha maestría, y también con algo de picardía, presenta un trabajo que, sin perder profundidad, podría ser visto casi a la manera de un juego. En eso se ve que el ajedrez influyó, ya no sólo como contenido, sino aún más como propuesta lúdica esencial. Nos parece por momentos que el autor juega con los lectores buscando una permanente complicidad. ¡Y vaya que lo consigue!

En ese sentido, resulta muy apropiado el uso del más cabal e influyente de los pasatiempos para recrear hechos veraces que, procesados en su ficción, se tornan verosímiles. A la subcampeona mundial Sonja Graf le reserva un crucial papel. En el torneo de mujeres del que es parte se imagina que pudo haber destronado aquí por primera vez a la eterna campeona, la jugadora inglesa Vera Menchik. Se describe, con cierto grado de detalle, la partida decisiva, más desde la psicología que desde la técnica, en un relato delicioso.

Allende los tableros, a la ajedrecista errante (terminará en los EEUU tras una larga estadía en la Argentina), se la presenta siendo cortejada por varios caballeros: del todo improbablemente, por el intelectual argentino Ezequiel Martínez Estrada (el pensador, tras sostener que el mecanismo del ajedrez es más un símbolo sexual que bélico, se refiere a otro juego, el del amor, diciendo que termina en mate "*ya sea que sucumba la mujer y se entregue, ya sea que el hombre quede derrotado*"); por el abuelo de Magnus y, también, por Yanofsky un periodista del diario Crítica que cubre, algo a su pesar (prefería el box) el torneo de ajedrez. Este resulta homónimo del representante canadiense. Al hablar sobre el asunto, terminan por concluir que eran hermanos.

El perfil que se traza sobre Graf es sumamente profundo. Magnus, incluso reproduce fragmentos de su autobiografía (libro que será editado en Buenos Aires) que la pintan de cuerpo entero. Le suma la descripción de sucesos de su invención, como cuando la presenta en las galerías Harrods, en la sala de peluquería ("*corte y afeitada 75 centavos*") ubicada en el subsuelo (¡es que Graf, por su aspecto y sus atuendos varoniles, era la Marlene Dietrich del ajedrez!), lugar en el que conoce a Heinz, el abuelo de Magnus. Se genera allí un desopilante diálogo. A guisa de desafío intelectual, puestos en situación de caracterizarse como personajes de un hipotético circo, mientras que el hombre admite que desearía en todo caso ser un enano, ella, casi obviamente, elegirá ser la mujer barbuda. El gesto de Graf acicalándose esa barba hipotética es tan sugerente como risible.

La sensible jugadora, esa de infancia y adolescencia tan traumática, en planos más profundos se muestra muy preocupada por cómo no se advierte la peligrosa prédica de Hitler quien: "*hacía tiempo (...) movía sus piezas, pero recién ahora el mundo empezaba a considerar la necesidad urgente de sentarse ante el tablero y al fin enfrentarlo*". Graf creía que el torneo de Buenos Aires no podía terminar bien ya que: "*Era imposible jugarlo al margen de lo que ocurría en Europa, aunque hubieran trasladado la escenografía a varios miles de kilómetros de distancia precisamente para infundir esa sensación en sus participantes*". El tiempo, sabemos, le daría la razón.

Un hecho muy delirante sucede cuando Graf, inmersa en sus reflexiones, es interrumpida por un joven que se demuestra buen jugador. No es otro que el mentado Czentovic quien deseaba participar del Torneo. Podía creerse que ello estaba impedido por un hecho concreto: era croata y Yugoslavia no fue de la partida en 1939. Sin embargo, hay una razón algo más poderosa: ese ajedrecista no tenía existencia real. Sin embargo se plantea que el malogrado jugador estonio Ilmar Raud intenta cederle su lugar para que lo reemplace en la continuidad de una partida suspendida en la que tenía a un cubano de rival. En el universo Magnus todo es posible. (…)

Si Martínez Estrada ya en *La cabeza de Goliat* retrató como nadie el clima intelectual de época y los perfiles de los mejores ajedrecistas nativos en el contexto del Torneo de Buenos Aires (más luego de su pluma disfrutaremos sus reflexiones gracias a la extraordinaria *Filosofía del Ajedrez*), el novelista nos transporta también perfectamente a la sede del Teatro Politeama donde se disputó la prueba, con la debida contextualización de época. Nos describe, de la mano del Yanofsky de

Crítica, el entusiasmo reinante, como cuando asegura que la recorrida de los aficionados por las distintas mesas podía ser vista como si de las estaciones del recorrido de Cristo se tratase. Magnus se transporta, y nos transporta, a otros tiempos.

El trabajo intertextual evidenciado por las citas de autores que tuvieron en su radar al ajedrez, es espléndido. Además de referenciar a Borges, Zweig, Piglia y Martínez Estrada, menciona, entre tantos otros, a Leibniz, Poe, Franklin, Unamuno (y su *Sandalio*), Nabokov, Beckett, Macedonio Fernández, Cortázar y Arlt (un personaje de *El Juguete rabioso* también se corporiza en la trama). (...)

Una curiosidad estilística está dada por el uso de innumerables citas y llamadas al pie de página, que resultan más propias de un libro histórico o de un ensayo. Todas están en itálica, y relatan episodios históricos con precisión. ¿Cuál fue la idea del autor? Nuestra hipótesis es que se desea "reforzar" en el lector el convencimiento de que sus afirmaciones son verídicas y, mediante el recurso de describir "la realidad", sorprende luego filtrando la ficción. En este sentido surgen las menciones a dos libros de Morgado: *Luces y Sombras I* y *Los Años locos del Ajedrez Argentino*, cuando por ejemplo toma para sí el sorprendente reto a duelo del presidente de la FADA Carlos Querencio a Alexander Alekhine.

Al "estirar" hechos reales aparece otro gran hallazgo, permitiendo vincular situaciones, continentes, experiencias de vida. Los nazis invaden Varsovia, allá. Un triunfo acá, en Buenos Aires, ya sería demasiado, por eso se lo pretende evitar. Había que soslayar que, en el campo del ajedrez, aquí, en la lejana Buenos Aires, sucediese lo mismo. Lamentablemente, y bien ya lo sabemos, así como Alemania invade "exitosamente" Polonia, también ganará deportivamente en Buenos Aires.

Esto último se quiso evitar, conforme la novela, se plantea una inquietante hipótesis: que en el Café Rex, el mismo en donde al calor del ajedrez se habrá de traducir el *Ferdydurke* del polaco Witold Gombrowicz, un grupo de personas, preocupadas por el avance nazi, entre ellos el abuelo de Magnus, planifican un acto para llamar la atención a la comunidad internacional... ¡colocar una bomba en el Teatro (al menos una de estruendo) o que se secuestrara al equipo alemán! (...)

La novela, al estar redactada en primera persona le permite al autor viajar en el tiempo hasta la actualidad y así mostrarse entre las bambalinas de su propio proceso de redacción. En cierto momento expresa: *"Debo admitir, no obstante, que algo de todo esto intuí, por la inversa (¡el espejo! ¡Alicia!) cuando visité la librería de Morgado, el autor que tanto estuve citando para los datos históricos. Le conté de mi novela y me dijo que él también tenía un libro inédito sobre aquel torneo de ajedrez. Comentando las anécdotas que han trascendido, llegamos a la de los hermanos Yanofsky, y para mi estupor me mostró, en exclusiva, la nota del diario donde se los ve juntos en una foto (¡por eso no nos gustan las imágenes!). El argentino, de nombre Israel, no era periodista sino farmacéutico. Y el abrazo entre ambos hermanos reencontrados fue real (como cita La Razón del 17 de agosto de 1939, una fecha previa al torneo, tan temprana que de hecho no se me ocurrió mirar en mis propias pesquisas). No le dije nada a Morgado sobre mi Yanofsky, porque bien pensado esto explicaba su reacción, o falta de, al momento del encuentro".* Magnus había previamente concebido que el Yanofsky argentino de la novela fuera periodista. Grande fue su sorpresa al leer el recorte del diario de la época que se le mostró en la librería donde se evidenciaba que era farmacéutico. ¡Esa precisión podía complicar sus planes! ¿Tendría que rehacer todo su personaje? De ninguna manera. Bastaría con que se apelara al recurso de relatar el respectivo *back-stage* para restablecer una suerte de debida veracidad.

Estaba preparado para que lo que empezó como un juego se me fuera de las manos, como se dice, tal vez era incluso lo que secretamente esperaba, pues tampoco jugando al ajedrez sé planificar más que un par de jugadas y me gusta que la partida en algún momento me sorprenda, pero de ninguna manera estaba preparado para enterarme de que esto no se me fue de las manos sino que nunca estuvo en ellas, como si a los personajes efectivamente los movieran por medio de imanes, y a mí entre ellos.

Debo admitir, no obstante, que algo de todo esto intuí, por la inversa (¡el espejo! ¡Alicia!), cuando visité la librería de Morgado, el autor que tanto estuve citando para los datos históricos. Le conté de mi novela y me dijo que él también tenía un libro inédito sobre aquel torneo de ajedrez. Comentando las anécdotas que han trascendido, llegamos a la de los hermanos Yanofsky, y para mi estupor me mostró, en exclusiva, la nota del diario donde se los ve juntos en una foto (¡por eso no nos gustan las imágenes!).

255

[9] El doctor Carlos Querencio, designado por la Federación Argentina de Ajedrez para concertar un *match* de revancha entre Alekhine y Capablanca, consiguió el consentimiento incondicionado del cubano, pero al chocar con la intransigencia inamovible del francés, publicó en *Noticias Gráficas* una carta abierta al campeón del momento en la que lo conminaba a no seguir evadiendo su responsabilidad deportiva y defender la corona con un rival de su peso. La violenta y sarcástica pieza retórica, inmortalizada por Juan Sebastián Morgado en *Los años locos del ajedrez argentino*, es la siguiente:

> *Hace aproximadamente una década que el mundo ajedrecístico está ansioso por saber quién es el campeón mundial. Culpo a usted por mantener esa incógnita por su conducta, ante las frecuentes evasivas cada vez que se ha presentado a la peana el maestro Capablanca. Supongo*

203

El «vidrio» al que alude Duchamp, llamado en rigor «Para ser mirado (desde el otro lado del vidrio) con un ojo, de cerca, por casi una hora», es la única obra que parió en los nueves meses que estuvo en Buenos Aires, donde más bien se dedicó a jugar al ajedrez. La manía que desarrolló por el juego, que para él naturalmente era un arte, y no en el sentido de que todo lo era, incluido un mingitorio, sino por el contrario en el sentido en el que un mingitorio era un mingitorio y una pipa era una pipa, es decir en el sentido que manejaban quienes creían que lo suyo, incluido su «widrio», visto desde todos lados y por el tiempo que fuera, no era arte; su obsesión por el arte del tablero llegó a ser tan dominante que, según cuenta Juan Sebastián Morgado en *Luces y sombras del ajedrez argentino*, «su amante Yvonne Chastel se cansó de él y se fue sola a París. Antes de dejar el departamento de la calle Alsina, pegó con cola las piezas al tablero...».

173

El ingenio está siempre presente: acerca de los *Diarios,* los familiares de Heinz: "*los habían guardado como se guarda una tradición religiosa entre ateos*". Un largo galanteo se matiza con humor: "*Yanofsky se cruzó con Graf y le dijo: '¡La jugadora libre!'. La frase tenía un claro doble sentido, no dejó de notar Graf, y esa falta de delicadeza le gustó*". (…)

Fachada del Teatro Politeama (Argentino), posterior al ensanche de la calle Corrientes en 1936. Puede advertirse claramente que en el edificio vecino de la esquina todavía se mantienen los viejos ladrillos.

La cronología se ve alterada hacia el final. En 1950 Heinz va a EEUU llevando un certificado de fe que es posterior (de 1956). En 1966 muere, pero podría creerse que sigue vivo: es que en 1975 acompaña a su hijo, el padre de Ariel, cuando este nace. "*A este heredero, (Heinz) le contaría a Ariel cómo fue que le pidió a Schell el certificado*". En este galimatías, el abuelo muere a los 72 años (es decir en 1991 o 1992) lo que indicaría que el nieto, que nació en 1975, debiera haberlo conocido, lo que antes se desmiente. Se termina diciendo: "*Ariel no se dedicó a escribir novelas*". Pero, ¡vaya que tampoco eso será cierto! Para alegría de los lectores.

Esa cambio en la línea temporal representa una incógnita sobre los motivos de su inclusión. Hay otras. Una, las razones por las que el abuelo pide se le extienda un certificado de "catolicismo": ¿lo hizo para intentar acercarse a Sonja, una alemana contraria a Hitler mas no judía? La mayor, la que se consuma al cierre, momento en el que la novela aparece siendo suscripta por Czentovic en diciembre de 2015 en Buenos Aires. ¿Un Magnus nieto que en rigor es un personaje de ficción de Zweig que se trasportó en el tiempo? Todo es reversible, todo es posible. (...)

Desde un plano emocional, se aprecia la gran ternura con la que Magnus nieto se refiere en todo momento a su antepasado. Muy apropiadamente el libro tiene por dedicatoria: "*A mi abuelo/Con mi abuelo*", evidenciando una línea de afecto y de comunión espiritual hacia quien sólo conoció por comentarios de otros miembros de su familia.

Queda claro que, en definitiva, alguien condujo al autor por esos caminos de búsqueda personal, que lo harán bucear en otros planos: el ajedrecístico; el histórico; el cultural. No es una divinidad a lo Borges (tal vez, sí; siempre hay otro *Dios detrás de Dios*), sino el propio antepasado del autor. Heinz Magnus es ese *Alguien que mueve las piezas del juego.*

Nuestro reconocimiento, entonces, a ambos. Al abuelo, por haber sido la eficiente fuente de inspiración de la espléndida novela de su nieto. Y a Ariel Magnus por haber sabido concebir y plasmar un fino relato en el que su entrañable antepasado tuvo sueños que, inevitablemente, estuvieron tan próximos a un espacio que podría ser visto desde su tono ajedrezado.[896]

La impresionante documentación de Magnus[Juan S. Morgado]

▓ El diálogo del austríaco representante de Alemania, Albert Becker, con el palestino Viktor Winz, acerca de la situación política de los países (soberanía, *anschluss*, protectorados) no tiene desperdicio. Un judío y un austríaco *anexado* discuten retóricamente sobre la situación en que el Torneo de las Naciones ha quedado luego de la declaración de la guerra. En referencia a la situación de los ajedrecistas que pertenecían a países beligerantes, cuenta que: "...*los palpitadores que han encontrado al torneo un motivo inédito de atracción, lamentaban anoche que no estuvieran presentes los equipos de Italia, Japón y Estados Unidos, para que así el espectáculo fuera completo*".

> –(Austria) no es un protectorado, sino un mandato, señor Winz–, dijo Becker, agregándole un eco al apellido hasta hacerlo sonar como *winzig*, o sea, diminuto en alemán. Ahora bien, Winz era en efecto el más petiso del equipo palestino, que a su vez no era sino uno cuyos miembros hubieran podido trocar el ajedrez para el básquet, salvedad hecha quizá del lituano Zelman Kleinstein, alto a pesar de que su apellido contenía la palabra *pequeño* (¿justicia racial o mera ironía?, se preguntaba Winz, a quien las resonancias de su propio apellido le daban a veces que pensar). Eso por un lado. Por el otro, sabemos que mucho tiempo más tarde, pasada la guerra y ya instalado en la Argentina, en uno de los viajes de Winz a su Berlín natal para jugar al ajedrez, un hombre le diría: "El aire de acá es malo, ¿por qué no te volvés a la cámara de gas?". Esto fue en 1960. Dos años más tarde, el nostálgico nazi fue condenado por sus dichos a tres meses de prisión (en suspenso). Aunque esta bonita anécdota, que puede ser corroborada en los diarios de su tiempo y constituye por lo tanto una verdad lo que se llama *fehaciente* (a ser distinguidas de las que por ser de ficción no se sienten tan bonitas, las verdades digamos *fea-sientes*); aunque esto ocurrirá de acá a veinte años, su influencia retrospectiva resulta innegable, en el sentido de que bajo ningún concepto alguien como Winz, capaz de llevar adelante aquel juicio que adelantamos aquí, dejaría pasar sin más el comentario acaso denigrante de Becker.

[896] Selección del autor de *Reseña del libro "El que mueve las piezas", por Sergio Ernesto Negri y Juan Sebastián Morgado.* Chess Base Web, 29 de julio de 2017. Web Ajedrez con Maestros, 24 de julio de 2019.

The National Archives
National Archives and Records Service
General Services Administration

Washington: 1959

GUIDES TO GERMAN RECORDS MICROFILMED AT ALEXANDRIA, VA.

No. 6. Records of Nazi Cultural and Research Institutions and Records Pertaining to Axis Relations and Interests in the Far East

AMERICAN HISTORICAL ASSOCIATION
COMMITTEE FOR THE STUDY OF WAR DOCUMENTS

GUIDES TO GERMAN RECORDS MICROFILMED AT ALEXANDRIA, VA.

No. 6. Records of Nazi Cultural and Research Institutions, and Records Pertaining to Axis Relations and Interests in the Far East.

Folder 1038	FT	201440	Folder of same provenance containing "Richtlinien für ausreisende Lektoren" and a "Lektoratsliste vom 1.6.1944."
Folder 1039	FT	201514	Folder of same provenance containing correspondence between H. Nietzschke, praktische Abteilung, the department of the Academy under whose jurisdiction fell the Auslandslektorate, and Thierfelder, the previous director of that division, with Dr. Wilhelm Ruoff, first an employee of the Academy, later Referent im Reichsministerium für Volksaufklärung und Propaganda, 1933-41. The folder gives some insight into the work of the Academy and its relation to the Ministry.
Folder 1040	FT	202096	From a folder of the Academy containing various correspondence with job applicants (not filmed) a group of letters dealing with the case of Dr. Albert Becker was filmed, 1941-43. Becker was a "Mischling 2. Grades" who sought employment with the Lektorat in Buenos Aires.
Folder 1056	FT	202110	Folder of the Deutsche Akademie München containing various correspondence and

–Mi apellido es Winz –dijo Winz, pensando de pronto en que el otro podría haber dicho "Witz", o sea, "chiste", y él no lo hubiera sentido como una ofensa tan grave–. Usted tal vez no me conoce y por eso lo pronuncia mal, pero yo sí conozco a sus abuelos paternos.

Winz estaba utilizando información clasificada. Según sabemos por los documentos de guerra microfilmados y resguardados en los *National Archives* de Washington, en 1941 el Dr. Albert Becker aplicó para un puesto en el lectorado de Buenos Aires en la *Deutsche Akademie*, el órgano destinado a "la investigación y el cuidado de la alemanidad"[897] (Hoy lo llamamos *Goethe Institut,* del mismo modo que al derrame cerebral que sufría Grau en unos años hoy lo denominamos, más asépticamente, ACV). De la correspondencia cruzada con motivo de esta aplicación, se desprende que Becker era un *Mischling 2 Grades* o mestizo se segundo grado según las leyes "para la protección de la sangre alemana y el honor alemán" de 1935, es decir que alguno de sus cuatro abuelos era judío, y por lo tanto uno de sus padres era medio judío y él mismo lo era en un 25%. De ahí que

[897] El *Deutsche Akademie fue* fundado en 1925. Se transforma en el Instituto Goethe en 1952.

corra el rumor (¿o debemos llamarlo “hecho mestizo feasiente de segundo grado”?) de que el austríaco Becker negoció hacerse cargo de la capitanía del equipo nazi a cambio de que le permitieran quedarse en Argentina y llevarse allí a su familia. Precisamente para no tener inconvenientes por esta mancha en su currículum sanguíneo.

Cómo llegó Winz a esta información, que recién se revelaría un año más tarde, y en principio sólo para las autoridades alemanas, en lo que parece otro alarde de anacronía sin precedentes (¡ni siquiera en el futuro!), es algo que no sabemos, pero que tampoco nos tiene que interesar saber, sencillamente porque es la verdad y entre sus prerrogativas está la de ni siquiera tener que ser verosímil. Lo que importa es que Becker lo tomó como una amenaza, ¡el colmo de un judío: ser acusado por otro judío de serlo!) y eso redobló su antisemitismo (que era autoodio, el colmo de la aversión!)

–Mis abuelos no tienen ni medio que ver con lo que estamos discutiendo en este cuarto –dijo, involuntariamente ambiguo.

–Los traje a colación porque se trata del mismo tipo de suspicacia entre diferenciar entre protectorado y mandato –respondió Winz, deliberadamente ambiguo. (…)

–Ninguna suspicacia –siguió Becker–. El mandato [Palestina] lo ejerce el Reino Unido por delegación de la Sociedad de Naciones (...) mientras que nuestro protectorado [Austria] es como una provincia más del país [Alemania], incluso una colonia.

–Es decir que para usted una nación que ha sido invadida por la fuerza tiene más derecho a ser considerada parte de la nación invasora que una que se encuentra bajo la encomiable tutela de otra y por sugerencia consensuada en el marco de la asociación de todas las naciones del mundo –intercedió Foerder en alemán, aunque con la suficiente lentitud como para que aquellos que no lo entendían pudieran deducir que había dado una explicación muy pormenorizada y perfectamente irrefutable de por qué lo que estaba diciendo el otro no tenía ningún sentido.

Becker meditó unos segundos, como un jugador que se enfrenta con una movida muy complicada de su adversario, de la que primero sospecha que alberga infinitos peligros pero al final comprueba que sólo perjudica a quien lo hizo.

–Por supuesto que para mí es así –dijo al fin.[898]

Micro-biografía de Albert Becker

▮ El Maestro Internacional Albert Becker nació en Austria en septiembre 5 de 1896, y falleció en Buenos Aires en junio de 1984. Fue un exitoso ajedrecista durante el lapso transcurrido entre las dos guerras mundiales. Jugó muchos de los torneos internacionales realizados en Viena, ocupando destacados puestos en varios de ellos. Por ejemplo, finalizó segundo en Viena 1928, primero en 1931, 1932 y 1935.

Otras importantes actuaciones fueron: campeón nacional de Austria en 1937, mejor 4º tablero en las Olimpíadas de 1931, con un score de +10 =3 – 1; 5º junto a Euwe y Vidmar en el famoso Carlsbad 1929. En 1939 se radicó en nuestro país al estallar la Segunda Guerra Mundial. A partir de este momento, abandona la práctica activa del juego, dedicándose a la edición de libros (principalmente de torneos) y a producir artículos teóricos de gran calidad. Entre sus aportes a la teoría figura la línea del Gambito del Rey que lleva su nombre (Defensa Becker) , y que consta de las jugadas 1e4 e5 2.f4 exf4 3. Cf3 h6. Fue notable su trabajo, junto a Grunfeld, acerca del Torneo de Teplitz- Schonau de 1922. En la Argentina, trabajó para la *Revista Ajedrez* de la Editorial Sopena, colaborando asimismo con los *Chess Archives* de Euwe.

[898] *El que mueve las pieza*s, Ariel Magnus, Planeta Tusquets , 2017, pág. 218/21. Notas de Juan S. Morgado

Después de la guerra, Becker volvió a Alemania y reunió a su familia, trayendo a su señora y a sus dos hijas. Vivió en la localidad bonaerense de La Lucila hasta su fallecimiento en Argentina, y jamás aceptó hablar de su pasado. Todos sus allegados adhirieron a ese deseo de mutismo, y por eso eludieron cualquier declaración.[899]

[899] *Ajedrez de Estilo* nº 24/5, setiembre de 1984, pág. 640. Testimonio de Susana Oldrini al autor, 1º de julio de 2007.

APÉNDICE I

Primicia del Torneo de las Naciones de Estocolmo 1937

Al concluir la edición de esta obra hemos recibido documentos inéditos muy valiosos, que decidimos incluir pese a la premura del cierre. Es conocido que el Torneo de las Naciones de Estocolmo 1937 no ha sido documentado hasta ahora en un libro, y que además se desconocen numerosos encuentros de esa magna justa, que dejan un vacío importante en las bases de datos.

En la última colección de partidas manuscritas de ajedrez que conservaba Rolf Littorin,[1] han sido halladas las planillas perdidas. Por cortesía de los actuales propietarios, algunos juegos del equipo argentino se publican ahora por primera vez.[2]

Pese a que este acontecimiento no pertenece al período 1938-1943, tuvo una importancia decisiva para que se realizara el Torneo de las Naciones de 1939, ya que la designación de Buenos Aires como futura sede fue aprobada por votación en el Congreso de la FIDE 1937. Es por ello que decidimos incluir el material que nos fue gentilmente cedido como broche de oro final de *El Impresionante Torneo de Ajedrez de las Naciones 1939.* La valiosa memorabilia consta de facsímiles de nueve partidas completas del equipo argentino hasta ahora desconocidas, foto del banquete final y logo.

El material que sigue a continuación se organizó como una mezcla de algunas crónicas del certamen publicadas en diarios argentinos, con los testimoniales suecos.[3]

El viaje a Estocolmo

▓ La FADA ha resuelto afrontar, desde ahora, los problemas que se derivarán del envío de un equipo a Estocolmo. A pesar de la económicamente desastrosa *jira* a Varsovia en 1935, en la que si bien nuestro *team* logró una situación de primer orden, las finanzas de la FADA sufrieron un contraste gravísimo, se resolvió encarar la posibilidad de que en Estocolmo esté nuevamente un conjunto argentino.

A tal fin, ha designado una comisión para que entreviste al presidente de la República, y haga cálculos de lo que costaría el envío de un conjunto a la hermosa capital sueca. Es de presumir que esta preocupación, unida a la que desplieguen los jugadores argentinos, que serán obligados a entrenarse meticulosamente, hará posible no sólo que el *team* local esté presente en el torneo por la Copa Hamilton Russell, sino que el conjunto actúe con una eficiencia superior a todos los pronósticos.[4]

[1] Rolf Littorin fue integrante del Comité Ejecutivo y miembro honorario de la FIDE. La Unión Europea de Ajedrez fue fundada por él como representante de la Federación de Suecia, en 1985, en el Congreso de la FIDE realizado en Graz, Austria. Es muy conocido por ser uno de los más grandes coleccionistas de ajedrez del mundo: se calcula que llegó a tener unos 30.000 volúmenes y una enorme cantidad de memorabilia. Persona de vasta cultura y conocedor de varios idiomas, ejerció como abogado.

[2] Agradecimiento a la gestión de Peter Holmgren.

[3] Un capítulo completo de este suceso se incluye en la *Enciclopedia Cronológica Histórica y Social del Ajedrez Argentino*, Juan S. Morgado, aún inédita.

[4] Roberto Grau, *Leoplán*, 10 de marzo de 1937.

Tiene nuevo presidente la F. de Ajedrez

Tal cual lo anunciamos, don Augusto de Muro ha sido elegido presidente de la Federación Argentina de Ajedrez para el período 1937-1939. Por segunda vez, este viejo deportista que ha sabido rubricar con tanta energía su actuación en clubs y entidades, vuelve a dirigir los destinos del ajedrez nacional, al que lo vincula una simpatía manifiesta.

Y ha querido aceptar De Muro esta designación, contrariando un deseo expreso, cuando supo que era necesario resolver algunos problemas serios del ajedrez na-

bien sabemos los ajedrecistas y quienes admiramos su acción hace años en el Automóvil Club Argentino, de lo que es capaz cuando se dispone a llevar a feliz término sus abundantes iniciativas. Y que esto no es palabra vana nos lo demostrarán los hechos bien pronto. En la misma asamblea en que se eligió a De Muro presidente de la Federación, se resolvió aceptar las afiliaciones directas de federaciones del interior, con una cotización muy baja. Esto ha de significar la pronta disputa del segundo torneo in-

Augusto De Muro, presidente de la FADA. ¡Aquí Está!, 17 de junio de 1937

FADA: aprobación del pedido para organizar el TN 1939

▓ Se eligió nuevamente como presidente de la FADA a don Augusto De Muro. **Los integrantes del equipo olímpico visitan al presidente de la Nación, Agustín Pedro Justo, y le informan que desean proponer en el Congreso de de FIDE de Estocolmo la candidatura de Argentina para la sede del Torneo de las Naciones de 1939.** Justo apoya el pedido, enviando al Congreso un proyecto de ley por un subsidio de $ 150.000, que es aprobado, e incluido en el presupuesto de 1938. Se calcularon los gastos totales en $ 360.000, es decir que era necesario obtener $ 210.000 adicionales de aportes privados.[5]

Partida del equipo argentino hacia Estocolmo

▓ El 29 de junio de 1937 parte con destino a Estocolmo el equipo argentino que participará allí en el torneo por equipos, a partir del 31 y hasta el 15 de agosto, que se jugará en el Hotel Royal. Lo integran Guimard, Grau, Jacobo Bolbochán, Pleci, y Piazzini. Éste último fue también designado como delegado ante el Congreso de la Federación Internacional. El vapor los deja en Génova, y de allí toman tren y *ferry* hasta la capital sueca.[6] Curiosamente, *Caras y Caretas* indica otra versión del itinerario:

> Nuestro equipo se reunirá en París, pues los cuatro primeros partieron de esta Capital en el vapor Augustus el 19 de junio, y Piazzini lo hizo el 2 de julio en el vapor Asturias. De París todo el equipo se dirigirá a Estocolmo, para hallarse en la Capital sueca con anterioridad a la fecha en que se iniciará la disputa de la Copa Hamilton Russell, fijada para el 31 de julio hasta el 15 de agosto.
>
> La opinión general es que nuestros campeones están llamados a desempeñar un brillante papel por la homogeneidad del conjunto, siendo el equipo más fuerte formado hasta ahora para luchar en el extranjero. El costo del viaje pudo financiarse por el aporte de algunas instituciones y de los gobiernos de las provincias de Buenos Aires y Santa Fe.[7]

▓ Saldrán para Estocolmo los cinco ajedrecistas que representan al país. El equipo argentino está integrado por Guimard, Grau, Bolbochán, Pleci y Piazzini, todos ellos ex campeones argentinos. Partirán estos aficionados en el vapor Augustus el 2 de julio, y llegarán a Estocolmo con una semana de anticipación a la fecha en que comenzarán los juegos. Ha sido designado como capitán Roberto Grau, quien tiene amplias facultades para disponer la forma en que los argentinos disputarán el certamen. La FADA sigue recibiendo donaciones para completar la suma necesaria para costear el viaje. A las contribuciones hechas por las provincias de Buenos Aires y Santa Fe, se suman las del Jockey Club de la Capital, y del Club Boca Juniors, que ha sido la primera institución de fútbol que se ha adherido para ayudar a la FADA.[8]

[5] E*l Ajedrez Americano* segunda época nº 51, pág. 250. *Caissa* nº 5, pág. 155. *Caras y Caretas* nº 2021 del 26 de junio de 1937.

[6] *Caissa* nº 6, pág. 176.

[7] *Caras y Caretas* nº 2022 del 3 de julio, y 2024 del 17 de julio de 1937.

[8] Arnoldo Ellerman, *La Prensa*, 20 de junio de 1937.

C. Guimard, Grau, Bolbochán, Pleci y Piazzini, Partirán Hacia Estocolmo

Definitivamente se sabe que los ajedrecistas Carlos E. Guimard, Roberto Grau, Jacobo Bolbochán, Isaías Pleci y Luis R. Piazzini, partirán hacia Estocolmo el 2 de julio próximo, a bordo del vapor "San Martín", cuya compañía ha reservado los pasajes.

[illegible]

La Prensa: 20.6.37

SALDRAN PARA ESTOCOLMO LOS CINCO AJEDRECISTAS QUE REPRESENTAN AL PAIS

El equipo argentino está integrado por Guimard, Grau, Bolbochán, Pleci y Piazzini

[illegible]

Parte el equipo hacia Estocolmo.
El Mundo, 19 de junio de 1937

Pleci, Bolbochán, Grau y Guimard en el vapor que los lleva a Estocolmo. Foto ¡Aquí Está! nº 286, 17 de abril de 1944

El TN de Estocolmo, y Hitler

▓ Cuando *LEOPLÁN* publique esta colaboración mía, enviada en la agonía de un viaje delicioso a través del Atlántico, estaremos empeñadas en reeditar, o mejorar si es posible, nuestra actuación de Varsovia. Una vez más la suerte ha querido que acompañe a un *team* que debe representar, no ya a la Argentina, sino a Sudamérica toda, y una vez más intentaremos agrandarnos ante la dificultad. No es fácil saber cómo formaré el *team*, pues esto será resuelto en el momento de iniciar la lucha, pero sí puedo afirmar que ninguno de nosotros tiene amor propio y todos sabrán comportarse, cualquiera sea el lugar que les dé en el *team*, de acuerdo con lo que de ellos se espera. Pero si la suerte no nos sonríe. Si no logramos mejorar el pasado, como capitán de equipo y en nombre del modesto pero legítimo derecho que me acuerdan los veinticinco años de ajedrecista y mi actuación, pido para mis camaradas una palabra cordial, pues si alguna falla puede ofrecer el *team* sólo se debe atribuir a posibles errores de quien ha tenido a su cargo la tarea de conducirlos, o la fatalidad.

En el primer caso, yo seré el culpable, y en el segundo, nadie... o todos. Pero si se triunfa, si se logra una actuación de acuerdo con tanto sacrificio y tan larga travesía, es necesario que nuestro ajedrez haga un esfuerzo más y deje en Europa a quien tanto puede significar para nuestro deporte. Que Guimard, el nuevo campeón, le merece, y nuestro deporte lo exige.[9]

El equipo que va a Varsovia. *Crítica*. 28 de julio de 1937

▓ El certamen se jugó entre el 31 de julio y el 14 de agosto, y los diarios argentinos dedican grandes espacios a la información sobre la brillante actuación del equipo argentino. Tal como sucedió en los dos torneos anteriores, tampoco juega Alemania, por la decisión de Hitler de no permitir la participación de ajedrecistas judíos en los equipos nacionales. Bolbochán llevó los colores argentinos en una

[9] Roberto Grau, *Leoplán*, 4 de agosto de 1937.

oblea de Pineral, que tenía en el frente la escarapela celeste y blanca, y al dorso la propaganda de la conocida bebida. Distraído, un día se equivocó y se la colocó al revés. Se acercó un sueco, miró la insignia, leyó "Pineral", y le preguntó:

–¿Pineral? ¿A qué país pertenece?

Y se puso a mirar la lista de inscriptos para descubrir esa nación.[10]

Equipo argentino en Estocolmo. Piazzini, Bolbochán,
Pleci, Guimard, Grau y el Cónsul argentino en Suecia, Humberto Bidone.
Foto y texto revista ¡Aquí Está! nº 297 del 3 de marzo de 1937

1ª ronda – 31 de julio

Argentina	3:1	Suecia
Jacobo Bolbochán	0:1	Gideon Ståhlberg
Roberto Grau	1:0	Erik Lundin
Carlos Guimard	1:0	Gösta Stoltz
Isaías Pleci	1:0	Gösta Danielsson

▓ Los cuatro jugadores argentinos dieron hoy la nota sensacional, al dominar ampliamente a los fuertes rivales suecos, suscitando ello elogiosos comentarios. Bolbochán, contrariamente a lo anunciado ayer, y por una nueva disposición del capitán del equipo, ocupó hoy el tablero nº 1, por lo cual tuvo que medirse con el destacado maestro Ståhlberg. El jugador argentino maniobró con seguridad y corrección durante la mayor parte del encuentro, hasta colocar a su rival en una posición sumamente delicada, y cuando todo hacía presumir que alcanzaría la victoria, cometió algunas debilidades que le costaron un peón, y ello fue debidamente aprovechado por Ståhlberg para llegar a un final de torres favorable, que finalmente terminó con el triunfo del representante de Suecia.[11]

▓ Jacobo Bolbochán enfrentó con blancas a Ståhlberg, que al PD respondió con una Defensa Holandesa Stonewall. Bolbochán aceptó que le cambiaran tempranamente las damas, estrategia que

[10] Roberto Grau, *Leoplán*, 1º de setiembre de 1937.
[11] *Agencia UP, La Nación*, 1º de agosto de 1937.

es poco habitual en esta apertura. En la jugada 18ª el sueco arriesgó con una ruptura en la casilla 5AD, y Bolbochán pudo aprovechar esta ocasión para obtener la pareja de alfiles, que le daba una buena iniciativa. En su lugar optó por una variante demasiado pasiva, que lo obligó a abandonar la vital columna dama, y luego quedó con un caballo inferior al alfil de Ståhlberg. Sin embargo, aún tenía buenas chances de tablas hasta cometer errores serios en las jugadas 32ª y 33ª que desmoronaron su posición. En la posición final aún podría haber ofrecido alguna resistencia.[12]

▒ En el tablero nº 2 jugó el capitán Roberto Grau, teniendo como adversario a Lundin. La partida fue bien jugada por el argentino, quien mediante una serie de maniobras correctas sacó ventaja en la parte media del juego, ganando dos peones. Con esa ventaja material se suspendió la partida, en posición ganadora para Grau.[13]

▒ Grau venció muy bien a Lundin con las negras, y en el tablero nº 3 se enfrentaron Guimard y Stoltz. El sueco entregó una calidad en la jugada 18ª, y atacó peligrosamente el rey de Guimard; disponía de una clara variante de tablas en la jugada 20ª, pero capturó un peón envenenado, y la calidad de ventaja de Guimard comenzó a imponer condiciones en la posición abierta que sobrevino. Finalmente el argentino ganó en la movida 49ª. Pleci, con las negras, al PD de Danielsson optó por el temprano desarrollo...A4AR. El medio juego se desarrolló en paridad, hasta que Pleci comenzó a jugar algo pasivamente, y cometió un error en la jugada 32ª, pero su rival no sólo no vio la refutación, sino que a continuación erró nuevamente. Ambos rivales jugaron la parte final muy nerviosos, pero el sueco llevó la peor parte, y Pleci se impuso en la jugada 42ª.[14]

▒ En actual campeón argentino Carlos Guimard tuvo un debut sobresaliente. Jugó en tercer término y le tocó actuar frente al fuerte maestro Stoltz. Desde el principio, se notó que Guimard jugaba con gran seguridad, y poco a poco fue obteniendo una posición ventajosa, que finalmente remató en gran forma, adjudicándose un merecido triunfo.[15]

▒ En el 4º tablero se midió Pleci con Danielsson. Fue ésta la partida más difícil de este *match*. Por ambas partes se hicieron maniobras arriesgadas, y en la parte media del encuentro el argentino pasó por momentos difíciles, pero luego de sortear bien los peligros, logró Pleci arribar a una posición ganadora, que remató con seguridad a su favor. El equipo argentino debe conquistar una brillante victoria sobre el equipo sueco, que es considerado como uno de los tres mejores del certamen.[16]

Lundin, Erik - Grau, Roberto [A00]

Torneo de las Naciones de Estocolmo (1), 31.07.1937 [Juan S. Morgado]

1.c4 c6 2.d4 d5 3.e3 Cf6 4.Cf3 e6 5.Ad3 Ae7 6.0–0 0–0 7.b3 c5 8.Ab2 Cc6 9.Cc3 cxd4 10.exd4 dxc4 11.bxc4 Da5 [11...b6 12.Tc1 Ab7 13.De2 Tc8 14.Tfd1 Cb4 15.Ab1 Axf3 16.gxf3 *(16.Dxf3 Txc4 17.d5 con ataque)* 16...Dd6 con juego complejo Kostic - Boskovic - Yugoslavia 2000] **12.Db3** [12.d5 Cb4 13.Ab1=] **12...Td8 13.Tad1 Ad7 14.Tfe1 Db4?!** [14...Db6=] **15.Dc2 Ca5 16.Ce4?** [16.De2! b5 17.a3 Db3 18.Cxb5 Axb5 19.cxb5 Cd5 20.Ce5 con iniciativa] **16...Aa4?!** [16...Cxe4 17.Axe4 Aa4 18.Axh7+ Rh8 19.Dd3 Axd1 20.Txd1 Dxc4!] **17.Cxf6+ Axf6 18.Dd2 Dxd2 19.Txd2 Tac8= 20.Tc1 Ac6 21.Tcc2 Axf3 22.gxf3 g6 23.Af1 Ag5 24.Td1 Cc6 25.Ae2** [25.Te2] **25...Ce7 26.Ad3 Td7 27.c5 Af6 28.Tc4 Rg7 29.Ae4 Cd5 30.Ac1 Ae7 31.f4?!** [31.Axd5 Txd5=] **31...Cb6 con iniciativa 32.Tc2 Txc5 33.dxc5 Txd1+ 34.Rg2 Cd5 35.Af3 Te1 36.c6 bxc6 37.Txc6 Af6 38.Ad2 Tb1 39.Ta6?!** [39.Axd5 exd5 40.Td6 d4!] **39...Tb2!** [con ventaja negra] **40.Axd5 Txd2 41.Ab3 Ad4 42.Rf3 Txf2+ 43.Rg3 Td2 44.Tc6 Af2+ 45.Rf3 Ab6 46.Rg3 Rf6 47.Tc2 Td3+ 48.Rg2 Td4 49.Tc4 Td3 50.Tc8 Td2+ 51.Rg3 Ag1 52.h3 Ah2+ 53.Rf3 Td3+ 54.Re4 Txh3 0–1**

[12] Notas del autor.
[13] *Agencia UP, La Nación,* 1º de agosto de 1937.
[14] Carpeta de recortes de Rubén March Ríos.
[15] *Agencia UP, La Nación,* 1º de agosto de 1937.
[16] *Agencia UP, La Nación,* 1º de agosto de 1937.

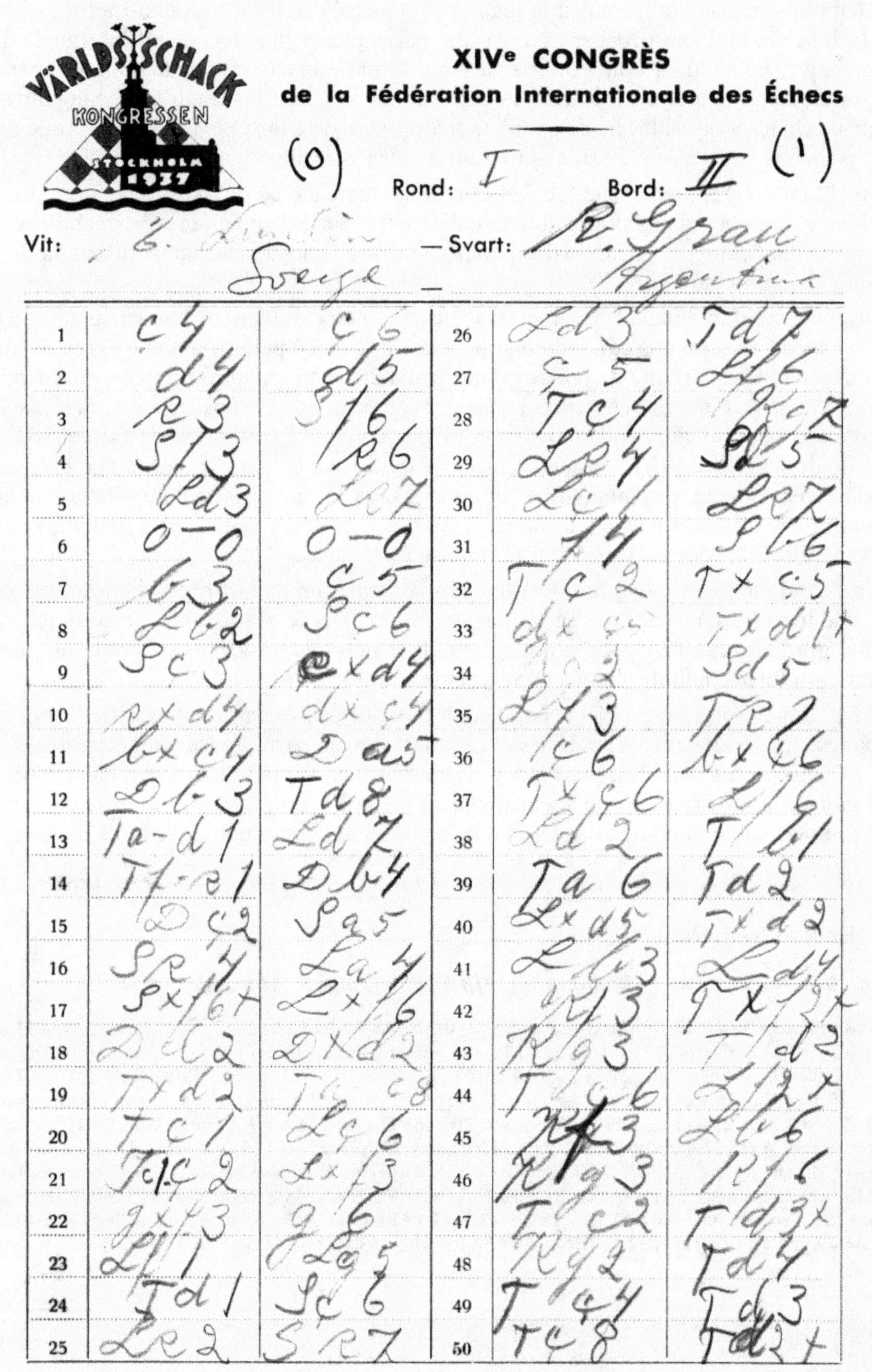

VÄRLDSSCHACK KONGRESSEN STOCKHOLM 1937

XIVe CONGRÈS
de la Fédération Internationale des Échecs

(0) Rond: I Bord: II (1)

Vit: E. Lundin — Svart: R. Grau
Sverige — Argentina

	Vit	Svart		Vit	Svart
1	c4	c6	26	Ld3	Td7
2	d4	d5	27	c5	Lf6
3	e3	Sf6	28	Tc4	Ke7
4	Sf3	e6	29	Le4	Sd5
5	Ld3	Le7	30	Lc4	Le7
6	0–0	0–0	31	f4	Sb6
7	b3	c5	32	Tc2	Txc5
8	Lb2	Sc6	33	dxc5	Txd1+
9	Sc3	cxd4	34	Kg2	Sd5
10	exd4	dxc4	35	Lf3	Tc2
11	bxc4	Da5	36	c6	bxc6
12	Db3	Td8	37	Txc6	Lf6
13	Ta-d1	Ld7	38	Ld2	Tb1
14	Tf-e1	Db4	39	Ta6	Td2
15	Dc2	Sa5	40	Lxd5	Txd2
16	Se4	La4	41	Lb3	Ld4
17	Sxf6+	Lxf6	42	Kf3	Txf2+
18	Dd2	Dxd2	43	Kg3	Td2
19	Txd2	Tac8	44	Tc6	Lf2+
20	Tc1	Lc6	45	Kf3	Lb6
21	Tc1c2	Lxf3	46	Kg3	Kf6
22	gxf3	g6	47	Tc2	Td3+
23	Lf1	Lg5	48	Kg2	Td4
24	Td1	Sc6	49	Tc4	Td3
25	Le2	Se7	50	Tc8	Td2+

51	R3C	A8C	71		
52	P3T	A7T+	72		
53	R3A	T6D+	73		
54	R4D	TxP	74		
55	ab		75		
56			76		
57			77		
58			78		
59			79		
60			80		
61			81		
62			82		
63			83		
64			84		
65			85		
66			86		
67			87		
68			88		
69			89		
70			90		

374182 ZETTERSTRÖM & PERSSON

VÄRLDSSCHACK KONGRESSEN STOCKHOLM 1937

XIVe CONGRÈS
de la Fédération Internationale des Échecs

Rond: 1º/ Bord: 31/VII/932

(0) (1)

Vit: Lundin — Svart: Grau

apertura Inglesa

1	P4AD	P3AD	26	A3D	T2D
2	P4D	P4D	27	P5A	A3A
3	P3R	C3AR	28	T4A	R2C
4	C3AR	P3R	29	A4R	C4D
5	A3D	A2R	30	A1A	A2R
6	0-0	0-0	31	P4A	C3C
7	P3CD	P4AD	32	T2A	TxPA
8	A2C	C3A	33	PxT	TxT+
9	C3A	PxPD	34	R2C	C4D
10	PRxP	PxP	35	A3A	T8R
11	PxP	D4T	36	P6A	PxP
12	D3C	T1D	37	TxP	A3A
13	TDD	A2D	38	A2D	T8C
14	T1R	D5C	39	T6T	T7C?
15	D2A	C4T	40	AxC	TxA
16	C4R	A5T	41	A3C	A5D
17	CxC+	AxC	42	R3A	TxP+
18	D2D	DxD	43	R3C	T7D?
19	TxD	TD1A	44	T6A	A7A
20	T1AD	A3A	45	R3A	A3C
21	T(1)2A	AxC	46	R3C	R3A
22	PxA	P3CR	47	T2A	T6D+
23	A1AR	A4C	48	R2C	T5D
24	T1D	C3A	49	T4A	T6D
25	A2R	C2R	50	T8A	T7D+

51	R3C	ABC	71		
52	P3T	A7T+	72		
53	R3A	T6D+	73		
54	R4D	TXP	74		
55	abandonan		75		
56			76		
57			77		
58			78		
59			79		
60			80		
61			81		
62			82		
63			83		
64			84		
65			85		
66			86		
67			87		
68			88		
69			89		
70			90		

174182 ZETTERSTRÖM & PERSSON

3ª ronda – 1º de julio

Argentina	2½:1½	Yugoslavia
Jacobo Bolbochán	½:½	Vasja Pirc
Roberto Grau	½:½	Petar Trifunovic
Carlos Guimard	1:0	Boris Kostic
Isaías Pleci	½:½	Mirko Broder

▓ Bolbochán eligió la línea que mantiene el alfil de casillas negras frente a la Defensa Ortodoxa de Pirc. En la jugada 17ª, Bolbochán sacrificó sorpresivamente una pieza a cambio de un peligroso ataque. Los análisis mostraban que las blancas solamente lograban tablas, pero la posición era muy difícil de resolver sobre el tablero, y el yugoslavo no acertó con las mejores defensas. De este modo, Bolbochán obtuvo ventaja clara, que no aprovechó en la jugada 26ª. Pese a todo, hacia la jugada 31ª Bolbochán aún tenía ventaja, y no es muy comprensible su decisión de acordar el empate. Frente al PD de Guimard, Kostic planteó una Defensa Semi-Eslava. En la jugada 14ª Guimard opta por un giro de caballo dudoso, pero Kostic devuelve gentilezas, cuando disponía de una maniobra que dejaba fuera de juego por algún tiempo un alfil de su rival. En la movida 23ª Kostic vuelve a cometer un serio error, y Guimard se impone por ataque en la 43ª jugada.[17]

▓ Guimard conquistó un excelente triunfo ante el maestro yugoslavo Boris Kostic, evidenciándose que el actual campeón argentino pasa por un momento excepcional.[18]

▓ Grau prosiguió su partida contra el jugador yugoslavo el doctor Trifunovic, declarándose tablas después de algunas jugadas. Con este resultado el equipo argentino triunfó por 2½:1½.[19]

Trifunovic, Petar - Grau, Roberto [A00]

Torneo de las Naciones de Estocolmo (3), 01.08.1937 [Juan S. Morgado]

1.e4 c6 2.d4 d5 3.exd5 cxd5 4.c4 Cc6 5.Cc3 Cf6 6.Ag5 Ag4 7.f3 Ae6 8.c5 g6 9.Ab5 Ag7 10.Cge2 0–0 11.0–0 [11. Axc6 bxc6 12.0–0 Ce8 13.b4 Cc7 14.a4 Tb8 15.Tb1 Af5= Danchevski,O. (2388) - Zugaj,F. (2194) - Skopje 2014] **11... Ce8 12.Dd2= Cc7 13.Axc6 bxc6 14.Ah6 f6 15.Axg7 Rxg7 16.b4 a5 17.a3 axb4 18.axb4 Db8 19.Ca4 Db7 20.Cb6 Txa1 21.Txa1 Af7 22.f4 Te8 23.Tf1 Cb5 24.Cc3 Cd6 25.Df2 Cc8 26.Cxc8 Txc8 27.Tb1 Ae8 28.Ca4 Db5 29.Cb6 Tc7 30.De3 Af7 31.Da3 Ae6 32.Ta1 Af5 33.Dc3 Ae4 34.Rf2 Rf7 35.Ta8 Dd3 36.Dxd3 Axd3 37.Re3 Af1 38.g3 Re6 39.Ta1 Ab5 40.Rf3 h5 41.Ta8 Af1 42.Ta1 Ab5 43.Te1+ Rf7 44.Ta1 Re6 45.Te1+ Rf7 46.Ta1 e5** [46...Ad3=; 46...Re6=] **47.fxe5 fxe5 48.dxe5 Re6 49.Ta8 Rxe5 50.Re3 d4+ 51.Rd2 Re4 52.Cc8 Rf3 53.Cd6 Af1 54.Tf8+ Rg2 55.Tf4 Ta7** [55...g5 56.Txd4 Rxh2 57.Ce4 h4 58.gxh4 gxh4=] **56.Txd4 Rxh2 57.Tf4** [57.Re3 g5=] **57...Ag2 58.Tf6 Tg7 59.b5 cxb5 60.Cxb5 Rxg3 61.c6 h4 62.c7 Ab7 63.Cd6 Txc7 64.Txg6+ Rf3** [64...Rh2 65.Cf5 h3 66.Cd4 Td7 67.Re3 Te7+ 68.Rf2 Tf7+ 69.Re3 Rh1 70.Tg5 Ag2= Por ejemplo: 71.Tb5 Tf1 72.Tb6 h2 73.Tg6 Tf8 74.Th6 Rg1 75.Ce2+ Rf1 76.Txh2 Te8+ 77.Rf4 Txe2 y queda el final de torre y alfil contra torre, tablas] **65.Cxb7** [65.Tf6+ Rg2 66.Tg6+ Rh2 67.Cf5 h3 68.Cd4 Te7 69.Ce2 Tf7 70.Re3 Tf3+ 71.Rd4 Tf8 72.Cg1=] **65...Txb7 66.Tf6+ Rg3 67.Tg6+ Rf4 68.Re2 h3 69.Rf2 ½–½**

[17] Notas del autor.

[18] *Agencia UP, La Nación*, 3 de agosto de 1937.

[19] *Agencia UP, La Nación*, 3 de agosto de 1937.

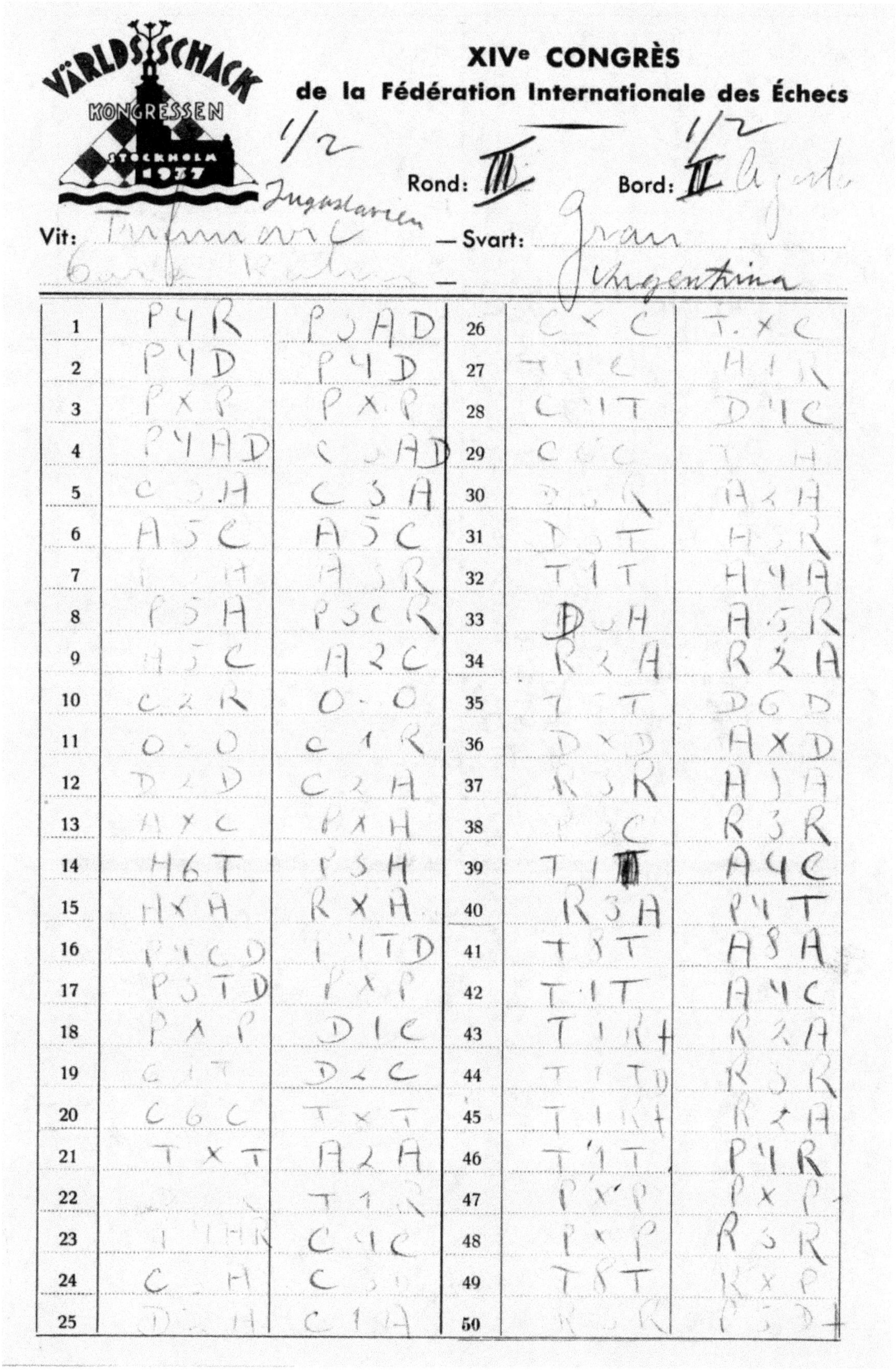

VÄRLDSSCHACK KONGRESSEN STOCKHOLM 1937

XIVe CONGRÈS
de la Fédération Internationale des Échecs

1/2 — 1/2

Rond: III Bord: II Argentina

Vit: Trifunovic Jugoslavien — Svart: Grau Argentina

1	P4R	P3AD	26	CxC	TxC
2	P4D	P4D	27	T1C	A1R
3	PxP	PxP	28	C1T	D4C
4	P4AD	C3AD	29	C6C	[illegible]
5	C3A	C3A	30	[illegible]	A2A
6	A5C	A5C	31	D3T	A3R
7	[illegible]	A3R	32	T1T	A4A
8	P5A	P3CR	33	D3A	A5R
9	A5C	A2C	34	R2A	R2A
10	C2R	O-O	35	T1T	D6D
11	O-O	C4R	36	DxD	AxD
12	D2D	C2A	37	R3R	A3A
13	AxC	PxA	38	P3C	R3R
14	A6T	P5A	39	T1T	A4C
15	AxA	RxA	40	R3A	P4T
16	P4CD	T1TD	41	T8T	A8A
17	P3TD	PxP	42	T1T	A4C
18	PxP	D1C	43	T1R+	R2A
19	C1T	D2C	44	T1TD	R3R
20	C6C	TxT	45	T1R+	R2A
21	TxT	A2A	46	T1T	P4R
22	[illegible]	T1R	47	PxP	PxP
23	[illegible]	C4C	48	PxP	R3R
24	C[illegible]	C[illegible]	49	T8T	RxP
25	D[illegible]	C1A	50	R[illegible]R	P5D+

51	R2D	R5R	71		
52	C8A	R6A	72		
53	C6D	A8A	73		
54	T8A+	R7C	74		
55	T4A	T2T	75		
56	TXP	RXP	76		
57	T4AR	A7C	77		
58	T6A	T2CR	78		
59	P5C	PXP	79		
60	CXP	RXP	80		
61	P6A	P5T	81		
62	P7A	A2C	82		
63	C6D	TXP	83		
64	TXP+	R6A	84		
65	CXA	TXC	85		
66	T6A+	R6C	86		
67	T6C+	R5A	87		
68	R2R	P6T	88		
69	R2A	tablas	89		
70			90		

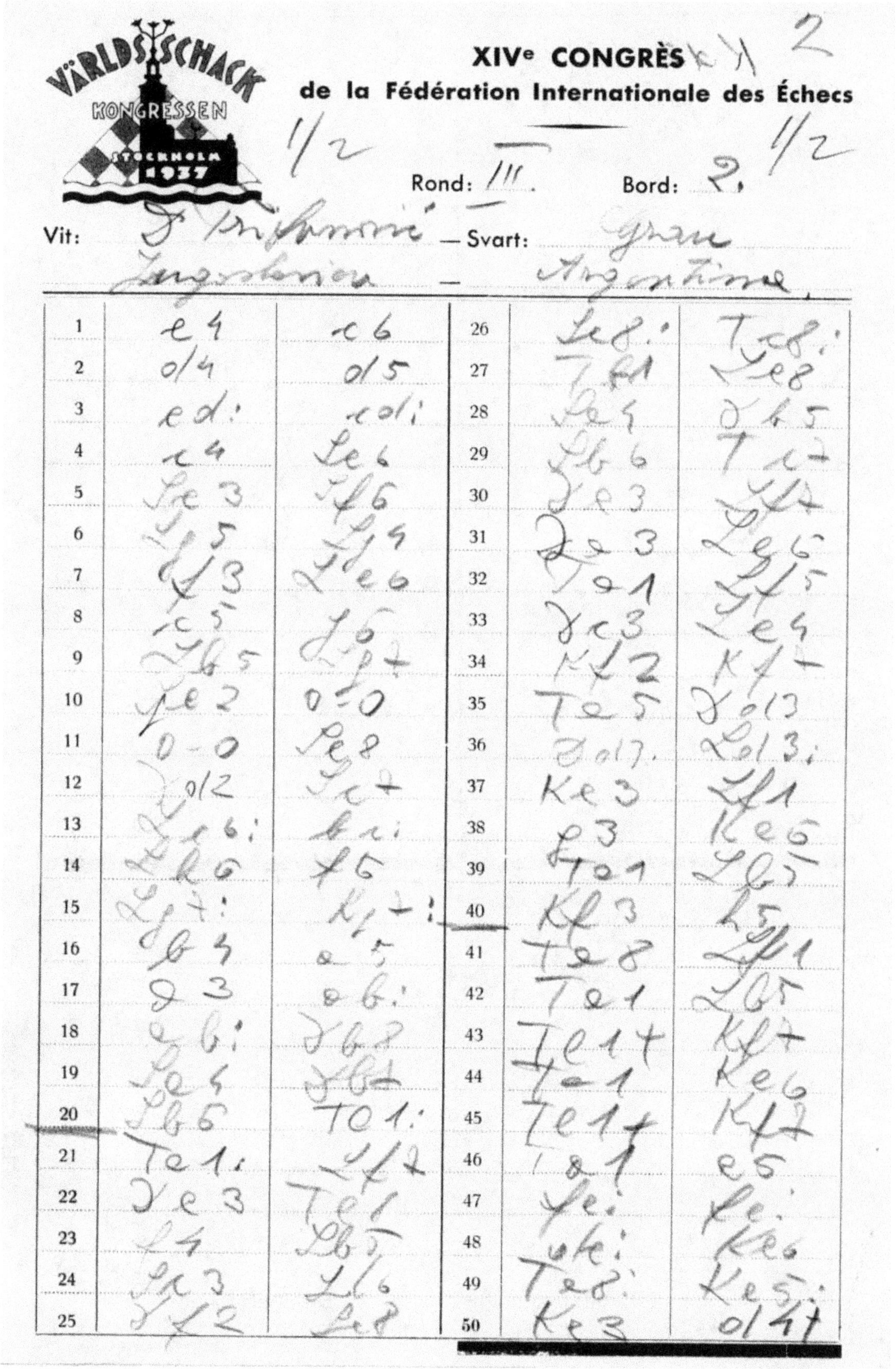

VÄRLDSSCHACK KONGRESSEN STOCKHOLM 1937

XIVe CONGRÈS XI 2

de la Fédération Internationale des Échecs

1/2 1/2

Rond: III. Bord: 2.

Vit: Dr Pirc — Svart: Grau

Jugoslavia — Argentina.

1	e4	c6	26	Le8:	Te8:
2	d4	d5	27	Tf1	Le8
3	ed:	cd:	28	Le4	Db5
4	c4	Sc6	29	Lb6	Tc7
5	Sc3	Sf6	30	De3	Sf7
6	Lg5	Lg4	31	De3	Le6
7	f3	Le6	32	Te1	Lf5
8	c5	Lb6	33	Dc3	Le4
9	Lb5	Lg7	34	Kf2	Kf7
10	Se2	0-0	35	Te5	Dd3
11	0-0	Le8	36	Dd7.	Ld3:
12	Dd2	Sc7	37	Ke3	Lf1
13	Lc6:	bc:	38	f3	Ke6
14	Lb6	f6	39	Te1	Lb5
15	Lf7:	Kf7:	40	Kf3	Lf5
16	Sb4	e5	41	Te8	Lf1
17	D3	eb:	42	Te1	Lb5
18	eb:	Db8	43	Te1+	Kf7
19	Le4	Sb6	44	Te1	Ke6
20	Lb6	Te1:	45	Te1+	Kf7
21	Te1:	Sf7	46	Te1	e5
22	De3	Te1	47	fe:	fe:
23	f4	Lb5	48	de:	Ke6
24	Sc3	Lb6	49	Te8:	Ke5:
25	Sf2	Le8	50	Ke3	d4+

51	Kd2	Ke4	71		
52	Sb6-c8	Kf3	72		
53	Sd6	Lf1	73		
54	Tf8+	Kg2	74		
55	Tf4	Tg+	75		
56	Td4:	Kh2	76		
57	Tf4	Lg2	77		
58	Tf6	Tg2	78		
59	b5	cb:	79		
60	Lb5	Kg3:	80		
61	c6	Le4	81		
62	c7	Lb7	82		
63	Sd6	Tc7:	83		
64	Tg6+	Kf3	84		
65	Sb7:	Tb7:	85		
66	Tf6+	Kg3	86		
67	Tg6+	Kf4	87		
68	Ke2	h3	88		
69	Kf2		89		
70		Remis	90		

P. Nikolić

[illegible]

374182 ZETTERSTRÖM & PERSSON

6ª ronda – 3 de agosto

Argentina	1½:2½	Estados Unidos
Luis Piazzini	1:0	Samuel Reshevsky
Roberto Grau	0:1	Reuben Fine
Carlos Guimard	0:1	Isaac Kashdan
Isaías Pleci	½:½	Frank Marshall

▓ La iniciación de este *match* no fue muy feliz para los argentinos, puesto que sólo después de haberse efectuado la movida 24ª el maestro Fine derrotó al jugador Grau, y al poco tiempo el actual campeón argentino Guimard se veía obligado a abandonar ante el maestro Kashdan.[20]

▓ Con blancas, Guimard jugó muy bien frente a la variante Cambridge Springs planteada por Kashdan, quedando con más espacio y dominio central. Cuando el yanqui pretendió abrir forzadamente la posición, pudo obtener alguna ventaja duradera, pero cometió un serio error táctico en la jugada 22ª, que lo llevó a la derrota en la movida 34ª.

Piazzini planteó el PD, y Reshevsky respondió con el Gambito Dama Aceptado. En la jugada 13ª el argentino avanzó el PR en forma muy arriesgada, complicando la posición. Reshevsky no halló la respuesta exacta, y debió enrocarse en el flanco dama, donde Piazzini podía reunir fuerzas de ataque; ya en la jugada 19ª el argentino disponía de clara ventaja. Luego de una simplificación general, quedaron con torre y dos alfiles por bando, con un peón de ventaja para Piazzini. En la jugada 43ª todo quedó reducido a un final de torres, que el argentino impuso de manera magistral. Luego de haber terminado todos sus juegos suspendidos, los integrantes del equipo argentino se colocaron alrededor del tablero donde proseguían su partida Piazzini y Reshevsky.

El día anterior había quedado en posición muy delicada para Reshevsky, pero a pesar de todo se observó la prosecución de la lucha con visible emoción por parte de los argentinos, dada la trascendencia que una victoria sobre tan gran maestro significaba. Piazzini jugó en todo momento con extraordinaria seguridad, y luego de realizada la 20ª movida, se pudo tener la certeza de que el estadounidense no podría evitar la derrota. El representante argentino fue efusivamente felicitado por sus compañeros y por muchos de los aficionados que presenciaban los juegos, entre ellos el cónsul de Argentina.[21]

▓ El juego había quedado en posición muy delicada para Reshevsky, pero a pesar de todo se observó la prosecución de la lucha con visible emoción por parte de los jugadores argentinos, dada la trascendencia que una victoria sobre tan gran maestro significaba. Piazzini jugó en todo momento con gran seguridad, y luego de realizados veinte movimientos, se pudo tener la certeza de que el estadounidense no podría evitar la derrota. Finalmente así fue, pues en la jugada 69ª, ante la inutilidad de todo esfuerzo, Reshevsky optó por rendirse. El representante argentino fue efusivamente felicitado por sus compañeros de equipo, y por muchos de los aficionados que presenciaban los juegos, entre ellos el cónsul de Argentina.[22]

▓ Fine inició el juego con el Peón Dama, y Grau se arriesgó con la poco habitual 2…A4AR. Pese a tener su enroque debilitado, Grau mantuvo su posición con buen juego de piezas, hasta que en la jugada 15ª equivocó el plan. Fine aprovechó inmediatamente el error, y volcó el juego rápidamente, obligando a la rendición en la jugada 24ª.

[20] *Agencia UP, La Nación*, 4 de agosto de 1937.
[21] Arnoldo Ellerman, *La Prensa*, 4 de agosto de 1937.
[22] *Agencia UP, La Nación*, 5 de agosto de 1937.

La primera partida suspendida de la sexta rueda que finalizó fue la Pleci contra Marshall. El juego había quedado en una posición que se estimaba ganadora para el argentino, que disponía de un peón más, y así lo manifestó el actual campeón mundial, Max Euwe. Sin embargo, por tratarse de un final de torres y peones, existía una gran dificultad para arribar a una posición clara de victoria. Pleci jugó bien en general, pero el veterano Marshall puso extraordinario empeño en salvar la partida, pues de ello dependía el resultado final de este *match.* Luego de una excelente defensa pudo arribar a una posición en la que era imposible buscar el triunfo, y el argentino no tuvo más remedio que conformarse con tablas. Marshall manifestó que estaba sumamente satisfecho al haber evitado una derrota, y dar de ese modo la victoria a su equipo.[23]

Marshall, Frank James - Pleci, Isaias [A00]

Torneo de las Naciones de Estocolmo (6), 03.08.1937 *[Juan S. Morgado]*

1.d4 Cf6 2.Cf3 e6 3.c4 Ab4+ 4.Ad2 De7 5.Dc2 b6 6.e4 Ab7 7.Ad3 Axd2+ 8.Cbxd2 Cc6 9.a3 e5 10.d5 Cb8 11.Cf1 Ch5 [11...c5 12.Ce3 g6 13.0–0 0–0 14.Cd2= Zaitsev,I - Augustin,J., Sochi 1979] **12.Ce3 g6 13.g3 a5 14.0–0 Ca6 15.Dc3 f6 16.Ac2 0–0 17.Ch4 d6 18.b4 Ac8 19.Ad3 Ah3 20.Tfe1 Cg7 21.Ceg2** [21.bxa5 bxa5 22.Dxa5 f5 23.exf5 g5 24.Chg2 Cc5 25.Dc3 Cxf5 26.Axf5 Axf5 27.Cxf5 Txf5 con compensación] **21...Cb8 22.Dd2 f5 23.f4 Cd7 24.exf5 Cxf5 25.Axf5 Axf5 26.De2** [26.Cxf5 Txf5 contrajuego] **26...Ah3 27.Cf3 Ag4 28.h3?!** [28.De3 Dg7=] **28...Axf3** [28... Axh3 29.Cg5 Axg2 30.Rxg2 Tf5!]

29.Dxf3 axb4 30.axb4 Txa1 31.Txa1 exf4 32.gxf4 Df6 33.Tc1 Dd4+ 34.Df2 Dd3 35.Rh2 Ce5 36.Dc2 Dxc2 37.Txc2 Cd3 38.Rg3 Cxb4 con iniciativa 39.Tc3 Ta8 40.f5 gxf5 41.Ce3 Rf7?! [41...Ca2 42.Tc2 Ta3 43.Rf4 Rf7 44.Rxf5 Txe3 45.Txa2 Tc3 46.Ta4 h6!] **42.Cxf5 Rf6 43.Cd4 Ta2 44.Tf3+ Re7 45.Te3+ Rd7 46.Tf3 Td2 47.Tf7+ Re8 48.Tf4 Cd3 49.Te4+ Ce5 50.Cc6 Rf7 51.Cxe5+ dxe5 52.Th4 Td3+ 53.Rf2 Td4 54.Txh7+ Rf8?** [54...Re8 55.Txc7 Rd8 56.Tc6 Rd7 con compensación ya que las blancas no pueden avanzar el peón *h*] **55.Th8+?** [En cambio, luego de 55.Txc7 Re8 56.Rg3 Rd8 57.Tc6 Rd7 58.Txb6 Txc4 y ahora sí gana el avance 59.h4+–. Fueron dos errores mutuos que se compensaron]
55...Rg7 56.Te8 Txc4 57.Txe5 b5 58.Re3 Th4 59.d6 c6??
[Un error grave que no fue advertido durante el torneo, que deja a Pleci en posición perdedora] [59...cxd6 60.Txb5=] **60.Te8 Txh3+ 61.Re2?** [Ya aquí Marshall tiene la oportunidad de ganar mediante 61.$e4] **61...Th2+ 62.Re3 Th3+?** [Y el norteamericano acepta el empate en posición ganadora] [62...Th3+ 63.Re4!+– Por ejemplo: 63...Rf6 64.d7 Th4+ 65.Re3 Th3+ 66.Rd4 Th4+ 67.Rc5 Tc4 68.Rd6 Td4+ 69.Rxc6 b4 70.d8D+ Txd8 71.Txd8+–] ½–½ Un final insólito: se acuerdan las tablas cuando Marshall tiene posición ganadora!

[23] *Agencia UP, La Nación*, 5 de agosto de 1937.

VÄRLDSSCHACK KONGRESSEN STOCKHOLM 1937

XIVe CONGRÈS
de la Fédération Internationale des Échecs

Rond: 16 Bord: 4

Vit: Marshall ½ — Svart: Pleci ½
U. S. A. — Argentina

1	P4D	C3AR	26	D4R	A6T
2	C3AR	P3A	27	C3A	A5C
3	P4A	A5C+	28	P3T	AxC
4	A2D	D2R	29	DxA	PxP
5	D2A	P3CD	30	PTxP	TxT
6	P4R	A2C	31	TxT	PxP
7	A3D	AxA+	32	PxP	D3A
8	CxA	C3A	33	T1AD	D5D+
9	P3TD	P4R	34	D2A	D6D
10	P5D	C1CD	35	R2T	C4R
11	C1A	C1T	36	D2A	DxD
12	C3R	P3C	37	TxD	C6D
13	P3CR	P4T	38	R3C	CxPC
14	O-O	C3T	39	T3A	T1T
15	D3A	P3AR	40	P5A	PxP
16	A2A	O-O	41	C3R	R2A
17	C1T	P3D	42	CxP	R3A
18	P4CD	A1A	43	C4D	T7T
19	A3D	A6T	44	T3A+	R1R
20	TR1R	C2C	45	T3R+	R2D
21	C(R)2C	C1C	46	T3AR	T7D
22	D2D	P4AR	47	T7A+	R1R
23	P4A	C2D	48	T4A	C6D
24	PRxP	CxP	49	R2D	C4R
25	AxC	AxA	50	CxC+	PxC

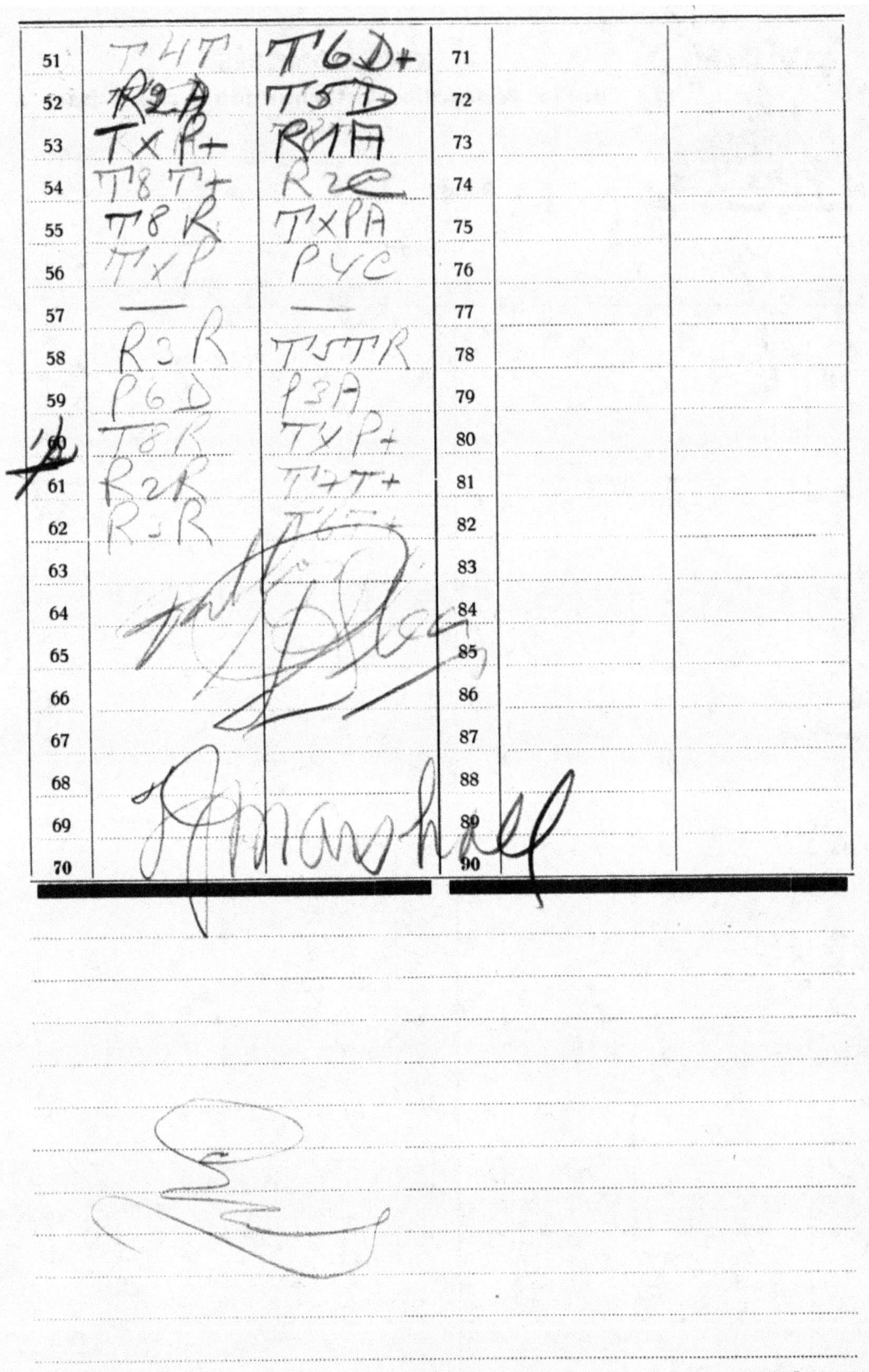

51	T4T	T6D+	71		
52	R2A	T5D	72		
53	TxP+	R1A	73		
54	T8T+	[illegible]	74		
55	T8R	TxPA	75		
56	TxP	P4C	76		
57	—	—	77		
58	R3R	T5TR	78		
59	P6D	P3A	79		
60	T8R	TxP+	80		
61	R2R	T7T+	81		
62	R3R	[illegible]	82		
63			83		
64			84		
65			85		
66			86		
67			87		
68			88		
69			89		
70			90		

874182 ZETTERSTRÖM & PERSSON

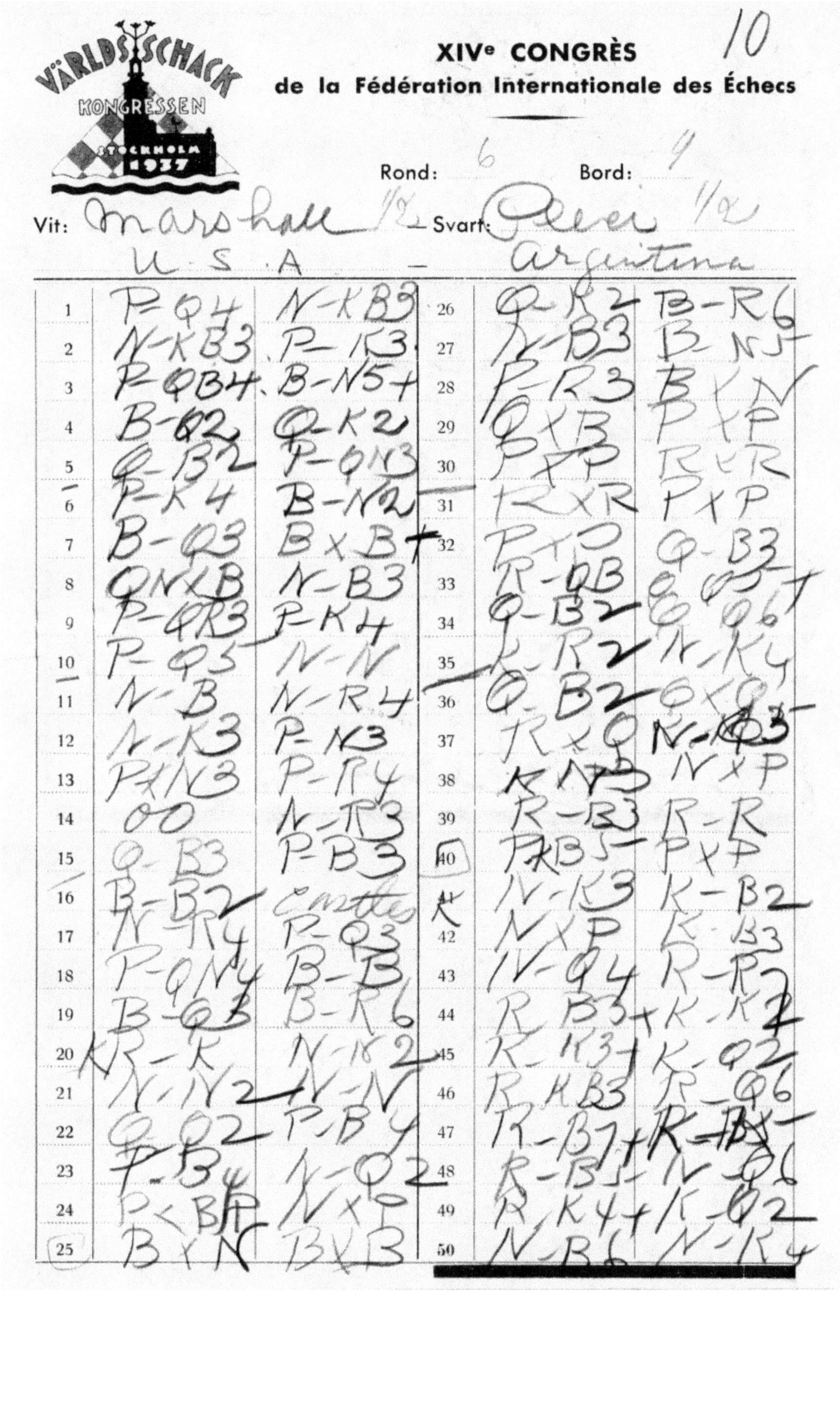

VÄRLDSSCHACK KONGRESSEN STOCKHOLM 1937

XIVe CONGRÈS
de la Fédération Internationale des Échecs

10

Rond: 6 Bord: 9

Vit: Marshall 1/2 — Svart: Pleci 1/2
U.S.A. — Argentina

1	P-Q4	N-KB3	26	Q-K2	B-R6
2	N-KB3	P-K3	27	N-B3	B-N5
3	P-QB4	B-N5+	28	P-R3	BxN
4	B-Q2	Q-K2	29	QxB	PxP
5	Q-B2	P-QN3	30	PxP	RxR
6	P-K4	B-N2	31	RxR	PxP
7	B-Q3	BxB+	32	PxP	Q-B3
8	QNxB	N-B3	33	R-QB	Q-Q5+
9	P-QR3	P-K4	34	Q-B2	Q-Q6+
10	P-Q5	N-N	35	K-R2	N-K4
11	N-B	N-R4	36	Q-B2	QxQ
12	N-K3	P-N3	37	RxQ	N-Q3
13	P-KN3	P-R4	38	K-N3	NxP
14	OO	N-R3	39	R-B3	R-R
15	Q-B3	P-B3	40	P-KB5	PxP
16	B-B2	Castles	41	N-K3	K-B2
17	N-R4	P-Q3	42	NxP	K-B3
18	P-QN4	B-B	43	N-Q4	R-R7
19	B-Q3	B-R6	44	R-B3+	K-K2
20	KR-K	N-K2	45	R-K3+	K-Q2
21	N-N2	NxN	46	R-KB3	R-Q6
22	Q-Q2	P-B4	47	R-B7+	R-B2
23	P-B4	N-Q2	48	R-B3	N-Q6
24	PxBP	NxP	49	R-K4+	K-Q2
25	BxN	BxB	50	N-B6	N-K4

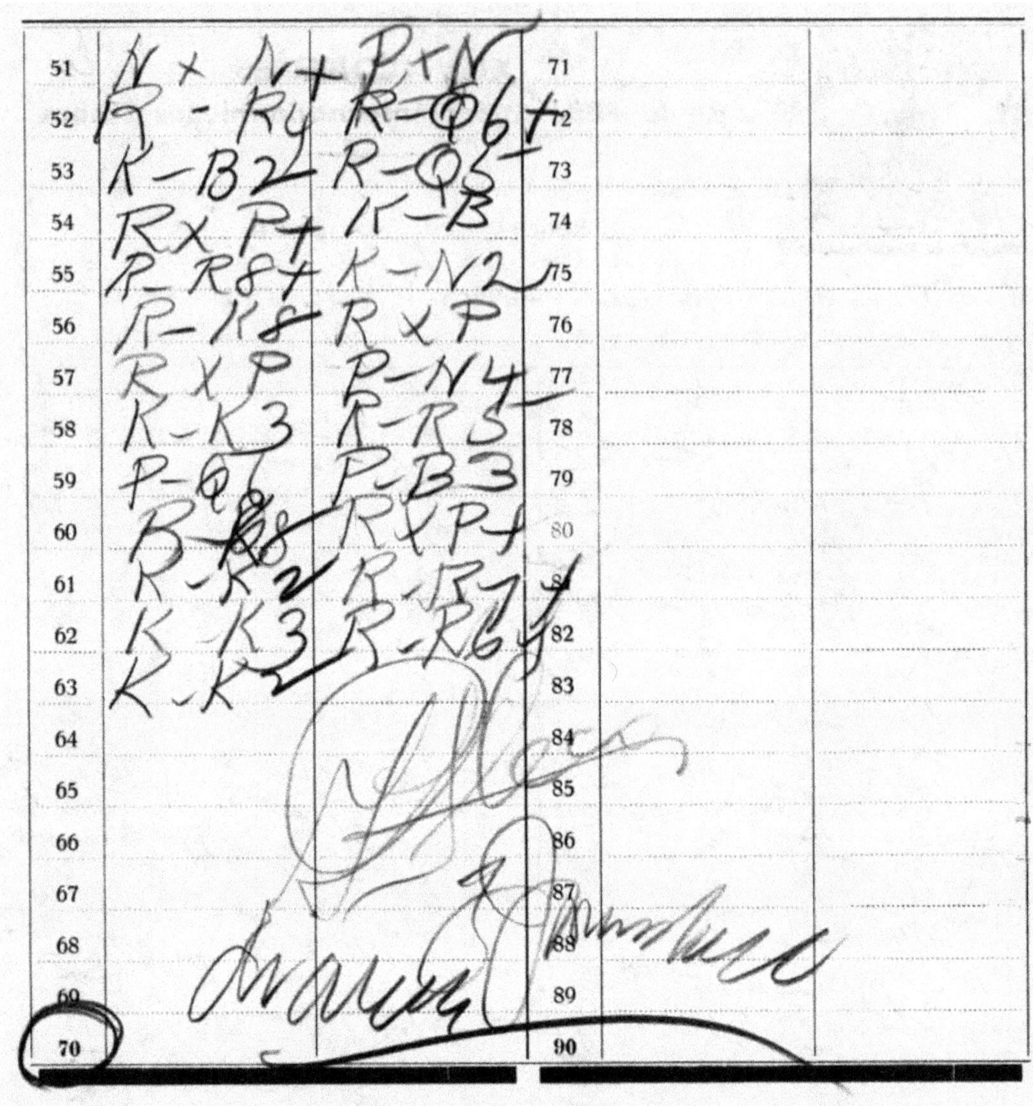

51	N×N+	P×N	71		
52	R-R4	R-Q6+	72		
53	K-B2	R-Q5	73		
54	R×P+	K-B	74		
55	R-R8+	K-N2	75		
56	R-K8	R×P	76		
57	R×P	R-N4	77		
58	K-K3	R-R5	78		
59	P-Q7	P-B3	79		
60	R-Q8	R×P+	80		
61	R-K2	R-R7	81		
62	K-K3	R-R6+	82		
63	K-K2		83		
64			84		
65			85		
66			86		
67			87		
68			88		
69			89		
70			90		

10ª ronda – 6 de agosto

Argentina	1½:2½	Polonia
Luis Piazzini	½:½	Savielly Tartakower
Jacobo Bolbochán	½:½	Miguel Najdorf
Roberto Grau	½:½	Paulin Frydman
Carlos Guimard	0:1	Appel

▓ Los argentinos se hallaban dispuestos a enfrentar al poderoso equipo de Polonia. Antes del *match*, el cónsul argentino los invitó a un *mate-fe party*, para darles a los jugadores la sensación de hallarse en su patria.

Piazzini jugó con ánimo tranquilo frente a Tartakower, y al llegar a la jugada 11ª hizo un cambio de damas. Aunque el jugador argentino obtuvo una formación mejor de peones, se conformó con tablas por jaque perpetuo. En el segundo tablero jugaron Bolbochán –negras– y Najdorf, y también se produjo un cambio de damas en los comienzos de la partida. Najdorf es un jugador de cuidado que ha obtenido últimamente varios triunfos. Se llegó a un final de torres en el que Najdorf nada pudo hacer contra el juego preciso de Bolbochán, terminando empatada la partida. Grau jugó una apertura de Gambito de Dama frente a Frydman, que se defendió con la variante de Lásker, pero se colocó en situación de inferioridad y las blancas tenían todo el dominio de la partida. En la jugada 28ª, Grau hizo un avance prematuro con su caballo, movimiento que él mismo marcó con un punto de interrogación en la lista de registro de las jugadas, con lo que llegaron a un final de damas en el que no había más que tablas.

Fue un mal día para el campeón argentino Guimard en su partida con Appel. En el cuarto tablero se realizó una partida sumamente complicada y emocionante, en la que Appel llevó un violento ataque contra Guimard, que lo defendió con gran exactitud. Pero desgraciadamente tuvo que perder tanto tiempo que tuvo que hacer veintidós jugadas en tres minutos, y con tal premura de tiempo no pudo encontrar la debida continuación y perdió.[24]

▓ Appel salió con el PR, y Guimard le opuso su preferida Defensa Francesa. Al salir de la apertura, Guimard sacrificó temporariamente un caballo en el centro, para recuperarlo poco después, pero sin mejorar su posición. Ambos jugadores cometieron pequeños errores durante el medio juego, hasta que al llegar a la jugada 32ª Appel se equivoca en la recaptura de una pieza, y Guimard puede quedar con dos peones de ventaja en posición ganadora. En lugar de capturar el segundo peón, se embarca en una línea que cierra parcialmente el flanco rey, favoreciendo de este modo al rey enclenque de Appel. Entre las jugadas 36ª y 40ª ambos cometen serios errores, hasta que en la 43ª, estando todavía con ventaja, Guimard entrega la partida con un *blunder.*[25]

Grau, Roberto - Frydman, Paulino [A00]

Torneo de las Naciones de Estocolmo (10), 06.08.1937

1.d4 Cf6 2.c4 e6 3.Cf3 d5 4.Cc3 Ae7 5.Ag5 0–0 6.e3 Ce4 7.Axe7 Dxe7 8.cxd5 Cxc3 9.bxc3 exd5 10.Db3 Td8 11.Ad3 c5 12.Da3 b6 13.0–0 Cd7 [13...Cc6 14.Ab5 c4 15.Dxe7 Cxe7 16.Aa4 Af5 17.Tfc1 a6 18.Ac2 b5 19.Cd2 Ae6= Marshall,F. - Treybal,K., Folkestone 1933] **14.Tab1 Ab7 15.Tfd1 Df6 16.Ab5 Ac6 17.Da6 c4 18.Axc6 Dxc6 19.a4 Cf6 20.Ce5 De6 21.Tbc1 Ce4 22.Db5 f6 23.Cf3 a6 24.Db2 b5 25.axb5 Tdb8 26.Ta1 Tb6 27.Tdb1 Tab8 28.Dc2 Txb5 29.Txb5 Txb5 30.Cd2 Cxd2 31.Dxd2 Db6 32.Dc2 g6 33.h3 f5 34.Da4 a5 35.f3 Dc6 36.Te1** ½–½

[24] Arnoldo Ellerman, *La Prensa*, 7 de agosto de 1937.
[25] Notas del autor.

Najdorf, Miguel - Bolbochán, Jacobo [A00]

Torneo de las Naciones de Estocolmo (10), 06.08.1937

1.e4 c5 2.Cf3 Cc6 3.d4 cxd4 4.Cxd4 Cf6 5.Cc3 e6 6.Cxc6 bxc6 7.e5 Cd5 8.Cxd5 cxd5 9.Ad3 Aa6 10.0–0 Axd3 11.Dxd3 Dc7 12.Af4 g5!? [12...Tc8 13.c3 f5 14.Dg3 Rf7 15.Tfd1 Ae7 16.h4 Dd8 17.h5 Tc4 18.b3 Te4 con juego complejo Renet,O. (2520) - Van der Wiel,J. (2550), Cannes 1990] **13.Axg5 Dxe5 14.Ad2 Ad6= 15.f4 De4 16.Tf3 Dxd3 17.Txd3 Tc8 18.c3 f5 19.Te1 Rf7 20.Ae3 Ac5 21.Ad4 Tc7 22.Rf2 Tb8 23.Te2 h6 24.Re3 a5 25.Axc5 Txc5 26.Td4 Tb7 27.Rd3 Rf6 28.Rc2 Tbc7 29.Te3 Tc8 30.b3 Tg8 31.g3 h5 32.Td2 h4 33.Rb2 hxg3 34.hxg3 Th8 ½–½**

Piazzini, Luis Roberto - Tartakower, Saviely [A00]

Torneo de las Naciones de Estocolmo (10), 06.08.1937 [Juan S. Morgado]

1.d4 Cf6 2.Cf3 d6 3.g3 c6 4.Ag2 h6 5.Dd3 Da5+ 6.Cbd2 Af5 7.Db3 Db6 8.c3 Cbd7 9.0–0 e5 10.dxe5 dxe5?! [10...Cxe5=] **11.Dxb6?!** [11.Cc4! Dc7 12.Cfxe5 Cc5 *(12...Cxe5 13.Af4!)* 13.Dd1 Td8 14.De1 con iniciativa] **11...axb6 12.Cc4= e4 13.Cd4 Ah7 14.Af4 g5** [14...b5 15.Cd6+ Axd6 16.Axd6 Cb6=] **15.Cd6+ Re7 16.C4f5+ Re6 17.Cd4+ Re7 18.C4f5+ Re6 19.Cd4+ ½–½**

14ª ronda – 10 de agosto

Argentina	2:2	Estonia
Jacobo Bolbochán	0:1	Paul Keres
Roberto Grau	½:½	Paul Schmidt
Carlos Guimard	½:½	Ilmar Raud
Isaías Pleci	1:0	Paul Friedemann

▓ El equipo de Estonia se destaca por el fuerte juego de sus dos mejores jugadores, Keres y Schmidt, con fama mundial de ser considerados como entre los mejores ajedrecistas internacionales. Keres (negras) le ganó un peón a Bolbochán, y de ahí que su posición fuera mejor, y por ello tenía mejores probabilidades de ganar, pero Bolbochán desplegó una resistencia magnífica, y al ser suspendida la partida el resultado está muy dudoso.[26]

▓ El análisis de la partida muestra que se produjeron serios errores por ambas partes. Keres planteó el agudo Contragambito Blumenfeld, y Bolbochán decidió entregar un peón en la jugada 14ª para facilitarse el desarrollo. En la jugada 22ª Bolbochán avanzó su PCR, cuando disponía de buena compensación mediante la captura central. Keres devuelve gentilezas en la movida 29ª, pero inmediatamente Bolbochán vuelve a fallar en la siguiente, cuando disponía de un excelente sacrificio de pieza, no tan difícil de encontrar. En la jugada 35ª Bolbochán vuelve a equivocarse, pero en la 37ª Keres permite a Bolbochán una línea de tablas por jaque perpetuo, o como alternativa la mejora de su rey que equilibra las posibilidades. Desorientado, Bolbochán vuelve a cometer errores serios en la movida 41ª, y ya no hay forma de impedir el avance de los peones unidos, definiéndose en la 62ª.[27]

Grau estuvo algo deficiente en la mitad de su partida con Schmidt, pero se defendió inteligentemente, y después de obligar a su adversario a aceptar una bonita combinación, logró obtener tablas. En la primera partida que se terminó hoy Guimard entabló con Raud en la 21ª jugada, en una partida que no ofreció alternativas. En tanto, Pleci desarrolló un juego sólido frente a Friedemann. Debido a una jugada precipitada de su contrincante, Pleci se colocó en posición de efectuar un fuerte ataque del costado del rey, lo que le dio la victoria por un mate final en la 29ª jugada.[28]

[26] *Agencia UP, La Nación*, 11 de agosto de 1937.
[27] Notas del autor.
[28] Arnoldo Ellerman, *La Prensa*, 11 de agosto de 1937.

▓ Analizando este juego en forma más profunda, puede verse que en la jugada 15ª Pleci se equivoca seriamente, pero que su rival desaprovecha la situación, fallando en la 16ª. Luego, Friedemann comete un *blunder* en la movida 21ª y queda rápidamente perdido.[1]

Schmidt, Paul Felix - Grau, Roberto [A00]

Torneo de las Naciones de Estocolmo (14), 10.08.1937 [Juan S. Morgado]

1.d4 d5 2.c4 e6 3.Cc3 Cf6 4.Cf3 Cbd7 5.Ag5 Ab4 6.e3 c5 7.Ad3 Da5 8.0–0 0–0 9.cxd5 exd5 10.Dc2 h6 11.Ah4 c4 12.Af5 Te8 13.Cd2 Axc3 14.bxc3 Cf8?! [14...Da6 15.Tfb1 Cf8 16.Axc8 Taxc8 17.Axf6 gxf6 18.a4 con iniciativa, Khismatullin,D. (2658) - Gundavaa, B. (2516), Khanty-Mansiysk 2013] **15.Axf6 gxf6 16.g4?!** [16.Axc8 Taxc8 17.Tfb1 con iniciativa] **16...Ce6 17.Tae1** [17.Tfb1!] **17...Ad7 18.e4 Aa4** [18...Tad8 19.exd5 Cg5 complicado. Ahora sobrevienen dos errores graves por ambas partes]
19.Dc1 Cg7?? [19...Rg7 20.f4 con ataque] **20.e5??** [20.Cxc4 dxc4 21.Dxh6+–; 20.Cb3 cxb3 21.Dxh6 dxe4 22.axb3 Axb3 23.Te3+–] **20...Cxf5 21.gxf5 Rh7 22.Cf3 Ad7 23.Df4** [23.Dc2=] **23...Db6** [23...Dxc3=] **24.Te3** [24.Rh1!] **24...Tg8+ 25.Rh1 Tae8 26.Tfe1 Dc7 27.Ch4 Tg5 28.Th3 Dc8** [28...fxe5 29.dxe5 Th5 30.Tg3 Tg8 31.Txg8 Rxg8 32.f6 d4 33.Cf3 Ac6 34.Rg1 Axf3 35.h4! Rf8 36.Dg3 Dc5 37.Rf1 Txh4 *(37...Re8 38.e6+–)* 38.Dxh4+–]
29.e6 [29.Cf3 Axf5 30.Txh6+ Rxh6 31.h4 Rh7 32.hxg5 fxe5 33.Cxe5 Rg7 34.Te3 Th8+ 35.Rg1 Tf8 36.Tf3 Ae4 37.Cxf7 De6 38.g6 Dxg6+ 39.Tg3 Txf7 40.De5+ Rh6 41.Txg6+ Rxg6 42.f4 con mejores posibilidades] **29...fxe6 30.Cf3 exf5 31.Tg1** [31.Txe8 Dxe8 32.Cxg5+ fxg5 33.Dxg5 De1+ 34.Dg1 De4+ 35.f3±] **31...Txg1+ 32.Cxg1 Rg7 33.Dxh6+ Rf7 34.Ce2?!** [34.Tg3 mejor las blancas] **34...f4 35.Dh7+ Re6 36.Cxf4+?** [36.Th6 Rd6 37.Txf6+ Rc7 38.Cxf4 Rb8 39.Tf7±] **36...Rd6 37.Th5?!** [37.Tg3 Te1+ 38.Rg2 De8 39.Tg7 De4+ 40.Dxe4 Txe4 41.Rf3 b5 42.Cxd5 Te1 43.Cxf6 Ac6+ 44.d5 Axd5+ 45.Cxd5 Rxd5 46.Txa7 Tc1 47.Ta3 Th1 con juego complejo] **37...Te1+ 38.Rg2 Ah3+ 39.Txh3 Dg4+ 40.Tg3 Dxf4 ½–½** Grau sufrió enormemente durante toda la partida, y el empate fue afortunado.

19ª ronda – 14 de agosto

Argentina	3:1	Lituania
Luis Piazzini	½:½	Vladas Mikenas
Roberto Grau	1:0	Pavel Vaitonis
Carlos Guimard	1:0	Isakas Vistaneckis
Isaías Pleci	½:½	Markas Luckis

▓ Finalizó el gran Campeonato Mundial de ajedrez por equipos con un brillante triunfo de la representación de Estados Unidos. Pero la nota sensacional la ha dado sin duda alguna la representación sudamericana, compuesta por los ajedrecistas argentinos Carlos Guimard, Roberto Grau, Jacobo Bolbochán, Isaías Pleci y Luis Piazzini. Nadie pudo suponer que los argentinos alcanzaran la brillante colocación en el torneo.

Los maestros argentinos han polarizado la atención del público y todos los comentarios periodísticos giran alrededor de su brillante comportamiento. Y como un detalle elocuente del interés que su actuación ha motivado, cabe consignar que ya han recibido varias invitaciones para participar en forma aislada [2] en varios torneos de ajedrez de maestros, siendo probable que el campeón argentino Carlos Guimard se traslade a Londres, y que Grau y Pleci jueguen en un importante certamen a realizarse dentro de pocos días en París, con motivo de la Exposición Internacional que allí se efectúa.[3]

[1] Notas del autor.
[2] Individual.
[3] La invitación a París no fue concretada.

En la rueda final Argentina se enfrentó con Lituania. En el primer tablero se midieron Piazzini y Mikenas. Se abrió el juego con PD, y las acciones se mantuvieron equilibradas durante todo el encuentro, llegándose a un final de peones donde las posibilidades de victoria eran nulas, por cuyo motivo se convino en declarar tablas la partida en la 44ª.[4]

En el segundo tablero se midió Grau con Vaitonis. Opuso este último una Defensa Ortodoxa contra la apertura de PD adoptada por Grau, y en la parte media del juego, mediante una serie de maniobras lucidas y correctas, Grau consiguió la superioridad y ganó la partida en la jugada 49ª. El análisis del juego muestra que Vaitonis cometió dos pequeños errores en las jugadas 20ª y 22ª, y otro más serio en la 24ª. Grau pasó su PD y se impuso claramente.

El campeón argentino, Carlos Guimard, cerró brillantemente su actuación con un bonito triunfo sobre el fuerte maestro Vistaneckis, a quien derrotó en la jugada 31ª, luego de haber opuesto a su rival una Defensa India en la apertura de Peón Dama. Los errores del lituano fueron de menor a mayor: uno leve en la jugada 13ª, otro más serio en la 15ª y un *blunder* en la 28ª. En el último tablero, Pleci consiguió una buena partida frente a Luckis, pero un lamentable descuido le hizo perder la superioridad de posición que tenía y el juego se equilibró, terminando con un empate.[5]

EL EQUIPO ARGENTINO DE AJEDREZ OCUPO EN ESTOCOLMO EL TERCER PUESTO

Nuestros representantes vencieron a Lituania por 3 a 1 en la última rueda y terminaron, juntam
pos de 15 naciones -- Comentarios generales sobre el torneo -- Brillante actuación d

CLASIFICACION GENERAL

EL EQUIPO VENCEDOR

LA REPRESENTACION ARGENTINA

RESULTADOS DE LA RUEDA FINAL

LA RUEDA FINAL

Roberto Grau — Jacobo Bolbochán — Isaías Pleci — Carlos Guimard — Lui

CUADRO FINAL DE POSICIONES

Argentina vence a Lituania por 3:0 y sube al tercer lugar.
La Prensa, 15 de agosto de 1937

[4] *Agencia UP, La Nación*, 15 de agosto de 1937.
[5] Arnoldo Ellerman, *La Prensa*, 15 de agosto de 1937. Notas del autor.

Mikenas, Vladas - Piazzini, Luis Roberto [A00]

Torneo de las Naciones de Estocolmo (19), 14.08.1937 [Juan S. Morgado]

1.d4 d5 2.Cf3 Cf6 3.g3 c6 4.Ag2 e6 5.0–0 Ad6 6.Cbd2 Cbd7 7.e4 dxe4 8.Cg5 0–0 9.Cdxe4 Ae7 10.Dd3 h6 11.Cxf6+ Cxf6 12.Cf3 Db6 13.Db3 Ad7 14.Ae3 Tfd8 15.Ce5 Ae8 16.Dxb6 axb6 17.c4 Cd7 18.f4 Cxe5 19.fxe5 Ag5 20.Axg5 hxg5 21.Tfd1 Ta5 22.a3 Rf8 23.Rf2 f6 24.exf6 gxf6 25.Re3 Re7 26.g4 Ag6 27.Td2 Af7 28.Ae4 Th8 29.Tf2?! [29.Tf1=] **29...Th3+** [29...e5 30.d5 Tc5 con iniciativa] **30.Rd2 b5 31.Taf1 bxc4 32.Txf6 Ae8 33.T1f2 Tb5 34.Rc1 Tbb3?!** [34...Th4 35.a4 Ta5 36.Ac2 Td5 37.Ad1 Th8 38.T6f3 Txd4! iniciativa]
Siguen dos *blunders* en la misma jugada: **35.Ag6??** [35.Ac2=] **35...Axg6??** [35...Th6!–+] **36.Txg6= c3 37.Txg5 cxb2+ 38.Rb1 Rd6 39.Td2 Txa3 40.Te5 Thd3 41.Tee2 Txd2 42.Txd2 Th3** [42...Ta1+ 43.Rxb2 Tg1 44.h3 Tg3 con iniciativa] **43.Tg2 Re7 44.Txb2 Rf6 ½–½**

Pleci, Isaias - Luckis, Marcos [A00]

Torneo de las Naciones de Estocolmo (19), 14.08.1937 [Juan S. Morgado]

1.c4 Cf6 2.Cf3 b6 3.d4 e6 4.Cc3 Ab7 5.Ag5 Ae7 6.Dc2 d5 7.cxd5 Cxd5 8.Ad2 Cd7 9.e4 Cxc3 10.Axc3 [10.bxc3 0–0 11.Ad3 c5 12.0–0 Tc8= Loiseau,Q. - Tobitt Jupillat, E. - Francia 2010] **10...0–0 11.Td1 Dc8 12.Ad3 Aa6 13.0–0 Axd3 14.Txd3 Td8 15.Tfd1 Db7 16.Cd2 c5 17.d5 exd5 18.exd5 Af6 19.Ce4 Axc3 20.Dxc3 Cf8 21.Tg3 Cg6 22.Df3 f6?** [22...De7 con juego complejo] **23.h4! Rh8** [23...Cxh4 24.Dxf6 Cg6 25.Dc3 Tf8 26.Cg5 Cf4 27.Dc4±] **24.h5 Ce5 25.Df4 Txd5** [25...Tf8 26.h6±] **26.Txd5 Dxd5 27.Cxf6± Dd4 28.Df5 Cf3+ 29.Dxf3?!** [29.Txf3 gxf6 30.Dxf6+ Dxf6 31.Txf6±] **29...Tf8 30.Db7 Dxf6 31.Tf3 Dd8 32.h6?!** [32.Txf8+ Dxf8 33.Dxa7 con iniciativa] **32...Dd1+= 33.Rh2 Dd6+ 34.g3 Dxh6+ 35.Rg1 Tg8 36.Dxa7 Dc1+ 37.Rg2 Dxb2 38.Tb3 Dd2 39.Txb6 Dd5+ 40.Rg1 Dd1+ 41.Rg2 Dd5+ 42.Rg1 h6 43.Tb8 Dd1+ 44.Rg2 Dd5+ 45.Rg1 Dd1+ 46.Rg2 Dd5+ 47.Rg1 c4 48.Txg8+ Rxg8 49.De3 Dc6 50.Dc3 Da4 51.Dd2 Db5 52.Rg2 De5 53.f4 ½–½**

Actuación de los argentinos

	J	G	E	P	PTS	%
Luis Piazzini	12	4	6	2	7	58,33
Bolbochán	12	2	5	5	4½	37,50
Roberto Grau	15	8	5	2	10½	70,00
Guimard	16	8	6	2	11	68,75
Isaías Pleci	17	11	6	0	14	82,35

Logo del torneo

Banquete para el equipo argentino en Buenos Aires

▓ El domingo 31 del actual se realizará el gran banquete que la FADA ha organizado en honor de los cinco integrantes del equipo que actuó con tan singular brillo en el torneo de Estocolmo. Se ha esperado el arribo de Carlos Guimard, que está en viaje para ésta y ha de llegar el sábado 23 en el Conte Grande, para que estén presentes en la reunión Pleci, Piazzini, Bolbochán, Guimard y Grau. El acto tendrá efecto en el salón de fiestas del Club Español, y las tarjetas pueden solicitarse en la secretaría de la FADA, Cangallo 960, o en cualquiera de los clubs adheridos a la misma. En el acto se entregará a cada jugador una medalla de oro en recuerdo de la brillante actuación.[6]

▓ El sábado a las 21 se realizará en el Club Español el anunciado banquete con que la FADA ha resuelto obsequiar a los señores Piazzini, Guimard, Pleci, Bolbochán y Grau con motivo de la brillante actuación de los mismos en Estocolmo. Se espera que concurran al mismo, autoridades de la Municipalidad, el Concejo Deliberante, el gobierno de la provincia de Buenos Aires y todas aquellas instituciones oficiales o particulares que se vincularon estrechamente a este viaje. Los cubiertos, que se han fijado en $ 6, pueden retirarse en la secretaría de la FADA, Cangallo 860, y en cualquier club adherido a ella.[7]

En el local del Club Español se realizó anoche la comida organizada por la FADA en homenaje a los integrantes del equipo argentino que actuó con tan brillante éxito en Estocolmo. El acto alcanzó, por muchos conceptos, el buen éxito esperado por los organizadores, pues más de doscientos cincuenta personas rodearon las mesas. Se hallaban presentes, además de los integrantes del *team* señores Guimard, Piazzini, Grau, Pleci y Bolbochán, el presidente del Club Español, el titular del Ministerio de Gobierno de la Provincia de Buenos Aires, doctor Roberto Noble, los directores de la totalidad de los clubs afiliados, numerosos ajedrecistas y aficionados y buen número de damas, entre quienes se encontraba la señora madre de Piazzini, Josefina Cano, que acompañó durante su permanencia en el extranjero.

Ofreció la demostración el presidente de la FADA, don Augusto De Muro, quien tuvo oportunas frases para destacar el alto significado de propaganda que para la nacionalidad logró el equipo de los argentinos, cuyas personalidades glosó con atinados conceptos. Finalizó su inspirado discurso con un llamado para que los clubs se agrupen y estrechen filas para lograr el mejor buen éxito en la organización de la Copa Hamilton Russell de 1939. Habló luego el presidente del Club Argentino, don Alberto Daroqui, en nombre de los clubs de la capital, y en brillante improvisación se refirió al desempeño del *team*, destacando al capitán Roberto Grau, cuya autoridad tuvo un gran significado moral por su atrevimiento al haber alterado el ranking en busca del mejor desempeño del equipo.[8]

El señor Olmos, secretario de la Federación Cordobesa, después de referirse a la actuación del equipo en Estocolmo, destacó la organización del Torneo Interprovincial, que tanto significa para estímulo de los ajedrecistas del interior.

Agradeció la demostración el capitán del conjunto, señor Grau quien dijo, entre otras cosas, que el *team* había sido el ejecutor material de la victoria, pero que ella, como ocurre en los ejércitos, tenía sus héroes ignorados cuyos nombres debían citarse, como precio. Lo hizo mencionando al presidente de la FADA, señor De Muro, al ministro de gobierno de la provincia de Buenos Aires, señor Noble, al doctor Joaquín Gómez Masía y a don Ricardo Sopena, cuya ayuda había sido muy valiosa. Finalmente se leyeron numerosos telegramas y notas de adhesión, llegados de distintos puntos del país y del extranjero.[9]

[6] *La Nación*, jueves 21 de octubre de 1937.

[7] *La Nación*, miércoles 27 de octubre de 1937. Equivalen hoy día a aproximadamente unos U$S 40.

[8] El capitán Roberto Grau integró el equipo colocando a Piazzini en el primer tablero, Bolbochán en el segundo, él mismo en el tercero, Guimard en el cuarto y Pleci como suplente. El ranking indicaba el orden Guimard, Piazzini, Grau, Bolbochán y Pleci. Nota del autor.

[9] *La Nación*, 1° de noviembre de 1937.

Banquete final ofrecido en Estocolmo. Se ve a Pleci en la primera fila de comensales, segundo de la derecha y de perfil; y a Grau en la cuarta fila, segundo de la derecha. [Hasselbacken bankett. Foto publicada en Schackvärlden, gentileza Peter Holmgren]

Los ajedrecistas argentinos que jugaron en Estocolmo fueron agasajados anoche

Un aspecto de la cabecera de la mesa tendida en honor de los ajedrecistas argentinos

En el local del Club Español se realizó anoche la comida organizada por la Federación Argentina de Ajedrez en homenaje a los integrantes del equipo representativo que actuó con tan brillante éxito en el torneo mundial de Estocolmo.

El acto alcanzó, por muchos conceptos, el buen éxito esperado por los organizadores, pues más de 250 personas rodearon las mesas. Se hallaban presentes, además de los integrantes del team, Sres. Carlos E. Guimard, Roberto G. Grau, Isaías Pleci, Jacobo Bolbochán y Luis R. Piazzini, el presidente del Club Español, el ministro de Gobierno de la provincia de Buenos Aires, Dr. Roberto Noble; los directores de la totalidad de los clubs afiliados, numerosos ajedrecistas y aficionados y buen número de damas, entre las que se encontraba la señora de Piazzini, madre de dicho jugador, que acompañó al team durante su permanencia en el extranjero.

Ofreció la demostración el presidente de la Federación de Ajedrez, D. Augusto De Muro, quien tuvo oportunas frases para destacar el alto significado de [illegible] gró el brillante desempeño de los ajedrecistas argentinos, cuya personalidad glosó con atinados conceptos. Se refirió luego a la actuación de los integrantes del team y finalizó su inspirado discurso con un llamamiento para que los clubs se agrupen y estrechen filas, para lograr el mejor buen éxito en la organización del torneo por la copa Hamilton Russell, a realizarse en ésta el año 1939.

Habló a continuación el presidente del Club Argentino de Ajedrez, D. Alberto Daroqui, en nombre de los clubs de la capital, y en brillante improvisación se refirió al desempeño del team, que había superado, dijo, las mejores previsiones. Destacó el desempeño del capitán del team, Roberto Grau, cuya autoridad en ese cargo tuvo un gran significado moral. Por ello, por su atrevimiento al alterar el ranking en busca del mejor desempeño de todos y cada uno, su dirección, según el orador, había sido la gestora del triunfo. Terminada la exposición, el Sr. Daroqui fué muy aplaudido.

El Sr. Olmos, secretario de la Federación Cordobesa, habló a continuación, [illegible] tocolmo destacó la labor de la Federación Argentina, al organizar el torneo interprovincial, que tanto significa para el estímulo de los ajedrecistas del interior.

Agradeció la demostración el capitán del conjunto que actuó en Estocolmo, señor Grau. Dijo, entre otras cosas, que el team había sido el ejecutor material de la victoria, pero que ella, como ocurre en los ejércitos, tenía sus héroes ignorados, cuyos nombres debían citarse, como premio. Lo hizo mencionando al presidente de la Federación, Sr. De Muro; al ministro de Gobierno de la provincia de Buenos Aires, Sr. Noble, quien había llevado la primera palabra oficial de estímulo y de apoyo; al doctor Joaquín Gómez Maria y a D. Ricardo Sepena, cuya ayuda había sido muy valiosa. Terminó sus palabras diciendo que el esfuerzo de la Federación obligaba a los jugadores a estrechar filas para lograr que el torneo de 1939 resultara un match entre los representantes de las dos Américas.

Finalmente se leyeron numerosos telegramas y notas de adhesión, llegados de distintos puntos del país y del extranjero.

Agasajo al equipo argentino en el Club Español. *La Nación*, 1º de noviembre de 1937

Posiciones Finales

	Países	1	2	3	4	5	6	7	8	9	0	1	2	3	4	5	6	7	8	9	Pts
1	Estados Unidos	X	2	2½	3½	3	2	2½	3½	3	2½	2	3½	3½	3	4	4	3½	3½	3½	54½
2	Hungría	2	X	2	2	2	3	2	3	3	2	3	3	3	2	2½	3	3½	4	4	48½
3	Argentina	1½	2	X	1½	2	1	2	3	2½	3	2	2½	3	4	3	4	2½	3	4	47
4	Polonia	½	2	2½	X	2	2½	2½	2½	2½	3½	1½	2½	2½	3	3½	4	2½	3	4	47
5	Checoslovaquia	1	2	2	2	X	2	2½	3½	1½	3	2	2½	3	3	2½	3	3½	3	2½	45
6	Holanda	2	1½	3	1½	2	X	2½	3	2½	2	3	2½	2	3	2	2½	3	2½	3½	44
7	Estonia	1½	1	2	1½	1½	1½	X	1½	3	2	2½	3	½	3	3	3½	3	3½	4	41½
8	Lituania	½	2	1	1½	1½	1½	2½	X	2½	2	3½	2	2	4	3	1½	4	4	4	41½
9	Yugoslavia	1	1	1½	1½	2½	1½	1	1½	X	2	3	2½	2	3	3½	2	3	3½	4	40
10	Suecia	1½	2	1	½	1	2	2	2	2	X	3	2½	2	3	3	2½	3½	3	2	38½
11	Letonia	2	1	2	2½	2	1	1½	½	1	1	X	3	3	2	3	2½	2½	3	4	37½
12	Inglaterra	½	1	1½	1½	1½	1½	1	2	1½	1½	1	X	3	3	2	3½	3	3	2	34
13	Finlandia	½	1	1	1½	1	2	3½	2	2	2	1	1	X	3	2½	2½	2	3	2½	34
14	Italia	1	2	0	1	1	1	1	0	1	1	2	1	1	X	1½	3	2	3	4	26
15	Dinamarca	0	1½	1	½	1½	2	1	1	½	1	1	2	1½	2½	X	2	2½	1½	2½	25½
16	Islandia	0	1	0	0	1	1½	½	2½	2	1½	1½	½	1½	1	2	X	3½	1½	2	23
17	Bélgica	½	½	1½	1½	½	1	1	0	1	½	1½	1	2	2	1½	½	X	2½	3½	22½
18	Noruega	½	0	1	1	1	1½	½	0	½	1	1	1	1	1	2½	2½	1½	X	2	19½
19	Escocia	½	0	0	0	1½	½	½	0	0	2	0	2	1½	0	1½	2	½	2	X	14

APÉNDICE II

[Fuente: Web Patrimonio Legislativo Congreso de la Nación]

Gestiones de la FADA con el Congreso de la Nación
Expediente 366 del 22 de junio de 1940

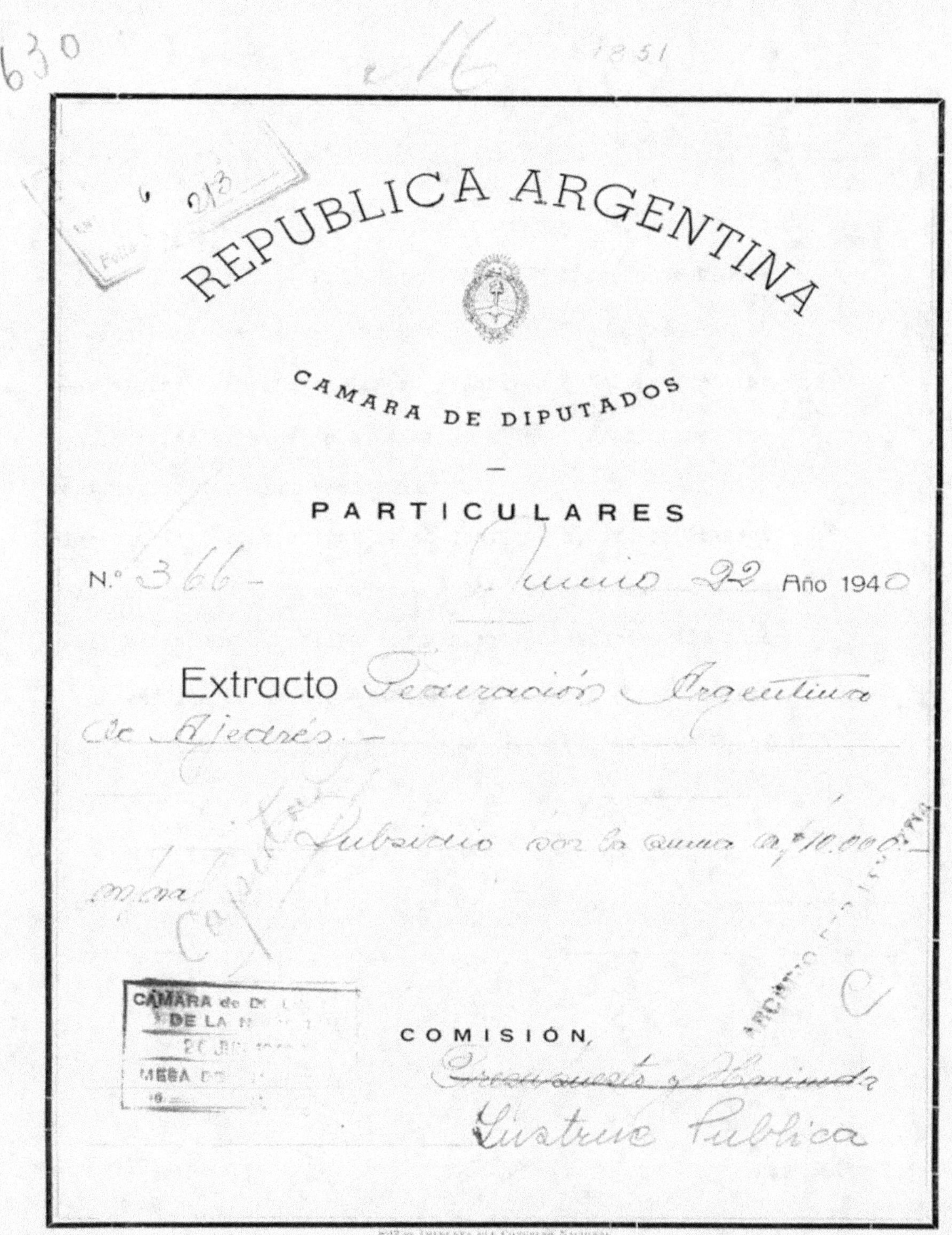

630 1851

REPUBLICA ARGENTINA

CAMARA DE DIPUTADOS

—

PARTICULARES

N.º 366 - Junio 22 Año 1940

Extracto Federación Argentina de Ajedrés.-

Subsidio por la suma de $ 10.000 m/n

Capital

CÁMARA de D... DE LA N... 20 JUN ... MESA DE ...

COMISIÓN,

~~Presupuesto y Hacienda~~

Instrucc Publica

108,630

TRES PESOS
-3-
PESOS
AÑO 1940

1

El Jefe de la Inspección General de Justicia;CERTIFICA:.- que la asociación "FEDERACION ARGENTINA DE AJEDREZ",goza de personalidad jurídica por Superior Dedreto de fecha--- veinte y siete de noviembre de mil novecientos veinte y--- tres.-A solicitud de la interesada expediente letra F.,número ciento cinco del año corriente y para ser presentado ante el Honorable Congreso de la Nación,expido el presente en un sellado de tres pesos moneda nacional número ciento ocho mil seiscientos treinta,que sello y firmo en la Ciudad de Buenos Aires a los veinte y ocho días del mes de-- Junio del año mil novecientos cuarenta.-----------------

CARLOS DE LA TORRE

Al Señor Presidente de la

CAMARA DE DIPUTADOS DE LA NACION

Doctor Carlos M. Noel

S/D.-

Señor Presidente:

En mi carácter de Presidente de la Federación Argentina de Ajedrez, tengo el honor de dirigirme a V. E. y por vuestro intermedio a la Honorable Cámara, a fin de concretar y fundar un pedido de subsidio para esta entidad, por la suma de DIEZ MIL PESOS MONEDA NACIONAL ($10.000.-m/n) rogando a V.E. que, en mérito a los motivos que paso a enunciar, le preste el auspicio de su alta investidura y prestigio, a fin de que sea considerado por la Honorable Cámara, a la brevedad posible.-

La labor de la Federacion Argentina de Ajedrez, en sus diecisiete años de existencia, ha sido tesonera y efectiva.-Sin otros recursos que los muy modestos que obtiene de las ínfimas cuotas de afiliación de las entidades adheridas, ha ido superándose en sus propósitos de difusión y divulgación del juego-ciencia, al punto tal, de que él se practica ya con todo entusiasmo, en los puntos más distantes del país.-Su aporte a la cultura es evidente y su colaboración indirecta con los organismos oficiales es incuestionable.-Muchos cientos de círculos y clubs han nacido y se desarrollan como consecuencia de su constante y ordenado traba jo y la prensa calificada le presta preferente atención,entendiendo que la práctica del ajedrez propende a elevar el nivel moral e intelectual y educa la voluntad.-

La Federacion Argentina ocupa hoy el primer lugar entre sus similares del mundo entero,con derechos legítimamente adquiridos y tácita y expresamente reconocidos por los delegados de veintidós países representados en el 16º Congreso de Federaciones,reunido en Buenos Aires en Septiembre de 1939,al radicar en esta Capital,la sede de la Federación Internacional de Ajedrez,por el voto unánime de los delegados al mencionado Congreso y designar al suscripto para regir sus destinos.-He de hacer constar,Señor Presidente,que es ésta la primera entidad internacional de un deporte que se radica en la Argentina.-

Asimismo,la Federacion Argentina ha tenido el honor de brindar el más grande espectáculo ajedrecístico que se recuerda y que constituye un motivo de legitimo orgullo;me refiero al "TORNEO DE LAS NACIONES" realizado en los meses de Agosto y Septiembre del año anterior.-

Los fondos que se solicitan serían totalmente aplicados a actividades ya determinadas y a un vasto plan de acción cultural que suscintamente expongo a continuacion: a)Sufragar los gastos que demanda la radicación e instalación de la Federación Internacional de Ajedrez en Buenos Aires;-b)Organización del Campeonato Anual de Ajedrez entre

los Sub-Oficiales del Ejército;-c)Organizar el Gran Campeonato de Ajedrez entre los alumnos de las escuelas secundarias del país;-y d)Prestar alguna ayuda a más de veinte calificados jugadores extrajeros que vinieron al país,invitados por esta Federación,para participar en el "TORNEO DE LAS NACIONES" y que no pudieron repatriarse como consecuencia de los acontecimientos europeos que se iniciaron durante el desarrollo del certamen,y cuya situación es realmente afligente.-

Por todo ello,ruego a V.E.quiera prestar a este pedido una atención preferente.-

Saludo a V.E.con mi consideración más distin--guida.-

A.RODRIGUEZ AVELLON
Secretario General.

AUGUSTO DE MURO
Presidente

FEDERACION ARGENTINA
DE AJEDREZ

ESTATUTOS
Y
REGLAMENTOS

BUENOS AIRES
TALLERES GRÁFICOS C. GIRARD, MORENO 1134
1935

FEDERACION ARGENTINA
DE AJEDREZ

MEMORIA y BALANCE

CORRESPONDIENTE AL EJERCICIO

1939 - 1940

BUENOS AIRES

1940

BIBLIOGRAFÍA DEL AUTOR

Morgado, Juan Sebastián
Sociología del ajedrez postal: historia de CAPA: exequias de una idea / Juan Sebastián Morgado. - 1a ed facsímil. - Ciudad Autónoma de Buenos Aires: Ajedrez de Estilo, 2018.
Libro digital, PDF

Archivo Digital: descarga y online
ISBN 978-987-28231-6-0

1. Ensayo Sociológico. I. Título.
CDD 301

jmorgado@ajedrez-de-estilo.com.ar

Motivo de tapa: Tarjetas postales intercambiadas en el X Campeonato Mundial, 1978-1984

PRÓLOGO

¿Cómo debe leerse este trabajo? ¿Cuál es su objetivo? Es, principalmente, una obra documental. Sus fuentes principales fueron los archivos de CAPA, su revista Ajedrez Postal, las publicaciones oficiales de LADAC y CADAP (Ajedrez Postal Americano), la revista internacional Chess Mail, además de otras obras consultadas como el libro ICCF Gold, el ICCF Web Server, revistas y folletos temáticos de Brasil, Noruega y otros países, y testimonios diversos.

Los materiales han sido ordenados, en primer lugar, **cronológicamente,** para que el lector se haga una idea del contexto de los hechos ocurridos según las versiones de las distintas fuentes. En los casos de temas afines importantes, algunos capítulos agrupan episodios de tiempos distintos. Los cuadros estadísticos que se presentan fueron confeccionados de fuentes propias u oficiales, informadas en cada caso.

Habiendo transcurrido más de 15 años de los hechos, tengo derecho a ejercer mi defensa política, a una distancia temporal más que suficiente para evaluar los acontecimientos sin el fragor de las circunstancias en que se produjeron. Esto me ha llevado a incorporar algunos conceptos sociológicos y etnohistóricos al análisis de varias de las situaciones que me tocó vivir, propios de la argentinidad que describió el pensador, escritor y ajedrecista Ezequiel Martínez Estrada.

En cuanto a las personalidades que se mencionan, quiero aclarar que esta obra tratará sobre decisiones de gestión que voluntariamente cada uno eligió tomar. Si tengo que expresar que alguien es "incompetente" o "monárquico", se refiere sólo a su desempeño institucional. En el relato que hace Tim Harding en Chess Mail nº 2 de 2005 acerca de la kafkiana conspiración de palacio que se vivía en el interior de ICCF, dice: "Borwell es un hombre honorable. Pero entonces son todos hombres honorables". Exactamente ese es el alcance de los conceptos que vierto en esta obra, pese a que, a la inversa, no fui tratado precisamente como alguien 'honorable': tuve que soportar desde vastas campañas acusándome de delincuente, pasando por censuras groseras impidiéndome expresar opiniones, hasta ver pulverizada a la institución que presidía sin derecho a defensa, mediante un 'decreto'.

De aquel momento de esplendor que vivió el ajedrez postal argentino hacia fines del siglo XX, con dos asociaciones nacionales, LADAC y CAPA, compitiendo en brindar los mejores servicios a los jugadores y alcanzando un alto lugar en el concierto mundial, llegamos hoy a un estado de postración, así descripto en la propia revista LADAC nº 216.

Con respecto a la ICCF, básicamente me referiré a los procesos desarrollados hasta 2005/6, aproximadamente. Al final incluyo un texto propio publicado en la web de ICCF Zona 2 CADAP, corregido y actualizado, donde puede verse la evolución de mis vínculos con el ajedrez postal.

Juan Sebastián Morgado

LA ANGUSTIA EXISTENCIAL DE MARTÍNEZ ESTRADA

Una primera aproximación psicoanalítica

Prólogos

Nidia Burgos - María Lourdes Gasillón - Marta Celina Jones

Morgado, Juan Sebastián
La angustia existencial de Martínez Estrada: una primera aproximación psicoanalítica / Juan Sebastián Morgado. - 1a ed. - Ciudad Autónoma de Buenos Aires: Ajedrez de Estilo, 2018.
168 p.; 22 x 15 cm.

ISBN 978-987-28231-8-4

1. Literatura Argentina. 2. Interpretación Psicoanalítica. I. Título.
CDD 150.195

Foto de tapa: Los Martínez Estrada en 1908

Foto de la familia de Martínez Estrada aproximadamente de 1908, donde ya no está la madre. Parado, Ezequiel. En el centro, la figura patriarcal de Ezequiel Martínez, junto a los hermanos menores Carlos y Emilio. (Publicada en 'Radiografía', de Orgambide)

Hecho el depósito que prevé la ley 11.723
Impreso en la Argentina

e-mail: jmorgado@ajedrez-de-estilo.com.ar
ISBN 978-987-28231-7-7

PRÓLOGO DE NIDIA BURGOS[10]

Estimado amigo:

No se preocupe ni se amargue usted por algún sinsabor que ha tenido, pues laboriosamente está elaborando un trabajo tras otro muy interesantes y bien documentados sobre Don Ezequiel y los invariantes de la historia argentina. Sin censores, estas obras van llegando al público. En cuanto a este texto psicoanalítico es muy claro, de lectura amena, bien documentado y lleno de aseveraciones inteligentes. Lo considero un avance en los estudios de ese tipo sobre nuestro autor. Él había leído a Freud profundamente desde muy joven, y en la autopatografía dejó huellas subyacentes que aquí comienzan a develarse.

En fin, lo que me alegra es que Don Ezequiel tiene en usted un buceador lúcido y muy comprometido con alcanzar las mayores certezas posibles sobre su vida y su obra, que él deseó que se juzgara como la de un artista y pensador. Espero que sea recompensado por tamaño esfuerzo. Sus análisis tienen fundamento y denotan que es un estudioso que se juega en sus opiniones, surgidas muchas veces de presunciones muy lógicas y que evidentemente surgen de un profesional con una intensa experiencia de vida.

[10] Nidia Burgos, Directora Editorial de la Universidad Nacional del Sur, Doctora en Letras, Investigadora teatral y Miembro de GETEA (Grupo de Estudios de Teatro Argentino e Iberoamericano) de la UBA desde 1998. Fue presidente de la Fundación Martínez Estrada [1991-2007]. Entre otras obras, es autora de Mensajes, Dramaturgias bahienses, Historia del teatro argentino en las provincias –dirigido por Osvaldo Pellettieri–, La obra narrativa de Jorge Asís, La miel y la ceniza (Poemario).

PRÓLOGO DE MARTA CELINA JONES[11]

Martínez Estrada fue, sin lugar a dudas, un paciente complejo. Con compromiso multivisceral al final de su vida, superó el límite de lo psico-somático inicial, para tornarse médicamente inmanejable con el transcurso de los años.

En la multiplicidad de factores etiopatogénicos vemos que es indudable la existencia de una predisposición individual de base, un factor ambiental alergénico disparador de la enfermedad, y al final la instauración de un círculo vicioso (enfermedad, generadora de estrés y agotamiento físico, a su vez causante de mayor enfermedad). Mientras vivió en Buenos Aires no desarrolló ningún tipo de atopía o alergia, excepto episodios menores. La mudanza a Bahía Blanca en 1949 es seguida por el comienzo de la enfermedad a fines de 1950. Notoria es la gran mejoría que ocurre con el tratamiento con corticoides y ACTH, y fue una pena que esa terapéutica no se haya administrado desde el comienzo de la enfermedad. En esa otra circunstancia es probable que la evolución hubiera sido muy distinta. La relación con el Dr. Pierini, excelente dermatólogo, parece haber sido fugaz, no habiéndose hallado datos de biopsia de piel que hubiera servido como documento esclarecedor.

El aporte que realizan los Dres. Daroda y Mirande es amplio y al mismo tiempo profundo. A través de la interpretación retrospectiva de los datos clínicos logran arribar a un diagnóstico actualizado, no solo de la enfermedad cutánea sino del compromiso patológico del paciente como un todo.

En cuanto al hábito de fumar cigarrillos, no se tenía la conciencia que existe en los tiempos que corren, y es probable que Ezequiel haya desoído algún consejo médico referido al abandono de esa costumbre. Lo cierto es que la mención del padecimiento de EPOC parece oportuna, y explica la tos crónica que él padecía.

Hasta aquí los comentarios médicos. Uniendo ese aspecto con su obra literaria, me resultó particularmente conmovedor relacionar la propuesta de la SADE para optar al premio Nobel de literatura (en plena etapa productiva de EME), con el dramático desarrollo de su enfermedad, que signó también su evolución literaria. Cabe preguntarse qué obra mayúscula hubiera legado este pensador de no ser por tan infausto destino.

Leyendo a Schopenhauer encontré algunas frases que caben para los que se dedican a resucitar la vida y obra de grandes autores:

> Cuanto más alto es el nivel del autor, más difícil es encontrar quienes comprendan su trabajo, lo mismo que hallar críticas honestas o no sesgadas. Es con el paso del tiempo que surgen las personas realmente competentes para juzgar la obra. Y aunque a veces ese período es muy largo, cuando las críticas apreciaciones y las justas evaluaciones finalmente aparecen, el veredicto es irreversible, y la celebridad perdura para siempre.
>
> Grandes autores no han vivido para asistir a su propio prestigio, ya que eso depende de las oportunidades y las circunstancias. En general, cuanto más importante es el trabajo, menos probable es que su autor sea testigo del éxito. Como dijo Lessing muy correctamente: algunas personas obtienen

[11] Marta Celina Jones, médica y Dra. en Medicina, se desempeñó como patóloga del Hospital de Niños Superiora Sor María Ludovica de La Plata (1978-2016), en calidad de Jefe de la Sala de Neuropatología de la cual fue fundadora. Este hecho tuvo lugar el 11 de agosto de 1982, con recursos propios y de la Empresa Huaiqui. Fue además docente de la Facultad de Medicina de La Plata desde 1968 hasta el 2015.

la fama, mientras otras son las que la merecen. Por su parte D'Alambert, en una extremadamente fina descripción del *templo de la fama literaria*, subraya que el santuario del templo está habitado por los grandes difuntos, que en vida no tuvieron lugar allí; y por algunas pocas personas vivas, las cuales en su mayoría son expulsadas cuando mueren[12].

[12] Schopenhauer, A. The Essays of Arthur Schopenhauer: The wisdom of life. Online Books.T. Bailey Saunders, M.A.

PRÓLOGO DE MARÍA LOURDES GASILLÓN[13]

Ezequiel Martínez Estrada fue un pensador y un artista apasionado que expresó sus ideas en una producción variada que recorrió diferentes géneros discursivos, si bien sus puntos más fuertes fueron el ensayo –en los que difundía sus opiniones de manera más explícita y crítica– y la narrativa, que reafirmaba sus observaciones, con una técnica metafórica o simbólica. Sus textos indagaron sobre diversos temas, autores y géneros, lo cual acrecentó su competencia cultural alimentada por un autodidactismo ferviente. Este rasgo particular es expresado con claridad por el narrador protagonista de la novela *Bahía Blanca* (2012) de Martín Kohan:

> No leí *Radiografía de la Pampa*, que es su biblia, su ensayo más célebre, pero tampoco cualquiera de esos otros muchos libros que escribió y que conozco de oídas; tiene un libro también célebre sobre *Martín Fierro* de Hernández, el poema nacional; un ensayo sobre Sarmiento, el padre del aula; otro sobre Guillermo Enrique Hudson, el ornitólogo trasplantado; otro sobre Cuba, porque estuvo allá y adhirió; otro sobre Paganini, el violinista; otro sobre Buenos Aires; otro sobre el ajedrez. Todos esos libros tiene, y otros más que no recuerdo, y ninguno, pero ninguno, yo lo leí. ¿Cuál de ellos podría interesarme o debería interesarme? Debo confesar que ninguno. Es decir, ninguno por sí mismo, ninguno en particular, ninguno por sí solo, ninguno aisladamente. Pero sí, en cambio, y mucho, el conjunto, el efecto de conjunto. Veo eso en Martínez Estrada: el arte del cambio de tema. El cambio de tema era su don y a mí es lo único que me importa en el mundo. El arte del cambio de tema, cómo pasar de una cosa a la otra. En eso Martínez Estrada era un genio: hoy, la pampa; mañana, el ajedrez; pasado, Paganini; pasado, Fidel Castro; pasado, Buenos Aires; y así siguiendo, siguiendo, siguiendo (23-24).

En el anterior fragmento observamos esta evidente compulsión por escribir que caracterizó y colocó en un lugar preponderante a Martínez Estrada dentro del campo intelectual argentino y latinoamericano. Intereses variados, temas heterogéneos, producción abundante: de esto da cuenta, entre otros aspectos subjetivos más complejos, el libro de Juan Sebastián Morgado. Sin embargo, ello es sólo el puntapié inicial para la investigación ardua (difícil de sostener y probar sin caer en razonamientos generales no demostrados, aunque aquí se ha logrado con éxito gracias a toda una serie de textos presentados), que se propone realizar el autor –quien también ha incursionado en áreas diferentes del conocimiento: docencia, psicoanálisis, literatura, ajedrez– a partir de nuevos documentos y materiales que no habían sido tenidos en cuenta por la crítica martinezestradiana (por lo menos, no abordados de la manera en la que se hizo en este trabajo).

Morgado demuestra que es un estudioso del reconocido ensayista: ha leído con atención sus textos y los pone en relación; particularmente, no se interesa en los clásicos, los que todos tienen en cuenta, sino que se ha sumergido en aquellos menos conocidos, minúsculos, poco interesantes tal vez para muchos –la *Autopatografía*, los poemas y las cartas–, que no obstante proveen datos iluminadores sobre la subjetividad del escritor santafesino y sus relaciones interpersonales, de los cuales no había mucha evidencia.

[13] Profesora en Letras, Magíster en Letras Hispánicas y Doctora en Letras por la Universidad Nacional de Mar del Plata. En esta unidad académica, forma parte del grupo de investigación "Estudios de Teoría Literaria", dirigido por la Dra. Rosalía Baltar y co-dirigido por la Dra. María Coira. Es ayudante graduada en la cátedra de Semiótica en la carrera del Profesorado y la Licenciatura en Letras de la misma universidad. Su tema de investigación gira en torno de la producción narrativa y ensayística de Ezequiel Martínez Estrada, Luis Franco y Bernardo Kordon. Mail de contacto: mlgasillon@yahoo.com.ar

Martínez Estrada alimentó una figura del "incomprendido de su época", la cual implica que los pensadores comprendidos o interpretados con rapidez, en realidad, no logran constituir una obra de renombre. Por esa causa, en sus ensayos más importantes, principalmente, se dirige hacia sus contemporáneos "necios", que no logran ver ni entender la realidad enferma y dolorosa de nuestro país (González 2007: 169) que a él mismo también afectó. Era un escritor *contemporáneo, raro*, al decir de Giorgio Agamben (2008), pues perteneció a su tiempo aunque decidió no coincidir ni adaptarse a sus pretensiones, pero precisamente por esa cualidad diferencial fue capaz de comprender los hechos –la oscuridad– de su época.[14] Es decir, fue un contemporáneo porque en sus ensayos y en algunas ficciones detectó indicios y marcas de su presente que correspondían al pasado y le permitían entender la actualidad, así leyó la historia nacional a partir de la puesta en relación y la interpelación de los tiempos arcaico y presente. En este sentido, tal como sostiene Morgado, ese contexto sociopolítico que se obstinaba en describir y analizar, sumado a las exigencias del esfuerzo físico y mental que implica la escritura de importante envergadura, lo llevaron a un desgaste generalizado que le provocó consecuencias irreparables. Así, Morgado da cuenta de cómo, a partir de las década del '50, la vida del pensador estará marcada por el sufrimiento extremo, el dolor, la enfermedad cutánea, la depresión, la fatiga, las afecciones renales, la debilidad.

Asimismo, el libro que aquí presentamos plantea otro aspecto relevante que influirá y determinará una existencia sombría, angustiante, gris en Martínez Estrada: la separación de sus padres y el reclamo/enojo con la madre, el "Edipo no resuelto", el "vacío afectivo", señala Morgado. En consecuencia, ante la ausencia, la búsqueda de la figura materna en Agustina, con quien formó una "pareja simbiótica" de la que el propio intelectual afirmaba: "Siento que tú eres para mí, además que mi esposa, mi madre, mi esposa, mi hija, mi amiga y mi alegría". A esta dependencia emocional entre ambos, con vaivenes y conflictos, se agrega el hecho de no poder tener hijos, con lo cual, abonaron con mayor intensidad los "sentimientos de soledad, de infelicidad, de fracaso, de muerte" que Martínez Estrada expresaba en sus textos más íntimos. Más allá de esta infeliz circunstancia, el autor remarca que Agustina fue su principal sostén en lo afectivo pero, sobre todo, en la escritura de una obra tan vasta.

Celebramos, entonces, la aparición de *La angustia existencial de Martínez Estrada. Una primera aproximación psicoanalítica*, pues provee una mirada renovadora para aproximarse al intelectual, centrada en su mundo psíquico signado por el recurrente sentimiento de angustia que trasladó sin mediación no sólo a sus expresiones artísticas, epistolares, sino también a su piel, a todo su cuerpo.

[14] "Ser contemporáneos es, ante todo, una cuestión de valor: pues significa ser capaces no sólo de tener la mirada fija en la oscuridad de la época, sino incluso percibir en esa oscuridad una luz que, dirigida hacia nosotros, se aleja infinitamente" (Agamben 2008).

JUAN SEBASTIÁN MORGADO

Martínez Estrada, Borges y el Viejo Vizcacha

La grieta y los invariantes argentinos: de Rosas a Macri

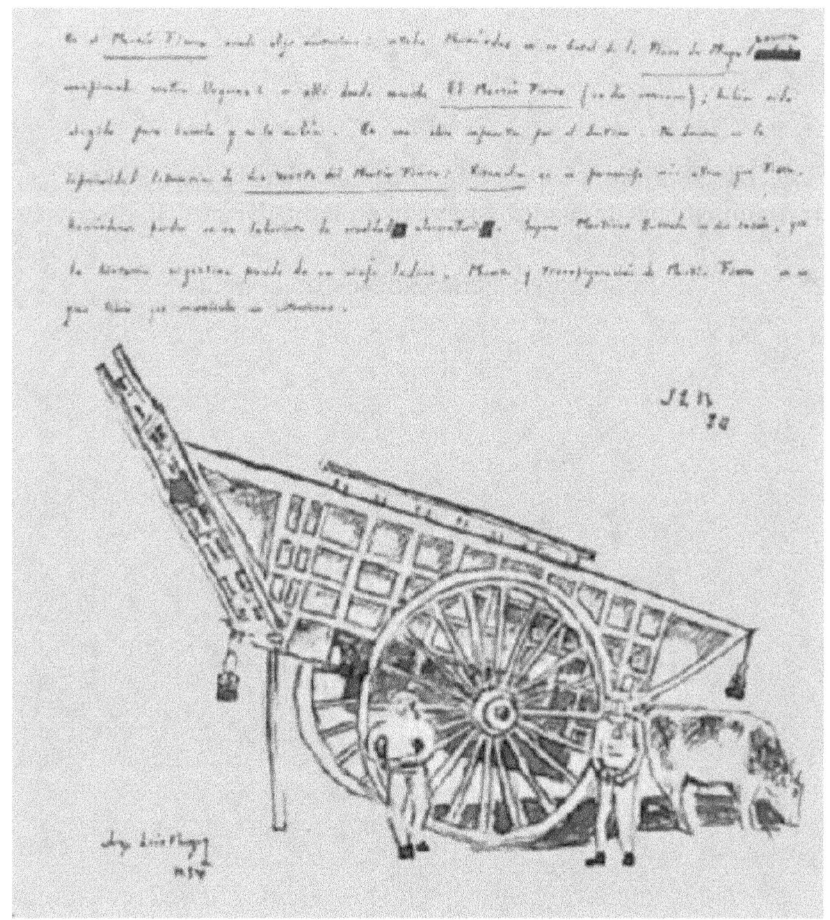

Ensayo de explicación de la pobreza argentina

2da. Edición, corregida y ampliada

Morgado, Juan Sebastián
Martínez Estrada, Borges y el Viejo Vizcacha: la grieta y los invariantes / Juan Sebastián Morgado. - 2a ed ampliada. - Ciudad Autónoma de Buenos Aires: Ajedrez de Estilo, 2019.
488 p.; 24 x 16 cm.

ISBN 978-987-28231-9-1

1. Ensayo Histórico. I. Título.
CDD 982

Tapa: Carta de Jorge Luis Borges a Marta Sánchez Terrero, diciembre de 1954
Contratapa: afiche de la conferencia de Juan S. Morgado en Bahía Blanca, 10 de noviembre de 2016.

jmorgado@ajedrez-de-estilo.com.ar

PRÓLOGO A LA 2ª EDICIÓN

Es sabido que la primera víctima de una guerra es la verdad, y que las historias oficiales suelen padecer del mismo mal.

En mi parábola personal es conocido que fui maestro de escuela primaria entre 1964 y 1969, entre otros lugares, en la ciudad de Buenos Aires, en Del Viso, en José C. Paz, en San Miguel y en Muñiz. Generalmente me ha tocado ejercer la docencia en el sexto grado de aquella época, es decir, el último antes de ingresar a la secundaria. He abierto las jornadas cantando el Himno Nacional y las marchas Aurora, A mi Bandera, el Himno a Sarmiento. Me designaron para dar algunos discursos sobre San Martín, Belgrano, Sarmiento, Güemes, y tantos otros. Enseñé las versiones solemnes que me habían inculcado, que en buena parte resultaron ser un cuento de hadas. ¿Quién hubiera pensado que 50 años después, en el ocaso, me encontraría investigando esos relatos que, según Martínez Estrada, surgieron del Viejo Vizcacha?

¿Qué hubiera pasado si a mis alumnos de entonces les hubiera informado que Sarmiento dijo: *se debe exterminar a los indios sin siquiera perdonar al pequeño, que tiene ya el odio instintivo al hombre civilizado*? ¿Y que en setiembre de 1866 expresó: "*a los paraguayos habría que matarlos estando aún en el vientre de sus madres*"? ¿Y que la provincia de San Juan, cuna del "prócer", fue la de mayor criminalidad, con el triste récord de seis gobernadores asesinados, alguno con aprobación del propio Sarmiento?

¿Y que Julio Argentino Roca, Carlos Pellegrini, Miguel Juárez Celman, Eduardo Wilde, entre muchos, debieran ser calificados de ladrones de guante blanco ya que recibieron gruesas sumas de dinero del estado en la forma de préstamos bancarios que nunca devolvieron, o por coimas? ¿Y que se opusieron ferozmente a la demanda de elecciones populares en 1890, promovida por Alem y los cívicos? ¿Y que durante la gestión de Pellegrini fue a la bancarrota todo el sistema financiero, estafando a miles de ahorristas?

¿Y que la Constitución de 1853, salvo algunas formalidades menores, nunca fue cumplida debidamente hasta 1916 cuando el voto popular se ejerció por primera vez?

¿Y que el golpe de 1930 se produjo porque la herencia militarista que dejó Roca se continuó con Uriburu, Justo, Perón, Onganía y el resto?

¿Y que desde 1946 la grieta mutó de ultra-conservadores contra población trabajadora a peronchos contra gorilas? ¿Y que el país creció solamente 3,5% en el período 1946-1955?

¿Y que el país todavía padece invariantes coloniales, como desprecio a la ley, Trapalanda, *hybris*, monarquía funcional,[15] viveza criolla, que ocasionan que los tres poderes independientes sean humillados continuamente?

La pensadora Diana Cohen Agrest dijo: *Argentina es como Kronos, que devora a sus hijos.* El país que ideó Alberdi bajo el lema 'gobernar es poblar' fue quizás un intento fallido de superar la

[15] Otros sinónimos pueden ser absolutismo, tiranía, dictadura, caciquismo, totalitarismo. Probablemente la palabra más correcta lingüísticamente sea autocracia. Decidí denominar al invariante argentino como *monarquía funcional* –que funciona como una monarquía–, debido a que los elementos mencionados se combinan con la viveza criolla, el narcisismo extremo, el nepotismo, la politicastrería –al decir de Juan Bialet Massé–, la procrastinacion, el Trapalanda, el desprecio a la ley, conformando una estructura exclusiva de la argentinidad. Cada argentino es un pequeño monarca y aprecia a los gobernantes que tienen esas mismas características.

grieta, que ya venía desde los orígenes y se manifestó crudamente cuando San Martín debió emigrar a Europa en 1829. Luego se agudizó con Rosas, continuó con Mitre y Sarmiento con la masacre de la guerra del Paraguay,[16] hasta que llegó el ideario exterminador e inmigratorio de Julio Argentino Roca y los ochentistas. Pero el proyecto de arribos masivos quedó trunco, y solamente alcanzó a Buenos Aires y unos pocos sitios, partes de Córdoba, Entre Ríos, Mendoza, Santa Fe.

Hoy día el 92% de la población argentina vive en ciudades. En cuatro aglomeraciones urbanas se concentra el 40.9% de la población total. En el área metropolitana de Buenos Aires vive el 31,9%, en el Gran Córdoba 3,6%, en el Gran Rosario el 3,1%, en el Gran Mendoza 2,3%. En los últimos 13 años la inflación superó los dos dígitos, y el país no crece desde hace 8 años. En total, el 60% de la población está concentrada en una región integrada por las tres provincias (Buenos Aires, Córdoba, Santa Fe) y la ciudad de Buenos Aires, en una superficie que no alcanza el 22% del total del país. Según un estudio de Unicef –que mide la pobreza de forma multidimensional– que se publicó en diciembre de 2018, el 48% de los niños, niñas y adolescentes en la Argentina son pobres.

En el Índice de Competitividad por el Talento Global (GTCI), Argentina retrocedió 11 lugares con respecto al año anterior y obtuvo el puesto Nº 60 a nivel mundial, dentro del grupo de 114 países participantes del estudio. ¿Por qué no aprendió Argentina de sus vecinos, al menos, que la inflación es un flagelo? Ante semejante catástrofe, la grieta se muestra en toda su dimensión. Según Israel Lotersztain, puede estimarse que luego de la crisis de 1890 el producto bruto cayó el 18% en pesos y el 50% en dólares. ¡Impresionante!

Nadie reconoce la gravedad de la situación, y es penoso observar las estériles discusiones políticas que se producen en el escenario nacional.

[16] En la guerra del Paraguay se masacraron en total alrededor de un millón de personas, entre heridos y muertos paraguayos, argentinos, brasileños, uruguayos, directa e indirectamente.

PRÓLOGO A LA 1ª EDICIÓN[17]

Este trabajo está basado en la conferencia que ofrecí en la casa de Alem 908, Bahía Blanca, sede Fundación Martínez Estrada, el 10 de noviembre de 2016. Un cúmulo de temas dispersos se fueron uniendo, y de su combinación surgió un desarrollo muy ampliado de las ideas de este pensador: los invariantes, la a-historia, el peronismo como religión, seis historias apócrifas, La Cabeza de Goliat, la pampa que ingresa a Buenos Aires "a través de la gramilla de los empedrados", la no superación de la dicotomía civilización-barbarie, la Revolución y la Contrarrevolución de Mayo, el costo de las masacres en el inconsciente colectivo, la lección de unos anarquistas en el siglo XIX, y la única opción válida para salir del atraso: adoptar el sistema de los tres poderes independientes.

Podría decirse que la peor situación de toda la historia argentina se vivió a finales de la década de 1880, que culminó con la Revolución de 1890: quebraron los tres bancos nacionales y quedamos en default externo; miles y miles quedaron en la calle, completamente desamparados. El robo fue espantoso, de magnitud similar al del corralito (2001/2). A las provincias las llamaban "los trece ranchos" y la miseria era terrible. La proclama de los revolucionarios (Alem-del Valle) sólo pedía voto secreto y fin de la corrupción.[18]

Roca adoptó la posición tradicional de la mayoría de los gobernantes argentinos frente a la venalidad: es "inevitable".

> Tampoco puedo jurar que no haya habido corrupción en el manejo de la cosa pública de las provincias, como no podría poner las manos en el fuego sobre algunos funcionarios de mi propio gobierno. Cuando se proyectan grandes empresas y circula mucho dinero, y el éxito o fracaso de los planes depende de la decisión final de los políticos o funcionarios, es inevitable que haya soborno o que se lo presuma, lo que es igual. Traté que no lo hubiera, pero no me habría escandalizado **porque la corrupción es propia de la naturaleza humana**, y en el campo de la cosa pública hay que ocultarla para que el pueblo no pierda la fe en sus gobernantes. De todos modos, aunque haya habido manejos dolosos durante mi gobierno, lo que no me consta, ello no invalidaría lo que se hizo ni la inteligencia que articuló mi gestión.[19]

Un grupo de marxistas alemanes había llegado al país para esa época, cuyo mayor exponente fue Germán Avé Lallemant. Huían de Bismarck. Habiendo observado el enorme saqueo de las arcas públicas, debatieron entre ellos acerca de cómo encasillar semejante rapiña: no lograban encontrarle un lugar en el esquema de Marx. Hasta que se dan cuenta que estos tipos no eran capitalistas, sino "el caudillaje", un estadio muy anterior al predominio del capital, una especie de feudalismo saqueador de tipo medieval y bandolero.

Vale que nos hagamos la pregunta: si en doscientos años de historia nuestro país todavía tiene el 33% de pobreza, ¿no será que muchos de los gobiernos que se sucedieron fueron, en mayor o menor grado, en realidad, "saqueadores medievales bandoleros"? ¿En qué estructura de los tres poderes

[17] Corregido.

[18] Los revolucionarios de 1810 deben ser diferenciados de los contrarrevolucionarios, quienes llevarán más tarde a cabo las políticas de la generación del '80.

[19] *Soy Roca*, Félix Luna, Editorial Sudamericana, 7ª edición, 1990. Coincidencia con el teorema de Brienza.

independientes colocaríamos a entidades o personalidades tan disímiles como el Unicato, la Liga Patriótica, la Fundación Eva Perón, Sueños Compartidos, las universidades tercerizadas, La Cámpora, el Fútbol para todos, la Tupac Amaru, Austral Construcciones; o los militares golpistas Uriburu, Justo, Galtieri, Videla, Massera; o a personajes como Julio A. Roca, Miguel Juárez Celman, Juan D. Perón, Jorge Antonio, Norberto Apold, Carlos Aloé, Miguel Miranda, Isabelita y José López Rega, Celestino Rodrigo, Firmenich y los montoneros, el aduanero Ibrahim al Ibrahim, Domingo Cavallo, Carlos Menem, Emir Yoma, los Kirchner, Lázaro Báez, Cristóbal López, José Francisco López, entre tantos otros? ¿Constituyen estos nombres una marca registrada argentina supra-institucional?

La carta de Borges donde menciona que Martínez Estrada le dijo que la historia argentina proviene del Viejo Vizcacha, cierra el círculo. Por eso considero que las distintas historias oficiales, incluso la de la generación del '80 y la del peronismo, son relatos, a-historias, algunas monumentales. La Cabeza de Goliat fue una idea brillante de Martínez Estrada. Lo que los ochentistas crean, en realidad, no es un gran país, sino una gran ciudad. Se trata de la megalópolis Buenos Aires, "que le chupa la sangre a la nación". Claro, ellos niegan esto: dicen que Argentina llegó a estar octava en el mundo, y que después llegó el peronismo para destruir todo.

Sin embargo, Perón no nació de un repollo. Analizando en profundidad se ve claramente que dejaron un "gran país" sólo para la aristocracia, y que los sumergidos estaban muy mal. ¿Por dónde estaba en ese entonces la distribución de la renta? ¿quizá en 90%/10%? Los conservadores aceptan de mala manera el resultado de los comicios de 1916, gana Yrigoyen, sigue Alvear, vuelve Yrigoyen, pero el invariante militar que dejaron –herencia de Roca– se mantiene poderoso, y hacen caer fácilmente al gobierno radical. Viene el fraude patriótico que mantiene a las clases bajas en condiciones penosas, y llega Perón como nuevo monarca de las masas, reivindicándolas pero desde la contrarrevolución.

Cambian personajes y circunstancias, pero no hay república de tres poderes independientes. Se ve una línea directa entre los desheredados de Roca y sus continuadores, y los descamisados de Perón en 1946. Y arribando a 2016, se observa la dificultad de la población para aprehender ciertos conceptos de apariencia luminosa, pero que conducen hacia la decadencia: inflación, necrofilia, desprecio a la ley, autoritarismo, baja calidad de las instituciones.[20]

[20] Este doloroso libro fue escrito a fines de 2016, en ocasión de una circunstancia de emergencia. Habiéndome un profesional diagnosticado el cercano colapso oftalmológico, y teniendo muchos apuntes escritos aunque no terminados sobre un ensayo de explicación de la pobreza argentina, decidí editarlos como estaban a pesar de que sabía que podían contener errores en la redacción e imprecisiones en alguna expresión. Al menos, deseaba que un testimonio quedara escrito. Felizmente, por ahora el pronóstico no se cumplió, y espero tener tiempo para corregir y ampliar este texto en una segunda versión.

Contenido y corrección a cargo de los autores.
Reproducción de tapa: Acta 719 del Club Argentino, 9 de setiembre de 1949, en la que se observa el ingreso de Ernesto Guevara Lynch a la institución.
Reproducción de contratapa: Acta 731 del Club Argentino, 11 de julio de 1950, en la que se da de baja como socio a Ernesto Guevara Lynch.

Impreso por Editorial Dunken
Ayacucho 357 (C1025AAG) - Capital Federal
Tel/fax: 4954-7700 / 4954-7300
E-mail: *info@dunken.com.ar*
Página web: *www.dunken.com.ar*

Hecho el depósito que prevé la ley 11723
Impreso en la Argentina

e-mail: jmorgado@ajedrez-de-estilo.com.ar
ISBN en trámite

PRÓLOGO

La comprobación de que el Che Guevara había concurrido varias veces al Club Argentino de Ajedrez no se encontraba, hasta ahora, fehacientemente probada. Había, sí, versiones, pero ninguna de ellas tenía confirmación plena. El hallazgo de documentos clave en la propia institución y en recortes de diarios, permite reconstruir un aspecto de la vida del Che desde el momento en que ingresó a la Facultad de Medicina de Buenos Aires. Se asoció al Club Argentino con motivo de la participación en el Torneo Universitario por Equipos, que precisamente organizaba el club en su sede, y que vino organizando desde 1911. Permaneció en esa condición desde el 9 de setiembre de 1949 hasta el 11 de julio de 1950, momento en que fue dado de baja por no pagar las cuotas. A su vez, por la crónica del diario El Mundo del 19 de setiembre de 1949, sabemos que jugó en el 7º tablero del equipo de la Facultad de Medicina, ganando una partida y perdiendo otra.

Las breves desventuras del gran artista Marcel Duchamp en Buenos Aires, donde permaneció sumergido sin que nadie lo reconociera, dieron lugar, sin embargo, a un fructífero progreso del artista en su ajedrez. Seguramente entusiasmado por el inefable Benito Villegas, Duchamp se pasaba en el Club Argentino muchas horas. Tantas, que su amante Yvonne Chastel se cansó de él y se fue sola a París. Antes de dejar el departamento de la calle Alsina, pegó con cola las piezas al tablero...

Del presidente Juan Domingo Perón y su par español Francisco Franco se relatan con minuciosidad los detalles del match por telégrafo entre España y Argentina, en 1946, un acontecimiento insertado en el llamado Pacto Franco-Perón, por el cual Argentina proveería muchas toneladas de cereales, a cambio de productos españoles. Llamó la atención el desmesurado despliegue del gobierno de Perón al inaugurar el encuentro, realizado en los salones del Automóvil Club Argentino: estaban presentes su esposa Eva y el gabinete de ministros en pleno.

Poco se conocía sobre la vida de José Pérez Mendoza, con excepción de algunos episodios relatados en su libro El ajedrez en la Argentina, de 1920. La feliz decisión de su nieto José Luis Pérez Mendoza de dar a conocer su escrito póstumo, Apuntes de mi vida, permite tener una amplia visión de su vida de martillero y de su decisión de dejar el trabajo activo a los 40 años de edad, para dedicarse a la filantropía y a los viajes por el mundo. Los colegios, las asociaciones de ciegos, las cárceles, las sociedades protectoras de animales y los clubes de ajedrez fueron los destinatarios de su mecenazgo.

Las famosas Aguafuertes Porteñas de Roberto Arlt también llegaron al ajedrez. Su pertinaz búsqueda de personajes porteños recaló en algunos destacados protagonistas del juego arte-ciencia: Portela, Pleci, Fenoglio. Mañas, triquiñuelas, acusaciones mutuas, fueron la moneda corriente de ese encuentro, jugado en 1931.

De Oscar Panno se rescata un notable material fílmico de la década del 50, emitido por Sucesos Argentinos, en el que el joven maestrito, como se lo llamaba, protagoniza un curioso video junto a su familia. Asimismo, son muy atractivos los primeros reportajes que otorgó Panno a diversas revistas y diarios, que lo asediaron luego de obtener el título de campeón mundial juvenil en 1953.

De Miguel Najdorf se ofrecen diversas notas y reportajes que él dio en sus primeros años en Argentina, así como la investigación acerca de las causas por las cuales no pudo jugar el campeonato mundial de 1948.

El azaroso viaje del maestro letón Movsa Feigins, en 1941, destaca los sufrimientos padecidos por algunos de los ajedrecistas que debieron quedarse en Argentina el desatarse la Segunda Guerra Mundial.

Completan esta miscelánea pequeñas biografías del filólogo Amado Alonso, del maestro polaco Paulino Frydman, del astrónomo Miguel Itzigsohn, del obrero pintor Cayetano Rebizzo y del desventurado ministro de educación de la provincia de Buenos Aires entre 1949 y 1952, Julio César Avanza. Además, se esclarecen dos hechos históricos importantes: quiénes fueron los enemigos de Roberto Grau, y qué sucedió en la famosa partida Capablanca-Grau del Torneo de las Naciones de 1939.

Como es habitual en las obras de este autor, se incluyen numerosas citas de diarios y revistas de cada época, a efectos de que el lector pueda percibir más nítidamente los contextos en que se desarrollaron los diversos acontecimientos.

Luces y Sombras del Ajedrez Argentino

TOMO II

Juan Sebastián Morgado

Julio Cortázar y Atahualpa Yupanqui
Xul Solar
Carlos Fayt
Luis José Medrano
Che Guevara
Los García Mérou
Patricio Luis Grau
Natalio Botana
Jorge Farías Gómez
Félix Luna
César Ratti

Los Machinandiarena
Julio Bolbochán
Jacobo Bolbochán
Carlos Guimard
Benito Villegas
Miguel Najdorf
Christiaan De Ronde
Juan O'Donovan
Primera columna argentina de ajedrez
Match postal Buenos Aires – Rosario 1894/6

EDITORIAL DUNKEN

Morgado, Juan Sebastián
Luces y sombras del ajedrez argentino : . / Juan Sebastián Morgado. - 1a ed . - Ciudad Autónoma de Buenos Aires : Dunken, 2016.
v. II, 304 p. ; 23 x 16 cm.

ISBN 978-987-02-8930-2

1. Ajedrez. I. Título.
CDD 794.1

Contenido y corrección a cargo de los autores
Imagen de tapa: Guimard, tapa en *El Gráfico* nº 935 del 12 de junio de 1937
Imagen de contratapa: Manual del joven ajedrecista, de Luis J. Medrano

Impreso por Editorial Dunken
Ayacucho 357 (C1025AAG) - Capital Federal
Tel/fax: 4954-7700 / 4954-7300
E-mail: *info@dunken.com.ar*
Página web: *www.dunken.com.ar*

Hecho el depósito que prevé la ley 11.723
Impreso en la Argentina

e-mail: jmorgado@ajedrez-de-estilo.com.ar
ISBN 978-987-02-8930-2

PRÓLOGO

En este segundo tomo de Luces y Sombras se reseñan las actividades de nuestro juego, tanto de personalidades nacionales –jueces, políticos, millonarios, dueños de medios, excéntricos astrólogos, historiadores, actores– como de ajedrecistas de competición que han ocupado destacadas posiciones en nuestro país. Se ha recurrido principalmente a las crónicas destacadas de las revistas y diarios de la época, incluyendo en muchos casos las partidas que se mencionan en ellas.

- Julio Cortázar y Atahualpa Yupanqui tuvieron una sorprendente relación de amistad ajedrecística en París.
- Patricio Luis Grau fue el padre del alma mater del ajedrez argentino, y es interesante conocer algunos de sus datos biográficos para escudriñar los orígenes del amor por el ajedrez que luego tendría Roberto.
- Natalio Botana tuvo una sinuosa trayectoria personal y pasó a ser millonario luego del rápido crecimiento de su diario Crítica, que llegó a vender más de un millón de ejemplares en la década del veinte. Fue el promotor del golpe de 1930 que permitió a Uriburu ser presidente, y poco después fue encarcelado por ese mismo personaje. Se vinculó fuertemente con el ajedrez a través de su amistad con Capablanca, y fue su paño de lágrimas cuando éste perdió el título frente a Alekhine.
- Xul Solar fue un excéntrico amante de la astrología, creador del llamado pan-ajedrez, y muy amigo de Borges.
- Jorge Farías Gómez participó en diversos torneos universitarios de ajedrez. Fue un político de origen radical que se pasó luego al peronismo, y estuvo encarcelado en Ushuaia junto a otros personajes, tras la caída de Perón en 1955.
- Félix Luna fue un escritor que se relacionó con el ajedrez de formas muy poco comunes: en la cárcel y en su revista todo es Historia.
- Luis Jorge Medrano fue el genial creador de los "grafodramas", tiras diarias de humor muy sutil que publicó en el diario La Nación durante muchísimos años, dedicando al ajedrez más de cien de ellas.
- Carlos Fayt, el veteranísimo jurisconsulto que hasta los 97 años ejerció su cargo en la Corte Suprema, también tuvo un comienzo ajedrecístico en el club de barrio Blanco Encalada.
- César Ratti fue un conocido autor que se hizo amigo de Capablanca y fue su ladero o cómplice para hacerle bromas al maestro Kostic, que estaba en ese momento contratado como profesor de ajedrez por el Club Argentino.
- Jacobo Bolbochán fue uno de los maestros argentinos de juego más sutil, especialmente destacado en la décadas del 30 y del 40.
- Julio Bolbochán fue un notable ajedrecista que brilló especialmente en las décadas del '40 y del '50, cuya personalidad se caracterizó por la enorme modestia y el bajo perfil. Ayudó grandemente a Najdorf como su segundo y como su asesor en la redacción de los libros "15 Aspirantes al Campeonato Mundial", editados en 1954. A la vez, fue el padre ajedrecístico de Oscar Panno, a quien transmitió muchos de los secretos que luego lo catapultaron a la fama después que ganara el Campeonato Mundial Juvenil de 1953.

- Carlos Guimard fue un santiagueño afincado en Santa Fe como empleado bancario, que sorprendió a todos al ganar el Torneo Selección, y coronándose años después como campeón argentino al vencer a Grau.
- Respecto al Che Guevara, se abre una nueva posibilidad acerca de las visitas que realizara al Club Argentino.
- Christiaan De Ronde y John O'Donovan fueron dos ajedrecistas que se quedaron en Buenos Aires en 1939, pero cuyas historias son poco conocidas.
- El match por correspondencia entre Buenos Aires y Rosario en 1894/6 fue el primer intento institucional de reglamentar el ajedrez a distancia. Fue exitoso y tuvo buena repercusión.
- Gracias a Grau sabemos que El Tiempo fue el primer diario argentino que publicó una columna de ajedrez.
- Los García Mérou, padre e hijo, fueron peculiares personajes históricos vinculados al ajedrez, y uno de ellos ingresa en la leyenda de la estadía de Hitler en Argentina.
- Los hermanos Machinandiarena fueron importantes empresarios cinematográficos, que oficiaron de mecenas apoyando los torneos magistrales de Mar del Plata en la década del 40.

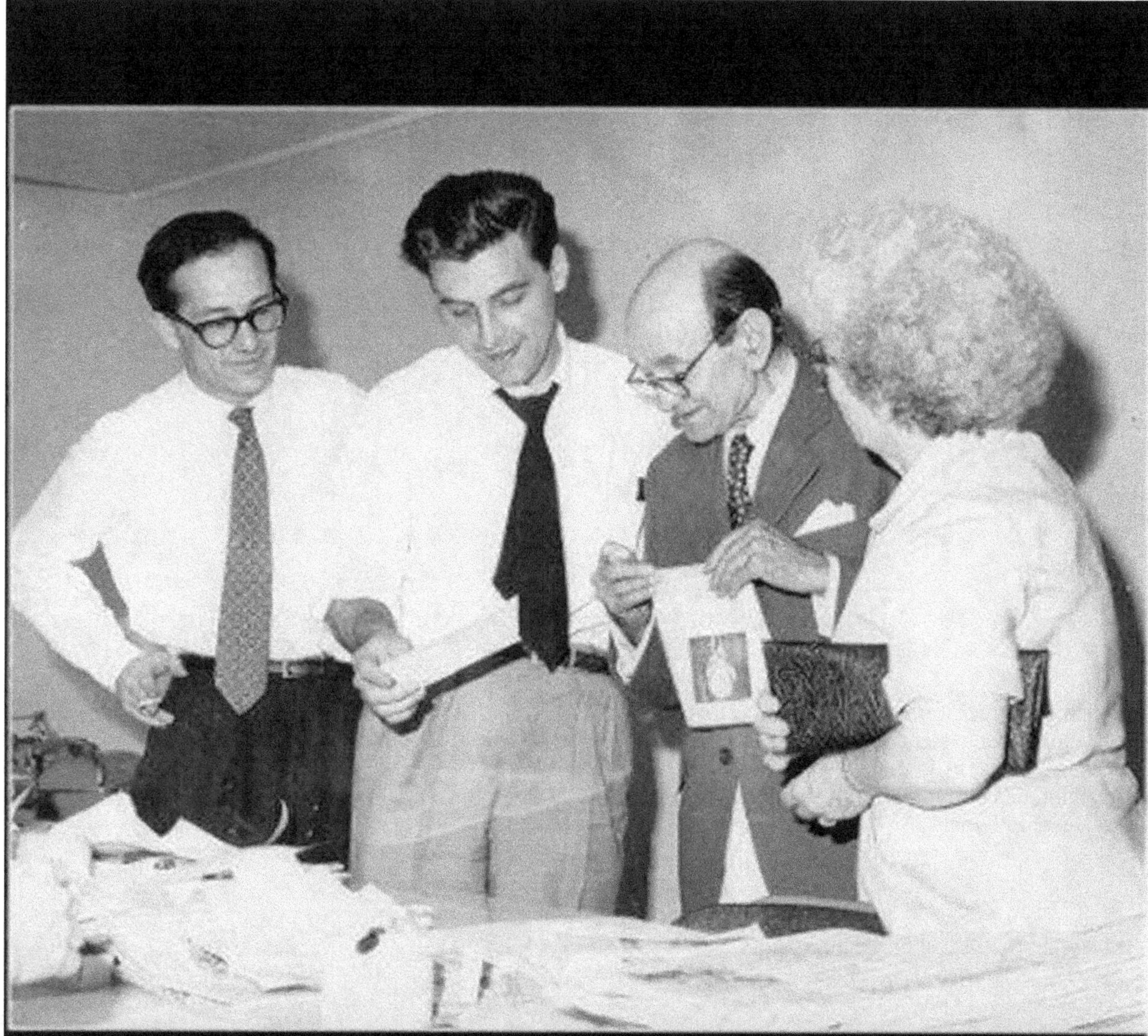

Juan Sebastián Morgado

Martínez Estrada,
ajedrez e ideas

EDITORIAL DUNKEN

Contenido y corrección a cargo de los autores.
Reproducción de tapa: Acta 719 del Club Argentino, 9 de setiembre de 1949, en la que se observa el ingreso de Ernesto Guevara Lynch a la institución.
Reproducción de contratapa: Acta 731 del Club Argentino, 11 de julio de 1950, en la que se da de baja como socio a Ernesto Guevara Lynch.

Impreso por Editorial Dunken
Ayacucho 357 (C1025AAG) - Capital Federal
Tel/fax: 4954-7700 / 4954-7300
E-mail: *info@dunken.com.ar*
Página web: *www.dunken.com.ar*

Hecho el depósito que prevé la ley 11.723
Impreso en la Argentina

e-mail: jmorgado@ajedrez-de-estilo.com.ar
ISBN en trámite

PRÓLOGO

La comprobación de que el Che Guevara había concurrido varias veces al Club Argentino de Ajedrez no se encontraba, hasta ahora, fehacientemente probada. Había, sí, versiones, pero ninguna de ellas tenía confirmación plena. El hallazgo de documentos clave en la propia institución y en recortes de diarios, permite reconstruir un aspecto de la vida del Che desde el momento en que ingresó a la Facultad de Medicina de Buenos Aires. Se asoció al Club Argentino con motivo de la participación en el Torneo Universitario por Equipos, que precisamente organizaba el club en su sede, y que vino organizando desde 1911. Permaneció en esa condición desde el 9 de setiembre de 1949 hasta el 11 de julio de 1950, momento en que fue dado de baja por no pagar las cuotas. A su vez, por la crónica del diario El Mundo del 19 de setiembre de 1949, sabemos que jugó en el 7º tablero del equipo de la Facultad de Medicina, ganando una partida y perdiendo otra.

Las breves desventuras del gran artista Marcel Duchamp en Buenos Aires, donde permaneció sumergido sin que nadie lo reconociera, dieron lugar, sin embargo, a un fructífero progreso del artista en su ajedrez. Seguramente entusiasmado por el inefable Benito Villegas, Duchamp se pasaba en el Club Argentino muchas horas. Tantas, que su amante Yvonne Chastel se cansó de él y se fue sola a París. Antes de dejar el departamento de la calle Alsina, pegó con cola las piezas al tablero...

Del presidente Juan Domingo Perón y su par español Francisco Franco se relatan con minuciosidad los detalles del match por telégrafo entre España y Argentina, en 1946, un acontecimiento insertado en el llamado Pacto Franco-Perón, por el cual Argentina proveería muchas toneladas de cereales, a cambio de productos españoles. Llamó la atención el desmesurado despliegue del gobierno de Perón al inaugurar el encuentro, realizado en los salones del Automóvil Club Argentino: estaban presentes su esposa Eva y el gabinete de ministros en pleno.

Poco se conocía sobre la vida de José Pérez Mendoza, con excepción de algunos episodios relatados en su libro El ajedrez en la Argentina, de 1920. La feliz decisión de su nieto José Luis Pérez Mendoza de dar a conocer su escrito póstumo, Apuntes de mi vida, permite tener una amplia visión de su vida de martillero y de su decisión de dejar el trabajo activo a los 40 años de edad, para dedicarse a la filantropía y a los viajes por el mundo. Los colegios, las asociaciones de ciegos, las cárceles, las sociedades protectoras de animales y los clubes de ajedrez fueron los destinatarios de su mecenazgo.

Las famosas Aguafuertes Porteñas de Roberto Arlt también llegaron al ajedrez. Su pertinaz búsqueda de personajes porteños recaló en algunos destacados protagonistas del juego arte-ciencia: Portela, Pleci, Fenoglio. Mañas, triquiñuelas, acusaciones mutuas, fueron la moneda corriente de ese encuentro, jugado en 1931.

De Oscar Panno se rescata un notable material fílmico de la década del 50, emitido por Sucesos Argentinos, en el que el joven maestrito, como se lo llamaba, protagoniza un curioso video junto a su familia. Asimismo, son muy atractivos los primeros reportajes que otorgó Panno a diversas revistas y diarios, que lo asediaron luego de obtener el título de campeón mundial juvenil en 1953.

De Miguel Najdorf se ofrecen diversas notas y reportajes que él dio en sus primeros años en Argentina, así como la investigación acerca de las causas por las cuales no pudo jugar el campeonato mundial de 1948.

El azaroso viaje del maestro letón Movsa Feigins, en 1941, destaca los sufrimientos padecidos por algunos de los ajedrecistas que debieron quedarse en Argentina el desatarse la Segunda Guerra Mundial.

Completan esta miscelánea pequeñas biografías del filólogo Amado Alonso, del maestro polaco Paulino Frydman, del astrónomo Miguel Itzigsohn, del obrero pintor Cayetano Rebizzo y del desventurado ministro de educación de la provincia de Buenos Aires entre 1949 y 1952, Julio César Avanza. Además, se esclarecen dos hechos históricos importantes: quiénes fueron los enemigos de Roberto Grau, y qué sucedió en la famosa partida Capablanca-Grau del Torneo de las Naciones de 1939.

Como es habitual en las obras de este autor, se incluyen numerosas citas de diarios y revistas de cada época, a efectos de que el lector pueda percibir más nítidamente los contextos en que se desarrollaron los diversos acontecimientos.

Juan Sebastián Morgado

Martínez Estrada Sociabilidades

(y algo de ajedrez)

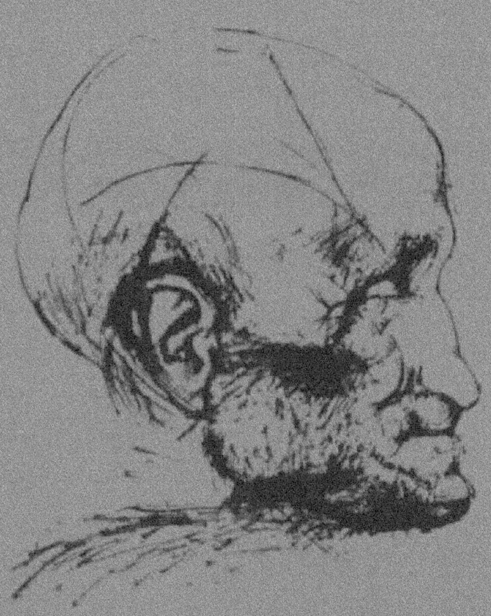

Abelardo Castillo
Witold Gombrowicz
Ernesto Sábato
Jorge Luis Borges
Victoria Ocampo
Julio Cortázar

Carlos Alonso
José Ortega y Gasset
Armando Tejada Gómez
Atahualpa Yupanqui
Juan José Sebreli
Los amigos ajedrecistas

EDITORIAL DUNKEN

Morgado, Juan Sebastián
Martínez Estrada. Sociabilidades.
1a ed . - Ciudad Autónoma de Buenos Aires: Dunken, 2015.
114 p.; 23 x 16 cm.

ISBN 978-987-02-8285-3

1. Martínez Estrada, Ezequiel. biografía. I. Título
CDD 927

Dibujo de tapa: Carlos Alonso. Fue realizado en Córdoba, clínica del Dr. Gregorio Bermann, aproximadamente en 1951. Fue cubierta del libro Exhortaciones, Burnichón Editor 1957.

Contenido y corrección a cargo del autor.

Impreso por Editorial Dunken
Ayacucho 357 (C1025AAG) - Capital Federal
Tel/fax: 4954-7700 / 4954-7300
E-mail: *info@dunken.com.ar*
Página web: *www.dunken.com.ar*

Hecho el depósito que prevé la ley 11.723
Impreso en la Argentina

e-mail: jmorgado@ajedrez-de-estilo.com.ar
ISBN 978-987-02-8285-3

PRÓLOGO

Buena parte de este trabajo surge de tres ponencias presentadas en eventos literarios recientes. Son ellos el III Congreso sobre la vida y la obra de Ezequiel Martínez Estrada (octubre 2012) con *Martínez Estrada, ajedrecista federado y bibliotecario de la FADA;* el I Congreso sobre Witold Gombrowicz (2014) en la Biblioteca Nacional, con *Gombrowicz, el ajedrez en su literatura, epistolario*; y el II Congreso de Historia Intelectual de América Latina, organizado por el CEDINCI (2014), con *Gombrowicz, Martínez Estrada y sus vínculos sociales; epistolario.*

Ezequiel Martínez Estrada fue un escritor "fuera de sistema" (*outsider*), que incomodó a muchos de sus colegas y a sectores políticos. Dijo lo que los argentinos no queremos escuchar, y por ese motivo las generaciones subsiguientes lo fueron haciendo a un lado de la historia oficial. Durante su vida ha pasado por diversas etapas, que podemos resumir de este modo: hasta 1915, dificultades familiares y económicas, formación auto-didacta, abandono forzado del secundario; 1916-1930, adolescencia mental, trabajo en el correo, búsqueda intensa de conocimientos, ajedrez y poesía; 1931-1949, etapa de los grandes ensayos nacionales; 1950-1959 enfermedad, ensayos no-peronistas, viajes y destierro en su propio país; 1960-1962, etapa cubana; 1963-1964, desesperanza, muerte, destierros argentino y cubano.

En cada uno de esos períodos Martínez Estrada compartió con sus colegas de la época un espacio amplio de sociabilidades: más cercanas o más lejanas, cambiantes, contradictorias, confrontativas, amistosas, burocráticas, revolucionarias, indiferentes, efusivas. Toda la gama de sentimientos humanos está reflejada en los contactos de este pensador con sus contemporáneos: he aquí algunas peripecias de un ácrata intelectual.

Ajedrez en la historia argentina

Micro-Biografías

Tomo II

B. Mitre - Alsina - Gelly y Obes - Roca - Capdevila - y otros

Mesa de ajedrez (Museo Mitre)

Juan Sebastián Morgado

Ediciones Ajedrez de Estilo

Ajedrez en la historia argentina

Micro-Biografías

Tomo I

Sarmiento
San Martín
Somellera
Castelli
Rivadavia
Álvarez
Thomas
Paz
y otros

Juan Sebastián Morgado

Ediciones Ajedrez de Estilo

Ajedrez en la historia argentina

Micro-Biografías

Tomo IV

Marcelo Torcuato de Alvear, Hipólito Yrigoyen, Los Balbín, Edmundo Guibourg, Edmundo Piazzini, Alejandro Bustillo, y otros

Juan Sebastián Morgado

Ediciones Ajedrez de Estilo

Ajedrez en la historia argentina

Micro-Biografías

Tomo III

Roca, Rosas, Lavalle, Wilde, Soto y Calvo, Julio Morosini, y otros

Juan Sebastián Morgado

Ediciones Ajedrez de Estilo

Juan Sebastián Morgado

Casillas Reales

Ajedrez con Mijail Tal

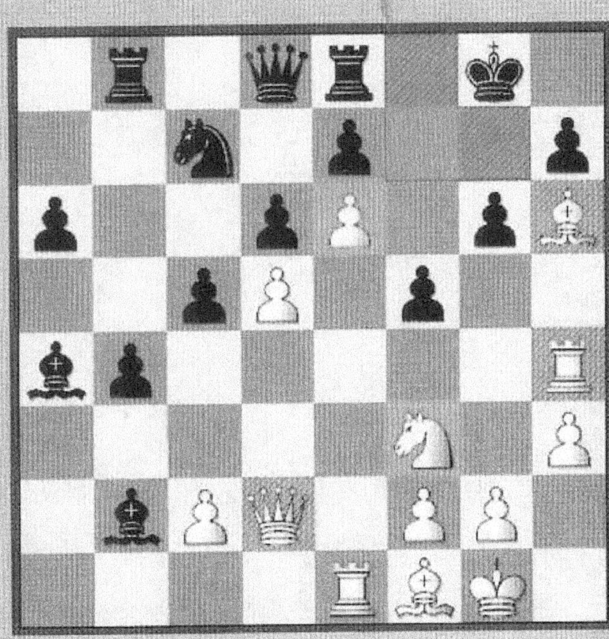

Juegan las blancas
Mijail Tal - Pal Benkö
Bled, 1959

Colección *Aula Ajedrecística*
Alvarez Castillo Editor

Juan Sebastián Morgado

Estructuras Reales

Ajedrez con Mijail Tal

Posición tras 15... Ad6-c5!!
Levon Aronian - Viswanathan Anand
Tata Steel, 2013

Colección *Aula Ajedrecística*
Alvarez Castillo Editor

Las aventuras de Herman Pilnik

GM (Teleajedrez)
Juan Sebastián Morgado

Alvarez Castillo Editor
Colección Dilaram

Juan Sebastián Morgado

Los años locos del ajedrez argentino

CARAS Y CARETAS

FINAL DE PARTIDO

—Si entrego el caballo, me come el alfil también, ... y luego la torre. Al fin, voy á tener que enrocarme.

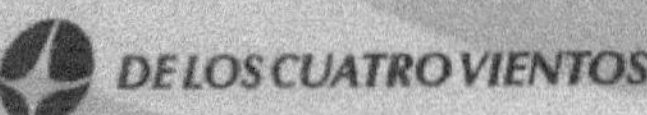

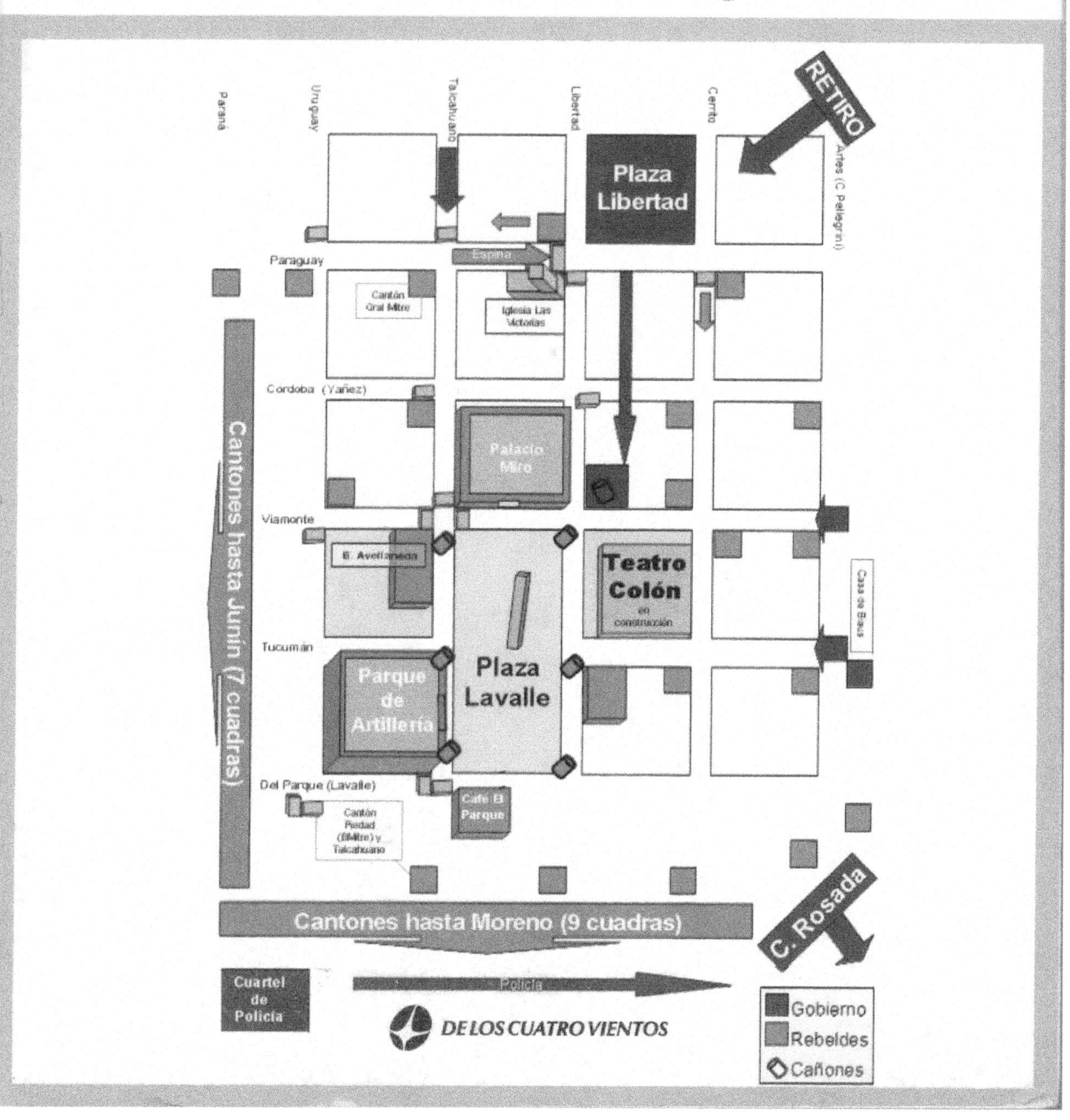
Sangre y Ajedrez
en el Parque
Juan Sebastián Morgado
RETIRO
Plaza
Libertad
Paraguay
Cordoba (Yañez)
Palacio
Mitre
Viamonte
Teatro
Colón
en
construcción
Tucumán
Parque
de
Artillería
Plaza
Lavalle
Del Parque (Lavalle)
Cantones hasta Junín (7 cuadras)
Cantones hasta Moreno (9 cuadras)
C. Rosada
Cuartel
de
Policía
DE LOS CUATRO VIENTOS
Gobierno
Rebeldes
Cañones

www.ingramcontent.com/pod-product-compliance
Lightning Source LLC
LaVergne TN
LVHW061235100826
845148LV00008B/959

* 9 7 8 9 8 7 4 7 4 3 7 3 2 *